2018
해외
한국학
백서

2018
해외
한국학
백서

초판 1쇄 인쇄 2018년 1월 5일
초판 1쇄 발행 2018년 1월 10일

엮은이 | 한국국제교류재단
펴낸이 | 정무영
펴낸곳 | ㈜을유문화사

창립 | 1945년 12월 1일
주소 | 서울시 마포구 월드컵로16길 52-7
전화 | 734-8151
팩스 | 732-9154
홈페이지 | www.eulyoo.co.kr
ISBN   978-89-324-7368-0 91000

* 값은 뒤표지에 표시되어 있습니다.

2018

해외
한국학
백서

한국국제교류재단 엮음

을유문화사

⊙ 발간사

　　한국국제교류재단이 해외한국학백서를 처음 발간한 2007년 이후 10년이 지났습니다. 당시 백서는 해외 여러 나라에서 개별적으로 운영되는 한국학의 현황을 처음 집대성하고, 지역별 한국학 전문가들의 연구 소논문을 통해 해외 한국학 교육 및 연구 실태를 종합적으로 소개하는 계기가 되었습니다.

　　우리 재단도 올해 창립 26주년을 맞이하는 동안, 내·외부적으로 많은 변화를 거치면서 꾸준히 성장해 왔습니다. 세계 주요 거점 도시 7곳에 해외 사무소 설치, KF 글로벌 센터 마련, 한-중앙아 협력포럼사무국 설치, 부산아세안문화원 운영과 2018년 재단 본부의 제주도 이전을 준비하고 있습니다. 특히 2017년 7월 국회에서 발효된 「공공외교법 시행령」에 의거하여 '공공외교 추진 기관'으로 지정됨에 따라, 재단이 쌓아온 전문성을 바탕으로 향후 대한민국의 공공외교를 주도적으로 추진하기 위한 새로운 전기를 마련하였습니다. 이번 『2018 해외한국학백서』 발간은 이러한 내·외부적 변화와 요구에 발맞춰 어려운 여건에도 꿋꿋이 성장해 온 해외 한국학의 현주소를 살펴보고, 향후 한국학 발전의 새로운 방향을 제시하는 길잡이로서의 의미있는 작업이라고 생각합니다.

　　우리 재단은 설립 당시부터 '해외 한국학 저변 확대 및 발전'을 주요 사업 목표로 삼고 이를 위한 해외 한국학 강좌 개설, 교수직 설치 지원, 차세대 학자 육성 등 다양한 프로그램을 운영해 왔습니다. 그 결과 2016년을 기준으로 15개국

84개 대학에 한국학 교수직 123석을 설치하였습니다. 현지 사정을 고려한 한국학 강좌 운영을 위해 객원교수 파견과 교원 고용을 지원하고 있습니다. 2011년부터 'KF 글로벌 e-스쿨'이라는 한국학 온라인 사업을 개발, 한국의 교수진이 현지 학생들을 대상으로 강의하여 한국학 수강생 수가 증가하는 등 많은 긍정적인 효과가 나타나고 있습니다. 그 외에도 한국학 차세대 학자 육성을 위해 지역별로 수혜자 맞춤형 펠로십을 운영하고, 해외 도서관의 한국학 자료 제공 및 사서 고용 등을 지원하고 있습니다.

과거 한국에 대한 관심은 주로 학자들의 학문적 연구에 국한되었습니다. 그러나 국제사회에서 한국의 위상과 해외 일반인들의 한국에 대한 호감이 높아지면서, 학문을 비롯한 일반 문화에 대한 총체적인 관심으로 확대되었습니다. 한국의 문화적 자산과 역량을 바탕으로 꽃을 피운 '한류'가 세계인들이 함께 즐기는 문화 콘텐츠가 되었고, 이는 한국어 학습 수요의 폭발적 증가 및 더 나아가 한국학의 양적·질적 성장으로 이어지고 있습니다.

이번 백서에 수록된 해외 한국학 현황을 살펴보면 해외에서 한국과 한국학에 대한 수요가 급증하였다는 것을 알 수 있습니다. 2007년에 한국학 강좌를 제공하는 대학은 55개국 632개였으나, 2017년에는 105개국 1,348개로 2배 가까이 늘었고, 한국학센터 역시 16개국 43개에서 32개국 119개 처로 그 규모가 크게 성장한 것으로 나타났습니다.

하지만 해외에서 한국학을 제공하는 대학과 한국학 전공자가 꾸준히 늘고, 이들에 대한 많은 지원에도 불구하고, 아직 해외 한국학의 현실이 만족스러운 것은 아닙니다. 오늘날 우리나라의 국제적 위상에 부합하는 세계인들의 '한국에 대한 이해 증진'을 위해 앞으로도 한국 관련 지식과 정보를 체계적으로 제공하고, 한국 전문가를 안정적으로 육성하기 위한 지원은 꾸준히 지속되어야 합니다.

이 백서가 재단이 축적해 온 해외 한국학 정보를 우리 정부, 유관 기관, 국내외 대학들과 공유하여 해외 한국학 발전을 위한 종합적인 정책 수립 및 다양한 교류 활동을 지원하는데 활용되기를 바랍니다. 또한 백서에 수록된 정보는 재단 홈페이지를 통해 최신 정보를 간편하게 조회하도록 온라인 데이터베이스로도 구축하였습니다. 재단은 앞으로 정기적인 내용 수정 및 보완을 통해 최신 정보를 제공할 것입니다.

우리 재단은 국민과 함께하는 세계 수준의 공공외교 전문 기관으로서 해외 한국학 진흥을 통한 한국에 대한 올바른 인식 제고를 위해 노력하겠습니다. 이번 백서 발간에 도움을 주신 필자들과 출판을 맡아 주신 을유문화사, 그리고 세계 각지의 한국학 현황 조사를 도와주신 재외공관과 각 대학들의 협조에 감사드립니다.

한국국제교류재단 이사장

이 시 형

한국국제교류재단(Korea Foundation, KF)의 『2018 해외한국학백서』는 전 세계 한국어 및 한국학 강좌 운영 대학들의 명단과 주요 대학들의 강좌 운영 현황을 수록하고 있는 가장 포괄적인 해외 한국학 현황 자료이다.

해외 한국학 지원 대표 기관인 KF는 그동안 축적해 온 해외 한국학 관련 정보를 국민들과 공유하고자 2007년 『해외한국학백서』를 발간한 이래, 10여 년 만에 증보판을 발간하게 되었다. 동시에 처음으로 온라인 데이터베이스를 구축하여 해외 한국학 정보를 제공하게 되었다.

『2018 해외한국학백서』는 최근 10년간 한국학의 발전 현황을 지역별로 파악할 수 있도록 한국학 진흥에 중추적인 역할을 하고 있는 해외 지역별 한국학 전문가들이 새로 집필한 소논문을 함께 수록해 독자들의 이해를 돕고자 하였다. 재외공관의 협조를 받아 조사한 총 105개국 1,348개 대학의 명단을 기본으로, 한국학/어 전공 과정을 운영하는 464개 대학을 심층 조사처로 분류하여, 상세 정보를 동 백서에 수록하였다. 부록에는 전체 조사기관 1,348개 목록, 해외 주요 한국학 센터, 한국 학회의 현황 및 KF의 '해외 한국학 지원 사업'에 대한 소개를 실었다.

지역별 현황 소논문

동 백서에 실린 지역별 소논문은 지난 2007년 이후 특히 최근 10년간의 변화된 상황과 최근의 연구 추세 등에 초점을 맞춰 국내외 대학 교수, KF 파견 객원교수 등 각 지역별 한국학 전문가에게 집필을 의뢰하였다. 또한 한국학의 주요 분야인 문학, 사회과학, 한국어 교육은 해당 분야의 주요 학자들에게 별도로 소논문 작성을 의뢰하였다. 이 중에서 북미, 러시아, 사회과학 분야는 영어로 집필된 원문을 한글로 번역하여 게재하였다.

조사 방법 및 향후 자료 갱신

KF는 2012년부터 재외공관들의 협조를 받아 파악한 해외 한국학 기초 현황 자료 중에서 한국어나 한국학 관련 학위 과정을 운영하는 대학들을 중심으로 심층 조사 대상 500여 개를 선별해 2016년 12월부터 2개월간 전문 해외 조사 업체를 통해, 이메일로 설문지를 발송하고 수차례 전화 독려를 통해 설문지를 회수하였다.

2017년 3월부터 2개월 동안 한국어나 한국학 강좌를 비학위 과정으로 운영하고 있는 것으로 파악된 기본 조사 대상 900여 개를 상대로 온라인 조사를 실시하였다. 이후 관련 웹사이트와 KF가 보유한 정보와 네트워크를 활용해 수집된 정보를 보완해 2017년 8월 말 기준 총 464개 처의 세부 정보를 수집하였다.

『2018 해외한국학백서』에는 464개 처의 세부 정보만 수록되지만, 수시로 업데이트되는 해외 대학들의 한국학 현황 정보를 반영하기 위해 KF는 온라인 DB를 새로이 제작하여 KF 통계센터 홈페이지(www.kf.or.kr/koreanstudies)를 통해 제공할 예정이다. 이용자들의 편의를 위해 세계 한국학 지도와 차트로 강좌 운영 현황을 시각적으로 구현하고 각 대학의 홈페이지 정보를 제공한다. 또한 대학별 세부 정보는 주기적으로 갱신할 예정이다.

표기 방법 및 수록 내용

- 조사 시점은 2016년도 가을 학기를 기준으로 하고 있으나 일부 학교는 불가피하게 2017년도 봄 학기에 조사하였다.
- 수록 내용은 크게 대학 개황과 한국학 현황 자료로 구분된다. '대학 개황'에는 국·영문 대학명과 해당 자국어 표기(해당시), 설립 연도, 소재 국가, 형태, 대표자 성명, 연락처(주소, 전화번호, 웹사이트)가 포함되어 있고, '한국학 현황'에는 한국 관련 강좌 운영 현황, 프로그램 제공 형태, 주요 연구 분야, 교수진, 수강생 현황, 강좌 개설 현황, 한국 관련 활동 내역, 한국 관련 출판물, 한국연구센터 운영 현황, 한국학 자료 관련 도서관 현황, 동아시아학(일본학, 중국학) 현황 등이 제공된다.
- 자료 게재 순서는 대륙별로 하위 지역을 아래와 같이 12개로 구분하고 지역별, 국가별 한글명을 가나다 순으로 정렬했다.

대륙	지역 구분*(12개)
아시아/대양주	대양주, 동남아, 동북아, 서남아
미주	남미, 북미, 중미카리브
유럽	서유럽, 유라시아, 중유럽
아중동	아프리카, 중동

*동 지역은 외교부 해외 지역 구분에 따라 작성됨.

- 대학 명칭 속 지명은 외래어 표기법에 따라 대학의 영문명을 한글로 표기하였다. 한자권(중국, 일본 등)의 경우 현지에서 사용하는 명칭을 존중하여 '대학'으로 통일한 반면 이외의 지역은 '칼리지'를 제외한 나머지 학교들을 '대학교'로 통일하였다. 또한 중국 대학명에 지명이 포함될 경우 지명은 외래어 표기법에 따라 한글로 표기하였고 그 외 단어와 괄호 속 대학명은 독음 표기를 하였다.

- 기관명, 인명 등은 국립국어원의 외래어 표기법에 근거하여 표기하였다.
  단, 소논문의 대학명, 기관명, 인명 등은 집필 의도를 존중하여 집필자의 표
  기를 유지하였다.

부록

부록에는 2017년 8월 현재 한국어·한국학 강좌 운영이 파악된 대학들의 전체
명단(이 중 한국학센터를 운영하고 있는 대학은 따로 표시)과 해외 주요 한국학 관련 학
회 명단을 수록했다. 또한 KF가 운영하는 '해외 한국학 지원 사업'을 소개하였다.

차례

KF 해외 한국학 지원의 성과

I. 서론

『해외한국학백서』가 2007년에 처음 발간된 이래 10여 년간 KF의 해외 한국학 지원 사업은 내·외부적으로 큰 환경 변화를 겪어 왔다. 2000년대 초반 전 세계적으로 드라마와 영화를 중심으로 시작된 한류 열풍이 2010년대 들어 K-팝과 온라인 게임, 웹툰, K-뷰티, TV 예능 프로그램 등으로 영역을 확장하면서 한국어와 한국 문화에 대한 관심이 폭발적으로 증가했다. 한국어 학습자들[1]과 해외 대학 내 한국학 강좌[2]의 증가 추세가 이를 반증하는데, 이러한 한국학 강의 수요를 충족시켜 줄 전문 인력은 아직 턱없이 부족한 상황으로, 2000년대 중반부터는 정부가 본격적으로 국내외 한국학 지원 정책[3]을 펴기 시작했다.

---

1 한국어능력시험 응시자 수가 최초로 시행된 1997년 2,692명에서 2016년 72,295명으로 30배 가까이 증가했다.

2 한국학술진흥재단이 조사한 1991년 32개국 151개 처에서 2017년 105개국 1,348개 처로 9배 가까이 증가했다.

'공공외교[4]'라는 용어 자체가 생소했던 1992년에 이미 '국제사회에서 한국에 대한 올바른 인식과 이해를 도모'하기 위해 설립된 KF는 지난 약 25년간 전 세계 한국학 기반 구축과 인적 네트워크 강화를 위해 주도적인 역할을 해 왔다. 현지 밀착형 사업 추진을 위해 2005년부터 주요 거점 지역(미국, 중국, 러시아, 일본, 베트남, 독일 등)에 해외 사무소를 순차적으로 개소하였으며, 2007년부터 북미, 유럽, 대양주 등 지역별로 특화된 한국학 자문 위원회를 구성, 사업 운영과 내용면에서 전문성을 제고하고 있다. 또한 2011년 급변하는 디지털 시대에 발맞춰 온라인 기반 'KF 글로벌 e-스쿨'을 신설해 해외 곳곳으로 한국학 강의를 송출하고 있다. 2016년 8월 4일 우리 정부가 발효한 '공공외교법' 및 동 시행령(2017. 7. 26)에 따라 대한민국을 대표하는 공공외교 추진 기관으로 지정된 KF는 "국민과 함께 세계와 소통하는" 대한민국의 대표 공공외교 전문 기관으로 발돋움하고 있다.

이 글에서는 우선 KF 해외 한국학 지원의 전개 과정을 1991년 설립 연도부터 2017년까지 크게 세 단계로 나누어 그동안의 주요 사업과 성과를 점검해 보고자 한다.

II. 시기별 KF 해외 한국학 지원 현황

1992~2000년

국제 교류 전담 기구의 필요성에 따라 1991년 12월 '한국국제교류재단법'이

3　교육부 산하 한국학중앙연구원에 2003년 한국문화교류센터(국제 학술 교류 업무 수행), 2007년 한국학기획사업단(현재 한국학진흥사업단)이 신설되었고, 당시 문화관광부 산하 국립국어원에서 2007년 세종학당(3개국 13개소)이 출범했다.

4　「공공외교법」 제2조(정의) 공공외교란 국가가 직접 또는 지방자치단체 및 민간 부문과 협력하여 문화, 지식, 정책 등을 통하여 대한민국에 대한 외국 국민들의 이해와 신뢰를 증진시키는 외교 활동을 말한다.

만들어지고 KF가 출범[5]하면서 일본국제교류기금, 영국문화원, 독일 괴테인스티튜트, 프랑스 알리앙스 프랑세즈 등 각국의 국제 교류 전문 기관 운영 사례를 참고하여 한국학 지원, 인적 교류, 문화 교류 등의 다양한 프로그램을 기획하였다. 당시 해외 한국학은 극소수의 연구자들이 구(舊)한국국제문화협회, 학술진흥재단(현재 한국연구재단), 외교통상부, 무역협회 등으로부터 산발적으로 소규모 지원을 받고 있었으나, 우리나라의 해외 한국학 전반에 대한 체계적인 지원이 없어, 해외 한국 관련 강좌와 교수진, 한국 관련 자료는 전반적으로 매우 미흡한 상황이었다.

해외 한국학 지원을 중점 추진 사업으로 채택하고 KF는 새로운 정책 및 사업 개발을 위해 우선 여러 해외 한국 연구자들의 의견을 수렴했다. 1992년 재미한국연구자회의(미국 내 한국 연구자 32명 참석)와 1994년 '해외 한국학 진흥 워크숍'(유럽·일본·중국·러시아 등 한국학 학자 49명) 개최를 통해 국내외 한국학 학자들로부터 많은 의견을 수렴해 한국학 교수직 설치, 펠로십 운영 등의 사업을 본격적으로 기획, 추진했다. 특히 1994년에는 당시 경제기획원의 조정으로, 외교부, 교육부, KF, 학술진흥재단이 각각 추진하던 해외 한국학 지원 사업을 KF로 일원화하기로 합의함에 따라, KF 발족 이전 학술진흥재단이 담당하던 해외 한국 연구 지원 사업을 KF가 인수해 본격적인 해외 한국 연구 지원 전담 기관으로 자리 잡게 되었다.

1990년대에 교수직 설치, 펠로십 등 주요 사업들을 신설하였고, 해외 주요 대학에 대한 집중적인 지원이 이루어졌다. 1992년 미국 예일대, 미시간대, 조지타운대, 캐나다 UBC, 영국 옥스퍼드대에 한국학 교수직 설치를 시작으로, 1993년에는 하버드대, 컬럼비아대, UC버클리, 하와이대, 1994년에는 UCLA, 시카고대, 미시간대를 중점 지원 대학으로 선정, 한국학 교수직 설치 기금 및 한국학센터 운영, 자료 구입 경비, 펠로십 등을 5년간 지원하였다. 또한 1995년에는 민간 기부

5　1972년 한국홍보협회 → 1976년 국제문화협회(명칭 변경) → 1991년 한국국제교류재단으로 흡수 발전

를 통해 해외 대학 등을 지원하는 지정 기부 사업을 시작하여 현재까지 많은 기업과 개인들의 참여가 이루어지고 있다.

이러한 한국학 발전 기반 조성을 뒷받침할 인재 육성을 위해 방한 연구 펠로십(1992), 한국어 펠로십(1993), 한국 전공 대학원생 장학 제도(1994)를 마련하였으며, 우리 전략 국가(미국 1992년, 중국 1994년, 일본 2000년 등)의 중·고교 교육자를 대상으로 한 한국학 워크숍을 시행하고 4개국 22개교가 참여하는 한국어 교육연구센터(KLEAR), 영어권 대학 한국어 교재 개발(4개국 22개교 참여)을 지원(1994~2003)하기도 했다.

더불어 1992년부터 해외 주요 대학 도서관 및 공공 도서관에 한국 연구 자료를 정기적으로 배포하면서, 1994년에 북미 주요 연구대학 도서관들이 참여하는 북미한국학도서관컨소시엄(KCCNA-Korean Collections Consortium in North America)을 출범하여 한국 관련 장서를 특화 분야별로 개발해 공유하게 하는 등 참여 대학의 한국학 자료 확충을 지원하고 있다.

2001~2010년

이 시기에는 신진 한국 연구학자 육성 및 한국학 기반 확대를 위한 보다 다양한 프로그램들을 신설하였으며, 이를 위해 2001년에 '연구장학지원팀'을 별도로 운영했고, 한국어 보급에 대한 관심이 확대됨에 따라 2005~2009년에 '한국어사업부'를 분리하여 운영하기도 했다. 이 시기의 중점 추진 사업으로는 신진 학자 양성을 위한 '박사후 과정 펠로십'(2002~현재), 중견급 학자들의 한국 연구 및 출판을 지원하기 위한 '중진 학자 연구 지원'(2002~2009), 해외 각국 외교관들의 한국 이해 제고를 위한 '외교관 한국 언어 문화 연수'(2006~현재) 등이 있다. 2010년에는 사업의 연계성 및 효율적 운영을 위해, 한국어사업부와 연구장학사업부를 '한국학사업부'로 통합했다.

또한 북미·유럽·대양주 등 지역별 자문 위원회(2007)를 구성해 현지 특성을 반영한 사업을 개발하고, 러시아한국학대학연합(RAUK) 조직 및 활동 지원, 동·서남아시아, 중동, 중남미 대학 지원을 확대해 지역 다변화를 모색했다.

2005년에는 미국, 중국, 러시아, 독일, 베트남 등 주요 지역에 해외 사무소[6]를 개설해, 현지 전문가들과의 네트워크를 통한 지역별 특성을 반영한 사업 기획과 현장 모니터링이 가능해졌다. 특히 2009년 아프리카, 중동, 중남미를 시작으로 한국학 기반이 약한 지역에 한국 경제 발전 및 민주화, 교육, IT 기술 등 현지 관심에 부응하는 순회 강연을 실시하여 지역의 특수성을 반영한 사업을 추진하였다.

자료 지원 사업은 한국 연구 관련 도서 외에 온라인을 통한 자료 수요가 증가함에 따라, 기존 현물 자료 지원과 병행해 '한국 연구 전자 자료[7] 지원' 프로그램을 신설(2009~현재)해 해외 도서관들의 한국 관련 온라인 데이터베이스 구독료의 일부를 지원하고 있다.

이 시기는 해외에서 한류 열풍을 계기로 한국과 한국 문화에 대한 관심이 급증하면서 교육부, 문화부의 해외 한국학 지원이 본격적으로 시작되었다. 교육부는 2007년 한국학중앙연구원(이하 한중연)이 한국학진흥사업단을 출범시키면서 해외 한국학 지원을 본격화했다. 한편 문화체육관광부는 2001년 설립한 한국어세계화재단을 2012년부터 세종학당재단으로 재출범시켜 해외 일반인을 위한 한국어 보급 사업을 추진하고 있다.

2011년~현재

온라인 한국학 강의 지원 사업 도입

2010년대 접어들면서 한국 경제의 지속적인 발전과 국제 무대에서의 한국

---

6 해외 사무소 운영 지역: 미국(워싱턴, LA), 중국(베이징), 일본(도쿄), 베트남(하노이), 독일(베를린), 러시아(모스크바) 6개국 7개 처

7 공공 기관 또는 민간 기업이 제공하는 한국 연구 관련 온라인 DB, e-저널 등의 자료

위상 증대, 한류 확산 등에 힘입어 전 세계적으로 한국에 대한 학습 수요가 증가하였고, IT 발전 등 시대적 환경 변화에 따라, 사업 추진 방식의 변화 및 대상 지역·분야의 다양한 접근 필요성을 본격적으로 인식하게 되었다.

> 1) 기존 한국학 지원은 인문학, 언어 중심 → 정치·사회·경제 등 사회과학 분야 지원 확대 필요
> 2) 상호 네트워킹 및 IT 기술 발전을 활용한 새로운 사업 방식 필요
> 3) 기존 북미 중심 지원 → 아시아, 중남미, 유라시아 등 지역 다변화 필요

특히, 해외 한국학 수요에 비해 현지의 한국 전문가, 특히 분야별 다양한 교수 인력이 부족하다는 현실을 개선하고자 2011년에는 국내 교수진, 국내외 대학 간 네트워크와 발전된 IT 기술을 동시에 활용하는 'KF 글로벌 e-스쿨' 사업을 신설했다. 실시간 화상 강의 방식으로 국내 대학에서 해외 대학으로 한국 관련 강의를 송출하는 한편, 국내 강의 교수진의 현지 방문 특강을 통해 온라인 강좌를 보완하고 있다. 2014년부터 우수 수강생을 대상으로 국내 대학에서 여름 학기를 수강할 수 있는 기회를 제공하는 'e-스쿨 펠로십'을 추가로 신설하였다.

[지역별 특성을 반영한 e-스쿨 사업 방식]

구분(지역)	운영 방식
아시아	해외에서 국내 대학의 강의를 수신하고, 국내 교수의 현지 강의를 병행
북미	미국 중서부 지역 내 BTAA[8] 네트워크를 활용한 화상 강의 시행
동유럽/CIS	동유럽, 중앙아시아 대학 간 컨소시엄을 구성해 화상 강의 시행
중남미	중남미 대학 간 컨소시엄을 구성해 화상 강의 시행

사업 시행 이후 각 단계별 사업 평가 결과, 해외 대학 한국학 강좌의 양적 성

8　BTAA(Big Ten Academic Alliance): 미국 중서부 명문 14개 대학, 즉 일리노이대, 인디애나대, 아이오와대, 메릴랜드대, 미시간대, 미시간주립대, 미네소타대, 네브래스카대-링컨, 노스웨스턴대, 오하이오주립대, 펜실베이니아주립대, 퍼듀대, 럿거스대-뉴브런즈윅, 위스콘신대-메디슨의 협력 기구

장과 질적 성과가 확인됨에 따라 e-스쿨 사업은 지속적으로 운영할 예정이다. e-스쿨 강좌의 약 70퍼센트가 사회과학 분야 강의로(한국 정치, 경제, 사회, 미디어, 행정, 국제 관계 등), 그동안 인문학과 한국어 강좌에 치중되어 왔던 해외 한국학 강좌 지원을 다변화하는 데 기여하고 있다.

e-스쿨 지원 이후, 러시아고등경제대와 홍콩대의 한국학 전공 개설, 하노이 국립외국어대의 한국학과 독립 학과 승격 및 석사 과정 개설, 대만 중국문화대의 한국연구센터 개설 등의 다양한 후속 성과가 창출되었다.

[연도별 e-스쿨 참여 국가, 대학, 강좌 및 수강생 수]

구 분	2011년	2012년	2013년	2014년	2015년	2016년
국가 수	12	23	28	28	30	35
대학 수	19	53	73	87	88	101
강좌 수(수신 기준)	31	114	177	175	200	260
수강생 수	739	2,691	3,164	3,251	3,413	4,322

해외 지역별 한국학 균형 발전 노력

북미, 서유럽에 비해 한국학 기반은 부족하지만, 한국에 대한 이해 제고와 교류 활성화가 필요한 지역(동남아, 중남미, 아프리카, 중동, 유라시아 등)에 대한 사업을 강화하고 있다. 최근 5년간 해외 대학의 한국학 기반 확대를 위한 지역별 지원 예산 비중을 보면(오른쪽 표 참조), 북미 비중이 점차 줄고 동유럽, 아시아, 중남미, 아중동 등 다양한 지역의 사업비가 증가 추세임을 알 수 있다.

특히 각 지역별 특성을 반영해 가장 적합한 사업 프로그램을 지원해 동남아 한국 전문가 육성을 위한 '아세안 펠로십' 신설(2012), 브라질 상파울루대 한국어문학학 학부 전공 개설(2013), 미수교국 쿠바에 최초로 한국어 강의 개설(2013년), 코카서스(조지아, 아르메니아, 아제르바이잔) 한국어/학 교육자 워크숍 및 발트 3국(에스토니아, 리투아니아, 라트비아) 한국학 세미나 최초 개최(2015) 등의 성과를 거두었다.

[최근 5년간 '한국학 기반 확대' 지역별 예산 비중]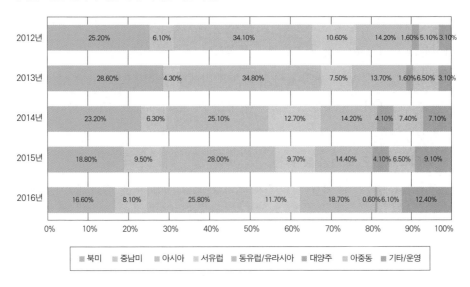

[최근 5년간 '한국학 기반 확대' 지역별 예산 비중]9

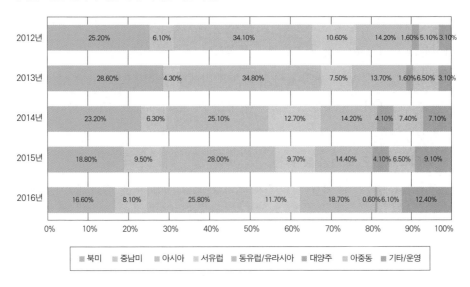

	북미	중남미	아시아	서유럽	동유럽/유라시아	대양주	아중동	기타/운영
2012년	25.20%	6.10%	34.10%	10.60%	14.20%	1.60%	5.10%	3.10%
2013년	28.60%	4.30%	34.80%	7.50%	13.70%	1.60%	6.50%	3.10%
2014년	23.20%	6.30%	25.10%	12.70%	14.20%	4.10%	7.40%	7.10%
2015년	18.80%	9.50%	28.00%	9.70%	14.40%	4.10%	6.50%	9.10%
2016년	16.60%	8.10%	25.80%	11.70%	18.70%	0.60%	6.10%	12.40%

다양한 해외 한국학 네트워킹 행사 개최

해외 한국학 지원 대표 기관으로서 KF는 유관 기관 및 관계자들 간의 교류와 소통을 통한 한국학 지원의 미래 방향성 모색을 위해 2011년 KF 설립 20주년을 맞아 전 세계 대학에 설치된 한국학 교수직 임용자와 각국의 한국연구센터 소장 등 20개국 86명을 한국으로 초청해 국내외 인사 약 260명이 참석한 가운데, 'KF Assembly'를 개최했다. 2015년에는 광복 70주년 기념사업의 일환으로 국내외 각 계에서 한국학과 한국 연구 발전에 공헌해 온 각 분야 중진-차세대 전문가들 간 교류의 장을 마련하고자 '세계 한국학 대회'를 개최하여 15개국 36명을 초청하고 국내외 35개국 363명이 참석했다.

---

9 교수직 설치, 강좌 운영 지원(객원교수, 교원 고용, e-스쿨) 및 한국학 학술 활동 지원 사업에 한하며 KF 예산 자료에 근거하여 작성됨.

한국학 차세대 학자군 발굴 및 지원을 통한 해외 한국학 기반 확충을 위해 2015년에는 역사 분야(12개국 27명), 2016년에는 문학 분야(11개국 23명) 해외 박사 과정생을 한국으로 초청해 워크숍을 개최했다. 참가한 박사 과정생들은 전문가 강연 청취 및 논문 발표, 현장 답사 등을 통해 차세대 한국학자로서 전문성을 향상시키고 국내외 연구 동향을 공유하는 등 국내 학자들과의 네트워크를 확대했다.

해외 도서관 자료 이용 활성화

2014년에는 연구 자료 지원(현물, 전자 자료) 사업을 통해 해외 유수 도서관들에 배포된 한국 자료 이용 활성화를 위한 '해외 도서관 지원 사업'을 신설하여 2016년 말 현재 5개국 11개 처에 한국 자료 전담 사서 인력 채용, 전산화(목록화) 프로젝트, 한국 관련 교육 및 전시 프로그램 등을 지원하고 있다.

해외 대학 네트워크를 활용한 해외 대학 인턴십 프로그램 도입

2014년부터 해외 대학 내 한국어 강좌 및 한국 관련 자료 이용 활성화를 위해 우리 국민들에게 참여 기회를 제공하는 한국어 교육 인턴십과 도서관 인턴십을 신설하여 국내 인재들의 해외 기관 연수 확대 및 전문가 양성에 힘쓰고 있다.

[KF 글로벌챌린저(한국어 교육, 도서관) 파견자 수]

	2014년	2015년	2016년	소계
한국어 교육 인턴	14	9	21	44
도서관 인턴	7	8	11	26
소계	21	17	32	70

다각적인 글로벌 한국학 진흥을 위한 유관 기관과의 협력

2007년 교육부는 한중연 내 한국학진흥사업단을 출범시키면서 해외 한국 연구 지원을 본격화했다. 2008년 국무총리실 주재로 해외 한국학 지원 유관 기관

간 업무 조정이 이루어졌으며, 이때 KF는 해외 네트워크를 활용하여 한국학과 설치, 강좌 운영 등 제도적 인프라 구축 사업을 담당하고 한중연은 한국 관련 심층 연구를 중점 지원키로 합의했다. 이에 2009년 업무 협력 MOU를 체결하고, 매년 업무 협의회를 개최하는 등 상호 시행 사업 관련 정보를 공유하고 협업을 확대하고 있다. 2015년 말에는 유사 중복 사업에 대한 추가적인 업무 조정의 일환으로 KF 학술 활동 지원 사업을 한중연 해외 한국학 지원 사업으로, 한중연 강의 교수 파견 사업을 KF 객원교수 파견 사업으로 상호 이관, 통합해 2016년부터 시행하고 있다.

문화체육관광부는 해외 한국어 교육 총괄 지원을 위해 2012년 세종학당재단을 설립했고, 2016년 말 기준 세계 54개국 171곳에서 세종학당을 운영하고 있다. KF는 해외 각 지역의 세종학당 신규 지정·심사에 참석하는 등 다양한 협력을 통해 KF가 지원하는 해외 대학 한국어 강좌 지원 사업과 세종학당이 추진하는 해외 일반인을 위한 한국어 보급 사업이 상호 시너지를 낼 수 있도록 노력하고 있다.

III. 분야별 KF 해외 한국학 지원 현황

1. 해외 한국학 교수직 설치(15개국 84개교 123석)

지난 25년 동안 KF 지원을 통해 하버드대, 스탠퍼드대, 옥스퍼드대 등 15개국 84개교에 한국어·한국학 교수직 123석(1992~2016)이 설치되었다. 한국학 교수직이 설치되면 강좌 운영과 연구 활동이 안정적으로 이루어지며, 석·박사 과정생 논문 지도를 통해 후속 세대를 지속적으로 양성할 수 있어 KF 해외 한국학 지원의 핵심 사업으로 자리 잡아 왔다.

지역	KF 교수직 수	국가별 인원
북미	86	미국 75, 캐나다 11
서유럽	22	영국 7, 독일 5, 이탈리아 4, 프랑스 3, 스페인 1, 노르웨이 1, 네덜란드 1
대양주	11	호주 10, 뉴질랜드 1
아시아	3	인도 1, 중국(홍콩) 1, 싱가포르 1
동유럽	1	폴란드 1
합계	123	

2. 해외 한국학 강좌 개설

한국의 경제 발전과 국제적 위상 제고, 한류 확산 등과 KF의 꾸준한 지원에 힘입어, 한국 관련 강좌를 개설한 해외 대학의 수는 1991년 32개국 151개 대학에서 2017년 105개국 1,348개 대학으로 9배 가까이 크게 증가했다.

연도	1991	2005	2012	2013	2014	2016	2017
국가 수	32	55	80	94	96	99	105
대학 수	151	632	813	977	1,143	1,292	1,348

해외 한국학 강좌 운영 국가 및 연도별 현황

지역명	국가명	1991년	2005년	2012년	2013년	2014년	2016년	2017년
남미	볼리비아	0	0	0	0	0	1	5
	브라질	1	1	2	3	3	5	5
	아르헨티나	2	2	3	6	6	7	7
	에콰도르	0	0	0	0	0	4	3
	칠레	0	3	5	6	4	3	5
	파라과이	0	0	0	1	2	3	2
	페루	0	0	5	6	6	7	7
	소계	3	6	15	22	21	30	34
대양주	뉴질랜드	1	2	2	2	2	2	3
	호주	5	6	7	9	9	7	11
	소계	6	8	9	11	11	9	14

지역명	국가명	1991년	2005년	2012년	2013년	2014년	2016년	2017년
동남아	동티모르	0	0	1	1	1	0	1
	라오스	0	0	0	0	3	3	4
	말레이시아	3	6	7	14	16	18	19
	미얀마	0	1	1	1	1	2	2
	베트남	0	10	13	20	20	27	27
	브루나이	0	1	1	1	1	1	1
	싱가포르	0	2	5	5	5	5	6
	인도네시아	1	1	3	8	15	16	14
	캄보디아	0	0	4	4	10	11	11
	태국	1	7	9	13	42	42	34
	필리핀	2	1	3	5	5	13	13
	소계	7	29	47	72	119	138	132
동북아	대만	2	9	22	24	37	39	36
	몽골	0	12	12	12	21	22	21
	일본	64	335	351	351	369	383	371
	중국	3	41	62	113	177	215	271
	소계	69	397	447	500	604	659	699
북미	미국	25	91	105	117	119	125	128
	캐나다	3	6	6	8	10	11	14
	소계	28	97	111	125	129	136	142
서남아	네팔	0	0	1	1	1	2	2
	방글라데시	0	0	1	0	0	1	1
	스리랑카	0	1	1	1	1	1	1
	아프가니스탄	0	0	0	0	0	1	1
	인도	1	3	12	10	11	17	19
	파키스탄	0	0	2	2	1	1	1
	소계	1	4	17	14	14	23	25
서유럽	네덜란드	1	1	1	1	2	3	3
	노르웨이	0	1	1	1	1	1	1
	덴마크	1	1	2	2	2	2	2
	라트비아	0	0	0	0	1	1	2
	벨기에	1	1	1	1	2	2	2
	스웨덴	1	1	1	2	2	1	1
	스페인	0	2	3	5	5	6	6

지역명	국가명	1991년	2005년	2012년	2013년	2014년	2016년	2017년
서유럽	아일랜드	0	0	0	2	2	2	2
	에스토니아	0	1	2	1	2	2	2
	영국	3	3	5	10	23	26	27
	이탈리아	1	3	6	6	6	6	6
	포르투갈	1	0	1	2	2	3	3
	프랑스	5	7	13	17	15	18	19
	핀란드	1	1	1	3	3	3	2
	소계	15	22	37	53	68	76	78
아프리카	세네갈	0	0	2	1	1	1	1
	수단	0	0	1	1	1	1	1
	에티오피아	0	0	0	1	1	1	1
	카메룬	0	0	0	1	0	0	1
	케냐	0	0	0	1	2	2	2
	코트디부아르	0	0	0	0	0	1	1
	탄자니아	0	0	1	1	1	1	2
	소계	0	0	4	6	6	7	9
유라시아	러시아	5	22	34	35	33	37	36
	우즈베키스탄	0	3	5	6	14	16	14
	카자흐스탄	0	5	7	8	8	7	11
	키르기즈스탄	0	0	2	15	15	18	15
	타지키스탄	0	0	2	3	2	3	3
	투르크메니스탄	0	0	1	1	1	1	1
	소계	5	30	51	68	73	82	80
중동	모로코	1	1	1	4	4	6	7
	바레인	0	0	0	0	0	0	1
	사우디아라비아	0	0	0	1	1	2	2
	아랍에미리트	0	0	0	1	2	3	5
	알제리	0	1	1	1	1	1	0
	요르단	0	1	1	2	2	2	2
	이라크	0	0	0	0	1	2	3
	이란	0	1	2	1	1	1	1
	이스라엘	0	2	3	4	4	4	4
	이집트	0	1	1	2	2	1	2
	카타르	0	0	0	1	1	0	1

지역명	국가명	1991년	2005년	2012년	2013년	2014년	2016년	2017년
중동	쿠웨이트	0	0	0	1	1	1	1
	튀니지	0	1	4	2	2	2	1
	소계	1	8	13	20	22	25	30
중미카리브	과테말라	0	1	1	1	2	2	1
	니카라과	0	0	1	1	1	2	1
	도미니카	0	0	0	2	1	1	1
	멕시코	2	3	4	4	2	13	13
	베네수엘라	0	0	0	1	1	0	3
	엘살바도르	0	0	1	1	1	2	1
	온두라스	0	0	0	0	0	0	2
	코스타리카	0	0	1	1	3	4	3
	콜롬비아	0	0	0	3	1	10	9
	쿠바	0	0	0	1	1	1	1
	트리니다드토바고	0	0	0	0	0	0	1
	파나마	0	0	1	2	2	2	1
	소계	2	4	9	17	15	37	37
중유럽	그리스	0	0	0	0	1	1	1
	독일	9	10	16	20	16	17	16
	루마니아	0	2	2	2	3	5	3
	리투아니아	0	0	0	2	2	2	1
	마케도니아	0	0	1	1	1	1	1
	몰도바	0	0	2	2	2	3	3
	벨라루스	0	1	1	2	2	2	2
	불가리아	0	1	1	2	3	3	3
	세르비아	0	0	1	1	1	2	2
	스위스	0	0	2	2	1	1	1
	슬로바키아	0	0	1	1	1	1	1
	슬로베니아	0	0	1	1	1	1	1
	아르메니아	0	0	1	1	2	2	1
	아제르바이잔	0	1	5	5	4	4	3
	오스트리아	1	1	3	3	2	2	2
	우크라이나	0	2	2	3	3	3	4
	조지아	0	0	1	1	1	2	1
	체코	1	2	3	3	3	3	3

지역명	국가명	1991년	2005년	2012년	2013년	2014년	2016년	2017년
중유럽	크로아티아	0	0	0	1	0	1	2
	터키	1	2	4	6	4	6	8
	폴란드	1	3	3	5	3	3	4
	헝가리	1	2	3	5	5	5	5
소계		14	27	53	69	61	70	68
총합계		151	632	813	977	1,143	1,292	1,348

연도별 해외 한국학 강의 개설 현황

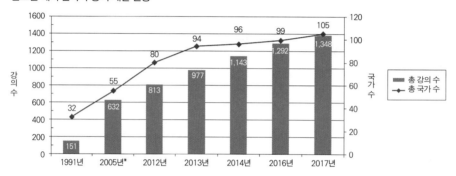

* 2007 해외한국학백서 수록 기준

지역별 해외 한국학 강의 개설 현황*

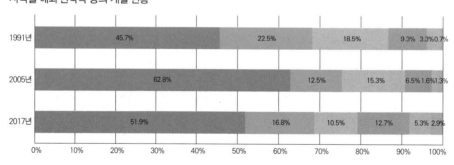

	동북아시아		유럽		북미	남아시아태평양			중남미		아중동	
	동북아시아	서유럽	유라시아	중유럽	북미	대양주	동남아	서남아	남미	중미카리브	아프리카	중동
1991년	45.7%	9.9%	3.3%	9.3%	18.5%	4.0%	4.6%	0.7%	2.0%	1.3%	0.0%	0.7%
2005년	62.8%	3.5%	4.7%	4.3%	15.3%	1.3%	4.6%	0.6%	0.9%	0.6%	0.0%	1.3%
2017년	51.9%	5.8%	5.9%	5.0%	10.5%	1.0%	9.8%	1.9%	2.5%	2.7%	0.7%	2.2%

*소수점 아래 둘째 자리에서 반올림 한 백분율 값으로 오차범위(±0.1%)가 존재.

3. 한국 전문가 육성

KF는 교수직 설치와 함께, 교수직에 임용될 후계 학자 양성을 위한 각종 펠로십을 운영해 왔고, 1992~2016년에 총 6,521명이 KF 펠로십을 수혜했다. 이들 중 상당수는 대학교수, 연구자, 한국 담당 외교관, 언론인 등 각국의 한국 전문가로 활동하고 있다.

KF 펠로십 사업에는 세계 각국의 한국 연구 후속 세대를 양성하기 위해 한국학 전공 외국인 석·박사 과정생에게 장학금을 지원하는 한국 전공 대학원생 펠로십, 한국 관련 주제로 최근에 박사 학위를 취득한 신진 외국인 학자가 해외 대학 또는 연구 기관에서 연구에 전념할 수 있도록 연구 활동을 지원하는 박사후 펠로십, 해외 한국 연구학자나 한국학 전공 대학원생, 한국 관련 업무 종사자들이 국내 대학의 한국어 몰입 환경에서 한국어를 체계적으로 배울 수 있는 한국어 펠로십(외교관 한국 언어문화 연수 포함), 해외 유수 학자와 전문가를 방한 초청해 현장 연구 및 자료 조사를 지원하는 방한 연구 펠로십 등이 있다.

표 1 대학원생 펠로십 수혜자 수(2006~2016)

연도	2006	2007	2008	2009	2010	2011	2012	2013	2014	2015	2016
대학원생 장학제도 수혜자 수	253	230	192	152	167	165	154	146	150	127	140

표 2 한국어 연수 펠로 수(2006~2016)

연도	2006	2007	2008	2009	2010	2011	2012	2013	2014	2015	2016
한국어 펠로 수	106	101	116	80	69	48	43	82	88	87	77

표 3 방한 연구 펠로 수(2006~2016)

연도	2006	2007	2008	2009	2010	2011	2012	2013	2014	2015	2016
방한 연구 펠로 수	56	55	57	43	49	31	26	20	34	30	33

4. 해외 한국 연구 자료 확충

KF는 1992년부터 2016년까지 총 137개국 1,887개 처에 한국 연구 자료(도서) 48만 886부를 배포했다.

[한국 연구 자료 지원 실적 현황(2006~2016)]

구분	연구 자료(현물)	연구 자료(전자)	도서관 지원
2006	99개국 736개 처 42,390부	–	–
2007	94개국 619개 처 37,479부	–	–
2008	94개국 559개 처 34,366부	–	–
2009	95개국 542개 처 27,351부	3개국 29개 처	–
2010	57개국 283개 처 24,534부	7개국 39개 처	–
2011	72개국 291개 처 22,592부	7개국 45개 처	–
2012	66개국 264개 처 21,814부	11개국 51개 처	–
2013	69개국 192개 처 17,999부	12개국 61개 처	–
2014	60개국 136개 처 8,910부	12개국 61개 처	2개국 5개 처
2015	59개국 184개 처 10,098부	12개국 64개 처	4개국 5개 처
2016	58개국 188개 처 9,949부	13개국 67개 처	1개국 1개 처

1998년 북미 도서관(67개 처)의 동아시아 자료 중 한국 관련 자료 비율은 5.6퍼센트에 불과했으나(중국 58.1퍼센트, 일본 35.6퍼센트, 기타 0.7퍼센트), 2016년(49개 처 조사)에는 8.7퍼센트로 증가했다. KF가 지원한 북미한국학도서관컨소시엄(14개 처)은 한국학 자료 비율이 11.3퍼센트로 다른 도서관들에 비해 높은 편이다.

[북미 49개 주요 도서관 동아시아 자료(도서) 현황(2016. 6 기준)]

구분	중국	일본	한국	기타	합계
자료량 (권)	10,751,754	6,296,756	1,756,273	1,414,601	20,219,384
비율	53.2%	31.1%	8.7%	7.0%	100.0%

* 통계 출처: Council on East Asian Libraries Statistics

[북미한국학도서관컨소시엄(KCCNA) 가입 대학 및 특화 분야]

	대학명	가입 연도	특화 분야
1	남가주대	1994	전라도 관련 출판물, 영화, 커뮤니케이션, 대중매체, 광고, 저널리즘, 현대 언어·언어학, 공공 행정, 지리학(지도 및 지도책 포함), 남가주 지역 발간 한국 관련 출판물
2	워싱턴대	1994	경상도 관련 출판물, 현대 시, 청소년 문학, 젠더학, 가족 관계, 장식 미술, 관광, 동남아시아 및 남아시아 지역 발간 한국 관련 출판물, 북서태평양 지역(워싱턴, 오리건, 알래스카) 발간 한국 관련 출판물
3	컬럼비아대	1994	서울 관련 출판물, 역사(1865~1945), 미술(회화/조각/사진), 공연예술(무용, 뮤지컬, 연극), 대중문화, 서예, 교육, 심리학, 뉴욕 지역 발간 한국 관련 출판물
4	하버드대	1994	충청도 관련 출판물, 경영, 법학, 정부–사법부, 족보학, 전통 시, 뉴잉글랜드 지역 발간 한국 관련 출판물
5	하와이대	1994	제주도 관련 출판물, 건축, 도시 계획·학, 현대 사회 여건, 전통음악, 역사(1392년까지), 민족주의, 공중 보건, 유럽 지역 발간 한국 관련 출판물, 하와이 지역 발간 한국 관련 출판물
6	UC 버클리	1994	강원도 관련 출판물, 역사(1945~), 교통, 정보통신(IT), 재정, 러시아, 독립국가연합, 중앙아시아 지역 발간 한국 관련 출판물, 베이 지역 발간 한국 관련 출판물
7	시카고대	1995	환경 연구, 국제 관계, 산업, 복지학, 정당, 근대 이전 철학, 전통 소설, 중국·대만 발간 한국 관련 출판물, 일리노이주, 인디애나주, 위스콘신주 발간 한국 관련 출판물
8	UCLA	1996	고고학, 불교, 기독교, 민속학, 도서관정보학, 비현대어, 남미 지역 발간 한국 관련 출판물, 미 남동부 지역 발간 한국 관련 출판물
9	토론토대	1997	현대 철학, 현대 소설, 수필, 지방 자치, 군사학 및 군사(軍史), 캐나다 동부 지역 발간 한국 관련 출판물 및 캐나다 거주 한인 관련 출판물, 인류학, 사회주의 및 공산주의학
10	미시간대	2003	자동차 산업, 역사 문헌, 민주화, 통일 문제, 노동 관계, 일본 발간 한국 관련 출판물, 미시간주·미네소타주·아이오와주·오하이오주 발간 한국 관련 출판물
11	스탠퍼드대	2006	현대 경제 상황, 상업, 비국가재정(non-public finance), 정부–행정부, 전통 수필(전집), 오세아니아·아프리카 발간 한국 관련 출판물, 콜로라도주·유타주·애리조나주 발간 한국 관련 출판물, 현대 한국 문학(시 제외), 국제 정치, 역사(1864~1945), 문화 연구(영화학 제외)
12	UBC	2007	경기도 관련 출판물, 종교, 입법부, 역사(1392~1864), 한의학, 직물, 의상, 캐나다 서부 지역 발간 한국 관련 출판물
13	듀크대	2012	윤리학, 한국 음식, 영화학(역사 및 비판), 불교, 문화학(역사 및 비판), 어휘론(적용), 미국 남동 지역 발간 한국 관련 출판물
14	프린스턴대	2012	어휘론(이론), 영화학(작품), 문헌학, 고문서학, 과학, 기술 및 의학(STM), 역사, 정부–행정부, 인구학, 뉴저지·필라델피아·메릴랜드 지역 발간 한국 관련 출판물

5. 한국학 저변 확대 사업

KF는 전 세계적으로 증가하고 있는 다양한 한국학 분야의 수요에 부응하고, 해외 대학 내 한국 관련 교육을 증진하기 위해 한국의 정치·경제, 사회·문화 전반을 주제로 다루는 KF 한국학 특강을 2004년 중남미 지역에서 처음 개최한 이래 지금까지 전 세계 50여 개국에서 개최하였다.

[KF 한국학 특강 개최 실적]

구분	개최 국가
2004	파라과이, 베네수엘라, 멕시코
2005	페루, 칠레, 아르헨티나, 베네수엘라, 파나마, 요르단, 튀니지, 예멘
2006	엘살바도르, 콜롬비아, 칠레, 브라질, 요르단, 시리아, 예멘, 카타르, 세네갈, 가나, 남아공
2007	베네수엘라, 에콰도르, 엘살바도르, 코스타리카, 이집트, 튀니지
2008	파라과이, 페루
2009	에티오피아, 케냐, 엘살바도르, 니카라과, 도미니카, 세네갈, 코트디부아르, 쿠웨이트, 오만, 리비아, 튀니지, 베네수엘라, 볼리비아, 콜롬비아
2010	카메룬, 세네갈, 코트디부아르, 콜롬비아, 칠레
2011	멕시코, 콜롬비아
2012	콜롬비아, 아르헨티나, 브라질
2013	인도네시아, 베트남, 태국, 필리핀
2014	우즈베키스탄, 카자흐스탄, 러시아, 벨라루스
2015	베트남, 터키, 아제르바이잔, 호주, 카자흐스탄, 조지아, 미얀마, 인도네시아
2016	카자흐스탄, 미얀마

또한 해외 중고등학교 교육자의 한국 이해 제고와 한국 관련 교육 확대를 위해 개최되는 한국학 워크숍(한국학 강의, 한국 관련 교안 개발 및 교육 방법 관련 세션, 문화 체험 등)을 지원하여 매년 약 300여 명이 참여하고 있다.

[외국 교육자 워크숍 연혁]

연도	내용
1989	KF 전신인 국제문화협회에서 영어권 교육자 워크숍 시작
1994~97	중국 교육자 워크숍 시행(※IMF로 1998년부터 중단)
2000	한일 월드컵 공동 개최 기념 한일 교육자 교류 시작
2004	중국 교육자 한국학 워크숍 재개
2005	해외 도서관 사서 연수 시작
2006	미국, 동남아, 유럽 교육자 한국학 워크숍 시작
2008	한일 교육자 교류를 일본 교육자 한국학 워크숍으로 명칭 변경. 러시아 교육자 한국학 워크숍 시작
2009	영어권 교육자 워크숍을 대양주 워크숍으로 변경 시행
2010	한국학 또는 한국어학과가 개설된 해외 대학을 중심으로 교사 대상 한국학 워크숍 신설[10]

2007년부터는 KB국민은행의 지정 기부를 통해 한국어 학습자 수요가 검증된 베트남, 몽골, 인도네시아, 카자흐스탄에서 활용될 한국어 교재를 각국 언어로 개발하고 4개국 67개 기관에 총 65,341부를 배포하였으며 e-Book 및 동영상 강의도 제작하여 KF 아카이브에 등재해 누구나 활용이 가능하도록 했다.

6. 해외 한국학 관련 주요 학회와의 협력 사업

KF는 창립 당시부터 해외 한국학 학술 활동을 지원하면서, 특히 한국 관련 주요 학회들과의 협력 사업을 통해 다양한 대학 소속 한국학자들 간 교류를 적극적으로 지원했다. 북미아시아학회(AAS-Association of Asian Studies, 1941년 설립), 북미한국어교육학회(AATK-American Association of Teachers of Korean, 1994년 설립), 미국외국어교육학회(ACTFL-American Council on the Teaching of Foreign Languages, 1976년 설립), 유럽한국학회(AKSE-Association for Korean Studies in Europe, 1976년 설립), 유럽한국어교육자협회(EAKLE-European Association for Korean Language Education, 2007년 설립), 러시아한국학대학연합(RAUK-Russian Association of

---

10   미국, 베트남, 불가리아, 이탈리아, 독일, 일본, 인도네시아, 중국, 태국에서 현지 워크숍 개최

Universities for Korean Studies, 2005년 설립), 중앙아시아한국학교수협의회(AKSPCA-Association of Korean Studies Professors in Central Asia, 2014년 설립), 동남아한국학회(KoSASA-Korean Studies Association of Southeast Asia, 2005년 설립), 국제한국어교육학회(IAKLE-International Association for Korean Language Education, 1985년 설립) 등과 같은 주요 학회와의 협력 사업을 지속적으로 기획, 개발해 해외한국학 연구자들과의 긴밀한 네트워킹을 유지할 계획이다.

북미

KF는 북미의 대표적인 아시아학 연구자들이 참가하는 AAS 내 지역 분과인 동북아위원회(NEAC-Northeast Asia Council) 주관 한국학 프로그램(북미 한국학자 학술 활동 지원)을 1995년도부터 지원하고 있으며, 2009년에는 한국 특별 사업으로 제임스 팔레 한국학 도서상 기금과 중남미 한국학자 초청 미국 순회강연, 학회지 『한국문화』 특집호 발간을 지원했다. 또한 AAS 연례 학술회의에서 '한국학자의 밤(Korean Studies Reception)'을 개최해 회의에 참석하는 한국학 연구자들의 연구 교류 활동을 지원하고 있다.

또한 AATK 연례회의/워크숍을 1996년부터, ACTFL 한국어분과위원회(K-SIG) 활동을 2006년부터 지원함으로써 북미 지역 한국어 교육의 진흥에 힘쓰고 있다.

유럽

KF는 유럽한국학회(AKSE)와 MOU를 체결해 교수 교환 프로그램(EPEL-Exchange Programme of European Lecturers)을 2003년부터, 유럽 지역 대학원생 연례 워크숍(KSGSC-Korean Studies Graduate Students Convention in Europe)을 2006년부터 지원하였다. 또한 유럽 지역 KF 한국학 대학원생 및 박사후 과정 펠로십 사업을 협력하여 시행하는 한편, 유럽 내 한국학 활동 관련 정보 공유 및 사업 자문을 받고 있다.

그리고 AKSE 학술회의가 열리지 않는 해에 격년으로 개최되는 유럽한국어교육자협회(EAKLE) 회의를 지원(2007~현재)함으로써 유럽 지역 내 한국어 교육자들이 현지 사정에 맞는 한국어 교육 방법론을 교환하고 현지 당면 과제 공유 및 해결 방안을 모색할 수 있도록 하고 있다.

유라시아

KF는 러시아 대학 중 한국학 전공 과정이 운영되는 대학들(모스크바국립대, 상트페테르부르크국립대, 노보시비르스크국립대, 이르쿠츠크국립대, 극동연방대, 극동국립인문대)이 주축으로 운영하고 있는 러시아한국학대학연합(RAUK)의 연례회의 및 회원 대학들의 한국 관련 활동을 지원하고 있다. 또한 최근에 창립된 중앙아시아한국학교수협의회(AKSPCA)의 연례 학술 대회를 통해 중앙아시아 내 학술 교류 협력 네트워크 강화를 통한 한국학 발전 기반을 조성하고 있다.

동남아

동남아학국학회(KoSASA)는 동남아시아에서의 한국학 연구 및 발전에 기여하고자 동남아, 호주, 한국의 9개국 11개 회원 대학들이 모인 학회로 KF는 연례 학술회의 지원(2011~2014)을 통해 동남아 지역 학자들 간 토론과 학술 교류를 장려했다.

국내

KF는 한국어와 문화 교육에 대한 국내외 문화 교육 연구자들의 다각적인 논의를 통해 해외 한국어 교육 환경에 대한 인식 촉구 및 국제적 소통의 장을 마련하고자 2003년부터 국제한국어교육학회(IAKLE)와 공동으로 연례 국제 학술 대회를 주최하고 있으며, 권역별 한국어 교육자 워크숍을 기획해 현지 특성을 고려한 한국어 교수법, 표준 모델 등에 대한 재교육 및 최신 연구 동향 공유를 통한 한국어 교육 수준 제고 및 교육자 역량 향상에 힘쓰고 있다.

1장

해외 한국학
지역별 현황 논문

북미의 한국학 연구 2007~2017

클라크 W. 소렌슨(Clark W. Sorensen) | 워싱턴대학교 교수

지난 10년간 북미 지역의 한국학 연구는 상당한 성숙기에 접어들었다. 한국학에 적어도 한 명 이상의 전문가를 보유한 주요 대학의 수도 크게 증가했다. 한국학 연구를 위한 종합적인 교육 프로그램 및 시설이 미국 주요 대학에 상당수 존재해 대학원생 교육과 장학금 지원이 자체적으로 유지 가능한 비율에 이르렀다. 20세기 후반 북미 지역에서 한국학이 확립될 때까지만 하더라도 한국에 대한 연구는 역사, 인류학, 정치학 및 문학에 집중되어 있었지만 지금은 고고학, 미술사, 문화 연구, 영화 연구, 민족 음악, 문학 비평, 대중문화, 사회학, 도시 계획을 포함한 대부분의 사회과학과 인문학에서 이루어지고 있다. 특히 한국 문학을 영어로 가르칠 수 있을 만큼 충분히 많은 문학 작품이 영어로 번역되었다. 또한 한국에 대한 영문 자료의 확산은 전국적인 규모의 학술회의와 주제별 범문화적 출판물에도 명백히 나타나 있듯이 불교 연구, 중국과 일본의 역사, 정치, 예술과 같은 이웃 분야를 연구하는 학자들이 한국을 포함시키는 계기를 만들어 주었다. 박사 과정에서는 한국 전문가는 아니지만 한국의 언어, 문화, 역사를 포트폴리오에 추가한 학생들의 수도 크게 증가했다. 이와 같은 성과는 동아시아에 대한 연구물이 여전히 특정 국가 위주지만 점차 그 경계가 흐려지고 있음을 보여 준다.

한국 정치학자 이민 1세대가 대부분 은퇴한 이후, 한국학 분야에서 정치학의 역할은 축소되었다. 1960년대와 1970년대 평화봉사단을 통해 한국에 왔던 2세대 북미 한국학 학자들의 은퇴로 인해 향후 몇 년 안에 선임 교수들의 수는 줄어들 것이다. 여기에는 한국사를 전공한 주요 학자들도 포함되는데, 예를 들면 하버드대학교의 카터 에커트(Carter Eckert), 시카고대학교의 브루스 커밍스(Bruce Cumings), UCLA의 존 던컨(John Duncan), UBC(브리티시컬럼비아대학교)의 도널드 베이커(Donald Baker), 미국자연사박물관(뉴욕)의 인류학자 로럴 켄들(Laurel Kendall), 워싱턴대학교의 클라크 W. 소렌슨(Clark W. Sorensen)이 있으나 아직 아무도 은퇴 계획을 발표하지는 않았다. 현재 은퇴기에 있는 60~70대 선임 학자들을 대체할 만한 유능한 신진 학자들이 많이 있지만, 대학과 박물관에서 그 공석을 한국 전문가로 대체하려는 의지가 있는지는 불분명하다. 따라서 일리노이대학교-어바나샴페인의 인류학 교수 낸시 아벨만(Nancy Abelmann)의 최근 서거는 일리노이 지역의 한국학 연구에 공백을 남겼다. 하지만 주요 프로그램들이 자체적으로 후임을 양성할 만큼 잘 마련되어 있어, 이것이 한국학 분야에 위기로 다가오진 않을 것이다. 다음 세대에는 한국계 미국인 학자들이 점점 더 중요한 역할을 할 것으로 보인다.

한국학 연구에 관한 종합적인 프로그램은 미국과 캐나다에서 박사 학위 과정을 운영하는 대학에 집중되어 있다. 미국에서는 UCLA, 하버드대학교, 컬럼비아대학교가 가장 많은 한국학 박사를 배출하지만, 다른 주요 프로그램들 또한 우수한 학자를 육성한다. 캐나다에서는 UBC와 토론토대학교가 중심이 되어 프로그램을 운영하고 있다. 북미아시아학회는 중국, 일본, 동남아시아, 동아시아에 관심 있는 학자들과 더불어 한국을 알고자 하는 학자들이 모이는 학회이며 내부에 한국학 진흥을 위해 힘쓰는 한국학위원회가 있다. 더 영향력 있는 동북아위원회에는 일본학과 한국학 분야에서 각각 선출된 대표가 있다. 10년 전에는 한국학 학자의 수가 너무 적어 동북아위원회에서 한국 전문가를 선출할 수 없었고, 한국학위원회 의장이 직권에 의해 위원회에 참석할 수밖에 없었다. 하지만 최근 학회 내 한국 전문가들이 늘어나면서 이들이 위원으로 선출되었다. 한국 전문가들이 위원회 의장을 맡으면서 한국학위원회를 폐지하자는 의견도 존재했다. 하지만 아직까지 한국학 커뮤니티는 한국학위원회가 유지될 수 있도록 적극 지지해 왔다. 북미에서 한국학이 두드러지기 시작하면서 학자들은 국가적으로 인정을 받고 있다. 제임스 팔레(James Palais)와 마르티나 도이힐러(Martina Deuchler)는 북미아시아학회로부터 각각 2001년과 2009년에 공로상을 받았다. 또한 로버트 버스웰(Robert Buswell)과 로럴 켄들은 각각 2008년과 2016년에 북미아시아학회 회장에 선출되었다. 2010년 이래로 북미아시아학회는 매년 한국 관련 최고 학술 도서에 제임스 팔레 도서상을 수여해 왔다. 이 수상자들을 보면 지난 10년 동안의 연구를 엿볼 수 있다.

- 2010년 - 셈 베르메르시(Sem Vermeersh), 『부처의 힘(The Power of the Buddhas): 고려 시대의 불교 정치』, 하버드대학교 출판부.
- 2011년 - 남화숙, 『배 만들기, 나라 만들기(Building Ships, Building a Nation): 박정희 시대의 한국 노동운동』, 워싱턴대학교 출판부.
- 2012년 - 김 엘레나(Eleana Kim), 『제2의 조국: 한국인 입양아와 소속감의 정치학(Adopted Territory: Transnational Korean Adoptees and the Politics of Belongin)』, 듀크대학교 출판부.
- 2013년 - 김숙영, 『환상의 유토피아(Illusive Utopia): 북한의 극장, 영화 및 일상 공연』, 미시간대학교 출판부.
- 2014년 - 시어도어 휴즈(Theodore Hughes), 『냉전 시기 남한의 문학과 영화: 자유의 최전선(Literature and Film in Cold War South Korea: Freedom's Frontier)』, 컬럼비아대학교 출판부.
- 2015년 - 김수지, 『북한 혁명에서의 일상생활, 1945-1950(Everyday Life in

the North Korean Revolution, 1945-1950)』, 코넬대학교 출판부.
- 2016년 - 스티븐 정(Steven Chung), 『분열된 화면의 한국: 신상옥과 전쟁 후 영화(Split Screen Korea : Shin Sang-ok and Postwar Cinema)』, 미네소타 대학교 출판부.
- 2017년 - 김지수, 『정의의 정서: 조선의 성, 지위 및 법적 성과(The Emotions of Justice : Gender, Status, and Legal Performance in Chosŏn Korea)』, 워싱턴대 학교 출판부.

이러한 주요 학자들에게 박사 학위를 수여한 대학은 런던대학교 SOAS(셈 베르메르시), 시애틀 워싱턴대학교(남화숙), 뉴욕대학교(김 엘레나), 노스웨스턴대학교(김숙영), UCLA(시어도어 휴즈), 시카고대학교(김수지), UC어바인(스티븐 정), 컬럼비아대학교(김지수) 등 매우 다양하다. 한국에 관한 주요 도서를 출판하는 출판사의 수 또한 인상적이다. 그리고 위에 언급되지 않은 출판사 중 캘리포니아대학교 출판부, 하와이대학교 출판부, 로언과 리틀필드 역시 한국에 관한 훌륭한 도서를 상당수 보유하고 있다. 수상 도서의 주제 또한 시사점이 상당히 크다. 여덟 권 중 여섯 권은 근대 한국에 관한 것이고, 두 권만 전근대 한국을 다루고 있다. 또한 미국역사협회에서 2015년도 존 K. 페어뱅크(John K. Fairbank)상을 받은 찰스 암스트롱[1]의 『약자들의 독재자: 북한과 세계, 1950-1992』까지 포함하면 총 세 권의 도서가 북한에 관한 것이다. 이는 북한에 대한 높은 관심을 반영하고 있으며, 한국 전쟁 때 얻은 북한 자료들을 상당수 보유하고 있는 미국 국립기록보관소를 학자들이 심층적으로 연구하고 우드로윌슨센터(Woodrow Wilson Center)가 냉전 관련 역사 프로젝트 진행 중 북한과 관련된 문서를 번역, 발표하

---

[1] 암스트롱 교수는 잘못된 인용 논란으로 인해 수상한 상을 2017년에 반환하였다. 저서의 인용 오류는 다음 개정판에서 수정될 예정이다.

면서 영문 연구 저서의 수준이 급신장했음을 보여 주고 있다. 한국 불교와 노동 문제는 학자들에게 지속적인 관심의 대상이며, 한국학 전공자가 아닌 독자들을 끌어들이는 문학 및 영화 비평(문학 및 영화 역사와는 대조되는)이 처음으로 등장했다. 수상자 중 절반은 종합적인 한국학 프로그램에서 강의하며 나머지는 각 소속 대학에서 한국학을 전공하는 학자들이다. 이 사실 또한 한국학의 확산을 나타내는 지표라고 할 수 있다.

그러나 북미아시아학회가 모든 한국학 학자들을 포함하지는 않는다. 협회 회원들의 전공은 인류학, 영화 연구, 문화 연구, 민족 음악, 역사, 언어 및 문학에 집중되어 있는 편이다. 한국어의 언어학적 연구는 북미에서 매우 발전했지만, 언어학자들의 연구는 매우 기술적인 면에 치중하여 자체 학술지에만 발표되고 있는 실정이다. 따라서 언어학자들이 북미의 여러 중요한 언어학 연구 프로그램을 주도하고 있지만 다른 분야 전문가들의 주목을 받지 못하는 경향이 있다. 또한 정치학, 사회학, 커뮤니케이션학, 법학 또는 도시 계획과 같은 분야를 전공하는 학자들은 북미아시아학회에 소속되어 있을 가능성이 낮고, 이로 인해 인문 또는 사회과학 분야에서 다른 한국학 학자와의 네트워크를 형성할 가능성 역시 작다. 정치학과 사회학 분야는 특정 국가만을 대상으로 연구하기보다는 오히려 일반론적인 연구를 선호하는 경향이 있으므로 지역 기반에 근거한 연구에 호의적이지 않다. 반면에 국제 관계, 개발, 안보 연구 분야의 정책 결정 과정에 있어 한국에 대한 수요가 급증하면서 정치학자들은 정책 연구소를 통해 네트워크를 형성하는 경향이 생겼다. 스탠퍼드대학교의 아태연구센터(APARC)와 컬럼비아대학교의 웨더헤드센터(Weatherhead Center), 그리고 우드로윌슨센터의 경우, 비록 한국학 박사 과정이 없더라도 존스홉킨스대학교의 SAIS와 터프츠대학교의 플레처스쿨(Fletcher School) 같은 국제 관계 학교와 연계되어 있다.

한국학 연구의 새로운 주요 방향은 UCLA의 존 던컨과 UBC의 로스 킹(Ross King)의 주도하에 시도된 대학 간 센터(IUC-InterUniversity Center)로, 일본 요코하마와 중국 베이징의 대학 컨소시엄이 운영하는 비슷한 유형의 센터를 모델로 하여 한국학을 전공하는 대학원생들이 고급 학술 한국어를 공부할 수 있게 하고 있다.

IUC는 서울 성균관대학교에 위치하고 있으며, 2016년 봄부터 활동을 시작했다. 그해 가을 학기에는 7개 대학으로부터 8명의 학생이 참여했다. UCLA, 하버드대, 미시간대, USC(남가주대학교), UBC, 펜실베니아대, 시카고대, 조지타운대 등 총 8개 대학이 참여하고 있는데, 이들 모두가 회비를 전액 내고 있지는 않다. 이 프로그램은 미국에서 4년 이상 공부한 학생들을 대상으로 엄격한 심사 절차를 거친다. 수업료는 학기당 7,500달러지만, 회원 대학 소속 학생들은 5,000달러만 납부한다. 이 프로그램의 장기적인 운영을 가능하게 하려면 학기당 수강생 수가 최소 12명 이상은 되어야 하며 더 많은 회원 대학들이 필요하다. 대부분의 학생들은 외국어 펠로십 또는 풀브라이트 장학금을 활용하지만, 이러한 지원 형태는 현재 트럼프 행정부하에서 축소되거나 없어질 수 있다. 북미의 소규모 한국학 프로그램들은 자격 요건을 충족하는 학생이 매년 있는 게 아니고 예산이 부족하기 때문에 회원 가입을 주저하고 있는 실정이다.

주요 종합 한국학 프로그램

한국학 연구의 구심점은 대학에 있어 왔다. 지난 10년 동안 대부분 태평양 연안과 미국 북동부 지역에 위치한 많은 대학들은 한국학을 가르치고 연구하기 위한 종합적인 센터로 발전했다. 대부분의 대학들은 한국 연구에 오랫동안 전념해왔으며, 한국어를 구사하고 한국학을 주제로 연구하는 4~5명의 전임교수들이 있는 프로그램을 만들 수 있게 되었다. 이러한 프로그램들은 각각의 지역에서 한국학 연구의 허브 역할을 하고 있다. 이 각각의 기관들은 도서관에 한국 관련 자료를 소장하고 있다. 이들 중 가장 규모가 큰 대학교(UCLA, 하와이대, UBC, 미시간대, 토론토대)에는 적어도 7명 이상의 전임교수가 있고, 여러 명의 한국어 강사가 있다. 이들 중 대다수는 교육 프로그램과 (다양한 이름을 가진) 한국연구센터를 둘 다 운영한다. 미국 중서부 지역의 여러 주요 대학들 역시 전도유망한 한국학 기반을 마련하고 있지만 그 지역에서는 미시간대학교만이 이를 종합적인 프로그램으로 발전시키고 있는 것으로 보인다. 미국 북동부 지역의 종합적인 구심점은 하버드대학교와 컬럼비아대학교이다. 반면 미국 남부 지역에서는 한국학이 더 디게 발전했으며 아시아학 전공이 있는 주요 대학들에 한국 전문가로는 1~2명의 전임교원만 있다. 하지만 미국과 캐나다 전체로 보면 종합적인 한국학 프로그램이 없는 주요 대학에도 여전히 인류학, 아시아 언어학, 문학, 영화 연구, 역사학 분야에서 한국학을 전공하는 1~2명의 종신직(Tenure-track) 교수진이 있다. 종합적인 센터만이 사회학과 같은 사회과학 분야나 전근대 및 근대 한국사를 전공하는 교수진을 모두 보유하고 있다.

한국학의 발전 모델은 크게 세 가지가 있다. 첫 번째 모델은 UCLA에서 볼 수 있듯이 언어, 문학, 역사와 문화 전공 교수진을 아시아언어문화학과(또는 동아시아언어와 문명)에 배치해, 한국을 연구하는 인문학자들을 단일 학과로 영입하는 형태이다. 이는 재정 지원 패키지 제공을 통해 우수한 대학원생을 모집할 수 있게 하고 한국학 교수진들로 하여금 원하는 학생들을 확보할 수 있는 영향력을 키워 준다. 이 모델은 아마도 미국에서 가장 인기 있는 한국학 모델일 것이다. 하지만 이 모델은 아시아 역사를 정규 역사학과로부터 분리해 한국학을 동양화하는 단점이 있고, 진정한 역사는 유럽과 미국 중심이라는 인상을 남긴다. 두 번째 모델은 토론토대학교에서 볼 수 있는 방식으로 사회학, 지리학, 인류학뿐만 아니라 동아시아학 교수진이 한국연구센터에서 함께 연구를 진행하는 형태이다. 세 번째 모델은 워싱턴대학교에서 볼 수 있다. 학제 간 사회과학 연구가 이루어지는 워싱턴대학교의 잭슨 국제학부에서 한국학 프로그램과 이를 위한 센터를 운영하고 있는데, 한국학 교수직 2.5석에 인류학자, 정치학자, 그리고 역사학과를 겸임하고 있는 역사학자를 임용했다. 또한 한국어 강사가 있는 아시아언어문학학부에서도 한국 문학 분야가 있다. 다른 대학들은 이 세 가지 기본 모델에서 조금씩 변형된 방식을 보여 준다.

2008년 금융 위기 이래 미국의 많은 주에서는 대학 교육 지원을 축소하고 있다. 따라서 한국학센터를 지원할 후원자를 확보한 펜실베니아대학교와 미시간대학교를 제외하고는 과거 10년 동안 미국 주립대학에서 한국학 프로그램을 구축하는 데 어려움을 겪었다. 주립대학의 학비가 인상되면서 특히 전통적으로 재정적 지원이 없었던 석사 학위 과정 학생들을 위주로 전체 학생 수가 감소했다. 주내 거주자는 주외 거주자보다 학비가 훨씬 저렴하기 때문에 학생들은 거주하는 주 소재 대학교로 진학하기 시작했다. 미국의 캘리포니아주, 하와이주, 뉴욕주, 미시간주, 워싱턴주에만 종합적인 한국학 프로그램을 운영하는 주립 기관이 있다는 점을 감안했을 때, 이는 일부 학생들의 한국학에 대한 접근성을 저해하는 요인이다. 이와 같은 문제는 앞으로 보다 많은 관심이 필요한 사안이 될 수 있다.

미국 북동부 지역에 위치하고 풍부한 재원을 보유한 사립대학들은 주립대학보다 더 안정적인 기금을 보유하고 있기 때문에 이러한 상황에 타격을 적게 받았다. 하지만 사립대학들은 주립대학보다 그만큼 더 부유한 학생들의 눈높이를 만족시켜야 했다. 또한 캐나다의 경우 국공립 기관들에 대한 지원이 보다 안정적이다.

태평양 연안

캘리포니아주에 가장 다양하고 많은 한국학 연구 기관이 있다. 앞서 언급한 UCLA는 아시아언어문화학과에 7명의 한국학 교수진을 두고 있다. 선임 학자인

존 던컨(고려와 조선의 역사)과 로버트 버스웰(한국 불교)이 오랫동안 이끌어 온 이 학과는 현대 문학(크리스토퍼 한스컴[Christopher Hanscom]), 현대 역사(이남희), 한국 기독교(옥성득), 민속학(티머시 탕헤르리니[Timothy Tangherlini]) 분야에서 최고 학자들을 두고 매우 훌륭한 프로그램을 운영하고 있다.

미술사학과에서 베르그린드 융그만(Berglind Jungmann)은 한국 분야의 최고 권위자로, 그녀의 은퇴는 큰 공백을 남길 것이다. 반면에 『환상의 유토피아: 북한의 극장, 영화 및 일상 공연』의 저자 김숙영은 2013년 팔레 도서상을 수상했고, 최근에 UCLA 연극·영화·텔레비전학부의 연극학 교수로 임용되었다. 김숙영 교수의 두 번째 저서 『DMZ 횡단: 한국의 국경을 따라 감성적인 시민권 공연(DMZ Crossing: Association for Theater in High Education)』은 고등교육연극협회로부터 우수 도서상을 받았다.

UCLA 캠퍼스 내에는 한국과 관련된 활동에 대한 정보 센터 역할을 하는 한국학센터가 있지만 한국 전문가 교육은 미국에서 활발하게 활동하는 신진 학자들을 많이 배출한 아시아언어문화학과에서 주로 이루어지고 있다. UCLA는 대학원 수준의 한국어 학습을 위한 IUC를 주도한 주요 대학 중 하나다. 일본어 고급 교육을 위한 요코하마의 IUC를 모델로 하고 있는 한국 IUC는 현재 서울 성균관대학교에 위치하고 있다. 고급 어학연수가 필요한 박사 과정생들을 각 대학에 파견하는데, 회원 대학은 할인된 금액으로, 비회원 대학은 보다 높은 금액으로 비용이 책정된다.

UCLA에서 캘리포니아 내 가장 크고 중요한 한국학 프로그램이 발전한 이유 중 하나는 남부 캘리포니아에 많은 수의 한국계 미국인이 집중해 있기 때문이다. 이러한 한국계 미국인의 밀집은 UCLA 이외의 다른 캘리포니아대학교 캠퍼스에도 상당한 규모의 한국학 프로그램을 운영할 수 있게 했다. 이와는 반대로 소규모로 프로그램을 운영하는 캠퍼스의 경우 한국학의 특정 분야만을 전문적으로 다루는 경향이 있다.

- UC어바인의 동아시아언어문학과는 문화 연구, 한국 영화, 현대 한국 문학을 다루는 세 명의 한국 전공 교수진과 인류학과 내 한국 전공 교수진을 두고 있다. 비평적 연구에 대한 그들의 관심사와 강점을 반영해 비평적인 한국학 연구를 위한 UCI센터를 창설했다. 동아시아언어문학과에서 김경현은 한국 영화 산업에 대해 두드러진 출판 활동을 하고 있다. 같은 학과에서 서석배는 번역 분야를 다루고 최정무는 비평 연구를 담당한다. 『제2의 조국: 다국적 한국 입양아들과 소속감의 정치학』을 출판해 2012년 팔레 도서상을 수상한 김 엘레나는 인류학과 소속이다.

- UC샌디에고에는 다섯 명의 핵심 교수진이 있다. 스테판 해거드(Stephan Haggard)는 글로벌 정책학을 연구하고 있으며, 워싱턴 D.C.의 피터슨 경제연구소의 마커스 놀런드(Marcus Noland)와 공동으로 운영하는 북한에 관한 블로그로 유명하다. UC샌디에고의 역사학자인 토드 헨리(Todd Henry)는 서울의 식민지 역사에 대한 저서를 출판했지만, 지금은 한국의 성(gender)과 성정체성(sexuality)에 대한 연구를 진행하고 있다. 문학 분야에서 이진경은 초국가적인 노동 문제에 대해 발표했다. UC샌디에고에서 그들은 한국학에 대한 초국가적인 접근에 전념했고, "근대와 현대 한국의 초국가적인 건설이 일본과 미국의 제국주의와 가지는 관계 및 중국을 포함한 아시아와 서방 세계와의 복잡한 관계"를 강조했다.

- UC버클리는 캘리포니아대학교 중 한국학이 가장 오래된 대학이다. 고(故) 로버트 스칼라피노(Robert Scalapino)는 한국학을 오랫동안 주도해 왔고, 현재 은퇴한 이홍영이 그 뒤를 이었다. 동 대학은 캘리포니아대학교 중 최고의 한국학 도서관을 가지고 있다. 한국학센터는 오래전부터 동아시아학연구소의 한 부분이었다. UC버클리에는 많은 학회 프로그램과 방문객, 출판 시리즈가 있지만 한국학을 전공한 종신직 교수진의 수는 상대적으로 적다. 한국의 현대성과 소비에 관해 연구한 인류학자 로라 넬슨(Laura

Nelson)이 유일한 한국학 종신교수다. 사회학자 존 리(John Lie)는 한국의 디아스포라와 아시아계 미국인의 문제에 초점을 두고 있다. 젊은 영화학자 안지수는 동아시아언어문화학과에서 한국학을 연구하고 있으며 2017년 가을에 캘리포니아대학교 출판부에서 저서를 출판할 예정이다. 하지만 UC버클리 한국학센터에서는 젊은 교수진을 유지하거나 적절한 역사학자를 영입하지 못하는 등의 문제를 겪고 있다. 이런 중요한 기관에 한국학 관련 전임교수가 더 없다는 것이 안타깝다.

캘리포니아대학교뿐만 아니라, 한국학에 상당한 노력을 기울여 온 캘리포니아의 사립대학도 몇 군데 존재한다.

- 한국에 관한 USC의 교육 프로그램은 영화학(최영민), 언어학(김남길), 문학(박선영) 교수진을 보유하고 있는 동아시아언어문화학과가 중심이다. 역사학과의 황경문은 근대 한국사에 대해 매우 활발한 저서 활동을 해 왔다. 또한 USC는 훌륭한 도서관을 보유하고 있다. 더욱이 국제 관계와 비즈니스 교수인 데이비드 강(David Kang)이 운영하는 한국학연구소도 있다. USC 한국학연구소는 차세대 장학금 프로그램과 논문 검토 프로그램을 통해 젊은 학자들을 멘토링하는 데 주력해 왔다. USC 캠퍼스에 위치한 도산 안창호의 예전 주택에 한국학연구소를 운영하고 있으며, 미시간대학교와 협력 관계를 발전시켜 왔다.
- 스탠퍼드대학교는 한국학의 중요한 중심지로, 과거 10년 동안에 많은 발전을 이루었다. 세 개의 다른 학과에 세 명의 교수진이 있다는 점에서 한국학 운영 모델은 USC와 유사하다. 저명한 한국의 사회학자 신기욱이 프로그램을 구축했다. 종신교수인 역사학자 문유미는 20세기 한국에 관해 연구해왔고, 최근에는 북한 아동문학을 다룬 젊은 학자 다프나 주르(Dafna Zur)를

동아시아언어문화학과에 임용했다. 신기욱, 문유미 박사가 대학원생을 일부 양성하고 있지만 아시아·태평양연구센터(Shorenstein APARC) 내 APARC 한국 프로그램이 이 프로그램을 주도적으로 운영한다. 아시아·태평양연구센터는 학회와 학술회의뿐만 아니라 외교 정책 전문가와 한국 외교 정책에 관한 글쓰기 및 연구를 담당하는 은퇴한 외교관을 유치하고 지원함으로써 APARC 한국 프로그램과 한국 외교 정책 확립 사이의 관계를 강화하고 있다는 점이 주목된다.

많은 한국 이민자들이 있기 때문에 한국에 대한 관심이 많은 남부 캘리포니아의 소규모 문과대학들(liberal arts college)은 캘리포니아의 종합 교육 기관에서 박사 학위를 받은 1~2명의 한국학 교수를 두고 있다. 이와 같은 네트워크에서는 캘리포니아대학교 또는 USC 등 주요 센터가 후원하는 행사가 지역 내 학자들을 끌어들일 수 있기 때문에 활발한 지적 공동체가 형성된다.

- UC리버사이드 비교문학과의 켈리 정(Kelly Jeong) 부교수는 한국 문학과 문화 연구에 관련된 저서를 출판하다.
- UC샌타바버라에서 고고학자 배형길은 한국 고고학 및 문화 자원 관리 개발에 관해 저술했다.
- 사립학교인 클레어몬트매케나칼리지에서 앨버트 박(Albert Park)은 식민지 한국 역사에 관해 글을 쓰고 있다.

하와이대학교는 한국학 전공 교수진을 많이 보유하고 있다. 동아시아언어문화학과의 김용희, 고고학자 크리스토퍼 배(Christopher Bae), 민속음악학자 이병원, 2명의 사회학자, 1명의 언어학자, 몇몇 다른 교수진을 비롯한 4명의 종신직 교수가 있다. 캠퍼스 내 한국식의 멋진 건물에 위치한 한국학센터는 다양한 학과에 소속된 교수진을 하나로 결속한다. 이외에도 하와이에는 연방 정부가 설립한 동서센터(East-West Center)가 있다. 과거에는 이 센터가 한국학 발전에 중요한 역할을 했지만, 이제는 과거보다 재원도 많이 줄고 한국과의 연관성도 많이 줄어들었다. 하와이대학교에는 한국학 교수진이 많이 있지만 지난 10년 동안 3명의 선임 역사학 교수와 1명의 선임 정치학 교수가 은퇴하면서 이들 핵심 분야에 대한 우려가 제기되고 있다. 하와이대학교는 사회학자 하겐 구(Hagen Koo)와 같은 몇 명의 저명한 학자는 유지했지만 예전 핵심 분야였던 역사학 분야에서는 공백이 크다. 민속음악학 등 여러 학과의 개별 교수는 한국학에 중요한 공헌을 하지만 현재 유기적으로 일할 수 있는 한국 관련 핵심 교수진이 있는 곳은 동아시아 언어문학과뿐이다.

북미의 태평양 북서부 지역은 추가적으로 두 곳의 종합 한국학 프로그램을 자랑하는데, 하나는 시애틀의 워싱턴대학교에 있고, 다른 하나는 밴쿠버의 UBC다. 워싱턴대학교는 잭슨국제대학(이름과 달리 문리학부 내의 학제 간 학과)에서 학부 및 대학원 과정 한국학 프로그램을 운영하고 있다. 워싱턴대학교의 프로그램은 미국에서 가장 오래된 프로그램 중 하나이며(1944년 시작), 북미 학계에서는 하버드대학교에 이어 두 번째로 큰 규모의 한국학 장서를 소장하고 있다.

한국학 석사 과정은 한국학 프로그램에서 진행된다. 한국학센터도 잭슨국제대학에 자리 잡고 있는데, 연구 및 출판물들을 조정한다. 역사적으로 워싱턴대학교의 한국학은 인문학보다 사회과학에 더 중점을 두었다. 이곳에서 한국학은 클락 W. 소렌슨 선임 인류학 교수가 맡고 있다. 잭슨국제대학에는 선임 정치학자 하용출과 『배 만들기, 나라 만들기: 박정희 시대의 한국 노동운동』으로 2011년 팔레 도서상을 수상한 역사학자 남화숙이 재직 중이다. 잭슨국제대학은 오랫동안 박사 과정 프로그램이 없어서 박사 과정생들을 개별 학과로 보냈기 때문에 워싱턴대학교 박사 학위 수여자들은 각각 역사학, 인류학, 정치학, 사회학 학위를 받았다. 하지만 잭슨국제대학은 2013년에 국제학 박사 학위 과정을 운영하기 시작했으며 비교문학, 민족음악학, 젠더, 여성학, 역사학, 정치학과 더불어 수년 내 한국을 전문으로 하는 박사를 배출할 예정이다. 네 번째 종신교수는 상당한 규모의 한국어 프로그램을 운영하고 있는 아시아언어문학학부의 조희경이다. 그녀는 현대 문학의 발전 과정으로서 번역에 대해 연구한다. 워싱턴대학교의 아시아어·문학부는 한국 문학 분야 박사 과정을 운영하지 않지만, 중국 문학과 일본 문학을 전공하는 많은 학생이 한국 문학과 연계된 비교 박사 학위 과정을 마쳤다.

지난 10년에 걸쳐 워싱턴대학교 출판부가 발행한 한국학센터 간행물은 여섯 개의 국제 학술회의를 후원하고 한국학 프로그램의 교수진이 편집한 일곱 권의 학회 저서를 포함한다. 최근에 소렌슨 교수는 일본 인류학자인 안드레아 아라이(Andrea Arai)와 함께 『가능성의 공간: 한국과 일본을 넘어서(Spaces of Possibility: In Between and Beyond Korea and Japan)』라는 학회 자료를 공동 편집했다. 하겐 구와 남화숙 교수는 새로운 편집 저서를 준비하고 있는데, 소렌슨 교수가 편집장으로 있는 잭슨국제대학 한국학 시리즈(워싱턴대학교 출판부 발간)와는 별도다. 그동안 이 시리즈에서 두 권의 책이 아시아학회에서 팔레 도서상을 수상했다. 소렌슨 교수는 2009년부터 2016년까지 워싱턴대학교에서 『한국학 저널(The Journal of Korean Studies)』을 편집했다.

밴쿠버에 소재한 UBC는 영어권 캐나다에 소재한 두 개의 종합적인 한국학센터 중 하나다. 이 프로그램의 중심은 전근대 역사와 종교를 강의하는 선임교수 도널드 베이커와 한국 언어학자인 로스 킹(Ross King), 저명한 문학 번역가이자 한국 문학을 강의하는 브루스 풀턴(Bruce Fulton)이 소속된 아시아학과에 있다. 저서 『풍물: 남한의 북과 춤(P'ungmul: South Korean Drumming and Dance)』으로 한국음악협회에서 이혜구상을 수상한 네이선 헤슬링크(Nathan Hesselink) 교수는 민족음악학을 강의하고 있다. 또한 UBC는 한국의 인류학과 역사에 관심을 가진 교수진이 한국연구센터를 통해 결집하여 한국학의 토대를 마련하고 있다. 호주와 영국의 대학교처럼 UBC는 연구교수와 강의교수를 구분한다. 이에 따라 UBC 두 명의 한국 전문가들은 아시아연구소 소속이다. 북한에 관한 연구로 많은 저서를 내는 유명한 정치학자 박경애와 현대 한국 역사학자인 형구 린(Hyung-Gu Lynn)은 2008년부터 현대 아시아의 학제 간 연구를 위한 주요 학술지인 『퍼시픽 어페어스(Pacific Affairs)』 편집에 집중하고 있다.

캘리포니아주와 워싱턴주 외에도 애리조나주 템피 지역의 애리조나주립대학교도 한국에 관심을 가지기 시작했다. 아시아연구센터에는 현대 한국 불교에 관한 책을 출판한 박보리와 서울 개발에 관한 책을 출판한 김주철이 있고, 최근에 젊은 문학 전공자를 임용했다.

전반적으로 한국에 관한 연구는 네 개의 종합 프로그램을 자랑하는 태평양 연안에서 우세하지만 하와이와 워싱턴에서 선임교수진의 은퇴로 역사학계에서 빛나는 과거에도 불구하고 이제 전근대 한국사를 전공한 교수진이 없는 것은 우려할 만한 상황이다. UCLA와 UBC는 이 분야에서 여전히 우세하지만, 이 두 학교에서조차 존 던컨, 로버트 버스웰, 도널드 베이커 교수 등이 은퇴할 나이가 가까워지고 있다.

북동 지역

한국학이 전반적으로 가장 발달한 곳은 태평양 연안과 하와이이지만, 역사적으로 미국의 지적 활동의 전통적인 중심지는 뉴잉글랜드와 중부 대서양 주이다. 북동부 지역에 위치한 아이비리그 사립대학 중 하버드대학교와 컬럼비아대학교는 지난 10년 동안 한국 전문가를 양성하고 종합적인 한국학 프로그램을 개발해 왔고 빙엄턴대학교가 세 번째 중심지로 성장하고 있다. 이 지역의 기타 중요한 대학들, 특히 민간 기부금 수혜 대학들은 최근 몇 년간 한국학 분야 교수를 1~2명 임명했지만, 아직까지 종합 프로그램을 개발하지는 못했다.

하버드대학교는 비단 한국학뿐만 아니라 모든 분야에서 미국 주요 대학에서 강의하는 박사 학위자들을 양성하는 데 특히 중요한 역할을 한다. 컬럼비아대학교, UCLA와 함께 하버드대학교는 지난 10년간 한국학을 전공하는 신진 학자들을 가장 많이 배출했다. 그중 「제국의 후손: 고창 김씨와 한국 자본주의 식민지의 근원(Offspring of Empire: The Koch'ang Kims and the Colonial Origins of Korean Capitalis, 1876-1945)」의 저자인 카터 에커트가 교수진으로 있는 하버드대학교의 동아시아언어문명학과가 한국학의 중심으로 자리 잡고 있다. 에커트는 동 저서가 일본과 한국에 대한 가장 뛰어난 도서로 인정받으면서 아시아학협회(Association of Asia)의 존 휘트니 홀 상(John Whitney Hall Book Prize)을 수상하였다. 에커트 교수는 최근에 두 권으로 구성된 박정희 전기 중 첫 번째 책을 출판했는데, 『제국의 후손』만큼 훌륭할 것으로 기대된다. 근현대사 전공인 김선주는 전근대 북한 사람들의 주체성에 대한 저서를 활발하게 출판하고 있다. 두 역사학자 모두 워싱턴대학교의 제임스 팔레 교수의 제자이다. 하버드대학교는 전근대사 전공자들을 계속 배출하는 주요 대학 중 하나다. 하버드대학교에서 오랫동안 문학을 강의했던 데이비드 매캔(David McCann)이 은퇴하면서 UBC에서 학위를 받은 젊은 학자 박시내가 후임자로 임용되었다. 지난 10년 동안 하버드대학교는 사회과학 분야도 계속 발전시켜 왔다. 스탠퍼드대학교 신기욱 교수에게 지도받은 폴 장(Paul Chang)은 현대 한국의 정치 사회 운동을 연구하였다. 시카고대학교 인류학과에서 학위를 수료하고 일리노이대학교의 낸시 에이블만(Nancy Abelmann)과 함께 연구했던 니컬라스 하크니스(Nicholas Harkness)는 그의 최근 저서인 『서울의 노래: 남한의 기독교 목소리와 표현의 민족학(Songs of Seoul: An Ethnography of Voice and Voicing in Christian South Korea)』으로 언어인류학 부문에서 에드워드 사피어(Edward Sapir) 상을 수상하였다. 하버드대학교의 사회학 및 비교문학으로 임용된 교수는 한국 전문가는 아니지만, 위 그룹에 포함될 수 있을 만큼 한국에 관한 충분한 전문 지식을 갖추고 있다. 하버드대학교 옌칭연구소의 한국학 장서들은, 의회 도서관 다음으로 북미 지역 최고 수준이다.

하버드대학교의 한국학연구소(Korea Institute)는 박사후 과정 연구자들과 방문학자들을 초빙하고 심포지엄과 학회를 후원해 한국학을 장려한다. 하버드대학교 한국연구소에서 마크 바잉턴(Mark Byington)이 진행했던 한국 고대사 프로젝트는 미국에서 특히 덜 알려진 11세기 이전의 한국 고고학 및 문헌 연구를 전파하는 선구자적인 역할을 했다. 세 권으로 출판된 초기 한국(Early Korea) 간행지는 삼국시대와 가야의 역사 및 고고학에 대해 다루고 있다. 초기 한국 프로젝트의 정기 간행물(Early Korea Project Occasional Series) 1권은 리처드 맥브라이드(Richard MacBride)가 편집한 것으로 신라의 중대와 하대에 대한 내용을 담고 있다. 이어지는 두 권은 신라와 고려의 예술(김연미 편집)과 한사군(마크 바잉턴 편집)을 다루고 있다. 동 간행물은 모두 하와이대학교 출판부(University of Hawaii Press)에서 열람할 수 있으며 초기 한국의 고고학에 대한 정보를 영어로 제공함으로써 지적 공백을 채우는 역할을 하였다.

컬럼비아대학교는 하버드대학교처럼 종합적인 프로그램은 없지만 중요한 구심점 역할을 한다. 대부분의 대학에서와 마찬가지로 이들 프로그램의 중심은 동아시아언어문화학과에 있다. 2011년 김자현(Jahyun Kim Haboush) 교수의 사망은 전근대 한국 연구에 타격을 주었지만 김정원이 후임자로 임용되었다. 김정원은 하버드대학교의 김선주와 공동으로 전근대 한국 법률 문제에 대해 집필했다. 이 학과에는 또한 「약자의 폭정: 북한과 세계, 1950-1992(Tyranny of the Weak: North Korea and the World, 1950-1992)」의 저자인 찰스 암스트롱(Charles Armstrong)이 있고 동 저서는 영어로 된 동아시아 역사서 부문에서 미국역사협회(American Historical Association)의 존 케이 페어뱅크 도서상(John K. Fairbank Book Award)을 수상하였다. 또한 「냉전 시기 남한의 문학과 영화: 자유의 최전선(Literature and Film in Cold War South Korea: Freedom's Frontier)」으로 2014년 팔레 도서상을 수상한 문학 전공 시어도어 휴즈가 교수진으로 있다. 웨더헤드동아시아연구소(Weatherhead East Asia Institute)는 캠퍼스 내 지역학 연구를 조율하면서 스탠퍼드대학교의 아시아태평양연구센터(APARC)와 마찬가지로 선임 연구자들의 가입을 허용하고 있는데, 예를 들면 미국자연사박물관 소속이며 한국 샤머니즘에 대해 광범위하게 저술한 저명 인류학자 로럴 켄들과 국제관계학자인 조엘 위트(Joel Witt)가 소속되어 있다. 다른 주요 대학에서처럼 인접 분야의 학자들도 프로그램에 기여할 수 있다. 컬럼비아대학교에는 대규모 연구도서관이 있다. 시어도어 휴즈는 2009년부터 2016년까지 워싱턴대학교의 클라 소렌슨이 편집한 바 있는 『한국학 저널(The Journal of Korea Studies)』의 편집을 맡고 있다.

뉴욕주립대학교 시스템의 일부인 빙엄턴대학교는 주립대학 내 종합적인 한국학 프로그램을 발전시키려는 포부를 가지고 있다. 저명한 언어학자 조성대가 이 프로그램의 책임자로 있다. 조성대를 제외하고 3명의 교수가 참여하고 있는데, 가장 선임은 미국에서 전근대 한국 소설을 전공한 몇 안 되는 학자 중 하나인 마이클 페티드(Michael Pettid)다. 그리고 북한 문학과 영화를 연구하는 임매뉴얼 김(Immanual Kim)과 식민지 시대에 관해 연구하는 김선자는 젊은 학자로서 곧 학계에서 입지를 굳힐 수 있는 저서를 출판할 예정이다. 이러한 신진 프로그램이 구성되면 한국학 분야의 전문가 양성이 활성화될 것이다.

미국 북동부에 위치한 다른 주요 대학들은 대개 동아시아센터에서 소규모 프로그램들을 운영하고 있으며 민간 기부금을 지원받기도 한다. 이들은 하버드대학교, 컬럼비아대학교, 빙엄턴대학교와 함께 미국 북동부 지역에 상당히 큰 한국학 공동체를 형성한다.

- 펜실베니아대학교의 김주진 한국학 프로그램에는 조선왕조 역사를 전공한 박유진이 한국어 강사가 있는 한국학 프로그램을 운영하고 있다.
- 저서 『분단된 한국 영화: 신상옥과 전쟁 후 영화』로 2016년 팔레 도서상을 받은 스티븐 정은 프린스턴대학교 동아시아학부의 주요 한국학 교수다.

- 럿거스뉴저지주립대학교에서 『북한 혁명에서의 일상생활: 1945-1950』으로 2015년 팔레 도서상을 받은 김수지는 아시아어문화학과에서 강의한다.
- 바사칼리지의 저명한 사회학자 문성숙은 성(gender), 군대 및 근대성에 관해 오랫동안 많은 저서를 출판했다.
- 웰즐리칼리지의 아시아학과장 캐서린 문(Catharine H. Moon) 교수는 군대 매춘과 정치적 저항에 관한 저서로 잘 알려진 정치과학자다. 문교수는 워싱턴 D.C. 소재 브루킹스연구소(Brookings Institute)의 비상임 시니어펠로이자 SK-한국국제교류재단 초대 한국학 석좌직을 역임하였다.
- 다트머스대학교에는 신진 학자인 역사학의 서소영, 미술사학의 김성임이 있으며, 곧 저서 출판을 거쳐 종신교수로 임용될 것으로 기대된다.
- 코넬대학교는 아시아학과에서 한국어를 가르치고 한국어 전공도 있지만, 아직 한국학 분야의 종신 교수직을 임용하지 않았다. 현재는 객원교수에 의존하고 있다.
- 매사추세츠주 터프츠대학교의 플레처국제학대학원(Fletcher School of International Affairs)에 한국학 기금교수가 있지만, 과거의 한국학 교수진을 유지하는 데 어려움을 겪었다.
- 뉴욕주립대학교 스토니브룩 캠퍼스(SUNY)는 한국의 역사, 사상 및 종교를 연구하고, SUNY 출판부의 한국 시리즈를 편집하는 김홍경이 운영하는 한국학센터가 있다.

워싱턴 D.C. 지역은 하버드대학교, 컬럼비아대학교 또는 빙엄턴대학교와 같은 종합적인 프로그램은 없지만, 1~2명의 교수진을 보유한 몇몇 대학과 한국에 대해 관심 있는 정책연구소 및 기관들이 있다. 따라서 종합적인 한국학 프로그램이 없을지라도 워싱턴 D.C. 지역은 한국학계에서 상당히 큰 존재감을 가진다.

- 조지워싱턴대학교의 엘리엇(Elliott) 국제학부에는 『정의의 정서: 조선의 성, 지위 및 법적 성과』라는 저서로 2017년 팔레 도서상을 수상한 전근대 역사학자인 김지수가 있다.

- 조지타운대학교에는 정부와 국제 이슈 분야의 D. S. Song, 한국국제교류재단 기금교수이자 아시아학장인 빅터 차(Victor Cha)가 있다. 그는 북한과 국제사회에 대한 수많은 저서를 집필했다. 한국 역사사회학자인 데니스 맥나마라(Dennis McNamara)도 같은 학과에 소속되어 있다.

- 메릴랜드대학교 칼리지파크 캠퍼스는 한국학 연구에 오랫동안 강점을 보였지만, 최근 담당 교수의 은퇴와 인디애나대학교로 김승경이 이직함에 따라 한국학 연구가 위축되었다. 하지만 여전히 역사언어학자인 로버트 램지(Robert Ramsey) 교수가 있다.

- 존스홉킨스국제대학원(SAIS)에는 한국학 전임교수가 없지만 겸임교수 및 객원교수를 활용해 한국 문제에 관심을 기울이는 한미연구소(US-Korea Institute)가 있다. 존스홉킨스대학교에서는 정치과학자 에린 청(Erin Chung)이 아시아 이민에 중점을 두고 있지만 한국에 대해서도 가르친다.

- 우드로윌슨센터의 냉전 역사 프로젝트는 남한과 북한의 역사 연구를 위해 다양한 언어로부터 번역된 문서들을 온라인으로 제공하면서 한국학 발전에 중요한 공헌을 했다.

- 브루킹스연구소는 웰즐리칼리지의 캐서린 문 교수를 비상임 선임 펠로 및 동아시아정책연구센터 내 SK-한국국제교류재단 초대 한국학 석좌직에 임명하였고, 최근 박정현 박사를 새로 선임하였다.

- 북한에 관해 광범위하게 글을 쓴 경제학자 마커스 놀런드는 피터슨국제경제연구소에 있으며, 현재 존스홉킨스대학교국제대학원(SAIS)의 미국-한국연구소 겸임으로 있다.

온타리오주와 중서부 지역

캐나다 온타리오주의 토론토에는 UBC 외에 캐나다에서 두 번째로 중요한 한국 연구 중심지가 있다. 토론토대학교는 『제국들 그 사이의 한국, 1895-1919(Korea Between Empires, 1895-1919)』라는 저서로 널리 존경받는 역사학자 앙드레 슈미드(Andre Schmid)와 『미래가 사라질 때: 후기 식민지 한국의 근대주의 상상력(When the Future Disappears: The Modernist Imagination in Late Colonial Korea)』이라는 저서로 2016 팔레 도서 장려상을 수상한 재닛 풀(Janet Poole) 교수를 중심으로 발전하고 있다. 앙드레 슈미드와 재닛 풀은 모두 동아시아학과 소속이다. 그 외에 송재숙(인류학), 한주희(지리학), 전지혜(사회학) 교수가 있다. 이들은 다른 많은 대학들과 마찬가지로, 국제대학원 아시아연구소 소속 한국학연구센터에서 한국에 관한 연구를 주도하고 있으며 전지혜 교수가 소장이다.

토론토에 소재한 요크대학교는 요크아시아연구센터와 관련된 한국 학자들이 상당수 있다. 잘 알려진 학자 중에는 홍 칼(Hong Kal, 시각 예술), 제니스 김(Janice Kim, 역사), 박현옥(사회학) 등이 있다. 이들로 인해 토론토는 북미 지역에서 한국학 중심지 중 하나가 되었다.

미국 중서부 지역에서는 미시간대학교만이 종합적인 한국학 프로그램을 구축했다. 이는 중서부 대학들의 높은 정부 예산 의존도와 많은 주에서 대학 교육에 대한 예산이 삭감되었기 때문이라고 볼 수 있다. 미시간대학교는 상당한 규모의 기부금 수혜를 받아 커뮤니케이션학과의 곽노진 교수가 소장으로 있는 한국학센터를 운영할 수 있게 되었다. 미시간대학교의 한국학 교수진은 8명으로, 중서부 지역에서 가장 규모가 크고 다양한 프로그램을 운영하고 있다. 많은 교수들이 아직 젊고 경력을 쌓는 중이지만, 잘 알려진 교수로는 카자흐스탄에서 교포들의 민속영화를 찍은 데이비드 정(David Chung)과 현대 한국의 예술에 대해 저술한 기조안, 그리고 박정희 정권하의 한국 문학에 관해 저술한 류영주가 있다. 이

보다 젊은 교수들은 불교 연구 및 사회학 전공이다. 미시간대학교 한국학센터와 USC의 한국센터는 학생들의 학술회의 운영에 협력해 왔다. 미시간대학교 교수 진이 젊기 때문에 아직 미시간대학교가 한국학자 양성의 중심지로 떠오르지는 않았지만 조만간 그렇게 될 전망이다.

미시간대학교를 제외하고 중서부에는 소규모지만 탄탄한 프로그램들을 운영하는 우수한 대학들이 있다.

- 시카고대학교에는 오랫동안 동아시아연구센터에서 한국학을 지원하는 한국학위원회가 있었다. 동아시아언어문화학과에 1명, 역사학과에 1명의 교수가 있는데, 역사학자인 브루스 커밍스가 아마도 미국에서 가장 유명한 한국학자일 것이다. 시카고대학교는 한국 역사 및 문학 분야에서 선별된 소수의 학생들을 육성해 이들이 UCLA, 컬럼비아, 워싱턴, 러트거스와 같은 주요 대학교에서 강의하고 있다.

- 과거 인디애나대학교는 민속학, 역사학 및 언어학 분야에서 한국학 교수 진을 갖추고 활발하게 프로그램을 운영해 왔다. 이 프로그램은 최근 교수 진의 은퇴로 큰 타격을 입었지만, 신규 국제학부 내에 한국학연구소를 설립함으로써 다시 포부를 드러냈다. 초대 소장으로 한국의 여공들에 관해 저술한 선임 인류학자 김성경을 임명했고, 언어와 문학을 가르치는 2명의 교수를 추가로 두었다. 인디애나대학교는 중서부 지역에서 한국학 연구 중심지로 명맥을 이어 갈 것이다.

- 일리노이대학교-어바나샴페인 캠퍼스에서 인류학을 가르쳤던 고(故) 낸 시 에이블만은 북미 지역에서 가장 많은 수의 한국 전공 인류학자를 배출 했다. 그러나 그녀가 2016년에 사망함에 따라 현재 동아시아어문명학과 에는 주로 언어 분야만 남아 있어 한국학의 미래가 불투명한 상태다. 그녀 는 아직 학위를 받지 못한 한국학 전공 박사 과정생들을 남겨 둔 채 고인

이 되었다.

- 아이오와대학교에서는 아시아태평양연구센터에 인류학과 한국사를 전공한 2명의 젊은 교수를 임명했다.
- 캔자스대학교에는 성(gender), 종교, 인종 및 민족에 관해 연구한 켈리 정 교수와 제주도의 샤머니즘을 연구하는 인류학자 윤교임이 있다. 그뿐만 아니라, 한국을 연구 주제로 하는 젊은 교수도 2명 있다.
- 워싱턴대학교(세인트루이스)에서 이지은이 동아시아언어문화학과에서 한국 문학과 문화를 가르치고 있으며, 문학 속 한국 여성에 관해 연구하고 있다.
- 위스콘신대학교 매디슨 캠퍼스에는 한국을 주로 연구하는 두 명의 테뉴어 트랙 교수가 있다. 임병진은 아시아언어문화학과의 잘 알려진 언어학자이 며, 찰스 김(Charles Kim)은 역사학과에서 자신의 저서를 쓰고 있다. 동아 시아연구센터가 한국학의 중심이다. 매디슨 캠퍼스는 보다 종합적인 센터 를 개발할 저력이 있지만, 위스콘신주의 재정난으로 인해 어려움이 있다.
- 위스콘신대학교 밀워키 캠퍼스는 역사학과에 이산가족 문제와 남북 간 화 해 문제에 대해 저술하고 있는 김난 교수가 있다.
- 노스웨스턴대학교 아시아어문화학과는 최근에 신진 한국 문학 조교수와 2명의 언어강사를 영입했다.

남부 지역

미국 남부 지역의 대학들은 전통적으로 주요 대학에서 한국학을 강의하는 학자들을 많이 배출하는 곳이 아니었다. 남부 지역 대학이 관심을 갖는 주요 지 역은 유럽, 라틴아메리카, 중동 지역이어서, 과거에 동아시아 연구는 우선순위가 낮은 분야였다. 미국 남부에는 종합적인 한국학 프로그램이 없지만, 몇몇 우수한 대학이 그러한 방향으로 움직이기 시작했다. 일반적으로 한국계 미국인 학생들과 한류 문화에 관심 있는 학생들을 대상으로 한국어 교육을 시작했다.

- 남부 지역 최고 대학 중 하나인 듀크대학교에는 아시아·중동학과에서 한국학을 전공하는 2명의 교수가 있다. 김환수는 19세기 후반과 20세기 한국 불교에 대한 저서를 출판했으며, 권나영은 식민지 시대의 한글과 문학에 관한 저서를 출판했다.
- 노스캐롤라이나대학교 채플힐 캠퍼스(UNC)는 최근 한국어 강사와 함께 한국 문학 조교수를 임용했다. 듀크대학교와 UNC는 지리적인 근접성을 활용해 동아시아 삼각 컨소시엄(Triangle East Asia Consortium)에서 협력해 더햄-롤리-채플힐 지역의 한국 문화 및 문제에 대한 프로그램을 제공한다.
- 텍사스대학교 오스틴 캠퍼스에는 문화 보존과 한국 인류학의 역사를 연구한 인류학자이자 한국어 강사들을 관리하는 로버트 오펜하임(Robert Oppenheim)이 있다.
- 라이스대학교는 아시아태평양연구센터에 인류학자인 소니아 량(Sonya Ryang)이 있다. 아이오와 출신의 소니아 량은 재일 한국인들에 대해 주로 연구하며, 최근에는 북한의 인류학적 이해에 관한 연구를 발표했다.

결론

북미 대학의 한국학 현황을 조사한 결과 미국, 캐나다 전역에서 UCLA, UBC, 토론토대학교, 미시간대학교, 하와이대학교를 포함해 7명 이상의 전임교수를 보유한 여러 종합 프로그램들이 구축되었음을 알 수 있었다. 이 중에서 하와이대학교는 역사학 교수와 선임 정치과학자의 은퇴로 어려움을 겪고 있다. UCLA와 UBC는 향후 10년 동안 교수들의 은퇴라는 커다란 문제에 직면하게 될 것이며, 신진 학자들 위주인 토론토대학교와 미시간대학교는 교수진이 경력을 쌓고 전공자들을 양성하면서 영향력이 커질 것이다.

물론 규모만이 판단의 척도가 되지는 않는다. 규모는 크지 않지만 여전히 종합적인 프로그램과 전문 인력을 갖추고 있는 하버드대학교가 지속적으로 학계를 선도할 것이다. 컬럼비아대학교, 하와이대학교, UBC, 토론토대학교, 워싱턴대학교, UC샌디에고 및 UC어바인 캠퍼스 역시 전공자 양성에서 훌륭한 성과를 내는 소규모 종합 프로그램을 진행하는 것으로 볼 수 있다. 시카고대학교 역시 좋은 성과를 내고 있다. 몇몇 주립대학들은 2008년부터 예산 감축으로 힘들어했으며, 프로그램 유지 및 확대에 어려움을 겪고 있다. 트럼프 행정부가 교육부를 없애고 학생 보조 및 행정, 학회 지원을 제공하는 국가교육법 타이틀 6(Title VI)에 근거한 예산 지원을 중단한다면, 이는 주립대학의 지역학 연구에 있어 앞으로 심각한 문제가 될 수 있다.

1980년대 소수의 대학 출판부만이 한국에 관한 간행물 출판을 고려했던 상황으로 볼 때, 현재 한국학 관련 출판의 전망은 상당히 밝다. 오늘날 대학 출판부 중 캘리포니아대학교, 컬럼비아대학교, 코넬대학교, 듀크대학교, 하버드대학교, 미시간대학교, 워싱턴대학교 등은 한국에 관한 간행물을 상당히 많이 출판하고 있다. 학자들은 과거보다 책을 출판하는 데 어려움이 훨씬 적다. 한국 분야에 관한 출판업계에서 한국 근대 문학을 세계 근대주의의 맥락에서 이해하려는 UCLA의 크리스토퍼 한스컴, 콜롬비아대학교의 시어도어 휴즈, 토론토대학교의 재닛 풀의 저서 출판으로 인한 문학 비평(문학 역사와는 다른)의 등장이 주목할 만하다. 또한 워싱턴대학교의 조희경은 한국 문학에서뿐만 아니라 세계문학의 기초 문학적 실제로서의 번역을 다루었다. 기록 연구를 토대로 한 찰스 암스트롱과 김수지의 북한 관련 새로운 저서가 있고, 탈북자들과의 인터뷰를 토대로 쓴 다른 책도 있다. 한국 불교 및 기독교에 관한 자료가 빠르게 축적되고 있으며, 한국의 샤머니즘에 대한 관심이 계속되고 있다. 사회학과 인류학에서는 노동, 성별, 국가 정체성, 광고와 같은 분야까지 범위가 확대되었다. 역사학에서 전근대 분야는 여전히 가야 할 길이 멀다. 하지만 일제 강점기 비교 제국주의 맥락에서 일본 제국의 성격을 이해하려는 연구를 중심으로 한국 근현대사에 대한 광범위한 저서들이 있다.

한국학 진흥은 대부분의 대학에서 2세대 한국계 미국인들의 언어 수요에 발맞춰 한국어 강사를 임용하면서 시작된다. 한국어 학습은 꾸준히 확대되어 왔으며 많은 대학에서 등록률이 높다. 영어를 모국어로 사용하는 학생들은 한국어를 정확히 구사하려면 적어도 4년 정도 학습해야 하기 때문에 한국어 교육은 매우 중요하다. 하지만 이러한 두서없는 언어 교육이 한국학을 진흥하는 데 가장 좋은 방법은 아니다. 역사학자, 문학 전문가, 인류학자 및 북미에 거주하는 일반인들이 한국에 관심을 가질 수 있도록 한국학을 진흥하고 그들을 만족시킬 수 있는 인력이 더욱 필요하다. 따라서 언어 학습뿐만 아니라 이러한 분야의 확장을 위한 지원 또한 중요하다. 더욱이 언어 교육은 비교적 급여가 높지 않고 연구 활동을 하지 않아도 되는 강사에게 의존하기 때문에 이 분야에 대해 대학이 책임지도록 하는 것이 현명한 방법이 될 수 있다.

미국에서 주정부로부터 경제적 지원을 받는 주립대학의 경우 앞으로 재정적으로 상당히 불확실한 상황에 직면할 것으로 예상되며, 대학 교육에 대한 국가의 지원이 사라짐에 따라 일부 한국학 프로그램이 축소될 가능성도 있다. 외국어 교육 지원의 가장 중요한 재원이 FLAS 장학금과 (대부분) 주립대학에 위치한 지역센터를 통해 지원하는 국가교육법 타이틀 6이라는 점에서, 미국 교육부의 정책 불확실성이 크다. 주립대학들이 한국학을 진흥하려고 노력하지만, 미시간대학교만이 민간 기부금을 바탕으로 종합적인 한국학 프로그램을 마련하는 데 성공하였다. 더불어 트럼프 행정부하에서 그동안 한국학 연구를 지원하고 한국인 교수들이 미국에 오는 것을 지원했던 국무부의 풀브라이트 프로그램(The Fulbright Program)에 대한 예산 삭감 가능성이 있다. 한국국제교류재단은 주요 대학에서의 교수직 설치를 돕고, 미국 대학에서 박사후 연구자들을 지원하면서, 미국에서의 한국학의 진흥에 기여했다. 이러한 활동은 앞으로 더 많은 예산 지원으로 강화되어야 할 것이다. 또한 한인 커뮤니티 내에서 기부 문화가 정착되지 않으면 주립대학들이 예산 확보에 어려움을 겪을 것이다.

나는 한국학을 전공한 종신직 교수들에게 관심을 갖고 있다. 많은 대학들은 '한국학 교수진'으로 한국에 지엽적 관심이 있는 한국인 교수진 또는 전문학교 교수진을 포함한다. 하지만 여기서는 주로 한국에 대한 교육, 강의 및 연구를 하는 종신직 전문가들로 한정한다.

성장기에 들어선 중남미 한국학의 실태와 발전 방안

김원호 | 한국외국어대학교 국제지역대학원 교수

중남미 지역은 한국학의 역사가 길지 않지만, 결코 미미하다고 할 수 없는 곳이다. 국가별로 1960년대와 1990년대에 태동한 중남미 지역에서의 한국학은 2000년대 들어서야 성장기를 맞았다고 해도 과언이 아닐 것이다. 여기서 성장기란, 인생의 경우처럼 언제 생명이 꺼질지 모르는 태동기는 벗어났으나 여전히 부모의 보호가 필요한 시기를 의미한다. 또한 성숙기에 접어들었다고 하기엔 아직 여러 면에서 미흡한 시기이기도 하다. 이를 학술 진흥 관점에서 보면, 중남미 지역에서 한국학이 아무런 지원 없이도 발전할 수 있는 단계에는 아직 도달하지 못했음을 의미한다.

그간 한국국제교류재단(KF)과 한국학중앙연구원(AKS), 국립국제교육원(NIIED), 한국국제협력단(KOICA), 한국문학번역원(LTI), 세종학당재단은 중남미 지역의 대학 기관에 한국어를 포함한 한국학 교육, 연구소 운영, 한국학 전문학자 양성, 학술 행사 개최, 연구 결과 및 번역물 발간 등 다양한 지원을 제공해 왔다. 특히 KF는 2003년 제1회 중남미 지역 한국학 학술 대회(EECAL) 개최를 지원했고, 현지 한국 대사관들을 통해 2004년 아르헨티나를 시작으로 멕시코, 브라질, 콜롬비아에 한국학 학회 설립 또는 전국 단위 학술 대회 개최를 지원했다. 학술 대회의 정례화와 학회 운영은 현지 한국학의 질적 발전을 가속화하는 계기가 되었음에 틀림없다.

태동기를 벗어난 징표는 한류와 한국 기업의 현지 진출로 인해 중남미 지역에서 한국학의 저변이 더욱 넓어지고 깊어지는 추세에서도 찾아볼 수 있다. 1990년대까지 중남미 지역의 한국학 발전에 기여했던 학문 세대를 1세대라고 한다면, 이들은 국가별로 손꼽을 만큼 수적으로 미미했고, 그들의 학문 영역 또한 제한적이었다. 그러나 오늘날 한국학에 몸담고 있는 2세대 중남미 학자들은 수적으로도 팽창했을 뿐만 아니라 그들의 학문 영역 또한 매우 다양하다.

본고는 정확히 지난 10년을 기준으로 획을 긋는 기계적인 현황 서술보다는, 위에서 언급한 바와 같이 태동기를 지나 성장기에 들어선 한국학의 모습을 읽어내는 데 주안점을 두고자 한다. 이를 위해 본고는 먼저 중남미 지역의 주요 국가별로 최근 한국학의 추이를 살펴보고 이를 통해 공통된 특징과 국가별 차별성을 분석하고자 한다. 또한 앞으로 중남미 지역에서 한국학이 성숙 단계에 들어서기 위해 해결해야 할 과제들을 제시하고자 한다.

아르헨티나

중남미 지역에서 한국학의 역사가 가장 오래되고, 저변이 넓으며, 학문의 깊이가 가장 깊은 나라는 아르헨티나다. 이는 1960년대 아르헨티나에 한국인들의 대대적인 이민이 이루어졌다는 점에서 부분적으로나마 설명된다. 굳이 부분적이라고 단서를 다는 이유는 아르헨티나보다 더 많은 이민이 이루어진 브라질에서는 상대적으로 한국학이 발전하지 않았기 때문이다.

아르헨티나에서 한국학 1세대는 아르헨티나 한국학의 아버지라 불리는 국립 코르도바대학교의 하이메 실베르트(Jaime Silvert) 교수, 1995년 라플라타국립대학교(UNLP)에 한국학센터를 설립한 호르헤 디 마시(Jorge Di Masi) 교수, 부에노스아이레스대학교(UBA)의 미르타 비알로고르스키(Mirta Bialogorski), 코리나 쿠르티스(Corina Courtis), 카롤리나 메라(Carolina Mera) 교수, 투쿠만국립대학교의 릴리아나 팔라세스 데 코시안시(Liliana Palaces de Cosiansi), 코마우에국립대학교의 알시라 트린체리(Alcira Trincheri) 교수 등을 들 수 있다. 이 중 여성 교수들의 공통된 연구 주제는 아르헨티나 지역별 한국 이민 사회에 관한 것이었다. 그럼에도 아르헨티나에서 한국학 1세대들의 연구 주제 영역은 이미 사회학, 정치학, 커뮤니케이션학, 인류학, 역사학, 경제학, 국제관계학 등 매우 다양했다(Iadevito, 2016).

이 중 메라 교수는 UBA에 한국학이 자리매김하는 데 결정적인 역할을 한 학자로서, UBA의 간판격 사회과학분야 연구소인 지노제르마니연구소에서 동아시아연구그룹(GEEA, 2001년 설립)을 맡아 아르헨티나 내 한국 교민 사회와 소통하면서 많은 2세대 한국학 학자를 양성해 냈다. 현재 UNLP에서 한국학센터를 맡고 있는 바르바라 바볼레오(Barbara Bavoleo) 교수와 살바도르대학교의 마리아 델 필라르 알바레스(María del Pilar Alvarez) 교수는 GEEA에서 박사 학위를 마친 신진 학자다. UBA는 2005~2012년에 KF의 지원을 받아 한-아르헨티나연구센터(CECA)를 운영했는 바, 이 기간을 전후해 UBA에서 많은 신진 한국학 학자들이 배출된 것은 우연이 아니다.

특히 살바도르대학교는 1967년에 동양학대학을 설립하고 동양철학 학사 과정에서 한국을 다루어 온 한국학의 발원지이다. 중진 학자인 릴리아나 가르시아 다리스(Liliana Garcia Daris) 교수는 일본이 주 연구 분야이긴 하지만 한국의 종교와 여성 문제를 주제로 논문을 발표해 왔다. 살바도르대학교에서의 한국 연구는 대체로 중국이나 일본 연구에 비해 각광을 받지 못했다. 그러나 최근 이 대학의 마리아 델 바예 게라(Maria del Valle Guerra), 파울라 페르난데스(Paula Fernandez) 교수가 세계한류학회(WAHS)에 참여하고, 알바레스 교수가 중심이 되어 2016~2019년 한국학중앙연구원(AKS)의 씨앗형 사업으로 문화 분야 프로젝트를 유치하면서 한국학의 열기가 달아오르고 있다.

또한 실베르트 교수의 영향이 남아 있는 코르도바국립대학교에는 호르헤 산타로사(Jorge Santarrosa) 교수가 아시아현대사를 담당하면서 현대 한국 및 동북아 연구 특별 과정을 총괄하고 있다. 이 대학은 일찍이 KF 및 AKS의 지원을 받아 한국학 강좌 및 학술회의 등을 개최해 왔다. UNLP는 2012~2015년 AKS의 씨앗형 사업으로 역사 분야 프로젝트를 유치했는데, 2012년 12월 디 마시 교수의 갑작스러운 타계로 UBA에서 훈련받은 바볼레오 교수가 이를 이어 2013년 8월 제6차 중남미 지역 한국학 학술 대회를 주관했다.

이 밖에 마르델플라타국립대학교의 메르세데스 수사나 주프레(Mercedes Susana Giuffré) 교수, 중국 전문가인 로사리오국립대학교의 에두아르도 오비에도(Eduardo Oviedo) 교수가 한국학을 개척하고 있다.

아르헨티나에서 한국학이 이처럼 지속적으로 발전해 온 데는 한국 대사관의 후원 하에 2004년 설립된 아르헨티나한국학학회(AAEC)의 역할이 크다. 본 학회는 그간 실베르트 교수, 디 마시 교수, 트린체리 교수, 메라 교수, UBA의 파울라 이아데비토(Paula Iadevito) 교수를 거쳐, 현재 산타로사 교수가 회장을 맡고 있다. AAEC 주관 학술 대회는 2005년부터 2012년까지 8년간 대학을 바꿔 매년 개최해 오다가, 2014년부터 격년으로 열려 UBA와 코르도바국립대학교가 각각 두 번째 학술 대회를 유치했다. 또한 2015년부터는 학회 홈페이지를[1] 열어 학술회의, 발간물, 각종 장학 사업, 학술 활동 등에 대한 정보를 공유하고 있다.

이아데비토(2016)는 아르헨티나에서의 한국 연구 경향을 크게 한인 이민, 경제와 국제 관계, 문화 및 사회와 같이 세 가지 영역으로 구분한다. 이 중 이민 영역은 수도 부에노스아이레스를 비롯해 투쿠만, 로사리오, 코르도바, 네우켄 등 많은 지역에 퍼져 있는 한인 사회가 현지 사회에 동화되어 가는 과정에 관심이

---

[1]   http://www.estudioscoreanos.org

집중된 것으로 나타나며, 경제 및 국제 관계 영역은 한국의 경제 발전과 교역 관계에, 문화 및 사회 영역은 종교, 교육, 문화 산업, 문화적 정체성 등에 초점이 맞춰져 있다. 이 같은 연구들은 특히 UBA의 사회과학 및 인류학 박사 과정에서 꾸준히 진행되고 있어 그 깊이를 더해 가고 있다.

아르헨티나에서 한국학이 발전하고 있는 또 다른 배경은, 상대적으로 풍부한 재정적 지원이 꾸준히 이루어진 데 기인한다. KF, AKS, NIIED, LTI 등 한국의 기관으로부터 다양하게 후원이 이루어졌다. 그러나 필자가 이보다 더 의미를 두는 것은 아르헨티나 내 학술 진흥 사업의 역할이다. 아르헨티나의 국립과학기술연구재단(CONICET)은 한국의 한국연구재단보다 더 직접적으로 학자들의 급여 및 경력을 관리하고 있다. CONICET는 노벨의학상을 수상한 베르나르도 우사이(Bernardo Houssay)를 초대 이사장으로 하여 1958년 설립된 학술 진흥 기관으로, 대학 및 연구소의 연구를 총괄한다.[2] CONICET는 오늘날 사회과학 및 인문학 학자들을 포함해 6,500명의 연구자와 2,500명의 기술자에게 급여를 줄 뿐 아니라 8,500명의 박사 과정생 및 박사후 과정생에게 급여에 가까운 장학금을 지급하고 있다. 아르헨티나 학자들은 CONICET 소속 학자임을 자랑스럽게 여긴다. 현재 아르헨티나에서 한국학에 몸담고 있는 주축 교수 인력과 대학원생, 박사후 과정생 등은 대부분 CONICET 수혜자들이다. 특히 UBA의 지노제르마니연구소는 CONICET 사업을 추진하는 핵심 기관 중 하나이기 때문에, 메라 교수와 그의 동료, 후진 학자 등은 CONICET 사업의 혜택을 입고 있다고 볼 수 있다. 또한 메라 교수는 필자와의 면담에서 자신이 지노제르마니연구소에 몸담았기 때문에 이를 기반으로 아르헨티나 국내외적으로 활동할 수 있었고, 한국학의 위상을 잡아 갈 수 있었다고 회고한 바 있다.

---

2   https://en.wikipedia.org/wiki/National_Scientific_and_Technical_Research_Council; http://www.conicet.gov.ar

멕시코

멕시코는 아르헨티나보다 훨씬 이른 1905년에 한인들의 이주가 시작되었지만 수적으로 적었을 뿐 아니라, 주로 수도권에 정착한 아르헨티나와 달리 유카탄반도의 농장 지역에 이주해 사회적 관심을 받지 못했고, 학술 연구 대상이 되지도 못했다(Kim, 2009). 따라서 이민 사회와 한인의 정체성에 대한 인문학적 관심에서 출발한 아르헨티나의 한국학과 달리, 1990년대 이후 한국 경제가 부상함에 따른 사회과학적 관심에서 비로소 조명되었다고 해도 과언이 아닐 것이다.

군이 세대를 구분 짓는다면 1960년대 한국외국어대학교에서 아시아학 석사학위를 받은 멕시코국립자치대학교(UNAM) 정치사회과학부의 알프레도 로메로 카스티야(Alfredo Romero Castilla) 교수를 1세대로 칭할 수 있다. 또한 UNAM을 졸업하고 외교관 생활을 하다가 미국의 컬럼비아대학교에서 정치학 박사 학위를 받고 돌아와 소치밀코메트로폴리탄자치대학교(UAM-X)에서 교편을 잡은 호세 루이스 레온 만리케스(José Luis León-Manriquez) 교수, 역시 UNAM에서 학사학위를, 연세대학교에서 석사 학위를, 영국 서식스대학교에서 국제관계학 박사학위를 받은 후안 펠리페 로페스 아이메스(Juan Felipe López Aymes) 교수 등을 2세대라고 부를 수 있을 것이다. 2세대가 멕시코 학계에 자리 잡기 시작한 것은 1990년대 말과 2000년대에 들어오면서부터다. 즉, 멕시코가 1993년 아시아태평양경제협력체(APEC)에 가입한 후 아·태 지역 진출에 관심을 갖는 한편, 1994년 북미자유무역협정(NAFTA)의 발효와 함께 한국 기업들의 멕시코 진출이 본격화하면서 현실적인 관심이 커진 데 따른 것이다. 그러나 2세대 형성 과정은 아르헨티나의 UBA 출신 학자들의 학계 정착 과정에 비하면 순탄치 않은 편이다.

문제점이 가장 두드러지게 나타난 사례는 멕시코에서 아시아 연구로 정평이 난 멕시코국립대학원대학교(COLMEX)에서 발견할 수 있다. 이 대학은 1964년 유네스코 후원 하에 아시아·아프리카학센터를 설립하면서 동양학 연구를 특화

했지만, 1990년대까지 한국을 연구하는 교수를 두지 않았다. KF가 이 대학을 중심으로 멕시코, 더 나아가 중남미 지역의 한국학을 진흥해 보려는 계획 하에 한국인 학자를 교수진에 포함시킨 한국학 석사 과정을 1994년부터 본격 후원했지만, 일정 기간 지원이 끝나자 멕시코국립대학원대학교는 이 프로그램을 폐지했다. 1997년 이 대학에서 한–멕시코포럼 첫 회의가 열린 뒤 2차 회의를 위한 멕시코 측의 한국 답방이 영영 이루어지지 않은 것과도 맥을 같이한다. 몇 년 뒤 멕시코국립대학원대학교는 로페스 아이메스 교수를 2007년 한국학 담당교수로 채용해 한국 연구를 이어 갔지만 2013년 말 돌연 프로그램을 다시 폐지했다. 그 후 로페스 아이메스 교수는 UNAM 모렐로스 캠퍼스의 학제간연구소에서 연구 활동을 펴고 있다. 여기서 발견되는 문제점은 어떤 이유로든 교수 또는 연구진의 공백이 발생할 경우 학교 측이 그 자리를 메우는 데 매우 소극적이었다는 점이다. 이는 한국학 연구를 지속하려는 의지가 약함을 대변한다고 볼 수밖에 없다.

다만 최근 멕시코국립대학원대학교의 아시아아프리카연구소(CEAA) 책임교수인 후안 호세 라미레스 보니야(Juan José Ramirez Bonilla) 교수를 중심으로 한국 연구에 대한 장기 발전 계획을 재수립하려는 움직임은 고무적이라고 할 수 있다. 라미레스 교수는 2016년 12월 초 아르헨티나, 브라질, 콜롬비아, 칠레, 스페인의 한국학 학자들을 멕시코국립대학원대학교에 초청해 중남미의 한국학 현황에 관한 워크숍을 주관했다. 이 회의는 다른 나라들의 사례를 참고해 멕시코 학자들 간에 멕시코의 한국학이 나아가야 할 방향과 CEAA의 역할에 대한 토론이 이뤄졌다는 데 큰 의미가 있다. 라미레스(2016) 교수가 이 워크숍을 통해 내린 결론에서 시선을 끄는 점은, 멕시코에는 한국학 연구의 중심 기관이 존재하지 않아 CEAA의 석사 과정이 이를 보완해야 한다고 인식한 점이다.

수도권에 위치한 대학들과 대조적으로 멕시코에서의 한국학은 오히려 지방 대학에서 더 지속적이고 체계적으로 이루어지고 있다.

태평양 연안 콜리마주의 콜리마대학교는 멕시코가 APEC에 가입한 이후 멕시코의 APEC 연구 중심으로 지정받았다. 콜리마대학교는 2006년 KF의 한국 경제 분야 객원교수가 파견돼 본격적인 한국학 강의를 시작했으며, 이 사업이 종료된 뒤에도 자체적으로 교원을 확보함으로써 멕시코국립대학원대학교와 달리 적극적인 정책을 폈다. 그 후 교내 정치사회학부 및 환태평양연구소(CUEIP)는 한국 관련 강의와 연구의 핵심 기구가 되었다. 정치사회학부의 한국인 지리학자 임수진 교수와 UNAM에서 국제관계학 박사 학위를 취득한 마리아 엘레나 로메로(María Elena Romero) 교수, CUEIP의 앙헬 리코나 미첼(Angel Licona Michel) 교수, 호세 에르네스토 랑헬 델가도(José Ernesto Rangel Delgado) 소장 등은 열정적으로 한국 관련 강의와 연구를 해 오고 있다. 최근에는 한국에서 석사 학위를 받고 돌아온 모니카 라모스 플로레스(Monica Ramos Flores)와 신티 카르데나스(Cinti Cardenas)가 한국어와 한국 경제를 담당하고 있다.

역시 태평양 연안 나야리트주의 나야리트자치대학교는 2012년 세종학당이 설치되면서 중남미 지역 최초로 2013년 8월에 한국학 학부 과정(Licenciatura en Estudios Coreanos)을 열었다. 2015년에는 상당수 학생이 경희대학교, 대구가톨릭대학교, 부산외국어대학교 등지로 1년간 교환 프로그램을 떠났다. 콜리마대학교 정치사회과학대학이 언어를 필수로 하면서 사회과학에 특화하고 있다면, 나야리트자치대학교는 어문학을 포함한 인문학 교육에 더 많은 비중을 두고 있는 편이다. 또한 아직까지는 연구보다 강의 중심의 한국학이라고 볼 수 있다.

멕시코 제2의 도시인 과달라하라의 명문 과달라하라대학교에는 엔리케 발렌시아 로멜리(Enrique Valencia Lomelí) 교수나 준비에브 마치니(Genevieve Marchini) 교수가 한국 관련 연구를 수행하고, 멜바 팔크(Melba Falck) 교수가 한국과의 교환 프로그램에 적극적이지만, 이들이 한국학에 전념한다고 보기는 어렵다. 이보다 멕시코의 사회·경제·국제 관계의 이슈들과 관련해 한국으로부터의 시사점을 찾는 실용적 사회과학 연구를 수행한다고 보는 것이 더 정확할 것이다. 다만 1991년 설립된 이 대학의 아시아태평양학센터가 발간하는 저널 『멕시코와 환태평양(México y la Cuenca del Pacífico)』은 콜리마대학교의 CUEIP가 간행하는 『운송(Portes)』과 함께 멕시코의 대표적인 아시아 연구 학술지로서 한국 관련 연구 결과물을 간헐적으로 싣고 있다.

　멕시코에서의 한국학과 관련해 최근 특징적인 점은 KF의 글로벌 e-스쿨 사업이다. KF가 인터넷을 통해 해외로 송출하는 한국학 강의 사업을 시작했을 때 중남미 지역에 대한 강의 본거지는 미국의 캘리포니아대학교-로스앤젤레스(UCLA)로 지정되었다. UCLA의 존 던컨(John Duncan) 교수가 중심이 되어 UCLA와 남가주대학교(USC) 한국학 교수진이 담당한 이 강의 사업은 멕시코, 브라질, 아르헨티나, 콜롬비아의 일부 대학을 대상으로 2011~2014년에 추진되었다. 그러나 스페인어와 포르투갈어권인 중남미 지역에서 영어로 진행하는 화상 강의는 수강생 모집 및 교과목 확장에 한계가 있었다. 동시에 미국 대학교수들이 시차 및 학제 차이를 포함해 강의 부담을 호소해 결국 필자를 포함한 이 사업 운영위원들은 사업 유치에 적극적인 입장을 보인 누에보레온자치대학교(UANL)로의 사업 이전을 KF에 건의했다.[3] UANL은 대학의 국제화를 적극 추진하는 가운데 동일 지역 경쟁 대학인 몬테레이공과대학교(ITESM)의 중국사무소장이던 레나토 발데라마(Renato Balderrama) 교수를 스카우트하여 아시아센터를 설립해 대학의 간판 기구로 발전시키고 있었다. UANL이 e-스쿨 사업을 맡으면서 한국, 미국, 중남미 지역에 산재한 전문가들이 교수진으로 참여하고 대부분의 강의가 스페인어로 이루어져, 중남미 지역 7개국 20여 개 대학으로 확장되었다.

　또한 이 같은 지역 총괄 글로벌 e-스쿨 사업과 별도로 한국의 개별 대학이 KF의 지원을 받아 추진하는 글로벌 e-스쿨 사업이 있다. 이화여자대학교가 콜리마대학교를 상대로 정치, 경제, 사회, 문화 등의 과목을 송출하고 있다. 이는 영어로 한국의 아침 시간, 콜리마의 저녁 시간에 진행된다. 콜리마대학교는 두 종류의

3　필자는 2013년부터 UANL 국제자문위원회에 위원으로 참여해 왔음을 밝힌다.

e-스쿨 사업에 모두 참여하는 유일한 대학인 셈이다.

한편, 멕시코의 경우 전국적인 한국학 학술 대회는 2008년 멕시코국립대학원대학교에서 처음 개최되었다. 2009년 콜리마대학교에서 열린 2차 학술 대회를 계기로 멕시코한국학학회(CMEC)가 발족되었으나 2012년에 나야리트자치대학교에서 3차 회의가 개최된 후 지금까지 이어지지 않고 있다. 학회 홈페이지는 아직 개설되지 않고 페이스북이 운영되고 있을 뿐이다.[4]

멕시코에서 한국학의 개념은 학술적 범위에서 특색이 있다. 즉, 한국학이 한국만을 연구하는 것일 경우 한반도의 반쪽밖에 설명할 수 없다는 점에서 북한 등에 대한 연구가 균형 있게 이루어져야 한다는 공감대가 멕시코 학자들 간에 형성되어 있다(Kim, 2009). 이는 CMEC 보고서(2016)에서도 재확인되는데, 이 보고서는 한국의 개념을 '4개의 한국(4 Coreas)'으로 이해한다. 즉, 한국, 북한, 디아스포라, 현대의 이주 이동에서 '한국'을 조명해야 한다는 것이다. 이 보고서는 최근 멕시코 각지에서 이루어지는 한국 기업의 투자와 한류의 영향으로 멕시코 한국학의 "남한 집중화(sur-coreanización)가 공고해졌다"고 지적한다. 또한 나야리트자치대학교의 한국학 과정 커리큘럼에 북한이 빠져 있음을 지적하기도 했다.

멕시코의 한인 연구는 1990년대 푸에블라 소재 아메리카스대학교의 일부 교수가 연구한 바 있고, 비슷한 시기 남부 메리다에서 한인후손협회(Asociación de Descendientes Coreanos)가 발족된 바 있으나 세간의 주목을 끌지는 못했다. 그러나 최근 한류 붐을 타고 한인 후손 멕시코 청년들 사이에서 정체성에 대한 인식이 높아지자 이 협회의 호세 마누엘 가르시아 파라(José Manuel García Parra) 부회장은 선조들의 일기, 유고, 유품, 책 등을 확인하고 토의하는 모임을 지속해 학계의 새로운 관심이 쏠리고 있다. 또한 한인 후손 청년들은 한국어 학습 및 한

4　당초 이 학회는 Academia Mexicana de Estudios Coreanos(AMEsCo)로 명명되었고, 제1대 회장으로 로메로 카스티야 교수를 선출했으나, 나중에 Círculo Mexicano de Estudios Coreanos(CMEC)로 명칭이 확정되었다.

국학 수강, 한국 연수에 적극성을 보이고 있다.

또한 CMEC 보고서(2016)는 멕시코인 또는 다른 이베로아메리카인[5] 디아스포라의 눈에 비친 한국 또한 한국학의 한 축이 되어야 한다는 입장이다. 즉, 2013년 조직된 재한멕시코학생연합(MSA)[6] 출신인 이르마 시아냐 힐 야녜스(Irma Zyanya Gil Yañez)가 번역한 구병모 작,『위저드 베이커리』(스페인어 역인『La Panadería Encantada』)가 실제 사례인데, 힐 야녜스는 2016년 제24회 대산문학상 번역 부문을 수상했다.

브라질

1960년대 이래 브라질의 한국인 이민자는 아르헨티나의 이민자보다 훨씬 많았고, 거주 지역도 상파울루 지역에 집중되었지만, 아르헨티나의 경우처럼 한국학 연구가 일찍이 자리 잡지 못했다. 또한 브라질은 세계 6~7위의 경제 대국이지만 아직까지 한국학이 정착되지 않은 세계 주요국 중 하나이기도 하다. 그 원인을 브라질 학자들은 "브라질 대학에 체계적인 국제지역학 전통이 미비하거나"(Guimaraes, 2010 : 497), "브라질 사회 내 유럽 문화가 뿌리 깊어 아시아 지역에 대해 무관심하고, 아시아에 대한 지식을 심화시키려는 정책 및 자원이 부족하기 때문"(Oliveira & Masiero, 2005)이라고 설명한다. 어떤 이유로든 브라질에는 본격적인 아시아 연구소나 아시아학 전문인 양성 기관이 존재하지 않는다. 그나마도 아시아 지역에 대한 연구물은 중국이나 일본이 주류를 이룬다.

---

5   '이베로아메리카인(Ibero-American)'이란 스페인어와 포르투갈어를 쓰는 이베리아반도의 스페인과 포르투갈, 그리고 이들의 통치를 받은 미주 지역 국가들의 국민을 말한다.

6   CMEC 보고서(2016)는 재외멕시코인연구소 통계를 인용, 2016년 3월 현재 한국에 628명의 멕시코인이 거주하며 이 중 21퍼센트가 학생인데, 이들은 MSA를 조직해 주한 멕시코 대사관 및 주한 멕시코인협회와 공동으로 각종 활동을 펴고 있다고 밝히고 있다.

이 같은 무관심 속에서 한국에 대한 학문적 관심이 일기 시작한 것은 1990년대 들어서다. 이는 한국의 경제적 부상에 자극을 받은 바가 컸다. 즉, 브라질에서의 한국학은 실질적인 이유에서 시작되었다. 1980년대 후반부터 1990년대 초까지 외채 위기에 빠져 있던 브라질은 한국의 경제적 성공이 교육과 과학기술에 대한 투자에서 비롯되었다는 데서 교훈을 얻고자 했다. 특히 1987~1990년 싱가포르 대사를 지낸 상파울루대학교(USP)의 아마우리 포르투 올리베이라(Amaury Porto Oliveira) 교수[7]는 한국에 대한 연구의 필요성을 일찍이 강조한 인사로 알려져 있다 (Guimarães, 2010: 497). 이 같은 관심에서 리우데자네이루주립대학교(UERJ)의 레우나르두 부를라마키(Leonardo Burlamaqui) 교수의 두 논문(1989, 1992)은 경제 분야 최초의 한국 연구물로 주목을 끌었다. 이어서 학술 서적 표지에 한국이 본격적으로 등장한 것은 1989년 국가과학기술발전위원회(CNPq)가 발간한 아브라함 벤자켄 식수(Abraham Benzaquen Sicsu)의 편저 『일본, 한국, 이스라엘의 과학기술정책(Politica Cientifica e Tecnologica No Japao Coreia do Sul e Israel)』이 처음이었고, 그 후 1995년 오타비아누 카누투(Otaviano Canuto)의 저서 『브라질과 한국: 후발 산업화의 두 경로(Brasil e Coréia do Sul: Os (Des) Caminhos da Industrialização Tardia)』가 본격 연구물로 읽혔다. 그리고 2002년 발간된 사무에우 피녜이루 기마랑이스(Samuel Pinheiro Guimarães) 편저 『코리아: 브라질의 시각(Coréia: visões brasileiras)』과 2009년 엔리케 알테마니 데 올리베이라(Henrique Altemani de Oliveira)와 질마르 마시에루(Gilmar Masiero)의 공동 편저 『한국: 라틴아메리카의 시각(Coreia do sul: visões latino-americanas)』은 논문집으로서 그나마 본격적인 한국 연구서라고 할 수 있다.

1966~2007년 브라질 내 한국 관련 연구를 조사한 기마랑이스(2010)에 따르

---

7   올리베이라 교수는 나중에 한국과 브라질 정상 간 합의에 의해 1997~1999년 운영된 한-브라질 21세기위원회 브라질 측 초대 위원장을 맡기도 했다.

면, 이 기간 중 발표된 학술 대회 또는 저널 게재 논문, 석·박사 학위 논문, 단행본, 서적의 일부 장 등은 총 241건에 불과했으며, 이 중 50퍼센트가 경제학 및 경영학, 22퍼센트가 국제 관계 및 정치학 분야로 조사되었다. 또한 최근에 발표된 마시에루(2016)의 CNPq 데이터베이스(Plataforma Lattes)에 따르면, 자신의 연구에서 한국을 일부분으로라도 다룬 학자는 1,020명이 검색되는데,[8] 이들 중 417명은 사회과학 분야, 318명은 인문학 분야, 268명은 보건 분야로 나타났다. 특히 정치 및 경제 분야에서 한국을 다룬 연구는 일본을 다룬 경우보다 많았고, 의학 분야에서는 한국과 일본이 중국보다 더 많이 다루어진 것으로 조사되었다.[9]

즉, 브라질에서 한국에 대한 학문적 관심은 결코 낮지 않다. 그러나 한국을 연구 소재로 다룬 대부분의 학자는 전적으로 또는 지속적으로 한국을 연구하기보다는 비교연구의 한 분야로서 한국을 대상으로 삼는 경향이 크다고 보아야 할 것이다. 그나마 한국을 꾸준히 연구하고 결과물을 발표하는 학자는 USP 경영대학의 마시에루 교수, 경제학과의 단테 멘데스 아우드리기(Dante Mendes Aldrighi) 교수 정도에 불과하다. 또한 비교적 한국을 집중적으로 연구했다고 볼 수 있는 소학회로서는, 리통 기마랑이스(Lytton Guimarães) 교수가 주도한 브라질리아대학교 학제간연구소의 아시아연구그룹(NEASIA, 1987년 설립)과, 마리우 브루누 스프로비에루(Mario Bruno Sproviero) 교수와 교민 학자인 임윤정 교수가 이끄는 USP 동양어학과 소속 한국연구그룹(2007년 설립), USP 역사학과 안젤루 세그릴류(Angello Segrillo) 교수와 페테르 데망(Peter Demant) 교수가 운영하는 아시아연구소(LEA) 등을 들 수 있지만, 이들 역시 참여 학자의 수나 연구 결과 발표 빈

---

8 마시에루(2016)는 동 조사에서 일본 연구를 포함한 학자는 2,251명, 중국을 연구에 포함시킨 학자는 2,012명으로 조사되었다고 밝혔다.

9 마시에루(2016)는 동양의학에 관심을 가진 학자 중 한국, 중국, 일본을 언급한 학자는 각각 217명, 144명, 273명으로 나타나, 동양의학의 본산이라고 알려진 중국 못지않게 한국에 대한 관심이 컸다는 점에 주목하고 있다. 그러나 필자는 일본 역시 높게 나타났다는 점에서 브라질에 일본이나 한국 교민이 많아 그들을 통해 동양의학이 생활 속에 파고들었기 때문으로 해석한다.

도 측면에서 보면 매우 미미한 수준에 지나지 않는다.

KF는 기마랑이스 교수를 중심으로 2007년 브라질리아에서 개최된 제1회 브라질 한국학 세미나를 지원한 바 있다. 이 행사에는 33개의 논문이 발표되어 한국학이 활기를 띨 것으로 기대되었다. 당시 참가자들은 기마랑이스 교수를 회장으로 하는 브라질한국학학회(ABECOR) 설립을 결정했고, NEASIA는 한국학 정보 센터 및 학자 네트워크 운영을 다짐했다. 그러나 전국 대회는 단발성 행사로 끝났고, ABECOR은 현실화되지 못했다. 오히려 임윤정 교수와 안토니우 메네제스(Antonio Menezes) 교수가 운영하는 USP 내 한국학 학술 대회가 2016년까지 5회 실시되면서 명맥을 유지하고 있다.

경제, 과학기술 등 실용 학문에서 출발한 브라질에서의 한국학은 오늘날 오히려 한국어 교육으로 축소되는 경향을 보여 우려된다. USP에서는 2005년 이래 KF의 지원을 받아 한국어 강좌 및 학술 활동이 진행되었고, 히우그란지두술주의 상레오폴두에 위치한 유니시누스대학교는 2012년 배재대학교를 파트너로 세종학당을 설립했다. 또한 상파울루주의 캄피나스대학교는 2015년 울산대학교를 파트너로 하여 세종학당을 열었다. 이들 사업은 한국어 교육에 집중돼 있으며, 이는 최근 한류를 통해 한국어에 대한 관심이 높아진 점에 의존하는 바가 크다.

그럼에도 불구하고 필자는 전혀 색다른 계기로부터 브라질에서의 한국학이 돌파구를 마련할 수 있으리라 기대한다. 즉, 브라질의 노동자당 정부는[10] 2010년부터 '국경 없는 과학(Ciencia sem fronteiras)' 사업을 펼치면서 2012~2016년에 541명의 브라질 학생을 한국 대학의 학사 과정에 유학시켰다. 동 사업은 원자재 가가 고공 행진하는 동안 형성된 국가 재원을 미래에 투자하기 위해 2018년까지 과학기술 및 국제 경영 등의 분야에 10만 1,000명의 인력을 해외에 유학시킨다는

---

[10] 브라질 정부 중 교육 투자에 가장 적극성을 보인 정권은 노동자당(PT) 정부로서, 이그나시우 룰라 다 실바(Ignacio Lula Da Silva) 대통령(2003. 1~2010. 12)과 지우마 호세프(Dilma Rossef) 대통령 (2011. 1~2016. 8)이 13년 8개월 동안 집권했다.

목표하에 추진되었다. 이는 브라질 교육부 및 과학기술부의 각 산하 기구인 고등교육인력진흥재단(CAPES)과 CNPq가 주관했다. 그간 브라질에서 한국으로 유학 오는 학생은 교민의 자녀를 제외하고는 극히 드물었으나, 동 사업은 브라질 측이 자발적으로 추진한 한국에 대한 획기적인 학술적 접근인 셈이다.

한국학 진흥의 시각에서 볼 때 이 기회를 통해 한국에서 공부하고 돌아간 브라질 차세대 지도자들은 향후 브라질에서 한국학의 발전에 큰 밑거름이 될 귀중한 자원이라 할 수 있다. 귀국한 브라질 학생 중 23명은 각종 장학금 혜택을 받아 현재 다시 한국에 돌아와 석·박사 과정을 공부하고 있다.[11] 이들을 잘 관리한다면 브라질에서 한국학이 전기를 맞을 수도 있다고 본다. 이를 위해서는 양국 해당 기관 간의 협력이 활성화되어야 한다. 브라질의 주요 학술진흥기관으로는 위에 언급한 CNPq와 CAPES, 상파울루주 연구재단(FAPESP)이 있으나, 현재까지 한국 측에서는 한국과학재단(KOSEF)[12]만이 유일하게 CNPq와 1993년 협력 협정을 체결했다.

칠레

칠레는 한국학의 역사가 긴 편이지만, 결코 발전 추세에 있다고 보기 어렵다.

한국 연구가 가장 오랫동안 이루어진 곳은 칠레대학교다. 1990년대 후반부터 칠레대학교 국제학연구소(IEI)는 에르난 구티에레스(Hernan Gutierrez) 교수가 KF의 지원을 받아 연구 과제 및 학술 행사를 수행했다. 그러나 중심체였던 구티에레스 교수가 2000년 부친의 위업을 받들어 칠레 외교부로 이직한 뒤 한동안 릴리 브

---

11   주한 브라질 대사관의 공식 집계(2017. 2. 9).

12   한국과학재단(1977년 설립)은 한국학술진흥재단(1981년 설립), 국제과학기술협력재단(2004년 설립)과 함께 2009년 6월 한국연구재단(NRF)으로 통합되었다.

라보(Lily Bravo) 교수가 그 공백을 메웠으나 그 역시 개인적인 이유로 곧 학계를 떠났다. 이후 IEI는 마르틴 페레스 레 포르트(Martín Pérez Le Fort) 교수를 형식적인 책임자로 두었으나 별 활동을 하지 않다가, 2006년 다시 KF의 지원을 받으면서 한국학 프로그램을 공식화하고 본격적인 한국 관련 활동을 재개하는 듯했다. 그러나 페레스 교수 역시 2012년 동 프로그램을 마감한다는 IEI의 방침에 따라 칠레를 떠난 뒤 지금까지 칠레대학교는 한국학 연구를 재개하지 않고 있다.

아이러니컬하게도 칠레는 한국학의 현실적 필요성을 진지하게 생각하는 사람들이 많은 국가다. 멕시코나 브라질이 한국의 경제 및 기술 발전을 놓고 잠재력이 더 큰 자신들을 되돌아보면서 자극을 받고 새로운 발전 방향을 모색하기 위해 한국 연구의 필요성을 느낀 것과는 차이가 있다. 즉, 칠레는 더 현실적으로 한국 시장 진출을 위해 한국을 알고자 했다. 칠레는 중남미 국가 중 독특하게 아시아 시장에 대한 수출 비중이 45퍼센트에 달할 만큼 아시아 의존도가 높다. 그러한 이유에서 칠레는 중남미 국가로는 최초로 아시아 국가와의 자유무역협정(FTA)을 추진해 결국 한국을 첫 파트너로 삼았다. 한국과 칠레 간 FTA 협상은 1999년 12월에 시작되어 마침내 2004년 4월에 한-칠레 FTA가 발효되었다. 이때를 전후해 한국학에 대한 관심이 산발적으로 나타났다.

예컨대, 칠레해양대학교(Universidad Maritima de Chile)는 상경학부에 2004~2005년 한국어 교양과목을 개설해 정규 한국어 강의를 시작한 칠레 최초의 대학이 되었다. 그러나 학교 운영진이 바뀌면서 곧 중단되고 말았다(민원정, 2006). 또한 발파라이소가톨릭대학교에는 2004년부터 한국어와 한국 문화 과목이 개설되었다. 칠레대학교와 쌍벽을 이루는 명문 대학인 칠레가톨릭대학교는 2002년부터 역사·지리·정치과학학부에 아시아학센터를 운영해 오다, 2006년부터는 KF의 지원 하에 한국 문화와 한국어 과목을 별도로 개설했다. 또한 산티아고 소재 여러 대학 교수들이 한국의 경제, 정치, 국제 관계, 교육, 공공 정책, 영화 등을 주제로 간헐적으로 논문을 발표하고 있다(민원정, 2006; Min, 2015).

오늘날 칠레에서의 한국학은 칠레가톨릭대학교, 디에고포르탈레스대학교 (UDP) 아시아태평양센터, 칠레산티아고대학교를 중심으로 이어지고 있다. 이 중 칠레가톨릭대학교는 한국에서 건너간 민원정 교수의 노력으로 AKS의 교재 개발 사업 지원(2011~2014)과 KF의 다양한 학술 활동 지원을 받으면서 2007년 부터 학생 에세이 경진 대회, 2010년부터 한국 통일을 주제로 한 롤 플레이를 개 최하는 등 한류의 붐과 함께 대학생들의 학문적 관심을 유도하는 창의적인 사업 들을 운영하고 있다(Min, 2015). 또한 UDP 아시아태평양센터는 교민 출신인 김 정은(Julie Kim) 교수의 주도로 2012년 세종학당을 유치하면서 한국학 영역을 넓 혀 가고 있다. 칠레산티아고대학교는 한국학연구센터(ChKSC)를 설립한다는 목 표로 2014~2017년 AKS의 씨앗형 사업을 지원받았다. 그러나 세사르 로스(Cesar Ross) 소장과 로드리고 알바레스 발데스(Rodrigo Álvarez Valdes) 책임교수 모두 국제관계학 전공이지만 한국 연구 경력이 거의 없는 편이고, 지금까지 이렇다 할 성과가 나오지 않아 향후 어느 정도 발전할지는 의문이다.

칠레의 대학 사회는 독립성과 자율성 면에서 매우 독특한 성향을 갖고 있다. 즉, 학교 운영 면에서 외부의 영향에 쉽게 휘둘리지 않을 뿐 아니라, 대학 내 단 위 조직도 이사 및 교과 운영 등에서 매우 독립적이다. 이런 점은 단위 조직의 장 이 바뀔 때 교과 편성이나 연구의 방향이 어렵지 않게 변경될 수 있음을 의미한 다. 이는 관련 교수진의 거취에도 직접적인 영향을 줄 수 있다. 즉, 외부의 재원이 학술 활동을 장려하는 것은 틀림없지만 대학 기관의 교과목, 연구 분야, 교수진 의 위상을 보장해 줄 수는 없다. 반대로 외부의 재원 없이 칠레의 대학들이 투자 할지도 회의적이다. 왜냐하면 칠레의 대학 사회가 보수적이기 때문이다. 이것이 모든 대학 사회의 공통점이라고 하기에는 그 정도가 심한 편이다. 따라서 새로운 분야가 자신들의 일부분으로 받아들여지는 데는 매우 오랜 시간이 필요하다.

더욱이 칠레에 전국적인 한국학 학회가 창설되거나 전국적인 학술 대회가 열리기까지는 다른 나라에 비해 더 많은 시간이 필요하리라 본다. 한국을 연구하는 학자나 기관의 수가 적은 것도 현실적인 이유지만, 위에서 말한 바와 같은 칠레 학계의 보수적인 성향으로 인해 새로운 분야 연구자들이 정체성을 갖고 조직화하는 데 소극적이기 때문이다. 굳이 한국학 또는 아시아학 관련 학회에서 연구 결과를 발표하고자 하는 이들은 아르헨티나 등지에서 개최되는 전국 학술 대회나 중남미 지역 전체 한국학 학술 대회 또는 라틴아메리카 아시아아프리카학회(ALADAA) 학술 대회를 활용한다.

콜롬비아

콜롬비아는 2000년대 들어 한국학이 급속히 확산되는 국가에 속한다. 콜롬비아는 중남미 국가 중 유일하게 한국전쟁에 전투 병력을 파병한 국가로서, 한국에서는 콜롬비아에 늘 '혈맹'이라는 수식어가 따라다니지만, 콜롬비아에서는 한국이라고 하면 군, 전쟁 등 불안정한 이미지가 각인되어 있었다. 또한 콜롬비아가 장기간에 걸친 내전으로 한국의 경제적 진출이 제한적이어서 양국 간 교류가 미미한 편이었다. 그러나 21세기 들어 콜롬비아는 정치·사회적 상황이 안정을 되찾으면서 급속한 경제 성장을 이루었고, 한국과의 교역도 크게 늘어났으며, 2007년에는 양국 간 FTA 협상이 거론되기 시작해 마침내 2009년 12월 협상이 개시되어 우여곡절 끝에 2016년 7월 15일 발효되었다. 콜롬비아로서는 한국과의 FTA가 아시아 국가와의 첫 FTA였다. 이는 미국과 중남미 지역에 편중된 무역 구조를 아시아로 전환하려는 시도의 일환으로서 아시아, 특히 한국에 대한 관심이 사회 전반에 걸쳐 달아올랐다.

이 같은 분위기에서 콜롬비아의 정관계에 영향력이 높은 세르히오아르볼레다 대학교(USA) 로드리고 노게라 칼데론(Rodrigo Noguera Calderón) 총장의 2010년 방한이 전기가 되었다. 그는 귀국 후 한국 연구에 높은 관심을 보이며, 마침내 USA

에 재직 중이던 모라 랑헬(Mora Rangel) 전 주한 콜롬비아 대사를 회장으로 하는 콜롬비아한국학학회[13]를 2011년 설립하였다. 주콜롬비아 한국 대사관의 지원하에 창설된 이 학회는 콜롬비아 내 16개 대학이 설립 약정에 서명하는 형식을 취했다. 즉, 학회의 존속을 위해 여러 대학 기관이 협조하고 연례 전국 학술 대회를 회장 소속 대학에서 개최하도록 했다. 여기서 간과하지 말아야 할 점은 USA에서 오랫동안 교편을 잡아 온 이경득 교수의 헌신적인 노력이다. 이 교수는 한국 대사관 근무를 포함한 공직에서 일찍이 물러나 콜롬비아에 거주하면서 태권도 교육과 한국전쟁 유가족 후원 사업, 한국 문화 보급 사업 등에 힘써 온 콜롬비아 한국학의 숨은 공로자다.

USA의 적극성은 마침내 2011년 당초 아르헨티나에서 개최될 예정이던 제5차 EECAL을 유치하는 데까지 이르렀고, 이듬해에는 제1회 콜롬비아 전국 한국학 학술 대회를 개최함으로써 학회의 기반을 다지는 공을 세웠다. 이후 학회 운영을 메데인시에 위치한 에아피트(EAFIT)대학교로 넘겨 이 대학 아시아태평양연구소장인 아드리아나 롤단(Adriana Roldan) 교수가 2대 회장이 되었다. 롤단 교수는 일본 와세다대학에서 국제관계학 석사 학위를 취득하고 박사 과정을 수료한 학자로서, 그가 운영하는 연구소는 콜롬비아 내에서 APEC 연구가 가장 활발한 곳이었다. 롤단 교수는 회장 수임을 계기로 자신과 연구소의 영역을 한국학 분야로 확대시켜 갔다. 제2회 한국학 학술 대회는 2013년 에아피트대학교에서 개최되었고, 3대 회장은 콜롬비아국립대학교(UNAL)의 루스 암파로 파하르도(Luz Amparo Fajardo) 교수가 맡아 2014년 제3회 학술 대회에 이어, 2015년 제4회 한국학 학술 대회를 센트랄대학교, 로사리오대학교와 함께 개최했다. 4대 회장은 센트랄대학교의 훌리안 루고 멘데스(Julian Lugo Mendez) 교수가 맡았으나 최근 동력이 약해지고 있다.

---

[13] 콜롬비아한국학학회 홈페이지는 http://www.estudioscoreanosencolombia.org이다.

콜롬비아의 경우 아쉬운 점은, 한국학 학자로서 뚜렷이 부상하는 인물이 없다는 점이다. 즉, 한국학에 대한 실용적 접근의 필요성은 갑자기 대두되었으나 콜롬비아에는 이를 뒷받침해 줄 만한 학문이 축적되어 있지 않다. 따라서 한국 대사관이 의욕적으로 앞서가고 정책 현안에 민감한 일부 현지 학자들이 호응하는 형식의 행사성 사업들이 주류를 이룬다고 볼 수 있다. 오히려 한국을 진지하게 연구하고자 하는 베토벤 에레라(Beethoven Herrera), 호르헤 불라(Jorge Bula) 교수 등 UNAL의 중견 학자들은 이 학회에 참여하지 않고 있다.

기타 국가 현황

이상 살펴본 5개국 외에도 중남미 지역의 일부 국가에서 한국학은 점진적으로 자리를 찾아가고 있다.

아르헨티나, 브라질과 함께 일찍이 한국 이민이 이루어진 파라과이에서는 2013년 라울페냐국립교원대학교(Instituto Superior de Educación Dr. Raúl Peña)에 한국어교육학과가 설립되었다. 교육학 과목들은 현지 교수진이 담당하고 한국인 교수 3명이 한국어를 강의하고 있다. 한국어 교육원이 KF, NIIED, KOICA의 지원을 받아 한국어 교육을 관리하는 형식이다. 이 대학은 한국학 교육 인재 양성을 목적으로 2016~2019년 AKS의 씨앗형 사업도 운영 중이다.

한편, 일본 및 중국 이민자가 많고 아시아 지역과의 교역이 칠레 다음으로 많은 페루에서는 그간 한국학이 더디게 진행되었다. 1996년 리마대학교는 한국 대사관의 지원을 받아 서울대학교 교수 2명 및 대외경제정책연구원(KIEP) 소속 필자를 초청해 한국학 관련 세미나를 개최했다. 비록 후속 사업으로 이어지지는 못했으나 이 세미나의 영향은 결코 미미하지 않았다.[14] 최근에는 수도 리마에 소재한 리카르도팔마대학교가 단국대학교 교수들과 함께 페루에 한국 문화에 대한 인식을 제고할 목적으로 AKS의 씨앗형 사업을 받아 2015~2018년에 추진하고 있다.

한편, 한국 중소기업들의 투자가 1980년대 후반부터 활발히 이루어졌고, 2010년부터 한국과의 FTA 논의가 확산되어 온 중미 지역에서도 한국학은 한국어 교육을 중심으로 성장하고 있다. 한국 기업이 가장 많은 과테말라의 산카를로스대학교는 1995년 처음으로 한국어 강좌를 개설한 이후 2002년부터 2015년까지 KF의 꾸준한 지원을 받아 한국어 교육 범위를 확대해 왔고, 2014년에는 세종학당을 유치했다. 또한 코스타리카의 코스타리카국립대학교(UNA)는 2011년부터, 국립코스타리카대학교(UCR)는 2013년부터 KF의 지원을 받아 한국어 교육을 실시해 왔다. 이 중 국립코스타리카대학교는 2013~2016년 AKS의 씨앗형 사업으로 한국학 진흥 프로젝트를 추진했다. 최근에는 국립공과대학교(UTN)도 세종학당을 유치했다. 니카라과의 니카라과국립대학교 마나과 캠퍼스는 2014년부터 KF의 지원을 받아 한국어 교육을 실시하고 있다.

한국학 지원 사업의 성패 요인과 과제

본고는 중남미 지역 주요 5개국을 중심으로 한국학의 발전 추이를 살펴보았다. 이제 이상에서 분석한 바를 토대로, 한 국가 내 한국학의 발전을 결정짓는 요인이 무엇인지, 그리고 특정 대학 기관에 대한 한국학 지원 사업의 성패를 가르는 요인은 무엇인지 규명한 다음, 앞으로의 과제를 제시하고자 한다. 먼저 결정

---

14 당시 리마대학교에서 학술 행사를 주관한 사회학자 하비에르 프로첼(Javier Protzel)의 조교는 에레디아 나딘(Heredia Nadin) 양이었으며, 그녀의 한국에 대한 관심은 남편 오얀타 우말라(Ollanta Umala)가 무관으로서 근무지를 한국으로 택하는 데 영향을 미쳤고, 귀국 후 그의 대통령 당선과 함께 그녀는 영부인이 되어 한-페루 관계 강화에 크게 기여하였다.

요인과 성공 조건을 보자.

첫째, 중남미 지역 국가에서 한국학이 발전하기 위해서는 구심체 역할을 하는 대학 기관이 존재할 때 성공 가능성이 높다는 가설이 가능하다. 특히 구심체가 수도권에 있다면 전국 단위의 학회도 발전할 가능성이 높다.

실제로 아르헨티나는 UBA가 확고한 구심체 역할을 담당하면서 한국학의 범위나 깊이가 다양하고 전문화되어 있으며 학자들의 참여도도 비교적 높은 편이다. 또한 전국 규모의 한국학 학회도 지속적으로 발전하고 있다. 그러나 잠재력이 클 것으로 기대되었던 멕시코와 브라질에서는 한국학이 활성화되지 못했다. 이 두 국가의 공통점은 구심체가 없고, 한국의 집중적인 지원을 받은 수도권 대학에서 한국학이 정착하지 못했으며, 전국 학회도 1회 또는 2회밖에 이어지지 못했다. 또한 칠레와 콜롬비아는 FTA라는 국가 정책 이슈를 중심으로 한국학에 대한 관심이 고조된 경우여서 관련 대학이 수도권에 집중되어 있다. 그러나 칠레도 초기 한국이 집중 지원했던 칠레대학교 실험은 실패로 끝났고, 오늘날은 가톨릭대학교, UDP, 산티아고대학교 간에 학문의 정착보다 프로젝트 수임 및 성과 홍보를 향한 3파전이 나타나고 있다. 반면 콜롬비아는 한국학 정착 기관은 등장하지 않은 채 대사관의 관리하에 16개 대학이 순환하면서 한국학 학회 회장직을 수임하고 학술 대회를 개최하는 수준에 그칠 가능성이 커지고 있다.

둘째, 특정 대학 기관에 대한 지원 사업이 성공하기 위한 필요조건으로, 학자 개인의 '정체성'과 '헌신'이 전제돼야 하며 최소한 소속 기관은 신학문 분야에 대해 '열린 입장'이어야 한다. 이같이 3박자가 어우러지지 않는 한 기관에 대한 투자는 결국 실패할 수밖에 없다.

대표적인 성공 사례로서, 아르헨티나의 메라 교수는 프랑스 사회과학고등연구원(EHESS)에서 부에노스아이레스의 한인 사회를 주제로 DEA 학위를 받아 한국학 학자로서의 정체성이 분명했고, 아르헨티나 사회과학 중심 기관인 UBA의 지노제르마니연구소는 그를 핵심 연구자로 채용함으로써 그의 헌신과 그에 대한 지원이 성과를 볼 수 있었다. 멕시코나 브라질, 칠레 등 집중 지원 사업의 실패 사례는 학자 개인의 정체성 또는 헌신이 결여되었거나 한국학을 지속하려는 기관의 의지가 부족한 경우였다고 해석할 수 있다.

중남미 지역에서의 한국학은 태동기를 지난 것이 분명하지만 아직 성숙기에 이르지 못했다. 과거 AKS는 해외 한국학 중핵대학 육성 사업을 펴면서 중남미 지역에서 이렇다 할 한국학 중심 기관을 찾지 못해, 대신 미국 UCLA의 한국학센터를 지정하고 2006년부터 2011년까지 5년간 중남미 지역에서 한국학의 정착을 지원하도록 했다.[15] 이 사업이 끝난 후 AKS는 각 국가별로 씨앗형 사업을 펴는 것으로 지원 방향을 전환했는데, 동 사업을 포함해 각각의 한국학 진흥 기관들은 위에서 논한 바와 같은 중남미 지역 한국학 여건의 특수성을 감안해 국가별로 적절한 지원 대상을 정하는 것이 필요하다.

다음으로 중남미 지역에서의 한국학이 더 발전하기 위해 감안해야 할 점과 향후 과제를 지적하고자 한다.

첫째, 중남미 지역에서의 한국학은 크게 언어 교육과 인문학, 사회과학 분야 연구로 나눌 수 있다. 이 중 한국어에 대한 관심은 한류의 영향과 언어에 대한 호기심이나 한국 기업으로의 취업을 위한 현실적인 필요성이 바탕이 되는 경우가 많다. 또한 인문학적 접근은 학문적인 관심이나 한국 사회에 대한 이해를 통한 실리 추구 목적이 크다. 사회과학적 접근은 한국의 경제·사회 발전에 대한 비교 연구 차원에서 진행되는 경우가 대부분이다. 한국어에 대한 관심은 중남미 지역 내 보편적인 경향이긴 하지만, 이것이 반드시 한국학의 심화로 이어진다고 보기는 어렵다. 또한 중남미 지역의 상류 사회는 한국어 교육에 대해 배타적인 입장이어서 막후에서 저항하는 점도 간과해서는 안 된다. 따라서 한국어 강좌나 한국어학과 개설을 무리하게 추진하기보다는 오히려 인문학적 또는 사회과학적 관

---

15 http://ksps.aks.ac.kr/hpjsp/hmp/bizguide/bizsbjtlist.jsp?bizCd=OLU

심에 부응하면서 문화 교육과 경제·사회 분야 연구 진흥에 초점을 맞추고 점진적으로 한국어 교육을 보편화시켜 가는 전략이 더 효과적이라고 판단된다.

둘째, 언어의 한계를 극복하는 전략이 필요하다. 즉, 한국어나 영어보다 현지 언어를 통한 한국학 진흥 모델이 필요하다. KF의 중남미 글로벌 e-스쿨 사업이 영어로 진행됐을 때에 비해 스페인어로 진행될 때 호응도가 높아진 점에서 많은 시사점을 찾을 수 있다. 더욱이 동 사업은 정보 통신 기술이 발달한 오늘날 한국학의 심화 정도가 각기 다른 중남미 국가들의 울타리를 넘어 최선의 교육 내용을 모든 지역에 고르게 전파할 수 있다는 이점이 있다. 같은 이유로 현지 언어(스페인어 또는 포르투갈어)로 작성된 한국 관련 서적 출판의 강화가 필요하다. 이는 번역과 현지 연구물의 출판으로 나눌 수 있을 것이다. 번역은 현재 문학 서적에 치중되어 있는 것을 인문 및 사회과학 분야로 폭넓게 확산시켜야 한다. 한 예로, 필자는 스페인어로 된 한국 경제 관련 서적이 부재한 현실을 극복하기 위해 동 분야 대표작을 국제적으로 명성 있는 기관을 통해 번역하는 것이 최선이라고 판단하여 유엔라틴아메리카경제위원회(ECLAC)를 설득해 한국의 다수 국책 연구원이 공동 집필한 『한국 경제 60년사』 영어판(Sakong et al., 2010)의 번역 출판을 추진, 이것을 ECLAC 홈페이지에서 누구나 무료로 다운받을 수 있도록 했다.[16] 이 같은 노력은 앞으로도 학문 분야별로 계속되어야 한다. 현지 연구물 출판은 다음 항목에서 함께 논한다.

셋째, 스페인어권 한국학 연구자를 총집산하는 노력이 필요하다. 아프리카 지역을 제외하고 스페인어를 쓰는 국가는 스페인과 중남미 지역 18개국이다. 본고에서는 스페인의 한국학을 본격적으로 언급하지 않았으나 그 발전 단계나 상황은 위에서 언급한 멕시코와 유사해 한국학 학자들이 산재해 있다. 또한 한국에

---

16 당시 관련 재원은 KF의 지원을 받은 한중남미협회의 예산을 사용했다. 영어판 판권을 가진 한국개발원(KDI)은 같은 해 동 스페인어판의 컬러 본을 추가로 인쇄했다.

도 현지어를 구사하는 수십 명의 우수한 내외국인 학자가 거주한다. 중남미 지역 한국학의 발전을 위해서는 KF의 글로벌 e-스쿨이나 인문 사회과학 분야 연구, 출판 등 모든 부문에서 이들 인력 자원을 총집산하는 방향으로 운영될 필요가 있다. 이를 위해서는 구심점이 필요한데, 가장 적절한 기구는 현재 운영되고 있는 EECAL을 발전시키는 것이다.

국가별 전국 학술 대회는 아르헨티나와 콜롬비아에서만 명맥이 유지되고 있으나, 지역 전체 학술 행사는 2003년 아르헨티나의 UBA를 시작으로, 2005년 멕시코의 멕시코국립대학원대학교, 2007년 브라질의 PUC-SP, 2009년 칠레대학교, 2011년 콜롬비아의 USA, 2013년 아르헨티나의 UNLP, 2015년 멕시코의 UAM-X, 2017년 8월 브라질의 USP 예정 등 2년마다 개최가 정례화되어 왔다. 현재까지는 5개국 학자들이 임의 협의를 거쳐 순환하며 주최하는 형식이지만, 국제 학회로서 '라틴아메리카한국학학회'[17]를 창설하고 이 기구가 스페인어로 된 학술지를 창간해 동 학회와 학술지가 한국학 확산의 구심체가 되도록 지원하는 것이 필요하다. 동 학회에 스페인과 한국 내 학자들도 참여하는 것이 바람직하다. 아울러 이미 활성화되어 있는 중남미 지역 아시아 학회인 ALADAA(1976년 창설)의 행사에서 한국학 패널은 찾아보기 어려운데, 한국학 관련 패널들이 다수 구성될 수 있도록 장려하고 지원하는 방안도 시급하다.

---

[17] 스페인이나 포르투갈 거주 학자를 포괄할 필요가 있다면 학회 명칭은 '이베로아메리카한국학학회' 등 신축적으로 생각해 볼 수 있을 것이다.

참고 문헌

민원정, 「칠레 한국학 발전의 현황과 전망」, 『한국국제교류재단 Newsletter』 14권 2호, 5월, 2006.

Burlamaqui, Leonardo, "Condicionantes sócio-políticos e política industrial na Coréia do Sul," *Contexto Internacional* 10 : 3, pp. 99~118, 1989.

Burlamaqui, Leonardo, "Políticas de Organização do Capitalismo na Coréia do Sul," *Argumento*, v. 1, pp. 35~50, 1992.

CMEC (Circulo Mexicano de Estudios Coreanos), "Los Estudios sobre Corea en Mexico," *Presentado al Taller Internacional Los Estudios sobre Corea en Iberoamérica, El Colegio de México*, 1 y 2 de diciembre, 2016.

Guimaraes, Lytton L., "Korean Studies in Brazil : The State of the Art," in Center for International Affairs, ed. *Korean Studies Abroad : Profiles of Countries and Regions* (The Academy of Korean Studies) pp. 489~507, 2010.

Iadevito, Paula, "Los estudios sobre Corea en Argentina desde una mirada retropectiva con desafíos a futuro." *Presentado al Taller Internacional Los Estudios sobre Corea en Iberoamérica*, El Colegio de México, 1 y 2 de diciembre, 2016.

Kim, Won-Ho, "Korean Studies in Mexico : A Survey and Recommendations," *Portes* 3 : 6 (Julio-Diciembre), pp. 9~23, 2009.

Masiero, Gilmar, "Estudos coreanos no Brasil : produção científica e perspectivas," *Presentado al Taller Internacional Los Estudios sobre Corea en Iberoamérica*, El Colegio de México, 1 y 2 de diciembre, 2016.

Min, Wonjung, "A Short History of the Ups and Downs of Korean Studies in Latin America : Newcomers Meeting the Challenges," *Journal of Contemporary Korean Studies* 2 : 1 (June), pp. 181~197, 2015.

Oliveira, Henrique Altemani & Gilmar Masiero, "Estudos Asiáticos no Brasil : contexto e desafios," *Revista Brasileira de Política Internacional* 48 : 2, pp. 5~28, 2005.

Ramírez Bonilla, Juan José, "Los estudios sobre Corea en Iberoamérica : Comentarios conclusivos del Taller Internacional," unpublished, 2016.

Sakong, Il & Youngsun Koh, *La economia coreana : Seis decadas de crecimiento y desarrollo*, Santiago : CEPAL, 2012.

Sakong, Il & Youngsun Koh, *The Korean Economy : Six Decades of Growth and Development*, Seoul : KDI, 2010.

유럽 한국학의 현황과 전망

이은정 | 베를린자유대학교 한국학연구소 소장

    유럽의 지성사를 연구하다 보면 18세기에 발표된 세계사 책에서 'Corea'에 관한 글들을 발견하게 된다. 계몽기 유럽 역사학자들을 유럽 한국학의 선구자라고 부르기에는 그들의 연구는 지극히 지엽적인 것이었다. 그러나 그들의 저술을 통해 유럽의 학생들은 한국의 풍습과 역사, 지리에 관해 공부할 수 있었고, 그렇게 '한국'이 유럽 학계에 미세한 뿌리를 내릴 수 있었다.

    유럽 대학에는 학문 연구의 다양성을 보장하기 위해, 그리고 무엇보다 인류의 역사와 문화를 제대로 이해하기 위해 소수의 학자들이 연구하는 분야라도 학문적으로 보호하는 전통이 있다. 그것을 '난초와 같은 학과'라고 부른다. 19세기에 파리대학교와 베를린대학교, 라이프치히대학교 등에 설립된 동양학뿐만 아니라 인도학을 비롯한 대부분의 지역 연구가 그렇게 불렸다. 한국학 또한 그에 속했다. 인류 문화에 대한 이해를 위해 시작된 만큼, 유럽 대학의 지역학은 인문학적 특성이 강했다. 언어와 역사에 대한 지식을 바탕으로 사상과 문화, 문학과 종교에 대한 연구가 진행되었다. 이러한 학문적 전통을 바탕으로 성장한 유럽의 한국학은 제2차 세계 대전 이후 냉전의 틀 속에서 미국의 대외정책에 도움을 주기 위한 도구로 설립된 미국의 지역학과 지금까지도 근본적으로 성격이 다르다.

학부에서부터 이루어지는 엄격한 언어 훈련을 바탕으로 인문학적 교육을 받은 유럽의 한국학과 졸업생들은 오랫동안 북미를 비롯한 다른 지역에서 한국학을 구축하는 역할을 해 왔다. 지금도 유럽의 한국학과 졸업생들이 전 세계적으로 한국학의 확산에 중요한 기여를 하고 있다. 그런 의미에서 유럽의 한국학이 국제 한국학의 기초를 닦는 데 결정적인 기여를 했다는 점에 대해서는 아무도 이의를 제기하지 않을 것이다.

오랫동안 소수의 학생을 중심으로 집중적인 인문학적 교육을 담당해 왔던 유럽의 한국학은 현재 새로운 전환기를 맞고 있다. 대부분의 한국학과들이 급속도로 증가하는 지원자로 인해 양적으로 폭발적인 팽창을 경험하고 있다. 단순히 학생 수만을 보면, 경우에 따라 중국학, 일본학과와 비교할 정도로 많은 학생을 보유한 학교도 있다. 그렇지만 연구 성과를 통해 전체 학계에 한국학이 주는 영향력을 고려하면 유럽의 한국학은 여전히 학계의 중심이 아니라 주변부 학문으로 남아 있다고 보아야 한다. 그런 의미에서 현재 유럽의 한국학이 당면한 과제는 그동안 성취한 양적 팽창을 바탕으로 질적 성장을 달성하는 것이다. 이 글에서 필자는 한국학이 개별적인 연구자들의 단편적인 연구 성과를 넘어 유럽 학계에 깊이 뿌리 내리기 위해 해결해야 할 문제를 점검하고자 한다. 이러한 비판적 접근 방식은 학문의 발전을 위해서 끊임없이 비판적인 성찰을 해 온 유럽의 학문적 전통에 기인하는 것이다. 비판적 성찰 없이 현재의 성과에 만족하고 그것을 자랑하기만 한다면 앞으로의 발전을 위한 전략을 세울 수 없기 때문이다.

유럽 한국학의 정착과 제도화

유럽의 지식인들이 한국에 대해 구체적으로 관심을 갖기 시작한 것은 17세기 후반으로 보인다. 1668년에 네덜란드어로 출판되고, 이어서 영어, 독일어, 프랑스어로 번역된 『하멜 표류기』가 조선이라는 나라의 존재를 유럽인들에게 알려 주었다. 그러나 한국에 대한 학술적인 접근을 최초로 시도한 것은 17세기 초반 이후 중국에서 선교 활동을 성공적으로 이어 가던 예수회 선교사들이었다. 당시 예수회 선교사들은 청나라 정부의 천문관으로 부임할 정도로 성공했다. 예수회 선교사들이 동아시아에서 그렇게 성공적으로 선교 활동을 할 수 있었던 이유는 무엇보다 그들의 특별한 선교 방법 때문이었다. 그들은 자신들이 선교하는 지역 의 문화를 이교도의 문화라고 근본적으로 거부하는 것이 아니라, 기존 문화와 기 독교 문화 사이의 공통점을 찾아 그것을 부각시킴으로써 현지인들이 기독교에 거부감을 갖지 않도록 했다.

그러나 이러한 선교 방법이 가톨릭 교단 내에서 항상 환영받았던 것은 물론 아니다. 특히 동아시아, 그중에서도 중국에서 예수회적 선교 방법을 적용하는 문제에 있어 큰 반대에 부딪혔다. 왜냐하면 예수회 선교사들은 중국의 가톨릭 신자들이 조상숭배 예절을 실천하는 것, 즉 제사를 지내는 것을 허락했기 때문 이다. 예수회 선교사들과 달리 도미니크회 선교사들은 제사를 철저히 금지했다. 그 결과 예수회 선교사들이 훨씬 더 성공적으로 선교 활동을 하게 되었고, 이를 시기한 도미니크회 선교사들은 로마의 교황에게 예수회의 선교 방법이 잘못되 었다며, 제사를 지내는 것은 미신을 숭배하는 것과 다름없다고 비난했다. 이러 한 비난이 잘못된 것임을 증명하기 위해 예수회 선교사들은 중국의 문화 중 특 히 유교의 예법이 무엇인가, 그리고 제사를 지내는 것이 왜 미신이 아닌가 하는 문제를 설명하기 위해 수많은 보고서를 유럽으로 보냈다. 이 보고서들을 통해 유럽에서의 동아시아 연구가 본격적으로 시작되었다고 해도 과언이 아니다. 예 수회 선교사들이 저술한 책 여러 곳에 한국에 관한 이야기도 포함되어 있다. 그 런 의미에서 예수회 선교사들이 유럽에서 최초로 학술적으로 한국을 분석했다 고 할 수 있다.

그러나 그들이 전한 한국에 관한 이야기는 대부분 중국의 역사서에 나오는 한국에 관한 설명, 즉 중국인이 본 한국에 관한 이야기들이어서 17세기 조선의 상황에 관한 이야기는 거의 전달되지 않는다. 당시 유럽인들은 『하멜 표류기』를 통해서만 동시대 한국에 관한 정보를 얻을 수 있었다. 병자호란 이후 1641년부터 1645년까지 청의 인질로 베이징에 머물러야 했던 소현세자와 당시 청 정부에서 천문감직을 맡은 독일인 예수회 선교사 아담 샬 벨(Adam Schall Bell)이 친분을 나누었다고 전해지지만, 이들의 친분 관계를 통해 예수회 선교사들이 조선에 관심을 갖게 되었다거나 그들의 보고서에 당시 조선에 관한 보고를 전한 것은 아직 발견되지 않았다.

프랑스 외방선교회의 J. B. 뒤알드(J. B. Du Halde)가 1743년에 편찬한 중국전에는 한국의 역사와 문화에 대한 소개가 포함되어 있었다. 이와 같은 자료를 바탕으로 1760년대 독일 괴팅겐대학교를 중심으로 형성된 '세계사' 학파의 저술에 한국이 포함될 수 있었다. 1764년 요하네스 가터러가 저술한 '세계사'의 한국편은 뒤알드의 중국전에 소개된 한국에 관한 기술을 거의 그대로 옮겨 놓은 것이었다. 그럼에도 불구하고 세계사라는 새로운 학문 영역을 구축하는 데 한국사가 포함될 수 있었다는 사실은 뒤알드의 중국전이 당시 유럽 학계에 미친 영향을 잘 보여 준다고 할 수 있다. 나아가 이 사례는 학문 영역에서 한국에 관한 연구가 활성화되도록 하려면 무엇보다 신뢰할 수 있는 기본적인 정보와 자료를 제공해 다양한 학문 분야의 학자들이 그것을 활용할 수 있도록 해 주는 작업이 중요하다는 것을 다시 한 번 각인시켜 준다.

19세기 들어 유럽의 대학에서 동아시아에 관한 체계적인 연구가 시작되고 중국어와 일본어 교수직이 마련되었지만, 한국에 관한 연구는 지극히 제한적으로 이루어졌다. 네덜란드에서 프란츠 지볼트(Franz Siebold)가 일본에 관한 연구를 진행하면서 한국에 관해 간단히 서술한 바 있다. 19세기 중반에는 프랑스의 동양학자들이 한국과 한국어에 관한 몇 가지 논문을 발표하기도 했다. 그 외에 한국을 여행한 유럽인들이 한국에 관한 여행기를 발표하거나 지리학자들이 한국 관련 저서를 발표하는 사례가 있었다. 그러나 20세기 초에 독일 베를린과 함부르크, 라이프치히대학교에 중국학과 일본학 교수직을 마련했을 때, 그 어떤 유럽의 대학들도 일본의 식민지로 전락한 한국에 관해 연구하고 교육하기 위한 제도를 정착시키지 않았다. 유럽 대학에서 한국어와 한국학 교육이 제도적으로 정착된 것은 제2차 세계 대전 이후의 일이다.

1950년대 초 체코(1953), 동독(1954), 폴란드(1953) 등 동유럽 국가의 대학에서 한국학 또는 한국어 교육 체계가 제도적으로 자리 잡았다. 이들 대학은 대부분 북한과 긴밀한 관계를 맺고 있었다. 폴란드의 바르샤바대학교와 같이 김일성대학교에서 직접 교수가 파견되거나, 동베를린의 훔볼트대학교와 같이 어학 교육을 위해 김일성대학교에 교환학생을 파견하기도 했다. 1990년 독일이 통일될 때까지 훔볼트대학교의 한국학과를 이끌었던 헬가 피히트(Helga Picht)가 이런 교환학생 제1세대였다. 동구권 국가들이 서유럽 국가들보다 한국어 교육을 제도적으로 일찍 정착시킨 것은 당시 동구권과 북한의 긴밀한 관계를 반영한 것이다. 1990년 독일 통일 과정에서 동독 외교관 연맹이 작성한 문서를 보면 당시 동독 외무부에 한국어를 구사할 수 있는 능력이 있는 사람이 총 11명, 그중에 7명은 통역이 가능할 정도로 높은 수준의 능력을 보유하고 있었다(반면 현재 독일 외무부 내에 한국어 구사 능력을 보유한 정식 외교관은 한 손에 꼽을 정도로 적다). 동유럽 대학의 한국학과들이 대부분 한국어 연구와 교육을 중점적으로 진행한 것 또한 이러한 정치적 필요와 연관 있었던 것으로 보인다.

동유럽과 비교하면 서유럽에서는 한국학 연구와 교육이 비교적 늦게 대학에 제도적으로 자리 잡았다. 영국, 네덜란드, 프랑스, 독일의 사례에서 볼 수 있는 것처럼 대부분의 경우 이미 제도적으로 정착되어 있던 일본학과 또는 중국학과에서 한국어 강좌를 개설했고, 이를 바탕으로 나중에 한국학과가 독립하거나 한국학 교수직이 마련되었다. 네덜란드의 라이덴대학교에서 1946년에 일본학 강의를 맡고 있던 프리츠 포스(Frits Vos)가 한국학 강좌를 개설했고, 1958년에는 일본학-한국학 교수로 임명되었다. 이 대학은 1961년에 한국학 대학원을 설립했으나 한국학과가 독립 학과로 정착한 것은 1994년에 이르러서다. 독일의 뮌헨대학교 동아시아학과는 1947년에 『압록강은 흐른다』의 작가로 잘 알려진 이미륵을 강사로 채용해 한국어 수업을 시작했지만 지금까지도 한국어 수업만 개설되어 있을 뿐 한국학과는 설립되지 않았다. 오히려 뮌헨대학교보다 늦은 1960년대에 한국어 강의를 시작한 튀빙겐대학교, 보훔대학교, 함부르크대학교는 각각 1979년, 1989년, 1992년에 차례로 한국학과를 독립 학과로 설립했다. 1964년에 보훔대학교 일본학 교수로 부임한 부르노 레빈(Bruno Lewin)은 1965년 보훔대학교에 한국학과 한국어 강좌를 설치함으로써 서독에서 한국학 구축의 기초를 닦았다. 영국의 경우 런던대학교 아시아아프리카학부인 소아스(SOAS)가 1953년에 한국학 전임강사를 임용했지만, 한국학 학위 과정이 독립적으로 제도화된 것은 1989년이다. 프랑스에서는 1959년에 파리 소르본대학교의 일본학과가 일본-한국학과로 개칭하면서 한국어 강의를 시작했고, 1965년에 이옥이 동양어대학 전임강사로 임명되었다. 1970년 프랑스 대학의 학제 개편 과정에서 한국학이 일본학과에서 독립해 파리 7대학의 한국학과로 발족하고 이옥이 부교수로 임명되었다. 이탈리아를 비롯한 북유럽의 대학에 한국학이 도입된 것은 1990년대 들어서다.

2016년 조사한 바에 따르면, 현재 유럽 내에 한국학과가 설치되어 있는 대학은 30개교가 넘는다. 2001년에 유럽한국학회에서 한국 관련 교육 연구 실적을 보고한 대학이 총 14개교였던 점을 고려하면 적어도 두 배 이상 증가한 것이다. 더욱이 2001년 보고서에는 한국학과가 설치된 기관만 포함된 것이 아니라 한국 관련 연구 실적이 있는 기관을 모두 포함했기 때문에, 실질적으로 2001년 당시 유럽 대학 내 한국학과의 수는 그보다 훨씬 적다. 1980년대 초반 유럽한국학회 연례 보고서를 보면 한국학이 설치된 대학의 수가 더욱 적다. 네덜란드의 라이덴, 영국의 소아스, 독일의 보훔과 튀빙겐, 프랑스의 파리대학교 등에 한국학과가 있었을 뿐이다. 정교수의 수는 3명으로 확인할 수 있었다. 그러나 현재는 유럽

대학에서 활동하는 조교수급 이상 한국학 전임교원의 수가 30명이 넘는다. 그런 의미에서 한국학은 분명 지난 30년 동안, 특히 2010년 이후 양적으로 급격하게 팽창했다. 이렇게 유럽의 한국학이 지난 10년 동안 양적으로 급성장하는 데 한국국제교류재단의 지원이 중요한 기여를 했다는 점에 대해서는 아무도 이의를 제기하지 않을 것이다.

유럽의 대학에 한국학 교수직이 마련된다는 것은 한국학과가 설립되고 학사 과정부터 한국학을 전공하는 (한국인 2세 또는 교포가 아니라) 유럽인 학생들을 교육한다는 것을 의미한다. 그런 점에서 유럽의 한국학은 북미권 대학의 한국학과 근본적으로 다르다고 할 수 있다. 북미와 영국 대학에서는 대체로 한국학이 학부 과정으로 존재하는 것이 아니라 대학원 전공으로만 선택할 수 있다. 반대로, 유럽 대학에서는 한국학이 대학원 석사 과정만 설치된 경우는 거의 없는 반면 학부 과정만 설치된 경우는 있다. 학부에서 한국학을 전공하는 학생의 수는 대학원에서 한국학 석사 과정을 공부하는 학생의 수보다 훨씬 많다. 현재 한국학과가 설치되어 있는 대부분의 유럽 대학에서 한국학을 전공하는 학부생은 지속적으로 증가하는 추세다. 학부 과정의 한국학 전공 학생이 300명을 넘는 경우도 적지 않다. 유럽 학생들에게 있어 한국학은 다른 학과와 마찬가지로 대학에 입학하기 전 전공 선택 과정에서 고려해 보는 대상 중의 하나가 되어 가고 있는 것이다.

한국학의 질적 성장

이러한 양적 팽창을 바탕으로 머지않아 유럽의 한국학이 질적 도약을 실현할 수 있을 것이라고 충분히 기대해 볼 수 있다. 그러나 19세기 말 또는 20세기 초부터 대학의 학문 분과로 정착된 중국학이나 일본학과 달리 현재 유럽 학계에서 한국학이 크게 존재감을 보여 주고 있다고는 할 수 없다. 중국학과 일본학은

100년 이상의 역사적 발전 과정을 거치면서 좋은 연구 성과가 축적되었을 뿐만 아니라, 자기 학문 분과를 넘어 전체 학계에서 권위를 인정받는 저명한 학자도 적지 않게 배출하였다.

물론 동양학자들이 18세기 이후 유럽 지식인들과 일반인들에게 널리 퍼져 있던 동아시아에 관한 '선입견'을 제거하는 데 기여한 것이 아니라, 오히려 그것을 강화하는 역할을 했다는 비판도 존재한다. 특히 18세기 말과 19세기 초에 독일의 철학자 요한 헤르더(Johann Herder)와 게오르크 빌헬름 헤겔(Georg Wilhelm Hegel)이 중국과 동아시아의 정체성을 이야기하면서 동아시아가 유럽에 비해 뒤처져 있다고 주장한 이후, 동아시아 사회는 '정체'된 사회라는 인식이 유럽인들의 사고에 깊게 자리 잡고 있었다. 20세기 초반 유럽의 동양학자들 중에 적지 않은 수가 이러한 인식을 공유했다. 그들 대부분이 동아시아 문명을 서구로부터 충격을 받음으로써 근대화할 수 있는 대상으로 보았다는 것 또한 사실이다. 그럼에도 불구하고 20세기 전반기에 동양 철학을 소개하는 많은 저서뿐 아니라 동아시아 역사에 관한 좋은 저작이 발표되었다. 리하르트 빌헬름(Richard Wilhelm) 또는 제임스 레게(James Legge)와 같이 중국어 또는 일본어를 정확하게 구사하는 학자들에 의해 유교, 도교 등 동양의 고전들이 번역되었고, 이를 바탕으로 카를 융(Carl Jung), 베르톨트 브레히트(Bertolt Brecht), 알프레트 되블린(Alfred Döblin)과 같은 철학자, 작가들이 유교 철학과 도교 철학에서 유럽의 물질문명에 대한 '대안'을 찾으려 시도하기도 했다. 막스 베버(Max Weber)가 중국에 관한 저서를 집필한 것도 당시 유럽 학계에 중국에 관한 연구가 많이 축적되어 있었기 때문에 가능했다.

막스 베버의 유교와 도교에 관한 연구가 지금까지 사회과학적으로 동아시아를 연구하는 학자들에게 얼마나 많은 영향을 주고 있는지에 관해서는 설명할 필요가 없을 것이다. 북미에서는 막스 베버의 영향을 받은 사회과학자들이 지역학으로 제도화된 동아시아학과에 많이 진출한 반면, 유럽에서는 20세기 중반까지도 여전히 19세기 이후 이어지던 고전적인 언어학적, 문화인류학적인 동아시아 연구가 주류를 이루었다. 일본학의 경우 1970년대 이후 그때까지 주류를 이루었던 언어학적, 문화인류학적 연구에서 벗어나 일본의 사회와 정치, 경제를 경험적으로 연구하는 연구자의 수가 점차 증가했고, 그들이 각 대학의 정교수로 충원되면서 일본학 연구의 사회과학적 전환이 시작되었다. 이후 유럽에서 일본을 연구한다는 것이 무엇을 의미하는지에 대한 논의가 활발히 이루어졌다. 중국학도 1990년대에 유사한 논의가 진행되었다. 그 결과 유럽에서 중국과 일본 연구는 현재 문학, 사학, 철학 중심의 전통적인 연구와 사회과학적 방법론을 동원한 경험적 연구가 함께 이루어지고 있다.

유럽의 한국학 또한 문화학의 학문적 전통으로부터 영향을 받아서 오랫동안 언어학적 방법론과 역사적 텍스트에 대한 비판적 분석이 주를 이루었고, 많은 성과를 거두었다. 2000년대 이후에는 현대 한국 사회와 정치에 관한 연구가 증가하는 추세지만 사회과학적인 한국학의 연구 방법과 교육에 관한 구체적인 논의는 지금까지 이루어지지 않고 있다. 그보다 심각한 문제는 유럽연합 및 각 국가 차원에서 이루어지는 다양한 연구 지원 프로그램 중에서 한국을 주제로 하는 연구 프로젝트를 지원하는 경우는 한 손에 꼽을 정도로 적다는 것이다. 유럽연합의 연구 지원 프로그램인 ECR이나 독일의 학술 연구재단인 DFG, 각국 연구 재단이 진행하는 중요 연구 지원 프로그램에 프로젝트 제안서를 제출해 연구 지원을 받을 확률은 평균 10퍼센트를 넘지 못한다. 그만큼 유럽 내에서 중요한 학술 연구 프로그램의 지원을 받기 위한 경쟁이 심하다. 높은 경쟁을 거쳐 최종적으로 연구 프로젝트 지원을 받는다는 것은 적어도 학계 내에서 학문적 역량을 인정받는다는 것을 의미한다. 그런데 일본이나 중국 관련 연구 프로젝트에 비교하면 한국 관련 프로젝트의 수는 비교가 안 될 정도로 적다.

유럽 한국학의 질적 성장과 관련해 한국 기관이 아닌 유럽 연구 지원 기관의 지원을 받는 프로젝트의 수가 적다는 것보다 더 큰 문제는 대부분의 연구 결과가 한국학의 좁은 울타리 내에서만 공유되는 경향이 강하다는 사실이다. 물론 이것은 유럽의 한국학만이 안고 있는 문제가 아니다. 북미를 포함해 한국학이 전체적으로 당면한 문제다. 세계적인 주요 학술 저널에 발표되는 한국학 관련 논문의 수는 여전히 적다. 한국학의 울타리를 넘어 학제 간 연구를 통해 많은 성과를 내고 있는 한국학 학자도 한 손으로 셀 수 있을 정도로 적다. 학제 간 연구와 연구 논문의 성과는 유럽 각국의 연구 지원 프로젝트 심사에서 중요한 역할을 한다.

한국학의 좁은 울타리를 넘어 유럽과 국제 학계에 영향을 줄 수 있는 연구 성과를 내기 위해서는 무엇보다 학문적 역량이 뛰어난 젊은 연구자들이 한국학에서 지속적인 성과를 낼 수 있는 환경을 만들어 주어야 한다. 유럽 각국의 상황이 다르기 때문에 한국학 후진 학자를 양성하기 위한 방안을 모든 유럽 대학에 동일하게 적용할 수 있는 것은 아니다. 그러나 유럽에서 일본학과 중국학이 성장한 경험에 비추어 보면, 적어도 10년 이상 중장기적인 계획을 갖고 한국학의 발전을 위한 지속적인 노력이 필요하다는 것은 분명하다. 지속적으로 구조 개혁의 압력을 받고 있는 유럽 대학의 환경을 고려할 때, 이러한 중장기적인 계획은 더욱 필요하다. 지금은 비록 유럽에서 적지 않은 대학들이 한국학과 설치에 관심을 기울이지만, 그런 관심이 언제까지나 지속될 수 있는 것은 아니다. 그리고 특정한 학과에 대한 관심이 갑자기 커졌다가 사라지는 일이 유럽 대학의 역사에서 없었던 것도 아니다.

독일의 경우, 2000년에서 2005년 사이 대학의 구조조정을 실행하는 과정에서 한국학과의 존재 자체가 위협받았다. 서독에서 가장 먼저 한국학을 도입했던 튀빙겐대학교의 경우, 한국학 정교수까지 있었을 뿐만 아니라 오랜 시간에 걸쳐 좋은 도서관을 구축했음에도 불구하고 1990년대 말 대학 구조 개혁 과정에서 한국학과가 가장 먼저 폐지 대상 학과로 선정되었고, 2003년 담당 교수가 퇴직하는 동시에 폐지되었다. 독일 대학의 특성을 고려할 때, 만일 한국학과가 일본학과, 중국학과 등 다른 학과에 비해 좋은 교육 및 연구 성과를 거두었다면, 비록 여러 가지 이유가 제기되었다 할지라도 그렇게 간단히 폐지되지 않았을 것이다. 어떤 이유로 학과가 폐지되었든 간에, 일단 폐지된 학과를 다시 신설하기란 쉬운 일이 아니다. 튀빙겐대학교에서는 2010년에 한국학과가 다시 부활되었지만, 1970년대와 1980년대의 위상과는 비교도 할 수 없다. 튀빙겐대학교의 경험을 통해 유럽에서 한국학을 담당하는 교수들이 얻은 가장 중요한 교훈은 뛰어난 연구와 교육 성과를 통해 대학 내에서 한국학과의 위상을 확고하게 다지지 않으면 언제든지 존립 자체가 위협받을 수 있다는 것이다.

현재 국제사회에서 한국의 위상이 높아짐에 따라 유럽 각국의 정부와 대학이 한국에 많은 관심을 갖고 한국학 교수 채용을 고려하고 있기 때문에 이런 우려가 근거 없는 것으로 보일 수도 있다. 2007년 『해외한국학백서』가 발간되었을 때와 달리 한국학과의 존폐 문제가 논의되고 있는 대학은 유럽에 거의 없다. 이미 언급한 것처럼 오히려 한국학과를 신설하려는 학교가 더 많다. 그럼에도 불구하고 한국학의 위상을 경제적, 정치적 변화에 상관없이 굳히기 위해서는 여전히 갈 길이 멀다.

현재 유럽 한국학에 가장 절실하게 필요한 것은 무엇보다 후진 학자의 양성을 통해 기존 학과의 교수진과 연구진을 강화하는 것이다. 현재는 한국 정부가 공공외교의 일환으로 해외 한국학을 지원하기 위해 많은 노력을 기울이고 있기 때문에 유럽의 많은 대학들이 서로 한국학과를 설치하겠다고 나서고 있다. 분명 한국학을 성장시킬 수 있는 좋은 기회다. 그러나 여기에서 우리가 주의해야 할 것은 너무 성급하게 팽창을 추구하다가 기초를 부실하게 만드는 우를 범할 수 있다는 점이다. 기초가 부실한 상황에서 성급하게 건물을 완성시키려 하면 당연히 사고가 발생할 수밖에 없다. 그런 사고를 미연에 방지하기 위해 가장 중요한 것은 기초를 튼튼히 하는 것이다. 그리고 그것은 좋은 후진 학자들의 양성을 통해서만 가능하다.

유럽 한국학의 전망

　유럽 대학에서 한국학을 전공하는 학생의 수는 전반적으로 증가하고 있다. 2007년 출간된 『해외한국학백서』 유럽 편을 보면 대부분의 국가에서 전공 학생의 수가 20명을 넘지 않았다. 2006년에 옥스포드대학교의 제임스 루이스(James Lewis) 교수가 영국에 관해서 쓴 보고서에서 읽을 수 있는 것과 같은 회의적인 시각은 이제 유럽 한국학에서 찾아보기 어렵다. 오히려 지난 몇십 년 동안 겪어 보지 못했던 학생 수의 팽창과 학과의 양적 성장에 고무되어 서로 자기 대학의 한국학과가 "유럽에서 가장 크다", "교수진이 가장 많다"고 홈페이지와 언론을 통해 자랑하는 것을 볼 수 있다. 심지어 대학의 학장들까지 나서서 자기 대학의 한국학과가 유럽에서 가장 크다고 자랑하는 경우도 있다. 물론 그들은 다른 학교의 한국학과의 발전에 관해 전혀 알지 못한다. 단지 수십 년 동안 10명조차 되지 않았던 한국학과 학생 수가 지난 몇 년 사이 갑자기 100명 넘게 증가한 사실을 경이롭게 보는 것이다. 비록 증가하는 속도가 빠르다고 할지라도, 다른 학문 분과와 비교했을 때 유럽 한국학의 학생 수는 여전히 걸음마 수준이다. 그런 상황에서 서로 크다고 우기는 것은 도토리 키재기 이상도 이하도 아니다. 현재 유럽 대학의 한국학과 중 학생 수가 급격하게 증가하지 않았거나, 정원 제한이 있는 대학의 경우 합격 커트라인이 지속적으로 상향 조정되지 않은 학과는 거의 없다. 그것은 한국학이 '난초와 같은 학문'의 칭호를 벗을 수 있는 기본 조건을 갖추어 가고 있음을 의미한다. 한국학을 전공하는 것이 유럽 대학 신입생들에게 있어 하나의 선택지로 자리 잡아 가고 있다.

　이러한 양적 발전을 질적 도약을 위한 계기로 만들려면 많은 것을 해결해야 한다. 유럽 대학 전체에 몇 명 안 되는 한국학 주임교수들은 지금까지 자신의 연구 영역에서 한국의 학자들과 연계해 가면서 독자적으로 활동해 왔다. 어떻게 보면 각 대학의 주임교수들이 모두 봉건영주처럼 자신의 영역을 설정하고 아무도 그 경계를 넘지 않으려 노력했다고 할 수도 있다. 그것은 무엇보다 한국학 교수의 수가 절대적으로 적었기 때문에 생긴 일이었다. 특정 대학의 주임교수가 누구인가에 따라 그 대학에서 이루어지는 한국학 교육과 연구의 성격이 다르다. 그렇기 때문에 한국학 학사를 마친 학생들이 출신 학교와 다른 대학의 한국학 석사, 박사 과정에 입학할 경우 많은 어려움을 겪을 수밖에 없다. 그러한 어려움을 극복하기 위해 한국학과 간의 협력을 강화하는 방법을 고려해 볼 필요가 있다. 서로 다른 대학의 한국학과들이 협력하는 것이 어려울 수도 있지만 대부분의 대학이 국립 또는 공립대학인 유럽에서는 대학 간 협력을 당연한 것으로 간주한다. 실제로 에라스무스 프로그램을 통해 그런 협력 사업을 지원받을 수도 있다. 궁극적으로, 유럽 대학의 한국학과들의 공동 연구 및 교육을 지원하는 방안이 마련되고 체계적인 환경이 조성된다면 그보다 더 환영할 일은 없을 것이다.

지금까지 간략하게나마 유럽에서 동아시아와 한국에 대한 연구가 어떻게 이어져 왔는지 고찰하였다. 마지막으로 강조하고 싶은 것은, 한국학을 교육, 연구하는 것과 한국의 홍보를 동일시하는 태도가 한국학의 발전을 저해할 수 있다는 것이다. 외국인들이 한국을 이해할 수 있도록 만든다는 것은 한국에 대해 무조건 긍정적인 환상을 심어 준다는 의미가 아니다. 한국을 무조건 비판하기 위한 것은 더더욱 아니다. 그것은 인류 사회와 문화의 한 일원인 한국을 있는 그대로 보고, 분석·이해할 수 있도록 도와줄 방법을 찾는 작업이다. 그런 작업이 성공적으로 이루어질 때에만 유럽의 학계에서 한국학이 다른 학문 분과와 동등한 위상을 가질 수 있을 것이다. 이것이 21세기 유럽에서 한국학이 안고 있는 가장 중요한 과제다.

일본의 한국학 연구 현황과 과제

이종원 | 와세다대학 교수

21세기 접어들어 한일 관계의 전반적인 변화와 더불어 일본의 한국학 연구 및 교육은 새로운 국면을 맞고 있다. 역사적 전환기가 항상 그러하듯 한일 관계의 변화에도 양면성이 보인다. 한편에서는 양국 사회 간의 교류가 일상화되면서 경제, 사회, 문화적인 측면에서는 상호 의존과 동질화가 급속히 진행되고 있다. 그러나 그와 동시에 동아시아의 지정학적 변화를 배경으로 역사 인식과 영토를 둘러싼 정치 외교적 갈등이 첨예한 것도 사실이다. '한류'와 '혐한류'라는 두 개의 흐름이 뒤섞이면서 서로 경쟁하고 있는 것이 현재 한일 관계의 모습이다.

일본의 한국학 연구와 교육도 질적·양적으로 발전함과 동시에, 일본 사회의 변화하는 요구에 어떻게 대응해야 하는지를 포함해 새로운 과제에 직면하고 있다.

일본의 한국학 연구 및 교육의 전반적인 현황

우선 양적 측면에서는, 일본의 한국학 연구 및 교육은 여타 외국과 비교하면 매우 높은 수준에 있다. 일본 대학에서 한국학과와 같이 한국학에만 특화된 학과나 학부 편성은 거의 없다. 2017년 현재 '한국어학과'라는 명칭의 학과를 가지고 있는 대학은 메지로대학과 간다외어대학뿐이다. 이전에 '조선어학과' 등이 있었던 대학들도 최근 학과와 학부를 광역 편성으로 개편하는 흐름 속에서 '동아시아학과' 등으로 변경해 그 안에 한국어를 전공 또는 코스로 개설하는 경우가 많다. 학과 명칭만 보면 한국학 연구가 축소된 것처럼 보일 수 있다. 그러나 실제로는 한국학 연구와 교육이 종래의 역사학과 언어학을 중심으로 한 특정한 학과 체제에 국한되지 않고, 다양한 학부·학과로 확산된 결과라는 측면이 있다. 즉, 일본 내 광범위한 사회적 요구에 부응해, 한국학 연구와 교육이 보다 일반화되고 있다고 할 수 있다.

실제로 현재 도쿄대학, 교토대학, 규슈대학, 와세다대학, 게이오대학, 도시샤대학, 리쓰메이칸대학 등 일본 내 유력 대학에는 역사학 등 인문학뿐만 아니라 정치학, 경제학, 사회학 등 다양한 사회과학 분야의 한국학 강좌가 학부와 대학원에 개설되어 있다. 지역 연구적인 편제가 약한 일본 대학의 특성상 한국학 연구자가 집중된 연구 교육기관은 적으며, 각 전공 분야에 한국학 관련 연구자가 분산되어 있는 경우가 일반적이다.

2010년대 들어서는 규슈대학, 게이오대학, 도쿄대학, 리쓰메이칸대학, 와세다대학, 도쿄가쿠게이대학 등 주요 대학에 한국학연구소 또는 연구센터가 설립되어, 한국학 연구와 교육 중심으로 다양한 활동을 전개하고 있다.

일한문화교류기금이 2011년에 펴낸 조사 보고서에 따르면, 일본 내 한국학 연구자는 800~1,000명에 이르는 것으로 추산된다. 이들 대부분이 대학 등 연구 기관의 시간강사 이상의 직위에 있지만, 대학원 박사 과정 이상의 연구자도 일부 포함된 것으로 보인다. 이들을 주된 대상으로 와세다대학 한국학연구소가 2016년에 실시한 설문조사에 의하면, 이들 중 한국을 주된 대상으로 하는 연구자는 45퍼센트이며, 나머지는 비교 대상으로 한국을 연구하거나(40퍼센트), 아시아 연구의 일환으로 한국을 연구하는 경우(12퍼센트)로 나타났다. 즉, 절반 정도만이 좁은 의미의 한국학 연구자이나, 그 밖에 한국을 비교 대상이나 사례로서 다루는 연구자도 적지 않은 비중을 차지하고 있다고 할 수 있다.

이들의 전공 분야를 보면 역사학과 문학, 언어학을 중심으로 한 인문학 분야가 절반 정도 차지하며, 사회과학은 약 30퍼센트에 달한다. 시계열적인 비교를 할 수 있는 통계 자료는 없지만, 학계 동향 등을 종합하면 최근 사회과학 분야의 비중이 다소 증가하고 있는 것으로 보인다.

국적별 분포를 보면 '일본'이 약 70퍼센트, '한국(조선)'은 약 30퍼센트를 차지하고 있다. '한국(조선)'에는 재일 한국인(조선인)뿐만 아니라 유학 등으로 일본에 와서 연구에 종사하는 경우(소위 뉴커머)가 포함되어 있으나, 양자의 비율을 정확하게 파악하기는 어렵다. 제2차 세계 대전 이후 일본 내 한국학 연구에서 특히 역사학 분야를 중심으로 재일동포 연구자들이 큰 비중을 차지했다. 최근에는 일본 내 대학에서 한국학 및 한국어 관련 강좌가 증가하고 사회과학 등 분야가 다양화되면서, 한국 출신 연구자들의 비중이 확대되는 추세에 있다.

한국학 연구의 양적 확대는 한국학 분야 연구 문헌의 간행 수에서도 확인된다. 전체 상황을 보여 주는 공식 통계는 없으나, 간접적인 지표로서 조선사연구회가 홈페이지에 공개하고 있는 데이터베이스 '전후 일본의 조선사 문헌 목록'을 검색해 보면, 1980년대 이후 한국 관련 문헌이 급증하고 있음을 알 수 있다. 조선사연구회는 역사 분야 연구자로 구성된 전통 있는 학회다. 데이터베이스에 수록된 문헌은 역사 분야가 중심이지만 정치, 경제, 사회 등 관련 분야도 폭넓게 수집하고 있어 전반적인 추세를 파악하는 데 도움이 된다. 이에 따르면 1970년대까지는 연평균 간행 수가 단행본 79건, 논문 248건에 불과했으나, 1980년대에는 단행본 133건, 논문 398건, 1990년대에는 단행본 160건, 논문 564건으로 증가했으며, 2000년대 이후에는 매년 단행본이 약 300건, 논문이 약 1,000건 간행되고 있다.

이 같은 양적 규모는 영어권 등 여타 국가와 비교해 볼 때 상당히 높은 수준이라 할 수 있다. 포괄적인 국제 비교 자료는 없지만, 일본국회도서관과 미국의 회도서관의 데이터베이스를 활용한 조사에 의하면, 2000년대 들어 일본의 한국 관련 간행 도서는 연평균 약 800권으로 미국의 약 4배에 달한다. 비록 학술서적에 국한된 것은 아니지만 사회적 관심을 포함해 전반적인 상황을 보여 주고 있다. 또한 박사 학위 논문 수에 있어서도 2000년대 이후 일본이 연평균 약 80편으로 북미권의 약 70편을 상회한다. 동 조사에 따르면, 제2차 세계 대전 이전에는 일본의 학위 논문 수가 영어권을 상회했으나, 1945년 이후 1990년대까지는 영어권의 논문 수가 일본의 2~3배 수준을 유지했다. 그러나 2000년대 들어 일본이 다시금 영어권을 웃돌기 시작한 것이다(木村幹, 2013).

역사적 관계 및 지리적, 상황적 근접성을 배경으로 한반도에 대한 사회적 관심과 수요가 지속적으로 존재하며, 특히 2000년대 이후 일본의 한국학 연구가 양적으로 크게 확대되고 있음을 알 수 있다.

한국학 교육도 양적으로 확대되는 추세를 보이고 있다. 일본 대학의 한국어 교육에 관해서는 민간단체인 국제문화포럼이 2002~2003년도에 여타 외국어 교육과의 비교라는 관점에서 포괄적인 조사를 실시한 바 있다. 이에 따르면 2002년도에 4년제 대학의 외국어 교육 실시율은 영어 98.7퍼센트, 독일어 84.1퍼센트, 중국어 82.8퍼센트, 프랑스어 79.2퍼센트에 이어 한국어는 46.9퍼센트였다(小栗章, 2005). 상위를 차지하는 주요 외국어와는 상당한 격차가 있지만, 일본 대학의 절반 정도에 한국어 과목이 개설되어 있다는 점은 주목할 만하다.

일본 대학에 한국어 강좌가 급증한 것도 2000년대 이후였다. 일본 문부과학성 및 한국교육재단 등의 자료를 토대로 한 같은 조사에 따르면, 1995년에 4년제 대학 전체 565개교 중 143개교로 실시율 25.3퍼센트였던 것이, 2000년에는 전체 649개교 중 263개교(실시율 40.5퍼센트), 2002~2003년에는 전체 702개교 중 335개교(실시율 47.7퍼센트)로 증가했다. 2000년을 전후한 7년 사이 개설 대학 수와 실시율에서 2~3배 가까운 증가 추세를 보인 것이다(小栗章, 2005).

대학의 한국어 이수자도 급증했다. 일본의 국제문화포럼에서 실시한 조사는 2002~2003년 당시 총이수자 수를 약 8만 5,000명으로 추산했다. 이는 1995년 조사 결과인 1만 6,988명에 비해 약 5배 증가한 것이다(国際文化フォーラム, 2005). 그 배경에는 2002년 1월부터 대학입시센터 시험(한국의 수능시험과 유사한 대학 입학 공동 시험)에 한국어가 외국어 과목으로 추가된 것이 큰 요인으로 작용했다. 기존의 영어, 독일어, 프랑스어, 중국어와 함께 한국어가 대학 입시 정식 과목으로 채택됨으로써, 젊은 세대의 한국어에 대한 관심이 커졌으며, 대학 입학 후에도 제2외국어 선택으로 이어진 것으로 보인다.

그러나 이들 조사에서도 강조되고 있듯이, 한국어 강좌의 실체 면에서는 제도적으로 여전히 취약한 상황을 면치 못하고 있다. 한국어 담당 교원의 직위 구성을 보면, 국제문화포럼 조사에 회답한 395개교 중 1명 이상의 전임교원을 채용하고 있는 곳은 25개교로 전체의 6.3퍼센트에 불과했다(小栗章, 2005). 강좌 대부분이 시간강사에 의해 운용되고 있는 것이다. 사회적 관심과 수요는 급증하는 데 반해, 제도적으로는 이에 대응할 태세가 갖추어지지 않은 것이다. 대학 내 제도의 보수적 구조, 특히 외국어 교육의 틀이 서구 언어 중심의 전통적 구도를 좀처럼 바꾸지 못하고 있는 것이 큰 장애 요인으로 작용하고 있다.

이상의 분석을 요약하면, 일본에서는 2000년대 들어 한국학 연구와 교육이 양적인 면에서 비약적으로 증가해, 현재 약 1,000명에 달하는 연구자가 매년 평균 800권의 일반 서적과 1,000편 가까운 논문을 간행하며, 매년 약 70명의 박사 학위 소지자를 배출하고 있어, 국제적으로 돌출된 수준에 있다. 교육 면에서는 일본 대학의 약 절반에 한국어 강좌가 개설되어 양적으로는 주요 외국어에 근접해 있으나, 제도적으로는 여전히 취약한 상황을 면치 못하고 있다.

일본 내 한국학 분야 학회

현재 일본 내에서 한국학 연구의 거점이 되고 있는 주요한 학회는 아래와 같다. 각기 활동 내용을 설립된 순서대로 설명하기로 한다. 일본 내 한국학 연구의 동향과 추세를 보면 역사학 분야에서 출발해 각 분야 학회로 다양화되고 있다.

조선학회

1950년 10월에 창립되어 일본에서는 가장 오래된 한국학 분야 학회다. 패전 이후 일본으로 돌아온 구 경성제국대학 교수진과 졸업생을 주축으로 설립되었으며, 초기부터 덴리대학에 본부를 두고 있다. 식민지 시기 이래 한국에 대한 선교에 주력했던 덴리교가 이들에게 활동 거점을 제공하는 형태로 학회가 탄생한 것이다. 조선학회는 초기부터 덴리대학과 밀접한 관계에 있어, 덴리대학 총장이 회장을 겸임하며, 부회장 2명 중 1명과 간사장도 덴리대학 교수가 담당하도록 되어 있다. 역사학, 어학, 문학 등 인문학 중심이지만, 사회과학과 자연과학까지 포함해, 일본 내 한국학 관련 학회로서는 유일하게 거의 전 분야를 포괄하고 있다. 규모도 가장 커서 회원 수가 약 600명에 달한다.

학회의 주된 활동은 크게 학술지 발간과 학술 대회 개최로 전개되고 있다. 1950년부터 학회지 『조선학보』를 계간으로 간행해 2017년 현재 249집에 이른다. 게재 논문은 역사학, 어학, 문학, 민속학 분야가 대부분을 이루며, 최근에는 한국인 학자의 투고가 증가하고 있다.

또한 매년 10월 덴리대학에서 연구 대회를 개최하고 있다. 1960년 이래 이 대회에는 한국에서 저명한 연구자를 초청해 연구 성과를 소개하고 있는데, 한일 간에 국교가 없던 공백기에 학술 교류의 선구적 역할을 담당했다는 데 의의가 있다. 현재까지 학회가 초청한 한국인 학자 수는 약 170명에 달한다고 한다.

조선사연구회

과거의 일본을 계승하는 식민사관적 한국 연구를 비판하는 입장에서, 전후 세대에 속하는 소장학자들을 중심으로 1959년 1월에 창립되었다. 한국사 분야에 초점을 맞추고 있으며, 일본에서 한국사 연구자만으로 구성된 유일한 학회이다. 출범 당시부터 일본인과 재일 한국인의 대등한 참가를 강조했으며, 초기에는 회원 수가 거의 같은 비율이었고, 간사도 양측에서 1명씩(이후 2명씩) 구성하는 것을 원칙으로 했다. 회원 수는 약 500명으로, 연구와 더불어 교육 및 사회적 발언에도 주력해, 대학에 소속된 연구자뿐만 아니라 초·중·고 교원과 재야 사학자 등 일반인이 참가하고 있는 것이 특징이다.

학회 활동은 연구 발표에 중점을 두고 있어, 도쿄(간토부회)와 오사카(간사이부회)에서 각기 매월 1회 월례 연구회를 개최하고 있다. 창립 이후 거의 매달 열어 온 연구회는 신진 및 중견 연구자를 중심으로 운영되고 있으며, 대학원생 등 차세대 연구자의 연구 발표를 장려하고 이들을 양성하는 기능을 하고 있다. 학회 설립 이후 두 지역 부회에서 개최된 월례 연구회는 모두 합해 1,100회가 넘는다. 연례 학술 대회는 간토 지역과 간사이 지역에서 번갈아 개최되고 있다.

매년 학회지 『조선사연구회논문집』을 발행하고 있으며, 연구 동향을 소개하는 『조선사연구회회보』를 연4회 발간하고 있다. 『조선사연구회논문집』은 한국사 분야에서 가장 권위 있는 학술지로 평가받고 있다. 게재 논문들은 식민지 시기를 포함해 근현대사 분야가 중심을 이루며, 일본군 위안부 문제와 재일 한국인 문제 등 한일 간의 역사적 관계와 현안을 다룬 것들이 많다. 최근의 특집 테마를 보면 '개항 전후기 모색하는 조선', '근현대 조선의 호적과 경계(境界)', '조선 왕조와 해역 교류', '조선 현대사와 재일 조선인', '일본 사회에 있어서의 조선', '조선 식민지화 과정의 재검토' 등이 있다.

아울러 조선사연구회는 『전후 일본의 조선사 문헌 목록』, 『조선사 연구입문』 등 대중적이면서도 전문적인 연구 지침서를 발간해 일본 사회에 한국사 연구를 확산하기 위한 학술적 인프라 구축에도 주력하고 있다. 동 학회 웹 사이트에는 1945년 이후 최근까지 일본에서 발간된 한국사 연구 문헌 목록을 검색할 수 있는 상세한 데이터베이스가 공개되어 있어, 한국사 연구자에게 큰 도움을 주고 있다.

한국조선문화연구회

2000년 10월 발족했으며, 문화인류학, 역사학, 민속학, 사회학 분야의 연구자가 주축을 이루고 있다. 동 학회는 현대 한국 사회와 문화에 대한 종합적 이해를 위한 학제적 연구를 표방하고 있다. 또한 '현장을 중시하는 연구'를 강조하면서, 한국 사회를 현장으로 하는 다양한 분야 연구자의 교류와 공동 작업을 지향하고 있다. 회원 수는 200명 정도이며, 연례 학술 대회와 2개월마다 개최되는 연구회가 주된 활동이다.

2002년 이후 매년 학회지 『한국조선의 사회와 문화』를 단행본 형식으로 간행하고 있다. 현재 15호가 발행된 학술지의 주요 테마로는 '한국 조선 사회와 기록 기억', '네이션, 글로벌화, 월경(越境)', '제주도 지역 문화 연구', '아리랑을 둘러싼 소리, 말, 이야기', '기독교와 한국 사회' 등이 있다.

현대한국조선학회

2000년 11월에 현대 한국을 대상으로 하는 정치학, 경제학, 사회학, 국제관계론 등 사회과학 분야 연구자가 모여 창립한 비교적 새로운 학회다. 변화하는 한국에 대한 사회과학적 분석의 필요성과 더불어, 그를 담당할 새로운 연구자층이 일본 내에 형성되어 설립이 가능했다. 현대 한국 정치와 사회에 대한 현장적 관심이라는 점에서는 거의 같은 시기에 설립된 한국조선문화연구회와도 공통되는 부분이 많다.

현재 회원 수는 약 280명이며, 대학을 거점으로 하는 연구자와 더불어 매스컴 관계자 및 정책 실무자가 다수 참가하고 있는 것이 특징이다.

젊은 세대 연구자가 주관하는 정례 연구회와 매년 개최되는 정기 학술 대회가 활동의 중심을 이룬다. 학회지로서는 2001년 이후 『현대한국조선연구』를 매년 간행하고 있다. 수록 논문은 한국과 북한에 관한 사회과학적 연구가 대부분이며, 최근의 특집 테마는 '유신 체제를 재고한다', '한일 국교 정상화 50년', '한반도 연구를 어떻게 할 것인가', '북한 경제의 과거와 현재', '한국 기업 산업 연구의 프론티어', '한국 외교 연구의 신지평' 등이다.

조선어연구회

1983년 4월 한국어 분야 연구자들이 연구회 형태로 시작한 조직으로, 당초 간토 지역이 참가자의 주된 범위였으나, 한국어 연구 교육이 확대되고 연구자가 증가함에 따라, 1999년 전국 규모의 학회로 개편되었다. 매월 개최되는 연구회가 주된 활동으로, 한국어 연구 교육뿐만 아니라 일본어학, 언어학 일반에 관한 연구자도 초청하고 있다. 학회지 『조선어연구』를 2002년 이후 2~3년 간격으로 발간해 오고 있으며, 2015년에 제7호가 나왔다.

일본한국어교육학회

1979년에 발족한 한국국어교육연구회 일본 지부를 모체로 하여, 1997년 한국어교육연구회로 명칭을 변경했으며, 2009년 9월 일본한국어교육학회가 창립되었다. 이후 매년 학술 대회를 개최함과 더불어 학회지 『한국어교육연구』를 2011년부터 매년 간행하고 있다. 게재 논문은 한국어 교육에 관한 실제적 연구가 중심을 이루지만 언어학, 문학, 문화 연구 분야도 포함되어 있다.

한국어 연구 및 교육에 중점을 둔 학회로서 일본의 대학 등 교육 현장에 종사하는 한국인 연구자의 비중이 큰 것이 특징이다.

조선어교육학회

1990년 3월 한국어 교육 분야 연구자들이 조선어교육연구회를 조직했으며, 2014년 조선어교육학회로 확대 개편되었다. 매년 4회 정도 열리는 연구회가 학회 활동의 중심이며, 매년 8월 대학에서 한국어를 가르치는 교사를 대상으로 연수회를 개최하는 것이 특징이다.

학회지로는 2006년 이후 『조선어교육-이론과 실천』을 매년 간행하고 있다. 게재 논문은 한국어 교육의 실제적 문제에 관한 연구가 대부분을 이루고 있다. 회원 수는 약 180명이다.

한국학 연구의 동향과 과제

위에서 본 바와 같이 21세기 들어 일본의 한국학 연구는 양적으로 확대됨과 더불어 새로운 학회가 탄생하는 등 질적으로 큰 변화를 겪고 있다. 그 추세는 크게 세 가지로 정리할 수 있다.

첫째, 한국에 대한 '특수론'적 시각에서 보편적인 인식 틀과 비교를 중시하는 접근 방법으로의 변화다. 일본의 한국학 연구는 식민지 통치를 위한 학문으로 출발했다는 태생적 한계를 지니면서, 한국을 특수한 존재로 상정하는 시각이 지배적이었다. 그러나 한일 관계가 전반적으로 수평적으로 바뀌고, 접근과 교류를 통해 한일 양국 사회가 급속히 동질화되면서, 한국학 연구의 시각도 여러 가지 면에서 변화를 보이고 있다. 특히 사회과학 분야에서는 종래와 같은 한국 사회 자체에 대한 고찰 또는 한일 간의 관계성에 대한 연구뿐만 아니라, 한일 양국 사회의 공통 과제에 주목하는 경향이 두드러지고 있다. 즉, 글로벌화와 저출산, 고령화 등과 같은 세계적 조류에 직면해 정치, 경제, 행정, 교육, 복지 등 다양한 분야에서 한국과 일본의 정책적 대응을 비교 분석함으로써, 일본의 정책을 위한 참고 및 선행 사례로 삼는 연구가 증가하고 있다. 한일 간의 국제적 공동 연구가 확대되고 있는 것도 이 같은 상황적 요구에 따른 것이라 할 수 있다.

물론 아직 일본 사회 내에는 한국에 대한 특수론적이고 수직적인 시각이 존재하며, 최근에 확산되고 있는 것이 사실이다. 그러나 학술적인 연구에 있어서는 공통 과제에 대한 관심이 증대되고 있다. 문제는 이 같은 학계의 새로운 동향이 사회 전반에 미치는 영향력이 취약하며, 미디어 등을 통한 사회적 발언이 이전보다 후퇴하고 있다는 사실이다. 이는 단지 한국학에만 국한된 문제가 아니지만, 역사적 관계를 배경으로 사회 전반의 여론에 영향을 받기 쉬운 한국학 연구에 있어서 학문과 사회의 괴리가 한층 두드러지게 나타나고 있다.

둘째, 한국학 연구가 연구 분야 면에서 다양화·전문화되는 추세를 지적할 수 있다. 종래의 한국학 연구는 역사학과 문학, 어학 등 인문학을 중심으로 한 지역 연구적 성격이 강했으나 1980년대 이후, 특히 2000년대 들어 사회과학을 포함해 다양한 분야로 확산되면서, 각 학문 분야별로 세분화·전문화되는 경향을 보이고 있다. 사회과학 분야를 중심으로 하는 현대한국조선학회 등 새로운 학회가 탄생한 것도 이 같은 추세를 반영하고 있다.

전통적 지역 연구의 퇴조는 세계적인 추세이며, 사회과학의 대두는 일본의 한국학 연구가 학문적으로 발전하고 있다는 의미이기도 하다. 그러나 이로 인해 오히려 현대 한국에 대한 시각과 인식이 단편적이어서 전환기에 있는 일본 사회에 대한 영향력을 약화시키는 한 요인이 되고 있는 것도 사실이다. 최근 한국학 관련 학회 등에서 학제적 접근의 필요성이 강조되고 있는 것도 이 같은 문제의식을 배경으로 하고 있다. 사회과학의 분야별 전문성을 추구하면서도, 인문학적 토대와 결합된 새로운 단계의 지역 연구로서의 한국학 연구가 요청되고 있다고 하겠다.

셋째, 연구 대상의 공간적 시야가 한국을 포함해 동아시아 지역으로 확대되는 경향도 나타나고 있다. 이는 특정한 국가를 주된 대상으로 삼아 온 지역 연구가 글로벌화, 지역화하는 세계 속에서 새로운 방법론을 모색하는 최근의 논의와도 연결된다. 대학의 교육 편제도 동아시아 연구 등으로 광역화하는 추세에 있다. 한국에 대한 특수론적 시각을 극복한다는 점에서, 동아시아라는 지역적 맥락에서 한일 양국이 공통으로 겪고 있는 현상이나 과제에 주목하는 것은 커다란 의의가 있다. 전통적인 지역 연구(area studies)를 광역 연구(region studies)로 발전시키려는 노력이라고도 할 수 있다.

참고 문헌

한국어

吉田光男, 「일본에서의 한국 중근세사 연구교육기반: 대학, 학회, 관련정보」, 『한일역사공동연구보고서: 제1기』, 2005.

일본어

小栗章, 「外国語教育の変化と韓国朝鮮語 − 学校教育の中にどう位置づけるか」, 『国際文化フォーラム通信』65号(1月), 2005.

小栗章, 「日本における韓国語教育の現在 − 大学等の調査にみる現状と課題」野間秀樹編, 『韓国語教育論講座』第1巻, くろしお出版, 2007.

木村幹, 「日本における韓国 / 朝鮮研究とその課題」, 徐興慶編, 『近代東アジのアポリア』, 臺大出版中心, 2013.

国際文化フォーラム, 『日本の学校における韓国朝鮮語教育 − 大学等と高等学校の現状と課題』, 国際文化フォーラム, 2005.
　(http://www.tif.or.jp/ringo/archive/hokoku.php)

日韓文化交流基金, 『日本における韓国・朝鮮研究者ディレクトリ: 2010年調査』, 日韓文化交流基金, 2011.

중국의 한국학의 현황과 발전

채미화 | 옌볜대학(연변대학) 교수

2006~2016년 한국학의 발전 추이

최근 10년간 중국에서의 한국학은 새로운 발전 단계에 올라섰다고 볼 수 있다. 한국어를 배우는 학생 수와 대학의 한국어학과 수도 계속 증가하고 있다. 한국어학과는 1990년대 중반에 20여 개, 2005년에 50여 개였으나 2016년 현재 250여 개(국립대학, 전문대학 포함)로 늘어났으며, 계속 늘어나는 추세다. 한국학 연구도 활발히 진행되어 적지 않은 대학에서 한국학 관련 연구소를 설립했다. 현재 중국에서 한국학을 연구하는 관련 연구소나 연구 센터는 '옌볜대학 조선-한국연구중심', '조선반도연구협력창신중심', '푸단대학 조선-한국연구중심', '베이징대학 한국연구중심' 등 100여 개에 이른다. 이 시기 중국의 한국학 학계는 한국고등교육재단(KFAS), 한국학중앙연구원(AKS) 등에서 지원받은 많은 연구기관이 전면으로 나오기 시작했다. 우선, KFAS의 지원으로 2006년 이후 중국에서 설립된 아세아연구센터의 지원을 받는 대학은 옌볜대학(2006), 베이징외국어대학(2007), 저장대학(2011)이 있다. AKS는 한국학을 개설한 해외 대학 가운데 발전 가능성이 높은 대학을 적극 지원해 주는 사업을 진행했다. 해외한국학중핵

대학으로 선정된 대학들은 옌볜대학, 중앙민족대학, 산둥대학, 난징대학, 중국해양대학 등이 있다. 한국의 문화관광부에서는 2007년부터 한국어의 세계화를 위해 여러 나라에 세종학당 계획을 추진했다. 현재 중국의 베이징, 상하이, 다롄, 옌지 등의 지역에 총 19개의 세종학당이 있으며, 한국어 교육은 최근 10여 년간 급성장해 한국어 교육 전성기를 맞이했다.

이 시기에는 한국학 관련 학술 교류도 활발하게 진행되었다. 해마다 중국 각지에서 다양한 국제 학술 대회가 개최되고 있는데, 그 상세한 자료는 통계를 내기가 불가능할 정도다. 중국은 여러 나라의 한국학 학자들과 한반도 남과 북의 학자들이 함께 모여 한국학에 대해 토의할 수 있는 최적의 장소이다. 베이징대학, 지린대학, 랴오닝대학, 옌볜대학, 푸단대학 등에서는 수십 차례에 걸쳐 한국학 관련 학술회의를 개최해 한국학에 대한 여러 가지 문제와 쟁점들을 토의·교류했다. 최근에는 한반도의 평화 기제(機制), 남북통일 및 반도 사태의 발전 등 현실적인 문제가 중국 학계의 큰 주목을 받고 있다.

또한 이 시기에는 중국 내 여러 대학의 인재 육성과 교육 방안 면에서 괄목할 만한 변화가 있었다. 한국어학과 교육 프로그램은 대부분 국립대학교에서 한국의 자매 대학들과 자매 교류 관계로 학생들을 한국에 파견하고, 옌볜대학, 베이징언어대학, 대외경제무역대학 등의 학교에서는 한국의 대학들과 '2+2', '3+1' 공동 배양 프로그램을 운영하고 있다. 또한 2007년 국무원 학위위원회의 비준을 거쳐 MTI 번역석사학위 과정이 설치되었는데, 이는 한국어 교육의 시장성을 그대로 반영했다고 할 수 있다. 현재까지 중국에서 베이징외국어대학, 지린대학 등 16개 대학[1]에서 한국어 번역석사학위점을 설치했는데, 이는 한국어

---

1   중국에서 한국어 번역석사학위점을 개설한 학교로는 베이징외국어대학, 베이징제2외국어학원, 베이징언어대학, 대외경제무역대학, 톈진사범대학, 톈진외국어대학, 쓰촨외국어대학, 지린대학, 옌볜대학, 지린화교외국어학원, 다롄외국어학원, 산둥대학, 중국해양대학, 취푸사범대학, 칭다오대학, 옌타이대학 등이 있다.

인재 육성 모델이 다양화되고 대학 교육에 획기적인 변화가 일어나고 있음을 시사한다.

2006~2016년 한국학의 교육 제도

현재 중국에는 총 271개 대학에 한국 관련 학과가 설치되어 있다. 이 가운데 옌볜대학 조선-한국학학원[2]과 중앙민족대학 조선언어문학부는 한국의 국문학과와 같은 수준으로, 중국 정부가 55개 소수민족의 문화와 전통을 연구하기 위해 세운 특수 목적 대학이다. 출발 자체가 조선족 학생을 대상으로 한 모국어로서의 문학 및 문화 교육이다.

2006~2016년 국립대학으로서 본과에 한국어학과를 개설한 대학은 70여 개에 달한다. 분포 현황을 보면 중국의 구이저우성, 푸젠성, 칭하이성 등을 제외한 중국 전역을 뒤덮고 있다. 지역적으로는 둥베이와 산둥, 일부 연해 지역에 집중되어 있다(부록 참조). 한국어 교육에 종사하는 교사도 처음엔 400여 명이었으나 현재는 1,200여 명으로 늘어났으며, 재학생도 거의 3만 5,000명에 이르고 있다. 50여 개 대학에서는 한국언어문학 석사연구생을 양성하고, 12개 대학에서 한국언어문학 박사연구생을 모집할 수 있는 학위 수여권을 취득했거나 박사연구생을 모집할 수 있는 지도교수가 있다.

---

2 현재 56명의 교원과 1,000여 명의 재학생이 있는 조선-한국학학원은 중국에서 유일한 조선-한국언어문학 국가급 중점 학과이다. 본과, 석·박사, 박사후 교육 과정까지 체계적인 교육 시스템을 확보하고 있으며 언어연구소, 조선문학연구소, 국가 언어정보연구기지, 국가 쌍어인재교육기지(雙語人才敎育基地) 등 연구 시스템을 갖추고 있다. 뿐만 아니라 국가급 우수교학연구팀 '조선문학교수팀'을 중심으로 활발한 교학과 연구 활동을 기반으로 '조선-한국당대문학사' 학과목은 국가급 정품 학과목으로, 『조선어문법』, 『조선어회화』 교과서는 국가 '제12차 5개년 계획 교재'로 선정되었다. 교수로는 국가 학위위원회 학과평심위원, 국가명교수, 국가노동모범, 국가우수교원 등을 확보하고 있다.

중국에서의 한국학 교육은 학부생 전공 학과 설치와 학과목 개설을 통해 실현된다. 옌볜대학은 중국에서의 한국학 학과 개설과 인재 양성의 모태이자 산실이라고 할 수 있다. 옌볜대학에 개설한 한국학 관련 교과 과정을 살펴보면 전교생의 교과 과정에 국제 이해의 증진, 국제적 감각과 세계적 안목을 겸비한 인재를 양성하는 데 초점을 맞추고 조선 반도의 역사와 문화, 조선-한국어 회화, 조선-한국 문학사, 조선-한국 경제 등 다양한 특성화 과목이 개설되어 있다. 2014년에는 파격적으로 한국어를 영어와 동일한 '대학외국어' 필수선택과목으로 설정했다.

　　중국 대학의 한국어 교육은 중국의 외국어 교육이라는 큰 틀 안에서 진행되는 나름의 특징이 있다. 목표어인 한국어의 다섯 가지 기능인 말하기, 듣기, 쓰기, 읽기, 번역을 능숙하게 수행하는 것을 목표로 설정하고, 그에 따른 구체적인 요구를 제기한다. 중국 교육부『보통 고등학교 본과 전업 목록과 전업 소개(普通高等學校本科專業目錄和專業介紹)』(2012)[3]에는 기초 한국어, 고급 한국어, 시청각 한국어, 한중/중한 번역, 한국어 문법, 한국 문학 작품 선독, 한반도 사회와 문화, 한국 문학사 8개 과목을 핵심 과목으로 지정하고 있으며, 2013년에 입학한 한국어 학과 학생을 상대로 교과목 설정시 이 과목을 필수과목으로 배정할 것을 요구하고 있다. 동시에 중국 교육부의 「학부생 교학 개혁의 진일보 심층화에 관한 의견(教育部關于進一步深化本科教學改革), 수업의 질적 제고에 관한 의견(全面提高教學質量的若干意見)」(교고[2007] 2호) 공문서에 따르면, 실무형 인재 교육 프로그램을 고도로 중시해 실험, 실습, 실천, 졸업 논문 등 실무형 인재 교육 프로그램을 대폭 늘리며, 특히 전공 실습과 졸업 실습 등을 강화할 것을 요구하고 있다.

　　이러한 규정에 따라 중국의 한국어 교육 과정 프로그램에 개설된 교과목들은 다음과 같은 경향을 보인다. 첫째, 학생들의 핵심적인 한국어 능력에 대한 강화다. 모든 대학교에서 언어 기초 및 능력을 위한 한국어학 관련 교과목으로 듣

3　　普通高等學校本科專業目錄和專業介紹(2012), 中華人民共和國教育部高等教育司(2012: 96).

기, 말하기, 읽기, 쓰기 기능을 염두에 두고 교과목을 개설했다. 둘째, 대부분의 대학에서 외국어 학습에서 번역 과목의 중요성을 인정해 이를 교과목으로 개설했다. 실용 한국어 관련 교과목으로 한중/중한 번역과 통역, 번역 이론과 기교, 번역 실습, 무역 비즈니스 한국어, 과학기술 한국어 등을 주목할 수 있다. 셋째, 시대의 흐름과 사회 수요에 부응하기 위해 한국학 관련 교과목으로 조선 반도 개황, 한국 문화, 한국 문학사 및 문학 작품 감상, 중한 교류사 등의 과목이 다양하게 개설되어 있다.

한국학 연구 단체와 학술 활동

이 시기 중국의 한국학 연구는 나름의 풍격과 학파가 형성되고, 다양한 연구 모임이 조직되었으며, 국내외 학술 교류와 연구 단체의 활동이 활성화되었다.

이 시기 중국에서 한국학을 선도한 주요 학자로는 김병민(「중한 근대 문학 교류사 문헌 정리와 연구」, 국가사회과학기금 대형 프로젝트 수행), 채미화(『한국 시화 전편 교주(1~12)』 주편), 김영수(『표준 한국어 문법』), 김기석(『조선 운서와 명청 음계』), 강보유(『15세기 한국어의 명사 구조 연구』), 서동일(『조선조 사신이 기록한 중국 형상』), 김성호(『동만 항일 혁명 투쟁의 특수성 연구』), 이종훈(『고구려 역사의 새로운 연구』), 석원화(『한국 독립운동과 중국』), 반창화(『동아시아 유가 문화권의 가치 충돌-고대 조선과 일본의 유학에 대한 비교를 중심으로』), 김강일(「주변의 대국 전략 프레임 가운데 나타난 조선 문제 및 중국 책략 연구」), 위소화(『중국 주변 안전 환경 투시』), 박건일(『조선 대외관계 전략 연구』), 임금숙(『중조 경제 무역 협력』) 등이 있다.

이러한 학자들을 중심으로 연구 단체의 학술 활동은 지난 시기보다 훨씬 활발하게 진행되었으며 한국학 연구에서 국제적인 위상을 차지하게 되었다.

1981년 설립된 중국조선어학회(현 회장 김광수)는 8회의 회원 대표 대회, 19회의 전국 학술 대회, 3회의 국제 학술회의를 개최했다. 옌볜조선족자치주 조선어 규범위원회와 협조해 4,000여 개의 새로운 조선어 명사를 규범화했고 조선어사전 편찬 사업에도 참여했다. 옌볜에서의 조선 어문 교육과 조선어 사용 현황을 조사해 「조선어 사용 현황 및 제안」, 「중국 조선어 로마자 표기법」 등 조사 보고서를 작성했다. 현재까지 『중국, 조선, 한국의 조선어 차이 연구』, 『중국 조선어 규범 원칙과 규범 세칙 연구』, 『조선어를 정확하게 사용하는 데 대한 제안』 등의 연구서를 출판했다.

1980년에 설립된 중국조선-한국문학연구회(현 회장 채미화)에는 현재 200여 명이 넘는 회원이 가입되어 있다. 최근 10년간 학회에서는 '한국 문학과 한문학', '만주국 시기 조선 작가 연구', '조선-한국 문학과 동아시아', '한국 문학과 사회 변혁', '동아시아 문화 텍스트 속에서의 한국 문학' 등의 국제 학술회의와 '중국에서의 조선-한국 문학 연구' 등의 국내 학술회의를 개최하고, 『조선-한국 문학 연구』 학술 논문집을 출간했다.

1980년에 설립된 중국조선사연구회(현 회장 박찬규)에는 국내 50여 개 대학교 및 과학 연구 기관에 종사하는 200여 명의 학자가 회원으로 등록되어 있고, 중국에서의 조선사 내지 외국 역사 연구 분야의 대표적인 학회로 자리매김했다. 해마다 국내외 학술회의를 개최하고, 『조선 역사 역총(譯叢)』, 『조선사 통신』, 『조선사 연구』, 『중국 조선사 연구』, 『조선 한국 역사 연구』 등 총 17권을 간행했다.

2001년에 설립된 중국한국(조선)어교육연구학회는 학회지 『한국(조선)어 교육연구』를 11차례 간행했고, 한국어 교육 국제 연례 학술 대회를 개회하는 등 활발한 학술 활동을 통해 중국에서 한국어 교육과 연구의 발전에 이바지해 왔다. 그리고 학회는 한국어 교육의 지역 활성화를 위해 한국국제교류재단 북경 사무소의 후원을 받아 양쯔강 삼각주 지역, 산둥 지역, 범주강 삼각주 지역, 둥베이 지역에서의 한국어 교육자 연수 과정을 운영하고 있다.

최근 10년간 중국에서는 한국학 학회들의 전국적인 학술 모임이 활발하게 진행되었을 뿐만 아니라 한국고등교육재단과 협력해 베이징 포럼, 상하이 포럼, 두만강 포럼 등과 같은 대규모 국제 학술 포럼이 운영되고 있다. 옌볜대학이 주최하는 '두만강 포럼'은 "다원 문화를 토대로 동북아 지역에 주목하고 현실 문제를 조명하면서 전문가들의 연동을 촉진하고 발전 인식을 집결시켜 합작 공영을 모색"하기 위한 취지로 열렸다. 2008년부터 2016년에 이르기까지 9회째 이어지고 있다. '베이징 포럼'은 지난 2004년에 창설된 이래 '문명의 조화와 공동 번영(Harmony of Civilizations and Prosperity for All)'을 대주제로 한국고등교육재단, 베이징대학, 베이징시 교육위원회가 매년 공동으로 주최하는 세계 문명의 학술 포럼이다. 13년의 발전 과정을 통해 베이징 포럼이 선도한 문명의 조화 이념에 관련된 수많은 연구 성과가 축적되어 현재 국제적으로 영향력 높은 학술 플랫폼으로 발전했다. '상하이 포럼'은 한국고등교육재단이 2005년부터 푸단대학과 함께 주최하는 경제 분야 국제 학술 포럼이다. 아시아와 세계의 정계 인사, 학자, 기업인 등이 참여해 아시아 국가들의 공동 번영을 위한 지식과 아이디어를 공유하고 갈등 해소와 협력 증진에 기여하기 위한 주제로 개최하고 있다. 아시아가 직면한 위기에 대한 인식을 제공할 뿐만 아니라 실질적인 해결 방안을 모색하는 중요한 의미를 가지고 있으며, 경제적 가치를 넘어 사회적 가치를 창출해 아시아의 미래를 위해 공헌하고 있다.

2006~2016년 한국학의 연구 성과

최근 10년간 중국의 한국학 연구 성과를 집중적으로 보여 주는 학술 서적과 관련 도서의 출판은 비약적인 발전을 이룩했다.

한국어 교재, 참고서 및 사전류의 대표적인 성과로는 김영수·장영미 편 『기초 한국어』(헤이룽장조선민족출판사, 2007), 전영근·조영화 편 『초급 한국어 교정(상, 하)』과 『중급 한국어 교정(상, 하)』(세계도서출판회사, 2008), 최희수·김순녀·김경화·노성화 편 『초급 한국어(상, 하)』(옌볜대학출판사, 2008), 안병호·장민·양뢰

편『표준 한국어』(베이징대학출판사, 2016) 등이 있다. 그 외에도 이효명 편『신(新)
한국어능력시험 문법 대강』(외국어교학과연구 출판사, 2016) 등 한국어 능력 시험
문제집들도 출판되었으며, 홍윤선 편『한국어 외래어 사전』(헤이룽장조선민족출
판사, 2006), 류은종 편『중한 속담 사전』(옌볜대학출판사, 2007), 허동진·안국봉 편
『한국어 실용 문법 사전』(외국어교학과연구출판사, 2009) 등 사전류도 출판되었다.

한국어 이론, 한국어사, 한국어와 기타 언어의 비교연구 성과를 보여 주는 대
표적인 저서로는 김철준·김광수 공저『조선어 문법』(옌볜대학출판사, 2008), 최윤
갑 저『한국어 문법 신강(新講)』(헤이룽장조선민족출판사, 2009), 임효려·장문려·이
태준 공저『표준 한국어 문법』(다롄이공대학출판사, 2010), 조암 저『한국어 한자 접
두사 연구』(세계도서출판회사, 2016), 강은국 저『공옥문총: 한국어미마원류고(攻玉
文叢: 韓國語尾碼源流考)』(2015) 등이 있다. 한국어사 영역에서는 이승자 등 공저
『조선어 발달사』(옌볜대학출판사, 2006), 안병호·상옥하 저『한국어 발달사』(베이징
대학출판사, 2009), 최혜령 저『반사여창신: 한국 어사류 학사 연구(反思與創新: 韓
國語詞類學史研究 1897~2010)』(상하이삼련서점, 2016) 등이 출판되었다. 그리고 중
국어와 한국어의 비교를 다룬 김일 저『중조 한자음의 음운 관계 연구』(옌볜대학
출판사, 2012), 김봉민 저『한한 동사 배가 대비(漢韓動詞配價對比)』(옌볜대학출판사,
2014) 등이 출판되었다.

한국 문학 연구 관련 저서로는 문학사, 문학 작품집, 문헌 정리 등이 포함된
다. 한국 문학사의 흐름과 한국의 문학예술의 성과, 그리고 한국적인 미학을 체
계적으로 보여 줄 수 있는 다양한『한국 문학사』가 나왔다. 문일환의『조선 고전
문학사(개정판)』(민족출판사, 2006), 김병민 외 공저『조선-한국 당대 문학사』(곤륜
출판사, 2007), 김명숙의『조선 근현대 문학사』(랴오닝민족출판사, 2010), 이암의『조
선 문학 통사(상·중·하)』(사회과학문헌출판사, 2010), 김관웅의『한국 고대 소설 사
략』(베이징대학출판사, 2011), 김경훈의『한국 현대 소설사』(옌볜대학출판사, 2012),
윤윤진 외 공저『한국 문학사』(상하이교통대학출판사, 2015), 박은숙 외 공저『한국-

조선 근현대 문학사』(외국어교학과연구출판사, 2016) 등이 출판되었다. 그중 상중하로 편찬된 이암의 『조선 문학 통사』는 장장 120만 자의 한어로 서술되어 있으며 "드넓은 시야로 조선 문학 2,000년 역사의 전모를 다층적·다각적으로 보여 준" 대작으로 평가되고 있다.

한시 문학 연구는 동아시아 다문화의 상호 교류와 영향을 분석하는 연구가 주목된다. 정일남의 『초사와 조선 고대 문학 관련 연구(楚辭與朝鮮古代文學關聯之研究)』(인민출판사, 2012), 온조해의 『이상적 문학 연구(李尙迪文學研究)』(옌볜대학출판사, 2010), 손덕표의 『명청과 한국 시가 교류사(明淸與韓國詩歌交流史)』(옌볜대학출판사, 2012), 이보룡의 『한국 고려사 문학(高麗詞文學) 연구』(인민출판사, 2011) 등이 대표적인 성과물이다. 여성 한시 문학 연구에서도 새롭게 성과를 올렸다. 이설화의 『조선조 규각한시 연구(朝鮮朝閨閣漢詩研究)』(헤이룽장조선민족출판사, 2011), 장수분의 『고대 조선 여성 한시 연구』(민족출판사, 2015) 등에서는 여성주의 시각과 문화학적인 연구 방법론으로 이매창, 이옥봉, 허난설헌 등을 중심으로 한 조선조 여성 한시들을 연구했다.

시화(詩話), 시론(詩論) 연구는 중국의 한국 문학 연구자들이 주된 관심을 가지고 있는 연구 분야라고 할 수 있다. 채미화 주편 『중한 문학 관련 연구』(옌볜대학출판사, 2008), 마금과 저 『'강서시화(江西詩話)' 재한국(在韓國)』(옌볜대학출판사, 2012), 추지원 저 『이수광 문학 비평 연구』(옌볜대학출판사, 2008), 손덕표 저 『조선 시가론 당시(朝鮮詩家論唐詩)』(옌볜대학출판사, 2007) 등에서는 한국 고전 시론의 체계와 그 특성을 비교적 전면적으로 탐구하고 있다. 특히 중국문론의 수용과 변이 과정에서 형성된 일련의 미적 범주에 대한 독창적인 연구는 학계의 주목을 받고 있다.

한국 고전소설 연구에서는 참신성과 종합성이 체현된 수준 높은 저서들이 나타났다. 김철 저 『박제가 시문과 중국 문학 관련 연구』(민족출판사, 2007), 김병민·서동일 저 『조선 실학파 문학과 중국 관련 연구(朝鮮實學派文學與中國之關聯

研究)』(옌볜대학출판사, 2008), 김관웅·이관복 저『중조 고대소설 비교 연구-상(中朝古代小說比較研究-上)』(옌볜대학출판사, 2009), 이영남 저『청대 문화와 다산 한시 관련 연구』(랴오닝출판사, 2009), 서동일 저『조선 조사신이 본 중국 형상(朝鮮朝使臣眼中的中國形象)-「연행록(燕行錄)」을 중심으로』(중화서국, 2010), 양흔의『'조천록(朝天錄)' 중의 명대 중국인 형상 연구(中的明代中國人形象研究)』(사회과학문헌출판사, 2016) 등에서는 문화학, 심리학, 종교학, 형상학, 서사학, 비교시학 등 다양한 현대문학 이론과 분석 방법을 가지고 심층적인 연구를 진행했다.

한국 근현대문학 연구에서 우선 주목되는 것은 디아스포라의 연구 시각으로 1920~1930년대 한국 근현대문학에서의 재중 조선인들의 문학 창작과 활동에 대한 고찰이라고 할 수 있다. 김호웅의『재중 조선인 디아스포라 문학 연구』(옌볜대학출판사, 2010), 박은숙 저『일제강점기 재중 조선인 문학 연구』(민족출판사, 2007), 최옥산 저『문학자 단재 신채호 신론』(소명출판, 2006), 김장선의『위만주국 시기 조선인과 중국 인문학의 비교연구』(도서출판 역락, 2004) 등의 저서는 학계의 각광을 받고 있다. 한국 근현대 문학 문헌 정리와 출판에서도 성과를 거두었다. 옌볜대학 조선문학연구소에서 편찬한『중국 조선 민족 문학 대계』(전 30권, 보고사, 2007~2010년)는 19세기 말엽부터 20세기 1940년대 사이 만주 지역에서 창작 활동을 진행한 안수길, 신채호, 박영준, 김택영, 유인석, 신규식 등의 작품을 재정비하고 수록함으로써 한국 근현대문학 연구에서 중요한 기초적 자료로 제공되고 있다.

동아시아 한문 문학의 정리와 출판은 국제 학술계에 참신한 영역을 개척했다. 당은평의『계원필경집교주(桂苑筆耕集校注)』(중화서국, 2006), 조계의『기아교주(箕雅校注)』(중화서국, 2008)와 그 정리된 문헌에 근거해 연구한 저서『기아연구(箕雅研究)』(난카이대학출판사, 2010), 그리고 장백위의『조선시대 여성 시문집 전편(朝鮮時代女性詩文集全編)』(봉황출판사, 2011)이 출판되었다. 채미화·조계 주편『한국 시화 전편 교주(韓國詩話全編校注)』(12책)(인민문학출판사, 2012)는 한국 시화 필사본을 활자화한 890자에 달하는 방대한 문헌 자료집으로 한국 시화사의 계통적인 구축과 한국 시론 연구를 위한 기초 연구 자료로 의미가 있다.

한국사 연구도 중국 한국학 연구에서 중요한 부분을 차지한다. 한반도 역사 문화와 중조 변경사(中朝邊境史), 중조(中朝) 항일투쟁사, 중조일 삼국사와 문화 비교연구, 중한 관계사 등의 연구가 진행되고 있다. 한국사에 관한 연구로는 이 춘호 외 공저『조선 통사(제2권)』(옌볜대학출판사, 2006), 박진석·박문일 등 공저 『조선간사(朝鮮簡史)』(옌볜대학출판사, 2007), 주리시 저『한국사』(삼민서국고빈유한 공사, 2008), 김광희 저『대한민국사』(사회과학문헌출판사, 2014) 등이 출판되었으며, 중한 관계사에 대한 연구로는 왕고흠·정인도 편『동아 삼국 관계사』(경공업 대학출판사, 2006), 강용범 외 공저『청대 중조일 관계사』(지린문사출판사, 2006), 마일홍 저『말갈 발해(靺鞨渤海)와 주변 국가 부족 관계사 연구』(중국사회과학출판사, 2011), 진혜 저『목극등비 문제 연구-청대 중조도문강계무고증(穆克登碑問題研究 -清代中朝圖們江界務考證)』(중앙편역출판사, 2011) 등이 출판되었다. 고구려 연구로는 리궈챵·이종훈 편저『고구려사 연구』(옌볜대학출판사, 2006), 경철화 편저『고구려 고묘 벽화 연구(高句麗古墓壁畫研究)』(지린대학출판사, 2008), 지린성문물고고연구소(吉林省文物考古研究所) 편저『지린 집안 고구려 묘장 보고집(吉林集安高句麗墓葬報告集)』(과학출판사, 2009), 경철화 편저『고구려 호태왕비(高句麗好太王碑)』(지린대학출판사, 2012) 등이 출판되었다.

한국 정치에 있어서는 주로 외교와 국제 관계에 관한 연구가 진행되었다. 근래 한국학 연구에서 중요한 성과로 손꼽히는 류쩐즈 등이 편『중국과 조선 반도 국가 관계당자료휘편(中國與朝鮮半島國家關係檔資料彙編, 1991~2006)』(세계지식출판사, 2006)은『중국 대 조선과 한국 정책 문건회편(中國對朝鮮和韓國政策文件匯編, 1949~1994)』과『중조 중한 관계 문건 자료회편(中朝中韓關係文件資料匯編, 1919~1949)』의 속편으로『중국 대 조선과 한국 정책 문건회편(1949~1994)』에서 누락된 문건 자료를 보충했다. 심지화의『조선 전쟁 재탐: 중소조의 합작과 분기(朝鮮戰爭再探: 中蘇朝的合作與分歧)』(삼련서점유한공사, 2013), 『냉전의 아시아: 조선 전쟁과 중국 출병 조선(冷戰在亞洲: 朝鮮戰爭與中國出兵朝鮮)』(구주출판사, 2013) 등 한국 전쟁에 관한 연구서들이 출판되었고, 손기의 『한국적 조선 정책』(중국사회과학출판사, 2011) 등 한반도 통일에 관한 저서와 김상파 저 『조선 대외 전략사 연구』(중국사회과학출판사, 2012) 등 조선의 대외 전략에 관한 저서도 출판되었다. 한반도 정세와 국제 관계에 관한 저서들로는 왕준생의 『조핵 문제와 중국 각색: 다원배경하에서의 공동 관리(朝核問題與中國角色: 多元背景下的共同管理)』(세계지식출판사, 2012), 박건일의 『중국 주변 안전 환경과 조선 반도 문제(中國周邊安全環境與朝鮮半島問題)』(중앙민족대학출판사, 2013) 등이 있다.

한국 철학과 사상 문화 연구 분야에서는 장리원의 『이퇴계 사상 세계』(인민출판사, 2013), 『주희와 퇴계 사상 비교 연구-철학사가문고(朱熹與退溪思想比較研究-哲學史家文庫) 제2집』(인민출판사, 2014), 김경진 저 『중한 종교 사상 비교 연구』(중앙민족대학출판사, 2010), 방호범의 『유교 사상과 동아 문화 공동체』(사회과학문헌출판사, 2011)와 『한국 성리학과 종교 문화』(옌벤대학출판사, 2011), 양조한의 『당대 유학의 관점에서 본 한국 유학의 중요한 쟁론(從當代儒學觀點看韓國儒學的重要論爭)』(화둥사범대학출판사, 2008), 이영순의 『조선 북학과 실학 연구』(중국사회과학출판사, 2011), 이홍군의 『주희와 율곡의 성리학 비교 연구』(옌벤대학출판사, 2011), 채진풍의 『동아시아 주자학의 해석과 발전(東亞朱子學的詮釋與發展)』(화둥사범대학출판사, 2012), 장수 저 『다산학의 조명과 추동(對茶山學的審視與推動)』(옌벤대학출판사, 2015), 김길락 저, 이홍군 역 『한국 상산학과 양명학(韓國象山學與陽明學)』(사회과학문헌출판사, 2016) 등이 출판되었다.

한국 경제에 대한 연구는 중국 한국학 연구에서 가장 큰 성과를 이룬 영역이라고 할 수 있다. 대표적인 성과로는 정학량의 『한국 경제의 재굴기-국제 비교적 시야(韓國經濟的再崛起-國際比較的視野)』(베이징대학출판사, 2007), 여완정의 『삼성 기술 확장 진경(三星技術擴張真經)』(베이징공업대학출판부, 2006), 장한림·채춘림 공저『한국 규제 개혁: 경제 합작과 발전 조직 고찰 보고(韓國規制改革: 經濟合作與發展組織考察報告)』(상하이재경대학출판사, 2007), 조경일의 『한자 기업이 중국에서의 행소본지화 결정 요인 연구-조선문(韓資企業在中國的行銷本地化決定要因研究-朝鮮文)』(민족출판사, 2009), 최지웅의 『당대 한국 경제』(동제대학출판사, 2010), 신동진의 『한국 외향형 경제 연구(韓國外向型經濟研究)』(세계도서출판공사, 2013), 최철호의 『대도문강구역 관광 발전 패턴 전환과 관광 합작 패턴 연구(大圖們江區域旅遊發輾轉型與旅遊合作模式研究)』(사회과학문헌출판사, 2016) 등 한국의 경제 발전과 성공 경험에 대한 소개와 심층 연구가 있을뿐더러, 한국 정계 영수들의 전기나 자서전들이 속속 번역되면서 그들의 치국 전략과 사상도 중국에 중요한 영향을 미쳤다.

한국의 법률에 대한 연구는 헌법, 행정법, 형법, 민법, 상법, 소송법, 경제법, 환경법, 국제법 등을 포함한다. 이보기의 『한국의 헌법 수정 역사 및 정치 제도의 변천 연구(韓國修憲歷史及其政治制度變遷研究)』(중국정법대학출판사, 2013)는 한국 헌정사를 계통적으로 논술했고, 김하록의 『경제 행정 구조 및 법률적 통제: 중한 양국 비교 연구(經濟行政的結構及其法律控制: 中韓兩國比較研究)』(법률출판사, 2006)는 중한 양국의 시장경제 제도의 형성과 발전 및 양국의 시장경제 제도의 특성에 대해 계통적으로 비교했다. 이외에도 최길자의 『한국 법전제 연구: 민법·경제법(韓國法專題研究: 民法·經濟法)』(법률출판사, 2013), 마림강의 『중국 기업의 한국 주식 법률 실무(中國企業韓國上市法律實務)』(법률출판사, 2007), 오일환의 『한국 대법원 판례 선편(제1권)』(법률출판사, 2009), 김하록·채영호 공저 『중한 양국 경쟁법 비교 연구』(중국정법대학출판사, 2012), 김창준 저 『한국 형법 총론』(사회과학문헌출판사, 2016) 등 한국법에 관한 연구서들이 출판되었다.

한국 교육에 대한 연구는 아이홍거의 『당대 한국 교육 정책과 개혁 동향(當代韓國教育政策與改革動向)』(사회과학문헌출판사, 2011) 외에도 원본도의 『한국 교육 발전 연구』(산시교육출판사, 2006), 김향화의 『중한 여성 교육 비교 연구』(옌볜대학출판사, 2007), 위지방·이봉월·뚱위즈 공저 『중한 중학 과정 비교 연구』(중국방직출판사, 2012) 등의 연구서들이 출판되었다.

중국에서 한국학의 향후 발전 전망

중국에서 한국학의 발전을 도모하기 위해 학자들이 우선 해결해야 할 과제는 통합적 학문으로서 한국학의 개념을 정립하는 것이다. 한국학이란 무엇인가에 대한 물음에 학과적인 가치 체계와 계통적인 학과 이론이 정립되어야만 한국학은 정당한 위치를 차지하고 하나의 학문적 분야로서 지속적인 발전을 이룩할 수 있을 것이다. 특히 20세기 말엽부터 인문 한국학의 동아시아적 정체성 확립을 목표로 동아시아론이 등장하면서 통합 학문으로서 한국학을 정립하려는 움직임이 보인다.[4] 말하자면 한국학 각 분과의 학문적 융합을 통한 한국학의 정체성을 확립하는 것이 필요한 시점에 와 있다.

다음으로 중국에서 한국학의 연구 대상에 대해 새롭게 정립해야 한다. 한국학의 연구 대상은 조선 민족과 조선 민족 문화, 한국인과 조선인, 한국과 조선이다. 조선·한국 문화의 핵심적인 내부를 계통적으로 총화, 해석하고 승화시키며 조선·한국 문화의 본질을 이해하고 한반도의 경제와 현실 사회 문제를 동아시아적 시각으로 관찰하는 것이 한국학 영역에서 연구해야 할 중요한 내용일 것이다. 한국학은 조선 반도의 전통문화에 대한 연구와 전승에 주목할뿐더러 한국과 조선의 현실 사회에 대한 연구도 포괄해야 한다. 문학·역사·철학뿐 아니라 경제·사회와 국제 환경 가운데서 조선과 한국의 위상 및 역할에 대해서도 연구해

---

4   최원식, 「동아시아 텍스트로서의 한국 현대문학 동아시아 한국학, 서구주의와 민족주의 사이」, 『동아시아 한국학 새로운 지평의 모색』, 학술 대회 논문집, 2006.

야 하는 것이다.

세 번째로 중국에서 한국학을 학문적으로 새롭게 인식시키고, 제대로 정립해 고차원의 인재를 양성하는 것이 중국 내 한국학의 중요한 과업 가운데 하나다. 동아시아에서 한국학을 구축하는 데 있어 중국 내 한국학의 역할은 무엇보다 중요하다. 물론 대학교의 한국어학과 교과 과정을 통한 한국어 교육과 한국 문화에 대한 소개와 전파도 상당히 중요하지만, 그것을 기초로 한국 문화의 정수를 중국 대륙에 인식시키는 심층 연구와 학문적 연구가 더욱 활발히 진행되어야 한다.

중국의 200여 개 대학에 설치되어 있는 한국어학과는 현재 새로운 도전에 직면해 있다. 엄중한 생존 위기를 맞아 새로운 출구와 방안을 모색하지 않으면 안 된다. 언어 교육과 문화 교육을 병행하는 추세로 나가면서 실용적인 통역 인재와 함께 고차원의 한국학 인재 양성을 목표로 설정해야 할 것이다. 중국의 대학들에서는 한국학 학과를 개설해 이끌어 나갈 수 있는 고차원의 젊은 인재를 필요로 하지만 아직 인재 양성의 기제와 환경이 미약한 수준이다. 박사 학위를 취득하고 학과 개설을 인솔해 나갈 만한 실천적 경험과 과학 연구 팀을 이끌어 나갈 만한 능력을 지닌 인재를 양성하는 것이 가장 중요한 과업의 하나다.

네 번째로 중국 한국학이 대학의 연구진에 의해 주로 추진되는 현시점에서 중국의 한국학은 하나의 통합된 연구 체계를 가지고 계획적으로 연구를 진행하도록 인도해야 한다. 중국의 한국학 연구는 베트남 대학의 한국어 교육을 통한 한국학의 실용성, 미국 한국학의 "비록 한국의 민족주의와 거리 두기에는 성공했지만, 미국 학계의 중심적·지적 경향이나 사회 현실에는 깊이 뿌리내리지 못하고" 있는 것[5]과 다른 방향에서 모색되어야 한다. 문사철(文史哲)을 포섭한 인문사회과학이 서로 교차·보완하면서 연구의 편협성을 극복하고 한국학의 정체성을 구축해 나가야 한다. 한국학 학회 건립, 학회지 출판, 정기적인 한국학 학술 대

5　백영서, 「지구 지역학으로서의 한국학의 (불)가능성」, 『동방학지(東方學志)』, 2009.

회 개최, 학교간 공동 연구 등이 모두 그러한 구체적인 실행 방법이다. 특히 현재 옌벤대학을 중심으로 난카이 대학, 중국사회과학원 아태여전구전략연구원(亞太與全球戰略硏究院) 등이 협력해 '조선반도연구협력중심'을 설립해 고차원의 인재 양성과 중국의 한국학 건설에 주력하고 있어, 앞으로 중국 한국학의 발전을 도모하는 데 큰 역할을 하게 될 것이다.

마지막으로, 언어·문화·역사·정치·경제 등 한국학을 둘러싼 분과 학문의 융합을 통한 다양한 연구 성과들이 한국어를 학습하는 중·고급 단계의 학습자들을 위한 대학의 한국어학과 교육 현장에서 적절히 실천되어야 한다. 이러한 목표를 달성하기 위해서는 한국학의 여러 분과 전문가들과 한국어 교육을 전공하는 학자들이 학문적 성과를 공유할 수 있는 네트워크를 구축해야 할 뿐만 아니라 구체적인 교육 내용 개발에 동참해야 할 것이다. 중국에서의 한국학이 한국어 교육과 관련해 연구되고 교육될 수 있도록 새로운 커리큘럼을 개발하고, 효과적인 교육 내용을 창조적으로 구축하며 한국어 교육 현장에서 적용 가능한 교육 방법을 탐색한다면, 한국학의 새로운 도약을 위해 더욱 활기를 띨 것이다. 앞으로 중국에서 한국학은 한민족과 한반도에 대한 연구를 지속해 세계 속에서 한국학이 발전해 나갈 새로운 방향을 제시해야 한다.

부록 중국 내 한국어 관련 학과 개설 대학

대학 종류	지역	한국어학과 개설 대학 명칭
985대학 소속 한국어학과	베이징	베이징대학, 중앙민족대학
	상하이	푸단대학
	광둥성	중산대학
	장쑤성	난징대학
	산둥성	산둥대학, 중국해양대학
	지린성	지린대학
211대학 소속 한국어학과	베이징	베이징공업대학, 대외경제무역대학, 주안메이대학, 베이징외국어대학
	상하이	상하이외국어대학
	장쑤성	쑤저우대학, 난징사범대학
	허베이성	화중사범대학
	허난성	허난사범대학
	랴오닝성	랴오닝대학
	지린성	옌볜대학
일반 국립대학 소속 한국어학과	베이징	베이징언어대학, 베이징제2외국어학원
	톈진	톈진사범대학, 톈진사범대학 진고학원, 톈진외국어대학, 톈진외국어대학 빈하이외사학원
	허베이성	허베이대학, 허베이경제무역학원, 허베이외국어학원, 허베이대학 공상학원
	랴오닝성	다롄외국어대학, 랴오둥학원, 다롄민족학원
	지린성	옌볜과학기술대학, 창춘이공대학, 베이화대학, 통화사범학원, 지린사범대학, 창춘사범학원, 지린재경대학, 지린화교외국어학원, 지린농업기술과학원, 창춘광화학원, 창춘과기학원, 지린사범대학 박달학원, 창춘대학 관광학원, 둥베이사범대학 관광학원
	헤이룽장성	헤이룽장대학, 하얼빈이공대학, 자무쓰대학, 하얼빈사범대학, 치치할대학, 무단장사범학원, 헤이룽장동방학원, 헤이룽장외국어학원, 하얼빈원동이공학원, 하얼빈케임브리지학원
	상하이	상하이해양대학, 상하이상학원, 상하이외국어대학 현달경제인문학원
	장쑤성	옌청사범학원, 창수이공학원, 쉬저우공정학원, 양저우대학, 회해공학원, 쑤저우대학 응용기술학원, 양저우대학 광릉학원
	저장성	저장월수외국어학원, 저장외국어학원, 항저우사범대학, 저장수인학원
	안후이성	허페이학원, 안후이외국어학원
	산둥성	산둥과학기술대학, 칭다오과학기술대학, 지난대학, 칭다오이공대학, 제로공업대학, 산둥이공대학, 칭다오농업대학, 산둥사범대학, 취푸사범대학, 랴오성대학, 랴오둥대학, 린이대학, 칭다오빈하이학원, 칭다오대학, 옌타이대학 웨이팡학원, 산둥공상학원, 옌타이남산학원, 웨이팡과기학원, 옌타이대학 문경학원, 칭다오공학원, 칭다오농업대학 해도학원, 취푸사범대학 행단학원, 산둥사범대학 역산학원, 랴오성대학 동창학원, 지난대학 천성학원, 하얼빈공업대학 웨이하이분교, 산둥대학 웨이하이분교
	허난성	정저우경공업학원, 중위안공학원정보상무학원
	허베이성	중난민족대학
	후난성	중난임업과기대학, 후난이공학원, 후난섭외경제학원
	광둥성	광둥외어외무대학, 지린대학 주해 캠퍼스, 광둥백운학원, 광둥외어외무대학 남국상학원

대학 종류	지역	한국어학과 개설 대학 명칭
일반 국립대학 소속 한국어학과	광시장족 자치구	광시사범대학
	충칭	쓰촨외국어대학, 쓰촨외국어대학 충칭남방번역학원
	쓰촨성	시난민족대학, 쓰촨외국어대학 성도학원
	윈난성	윈난사범대학 상학원, 윈난사범대학 문리학원
	산시성	웨이난사범학원, 시안외국어대학
전문대학(사립대, 일반 국립대학 소속 전과 포함) 소속 응용 한국어학과	베이징	베이징연합대학
	톈진	톈진직업학원, 톈진상무직업학원
	허베이성	스자좡도시경제직업학원, 허베이관광직업학원, 허베이외국어학원, 허베이외국어직업학원, 랑방직업기술학원
	랴오닝성	친양사범대학, 안산사범학원, 차오양사범고등전문학교, 푸순사범고등전문학교, 톄링사범고등전문학교, 다롄직업기술학원, 푸순직업기술학원, 랴오양직업기술학원, 랴오동학원, 다롄상무직업학원, 랴오닝기전직업기술학원, 다롄예술학원, 다롄번역직업학원, 랴오닝지질공정직업학원
	지린성	지린경찰학원, 지린사법경관직업기술학원, 지린전자정보직업기술학원, 창춘직업기술학원, 창춘광화학원, 창바이산직업기술학원, 엔벤직업기술학원
	헤이룽장성	치치하얼고등사범전문학교, 무단장대학, 헤이룽장공업학원, 헤이룽장직업학원, 치치하얼공정학원, 헤이룽장농업경제직업학원, 하얼빈원동이공학원, 하얼빈커뮤니케이션 직업학원, 하얼빈강남직업기술학원, 헤이룽장관광직업기술학원, 헤이룽장민족직업학원
	상하이	상하이관광고등전문학교, 상하이제2공업대학, 상하이상학원, 상하이진단직업학원, 상하이민원직업기술학원, 상하이공상외국어직업학원, 상하이중교직업기술학원
	장쑤성	난징공업직업기술학원, 롄윈강직업기술학원, 난징직업대학, 쌴장학원, 롄윈강사범고등전문학교, 태주학원, 장쑤경제무역직업학원, 난징특수교육직업기술학원, 자랑직업기술학원, 규호직업기술학원, 창저우정보직업기술학원, 장쑤연합직업학원, 잉톈직업기술학원, 무시과기직업학원, 무시상업직업기술학원, 화이안정보직업기술학원, 종산직업기술학원, 무시남양직업기술학원, 강남영상예술직업학원, 장쑤농림직업기술학원, 난징정보직업기술학원, 장하이직업기술학원, 무시공예직업기술학원, 양저우공업직업기술학원, 난징관광직업학원, 장쑤제2직업학원
	저장성	닝보직업기술학원, 저장월수외국어학원, 저장관광직업학원
	안후이성	화이베이직업기술학원, 우후직업기술학원, 지주학원, 안후이외국어학원, 안후이공상직업학원
	산둥성	산둥이공대학, 산둥상업직업기술학원, 칭다오빈하이학원, 르자오직업기술학원, 취푸원둥직업기술학원, 칭다오직업기술학원, 웨이하이직업학원, 산둥여자학원, 엔타이남산학원, 웨이팡직업학원, 엔타이직업학원, 산둥과기직업학원, 웨이팡과기학원, 산둥성한재무직업학원, 칭다오비양직업기술학원, 산둥영재학원, 쯔보직업학원, 산둥외무직업학원, 칭다오호텔관리직업기술학원, 산둥정보직업기술학원, 칭다오항만직업기술학원, 칭다오항성직업기술학원, 산둥경무직업학원, 칭다오황해학원, 칭다오구실직업기술학원, 산둥개문과기직업학원, 산둥외국어직업학원, 쯔보사범고등전문학교, 산둥전자직업기술학원, 산둥관광직업학원, 산둥행림과기직업학원, 산둥외사번역직업학원, 칭다오공학원, 취푸사범대학 행단학원, 랴오성대학 동창학원, 산둥산업직업학원, 엔타이자동차공정직업학원, 산둥청년정치학원, 웨이팡공정직업학원, 산둥농업공정학원
	허난성	정저우대학, 정저우관광직업학원
	허베이성	우한외국어외사직업학원, 우창직업학원, 우한과기대학 도시학원
	후난성	후난외무직업학원, 후난정보과학직업학원, 후난외국어직업학원

	지역	한국어학과 개설 대학 명칭
전문대학(사립대, 일반 국립대학 소속 전과 포함) 소속 응용 한국어학과	광둥성	민영남화공상학원, 사립화련학원, 광둥공무직업기술학원, 광저우섭외경제직업기술학원
	광시장족 자치구	구아린관광고등전문학교
	쓰촨성	쓰촨외국어대학 성도학원, 쓰촨도시직업학원
	윈난성	윈난도시건설직업학원
	산시성	산시공정직업기술학원, 산시관광직업학원, 산시화오상무직업학원, 타이위안관광직업학원, 산시동문직업기술학원
	장시성	장시관광상무직업학원, 장시외어외무직업학원, 잉탄직업기술학원
	내몽골 자치구	내몽골사범대학, 내몽골경무외어직업학원, 바오터우경공업직업기술학원
	신장위구르 자치구	우루무치직업대학
	하이난성	하이난외국어직업학원, 하이난경무직업기술학원

중국어권 국가의 4년제 대학 한국어학과 교과목 현황

영역	과목명	개설 대학
언어 기능 영역	【필수과목】	
	기초 한국어, 중급 한국어, 고급 한국어	베이징대학, 대외경제무역대학, 푸단대학, 상하이외국어대학, 옌볜대학, 베이징제2외국어학원, 중국해양대학, 산둥대학, 광둥외어외무대학, 후난사범대학, 톈진외국어대학, 난징사범대학
	한국어 회화	베이징대학, 상하이외국어대학, 지린대학, 베이징제2외국어학원, 헤이룽장대학, 중국해양대학, 산둥대학, 옌볜대학, 후난사범대학
	한국어 시청설	베이징대학, 대외경제무역대학, 푸단대학, 헤이룽장대학, 중국해양대학, 산둥대학, 옌볜대학, 광둥외어외무대학, 상하이외국어대학, 톈진외국어대학, 난징사범대학, 중앙민족대학
	청각	대외경제무역대학, 상하이외국어대학, 지린대학, 베이징제2외국어학원
	한국어 범독	중국해양대학, 상대외국어대학, 난징사범대학
	정독	대외경제무역대학, 지린대학, 헤이룽장대학
	문학 작품 읽기	대외경제무역대학, 상하이외국어대학, 헤이룽장대학
	한국 경제 무역문 읽기	대외경제무역대학
	읽기	푸단대학, 상하이외국어대학, 헤이룽장대학, 광둥외어외무대학
	경제 무역 글쓰기	대외경제무역대학
	한국어 글쓰기	푸단대학, 상하이외국어대학, 지린대학, 중국해양대학, 산둥대학, 후난사범대학, 톈진외국어대학, 난징사범대학
	한국어 문법	푸단대학, 상하이외국어대학, 베이징제2외국어학원, 중국해양대학, 후난사범대학, 톈진외국어대학, 난징사범대학
	번역 이론과 실천	대외경제무역대학
	한국어 번역 이론과 기교	푸단대학, 산둥대학, 상하이외국어대학, 톈진외국어대학

영역	과목명	개설 대학
	한중/중한 번역	옌볜대학, 광둥외어외무대학, 후난사범대학, 난징사범대학
	【선택과목】	
	한국어 열독	후난사범대학
	한국어 문법	옌볜대학, 지린대학, 산둥대학
	한국어 응용 습작	옌볜대학, 광둥외어외무대학
	중한 통역	산둥대학
	번역	베이징대학, 푸단대학, 지린대학, 베이징제2외국어학원, 헤이룽장대학
	영상 드라마 번역	옌볜대학
	번역 이론과 기교	옌볜대학
	한중 통역 실천	후난사범대학
	번역 실습	중국해양대학
언어 기능 영역	경제 무역 한국어	옌볜대학, 광둥외어외무대학, 후난사범대학
	관광 한국어	옌볜대학, 후난사범대학
	대외무역 한국어	푸단대학, 중국해양대학
	과학기술 한국어	푸단대학
	실용 무역 한국어	난징대학
	비즈니스 한국어	중앙민족대학
	여행 무역 한국어	산둥대학
	대외무역 및 관광 한국어	상하이외국어대학, 지린대학
	시사 한국어	중국해양대학
	한국어 한자	옌볜대학
	한국어 오류 문구 분석	옌볜대학
	한국어 한자 오류	난징사범대학
	【필수과목】	
	문학작품	베이징대학, 지린대학, 베이징제2외국어학원
	한국 문학사	베이징대학, 푸단대학, 상대외국어대학, 지린대학, 헤이룽장대학, 중국해양대학, 산둥대학, 후난사범대학
	한국 문학작품 선독	푸단대학, 후난사범대학, 난징사범대학
	조선 반도 사회와 문화	옌볜대학
문화 영역 (문학, 역사 등)	한국현당대문학	난징사범대학
	【선택과목】	
	한국 역사	베이징대학, 난징대학, 산둥대학, 옌볜대학
	중국 문학사	푸단대학, 옌볜대학
	서방 현대주의 문학사조	푸단대학
	비교문학	푸단대학
	한국 문학 작품 선독	산둥대학, 옌볜대학, 광둥외어외무대학, 상하이외국어대학
	중한 문학 비교	푸단대학
	한국 고전문학 감상	중국해양대학

영역	과목명	개설 대학
문화 영역 (문학, 역사 등)	한국 현대문학 감상	중국해양대학
	언어 문학 이론 전제(專題)	옌볜대학
	중한 교류사	난징대학
	중한 문화 교류사	난징사범대학
	한국 문화 소개	후난사범대학, 난징사범대학
	한국 사회와 문화	중국해양대학
	한국 기업 문화	중앙민족대학
	조선 한국 민속	옌볜대학, 후난사범대학
	한국 경제	베이징대학
	한국 학자	푸단대학
	문화	베이징제2외국어학원
	관광	베이징제2외국어학원
언어학 영역	【필수과목】	
	중한 언어 대비	중국해양대학
	한국어학 개론	중국해양대학, 헤이룽장대학
	중한 무역 어휘 대조	중앙민족대학
	한국어 어휘론	푸단대학
	【선택과목】	
	조선어 어휘론	산둥대학
	한국어 한자음	푸단대학
	한국어 문체론	베이징대학
	한국어 방언	베이징대학
	한국어 발전사	베이징대학, 산둥대학
	한국어 수사학	푸단대학
	한국 언어학	상하이외국어대학, 지린대학
	한중 어휘 대비	옌볜대학
	한중 어음 대비	옌볜대학
	한중 문법 비교	푸단대학, 옌볜대학, 후난사범대학
전문 실무 기타 영역	【필수과목】	
	한국 신문 잡지 선독	푸단대학, 베이징대학, 상하이외국어대학, 난징사범대학
	한국 국제 관계사	베이징대학
	【선택과목】	
	한국 신문 잡지 선독	산둥대학, 옌볜대학, 후난사범대학
	조선 반도 개황	베이징대학, 지린대학, 헤이룽장대학, 중앙민족대학, 광둥외어외무대학, 상하이외국어대학, 후난사범대학
	외사 기초	옌볜대학

러시아의 한국학(2006~2016)

S. O. 쿠르바노프(S. O. Kurbanov) | 러시아 상트페테르부르크국립대학교 한국학과 학과장

한국학의 정의

'한국학'에 대한 정의가 국제적으로 명확하게 합의된 바는 없지만 한국에서 한국 관련 논문을 출판하거나 발표한 외국 학자는 통상 '한국 문제 전문가'로 간주한다.

러시아에서 한국학 학계 회원이 되려면 박사 학위 예정자 이상의 학업 수준을 갖추었거나 1차 자료를 읽기 위한 풍부한 한국어 능력(경우에 따라 한문에 대한 이해)을 습득해야 하는 등 요구 조건이 까다롭다.[1] 러시아의 아시아 지역학에서는 전통적으로 한국어와 한국 문화를 모르는 사람은 한국 전문가로 인정하지 않는다. 따라서 본 논문에 기술된 모든 한국학 관련 정보는 상기 요건을 충족하는 학자들과 기관들에만 해당한다.

러시아의 한국학은 오랜 역사를 지니고 있으며 21세기 들어 새로운 동향들이 등장하면서 신생 기관들이 설립되고 다수의 연구가 진행되고 있다. 본 연구는

---

1 한국화된 고대 중국 문자.

러시아 한국학에 관한 백과사전식 편찬이 아니기 때문에 저자 및 편집자의 의도에 따라 일부 주요 정보가 생략 및 누락되었을 수 있다.

20~21세기 러시아 한국학 발전 관련 주요 변천사

20세기 말 이전 러시아의 한국학

러시아의 한국학은 19세기 후반인 1884년 양국이 외교 관계를 맺으면서 본격적으로 시작되었다. 당시 러시아 학자들과 언론인들은 한국인의 삶을 다각도로 분석·기술한 책들을 출간하기 시작했다. 고종의 아관파천(俄館播遷, 1896~1897) 사건 이후 러시아인들의 한국에 대한 관심이 높아졌고, 1897년엔 주러시아 특명전권공사 민영환의 휘하에 있던 통역사 김병옥이 상트페테르부르크 왕립대학에서 한국어를 가르치기 시작했다.

20세기 말과 그 후로도 한국학은 러시아(소련)의 대(對)한국 외교 정책 수요에 부응하는 방향으로 진행되었다. 동 기간 동안 모든 연구와 출판 활동을 위한 재정을 러시아 정부가 지원했는데, 이는 러시아(소련) 외교에서 한국의 역할과 관련이 있었다. 이런 점에서 러시아의 한국학 발전 시기를 아래와 같이 정리해 볼 수 있다.

1880년대 ~ 1905(1910)년: 한국에 대한 심층적 연구 초기 단계

1910년 ~ 1945년: 일제 식민지화로 인한 한국학 연구 일시 중단

1945년 ~ 1980년대: 한국학 부흥의 시기로 모든 영역(언어, 문화, 역사, 경제, 정치 등)을 논하는 작업과 대중 작품들이 대규모로 출간되었다. 이 기간 동안 제대로 된 한국어 사전들이 처음으로 편찬되었다.

1990년대: 소련 한국학의 업적과 전통에 기초한 러시아 한국학의 지속적 발전(당시 한국국제교류재단이 주 후원 단체) 지원이 본격적으로 이루어진 시기로 한국

학과 개설 대학들이 중심이 되었다.

그러나 20세기 말엽 러시아의 한국학은 그 성격을 달리하기 시작했는데 소련 붕괴 직후 과거처럼 러시아 외교 정책 수요에 일방적으로 부응하기보다는 좀 더 자유로운 분위기를 보여 주었다. 한편 (러시아 내부 개혁과 변화로 인해) 정부 차원의 한국학 지원이 힘들어지고, 기존의 대(對)북한 외교적 교류마저 차단되면서 고속 성장하는 한국으로부터 재정 지원을 받고자 노력한 시기이기도 하다.

21세기 초 러시아의 한국학

러시아 한국학의 질적 수준과 특징에 변화를 가져온 몇 가지 새로운 동향들이 등장했다.

세대 교체, 세대 차이

21세기 초 구세대 과학자들이 역사 속으로 사라지면서 1980년대에 교육받은 젊은 학자들이 전면에 등장하기 시작했다. 하지만 그 수는 많지 않았다.[2] 1980년대 초, 한국은 소련에서 인기 있는 나라가 아니었다. 북한과의 관계는 계속 축소되는 반면, 매력적인 남한은 아직 쉽게 접근할 수 없었다. 이는 2010년대 러시아에서 중·장년 세대의 한국 전문가가 극소수일 수밖에 없는 이유를 설명해 준다.

하지만 이런 상황은 1990년대 초반부터 남한이 러시아의 중요한 경제적, 정치적 파트너로 부상하고 양질의 일자리에 대한 기대치가 높아지면서 개선되었고 1990년대를 기점으로 한국학은 서서히 인기를 얻기 시작했다.

2000년대 초반, 특히 2010년대에 급부상한 '한류'로 인해 러시아에서 한국 문화의 인기는 날로 높아지고 있다(그럼에도 불구하고 한국 전통문화에 대한 관심은

---

2 상트페테르부르크국립대학교의 S. O. 쿠르바노프, 극동국립대학교의 I. A. 톨스토쿨라코프(I. A. Tolstokulakov), 극동지역학모스크바연구소의 K. V. 아스몰로프(K. V. Asmolov).

저조한 상태다). 이에 부응하여 여러 대학에서 학부 과정에 한국학과를 신설하게 되었고, 결과적으로 많은 한국학 전문가들이 배출되기 시작했다. 이렇게 양성된 졸업생들은 현재 차세대 학자나 교육자로서 본격적으로 활동하고 있다.

성별의 변화

한국학에서 세대 전환 과정은 또 다른 변화인 성별 변화와 함께 일어났다. 소련 시대에는 남성이 숫자 면에서 약간 우세하긴 했지만 비교적 균형 잡힌 성비(性比)를 나타냈으나, 21세기에는 여성이 압도적으로 많은 상황이다. 여기에는 무엇보다 경제적인 이유가 크다. 한국학과를 졸업하는 거의 모든 젊은 남성은 경제적 문제와 연관된 활동을 선호하는 반면, 가족들로부터 금전적 지원을 받는 젊은 여성들은 학술 활동 참여가 가능하기 때문이다.

주요 러시아 대학 내 한국학과와 연구소 확대

소련 시절 수십 년간 한국학을 가르친 대표적 대학으로 모스크바국립대학교(MSU), 상트페테르부르크국립대학교(SPSU, 전 레닌그라드대학교), 극동연방대학교(FEFU, 기존 극종국립대학교)를 들 수 있다. 이들의 한국학 프로그램은 모스크바와 상트페테르부르크의 경우 1940년대 후반부터 1950년대 초반 사이에 개설되었고, 블라디보스토크의 경우 1970년대부터 1980년대 사이에 신설되었다.

이들 3개 대학은 한국의 정치 변화와 수교에 있어 다음과 같은 전략으로 신속하게 대응했다.

첫째, 교과와 무관한 새로운 '연구소' 설립—이런 연구소들은 학술 활동과 국제 관계에 집중했다.

모스크바국립대학교 아시아·아프리카연구소(IAAS) 산하에 설립된 국제한국학연구소(1991; ICFKS)는 미하일 N. 박(Mikhail N. Pak) 교수가 주도했으며 상트페테르부르크국립대학교 동양학부에서 한국언어문화센터(1995, CKLC)가 설립되었다. CKLC는 2013년에 한국학학제연구소(IISK)로 명칭이 바뀌었다. 2000년도에는 극동연방대학교에 한국학고등대학의 일환으로 한국연구소(CKS)가 설립되었다.

둘째, 한국학의 다방면에 고도로 집중하는 교육 단위 설립—극동국립대학교는 1995년 한국 고합그룹의 재정 지원을 받아 한국학고등대학(HCKS)을 설립했다. 4층짜리 단독 건물에서 약 300명의 학생이 한국학을 공부했다. 2010년 이후 한국학고등대학은 연구 프로젝트만 진행하고 한국학 교육 활동은 재구성되어 블라디보스토크 러스키섬에 위치한 새로운 극동연방대학교 캠퍼스의 한국학과로 편재되었다.

유서 깊은 대학과 (1990년대 설립된) '젊은' 대학에 한국학과와 연구소 신설

한류의 확산과 함께 한국 문화에 대한 인기가 높아지면서 많은 러시아 대학에 새롭게 한국학과가 개설되었다(종종 기타 아시아 지역학부와 함께).

신설된 한국학과들이 집중된 곳은 수도인 모스크바다. 새로운 한국학 프로그램이 설립된 주요 대학으로는 모스크바국립외국어대학교(1992년), 러시아국립인문대학교(2005), 러시아고등경제대학교(2011)를 들 수 있다.

시베리아 지역 대도시들에서는 한국학과 또는 간단히 한국어 프로그램이 신설되었는데, 이르쿠츠크국립대학교(1995)와 노보시비르스크국립대학교(1997)가 대표적이다.

우수리스크국립교육대학교 역시 한국학 프로그램을 진행하고 있는데, 2011년 블라디보스토크극동연방대학교 분교로 통합되었다.

한국학 교육 및 교수법, 연구 목표의 변화

러시아가 북한과의 '전통적' 관계를 정리하고 남한과의 관계 개선에 노력함에 따라 한국학 교육 프로그램들과 목표도 변화를 겪었다.

1980년대까지 한국학 전공 학생 가운데 최종 목표를 학문 연구에 둔 경우는 드물었는데, 1990년대와 특히 2000년에서 2010년 사이 교육의 주 목적이 실용적으로 변하면서, 기업체나 민간 부문에서 직업을 찾는 경향이 가시화되었다. 21세기 초부터는 교육의 주된 초점도 한국어(표준어) 교육, 현대 경제, 정치, 외교, 문화에 맞춰졌다. 이에 따라 근대 이전의 전통문화는 현대 한국을 배우는 데 필요한 정도만 가르치고 있다.

러시아 대학의 한국학 현황

한국학 전공 러시아대학연합(RAUK)

21세기에 들어서면서 한국학 전공이 개설된 러시아대학연합(RAUK)이 탄생했다. 2005년에 모스크바국립대학교, 상트페테르부르크국립대학교, 극동연방대학교, 하바롭스크교육대학교, 노보시비르스크국립대학교, 이르쿠츠크국립대학교 대표들은 한국국제교류재단의 지원을 받아 전국적 규모의 한국학 대학교 연합 설립에 대한 가능성과 기본 원칙에 대해 누의했다. 이후 2006년에 공식적으로 설립 목적을 발표했고, 2007년에는 홈페이지(www.rauk.ru)를 개설했으며, 현재는 한국국제교류재단의 지원으로 노보시비르스크국립대학교 한국학센터가 그 홈페이지를 운영 관리하고 있다.

현재 RAUK 웹사이트는 러시아에서 가장 인기 있는 한국학 관련 인터넷 자료를 제공하며 웹사이트를 통해 RAUK 연합 활동을 조율하고 있다. RAUK 웹사이트는 러시아 내 한국 관련 뉴스 다음으로 가장 규모가 크며 증가하는 연구 문헌 데이터베이스를 지속적으로 제공하고 있다. 한국학 관련 주요 뉴스는 한국어와 영어로 번역, 소개된다.[3]

2015년 모스크바국립외국어대학교와 러시아국립인문대학교가 새로 가입하면서 RAUK 회원 수는 더 늘어났다.

러시아 한국어 교육자 연합

RAUK 설립 2년 뒤인 2008년에는 한국국제교류재단의 지원을 받아 러시아대학한국어교육자협회(RUOKLI)라는 또 다른 전국적 규모의 한국학 단체가 탄생했다. 동 단체의 주요 활동은 매년 한국어의 이론적 영역과 교수 방법을 토론하는 학회 개최 외에 다양한 한국어 경연 대회 및 행사를 주관하는 것이다.

모스크바국립대학교[4]

모스크바국립대학교에서 한국학의 중심은 국제한국학연구소(ICFKS)로 1991년 모스크바국립대학교 명예교수인 미하일 N. 박(Mikhail N. Pak, 1918~2009)이 설립했다. 모스크바국립대학교 아시아·아프리카지역학연구소 연구 분과로 세워진 본 연구소는 한국 고합그룹 회장 장치혁 박사의 재정적 후원과 한국국제교류재단의 소중한 지원으로 설립되었다. ICFKS는 한국 역사, 정치, 언어, 문화, 경제 영역에서 과학적 연구를 진행하며 한국을 포함해 유럽, 미국, 일본, 중국 대학들과의 협력도 동시에 지원하고 있다.

ICFKS는 2005년부터 2015년까지 매년 국내·국제 학술 대회, 라운드테이블, 세미나 등을 개최했으며 모든 학술 대회 논문과 초록은 『학술 대회 논문집』이나 『러시아 한국학 총서』라는 저널에서 실려 출간된다.

또한 2007년부터 정기적으로 번역 이론과 실천에 대한 학술 세미나를 개최해 오고 있다. ICFKS는 한국 문학과 한국 문화 공연에 대해 독자 비평 대회도 개최하는데, 모스크바 지역 대학교에 재학 중인 한국학부 학생들의 주도로 이루어

---

3 RAUK 홈페이지에 관한 정보는 노보시비르스크국립대학교 한국학연구소 소장인 세르게이 V. 알킨 (Sergey V. Alkin) 박사가 제공.

4 한국학국제연구소 소장인 이리나 L. 카사트키나(Irina L. Kasatkina) 박사가 제공한 정보.

지고 있다.

모스크바국립대학교 한국학과는 한국어 교재를 기획·출판한다(아래 발행 목록 참조).

Корея: история и современность. К девяностолетию со дня рождения профессора Михаила Николаевича Пака. Сборник статей. М.-Сеул: МЦК МГУ, 2008.

한국: 역사와 동시대. 박 미하일 니콜라예비치 교수 탄생 90주년 기념. 논문집. 모스크바-서울. 모스크바국립대학교 한국학국제센터, 2008.

Асмолов К.В. Корейская политическая культура: Традиции и трансформация. -М.:ИДВ РАН, 2009. - 484 с.

K.V. 아스몰로프. 한국 정치 문화: 전통과 변형. 모스크바. 러시아국립학술원 극동아시아연구소, 2009. 484면.

Асмолов К.В., Хазизова К.В. Программа курса История Кореи. МГУ им. М.В. Ломоносова, ИСАА. М., 2009.

K.V. 아스몰로프, K.V. 할리조바. 한국사 수업(코스) 프로그램. 모스크바국립대학교 아시아·아프리카지역학연구소, 모스크바, 2009.

Хан Ёнъу. История Кореи: новый взгляд / Пер. с корейского под ред. М.Н. Пака. - М.: Восточная литература, 2010.

한영우. 한국사: 다시 찾는 우리 역사. 박 미하일 니콜라예비치 편집. 한국어에서 번역. 모스크바. 동양문학, 2010.

Касаткина И.Л., *Чун И., Пентюхова В.Е.* Учебник корейского языка. Базовый курс. 4-е издание. М.: НИЦ "Инженер", 2015. ISBN 978-5-7013-0181-6, 512 с.

I.L. 카사트키나, I. 춘, V.E. 펜튜호바. 한국어 교과서(교본). 기초 과정. 제4쇄.

모스크바. 연구센터『기술자(엔지니어)』, 2015.

Касаткина И.Л., Чон И.С., Пентюхова В.Е. Учебник корейского языка. – 3-е изд., испр. и доп. "Инженер Москва", 2012.

I. L. 카사트키나, I. S. 정인순, V. E. 펜튜호바. 한국어 교과서(교본). 제3쇄. 교정 및 보충.『기술자』, 모스크바. 2012.

Перевод сборника эссе "В тех краях на тех ветрах" корейского писателя Ли Орёна. Пер. с кор. Касаткина И.Л., Чон И.С. Москва, Наталис, 2011. ISBN 978-5-8062-0332-9, 224 с.

한국 작가 이어령 에세이집『흙 속에 그 바람 속에』번역. 한국어 번역: I. L. 카사트키나, I. S. 정인순, 모스크바, 나탈리스, 2011.

Перевод сборника повестей "Песни Западного края" корейского писателя Ли Чхончуна. Пер. с кор. Касаткина И.Л., Чон И.С. Москва, Издательство Московского Университета, 2010. ISBN 978-5-211-05776-0, 120 с.

한국 작가 이청준 중편소설집『서편제』번역. 한국어에서 번역: I. L. 카사트키나, I. S. 정인순, 모스크바대학교출판사, 2010.

Касаткина И.Л., Чон И.С. Пособие по переводу с корейского языка на русский. Сеул, Инвеншин стори, 2006. ISBN 318-2005-00013, 142 с.

I. L. 카사트키나, I. S. 정인순, 한러 번역 교재. 서울. 발명 이야기. 2006.

Перевод сборника эссе "Карма" корейского писателя Пхи Чон Дыка. Пер. с кор. Касаткина И.Л., Чон И.С. Москва, Издательство МЦК МГУ, 2005. ISBN 5-98149-007-1, 220 с.

한국 작가 피천득의 에세이집『인연』번역. 한국어로부터 번역: I. L. 카사트키나, I. S. 정인순, 모스크바국립대학교 한국학국제센터. 2005.

Чон И.С., Касаткина И.Л. Пособие по переводу с русского языка на корейский (Часть 2). Сеул, Инвеншин стори, 2005. ISBN 318-2005-00013, 175 с.

I. S. 정인순, I. L. 카사트키나, 한러 번역 교재(2부), 서울. 발명 이야기, 2005.

Чон И.С., Касаткина И.Л. Пособие по переводу с русского языка на корейский (Часть 1). Москва, Муравей, 2004. ISBN 5-8463-0058-8, 166 с.

I. S. 정인순, I. L. 카사트키나, 한러 번역 교재(1부). 모스크바. 개미, 2004.

모스크바국립대학교의 아시아·아프리카지역학연구소 교수진은 전임교수진과 기간제 교수들로 구성되어 있다.

전임 직원은 ICFKS 연구소장인 이리나 카사트키나(Irina Kasatkina) 박사(IAAS의 한국 언어부 부장)를 비롯해 정인순 박사(한국어), 발렌티나 펜튜호바(Valentina Pentyukhova, 한국어), 안드레이 보즈비젠스키 박사(Andrey Vozdvizhensky, 한국 경제, 『러시아 한국학 총서』 저널 편집장), 크세니아 하지조바(Ksenia Khazizova, ICFKS 직원, 한국사 및 한국 종교사)가 있고, 기간제 직원으로는 아나스타시아 포가다에바(Anastasia Pogadaeva, 한국 문학, 러시아국립인문학대학교 및 모스크바국립대학교), 마리아 랴자노바(Maria Ryazanova, 한국어, 모스크바국립외국어대학교), 마리아 실첸코(Maria Silchenko, 한국 문학, 러시아국립인문학대학교), 마리아 오세트로바(Maria Osetrova, 한국사 및 인류학, 러시아국립인문학대학교), 예카테리나 안(Ekaterina An, 러시아국립인문학대학교)이 있다.

또 1992년에 미하일 N. 박 교수가 ICFKS 도서 자료실을 설립할 때 도서 자료실에서 근무했던 직원들인 사서 1명과와 번역가 1명이 있었다. ICFKS 도서관이 소장하고 있는 한국 관련 목록은 한국어, 러시아어, 영어, 일본어, 중국어, 프랑스어로 되어 있으며 총 4,900종(약 5,600권)의 미디어 자료를 구비하고 있다. 카드 목록화된 본 도서 자료실은 현재 디지털 데이터베이스를 개발 중이며 장서는 숫자 면에서 IAAS 도서관과 MSU 기본 도서관을 상회한다.

ICFKS는 1990년대 중반 이래 연구소가 개최한 30건이 넘는 학회 및 심포지엄의 거의 모든 자료와 학술 연구물들을 발간해 왔으며 ICFKS 공식 홈페이지에서 전체 발행 목록을 확인할 수 있다(http://icfks.narod.ru/Publications-eng.html).

1999년부터 ICFKS가 비정기적으로 출간한 『러시아 한국학』(총5권) 학술 연감은 2009년에 『러시아 한국학 총서』 저널로 대체되었다(ISSN 2218-5305, 웹사이트: www.vestnik-rk.wix.com/anthology). 한국국제교류재단의 재정 지원으로 보스토치나야리테라투라(VostochnayaLiteratura)라는 출판사에서 발행했고 2015년까지 6호가 간행되었다.

상트페테르부르크국립대학교[5]

상트페테르부르크국립대학교는 1724년 '왕립' 대학교로 설립되었다. 아시아언어학부는 1854년에 설립되었으며 전문적인 한국어 교육은 1897년에 시작되었다. 한국 언어(언어 및 문학) 전공 학생들에 대한 지속적인 교육은 1947년 A. A. 콜로도비치(Kholodovich) 교수에 의해 시작되었는데, 러시아에서 출판된 최초의 한국어 문법책 저자이기도 하다(1933년). 한국사 전공 학생에 대한 교육 역시 1947년에 시작되었으나, 도중에 중단되었다가 1997년에 재개되었다. 1995년, A. A. 바실리예프(Vasiliev)가 한국언어문화센터를 설립했고 2013년 한국학 학제 연구소(IISK: www.korea.spbu.ru)'로 확장되었다. 2016년 현재 상트페테르부르크국립대학교는 한국학 부문에서 모든 수준의 고등교육(학사, 석사, 박사)을 제공한다.

모든 학부 수업은 아시아·아프리카학부(FAAS)에서 담당하는데 한국 언어 전공은 (극동역사학과와 함께) 동남아·한국언어학과에서, 한국사 전공은 (동남아·한국언어학과와 함께) 극동역사학과에서 각각 제공한다.[6]

한국학부 프로그램은 한국학 개론, 한국 지리, 한국 민족학 및 문화, 한국 고

5   한국학문간연구기관 기관장 세르게이 O. 쿠르바노프(Sergei O. Kurbanov) 제공.

6   2017년 4월부터 상트페테르부르크국립대학교 동양학부 기존의 한국 언어학 전공을 담당한 교수진과 한국 역사를 담당한 교수진들을 하나의 조직으로 통합시켜 새로 독립된 한국학과(Department of Korean Studies)를 창립하였다.

대사, 한국 중세사, 한국 근대사, 한국 전통 문학사, 한국 현대 문학, 한국 중세 언어, 서울 표준어, 한국 종교 및 사상, 한국 사회 조직의 문제, 한국 역사 기록학, 한국 통일 문제, 20세기 한국 외교, 현대 한국 정치 및 경제 시스템 등 많은 수업을 제공한다. 한국학 전공 학생은 주당 14시간의 한국어 교육을 듣고 한자와 제2아시아 언어(중국어 또는 일본어)를 공부한다.

두 학과를 통틀어 한국학을 전공하는 학생은 30~40명 정도다. 석사 과정은 한국과 직접 연관이 없으나 한국어 공부 또는 한국에 대한 석사 논문을 쓸 기회를 주는 등 다양한 전공을 제공하는데, 이는 상트페테르부르크국립대학교의 아시아아프리카학부, 사회학부, 국제관계학부에서 제공한다. 교수진을 살펴보면, 극동역사학과에는 세르게이 O. 쿠르바노프 박사(Sergei O. Kurbanov, 교수 자격, 한국사, 종교, 사상, 정치 민족학)가 있다. 또한 동남아·한국언어학과에는 부교수인 인나 V. 초이 박사(Inna V. Tsoy, 한국 전통 문학, 한국어)와 아나스타시아 A. 구리에바 박사(Asnastasia A. Gurieva, 한국 전통 문학, 한국어), 조교수인 정양옥(한국어 원어민, 한국 무용), 선임강사인 알렉세이 A. 바실리예프(Alexey A. Vasiliev, 한국언어학)와 임수(1923~2016. 한국 속담, 한자, 한국어), 나탈리아 V. 드미트리예프스카야(Natalia V. Dmitrievskaya, 한국 현대사, 한국어, 한문 쓰기)가 있다. 상트페테르부르크국립대학교에서는 학술지인 『한국어 및 문화 센터 저널』를 편집·출판(ISSN 1810-8008)하며, IISK는 2006년부터 2015년까지 한국국제교류재단의 지원으로 9호부터 17호까지 출간했는데 http://www.korea.spbu. ru/herald/에서 확인할 수 있다. 세미나와 국제 학회도 개최하는데, 대표적으로 대한제국의 러시아 제국 초대 공사 이범진의 순국 100주년을 기리기 위한 국제 학회(2011, 한국국제교류재단 지원)와 한국학 전공 유럽 대학원생 학술대회 (2014년, AKS 주관, 한국국제교류재단 지원)를 들 수 있다. 또한 유럽, 한국, 미국 내 다양한 국제 학술 대회에 참가하고 도서 및 논문도 출판한다. 2010년부터 상트페테르부르크국립대학교 한국학 프로그램은 한국학중앙연구원으로부터 지원을 받고 있다. 상트페테르부르크국립대학교 한국학제간연구소는 한국학에 대한 방대한 도서 자료를 갖추고 있으며(3,500종), 러시아어와 영어로 된 모든 출판물은 목록화되어 있다.

발행물 목록은 다음과 같다.

Курбанов С.О. Размышления об исторической науке и роли личности в истории (С примерами из истории Кореи). СПб., Издательство РХГА, 2016. (ISBN 978-5-88812-779-7). 212 с.

S. O. 쿠르바노프. 역사학 및 역사 속 인물의 역할에 대한 고찰(한국사로부터 가져온 예시들과 함께). 상트 페테르부르크. 러시아 기독 인문 아카데미 출판사, 2016.

Курбанов С.О. Корейская дипломатическая миссия в Санкт-Петербурге в 1900 - 1911 гг. (Деятельность ч.п.п.м. Ли Бомчжина). Избранные материалы. СПб., Издательство РХГА, 2016. (ISBN 978-5-88812-807-7). 240 с.

S. O. 쿠르바노프. 1900년~1911년 상트페테르부르크의 한국 공사관(이범진 공사의 활동). 자료 모음. 상트페테르부르크, 러시아 기독 인문 아카데미 출판사, 2016.

Курбанов С.О. С блокнотом по Корее (1987 - 2011): записки востоковеда. СПб.: Издательский дом Санкт-Петербургского государственного университета, 2013. (ISBN 978-5-288-05405-1) 476 с.

S. O. 쿠르바노프. 한국에 관한 노트 (1987-2011): 동양학자의 기록. 상트페테르부르크. 상트페테르부르크국립대학교출판사, 2013.

Курбанов С.О. История Кореи с древности до начала XXI века. СПб., Издательский дом С.-Петербургского университета, 2009. (ISBN 978-5-288-04852-4) 680 с.

S. O. 쿠르바노프. 고대에서 21세기 초까지의 한국사. 상트페테르부르크. 상

트페테르부르크국립대학교출판사, 2009.

Курбанов С.О. Китайский классический 『Канон сыновней почтительности』 в корейской трактовке. Корейское восприятие универсальной категории 『почтительности к родителям』. СПб., Издательский дом С.-Петербургского университета, 2007, (ISBN 978-5-288-04321-5). 280 с.

S. O. 쿠르바노프. 중국고전 『효경(孝經)』의 한국 해석. 『부모에 대한 존경』의 보편적 범주에 대한 한국적 수용. 상트페테르부르크. 상트페테르부르크국립대학교출판사. 2007.

Васильев А.А., Гурьева А.А. Читаем по-корейски: пособие по чтению неадаптированных текстов: средний уровень. СПб., КАРО, 2015. (ISBN 978-5-9925-1065-2). 224 с.

A. A. 바실리예프, A. A. 구리예바. 한국어로 읽읍시다: 미편집 텍스트 읽기 교재: 중급. 상트페테르부르크, 카로, 2015.

Лим Су, Васильев А.А. Корейская разговорная речь: Ситуативно-речевые модели. СПб., Изд-во С.-Петерб. ун-та, 2013. (ISBN 978-5-288-05419-8). 673 с.

임수, A. A. 바실리예프. 한국어 구어: 상황적 담화 모델. 상트페테르부르크, 상트페테르부르크국립대학교출판사, 2013.

Лим Су. Иероглифика. Учебник. СПб., Изд-во С.-Петерб. ун-та, 2006. (ISBN 978-5-288-04074-5). 299 с.

임수. 한자. 교과서. 상트페테르부르크. 상트페테르부르크국립대학교출판사, 2006.

Троцевич А.Ф., Гурьева А.А. Описание письменных памятников корейской традиционной культуры. Выпуск I. Корейские письменные памятники в фонде китайских ксилографов восточного отдела Научной

해외 한국학 지역별 현황 논문

библиотеки Санкт-Петербургского государственного университета. СПб., Изд-во С.-Петерб. ун-та, 2007. (ISBN 978-5-288-04954-5). 424 с.

A. F. 트로체비치. A. A. 구리예바. 한국 고전 문화 고대 문헌 기록 기술. I권. 상트페테르부르크국립대학교 도서관 동양분과 중국 목판 서고 한국 고전 문헌. 상트페테르부르크. 상트페테르부르크국립대학교출판사. 2007.

Троцевич А.Ф., Гурьева А.А. Описание письменных памятников корейской традиционной культуры. Выпуск II. Корейские письменные памятники в рукописном отделе Института восточных рукописей Российской академии наук. СПб., Изд-во С.-Петерб. ун-та, 2009. (ISBN 978-5-288-04576-9). 300 с.

A. F. 트로체비치. A. A. 구리예바. 한국 고전 문화 고대 문헌 기록 기술. II권. 러시아 과학원 동방고서연구소 필사본과에 소장된 한국 고전 문헌. 상트페테르부르크. 상트페테르부르크국립대학교출판사. 2007.

Цой И.В. Корейская литература второй половины XX века: основные направления. Учебно-методическое пособие. СПб., СПбГУ, 2012. 105 с.

I. V. 초이. 20세기 후반 한국 문학: 주요 경향. 교육용-방법론적 교재. 상트 페테르부르크. 상트페테르부르크국립대학교출판사, 2012.

극동연방대학교[7]

현재 극동연방대학교에는 한국학 연구원(연구 단위)과 한국학과(교육 단위)가 있으며, 두 단위 모두 지역학국제학대학 내 동양학부 소속이다.

한국학과 학생 수는 120명 정도이고 교수진은 13명이다. E. M. 예르몰라에바(E. M. Ermolaeva) 교수가 학과장을 맡고 있으며 학부, 석사, 박사 프로그램을 제공한다.

7　FEFU로부터 현지 한국학에 대한 특별한 정보를 제공받지 못했다.

2010년 이전 한국학 교육과 연구 활동은 한국학고등대학에서 진행되었다
(HCKS, 이후 한국학과로 변한다). 한국학고등대학에는 최대 300명의 학생, 28명의
교수진, 2명의 석좌교수가 있었다. HCKS는 한국 철학, 한국사, 한국 경제 분야의
석사 프로그램을 제공했다. 2000년대 초반에는 『극동국립대학교 한국학연구원
자료』라는 정기 간행물을 출판했다.

이고르 A. 톨스토쿨라코프(Igor A. Tolstokulakov, 교수 자격) 박사가 이끄는 한
국학 연구원은 정기적으로 다양한 한국학 관련 국제 학술 대회를 개최하고 학생
들이 출판할 수 있도록 논문 작성을 지도한다. 한국학 활동은 현재 한국학중앙연
구원에서 지원하고 있다.

러시아고등경제대학교(모스크바)[8]

2011년 러시아고등경제대학교(HSE) 소속 아시아학대학(SAS)에 한국학과가
설립되었는데, 그전까지는 중국학, 일본학, 아랍학으로 분류되어 있었다. 처음
한국학 입학생 수는 12명에 불과했지만 지난 5년간 지속적으로 늘어나 2016년
에는 50명 정도가 본 학과에 입학했다. 현재, 한국학 전공 학생 수는 120명에 이
르며 대부분이 여학생이다.

한국학 교육 프로그램은 한국 역사, 언어, 경제, 정치 등 다양한 분야의 과목
으로 이루어져 있다. 한국학 프로그램에는 교육 초기 3년간 주(週)당 18시간의
한국어 수업이 들어 있으며 전공 선택에 따라(아시아 국제관계학 또는 아시아 국가
들의 사회·정치 발전), 한국과 관련된 일반 과목 수는 다를 수 있다. 모든 학생들은
'한국사', '한국 국가 전통', '한국 경제', '조선인민민주주의공화국과 한국 정치
체계의 진화' 수업을 필수로 들어야 하며 이론 교육은 전근대 역사보다는 현대
발전 동향에 초점이 맞춰져 있다.

8　HSE 한국학과장 김 나탈리아 교수로부터 받은 정보다.

한국학과에는 5명의 교수진이 있다. 한국학과장인 김 나탈리아(Kim Natalia, 역사학 박사, 부교수; 한국사), 손 잔나(Son Zhanna, 역사학 박사, 부교수; 한국 문화, 국가 전통 및 예술, 한국어), 호흘로바 엘레나(Khokhlova Elena, 박사 학위 예정자, 강사; 한국 문화, 국가 전통 및 예술, 한국어), 바클라노바 마리아(Baklanova Maria, 박사 학위 예정자, 강사; 한국어), 장범석(강사, 원어민; 한국어)이 상임 교수직으로 있으며, 그 외에 3~4명의 시간강사들이 있다.

김 나탈리아는 남한 정치사, 젠더 문제와 한국 내셔널리즘 전공이며 『남한 1945~1948: 정치 역사』(2015)의 저자이다. 손 잔나는 1920~1930년대 소련 내 한국 민족 해방 운동의 발전, 소련과 북한의 협조, 소련 내 한국인의 북한 활동, 러시아의 북한 정책 등을 연구하고 있다. 손 잔나는 1930년대 소련에서 자행된 고려인 박해 및 억압을 다룬 책을 저술하기도 했다(2012). 바클라노바 마리아는 박사 학위 논문으로 남한의 교육 정책 발전에 관해 연구했고, 호흘로바 엘레나는 박사 학위 논문으로 18세기 한국 예술을 연구했다.

발행물 목록은 다음과 같다.

Сон Ж. Г. Российские корейцы : всесилие власти и бесправие этнической общности. 1920-1930. М. : Гриф и К, 2013.

Zh. G. 손. 1920~1930년대 러시아 한국인(고려인): 민족 공동체의 막강한 권력과 공권 부재. 모스크바. 그리핀과 까. 2013.

Хохлова Е. А., Ли Х., Ким А. Корейское современное искусство : ориентирование на местности. СПб. : Свое Издательство, 2016.

E. A. 호흘로바, Kh. 이, A. 김. 한국 현대 예술: 지역성의 지향. 상트페테르부르크. 스뽀요출판사, 2016.

Ким Н. Н. Южная Корея 1945-1948. Политическая история. М. : Восточная литература, 2015.

N. N. 김. 1945-1948 남한. 정치사. 모스크바. 동양문학, 2015.

모스크바국립외국어대학교[9]

모스크바국립외국어대학교는 러시아 연방이 지원하는 고등교육 기관이다. 모스크바국립외국어대학교의 전신은 모스크바왕립통상대학교이다. 1804년에 설립된 모스크바왕립통상대학교는 러시아 혁명 이후 1930년에 모스크바언어대학교로 바뀐 뒤 1964년에 모리스 토레즈(Maurice Thorez)의 이름을 따서 학교명을 변경했다가 또다시 모스크바국립외국어대학교로 바뀌었다. 통번역학부는 모스크바국립외국어대학교에서 규모나 중요도 면에서 가장 큰 학부다. 1990년에 설립된 동양언어학과에는 아랍어, 중국어, 일본어, 한국어, 페르시아어, 터키어 부문이 있는데 한국어학과는 1992년에 개설되었다.

모스크바국립외국어대학교 한국어학과 설립자는 저명한 한국학자이자 『한-러 러-한 사전』 저자인 레오니드 B. 니콜스키(Leonid B. Nikolskiy, 1924~1998) 박사다.

한국학 교수진으로는 에카테리나 A. 포홀코바(Ekaterina A. Pokholkova, 부교수, 모스크바국립외국어대학교 한국학과장, 2015년부터 CEESOK[10] 회장 대행), 마리아 V. 솔다토바 박사(Maria V. Soldatova, 부교수), 안나 A. 두디노바(Anna A. Dudinova, 박사 과정 학생, 강사), 다리아 V. 셀레즈네바(Daria V. Selezneva(박사 과정 학생, 강사), 노지연(박사 학위 예정자, 강사) 등이 있다.

모스크바국립외국어대학교 한국어학과는 고등교육기관 학생들을 대상으로 제1회 러시아 한국어 경연 대회(2010년)를 비롯해, 러시아한국어교육자협회 세미나(2013), 한국 문학 번역 문제에 관한 세미나(2014), 제14회 CEESOK 학회

---

9   한국학부 부장인 예카테리나 A. 포홀코바(Ekaterina A. Pokholkova)박사가 제공한 정보다.

10   CEESOK : 중앙·동부유럽한국학회

(2015) 등을 개최했다.

한국어학과는 실용 한국어 수업, 한국어 이론(문법 이론, 문제론, 사전학), 한국 역사·문화·지리, 번역 실기와 이론, 한국 문학 등의 수업을 제공한다. 한국어학과 평균 학생 수는 60명이다.

모스크바국립외국어대학교 직원들은 극동연방대학교, 노보시비르스크대학교, 비엔나대학교, 부쿠레슈티대학교(EPEL 프로그램) 등에 정기적으로 초청 강의를 나가고 있고 2015년에는 RAUK에도 가입했다.

Sirotina (Pokholkova) E. A. Russian~English-Korean dictionary of economic lexis. Moscow : East-West, 2004. p. 269.

Pokholkova E. A. Korean language : 5 grade : The book for general school students. Moscow : Ventrana-graf, 2008. p. 192.

Pokholkova E. A., Kim Irae. Korean language. Idioglossary. 20000 words. Moscow : Zhivoy yazik, 2014. p. 288.

Soldatova M. V., Park K. A. Modern Korean Literature. Vladivostok : Far Eastern University, 2003. p. 284.

Soldatova M. V. The rise of national prose in Korea in the first quarter of the 20th century. Vladivostok : Far Eastern University, 2004. p. 188, and literary translations.

Moon Jung-hee. 바람의 눈을 따라. Following the wind [preface by M. D. Yasnov, translation from Korean by M. V. Soldatova, E. A. Pokholkova, I. Yu. Pankina]. Moscow : Centr knigi Rudomino, 2015. p. 250.

Ro Ji Yun. Metaphor as a means of aesthetic understanding of the world in the early poetry of Boris Pasternak // Journal : Noviy svet. Vol. 1. Moscow. 2001. pp. 41~46.

Dudinova A. A. Kim Aeran. Winter is coming / Translated by Anna Dudinova // "Inostrannaya literatura" journal. 2016. №11. pp. 82~98.

러시아국립인문대학교[11]

러시아국립인문대학교는 1991년 모스크바공공대학교(1908년 설립)와 모스크바국립역사기록연구소(1930년 설립)가 합병되면서 설립되었다. 현재는 사회과학 및 인문학 연구를 전문으로 하는 규모 있는 대학 중 하나다. 러시아국립인문대학교에서는 매우 실력 있는 전문가들이 젊은 세대를 교육하고 있으며, 세계 일류 수준의 기초 및 응용 연구를 진행하고 있다.

러시아국립인문대학교는 현재 7개 기관, 11개 학부, 19곳의 과학 및 교육센터, 실험실 8개 및 50개 학과로 구성되어 있다.

1994년 설립된 동양학연구소는 교육과 과학적 연구를 융합하는 특수 기관이다. 2003년에 동양고전학연구소(IOCS)로 명칭이 바뀌었으며 현재 IOCS 학생들은 동양 언어와 문화에 대한 이해를 위해 폭 넓은 분야를 공부하고 있다. 학생들은 고문헌도 연구하는데 이는 IOCS 교수법의 주요 특징 중 하나다.

2004년 설립된 IOCS 극동언어역사학과는 다양한 주제를 통한 교육을 목표로 한다. 해당 학부는 심도 있는 고전 교육뿐 아니라 19~20세기에 시작된 러시아 동양학의 전통을 유지, 지원하고 나아가 이를 대외적으로 알리는 일을 목적으로 하고 있다.

학부 교수진은 중국, 한국, 베트남, 태국, 라오스 등 극동 지역 국가의 문학과 역사, 문화 및 언어 등을 전문으로 한다. 2005년에 시작한 한국의 언어와 문학 분야는 문학박사 엘레나 N. 콘드라티예바(Elena N. Kondratyeva)가 담당하고 있다.

현재 한국 관련 교수진은 엘레나 N. 콘드라티에바 박사, 에브게니야 V. 브

---

11   한국학부 부장인 엘레나 N. 콘드라티예바 박사가 제공한 정보다.

레찰로바(Evgeniya V. Brechalova) 박사, 에카테리나 S. 로구노바(Ekaterina S. Logunova) 박사, 나탈리야 A. 체스노코바(Nataliya A. Chesnokova)와 아나스타샤 A. 아르테모바(Anastasia A. Artemova)가 있으며 기존 극동역사·언어학과에는 레프 R. 콘체비치(Lev R. Kontsevich) 박사, 타티아나 M. 심비르체바(Tatyana M. Simbirtseva) 박사, 세르게이 V. 볼코프(Sergei V. Volkov) 박사 등 저명한 한국학자들이 재직한 바 있다.

교수진은 현대 한국 언어학 전문가들이면서 동시에 한국어 역사와 중세 문법에도 전문성을 갖고 있다. 이 때문에 학과 구성원들의 주된 학술적 관심이 한국어에 대한 서술과 중세 한국 문학 번역에 집중되고 있다. 엘레나 N. 콘드라티예바는 2011년에 15세기 문헌인 『용비어천가』에 대한 주해가 담긴 번역서를 러시아어로 출판한 바 있으며 현재는 15세기 불교 문헌인 『월인석보』를 유럽 언어 최초로 번역하고 있다.

러시아국립인문대학교의 한국학과 교육 프로그램은 인문과학 전반에 걸친 기초 교육, 특별히 한국 관련 학문에 대한 폭넓은 교육을 지향한다. 교육 과정을 보면 제1동양언어와 제2 동양언어(한국어와 일본어) 교습을 강조하는 것이 눈에 띄며 2년 차부터는 한문을 가르친다.[12]

러시아국립인문대학교 한국학과에서 공부하는 4년 동안 학생들은 한국어 언어학, 한국 문학 역사, 한국어 문법, 사전학, 방언학, 한국어 역사, 한국 우화 연구, 한국사, 한국 지리, 한국 민속학, 한국 경제, 한국 문학, 한국 철학 등을 배운다. 또한 한문과 한국어 역사를 공부하면서 한문 원본뿐 아니라 현대 한국어(혼합 문헌)나 중세 한국어도 함께 배운다.

한국국제교류재단 지원으로 2013년에 설립된 젊은 한국학자들을 위한 워크숍은 극동언어역사학과가 주관하여 개최하고 있다.

---

12 고대 중국 문자의 한국 버전.

러시아국립인문대학교 동양고전학연구소는 2015년에 RAUK 회원으로 가입하였다.

노보시비르스크국립대학교[13]

노보시비르스크국립대학교 인문학부는 1997년에 최초로 한국어를 제1외국어로 채택했다. 그동안 동양학 전공자들을 위한 첫 한국어 교육 프로그램과 한국사 핵심 강의, 한국 민속학 강의 등을 마련했다.

2004년 2월, 노보시비르스크국립대학교 행정처와 한국 대사관 지원으로 문화 및 교육 관계 발전을 위한 한국학센터가 설립되었고, 2005년 가을부터는 한국어능력시험(TOPIK)을 주관하고 있다.

2008년 3월, 인문학부에서 RAUK 프로그램을 개발함에 따라, 과학적 연구를 강화하기 위해 새로운 R&D 부문(한국학연구소)이 설립되었다. 따라서 노보시비르스크국립대학교의 한국학 관련 연구소는 현재 두 곳이다.

RAUK 노보시비르스크 분과는 지난 11년 동안 RAUK 홈페이지 제작(2007) 및 관리를 맡아 왔다. 또한 한국국제교류재단의 지원을 받아 2006년부터 인문학부 졸업생들을 체계적인 한국학 교육자로 양성하기 위해 여러 개의 혁신적인 한국어 교육 커리큘럼('고고학자를 위한 한국어'등), 문학, 민속학, 고고학, 지리학, 역사기록학, 한국 문헌 연구 프로그램 등을 개발했다. 2007년부터는 한국국제교류재단의 지원을 통해 총 28명의 대학원생에게 장학금을 수여했다. 2007년과 2010년에는 RAUK 활동의 일환으로 시베리아와 러시아 극동 지역 학생들과 젊은 학자들을 대상으로 '한국 역사와 문화'라는 제목의 지역 학술 대회를 개최한 바 있다.

2007년부터 젊은 교수들은 RAUK 감독하에 한국어 교사들을 위한 범러시

13　한국학 프로그램 담당자 세르게이 V. 알킨(Sergey V. Alkin) 박사가 제공한 정보다.

아 워크숍에 활발히 참여하고 있다. 또한 2007년부터 '객원교수 강의 시리즈'를 마련해 세르게이 O. 쿠르바노프(Sergei O. Kurbanov), 타티아나 M. 심비르체바(Tatiana M. Simbirtseva), 블라디미르 M. 티호노프(Vladimir M. Tikhonov), 파벨 S. 레샤코프(Pavel S. Leshakov), 율리아 V. 볼타치(Yulia V. Boltach), 엘레나 N. 콘드라티예바(Elena N. Kondratyeva), 콘스탄틴 V. 아스몰로프(Konstantin V. Asmolov), 데니스 A. 삼소노프(Denis A. Samsonov), 발레리 E. 수히닌(Valery E. Sukhinin), 이상윤(Li San Yun), 인나 V. 초이(Inna V. Tsoi)를 포함한 학자들의 강의를 제공했다.

지난 10년간, 한국어를 공부하는 평균 학생 수가 40~50명으로 늘어났는데 이들은 매년 약 10개의 한반도 고고학 연구, 한국 역사, 언어 및 문학, 전통과 현대 문화 등에 관한 졸업 논문을 평가받는다.

졸업생들은 모교나 모스크바, 노보시비르스크, 톰스크 고등교육기관에서 한국어나 한국 관련 과목을 가르치고 있다.

발행물 목록은 다음과 같다.

Алкин С.В. Древние культуры Северо-Восточного Китая : Неолит Южной Маньчжурии. - Новосибирск : Изд-во ИАЭТ СО РАН, 2007. - 168 с.

S. V. 알킨. 북동 중국의 고대 문화: 남만주의 신석기 시대. 러시아 과학원 시베리아 분원 고고학 및 민속학(민속지학) 연구소 출판사. 2007.

Деревянко А.П., Ким Бон Гон, Нестеров С.П., Чой Мэн Сик, Хон Хён У, Алкин С.В., Субботина А.Л., Ю Ын Сик. Материалы и исследования российско-корейской археологической экспедиции в Западном Приамурье. - Тэджон : Издательство Института культурного наследия, 2008. - Вып. 1, часть 1 : Раскопки раннесредневекового Троицкого могильника в 2007 году. - 218 с.

A. P. 데레뱐코, 김봉건, C. P. 네스테로프, 최맹식, 홍형우, S. V. 알킨, A. L. 수보티나, 유은식. 서아무르 유역 한국-러시아 고고학 학술탐험단 자료 및 보고서.

대전. 국립문화재연구소출판사. 2008. 1권 1부: 2007년 중세 초기 트로이츠키 무덤 발굴.

Деревянко А.П., Ким Бон Гон, Нестеров С.П., Чой Мэн Сик, Хон Хён У, Алкин С.В., Субботина А.Л., Ю Ын Сик. Со Амур юёк хан-но кондон ёнгу. Тхыроичхое кобунгун (서아무르유역 한노 공동 연구. 트로이츠코예 고분군) Материалы и исследования российско-корейской археологической экспедиции в Западном Приамурье). - Тэджон : Издательство Института культурного наследия (대전: 국립문화재연구소), 2008. - Вып. 1, Часть 1: Раскопки раннесредневекового Троицкого могильника в 2007 году. - 190 с. (на кор. яз.).

A. P. 데레뱐코, 김봉건, C. P. 네스테로프, 최맹식, 홍형우, S. V. 알킨, A. L. 수보티나, 유은식. 서아무르 유역 한국-러시아 고고학 학술탐험단 자료 및 보고서. 1권 대전. 국립문화재연구소출판사, 2007. 중세 초기 트로이츠키 무덤 발굴. (한국어)

Деревянко А.П., Ким Бон Гон, Нестеров С.П., Чой Мэн Сик, Хон Хён У, Алкин С.В., Субботина А.Л., Ю Ын Сик. Материалы и исследования российско-корейской археологической экспедиции в Западном Приамурье. - Тэджон : Издательство Института культурного наследия, 2008. - Вып. 1, Часть 2: раскопки раннесредневекового Троицкого могильника в 2007 году. - 154 с. (на рус. и кор. яз.).

A. P. 데레뱐코, 김봉건, C. P. 네스테로프, 최맹식, 홍형우, S. V. 알킨, A. L. 수보티나, 유은식. 서아무르 유역 한노 고고학 공동 연구. 대전. 국립문화재연구소출판사, 2008. 1권 2부. 2007년 중세 초기 트로이츠키 무덤 발굴. (한국어)

Ким Е. В. Корейцы Сибири : этносоциальные и этнополитические процессы в XX-XXI веках - Новосибирск : Изд-во ИАЭТ СО РАН, 2015. - 168 с.

E. V. 김. 시베리아의 한국인: 20세기~21세기의 민족지 사회적, 민족지 정치

적 과정. 노보시비르스크. 러시아 과학원 시베리아 분원 고고학 및 민속지학 연구소 출판사, 2015.

이르쿠츠크국립대학교[14]

1995년부터 이르쿠츠크국립대학교 국제학부는(현 국제경제학·언어학연구소; MIEL) '(한국어) 전문 커뮤니케이션 번역가'라는 별도의 자격증과 함께 '무역', '통상', '경제' 전문 학사 학위자를 양성하고 있다.

1996년에 배재대학교와 공동으로 이르쿠츠크국립대학교에 시베리아-한국센터를, 배재대학교에 한국-시베리아센터를 각각 설립했고 2006년 1월에는 한국어센터를 공식 설립했으며 2007년부터 이르쿠츠크 자매 도시인 강릉에 위치한 가톨릭관동대학교와 활발히 교류하고 있다.

MIEL은 1998년 2월부터 배재대학교와, 2007년 2월부터는 가톨릭관동대학교와 공동으로 교육 프로그램을 운영해 오고 있다. 이르쿠츠크국립대학교에서 제공하는 '전문 커뮤니케이션 번역가' 과정에는 실용 한국어 수업, 언어 이론, 전문 번역 실용 수업(정치, 경제), 번역 이론, 언론 언어, 상업 언어, 국가 연구, 실기와 같은 전공 학문을 두고 있다. 졸업생은 선택에 따라 배재대학교와 가톨릭관동대학교에서 석사 학위 취득이 가능하다.

한국국제교류재단이 파견한 임현진 씨가 2006년부터 2010년까지 이르쿠츠크국립대학교에서 객원교수로 강의한 바 있다. E. A. 콜로디나(E. A. Kolodina)와 함께 그녀와 MIEL 교원 및 학생들의 연구 결과가 『3년 차 학생들의 사회문화적 맥락 번역』으로 나왔고 L. 리트비노바(L. Litvinova)와 『TOPIK 핸드북』도 공동 개발했다.

2016년 9월에 한국학 교육학과들을 개편해, 현재는 국제경제학·언어학연구

---

14 한국연구소 소장 E. A. 콜로디나(E. A. Kolodina) 제공.

소(MIEL)와 언어·외국어·언론커뮤니케이션연구소(IPFLMC)에서 한국학을 가르치고 있다.

한국학 전공은 '전문 커뮤니케이션 번역가'와 '(한국어)언어학자-번역가' 과정이 있으며 6명(부교수 2명, 선임 강사 2명, 교원 2명)의 교수진으로 이루어져 있다.

한국어센터에선 정기적으로 다양한 국제 학술 대회와 한국학 행사를 개최하고 있으며, 배재대학교, 가톨릭관동대학교, 전북대학교 및 안양대학교를 비롯해 한국 내 여러 대학들과 협력하고 있다. 한국어 전공 학생들의 활동은 한국국제교류재단이 지원한다.

이르쿠츠크국립대학교는 유능한 한국학 전문가를 양성, 배출하기 위해 노력하고 있다. E. A. 콜로디나는 「영화적 대화 감각의 형성에서 기호 체계의 교류」라는 논문을 제출한 바 있고(2013), K. V. 이바노프(K. V. Ivanov)는 「일제강점기 한반도에서의 일본 국내 정치 연구(1904-1945): 근대화와 동화의 문제」라는 논문을 발표했다(2014).

이르쿠츠크국립대학교는 2006년에 RAUK 회원이 되었다.

Колодина Е. А., Ли Е. В. Корейский язык (учебное пособие). Самоучитель. - М.: Живой язык, 2016. - 224 с.

E. A. 콜로디나, E. B. 이. 한국어(학습 교재). 자습서. 모스크바, 치포이 야츠크, 2016.

Ю Инча, Тунгусова Г. И. Обращение как фрагмент русской и корейской языковой картины мира. Двуязычный учебный идеографический словарь. - Иркутск: ИГУ, 2013. - 39 с.

유인차, G. I. 툰구소프. 러시아와 한국의 언어적 세계상의 단편으로서의 호칭. 이중 언어 학습용 표의문자 사전. 이르쿠츠크, 이르크츠크국립대학교, 2013.

기타 러시아 대학교

이외에도 여러 러시아 대학들이 한국어나 한국학 교육 프로그램을 제공하고 있다.

모스크바국립국제관계대학교(MGIMO)는 한국어 교육에 대한 오랜 전통과 경험을 갖고 있으며, 외교 서비스 관련 전공과 연계해 한반도 지역 문제에 대한 특별 강의를 제공한다.

A. I. 게르젠(A. I. Herzen)의 이름을 딴 러시아국립게르첸사범대학교는 외국어 전공 학생들에게 한국어 프로그램을 제공한다.

2014년 모스크바국립외국어대학교의 분교가 된 이르쿠츠크국립언어대학교(ISLU)는 2016년 6월 이르쿠츠크국립대학교로 편입되었고 철학·외국어·언론소통연구소를 설립했다.

사할린국립대학교(사할린섬 유즈노사할린스크시)와 극동국립인문대학교에서도 한국학 프로그램을 제공하고 있다. 특히 극동국립인문대학교는 한국학 각종 프로그램들을 제정했는데 2015년에 태평양국립대학교(하바롭스크시)로 편입되었다.

학술 연구 기관에서의 한국학 현황

소련에서는 교육 제도와 관계 없는 소련과학원 산하에 있고 단단한 재정과 조직 기반이 있는 과학연구소들의 제도가 개발되어 있었다. 그리하여 소련과학원에는 아시아 및 아프리카를 집중하여 연구하는 많은 연구소들이 있었다. 그런데 소련 붕괴 이후 소련(후에 - 러시아)과학원은 여러 번의 재 구조 조정 과정을 거쳤다. 상당수의 연구 프로젝트가 대학으로 옮겨 갔고 러시아과학원(RAS)의 재정 규모도 현저히 축소했다. 하지만 다행히 한국학과가 속한 아시아 지역학 연구

기관들은 살아남았다. 그러나 연구자 수는 전보다 줄어들었고 연구 활동도 현 시점에 초점을 맞춰 진행되고 있는 추세다.

그 가운데 가장 중요한 기관 몇 곳을 소개한다.

동양학연구소, RAS

모스크바 소재. 한국학은 '한국·몽골학과'에서 연구되며 한국 현대 정치사 전문가인 A. V. 보론초프(A. V. Vorontsov)가 과장을 맡고 있다. 한국 중세사로 경력을 쌓기 시작한 전임 과장 유 바닌(Yu V. Vanin) 박사는 현재 20세기 한국사를 전문적으로 연구하고 있으며 최근에는 『소련과 북한, 1945-1948』이라는 책을 출간했다(2016). 19세기~21세기 초 러시아-한국 관계 연구의 탁월한 전문가인 B. B. 박(B. B. Pak) 교수는 논문을 꾸준히 발표하고 있으며 최근 『러시아 외교관 K. I. 배베르(K. I. Waeber)와 한국』(모스크바, 동양학연구소, 2013)이라는 책을 출간했다. 또한 차세대 연구자로는 A. V. 박(A. V. Pak, 19~20세기 한국)과 L. R. 카자리얀(L. R. Kazaryan, 현대 한국)이 있다.

극동지역학연구소, RAS

모스크바 소재. '한국학연구소(CKS)'는 현대 한국을 주요 연구 소재로 하는 전문가 조직으로, 북한 문제와 한반도 정세 전문가인 A. Z. 제빈(A. Z. Zhebin) 박사가 CKS 소장직을 맡고 있다. 주요 연구자로는 S. S. 수슬리나(S. S. Suslina, 한국 경제), 김영운(한국 정치), K. V. 아스몰로프(K. V. Asmolov, 한국 정치), L. V. 자하로바(L. V. Zakharova, 한국 경제), V. G. 삼소노바(V. G. Samsonova, 한국 경제)가 있다.

한국학연구소는 1990년대 말부터 매년 '러시아와 CIS 한국 문제 전문가 학술 대회'를 개최하고 있다.

동양문헌연구소, RAS

상트페테르부르크 소재. 동양학연구소의 전(前) 상트페테르부르크 분소인 동양문헌연구소(IOM)는 한국 고전 문헌과 금속활자에 대한 귀중한 장서를 보유하고 있다. 20~21세기 전환기에 연구소의 한국학은 극동학과에서 근무하는 몇 명(최대 5명)의 한국 전문가가 담당했으나 2016년에는 한국 중세 불교 문헌의 한문-러시아어 번역 전공인 유 볼타치(Yu. V. Boltach) 박사만 남았다.

출판 활동

지난 10년간(2006~2016) 러시아 한국학은 다수의 저술을 출판했으나 대부분 러시아어이며, 영어나 한국어 외 기타 언어로 된 출간물은 소수에 불과하다. 이 중에는 본 논문에서 언급된 경우도 있고 학생들을 위한 교재, 두 개의 한국학 학술지, (고전 및 현대) 한국 문학의 러시아어 번역, 논문, 학회 자료 목록도 있다.

이처럼 방대한 한국학 관련 출판물 중에서도 타 지역과 유사점을 찾기 어려운 두 편의 독특한 도서 시리즈가 있다.

'러시아의 한국학: 과거와 현재' 시리즈

2000년대 초, 이형근 씨는 러시아에 한국학을 전파하려는 목적으로 모스크바에 "3-1 문화원"을 설립했다. 그런 뒤 '러시아의 한국학: 과거와 현재'라는 한국학 시리즈를 시작으로 2004년부터 2013년까지 총 10권을 발간하였다. 제1권 『한국에 인생과 노동을 헌정하다: 20세기 후반 러시아의 한국학자들』(2004), 제2권 『러시아의 한국학: 역사와 현대』(2004), 제3권 『현대 러시아의 한국학: 백과도서』(2006), 제4권 『식민지 시대의 한국』(2006-2007), 제5권 『러시아인이 본 한국(1885-1945)』(2008), 제6권 『L. R. 콘체비치(L. R. Kontsevich)가 선정한 한국에 관한 러시아어, 서양 언어로 된 문헌 목록(19세기부터 2007년까지)』(2008), 제7권 『러시아가 접한 한국에 대한 최초의 정보(1675-1884)』(2010), 제8권 『R. Sh. 자릴가시노바(R. Sh. Dzharylgasinova), 비문(광개토대왕 비석)으로 보는 한민족과 한국인의 역사』(2010), 제9권 『Yu. V. 이오노바(Yu. V. Ionova), 한국 민속학(발췌 논문)』(2011), 제10권 『L. R. 콘체비치(L. R. Kontsevich), 훈민정음의 세계』(2013)로 구성되어 있다.

'한국 문학 골든펀드' 시리즈

상트페테르부르크의 저명한 한국 문학 학자이자 번역가인 A. F. 트로체비치(A. F. Trotsevich) 박사는 2006년 히페리온(Hyperion)출판사와 함께 S. O. 쿠르바노프 교수가 제안하고 한국문학번역원의 재정 지원을 받아 11~19세기 한국 고전문학과 시를 러시아어로 번역본들을 수정, 재편집, 신번역 등의 작업을 해서, 10권의 책으로 출판하는 프로젝트에 착수했다. 이 시리즈는 러시아의 한국 문학 전문가들이 1950~2010년대까지 작업한 한글 원본 번역 문헌을 새롭게 개정한 것으로, 2008년 제1권을 시작으로 2017년에 마지막 권이 출간될 예정이다.

'한국 문학 골든펀드' 시리즈는 한국 고전문학 명작들을 빠짐없이 번역한 모음집으로 평가될 것이다.

결론

21세기 초 러시아의 한국학에는 세대교체, 한국학 교육센터의 성장, 예전에 비해 줄어든 학술 연구 기관의 연구 활동 등 새로운 동향이 나타났다. 이전 연구가 한국의 전근대·고전·현대를 포괄적으로 다뤘다면 지금은 근·현대를 비롯해 동시대 정치·경제 이슈들이 단연 우세한 상황이다.

러시아 국내는 물론 해외 동향의 직접적인 영향하에서 변화를 모색해 온 러시아의 한국학은 도서관과 인터넷 자료들을 통해 한 세기 반 동안 대단히 전문적인 한국 관련 연구 결과물들을 생산해 왔고 이들 학술 서적과 논문들은 러시아 한국학의 지속적인 발전을 위한 든든한 버팀목이 되고 있다.

CIS/코카서스 지역의 한국학

전문이 | 트빌리시자유대학교 KF 한국어 객원교수

본 연구는 독립국가연합(CIS)[1]/코카서스 지역 각국의 한국학 교육기관 및 연구 모임을 중심으로 최근 한국학의 발전 추이를 살펴본다. 다만 본고에서는 이 지역 중 조지아, 아제르바이잔, 아르메니아 3개국을 코카서스 지역으로 분류하여 논의하며, 키르기스스탄, 우즈베키스탄, 투르크메니스탄, 타지키스탄, 카자흐스탄 5개국은 중앙아시아 지역으로,[2] 우크라이나, 벨라루스, 몰도바는 동유럽으로 분류되는 관계로 본고의 논의에서 제외한다. 즉, 코카서스 지역 3개국의 한국학 교육기관 및 연구 모임을 중심으로 최근 한국학의 현황 및 발전 추이를 살펴본 후 향후 전망을 논의한다.

본고에서 사용하는 '한국학'은 한국의 인문사회과학 전체를 아우르는 것으

---

[1] 독립국가연합(CIS)은 1991년 소련의 해체로 독립한 공화국의 연합체 혹은 동맹으로, 러시아, 몰도바, 벨라루스, 아르메니아, 아제르바이잔, 우즈베키스탄, 카자흐스탄, 키르기스스탄, 타지키스탄이 공식 회원국이며, 투르크메니스탄은 비공식 참관국, 조지아와 우크라이나는 각각 2007년, 2014년에 탈퇴했다.

[2] 중앙아시아의 한국학 현황은 2014년 결성된 중앙아시아한국학교수협의회와 한국학 네트워크 홈페이지에서 확인할 수 있다. 중앙아시아한국학교수협의회는 한국학 학술 대회 개최는 물론 『중앙아시아 한국학 교육』과 『CIS 대학생 한국학 논문집』을 발간하고, 소식지 『중앙아시아 한국학 네트워크』를 발행하고 있다. http://www.kaznks.kz.

로 규정하고 있는 최호(2015)[3]의 논의를 일부 받아들임과 동시에 한국의 언어, 문화, 역사, 경제, 문학 등을 포괄하는 학문으로 그 개념을 확대한다. 즉, 코카서스 지역의 한국학에 대한 논의는 각 교육기관에서 실시하고 있는 '한국어' 교육은 물론 한국 경제·문학·역사·문화 교육과 함께 극동아시아학 혹은 동방학의 일부로 교육하고 있는 한국 경제·역사·문화·종교·문학·설화 등을 '한국학'의 테두리 안에서 논의한다.

코카서스 지역, 보다 구체적으로는 남코카서스 지역의 3개국 조지아, 아제르바이잔, 아르메니아는 언어, 문화 및 종교 면에서 각국이 독자성을 유지하는 한편, 3국 모두 지정학적 측면에서 아시아와 유럽을 연결해 주고 구소련의 영향을 받았던 지역으로, 중앙아시아권으로도 유럽권으로도 분류되기 어렵다는 공통점을 갖고 있다.

따라서 이 지역 한국학 교육자들은 지역 내 한국학의 발전을 위해 지난 2015년 11월 처음으로 코카서스 한국학 교육자 워크숍을 개최하고 2016년 10월 제2회 코카서스 한국학 교육자 워크숍에서는 지역 내 교수 협의회 구성을 논의했다.

본고는 두 차례의 교육자 워크숍을 통해 각 지역 교육자들이 연구해 온 각국의 한국학 현황 및 발전 방향 모색에 대한 논의를 중심으로 코카서스 지역 한국학의 현황과 발전 추이를 정리하면서 향후 전망을 논의하고자 한다.

---

3 최호(2015: 51)는 그간 학계에서 논의되어 온 한국학 개념을 정리하면서, 역사적으로 볼 때 지역 연구로서의 해외 한국학 연구가 타자의 관점에서 한국에 대한 관심으로 출발해 국가의 이해에 봉사하던 학문 연구 시기를 거쳐 다원화 사회의 국제 이해 교육과 학문이라는 관점으로 발전하기에 이르렀다는 윤여탁(2007: 6)의 개념을 소개하고 있다.

코카서스 지역 한국학 현황

코카서스 지역에서 한국학은 1994년 아제르바이잔언어대학교에 한국어 과정이 개설되면서 시작되었다. 이후 2001년 조지아의 아시아아프리카대학교, 2006년 아르메니아의 예레반국립언어및사회과학대학교, 2007년 아제르바이잔의 바쿠국립대학교, 2012년 나흐치반국립대학교와 하자르대학교에 각각 한국어 강좌가 개설되었다. 2016년 현재 아제르바이잔 4개 대학, 조지아 1개 대학, 아르메니아 1개 대학에서[4] 한국학 강좌가 전공 및 학점 과정으로 운영되고 있다. 한국학 교육이 실시되고 있는 코카서스 지역 한국학 교육 대학교 현황은 〈표 1〉과 같다.[5]

표 1 코카서스 지역 한국학 교육 대학교 현황 　　　　　　　　　　　　　　(2016년 12월 기준)

국가명	대학명	개설 시기	강좌 개설 학부	전공 여부	학생 수 전공/부전공
조지아	트빌리시자유대학교[6]	2001	아시아·아프리카학부 극동아시아학 전공	전공 선택	29(22/7)
아르메니아	예레반국립언어및사회과학대학교	2006 2014	강좌 개설 영-한 통번역학과	2/3 외국어 전공	63(14/49)
아제르바이잔	아제르바이잔언어대학교	1994	통번역학부	전공	66 (36/30)
	바쿠국립대학교	2007	동양학부	전공	55(40/15)
	하자르대학교	2012	종교학부, 공학부 동방학부	학점 과정	25
	나흐치반국립대학교	2012	국제관계학부 동아시아학	학점 과정	25

4 　아르메니아미국대학교는 2015년 9월 학기부터 교양과목으로 한국어 강좌가 개설되었으나 2016년 12월 현재 잠정 중단되었다.

5 　대학교 정규 학점 과정 이외에도 일반인 과정으로 한국어 강좌가 개설되어 강좌당 10여 명의 수강생이 한국어를 공부하고 있지만, 본고에서는 학문으로서의 한국학 교육에 대한 고찰이라는 점에서 대학교 정규 학점 과정이 개설된 대학만 소개한다.

6 　2007년에 아시아아프리카대학교와 유럽경영대학교(ESM)가 합병된 사립대학교

〈표 1〉에서 보는 바와 같이 코카서스 지역의 한국학 교육은 한국어에 초점을 둔 학점 과정, 한국어-현지어 통번역에 중점을 둔 통번역학, 극동아시아학 혹은 동방학의 한 부분으로 다루어지는 지역학 등 크게 세 부분으로 나뉜다. 이러한 한국학 내용의 흐름은 강좌가 개설된 각 대학 학부의 교육 목표 및 각국 한국학에 대한 학습자의 요구와 현지 상황에 부응한 것으로 보인다.

〈표 1〉의 코카서스 지역 한국학 교육 대학교 현황 및 〈표 2〉 코카서스 지역 대학별 한국학 교육 현황에서 보듯이 코카서스 지역 한국학 교육은 역사도 짧고, 교원 및 전공자 수도 상대적으로 적어 한국학 발전의 초보 단계라고 할 수 있다. 졸업 학점 중 한국학 관련 학점이 60퍼센트 이상 해당하는 대학교는 6개 대학교 중 예레반국립언어및사회과학대학교, 아제르바이잔언어대학교, 바쿠국립대학교 3곳에 불과하다.

코카서스 지역의 한국학 교육기관이 공통으로 갖고 있는 현실적인 문제는 전문적인 교원 확충과 현지어로 발간된 한국학 교육용 교재는 물론 한국학에 대한 현지어의 접근이 어렵다는 점이다.

표 2 코카서스 지역 대학별 한국학 교육 현황 (2016년 12월 기준)

국가명	대학명	졸업 학점	한국학 관련 수강 학점	교원 수 한국/현지[7]	대학원 유학생 누적 수
조지아	트빌리시자유대학교	240	87	1/1	8
아르메니아	예레반국립언어및사회과학대학교	240	124	1/2	8
아제르바이잔	아제르바이잔언어대학교	240	155	4/2	17
	바쿠국립대학교	200[8]	124	5/1	25
	하자르대학교	128	3~6	/1	N/A
	나흐치반국립대학교	3		/1	N/A

---

7 현지인 교원 수는 한국어 담당 교원만 집계한 것이며, 동아시아 경제, 역사, 종교학을 담당하는 교원은 한국학 전공자가 아니라는 점에서 제외했다.

8 과목 시수 기준(Jalilbayli, 2015)

한국학을 담당하는 교원은 주로 한국어 분야에 집중되어 있고, 그나마도 현지인 교원은 각 대학에 1~2명 정도다. 아제르바이잔언어대학교와 바쿠국립대학교의 경우 한국인 교원이 비교적 많은 이유는 NGO 단체 소속 회원이 봉사하고 있기 때문이다.

코카서스 지역 3개국은 상대적으로 한국의 대학원으로 진학한 유학생 수가 미비하다. 3개국 모두 1992년에야 한국과 외교 관계가 수립되었고, 아제르바이잔에 대한민국 대사관이 개관하고 난 이후인 2007년, 그리고 각국에 한국학중앙연구원과 한국국제교류재단 강의 교수가 파견된 이후에야[9] 본격적으로 한국의 대학원 진학 장학 프로그램이 활발해졌다는 데서 그 연유를 찾을 수 있겠다. 3개국 모두 이들 한국 유학 경험이 있는 졸업생이나 학위 수여자들이 현지인 교원으로 후학 양성을 책임져야 할 상황이지만, 유학생들은 자국으로 돌아와서도 대학기관의 현실적인 문제로 교원보다는 취직을 선호하는 경향이 우세하다.

전문적인 한국학 교원 및 현지어로 된 한국학 자료 부족 등의 어려움을 극복하고 지역 내 한국학 교육의 발전을 공동으로 모색하기 위해 지역 한국학 교육자 모임이 결성되었다. 한국학 교육기관들이 한자리에 모여 각 기관의 현황에 대한 정부와 경험을 공유하면서 다른 나라의 한국학 교육기관의 다양한 경험을 통해 자국의 한국학 교육 현황을 파악하고 한국학 발전의 비전을 찾고자 한다. 이와 같이 코카서스 지역 한국학 교육자들은 한국학 교육의 발전 방향을 모색하기 위해 2015년 제1회 코카서스 한국학 교육자 워크숍을 개최한 데 이어 2016년에는 워크숍과 코카서스 대학생 한국어 말하기 대회를 공동 개최하는 등 지역 내 한국학 발전의 공동 모색을 위해 노력하고 있다.[10]

---

9 아제르바이잔언어대학교는 1998년 한국학술진흥재단이, 트빌리시자유대학교는 2005년 한국학중앙연구원이, 예레반국립언어및과학대학교와 바쿠국립대학교는 각각 2006년과 2010년 한국국제교류재단이 강의 교수를 파견하였다.

10 제1회 코카서스 대학생 한국어 말하기 대회에는 아제르바이잔 4명, 아르메니아와 조지아 각각 3명 등 총 10명이 참가했다.

아제르바이잔의 한국학 교육 현황 및 향후 전망

한국학 강좌가 개설된 아제르바이잔의 대학은 총 4개다. 그중 아제르바이잔 언어대학교 통번역학부의 한국어 통번역학, 바쿠국립대학교 동양학부의 한국학은 전공과로 각각 1994년과 2007년 개설되었으며, 하자르대학교의 한국어와 나흐치반국립대학교의 한국학은 학점 과목으로, 각각 교양과 전공 선택과목으로 2012년 개설되었다.

아제르바이잔의 한국학 연구는 한국학 강좌가 개설된 4개 대학뿐만 아니라 아제르바이잔과 한국 내 자체적으로 결성된 민간단체 및 유학생회 등을 통해서도 다각적으로 모색되고 있다. 양국 간 학술 문화 교류를 목적으로 2004년 11월 아제르바이잔한국문화교류친선협회(SEBA)[11]가 설립되었는데, SEBA는 2006년 경희대학교와 협력하에 한방병원 설립, 영화제 및 전시회 주최, 한국어 강좌 운영 및 민간 차원의 양국 간 문화 교류 등의 활동을 조직하고 있다. 한국 내 아제르바이잔 유학생 수가 증가함에 따라 유학생들 스스로 2009년 3월 아제르바이잔대한민국학생회(BUTA)[12]를 결성해 유학생들 간 유학 정보를 공유함과 동시에 아제르바이잔을 한국에 소개하는 활동을 하고 있다.

아제르바이잔언어대학교[13]

아제르바이잔언어대학교는 1992년 한국과 아제르바이잔의 국교 수립 후 1994년 9월 통번역학부에 한국어·영어·아제르바이잔어 전공학과를 개설하고

---

[11] http://seba.az/enIndex.html
[12] https://www.facebook.com/buta.aktt/?fref=ts
[13] 이하 기술되는 아제르바이잔언어대학교에 대한 내용은 최호 KF 파견 한국어 객원교수가 2015년 11월 제 1회 코카서스 한국학 교육자 워크숍에서 발표한 「아제르바이잔 한국학 현황과 발전 과제(아제르바이잔언 어대학교를 중심으로)」 발표문과 남은영의 「2014-2015년도 해외 한국학 강의 파견교수 최종 보고서(2015)」, 그리고 최호 교수가 제공한 보충자료를 바탕으로 정리한 것이다.

한국어센터를 설립하는 등 코카서스 지역 내에서는 비교적 이른 시기부터 한국어 교육이 실시되어 왔다. 아제르바이잔언어대학교에서의 한국학은 1994년 한국 NGO 단체의 도움으로 영어와 한국어 이중 전공 과정으로 통번역학부에 개설되었으며, 같은 해 아시아문화개발협력기구(IACD)와 한국어센터 설치에 관한 협약을 체결했다. 코카서스의 여타 지역 대학교들과 비교했을 때 상대적으로 아제르바이잔언어대학교는 한국어 교육에서 발전된 양상을 보이며, 나아가 지역 내 한국어 교육 발전 방향을 제시하는 역할을 담당하고 있다.

학습자 및 졸업생

2006년부터 한-아제르바이잔 양국 관계가 급격히 발전함에 따라 한국어 단일 전공으로 전환되었다. 2009년 입학 정원 8명에서 2012년 이후 12명으로 증가해 2016년 현재 전공, 제2외국어, 석사 1명을 포함해 총 66명이 한국어를 공부하고 있다. 1998년 6월 7명의 1회 졸업생을 배출한 이후 2016년 현재 총 90명의 졸업생을 배출했다. 이 중 대학 진학을 위해 한국으로 유학을 간 학생이 21명, 교환학생, KF 펠로십, AKS, KOICA 등을 통해 총 54명이 언어 연수를 받았다.

학부 및 대학원 교과 과정

아제르바이잔언어대학교 한국어통번역학과의 경우 졸업 학점 총 240학점 중 통번역 기초 및 통번역 실습(순차통역, 번역 AB/BA, 전산번역) 등을 포함해 한국학 관련 이수 학점은 한국어 77학점을 포함해 총 155학점이다.

아제르바이잔언어대학교는 현재 코카서스 지역 대학 중 유일하게 대학원 석사 과정이 개설되었으며 2011년 2명의 학생이 입학한 이후 현재까지 4명이 통번역학 관련 논문으로 석사 학위를 받았고 현재 1명이 이수 중이다. 교육 연구 인력 양성을 목적으로 개설된 대학원 석사 과정은 연구자를 양성하기 위한 이론적 지식 중심의 교과 과정으로 운영되고 있다. 2013년 석사 학위 졸업생부터 한국어학과 전임 교원으로 채용되어 한국어 교육을 담당하고 있으며, 일부는 한국의 대학원 박사 과정에 진학했다.

교원 및 교재

아제르바이잔언어대학교의 한국인 교원은 4명, 현지인 교원은 2명으로 여타 대학에 비해 교원이 많은 편이지만, 담당하는 전공과목 시수가 많아 사실 교원이 부족한 상황이다. 현지인 교원은 모교 출신 졸업생이다. 한국인 교원 4명 중 1명은 KF 파견교수이며, 3명은 현지어에 능통한 NGO 단체 회원들로 한국어-아제르바이잔어 통역 수업을 담당하고 있다.

한국어 수업과 번역 이론 및 실습 중심으로 이루어진 수업 교재는 현지 학습자를 위한 교재 개발을 아직 못해 주로 한국 내 대학 출판부에서 나온 한국어 교재를 사용하며, 교원들이 자체 제작한 보충 자료로 수업을 진행하고 있다.

학술 성과

아제르바이잔언어대학교는 2014년 한국어센터 개소 및 한국어 전공 개설 20주년 기념 학술 심포지엄을 개최했다. 이 심포지엄을 통해 아제르바이잔의 20년 한국어 교육은 양국 국민의 소통을 위한 자리에서 크게 활약했으며, 한국 사회 문화 등 한국학에 대한 연구로 확대될 수 있는 연구 인적 자산이 축적되는 시간이었다는 긍정적인 평가가 이루어졌다.[14] 이렇게 축적된 학습과 교육 및 연구는 2015년 한국어-아제르바이잔어 사전 출간으로 그 성과를 드러냈다.

---

14 아제르바이잔언어대학교는 2014년 한국어센터 개소 및 한국어 전공 개설 20주년 기념 학술 심포지엄을 개최하고 전문가 및 학생의 발표를 통해 20년간의 아제르바이잔 한국어 교육을 돌아보고 향후 발전 방향을 모색했다.

바쿠국립대학교

1919년 설립된 바쿠국립대학교는 아제르바이잔에서 가장 오래된 대학교 중 하나다. 한국학 강좌는 2007년 동양학부에 개설되었으며, 2013년 9월 세종학당이 다음 해 4월까지 운영되었지만 현재는 운영되지 않는다.

학습자 및 졸업생

2007년 동양학부에 한국어 강좌가 입학 정원 10명으로 개설되었으며, 현재 40명이 한국학을 전공하고 있다. 2007년 한국학과 개설 이전부터 정부 초청 장학생 및 KOICA 프로그램으로 2016년 현재 100여 명이 한국에서 유학했다. 특히 정부 초청 장학생으로 대학원에 진학한 73명의 유학생은 한국어뿐만 아니라 역사·경제·정치·IT·행정 등 다양한 분야의 학문을 연구하고 있어 추후 한국학 발전에 밑거름이 될 것으로 기대된다.[15]

학부 교과 과정

졸업 시수 3,105시간 중 한국어, 한국 경제·문학·역사·지리학·민족학 등 한국학 관련 이수 시수는 총 1,850시간으로, 졸업 학점의 총 60퍼센트에 해당한다(Jalilbayli, 2015). 바쿠국립대학교 한국학의 경우 특히 한국 문학을 고대, 중세, 근대 및 현대문학으로 나누어 학기당 120시간의 수업을 진행하고 있다.[16]

교원 및 교재

2016년 9월 학기 현재 바쿠국립대학교에서 한국학을 담당하고 있는 교원은 한국인 5명과 현지인 1명이다. 현지인 교원은 본교 출신으로, 한국 대학원에서

15　김광일 KF 객원교수가 제공한 자료

16　남은영(2014: 81)은 바쿠국립대학교 한국학과에 개설된 전체적인 교과목, 시수 및 학점을 소개하고 있다.

석사 학위를 취득하고 돌아와 2015년 9월 학기에 임용되었다. 5명의 한국인 교원 중 1명은 KF 객원교수이며, 4명의 한국인 교수는 바쿠국립대학교가 직접 고용한 아제르바이잔어에 능통한 교원이다.

바쿠국립대학교 한국학과에서 사용하는 주 교재는 한국에서 출판된 것이다. 다만, 한국 문학의 경우 임현진 KF 객원교수, 권동진 KF 객원교수가 현지인 교원과 함께 아제르바이잔 학습자들을 위해 편집한 파일용 한국 문학 수업 교재를 사용하기도 한다.

하자르대학교

하자르대학교는 1991년에 설립된 아제르바이잔 최초의 서구식 사립대학교다. 이 대학교에서의 한국어 교육은 2011년 종교학부 및 동양학부에 한국어 과목을 개설하면서 시작되었다. 또한 같은 해 공과대 학생들을 대상으로 진행한 한국어 수업은 교양과목으로 채택되었다(Kamilzade, 2015).

학습자 및 교원

매 학기 13~25명의 수강생이 한국어를 배우고 있다. 2016년 9월 학기 현재 하자르대학교에서 한국어 수업을 담당하는 교원은 현지인 1명으로, 어휘·문법, 듣기, 읽기, 쓰기 및 말하기 위주로 진행하고 있다(Kamilzade, 2016).

교과 과정 및 교재

하자르대학교의 한국어 수업은 한 학기 3학점 과목으로 최대 6학점까지 2개 학기 동안 수강할 수 있다. 세종한국어를 주 교재로 사용하고 있지만, 학습자들의 요구에 따라 2014년 이전에는 서울대, 연세대 교재를 사용하기도 하는 등 학습자의 특징에 따라 주 교재 및 보충 교재와 자료 등을 융통성 있게 활용하고 있다.

한국센터

2012년에 대학 부설로 개설된 한국센터에서는 한국어 수업보다 주로 한국 문화 수업을 운영하고 있다. 문화 수업은 한국 문화 전반과 한류를 다루며, 한국 전통 물건 전시회 및 한복 입기 체험 행사, 한국 음식 문화 전시회 및 전통 춤 공연 행사 등을 진행했다.

나흐치반국립대학교[17]

나흐치반국립대학교는 2011년 9월 대학교가 자체적으로 한국어문화센터를 개설하고, 2012년부터 비학점 과정으로 한국어 강좌를 개설하며, 동양학부 4학년에 학점 과정으로 한국학을 채택해 한국학 강의가 시작되었다. 2012년부터 2014년까지는 한국인 강사가 있었지만 이후 현지인 교원 1명이 한국학을 전담하고 있다.

한국어문화센터는 한국국제교류재단의 지원으로 매년 한국학 관련 도서를 지원받고 있으며, 전통 악기 및 한국 문화 홍보를 위한 관련 기자재 등을 갖추고 교내 한국 문화 행사를 조직, 운영해 오고 있다.

매년 25명의 한국학 수강자 중 한국의 몇몇 대학과 교환학생 프로그램으로 한 학기에 3명 정도씩 한국어 연수에 참가하고 있다.

아제르바이잔 내 한국학의 발전을 위한 해결 과제와 향후 전망

아제르바이잔의 한국학은 짧은 역사에도 불구하고 학과 및 센터 설립, 그리고 대학원 설립 등을 통해 향후 한국학 연구를 위한 초기 기반을 내실 있게 다졌다는 점에서 성공적이라 할 수 있다. 아제르바이잔 내 한국학의 현황 및 발전 방

---

17 나흐치반국립대학교에 대한 한국학 현황은 2012년 9월 학기부터 2년간 한국어 강좌를 담당했던 교원으로부터 제공받은 정보와 남은영(2014)을 참조했다.

향 등을 소개한 아제르바이잔 한국학 교육자들의 학술 대회 발표문 및 논문 등을 바탕으로 아제르바이잔 내 한국학의 발전을 위한 현안 해결 과제와 향후 전망 등을 정리하면 다음과 같다.

첫째, 한국학 교육용 교재와 연구의 주체가 현지화되어야 한다. 코눌 카밀자데[18](Kamilzade, 2015)는 아제르바이잔에서 한국어 교육 발전을 위해서는 각 기관의 특성에 맞는 아제르바이잔어로 된 교재 개발 및 보충 자료 활용을 위한 한국 문학 작품의 아제르바이잔어 번역 등 필요성을 강조하고 있다. 최호(2015: 52~54) 역시 문학작품이나 인문학 서적의 번역은 한국어 구사 능력은 없지만 한국에 대한 연구를 수행하고자 하는 타 전공 연구자들에게 한국에 대한 객관적이고 올바른 정보와 식견을 제공할 수 있어 한국학 전반에 걸친 아제르바이잔어 번역을 시급한 과제로 꼽고 있다.

전문적인 교원 확충 및 연구자 양성과 같이 중장기적인 과제 해결 노력과 동시에 현재 대학 기관에서 한국학을 강의하는 현지인 교원은 함께 일하는 한국인 교원들과 끊임없이 협력하고 자기 계발에 힘을 쏟아 전문성 강화를 위해 노력해야 한다고 지적한다(Kamilzade, 2015). 덧붙여 현지인 교사들이 자국에서 한국학 교원 및 연구자로 성장할 수 있도록 한국의 한국학 지원 기관들의 다양한 지원이 요구된다고 강조한다.

둘째, 특히 아제르바이잔언어대학교 통번역학과의 경우, 두 언어 사용자 간의 소통을 책임져야 하는 통번역사라는 직업적 소양을 배양하기 위해서는 전공자들에게 한국어라는 기능적 지식뿐만 아니라 한국인의 정서와 한국 문화를 체계적으로 이해할 수 있는 한국학 전반에 대한 교과 과정 편성이 불가피하다고 평

---

18 코눌 카밀자데(Konul Kamilzade)는 아제르바이잔언어대학교 한국어 통번역학과 졸업생으로, 현재 하자르대학교에서 한국어 강좌를 담당하고 있으며, 제1회 코카서스 한국학 교육자 워크숍에서 하자르대학교의 한국학 현황을 소개하는 글을 발표했다. 하자르대학교에 대한 보다 자세한 내용은 대학교 누리집에서 확인할 수 있다. http://www.khazar.org/en/search?keyword=korea.

가하고 있다.

셋째, 부살라 하사노바(Hasanova, 2015 : 67~77)[19]는 졸업생들 가운데 한국에서 유학한 학생들이 아제르바이잔 내 부족한 한국 전문가들을 충원하는 데 기여하기 때문에 한국과 아제르바이잔 정부가 현재 각각 지원하는 유학 프로그램을 확대할 필요가 있다고 지적한다. 부살라 하사노바는 더 나아가 한국 교육에 대한 정보 부족으로 유학 결정에 제한적인 상황이라고 지적하면서 한국의 수준 높은 교육과 다양한 장학 및 유학 프로그램이 적극적으로 홍보되어야 한다고 강조한다.

앞서 언급했듯이 아제르바이잔의 20년 한국어 교육은 양국 국민의 소통을 위한 자리에서 크게 활약하고 연구 인적 자산이 축적되는 시간이었다면 향후 아제르바이잔의 한국학은 한국 사회, 문화 등 한국학에 대한 연구로 확대될 가능성이 높다고 할 수 있다.

조지아의 한국학 교육 현황 및 향후 전망

조지아의 한국학 교육은 트빌리시자유대학교의 전신인 아시아아프리카대학교가 2001년 정규과목으로 한국어 강좌를 채택하면서 시작되었다. 트빌리시자유대학교에서의 한국학은 독립된 학문보다는 극동아시아학 과목에서 부분적으로 강의가 이루어지고 있으며, 지역학보다는 한국어에 보다 초점이 맞춰져 있다.

19　부살라 하사노바(Vusala Hasanova)는 바쿠국립대학교 한국학과 졸업생으로 한국에서 석사 학위를 취득한 후 2015년 9월 학년도부터 바쿠국립대학교 한국학과에 임용되었다. 제1회 코카서스 한국학 교육자 워크숍에서 '한국에서의 아제르바이잔 유학생 현황과 조직화'라는 주제 발표에서(2015 : 67~77) 2003년 아제르바이잔인 한국 유학생이 3명이었던 반면, 10년이 지난 2013년에는 76명이며, 2014년 현재 한국 유학생 누적 수는 총 170명으로 집계되었다고 소개했다.

트빌리시자유대학교

2001년 텐기즈 아바소브(Tengiz Abasov) 교수가 조지아의 수도 트빌리시에 위치한 아시아아프리카대학에 한국어 강좌를 개설했다. 아시아아프리카대학은 트빌리시자유대학교로 2007년 통합된 후에도 계속 아시아·아프리카학부로 그 전통을 이어 오고 있다.[20]

학습자 및 졸업생

한국어 강좌가 개설된 2001년 첫해 입학생은 5명이었으며, 2016년 현재 17명의 졸업생을 배출했다. 졸업생들은 짧게는 2주, 길게는 3개월간의 어학연수 혹은 졸업 후 석사 과정 진학 등으로 졸업생 대부분에게 한국 유학 기회가 제공되었다. 2016년 현재 전공 선택 수강자 수는 22명, 부전공자는 7명으로 아시아아프리카학부 전학년 정원 240명 중 총 29명이 한국어를 전공 언어로 공부하고 있다. 아시아아프리카학부가 2013년 9월부터 신입생 정원을 30명에서 60명으로 증원한 후, 극동아시아학을 선택한 학생은 최근 2년간 40여 명에 해당한다. 극동아시아학을 전공하는 학생들은 언어를 필수과목으로 선택하는데, 현재 한국어를 선택하는 신입생 수는 매년 차이를 보이긴 하지만, 평균적으로 극동아시아학 입학 정원의 10~20퍼센트에 해당하는 5~10명에 머물고 있다. 2015년에는 45명 중 10명이, 2016년에는 40명 중 6명이 한국어를 전공 언어로 선택했다. 반면, 극동아시아학을 전공하는 학생 중 중국어는 20여 명, 일본어는 10~15명을 유지하고 있다.

교과 과정

아시아아프리카학부제로 운영되고 있으며, 극동아시아학의 세부 전공으로 한국어를 선택한 학생들은 비즈니스 한국어, 극동아시아 경제·역사·문학·종

20　나나 미카베리제(Mikaberidze, 2005)는 트빌리시자유대학교 한국학 교육 현황을 소개하고 있다.

교·전설 등 한국학 전반에 대한 개괄적인 과목을 수강하고 있다. 한국어 관련 학점이 62학점, 한국 경제·역사·문학·종교·전설 등 극동아시아학이 25학점으로 졸업 이수 학점 240점 중 한국학 관련으로는 87학점을 수강하게 된다.

교원 및 교재

현재 트빌리시자유대학교는 현지인 교원 1명과 2014년 파견된 한국국제교류재단 객원교수 1명이 한국어 1~8, 비즈니스 한국어, 한국 문학과 한국 전설 과목을 담당하고, 동아시학을 전공한 현지인 교원 3명이 극동아시아 경제, 극동아시아 역사, 극동아시아 종교 과목으로 한국의 경제, 역사, 종교를 강의하고 있다.

한국학중앙연구원 강의 파견 교수로 2006년 부임한 계로이 교수는 학문 목적의 한국어 교육을 위해 교과 내용과 교수 학습 방법에 대한 연구를 진행했다. 그 결과 율촌장학회 발행 초등학교 국어 독본을 발췌하여 한국어 독본 교재로 편찬하고, 이를 한국어 주교재로 사용해 초급 한국어 학습자부터 한자 및 한자어 교육을 병행했으며,[21] 초창기부터 학습자가 스스로 공부할 수 있는 자기 주도 학습법을 강조해 강의 중심이 아닌 학습자 중심의 교수법을 활용했다. 한국학중앙연구원의 강의 파견 프로그램은 2013년 종료되었다.

4년, 즉 8학기 동안 학기당 7학점 과목으로 매주 8시간씩 강의를 듣고 있는 한국어 1 ~ 8의 수업 교재, 3학년부터 수강하는 비즈니스 한국어 수업 교재는 현지 실정에 맞는 교재를 개발하지 못한 채 한국에 온 유학생들을 위해 출판된 대학 교재와 러시아에서 출판된 러시아어로 된 한국어 교재, 영어권 학습자를 위한 교재 등을 활용하고 있다. 극동아시아 경제·역사·문학·종교·전설 과목에서 다루는 한국학 교재는 한국국제교류재단에서 지원한 영어와 러시아어로 된 자료

---

[21] 계로이(2012)는 2011학년도 해외 한국학 강의 파견 교수 최종 보고서에서 한자어 병행 교육을 받은 학부 졸업생들이 한국 대학원 진학 후 뛰어난 학습 능력으로 두각을 드러내고 있다며 한자어 교육의 성과를 긍정적으로 평가하고 있다.

들을 참조하거나, 유럽 및 미국 대학에서 사용하는 교재를 활용하고 있다.[22]

조지아의 한국학 향후 전망

조지아에서는 2001년 9월 한국학 교육이 처음 실시된 이후, 15년이 지난 2016년까지 한국학 분야의 연구자 배출 혹은 연구 결과물 등에서 뚜렷한 성과가 드러나지 않고 있다. 하지만 1992년 12월 한-조 외교 관계 수립 이후 정치, 경제, 사회, 문화, 교육 전 분야에 걸쳐 특별한 발전을 이루지 못하는 상황에서 2001년 현지 대학이 자체적으로 한국어 강좌를 개설했다는 사실은 조지아 내 한국학 연구에 대한 필요성이 내부적으로 제기되었음을 의미한다. 나아가 트빌리시자유대학교는 한국어 수업을 희망하는 학생 수가 단 한 명일 때도 강좌를 폐쇄하지 않고 교육 학습에 대한 지원을 아끼지 않았다. 이러한 사실들은 조지아 내 한국학 교육이 질적 연구에 대한 노력을 꾸준히 해 오고 있음을 의미한다.

트빌리시자유대학교는 조지아 내에서 유일하게 한국어 강좌가 개설된 대학교로, 학문을 연구하는 대학교의 역할과 함께 한국 문화를 알리는 문화센터 역할까지 담당하고 있다. 대학교는 정규과목 이외에도 야간에 일반인 대상 강좌를 개설해 한국어 강좌를 운영해 오고 있으며, '한국을 느끼세요!'와 같은 행사를 마련해 조지아 내 한국 문화의 저변 확대를 위해 노력하고 있다. 2016년 12월에는 현지인 교원과 졸업생들이 중심이 되어 조지아어로 된 한국을 소개하는 『한국을 느끼세요!』라는 소책자를 출간했다.

조지아는 코카서스 내 지정학적 위상으로 인해 코카서스 지역을 아우를 수 있는 거점 국가가 될 가능성이 높다. 이러한 지정학적 중요도 덕분에 트빌리시자유대학교는 코카서스 지역 KF 및 AKS 파견 교수 주관으로 지난 2015년 11월

---

22 니노 킬라르지아니(Kilarjiani, 2015)는 트빌리시자유대학교에서 극동아시아 역사와 극동아시아 종교 과목을 강의하고 있는데, 제1회 코카서스 한국학 교육자 워크숍에서 극동아시아 종교 과목 수업의 내용 및 방법론 등 수업 전반을 소개했다.

조지아, 아제르바이잔, 아르메니아 한국어학 교육자들의 모임인 제1회 코카서스 한국학 교육자 워크숍을 개최할 수 있었다. 나아가 2016년 10월에는 제2회 코카서스 한국학 교육자 워크숍뿐만 아니라 제1회 코카서스 대학생 한국어 말하기 대회까지 개최하기에 이르렀다.

두 번에 걸친 한국학 교육자 워크숍을 통해 코카서스 한국학교육자협의회 구성에 대한 논의가 이루어졌으며, 그간의 한국어 교육에 초점을 둔 워크숍을 코카서스 지역 내 현지인 한국학 교육자로 확대해 한국학 전반에 걸친 워크숍으로 발전할 전망이다. 이와 같이 조지아는 코카서스 지역 내 한국학 교육자 및 학습자들이 정보를 공유하고 인적 네트워크를 형성할 수 있는 장을 제공하면서 지역 내 한국학의 발전 방향을 공동으로 모색하는 공간 역할을 맡고 있다.

아르메니아의 한국학 교육 현황 및 향후 전망

아르메니아의 한국학 교육은 2006년 9월에 한국국제교류재단이 객원교수를 파견하면서 시작되었다. 2016년 현재 아르메니아에서 한국학 교육이 진행되는 대학교는 예레반국립언어및사회과학대학교 영어-한국어 통번역학과가 유일하다. 2015~2016학년도에는 아르메니아 미국대학교에서도 학점 과정으로 한국어 강좌가 개설 운영되었지만(Gevorgyan, 2015), 교원 수급 문제로 현재 잠정 중단된 상태다. 이외에도 예레반국립언어및사회과학대학교 한국어문화센터의 노력으로 2013년 가을 학기부터 43번고등학교에서 한국어 강좌가 개설되어 예레반국립언어및사회과학대학교 재학생과 졸업생이 강좌를 운영하고 있다.

예레반국립언어및사회과학대학교

예레반국립언어및사회과학대학교는 1935년에 설립된 아르메니아에서 유일한 국립 외국어 교육기관 및 외국어 교원 양성기관이다. 현재 27개 외국어를 가르치고 있으며, 이 중 전공 과정으로 가르치는 외국어는 12개 언어인데 아시아어 중에서는 한국어와 중국어 2개 언어뿐이다.

학습자 및 졸업생

2006년 한국국제교류재단 객원교수 프로그램으로 한국어를 비학점 강좌로 개설한 이후 2007년 제2/3외국어로 채택, 2014년 한국어-아르메니아어 통역과 제1전공으로 채택되기에 이르렀다. 매년 5명 내외의 신입생이 한국어-아르메니아어 통역과 전공을 선택해 2016년 9월 학년도 현재 14명의 전공자와 49명의 제2전공 수강생 등 총 63명이 한국어를 공부하고 있다.[23] 한국어-아르메니아어 통역과가 2014년 9월 학년도에 개설되었기 때문에 현재까지 전공 졸업생은 배출되지 않았지만, 제2외국어로 한국어를 수강한 졸업생 8명이 한국의 대학원으로 진학해 한국학, 외국어로서의 한국어, 국제 무역학, 국제 관계학 등을 전공으로 졸업했거나 현재 수학 중에 있다. 이들 졸업생 일부가 예레반국립언어및사회과학대학교로 돌아와 현재 교편을 잡고 후학 양성에 힘쓰고 있다.

교과 과정 및 교재

예레반국립언어및사회과학대학교 한국어-아르메니아어 통역과 졸업 학점은 총 240학점이며 이 중 한국어 어휘, 문법, 음성학, 쓰기 및 말하기 등 한국어 관련 104학점, 한국 역사 및 지리학 등 한국학 관련이 124학점이다. 교과목에 대

---

[23] 아르메니아의 한국학 현황 및 향후 전망에 대한 내용은 슈샤닉 하타얀(Khatayan, 2016)이 제2회 코카서스 한국학 교육자 워크숍에서 발표한 「예레반국립언어사회과학대학교 한국어학 교육 현황 및 발전 방향」과 박희수 KF 객원교수가 제공한 자료를 참조했다.

한 표준 진도표를 만들어 누가 가르치든 너무 앞서가거나 늦게 나가지 않도록 조정하는 동시에 체계적인 교육 과정을 확립했다는 특징을 갖고 있다.

예레반국립언어및사회과학대학교 한국어-아르메니아어 통역과에서는 서강 한국어와 경희 한국어를 주교재로 사용하고, 보충 자료로 영화, 드라마, 다큐멘터리, 역사 스페셜 등의 영상물과 주교재를 바탕으로 자체 제작한 보충 자료 등을 활용하고 있다. 2009년 한국국제교류재단 지원으로『아르메니아인을 위한 한국어 학습자 사전』이 예레반국립언어및사회과학대학교에서 출판되어 초기 한국어 학습자들의 한국어 학습에 도움을 주었다. 하지만 표제어가 기초 어휘 수준으로 구성되고 어휘의 일대일 번역어로만 집필되어 한국학 전공자들을 위해서는 보강이 더 필요할 것으로 보인다.

교원

예레반국립언어및사회과학대학교 한국어-아르메니아어 통역과 교원은 현지인 2명과 KF 객원교수 등 총 3명이다. 3명의 교원이 전공과목뿐만 아니라 제2외국어과목 및 다양한 학술 활동도 담당하고 있어 교원 확충이 시급한 과제 중 하나다.

한국어문화센터

예레반국립언어및사회과학대학교는 특히 한국어문화센터를 중심으로 한국어 실력 향상은 물론 한국 사회와 정치, 경제 등 모든 영역에 대한 이해를 넓히고, 한국 사람들과 상호 이해를 증진시켜 보다 성숙되고 발전된 한국학 관련 전문가로 양성하기 위해 한국 문화에 대한 이해와 학습에 방점을 두고 있다. 이러한 취지로 동양학부 교수 콘퍼런스, 한국어 올림피아드, 한-아 경제 협력 콘퍼런스, 한국학 명강사 초청 특강, 한국어 글쓰기 대회 및 말하기 대회 등 학술 활동을 적극적으로 조직, 운영함과 동시에 한국 문화의 날, K-POP 및 한국 전통 예술 경연 대회, 한국 음식 만들기, 설날·추석 등 전통 명절 기념행사, MT, 한국 문화 여름 캠프, 한국 문화 거리 공연 등을 통해 한국어 학습자들이 한국 문화 학습과 이해의 중요성을 피부로 느낄 수 있도록 지도하고 있다.

또한 예레반국립언어및사회과학대학교 한국어문화센터는 2013년 10월 43번 고등학교 한국어 교실 설치에 주도적인 역할을 하고, 졸업생 및 재학생들이 고등학교에서 한국어 수업을 운영할 수 있도록 적극적인 지원을 계속하고 있다.

아르메니아 한국학의 향후 전망

예레반국립언어및사회과학대학교 한국어-아르메니아어 통역과를 중심으로 아르메니아에서 한국학의 발전을 위한 향후 과제와 전망을 다음 여섯 가지로 살펴볼 수 있다.[24]

첫째, 한국어-아르메니아어 통역과 4년 과정에 맞는 교육 과정을 개발해 한국학 교육을 체계적으로 확립한다.

둘째, 한국학 교육을 양적·질적으로 향상시키기 위해 한국어 교수 인력 전문성 강화와 확충에 노력한다.

셋째, 한국어 클럽 활동을 더욱 활성화시켜 향후 한국학 전공자로 발전할 수 있도록 저변 확대를 강화한다.

넷째, 2016년 여름부터 아르메니아 지방으로 내려가 봉사 활동을 하며 한국 문화를 소개하고 한국 문화 공연 및 한국 영화 상영 등을 통해 한국과 한국 문화를 알리는 한국 문화 여름 캠프를 확대하는 효과적인 방안을 모색한다.

다섯째, 양국 간 민간 및 학술 교류 확대를 위해 한국의 여러 대학 및 한국학 관련 기관과의 교류 협력을 모색한다.

---

24 슈샨 하타얀(Khatayan, 2016)은 제2회 코카서스 한국학 교육자 워크숍에서 예레반국립언어및사회과학대학교 한국어 교육 현황과 함께 발전을 위한 몇 가지 과제를 제시했다.

예레반국립언어및사회과학대학교는 한국어-아르메니아어 통역과를 중심으로 한국학 교육 연구 기관 역할을 담당할 뿐만 아니라 한국어문화센터를 중심으로 한국 문화 저변 확대까지 담당하고 있다. 아르메니아는 공관 개설도 되어 있지 않고, 한국 기업 진출도 저조한 편이며, 한국과의 교류도 활발하지 않은 편이지만 학습자들의 한국학에 대한 관심과 열정으로 한국어-아르메니아어 통역과 전공과목을 개설해 어려운 조건에서도 꾸준히 내실 있게 발전하고 있다. 향후 이들 전공자들의 사회 진출 및 대학원 진학 추이에 따라 발전 방향을 모색해 볼 수 있을 것이다.

맺음말

코카서스 지역의 한국학 교육의 역사는 1994년에 시작된 아제르바이잔이 20여 년, 2001년에 시작된 조지아는 15년, 2006년에 시작된 아르메니아는 10여 년으로 현재 한국학 교육 및 연구 면에서 초보 단계라고 할 수 있다.

코카서스 지역의 한국학은 비록 짧은 역사에도 불구하고 한국어 교육을 중심으로 번역학 및 지역학으로 확대해 심화, 발전하고 있다. 특히 각 국가 내 공관 개설[25]보다 먼저 시작된 한국학 교육기관은 학문으로서의 한국학뿐만 아니라 각 지역 내 한국의 인지도 및 이해도 향상, 한국 문화의 대중화에도 중요한 역할을 담당해 오고 있다.

이와 같이 코카서스 지역 한국학 교육자들은 각자의 위치 및 지역 공동으로 내실 있는 한국학의 발전을 위해 노력하고 있다. 하지만 초보 단계의 한국학 교

---

[25] 대한민국 공관은 아제르바이잔에 2007년 대사관이, 조지아에는 2015년 분관이 각각 개관되었다. 하지만 아르메니아는 러시아 공관이 겸임하고 있다.

육을 보다 양적으로 확대시키고 질적으로 심화시키기 위해서는 전문 교원 확보가 최우선 해결 과제라고 할 수 있다. 한국학 전문 교원 확보는 한국어를 포함한 한국학 전반에 걸친 교육의 질을 향상시키고, 교육 자료 및 보충 자료 등의 현지화를 자연스럽게 이끌 것이다. 따라서 한국학 강좌를 개설한 대학교는 증가하고 있는 한국학 학습자들의 수요를 충족시키고, 대학 교육의 학문적 성장을 위해 전문적인 교육을 받은 전문 교원을 채용하거나 이미 채용된 교원의 전문성 강화에 적극적으로 힘써야 한다.

전문 교원 채용 혹은 교원의 전문성 강화 교육은 한국학 전문 교원 확보에 필수적이기는 하지만, 코카서스 지역에서 한국학 강좌를 개설한 대학이 자체적으로 풀기에는 현실적으로 역부족인 상태다. 이에 국내 유관 기관과 코카서스 한국학교육자협의회는 한국학 전문 교원 확보를 위해 다음과 같이 협력 방안을 모색할 수 있다.

첫째, 한국학 개설 현지 대학교가 국내 대학교 및 연구 기관과 공동으로 수행할 수 있는 한국학 연구 과제를 개발해 현지 한국학 전문 교원들이 안정적으로 교육과 연구에 매진할 수 있는 여건을 조성한다.

둘째, 한국 초청 연수 혹은 현지 연수회 등 정기적인 한국학 전문성 강화 프로그램을 개발해 한국학 교원들의 전문성을 강화하고 한국학 전문가 층을 확대한다.

참고 문헌

계로이(2011), 「한국학중앙연구원 강의 파견 교수 보고서」.

계로이(2013), 「한국학중앙연구원 강의 파견 교수 보고서」.

남은영(2014), 「아제르바이잔에서의 한국어 교육 현황 및 과제」, 『한국언어문화학』 11-3.

남은영(2015), 「한국학중앙연구원 강의 파견 교수 보고서」.

박희수(2015), 「러시아와 CIS 지역 한국어 교육 역사와 발전 방향」, 『제1회 코카서스한국학교육자워크숍
자료집』.

아제르바이잔언어대학교(2014), 『아제르바이잔 한국어센터 개소 및 한국어 전공 개설 20주년 기념 학술
심포지엄 자료집』.

윤여탁(2007), 『한국문학교육』, 한국문화사.

최호(2015), 「아제르바이잔 한국학 현황과 발전 과제」, 『제1회 코카서스한국학교육자워크숍자료집』.

최호(2016), 「한국어 교육에 있어서 한자(어) 교육의 필요성과 교육 방법에 대한 고찰」, 『제2회 코카서스
한국학교육자워크숍자료집』.

Gevorgyan, K.(2015) Teaching "Intro to Korean Language and Culture" at the American University
of Armenia., 『제1회 코카서스한국학교육자워크숍자료집』.

Kamilzade, K.(2015) 「한국어 교수법: 현지인 한국어 교사의 역할 및 강의인어 연구」, 『제1회 코카서스한
국학교육자워크숍자료집』.

Kamilzade, K.(2016), 「한국어 교재의 분석 연구(연세대, 서울대, 세종한국어 책을 중심으로)」, 『제2회 코카서스
한국학교육자워크숍자료집』.

Mikaberidze, N.(2015), 「트빌리시자유대 한국어학 현황과 한국어 교육 방법론」, 『제1회 코카서스한국학
교육자워크숍자료집』.

Jalilbayli, O.(2015), 「О специальности "Корееведения" кафедры Дальневосточных языков и
литературы факультета Востоковедения Бакинского Государственного Университета (БГУ) (아제르
바이잔 한국학의 전반적인 현황 - 바쿠국립대 극동어문학과 한국학 전공에 대하여)」, 『제1회 코카서스한국학교육
자워크숍자료집』.

Khatayan, S.(2015) 「YSULS의 한국어학 교육 현황 및 발전 방향」, 『제1회 코카서스한국학교육자워크숍
자료집』.

Khatayan, S.(2016), 「YSULS의 한국어학 교육 현황 및 발전 방향」, 『제2회 코카서스한국학교육자워크숍
자료집』.

Hasanova, V.(2015) 「한국 내 아제르바이잔 유학생 현황과 조직화」, 『제1회 코카서스한국학교육자워크숍자료집』.

Hasanova, V.(2016), 「바쿠대 한국어문학과 문화교육 현황」, 『제2회 코카서스한국학교육자워크숍자료집』.

Kilarjiani, N.(2015) 「Teaching Korean History and Religions at Free University」, 『제1회 코카서스한국학교육자워크숍자료집』.

아제르바이잔 한국 문화 교류 친선협회(SEBA) http://seba.az/enIndex.html.

하자르대학교 http://www.khazar.org/en/search?keyword=korea.

카자흐스탄 한국학 네트워크 http://kaznks.kz.

중앙아시아의 한국학

장호종 | 카자흐스탄국제관계및세계언어대학교 KF 한국어 객원교수

중앙아시아는 전통적으로 우즈베키스탄, 카자흐스탄, 키르기스스탄, 타지키스탄, 투르크메니스탄의 5개국을 일컫는다. 면적이 한반도의 약 18배에 달하지만 인구는 6,600만 명에 불과해 인구밀도가 상당히 낮은 편이다. 그중에서도 특히 전체 인구의 70퍼센트 이상이 우즈베키스탄과 카자흐스탄에 집중되어 있으며, 타슈켄트와 알마티, 비슈케크 등 인구 밀집 도시는 남동부에 몰려 있다. 소비에트 연방으로부터 독립 후 각국의 정치적, 경제적 환경과 목표가 달라 단일공동체를 형성하지 못하고 있으며, 이해관계가 얽혀 국가별 협력과 공존에서도 복잡한 양상을 보인다.

언어와 민족 측면에서 우즈베크, 카자흐, 키르기스, 투르크멘은 알타이어 계통의 투르크계인 데 반해, 타지크는 페르시아어 계통의 언어를 사용하는 이란계에 속한다. 경제력과 국토 면적에서는 카자흐스탄이 월등하며, 인구수와 농업 생산력에서는 우즈베키스탄이 압도적이다. 정치에서는 키르기스스탄이 비교적 안정적으로 민주적인 체제를 정립해 장기 집권이 지속되고 있는 4개국을 앞서고 있다. 그러나 반세기 넘게 지속된 사회주의 체계와 관습이 여전히 어느 정도 남아 있고, 러시아어를 공용어로 사용하고 있으며, 이슬람교를 기반으로 한다는 점에

서 사회적, 문화적 단일체로 접근할 수 있다.[1]

이 지역에서 한국학의 역사는 소비에트연방 시기로 거슬러 올라갈 수 있다. 소련의 한국학은 1970년대에 이미 양적, 질적으로 세계적인 수준에 이르렀으며, 중앙아시아에서도 이른 시기부터 고려인들을 중심으로 한국의 민속, 설화, 언어 등에 대한 연구가 진행되었다. 그러나 냉전 시기 정치적인 목적에서 북한을 대상으로 교육 및 연구가 진행된 측면이 강해, 관련 기관과 학자들이 모스크바, 상트페테르부르크, 블라디보스토크 등 러시아에 집중되었고,[2] 중앙아시아에는 전문적인 연구 기관 없이 개별적인 연구자들이 존재할 뿐이었다. 연방이 해체되기 직전인 1980년대 중반부터 고르바초프의 개방정책과 한국의 지원에 힘입어 중앙아시아의 일부 대학에서 한국학 강좌가 시작되면서 디아스포라로서 고려인의 역사, 문화, 언어에 대한 연구를 중심으로 본격적인 한국학 연구가 시작되었다. 연방이 해체된 1990년대 이후에는 우즈베키스탄과 카자흐스탄을 중심으로 외형적인 측면에서 한국학이 매우 빠르게 성장했다. 한국의 경제적 위상이 높아짐에 따라 취업을 목적으로 수강생이 크게 늘었고, 2000년대 들어서는 한류로 대변되는 대중문화에 대한 관심과 맞물려 한국어 교육이 양적인 면에서 급속히 성장한 것이다.[3] 그러나 이를 뒷받침할 교원 양성, 교재 및 교수법 개발, 강좌 다양화 등 내적인 기반을 다지기보다는 한국의 지원에 전적으로 의존했기에 한국어 교육의 양적 성장이 질적 성장으로 이어지지 못했다.

현재 중앙아시아의 한국학이 안고 있는 문제점을 요약하면 다음과 같다.

---

1 「중앙아시아 한류: 문화-경제 한류의 선순환」(장호종, 『2015 대한민국 한류백서』, 한국문화산업교류재단, pp. 381~383) 참조

2 소련 한국학의 특징과 성과는 「러시아 한국학의 역사와 현황」(한국국제교류재단 편, 『해외한국학백서』, 을유문화사, 2007, pp. 438~465), 「러시아 한국학의 전개 및 발전 양상」(장호종, 『민족어교육과 외국어교육의 이중성』, 박문사, 2009, pp. 227~294)에서 확인할 수 있다.

3 독립 후 15년간 중앙아시아 한국학의 흐름은 「중앙아시아의 한국학」(한국국제교류재단 편, 『해외한국학백서』, 을유문화사, 2007, pp. 466~483)에서 확인할 수 있다.

(1) 한국학의 동기와 목적, 주체를 포함한 전반적인 환경이 달라졌음에도 불구하고, 교육체계와 방법의 변화 및 혁신이 이루어지지 않았다.

(2) 현지 대학의 처우가 다른 직업에 비해 열악한 편이어서 전문성을 갖춘 젊고 우수한 교원의 양성에 어려움이 많다.

(3) 중앙아시아 지역의 특성을 반영한 교재가 절대적으로 부족하며, 체계적인 수준 향상을 꾀하기 위한 단계별 교재 또한 전무하다.

(4) 한국학 대학의 재정이 빈약하고 넓은 지역에 산재되어 공동의 목표를 달성하기 위한 대학 간 교류와 협력이 부족하다.

외부적 지원에 전적으로 의존하는 한 이러한 문제들을 해결하기는 힘들며, 내적인 기반을 충실히 다지는 과정에서 차차 바로잡을 수 있을 것이다. 따라서 중앙아시아 한국학의 현황을 소개하고, 이 지역의 한국학을 진흥시키기 위한 내부 활동들에 대하여 설명하기로 한다.

대학

알–파라비 카자흐국립대학교

알–파라비 카자흐국립대학교(이하 카자흐국립대학교)는 1988년 언론학부에 한국어 과목이 개설되면서 한국학 강좌가 시작되어, 1994년 한국학과 설립 후 카자흐스탄을 넘어 중앙아시아의 한국학 교육 및 연구 중심지로 크게 부상하였다. 카자흐스탄 최고 대학이라는 상징성을 기반으로 초기부터 학술 대회 개최, 학술지 편찬, 온라인 강의실 설치 등 꾸준히 가시적인 성과를 낼 수 있었다. 국내외 많은 인적, 물적 지원을 통해 4,000권 이상의 한국 관련 도서를 소장한 도서관이 별도로 마련되어 있으며, 교육 환경이 매우 열악한 중앙아시아 타 대학에 비해 멀티미디어 교육 설비도 제법 갖추고 있다.

교수진은 20명 내외로 카자흐인, 고려인, 한국인이 분야별로 균형 있게 구성되어 있다. 독립 후 중앙아시아 최고의 고려인 디아스포라 전문가로 자리 잡은 김 게르만을 비롯해 나탈리야 염, 이병조, 바티굴 타시켄바예바, 바흐트잔 아임베토프(이상 역사 전공), 최미옥, 정 율리야, 레나타 쿠다이베르게노바, 아이누르 말가지다로바, 굴누르 샤테코바(이상 언어 전공), 류드밀라 사프로노바, 우미타이 아미르베코바(이상 문학 전공), 명 드미트리, 전병순(이상 정치 전공), 명순옥(인류학 전공) 등이 재직 중이다. 중앙아시아 국가들의 교원 급여가 대부분 100~200달러 수준임에 비해 상대적으로 경제가 발전한 카자흐스탄은 최근 현지화 폭락에도 불구하고 급여가 500~600달러에 달해 교원을 확보하는 데 비교적 안정적인 모습을 보이고 있다.

표1 카자흐국립대학교 한국학 수강생(2015~2016학년도)**4**

	세부 전공			계
	동양학	어문학	통번역	
1학년	14	6	6	26
2학년	14	9	10	33
3학년	9	6	8	23
4학년	12	10	1	23
석사	2	2	1	5
박사	2	0	0	2
합	53명	33명	26명	112명

한국학 강좌는 동양학, 어문학, 통번역의 3개 전공에서 이루어지고 있다. 동양학 전공은 한국의 역사, 정치, 경제를 중심으로, 어문학 전공에서는 한국어와 한국 문학을 중심으로, 통번역 전공은 한국어-러시아어와 한국어-카자흐어 통

---

4 「카자흐국립대 한국학 편람」(중앙아시아 한국학교수협의회, 『중앙아시아 한국학교육』 2, 카자흐스탄국제관계및세계언어대학교 한국학센터: 알마티, 2016, pp. 218~220) 참조.

번역을 중심으로 과목이 개설되어 있다. 2016년 8월 현재 학부 전공생이 105명에 달하며, 대학원에서도 석사 5명, 박사 2명이 한국학을 전공하고 있다. 산학협동재단, 한국국제교류재단 등의 지원으로 장학 사업을 활발하게 펼치고 있으며, 해마다 20~30명의 학생이 교환학생 프로그램으로 한국의 여러 대학에서 수학하고 있다.

다양한 분야의 전문성을 갖춘 교원들과 카자흐스탄 최고 수준의 학생들을 보유하고 있음에도 불구하고 교재 편찬이나 교수법 개발 등의 성과는 기대에 미치지 못하는 편이다. 학과의 교원인 최미옥이 개발에 참여한 『카자흐스탄인을 위한 한국어』(전 6권. 한국국제교류재단, 2012)를 한국어 표준 교재로 활용하는 것 외에는 두드러진 성과가 없다. 초기부터 국내외 유관 기관들로부터 중앙아시아 최대 규모의 다양한 연구 지원을 받았음에도 불구하고 그 지원이 특정 교원에게 집중된 결과, 학과의 학술 역량을 강화하는 데 실패했기 때문이다. 개최한 학술대회나 포럼도 일회적인 전시성 행사에 그쳐 교원들의 연구 성과를 집약하는 데 그다지 도움이 되지 못했다. 『한인 이주의 역사』(박영사, 2005), 『해외한인사』(한국학술정보, 2010), 『CIS 고려인 문학사와 론』(한국문화사, 2016) 등의 단행본을 발간하고 학술지 『중앙아시아 한국학뉴스레터』를 발행하고 있으나, 이는 특정 교원의 개인적인 성취에 그칠 뿐 학과의 연구 성과는 지닌 역량에 비해 크게 부족하다. 또한 대학 내 학과 조정 정책의 일환으로 2014년 일본학과와 통합되어 극동학과(학과장 나탈리야 염) 내 한국학 전공(전공주임 이병조)으로 축소되는 등 최근에는 대내외적인 위상 면에서 부침을 겪고 있다.

카라사예프 비슈케크인문대학교

카라사예프 비슈케크인문대학교(Bishkek Humanities University named after K. Karasaev. 이하 비슈케크인문대학교)의 한국학 강좌는 1991년 동양학과에 과목이 개설되면서 시작되었다. 1992년 동양학 및 국제관계학부 내 한국학과가 개설되면서 키르기스스탄 한국학의 중심 대학으로 자리 잡았다. 키르기스스탄은 종교적인 목적에서 정착한 한국인들이 여러 대학에서 경쟁적으로 강의를 개설하다 보니, 대학과 수강생이 현지의 한국학 수요를 넘어선 지 오래다. 비슈케크인문대학교 한국학과(학과장 백태현)는 '키르기스스탄 한국어교수협의회' 창립(2001)을 주도하여 한국어 교육기관 간의 교류, 협력을 적극적으로 추진하였으며, 현재 키르기스스탄 내 유일한 한국학 독립 학과로서의 위상에 걸맞게 각종 경시 대회와 학술 대회를 주관하고 있다.

10명 내외의 교수진은 백태현, 문상웅(이상 역사 전공) 등 현지에 정착한 한국인들이 주를 이루고 있으며, 생활비에도 미치지 못하는 낮은 급여로 인해 교원의 양성과 확보에 어려움을 겪고 있다. 한국학과는 아시아·아프리카학, 언어, 국제관계, 경제의 4개 전공으로 구성되어 있으며, 한국어, 역사, 문화, 통번역 등과 관련한 강의를 제공한다. 그러나 다양한 분야의 전문성과 자격을 갖춘 교원을 확보하기 어렵고, 교과 과정상 지역학에 대한 프로그램이 부족해 전공별로 차별화하지 못하고 있다. 최근에는 재정적인 문제로 한국 대학들과의 교환학생 프로그램 운영도 거의 중단되었다. 2016년 8월 현재 1학년부터 5학년까지 105명의 학생이 재학 중인데, 2016~2017학년도부터 4년제로 학제 변경이 완료된다. 대학원에는 석사 2명, 박사 3명이 재학 중이다.

표2 비슈케크인문대학교 한국학 수강생(2015~2016학년도)[5]

	세부 전공				계
	아시아·아프리카학	언어	국제 관계	경제	
1학년	–	10	11	9	30
2학년	7	7	6	5	25
3학년	9	7	7	–	23
4학년	2	9	3	4	18
5학년	–	2	–	7	9
합	18명	35명	27명	25명	105명

현지에서 교원을 확보하기 어려워 한국국제협력단, 국립국제교육원, 한국국제교류재단 등의 파견 교원에 대한 의존도가 높은 편이며, 교재 개발이나 논문 발표 등 학술적인 활동도 일부 교원에 집중되어 있다. 교원들은 주당 40시간 내외의 강의를 소화하기에 급급해 교재 개발이나 논문 발표 등 교육 및 연구 역량 강화에 집중할 여력이 없다. 과도한 업무에도 불구하고 급여는 100달러 남짓에 불과해, 국립국제교육원이나 재외동포재단의 장학생으로 선발되어 한국의 대학원에 진학한 우수한 재원들이 학과로 돌아오는 경우가 없다. 30대 전후의 현지인 교원들도 자주 교체되다 보니 한국학의 진흥을 위해 교원 양성이 가장 시급한 과제라 할 수 있다.

타슈켄트국립동방대학교

타슈켄트국립동방대학교(Tashkent State Institute of Oriental Studies, 이하 타슈켄트동방대학교)의 한국학 강좌는 1991년에 시작되었으며, 1993년부터 2004년까지 한국학부(학장 김문욱)로 존재하다가 2004년에 극동 및 남아시아언어학부 내 한국학과(학과장 빅토리야 김)로 편입되었다. 2015년부터는 동양어학부 내 한국학과(학과장 사이다지모바 우미다)로 변경되었다. 우즈베키스탄에는 고려인이 가장 많이 거주하고 있으며, 1990년대 초반만 해도 타슈켄트가 중앙아시아의 중심 도시였기 때문에 타슈켄트동방대학교의 한국학은 한국 유관 기관들의 지원을 기반으로 빠르게 성장할 수 있었다. 타슈켄트국립니자미사범대학교, 카자흐국립대학교, 비슈케크인문대학교 등 초기 중앙아시아 한국학을 주도하던 대학들이 최근 정체되어 활로를 찾지 못하는 중에도 타슈켄트동방대학교는 꾸준히 교육과 연구의 가시적인 성과를 내고 있다.

---

5 「비슈케크인문대 한국학편람」(중앙아시아 한국학교수협의회, 『중앙아시아 한국학교육』 2, 카자흐스탄국제관계및세계언어대학교 한국학센터: 알마티, 2016, pp. 211~217) 참조

표3 타슈켄트동방대학교 한국학 수강생(2015~2016학년도)6

	세부 전공					제2 외국어	계
	어문학	경제	국제 관계	역사	통번역		
학생 수	110	72	30	32	30	60	334명

한국학과는 어문학, 경제, 국제 관계, 역사, 통번역의 5개 전공으로 구성되어 있으며, 2016년 8월 현재 학부 전공생이 274명, 석사 과정생이 15명(언어학 6명, 문학 4명, 통번역 1명, 경제 4명)에 달할 정도로 큰 규모를 자랑한다. 우즈베키스탄의 경기 침체가 장기화됨에 따라 취업을 목적으로 한국어 교육의 수요가 폭발적으로 증가한 결과다. 교수진은 한국국제교류재단과 한국국제협력단의 파견 교원 2명을 포함해도 13명에 불과하지만, 한국어, 문학, 통번역, 역사, 경제, 정치 등 다양한 분야의 강의를 개설하고 있다. 낮은 급여와 과도한 업무로 인해 교원이 되기를 기피하는 현상은 우즈베키스탄에서도 동일한 문제이므로, 유능하고 젊은 교원을 양성할 방안을 찾는 것이 주요 과제다.

교원 양성 문제와 별개로 학술적인 측면에서는 문학과 통번역 분야에서 꾸준히 결과물을 내놓고 있다. 2012년부터 2015년까지 '한국 문학 대표선 번역 및 『한국 문학의 이해』 출판'(연구 책임자 우미다 사이다지모바)을 연구 주제로 한국학중앙연구원의 해외 한국학 씨앗형 사업을 진행해 고대부터 현대까지 대표적인 한국 문학 작품들을 우즈베크어로 번역하기도 했다. 그러나 『한국의 시: 고대에서 근대까지』, 『한국의 소설: 고대에서 근대까지』, 『한국의 현대시: 1950년대까지』, 『한국의 현대소설: 1950년대까지』, 『한국 문학의 이해』 등 결과물들의 수준에 대해서는 여전히 일부에서 의혹의 시선을 거두지 않고 있으며, 성과들이 중앙아시아는커녕 우즈베키스탄 내에서도 공유되지 못한다는 한계를 지니고 있다.

---

6   「타슈켄트동방대 한국학 편람」(중앙아시아 한국학교수협의회 편, 『중앙아시아 한국학교육』 2, 카자흐스탄국제관계 및세계언어대학교 한국학센터: 알마티, 2016, pp.249-253)와 「우즈베키스탄 내 한국학 연구 현황 및 발전 전망」(『한국학진흥사업단 온라인소식지』 55, http://ksps.aks.ac.kr:18080/news_view.jsp?ncd=72) 참조

2015년부터는 '우즈베키스탄 한국학 진흥 사업'을 주제로 우미다 사이다지모바, 빅토리야 김, 아바즈 알리모프, 나탈리야 카리모바, 류드밀라 한, 옐레나 김, 발레리 김 등이 씨앗형 사업에 참여해 온라인 강의 환경 구축, 교재 개발, 학술지 발간, 학술 대회 개최 등의 한국학 진흥 사업을 추진하고 있다. 한국어 교육에서 한국학으로 전환하기 위한 기초 교재 개발, 한국 대학과의 연계를 통한 인터넷 강좌 개설, 학술 대회와 세미나 등을 통한 한국학 연구 역량 강화, 현지 한국학 네트워크 형성을 통한 연구 성과 공유를 목표로 한다.

카자흐세계언어대학교

카자흐 아블라이한 국제관계 및 세계언어대학교(Kazakh Ablai Khan University of International Relations and World Languages. 이하 카자흐세계언어대학교) 한국학과(학과장 넬리 한)는 어문학, 동양학, 통번역의 3개 전공으로 이루어져 있다. 한국어와 문학 중심의 과목이 집중된 어문학 전공에는 88명의 학부생이 재학 중이며, 한국어-러시아어 통번역과 한국어-카자흐어 통번역 전문가 양성을 목표로 하는 통번역 전공에는 84명의 학부생이 재학 중이다. 지역학 전문가를 양성하기 위해 역사, 정치, 경제 등의 과목을 강의하는 동양학 전공은 상대적으로 취약해 55명의 학부생이 재학 중이다. 한국의 대학들과도 활발하게 교류해 해마다 40~50명의 학생들이 교환학생과 복수 학위 프로그램으로 한국에서 수학 중이다. 한국어 강의의 표준 교재로는 학과의 교원(넬리 박)이 개발에 참여한 『카자흐스탄인을 위한 한국어』(전 6권. 한국국제교류재단, 2012)를 활용하고 있다. 대학원에는 석사 10명, 박사 1명이 재학 중인데, 한국국제교류재단과 한국학중앙연구원의 장학 사업을 통해 박사 과정의 인원을 늘려 나갈 계획이다.

표4 카자흐세계언어대학교 한국학 수강생(2016~2017학년도)

	세부 전공			제2외국어	계
	어문학	동양학	통번역		
1학년	32	17	24	35	108
2학년	19	12	18	7	56
3학년	21	8	15	15	59
4학년	16	18	27	13	74
석사	3	2	5	-	10
박사	1	0	0	-	1
합	92명	57명	89명	70명	308명

　　카자흐세계언어대학교는 1993년 제2외국어로서 한국어 강의 개설을 시작으로, 1998년 동양어학과(학과장 넬리 박) 내 한국어 전공 설치 이후 서서히 한국학의 기반을 닦아 왔다. 2000년대 중반까지는 학생이나 교원의 규모가 급속히 성장한 타슈켄트동방대학교, 타슈켄트국립니자미사범대학교, 사마르칸트외국어대학교(이상 우즈베키스탄), 카자흐국립대학교, 알마티사범대학교(이상 카자흐스탄), 비슈케크인문대학교(키르기스스탄) 등에 비해 국내외 한국학계에서 인지도가 떨어졌다. 그러나 2010년대 들어 한국학과 개편 이후 학생과 교원 수가 크게 증가하기 시작했고, 다양한 경시대회 및 학술 대회를 개최하고 학술지와 소식지를 발행하면서 중앙아시아의 주요 한국학 기관으로 자리 잡았다.

표5 카자흐세계언어대학교 전공생 변천(최근 8년)

	2009 ~2010	2010 ~2011	2011 ~2012	2012 ~2013	2013 ~2014	2014 ~2015	2015 ~2016	2016 ~2017
학부	79	93	122	146	182	209	203	227
석사	0	1	2	2	4	9	12	10
박사	0	0	0	1	1	1	0	1
합	79명	94명	124명	149명	187명	219명	215명	238명

표6 카자흐세계언어대학교 한국학 교원 변천(최근 8년)

	2009 ~2010	2010 ~2011	2011 ~2012	2012 ~2013	2013 ~2014	2014 ~2015	2015 ~2016	2016 ~2017
교원 수	12명	13명	12명	12명	15명	15명	18명	18명

　한국학과로 재편되기 전인 2011년까지 100명도 안 되던 학부 전공생의 수가 2012년을 기점으로 증가하기 시작했다. 기존의 어문학 전공, 동양학 전공 외에 통번역 전공이 신설된 2013년부터 크게 증가해 2017년 현재 227명에 달하며, 1~2명에 불과하던 대학원생도 10명 내외로 증가했다. 교원은 2012년까지 한국국제협력단 봉사단원 3명을 포함해도 12명에 불과했으나, 현지에서 꾸준히 교원을 확보해 18명까지 증원했다. 2012년 한국국제협력단이 철수하면서 카자흐스탄의 각 대학들이 한국학 교원을 수급하는 데 큰 어려움을 겪었으나, 카자흐세계언어대학교는 비교적 대비되어 있었다고 볼 수 있다. 다만 언어, 역사, 문학, 정치 등을 전공한 교원이 고루 분포한 카자흐국립대학교와 달리 카자흐세계언어대학교는 언어 전공자를 중심으로 교수진이 구성된 한계를 보이고 있다. 넬리 박, 넬리 한, 아나스타샤 김, 울리아나 김, 엘레나 전, 스베틀라나 김, 사켄 젯피소프, 인나 황, 김영경, 이성숙, 장호종(한국국제교류재단 파견교수) 등 대부분의 교원이 언어와 문학 전공이고, 타 분야 전공자는 시르자트 쿠툴루코프, 방정식 정도에 불과하다. 최근 발렌티나 스비리도바, 파리자 보란타예바, 알루아 두미세바, 아이누르 사케노바, 베크자트 박티베코바 등 역사와 문화를 전공한 교원이 충원되었으나, 전공 분야를 더욱 확대해 나가야 한다.

기타

　한국 문화에 대한 호기심에서 출발해 교육원, 문화원, 세종학당을 찾거나 좋은 조건의 직장을 구하기 위해 한국어를 배우려는 학생들이 증가하는 것에 비해 현지에서 양성되는 교원의 수는 턱없이 부족하다. 우즈베키스탄, 카자흐스탄, 키르기스스탄의 4개 도시(타슈켄트, 알마티, 아스타나, 비슈케크)에 교육원과 문화원이 주재하고 있으며, 우즈베키스탄, 카자흐스탄, 키르기스스탄, 타지키스탄의 8개 도시(타슈켄트, 알마티, 아스타나, 악토베, 탈디쿠르간, 비슈케크, 오슈, 두샨베)에 세종학당 9개소가 설치되어 연간 한국어 수강생이 7,000명에 달하는 것으로 추산되지만, 낮은 급여와 과도한 업무로 인해 좋은 재원들이 교원이 되기를 기피해 전문성을 갖춘 우수한 현지 교원을 양성하는 일은 여전히 요원한 과제다.

대학은 이러한 문제가 더욱 심각하게 부각되고 있다. 현지 공교육기관의 교과 과정이 허술하고 교육 환경이 낙후되어 있어 우수한 학생들이 한국 유학을 희망하게 된다. 2016년 대한민국 정부 초청 장학생 프로그램을 통해 중앙아시아에서 한국의 대학원에 진학한 학생들만 53명(우즈베키스탄 16명, 카자흐스탄 14명, 키르기스스탄 12명, 타지키스탄 5명, 투르크메니스탄 6명)에 달하며, 학부 장학생이나 고려인 장학생 프로그램에 선발되는 인원도 상당하다. 더욱이 국내 대학들이 좋은 조건으로 중앙아시아 유학생들을 유치하고 있어 한국에서 수학하는 학생 수는 해마다 증가하고 있으나, 현지의 평균 임금에도 미치지 못하는 낮은 급여와 과도한 업무로 인해 자국으로 돌아와 한국학 교원이 되기를 희망하는 경우는 거의 없다.

표7 기타 대학 한국어 수강생(2016~2017학년도)

국가명	대학명	학생 수
우즈베키스탄	타슈켄트국립니자미사범대학교	60명
	세계언어대학교	213명
	세계경제외교대학교	129명
	사마르칸트외국어대학교	200명
	부하라국립대학교	40명
카자흐스탄	구밀요프 유라시아국립대학교	31명
	코르킷 아타 크즐오르다국립대학교	45명
	제티수국립대학교	40명
	타라즈사범대학교	75명
	우즈찌 동카자흐스탄국립대학교	27명

국가명	대학명	학생 수
키르기스스탄	키르기스국립대학교	50명
	아라바예바대학교	110명
	키르기스법률대학교	28명
	오슈국립대학교	24명
	키르기스-러시아 슬라비안대학교	26명
타지키스탄	타지크국립외국어대학교	60명
투르크메니스탄	투르크멘세계언어대학교	50명

앞서 소개한 4개 대학과 사마르칸트외국어대학교는 비교적 한국학 교과 과정이 체계적으로 운영되고 있으며 100~200명에 달하는 학생 수나 10~20명으로 구성된 교수진 등 학과로서의 면모를 갖춘 편이지만, 그 외의 대학은 한국학 강좌가 동양학과 내 전공이나 제2외국어로 운영되어 한국학의 지위가 불안정한 상황이다. 카자흐스탄에서 최초로 한국학 강좌를 개설했던 알마티사범대학교는 교원 충원과 신입생 확보에 어려움을 겪다가 결국 한국학 강좌를 폐쇄했으며, 다양한 교수법과 교재 개발을 선도하던 우즈베키스탄의 타슈켄트국립니자미사범대학교 한국어교육과는 당국의 정책에 따라 2016~2017학년도 신입생 모집을 중단했다. 2017~2018학년도에는 신입생 모집을 재개할 예정이지만, 여전히 학과의 입지가 불안하다.

이제 교원 확보나 교과 과정 정비와 같은 교육 기반을 충분히 마련하지 않고, 졸업생의 진로 등 현실적인 문제에 대한 고민 없이 한국에서 무한한 인적, 물적 지원이 있을 것이라는 막연한 기대감에 한국학 강좌를 개설한 대학들이 어떻게 경쟁력을 갖출 것인가가 주요 현안으로 떠올랐다. 구밀요프 유라시아국립대학교, 코르킷 아타 크즐오르다국립대학교, 키르기스국립대학교, 타지크국립외국어대학교, 투르크멘 국립 아자디세계언어대학교 등은 동양학과 내 한국학 전공이 개설되어 2~4명의 교원이 30~40명의 학생들을 대상으로 강의를 진행하고 있는데, 학과로 발전시킬 방안을 모색하는 것이 시급한 과제다. 한편 세계경제외교대학교, 우즈찌 동카자흐스탄국립대학교, 아라바예바대학교, 키르기스법률대학교 등은 1~2명의 교원에 의존해 제2외국어로서 한국어 강의가 진행되는데, 교과 과정 정비, 교재 발간, 교수법 개발 등 한국학의 기반을 마련할 여력이 없어서 문제가 더욱 심각하다.

학회 및 연구소

학회

2000년대 중반까지 중앙아시아의 한국학은 전문성을 갖춘 교원이 절대적으로 부족하고 현지 사정에 맞게 개발된 교재가 거의 없는 열악한 교육 환경에도 불구하고, 한국국제교류재단, 재외동포재단, 한국학중앙연구원, 한국국제협력단, 교육원, 문화원, 대사관 등 유관 기관의 인적, 물적 지원을 기반으로 꾸준히 성장할 수 있었다. 그러나 외형적 성장이 질적인 발전으로 이어지지 못하면서 새로운 발전 방향을 모색할 필요가 커지고 있다.

중앙아시아 각 대학들은 학술적인 교류와 협력에 매우 취약하다. 정치적 관계도 복잡하거니와, 무엇보다 지역 간 거리가 멀고 대부분 재정적으로 취약하기 때문에 도시별, 대학별로 이루어진 연구 성과를 공유하지 못하는 어려움이 있다. 학술 교류가 적어 기존 연구 성과를 공유하고 비판적으로 발전시키는 데도 제약이 많다. 사정이 이렇다 보니 이 지역의 한국학은 대외적인 기여도가 낮고 교육 성과의 파급력 또한 미약한 편이다. 연구 및 교육의 전문성을 강화할 체계를 갖추지 못해 한국학의 장기적인 전망이 불투명하다는 것도 커다란 문제다.

또한 한국학 교원의 수가 양적으로 크게 증가한 수요를 충족시키지 못하고 있다. 특히 젊은 교원들이 양산되지 못하는 점은 장기적으로 큰 부담이 될 것이다. 현재 중앙아시아의 40여 개 대학에서 2,000명 이상의 학생이 한국어나 한국학을 수강하는 것으로 추산된다. 반면 교원은 약 150명에 불과하며, 그나마 한국에서 파견된 교원이나 현지에 정착한 한국인을 제외하면 현지인 교원의 수는 더욱 적다.

이와 같은 한국학 교육 현장의 난제들을 함께 고민하고 발전 방향을 공동으로 모색하기 위해 타슈켄트국립동방대학교, 타슈켄트국립니자미사범대학교, 사마르칸트외국어대학교(이상 우즈베키스탄), 카자흐세계언어대학교, 카자흐국립대학교, 유라시아국립대학교(이상 카자흐스탄), 비슈케크인문대학교, 키르기스국립대학교, 오슈공과대학교(이상 키르기스스탄), 타지크국립외국어대학교(타지키스탄), 투르크멘 국립 아자디세계언어대학교(투르크메니스탄) 등의 교원들이 뜻을 모아 중앙아시아 한국학교수협의회(이하 중앙아 한교협)를 결성했다.

한국국제교류재단이 후원한 제1회 중앙아시아 한국학 학술 대회(비슈케크, 2013)에서 중앙아시아 한국학계의 내적인 교류와 소통을 위한 공동체를 결성해야 한다는 의견이 모아져 준비 위원회가 구성되었다. 중앙아 한교협(회장 백태현)은 1년간의 준비를 거쳐 2014년 6월 비슈케크인문대학교에서 학술 대회와 창립 총회를 가졌다. 2015년에서 타슈켄트에서 '공존의 역사, 상생의 문화: 21세기 실크로드의 과제'를 주제로, 2016년에는 알마티에서 '중앙아시아 한류와 한국학'을 주제로 학술 대회를 개최했다. 2017년 학술 대회는 '중앙아시아 한국학 교육의 현재와 미래'를 주제로 비슈케크에서 개최되었으며, 2018년에는 투르크메니스탄의 수도인 두샨베에서 개최될 예정이다. 또한 카자흐세계언어대학교 한국학센터와 공동으로 학술지『중앙아시아 한국학교육』발간, 소식지『중앙아시아 한국학네트워크』발행, 인터넷 홈페이지(http://canks.asia) 개설 등 한국학 관련 활동을 진행하고 있다.

2013. 06. 제1회 중앙아시아 한국학 학술 대회 개최(비슈케크)
2014. 04. 소식지『중앙아시아 한국학 네트워크』발행

2014. 06. 제2회 중앙아시아 한국학 학술 대회 및 창립 총회 개최(비슈케크)

2015. 06. 학술지『중앙아시아 한국학 교육』창간호 발간

2015. 06. 소식지『중앙아시아 한국학 네트워크』발행

2015. 06. 제3회 중앙아시아 한국학 학술 대회 및 정기 총회 개최(타슈켄트)

2016. 01. 소식지『중앙아시아 한국학 네트워크』발행

2016. 06. 학술지『중앙아시아 한국학 교육』2호 발간

2016. 06. 소식지『중앙아시아 한국학 네트워크』발행

2016. 06. 제4회 중앙아시아 한국학 학술 대회 및 정기 총회 개최(알마티)

2016. 10. 인터넷 홈페이지 개설(http://canks.asia)

2017. 01. 소식지『중앙아시아 한국학 네트워크』발행

2017. 06. 소식지『중앙아시아 한국학 네트워크』발행

2017. 06. 제5회 중앙아시아 한국학 학술 대회 및 정기 총회 개최(비슈케크)

2017. 10. 학술지『중앙아시아 한국학 교육』3호 발간(예정)

연구소

중앙아시아에서의 한국학은 기본적으로 연구자의 수가 부족해 개별적이고 일회적인 연구를 선호하는 성향이 강하고, 내부적인 재정 지원이 열악해 장기적인 연구를 계획하기 어렵다. 그나마도 외부 지원을 통한 연구는 장기적으로 계획된 체계적인 연구보다 즉각적인 결과를 보여 줄 수 있는 일회성 교재 개발에 집중되고 있다. 사정이 이렇다 보니 연구 분야나 주제가 더 이상 다양해지지 못하고 있다. 중앙아시아 한국학의 질적인 전환을 위해서는 더욱 체계적이고 장기적인 계획을 바탕으로 한 접근이 필요하다고 할 수 있다. 국내외적인 교류 협력 체제를 장기적인 발전 계획을 바탕으로 한 실질적인 협력 관계로 이끌어야 한다. 또한 장기적인 발전 계획은 한국학 자체의 전문성을 강화하는 한편, 한국학의 체질을 개선해 연구 및 교육 시스템을 안정적으로 구축하는 방향으로 이루어져야 한다.

이러한 문제들을 해결하기 위해 가장 먼저 설립된 곳은 카자흐국립대학교 한국학센터(2003, 소장 게르만 김)이다. 한국학 연구에 관심 있는 학자와 대학원생을 모아 학술 프로젝트를 실현하기 위해 설립되었으나, 전임 인력 없이 운영되다 보니 명목상의 기관에 머문 한계가 있다. 2016년 현재 학술지『중앙아시아 한국학 뉴스레터(Journal of Korean Studies in Central Asia)』를 24호까지 발행했다. 2015년에는 타슈켄트국립동방대학교에 한국학센터가 설립되었다. 앞서 소개한 바와 같이 한국학중앙연구원의 해외 한국학 씨앗형 사업을 진행하기 위해 한국학 네트워크 형성을 통한 연구 성과 공유 등을 목표로 설립되었으나, 아직 뚜렷한 성과는 보이지 않는다.

2012년에 설립된 카자흐세계언어대학교 한국학센터(소장 넬리 박)는 형식적인 기관에 머물지 않고 전임 인력을 고용해 체계적으로 운영하면서 중앙아시아 한국학이 지닌 문제들을 단계적으로 해결해 나가고 있다. 2012년부터 2015년까지 '연구 체계 확립과 교육 환경 개선을 통한 카자흐스탄 한국학의 확산'(연구 책임자 넬리 박)을 주제로 씨앗형 사업을 수행했고, 그 성과를 기반으로 2015년부터 중앙아시아 최초로 한국학중앙연구원의 해외 한국학 중핵대학 육성 사업에 선정되었다. 넬리 박을 사업단장으로 하여 장호종, 넬리 한, 울리아나 김, 아나스타샤 김, 옐레나 전, 발렌티나 스비리도바, 파리자 보란타예바, 알루아 두미셰바 등이 참여해 '공존과 소통의 한국학: 중앙아시아 한국학의 가치 창출'을 주제로 다양한 연구 사업을 진행 중이다.

다음은 카자흐세계언어대학교 한국학센터에서 2016~2017학년도에 진행하는 주요 사업이다.

1. 한국학 기반 및 역량 강화
   한국학센터 공간 확장 및 정비
   한국학센터 전임 인력 확보

(소장 1명, 전임 연구원 4명, 일반 연구원 3명, 조교 1명)

한국학과 교원 충원

(카자흐인 7명, 고려인 7명, 한국인 4명)

대학원 및 학부 장학금 지원

(석사 과정 8명, 박사 과정 1명, 학부R/A 4명)

한국학 강의 확대

한국학 세미나 개최

(교내 연 8회, 연계 2회)

2. 한국학 교류 협력 확대

CIS 대학생 및 대학원생 한국학 학술 대회 개최

(2016년 제2회 대회 4개국, 6개 도시, 10개 대학 학생, 44명 발표)

중앙아시아 한국학 학술 대회 개최

(2016년 제4회 대회, 5개국, 21개 대학/기관 한국학 관계자 60명 참석)

공공 외교 세미나 개최

(주 카자흐스탄 대한민국 대사관 주관)

중앙아시아 한국학 올림피아드 개최

(2017년 제7회 대회, 4개국, 10개 도시, 20개 대학, 학생 67명 참가)

중앙아시아 성균한글백일장 개최

(2016년 제8회 대회, 4개국, 8개 도시, 24개 대학, 학생 38명 참가)

소식지 『중앙아시아 한국학 네트워크』 발간(연 2회 발간)

인터넷홈페이지 개설 및 운영(http://canks.asia, http://kaznks.kz)

3. 한국학 가치 창출 및 재생산

학술지 『카자흐스탄 한국학』 발행

(2016년 4호, 4개국, 8개 도시, 9개 대학 , 한국 학자 48명, 논문 44편 수록)

학술지『CIS 대학생 한국학 논문집』발행

(2016년 3호, 4개국, 7개 도시, 9개 대학, 학생 56명, 논문 43편 수록)

학술지『중앙아시아 한국학 교육』발행

(2016년 2호, 4개국, 6개 도시, 10개 대학, 한국 학자 23명, 논문 22편 수록)

한국학 총서 발행

사전『한국어 - 러시아어 - 카자흐어 엑스포 사전』발행

한국학 교재 시리즈 발행

결론

1990년대 이후 중앙아시아의 한국어 교육 수요는 크게 증가했으나, 이러한 성과가 학문적인 차원으로 반영되지 못했다. 한국학의 전문성 결여로 인해 한국어 교육의 수요 증가도 일시적인 현상에 머물렀으며, 2000년대 중반 이후에는 성장 동력을 찾지 못해 장기적인 차원에서의 발전을 기대할 수도 없게 되었다. 결국 한국학이 발전하기 위해서는 국내외적으로 실질적인 교류 협력을 강화하고, 연구와 교육을 병행하면서 전문성을 확보할 수 있어야 한다. 특히 단기적이고 일시적인 차원의 협력과 변화가 아니라 장기적인 차원에서 한국학계의 내적 기반과 체질을 강화할 수 있는 방향으로 이루어져야 할 것이다. 이처럼 중앙아시아 한국학은 내부적으로 여러 과제들을 안고 있으나, 이를 해결하기 위해 중앙아한교협이나 카자흐국립대학교, 타슈켄트국립동방대학교, 카자흐세계언어대학교의 한국학센터를 중심으로 다양한 연구 및 교육 사업을 진행하고 있다. 앞으로도 한국에서 관련 기관들의 외적 지원이 꾸준히 이루어지고, 현지의 내적 활동이 어우러진다면 중앙아시아 한국학이 안정적으로 성장해 나갈 것이다. 다만, 중앙

아시아 한국학이 기여하고 지향해야 하는 바가 무엇인지 정립할 시기임을 지적하고자 한다.

따라서 향후 중앙아시아 한국학이 지속적으로 긍정적인 발전을 이루기 위해서는 다음과 같은 일들이 선행되어야 한다는 사실을 강조하는 것으로 결론을 대신하고자 한다.

(1) 한국학의 주체, 대상, 방법 등 기초적인 개념에 대한 진지한 성찰이 이루어져야 한다. 중앙아시아 한국학은 학문적인 기초 작업 없이 발생해 그 대상이 남한 중심으로 형성되었다. 세계 한국학에서 중앙아시아 한국학의 고유한 가치를 창출하기 위해 남북한을 포함하는 진정한 의미의 '한국학'으로 발전시켜 나가야 할 것이다.

(2) 내적인 기반을 충실히 다지기 위해 재정적인 자립 방안이나 신진 교원 양성에 관심을 가져야 한다. 특히 젊은 인재들이 재정적인 기반을 마련하거나 학술적으로 발전할 수 있도록 공동 연구나 장기적인 연구 사업을 기획할 필요가 있다. 학문적인 열정만 기대하기보다는 우수한 인재들을 대학으로 끌어들이려는 내부적인 노력이 필요하다.

(3) 내부적인 교류 및 학술적 공유를 추진하고, 해외 한국학과의 교류를 활성화해야 한다. 단순히 결과물을 내는 데 급급할 것이 아니라, 연구 성과를 보급하고 전파하는 데도 관심을 가져야 한다. 또한 해외 한국학, 특히 한국 한국학계와의 교류를 통해 연구 방법론이나 교수법 등을 발전시켜 나갈 필요가 있다.

동남아시아 지역 한국어(학) 교육 발전 추이

김홍구 | 부산외국어대학교 동남아창의융합학부 교수

동남아시아에서는 한류를 배경으로 한국과 한국어에 대한 관심이 증가하고 있다. 그중 한국어(학) 교육이 가장 활발하게 진행되고 있는 나라는 태국과 베트남이다.

태국에서 한국어 교육 과정이 최초로 개설된 곳은 쏭클라나카린대학교(빳따니 캠퍼스)이다. 이 대학은 1986년부터 한국어 강좌를 자유선택과목으로 개설했다. 베트남에서 한국어 교육은 1993년 하노이국가대학교 인문사회과학대학에 한국어 강의가 개설되면서 시작됐다. 그리고 현재 인도네시아와 말레이시아도 두 나라보다 한국어(학)를 강의하는 교육기관의 수는 적지만 비슷한 시기에 강의가 개설되었다. 인도네시아는 1987년 나시오날대학교에서 일반인을 대상으로 한국어를 강의하기 시작했고, 말레이시아는 1980년대 초반부터 마라공전에 한국어 과정을 개설했다.

이외 다른 동남아 국가들에도 한국어(학)를 강의하는 교육기관이 있긴 하지만, 이 글에서는 그 활동이 비교적 활발한 위 4개국 한국어(학) 교육의 발전 배경, 현황, 문제점을 살펴본 뒤 발전 방안을 모색하기로 한다.

한국어(학) 교육의 발전 배경

　　동남아 국가들이 한국어와 한국학에 관심을 갖게 된 공통 배경으로는 한류, 한국 기업 진출, 한국 관광객 증가 등을 들 수 있다.

　　가장 먼저 한류가 진출한 국가는 베트남이다. 베트남의 한류는 1990년대 후반 텔레비전에서 한국 드라마를 방영하면서부터 시작되어 영화, 음악, 온라인게임, 패션, 화장품, 한국 제품 구매 등으로 이어지고, 한국어(학) 교육으로까지 확대되었다. 이런 흐름 속에서 2006년 한국문화원이 개설되었고, 2012년에는 호찌민시에 한국교육원이 개설되었다.

　　태국, 인도네시아, 말레이시아에는 2000년대 초반에 한류가 진출하기 시작했다. 태국은 현재 동남아 한류의 거점으로서 2002년 월드컵 등을 계기로 한국의 인지도가 급격히 상승해 한국 문화와 한국어에 대한 수요가 증가했다. 2012년 한국어 확산을 위해 한국교육원이 개설된 데 이어 2013년에는 한국문화원이 개원돼 정기 문화 강좌, 기획 전시 및 공연 등 문화 교류 프로그램을 운영하고 있다. 인도네시아도 2000년대 초반부터 한류 붐이 일어났으며 한국 문화에 대한 관심이 계속 증대되었다. 2011년 자카르타에 한국문화원을 개설해 문화 교류 활성화를 위한 기반을 구축하고, 한국문화원 내 세종학당에 한국어 강좌를 개설해 현지인들에게 한국어를 교육하고 있다. 말레이시아에서는 1980년대 동방정책에 이어 2000년대 초반 이후 한류가 지속되어 왔으며, 한류 열풍은 한국어와 한국학을 포함해 한국 사회와 문화에 대한 전반적인 관심 증가로 나타나고 있다.

　　한류 외에도 한국 기업의 진출로 현지인의 일자리가 창출되어 한국어에 대한 관심이 증가했다. 먼저 베트남을 살펴보면, 한국의 베트남 투자는 지속적으로 확대되어 3,250개의 투자 프로젝트가 진행 중이며, 베트남 입장에서 한국은 일본, 대만, 싱가포르에 이어 제4위 투자국이다. 한국 입장에서도 베트남은 미국, 중국, 홍콩에 이어 제4위 투자 대상국이며 아세안 최대 투자 대상국으로, 2012년 누계 153억 달러를 투자하고 있다. 인도네시아는 아세안 국가 중 베트남에 이어 한국의 두 번째 투자 대상국으로, 2015년 현재까지 인도네시아에 대한 투자액 누계는 134억 5,000만 달러(총 5,337건)에 달한다. 인도네시아는 한국의 제9위 투자 대상국(2015년 누계, 신고 기준)이며, 한국은 인도네시아의 제5위 투자 대상국(2015년 기준)이다. 현재 인도네시아에는 1,500여 개의 한인 기업이 진출해 있으며, 고용 측면에서 한인 기업은 인도네시아 최대 외국인 기업 집단으로 80만 명 이상의 현지인을 고용하고 있다. 2013년 말 우리나라의 대(對) 말레이시아 투자 누계는 총 1,578건, 107억 7,000만 달러이며, 한국은 말레이시아 투자 국가 순위에서 2위를 차지하고 있다. 2013년 말 기준 태국에 대한 해외 직접 투자는 총 2,055건, 누적액 27억 2,000만 달러로 우리나라의 제26위 투자 대상국이다. 태국 내 우리 기업 수는 300여 개(2013년 기준)에 이르며, 태국 투자는 다른 세 나라에 비해 가장 떨어진다.

한국과 동남아 지역 간 인적 교류가 활발해짐으로써 상호 이해를 위해 한국어 수요가 증가했다고도 볼 수 있다. 2013년 기준 한태 양국 상호 방문객 규모는 약 167만 명으로 태국 방문 한국인은 약 130만 명(5위)이며, 한국 방문 태국인은 약 37만 명(4위)에 달한다. 아세안 국가 중 태국은 한국 관광객이 가장 많이 찾는 곳이다. 2012년 한국 방문 베트남인은 약 3만 명이며, 베트남 방문 한국인은 70만 명에 이른다. 2011년 이후 인도네시아 방문 한국인은 매년 30만 명 이상, 한국 방문 인도네시아인은 10만 명 이상을 기록하고 있다. 2013년 말레이시아를 방문한 한국인은 약 21만 명, 한국을 방문한 말레이시아인은 약 27만 명을 기록했다. 그뿐만 아니라 이들 나라에는 적지 않은 한인들이 거주하는데 태국에 2만 1,000명(2013), 베트남에 10만 명(2013), 인도네시아에 4만 1,000명(2014), 말레이시아에 1만 4,000명(2013) 정도 된다. 이들이 현지인과 접촉하면서 한국어 수요를 만들어 낸다고 볼 수 있다.

한국어(학) 교육 현황

태국

동남아시아 다른 국가와 비교해 태국은 현재 대학 수준에서 한국어 강의가 가장 활발히 진행되고 있는 국가 중 하나이다. 태국에서는 한국어 강의에 앞서 한국학 연구와 강의가 먼저 시작되었다. 한국학 연구는 1980년대 초부터 일부 대학의 동아시아 관련 연구센터에 소속된 소수 연구자들의 개인적인 관심과 노력에서 출발했다.

현재 한국학을 연구하는 대표적인 곳으로는 탐마쌋대학교 동아시아연구소 산하 한국학연구센터, 쫄라롱껀대학교 아시아문제연구소 산하 한국학연구센터, 씨나카린위롯대학교 아시아-태평양연구소, 부라파대학교 인문대학 산하 한국학센터 등이 있다. 또 대학에서 교양과목으로 한국학을 강의하기도 하는데, 개방 대학인 람캄행대학교가 대표적이다.

한국어 교육은 1980년대 중반부터 본격적으로 시작되었다. 한국어 교육 과정이 최초로 개설된 곳은 쏭클라나카린대학교(빳따니 캠퍼스)였다. 쏭클라나카린 대학교는 1986년 1학기부터 인문사회과학대학에 한국어 강좌를 자유선택과목으로 개설했다. 이후 1992년과 1999년에 각각 한국어를 부전공, 전공으로 개설했다.

한국국제교류재단 자료에 따르면(2016) 현재 태국의 42개 대학에서 한국어를 가르치고 있다(이 중에는 강의가 일시 중단된 8개 대학 포함). 이 중 전공 개설 대학교는 11개교로, 쏭클라나카린대학교(빳따니 캠퍼스, 1999), 부라파대학교(2000), 씰라빠껀대학교(2003), 씨나카린위롯대학교(2005), 나레쑤언대학교(2007), 마하 싸라캄대학교(2005), 랏차팟치앙마이대학교(2006), 쏭클라나카린대학교(푸껫 캠퍼스, 2011), 윗타얄라이허깐카대학교(2013), 랏차팟우따라딧대학교(2013), 랏차팟치앙라이대학교(2014)가 있다.

또 한국어를 부전공, 선택, 교양과목으로 가르치는 대표적인 대학으로는 쭐라롱껀대학교, 탐마쌋대학교, 치앙마이대학교, 컨깬대학교, 람캄행대학교, 랏차팟푸껫대학교, 랏차팟코랏대학교 등을 들 수 있다. 대학교의 정규 과정과 별도로 각 대학교에 소속된 어학센터에서도 한국어를 강의하고 있다.

표 1 태국 내 한국어/한국학 전공 개설 현황

대학명	개설 연도	교수 수	학생 수	소속 단과대	전공(학과)명
쏭클라나카린대학교 빳따니 캠퍼스	1999	7	87	인문사회대학	한국어 전공
부라파대학교	2000	9	110	인문사회대학	(동양어문학부 내) 한국어 전공
씰라빠껀대학교	2003	9	285	문과대학	동아시아어 – 한국어 학부
마하싸라캄대학교	2005	8	–	인문사회대학	한국어 전공
씨나카린위롯대학교	2005	6	–	인문대학	(태국어와 동양어학부 내) 한국어 전공
랏차팟치앙마이대학교	2014	7	168	인문사회대학	(동양어학부 내) 한국어 전공
나레쑤언대학교	2007	7	80~90	인문대학	(동양어학부 내) 한국어 전공
쏭클라나카린대학교 푸껫 캠퍼스	2011	–	–	외국학대학	국제 관계·한국어 전공
윗타얄라이허깐카대학교	2013	10	250	인문응용예술대학	한국어 전공
랏차팟우따라딧대학교	2013	5	40	교원대학	한국어 전공
랏차팟치앙라이대학교	2014	5	50~60	인문대학	한국어과

출처: 각 대학 웹 사이트를 검색(검색일, 2016년 12월 12일)해서 정리한 자료다. 한국어는 대부분 학부 내 전공 프로그램으로 개설되어 있다. 교수는 전임교수, 강사, 내·외국인을 합한 것이다.

한국어(학)가 전공으로 개설된 대학의 교과목 현황은 다음과 같다.

표 2 쏭클라나카린대학교(빳따니 캠퍼스) 교과목 현황

구분	교과목
전공필수	한국어 1·2·3·4, 한국어 듣기–말하기 1·2·3·4·5, 한국어 읽기 1·2, 한국어 쓰기 1, 한국어 문법 1·2, 한국어 음성학, 한국 사회와 문화, 태–한 번역
전공선택	언어와 한국 문화, 읽기와 발음, 한자, 시, 현대문학, 문학사, 한–태 번역, 관광 한국어, 연극, 한국어, 신문 속의 한국어, 한국어 쓰기 2, 실무 한국어, 비서 한국어, 호텔 한국어, 한국어 강의, 통역 한국어, 한국 역사와 경제

대학 외에 중·고등학교 70개교(방콕 9개교, 지방 61개교)에서 2만 5,000명의 학생이 한국어를 배우고 있으며, 2008년부터 고등학교 제2외국어로 지정되어 있다.

한국어는 중국어, 일본어, 프랑스어 다음으로 수강생이 많은 제2외국 어다. 최근 태국 대학총장협의회와 태국 교육평가원은 한국어를 대학 입시 PAT(Professional & Aptitudes Test)의 제2외국어 선택과목에 포함시키기로 결정했 다. 2018년 태국 대학 입시에서부터 한국어 시험이 치러질 예정이다. 그렇게 되면 태국은 아세안 국가 중 최초로 대학 입시에 한국어를 포함시키는 것이다.

한국은 한국어를 세계적으로 보급하고자 한국어 연수 기관으로서 세종학당 을 설치, 운영하고 있다. 태국에는 한국문화원세종학당, 마하싸라캄세종학당(상 명대학교-마하싸라캄대학교), 치앙마이세종학당(치앙마이대학교) 세 곳이 있다.

태국에는 한국어(학) 교수·연구자가 참여하는 학회 형식의 대규모 연구 모 임이 2개 있다. 재태 한국어교육학회에는 모두 8개 대학 및 학회가 참여하고 있 다. 부라파대학교, 쏭클라나카린대학교 빳따니 캠퍼스, 람캄행대학교, 까쎗쌋대 학교, 씨나카린위롯대학교, 마하싸라캄대학교, 쭐라롱껀대학교, 한국태국학회 등이 해당된다. 그리고 다른 8개 대학이 만든 학회에는 쏭클라나카린대학교 핫 야이 캠퍼스, 씰라빠껀대학교, 나레쑤언대학교, 쏭클라나카린대학교 빳따니 캠 퍼스, 이화여대, 마하싸라캄대학교, 씨나카린위롯대학교, 랏차팟치앙마이대학 교, 부라파대학교가 참여하고 있다.

우리 정부는 한국국제교류재단, 국립국제교육원, 한국국제협력단(KOICA) 등 을 통해 태국 내 한국학 연구 및 교육 발전을 위해 한국학연구소의 운영을 지원하 는 것은 물론, 학술 세미나 등 한국학 행사도 지원하고 있다. 또한 한국학 전공 교 수와 학생 등의 방한 유학 및 장학금 주선, 한국 주요 대학과의 교류 협정 지원, 한 국어 분야 KOICA 봉사단원 파견, 한국 관련 연구 도서 지원 등 다양한 육성책을 추진하고 있다. 또한 2011년부터 태국 교육부의 요청으로 태국 중·고등학교 학생들을 대상으로 하는 한국어 교육을 강화하기 위해 한국인 교사(2014년 기준 총 55개교 60명)를 파견하고 있다. 아울러 태국 정부는 2014~2017년간 총 140명의 태국인 한국어 교사 양성 방침에 따라 매년 35명의 태국인 교사를 대상으로 한국 내 연수를 실시하고 있다.

현재의 교육 여건에 대한 국내외 태국 연구자들의 의견을 종합한 태국 내 한국어(학) 교육의 중요 문제점을 살펴보면 다음과 같다.

첫째, 자격 있는 한국어 교수(강사, 교사)가 부족하다. 교수 부족 문제를 해결하기 위해 각 대학교에서 학사 과정을 마친 사람 중 성적이 우수한 학생을 선정해 한국어 교육을 담당하게 하고 있다. 교사 부족은 중·고등학교에서 더욱 심각한 문제로 다가오고 있다. 방콕에 거주하는 한국인이나 태국인 중 한국에서 생활한 경험이 있는 근로자를 시간강사로 채용해 간신히 교육하는 경우도 있다. 한국인 강사들이 태국어를 이해하지 못해 효율적인 강의를 진행하지 못하기도 한다.

둘째, 교재가 부족하다. 현재 사용되는 교재 대부분은 내용이 한국어로 구성되어 있으며 태국의 특수성을 전혀 고려하지 않고 만들어졌다. 또 한국어 외에 필요한 경우 영어(또는 한자)로 설명을 덧붙이고 있다. 이 교재들은 단순히 일반적인 외국인을 대상으로 만들어진 것이기 때문이다.

셋째, 한국어(학) 교육기관이 양적으로는 크게 증가했지만, 교육이 지속 가능한 성장을 이룩할 수 있는 전략적 계획을 가지고 있지 못하다.

베트남

베트남에서 한국학은 1993년 하노이국가대학교 인문사회과학대학에 한국어 강의가 개설되면서 시작되었다. 처음에는 부전공으로 개설되었으나, 1995년 9월 동방학부 내에 한국학 전공이 개설되었다. 하노이국가대학교 외국어대학 한국어·문화학부는 1996년에 설립되었으며, 하노이대학교(전 하노이외국어대학교) 한국어과는 2002년에 설립되었다.

호찌민시에서는 호찌민시국가대학교 인문사회과학대학 동방학부에서 1994년 9월부터 한국학 전공을 개설했으나, 2010년 3월부터는 한국학과, 2015년부터는 한국학부에서 강의를 하고 있다. 사립 호찌민외국어정보대학교에서는 1995년 동방학부에 한국어과를 설립했으나, 이 대학의 전신인 사이공외국어대학교 영문학과에 1994년 3월 한국어 강좌가 개설되기도 했다. 사립 홍방국제대학교에는 1999년에 처음으로 한국어 강좌가 개설되었으며, 2003년 9월에는 아시아태평양학부에 한국학과가 설립되었다. 2003년에 락홍대학교 동방학부에 한국학과가 설립되었다. 2004년 9월에는 달랏대학교 국제학부에 한국학과가 설립되었으나, 이에 앞서 2003년 9월 동방학부에 한국어가 전공으로 설립된 바 있다. 다낭외국어대학교에는 2004년 9월 한국어 강좌가 개설된 이래, 2005년 9월 일본·한국·태국어학부에 한국어과가 설립되었다.

이외에도 사이공문화예술대학교(2006), 후에외국어대학교(2007), 반히엔대학교(2007), 베일산업기술대학교(2007), 투득기술전문대학교(2011), 응우옌탓타인대학교(2012) 등에 한국어와 한국학과가 설립되었다.

한국어(학) 전공이 개설되지 않은 대학들에도 한국어 강좌가 개설되어 있는데, 한국국제교류재단 자료에 따르면(2016) 베트남 내 한국어와 한국학 강의가 개설된 대학은 모두 29개교에 이른다.

표 3 베트남 내 한국어/한국학 전공 개설 현황

대학명	개설 연도	교수 수	학생 수	소속 학부	전공(학과)명
호찌민시국가대학교 인문사회과학대학	1994	23	366	한국학부	
하노이국가대학교 인문사회과학대학	1995	7	110	동방학부	한국학 전공
사립 호찌민외국어정보대학교	1995	13	314	동방학부	한국어 전공
하노이국가대학교 외국어대학	1996	26	307	한국어·문화학부	
사립 홍방국제대학교	1999	13	125	아시아 태평양 학부	한국어 전공
하노이대학교(전 하노이외국어대학교)	2002	21	415	한국어과	
사립 락홍대학교	2003	18	176	동방학부	한국어 전공

대학명	개설 연도	교수 수	학생 수	소속 학부	전공(학과)명
달랏대학교	2004	12	321	국제학부	한국학 전공
다낭외국어대학교	2005	15	277	일본·한국·태국어학부	한국학 전공
사이공문화예술대학교	2006	–	120	언어학부	한국어 통번역 전공
후에대학교 외국어대학	2007	16	176	외국어대학	한국어·문화과
반히엔대학교	2007	–	94	동방학부	한국학 전공
베일산업기술대학교	2007	–	180		
투득기술전문대학교	2011	–	150	언어학부	한국어 전공
응우옌탓타인대학교	2012	–	73		한국학 전공

출처 : 이한우·부이 테 끄엉. 2015. 『한국 – 베트남 관계 20년, 1992 – 2012』. 서울 : 폴리테이아. p. 101: 응웬 티 레나. 2014. 『베트남 대학교의 한국어 및 한국학 교육 현황 분석』. 서울여자대학교 일반 대학원 국어국문학과 한국어 교육 전공 석사 학위 논문. pp. 15, 27, 39. 교수 수는 전임교수, 강사, 내·외국인을 합한 것임.

한국어(학)가 전공으로 개설된 대학들의 교과목 현황 예시는 다음과 같다.

표 4 북부 지역 대학별 교과목 현황

대학교		전공 과목	
		한국어 전공 과목	한국학 전공 과목
하노이국가대학교 인문사회과학대학 (한국학 전공)		한국어 듣기–말하기, 읽기–쓰기, 문법, 한자–한국어 기초, 한–베 번역 이론, 한–베 번역 고급	한국 연구 입문, 한국 지리, 한국 역사, 한국 문화, 현대 한국어학 이론, 한국 사회, 한국의 외교 관계, 한국 예술과 문학, 한국 대중문화, 한국 경제, 한국 사상 및 종교
하노이국가대학교 외국어대학 (한국어·문화학부)	통–번역 전공 한국어	한국어 듣기, 말하기, 읽기, 쓰기; 한국어 번역 입문, 번역, 통역, 전문 번역, 통–번역 업무 기능, 고급 번역, 한국 드라마 번역, 신문–문서 번역, 경제–무역 한국어	한국어 언어학 1·2, 한국학 1·2, 문화 교류, 한국 문학 1
	한국학 전공 한국어	한국어 듣기, 말하기, 읽기, 쓰기; 번역, 통역.	한국 역사, 한국 사회학 입문, 한국 경제–정치, 한국학 1, 한국 전통문화 알기, 한국 문화와 한류, 한국 경영 문화, 한국과 북한
	관광 전공 한국어	한국어 듣기, 말하기, 읽기, 쓰기; 번역, 통역, 관광–호텔 한국어 1·2	관광 여행 관리, 호텔 경영 관리, 여행 과학 입문, 한국 여행 문화–지리, 한국 여행 경제, 호텔 기초 업무
하노이대학교(한국어과)		한국어 종합 기능 1·2·3·4, 번역, 통역, 한국어 번역 이론, 직업 전문 한국어, 한국어 음운론, 문법, 통사론, 관광 한국어, 무역 한국어, 한국어 어휘	한국어의 한자 주제 1·2, 한국과 한국 문화, 한국 경제 및 정치, 한국 역사, 베트남어 대조, 한국 문화 입문, 한국 교육 개괄, 한국 대중문화, 한국 문화, 한국 문학

출처 : 응웬 티 레나. 2014. 『베트남 대학교의 한국어 및 한국학 교육 현황 분석』. 서울여자대학교 일반 대학원 국어국문학과 한국어 교육 전공 석사 학위 논문. p. 18.

베트남에는 총 12곳의 세종학당―하노이한국문화원 세종학당, 하노이1세종학당(하노이국립대학교 인문사회과학대학-부산외국어대학교), 하노이2세종학당(하노이국립대학교 외국어대학-한국산업인력공단), 달랏세종학당(달랏대학교), 후에세종학당(후에대학교-(사)BBB KOREA), 타이응우옌세종학당(타이응우옌대학교-계명대학교), 호찌민2세종학당(호찌민사범대학교-주 호찌민 총영사관), 껀터 세종학당(껀터대학교-주 호찌민 총영사관), 꾸이년세종학당(꾸이년시청-용산구청), 빈즈엉세종학당(빈즈엉대학교-조선대학교), 하노이3세종학당(더샘에듀케이션센터), 호찌민3세종학당(호찌민산업대학교-경운대학교)―이 있다.

최초의 한국학연구소로 인문사회과학원(현 사회과학원) 산하에 한국연구센터가 설립되었으며(1998), 이어 하노이국가대학교 인문사회과학대학 동방학부 한국연구센터(2006), 무역대학교 한국연구센터(2008), 호찌민시 국가대학교 인문사회과학대학 한국센터(2009), 국민경제대학교 한국센터(2010)가 설립되었다. 2012년에는 베트남 한국연구학회가 창립되었으며, 한국학 저널도 창간되었다(2012. 10).

국내외 베트남 연구자들의 의견을 종합한 베트남 한국어(학) 교육의 중요 문제점을 살펴보면 다음과 같다. 첫째, 일부 대학의 경우 한국어과와 한국학과 간 교육 목표가 다름에도 불구하고 교과목의 차이가 잘 드러나지 않는다. 한국학 관련 과목 중 취업과 직접 관련이 없는 경우가 많다. 둘째, 교수진이 부족해 한국인 교수 담당 과목을 베트남 교수가 가르치는 경우가 있다. 셋째, 베트남 대학에서 사용하는 한국어 교재는 한국 대학교의 한국어학당에서 사용하는 교재와 비교하면 시기적으로 뒤처진다. 넷째, 교재 위주의 교육 방식으로 언어 실습을 많이 하지 않아 한국어 회화 능력이 뒤처지는 현상도 나타나고 있다.

인도네시아

인도네시아에서는 1987년 처음으로 나시오날대학교에서 일반인을 대상으로 한국어를 강의하기 시작했다. 현재 인도네시아의 4년제 정규 과정 한국 관련 학과는 인도네시아국립대학교와 가자마다국립대학교, 인도네시아교육대학교에 개설되어 있고, 3년제 연수 과정(diploma)은 가자마다국립대학교와 사립 나시오날대학교에 개설되어 있다. 한국국제교류재단 자료에 따르면(2016) 전공 개설 5개 대학을 포함해 인도네시아 내 한국어와 한국학 강의 대학은 모두 18개교에 이른다.

인도네시아국립대학교 한국어·문화학과(2006)가 최초의 전공 개설 학과(4년제)다. 이어 2007년 8월 가자마다국립대학교에서 두 번째로 한국어과를 개설했다(4년제). 이 대학은 1995년 9월 한국어를 교양 선택 과목으로 개설했으며, 2003년 8월 이후에는 한국어과를 3년제 연수 과정으로도 운영해 오고 있다. 2015년에는 인도네시아교육대학교에 한국어교육학과가 개설되었다.

표 5 인도네시아 내 한국어/한국학 전공 개설 현황

대학명	개설 연도	교수 수	학생 수	소속 단과대학	학과명
인도네시아국립대학교	2006	8	120	인문대	한국어·문화학과
가자마다국립대학교(4년제 정규 과정)	2007	8	120	인문대	한국어과
가자마다국립대학교(3년제)	2003	8	150	인문대	한국어과(diploma)
나시오날대학교(3년제)	2005	–	–		외국어 – 한국어 아카데미
인도네시아교육대학교	2015	10	150	인문대	한국어교육학과

출처 : 각 대학 웹 사이트와 양승윤 교수 인터뷰 자료. 교수 수는 전임교수, 강사 내·외국인을 합한 것이다.

한국어(학)가 전공으로 개설된 대학의 교과목 현황 예시는 다음과 같다.

표 6 인도네시아국립대학교 교과목 현황

구분	교과목 명
전공 일반과목	한국어 음성학, 형태론, 통사론, 의미론, 문학사, 운문·희곡, 산문, 한국사 개론, 근현대사, 한국 문학사 1·2
한국어 과목	한국어 1·2·3·4·5·6, 한인 번역 1·2, 비즈니스 한국어, 공문서 번역, 인한 번역
전공 선택 과목	한국어학 세미나, 문학 세미나, 산문 연구, 한국사 세미나, 한인 관계사, 한국과 일본 관계, 문화 연구, 대중문화, 경제 윤리, 기업 문화, 비즈니스 역사, 정치 체계, 사회 정치, 외교사

인도네시아에는 마카사르세종학당(하사누딘대학교-배재대학교), 수라바야세종학당(페트라크리스천대학교-동서대학교), 인도네시아 한국문화원 세종학당이 개설되어 있다.

인도네시아 한국어(학) 교육의 주요 문제점을 살펴보면 다음과 같다. 첫째, 전문적 교수가 절대적으로 부족하며 학교 당국의 관심 부족과 더불어 재정적인 어려움이 장애가 되고 있다. 둘째, 강의용 교재들이 영어권 사용자를 위한 교재로서, 한국 내에서 한국어를 학습하는 상황을 설정해 작성되어 있다. 셋째, 한국어를 한국 문화와 함께 습득할 수 있는 시청각 교재가 부족하다.

말레이시아

한국과 말레이시아는 다른 동남아 국가들과 달리 한류 전파 이전부터 교육 교류가 이루어졌다. 말레이시아 정부는 '동방정책'이 본격적으로 시행된 1983년부터 한국, 일본과의 경제 교류를 확대해 두 나라로부터 선진 기술과 근로 의식을 배우기 위해 공무원, 기술자, 학생 등을 파견하기 시작했다. 한국에서의 교육 및 연수가 효율적으로 진행되기 위해서는 제일 시급한 것이 언어 문제를 해결하는 것이었다. 학생들은 한국에 가기 전 마라공전에서 9개월 동안 한국어 과정을 공부했다. 한국 정부는 말레이시아 정부의 요청에 따라 한국어, 수학, 물리, 화학 전공 교사를 파견했다.

1980년대 중반부터는 말라야대학교와 말레이시아국립대학교에 한국어 강좌가 개설되었다. 이후 1994년 말레이시아푸트라대학교에 한국어 과정을 개설했으며, 2003년에는 툰후세인온대학교, 2005년 이후 말레이시아북부대학교에 개설된 한국어 과정들을 통해, 말레이시아 대학생들은 한국어와 한국문화, 역사 등에 대한 지식을 얻을 수 있었다. 또한 이전까지 미미했던 교육 교류가 대학교를 중심으로 점차 확대되기 시작했다.

한국국제교류재단 자료에 따르면(2016) 현재 말레이시아에서 한국어(학)를 강의하는 대학은 18개교인데, 말라야대학교만이 인문사회과학대학 동아시아학과 소속으로 한국학 강좌를 전공으로 개설하고 있으며(1996), 나머지 대학은 모두 교양과목으로 한국어를 강의하고 있다. 2016년 현재 말라야대학교 한국학 전공 교수는 말레이시아인 2명과 한국인 1명이며, 학생은 42명이다.

유일하게 한국학을 전공으로 개설한 말라야대학교 한국학 전공 교과목은 다음과 같다.

표 7 말라야대학교 교과목 현황

구분	교과목
전공 심화 한국어	한국어 Ⅰ A, 한국어 Ⅰ B, 한국어 Ⅱ A, 한국어 Ⅱ B, 한국어 Ⅲ A, 한국어 Ⅲ B
전공 심화 한국학	한국 문명, 한국 경제, 한국의 세계화와 대중문화, 남북 관계, 한국 근대화 과정, 한국 사회 변동, 한국 기업과 경영, 한국 외교 정책, 한-아세안 관계, 남한의 현대 정치, 남한의 국제 무역

말레이시아에는 방이세종학당(말레이시아국립대학교)과 쿠알라룸푸르세종학당이 개설되어 있다.

이러한 교육 현실을 기초로 말레이시아 한국어(학) 교육의 중요 문제점을 살펴보면 다음과 같다. 첫째, 교재 이외에 학생들이 접할 수 있는 한국에 대한 전반적인 소개 자료와 시청각 자료가 부족하다. 또 일부 자료들은 시기적으로 뒤처진 것이어서 한국의 현재 모습이 왜곡될 수도 있다. 둘째, 전문 강사진이 부족하다. 강사가 없어서 한국어 과정을 개설하지 못하거나 개설했어도 폐강되는 경우까지 발생하고 있다. 근본적인 이유 중 하나는 각 대학교의 재정이 충분하지 않아 전문 인력을 구하기 힘들기 때문이다. 셋째, 유학생 선발 창구가 단일화되고 장학금 지원이 확대될 필요가 있다. 유학 기회에 연속성이 없거나 선발 시기가 일정치 않은 경우가 많다.

맺음말

앞에서 동남아시아 국가 한국어(학) 교육의 발전 배경, 현황과 문제점에 대해서 살펴보았다. 그 결과를 요약해 보고 잠정적 발전 방안을 제시하고자 한다.

한류, 한국 기업 진출, 한국 관광객 증가 등을 배경으로 동남아시아에서 한국과 한국어에 대한 관심이 증가하고 있다. 한국어(학) 교육이 가장 활성화된 나라는 태국과 베트남이다. 태국에서 한국어 교육 과정이 최초로 개설된 곳은 1986년 쏭클라나카린대학교(빳따니 캠퍼스)이다. 현재 한국어(학)를 전공으로 개설한 11개 대학을 포함해 모두 42개 대학에서 한국어를 가르치고 있다. 특히 태국은 다른 동남아시아 국가들과 달리 고등학교에서 한국어를 가장 많이 가르치고 있다. 중·고등학교 70개교에서 2만 5,000명의 학생들이 한국어를 배우고, 한국어는 2008년부터 고등학교 제2외국어로 지정되었으며, 2018년부터는 태국의 대학 입시에서 한국어 시험이 치러질 예정이다. 이는 아세안 국가 중 최초로 대학 입시에 한국어를 포함시키는 것이다.

베트남에서는 1993년 하노이국가대학교 인문사회과학대학에 한국어 강의가 개설된 이후 지금까지 15개교에서 전공이 개설되었다. 전공으로 개설하지 않은 대학들까지 포함하면 모두 29개교에 이른다. 한국어 연수 기관으로서 세종학당이 가장 많이 설치된 곳도 베트남으로 모두 12곳이다. 또 베트남에는 태국과 더불어 한국 문화와 한국어 전파에 중요한 역할을 하는 한국문화원과 한국교육원이 모두 개설되어 있다. 그만큼 한국어(학) 전파 기반이 탄탄하다는 의미이기도 하다. 하지만 태국과 달리 한국어 과목이 개설된 고등학교는 몇 개 안 되는 것으로 알려졌다. 교육부의 교육 과정 관련 정책이 엄격해 제2외국어 개설이 쉽지 않기 때문이다.

인도네시아와 말레이시아의 한국어(학) 교육 열기는 베트남과 태국에는 못 미친다. 인도네시아에서는 1987년 처음으로 나시오날대학교에서 일반인을 대상으로 한국어를 강의하기 시작했으며, 현재는 4년제 정규 과정 3개 학과, 3년제 연수 과정 2개학과 총 5개의 한국어(학)과가 개설되어 있다. 이들을 포함해 한국어와 한국학 강의 대학은 모두 18개에 이른다. 마지막으로 말레이시아는 일찍이 1980년대 초반 마라공전에 한국어 과정을 개설했으며, 현재는 한국어(학)를 강의하는 대학이 18개교인데, 1996년 이래 말라야대학교만이 한국학 강좌를 전공으로 개설하고 있다.

각국의 한국어(학) 교육에서 나타나는 문제점을 해결하기 위한 잠정적 발전 방안을 제시하면 다음과 같다.

첫째, 전문성을 갖춘 교수 요원을 확보해야 한다. 동남아시아 국가들은 한국어 강사 부족을 해결하기 위한 방안으로 학사 과정을 마친 자를 바로 교수 요원으로 채용하는 경우가 많다. 따라서 전문적인 교육을 받은 한국어 및 한국학 교수들이 부족해 이들에 대한 재교육(석사 과정)이 필요하다. 태국의 경우 대학교에서 전공 교육 과정을 운영하려면 5년 이내에 석사 학위 이상 학력을 소지한 태국인 전임교수 5명 이상을 확보해야 한다고 규정하고 있다. 한국에서 현지에 파견되는 한국어 강사들의 전문성을 제고시키기 위해 일상 회화를 넘어 현지어와 한국어의 특성과 차이점을 체계적으로 설명하는 내용까지 포함된 교육 프로그램도 반드시 필요하다.

둘째, 현지에 적합한 교재 개발이 필요하다. 현재 사용되는 교재 대부분은 현지의 특수성을 전혀 고려하지 않았고, 내용이 한국어로 구성되어 있으며, 필요한 경우엔 영어(또는 한자)로 설명을 덧붙이고 있다. 일반적인 외국인을 대상으로 만들어진 교재이기 때문이다. 따라서 교재는 영어가 아닌 현지어 설명이 필요하며 각 과의 구성도 한국과 해당 국가 관련 내용을 실어 현지화할 필요가 있다. 현지 국가의 한인 사회, 한국의 해당 동남아인 사회, 이주 노동자, 결혼 이민자, 유학생 등의 소재를 중심으로 교재 내용이 구성된다면 훨씬 쉽게 학습 동기가 부여되고 흥미롭게 한국어를 배울 수 있을 것이다. 이를 위해서 한국어와 현지어 전공 학자들이 공동으로 참여하는 교재 개발도 생각해 봄 직하다.

또한 중·고등학생을 위한 한국어 교재도 관심을 가져야 한다. 한국어는 이미 태국의 대학교 입시에서 선택과목으로 결정되었기 때문에 교재의 표준화가 시급하다. 교재 이외에 학생들이 접할 수 있는 한국의 전반적인 소개 자료와 시청각 자료가 부족한 점도 지적되고 있는데, 한국의 생활과 문화 전반을 소개하면서 한국어를 교육할 수 있는 시청각 교재의 개발도 필요하다. 또한 최신 교재의 공급도 중요하다. 베트남의 대학에서 사용하는 한국어 교재는 한국 내 대학교의 한국어학당에서 사용하는 교재와 비교해 보면 출판 연도가 차이 난다는 지적이 있다.

셋째, 한국어과와 한국학과 전공 목표의 적절한 설정이 필요하다. 일부 대학의 경우 한국어과와 한국학과 간 교육 목표가 다름에도 불구하고 교과목의 차이가 잘 드러나지 않는 점이 지적되고 있으며, 한국학 관련 과목 중에는 취업과 직접 관련 없는 경우가 많다는 지적도 있다. 교육 목표는 졸업 후 진로와도 깊은 관계가 있을 것이다. 따라서 교육 목표에 맞는 교과목의 개설은 매우 중요하다. 하지만 현실적으로 대부분 취업을 목적으로 설립되었기 때문에 언어 과목에 치중하면서 지역학 과목을 적절히 배치하는 것이 더 중요하다고 볼 수 있다. 한국어를 전공해 한국 관련 회사에 취업하는 졸업생들은 보통 통-번역 업무를 담당하게 되는데 한국인과 대화할 때 한국 문화에 대해 이해하지 못해 회사 내 상하 대인 관계 및 회사 생활에 어려움을 겪기도 한다. 따라서 한국어를 전공으로 하더라도 한국 사회, 문화, 역사, 지리 등의 한국학 과목에 대한 교육도 병행되어야 할 것이다. 반대로 한국학 전공자들은 언어 실력이 많이 부족해 곤란을 겪는데, 실용적인 말하기와 쓰기 과목이 보완되어야 할 것이다.

마지막으로 동남아시아 각국에서 한국어(학) 교육이 지속적으로 성장하려면 전략적인 계획이 필요하다. 각국 공히 해당 국가 전역의 한국어(학) 교육에 대한 구체적이고 체계적인 평가를 실시해 우후죽순 격으로 생겨나는 한국어(학) 강좌를 운영하는 교육기관의 수를 정비할 필요가 있다. 이를 통해 제한된 자원을 엄선된 학교에 집중하면 한국어 교육의 질이 향상될 것이다. 양적 팽창은 재정 지원과 전문 교수 인력의 부족으로 이어지고, 양질의 교육이 이루어지지 못하는 중요한 요인으로 작용할 가능성이 크다. 특히 태국과 베트남의 경우 졸업생들의 취업 문제도 심각하게 고려해야 한다. 또한 사회적 수요와 공급에 대한 고민도 병행되어야 한다. 우리나라에 태국어와 베트남어가 전공으로 개설된 교육기관은 각각 3개(한국외대 서울, 용인 캠퍼스와 부산외대), 5개(한국외대 서울, 용인 캠퍼스, 부산외대, 영산대, 청운대)뿐이다.

참고 문헌

김긍섭, 「인도네시아의 한국학 현황」, 『해외한국학백서』, 한국국제교류재단 엮음, 을유문화사, 2007.

김홍구, 『태국문화의 즐거움』, 스토리 하우스, 2016.

담롱탄디, 「태국의 한국학 현황」, 『해외한국학백서』, 을유문화사, 2007.

류승완, 「말레이시아의 한국학 현황」, 『해외한국학백서』, 을유문화사, 2007.

류승완·김금현·나스루딘 모함마드 아키르, 『한국-말레이시아 교육·문화 교류』, 폴리테이아, 2015.

신영지, 「인도네시아 대학 내의 한국학 교육 현황과 전망」, 『인문과학』 제44집, 성균관대학교 인문과학연
　　구소, 2009.

외교부, 『베트남 개황』, 2013.

외교부, 『태국 개황』, 2014.

외교부, 『말레이시아 개황』, 2014.

외교부, 『인도네시아 개황』, 2016.

응우옌 티 레나, 「베트남 대학교의 한국어 및 한국학 교육 현황 분석」, 서울여자대학교 일반대학원 국어
　　국문학과 한국어 교육전공 석사 학위 논문, 2014.

이한우·부이 테 끄엉, 『한국-베트남 관계 20년, 1992 - 2012』, 폴리테이아, 2015.

정환승·빠릿, 『한국-태국 관계사』, 폴리테이아, 2015.

조명숙, 「베트남의 한국학 현황」, 『해외한국학백서』, 을유문화사, 2007.

http://clpd.psu.ac.th/edubachelor/2559/course/bsc/ptn_human/pdf/cur_human_Korean_59.pdf
　　(검색일, 2016년 12월 12일).

http://www.ksif.or.kr/business/locSejong.do(검색일, 2016년 12월 12일).

동남아 각국 대학 사이트(검색일, 2016년 11월 1일 - 12월 14일).

한국국제교류재단 자료(동남아 각국 대학교 한국학 현황, 2016).

인터뷰 자료

김기태 교수
태국 부라파대학교 한국어과(2016년 11월 24일).

김형종 교수
연세대학교 원주 캠퍼스 정경대학 국제관계학과(2016년 12월 14일).

박광우 교수
부산외국대학교 마인어과(2016년 12월 1일).

배양수 교수
부산외국어대학교 베트남어과(2016년 12월 1일).

양승윤 교수(명예교수)
한국외국어대학교 마인어과(2016년 12월 13일).

남아시아의 한국어 및 한국학(2006~2017.9)

김도영 | 국립JMI대학교 한국학소장, 한국국제교류재단 객원교수

남아시아는 인도를 비롯해 파키스탄, 네팔, 방글라데시, 스리랑카, 몰디브, 부탄 7개국을 포함한다. 한국학이 아직 시작되지 않은 몰디브와 부탄을 제외하면 2016년까지 지난 10년간 남아시아의 한국학은 한국어 교육의 질적 향상, 한국학의 연구 터전 진입, 한국어 고등교육기관의 확산이 이루어지고 있다. 최근 10년간의 발전 추이, 한국어·한국학 대학과 학자, 학회, 출판 현황, 향후 전망을 중심으로 국가별로 정리한다.

인도의 한국학

인도의 한국어 및 한국학을 시대별로 나누어 보면, 1995년 이후 10년간은 한국학 교육기관의 복수화기이고, 2006년부터 2016년까지는 한국교육기관의 확장기라고 할 수 있다. 인도의 한국학은, 지리적으로는 델리를 중심으로, 교육 과정 내용으로는 네루대학교와 델리대학교를 동심원으로 해서 각 주별 대학교로 파급, 발전하는 형태를 띠기 때문에 델리 및 각 주 대표 교육기관에 대하여 고등교

육기관을 중심으로 기술하고자 한다. 3년 이상의 학위 과정은 네루대학교가, 1년 단위의 수료 과정은 델리대학교가 표본을 보이고 있다. 이런 흐름 속에서 인도 내 더 많은 대학이 학위 또는 수료 과정으로 한국어 및 지역학 프로그램을 지속적으로 개설할 것으로 예상되며, 이에 따라 인도의 한국에 대한 이해가 증폭되고 심도 있어질 전망이다.

네루대학교

네루대학교의 발전사를 간략히 보면, 1971년 초대 총장이던 파르타사르티(Parthasarthy) 교수는 1968년도에 한국 정부 장학생으로 선발되어 3년간 공부한 크리슈난(R. R. Krishnan)을 조교수로 임명하면서 한국어 프로그램을 시작했다. 이후 1년간의 수료 과정(Certificate)이 재개된 다음, 2년 차 수료 과정(Diploma)으로 발전했다. 1995년 한국국제교류재단에서 대학 교원 임용을 위해 4만 5,000달러를 지원했고, 1995년부터 학사 과정으로 승격해 1회에 25명의 학생을 선발했다. 이후 김도영 교수를 파견해 학사 과정을 발전시켜, 1998년에는 22명의 첫 졸업생을 성공적으로 배출했으며, 2년 후에는 처음으로 9명의 학생이 석사 과정을 마쳤다. 2013년에는 철학 석사(M.Phil.), 2015년에는 박사 과정이 설치되어 인도 내에서 고급 인력을 공급하는 학술 기관으로서의 입지를 공고히 다졌으며, 학과명도 언어, 문학 및 문화대학원 내 '일본어 및 동북아시아과'에서 2012년에 한국학과로 독립했다. 국제정치대학원의 한국학 연구 부문에서도 사회과학 분야에 대한 한국학의 연구가 활발해졌다. 1983년 첫 졸업생을 배출한 이후 2016년 5월 현재까지 27명의 M.Phil. 및 Ph.D. 과정 후보들이 연구를 진행해 왔다.

언어, 문학 및 문화대학원

한국학과는 성격상 언어, 문학, 문화를 중심으로 동 대학원에 박사 과정까지 설치되어 학사, 석사, M.Phil., 박사 과정을 유지하고 있는 한국어 교육기관의 전형이다.

한국학과(Center for Korean Studies)

현재 언어, 문학 및 문화대학원에 개설되어 있는 과정, 개설 연도, 수학 연한 및 학생 수는 아래 표와 같다.

(2016년 12월 현재)

	개설 연도	수학 연한	학생 수
학사 과정	1996년	3년	96명
석사 과정	1998년	2년	47명
M.Phil. 과정	2013년	2년	7명
Ph.D. 과정	2015년	3년 이상	3명
총계			153명

교원

학과장 라비케시 박사(Dr. Ravikesh) 외 정규 교수진과 한국인 교원을 확보하고 있다.

〈인도인 교수〉　　　　　　　　　　　　　　　　　　　　　(2016년 12월 현재)

이름	직위	이름	직위
비자얀티 라가반(Vyjayanti Rhaghavan)	교수	사티안슈 스리바스타바(Satyanshu Srivastava)	조교수
라비케시(Ravikesh)	부교수	산토시 쿠마르(Santosh Kumar)	조교수
네르자 사마자르(Neerja Samajdar)	부교수	카우샬 쿠마르(Kaushal Kumar)	조교수

이름	직위
이명이	한국국제교류재단 객원교수

M.Phil., Ph.D. 과정 학생

한국어 전공 6명의 학생이 언어, 문학, 문화 분야별로 M.Phil./Ph.D. 과정을 공부하고 있으며, 그 명단과 제목은 아래와 같다.

	학생	논문 제목	지도교수
1	쿠마리 로이니 (Kumari Rohini)	현대 사회에서 한국 여성의 정체성 변천: 신경숙의 작품을 중심으로	라비케시
2	누푸르 파라샤르 (Nupur Parashar)	인도 초급 학습자를 위한 한국 문화 교육 연구: 문화 내용 및 방법	네르자 사마자르
3	나벤 쿠마르 랑잔 (Naveen Kumar Ranjan)	한국어 말하기 분석: 초급 인도 학습자의 발음 중심으로	네르자 사마자르
4	사티시 찬드라 사티야르티 (Satish Chandra Satyarthi)	인도인 학습자를 위한 한국어 듣기 교육 연구	비자얀티 라가반
5	샤이드 임란 (Shahid Imran)	인도인 학습자를 위한 드라마를 활용한 한국어 말하기 교육 방안 연구: 인사말 중심으로	라비케시
6	붕수안랄 쿨라이 (Vungsuanlal Kullai)	한국어와 마니푸르어(메에쩨이어)의 격조사 대조 연구	네르자 사마자르

국제학대학원

네루대학교 국제학대학원의 지역학 연구는 1972년부터 크리슈난 교수가 동대학원 지역학 석사 과정 학생들에게 한국학 강좌를 개설한 이후 한국학 M.Phil. 및 Ph.D. 과정을 개설해 운영하고 있다. 현재 M.Phil. 과정을 공부하고 있는 학생은 7명이고, 박사 학위 과정 학생은 4명으로, 한국 관련 분야의 요구가 늘어나고 있다.

동아시아학과 한국학 M.Phil./Ph.D. 과정

이 프로그램은 국제대학원 동아시아학과에 한국학 정치, 안보, 경제, 국제 관계, 역사 등 한국의 사회과학 분야 연구를 진행하는 과정이다. 교원으로는 지텐드라 우탐 박사(Dr. Jitendra Uttam)와 산디프 미슈라 박사(Dr. Sandip Mishra)가 한국학을 유지하고 있다. 현재 24명의 졸업생들이 한국과 관련된 논문을 발표했다.

동아시아학과는 중국, 일본, 한국을 연구하는 학과로, 학과장은 중국학 전공인 스리칸트 콘다팔리(Srikant Kondapalli) 교수가 담당하고 있으며, 한국학 교수는 2명이다.

〈한국학 교원〉 (2016년 12월 현재)

이름	직위
산디프 미슈라	부교수
지텐드라 우탐	조교수

네루대학교에서 한국학 박사 학위 취득자 및 과정 중인 연구자 명단과 논문 제목

	이름	논문 제목	지도교수	수여 연도
1	카말 키쇼레 판다 (Kamal Kishore Panda)	한국의 산업발전에서의 기술의 역할(The Role of Technology in the Industrial Development of the Republic of Korea)	R. R. 크리슈난 (R. R. Krishnan)	2003년
2	산디프 쿠마르 미슈라 (Sandip Kumar Mishra)	냉전 후의 한반도: 안보 패러다임 연구(Korean Peninsula in the Post-Cold War Era: A Study of Security Paradigm)	알카 아카리야 (Alka Acharya)	2009년
3	조진 V. 존(Jojin V. John)	냉전 후(1991-2009)의 한국의 대외 에너지 정책 (Republic of Korea's Foreign Energy Policy in the Post Cold War Period, 1991-2009)	지텐드라 우탐	2014년
4	샤시 부샨 바르티 (Shashi Bhushan Bharti)		바라프라사드 S. 돌라, 비자얀티 라가반	2014년
5	스레제시 N. P. (Sreejesh N. P.)	한국의 다문화주의: 한국 정체성의 변형 속에서 외국인 신부와 노동자의 역할(Multiculturalism in South Korea: Role of Foreign Brides and Workers in the Transformation of the Korean Identity)	지텐드라 우탐	2015년
6	카이닌탕 룬킴 (Khaininthang Lunkim)	한국의 중류층: 1997-2012 사회 경제 역학 연구(Middle Class in Republic of Korea: A Study of its Socio-Economic Dynamics, 1997-2012)	지텐드라 우탐	2015년
7	쿠날 키쇼레 바르티 (Kunal Kishore Bharti)	인도에 대한 한국의 외교 정책: 1993-2013 경제와 문화의 차원(Republic of Korea's Foreign Policy towards India: Economic and Cultural Dimensions, 1993-2013)	지텐드라 우탐	등록 연기

	이름	논문 제목	지도교수	수여 연도
8	란지트 쿠마르 다완 (Ranjit Kumar Dhawan)	세계화 시대에서의 복지 국가: 1997-2013 한국의 복지 정책 연구(Welfare State in the Era of Globalisation: A Study of the Welfare Policies in the Republic of Korea, 1997-2013)	지텐드라 우탐	2016년
9	마니시 쿠마르 바른왈 (Manish Kumar Barnwal)	남아시아의 노사 관계: 유엔의 연구 (Labour-Management Relations in the Republic of Korea: A Study of Un)	지텐드라 우탐	등록 연기
10	망자뭉 (Mangzamuan)	중위국으로서의 한국: 2008-2013 능력, 제약, 기여에 관한 문제(Republic of Korea as a Middle Power: Issues of Capacities, Constraints and Contributions, 2008-2013)	지텐드라 우탐	과정 중
11	아미트 싱 (Amit Singh)	한국의 정규직 비정규직 노동의 정치학 1997-2013 (Politics of Regular and Non-Regular Labour in South Korea, 1997-2013)	지텐드라 우탐	과정 중

네루대학교는 인도에서 유능한 인력을 배출하는 최고 교육기관이지만 광범위한 사회과학 분야에 비해 연구가 한 분야에 치중되어 있고, 국제정치 외 분야를 담당할 교원이 전무하다.

델리대학교

2001년 델리대학교 사회과학대학원 '중국 및 일본학과' 학과장인 스리마티 차크라바르티 교수가 한국학 프로그램을 포함하는 발전 계획을 시작했다. 2002년부터 이 프로그램을 위해 한국국제교류재단의 지원으로 김도영 교수가 파견되었고, 학과명도 '중국 및 일본학과'에서 '동아시아과'로 변경되었으며, 한국 관련 과정은 한국어 과정과 한국학 과정으로 설치되었다. 한국어 과정은 학과 관리하에 2개의 칼리지에 1년 수료 과정과 2년 차 디플로마 과정, 3년 차 고급 디플로마 과정이 있고, 2010년부터 개설된 학사후 2년의 고급 집중 디플로마 과정과 한국학 과정은 학과 내 동아시아학 한국 전공 석사 과정, 박사 과정으로 구성되어 있다. 그 내용은 다음과 같다.

한국어 과정

학사후 2년의 고급 집중 디플로마 과정은 사회과학대학원 동아시아과에 개설되어 있으며 매년 20명의 학생이 입학한다. 1명의 조교수, 2명의 강사, 1명의 한국국제교류재단 파견 교수가 프로그램을 담당하고 있다. 한국어 과정의 1년 차 수료 과정은 다울라트람대학교와 칼사대학교에서 매년 각각 약 30명, 10명의 학생을 선발해 진행하고 있다. 2년 차 및 3년 차 수료 과정은 약 20명씩 선발하고 있다. 두 대학에서는 각각 3명, 2명의 강사가 강의를 진행하고 있다.

델리대학교 사회과학대학원 동아시아학과 과정 및 학생 수

	개설 연도	수학 연한	학생 수
학사후 고급 디플로마 과정	2010년	1년	20명
학사후 고급 집중 디플로마 과정	2011년	1년	20명
총계			40명

델리대학교 사회과학대학원 동아시아학과 한국어 및 한국학 교원

학과장은 중국학 전공인 스리마티 차크라바르티 교수이며, 한국학 교원 10명이 있다.

한국어 교원   (2016년 12월 현재)

이름	직위
파레시 쿠마르(Paresh Kumar)	조교수
헤마(Hema)	
루파(Roopa)	
샤바(Saba)	

한국인 한국어 교원

이름	직위
김영순	계약 조교수
이현경	강사
곽미라	강사

한국학 교원

이름	직위
프리티 싱(Priti Singh)	계약 조교수
란지트 다완(Ranjeet Dhwan)	
스칸드 타얄(Skand Tayal)	

한국학 과정

동아시아과에서 2010년부터 2년 석사 과정으로 여러 사회과학 분야에서 지역의 특별 주요 주제와 문제 등을 객관적으로 비교, 발전시키고자 한국학 프로그램이 소개되었다. 동아시아 지역은 중국과 일본, 그리고 한국과 북한이 포함되어 있다. 한국학 석사 과정은 다음과 같이 구성되어 있다.

다울라트람대학교

	개설 연도	수학 연한	학생 수
수료	2010년	1년	30명
디플로마	2011년	1년	20명
고급 디플로마	2012년	1년	10명

칼사대학교

	개설 연도	수학 연한	학생 수
수료 과정	2012년	1년	20명

전체적으로 과정과 교재가 잘 확보되어 있으며 석사 과정 설치 인가도 받았으나 인도인 현지 교원 부족으로 석사 과정이 시행되지 못하고 있다. 인도인 교원 확보가 필요하다.

1학기

EA - 101 ： CIVILIZATION IN EAST ASIA(동아시아의 문명)

EA－102：POLITICAL INSTITUTIONS IN EAST ASIA(동아시아의 정치 제도)

EA－103：SOCIETY IN EAST ASIA(동아시아의 사회)

EA－104：LANGUAGE (KOREAN)(한국어)

2학기

EA－201：EAST ASIAN ECONOMIES(동아시아 경제)

EA－202：INTELLECTUAL TRADITIONS IN EAST ASIA(동아시아 지성사)

EA-KR－301 PRE-MODERN KOREA(현대한민국)

EA-KR－302 KOREA UNDER JAPANESE COLONIAL RULE (1910-1945)
(일본 식민지하의 한국)

EA-KR－303 POLITICAL DEVELOPMENTS IN SOUTH KOREA (1953-
TO THE PRESENT)(남한의 정치 발전)

EA-KR－304 POLITICAL DEVELOPMENTS IN NORTH KOREA (1953
TO THE PRESENT)(북한의 정치 발전)

EA－204：LANGUAGE (KOREAN)(한국어)

3학기

EA-KR－401 FOREIGN POLICY OF NORTH KOREA (1953 TO THE
PRESENT)(북한의 대외정책)

EA-KR－402 DEVELOPMENT EXPERIENCE OF SOUTH KOREA (1953
TO THE PRESENT)(남한의 발전 경험)

EA-KR－403 DEVELOPMENT EXPERIENCE OF NORTH KOREA (1953
TO THE PRESENT)(북한의 발전 경험)

EA-KR－404 KOREAN SOCIETY(한국 사회)

EA-KR－405 KOREAN LITERATURE(한국 문학)

EA－306∶LANGUAGE (KOREAN)(한국어)

4학기

EA－407∶LANGUAGE (KOREAN)(한국어)

교원

이름	전공
란지트 다완	국제정치
프리티 싱	환경

한국학 학생 수

과정	학생 수
석사 1년	8명
석사 2년	8명
박사 과정	6명
총계	22명

자르칸드 중앙국립대학교

2012년 외국어대학 학사 및 석사 통합 한국어 과정을 극동어과에서 시작해 2012년 현재 학사 1년 36명, 2년 28명, 3년 16명, 석사 1년 차 7명이 재학 중이다. 교원으로는 조교수 2명, 계약교수 1명, 강사 1명이 있다. 학과장은 티베트어 전공자인 콘촉 타시 박사(Dr. Konchok Tashi)가 맡고 있다. 현지 인력 실수요에 따라 학위 과정을 2년 수료 과정으로 변경 중이다.

	개설 연도	수학 연한	학생 수	교원
학사 1년	2012년	1년	36명	샤시 미슈라(조교수)
학사 2년		1년	28명	무케시 자이스왈(조교수)
학사 3년		1년	16명	
석사 1년	2015년	1년	7명	
총계			87명	

마니푸르대학교

마니푸르대학교는 2011년 외국학과에 6개월 수료 과정으로 개설되어 20명의 학생이 등록해 있으며 2년 차인 디플로마 과정까지 개설되어 있다. 외국어학과에 한국어 전공자인 학과장 로미타 데브 조교수와 1명의 강사가 강의를 맡고 있으며, 교재로는 『바라티 한국어 초급』, 『세종학당 B1-B2』를 사용하고 있다.

	개설 연도	수학 연한	학생 수
수료	2011년	6개월	10명
디플로마	2012년	6개월	10명
총계			20명

영어및외국어대학교

2010년 아랍·아시아대학 아시아어과에 1년 수료 과정이 설치되어 현재 30명이 등록해 있으며, 2년 차인 디플로마 과정에 15명, 3년 차인 고급 디플로마 과정에 10명이 재학하고 있다. 교원은 선임조교수인 살나 서니(Salna Sunny)와 최근 임용된 노샤드 알람(Naushad Alam)이 있다.

과정	개설 연도	수학 연한	학생 수
수료	2010년	1년	30명
디플로마	2011년	1년	15명
고급 디플로마	2012년	1년	10명
총계			55명

학회

인도에서 괄목할 만한 성과 중 하나는 학회의 형성이다. 1개의 한국어 관련 학회와 1개의 한국학 관련 한국학회, 전인도한국어교육학회(AKLEI)와 전인도연구자한국학회(RASK)가 있는데, 두 학회가 지난 10년간 해 온 학술 활동은 아래와 같다.

전인도한국어교육학회

2007년 결성되어 국립JMI대학교 김도영 교수가 회장을 맡고 있으며, 인도 한국어 교육기관을 망라한 20여 명의 한국어 교수가 한국어 교육을 주제로 지난 10년간 매년 1회 전인도한국어교육학회 세미나를 개최해 오고 있다.

행사명	일시	장소	주제	주제 발표자
제1회 전인도 한국어 교육자 워크숍	2007. 2. 23~24	Kadamba Hall, Indian Habitat Center (New Delhi)	Nativization of Korean Language Teaching 한국어 교육의 현지화	서울대 안경화, "인도에서의 한국어 교육(Korean Language Education in India)"
제2회 전인도 한국어 교육자 워크숍	2008. 2. 29, 3. 1	Maple Hall, Indian Habitat Center New Delhi)	"Teaching Methodology & Localizing Textbooks" 교육 방법론과 교재의 지역화	이화여대 이미혜, 서강대 김성희
제3회 전인도 한국어 교육자 워크숍	2009. 2. 16~17	University of Delhi (conference center)	"Multiculturalism and Korean Language Education in India" 인도의 다문화와 한국어 교육	고려대 홍종선, 한국국제교류재단 박경철

행사명	일시	장소	주제	주제 발표자
제4회 전인도 한국어 교육자 워크숍	2010. 2. 26~27	School of Language, Literature and Culture Studies, JNU	Teaching Methodology of Korean Education for Indian Learners 인도 한국어 학습자를 위한 한국어교수론	네루대 바이시나 나랑
제5회 전인도 한국어 교육자 워크숍	2011. 2. 25~26	Indian Habitat Center	Teaching Methodology of Korean Writing Education for Indian Learners 인도 학습자들을 위한 한국어 쓰기 교육 방법론	네루대 S. K. 사린, 한국국제교류재단 후원
제6회 전인도 한국어 교육자 워크숍	2012. 2. 16~17	India International Center	Teaching Methodology of Korean Grammar Education for Indian Learners 인도 학습자를 위한 한국어 문법 교육 방법론	서울대 민현식, 한국국제교류재단 후원
제7회 전인도 한국어 교육자 세미나	2013. 2. 22~23	Indian Habitat Center	Teaching Methodology of Culture in Korean Language Education for Indian Learners 인도 학습자를 위한 문화 교육 방법론	서울대 윤여탁, 한국국제교류재단 후원
제8회 전인도 한국어 교육자 세미나	2014. 2. 21~22	Convention Center, JNU	Strategic Approach to Korean Language Education in India 인도의 한국어 교육 과제와 전략	서울대 김종철, 현대자동차 후원
제9회 전인도 한국어 교육자 워크숍	2015. 8. 21~22	University of Delhi (conference center)	Methodology of Korean Language Education for Comprension and Expression 이해와 표현의 한국어 교육 방법론	서울대 윤여탁, 한국문화원 후원, 『인도의 한국어 교육 과제와 전략』 출간, 주 인도 한국문화원 후원
제10회 전인도 한국어 교육자 워크숍	2016. 8. 19~20	Convention Center, JNU	Korean Language Education in India: Strategies and Methodologies 인도에서의 한국어 교육: 전략과 방안	서울대 민현식, 고려대 이관규, 한국학중앙연구원 후원, 『인도의 한국어 교육 방법론』 출간
제11회 전인도 한국어 교육자 워크숍	2017. 8. 25~26	Mir Anis Hall, JMI	"Methodology and Practice of Culture Education 문화 교육의 방법과 실제	서울대 윤여탁, 삼성, 엘지, 현대자동차, 포스코 후원, 『Korean Language in India: Strategies and Methodologies(인도에서의 한국어 교육: 전략과 방법)』 출간

전인도연구자한국학회 회장인 김도영 교수와 부회장 샤시 미슈라 교수 외 50여 명의 사회과학 중심 소장 교수들이 한국과 인도의 관계를 중심으로 국제정치, 경제, 안보, 사회, 역사, 지리 및 환경 등의 분야를 망라해 2007년부터 매년 국제 세미나를 개최하고 있다.

행사명	일시	장소	주제	출간 서적
RASK 2007 제1회 차세대 지도자 한국학 세미나	2007. 2. 19~20	Indian Habitat Center, New Delhi	Indo-Korea Relationship 한인관계	『한국과 인도: 간극의 연결』 (Manak, 2008) 슈실라 나르시만·김도영 저. 한국국제교류재단 지원
RASK 2008 제2회 차세대 지도자 한국학 세미나	2008. 2. 20~21	University of Delhi (conference center)	Upcoming Horizon of Indo-Korea Relationship 한인관계의 미래 전망	한국국제교류재단 지원
RASK 2009 제3회 차세대 지도자 한국학 세미나	2009. 2. 20~21	University of Delhi (conference center)	"INDIA-KOREA RELATIONS IN THE RESURGENT ASIA" 아시아의 부흥 속 한인 관계	한국국제교류재단 지원
RASK 2010 제4회 차세대 지도자 한국학 세미나	2010. 2. 22~23	India International Center, New Delhi	"Changing Dynamics of Indo-Korea Relations: Step Forward" 변화하는 한인 관계 역학: 미래를 향하여	한국국제교류재단 지원
RASK 2011 제5회 차세대 지도자 한국학 세미나	2011. 2. 22~23	University Guest House, Conference Hall, University of Delhi	'Indo-Korea Relations: Towards Progress' 한인 관계: 진보를 향하여 델리대학교 동아시아학과 공동 주최	한국국제교류재단 지원
RASK 2012 제6회 차세대 지도자 한국학 세미나	2012. 3. 16~17	University Guesthouse Seminar Hall University of Delhi	"India-Korea Relations in the Emerging Asian Order" 신흥 아시아 질서에서의 한인 관계 델리대학교 동아시아학과 공동 주최	한국국제교류재단 지원
RASK 2013 제7회 차세대 지도자 한국학 세미나	2013. 3. 22~23	Conference Hall, University of Delhi	"Growing Synergy after 40 Years of India and Korea Diplomatic Relations" 40년 한인 외교 관계 후 성장하는 시너지 델리대학교 동아시아학과 공동 주최	기조 발표: 서울대 장경섭 교수, 한국국제교류재단 지원
RASK 2014 제8회 차세대 지도자 한국학 세미나	2014. 3. 21~22	Convention Center, Jawaharlal Nehru University	"Deepening India – Korea Relations : Towards a sustainable future" 심화되는 한인 관계: 지속적인 미래를 향하여 자와할랄네루대학교 동아시아학센터 공동 주최	『인도와 한국의 싱장하는 시너지』(Manak, 2014) 슈실라 나르시만·김도영 저. 기조 발표: 성균관대 마인섭 부총장, 한국국제교류재단 지원
RASK 2015 제9회 차세대 지도자 한국학 세미나	2015. 3. 27~28	Conference Hall, University of Delhi	"Evolving Indo- Korea Relations; Perspectives on South Asia" 발전하는 한인 관계: 남아시아의 전망 델리대학교 동아시아학과 공동 주최	『지속성 있는 미래를 향해 심화되는 한일관계』(Manak, 2015) 슈실라 나르시만·김도영 저. 기조 발표: 방송통신대 강경선 교수. 한국국제교류재단 후원

행사명	일시	장소	주제	출간 서적
RASK 2016 제10회 차세대 지도자한국학 세미나	2016. 4. 18~19	Convention Center, Jawaharlal Nehru University	India-Korea Relations: Forging a Multidimensional Partnership in 21st Century21세기 다차원적 파트너십을 구축하는 한인관계 자와할랄네루대학교 동아시아학센터 공동 주최	『진전하는 한일관계』(Manak, 2015) 슈실라 나르시만·김도영 저. 기조 발표: 서울대 윤영관 교수, 한국학중앙연구원 후원
RASK 2017 제11회 차세대 지도자한국학 세미나	2016. 4. 18~19	국립 JMI대학교 정보기술연구소 컨퍼런스홀	Act East: Transitions in Indias Engagement with South Korea 인도의 한국과의 관계 전환:동방 정책 국립JMI대학교 한국학 프로그램 공동 주최	India-Korea Relations: Forging a Multidimensional Partnership in 21st Century, 한인 관계: 21세기 다차원적 파트너십을 구축하는 한인 관계의 강화 출간. 윤영관 서울대 명예교수 기조 발표, 한국학중앙연구원 후원

인도 내 세종학당

주인도 한국문화원세종학당

2013년 1월 시작되어 2016년 12월 현재 총 12개 반이 운영되고 있으며, 208명의 학생이 등록해 있다.

첸나이인코센터세종학당

2013년 첸나이인코센터와 한국의 상명대학교가 양해각서를 체결해 교수 요원의 공급이 이루어지면서 시작되었다. 2016년 12월 현재 21명의 학생이 한국어를 수강하고 있으며, 2016년 12월 현재 SRM대학교 엔지니어링 학생 40명 정도가 3, 4학기 선택과목으로 수업을 듣고 있다.

파트나세종학당

2014년 9월 시작되어 2016년 12월 현재 48명의 학생이 수강하고 있으며, NIT 학생반, AN 학생반, 날란다대학교 학생반, 하지푸르여자대학교반으로 총

38명이 수강하고 있다. 회화반 수강생 수는 10명이다.

출간 서적

인도에서 출간된 서적은 언어와 문화, 사회과학 분야의 교재, 세미나 논문, 연구 프로젝트 결과물 등으로 구분할 수 있다.

한국어, 문학, 문화 분야

김도영, 『Bharati Korean Basic(바라티 한국어 초급)』, 고얄출판사, 델리, 2009.

김도영, 『Bharati Korean Intermediate(바라티 한국어 중급)』, 고얄출판사, 델리, 2009.

김도영, 『Bharati Korean Advaned(바라티 한국어 고급)』, 고얄출판사, 델리, 2009.

김도영, *International Korean Grammar*(국제 한국어 문법), 고얄출판사, 델리, 2010.

김도영, *Korean - English Students' Dictionary in Romanized & Hindi Pronunciation*(로마자로 표지, 힌디 발음으로 된 한영 사전), 고얄출판사, 델리, 2013.

김도영, *English-Korean Students Dictionary*(영한 사전), 고얄출판사, 델리, 2009.

김도영, *Practical Korean-English Dictionary*(실용 한영 사전), 프랑크브라더스출판사, 델리, 2008.

라비케시(공저), *Introduction to Modern Korean Literature for Foreigners*(외국인을 위한 현대 한국 문학), 마낙출판사, 뉴델리, 2014.

Vyjayanti Raghavan(비자얀티 라가반), J. M. Kim(제이엠 김) & Ravikesh(라비케시), *A Text Book of Korean Culture*(한국 문화 교재), 마낙출판사, 뉴델리, 2008.

한국어 논문집

김도영(ed)., *Korean Language Education in India*, 고얄출판사, 델리, 2007.

김종철, 김도영 & 비자안티 라가반(ed.), *Teaching and Learning strategy for Korean language education in India*, 고얄출판사, 델리, 2015.

김도영 & 비자안티 라가반(공저), 『인도의 한국어 교육 방법론』, 고얄출판사, 델리, 2016.

한국학 논문집

슈실라 나르시만 & 김도영, *India & Korea: Bridging the Gaps*, 마낙출판사, 뉴델리, 2008.

슈실라 나르시만 & 김도영, *Growing Synergy between India and Korea*, 마낙출판사, 뉴델리, 2008.

슈실라 나르시만 & 김도영, *Deepening India and Korea Relations; Towards Sustainable Future(Co-edited)*, 마낙출판사, 뉴델리, 2015.

슈실라 나르시만 & 김도영, *Evolving Indo-Korea Relations*, 마낙출판사, 뉴델리, 2016.

민형식 & 김도영(ed), *Korean Language in Indea; Strategices and Methodologies*, 고얄출판사, 델리, 2017.

인도 한국학의 발전 과제

인도 한국어 교육의 과제는 크게 한국인 강사 인력 공급, 배출 인력의 산업계 연결, 인도 상황에 적합한 교재 개발 등으로 구별할 수 있다. 첫째, 한국인 강사 인력 부족 문제는 델리 중심의 소수 대학에는 한국인 교수가 배치되어 질적으로 유지되는 데 반해, 지방에 있는 대학에는 한국인 강사가 전무해 말하기와 듣기 교육에 한계가 있다. 한인 관계 발전을 고려하고 인도 내 한국의 영향력을 고려할 때 주 중심 교육기관에도 적절한 강사를 파견하는 문제를 심각하게 고려해야 한다. 또한 현지 교원들이 토픽 4급을 넘는 경우가 드문 실정을 감안할 때 현지 교원들이 한국어에 능통하도록 후속 교육을 진행할 필요가 있다.

인도 현지에 맞는 한국어 교재는 『바라티 한국어』 시리즈가 유일한데, 인도의 공식 언어가 22개인 점을 감안하고 교육기관별 상황을 고려하면, 각 주별로 필요한 교재를 개발할 필요가 있다.

기관으로는 한국어 과정이 사회과학대학원에 설치되어 있어 한국어와 한국문학의 발전에 한계가 있을 수 있다. 이런 경우는 어문계 대학으로 이전하는 것이 바람직해 보인다.

한국학의 경우는 교원 부족이 가장 큰 문제다. 인도 전 대학에서 한국학 강좌를 담당하는 요원이 단 4명뿐이며, 대부분 소장학자들이어서 중진학자들의 지도가 필요하다. 게다가 그 분야도 국제정치 분야에 집중되어 있어 한국 사회, 역사, 경제 등을 담당할 교원이 전무하다. 이러한 분야를 장기적으로 교육할 수 있는 교원 확보 방안이 필요하다.

스리랑카의 한국학

스리랑카에는 국립스리랑카대학교, 페레데니아대학교, 켈라니야대학교 등 13개의 종합대학, 2개의 불교대학, 다수의 기술전문대학 및 사범학교 등이 있다. 매년 고용허가제 한국어능력시험(EPS-TOPIK)을 보기 위해 전국에서 수만 명이 몰리는데, 2014년에는 3만여 명이 시험에 응시한 것으로 파악되고 있다.

스리랑카 한국어 교육기관

켈라니야대학교에 3년제 한국어 학사 학위 전공 과정이 개설되어 있으며 루후나대학교와 개방대학교, 남동부대학교, 팔리불교대학교는 한국어 수료 과정이 개설되어 있다. 이 밖에 2년제 기술학교와 기술대학에도 6개월 또는 1년제 한국어 수료 과정이 개설되어 있다. 기타 한국어 교육기관으로는 노동부 해외고용국과 콜롬보세종학당, 한국국제협력단(KOICA)-마타라우정교육센터, 콜롬보도서관 등이 있다.

켈라니야대학교

켈라니야대학교의 한국어 교육은 한국국제협력단의 지원으로 1997년 2년제 수료 과정을 개설하는 것으로 시작되었다. 2004년에 한국어 학사 과정이 개설되었고, 2005년부터는 한국국제교류재단 객원교수가 파견되었다. 2016년 11월 현재 한국어 전공 재학생은 160명가량 되며 옥실리어리 코스(Auxiliary Course, 주당 4시간), 서티피케이트 코스(Certificate Course, 주당 4시간)를 더하면 250명 정도이다. 교수진은 한국국제교류재단 파견 객원교수 1명, 한국국제봉사단 파견 자원봉사자 2명, 스리랑카인 계약직 강사 2명, 시간강사 2명으로 구성되어 있다.

스리랑카 한국어 교육의 과제

스리랑카의 한국어 교육은 수요와 공급의 자생적 순환 구조를 창출해야 하는 단계에 이르렀다.

중등학교의 한국어 교육

2015년부터 스리랑카 중등학교에서 한국어 교육이 가능해졌다. 따라서 현재 활동하는 한국어 교사들의 역량을 키우기 위한 재교육이 절실하다.

켈라니야대학교의 한국어 교육 과정 전문화

현재 켈라니야대학교 한국어 전공은 언어 교육에 초점을 맞춘 3년 일반 학위 과정이다. 2017년부터 전공 학위 과정(일반 학위 과정과 별개의 4년제 전공 교육 과정)을 설치해 수업 시수와 교육 내용이 확대될 예정이다.

방글라데시의 한국학

방글라데시의 한국어 교육은 대학 중심의 한국어 교육과 고용허가제를 통한 취업에 필요한 교육이 있다. 대학은 다카국립대학교를 중심으로 일부 대학의 외국어(한국어)센터를 중심으로 이루어지며, 교원은 대부분 한국국제협력단 봉사단원으로 구성되어 있다.

2007년 한국과 방글라데시 정부 사이에 고용허가제 양해각서가 체결된 이후 한국산업인력공단이 수도 다카에 세종학당을 개설해 한국 취업 희망자들을 대상으로 한국어 교육을 실시하고 있다. 그러나 그 수요가 매우 많아 이들을 대상으로 한 사설 한국어 학원들이 생겨나고 있다.

한국어 교육기관
다카국립대학교

1997년 방글라데시 최고 국립대학인 다카국립대학교 내 외국어교육원에 한국어센터가 개설되었다. 한국어과 학생 수는 2016년 3월 기준 주니어 120명, 시니어 26명, 디플로마 8명, 고등 디플로마 7명으로 총 161명이다. 한국어과는 정규 과정 외에도 3개월 과정의 토픽 특강이나 단기 코스 수업도 운영한다. 정규 과정 코스에는 수준별로 대학 교재를 사용하고, 단기 코스나 특강 때는 현지인 교사와 함께 만든 교재로 수업을 한다. 2016년 12월 현재 다카국립대학교 출신 졸업생 2명을 포함한 현지인 교사 3명이 한국어과를 운영, 수업하고 있다.

외국어교육센터(FLTC)

방글라데시 교육부 산하 외국어교육센터가 2016년 12월 기준 방글라데시 전역에 31개 설치되어 한국어 수업이 운영 중이다. 자체적으로 교재를 만들어 사용하기도 하고 한국국제협력단 단원이 파견 기간 동안 만든 교재를 사용하는 경우도 있다. 주로 초급 한국어 수업을 진행한다.

다카기술훈련센터(TTC)의 세종학당

다카기술훈련센터에서는 다카세종학당이 초급반과 특별반을 운영하고 있다. 초급반은 세종한국어 교재를 사용하지만, 특별반은 고용허가제 한국어능력시험을 위한 한국어 표준 교재로 EPS 한국어를 가르친다. 한 수업당 30명 정도가 수강하며, 연간 200명 정도의 수강생이 이곳에서 한국어를 공부한다.

방글라데시 한국어 교육의 과제

한국어 교육이 성공하기 위해서는 교사 육성, 교육 과정과 교재 개발, 시험 관리 등의 영역이 체계적으로 뒷받침되어야 한다. 다카국립대학교를 중심으로 대학 내 한국어 교육이 발전해 질 좋은 한국어 교사를 배출하고 한국어 교사들의 역량을 키우기 위한 재교육이 필요하다.

파키스탄의 한국학 교육

2006년 이슬라마바드의 파키스탄국립외국어대학교에 한국어학과가 설립된 것이 최초의 한국어 정규 교육 과정이라고 할 수 있다. 2011년 이후 고용 허가제 한국어능력시험이 재개되고 세종학당 등의 한국어 교육기관이 설립되면서 한국어 교육이 활기를 띠기 시작했다. 2016년 현재 파키스탄국립외국어대학교 한국어학과 및 세종학당을 중심으로 고용허가제를 통한 노동 인력 송출과 관련해 한국어 교육이 활발히 진행되고 있다.

파키스탄의 한국어 교육기관

파키스탄국립외국어대학교(NUML)

파키스탄에서는 2006년 한국국제교류재단의 후원으로 파키스탄국립외국어대학교에 한국어학과가 개설되었는데, 한국국제교류재단 파견 객원교수와 한국국제협력단에서 파견한 봉사단원, 학과 졸업생 등으로 구성된 강사진에 의해 운영되고 있다.

한국어학과에서는 1년을 두 개의 학기로 나누어 운영하는데, 상반기(봄학기)는 2월부터 6월까지이고 하반기(가을학기)는 9월부터 다음 해 1월까지이다.

이슬라마바드세종학당

이슬라마바드세종학당은 주로 한국 방문과 취업을 목적으로 하는 학습자들을 대상으로 운영하고 있는데, 고용허가제 한국어능력시험(EPS-KLT) 연습뿐만 아니라 일상이나 직장 생활에 필요한 표현, 문화와 정보들을 가르치고 있다. 2014년 기준 390명의 학생과 5명의 한국어 교사가 있다.

해외고용청(OEC)

노동부의 해외고용청에서는 고용허가제 실시 이후 한국에 취업하고자 하는 근로자들을 대상으로 수도인 이슬라마바드와 라호르 등의 도시 지역에서 1개월 과정의 고용허가제 한국어능력시험 대비반을 운영하고 있으며, 파키스탄 현지인 교원이 담당하고 있다. 고용 여건에 따라 매년 많게는 700명 정도가 한국에서 취업을 한다.

파키스탄 한국어 교육의 과제

파키스탄은 한국어 전문 인력이 부족하다. 강사들은 한국에 취업했다가 돌아온 현지인들이라 정확성이 떨어지고 읽기, 쓰기가 약한 문제점들이 있어 정규 과정의 수학과 연수 등 전문 교육이 필요한 상황이다. 따라서 파키스탄국립외국어대학교 한국어학과의 역할이 중요하다.

네팔의 한국학 교육

네팔은 2005년 MOU 체결을 계기로 고용허가제를 통해 네팔 사람들이 취업을 목적으로 한국에 오고 있으며, 네팔인 근로자는 2007년에 34명, 2008년 2,014명, 2009년에 2,445명, 2010년에 2,264명, 2011년에 3,713명, 2012년에 5,876명으로 꾸준히 증가하고 있다.

한국어 교육기관

트리부반대학교

네팔의 유일한 국립대학으로 네팔 전 지역에 100여 개의 캠퍼스가 있다. 수도인 카트만두에 있는 외국어 캠퍼스인 비슈와바사 캠퍼스(Bishwa Bhasa Campus)에서는 2년 차 한국어 과정을 수료하면 한국어 자격증을 획득할 수 있다. 이외에 트리부반대학교 포카라 캠퍼스, 카트만두대학교 듈리켈 캠퍼스에서도 한국어 교육이 이루어지고 있으며, 한국국제협력단에서 한국어 봉사단원을 파견하고 있다.

세종학당

수도인 카트만두에 한국산업인력공단과 세종한국언어교육원이 공동으로 운영하는 세종학당에서 300여 명의 학생이 한국어를 배우고 있다. 그 외에도 카트만두 EPS훈련센터, 부트왈 직업훈련원에서도 한국어 교육이 이루어지고 있다.

한국어 교육의 과제

한국어 학습에 대한 요구에 비해 한국어 교육기관 및 한국어 교사가 매우 부족한 실정이다. 또한 한국에 대한 이해가 높지 않으므로, 한국과 한국 사회, 한국 문화를 접할 수 있는 기회를 자주 마련할 필요가 있다.

남아시아 한국학의 과제 및 해결 방안

남아시아 한국학에서 종합적으로 드러나는 과제는 현지에 적합한 교원의 부족이다. 전공 분야를 잘 아는 현지인 교원 또는 전공 분야와 더불어 현지 상황과 언어를 숙지한 한국인 교원의 확보가 장기적인 한국어, 한국학을 발전·유지시키는 데 관건으로 보인다. 따라서 남아시아 교원 재교육을 위한 현지 세미나를 확장·지원해 국지적으로 스스로 상호 지원할 수 있는 인력풀을 확보하는 것이 중요하다.

참고 문헌 및 부분 기고

김진량(한국어 객원교수. 스리랑카 켈라니야대학교 현대언어학과), 『스리랑카 한국어 교육 현황과 개선 제안』 (2016. 12. 7).

박해연(2013), 「파키스탄의 한국어 교육 현황과 과제」, 『선청어문』 제40집, 서울대학교 국어교육연구소 (2013. 2)

세종학당재단, 『국외 한국어교육기관 현황 조사』, 2015.

하민정(전 방글라데시 다카국립대학교 한국어 교사), 『방글라데시의 한국어 교육』(2016. 12. 12)

한국국제협력단(2014), 『2014 KOICA 한국어 봉사단 파견 현황』, 한국국제협력단 자료(2014. 12).

라비케시(2012), 『인도에서의 한국어와 한국 문화 교육: 현황과 전망』, 제22차 국제 학술 대회 발표집, 국제한국어교육학회(2012. 8).

한·인도 수교 30주년기념위원회, 『한국과 인도의 수교 30년』, 신구문화사, 2003 .

인터뷰

라비케시, 네루대학교 언어문학문화대학원 한국학과장, 부교수.

산딥 미슈라, 네루대학교 국제대학원 동아시아과 부교수.

Gaya Ariyawanse, Assistant lecturer in Korean Assistant Researcher, 스리랑카 켈라니야대학교, 한국어 강사.

Md. Hossain Ali, Teacher, Dep. Of Korean, Institute of Modern Language, 방글라데시 다카대학교, 현대언어학부 한국어과 교원.

M. Shamsul Alam, 방글라데시 HRD코리아 EPS센터 부장.

Santosh Kumar Ranjan, 인도 자와할랄네루대 한국어 조교수.

Shash Mishra, 인도 자르칸드중앙국립대 하국어 조교수.

Nandini Menon, 인도 첸나이 Inko센터 교육 및 정보과장.

대양주 한국학 연구와 교육

최혜월 | 호주국립대학교 한국학 교수, 대양주한국학회(KSAA) 학회장

남반부에서 본 한국학

대양주(호주와 뉴질랜드)에서의 한국학 연구와 교육은 다른 지역의 한국학 연구와 어떤 차별성을 갖고 있는가?[1] 한국학이 대학이라는 기관, 각 나라의 역사, 사회, 문화적 특수성 속에서 이루어진다는 점에서 보면 지역성을 감안할 수밖에 없다. 호주나 뉴질랜드는 영국 식민지 경험이 있고, 영어권이면서 생활수준이 꽤 높은 선진국으로 알려져 있다. 어떤 측면에서는 북미 지역과 크게 다르지 않다고 볼 수 있지만, 몇 가지 중요한 차별성이 있다. 이 차별성이 한국학의 발전 경로와 미래 방향에 장·단점으로 작용한다고 본다. 구체적인 현황을 논하기 전에, 대양주 지역의 몇 가지 특이사항을 살펴보고자 한다.

우선 대양주에서 '아시아'의 중요성은 그저 말로만 하는 것이 아니다. '아시

---

[1] 이 질문은 필자가 20여 년간 미국에서 활동하다가 2010년 호주국립대학교로 옮기면서 가졌고, 그에 대한 단상을 2011년 대양주한국학회에서 간단히 발표할 기회가 있었다. Hyaeweol Choi, "Going South: Re-Orienting to Korean Studies from an Antipodean Perspective," *International Review of Korean Studies* 8, no. 1 (2011): 57~75.

아'는 현실 정치·경제 영역에서 대양주의 과거, 현재, 미래에 절대적인 영향력을 갖고 있다. 예를 들어 호주의 경우, 수출 대상국 가운데 상위 10개국 중 8개국이 아시아 국가다. 수입 대상국 역시 10개국 가운데 7개국이 아시아에 있다. 이 정도면 호주는 아시아 경제와 아주 밀접하게 연계되어 있을 뿐 아니라 상당한 의존 관계에 있다고 할 수 있다. 제2차 세계 대전 이후 일본이 경제 회복 및 성장세를 이룰 때 일본과의 교역이 호주 경제에 도움을 주었다면, 1960년대부터 한국, 대만, 홍콩, 싱가포르(소위 '아시아의 네 마리 용')의 경제 부흥기에는 그들과의 교역이, 그리고 현재는 중국을 포함한 동아시아, 인도, 동남아시아 지역과의 교류가 호주 경제를 지배하고 있다. 이러한 아시아와의 긴밀한 의존 경제 때문에 호주는 2008년 세계 경제 위기를 비교적 무사히 넘겼다는 평도 있다.[2]

한국은 호주의 가장 중요한 무역 상대국 중 하나다. 2015년 현재, 한국은 호주 무역 전반에서 네 번째 교역국이고, 호주의 세 번째 수출 국가이며, 네 번째 수입 대상국이다.[3] 2014년 12월 한국과 호주의 자유무역협정이 성립되었다. 뉴질랜드의 경우, 2013~2014년 통계에 따르면 한국이 다섯 번째로 큰 무역 대상국이고, 2015년 12월에 한국과 뉴질랜드의 자유무역협정이 성립되었다.[4] 정치 면에서도 지난 10여 년간 정치학자들 일부는 한국, 호주, 뉴질랜드를 '미들파워(middle powers)'로 규정하면서, 중간 파워블록이 지역과 국제 정세에서 할 수 있는 역할과 전략적 미래를 논의해 왔다.

인구 면에서도 아시아의 중요성이 더욱 부각되고 있다. 호주의 백호주의가 1970년대 초에 폐지되면서 한국인들의 호주 이민이 점차 늘었고, 뉴질랜드 역시

---

2   "Asia : Crucial to Australia's trade future," http://www.trademinister.gov.au/parlsec/releases/2010/ab100216.html

3   http://dfat.gov.au/geo/republic-of-korea/pages/republic-of-korea-south-korea-country-brief.aspx

4   http://www.stats.govt.nz/~/media/Statistics/browse-categories/industry-sectors/imports-exports/global-nz/jun-14/global-nz-year-ended-june-2014.pdf

1990년 이래 한국 등 아시아에서 많은 사람들이 이민을 오고 있다. 2011년 호주의 인구조사에 따르면 7만 4,538명이 한국 태생인 것으로 기록되었고, 이 숫자는 2006년 인구조사에 비해 41.3퍼센트 증가한 것이다.[5] 이에 비해 뉴질랜드의 경우는 한국 이민자의 숫자가 거의 안정적인 추세다. 2013년 인구조사에 따르면 한국인계가 3만 171명으로 기록되었는데, 2006년 3만 792명보다 약간 감소한 것이다.

이민과 더불어 유학생들의 숫자도 증가하는 추세다. 물론 한국 학생들은 해방 이후 변함없이 미국의 대학을 선호하고, 실제로 미국의 대학에 집중되어 있다. 북미 지역에 비하면 호주의 한국 유학생 수는 아주 적은 편이다. 그러나 한국 유학생 가운데 일부는 미래 한국학을 담당할 차세대 학자가 된다는 점에서 그 추이를 주시할 필요가 있다. 호주의 경우, 한국 유학생이 전체 외국 유학생 가운데 네 번째로 큰 그룹이고, 2015년 현재 한국 유학생 수가 2만 1,000명에 달한다.[6] 유학을 유도할 수 있는 추동 요인이 북미에 비해 여전히 열악한 상황이다. 일단 유학생들에게 주어지는 장학금 제도가 있긴 하지만 시민권, 영주권을 갖고 있는 학생들에 비하면 장학금을 받을 가능성이 훨씬 적은 편이다. 특히 생활비가 아주 높은 편이어서 실력이 있어도 자비 유학이 어려운 경우 호주나 뉴질랜드로 오기가 쉽지 않다. 한국국제교류재단이 대양주한국학회를 통해 제공하는 장학금이 있지만 이는 호주, 뉴질랜드 시민권 내지 영주권이 있어야 지원이 가능하다.

아시아에서 오는 이민 인구와 유학생의 숫자가 증가함에 따라 아시아에 대한 문화적 이해가 필요하다는 인식도 꾸준히 증가하고 있다. 호주-한국재단(Australia-Korea Foundation), 아시아교육재단(Asian Education Foundation), 아시아뉴질랜드재단(Asia New Zealand Foundation) 등의 기관을 통해 아시아에 대한 깊은 이해를 갖춘 차세대 양성에 힘을 기울이고 있다. 뉴질랜드 정부의

---

5 https://www.dss.gov.au/sites/default/files/documents/02_2014/korea.pdf

6 http://dfat.gov.au/geo/republic-of-korea/pages/republic-of-korea-south-korea-country-brief.aspx

2014~2019년 대학 교육 전략에 따르면, 한국을 포함한 아시아 국가들과의 활발한 교류가 성공적인 교육 프로그램의 기준으로 제시되었고, 수상 장학금(Prime Minister's Scholarship for Asia)을 개설해 학생들에게 교환학생 또는 인턴십 기회를 제공하고 있다. 호주 정부는 1994년에 호주 학교들의 아시아 언어 및 학습 전략(National Asian Languages and Studies in Australian Schools Strategy)을 통해 호주 중·고등학생들에게 호주의 전략 파트너 국가인 중국, 일본, 한국, 인도네시아 언어와 문화를 배울 수 있는 프로그램을 만들었는데, 2008년에 명칭을 학교들의 아시아 언어 및 학습 프로그램(National Asian Languages and Studies in Schools Program, NALSSP)으로 바꾸었다. 특히 2014년부터 시행되고 있는 호주 외교통상부의 새 콜롬보 이동 프로그램(New Colombo Plan Mobility Program)은 호주 대학생들이 아시아-태평양 지역 나라들에 가서 한 학기 내지 1년간 공부하고 경험을 쌓을 수 있는 장학금, 인턴십 제도이다. 차세대 아시아 전문가 배출은 물론 호주-아시아 간 인적 네트워크를 더욱 공고히 하기 위해서다. 지난 3년간 1만 7,000명의 호주 대학생이 이 장학금 혜택을 받았다.[7]

　마지막으로 호주, 뉴질랜드가 동남아시아 지역과 중요한 이웃 관계에 있기 때문에 대양주 지역 한국학은 동남아시아 연구와 적극적으로 연계할 수 있는 위치에 있다. 한국 경제 부문뿐만 아니라 동남아시아에서의 한류 영향, 그리고 동남아시아 여성들의 결혼 이민과 다문화가족 현상이 급증하면서 동남아시아 지역에 대한 깊은 이해가 더욱 요구되고 있다. 호주와 뉴질랜드 학계에서는 동남아시아 연구가 특히 발달되어 있다. 지역적으로 가까울 뿐만 아니라 정치, 경제, 안보 면에서 동남아시아가 갖고 있는 중요성을 감안해, 호주 정부는 동남아시아 연구를 전략적으로 지원하고 있다. 따라서 대양주 한국학이 동남아시아 연구와 협력, 발전할 수 있는 가능성이 크다고 본다.

[7]　http://foreignminister.gov.au/releases/Pages/2016/jb_mr_160831a.aspx

한국어와 한국학 교육

2016년 현재, 대양주에 있는 대학에서 한국어, 한국학 전공이 가능한 대학은 호주의 경우 7개 대학, 뉴질랜드의 경우 1개 대학이다. 2006년과 비교하면, 호주는 8개 대학에서 하나가 줄었고, 뉴질랜드는 변동이 없다. 대학교의 숫자에는 큰 변동이 없지만, 주목할 부분은 호주, 뉴질랜드의 대표적인 대학들에 한국학 프로그램이 잘 정착되고 있으며, 지난 10년간 등록 학생 수가 2~3배 증가했다는 점이다. 1980년대 처음으로 한국학이 뿌리를 내리기 시작한 이래, 초기 30년간은 한국학 프로그램이 점진적으로 확대되었고, 지난 10년간은 프로그램 내용이 매우 견실해졌다.

표 1 한국어/한국학 전공이 가능한 대학 (2016)

나라	학교
뉴질랜드	• 오클랜드 대학교 (University of Auckland)
호주	• 호주국립대학교 (Australian National University) • 모내시대학교 (Monash University) • 뉴사우스웨일즈대학교 (University of New South Wales) • 퀸즐랜드대학교 (University of Queensland) • 시드니대학교 (University of Sydney) • 서부호주대학교 (University of Western Australia) • 멜버른대학교 (University of Melbourne)

좀 더 구체적으로 보면, 한국학 프로그램을 제공하는 대학에 약간의 변동이 있었다. 2006년 당시에는 호주의 8개 대학에서 한국어 전공이 개설되어 있었는데, 그 가운데 커틴대학교, 스윈번대학교, 그리피스대학교에서 한국어 프로그램이 제외되었고, 2011년에는 한국국제교류재단의 지원을 받은 서부호주대학교에 한국어 프로그램이 신설되었으며, 2016년에는 멜버른대학교가 한국국제교류재단의 지원으로 한국학을 신설했다. 2010~2016년에 한국어 수강 인원을 보면 고무적이다. 호주의 경우에는 모든 대학에서 2~3배 증가했고, 모내시대학교, 뉴사우스웨일즈대학

교, 시드니대학교의 경우 매년 500여 명의 수강 인원을 유지하고, 서부호주대학교
는 역사는 짧지만 급속한 성장세를 기록하고 있다. 호주의 수도인 캔버라에 위치한
호주국립대학교는 한국 이민 인구가 적고, 다른 대학에 비해 대학 정원이 훨씬 적다
는 점을 감안할 때 건강한 성장 추세를 보인다고 할 수 있다.[8] 뉴질랜드에서 유일하
게 대학에서 한국어 전공이 가능한 오클랜드대학교도 지난 10년간 큰 성장세를 이
어 가고 있다. 2015년 여름부터는 여름 학기 한국어 수업이 신설되면서, 2016년에
는 500여 명의 학부생이 한국어를 수강했다. 특히 오클랜드대학교는 2006년 이후
거의 4배의 성장률을 보이며, 2015년에는 중국어 수강 인원을 앞섰다.

표2 호주 대학교의 한국어 수강생 수[9]

연도	호주국립대	모내시대	뉴사우스웨일스대	퀸즐랜드대	시드니대	서부호주대
2010	106	284	233	102*	163	NA
2011	120	343	375	146*	208	87**
2012	135	468	437	167*	269	219
2013	199	503	460	436	311	322
2014	173	518	369	333*	349	480
2015	192	493	416	307*	396	352
2016	203	508	478	370*	573	386

(*: 1학기, **: 2학기)

표3 오클랜드대학교 한국어, 중국어, 일본어 수강 학생 수 비교[10] (S1: 첫 번째 학기)

연도와 코스	2004년 S1	2006년 S1	2014년 S1	2015년 S1
한국어	48명	66명	174명	264명
중국어	178명	180명	268명	231명
일본어	210명	236명	292명	301명

8   호주 한국어 교육의 가장 최근 동향을 정리, 분석한 논문으로는 신성철 박사의 "Korean Language
     Education in Australian Schools and Universities: Current State, Issues and Challenges,"
     Journal of Korean Language Education 27 (2016): 57~102를 참고했다.
9   신성철, 위의 논문, 80.
10   송창주 박사가 제공한 자료.

한국어 수업은 거의 대부분 전통적인 방식(교실에서 수업 진행)을 따르지만, 최근 일부 대학에서는 온라인 수업을 덧붙이는 융합교수방식(Blended mode of delivery)을 도입하고 있다. 대학 당국에서는 늘 최소한의 비용으로 최대 효과를 낼 수 있는 방안을 모색하고 있어 앞으로 더 많은 대학이 온라인 교수 방법을 도입할 것으로 보인다. 그러나 교육, 특히 언어 교육은 직접적인 교실 경험과 의사소통이 중요한 부분을 차지하고 있어 완전히 온라인 중심 교수 방식으로 나아가기는 힘들고 여러 가지를 절충하는 교수 방식이 더 늘어날 전망이다.

대학교뿐만 아니라 초·중·고등학교에서도 한국어를 제공하는 학교가 지난 10년간 많이 늘었다. 중국어나 일본어에 비해 초·중·고등학교에서 한국어 프로그램은 아직 많이 미약한 편이다. 그러나 지난 10여 년간 꾸준한 성장세를 보여 왔다. 호주에서는 시드니가 있는 뉴사우스웨일스주, 멜버른이 있는 빅토리아주, 그리고 뉴질랜드에서는 오클랜드에 있는 학교들이 한국어를 제일 많이 제공하고 있다. 뉴사우스웨일즈대학교의 신성철 박사 조사에 따르면 호주에서는 2010년에서 2016년 사이 한국어를 제공하는 학교 수가 38개에서 67개로 늘었고, 학생 수는 4,219명에서 9,380명으로 늘어 6년 사이 거의 2배의 증가세를 보였다.[11] 뉴질랜드의 한국교육원에 따르면, 2006년에는 7개 학교에서 한국어를 제공한 데 비해, 2016년에는 29개 학교에서 2,100여 명의 학생이 한국어를 듣고 있다.[12] 그 외 한국 정부의 지원으로 설립된 세종학당이 호주에서 2개, 뉴질랜드에서 1개 운영되고 있어 한국어 보급에 기여하고 있다.

초·중·고등학교에서 한국어를 조금이라도 배운 학생들이 나중에 대학에 와서 한국어 내지 한국학을 전공할 확률이 높다는 점에서, 한국학의 미래는 대학 이전의 학교 교육과 밀접한 관련이 있다. 이러한 차원에서 현실적으로 시급한 과제 중 하나는 초·중·고등학교에서 양질의 한국어를 가르칠 수 있는 교원 양성이다. 그리고 주 정부의 교육 정책에 한국어가 포함될 수 있도록 다각적인 노력도 동반되어야 한다. 2012년 호주 정부가 21세기 아시아 시대를 위한 백서를 준비하면서 4대 전략적 아시아 언어 선정에 한국어 대신 인도어를 넣어 많은 논란이 벌어졌다. 인도의 경제 성장을 염두에 두고 힌두어를 강조하는 추세다. 이에 대해 한국학 관련 학자들과 교사들이 진정서를 제출해 결국 최종 백서에는 한국어를 포함해 5대 전략 아시아 언어(중국어, 일본어, 인도네시아어, 인도어, 한국어)의 중요성을 제시하고 있다. 한국어 프로그램의 전반적인 성장세에도 불구하고 주정부 내지 연방 정부의 정책에 적극 개입해야 하는 현실이다.

11 뉴사우스웨일즈대학교의 신성철 박사가 검사한 바에 의하면 호주 각 주에서 한국어를 가르치는 초·중·고등학교와 학생 수는 다음과 같다.

호주의 한국어 강좌 개설 학교

연도	NSW	VIC	QLD	ACT	WA	SA	합
2010	25	4	7	2	0	0	38
2011	27	5	7	2	1	0	42
2012	32	6	6	2	1	0	47
2013	34	11	6	4	1	1	57
2014	35	11	6	5	1	3	61
2015	34	10	5	5	3	3	60
2016	41	13	5	4	4	3	70

호주 학교 내 한국어 수강자 수

연도	수강자 수
2010	4,219
2011	5,758
2012	5,109
2013	6,992
2014	8,468
2015	8,393
2016	9,235

호주 각 주의 한국어 수강자 수

연도	NSW	VIC	QLD	ACT	WA	SA
2010	2,243	1,017	818	141	0	0
2011	2,999	1,053	1,396	162	148	0
2012	2,738	1,219	855	159	138	0
2013	4,063	1,858	687	212	135	37
2014	4,871	1,970	821	416	121	269
2015	4,415	1,834	1,110	486	176	372
2016	5,292	2,244	1,005	161	278	255

NSW: 뉴사우스웨일스주, VIC: 빅토리아주, QLD: 퀸즐랜드주, ACT: 오스트레일리아수도주, WA: 웨스턴오스트레일리아주, SA: 사우스오스트레일리아주

12 뉴질랜드 한국교육원의 원유미 원장이 제공한 자료.

2007년 백서에 기록되었듯이 대양주 지역의 한국학 초기 발전은 한국어 교육이 중점적이었다. 대학에서 가르치는 강사진이 대부분 한국어/언어학 전공자이기도 했다. 그런데 지난 10년간 새로 임명된 교수들 상당수가 인문, 사회과학 분야 전공자들이어서 한국의 역사, 사회, 문화, 정치, 경제, 음악, 미디어에 관련된 교과 과정이 추가되었다. 대학원 프로그램도 다양한 한국학 전공 영역을 제공할 수 있는 기반이 구축되고 있다.

학회의 동향

1994년 7월 대양주한국학회(Korean Studies Association of Australasia, KSAA)가 창립되었다. 이 학회는 호주와 뉴질랜드에 있는 한국학 관련 학자들과 대학원생의 학문적 교류, 차세대 학자 양성에 기여하고자 만들어진 것이다. 1980년대 이후 꾸준히 확장된 한국학의 지평과 계속 축적되고 있는 인적, 학문적 역량은 1999년 첫 번째 KSAA로 가시화되었다. 이 학회는 2년에 한 번씩 열리고, 2017년 제10회를 맞이한다. KSAA에는 한국학 전문가와 대학원생은 물론, 한국이 연구 영역에 걸쳐 있는 다른 분야 학자들도 많이 참석하고 있어 다지역, 다학문 간의 교류가 활발한 것이 특징이다. 현재 회원 수는 200여 명이다.

2010년부터는 대학원생과 신진 학자들을 대상으로 하는 워크숍이 따로 개설되었다. 이 역시 2년마다 열린다. 이 워크숍은 차세대 양성에 주된 목적을 두고 있으며, 대학원생 및 신진 학자들이 발표하고 중진 내지 원로 학자들이 논평하는 방식으로 진행된다. 또한 연구에 필요한 실질적인 지식, 예컨대 현장 연구에서 부딪히는 문제나 학술 논문/책 출판에 관련된 정보 등도 함께 논의한다.

2016년에 가장 주목할 사항은 대양주한국학회와 호주동양학회(Asian Studies Association of Australia, ASAA)의 관계가 좀 더 긴밀해졌다는 점이다. ASAA에는

5개 지역/국가별 심의회가 있는데, 그 가운데 하나가 '일본과 동북아시아위원회(Japan and Northeast Asia Council)'다. 이는 실질적으로 일본과 한국, 중국, 몽골 등을 포함하는 지역 심의회다. 그러나 지난 30년간 크게 성장한 한국학이 좀 더 위상을 가져야 한다는 논점으로 ASAA와 협의하고, 그 후 ASAA 멤버들의 대폭적인 지지로 심의회의 명칭을 '일본과 한국위원회(Japan and Korea Council)'로 변경했다. 이로써 호주동양학회에서 한국학이 좀 더 넓은 장에서 생산적으로 연계할 수 있는 구조가 만들어졌다. 앞으로 한국학 연구가 다른 지역 연구가들과의 학문적 교류를 통해 좀 더 확산되기를 기대한다.

또한 2016년 11월에는 호주한국어교육자협회(AUATK)가 설립되었다. 호주 내 초·중·고등학교에서 한국어를 가르치는 교사들과 대학에서 한국어, 한국언어학을 연구하고 가르치는 학자들이 중심이 되어 만든 학회다. 이는 교사들 중심의 조직이었던 호주한국어교원단체총연합(AFKLTA)이 기초가 되어 초·중·고등학교 한국어 교육과 대학에서의 연구, 교육이 좀 더 체계적으로 연계될 수 있도록 하기 위해 창립되었다. 앞으로의 활동이 많이 기대된다.

대양주에서 한국학의 연구 동향[13]

대양주 지역에서 한국학 연구에 기여하고 있는 학자들은 한국학 전공이 가능한 대학교뿐만 아니라 한국학 전공이 없는 다른 대학교에서도 활동하고 있다. 전공 분야는 언어학, 역사, 정치, 경제, 민속 음악, 영화, 문화, 문학, 미디어, 북한학, 여성학, 디아스포라 등 다양한 영역을 포괄하고 있다. 학자의 자세한 소개는 지면상의 관계로 그들의 대표적인 저서 및 논문만 소개한다.

---

13 각 학자들의 자세한 연구 성과는 소속 대학 웹 사이트에 실려 있다.

호주에서 한국어 교육과 언어학 연구에 오랫동안 기여해 온 대표적인 학자로는 신기현, 신성철(이상 뉴사우스웨일스대), 박덕수(시드니대), 조영아, 조인정(이상 모내시대), 신규숙(커틴대/서부호주대), 최인실(오클랜드대) 박사 등이 있다. 지난 10여 년 사이 신진 언어학자들도 등장했는데, 지민정(퀸즐랜드대), 니콜라 프라치니(서부호주대), 박미영(오클랜드대) 박사 등이 있다. 언어학과 언어 교육 분야에서의 연구와 출판 경향을 보면, 언어학의 전문성과 더불어 대학 현장에서 나타나는 구체적이고 실제적인 이슈들이 연구에도 많이 반영되어 있다. 특히 언어 학습과 민족 내지 문화적 정체성과의 연관성이 연구되고 있으며, 사회와 문화적 변화가 한국어 교육에 미치는 영향 등도 논의되고 있다. 구체적으로, 신기현 박사는 한국어 교과서 저술과 더불어, 호주 정부의 지원으로 진행되었던 호주 학교들의 아시아 언어 및 학습 프로그램(National Asian Languages and Studies in School Program, NALSSP)에 참가함으로써 호주 고등학교 학생들의 한국어 학습에 대한 심층적 연구를 해 왔다.[14] 같은 대학교에 있는 신성철 박사 또한 대학교들과 초·중·고등학교에서의 한국어 교육에 대한 심층적 연구를 제공함으로써 호주 내에서 한국어 교육의 역사와 현재 그리고 미래를 기획하는 데 큰 기여를 하고 있다. 신성철 박사의 2016년 『한국어 교육(Journal of Korean Language Education)』에 실린 논문은 가장 최근의 자료를 중심으로 호주 한국어 교육의 현재를 자세히 분석하고 있다.[15]

모내시대학교의 조영아, 조인정 박사 팀은 2008년 한국국제교류재단의 연구비 지원에 힘입어 온라인 한국어 학습 교재 및 자료를 제공함으로써 어디에서든 한국어를 배울 수 있는 기회를 제공했다. '한국인에게 말하기(Talking to Koreans)'

---

[14] Shin G, Ko S, An H, An S, Kim Y, Martin H and Ra J, "A Set of Units of Work for Korean for Heritage Speakers at Australian Senior Secondary School Students" (Sydney : KAREC, 2011).

[15] Seong-chul Shin, "Korean Language Education in Australian Schools and Universities : Current State, Issues and Challenges," *Journal of Korean Language Education* 27 (2016) : 57~102 ; "English L1-Korean L2 learners' cognitive knowledge and difficulty of grammatical error items," *Language Facts and Perspectives* 37 (2016) : 173~201.

사이트(http://talkingtokoreans.com/)에서는 교재, 음성 파일, 기타 참고자료들이 무료로 이용 가능하다.**16** 한국어 프로그램이 큰 도시에 위치한 대학교 내지 초·중·고등학교에서 주로 제공되는데, 이러한 무료 인터넷 한국어 수업은 한국어 보급이 안 되어 있는 지역까지도 포괄한다는 점에서 그 중요성이 돋보인다.

언어와 문화적 정체성이 긴밀히 연결되어 있다는 것은 많이 알려진 사실이다. 대양주에 있는 언어학자들 또한 이 분야에서 연구 성과를 내고 있다. 지민정 박사는 미국, 호주에 있는 한국 교민 자녀들의 한국어 학습과 그들의 문화 정체성을 연구했다.**17** 한국 사회에서 결혼 이민과 다문화 가족이 급속하게 가시화되면서 한국어 연구에도 그 추세가 반영되어 있다. 박미영 박사는 한국으로 결혼 이민을 온 동남아시아 여성들을 중심으로 언어와 문화적 정체성, 이민 사회에의 적응 등을 분석했다.**18**

니콜라 프라치니 박사는 한국에서 언어학으로 박사 학위를 받은 이탈리아 출신 학자로서 한국어와 이탈리아어 간의 비교 연구로 새로운 연구 지평을 열고 있다.**19** 마지막으로 한국어 번역/통역 전문가로서 김미라 박사(뉴사우스웨일스대)

---

16   Y. Cho, "Project-based learning in Korean for enhancing cultural awareness and communication skills," *Journal of Korean Language Education* 21:2 (2010): 87~108; I. Cho and Y. Cho, "영어권 학습자를 위한 한국어 구어 문법 교육 (Teaching Grammar for Spoken Korean to English-speaking Learners: Reported Speech Marker '-dae')," Journal of Korean Language Education 23:1 (2012): 1~23; I. Cho, "한국어 문법 항목 표기법의 새로운 방안(A new notation method for grammatical items in Korean reference materials)," *Journal of Korean Language Education* 23:4 (2012): 307~342.

17   M. Jee, "Korean-American students' beliefs about language learning: the effect of perceived identity," *Journal of Korean Language Education* 27:2 (2016): 275~302; M. Jee and J. Byun, "An intercultural exchange project between KFL and EFL students," *Foreign Languages Education* 23:2 (2016): 107~136.

18   M. Y. Park, "Resisting linguistic and ethnic marginalization: voices of Southeast Asian marriage-migrant women in Korea," *Language and Intercultural Communication* (2016): online 10.1080/14708477.2016.1165240.

19   N. Fraschini, *Sogang Korean 1A: Grammar and Vocabulary Book*, Italian language edition (Seoul: Sogang University Institute for International Education, 2013); N. Fraschini, "Pronunciation of Korean for Italian learners," in *The Encyclopedia of Korean Language Education*, edited by Y T Yun (Seoul: Hawoo, 2014) [in Korean].

는 차세대 번역 전문가 양성에 힘쓰고 있다.[20]

한국사(여성사 포함) 분야는 지난 10년간 활발한 연구 업적을 보여 주고 있다. 10년 전만 해도 2명(케네스 웰스 교수와 그레고리 에번 박사)뿐이었는데, 지난 10년 간 최혜월 교수(호주국립대), 루스 배러클라프 박사(호주국립대), 황수경 박사(시드 니대), 김형아 박사(호주국립대)가 임용되면서 한국사 관련 연구에 활기를 더했다. 그레고리 에반 박사(뉴사우스웨일스대)는 대양주에서 유일하게 전근대 시기 연 구, 특히 조선시대 역사와 종교, 문학을 연구하고 있다.[21] 대양주학회 창설에 주 된 역할을 한 케네스 웰스 교수(호주국립대)는 한국 근대사, 민족주의, 종교, 민중 사 연구자로서, 은퇴한 뒤에도 연구 활동을 계속하고 있고, 최근에『한국: 문명 의 개요(Korea: Outline of a Civilization)』(Brill, 2015)를 출판했다. 최혜월 교수는 근현대 여성사, 문화사, 종교와 관련된 연구를 하고 있으며 대표적인 저서로『한 국에서의 젠더와 선교사와의 교우(Gender and Mission Encounters in Korea)』(캘리 포니아대학교 출판부, 2009),『식민지 시기 신여성(New Women in Colonial Korea)』 (루틀리지, 2013),『신성한 가정성: 아시아 태평양에서의 기독교 패러독스(Divine Domesticities: Christian Paradoxes in Asia and the Pacific)』(마거릿 졸리 공저, 호주국 립대 출판부, 2014),『근대 동아시아 젠더사(Gender in Modern East Asia)』(바버라 몰 로니, 재닛 타이스 공저, 웨스트뷰, 2016)가 있다. 루스 배러클로프 박사는 노동사, 젠 더사, 문학, 그리고 최근에는 북한 연구를 활발히 하고 있으며 대표적인 저서로 는『여공 문학(Factory Girl Literature)』(캘리포니아대학교 출판부, 2012),『태평양을

---

20 M. Kim, "Textual Grammar of Korean: A Systemic Functional Approach," *International Review of Korean Studies* 10 (2013): 47~64.

21 G. Evon, "Tobacco, God, and Books: The perils of barbarism in eighteenth-century Korea," *Journal of Asian Studies* 73 (2014): 641~659; G. Evon, "Buddhism and death in Kim Man-Jung' s a nine cloud dream from fact to fiction, and nowhere back again," in *Death, Mourning, and the Afterlife in Korea: Ancient to Contemporary Times*, edited by C Horlyck and M J Pettid, 190~212 (Honolulu: University of Hawaii Press, 2014).

가로지르는 붉은 사랑: 20세기 정치, 성 혁명(Red Love Across the Pacific: Political and Sexual Revolutions of the Twentieth Century)』(H. 보언 스트뤼크, P. 라비노비츠 공저, 팔그레이브맥밀런, 2015), 『한국과 일본에서의 젠더와 노동(Gender and Labour in Korea and Japan)』(E. 페이슨 공저, 루틀리지, 2009)이 있다. 황수경 박사는 한국 전쟁, 냉전, 젠더사에 초점을 맞춰 연구하고 있으며, 1948년 제주 항쟁부터 한국전쟁 시기에 이르는 냉전 시대 한반도에서의 정치 폭력과 그로 인한 경험을 연구한 책, 『한국의 참담한 전쟁(Korea's Grievous War)』(펜실베이니아대학교 출판부, 2016)을 출판했다. 김형아 박사는 현대정치사, 특시 박정희 시대 전문가로서 『박정희 시기에 대한 재평가(Reassessing the Park Chung Hee Era, 1961-1979)』(워싱턴대학교 출판부, 2015)를 공동 편집했다. 일본 근현대사 전공자인 테사 모리스 스즈키(Tessa Morris-Suzuki) 교수(호주국립대)는 동북아 역사의 권위자로서 한국학과 관련된 대표적 저서로 『금강산으로: 중국과 한국을 가로지르는 100년의 여정(To the Diamond Mountains: A Hundred-Year Journey through China and Korea)』(로먼&리틀필드, 2010)과 『북한으로의 탈출: 일본 냉전의 그늘(Exodus to North Korea: Shadows from Japan's Cold War)』(로먼&리틀필드, 2007)이 있다. 모리스 스즈키 교수와 레오니드 페트로프(Leonid Petrov) 박사(호주국립대)가 공동 편집한 『동아시아, 역사 전쟁을 넘어서서(East Asia Beyond the History Wars)』(루틀리지, 2013) 또한 일본 제국주의와 한국 전쟁 등 동북아시아 역사 논쟁의 주요 이슈들을 분석하고 있다.

정치학 분야에서는 유종성 박사(호주국립대)가 비교정치학, 불평등의 정치경제학, 선거 규정 관련 연구를 하고 있으며, 저서로는 『민주주의, 불평등, 부패: 한국, 대만, 필리핀 비교(Democracy, Inequality, and Corruption: Korea, Taiwan, and the Philippines Compared)』(케임브리지대학교 출판부, 2015)가 있다. 데이비드 헌트(David Hundt) 박사(디킨대)는 신자유주의와 정부, 그리고 시민 사회의 역동 관계를 연구하고 이민 정책에 대한 장기적인 프로젝트에 참여하고 있다.[22] 정치학과 미디어 연구를 접합한 곽기성 박사(시드니대)의 『남한의 미디어와 민주주의로의 이행(Media and Democratic Transition in South Korea)』(루틀리지, 2012)도 주목할 만하다.

동남아시아 국가들(ASEAN)이 한국의 두 번째로 큰 무역 파트너가 되었음에도 동남아시아에 대한 연구가 부족한 실정이다. 지금은 고인이 된 서중석 교수의 리더십으로 UNSW-KRI(뉴사우스웨일스대 한국학연구센터)가 동남아시아 지역에서 한국학의 초석을 닦는 데 지대한 공헌을 했고, 한국학중앙연구원의 장기적인 재정 지원으로 한국-호주-동남아를 아우르는 연구 네트워크, 학회 활동, 출판 등으로 기여하고 있다. 세계 다른 지역에서도 물론 동남아시아에 대한 연구가 진행되고 있지만, 호주의 경우 지리적으로 가깝고 오랫동안 전략 지역이었기 때문에 동남아시아와 연결된 연구가 더욱더 이루어질 필요가 있다.[23]

한국학에서 '한류'에 대한 연구가 증가하고 있는데, 대양주 한국학계도 예외는 아니다. 주로 민속음악학, 영화, 문화, 문학, 미디어 연구 분야 전문가들이 한류와 관련된 책과 연구 논문을 출판하고 있다. 스티븐 엡스타인 박사(웰링턴빅토리아대학교)는 케이팝, 펑크록과 문학 분야의 연구뿐 아니라 다큐멘터리 영화 제작에도 기여하고 있다. 2014년 다큐 영화 「우리와 그들: 케이-팝 세계에서의 한국 독립 락 음악(Us and Them: Korean Indie Rock in a K-Pop World), with Timothy Tangherlini(Traumatic Productions)」을 제작했고 박완서의 소설 『그 많던 싱아는 누가 다 먹었을까?(Who Ate Up All the Shinga)』(컬럼비아대학교 출판부, 2006)를 번역했다. 로알드 말리앙카이(Roald Maliangkay) 박사(호주국립대)는 민속음악학자로서 대중음악과 문화 현상을 역사적 관점에서 연구하고 있

22   D. Hundt, "Neoliberalism, the developmental state and civil society in Korea," *Asian Studies Review* 39.3 (2015): 466~482.

23   http://www.karec.unsw.edu.au/RESEARCH.htm

다. 2017년에 출판될 『부서진 목소리(Broken Voices : Postcolonial Entanglements and the Preservation of Korea's Central Folksong Traditions)』(하와이대학교 출판부)와 최정봉 박사와 공동 편집한 『케이-팝 : 한국 음악계의 국제적 성공(K-pop : The International Rise of the Korean Music Industry)』(루트리지, 2014)이 있다. 민속음악학을 전공한 구선희 박사(오클랜드대)도 음악과 민족 아이덴티티, 디아스포라, 특히 중국에 있는 조선족 연구로 활발한 활동을 하고 있으며 『국가와 민족 사이 : 재중국 한인들의 음악과 정체성(Between the State and the Nations : Music and Identity of Koreans in China)』(하와이대학교 출판부)이 곧 출간될 예정이다.[24]

한류의 주요 영역인 한국 영화에 대한 연구도 활발한데, 브라이언 예시스(Brian Yecies)와 심애경 박사(울런공대)가 대표적이다. 공동 저서로 『한국의 영화, 1893-1948(Korea's Occupied Cinemas, 1893-1948)』(루트리지, 2011)과 『변화하는 한국 영화의 모습 : 1960-2015(The Changing Face of Korean Cinema : 1960-2015)』(루트리지, 2015)가 있다. 조앤 엘핑 황(Joanne Elfving-Hwang) 박사(서부호주대)는 한국 문학과 젠더, 한국 문화의 확산과 문화 외교, 한류의 한 축이라 할 수 있는 한국의 성형수술에 대한 연구를 활발히 하고 있는데, 대표적인 저서로는 『현대 한국 여성문학에 나타난 여성성의 재현(Representations of Femininity in Contemporary South Korean Women's Literature)』(브릴 출판사, 2010)이 있다.

북한과 탈북자 연구 또한 활기를 띠고 있다. 정경자 박사와 브론웬 돌턴(Bronwen Dalton) 박사(시드니공대)가 공동으로 이끄는 프로젝트는 탈북자 여성들을 인터뷰해 젠더의 관점에서 북한 사회의 구조와 변화를 분석한다는 점에서 새로운 지평을 열고 있다. 루스 배러클로프(Ruth Barraclough) 박사(호주국립대)의 사회주의 여성 지도자(허정숙 등) 연구 또한 북한사 연구에 기여하고 있다. 레오

---

24 S. Koo, "Instrumentalizing Tradition? : Three Kayagŭm Musicians in the People's Republic of China and the Construction of Diasporic Korean Music," *Asian Music* 46 : 1 (2015) : 78~109.

니드 페트로프 박사(호주국립대)는 오랫동안 북한, 한국 전쟁을 연구해 왔고, 특히 호주 대중매체와의 인터뷰를 통해 한반도 정세에 대한 지식과 의견을 활발히 전달하고 있다.

여성학 분야에서는 정경자 박사가 한국 여성운동과 성폭력에 대한 책,『대한민국 여성주의의 실천: 성폭력에 맞서는 여성운동(Practicing Feminism in South Korea : The women's movement against sexual violence)』(루트리지, 2014)을 출판했다. 성 정치와 관련해 장혜영 박사, 정경자 박사, 브론웬 돌턴 박사, 레이철 윌슨(Rachel Wilson) 박사의 공동 저서,『성매매 혹은 은밀한 여행: 호주의 성매매 여성들의 삶(Sex trafficking or shadow tourism: The lives of foreign sex workers in Australia)』(램버트아케데믹출판사, 2010)도 국제사회 이슈로 크게 부각되고 있는 성매매 문제를 다루었다.

이민, 다문화, 디아스포라 연구는 한국학과 호주학이 연관을 맺는 분야이다. 학자들뿐 아니라 박사 과정 학생의 상당수가 이 분야를 연구하고 있다. 사회학자인 한길수 교수(모내시대)는『한국의 졸부적 민족주의와 다문화주의: 미디어 서술 연구(Nouveau-riche Nationalism and Multiculturalism in Korea : A Media Narrative Analysis)』(루트리지, 2016),『호주에 있는 한국인 디아스포라와 미디어: 정체성을 찾아서(Korean Diaspora and Media in Australia : In Search of Identity)』(아메리카대학교 출판부, 2012)를 출판했다. 오클랜드대학교에서 특히 디아스포라 연구가 활발하다. 송창주 박사는 이민과 민족주의, 다문화, 조선족 및 뉴질랜드 한인 사회의 동력 등에 대한 다양한 연구 논문을 발표하고 있다.[25] 문화지리학자인 윤홍기 박사는 한인 교민들의 주거 지역과 인종/문화 의식, 한국의 전통적인 풍

---

[25] C. Song, "Kimchi, seaweed, and seasoned carrot in the Soviet culinary culture : The spread of Korean food in the Soviet Union and Korean diaspora," *Journal of Ethnic Foods* 3 : 1 (2016) : 78~84 ; C. Song, "Transcultural Business Practices of Korean Diaspora and Identity Politics : Korean Sushi Business and the Emergence of 'Asian' Identity", *Studies of Koreans Abroad* 32 : 3 (2014) : 1~23.

습 등이 이민 사회에 반영되는 패턴을 분석했고,[26] 역시 문화지리학자인 윤인실 박사는 『택리지』와 풍수에 관한 연구를 꾸준히 하고 있다.[27] 박홍재 박사는 '부모 공경'이라는 동양의 전통이 사회 사업 이론과 현실, 그리고 이민 사회에 어떻게 적용될 수 있는지 연구하고 있다.[28] 그리고 서유리 박사는 마케팅 전공자로서 이 민 사회에서 소비 패턴과 문화적 뿌리의 관계를 연구하고 있다.[29]

앞으로의 과제와 전망

2007년 『해외한국학백서』가 나온 이래 대양주 한국학은 양적, 질적 성장을 해 왔다. 한국에 관심을 갖고 배우려는 학생 수가 크게 늘었다. 한국학 연구의 범 위와 내용 또한 다양한 전문성을 갖고 있는 교수진이 확보되면서 더 포괄적이고 깊이 있는 연구와 교육으로 나아가고 있다. 지난 30년간의 성장을 바탕으로 앞으 로 나아갈 방향과 새로운 도전을 정리하면 다음과 같다.

우선 최근의 연구 동향에서 두드러지게 나타나는 현상은 1개국 중심의 연 구에서 벗어나 한 국가/사회의 역사와 문화를 다른 국가들, 그리고 보다 넓은 지 역적, 세계적 맥락에서 고찰하는 연구들이다. 신세대 대학원생과 신진 학자군의 지적, 문화적 배경 또한 다국적, 다중 언어, 다문화 요소를 많이 갖고 있다. 이러 한 추세에 비추어 한국 연구는 동아시아, 동남아시아, 남미, 유럽, 북미 등과의 연

---

26   S. Y. Hong & H. K. Yoon, "Ethno-economic satellite : The case of Korean residential clusters in Auckland," *Population, Space and Place*, 20.3 (2014) : 277~292.

27   I. Yoon, "An Examination of Geomancy (P'ungsu) as Employed in T'aengniji," *International Review of Korean Studies* 6 : 1 (2009) : 49~76.

28   H. Park, "Lessons from filial piety : Do we need 'memorial social work for the dead and their families?," *Qualitative Social Work* (11 December 2015) : online 10.1177/1473325015616289.

29   Y. Seo, M. Buchanan-Oliver, and A. Cruz, A, "Rethinking Luxury Brand Markets as Confluences of Multiple Cultural Beliefs," *International Marketing Review* 32 : 2 (2015) : 141~159.

계 고리를 통해 이루어지는 초국가적 연구들이 앞으로 많이 나오리라 추측된다. 현재 진행 중인 호주국립대 한국학연구소의 '한국학에서의 트랜스내셔널 인문학(Transnational Humanities in Korean Studies)'이라든가, 뉴사우스웨일즈대학교 한국학연구소의 '대양주와 동남아 지역 한국학의 지구/지방화(Glocalisation of Korean Studies in the Region of Oceania and Southeast Asia)'가 대표적이다.

이러한 다지역, 다학문적 접근을 위해서는 다른 지역 연구 학회들과의 유기적 협력이 더 필요하고, 탈경계 학문 연구 풍토가 더 개발되어야 한다. 이와 관련해 차세대 학자 양성에 있어 다국가, 다문화 간의 연구를 가능하게 하기 위해서는 대학원생들의 한국어 실력은 물론 제2, 제3외국어 능력이 더 요구되는 상황이다.

앞서 짧게 다루었듯이, 대양주 한국학이 갖고 있는 지리적 특수성은 동남아시아 지역에 접해 있고 호주, 뉴질랜드에서 동남아시아 연구가 아주 활발하다는 점이다. 한국 사회에서 동남아시아의 중요성이 계속 커지고 있는 점을 감안할 때 한국과 동남아시아의 교류 역사, 문화적 전이, 이민, 종교, 젠더, 경제 등의 분야에서 더 많은 연구가 나오길 기대한다.

지난 10여 년간 한국학이 발전한 데는 한류의 영향이 막대하다. 한국어 내지 한국학 관련 수업에 등록한 학생들에게 물어보면 케이팝과 한국 드라마에서 한국에 대한 관심이 시작되었다고 한다. 한국 아이돌의 신상을 꿰고 있는 학생들이 많은데, 이들은 한국의 대중문화라는 렌즈를 통해 한국을 처음 듣고 알게 되어 더 많은 것을 이해하고자 한국학 프로그램에 등록하고 있다. 2011년 한호 수교 50년을 맞이해 다양한 학술, 문화 행사가 두 국가에서 이루어졌다. 2011년 11월 12일에는 시드니에서 당시 한국에서 가장 인기 있다는 소녀시대, 동방신기, 샤이니를 비롯한 열두 개의 그룹이 2만여 명의 관객 앞에서 세 시간 동안 공연을 한 적이 있다. 예상대로 10대, 20대가 주를 이루었는데, 호주인, 한국계 호주인, 동남아시아계 호주인이 압도적인 다수를 차지했다. 한류가 뜨기 전에는 호주나 뉴질랜드 청소년들에게 한국이 생소한 나라였지만, 세계를 강타한 「강남스타일」 이후 한류의 인기가 계속되고 있다. 한류의 인기가 언제까지 지속될지는 의견이 분분하지만, 확실한 것은 지난 10여간 한국어, 한국학의 성장에 한류의 역할이 지대했다는 점이다. 이러한 추세를 바탕으로, 장기적 차원에서 한국학이 발전을 이루려면 대학 교육뿐 아니라 초·중·고등학교에서 한국어와 한국 역사, 문화를 접할 수 있는 기회를 늘려야 한다. 그동안 한국 정부의 지원도 큰 역할을 했고, 한국 교민들의 요구, 학교 교사들의 자발적 참여로 초·중·고등학교에서 한국어를 가르치는 학교들이 늘어나고 있는데, 앞으로 더 많은 학교에서 한국어, 문화 프로그램이 개설될 수 있도록 더욱 적극적인 노력이 필요하겠다.

마지막으로 한국학 연구와 교육 발전을 가능케 하는 동력 중 하나는 일관된 재정적 지원이다. 대학에서 긴축 재정 문제가 나올 때마다 교원 수 삭감 등으로 재정 적자를 극복하려는 경향이 있다. 이럴 때 가장 영향을 받는 곳이 규모가 작은 프로그램들이다. 한국학 프로그램은 지난 10년간 꾸준히 발전해 더 이상 소수 언어 프로그램(small language program)이라는 명칭이 적합하지 않지만, 일본학과 중국학에 비하면 상대적으로 규모가 작다. 이러한 실정이어서 외부에서 굵직한 지원금을 확보하는 것이 프로그램의 발전에 큰 관건이 될 것이다. 예를 들면, 대양주 지역에서 호주국립대학교의 한국학 프로그램이 외부 지원금을 제일 많이 받은 대학으로 꼽힌다. 그런데 호주국립대학교 아시아태평양대학 아래 있는 '문화, 역사, 언어학부(School of Culture, History and Language)'가 2015~2016년 재정 적자 문제로 대대적인 평가를 받고, 20~30퍼센트의 교수진 삭감 과정을 거칠 때, 유일하게 한국학 프로그램은 무사했다. 다른 제반 요소(연구 실적, 학생 등록 수 증가)와 더불어 결정적인 요인은 한국학 프로그램이 상당한 규모의 기금(한국국제교류재단, 포스코, 소천재단 등)을 보유하고 있고 한국학중앙연구원의 지원으로 '중핵 대학' 5개년 연구/교육비와 같은 지원금을 갖고 있었기 때문이다. 호주국립대학교는 1946년 설립 이래 아시아·태평양 연구를 통해 호주 정치, 경제 정책의 두뇌 역할을 해 왔고, 아시아 연구가 호주 공공 정책에 기여해야 한다는 것이 명문화되어 있다. 그래서 아시아가 호주국립대학교 DNA에 들어 있다고 얘기할 정도다. 그런 대학에서조차 재정적 위기가 닥치면 아시아학부도 재정 삭감을 비켜 갈 수 없다. 앞으로 한국학 프로그램의 존립과 발전을 위해서는 외부 지원금과 전공 학부생, 대학원생 수를 꾸준히 늘려 나가는 것이 필요조건이 되고 있다.

한국학 전공 학생 수를 늘려 나가는 방법 중 하나로서 전통적 교육 방식에 좀 더 창의적인 교수 방식을 곁들일 필요가 있다. 이와 관련해 한국과 대양주가 같은 시간대에 있다는 지리적 위치가 유리한 조건이 될 수 있다. 거리상으로는 시드니에서 인천공항까지 10시간이나 걸릴 만큼 멀리 떨어져 있지만 시차가 거의 없다는 점은 여러 가지 시사점을 주고 있다. 특히 미디어와 IT 발전이 빠른 요즘 온라인을 이용한 거의 동시간대 수업이 효율적으로 진행될 수 있다는 점에 주목할 필요가 있다. 호주/뉴질랜드와 동남아시아는 더욱 가깝다. 동남아시아 지역에서도 한국학이 꾸준히 발전하고 있는데, 지금은 초기 성장 단계여서 교육 과정 대부분이 한국어 수업이다. 그래서 한국 역사, 사회, 문화에 관련된 수업이 아직 많이 부족하다. 그런 점에서 한국–동남아시아–호주–뉴질랜드의 네트워크가 한국학 성장에 하나의 기둥이 되지 않을까 생각한다.

아프리카·중동의 한국학

김지혜 | 아랍에미리트연방(UAE)대학교 KF 한국어 객원교수

아프리카·중동 지역은 14개국 21개[1] 대학에서 한국학·한국어 강의가 이루어지고 있다.

아프리카·중동 지역에서 현재 한국국제교류재단 한국(어)학 객원교수가 파견되었거나 파견 중인 곳은 이스라엘의 헤브루대학교(1993)와 텔아비브대학교(2003), 요르단의 요르단국립대학교(1999), 모로코의 무함마드5세대학교(2001), 이란의 테헤란대학교(2002), 이집트의 아인샴스대학교(2005), 아랍에미리트의 아랍에미리트연방(UAE)대학교(2012), 케냐의 나이로비대학교(2013), 코트디부아르의 펠릭스우푸에부아니대학교(2015), 카타르의 카타르국립대학교(2016)[2]다.

객원교수를 파견할 수 없는 지역에는 교원 고용 지원 사업을 통해 한국어 강의를 지원하는데, 지원 사업이 종료된 후에는 한국국제협력단 파견 교원이 가르치는 경우가 많다. 튀니지의 마누바대학교(1997)는 한국어 강좌가 개설된 이래 2007년부터 2012년까지 상과대학원 한국학 경제 분야 교수가 파견되었으나 그

---

1 현재 한국국제교류재단에서 파견하고 있는 지역과 현지 대학 내 학점 과정으로 한국어나 한국학이 개설된 지역을 말한다.
2 ( )안의 연도는 각 대학에 한국어/한국학이 시작된 시기이다.

이후에는 현지 한국어 교원이 교양 과정으로 한국어를 가르치고 있다.

이스라엘의 하이파대학교도 현지 교원 고용 사업 지원을 받아 한국어 과정이 개설되었다. 요르단 이르비드의 야르묵대학교(2007)에는 교원 고용 사업이 지원되고 2010년부터 한국국제협력단 파견 단원이 한국어를 가르치고 있다.

세네갈의 다카르경영대학교(2011)는 한국국제교류재단에서 4년간 한국어 교원 고용 사업의 지원을 받아 한국어 교육이 이루어졌는데, 2016년 11월 코리아 코너가 개설되었고, 한국국제협력단 후임 단원 파견 계획은 아직 미정이다. 또한 한국학 지역 다변화의 일환으로 에티오피아의 아디스아바바대학교 인문대학(2012)에도 한국어 교수가 파견되었고, 현재는 한국국제협력단 교원이 가르치고 있다. 그러나 튀니지의 스팍스대학교(2008)는 한국국제협력단 교원이 담당하고 있었는데, 최근 2년간 강의가 이루어지지 못하고 있다.

걸프 지역에서는 현지 요청에 의해 대학에서 자발적으로 한국어 과정이 개설되었는데, 아랍에미리트의 아부다비응용과학기술원과 칼리파대학교, 이라크의 아르빌국제대학교가 교양과목 학점 과정으로 한국어를 가르치고 있다. 대학 부설 평생교육원이나 대학 내 비학점 과정으로 한국어 강좌가 운영되는 대학은 짐바브웨의 짐바브웨대학교(2011), 수단의 알자임알아즈하리대학교(2007), 아랍에미리트의 자이드대학교(2010), 사우디아라비아의 킹사우드대학교 공과대학, 프린스술탄대학교 평생교육원, 쿠웨이트의 쿠웨이트대학교 평생교육원(2011), 오만의 소하르대학교 평생교육원(2016)이다.

아프리카·중동 지역은 불안정한 정치나 치안 문제 등으로 파견이 중단되기도 하고, 현지의 요구에 의해 새롭게 한국어 과정이 개설되는 등 변화가 많다. 먼저 한국국제교류재단에서 파견된 객원교수가 소속된 대학들을 중심으로 살피고, 아프리카 지역 한국어·한국학 현황을 제시한 뒤, 최근 한류의 영향으로 한국어 수요가 급증하고 있는 걸프 지역에 대한 서술과 함께 향후 한국어 교육의 방향을 제시하고자 한다. 주요 대학들의 최근 10년간 발전 추이와 각 대학의 교육

제도, 한국학, 한국어 대학 및 학자 소개, 한국학센터, 출판 현황을 간략하게 정리한다.[3]

대표적인 한국어·한국학 교육

이란 지역은 2006년 「대장금」, 2008년 「주몽」 등 한국 드라마의 시청률이 높아지면서 한국에 대한 관심이 커지고 있다. 2016년 이란에 대한 국제사회의 제재가 해제됨에 따라 한국과의 교류가 더욱 확대될 것으로 전망하고 있다. 이란은 초등학교 교육과 중학교 교육이 무상 의무교육이고 남녀 분리교육을 실시하고 있으며, 이슬람 종교 및 혁명 이념도 교과 과정에 포함되어 있다. 또한 여성 대학생 비중이 높은 편이며 유명 대학은 테헤란에 집중되어 있다. 테헤란대학교와 같은 국립대학교 주간 과정 재학생들은 수업료가 무료다. 이란 최고(最古) 대학인 테헤란대학교(1935)[4]에서는 최인화(Ph.D.) 교수가 2002년 2월부터 외국어문학대학 교양선택과정 제2외국어 과목으로 한국어를 가르치고 있다. 일본어 문학 및 일본어 교육학 관련 학사 과정 및 석사 과정이 개설되어 있고, 중국어는 학사 과정만 개설되어 있다. 일본어과의 경우 일본재단에서 파견된 객원교수와 현지인 강사들이 있으며, 학과 개설 연수가 오래되어 현지인 박사 학위 교수가 3명이나 된다. 중국어 과정은 중국인 파견교수와 현지인 강사로 운영되고 있다. 학기마다 제2외국어 과목이 개설되고, 외국어문학대학 학부생만 한국어를 수강할 수 있는데, 2006년 9월 13명에 불과하던 한국어 강좌 수강생이 2016년 9월 43명으로 늘어

---

3 아프리카·중동 지역 한국어와 한국학 정보를 제공해 준 오세종(이집트), 박병주(요르단), 박용희(모로코), 최인화(이란), 박유진(케냐), 황희영(코트디부아르), 송경옥(카타르) 객원교수 및 공일주(전 요르단대학교 교수) 박사, 오성호(이란) 문화홍보관, 홍성숙(이라크), 이보람(바레인), 박민일(오만), 이은숙(수단) 선생과 미스 무네라(쿠웨이트), 홍미정(아랍에미리트), 김연주(사우디아라비아) 연구원, 김철상(짐바브웨), 이수영(튀니지), 이상윤(에티오피아), 장국화(알제리), 정인혜(남아공) 문화홍보관, 대사관 관계자 및 한국국제교류재단 담당자께 감사드린다.

4 테헤란대학교 설립 연도

나 한국어 과정이 안정적으로 운영되고 있다. 학기당 4학점씩 한국어 1, 한국어 2, 한국어 3 세 과목을 3학기 동안 12학점 이수하도록 되어 있다. 최인화 교수[5]는 마르얌 터젯딘(Maryam Tajeddin)과 함께 2013년 이란어로 된 한국어 초급 학습자를 위한 교재를 출판했다. 문법 설명이 이란어로 되어 있어 독학용 교재로 유용하도록 구성되어 있다. 다만 테헤란대학교 인문학부 역사학과 교수가 페르시아 고문헌에 등장하는 한국 관련 내용을 토대로 연구한 「역사 지리 문헌 속 한국의 옛 이름」[6]을 한국과 현지 학술지에 기고한 바 있으나, 아직 한국학이나 한국어를 전공한 현지인 교수나 학자는 없다. 현재 4년 정규 학사 과정으로 발전하기 위한 심사 과정에 있다. 학사 과정 132학점 교과목에 해당하는 세부 내용이 테헤란대학교 외국어문학대학 내부와 본부 심사, 인문학변화위원회 심사를 통과하여 과학기술성(교육부)으로 송부되었고, 현재 최종 심의 통과를 기다리고 있다. 학과 설립이 승인되면 이란 내 어느 대학이든 한국어과 설립이 가능해진다. 테헤란대학교 외국어문학대학 부설 외국어연구원에서 일반인을 위한 한국어 강의를 현지인 강사가 가르치고 있는데, 한국어 학습 희망자들은 한국어 원어민 강사를 희망하고 있다. 한편 2005년부터 테헤란세종학당이 운영되고 있으며, 2017년 하반기에 이란 한국문화원이 개원할 예정이다.

모로코의 무함마드5세라바트대학교 인문대학 내에 비학점 과정으로 2001년부터 한국어 과정이 개설되었다. 신입생들은 1학년 과정부터 전공 수업이 진행되며, 13개 외국어 교과목을 선택해서 자유롭게 수강할 수 있다. 한국어 과정 6개 반이 구성되어, 2016년 가을 학기에는 146명이 수강했다. 학생의 흥미에 따라 수강을 신청하지만 비학점 과정의 선택과목이다 보니 수료하지 못하는 학생들이

5 최인화 교수는 2015년 70명의 이란 현대 시인의 시를 한국어로 번역한 『백 년의 시간 천 개의 꽃송이』와 한국 현대 시선집 『시로 맛을 낸 행복한 우리 한식』을 이란어로 번역하여 출판했다.

6 「Silla, Basilla or Bosilla : 페르시아 필사본에서 발견한 한국에 대한 새로운 사실」, 『문화 지역 연구』 6, no 3. (2014) : 23~49. 한국학학생협회

많고, 중급 단계에서 고급 단계로 진급하는 수강생이 급격하게 줄어드는 현상을 보이고 있다.

박용희(Ph. D.) 객원교수는 13년간 파견되어 있는 한국학 강좌 담당자로, 주 20시간의 수업을 담당하고 있어 추가 교원 파견이 시급한 형편이다. 이를 위해 한국국제협력단 한국어 단원의 파견을 여러 번 요청했으나, 한국어 교원이 파견된 대학에는 한국국제협력단 한국어 단원을 파견하지 않는다는 원칙에 따라 무함마드5세대학교가 아닌 타 도시의 4개 대학에 한국어 단원을 파견해 독자적으로 한국어 사업을 하고 있다. 처음 1회 한국국제협력단 교원이 파견되어 1년 동안 가르쳤지만 파견 기간이 짧아 주도적으로 사업을 진행하는 데 어려움이 있었다. 최근 4년간 현지 교민이 한국어 교원으로 활동하고 있다.

2001년부터 기업과 대사관의 후원에 힘입어 한국어 말하기 대회를 시작으로 한국 관련 행사가 진행되었으며, 2007년 한국 문화 행사를 통해 한국을 알리는 계기를 만들었다. 이후 지속적으로 한국 문화의 날에 학생들이 주체적으로 전통 음악, 전통춤(탈춤), 케이팝, 애니메이션 더빙, 한국 시 암송 등의 공연을 창작하여 공연해 오고 있다. 이를 통해 학생들이 한국 문화에 대한 관심이 점점 커지고 있다. 2008년 10월에는 '한-아프리카 포럼'이 개최되어 한국과 아프리카 간 미래 지향적 네트워크 구축 방안과 호혜적 경제 협력 추진 방안에 대한 토의가 이루어졌다. 2010년부터 한국어 전용 강의실을 제공받아 수업하고 있으며, 2012년과 2013년, 2016년 세 차례 진행된 퀴즈 대회(Quiz on Korea) 행사를 통해 한국 방문 기회를 제공하고, 한국에서 열리는 퀴즈 대회 참가 자격을 수여해 학생들의 호응을 이끌었다. 2014년부터 2016년까지 진행된 한국어 말하기 대회는 참가자가 많아 행사장을 나누어야 할 정도로 성황을 이루었다.

현재 한국어 과정을 전공 과정으로 승격시키기 위해 노력하고 있지만, 독자적인 운영을 위해서는 교수진과 예산 문제가 있다. 한편 일본어 과정의 경우, 인문대학 내 비학점 교양 과정으로 자유롭게 수강하는 학생들 중, 우수한 학교 학생들의 참여를 격려하고 선호하기 때문에 중국어 과정과 달리 전공 과정으로 승격되기를 원하지 않는다. 중국 공자학당의 경우 대학, 교육부와 협정을 체결해 학위 취득 이후 해당국에 취업까지 연계하는 프로그램을 추진하고 있다. 한국학의 확장을 도모하려면 중국어 과정처럼 추가 강사 파견과 한국어를 배운 학생들에게 취업 기회를 제공해야 한다. 이러한 상황에도 모로코 내 한국어 수요는 늘고 있으며 한국에 유학을 가려는 학생들도 점점 늘어나고 있다.

모로코 무함마드5세대학교 아프리카연구소는 국왕 직속 대학교 부설 연구소로, 2017년 1월부터 전북대학교 코어사업단과 학생 및 학자 간 교류, 학술 연구 프로젝트를 공유하고 있다. 이외에도 이븐토파일대학교는 2009년 상경대학 봄 학기에 비학점 과정의 외국어 선택과목으로 주당 3시간 한국어 강좌가 개설되었는데, 한국국제협력단 단원이 파견되어 2014년 한국의 날 행사로 전통 서예 및 종이 접기, 전통 복장과 한복 사진들을 전시하는 문화 행사를 열었다. 하산2세대학교와 무함마드5세대학교에서도 한국국제협력단 단원이 비학점 과정으로 한국어를 가르치고 있으며, 아가디르의 이븐주르대학교에서도 2012년부터 현지 교민이 한국어를 가르치고 있다.

이집트[7]에서 한국어 교육이 시작된 것은 한국과 공식 외교가 수립되기 전인 1994년이다. 당시 문화공보처 지원으로 대사관에서 초급 한국어 강좌 1개 반을 시작으로 1995년 초급반, 중급반을 운영했는데, 2000년 지원이 중단되었다가 2003년 대사관에서 한국어 강좌가 확대되어 현재 카이로 한국문화원에서 한국어 강의를 계속하고 있다. 2005년 아인샴스대학교에 한국어과가 개설된 이후 카이로의 헬완대학교 관광학부(2007), 이집트 제2의 도시인 알렉산드리아의 알렉산드리아호텔·관광고등교육원(2008), 룩소르호텔·관광고등교육원(2007), 포트사이드의 청소년센터에서도 한국국제협력단의 지원을 받아 한국어를 가르치기

7　오세종(2015)과 오세종 교수가 제공한 최근 한국어 교육 현황 정보를 참조하였다.

시작했다. 아인샴스대학교를 제외한 이들 대학은 한국 관광객의 증가로 인한 취업 목적으로 전문 인력 배양을 위해 차례로 한국어 강좌가 개설된 것이다.[8]

그러나 2011년 이집트 혁명 이후 이집트 국내 정세가 불안정해 한국국제협력단에서 헬완대학교와 아인샴스대학교에만 한국어 단원을 파견하다 2014년 초에 모두 철수한 뒤, 2016년부터 일부 기관에 다시 봉사단원을 파견하고 있다. 이처럼 불안한 상황에서도 한국국제교류재단은 아인샴스대학교에 객원교수를 꾸준히 파견해 이집트에서 한국어 교육이 지속될 수 있도록 하는 데 큰 역할을 했다. 현재 한국어 교육은 카이로의 아인샴스대학교, 군사기술학교, 한국문화원에서 이루어지며, 2016년 9월 이집트 최남단 도시인 아스완의 아스완대학교에 한국어학과가 개설되어 운영되고 있다. 아인샴스대학교(1950)는 7개 캠퍼스에 15개 단과대학과 2개의 연구소로 이루어져 있으며, 카이로대학교, 알렉산드리아대학교와 함께 이집트의 주요 3대 대학교이다.

이집트 아인샴스대학교 알알순대학(언어대학)은 13개 학과에서 총 17개 언어를 가르치는 이집트 통번역대학이다. 2005년 한국어과가 개설된 뒤 2009년부터 대학원 과정이 개설되어 운영 중이고, 학부 학생들은 4년 동안 총 230학점 정도를 이수해야 한다. 2016년에는 13개 외국어학과 중 신입생 선발 과정 커트라인 점수가 가장 높았는데, 2016년 12월 현재 학부생 109명, 대학원생 13명으로 총 122명이 한국어를 전공으로 배우고 있다. 현재 오세종과 정영인(Ph.D.) 교수가 한국국제교류재단 파견 객원교수로 있으며, 한국국제협력단 파견 봉사단원 2명, 현지 채용 자원봉사 강사 6명이 한국어를 가르치고 있다. 또 매년 졸업생 중에서 성적이 가장 우수한 학생 3명이 한국어 교수요원(모이드)으로 임명하여 학부 수업을 진행하게 하고 있다. 그동안 8회 졸업생을 배출했고, 20명의 교수요원이 있으며, 7명의 석사 학위자와 한국에서 박사 과정 중인 교수요원이 3명 있다.

8　조위수·이수정(2009:495).

2010년 '이집트 아인샴스대학교의 한국어 문학 교육과 한국학 인재 양성 방안 연구'가 해외 한국학 씨앗형 사업에 선정되어 진행되었다. 2013년까지는 한국국제협력단 봉사단원 비율이 높았으나 이집트의 정국이 불안정해 모두 철수하면서 현지 교수요원들이 학부 수업을 진행하고 있다. 현지 교수요원들이 한국에서 박사 과정을 마치고 정식 교수 활동을 하게 된다면, 한국으로부터 최소한의 지원을 받아 자체적으로 운영이 가능할 것이다.

아인샴스대학교 알알순대학 한국어과가 아프리카·중동 한국어 교육기관으로 성장할 수 있었던 것은 한국국제교류재단, 한국국제협력단의 인적·물적 지원과 비교적 우수한 학생들이 한국어과에 진학했기 때문이다. 2015년에는 한국어학과 개설 10주년 기념식, 세미나, 한국 문화 체험 행사를 실시했으며 매년 한국어 말하기 대회, 한국 문학 번역원 독후감 대회, 한국 문화의 날, 한-이집트 청소년 교류, 장학금 수여식 등 한국 관련 행사를 실시했다. 특히 2006년부터 꾸준히 진행된 말하기 대회는 세 차례 중동·아프리카 한국어 말하기 대회로 열려 요르단, 튀니지, 모로코, 에티오피아, 케냐 등지에서 온 학생들도 참가했다. 2009년 4월부터 한국어능력시험도 시행하고 있다. 이집트 국영 공영 방송국의 교육 방송 채널에서 한국어 교육 프로그램 「세계의 언어」를 2012년 9월부터 2014년까지 2년 동안 한국어 방송으로 진행하기도 했다.

요르단의 요르단국립대학교(1962)에서는 학술진흥재단의 파견 교수들(한국외대 최진영 교수 등)이 한국어 교양 과정으로 시작했는데, 한국어-영어 전공은 2006년 공일주 교수가 요르단 고등교육성 재가를 받아 2007년 2월부터 첫 강의가 이루어졌다. 2007년 봄에는 공일주 교수의 도움으로 요르단 이르비드의 야르묵대학교에서 전을생 교수가 2010년까지 가르치면서 현대 언어학과의 한국어 교양과목 '한국어와 한국 문화'가 개설되었다.

요르단국립대학교는 한국어-영어 복수 전공으로 영어 전공 27학점, 한국어 전공 필수 48학점과 전공 선택 12학점을 이수하도록 되어 있다. 한국학술진흥재단에서 공일주 교수(2002~2008)를, 한국국제교류재단에서는 이승은 교수(2007), 이정애 교수(2008~2012), 서하석 교수(2012~2015)를, 그리고 한국학중앙연구원에서는 한길 교수(2012), 최영환 교수(2013~2014)를 파견하였다. 현재는 요르단 대학교에 정식으로 채용된 이정애 교수와 한국국제교류재단에서 파견한 박병주 교수, 그리고 한국국제협력단에서 파견한 봉사단원 3명과 현지 교원 1명이 강좌를 담당하고 있다.

아랍어로 된 한국어 교육의 교재(공일주 저)『아랍어로 배우는 한국어 (1)과 한국어 (2)』와『한국어 발음』이 있으며, 아랍어로 쓴『중동·아프리카 한국학 저널』제1집과 제2집이 있다. 공일주 교수는 대사관과 LG의 도움을 받아 한국학센터를 언어교육원 2층에 개원하고, 문과대학 건물 1층에는 코이카의 도움을 받아 멀티미디어 강의실을 개관했다.

2012년에는 한국국제협력단에서 봉사단원 파견뿐만 아니라 한국어 전공 컴퓨터와 기자재를 제공했다. 2013년에 일부 교과목을 조정하고 한국어능력시험 응시율을 높여 학생들의 한국어 실력이 향상되었다. 2013년 11월에 한국-아랍 소사이어티가 주관한 한국-아랍 청소년 교류 계획으로 한국어 전공 학생 16명과 지도교수가 한국의 주요 문화 유적지와 사업을 답사했다. 12월에는 대한무역투자진흥공사가 취업 박람회를 주최해 요르단 주재 한국 무역관에서 요르단 학생들을 대상으로 한국의 삼성전자, LG, 한국전력, 코오롱 관계자들이 회사 소개와 취업 오리엔테이션을 실시했다. 2014년 한국관을 개소해 한국을 알리는 교육 및 문화 공간이 확대 설치되었고, 한국학 및 한국어 최신 자료들이 구비되면서 학습 환경이 구축되었다.[9] 2015년 한국어능력시험이 처음 실시되어 한국어 전공 학생들의 면학 분위기가 고조되고, 한국 관련 기업에 대한 취업에도 관심이 높아

---

9   요르단대학교에 2014년 한국관이 설치된 이후 한국어 자료 1,760부, 정기 간행물 45부, 시청각 자료 50부가 비치되어 있다.

겼다. 이로써 한국어 교육 중심으로 이루어지던 교육 과정이 한국학으로 발전하는 기반이 마련되었다.

아프리카 지역의 한국어 교육[10]

아프리카 지역은 한국어 교육이 시작되는 단계이며, 향후 발전 가능성은 높은 편이지만 정치, 경제적 불안 요소가 많은 상황이다. 나이지리아의 경우도 한국어 수요가 많지만 객원교수 파견이 어려운 실정이다. 정부는 2006년부터 3년마다 한국-아프리카 포럼을 개최해 아프리카 국가 정상이나 장관급 인사를 한국으로 초청해 아프리카 지역과의 협력 증진 방안을 모색하고 있다. 아프리카에서 중국의 영향력이 막대해 아프리카 전역에 60개의 공자학당을 운영하고 있는 점을 고려할 때, 한국어 프로그램을 안정적으로 운영하기 위해서는 현지 대학들과 학술 교류를 넓혀 가는 한편, 향후 한국어 교육을 위한 전문가 양성이 필요하다.

아프리카 북부 알제리의 알제리2대학교에서 2005년부터 어문대학 통번역학과에 한국어 강좌가 개설되었다가 중단된 후, 2012년 세종학당 교원을 파견해 강좌가 재개설되었지만, 2016년 12월 종료되어 현재는 파견 교원이 없는 실정이다. 2017년 하반기부터 알제리1대학에서 세종학당 한국어 강좌가 개설될 예정이다.

튀니지의 마누바대학교에는 1997년 상과대학에 한국어 강좌가 개설된 이래 2007년부터 2012년까지 상과대학원 한국학 경제 분야에 객원교수가 파견되었다. 현재 한국어는 교양 과정으로 현지 교민 교원이 무료로 가르치고 있다. 가베스대학교에서 영문학과 학생들을 대상으로 선택과목으로 한국어 교육이 진행되었고, 엘마나르대학교와 스팍스대학교에서는 무역학과 학생들을 대상으로 한국

---

10 박정경(2015: 365~368) 아프리카 지역의 한국학 현황 내용을 참조하고 현지 조사를 보강하여 업데이트했다.

어 수업이 이루어졌으나 교원 수급 사정으로 최근 2년간 한국어 강좌가 이루어지지 않았다.

사하라 이남 아프리카 지역은 한국학 다변화의 일환으로 에티오피아의 아디스아바바대학교에 2012년부터 2017년까지 한국국제교류재단 파견으로 인문대학 내 외국어학과에 한국어 강좌가 실시되었다. 수도 아디스아바바 외에 메켈레대학교, 아르시대학교, 아다마대학교, 짐마대학교, 아와사대학교에서도 국제협력단 봉사단원들을 통해 한국어 초급반 강좌가 주 3시간씩 이루어지고 있다.

동부 아프리카 지역인 탄자니아의 도도마국립대학교는 2007년 인문사회과학대학 내 영어 및 외국어학과에 한국어 학사 과정이 개설되었다. 이후 2012년 계명대학교 한국어학당에서 파견한 한국어 강사가 한국어를 가르쳤으나, 현재는 한국국제협력단 단원이 한국어 교육을 이어 가고 있다.

남부 아프리카에 속한 짐바브웨의 짐바브웨지역대학에서는 2011년부터 비학점 과정으로 초급 150명, 고급 20명의 학생을 대상으로 한국어 강의가 이루어지고, 현재 교원 2명(한국어 교원 자격증 소지)이 있으며, 대학 측과 세종학당 설립에 대해 논의 중이다. 무타레 지역의 아프리카대학교에도 2010년 배재대학교 한국어교육원의 지원을 받아 세종학당이 설립되었으나, 수도에서 멀고 한국어 수강생 수가 적어 현재 폐쇄되었다. 수단의 자임알아즈하르이스마일대학교에는 2003년 한국어 강의가 개설되었고, 2007년 교민이 교양과목으로 3년 동안 한국어를 자원봉사로 가르치다가 2013년 한국국제협력단 IT센터가 설립되면서 현재 한국어 초급반이 비학점 과정으로 운영되고 있다. 한류의 열풍으로 한국에 관심이 있거나 유학하고자 하는 학생들이 늘어나고 있다.

세네갈의 다카르경영대학교에는 2011년부터 2014년까지 4년간 한국국제교류재단에서 한국어 교원 고용 사업이 지원되었고, 2016년 11월 28일 코리아 코너가 개설되면서 한국국제협력단 후임 단원이 파견될 예정이었으나 구체적인 계획은 미정이다.

코트디부아르는 프랑스식 교육 과정으로 학사 3년 석사 1년 차(M1), 석사 2년 차(M2)에 별도의 학위를 수여하고 있다. 펠릭스우푸에부아니대학교에 경제경영학 전공 황희영(Ph.D.) 교수가 파견되었으며, 2016년 한국학중앙연구원 해외 한국학 씨앗형 사업에 선정되었다. 2017년 5월 프랑스어권 아프리카에서는 처음으로 경제경영학 소속 한국학 석사(M2) 학위 과정이 신설되었다. 한국자료센터 개소를 위해 절차를 진행 중이다.

남아프리카공화국은 BRICS 국가 중 하나로 아프리카를 선도하는 국가라는 자부심이 높아 공적개발원조(ODA)와 같은 접근은 불가능하다. '영어 교육(Teaching in Korea)' 프로그램을 통해 한국에 두 번째로 많은 영어 교사를 파견했고, 한국에서 영어 교사를 경험한 현지인들이 한국에 지속적으로 관심을 갖게 되었다. 역시 케이팝이나 드라마의 영향으로 한국 문화와 한국어에 관심을 갖는 사람들이 증가하고 있는데, 한국어에 대한 높은 관심에 비해 환경이 갖춰져 있지 않아 남아프리카공화국 대사관에서는 대사관과 관할 지역인 보츠와나 등에 세종학당을 유치하기 위해 준비하고 있다.

케냐는 지리적으로 아프리카와 인도양을 잇는 해상, 육상, 교통의 허브라고 할 수 있다. 2003년 초등학교 교육을 의무교육으로 도입했고, 2008년 무상 중등교육이 도입되었다. 국민은 다양한 부족으로 이루어져 있으며, 영어가 공용어이고 스와힐리어가 통용어이다. 1964년 한국과 수교를 맺은 이후 1982년 전두환 대통령이 방문했고, 2007년 서울에 케냐 대사관이 개설되면서 교역이 활발하게 이루어지고 있다. 1986년에는 한국-아프리카학회가 창립되어 자문회의, 세미나, 워크숍이 국내와 현지에서 개최되었다. 2009년 한국학진흥사업단은 국내 아프리카 전문가를 초청해, 아프리카 한국학의 기본 방향을 설정했다. 2010년 4월 나이로비대학교에서 '한국학 공동 학술 세미나'를 열어 한국학 교과 과정 개설에 대한 현지 대학의 의견을 수렴했다.

2010년 한국학중앙연구원 주관 해외 한국학 씨앗형 사업에서 「도시로부터

의 목소리: 케냐와 한국의 도시화 과정 비교」,「단절을 잇는 가교 놓기: 아프리카의 한국 연구자 간 인적 네트워크 형성」과제가 선정되었다. 이에 나이로비대학교에 한국학을 개설하기 위한 준비 작업이 진행되었고, 2010년부터 3년간 진행된 나이로비대학교 한국학 확립 사업으로 2013년 한국학 교과 과정이 시작되어 한국국제교류재단에서 한국어 교육 전공 박유진과 한국학(경제) 전공 윤용 객원교수가 파견되었다.[11] 2011년 나이로비대학교 학부 졸업생 2명이 한국학중앙연구원 대학원 국제한국학부에 진학해 석사 학위를 취득했고, 2016년 현재 박사 과정을 이수하고 있다. 한편 2011년 인가된 나이로비세종학당은 2016년 케냐타대학교 세종학당으로 이전되어 한국어 교육이 활발히 이루어지게 되었다. 또한 한국 종교 단체가 운영 중인 케냐 케이블 방송국 GBS 재단 만하임학교와 이글칼리지에도 한국어 과정이 개설되었다.

나이로비대학교 인문사회과학대학 언어학과에 소속된 한국학 프로그램은 2013년 '한국어, 문학, 문화 수료 과정'[12]과 '한국학 학사' 과정으로 개설되어 8학기(한 학기 45시간) 16과목을 운영하고 있다. 2013년 공공 외교 사업인 '아프리카, 한국의 감성을 노래하라' 프로젝트가 나이로비대학교에서 개최되었으며, 2014년과 2015년 두 차례에 걸쳐 한국어 말하기 대회가 열렸다. 2015년에는 '퀴즈 대회(Quiz on Korea)'가 케냐 한국 대사관과 나이로비대학교 한국학사무소 공동 주관으로 열렸다. 2016년부터 실시간 화상 강의로 한국학 수업을 송출받는 한국국제교류재단 e-스쿨을 실시하고 있으며, 2014년에 조직된 KSSA(Korean Studies Students Association)가 한국, 한국학 관련 행사에 적극적으로 참여하고 있는데, 한국학중앙연구원 민간외교 지원 사업인 한국 바로 알리기 프로젝트도 KSSA에서 주도적으로 이끌어 가고 있다. 2015년부터 만들어진 'KK프론티어(한국에 다녀온 유학생 조

---

11 박정경(2015: 372~377).
12 타 전공 학생들이 한국학 관련 수업을 과목당 45시간씩 4과목 이수하면 수료증이 주어진다.

직)'는 해마다 한국 관련 사회·경제 포럼을 진행하고 있다. 2016년 12월 나이로비 대학교 한국문화관이 개설되었고, 2018년부터 한국학 석사 과정이 운영될 예정이다. 한국학 관련 대표 저서로는 『악수로서의 에세이(The Essay as a Handshake)』(2012), 피터 와삼바(Peter Wasamba), 제니퍼 무치리(Jennifer Muchiri), 무추구 기루(D.H. Muchugu Kiiru) 공저 『서울이 한국의 서사적 도시화에 대해 말하다(Seoul Speaks Narrative Urbanization in Korea)』(2013), 피터 와삼바, 제니퍼 무치리 공저 『케냐가 논문 속 한국을 만나다(Kenya Meets Korea in Essay)』(2015)와 피터 와삼바, 제니퍼 무치리 공저 『나이로비 문학저널: 케냐의 한국학 소개(The Nairobi Journal of Literature: Introducing Korean Studies in Kenya)』(2015)가 있다.

걸프 지역의 한국어 교육[13]

아랍에미리트를 비롯한 걸프 지역은 아프리카·중동 지역에서 중동의 허브 지역으로, 아랍어를 공용어로 사용하나 일부 국가에서는 영어를 함께 사용해 다른 중동 지역에 비해 언어의 장벽이 낮은 편이다. 또한 튀니지에서 시작된 '아랍의 봄'의 영향을 직접적으로 받은 시리아, 리비아, 이집트, 예멘의 정국 불안에도 불구하고 걸프 지역은 매우 안정된 편이며, 석유 자원을 대체하기 위한 다각화 정책을 추진하고 있다. 이집트, 요르단을 중심으로 이루어지던 한국어 교육이 한류에 힘입어 걸프 지역으로 확대되고 있다고 볼 수 있다.

카타르국립대학교(Qatar University)와 2015년 한국국제교류재단이 양해 각서를 맺고 2016년 가을 학기부터 예술과학대학에 송경옥 객원교수를 파견했는데, 국제교류학부 교양 과정(학점 과정)으로 한국어 초급 4개 반 한국어 강좌에 61명이 수강했다.

---

[13] GCC 국가는 아라비아반도 걸프 지역 경제 블록 회원국으로 바레인, 쿠웨이트, 오만, 카타르, 사우디아라비아, 아랍에미리트를 말한다.

바레인에는 2016년 9월 세종학당(바레인 대사관)을 개원했고, 2017년 6월 바레인국립대학교와 세종학당의 업무 협약이 이루어져 바레인국립대학교 세종학당이 설립되고, 자유전공 학점 과정으로 한국어과가 개설될 예정이다.

오만의 경우 최고 대학인 무스카트의 술탄카부스대학교에 한국어 과정을 설립하기 위해 재외 공관과 대학 측이 협의 중이며, 소하르대학교는 2016년 가을 학기부터 평생교육원에 비학점 과정으로 한국어 초급반을 운영하고 있는데, 한국 회사에 취직하거나 유학을 가려는 학생들이 늘어나고 있어 고무적이다.

사우디아라비아는 리야드의 킹사우드대학교의 친한파인 현지 교수 압둘 무흐신 알쉐이크(Abdul Muhsin al-Sheik)의 주도로 남자 캠퍼스에 비학점 과정으로 한국어 과정이 개설되었고, 프린스술탄대학교 평생교육원에 비학점 과정으로 한국어 과정이 초급 1, 초급 2 반까지 개설되어 한국어 수준이 향상되었다. 수요에 따라 매학기 강좌의 지속 여부가 결정되는데, 여성들의 관심이 높지만 무슬림 여성은 이동과 활동에 제약이 많아 한국 관련 문화 행사 참여나 활동이 제한적이기 때문에 현재 한국어 강좌의 지속 여부는 불안정하다.

한편 쿠웨이트대학교(1966) 평생교육원에서는 2006년 한국어 강좌가 개설되어 현지 교민이 한국어를 담당했으나, 숙명여자대학교 한국어 프로그램으로 실시간 원격 화상 한국어 교육이 2012년과 2014년, 2015년 16주 과정으로 주당 3시간씩 초·중급 학생 20명을 대상으로 이루어졌으며, 2017년 하반기 강의 개설을 위해 협의 중이다. 쌍방향 의사소통을 위해 교수의 카페, 이메일, 블로그를 이용해 오류를 수정하고 피드백하도록 했으며, 쿠웨이트 부총장과 평생교육원 학장 명의로 수료증을 수여했다.[14] 시간적, 지리적 제약으로 한국어 교원을 파견하기 어려운 지역에 실시간으로 이루어지는 원격 화상 교육은 시스템이 안정된

14　이영희(2015 : 419).

다면 효율적인 교육 과정이 될 것이다.**15** 현재 쿠웨이트 정부 장학생**16** 10명이 쿠웨이트대학교 어학당에서 아랍어를 배우고 있지만, 대학 내 현지 학생들과 활발한 교류는 이루어지지 못하는 실정이다.

아랍에미리트는 7개의 토후국으로 이루어져 있는데, 초등교육부터 대학교육까지 무상 의무교육을 실시해 수업료, 교재, 학업에 필요한 비용을 자국민들에게 무료로 제공하고 있다. 해외 대학에 진학하는 경우에도 교육비와 생활비를 지원한다. 한국과는 1980년 수교 이후 협력 관계를 공고히 하고 있으며, 걸프 국가 최초 원전 착공, 2011년 아크 부대 파병, 2014년에는 서울대학교병원이 라스알카이마 UAE 왕립병원 위탁 운영으로 한국의 이미지 제고에 기여했다. 최근에는 아랍에미리트 환자 송출과 관련한 의료관광 산업이 활발하게 이루어지고 있으며, 2만여 명의 재외국민이 거주하고 있다.

2009년 UAE 방송에서 한국의 드라마가 소개된 이후, 케이팝이 인기를 얻으면서 2012년 제국의 아이들, 2013년 인피니트의 공연에 이어, 2015년에는 엠블랙과 틴탑의 공연이 있었고, 2016년 2월에는 SBS의 「런닝맨」 두바이편이 방영되었다. 아랍에미리트는 아랍 지역에서 소셜 네트워크 서비스(SNS) 활용도가 가장 높아 사회적·종교적 제약을 낮추어 소통의 통로가 다양해지고 빨라졌다.**17** 2016년 3월 KCON이 아부다비에서 성황리에 공연을 마쳤다. 2015년 '한국 사랑의 밤'이 열려 아랍에미리트 한류 동아리**18**들이 한자리에 모이는가 하면, 매년 10월에 열리는 한국 문화 행사(Korean Week)에 적극적으로 참여하는 등 한류가 확대되고 있

15　이영희(2015: 433).

16　쿠웨이트대학교 언어교육원에 최초로 한국인 아랍과 학생들을 장학생으로 파견한 것은 공일주 교수가 1995년 쿠웨이트대학교 언어교육원 부원장을 직접 만나 한국인 학생에게 장학금을 주겠다는 약속을 받은 후 한국 대사관에 이 사실을 알리면서 비롯되었다.

17　황의갑(2016: 29).

18　아랍에미리트에는 아랍에미리트연방(UAE)대학교 '아리랑 클럽', 아부다비 자이드대학교 '코리안 클럽', 샤르자대학교 '대박 클럽', HCT대학교 '코리안 클럽', 한국아랍에미리트우호협회, 이마코(EMAKO) 등의 한류 동아리가 있다.

다. 한국어능력시험은 2012년부터 자이드대학교 세종학당에서 1년에 한 차례 실시되다가 2016년부터는 아부다비한국문화원에서 4월과 10월 두 차례에 걸쳐 시행하는데, 매회 50명 이상 응시한다. 2013년부터 시작된 아랍에미리트 한국어 말하기 대회에서는 매년 20명의 참가자가 본선에서 한국어 실력을 겨루고 있다.

아부다비의 자이드대학교(1998) 세종학당(2010년 충남대 운영, 2014년부터 독립 운영)은 2010년 10월 처음 개원해 높은 호응 속에 진행되었고, 왕세제실 추천 유스 엠버서더(Youth-Embassador Program)[19] 학생들을 대상으로 한국어 특별 교육을 수시로 진행했다. 이후 세종학당은 2016년 3월 아부다비한국문화원이 개원하면서 통합되었고, 현재 자이드대학교 내 비학점 과정으로 외부 강사를 초빙해 주 3~4회 한국어 강좌가 운영되고 있다. 폴리테크닉대학교(2005)는 공학과학과 응용과학, 정보통신기술 클러스터 분야로 운영되는데, 2012년부터 한국어가 학점 과정으로 진행되고 있으며, 2015년까지 타 전공 교수가 한국어를 가르치다가 2016년부터 외부 기관인 이튼 사설학원(Eton Institute)에 위탁 교육해 진행하고 있다. 칼리파대학교(2007)는 과학 중심 대학으로 정보통신기술 분야에 중점을 두고 있는데, 현재 마스다르대학원, 석유대학(Petroleum Institute)과 통합이 진행되고 있다. 2013년 9월 비학점 과정으로 한국어 강좌가 도입되어 운영되었고, 2014년 학점 강좌로 인정되어 2016년 4월까지 진행되다가 교원 수급 문제로 중단되었으나, 한국어 과정이 재개설될 예정이다.

아랍에미리트연방(UAE)대학교(1976)는 아랍에미리트 내 최고의 종합대학교로, 오아시스가 있어 왕족이 출현한 도시인 알아인에 위치하고 있다. 최고의 IT 환경을 자랑하는 이 학교의 졸업생 대부분이 정부 관료로 근무하고 있으며, 총장이 고등교육부장관을 겸임하고 있다. 여학생 80퍼센트와 남학생 20퍼센트로 1만

---

19   한국 전문가를 키우기 위해 한국에 보내는 '유스 엠버서더' 프로그램으로 매년 여름 2주에 걸쳐 젊은 아랍에미리트 대학생, 차세대 지도자들을 선발하여 한국에 보내고 있다.

4,000여 명의 학생이 수학하고 있는데, 7개 토후국[20]에서 온 여학생들이 기숙사 생활을 할 수 있는 시설이 갖추어져 있다. 강의 언어는 영어이며, 행정 시스템은 아랍어와 영어를 공용어로 한다. 중동 지역 대학교 중에서 쿠웨이트, 카타르, 바레인과 함께 영어의 비중이 높은 편이며, 서양어권 교수들이 많은 비중을 차지하고 있다. 신입생들은 1년 동안 아랍어, 영어, 기초 과목을 수학한 이후 대학 교양 과정과 전공을 수강하게 되어 있다. IT 환경이 잘 갖추어져 있어 수업 시간에는 스마트보드를 사용하고, 인터넷상으로 실시간 교수와 학습자가 상호작용할 수 있는 시스템을 활용할 수 있다.

아랍에미리트연방(UAE)대학교에는 2012년 한국국제교류재단 교원 고용 지원 사업으로 한국어 과정이 학점 과정으로 개설되었으며, 2013년 2월부터 한국국제교류재단 김지혜 객원교수가 파견되었다. 이렇게 한국어 과정이 개설될 수 있었던 배경에는 2009년에 만들어진 한류 클럽인 아리랑클럽 학생들이 직접 학교 측에 한국어 과정을 개설해 달라고 요청했기 때문이다. 이러한 요구를 반영해 한국국제교류재단에서 객원교수를 파견했고, 재외공관의 적극적인 협조가 있었으며, 2013년에는 한국어 관련 기초 도서를 지원했다. 2013년 3월 송중기가 한국의료홍보대사로 아랍에미리트연방(UAE)대학교를 방문하면서 그 열기가 뜨거워졌고, 아리랑클럽 주최로 대학 내에서 열린 한국 문화 주간(Korean week) 행사로 한국에 대한 관심이 한국어를 공부하려는 부전공 신청으로 이어졌다.

또한 아랍에미리트연방(UAE)대학교에서는 한국어 과정 교재를 매학기 무료로 지급하고, 단기 연수 한국어 과정 프로그램으로 이화여자대학교 언어교육원(2014), 한국외국어대학교 한국어문화교육원(2013, 2016)에서 수학하는 학생 26명을 지원해 한국어 향상의 계기를 마련해 주었다. 현재 한 학기에 4개 과목 100명의 여학생이 한국어를 수강하고, 교양과목은 2개 과목(초급 한국어 1, 2) 6학점을, 부전

20 　토후국: 에미리트(Emirate), 왕국보다 작은 영토이고 왕자가 다스리는 지역.

공 학생들은 6개 과목 18학점을 4학기 동안 이수해야 한다. 한국어 부전공 학생들이 2014년 50명, 2015년 80명, 2016년 90명으로 점점 늘어나고 있다. 특히 아랍에미리트연방(UAE)대학교 학생들은 2016년 5월 아부다비한국문화원 주최 퀴즈 대회에 15명이 참가했고, 10월 한국어 말하기 대회 본선 진출자 20명 중 10명 이상이 포함되는 성과를 보였다. 또한 한국어능력시험 제46회 31명, 제49회 40명, 제52회 31명, 55회 40명이 응시하여 높은 응시율을 보이고 있다.

아랍에미리트연방(UAE)대학교 한국어 부전공 과정은 통번역학과에 프랑스어과, 독일어과와 함께 개설되어 있다. 중국어와 일본어 과정은 없고 한국어 과정이 유일해 동양어와 동아시아학에서 선구적인 역할을 할 것이 자명하다. 2015년부터 단국대학교 교환학생 15명이 아랍에미리트연방(UAE)대학교에서 수학하고, 2016년 2학기에는 아랍에미리트연방(UAE)대학교 학생이 단국대학교와 한국외국어대학교에 각각 2명씩 수학하는 등 교환학생 프로그램이 확대되고 있다. 한국어에 대한 학생들의 관심이 높아져 2014년에는 한 학기에 초급반을 2개 반 개설하고 한 반에 30명에서 50명까지 증원, 객원교수 1명이 6개 과목 120명을 가르치기도 했다. 현재는 초급반 개설 요청이 많아 수강 신청자가 한 학기 이상 기다리는가 하면, 인문대학 외 타 단과대학에서도 한국어 개설을 요청하는 상황이다. 한국어 부전공 과정을 졸업하려면 한국어능력시험 2급을 통과해야 하는 최저 기준을 세워 학습자들의 한국어 실력도 상향평준화되었다.

이라크 평화 재건 사단인 자이툰 부대가 이라크 북부 아르빌에 파병되어(2004년 2월부터 2008년 12월 20일까지 활동) 쿠르디스탄 내에서 학교와 병원 설립 등 많은 재건 활동을 했다. 자이툰 부대는 특별하고 모범적인 대민 관계로 쿠르드인들에게 매우 긍정적인 이미지를 남겼다. 쿠르디스탄 내 대부분의 사람들이 지금까지도 한국인들만 만나면 자이툰 부대의 캐치프레이즈 문구인 "우리는 당신들의 친구입니다"를 외친다. 더구나 중동 전체에 불어온 한류의 영향으로 매일 저녁 프라임타임에 한국 드라마가 지속적으로 방영되고 있어, 한국에 대한 관심은 가히 폭발적이라고 할 수 있다. 페르시아 계통의 쿠르드인들이 주로 거주하는 아르빌, 술레마니아, 두혹 지역은 걸프 전쟁 이후 자치권을 얻어 쿠르디스탄 지방 정부의 통치 아래에 있다. 국가 건설(Nation Building) 작업의 초기 단계에 있는 쿠르디스탄은 비슷한 역사적 과정(전쟁과 재건)을 거치고 빠르게 성장한 한국을 좋은 모델로 여기고 있다. 쿠르디스탄 지방정부 인권부 장관과 대외협력부 장관을 지낸 무함마드 이흐산(Dr. Mohammed Ihsan)은 쿠르디스탄의 미래 지도자 양성을 위해 한국의 대학들과 적극적으로 협력하고, 자신이 총장으로 있는 아르빌국제대학교뿐만 아니라 쿠르디스탄 전체와 한국을 연결하는 관문 역할을 꿈꾸며 2016년 한국학연구소를 설립했다.

이라크의 교육제도는 국립대학이 무료로 운영되며, 내신 성적에 따라 전공 과목이 결정되는데, 원하는 전공을 부여받지 못한 학생들이나 교육열이 높은 환경에서 자란 부유한 학생들은 사립대학으로 진학한다. 아르빌국제대학교를 포함해 쿠르디스탄 내 몇몇 대학은 미국 등 선진국의 교육 방식을 받아들여 미국에서 출판된 교과서로 국제적 대학 수준의 커리큘럼을 바탕으로 영어로 전 강의를 진행한다. 2016년에는 숙명여자대학교와 한반도국제대학원대학교와 양해각서를 맺었고, 숙명여자대학교와 함께 e-스쿨 파일럿 강의를 세 차례 진행했다. 국제 세미나 형태로 전 대학에 시범 강의로 진행해 강의마다 80~90명 정도의 학생과 교원이 참여해 높은 호응을 얻었다.

2017년 봄 학기부터 정식 학점 과목으로(1주 2시간 2학점) '한국 발전의 정치와 경제(The Political Economy of Korean Development)'가 진행되고, 가을 학기부터 한국어학당 개설 가능성을 타진 중에 있다. 또한 향후 한국 경제의 발전 관련 과제물들을 모아 연구소 내 『학생 저널(Student Journal)』을 발행할 예정이다. 2017년 가을 학기부터는 한국어학당을 설립해 대학 내 학생뿐만 아니라 한국어에 관심이 높은 일반 대중에게도 제공하려고 한다. 대학 내 강의실 등 모든 인프라가 이미 구축되어 있어 한국어 교사만 지원된다면 당장에라도 열 수 있는 환경이다.

그러나 쿠르디스탄을 포함한 이라크 전 지역이 여행 금지 구역에 묶여 교사 수급이 매우 어려운 상황이다. 이라크의 기타 지역에서 쿠르디스탄 지역으로 들어오려면 거주증, 비자 또는 특별 여행 허가를 받아야 하는 등 거의 다른 나라와 같은 구조로 운영되고 있어 다른 이라크 지역보다 매우 안전하다.[21] 이외 이라크 지역은 한국어 교사가 들어갈 수 없는 실정이라서 바그다드대학교, 바스라대학교에도 e-스쿨을 통한 한국어, 한국학 강의를 계획 중이다.

아프리카·중동 지역 일반인을 대상으로 하는 한국어 교육기관으로는 나이지리아의 나이지리아한국문화원(2010), 이집트의 카이로한국문화원(2014), 아랍에미리트의 아부다비한국문화원(2016)의 세종학당이 있으며, 이란의 테헤란세종학당(2005), 짐바브웨의 무타레세종학당[22](2011), 케냐의 나이로비세종학당(2014), 바레인의 바레인세종학당(2016)이 있다. 대학생을 대상으로 개설된 세종학당은 아랍에미리트의 자이드대학교[23](2010), 케냐의 케냐타대학교(2014), 알제리의 2대세종학당(2012)이 있다.

또한 한국국제교류재단, 세종학당, 한국국제협력단보다 운영이 비교적 자유로운 한글학교에서 현지인을 대상으로 한국어반을 개설한 곳도 있다. 특히 사우디아라비아[24]의 경우 종교·문화적 여건상 제한이 많기 때문에 한글학교의 역할도 주목할 만하다. 사우디아라비아의 젯다한글학교에 한국어반을 2개 반 개설해 40명의 학생들이 한국어를 배우고, 아랍에미리트의 아부다비한글학교에도 한국어반이 운영되며, 이집트의 카이로한글학교에는 현지 학생 20명이 3개 반에서

---

21 쿠르디스탄 내 한국어와 한국학의 발전뿐만 아니라 여러 가지 경제적인 국익을 위해서 한국 정부의 외교 정책은 쿠르디스탄을 이라크 내 다른 지역과 구별해 진행할 필요가 있다.[홍성숙(이라크 아르빌국제대학교 경제학과)]

22 짐바브웨 무타레 지역 아프리카대학교(Africa University)에 2010년 배제대학교 한국어교육원의 지원을 받아 세종학당이 설립되었으나 지리적 여건상 현재는 폐쇄되었다.

23 아랍에미리트의 자이드대학교 세종학당은 2016년 12월 종료되었다.

24 사우디아라비아는 킹 압둘 스칼라십을 통한 자국민 해외 유학 추진 정책의 일환으로 2007년부터 한국에 경영학부, 국제학부, 공과대학, IT 관련 학과에 수학할 유학생 500명을 파견했다.

한국어를 수강 중이다. 남아프리카공화국의 요하네스버그한글학교는 2014년부터 현지인 15명을 대상으로 한국어를 가르치고 있다.

결론

이상으로 아프리카·중동 지역의 한국어와 한국학의 현황을 한국국제교류재단 객원교수 파견 지역과 아프리카, 걸프 지역으로 나누어 살펴보았다. 최근 한류의 영향으로 한국어 수요가 증가하고 있는 걸프 지역은 다른 아랍 지역과 지역적 차이를 보이기 때문에 구체적으로 언급했다.

아프리카·중동 지역의 한국어 교육 현황을 보면 대체로 한국어의 주당 수업 시수가 부족한 편이다. 요르단국립대학교와 이집트 아인샴스대학교 한국어학과는 주당 6시간이지만 모로코의 무함마드5세대학교, 이란의 테헤란대학교, 케냐의 나이로비대학교, 아랍에미리트의 아랍에미리트연방(UAE)대학교 등의 수업 시수는 주당 3시간에서 4시간이다. 한국어와 장기적인 한국학 양성을 위해서는 한국어 능력 향상이 먼저 이루어져야 하는데 문화, 영화, 비즈니스, 관광 등 다양한 수강 과목과 제한된 강의 시간으로는 한국학 육성에 어려움이 있다.[25] 걸프 지역이나 일부 지역은 현지인과 교민들의 접촉점이 없는 곳이 많다. 한국어 능력을 향상시키기 위해서는 수업 외에 한국어 말하기 연습 기회를 제공하거나 현지 교민들과 연결해 한국어를 사용할 수 있는 환경이 조성되어야 한다.

아프리카·중동 지역의 현지 전문가를 양성해야 한다. 이집트 아인샴스대학교 한국어 과정이 11주년을 맞았다. 이 대학에 한국어학과가 성공적으로 정착할

---

[25] 이집트, 요르단 아랍 지역과 아프리카 지역 한국어 교육이 취업과 연계된 실용적 측면이 중요함을 고려할 때 한국어 능력 향상이 우선되어야 한다.

수 있었던 것은 한국국제교류재단의 지원, 현지인 교수요원들의 활용, 우수한 학생 유치도 중요한 요인이지만, 헌신적으로 한국어 과정을 개설·운영한 김주희 (Ph.D.), 박재원(Ph.D) 교수에 이어 아랍 혁명 기간에도 이집트를 떠나지 않고 오랜 기간 한국어를 담당했던 오세종 객원교수와 김현주(Ph.D.) 교수의 역할도 컸다. 보수적이고 권위적인 아랍어권 지역에서 한국학의 발전을 위해서는 현지 사정에 밝고 대학 측과 의사소통을 할 수 있는 안정적인 교수진이 필요하다. 한류의 영향으로 한국어에 관심을 갖는 잠재적 학습자들을 학문 목적의 한국어 학습자로 키워 현지 한국어 교수를 양성하려면 단기간의 운영보다 더 큰 안목의 전략적인 접근이 필요하다.

다음으로 이 지역에 파견되는 한국어 교원 재원을 확보하는 한편, 교원들의 자격 기준을 마련하고 현지 한국어 교육의 질을 높이기 위한 교원 연수가 필요하다. 한국국제교류재단, 한국국제협력단, 세종학당의 교원 수는 이집트와 요르단을 제외한 대부분의 지역에 1명뿐인데 해당 대학에 행정, 교재 개발, 커리큘럼 운영 및 진로 지도가 가능하려면 최소한 한국어 교원 2명은 파견되어야 한다. 또한 이집트, 요르단, 아프리카 지역은 한국어 교육을 담당하는 교원 대부분이 한국국제협력단에서 파견된 단원들이다. 한국어 교육 석사들이 많이 배출되면서 한국국제협력단 한국어 교육 교수자 선발 기준이 한국어 교육 석사 전공자로 높아졌다고는 하나 한국어 교수 경험자가 필요하다. 한국국제교류재단 파견 객원교수와 현지 강사진과 협력하는 한편, 한국국제협력단 단원들의 한국어 교육 연수가 이루어져야 하며,[26] 그간 가르쳤던 교수 경험이 공유[27]되고 아랍어권 문화에 대한 이해와 아랍어권 학습자들 교수를 위한 현지 한국어 교원들의 연수가 필요하다.

---

26 공일주(전 요르단국립대학교 교수)는 한국어과가 개설된 대학교의 한국국제협력단 단원들이 '아랍 학생들의 학습 방법'과 '외국어로서의 한국어 교육' 등과 같이 아랍의 특수한 상황을 고려한 학과목을 이수하도록 해야 한다고 건의하였다.

27 권현숙(2016)은 요르단국립대학교에서 한국국제협력단 단원으로 한국어 교육을 한 계기로 「아랍어권 학습자를 위한 한국어 교육과정 개발 연구」 박사 논문을 썼다.

과거에는 이 지역 한국국제교류재단 파견 교수 대부분이 아랍어 전공자들이었으나, 최근 요르단국립대학교에는 한국 문학 전공 교수가 파견되었고, 아랍에미리트연방(UAE)대학교, 나이로비대학교, 카타르국립대학교에는 한국어 교육 전공자들이 파견되고 있다. 요르단, 이집트와 같은 아랍어권에는 현지 대학 측과 긴밀한 협조를 하기 위해 아랍어를 잘 아는 교수진이 필요하며, 한국어 교육 전공자와 협력해서 아랍어권 학습자들을 위한 효과적인 교수 방안이 마련되어야 한다. 2007년 요르단국립대학교에서 제1회 '중동·아프리카 한국어 교육자 워크숍'을, 2009년에는 이집트의 아인샴스대학교에서 제2회 '중동·아프리카 한국어 교육자 워크숍'을 개최하면서 중동·아프리카 한국어 및 한국어 교육을 위한 교재 발간 기초 작업이 이루어졌다. 이러한 학술 대회 교류를 통해 아랍어권 학습자 연구, 현지 실정에 맞춘 맞춤형 교육 과정, 교육 과정을 반영한 한국어와 한국학 책들이 아랍어로 번역되고, 맞춤형 교재 개발이 이루어져야 한다. 아프리카·중동 지역의 한국어 교육에 한국학 발전을 위해 학술 논문을 쓸 수 있도록 연구비가 책정되고, 교육 정책을 입안하는 데 도움이 되는 연구들이 이루어져야 한다.[28]

아프리카·중동 지역은 지역마다 정치적, 경제적 상황이 다양해 외부·내부 환경에 대한 깊은 이해가 필요하다. 또한 현지 교민들이 가르치는 대학에 한국어 교육 교수자의 전문성을 강화할 수 있는 방안이 마련되어야 한다. 한국국제교류재단, 한국국제협력단 단원 파견이 어려운 지역에선 현지 교민이 무료로 한국어를 가르치는 경우가 많고, 걸프 지역은 물가가 높고 교민의 이동이 잦은 편이기 때문에 안정적인 교원을 확보하기 어려운데, 한국에서 파견하기 어렵다면 자격을 갖춘 현지 교원을 확보할 수 있도록 이들을 위한 전문성 강화 프로그램이 마련되어야 한다.[29]

---

28 공일주(전 중동·아프리카 한국학회 회장, 전 요르단국립대학교 교수, 카이로대학교 방문교수 역임) 박사가 직접 작성한 「요르단대학교 한국어 과정의 발전 추이와 향후 전망」 원고를 참조했고 일부 제안을 반영했다.

한국어 학습 수요자들의 구성이나 수요, 특성에 맞게 새로운 비전을 제시할 수 있어야 한다. 각 대학에 파견된 한국국제교류재단의 교원이나 한국국제교류재단 객원교수의 역량과 리더십, 운영 능력에 의해 현지 한국어 교육의 방향이 좌우된다. 실제로 객원교수는 열정과 혼신의 힘을 다해 가르치지만 수업뿐만 아니라 문화 행사, 행정까지 수행하느라 체력이 고갈되기도 한다. 한편 여러 여건상 교원 파견이 중단되면 현지 한국어 과정 자체가 중단되는 경우도 많다. 일부 대학에서는 향후 한국학과 개설과 한국어 과정에 대한 운영을 한국의 지원에 의존하는 경우도 있다. 게다가 아랍어권 행정 시스템에서 2~3년 안에 교육 과정을 바꾸거나 새로운 제안을 신속하게 실행하기는 어렵다. 따라서 장기적인 안목으로 현지 대학이 자립할 수 있도록 하는 한편, 한국어 과정을 재설계하고 현지 대학과 한국어 과정의 요구를 충족할 수 있는 대안과 비전을 제시할 수 있어야 한다.

---

29 재외동포재단(Study Korean, https://study.korean.net)에서는 한글학교 교사 연수 프로그램을 제공하며, 5년 이상 장기근속한 한글학교 교사를 대상으로 온라인 한국어 교원 양성 과정 비용을 지원하고 있다. 하지만 아프리카·중동 지역 대학 현장에서 한국어를 가르치는 교원을 대상으로 하는 연수나 지원은 없다.

참고 문헌

공일주, 「아랍인 한국어 학습자의 문화 교육 실태와 방안」, 국제한국어교육학회 제16차 국제 학술 대회,
　　2006.
공일주, 「아프리카·중동의 한국학, 해외한국학 지역별 현황」, 『해외한국학백서』, 한국국제교류재단 편,
　　을유문화사, 2007.
곽수민, 「해외한국학 동향 분석 및 발전요인 연구」, 『정신문화연구』 35권 제3호, 한국학중앙연구원, 2012.
권현숙, 「아랍어권 학습자를 위한 한국어 교육과정 개발 연구」, 경희대학교 박사 학위 논문, 2016.
김종도, 「아랍 국가의 한국어 교육 현황-이집트, 요르단, 모르코를 중심으로」, 명지대학교 중동문제연구
　　소, 2010.
박정경, 「아프리카 대학의 한국학 현황과 육성 방향: 케냐의 사례를 중심으로」, 『국제비교한국학회』
　　Vol.23 No. 2, 2015.
송향근·김정숙, 「아프리카·중동의 한국어 교육」, 『나라사랑』 119집, 외솔회, 2010.
오세종, 「이집트 한국어 교육의 현황과 성공 요인-아인샴스대학교 한국어과를 중심으로」, 제25차 국제
　　학술 대회 제2분과, 2015.
이영희, 「실시간 원격 화상 한국어 교육에 대한 사례 연구-한국국제교류재단 글로벌 e-스쿨 숙명여대-
　　쿠웨이트대 한국어 교육을 중심으로」, 『돈암어문학』 28, 돈암어문학회, 413~437, 2015.
조위수·이수정, 「이집트 룩소르 지역의 한국어 교육을 위한 교육자료 개발 방안-룩소르 호텔·관광고등
　　교육원을 중심으로」, 2009.
오대영, 「중동 6개국 언론 보도에 나타난 중동 한류」, 『아시아문화연구』 34집, 가천대학교 아시아문화연
　　구소, 2014.
황의갑, 「GCC 국가들에서 SNS의 영향」, 『GCC Issue Paper』, 2016년 3호, 단국대학교 GCC국가연구소,
　　2016.

「지구촌 한류 현황 II」, 한국국제교류재단, 2016.
「해외한국학현황 및 중장기 발전방안 연구」, 교육과학기술부 편, 한국학중앙연구원, 2009.
「2015년 국외 한국어 교육기관 현황 조사」, 세종학당재단, 2015.
「2015 연례보고서, 한국-아랍소사이어티」, (재)한국-아랍소사이어티, 2015.

2장

—

해외 한국학
분야별 현황 논문

—

해외 한국 문학 연구 현황과 전망, 미국의 경우를 중심으로

권영민 | 서울대학교 명예교수

머리말

한국 문학은 광복 이후 해외 교류가 본격적으로 추진되었다. 1954년에 창립된 국제 펜클럽 한국 본부는 한국전쟁 직후 외국 문학과의 접촉 창구 역할을 담당했다. 문학인 중심의 순수 민간단체인 펜클럽 한국 본부는 매년 한국 문인들을 '국제 PEN대회'에 참석시켰고, 한국 문학 작품을 영어로 번역해 세계에 소개하는 데 앞장섰다. 한국 정부의 지원으로 1973년 설립된 한국문화예술진흥원에서는 한국 문학의 해외 번역 출판 사업을 중요 업무로 추진했다. 문예진흥원의 번역 지원 사업은 초기엔 주로 한국의 영문학자들을 중심으로 수행되었다. 한국인들이 번역하고, 그 번역 작품을 한국에서 출판해 해외 무대에 내놓았던 것이다.

한국 문학의 세계화에 대한 사회적 관심은 1990년대 중반 이후 점차 확대되었다. 특히 1991년 한국국제교류재단의 등장과 함께 해외 한국학 전반에 대한 본격적인 지원 사업이 이루어졌으며, 해외 문화 교류도 활발하게 진행되었다. 더구나 한국문학번역원이 정식으로 출범하면서 문학작품의 해외 번역 출판 사업의 성과가 서서히 드러나기 시작했다. 번역 작품도 다양해지고 번역의 질적 수준도 높아졌다. 그리고 세계 무대에서 대중적으로 호응을 얻는 작품도 생겨나기 시작했다. 프랑스에서는 「르몽드」지의 한국 문학 특집이 여러 차례 화제가 되었고, 「뉴욕 타임스」의 서평과 신간 소개란에 한국의 번역 작품이 자주 언급되기도 했다.

한국 문학은 작품의 해외 번역 출판만이 아니라 1990년대 중반 이후 외국의 중요 대학에서 한국 문학 자체가 학문의 대상이 되면서 그 무대를 넓힐 수 있게 되었다. 미국을 비롯한 세계 각국의 중요 대학에서 한국어 강좌와 한국 문학 강의가 개설된 것은 한국 문학에 대한 해외 소개에 큰 영향을 미쳤다. 한국국제교류재단 설립 이후 해외 한국학 분야에 대한 지원 사업이 확대되면서 한국어와 한국 문학 교육이 획기적으로 발전했다. 한국국제교류재단은 한국학의 세계화를 위해 한국학 분야의 교수직 설치, 전문 연구자와 교수 요원의 해외 파견, 학문 후속 세대 육성을 위한 지원, 한국학 분야의 학술 교류 사업 지원 등을 통해 세계 각 지역의 중요 대학에 다양한 한국학 프로그램이 설치, 운영될 수 있도록 했다. 이런 꾸준한 지원 정책에 따라 세계 각국의 중요 대학들도 한국학연구소를 설치하고 한국학 강좌를 개설했다. 오늘날 해외 한국학의 확대와 그 발전은 한국국제교류재단이 추진해 온 지원 사업의 결과라고 할 수 있다.

그렇지만 한국 문학이 세계 무대로 진출하는 데는 여전히 그 기반을 적극적으로 확충하는 것이 절실한 실정이다. 한국 문학 작품의 번역 출판에 대한 지원 확대, 한국 문학 전문 연구자와 번역가 양성, 해외 한국 문학 교육과 연구에 대한 지원, 한국 문학 해외 번역 출판물에 대한 체계적인 홍보 등이 함께 이뤄져야만 한국 문학의 해외 수용 기반이 확대될 수 있다. 특히 한국 문학은 외국의 일반 독자들에게는 아직도 낯선 영역이기 때문에, 일반 독자들의 관심을 끌어 모으기 위해서는 보다 적극적인 해외 교류와 홍보가 필요하다.

한국 문학의 해외 소개

한국 문학의 해외 번역 출판과 보급은 영어권을 중심으로 놓고 보면 그 현황과 실태를 개략적으로 확인할 수 있다. 한국은 해방 이후 미국과 긴밀한 관계를 유지하면서 영어를 중심으로 하는 외국어 교육에 치중했다. 서구 문학의 수용 과정에서도 영어권의 문학이 중심을 이루었으며, 한국 문학의 해외 소개에서도 영어 번역 출판이 큰 비중을 차지했다.

한국 현대소설 가운데 많은 작품이 영어로 번역 출판된 작가로는 황순원, 김동리를 꼽을 수 있다. 황순원의 장편소설 『나무들 비탈에 서다』, 『움직이는 성』 등이 일찍이 영어로 번역되었고, 『황순원 단편선집』이 여러 형태로 번역 출판되었다. 브루스 풀턴(Bruce Fulton) 교수는 황순원 소설의 번역 출판뿐 아니라 그 문학적 성격을 분석 비평하는 작업에도 적극 참여했다. 김동리의 경우는 장편소설 『을화』 이외에도 여러 단편선집이 번역 출간되었다. 해방 이후 작품 중에는 최인훈의 『광장』, 이호철의 『남녘사람 북녘사람』, 한무숙의 『만남』, 박경리의 『토지』, 박완서의 『엄마의 말뚝』과 『나목』, 조세희의 『난장이가 쏘아올린 작은 공』, 김원일의 『마당 깊은 집』, 최인호의 『타인의 방』, 황석영의 『무기의 그늘』과 『손님』, 전상국의 『아베의 가족』, 조정래의 『불놀이』, 이문열의 『시인』과 『우리들의 일그러진 영웅』, 오정희의 『중국인 거리』 등의 번역이 주목된 바 있다. 최근에는 김영하의 『나는 나를 파괴할 권리가 있다』, 신경숙의 『엄마를 부탁해』, 한강의 『채식주의자』 등이 해외 평단의 주목을 받았다.

한국 현대시의 경우, 해외에 널리 소개되어 화제가 된 시인은 서정주, 김지하, 고은을 꼽을 수 있다. 서정주는 현대시를 대표했던 인물인데, 데이비드 매캔(David McCann) 교수가 몇 차례에 걸쳐 서정주 시선집을 내놓았다. 영어권의 독자들뿐 아니라 프랑스와 독일 등지에서도 그의 시 세계에 깊은 관심을 표한 경우가 많으며, 상당한 판매 부수를 기록했다. 김지하는 1970년대 유신 독재 시대

에 투옥되었고, 1980년대까지 민주화 운동에 앞장섰던 시인이다. 그의 시선집
은 1978년 미국에서 처음 출판되었고, 1980년에 데이비드 매캔 교수에 의해 새
로운 시선집이 번역 출판되기도 했다. 김지하의 시들은 이후 세계 각국에 소개되
었으며, 1981년 세계시인대회에서는 그에게 '위대한 시인상'을 수여하기도 했
다. 고은은 대표작 「만인보」가 여러 나라의 언어로 번역 출판되면서 세계적인 시
인이 되었다. 작고한 시인 가운데에는 김소월의 「진달래꽃」, 한용운의 「님의 침
묵」, 윤동주의 「하늘과 바람과 별과 시」 등의 영어 완역판이 나왔다. 정지용, 서정
주, 박목월, 구상 등의 시선집은 일찍 번역 출간이 이루어졌다. 김남조, 고은, 황
동규, 김지하, 오세영, 김광규, 강은교, 문정희, 김혜순 등의 시선집도 주목된 바
있다. 한국 현대시의 번역 작업에서 가장 두드러진 활동을 보이고 있는 번역자는
데이비드 매캔 교수와 앤서니 티그(Anthony Tigh) 교수다. 데이비드 매캔의 경우
는 미국에서 활동하는 현역 시인이다. 그는 자신의 시집을 갖고 있는데, 김지하
시선집과 서정주 시선집, 김남조 시선집을 번역 출판했다. 하버드대학교에서 한
국 문학을 담당하면서 한국 문학작품의 번역 소개를 위한 전문 잡지 『아잘리아
(Azalea)』를 매년 발간하고 있다. 앤서니 티그 교수는 현재 '안선재'라는 한국명
으로 활동하고 있는데, 구상 시선집, 고은 시선집, 김광규 시선집, 오세영 시선집
등을 번역했다.

한국 문학의 세계 무대 진출은 한국 문학이 추구해 온 문학적 기법과 주제를
외국 독자들이 어떤 개방적 자세로 받아들이느냐에 대한 선택의 취향과 관심에
의해 성패가 좌우된다고 할 수 있다. 이 경우 가장 중요한 것이 언어다. 언어는 문
학의 본질을 결정한다. 한국 문학은 한국어의 정서라는 고유성을 기반으로 그 정
체성이 확립된다. 그런데 한국 문학을 세계 여러 나라의 독자들에게 확산시키고
자 한다면 다른 지역의 독자들이 사용하는 언어로 번역되어야만 한다. 이 경우
가능해지는 문학의 교류는 결국 언어의 충돌과 경쟁, 번역과 수용과 동화라는 역
동적인 과정을 통과해야만 한다. 한국 문학은 한국어라는 문화적 기반을 벗어나

서는 그 정체성을 유지하기 어렵지만, 세계의 독자와 만나기 위해서는 반드시 번역 과정을 거치지 않을 수 없다. 물론 번역 출판되더라도 그 내용이 대중 독자들의 관심을 끌 수 있어야 한다.

한국에서는 매년 10여 종 안팎의 문학작품이 복잡한 절차를 거쳐 영어로 번역 출판되어 전 세계에서 영어로 출판되는 책들과 경쟁한다. 미국에서는 2000년에 접어들면서 매년 1만 2,000여 종의 문학작품이 출판된다고 한다. 그중 약 3퍼센트에 해당하는 350여 종이 영어로 번역된 작품이다. 이들 번역서들은 비영어권의 작품을 영어로 번역한 것들인데, 아시아 각국의 작품이 대략 50여 종에 이른다고 한다. 이 가운데 한국 문학작품의 영어 번역본도 끼여 있는 셈이다. 영어권에서 가장 많은 독자층을 이루고 있는 미국인들은 해마다 쏟아져 나오는 1만여 종의 문학작품 가운데 작은 열쇠 구멍을 통해 비영어권 지역에서 나온 번역 작품들을 겨우 찾아볼 수 있는 것이다. 이 같은 상황을 놓고 본다면 한국 문학의 세계 무대 진출이라는 것이 얼마나 힘든 일인지 알 수 있다.

문학작품의 해외 번역 출판에서 무엇보다 중요한 것은 질 좋은 번역이다. 작품의 번역은 반드시 번역어를 모국어로 하면서 한국어에 능숙한 외국인이 중심이 되는 것이 바람직하다. 특히 번역자의 문학적 소양도 중요하다. 아무리 한국어를 잘 이해하는 외국인이라 하더라도 문학에 대한 관심과 이해가 없다면 문학작품 번역가로서 부적절하다. 번역 주체가 번역 대상 언어를 모국어로 하는 번역가라는 데는 이의가 없을 것이다. 한국 문학작품을 번역할 정도로 한국어와 외국어를 모두 모국어처럼 구사하고 문학적인 재능을 지니고 있는 번역자는 극소수에 불과하다. 해외 거주 한국인 2세들 가운데에서 훌륭한 번역가가 등장할 가능성도 있긴 하지만, 상당 기간의 수련이 필요할 것이다. 현재 번역 출판된 작품들을 보면 대부분의 번역자가 해외에서 활동하기보다는 한국 내에서 활동하고 있어 번역 출판된 작품의 홍보에도 한계를 보이고 있다.

문학작품의 번역에서 어떤 작품을 번역할 것인가 하는 문제도 매우 중요하다. 번역자들이 번역 작업에 착수할 경우, 자기 취향이나 관심에 의해 번역 작품을 선정하는 것은 당연하다. 그러나 기왕에 이루어진 번역 출판의 경우, 번역 지원 기관에서 미리 번역 대상으로 정해 놓은 작품의 번역을 의뢰받은 것들이 많았다. 번역가는 단순한 번역 작업에 동원되었던 것이다. 이 같은 작품 선정 방식은 올바르다고 하기 어렵다. 번역 작품 선정에서 주의할 것은 그 번역 작품을 읽을 독자층을 미리 예측해야 한다는 점이다. 문학작품의 번역이 외국의 대중적인 독자층을 지향하고 있는지, 대학의 교재나 연구용 자료를 목적으로 한 것인지도 분명히 정해야 하며, 그 목적에 따라 출판과 보급 방식을 고려해야 한다. 그러므로 작품 선정에 번역자의 의견이 충분히 반영되도록 하는 것이 좋다.

한국적인 소재를 다룬 것과 보편적인 소재를 다룬 것 가운데 어떤 것을 번역할 것인가 하는 문제도 가끔 제기된다. 이 두 가지 조건을 동시에 만족하는 작품이 없다면, 한국적인 속성을 지닌 것 가운데 예술적 완결성이 높은 것을 택해야 한다. 이미 앞에서도 언급한 것처럼, 서구 언어권에서는 중·장편소설에 대한 일반 독자들의 선호가 분명하기 때문에, 장편소설의 번역에 힘쓰는 것이 바람직하다. 어떤 작가의 작품인지도 관심을 가져야 한다. 다양한 작가를 널리 소개하는 일도 필요하지만, 특정 언어권에서 번역 출판되어 관심을 모은 작가는 다른 언어권에도 소개하는 것이 좋다.

근래 한국 문학은 해외 번역 출판을 통해 일반 외국 독자들의 관심을 불러일으키기 시작했다. 신경숙의 『엄마를 부탁해』라든지 한강의 『채식주의자』 등이 거둬들인 성과가 이를 말해 준다. 물론 한국 문학작품의 해외 번역 소개 작업이 모두 커다란 성과를 거두었다고 평가하기는 아직 이르다. 여전히 한국 문학은 세계 문학의 변방에 위치하고 있으며 외국인 독자들의 한국 문학에 대한 이해도 형편없이 부족한 것이 사실이다.

여기서 한 가지 주목해야 할 것이 1990년대 이후 한국 사회의 슬로건처럼 내세워진 '세계화'라는 말이다. 이것은 그동안 논의해 온 '근대화'라는 말과 대조를 이룬다. 이 말은 한국 사회의 발전을 시대적 순서 개념에 의해서가 아니라, 공간적인 본질 개념으로 바꾸어 놓고 보는 새로운 개념이다. 이 경우 가장 중요한 것은, 한국 사회에 대한 인식의 관점과 방법의 일대 전환이다. 한국적 특수성에 대한 논의에서 벗어나 어떻게 공간적으로 확장된 세계적 보편성으로 관심의 방향을 전환할 수 있는가 하는 것이 당연한 과제가 된다고 할 것이다. 한국 문학의 세계 무대 진출은 문학의 인류적 보편성에 대한 인식에서 출발한다. 한국적인 것에서 세계적인 것으로의 확대, 특수성에서 보편성으로의 전환, 이것이 바로 세계화의 과제다. 그리고 그 실천적 방안으로 중시되고 있는 것이 한국 문학의 해외 번역 소개 문제다. 한국 문학 작품의 해외 소개는 흔히 '한류'라는 이름으로 포장되고 있는 한국 문화산업의 해외 확대와 같은 상업적 논리로 이해되기 쉽다. 그러나 문학작품의 해외 소개는 문화 상품의 소비와 달리 문화의 전파와 수용이라는 새로운 문제를 야기하는 것이다. 이것은 가격과 품질과 패션에 의해 좌우되는 상품 소비 시장의 원리와 전혀 다른 요건들에 의해 지배된다. 이 문제는 경제적인 접근에 의해서가 아니라, 문화적 접근에 의해서만 가능하다. 한국 문학의 해외 소개는 한국 문학이 이질적인 외국 문학 속에 들어가 서로 충돌하기도 하고 화해로운 만남을 이루기도 하는 과정 속에서 이루어진다. 이것은 문학적인 기법과 주제에 대한 독자들의 고급한 취향의 문제에 의해 그 성패가 좌우된다. 이 경우 가장 중요한 것은 이 같은 문화적인 접촉을 가능하게 하는 각종 사업을 어떻게 구성하고 실행하느냐 하는 문제다.

미국 대학의 한국 문학 교육 연구 현황

미국의 중요 대학에서 이루어지고 있는 한국 문학 교육과 연구는 그 역사가 짧고 그 내용 또한 초보적인 단계에서 크게 벗어나지 못하고 있다. 미국 대학의 한국 문학 교육은 개척적인 업적을 남긴 피터 리(Peter H. Lee) 교수를 비롯한 몇 몇 학자들에 의해 그 기초가 마련되었다고 할 수 있다. 그러나 한국 문학에 관한 연구가 학문적인 영역에서 발전하게 된 것은 1960년대 중반 이후 한국에서 활동한 '평화봉사단'의 영향이 크다. 평화봉사단 단원들은 대학을 졸업하고 일정 기간 한국에서 활동하면서 한국을 배우고 한국에 대한 이해가 깊어졌다. 이들 가운데 몇몇은 미국으로 돌아간 뒤 한국에서의 체험을 살려 대학에서 한국 연구 전문가로 성장했다. 현재 미국에서의 한국학 연구는 이들이 각 분야에서 주도하고 있다. 그러나 이들의 대학 진출이 쉽게 이루어진 것은 아니다. 이들은 대부분 학위 과정을 마친 뒤 오랜 기간 전임 직위를 가지지 못하다가 1980년대 중반을 전후해 대학에 자리 잡은 경우가 많다. 미국에서 평화봉사단 제도가 폐지된 1970년대 말 이후에는 한때 한국 연구의 학문적 후속 세대를 제대로 육성하지 못했다. 하지만 한국의 경제 성장과 함께 한국국제교류재단을 중심으로 체계적인 지원이 이루어지면서 미국의 대학들이 한국학연구소를 개설하고 한국학 강좌를 열게 되었다.

미국의 대학에서 이루어지고 있는 한국 문학 교육 연구 현황을 이해하기 위해서는 현재 미국의 대학에서 개설 운영하고 있는 한국학 관련 강좌의 내용을 살펴볼 필요가 있다. 미국의 3,000여 개 대학 가운데 한국학 관련 강좌의 기본이 되는 한국어를 정식 교과 과정의 강좌로 개설 운영하고 있는 대학은 이미 수백 개교나 된다. 대개 동아시아의 외국어 과목 가운데 하나의 선택과목으로 한국어 강좌를 운영한다. 한국학 연구(Korean Studies) 자체가 동아시아언어문화학과 내에서 하나의 전공 과정으로 설치된 대학은 하버드대학교, 컬럼비아대학교, 시카고대학교, 캘리포니아주립대학교(UCLA), 남가주대학교(USC), 미시간대학교, 워싱턴대학교, 일리노이대학교, 하와이대학교 등 명문 대학들이다. 이 가운데 하버드대학교, 컬럼비아대학교, UCLA, 하와이대학교 등은 1980년대 이전부터 한국학 연구를 전공 과정으로 운영해 왔다. 한국학 연구 분야의 교과 과정, 교수 요원, 연구

시설 등이 가장 잘 갖추어진 대학은 UCLA, USC 등을 꼽을 수 있다. 한국어는 물론 한국 문학, 한국사, 한국 사회, 한국 종교, 한국 예술 등 여러 분야에 걸쳐 전공 교수를 두고 있으며 학부 과정과 대학원 과정에서 한국학 관련 다양한 강좌를 개설, 운영하고 있다.

미국 대학에서 한국 문학은 한국학 과정에 속하는 하나의 강좌에 불과하다. 그러므로 그 규모와 범위가 한정될 수밖에 없다. 2인 이상의 한국 문학 담당교수를 채용하고 있는 대학은 한 곳도 없으며, 한국 고전문학 전공자를 채용한 곳은 하버드대학교뿐이다. 주로 한국 근대문학 또는 현대문학 분야를 중심으로 강의가 이루어지는데, 학부 과정에서는 대개 학기당 2~3개 강좌가 개설되고, 대학원 과정에서는 세미나 위주로 강좌를 운영한다.

미국 대학에서 한국 문학을 담당했던 제1세대 교수로는 UCLA의 피터 리 교수를 손꼽을 수 있다. 피터 리 교수는 한국 문학뿐만 아니라 비교문학, 중국 고전과 일본문학에도 두루 능통해 한국 문학의 학문적 위상을 정립하는 데 선구적 역할을 담당했다. 하와이대학교에서 1960년대부터 1970년대까지 강의했으며, 1980년대 이후 UCLA에서 한국 문학을 강의하면서 많은 학자들을 키웠다. 피터 리 교수가 엮은 『현대 한국 문학(Modern Korean Literature : An Anthology)』은 영어권 대학에서 한국 문학 입문 교재로 가장 널리 활용되었다. 한국 문학의 통사적 체계화를 시도하고 있는 『한국 현대문학사(A History of Korean Literature)』는 필자를 포함해 한국의 몇몇 교수들이 함께 참여했으며, 한국 고전문학에서 현대문학에 이르기까지 전체적인 문학의 변화 양상을 영어권에 소개한 최초의 업적이라고 할 수 있다. 피터 리 교수의 개인 저작 가운데 『동아시아 고전시가의 주제(Celebration of Continuity : Themes in Classic East Asian Poetry)』는 한국 고전시가와 함께 중국의 한시, 일본의 고전시가를 서로 비교하면서 그 주제의 공통점을 추론한 이 방면의 역작으로 손꼽힌다. 하버드대학교에서 한국 문학을 전공한 마셜 필(Marshall R. Pihl) 교수는 1980년대 후반부터 1990년대 중반까지 하와이대학교에서 강의했다. 마셜 필 교수는 한국 현대소설을 주로 번역 소개하면서 한국 근대소설 작품선집『유형의 땅(The Land of Exile)』을 발간하였다. 그의 개인 연구서인『이야기를 노래하는 한국인(The Korean Singer of Tales)』은 판소리를 서구 세계에 알린 가장 전문적인 저작물로 유명하다. 코넬대학교에서 한국 문학을 강의했던 데이비드 매캔 교수는 1997년부터 '한국국제교류재단 석좌교수'라는 직함으로 하버드대학교에 부임하면서 본격적인 한국 문학 강좌를 다양하게 운영했다. 그는 주로 한국의 현대시를 영문으로 번역 출판했는데,『서정주시선집』, 『김지하시선집』,『김남조시선집』,『고은시선집』등이 유명하다. 그의 개인 저서인 『한국 시의 형태와 자유(Form and Freedom in Korean Poetry)』는 한국의 고전시가 양식인 시조와 가사의 형태가 민요와 함께 결합되면서 어떻게 새로운 근대적인 시 형태를 형성하고 있는지 고찰하는 중요한 업적이라고 하겠다. 한국 소설 번역 가로 유명한 브루스 풀턴 교수는 서울대학교에서 문학 박사 학위를 받았다. 현재 캐나다 브리티시컬럼비아대학교에서 강의하면서 한국 문학작품의 번역과 연구 작업을 수행하고 있는데, 소설가 황순원의 장편소설『나무들 비탈에 서다』와『움 직이는 성』,『황순원 단편선집』등을 내놓았다. 조세희의『난장이가 쏘아올린 작 은 공』도 풀턴 교수의 번역으로 출판되었다.

　　미국 대학의 한국 문학 연구에서 제2세대에 속하는 학자로는 컬럼비아대학 교의 시어도어 휴스(Theodore Hughes) 교수, 시카고대학교의 최경희 교수, UC 샌디에이고의 이진경 교수, UCLA의 크리스토퍼 한스컴(Christopher Hanscom) 교수, 듀크대학교의 권 에이미 나영(Aimee Nayoung Kwon) 교수, 토론토대학교 의 재닛 풀(Janet Poole) 교수, 워싱턴주립대학교의 이지은 교수, USC의 박선영 교수, 미시간대학교의 유영주 교수 등이 있다. 이들은 제1세대 학자들의 영향을 받으면서 한국 문학을 전공했는데, 양식적 분류 방식에 따른 시, 소설, 비평, 희 곡 등 전공 영역의 구분을 벗어나 한국 문학에 대한 '탈경계적' 접근 방법을 채 택해 이른바 '문화 연구'의 새로운 틀을 제시했다. 한국 문학을 탈식민주의적 관점에서 다채롭게 해석하고 있는 점도 특징이라고 할 수 있다. 시어도어 휴스 교수의 『냉전시대 한국의 문학과 영화(Literature and Film in Cold War South Korea: Freedom's Frontier)』(2012), 크리스토퍼 한스컴 교수의 『실재하는 근대(The Real Modern: Literary Modernism and the Crisis of Representation in Colonial Korea)』(2013), 권나영 교수의 『친밀한 제국(Initiate Empire: Collaboration and Colonial Modernity in Korea and Japan)』(2015), 재닛 풀 교수의 『미래가 사라질 때(When the Future Disappears: The Modernist Imagination of Late Colonial Korea)』(2014), 이지은 교수의 『쓰여진 여성(Women Pre-Scripted: Forging Modern Roles through Korean Print)』(2015), 박선영 교수의 『무산계급의 물결(The Proletarian Wave: Literature and Leftist Culture in Colonial Korea 1910-1945)』(2015) 등이 구체적인 업적에 해당한다. 이들 외에도 2010년 이후 UCLA, 하버드대학교, 시카고대학교 등지에서 박사 학위를 취득한 젊은 학자들이 미국의 몇몇 대학에서 계약직으로 한국 문학을 가르치고 있다.

　미국의 대학에서 한국 문학은 동아시아 문학의 한 영역으로 취급되기 때문에, 대학의 학사 조직으로 한국학과를 독자적으로 운영하는 곳이 없다. 동아시아 문학의 넓은 범주 안에서 중국문학이나 일본문학과 함께 다루어지고 있을 뿐이다. 그러므로 한국 문학이 독자적인 성격과 그 보편적인 의미를 인정받기 위해서는 먼저 동아시아 문학 안에서 한국 문학의 위상을 분명히 해야 한다. 물론 한국학 자체의 역사가 짧은 서구에서 한국학의 위상을 제대로 세우기 위해서는 상당한 노력이 필요하다. 이미 지역학의 일환으로 확고한 자리에 서 있는 중국학이나 일본 연구의 경우는 미국의 주요 대학에 세계적인 학자들이 포진하고 있다. 그들은 동아시아 문화 가운데 중국 문화나 일본 문화가 지니고 있는 가치의 보편성을 깊이 있게 연구하고 있다. 그러나 한국학의 경우는 대개의 경우, 한두 명의 학자가 동아시아학과에 자리하면서 한국에 관한 모든 교육 연구를 주도한다. 그러므로 교육 연구 수준이 결코 향상되기 어렵다.

해마다 대규모로 열리는 북미아시아학회(AAS)의 경우 한국 문학에 관한 패널은 한두 개에 불과하고 참여 학자의 수도 매우 한정되어 있다. 이 학회에서 발간하는 학회지 『아시아 연구 저널(Journal of Asian Studies)』에는 한국 문학에 관한 연구 논문이 수록된 적이 별로 많지 않다. 이것은 아시아 연구에서 한국에 대한 연구 수준이 어디에 있는가를 말해 주는 단적인 근거가 된다. 한국 문학이 동아시아 문학 속에서 그 위상을 높이기 위해서는 중국문학이나 일본문학과의 활발한 교류와 선의의 경쟁이 필요하다. 세계적인 지위에 있는 일본문학 전문가나 중국문학 전문가들이 동아시아 문학 가운데 한국 문학의 위상을 인정하고 이해할 수 있도록 하는 일도 중요하다. 비교문학적 차원에서 상호 관계에 대한 연구도 활발히 진행되어야 하며, 현역 문인들 간에도 보다 빈번한 접촉과 교류를 가짐으로써, 상호 이해의 길을 열어야 한다.

과제와 전망

미국의 여러 대학에서 한국 문학 교육과 연구는 최근 꾸준히 발전 확대되고 있음에도 불구하고 여전히 여러 가지 문제를 안고 있다. 그 가운데 가장 중요한 한 가지 과제는 한국 문학 연구를 위한 후속 세대의 양성이다. 한국의 경제적 성장과 한국 문화의 확산으로 근래 미국이나 영국, 캐나다 등지의 대학에서 한국에 대한 관심이 크게 증대되고 있지만 대부분의 대학이 학생의 요구를 바로 충족시켜 주지는 못하고 있다. 한국학 관련 분야에 대한 지원 예산도 없고 대학 강단에서 강의할 수 있는 자격을 갖춘 전문가도 부족하기 때문이다. 미국의 대학은 대개 새로운 프로그램 개설을 외부의 지원에 크게 의존한다. 외부 지원 없이는 사실상 한국학 연구에 관한 좋은 프로그램을 만들 수 없다는 뜻이다.

한국학 연구 전문가를 제대로 키우지 않고서는 한국 문화의 세계화를 말할 수 없다. 한국을 널리 알리고 한국학 연구 수준을 높이기 위해서는 한국에 관한 다양한 교육과 연구가 가능하도록 지원하고 한국 연구 전문가를 키우는 게 필요하다. 이를 위해서는 해외 한국학에 대한 연구 지원을 대폭적으로 확대할 필요가 있다. 일본의 경우는 이미 1960년대 중반부터 해외 일본 연구의 발전을 위해 엄청난 연구비를 투자해 왔으며, 그 결과 세계 각국의 대학에서 수많은 일본 전문가를 양성했고, 그를 통해 일본 문화의 세계화를 상당 수준 이루어 내고 있다. 한국에서는 한국국제교류재단, 한국학중앙연구원 등을 중심으로 여러 가지 지원 대책을 만들고 있으나, 보다 장기적이고 체계적인 지원 방안을 마련하기 위해서는 '해외한국문학교육연구지원기금'과 같은 새로운 제도를 만들어 지속적이고도 적극적인 지원이 이루어지도록 해야 한다.

한국 문학을 연구하는 학자들이 고정적인 지위를 확보하고 연구와 교육에 전념할 수 있어야만 한국 문학의 발전을 기대할 수 있다. 한국 문학을 전공하고 박사 학위를 취득해도 연구와 강의를 지속할 수 있는 지위가 확보되지 않으니, 전공 학자들을 양성하기 어려웠던 것이 사실이다. 이 악순환을 깨야만 한국 문학의 학문적 발전을 기대할 수 있을 것이다. 결국 한국 문학이 학문적 지위를 확보하고 해외에 널리 보급되기 위해서는 해외 여러 대학에서 한국 문학 교수를 더 많이 채용하도록 지원해야 한다. 미국 대학의 한국학 연구 프로그램은 대개 한두 사람의 연구자를 중심으로 대부분의 강좌를 운영하는 실정이다. 그렇기 때문에 연구자들은 자신의 전공 분야와 상관없이 한국학의 여러 분야를 개괄적으로 소개하는 일에 매달릴 수밖에 없다. 이들이 연구 활동에 전념하도록 지속적으로 지원하고 그 결과가 널리 알려질 수 있도록 해야 한다.

한국 문학 연구자들의 연구 결과를 논문 또는 책으로 출판할 수 있도록 하는 저술 지원 제도도 만들어야 한다. 해외에서 한국에 관한 책을 출판하려면 여간 힘들지 않다. 한국 문학에 관한 전문 서적을 출판하기 위한 출판 지원 제도를 마련하면 한국 문학에 대한 새로운 연구서들이 더 많이 나올 것이다. 미국의 대학에서 이루어지고 있는 한국 문학 연구의 학문적 수준은 어떤 하나의 기준을 내세워 논의하기 어렵다. 연구 주제에 따라 그 수준이 다르기 때문이다. 아직도 학문적인 기반이 제대로 확립되지 못한 영역이 있는가 하면, 동양학 연구 분야에서 상당한 지위를 확보하고 있는 영역도 있다. 한국 문학 연구의 수준을 높이기 위해서는 국내 학계와의 교류를 촉진하는 방안도 필요하다. 외국의 한국 문학 연구자는 국내 학계의 연구 수준과 그 내용을 곧바로 수용할 수 있는 학술적인 교류가 부족하다. 국내의 한국 문학 연구 내용에 대한 정확한 정보와 이해가 이루어질 수 있다면, 한국 문학 연구 수준이 보다 높아지고 그 내용도 풍부해질 것으로 생각된다. 국내 학계의 연구자들과 해외 연구자가 서로 학술적인 정보를 교환하고 연구 내용에 대해 활발하게 토의할 수 있는 학문적 교류가 이루어질 수 있도록 제도적인 장치를 마련하는 일이 필요하다.

한국 문학 연구가 후진성을 면하지 못할 경우, 중국문학이나 일본문학 전문가들과의 학문적인 접촉과 교류가 어렵게 된다. 한국 문학 연구의 성과가 일본문학과 중국문학의 경우와 서로 경쟁할 수 있는 수준에 도달해야만, 지역 연구로서의 상호 관련성이 더욱 강조되고 상대적으로 한국 문학 연구의 학문적 위상도 제고될 수 있을 것이다. 한국 문학은 지금까지 외국의 대학에서 거의 주목받지 못하고 있지만, 한국 경제의 발전과 해외 시장 진출에 따라 한국 역사와 문화 전반에 대한 관심이 커지고 있다. 미국의 경우만 보더라도 대학에서 한국 문학 강좌는 한국어 교육의 확대와 함께 점차 늘어나고 있다. 한국에 대해 오랫동안 무관심했으나 지금은 세계가 한국을 새로운 눈으로 이해하려 하고 있다. 이와 동시에 많은 외국의 대학에서 한국에 대해 더 배우고 연구해야 한다는 움직임이 일어나고 있다. 지금이야말로 해외에서 한국 문학의 학문적 위상을 발전시킬 수 있는 좋은 기회다. 앞으로 두 번 다시 올지 모르는 이 기회를 놓쳐서는 안 될 것이다.

사회과학에서의 한국학

데이비드 C. 강 | 서던캘리포니아대학교(남가주대학교) 한국학연구소 소장

한국은 전쟁, 침략, 식민 지배, 경제 발전, 민주화, 그리고 분단이 지속되는 한반도 문제로 오랫동안 세계의 관심을 받아 왔다. 미국 정부는 주기적으로 북한을 가장 심각한 안보 위협으로 꼽는다. 한미 동맹은 동북아시아에서 평화와 안정을 보장하는 가장 중요한 요소이다. 요약하자면, 한국은 사회과학 영역에서 매우 중점적인 학문적 요인들로 인해 중요한 위치를 차지하고 있다.

그러나 북미권에서 한국을 연구하는 사회과학자들은 많지 않을 뿐만 아니라, 한국을 더 큰 연구 사례로 사용하는 학자들조차 별로 없다. 여기에는 여러 가지 이유가 있는데, 일부는 교육제도의 특성 때문이기도 하고, 일부는 학문 내부의 고질적인 편견 때문이기도 하다. 그러나 다른 한편으로는, 오늘날 북미권에서 한국학이 사회과학에서 차지하는 위치는 그 어느 때보다 더 주류이며, 더 많은 이들이 한국에 대해 연구한다. 역설적으로, 아시아와 한국을 연구하는 것은 이전 세대보다 오늘날 더 인정받고 있다.

이 논문은 사회과학에서 한국학의 역사를 탐구하고, 해당 분야의 현황을 분석하며, 더 많은 사회과학자가 한국을 연구할 수 있도록 일자리를 제공하고 교육할 수 있는 방법을 제시할 것이다. 이 논문은 특별히 북미권 대학교에 초점을 두

고 있다. 각 지역은 고유한 학문 기관, 양식, 규범, 문화를 갖고 있다. 북미권에서 전형적인 어떠한 것이 다른 지역에서는 그렇지 않을 수도 있으므로, 북미권의 경험을 기반으로 미루어 짐작하는 것은 바람직하지 않을 수 있다.

한국을 연구하는 사회과학자들의 역사와 교육

사회과학의 일정 부문에서 한국학은 오랜 시간 동안 중요한 주제였다. 어찌 됐든 한국 전쟁의 원인, 한국의 빠른 경제 발전, 북한 문제, 그 외 한국과 관련된 다른 문제들은 오랫동안 서양의 학자들과 정책 수립자들에게 연구의 대상이었 다. 그러나 일반적으로 봤을 때, 지금은 과거에 비해 사회과학에서 지역학이 차지 하는 입지가 축소되었다. 예를 들어, 미국의 대학원이나 학부에서 아시아계 언어 는 유럽의 로망어보다 가르치거나 배우는 경우가 훨씬 적다. 한국어를 배우기가 어려운 것은 잘 알려져 있다. 그러나 이는 사회과학 부문에서 한국학 연구자가 적 은 수많은 이유 중 하나일 뿐이다. 또 다른 주요한 이유는 세밀한 경험적 지식보 다는 추상적인 이론을 강조하며, 연구에 있어 사례 조사보다는 '빅데이터'나 양적 연구법을 점점 더 강조하는 학문 자체의 고질적인 편견과 습관에 있다. 마지막으 로, 한국학 자체가 지닌 장벽도 있다. 한국은 전통적으로 사회과학이 아닌 인문학 을 통해 연구되었다. 인문학에서 한국학에 대한 최소한의 능력을 갖추는 것은 사 회과학에서보다 훨씬 더 많은 언어적 능력을 요구하는 경향이 있다.

정치학, 사회학, 경제학, 심리학, 인류학 등 거의 모든 사회과학 학문은 더 양 적으로 변화하고, 빅데이터 또는 최소한 대량의 데이터 세트를 사용하는 연구를 강조하고 있다. 다양한 분야에서 사례 연구의 효용성에 대한 토론이 활발하게 진행되고 있지만, 일반적으로 세밀한 경험을 기반으로 한 현장 연구는 현대적인 양적 방법을 사용한 연구보다 그 중요성이 덜 인정받는다.[1] 그러므로 한국의 데이터는 큰 데이터 세트에서 활용될 수 있다 하더라도, 한국과 같은 국가에 대한 깊은 지역적 지식이나 장기적 현장 연구는 이전 세대보다 그 가치가 덜 인정받고 있다.

북미 지역에서 한국학 또는 아시아 지역학에만 초점을 두는 사회과학분야 학과는 손에 꼽을 정도다. 일반적으로, 학생과 교수들은 정치학이나 사회학과 같은 학과목에 집중하고, 사회과학에서 학자로 성공하기 위해 매우 중요한 요소는 경험적 증거를 더 거대한 이론적인 문제나 질문의 한 '사례로' 사용하는 것이다. 그러므로 예를 들어 한국의 민주주의에만 관심을 두는 학자를 찾기란 쉽지 않다. 한국의 민주주의 연구에서 가장 성공적인 이들은 일반적인 민주주의의 연구를 위해 더 넓은 시사점을 이끌어 낼 수 있는 이들이거나, 한국의 민주화를 비교적인 맥락에 엮어 한국뿐만 아니라 다른 민주주의의 사례로 들 수 있는 이들이다.

예를 들면, 스테판 해거드(Stephan Haggard)는 한국을 연구한 학자 중 가장 많이 인용되는 사람 중 한 명일 것이다. 그러나 해거드는 한국어를 구사하지 못하며, 한국에서 많은 시간을 보내지도 않았다. 오히려 그는 특정 주제에 대한 조사를 진행하기 위해 짧은 기간 동안 집중적으로 한국을 방문했다. 1990년대에 해거드는 왜 한국이 그렇게 빠르게 성장했는지 설명하고자 했다. 그는 『주변부로부터의 오솔길』이라는 뒤이은 책에서 총 8개의 사례 연구를 사용했는데, 이 중 4개는 라틴아메리카의 사례이고, 4개는 동아시아의 사례였다. 해당 연구에서 한국은 매우 주요한 요소였으나, 위와 같은 비교적인 맥락이 없었다면 그 책은 그만큼의 영향력을 갖지 못했을 것이다. 해거드가 성공할 수 있었던 이유는 바로 그가 더 큰 문제들에 대한 질문을 던지는 비교 연구가였기 때문이다. 그는 민주주의와 개발에 대한 더 일반적인 주장을 하기 위해 한국을 주요한 측정점으로 사

1　일례로, David Kuehn, "Combining Game Theory Models and Process Tracing: Potential and Limits," *European Political Science* 참조.

용했다.

그러므로 사회과학 영역에서 한국학 연구가들을 배출하는 데 선구자적 역할을 하는 특정 학교나 프로그램을 꼽기는 쉽지 않다. 정치학이나 사회학 일반으로 우수한 학교 중 다수가 한국에 관심을 두는 박사들을 이따금 배출할 뿐이다. 그리고 훌륭한 학생들을 배출할 수 있는 한국학 학자들이 가끔 존재한다. 스탠퍼드대학교의 사회학자인 신기욱 교수는 훌륭한 대학원생들을 여럿 배출했는데, 그들은 세계 여러 곳에서 일류 직업을 갖게 되었다. 그러나 이는 학생들을 끌어들이고 교육한 신 교수의 역량이었지, 한국학 연구가들을 교육하기 위한 스탠퍼드대학교 사회학부의 일반적인 성향을 나타낸다고 보기 어렵다. 지역학에 대한 스탠퍼드대학교의 저조한 지원에도 불구하고 신 교수가 이뤄낸 결과이며, 대학의 지원 덕분에 생겨난 것이 아니다. 이와 비슷하게, 조지타운대학교의 빅터 차 교수가 배출한 훌륭한 사회과학자들은 좋은 학교에서 종신 교수직으로 재직하고 있다. 그러나 이 또한 조지타운대학교가 한국에 호의적이라는 의미가 아니라, 차 교수가 좋은 학생들을 배출한 것일 뿐이다.

요약하자면, 미국에서 한국학연구소는 다수 존재한다. 한국을 연구하는 매우 성공한 사회과학자들 역시 다수 존재한다. 그러나 사회과학 학과들은 특정 지역에 집중하는 경우가 적기 때문에, 한국을 연구하기에 좋은 곳들은 우수한 사회과학 학과인 경우가 많다. 오히려, 개별적인 학교의 개별적인 학자들의 성공은 해당 학자와 특수한 조건들의 조합으로 탄생한 결과다. 불행히도 이는 사회과학 영역에 있어 학교에서 한국이나 아시아에 대한 연구를 강조한 결과가 아니다.

한국학 연구 촉진을 위한 제안

사회과학에서 한국에 대한 연구가 일정 부분 받아들여지긴 하지만, 전문적 분야로 성공하기 위해서는 큰 장벽들이 존재한다. 일반적으로 지역학을 연구하는 학자들, 특히 한국학을 연구하는 학자들이 사회과학 분야에서 전문적으로 성공하는 데 실질적인 장벽이 존재한다는 것은 부인할 수 없는 사실이다. 저자의 전문 분야인 국제관계학(international relations, IR)에서 가장 권위 있는 학술지는 『국제기구(International Organization)』이다. 1990년부터 2015년까지 25년간, 『국제기구』에 실린 논문들의 제목에서 다음 단어들이 실린 횟수를 보면 한눈에 알 수 있다.

유럽/유럽의 - 64회
(연관 단어): 유럽 연합 - 20회

아시아/아시아의 - 6회
중국 - 3회
일본 - 8회
한국/한국의 - 3회

『국제기구』가 아시아보다 유럽에 대해 훨씬 더 많은 연구 논문을 싣는 이유는 뭘까?

동아시아와 한국에 중점을 두는 이들의 연구가 국제관계학 분야 일류 학술지에 실리지 않는 것에 대한 일반적인 설명은 우리의 연구들이 너무 경험에 기반을 두고 있어 일반화할 수 없으며 이론적이지 않다는 것이다. 실제로 논문 출판에 있어 핵심은 광범위하게 이론적이고 일반화할 수 있는 주장을 하고, 경험적인 예시들을 더 커다란 이론적 문제의 '일례로' 사용하는 것이다. 주류 사회과학자들은 동아시아를 연구하는 학자들에 대해 그들만 관심을 두는 문제들에 대해 수다 떠는 것을 좋아하는 맨발의 경험주의자인 경우가 많고, 더 폭넓게 일반화하거나 이론적인 주장을 하기에는 역부족이라고 여기는 듯하다. 즉, 이는 한국학 학자들의 문제라는 것이다.

두 번째 이유는 유럽이 동아시아보다 이론적, 실증적으로 흥미롭고 도발적이며, 유럽으로부터의 시사점은 아시아의 그것보다 훨씬 더 우리의 이론에 문제를 제기하고, 이론을 변화시키며, 확장한다는 것이다. 확실히 해 두자면, 『국제기구』는 국제기구를 연구하며, 국제기구들이 다른 지역보다 유럽에서 훨씬 더 발달한 것은 사실이다.

그러나 유럽이 아시아보다 학문과 정책에 있어 훨씬 더 중요하다는 주장을 심각하게 제기할 학자가 과연 있을까? 예를 들어, 확실하게 21세기의 가장 중대한 문제 중 하나인 중국의 부상은 현존하는 이론만으로 너무나 쉽게 이해할 수 있고, 설명하고 묘사하고 개념화할 수 있어서 우리의 이론 중 그 어느 것에도 문제를 제기하고 변화시키지 않는 것인가? 중국 부상의 실증적인 시사점이 너무나 명백하고 간단해서 중국의 국내 또는 외부 정책에서 우리 이론에 시사점을 줄 수 있는 것이 전혀 없는 것인가? 경제 성장, 권력 이동, 권위주의 정권 및 그 생존, 국가주의, 강대국 전쟁 등을 연구하는 학자들은 중국의 경험에서 배울 점이 전혀 없는 것일까? 학계의 일류 학술지에서 중국을 사용하는 사례가 없다는 점이 의미하는 것은 바로 이것이다.

세 번째로, 동아시아 문제에 집중하는 학자들의 수가 단순히 적어서일 수 있다. 보통 출판물의 비율은 해당 주제에 관심 있는 학자들의 비율을 반영하기 때문이다. 이언 존스턴(Iain Johnston)이 지적한 것처럼, 미국의 국제관계학 학자들 중 72퍼센트는 "동아시아가 향후 20년간 미국에 전략적으로 가장 중요한 지역이 될 것"이라고 여긴다. 그러나 미국 국제관계학 학자 중 오직 9퍼센트만이 동아시아를 중점적으로 연구한다.[2]

이러한 설명은 아시아를 전문으로 하는 학자들뿐만 아니라, 더 일반적으로

---

[2]   Alastair Iain Johnston, "What (If Anything) Does East Asia Tell Us About International Relations Theory?" *Annual Review of Political Science* 15, No 12 (2013), 52~63.

국제관계학을 전문으로 가르치는 학자들에게도 해당한다. 아마도 보통의 미국 국제관계학 학자는 아시아보다 유럽에 대해 더 많이 알고 있으며, 아시아보다는 유럽에 관해 토론하고 이론을 세우는 것을 더 편하게 여길 것이다. 실제로 학부 생들을 위한 국제관계학 수업 계획서를 봐도 일반적인 실증적 예시는 대부분 유럽의 것이다. "투키디데스, 펠로폰네소스 전쟁에 대해 읽어 봅시다!" "제1차 세계 대전의 원인에 대해 알아봅시다!" "쿠바의 미사일 위기, 미·소의 냉전에 대해 알아봅시다!" 국제기구들은 세계적인 또는 유럽 중심의 시각을 통해 배우고, 주로 유럽 연합이 예시로 등장한다. '중국의 부상'에 대해 1~2주 정도 잠깐 가르치긴 하겠지만, 저자의 경험으로는 보통 많은 학부와 대학원의 국제관계학 수업 계획 서는 서양과 유럽의 실증적 경험에 특혜를 주는 쪽으로 구성되곤 한다.3 사실 미 국 국제관계학 학자들의 30퍼센트는 영어 이외의 언어를 알지 못한다. 제1차 세 계 대전의 원인을 반복에 반복을 거듭해서 논의하는 것이 지역 전문가들이 사소 한 지역학 문제에 대해 걱정하는 것에 대한 완벽한 예시이지 않은가? 너무나 명 백한 이야기이지만, 제1차 세계 대전은 유럽만의 전쟁이 아닐뿐더러, 유럽에서 일어난 가장 최근의 전쟁도 아니다.

　이러한 종류의 교육은 일류 학술지에 동아시아에 대한 논문을 출판할 때 별 도의 요건이 필요하다는 인식을 고착시킨다. 아시아에 대한 깊은 이해가 비교적 적은 것은 해당 지역에 대한 일반적 통념이 적다는 것을 의미한다. 사실 이러한 통념이야말로 면밀한 관찰 대상이어야 하고 어쩌면 소멸 대상이 되기도 한다. 그 러나 동아시아에 대한 일반적 지식의 부재는 종종 저자가 문제 또는 주장을 제시 하기 전에 배경과 서술적인 정보를 제공하는 데 더 많은 시간을 들여야 한다는 것을 의미한다. 이는 결과적으로 이론 수립과 혁신적인 경험적 작업을 진행하는 데 투자할 여유가 그만큼 없어진다는 것을 의미한다.

3　Charles king, "The Decline of International studies," *Foreign Affairs* (July/August 2015)

사회과학에서 한국학의 미래

이러한 장벽에도 불구하고, 학자들이 한국학을 더 발전시킬 수 있는 다양한 방법이 있다. 한국국제교류재단은 한국에 대한 지식이 있는 사회과학자의 숫자를 늘리는 데 중요한 역할을 할 수 있다.

첫째, 사회과학에서 동아시아와 관련된 직업 수요는 줄어들지 않을 것으로 예상하며, 그래서도 안 된다. 동아시아가 우리 대부분이 생각하는 것만큼 중요해지는 게 사실이라면, 학과들은 '1명의 중국 학자와 1명의 일본 또는 다른 지역 학자'라는 공식에서 한발 더 나아가, 동아시아라는 특정 지역에 대한 지식을 지닌 교수진에 대한 수요를 심각하게 받아들일 것이다. 한국국제교류재단은 북미 지역의 교수직에 대한 지원을 계속해야 할 것이다. 이러한 보직들은 한국학의 지속적인 발전과 학술적·실증적으로 유의미한 사회과학적 연구를 생산해 내는 데 매우 중요하다.

둘째, 한국국제교류재단은 계속해서 한국과 다른 국가를 비교하는 연구 과제를 지원하며, 한국에서 한 달 정도 진행하는 단기 연구 역시 지원할 수 있다. 이러한 좀 더 유연한 형태의 연구 지원은 한국에 대해 더 알고 싶지만, 현재 자원이 없는 사회과학자들을 격려하고 지원할 것이다. 한국어 능력과 한국에 대한 깊이 있는 교육에 대한 기대를 더는 갖지 않는 것이 명백히 전제되어야 한다. 한국에 대한 연구를 최대한 장려해야 하는 것은 맞지만, 선진적인 양적 연구 도구를 배우는 것과 언어와 문화를 배우는 것 사이의 전문적 역량의 절충이 존재하는 것은 분명히 짚고 넘어가야 한다. 두 가지를 다 배우는 것이 이상적이겠지만, 이는 실용적이지 않다. 그러므로 사회과학자들이 직면하는 특수한 압력에 대해 인지하는 것은 한국국제교류재단이 그 영향력을 더 강하게 넓히고 실질적, 정책적, 학술적 영향력을 지속해서 가질 수 있는 사회과학적 연구를 지원하는 데 도움이 될 수 있다.

마지막으로 가장 중요한 것은, 동아시아를 연구하는 우리에게 더 양질의 설득력 있는 연구를 생산할 책임이 있다. 현실적 장벽에 대해 불평할 수도 있지만, 저자의 경험으로는 편집자, 심사자, 동료들은 지극히 공정하고, 심지어 더 다양한 학문을 보고 싶어 한다. 우리는 동아시아에 대한 연구가 가능할 뿐만 아니라 일류 학술지에 글을 실을 수 있을 정도로 이론적으로도 날카로운, 더 좋은 대학원생들을 교육해야 한다. 그러나 이는 해당 분야 최고의 연구로부터 이론적 개념이나 결과를 단순히 복제하고자 하는 것을 의미하지 않는다. 젊은 학자들은 학계의 흐름을 민감하게 파악하고 핵심적인 문제 제기를 해야 하며 이를 토대로 한 동아시아 연구를 통해 이론적 성과와 실질적인 결과물을 얻어내야 한다. 지속적인 연구 업적을 이뤄 나가면서 보편주의자들 또한 아무런 저항 없이 받아들일 수 있는 아시아 연구의 학문적 가치를 인정받는 것이다. 어떠한 주장들은 보편적으로 적용될 수 있으나, 다른 주장들은 그렇지 않다. 세계의 다양한 지역들은 각기 다른 행동 양식들을 가질 수도 있고, 그렇지 않을 수도 있다. 중요한 것은 국제관계학의 모든 것이 잘못됐다고 주장하는 것이 아니라 다음과 같이 말하는 데 필요한 근거들을 모으는 것이다. "주류 학자들이 중요하다고 믿는 것이 있습니다. 그러나 여러분은 이를 명백히 잘못된 방식으로 바라보고 있거나 제한적으로밖에 적용될 수 없는 결론을 성급하게 도출하고 있습니다."

참고 문헌

Bibliography of articles published in International Organization (1990-2015):
1990~2015년 『인터내셔널 오거니제이션(International Organization)』에 실린 논문 목록

아시아/ 아시아의

Miles Kahler, "Legalization as strategy: the Asia-Pacific case," 2000.

Andrew MacIntyre, "Institutions and investors: The politics of the economic crisis in Southeast Asia," 2001.

C. Hemmer, P. J. Katzenstein, "Why is there no NATO in Asia? Collective identity, regionalism, and the origins of multilateralism," 2002.

Amitav Acharya, "How ideas spread: whose norms matter? Norm localization and institutional change in Asian regionalism," 2004.

Rick Doner, BK Ritchie, Dan Slater, "Systemic vulnerability and the origins of developmental states: Northeast and Southeast Asia in comparative perspective," 2005.

E Ringmar, "Performing international systems: two East-Asian alternatives to the Westphalian order," 2012.

중국

William Callahan, "Beyond cosmopolitanism and nationalism: diasporic Chinese and neo-nationalism in China and Thailand," 2003.

Victoria Hui, "Toward a dynamic theory of international politics: insights from comparing ancient China and early modern Europe," 2004.

Jessica Chen-Weiss, "Authoritarian signaling, mass audiences, and nationalist protest in China," 2013.

일본

D. J. Encarnation, M. Mason, "Neither MITI nor America: the political economy of capital liberalization in Japan," 1990.

H. Schmiegelow, "How Japan affects the international system," 1990.

Herb Kitschelt, "Industrial governance structures, innovation strategies, and the case of Japan: sectoral or cross-national comparative analysis?" 1991.

Peter Cowhey, "Domestic institutions and the credibility of international commitment: Japan and the United States," 1993.

Len Schoppa, "Two-level games and bargaining outcomes: why gaiatsu succeeds in Japan in some cases but not others," 1993.

Len Schoppa, "The social context in coercive international bargaining," 1999.

Peter Katzenstein, "Same War—Different Views: Germany, Japan, and Counterterrorism," 2003.

Megumi Naoi and Ikuo Kume, "Explaining Mass Support for Agricultural Protectionism: Evidence from a Survey Experiment During the Global Recession," 2011.

한국/한국의

David C. Kang, "South Korean and Taiwanese development and the new institutional economics," 1995.

David C. Kang, "Bad loans to good friends: money politics and the developmental state in South Korea," 2002.

해외 한국어 교육의 현황과 전망

이해영 | 이화여자대학교 외국어교육특수대학원장

일본, 러시아, 미국 등을 시작으로 전개된 초기 근대적 개념의 한국어 교육은 점차 확대되어, 오늘날에는 동·서유럽, 동남아시아, 서남아시아 및 중앙아시아는 물론, 중남미와 아프리카 지역에까지 이르렀다. 교육기관과 교육 대상도 다양화되어 2017년 현재 한국어 교육은 한국교육원, 한국문화원, 세종학당 등 비정규 교육기관은 물론 대학교나 초·중등학교와 같은 외국의 공교육 과정에도 한국어 강좌가 개설되고 있다.

본고에서는 2007년 한국국제교류재단에서 특정 국가별 현황을 조사한 백서 이후 개별 국가 단위를 넘어, 한국어 교육의 현황을 전체적으로 조망하고자 한다. 또한 이를 바탕으로 한국어 교육이 한국학의 한 분야로 자리매김하고 어떻게 학문적 성장을 이루어 나가야 하는지에 대해 살펴보기로 한다.[1]

---

1 이 백서에서는 기존 조사된 자료들과 백서 집필을 위해 해외에 요청해서 받은 자료들을 종합적으로 검토해, 기준 연도가 2009~2017년으로 조사 내용마다 상이하다. 조사된 기존 연구들에서도 빠져 있는 정보들이 있어 새로 조사된 내용들을 추가하면서 기준 연도가 상이한 경우들이 발생했다. 이 백서는 집계된 자료 중 가장 최근 자료를 제공하기 때문에 작성에 기초가 된 연도를 해당 부분에 기록해 두었다.

해외 한국어 교육의 성장과 발전

해외에서 근대적 개념의 한국어 교육이 시작된 시점은 1870년대로 보는 견해가 지배적이다. 본고에서는 1870년대 이후 근대적 개념의 한국어 교육이 시작된 이래 2017년 현재까지 해외에서의 한국어 교육에 대해 고찰하도록 한다. 시대구분은 민현식(2005), 신현숙(2009), 김중섭(2010) 등의 구분을 수용해, 근대 교육기인 태동(1870~1945), 현대 교육기인 전개(1945~1989), 성장과 발전(1990~현재)의 세 시기로 나누어 특징을 살펴보고자 한다.

태동(1870~1945)

신현숙(2009: 7~8)에 따르면, 근대 한국어 교육은 1872년 통역사 양성을 목적으로 설립된 한어사(韓語司)에서 시작되었다. 그 뒤 1880년대 일본 도쿄외국어학교에 조선어학과가 개설되었으나 1911년 폐과되고, 1921년 오사카외국어학교에 조선어학과가 설치되면서 비로소 일본에서의 한국어 교육이 본격적으로 실시되었다.

러시아에서는 19세기 말 한·러 교류가 시작되면서 한국 및 한국어가 소개되었고, 1890년대부터 조선에 대한 체계적인 연구가 시작되었으며, 1899년 가린미하일롭스키(Garin Mikhailovskii)가 조선을 다니며 책을 쓴 것이 한국 연구의 기초가 되었다고 한다(Pokholkova, 2015). 1896년 민영환이 러시아 특명전권공사로 로마노프 제국의 니콜라이 2세 대관식에 참석한 이후, 1897년 통역사였던 김병옥이 상트페테르부르크대학교에서 러시아 최초로 한국어 강의를 했는데, 이는 1899년 블라디보스토크의 동양대학교에서 한국어를 가르치기 시작한 것보다 2년 앞선 것이다. 김병옥은 이 시기에 최초의 한국어 교재를 제작했으며 문학교육의 중요성을 인식해, 한국 문학을 통한 한국어 교육을 시작했고, 블라디보스토크에서도 동양연구소의 포드스타빈(G. V. Podstavin)이 문법 및 회화 등 많은 교재를 집필하기 시작했다. 그 후 1940년 모스크바 동양학연구소에서 이바노비치 황(황동민)에 의해 한국학 연구가 시작됐으나 한국학의 발전으로 이어지지는 못했다(Pokholkova, 2015).

한편, 1917년 10월 혁명 이후 러시아에서는 이중 언어 교육이 실시되어 동포들이 한국어를 배울 수 있게 되었는데(신현숙, 2009 : 8), 프리마코바 타티아나 (2009 : 18~21)에 따르면, 1920년대부터 러시아 한국학에서 고려인들의 역할이 상당히 커지면서, 러시아 극동 지방 등의 고려인을 위한 '초급 한국어 교재'가 출판되기에 이르렀다. 또한 1926년에는 연해주 크라스키노에 초급 한국어 학교가 처음 설립되었으며, 1930년에는 최초로 블라디보스토크에 한국어 교사들을 양성하는 고려사범대학이 설립되었다.

이 시기에 시작된 미국에서의 한국어 교육은 한국의 이민 역사와 관련이 있다. 이에 대한 내용은 손호민(2001)에 자세히 기술되어 있다. 1903년에서 1905년 사이 하와이로 이주한 한인들은 당시 교회마다 야간 국어학교를 운영하면서 이민자 자녀들에게 한글, 한국어, 한국 문화를 가르쳤다. 그뿐만 아니라 자녀들을 미국 정부가 인가한 초등·중등 과정의 주간학교에 보내기 시작했는데, 그 대표적인 것이 1906년 호놀룰루에 설립된 한인기숙학교였다. 이후 1934년 컬럼비아 대학교, 1941년 국방외국어대학교(DLI) 등 미국 내 대학에서 한국어 교육이 본격적으로 시작되었다(손호민, 2001 : 80~83).

전개(1945~1989)

이 시기 국내에서는 연세어학당을 시작으로 이화여대, 서울대, 고려대, 서강대 등에 한국어 과정이 개설되었고, 중국과 일본 등에서는 대학에 한국어를 가르치는 학과가 설립되었으며, 해외로 이주한 동포를 위한 한국어 교육이 활발하게 전개되었다. 점차 한국의 경제 성장과 아시안 게임, 서울 올림픽으로 한국에 대한 관심이 늘어나면서 유학생이 증가했고, 국내는 물론 미국, 일본 등 해외에서도 한국어 교육 관련 학회가 설립되었다.

이 시기 일본에 대한 자료는 오대환(2010: 207~209)에 자세히 소개되어 있는데, 정리하면 다음과 같다. 한일 국교 정상화 이후 1963년 오사카외국어대학에 전후 최초로 전공과인 조선어과가 설립되었으며, 도쿄외국어대학의 조선어과가 외국어 전공과로 부활하는 한편, 도야마대학 조선어학문학과가 설립되었다. 1984년 NHK 방송을 통한 한글 강좌가 한국어 학습의 대중화에 많은 기여를 했으며, 1988년 올림픽 이후 4년제 대학 중 68개교에 한국어 강좌가 개설되었다.

프리마코바 타티아나(2009: 18~21)에 따르면, 러시아에서는 1946년부터 모스크바동양대학에 한국어와 한국 역사 강의가 개설되었으며, 1950년대에는 구소련 정부에 의해 각종 사전과 대학용 한국어 교재들이 편찬되었다. 1975년 극동국립대학에 독립적인 한국어문 강좌가 개설되었으나, 중앙아시아와 사할린에서는 소련 연방 고려인을 위한 학교에서 한국어 교육이 중지되었다.

미국에서는 앞서 언급한 컬럼비아대학교, 국방외국어대학교 등에 이어 1946년에는 하와이대학교, 1952년에는 하버드대학교도 한국어를 교육하기 시작했다(신현숙, 2009: 7~8). 1950년 한국 전쟁 이후 이민의 증가는 주말 한글학교의 증가로 이어져, 1987년에는 406개교에 이르렀다(손호민, 2001: 82~83).

중국에서 한국어 교육의 역사는 1945년 충칭에 설립된 베이징대학 조선어학과의 전신인 국립동방언어전문대학 한국어과로부터 시작되었다고 할 수 있다. 베이징대학에 이어 대외경제무역대학과 낙양해방군외국어대학은 각각 1952년과 1953년에 조선어학과를 개설했다. 그 후 1972년 옌볜대학은 외국어로서의 조선어를 가르치는 조선어학과를 개설했고, 같은 해 베이징제2외국어학원도 조선어학과를 개설했다. 그러나 문화대혁명 후기인 1972년부터 한중 수교 이전까지 한국어 교육은 침체기를 겪었다(왕단, 2015: 205~206).

이 시기 대학의 한국어 강좌 개설은 유럽에서도 찾아볼 수 있는데, 1930년대 핀란드의 헬싱키대학교를 시작으로, 1949년 영국의 런던대학교 동양아프리카대학(SOAS), 1950년 체코의 카렐대학교 등 유럽 주요 대학으로 파급되었다(신현숙, 2009 : 7~8).

또한 이 시기는 해외 이주 동포의 증가로 미국, 일본 외 다양한 지역에서 이민 자녀의 한국어 교육을 위한 한글학교 교육기관이 설립되었다. 중남미에서는 1969년 브라질의 상파울루연합교회한글학교를 시작으로 파라과이, 베네수엘라, 아르헨티나 등에 한글학교가 설립되었다. 유럽 지역 역시 1972년 영국의 런던한글학교를 시작으로 독일, 프랑스 등으로 확산되었으며, 중동 지역에서도 1980년 요르단에 한글학교가 설립되었다. 아프리카에서는 1985년 처음으로 세네갈에 다카르토요학교가 설립되었다(이선근, 1999 : 21~22).

성장과 발전(1990~현재)

이 시기에는 한국어 연수생과 학위 과정 유학생의 증가로 국내에서는 대학 부설 한국어 교육기관이 급증하고, 대학원 및 학사 과정에 한국어 교원을 양성하는 학위 과정이 개설되기 시작했다. 다양화된 학습 수요를 충족하기 위한 교육 자료와 다양한 프로그램 개발은 물론, 공인 한국어능력시험 및 국가 공인 한국어 교원자격제도 등을 갖추며 한국어 교육이 독립적인 학문 및 교육 영역으로서 체계화되고 전문화된 시기이다. 해외에서는 대학의 전공 개설과 대입 시험에 한국어 채택, 중등학교로의 확산 등이 이루어졌다.

일본에서는 1990년대 이후 한국어를 선택 필수로 하는 대학이 급증했고, 2002년부터는 대학입시센터 시험에서 외국어 과목으로 한국어가 채택되었다. 이에 따라 한국어가 정규 과목으로 인정되어 중·고등학교에서 한국어 교육이 본격적으로 실시되기 시작했다(오대환, 2010 : 207~209).

러시아에서는 한국과 외교 관계가 수립된 1990년도를 기점으로 한국어 교육에 대한 수요가 증가했고, 일부 대학에는 한국어 교육 전공 과정이 개설되었으며, 2005년에는 러시아한국학대학연합이 설립되었다(프리마코바 타티아나, 2009 :

18~21).

미국 대학의 한국어 수강 인원은 1970년대 이후 도미한 이민자 자녀들이 대학에 진학하면서, 1990년대 들어 2,500명 수준으로 급격히 상승했고, 2013년 기준 미국 대학의 한국어 수강생은 1만 2,229명에 이르렀다(김혜영, 2015: 183). 미국에서 한국어 교육의 성장은 한국국제교류재단의 1992년 이후 한국(어)학 교수직 설치나 1995년 창립된 북미한국어교육학회(AATK)의 연구 활동 지원이 주요한 역할을 하였다(김혜영, 2015: 184~185).

1992년 한중 수교 이후 1993년부터 10년간 중국에서 한국학어학과를 증설한 대학은 19개교나 되었다. 이후에도 한국어 교육은 점차 성장세를 보이며 내적 역량이 더욱 강화되었고, 대학 정규 과정 이외에도 최근에는 세종학당 및 사설 학원, 온라인 학습 사이트까지 꾸준히 증가하고 있다. 2010년 이후에는 교재 개발, 교사 양성, 교육 연구 등 많은 면에서 괄목할 만한 연구 성과를 거두어 한국어교육학의 학문적 정체성 확립과 교수·학습 방법 연구에 큰 발전을 이루었다고 평가된다(왕단, 2015: 205~206).

동남아시아의 경우, 태국의 송클라대학교 파타니 캠퍼스(1986), 인도네시아의 나시오날대학교(1987년), 베트남의 하노이대학교(1993), 인도의 네루대학교(1995), 스리랑카의 켈라니아국립대학교(1997), 싱가포르의 싱가포르국립대학교 등에 한국어 전공, 부전공, 교양 강의 등이 개설되었으며, 이후 국제협력단 봉사단원 및 한국국제교류재단의 객원교수 파견 등을 통해 한국어 교육이 활성화되었다(박경철, 2013: 17~32). 태국에서의 괄목할 만한 성과는, 2018년부터 태국 대학 입학시험에 한국어가 채택됨에 따라 2017년 현재 중·고등학교 교육 과정이 정비되었고, 쭐라롱껀대학교와 이화여자대학교의 협업을 통해 최초의 한·태 대학 공동 연구로 2017년 대학용 교재 출간이 예정되어 있고, 이후 태국 교육부와 주태 한국교육원, 이화여자대학교의 협업으로 고등학생들을 위한 교재 개발이 시작되었다는 것이다. 이어 베트남에서도 하노이의 국립대학들을 중심으로 한국국제교류재단의 지원하에 교재와 평가 체계가 개발되기 시작했다. 이는 대학의 전공 과정 개설에 이어 중·고등학교 정규 교과로 현지 공교육의 범위에 안착하기 시작했다는 점에서 주목된다.

　호주 역시 2008~2012년에 NALSSP(National Asian Languages and Studies in Schools Program)로 중등교육과정에서 외국어 교육, 특히 동아시아 4개 언어(한국어, 중국어, 일본어, 인도네시아어)를 부흥시키려는 정책을 추진했으며, 2020년까지 한국의 고등학교 3학년에 해당하는 호주 12학년 학생의 12퍼센트가 졸업 시 동아시아 4개 언어 중 1개 언어에 능통하도록 만들기 위해 정책적 노력을 기울이고 있다(박경철, 2013: 32~35). 유럽에서는 독일, 프랑스, 영국, 이탈리아, 체코, 불가리아 등을 중심으로 한국학 및 한국어 교육이 확대되고 있으며, 독립국가연합(CIS) 지역은 고려인 후예들의 한국에 대한 관심과 이들을 매개로 한 한국과의 교류 증진, 현지에 진출한 한국 기업의 취업 기회 제공, 그 외에도 한국 정부 초청 유학 프로그램과 한국국제교류재단의 한국어 연수 프로그램 등을 통해 한국어 교육이 성장하고 있다(박경철, 2013: 41~56). 중남미 지역은 1980년대 개설된 멕시코국립자치대학의 한국어 강좌가 지속적으로 운영되고 있으며 브라질, 아르헨티나, 코스타리카, 과테말라, 엘살바도르, 에콰도르, 콜롬비아, 온두라스, 쿠바 등에서 2000년대 이후 한국어 강좌가 꾸준히 개설되고 있다(박경철, 2013: 60~61).

　중동·아프리카 지역은 이집트의 아인샴스대학교(2005), 요르단국립대학교(2007), 아랍에미리트연방(UAE)대학교(2012) 등에 한국어 강좌가 개설되었지만, 동아프리카 지역에서는 케냐의 나이로비대학교에 2013년 한국국제교류재단에서 객원교수가 파견되면서 한국학과의 개설이 시작되었다. 나이로비대학교는 한국학과 전공 교수 요원의 부족 문제를 2016년 5~8월 이화여자대학교가 송출한 한국국제교류재단의 글로벌 e-스쿨을 통해 해결하기 시작했다. 한국국제교류재단의 e-스쿨은 전공 교수 파견의 어려움을 해소하는 대안적 방법으로 성과를 올리고 있다.

해외 한국어 교육기관 현황

앞에서 해외 한국어 교육의 성장과 발전에 이르는 변화를 살펴보았다. 한국어 학습 수요의 증가로 다양한 형태의 한국어 교육기관이 생겨나고 있다. 세종학당, 한국교육원, 한국문화원과 같은 우리 정부 기관이 운영하거나 지원하는 형태의 교육기관이 중요한 역할을 하면서 최근 한국어 교육은 극적인 양적 증가를 이루어 왔다. 이에 그치지 않고 대학의 한국어 교양 강좌에서 한국어 전공으로, 초·중등학교의 교과목으로, 대학 입학시험 과목으로 점차 현지 공교육 과정에 편입되면서, 한국어는 해외에서 중요한 외국어가 되고 있다. 본 장에서는 해외 한국어 교육의 미래 성장을 위한 관점에서, 해외 한국어 교육의 현황을 살펴보도록 한다.

해외 지역별 기관 현황

해외 한국어 교육기관을 세종학당, 한글학교, 초·중등학교, 대학교로 분류해, 각 기관의 현황을 살펴보도록 한다. 해외 한국어 교육기관의 지역별 분류 기준은 한국국제교류재단의 지역별 구분에 따라, 북미, 중남미, 유럽, 일본, 중국, 러시아, 독립국가연합(CIS), 중앙아시아, 동남아시아, 남아시아, 대양주, 아·중동으로 구분하고, 여기에 동북아시아[2] 지역을 추가하여 살펴보았다. 본고의 지역별 기관 현황은 〈표 1〉과 같다. 〈표 1〉은 이정란 외(2017)[3], 한국국제교류재단의 내부 자료인 「해외 한국학 현황」(2016년 말 기준)을 바탕으로 하되, e-스쿨 현지 대학들, 한국국

---

2 동북아시아는 한국국제교류재단의 지역별 구분에 들어가지 않았다. 동북아시아에는 한국, 일본, 중국, 대만, 몽골, 러시아가 포함되는데 한국국제교류재단에서 일본, 중국, 러시아를 따로 구분하고 있으므로 이를 제외한 나머지 국가를 동북아시아에 포함시켰다.

3 이정란 외(2017)는 김지형 외(2015)의 내용을 포함하는데, 이 두 연구에서 해외 대학별 현황 조사 시, 기준 연도가 달랐다는 한계가 있다. 또한 조사된 현황 중에는 현지로부터 집계되지 않은 경우들을 포함하고 있어 해당 내용은 '-'로 표시하였다. 이는 〈표 1〉~〈표 3〉에 해당한다. 따라서 본고에서도 이 점이 반영되었음을 밝혀 둔다. 그러나 본 백서는 조사 가능한 최근 자료를 포함했다는 점에서 의미가 있다.

제교류재단 하노이 사무소, 주태국 한국어교육학회, 주태국 한국교육원 등으로
부터 수집한 추가적인 자료를 보충하여 작성하였다.

표 1 지역별 기관 현황

지역	세종학당			한글학교			초·중등학교			대학		
	학교 수	교원 수	학생 수	학교 수	교원 수	학생 수	학교 수	교원 수	학생 수	학교 수	교원 수	학생 수
북미	7	44	2,017	1003	16,283	96,669	115	–	9,870	154	147	1,100
일본	4	26	1,612	168	1,082	15,085	357	–	935	467	212	–
중국	28	148	9,515	70	841	6,203	14	612	6,290	294	989	5,493
동남아시아	27	131	7,329	54	718	5,269	90	140	22,894	94	338	11,361
유럽	24	78	4,146	124	1,312	9,551	20	35	453	90	147	1,428
중앙아시아	9	37	2,931	119	463	10,844	72	48	10,637	43	81	2,501
대양주	4	8	927	71	1,555	10,171	86	4	10,916	9	27	2,947
러시아	4	26	4,538	81	395	4,919	39	49	4,562	41	75	1,122
중남미	11	36	3,240	90	1,069	8,421	11	11	508	35	64	749
동북아시아	5	63	2,120	6	47	301	17	18	1,683	70	113	2,900
아·중동	14	43	2,134	49	374	1,918	2	26	359	30	38	799
남아시아	7	19	1,415	13	126	823	7	33	164	32	26	604
합계	144	659	41,924	1,848	24,265	170,174	830	976	69,271	1,359	2,257	31,004

2007년 한국국제교류재단 백서를 보면, 1992~2005년 한국국제교류재단은
32개국 151개 해외 대학을 지원했다. 그러나 〈표 1〉을 보면 한국어를 가르치는
대학이 1,300개가 넘는다. 더욱이 초·중등학교의 수 또한 800개가 넘고 학생 수
도 7만 명에 육박한다는 것은 더욱 주목된다. 고등학교에서 한국어를 배운 학생
들이 대학에 진학한다면, 이 학생들은 현재 한국어를 수강하는 대학생들보다 상
위 수준의 한국어 능력을 갖추고 기초 단계 이상의 한국어를 요구하게 될 것이
다. 이러한 상황에서 대학은 대중성 강한 한류와 한국어에 대한 초보적 호기심을
충족시키는 차원을 넘어, 한국어를 매개로 한국 사회를 이해하고 한국학 전반에
대한 학문적 관심을 충족시킬 콘텐츠를 제공해야 하는 압박을 경험하게 될 것이
다. 이러한 변화는 한국국제교류재단을 비롯한 한국학과 한국어 보급·지원 기관

의 궁극적인 목표 달성 시기를 앞당기게 할 것으로 기대된다.

해외 대학의 한국어 교육 현황
국가별 대학 기관 현황

해외 대학의 한국어 교육 현황은 〈표 2〉와 같다. 〈표 2〉는 이정란 외(2017), 한국국제교류재단의 내부 자료인 「해외 한국학 현황」(2016년 말 기준)을 바탕으로 하되, e-스쿨 현지 대학들, 한국국제교류재단 하노이 사무소, 주태국 한국어교육학회 등으로부터 수집한 추가 자료를 보충해서 작성하였다.

표 2 국가별 대학 기관 현황

지역	국가	대학 수	학생 수[4]		교원 수	기준 연월
			(부)전공	선택		
북미	미국	142	−[5]	60	121	2016. 12.
	캐나다	12	340	700	26	2016. 12.
일본	일본	467	−	−	212	2016. 12.
중국	중국	294	5,493		989	2016. 12.
동남아시아	필리핀	6	−	−	−	2016. 12.
	말레이시아	14	−	−	−	2015. 1.
	인도네시아	23	382		53	2016. 12.
	태국	16	1,619	2,250	89	2017. 4.[6]
	브루나이	1	−	−	−	2016. 12.
	캄보디아	11	264	1,930	12	2014. 12.
	미얀마	2	−	−	−	2016. 12.
	라오스	1	−	−	−	2014. 12.
	베트남	20	4,916		184	2016. 10.[7]

4　(부)전공, 선택 과목의 구분이 확인되지 않을 경우 셀을 합쳐서 기입하였다.
5　집계된 자료가 없는 경우 '-'로 표시했다.
6　이 자료는 재태 한국어교육학회 학회장인 씨리낫 씨리랏 교수(쏄라빠껀대학교)로부터 제공받은 태국 교육부의 자료(2017. 4)로 작성되었다.
7　한국국제교류재단 하노이 사무소의 정보 제공으로 작성되었다.

지역	국가	대학 수	학생 수 (부)전공	학생 수 선택	교원 수	기준 연월
유럽	영국	14	–	–	30	2013.
	아일랜드	1	–	–	–	2016. 12.
	덴마크	1	–	–	–	2016. 12.
	스웨덴	1	–	–	–	2016. 12.
	네덜란드	1	–	–	–	2016. 12.
	노르웨이	1	–	–	–	2016. 12.
	오스트리아	2	–	–	–	2016. 12.
	프랑스	12	–	–	24	2016. 12.
	독일	17	–	–	30	2014.
	벨기에	2	–	–	1	2014.
	스페인	5	286	–	5	2014. 12.
	이탈리아	4	600		9	2016. 12.
	포르투갈	4	–	–	–	2015. 2.
	라트비아	1	–	–	–	2016. 12.
	폴란드	4	180		13	2013.
	체코	5	79		11	2016. 12.
	헝가리	3	80	55	2	2014. 12.
	우크라이나	4	–	–	4	2016. 12.
	리투아니아	2	–	–	1	2014.
	벨라루스	2	63	–	7	2014. 12.
	불가리아	4	85		10	2016. 12.
중앙아시아	우즈베키스탄	7	572	472	45	2015. 1.
	카자흐스탄	19	987		–	2016. 12.
	타지키스탄	3	–	–	–	2016. 12.
	키르기스스탄	14	500		36	2016. 12.
대양주	호주	8	2,807		17	2016. 12.
	뉴질랜드	1	140		10	2016. 12.
러시아	러시아	41	1,122		75	2016. 12.
중남미	멕시코	4	194		4	2016. 12.
	과테말라	1	55		8	2015. 1.
	코스타리카	2	–	100	4	2013. 12.
	콜롬비아	2	–	–	1	2016. 12.
	페루	16	210		27	2016. 12.
	칠레	3	–	–	–	2011. 8.
	아르헨티나	5	70		19	2016. 12.
	브라질	2	120		1	2016. 12.

지역	국가	대학 수	학생 수 (부)전공	학생 수 선택	교원 수	기준 연월
동북아시아	대만	32	542	265	36	–
	몽골	38	672	1,421	77	2014. 11.
아·중동	터키	13	467		24	2015.
	이란	2	–	88	–	2010. 11
	아랍에미리트	4	–	–	–	2015. 1.
	이스라엘	2	–	–	–	2016. 12.
	요르단	1	–	–	–	2016. 12.
	이집트	6	210		10	2016. 12.
	알제리	1	–		–	2014. 12.
	케냐	1	19	15	4	2017. 3.[8]
남아시아	인도	10	254	–	16	2016. 12.
	파키스탄	1	22		4	2013. 2.
	방글라데시	1	–	–	–	2014. 9.
	네팔	3	–	–	4	2015. 2.
	스리랑카	17	211	117	2	2015. 2.

한국어 교육 전공, 부전공, 교양 강좌 개설 현황

해외 대학교의 한국어 교육 전공 및 부전공, 교양 강좌 개설 현황은 다음 표와 같다. 〈표 3〉은 〈표 1〉의 자료를 기반으로 구성되었다.

표 3 한국어 교육 전공, 부전공, 교양 강좌 개설 기관

구분	학교 수
전공	353
부전공	36
전공, 부전공	25
교양 강좌, 비교과	901
기타	44
합계	1,359

[8] 나이로비대학교 한국국제교류재단 파견 교수인 박유진 교수의 정보 제공으로 작성되었다.

〈표 3〉을 보면, 한국어 교육이 전공, 부전공, 또는 교양 과목 등으로 개설된 대학은 총 1,359개교다. 한국어 교육이 전공 또는 부전공으로 개설된 비율은 전공이 353개 대학, 부전공이 36개 대학, 전공과 부전공이 모두 개설된 비율은 25개 대학이다. 이밖에 교양 강좌나 비교과로 운영되고 있는 대학은 901개로 가장 많은 비중을 차지한다. 최근 다양한 학습자 수요와 대학 입학시험에서 한국어를 채택하는 국가의 증가, 초·중등학교에서의 한국어 교육 실시 등을 감안할 때 대학에서의 전공 개설과 인력 양성이 더욱 필요하다.

교원 파견 현황과 강좌의 전문성 확보 현황

대학에 전공이나 부전공으로 한국어 및 한국학이 제공되기 어려운 원인의 하나로 전문 교원의 부족을 들 수 있다. 이러한 문제를 해결하기 위한 노력으로 2015년 기준 한국국제교류재단과 한국학중앙연구원은 객원교수를 파견하고, 한국국제교류재단은 현지 대학에 교수직 설치를 지원했으며, 2011년에는 한국국제교류재단 글로벌 e-스쿨로 한국 대학 교수의 강의를 직접 송출하기에 이르렀다.

객원교수 파견 및 교수직 설치

공개된 최근 자료에 따르면, 2015년 현재 한국국제교류재단과 한국학중앙연구원은 객원교수를 파견하고 한국국제교류재단은 교수직 설치를 지원하였다. 한국국제교류재단과 한국학중앙연구원의 객원교수 파견 현황은 다음 표와 같다. 이 자료는 2015년 한국국제교류재단 연차 보고서와 한국학중앙연구원의 해외한국학 지원 사업 연구 성과 DB를 참조하여 정리하였다.

표 4 한국국제교류재단의 객원교수 파견 국가 및 대학

지역	국가	대학
북미	미국	미시시피대학교
	브라질	상파울루대학교
	아르헨티나	라플라타대학교
	코스타리카	국립코스타리카대학교(UCR)
	콜롬비아	콜롬비아국립대학교
	쿠바	호세마르티문화원
	파나마	파나마공과대학교
	파라과이	라올삐냐국립교원대학교
유럽	라트비아	라트비아국립대학교
	러시아	카잔연방대학교
	벨라루스	벨라루스국립대학교, 민스크국립언어대학교
	스페인	말라가대학교
	슬로바키아	코메니우스대학교
	슬로베니아	류블랴나대학교
	아르메니아	예레반국립언어및사회과학대학교
	아제르바이잔	바쿠국립대학교
	우즈베키스탄	타슈켄트국립동방학대학교
	조지아	트빌리시자유대학교
	체코	팔라츠키대학교
	카자흐스탄	카자흐스탄국제관계및세계언어대학교
	터키	보아지치대학교, 에르지예스대학교
	폴란드	브로츠와프대학교
아·중동	아랍에미리트	아랍에미리트연방(UAE)대학교
	에티오피아	아디스아바바대학교
	요르단	요르단국립대학교
	이란	테헤란대학교
	이집트	아인샴스대학교
	케냐	나이로비대학교
	코트디부아르	펠릭스우푸에부아니대학교
아시아	말레이시아	말라야대학교
	베트남	다낭외국어대학교, 달랏대학교
	스리랑카	켈라니야대학교
	인도	네루대학교, 델리대학교

지역	국가	대학
아시아	인도네시아	가자마다대학교, 인도네시아국립대학교, 인도네시아교육대학교
	중국	화중사범대학
	태국	송클라대학교, 치앙마이대학교

〈표 4〉를 보면 2015년 기준 한국국제교류재단은 총 36개국 43개 대학에 한국(어)학 객원교수를 파견했고, 〈표 5〉를 보면 한국학중앙연구원은 2015년 기준, 총 18개국 18개 대학을 지원했다. 2016년 이후 한국학중앙연구원의 객원교수 사업은 중복적 사업 정리와 기관 간 업무 분장에 대한 재조정 차원에서 한국국제교류재단으로 이관되었다.

표 5 한국학중앙연구원의 객원교수 파견 국가 및 대학

지역	국가	대학
중남미	멕시코	나야리트자치대학교
유럽	슬로베니아	류블랴나대학교 인문대학 아시아아프리카학과
	독일	베를린자유대학교
	카자흐스탄	카자흐스탄국립대학교
	우크라이나	셰프첸코국립대학교
	터키	앙카라대학교
	폴란드	아담미츠키에비치대학교
	키르기스스탄	비슈케크인문대학교
	아제르바이잔	아제르바이잔언어대학교
	아일랜드	코크대학교
	에스토니아	타르투대학교 외국어 및 외국문화대학
	스웨덴	스톡홀름대학교
아·중동	요르단	요르단대학교
	모로코	무함마드5세대학교
아시아	인도	자와할랄네루대학교
	태국	부라파대학교
	홍콩	홍콩대학교
	캄보디아	프놈펜왕립대학교

한국국제교류재단의 분야별, 지역별 교수직 설치 현황은 다음과 같다.[9]

표 6 분야별 교수직 설치(2013)

분야별	교수직 수
한국어(언어학)	21
한국어·문화	13
한국어·문학	4
합계	38

표 7 지역별 교수직 설치(2013)

지역	국가	대학명
북미	미국	예일대학교, 럿거스대학교, 뉴욕주립대학교-올버니, 뉴욕주립대학교-버펄로, 미시간대학교, 오하이오주립대학교, 라이스대학교, 유타대학교, 뉴욕주립대학교-빙엄턴, 메릴랜드대학교-칼리지파크, 메릴랜드대학교-볼티모어카운티, 피츠버그대학교, 웰즐리칼리지, 세인트루이스워싱턴대학교, 노스캐롤라이나대학교, 버지니아대학교
	캐나다	UBC, 요크대학교, 토론토대학교
유럽	노르웨이	오슬로대학교
	독일	튀빙겐대학교
	스페인	살라망카대학교
	이탈리아	로마대학교, 베네치아대학교
	영국	옥스퍼드대학교
	폴란드	바르샤바대학교
	프랑스	라로셀대학교
대양주	호주	호주국립대학교, 시드니대학교, 퀸즐랜드대학교, 뉴사우스웨일즈대학교, 모내시대학교, 서부호주대학교
아시아	인도	네루대학교

한국국제교류재단의 글로벌 e-스쿨 사업

최근 해외에서는 한국의 언어, 문학, 역사뿐 아니라 정치, 경제, 국제 관계 등

---

9 〈표 6〉, 〈표 7〉은 한국국제교류재단(https://www.kf.or.kr) 사이트 내 '디지털아카이브〉 2015〉한국학〉강좌운영〉한국학교수직설치'에 게시된 '2013년 교수직 설치(사업 실적)' 자료를 기준으로 작성되었다.

사회과학 분야에 대해서도 관심이 높아지고 있으며, 전문적 한국어 교원의 양성을 목표로 하는 한국어교육학 강좌에 대한 요구도 높아지고 있다. 그러나 해외에서 다양한 한국학 관련 전 분야를 가르칠 만한 교수진이 부족하고, 국내 교수들을 해외로 파견해 강의를 개설·운영하는 데도 한계가 크다. 이러한 문제점을 극복하고 해외 한국학 강의를 확대하기 위해 2011년부터 한국국제교류재단은 글로벌 e-스쿨 사업을 시행해 2015년 현재 해외 30개국 91개교 3,413명이 국내 대학의 강좌를 수강하고 있다. 그 내용은 〈표 8〉과 같다.

표 8 KF 글로벌 e-스쿨 현황[10]

연도	국가	대학	강좌 수	수강자 수
2011	12	19	31	739
2012	23	53	114	2,691
2013	28	73	177	3,164
2014	29	89	175	3,251
2015	30	88	200	3,413

한국국제교류재단의 글로벌 e-스쿨 사업은 국내외 유수 대학의 교수진이 각 분야의 한국 관련 강좌를 실시간 화상 강의 방식으로 제공하는 프로그램이다. 국내에서는 고려대, 서울대, 연세대, 이화여대 등 11개 대학이 참여하고 있다. 제공되는 한국학 강의는 한국어교육학, 문화, 사회, 정치, 경제, 경영, 사회학, 행정학, 국제 관계 등 다양한 분야의 한국 관련 강의로, 주로 영어로 이루어지지만 미국의 미들베리대학교, 동남아시아 일부 대학과 동북아시아 대학 등 현지 수요에 따라 일부 강의는 한국어로 이루어진다. 그뿐만 아니라 화상 강의와 함께, 여름·겨울 방학 등을 이용한 현지 세미나 또는 국내 초청 워크숍 및 인턴십 참여와 같은 오

---

10 한국국제교류재단(https://www.kf.or.kr) 사이트 내 '한국국제교류재단소식〉연차보고서' 중 2011년에서 2015년 연차보고서에서 관련 내용을 추출하였다.

프라인 프로그램 등도 진행되고 있어 가시적인 학습 성과를 보이고 있다[11].

해외 공교육기관의 한국어 개설 현황과 교육 제도의 체계화

해외 공교육기관의 한국어 교육은 현지 교육 제도나 교육 과정에 편입되어 있지 않다. 그러나 변화된 학습 수요는 초·중등에서 대학에 이르기까지 한국어 교육이 체계화, 전문화되기를 요구한다. 본고에서는 이화여대가 2017년까지 송출한 한국국제교류재단 e-스쿨 강좌를 수강한 현지 대학에서 제공한 자료 및 주 태국 한국교육원(2015. 11. 30. 기준)의 자료와 교육부의 자료를 토대로, 해외 공교육기관의 한국어 개설 현황을 체계화와 전문화 관점에서 살펴보고자 한다.

2015년 12월 교육부 공시 자료를 보면, 최근 3년간 해외 국가별 초·중등학교 한국어반 개설 현황은 〈표 9〉와 같다.

표 9 해외 국가별 초·중등학교 한국어 강의 개설 현황[12]

지역	국가별	2013년도		2014년도		2015년도	
		학교 수	학생 수	학교 수	학생 수	학교 수	학생 수
아시아	중국	6	270	6	395	12	1,263
	일본	479	15,774	511	17,718	542	18,363
	대만	62	3,264	56	2,607	60	3,732
	태국	69	22,153	75	24,065	77	25,021
	인도네시아	31	3,316	27	1,507	32	4,700

11 한국의 참여 대학 중 하나인 이화여자대학교의 경우 다양한 성과를 보이고 있다. 2011년부터 2014년까지는 90퍼센트 이상이 학부생을 대상으로 강의가 송출되었으나 2015년부터는 전체 강의의 29퍼센트가 대학원 강의로 확대되었으며, 태국의 경우 5개교 동시 강의 송출로 e-스쿨의 효율적 송출에 기여하였다. 그 외에도 홍콩대학교가 홍콩 최초로 유일한 한국학과를 개설하는 데 e-스쿨의 역할이 컸으며, 해외 수강생에게 한국 기업의 취업 및 인턴십 기회를 제공하는 한편, 한국학 전공 대학원 진학생이 증가하였다. 이러한 성과는 e-스쿨 참여 대학들의 공통적인 성과로 보고된다.

12 교육부 사이트(www.moe.go.kr) 내 '정보 공개〉사전정보공표〉유·초·중·고 학교 및 학생 정보'에 게시된 '해외 초,중등학교 한국어 채택 현황' 자료 기준이며 해외 한국교육원의 제출 자료를 기반으로 작성된 자료로, 한국어 채택 국가 중 자료 미제출국은 제외되었다고 교육부 자료에 밝혀져 있다.

지역	국가별	2013년도		2014년도		2015년도	
		학교 수	학생 수	학교 수	학생 수	학교 수	학생 수
아시아	베트남[13]			3	65	3	185
	몽골					13	2,508
	스리랑카					29	2,479
북미	미국	122	10,588	126	12,428	139	14,032
	캐나다	38	2,505	36	2,440	36	2,196
중남미	파라과이	14	1,674	15	1,809	15	1,851
	아르헨티나	4	315	3	217	3	392
	브라질	4	143	5	347	6	366
CIS	키르기스스탄	28	2,597	34	3,000	38	3,200
	카자흐스탄	18	677	19	579	19	656
	우즈베키스탄	20	7,102	19	7,102	19	6,978
	타지키스탄	2	469	2	974	2	721
	러시아	38	4,188	37	4,621	35	4,191
	우크라이나	4	441	4	520	4	510
	벨라루스	2	26	2	32	2	40
유럽	프랑스	24	2,790	28	2,378	34	3,113
	독일	12	207	13	248	11	199
	노르웨이	1	35	1	34	1	16
	불가리아	2	99	1	155	1	203
	영국	6	88	7	97	7	87
	네덜란드			3	54	1	26
대양주	호주	57	6,992	61	8,468	60	8,200
	뉴질랜드	10	702	17	1,284	23	1,971
합계		1,053 24개국 23개국 지원	86,415	1,111 26개국 25개국 지원	93,144	1,224 28개국 27개국 지원	107,199

13 한국국제교류재단 하노이 사무소 제공 자료에 의하면, 2016년 9월 현재 8개 고등학교 756명의 학생이 수강하고 있다. 이는 〈표 9〉의 2015년 베트남 개설 현황인 3개교, 185명의 학생 수와 현격한 차이를 보인다. 그러나 현재 베트남의 경우 중등학교용 교재는 전무해 성인 교재나 자체 제작한 임시 교재를 사용하고 있다. 향후 교재 개발 계획을 가지고 있으며, 하노이국립외국어대학교에서 2017년 2월 사전 워크숍을 실시하였다.

표를 보면 2015년 12월 현재 해외 28개국, 1,224개교에서 10만 7,199명의 학생들이 한국어 수업을 수강하고 있다. 3년간 학생 수의 변화가 주목된다. 중요한 것은 초·중등학교와 같은 공교육기관에서 한국어를 학습하고 대학 입학시험에서 한국어 과목에 응시하여 대입에 이르는 공교육 제도 안에서 체계적인 연계가 이루어져야 한다는 것이다. 이를 만족시키려면 현지 국가 수준의 교육 과정 완비와 교과서 개발 보급, 대학에서 전문 교원 양성이 전제되어야 한다. 하지만 현지 사정은 이를 충족하지 못하는 경우가 대부분이다.

이러한 상황에서 태국의 사례는 교육 제도의 체계화라는 점에서 주목된다. 태국 중등학교에서의 한국어 교육은 2006년 태국 동남부 지역에 있는 깔라씬핏타야싼 학교(Kalasinpittayasan School)에서 시작되었지만(씨리낫 씨리랏, 2016: 118), 2015년 기준 2만 5,021명의 학생이 한국어를 수강하고 있으며, 주당 6시간 이상 한국어를 수강하는 학교도 22곳이나 되고, 1곳을 제외하고 모두 성적으로 인정하고 있다(주 태국 한국교육원, 2016). 태국 교육부의 초·중·고등학교 한국어반 개설 현황에 대한 내부 자료를 보면, 2016년 9월 현재 105개 학교에서 한국어를 가르치고 있으며 교원도 무려 141명에 이른다.

태국의 중등학교 한국어 교원 수급은 한국 교육부의 교사 파견과 태국 교육부의 교원 양성으로 충당하고 있다. 한국인 교원은 2010년 태국의 아피싯 웨차치와(Abhisit Vejjajiva) 전 총리와 한국의 이명박 전 대통령의 정상회담 이후, 2012년부터 국립국제교육원, 주 태국 한국교육원, 태국 교육부와 협력하여 태국 현지 중·고등학교에 파견·배치되고 있다. 파견되는 교원은 국어 기본법에 의한 한국어교원 2급 자격 취득(예정)자로, 선발된 후 2주간 태국의 한국어 교육 과정과 교수법, 기초 태국어, 태국 생활 등에 대한 사전 교육을 받고 약 10개월간 파견된다.

태국은 한국인 교원 파견에만 의존하지 않고, 중등학교에서의 한국어 교육의 체계화하기 위한 노력으로, 2013년 태국인을 대상으로 교원 자격증 이수 과정을 개설하였다. 태국인 한국어 교원의 경우 임시 채용된 교사들이 대부분이었기 때문에 이들은 정식 한국어 교원 자격증이 없다. 이로 인한 문제를 해결하기 위해 2013년 태국 정부는 한국어 교원을 직접 양성해 한국어 교원 자격증을 수여하고 공립학교 교원으로 임용하는 과정을 신설하게 되었다. 이 과정은 2년 4학기로 구성되어 있으며, 1학기는 한국에서 한국어 및 한국 문화 교육을 받고, 나머지 3학기는 태국에서 교직 이론 이수 및 교육 실습을 하도록 구성되어 있다. 2016년부터 이 과정을 통해 배출된 1기 교원이 태국 공립학교에 정식으로 임용되었으며, 2017년 현재 4기 교원이 교육 과정을 이수 중에 있다. 이에 더하여 2013년 랏차팟우따라딧대학교에 한국어교육학과를 전공으로 개설하고 한국어 교원 양성을 시작했으며, 2018년에 첫 졸업생이 배출될 것으로 예상된다.

중등학교 한국어 교육의 체계화를 위해 2016년 태국은 중·고등학교 한국어 교육 과정과 교과서 개발에 착수했고, 2017년 상반기 중등학교 3개 학년용 총 6권의 초고 개발을 완료했으며, 2017년 10월 9일 한글날을 기념해 1권이 출간될 예정이다.**14** 이 일의 가장 큰 동력은 2016년 5월 31일 태국 대학총장협의회(Council of University Presidents of Thailand, 이하 CUPT)가 2018년에 대학입시(Professional and Aptitudes Test, 이하 PAT) 제2외국어 선택 과목으로 한국어를 채택하기로 결정한 것이다(씨리낫 씨리랏, 2016). 한국어를 대학 입학시험 과목으로 채택한 미국, 호주, 프랑스, 일본 등에 이어 동남아시아국가연합(ASEAN) 국가 중에서는 태국이 최초로 대입 시험에 한국어를 채택했다. 국립대학에 진학하기 위해 대입 시험의 한국어 과목에 응시하고자 하는 학생들은 중등학교 교육 과정에서 목표로 하는 한국어능력시험(TOPIK) 2급을 성취하도록 제안되었다.

---

14 이 사업은 주 태국 한국교육원(원장 윤소영)과 이화여자대학교 언어교육원(원장 이해영)의 주도하에 태국 교육부 기초교육위원회와 태국인 및 한국인 교원들에 의해 교육 과정 및 교과서 개발 추진 사업으로 진행되고 있다.

해외 연구 기관, 학회 현황

해외 한국어 교육의 성장 및 확산을 위해서는 교육기관의 증가와 더불어 학문 연구를 위한 연구 기관의 확대 및 안정화가 필수적이다. 본 장에서는 한국어 교육 연구 기관 및 학회 현황에 대해 해외 한국학센터 및 학회를 기준으로 알아보고자 한다.

해외 한국학센터 현황

해외에서 한국학을 연구하는 센터는 해외 대학기관을 중심으로 운영되고 있다. 한국국제교류재단에서는 2017년 상반기 기준으로 해외 한국학센터 총 119개의 현황을 〈표 10〉과 같이 제시하고 있다.

표 10 해외 한국학센터 현황

국가	대학	한국학센터
아르헨티나	라플라타국립대학교 국제관계연구소	한국학센터(Center for Korean Studies)
뉴질랜드	오클랜드대학교 뉴질랜드아시아연구소	한국학센터(Korean Studies Centre)
호주	그리피스대학교	호주한국학센터 (Australian Centre for Korean Studies)
	뉴사우스웨일즈대학교	한국학연구원(Korean Research Institute)
	호주국립대학교	한국연구소(Korea Institute)
동티모르	동티모르대학교	한국학연구소(The Center for Korean Studies)
베트남	하노이대학교	한-베문화센터(KVCC)
	호찌민국립인문사회과학대학교 한국학부	한국학센터
	호찌민사범대학교 세종어학당	한국학센터(Center for Korean Studies)
인도네시아	가자마다대학교	한국학센터(Center for Korean Studies)
	나시오날대학교	한국학센터(Center for Korean Studies)
캄보디아	왕립프놈펜대학교	캄보디아-한국협력센터 (Cambodia-Korea Cooperation Center)
태국	람캄행대학교 사회인류학과	한국학센터(Center for Korean Studies)
	부라파대학교 인문사회과학부	한국학센터(Korean Studies Center- KSC)
	치앙마이대학교 인문학부	한국센터(Korea Center)

국가	대학	한국학센터
태국	탐마삿대학교 동아시아학연구소	한국학센터(Center for Korean Studies)
대만	국립고웅대학(카오슝대학) 사회인문대학원	한국연구중심(韓國研究中心)
	국립청치대학(국립정치대학) 국제대학	한국연구중심(Center of Korean Studies)
	중국문화대학	한국학연구센터(Korean Studies Center)
몽골	몽골국립교육대학교 인문사회과학대학	한국학센터(Center for Korean Studies)
	몽골국립대학교	한국학진흥협회
	몽골생명과학대학교(구 몽골국립농업대학교) 외국어학과	한국언어문화센터 (Center of Korean Language and Culture)
	울란바타르국립대학교	한국학센터(Center for Korean Studies)
일본	게이오대학 동아시아학연구소	현대한국연구센터 (Center for Contemporary Korean Studies)
	규슈대학	한국연구센터(Research Center for Korean Studies)
	도시샤대학	도시샤 코리아연구센터 (同志社コリア研究センター)
	도쿄대학 글로벌지역학센터	한국학센터(Center for Korean Studies)
	리쓰메이칸대학 기누가사연구기구	코리아연구센터(Center for Korean Studies)
	시즈오카현립대학 국제관계연구과	현대한국조선연구센터
	와세다대학 종합연구기구	한국학연구소(早稲田大学韓国学研究)
	히토쓰바시대학 언어사회연구과	한국학연구센터
중국	광시사범대학(광서사범대학) 외국어대학	조선–한국학연구센터
	난징대학(남경대학)	한국학연구센터(Institute of Korean Studies)
	난카이대학(남개대학)	한국연구중심(南开大学韩国研究中心)
	다롄민족학원(대련민족학원) 외국어대학	한국학연구센터(Research Center for Korean Studies)
	다롄외국어학원(대련외국어학원) 한국이대학	한국학연구소(Institute for Korean Studies)
	랴오닝대학(요녕대학) 동북아시아학연구소	한국연구중심(Research Center for Korean Studies)
	베이징대학(북경대학)	한국연구중심(Center for Korean Studies) 조선문화연구소
	베이징어언대학(북경어언대학)	한국교육문화연구중심 (Research Center for Korean Education and Culture)
	베이징외국어대학(북경외국어대학) 아시아아프리카대학	한국학연구센터
	산둥대학(산동대학)	한국연구중심(Korean Studies Center)
	산둥대학 웨이하이분교(산동대학 위해분교)	한국학학원(School of Korean Studies)
	산둥사범대학(산동사범대학)	한국학연구센터
	상하이외국어대학(상해외국어대학) 동방언어대학	조선반도문제연구소
	쓰촨외국어대학(사천외국어대학)	한국학연구센터(Research Center for Korean Studies)

국가	대학	한국학센터
중국	쓰촨외국어대학 성도학원 (사천외국어대학 성도학원)	한국학연구소(Institute for Korean Studies)
	옌볜대학(연변대학)	조선반도연구협력창신중심
	옌타이대학(연태대학) 동아시아연구소	한국학연구센터(Center for Korean Studies)
	웨이난사범학원(위남사범학원)	한중문화교류센터
	저장대학(절강대학) 인문대학	한국연구소(Institute of Korean Studies)
	중국해양대학 외국어대학	한국연구소
	중앙민족대학	조선-한국학연구중심
	지린대학(길림대학) 동북아시아연구원	조선한국연구소
	지린대학 주하이분교(길림대학 주해분교) 외국어학부	한국학연구소(Institute for Korean Studies)
	취푸사범대학 리자오분교(곡부사범대학 일조 분교) 통번역대학	한국문화연구소
	칭다오대학(청도대학) 외국어대학	중한센터(China-Korean Center)
	톈진사범대학(천진사범대학)	한국문화연구센터
	통화사범학원	한국어연구센터
	푸단대학(복단대학)	한국연구중심(Center for Korean Studies)
	화중사범대학 외국어대학	한국문화연구소
미국	뉴욕주립대학교(SUNY)-빙엄턴	한국학센터(Center for Korean Studies)
	뉴욕주립대학교(SUNY)-스토니브룩 인문과학대학	한국학센터(Center for Korean Studies)
	디트로이트머시대학교	북한학연구소(Institute for North Korean Studies)
	미시간대학교	남 한국학센터(Nam Center for Korean Studies)
	미시간주립대학교 아시아학센터	한국학협의회(Council on Korean Studies)
	미주리대학교 아시아센터	한국학연구소(Institue of Korean Studies)
	서던캘리포니아대학교(남가주대학교) Dornsnife 언어인문과학대학	한국학연구소(Korean Studies Institute)
	스탠퍼드대학교	쇼렌스타인 아시아-태평양 연구센터 한국 프로그램 (Shorenstein Asia-Pacific Research Center, Korea Program)
	시카고대학교 동아시아학센터	한국학연구위원회(Committee on Korean Studies)
	오하이오주립대학교	한국학연구소(Institute for Korean Studies)
	워싱턴대학교	한국학센터(Center for Korean Studies)
	인디애나대학교	한국학연구소(Institute for Korean Studies)
	조지메이슨대학교	한국학센터(Korean Studies Center)

국가	대학	한국학센터
미국	조지워싱턴대학교 엘리엇 국제학부	한국학연구소(Institue for Korean Studies)
	존스홉킨스대학교 니츠국제대학원	SAIS 한미연구소(SAIS US-Korea Institute)
	캘리포니아대학교-로스앤젤레스(UCLA) 국제연구소	한국학센터(Center for Korean Studies)
	캘리포니아대학교-버클리(UC버클리)	한국학센터(Center for Korean Studies)
	캘리포니아대학교-어바인(UC어바인)	UCI 크리티컬한국학센터 (Center for Critical Korean Studies)
	캘리포니아주립대학교-로스앤젤레스 국제연구소	한국계미국인·한국학연구센터 (Center for Korean American and Korean Studies)
	컬럼비아대학교	한국연구센터(Center for Korean Research)
	퀸즈칼리지	재외한인사회연구소 (Research Center for Korean Community)
	펜실베이니아대학교	제임스 주진 김 한국학 프로그램 (James Joo-Jin Kim Program in Korean Studies)
	하버드대학교	한국학연구소(Korea Institute)
	하와이대학교-마노아	한국학센터(Center for Korean Studies)
캐나다	브리티시컬럼비아대학교(UBC) 아시아연구소	한국학연구센터(Centre for Korean Research)
	토론토대학교 아시아연구소	한국학센터(Centre for the Study of Korea)
스리랑카	켈라니야대학교 근대언어학과	한국학센터(Centre for Korean Studies)
인도	자와할랄네루대학교	한국학센터
파키스탄	파키스탄 국립외국어대학교 한국어학과	한국연구센터(Korean Research Center)
벨기에	가톨릭루벤대학교 인문학부	한국학연구소(Center for Korean Studies)
아일랜드	코크대학교 언어학연구소	한국학연구소(Irish Institute of Korean Studies)
영국	런던대학교 SOAS	SOAS 한국학센터(SOAS Centre for Korean Studies)
	센트럴랭카셔대학교 언어·국제학과	국제한국연구소 (International Institute of Korean Studies)
	셰필드대학교 동아시아학대학	한국학센터(Centre for Korean Studies)
이탈리아	로마대학교	한국학연구센터 (Korean Studies and Research Center -C.R.S. Corea)
프랑스	국립동양어문화대학교(INALCO) 아시아연구소	한국연구소(Centre d'études Coréennes)
	사회과학고등연구원(EHESS), 파리디드로(파리7)대학교 UMR 8173: "Chine, Coree, Japon"	한국연구센터 (Le Centre de Recherches sur la Corée)
러시아	극동연방대학교	한국연구센터(Center for Korean Researches)

국가	대학	한국학센터
러시아	노보시비르스크국립대학교	한국학연구센터(NSU Center for Korean Studies)
	로모노소프 모스크바국립대학교	국제한국학센터 (International Center for Korean Studies)
	부랴트국립대학교 농양대학	한국문화센디
	상트페테르부르크국립대학교	학제간 한국학 연구소 (Interdisciplinary Studies of Korea)
	시베리아연방대학교	한국과학교육센터 (Science and Education Center of Korea)
	이르쿠츠크국립대학교	한국어센터(Korean Language Center)
	카잔연방대학교 국제관계·역사·동양학부	한국학센터(Korean Studies Center)
우즈베키스탄	타슈켄트국립동방학대학교	한국학연구과학센터 (Research-Science Center for Korean Studies)
카자흐스탄	구밀요프 유라시아국립대학교	카-한관계협력센터
	알-파라비 카자흐국립대학교 동양학부	한국(Hanguk)
	카자흐스탄국제관계및세계언어대학교 동양학부	한국학센터(Center for Korean Studies)
이스라엘	예루살렘히브리대학교 아시아학과	한국학포럼(Korean Studies Forum)
독일	베를린자유대학교	한국학연구소(Institute of Korean Studies)
루마니아	루마니아-아메리칸대학교 아시아학과	루마니아-한국연구센터 (Rowauian-Korean Studies Center)
	바베스-보여이대학교 아시아어문학과	한국문화센터(Korean Cultural Center)
불가리아	소피아대학교	한국학센터(Center for Korean Studies)
슬로베니아	류블랴나대학교 인문학부	한국학센터(Center for Korean Studies)
우크라이나	키예프국립외국어대학교	한국학센터(Center of Kroean Studies)
	타라스 세브첸코 키예프국립대학교 언어학부	한국어문학센터 (Center of Korean Language and Literature)
체코	찰스대학교 한국학과	프라하 한국학연구소 (Prague Centre for Korean Studies)

〈표10〉의 현황을 살펴보면, 중국이 29개 대학으로 가장 많은 수를 차지한다. 그 뒤를 이어 미국에 24개, 러시아에 8개, 일본에 5개의 한국학센터가 개설되어 있음을 알 수 있다. 주목할 점은 해외 한국학 현황 관련 한국학 운영 대학, 한국학 센터, 학회 현황에 대한 조사를 했던 이완범 외(2009)의 연구[15]에서 당시 후발 지 역으로 간주되었던 아시아 및 동유럽 등에서 한국학센터가 지속적으로 증가하고

있으며 이집트, 요르단 등 중동 및 아프리카 지역까지 확산되고 있다는 점이다.

그러나 〈표 10〉을 보면, 한국어 교육을 주로 다루는 센터는 많지 않다. 센터의 명칭을 볼 때, 대부분 한국학 연구를 지원하는 센터로 보이며 중국, 베트남, 러시아, 우크라이나, 불가리아 등의 국가에서만 한국어 교육 또는 한국어와 관련된 연구를 지원하는 것으로 보인다. 그러나 이들 센터에서도 본격적으로 한국어교육학 연구만을 지원하는 것으로 보기는 어렵다.

해외 한국학 관련 학회 현황

해외 한국학 관련 학회는 연례 회의를 통한 한국학 관련 논문 발표 및 한국학 관련 연구자의 교류가 정기적으로 이루어질 수 있다는 측면에서 한국학 관련 연구자들의 구심적 역할을 할 수 있다. 해외 한국학 연구 지원과 관련해 중추적 역할을 담당하는 기관으로는 역시 한국국제교류재단 및 한국학중앙연구원을 들 수 있다. 2013년부터 2015년까지 한국국제교류재단의 해외 학회 지원 내용을 통해 활발한 연구 활동을 하는 학회를 정리하면 〈표 11〉과 같다.

표 11 한국국제교류재단 지원 한국학 관련 학회

지역	2013년	2014년	2015년
북미	미국한국어교육자협회 미국외국어교육학회 한국어분과 북미아시아학회 미국사회과학연구협회	미국한국어교육자협회 미국외국어교육학회 한국어분과 북미아시아학회	미국한국어교육자협회 북미아시아학회 한국사회학 연례학술회의
유럽		유럽한국어교육자협회 유럽한국학회	유럽한국학회

15 이완범 외(2009)에서는 한국학 선도 지역으로 북미, 서유럽, 일본을, 발전 지역으로 중국, 러시아, 오세아니아를, 후발 지역으로 아시아, 동유럽을 제시하면서 각국의 한국학 운영 대학, 한국학센터, 학회 현황을 조사하였다.

지역	2013년	2014년	2015년
폴란드		폴란드국제문화연구소	
도미니카		도미니카한국경제발전연구회	
콜롬비아	콜롬비아한국학회	콜롬비아한국학회	콜롬비아한국학회
러시아		러시아한국학대학연합 전 러시아한국어교수협의회	러시아한국학대학연합 전 러시아한국어교수협외희
	모스크바국립언어대		
인도	인도한국연구자회	인도한국연구자회	인도한국연구자회
중국	중국한국교육자연구학회 세계한국연구컨소시엄	중국한국교육자연구학회	중국한국교육자연구학회
대만			대만한국학회
멕시코			중남미한국학회
아르헨티나			아르헨티나한국학회
호주	대양주한국학회		대양주한국학회

〈표 11〉을 보면, 해외 한국학센터와 마찬가지로 해외 한국학 연구 학회 역시 한국학 일반에 대한 연구에 집중해 있다는 것을 알 수 있다. 학회의 명칭을 보더라도 한국어교육학이나 한국어학에 대한 연구를 주목적으로 하는 학회는 많지 않다. 한국어교육학 연구를 지원하는 학회는 미국, 유럽, 러시아, 중국의 몇 개 학회뿐이다.

한국어 교육 분야는 한국학 제 분야 중 하나로서 역할을 요구받고 있다. 연구센터나 학회의 부족은 다양화되고 증가하는 한국어 교수·학습에 대한 변화된 시대적 요구를 충족하지 못하는 결과를 초래한다. 실용적 한국어 학습 내용을 제공하는 차원을 넘어, 장래의 한국학 연구자 양성을 위한 한국어 교육방법론 개발과 같이 새롭게 부상하는 다양한 학습 수요를 충족시킬 수 있는 교수·학습 방법론의 개발, 비교문화론적 관점에서의 한국어 문화 교육 방안 연구, 현지 공교육 편입을 위한 구체적 교육 과정 연구 및 교과서 개발 방안 모색, 한국어 습득론 연구 등을 지원할 수 있는 연구 센터와 학회의 활성화가 요구된다.

해외 한국어 교재 현황

교육 현장에서 교재 개발은 필수적으로 이루어져야 하는 영역이므로 다양한 현지의 수요를 만족시킬 수 있는 교재가 지속적으로 개발되어야 한다. 해외의 한국어 교수·학습 수요에 부응하기 위해 개발된 한국어 교재 현황을 해외 발간 한국어 교재와 해외 보급용 국내 개발 교재로 구분하여 알아보고자 한다.

해외 발간 한국어 교재 현황

2009년 국립국어원과 한국어세계화재단이 발간한 국내외 한국어 교재 백서(정순훈 외, 2009)에 따르면, 2009년 1월 말까지 한국어세계화재단에서 파악한 해외 발간 한국어 교재는 2,569권에 달하며, 이 중에서 구체적인 실물이 파악된 교재는 496권이다. 정순훈 외(2009)의 내용을 정리하여 제시하면 다음과 같다.

표 12 한국어 교재 발간 현황

	국가	교재 수
동북아시아	북한	4
	일본	1,530
	중국	424
	몽골	53
기타 아시아	대만	35
	말레이시아	1
	베트남	85
	스리랑카	3
	싱가포르	1
	우즈베키스탄	4
	우크라이나	2
	인도	6
	인도네시아	24
	카자흐스탄	6
	태국	52
	필리핀	2

	국가	교재 수
유럽	독일	14
	러시아	33
	루마니아	1
	불가리아	2
	스페인	1
	이탈리아	2
	폴란드	3
	프랑스	4
	핀란드	1
	헝가리	5
영미권	미국	223
	영국	3
	캐나다	2
	호주	32
아랍 및 아프리카	요르단	2
	터키	8
합계		2,568

국립국어원과 한국어세계화재단이 발간한 『국내외 한국어 교재 백서』(정순훈 외, 2009)에서는 개별 교재의 상세한 분석을 위해 30여 개국의 심층 분석이 가능한 177권의 교재를 선정하여 교재 수준 및 목적에 따라 살펴보고 있는데, 그 내용은 〈표 13〉, 〈표 14〉와 같다.

표 13 수준별 교재 개발 현황

국가	초급	중급	고급	합계
일본	50	5		55
중국	29	14	1	44
미국	13	11	16	40
러시아	2	1	4	7
태국	5			5
독일	3			3
말레이시아	3			3

국가	초급	중급	고급	합계
몽골	3			3
스리랑카	3			3
터키	3			3
대만	2			2
루마니아	1			1
베트남	1			1
싱가포르	1			1
요르단	1			1
우즈베키스탄	1			1
이탈리아	1			1
인도네시아	1			1
프랑스	1			1
헝가리	1			1
합계	125	31	21	177

〈표 13〉을 보면 해외에서 발간된 한국어 교재는 대부분 초급 수준에 집중되어 있다. 특이할 만한 점은 교재 개발이 가장 많이 이루어진 일본의 경우 초급 교재 개발에 집중되어 있다는 것이다. 반면, 미국의 경우에는 특수 목적의 고급 교재까지 다양한 수준의 교재 개발이 이루어지고 있다. 이러한 국가별 차이는 국내 개발 범용 교재 보급의 한계와 함께 현지 교재 개발의 필요성을 실감하게 한다. 그러나 이 또한 현지 전문 인력 양성이 전제되어야만 가능할 것이다.

표 14 목적별 교재 개발 현황

국가	일반 목적	특수 목적 (비즈니스)	특수 목적 (재외 동포)	특수 목적 (학문 목적)	합계
일본	49		6		55
중국	24			20	44
미국	25		9	6	40
러시아	4			3	7
태국	5				5

국가	일반 목적	특수 목적 (비즈니스)	특수 목적 (재외 동포)	특수 목적 (학문 목적)	합계
독일	1		1	1	3
말레이시아	3				3
몽골	3				3
스리랑카	3				3
터키	3				3
대만	1	1			2
루마니아				1	1
베트남	1				1
싱가포르	1				1
요르단	1				1
우즈베키스탄	1				1
이탈리아	1				1
인도네시아	1				1
프랑스	1				1
헝가리	1				1

〈표 14〉 역시 정순훈 외(2009)에서 심층 분석이 가능한 30여 개국의 177권의 교재를 정리한 것으로, 이를 보면 해외에서 발간된 한국어 교재 대부분은 일반 목적으로 개발되었음을 알 수 있다. 그러나 일본, 미국, 독일 등을 중심으로 재외 동포를 위한 특수 목적 교재가 개발되고 있으며 중국, 미국, 러시아의 경우 학문 목적 교재가 상당히 비중 있게 개발되고 있음을 알 수 있다.

해외 보급용 교재 개발 현황

한편, 국내에서는 재외 동포 및 해외 거주 일반 학습자를 위한 다양한 교재 개발이 이루어지고 있다. 재외 동포 교재의 경우 대부분 교육부 및 국립국제교육원 주관하에 개발되었다. 2001년 이후 한글학교 수업용 교재를 중심으로 개발이 활발히 전개되었으며, 2011년 이후에는 영어권을 시작으로 언어권별로 한글학교에서 한국어를 공부하는 아동 청소년을 위한 교재 개발이 이루어졌다. 2015년에는 범용 한국어 교재 개발이 진행되었다. 그 내용은 〈표 15〉에 정리되어 있다.

표 15 재외 동포용 한국어 교재 개발 현황16

교재	발행인	연도
재외 동포용 고급 한국어 Ⅰ, Ⅱ	국제교육진흥원	1997
재외 동포용 입문 한국어 교사용 지도서	국제교육진흥원	1998
한국어 회화 1, 2	국제교육진흥원	2001
한국어 1~8	국제교육진흥원	2001~2005
한국어 교사용 지도서 1~8	국제교육진흥원	2002~2007
한글학교 동화로 배우는 한국어	재외동포교육진흥재단	2006
한글학교학생용 한글기초 상, 하	국립국제교육원	2006~2007
한글학교학생용 한글기초 상, 하 교사용 지도서	국립국제교육원	2007~2008
한글학교 한국어 1~6	국립국제교육원	2008~2009
한글학교 한국어 교사용 지도서 1~6	국립국제교육원	2008~2012
맞춤한국어(영어권) 1~6	국립국제교육원	2011
맞춤한국어(프랑스어권) 1~6	국립국제교육원	2012
맞춤한국어(베트남어권) 1~6	국립국제교육원	2012
맞춤한국어(태국어권) 1~6	국립국제교육원	2012
맞춤한국어(중국어권) 1~6	국립국제교육원	2012
맞춤한국어(인도네시아어권) 1~6	국립국제교육원	2013
맞춤한국어(독일어권) 1~6	국립국제교육원	2013
맞춤한국어(스페인어권) 1~6	국립국제교육원	2013
맞춤한국어(아랍어권) 1~6	국립국제교육원	2014
맞춤한국어(포르투갈어권) 1~6	국립국제교육원	2014
재외 동포를 위한 한국어 1-1~6-2	국립국제교육원	2015
재외 동포를 위한 한국어(일어권) 1-1~6-2	국립국제교육원	2016
재외 동포를 위한 한국어(영어권) 1-1~6-2	국립국제교육원	2016

해외 보급용 교재는 재외 동포뿐 아니라 해외에서 거주하는 일반인 학습자를 위해서도 꾸준히 개발되어 왔다. 2006년에는 해외의 다양한 교육기관에서 활용될 수 있도록 국립국어원 주관으로 초급 한국어 교재가 기능별(말하기, 듣기, 읽기, 쓰기)

16 〈표 15〉와 〈표 16〉은 국립국제교육원 KOSNET, 국립국어원 한국어교수학습샘터, 누리세종학당, 재외 동포교육진흥재단의 홈페이지에 2016년 말 기준으로 게시된 내용을 수집해 작성하였다.

로 개발되었고, 다시 이 책들은 언어권별 번역을 추가해 맞춤형 교재로 개발되었다. 이후 중급 한국어는 해외 기관의 교육 환경을 고려해 통합형 교재로 언어권별로 개발되었다. 2013년에는 세종학당의 표준 한국어 교육 과정을 마련해 이를 기반으로 세종학당 표준 교재가 개발되었다. 그 내용은 〈표 16〉에 정리되어 있다.

표 16 일반 학습자 대상 교재[17]

구분	발행인	연도
몽골인을 위한 종합한국어 1~6	한국국제교류재단[18]	2008~2011
베트남인을 위한 종합한국어 1~6	한국국제교류재단	2008~2011
인도네시아인을 위한 종합한국어 1~6	한국국제교류재단	2008~2011
카자흐스탄인을 위한 종합한국어 1~6	한국국제교류재단	2008~2011
한국어회화 (Ⅰ) 영어권	국제교육진흥원	1990
한국인의 생활 Ⅰ, Ⅱ	국제교육진흥원	1992
Korean through Englih 한국어 1~3	국립국어원	1992
한국어회화 (Ⅰ) 중국어권	국제교육진흥원	1999
한국어 1~6	국제교육진흥원	2000
기초 한국어	국제교육진흥원	2000
한국의 문화	국제교육진흥원	2000
한국어 읽기 상급, 중급	국제교육진흥원	2001
한국어 1~2(일본어판)	국제교육진흥원	2001
한국어 1~2(영어판)	국제교육진흥원	2002
서식 용례로 배우는 한국어	국제교육진흥원	2002
한국어 듣기	국제교육진흥원	2002
한국어 기본 용언 활용 예문사전	국제교육진흥원	2002
한국어 속담 100 관용어 100	국제교육진흥원	2002
한국어 학습자를 위한 한자	국제교육진흥원	2004
한국어회화 Ⅰ, Ⅱ, Ⅲ	국제교육진흥원	2005~2008
초급 한국어 말하기 (영어, 중국어, 몽골어, 태국어, 베트남어, 타갈로그어)	국립국어원	2006~2008

17 수집 출처는 각주 16 참조.
18 한국국제교류재단의 교재는 KB국민은행의 지정 기부로 제작되어 현지 대학에서 사용되다가 일반 한국어 학습자들도 사용할 수 있도록 e-북 형태로 출판되었다.

구분	발행인	연도
초급 한국어 듣기 (영어, 중국어, 몽골어, 태국어, 베트남어, 타갈로그어)	국립국어원	2006~2008
초급 한국어 읽기 (영어, 중국어, 몽골어, 태국어, 베트남어, 타갈로그어)	국립국어원	2006~2008
초급 한국어 쓰기 (영어, 중국어, 몽골어, 태국어, 베트남어, 타갈로그어)	국립국어원	2006~2008
한국어 입문, 초급, 중급, 고급(학생용)	국립국제교육원	2009
중급 한국어 지침서 1~2	국립국어원	2010~2011
중급 한국어 1~2 (한국어, 영어, 중국어, 필리핀어, 몽골어, 베트남어)	국립국어원	2010~2011
세종한국어 1~8	국립국어원	2011~2014
초급 한국어 말하기(스페인어, 러시아어)	국립국어원	2012
초급 한국어 듣기(스페인어, 러시아어)	국립국어원	2012
초급 한국어 읽기(스페인어, 러시아어)	국립국어원	2012
초급 한국어 쓰기(스페인어, 러시아어)	국립국어원	2012
세종한국어 교원용 지침서 1~8	국립국어원	2013~2014
한국어 입문, 초급, 중급, 고급(지도서)	국립국제교육원	2014
두근두근 한국어 1~2	국립국어원	2014

해외 한국어 교육의 발전과 전망

한국어 교육은 한국국제교류재단의 '광복 70년 기념 세계한국학대회'에서 토론된 바와 같이,[19] 한국학의 한 분야로서 그 정체성과 좌표에 대하여 생각해야 할 시점이다. 또한 변화하는 학습 수요의 반영, 공교육으로의 편입, 초·중등 교육

---

[19] 이 대회는 2015년 광복 70주년을 기념하여, 해외 한국학의 지역별·분야별 주요 발전 성과와 미래 도전 과제를 모색한 세계한국학대회이다. 분야별 토론으로 인문·문화 분야, 사회과학 분야는 물론, 한국어 교육 분야를 포함하고 있다. 본고의 자료는 한국어 교육 분과[좌장으로는 이해영(이화여대), 발표자로는 김혜영(미국 듀크대), 예카테리나 포홀꼬바(러시아 모스크바국립외국어대), 괵셀 튀르쾨쥬(터키 에르지예스대), 왕단(중국 베이징대), 토론자로는 김익환(쿠바 호세마르티문화원), 응히엠 띠 뚜 흐엉(베트남 하노이대) 등이 참여)]의 토론 내용을 포함했다.

과 대학 교육의 연계, 대학에서의 인력 양성과 연구력 강화를 통한 전문화와 학문적 수월성 확보라는 과제를 안고 있다.

해외 한국어 교육의 전문성과 학문적 수월성 확보를 위해서는 교원의 전문성 제고와 학문의 후속 세대 양성을 위한 집중적인 투자가 필요하다. 해외 대학에서는 한국어 교육을 담당하는 교원들이 전공 관련 박사 학위나 필요한 자격증을 취득하지 못한 경우가 많으며, 단지 한국인이거나 한국어를 잘하는 현지인이 한국어 교육을 담당하는 교원으로 활동하는 일도 목격된다. 전문성 낮은 교원이 양성하는 대학생들에게서 학문적 깊이나 미래 비전을 기대하기는 어렵다. 이러한 현실은 해외 중등학교와 같은 공교육기관에 한국어에 능숙한 전문 자격을 갖춘 한국어 교육 전문가가 배치되기 어려운 상황을 만들었다.

최근 한국어 교육에 대한 수요가 증가한 태국의 경우에도 대학교에서는 전문가를 양성하지 못했고, 중등학교에서는 국가 자격증 보유 교사가 부족했으며, 학생들을 가르칠 기준이 되는 교육 과정이나 교재 또한 미비했다. 근본적인 이유는 전문 역량을 갖춘 연구자와 교원이 부족하기 때문이다. 진경지(2016: 14)에서는 대만의 한국어 교원이 한국어학과 졸업생이나 재학생, 혹은 한국에 유학 경험이 있는 비한국어 전공생, 또는 화교, 대만에서 거주하는 한국인이라고 했다. 이러한 사례는 일본이나 미국 등 다른 나라의 경우도 비슷하다. 한국어 교육 전공자보다는 언어학, 영어교육학, 정치학, 역사학, 일본어 교육이나 일한대조언어학 전공자가 한국어를 가르쳐야 하는 경우가 많은데, 이와 같은 상황에서는 효율적이고 체계적인 방법론을 갖춘 한국어 교육을 기대하기 어렵다.

한국어 교육이 전문적인 분야로서 자리매김하기 위해서는 해외 현지인을 대상으로 학문의 후속 세대 양성이 이루어져야 한다. 이를 위해 전공, 부전공 대학원 과정이 개설되어야 하며, 배출된 전문가가 다른 분야로 전출되지 않고 전공 분야로 연계될 수 있도록 해야 한다. 이에 대해 중국 베이징대학 왕단 교수는 광복 70년 기념 세계한국학대회의 한국어 교육분과 토론에서 장기적인 안목을 가지고 대학원의 한국어 전공을 늘리고, 다원화·다양화를 지향해야 함을 지적한 바 있다. 학문의 후속 세대를 양성하려면 체계적이고 전문적인 교육 과정이 개발되어야 하며 연구서, 학술서, 교재 개발이 뒷받침되어야 한다. 무엇보다 이를 시행하기 위해서는 대학의 전문 교원이 확보되어야 할 것이다. 대학에 전문 교원이 충분히 수급되기 어려운 현시점에서 연구력을 갖춘 한국어 교육 전공 객원교수 파견, 글로벌 e-스쿨을 활용한 전공 과목 송출 등은 한시적이나마 그 대안이 될 수 있을 것이다.

또한 한국어 교육이 전문적인 분야로 성장하기 위해서는 연구의 활성화가 필요하다. 일반 성인과 재외 동포를 주요 대상으로 한국어를 교육하던 시기와 달리, 해외 대학에 학부 학과와 대학원 과정이 설치되어 대학생, 대학원생들이 전공으로 공부하기 시작했다. 최근에는 한국어 교수·학습이 학문적인 연구 주제로 등장했고, 연구 센터나 학회와 같은 학술 단체가 설립되어 한국어 교육 연구를 지원하게 되었다. 흥미로운 해외 연구 중 하나는 베트남과 태국에서 이루어진 중등교육의 한국어 교육 체계화를 위한 연구다. 대학 교원은 저변 확대와 심화를 위해 중등학교 한국어 교육에 필요한 교육 과정과 교재 연구를 시작했다. 대학에서 연구가 활성화되고 그 연구 내용이 다시 중등학교 교실 개선에 적용되는 것은 전문적 영역으로서 한국어 교육 연구의 중요한 목적 중 하나이다.

한국어 교육이 한국어 학습 차원에서 나아가 학문적 분야로 자리매김하기 위해서는 학제 간 연계를 염두에 두고 발전해야 한다. 광복 70년 기념 세계한국학대회에서 김혜영 교수는 미국 대학에서 한국어 교육은 한국어를 가르치는 것만을 목표로 해서는 안 되고 한국학 제 분야와의 연계, 국제학과의 연계를 통해 학생들의 지적 요구와 유기적인 연관을 맺도록 교과 과정이 개발되어야 할 것이라고 언급했다. 이와 같이 될 때 왕단 교수의 언급처럼 전문성 있는 인력이 타 분야로 유출되는 것을 막을 수 있을 것이다.

참고 문헌

김중섭, 『한국어 교육의 이해』, 하우, 2010.

김지형, 장미라, 서진숙, 『국외 한국어 교육기관 현황 조사 최종보고』, 세종학당, 2015.

김혜영, 「미국의 한국어 교육발전 추세와 전망」, 『광복 70년, 세계 속의 한국과 한국학』, 183~191, 한국국
　제교류재단, 2015.

민현식, 『한국어 교육론 I』, 한국문화사, 2005.

박새암, 「근대적 한국어 교육 형성기 설정의 문제」, 『언어와 정보사회』 29, 151~180, 서강대학교 언어정
　보연구소, 2016.

박경철, 「공공외교로서의 한국어 해외보급 현황 및 개선방안 연구: 정규 교육과정을 중심으로」, 경희대
　학교 석사 학위 논문, 2013.

손호민, 「미국에서의 한국어 교육의 역사와 미래 조망」, 『외국어로서의 한국어 교육』 26, 79~135, 연세대
　학교 언어연구교육원 한국어학당, 2001.

신현숙, 「한국어 교육의 어제와 오늘」, 『한국어문학연구』 53, 5~70, 한국어문학연구학회, 2009.

씨리낫 씨리랏, 「태국에서의 한국어 교육 현황 조사 연구」, 『동남아시아 한국어 교육자 현지 워크숍 자료
　집』, 113~122, 2016.

오대환, 「일본에서의 한국어 교육의 문제점에 관한 이해」, 『국어학』 57, 국어학회, 203~226, 2010.

왕단, 「미국의 한국어 교육발전 추세와 전망」, 『광복 70년, 세계 속의 한국과 한국학』, 한국국제교류재단,
　205~213, 2015.

이선근, 「해외 동포 한국어 교육의 현황과 과제」, 『새 천년 맞이 제10차 국제 학술회의』, 국제한국어교육
　학회, 19~24, 1999.

이완범 외, 『해외한국학현황 및 중장기 발전방안 연구』, 교육과학기술부, 2009.

이정란, 이보라미, 이기영, 하지혜, 『한국어 교육 실습 기관 기초 조사 연구 최종보고』, 국립국어원, 2017.

정순훈 외, 『국내외 한국어 교재 백서』, 국립국어원·한국어세계화재단, 2009.

주 태국 한국교육원, 『2015년 태국 내 한국어 및 한국학 교육이 개설된 대학 조사 자료』, 2016.

프리마코바 타티아나, 「러시아에서의 한국어 교육의 현황과 과제」, 『세계한국어문학』, 11~34, 2009.

한국국제교류재단(편), 『해외한국학백서』, 을유문화사, 2007.

한국국제교류재단(편), 『광복70년, 세계 속의 한국과 한국학』, 2015.

陳慶智(진경지), 「臺灣高中第二外語的實施現況與課題」, 1~16, 2016.

Pokholkova, E., "Translation and Intercultural Communication Teaching Process for Undergraduate

Students in Moscow State Linguistic University,"『광복 70년, 세계 속의 한국과 한국학』, 192~197, 한국국제교류재단, 2015.

국립국제교육원 KOSNET http://kosnet.go.kr/
국립국어원 한국어교수학습샘터 http://kcenter.korean.go.kr/
누리세종학당 http://www.sejonghakdang.org/sjcustu/home/std/main.do
재외동포교육진흥재단 http://www.efka.or.kr/
한국산업인력공단 http://www.hrdkorea.or.kr/
KS Grant 2016년도 학술회의 과제 목록.
(http://cefia.aks.ac.kr:84/index.php?title=KS_Grant_2016%EB%85%84%EB%8F%84_%ED%95%99%EC%88%A0%ED%9A%8C%EC%9D%98_%EA%B3%BC%EC%A0%9C%EB%AA%A9%EB%A1%9D)

3장

―

해외 한국학 대학별 상세 현황

―

해외 한국학 대학별 상세 현황 목록(87개국 464개 처)

　　대학별 상세 현황은 한국학 학위 과정을 운영하고 있거나 상세 정보가 파악된 기관을 위주로 수록하였다. 게재순서는 지역, 국가, 대학명을 가나다 순으로 정렬하였다.

지역	국가	연번	대학명	학위 과정 개설 유무	페이지
남미	브라질	1	상파울루대학교(USP)	O	387
	아르헨티나	1	라플라타국립대학교(UNLP)	O	390
		2	코르도바국립대학교		394
	칠레	1	칠레가톨릭대학교		398
		2	칠레중앙대학교	O	401
	파라과이	1	라울페냐국립교원대학교(ISE)	O	405
대양주	뉴질랜드	1	오클랜드공과대학교	O	408
		2	오클랜드대학교	O	410
		3	웰링턴빅토리아대학교		413
	호주	1	그리피스대학교	O	415
		2	남부호주대학교		417
		3	뉴사우스웨일즈대학교	O	419
		4	매쿼리대학교		422
		5	멜버른대학교	O	424
		6	모내시대학교	O	426
		7	서부호주대학교(UWA)	O	428
		8	시드니대학교	O	430
		9	퀸즐랜드대학교	O	433
		10	호주국립대학교(ANU)	O	437
동남아시아	동티모르	1	동티모르대학교		441
	라오스	1	라오스국립대학교(동독 캠퍼스)	O	443
	말레이시아	1	말라야대학교	O	445
		2	말레이시아국립대학교		448
		3	말레이시아사바대학교		451

지역	국가	연번	대학명	학위 과정 개설 유무	페이지
동남아시아	말레이시아	4	쿠알라룸푸르대학교		453
		5	테일러스대학교		455
	미얀마	1	양곤외국어대학교	O	457
	베트남	1	다낭외국어대학교	O	460
		2	달랏대학교	O	463
		3	락홍대학교	O	467
		4	반히엔대학교	O	471
		5	응우옌탓타인대학교	O	473
		6	탕롱대학교	O	475
		7	투득기술칼리지	O	478
		8	하노이국립외국어대학교	O	480
		9	하노이국립인문사회과학대학교	O	484
		10	하노이대학교	O	488
		11	호찌민국립인문사회과학대학교	O	491
		12	호찌민기술대학교	O	497
		13	호찌민사범대학교	O	499
		14	호찌민외국어정보대학교	O	503
		15	홍방국제대학교	O	507
		16	후에외국어대학교	O	511
	브루나이	1	브루나이국립대학교	O	515
	싱가포르	1	난양공과대학교		518
		2	싱가포르국립대학교		521
	인도네시아	1	가자마다대학교	O	523
		2	나시오날대학교	O	526
		3	브라위자야대학교		530
		4	인도네시아교육대학교	O	532
		5	인도네시아대학교		536
	캄보디아	1	라이프대학교	O	539
		2	민쩨이대학교	O	542
		3	바탐방대학교	O	544
		4	빌드브라이트대학교		547
		5	앙코르대학교	O	549
		6	왕립프놈펜대학교	O	552
		7	캄보디아 메콩대학교		556

지역	국가	연번	대학명	학위 과정 개설 유무	페이지
동남아시아	태국	1	나레수안대학교	O	559
		2	람캄행대학교	O	563
		3	마하사라캄대학교	O	565
		4	부라파대학교	O	568
		5	송클라나카린대학교(파타니 캠퍼스)	O	572
		6	송클라나카린대학교(푸껫 캠퍼스)	O	575
		7	시나카린위롯대학교	O	579
		8	실파꼰대학교	O	582
		9	출라롱꼰대학교	O	586
		10	치앙라이라차팟대학교	O	590
		11	치앙마이대학교	O	594
		12	탐마삿대학교	O	597
		13	허깐카타이대학교	O	600
	필리핀	1	세부기술(공과)대학교	O	603
		2	아테네오마닐라대학교	O	605
		3	필리핀국립대학교		609
		4	필리핀아시아태평양대학교		611
동북아시아	대만	1	국립고웅대학(카오슝대학)	O	614
		2	국립청치대학(국립정치대학)	O	618
		3	유다상업기술학원(유달상업기술학원)		623
		4	중국문화대학	O	625
	몽골	1	몽골국립과학기술대학교	O	631
		2	몽골국립교육대학교	O	635
		3	몽골국립대학교	O	639
		4	몽골국제대학교		644
		5	몽골생명과학대학교(구 몽골국립농업대학교)	O	646
		6	몽골인문대학교	O	648
		7	에트겅텡게르대학교	O	652
		8	울란바타르국립대학교	O	655
		9	울란바타르에르뎀대학교	O	658
		10	후레정보통신대학교	O	660
	일본	1	간다외어대학	O	663
		2	게이오대학	O	667
		3	고난여자대학		671

지역	국가	연번	대학명	학위 과정 개설 유무	페이지
동북아시아	일본	4	교토대학	O	673
		5	구마모토학원대학	O	678
		6	규슈대학	O	682
		7	나고야경제대학		685
		8	니쇼가쿠샤대학	O	687
		9	데즈카야마학원대학	O	690
		10	덴리대학	O	693
		11	도시샤대학	O	697
		12	도야마대학	O	701
		13	도카이대학		704
		14	도쿄대학	O	706
		15	도쿄외국어대학	O	709
		16	도호쿠문화학원대학	O	712
		17	리쓰메이칸대학	O	714
		18	메지로대학	O	718
		19	사이타마대학		722
		20	쇼와여자대학	O	724
		21	시즈오카현립대학	O	728
		22	아이치슈쿠토쿠대학	O	730
		23	오사카대학		733
		24	와세다대학	O	737
		25	현립히로시마여자대학	O	744
		26	히메지독쿄대학	O	747
		27	히토쓰바시대학	O	750
	중국	1	광둥백운학원/광동백운학원(广东白云学院)	O	755
		2	광둥외어외무대학 남국상학원/광동외어외무대학 남국상학원(广东外语外贸大学南国商学院)	O	758
		3	광시사범대학/광서사범대학(广西师范大学)	O	761
		4	구이린여유학원/계림여유학원(桂林旅游学院)	O	765
		5	난징대학/남경대학(南京大学)	O	768
		6	난징사범대학/남경사범대학(南京师范大学)	O	773
		7	난카이대학/남개대학(南开大学)	O	776
		8	다롄민족학원/대련민족학원(大连民族学院)	O	779
		9	다롄외국어학원/대련외국어학원(大连外国语学院)	O	783

지역	국가	연번	대학명	학위 과정 개설 유무	페이지
동북아시아	중국	10	대외경제무역대학(对外经济贸易大学)	O	787
		11	랴오닝대학/요녕대학(辽宁大学)	O	791
		12	루동대학/노동대학(鲁东大学)	O	795
		13	바오지문리학원/보계문리학원(宝鸡文理学院)		798
		14	베이징대학/북경대학(北京大学)	O	800
		15	베이징어언대학/북경어언대학(北京语言大学)	O	804
		16	베이징외국어대학/북경외국어대학(北京外国语大学)	O	807
		17	베이징제2외국어학원/북경제2외국어학원(北京第二外国语学院)	O	811
		18	산둥대학/산동대학(山东大学)	O	814
		19	산둥대학 웨이하이분교/산동대학 위해분교(山东大学威海)	O	819
		20	산둥사범대학/산동사범대학(山东师范大学)	O	823
		21	상하이외국어대학/상해외국어대학(上海外国语大学)	O	827
		22	상하이해양대학/상해해양대학(上海海洋大学)	O	830
		23	쉬저우공정학원/서주공정학원(徐州工程学院)	O	833
		24	시안외국어대학/서안외국어대학(西安外国语大学)	O	836
		25	쓰촨외국어대학/사천외국어대학(四川外国语大学)	O	840
		26	쓰촨외국어대학 성도학원/사천외국어대학 성도학원(四川外国语大学 成都学院)	O	844
		27	씨난민족대학/서남민족대학(西南民族大学)	O	847
		28	얀청사범학원/염성사범학원(盐城师范学院)	O	851
		29	양저우대학/양주대학(扬州大学)	O	855
		30	옌벤대학/연변대학(延边大学)	O	858
		31	옌타이대학/연태대학(烟台大学)	O	862
		32	옌타이대학 문경학원/연태대학 문경학원(烟台大学文经学院)	O	866
		33	웨이난사범학원/위남사범학원(渭南师范学院)	O	869
		34	자무쓰대학/가목사대학(佳木斯大学)	O	873
		35	저장대학/절강대학(浙江大学)	O	877
		36	저장외국어학원/절강외국어학원(浙江外国语学院)	O	881
		37	중국전매대학(中国传媒大学)	O	884
		38	중국해양대학(中国海洋大学)	O	887
		39	중산대학 국제번역학원(中山大学 国际翻译学院)	O	890
		40	중앙민족대학(中央民族大学)	O	893

지역	국가	연번	대학명	학위 과정 개설 유무	페이지
동북아시아	중국	41	지난대학/제남대학(济南大学)	O	898
		42	지린대학/길림대학(吉林大学)	O	901
		43	지린대학 주하이학원/길림대학 주해학원 (吉林大学珠海学院)	O	904
		44	지린사범대학/길림사범대학(吉林師範大學)	O	908
		45	지린재경대학/길림재경대학(吉林财经大学)	O	911
		46	지린화교외국어학원/길림화교외국어학원 (吉林华桥外国语学院)	O	914
		47	창수이공학원/상숙이공학원(常熟理工学院)	O	917
		48	취푸사범대학 리자오분교/곡부사범대학 일조분교 (曲阜师范大学日照分校)	O	920
		49	칭다오농업대학/청도농업대학(青岛农业大学)	O	923
		50	칭다오대학/청도대학(青岛大学)	O	926
		51	칭다오이공대학/청도이공대학(青岛理工大学)	O	930
		52	텐진사범대학/천진사범대학(天津师范大学)	O	933
		53	텐진외국어대학/천진외국어대학(天津外国语大学)	O	936
		54	통화사범학원(通化师范学院)	O	938
		55	푸단대학/복단대학(复旦大学)	O	942
		56	하얼빈공업대학 웨이하이분교/ 하얼빈공업대학 위해분교 (哈尔滨工业大学威海分校)	O	946
		57	하얼빈사범대학(哈尔滨师范大学)	O	948
		58	헤이룽장대학/흑룡강대학(黑龙江大学)	O	952
		59	홍콩대학(香港大學)	O	956
		60	홍콩성시대학/홍콩시립대학(香港城市大學)	O	959
		61	홍콩이공대학(香港理工大學)	O	963
		62	홍콩중문대학(香港中文大学)	O	967
		63	화난사범대학/화남사범대학(华南師範大學)	O	970
		64	화중사범대학(华中师范大学)	O	972
		65	후난사범대학/호남사범대학(湖南师范大学)	O	977
		66	후난섭외경제학원/ 호남섭외경제학원(湖南涉外经济学院)	O	981
		67	후난이공학원/호남이공학원(湖南理工学院)	O	985
북미	미국	1	괌커뮤니티칼리지	O	988
		2	국방언어교육원 외국어센터	O	990
		3	노스웨스턴대학교	O	992

지역	국가	연번	대학명	학위 과정 개설 유무	페이지
북미	미국	4	노스이스턴일리노이대학교	O	994
		5	노스캐롤라이나대학교-채플힐	O	997
		6	뉴욕대학교(NYU)	O	1001
		7	뉴욕시립대학교(CUNY)	O	1004
		8	뉴욕주립대학교-빙엄턴	O	1006
		9	뉴욕주립대학교-스토니브룩	O	1009
		10	뉴욕주립대학교-올버니	O	1012
		11	다트머스칼리지	O	1015
		12	덴버대학교		1017
		13	듀크대학교	O	1019
		14	듀페이지칼리지		1021
		15	디앤자칼리지	O	1023
		16	디트로이트머시대학교		1025
		17	라이스대학교	O	1027
		18	럿거스뉴저지주립대학교	O	1029
		19	리워드커뮤니티칼리지	O	1031
		20	매사추세츠공과대학교(MIT)		1033
		21	메릴랜드대학교-볼티모어카운티	O	1035
		22	메릴랜드대학교-칼리지파크	O	1038
		23	미네소타대학교	O	1040
		24	미들베리칼리지		1043
		25	미시간대학교	O	1045
		26	미시간주립대학교	O	1048
		27	미시시피대학교	O	1050
		28	미주리대학교	O	1052
		29	바사칼리지		1055
		30	밴더빌트대학교	O	1057
		31	버지니아대학교	O	1060
		32	베일러대학교	O	1062
		33	보스턴대학교	O	1064
		34	보스턴칼리지		1066
		35	보이시주립대학교		1068
		36	북부조지아대학교	O	1070
		37	브라운대학교	O	1072

지역	국가	연번	대학명	학위 과정 개설 유무	페이지
북미	미국	38	브랜다이스대학교		1074
		39	브룩헤이븐칼리지		1076
		40	브리검영대학교	O	1078
		41	새들백칼리지	O	1080
		42	샌타모니카칼리지	O	1082
		43	서던네바다칼리지	O	1084
		44	서던캘리포니아대학교(남가주대학교)	O	1086
		45	스미스칼리지	O	1089
		46	스탠퍼드대학교	O	1091
		47	시카고대학교	O	1094
		48	아메리칸대학교	O	1097
		49	아이오와대학교	O	1099
		50	애리조나대학교	O	1102
		51	애리조나주립대학교	O	1105
		52	앨라배마대학교		1107
		53	에모리대학교	O	1109
		54	예일대학교	O	1114
		55	오리건대학교	O	1116
		56	오번대학교		1118
		57	오벌린칼리지	O	1121
		58	오크톤커뮤니티칼리지	O	1123
		59	오하이오주립대학교	O	1125
		60	워싱턴대학교	O	1127
		61	웨슬리언대학교	O	1131
		62	웰즐리칼리지	O	1133
		63	위스콘신대학교-매디슨	O	1136
		64	윌리엄패터슨대학교	O	1140
		65	유타대학교	O	1142
		66	유타주립대학교	O	1144
		67	인디애나대학교	O	1146
		68	인카네이트워드대학교	O	1149
		69	일리노이대학교-시카고		1152
		70	일리노이대학교-어바나샴페인	O	1154
		71	조지메이슨대학교	O	1157

지역	국가	연번	대학명	학위 과정 개설 유무	페이지
북미	미국	72	조지아공과대학교		1159
		73	조지아대학교	O	1161
		74	조지아주립대학교		1164
		75	조지워싱턴대학교	O	1167
		76	조지타운대학교	O	1169
		77	존스홉킨스대학교	O	1172
		78	카피올라니커뮤니티칼리지	O	1176
		79	캔자스대학교	O	1178
		80	캘리포니아대학교-로스앤젤레스(UCLA)	O	1182
		81	캘리포니아대학교-리버사이드(UC리버사이드)	O	1187
		82	캘리포니아대학교-버클리(UC버클리)	O	1190
		83	캘리포니아대학교-샌디에이고(UC샌디에이고)	O	1195
		84	캘리포니아대학교-샌타바버라(UC샌타바버라)	O	1198
		85	캘리포니아대학교-어바인(UC어바인)	O	1200
		86	캘리포니아주립대학교-로스앤젤레스	O	1204
		87	캘리포니아주립대학교-풀러턴(CSUF)		1207
		88	컬럼비아대학교	O	1210
		89	코넬대학교	O	1213
		90	콜로라도대학교-볼더		1215
		91	퀸즈칼리지	O	1217
		92	클레어몬트매케나칼리지	O	1219
		93	터프츠대학교	O	1221
		94	텍사스대학교-리오그란데밸리	O	1223
		95	텍사스대학교-샌안토니오		1225
		96	텍사스대학교-알링턴	O	1227
		97	텍사스대학교-오스틴	O	1230
		98	템플대학교		1232
		99	펜실베이니아대학교	O	1234
		100	펜실베이니아인디애나대학교		1239
		101	펜실베이니아주립대학교	O	1241
		102	포틀랜드주립대학교		1244
		103	프린스턴대학교	O	1247
		104	피츠버그대학교	O	1250
		105	하버드대학교	O	1252

지역	국가	연번	대학명	학위 과정 개설 유무	페이지
북미	미국	106	하와이대학교-마노아	O	1255
		107	하워드대학교	O	1258
	캐나다	1	매니토바대학교		1260
		2	맥길대학교	O	1262
		3	몬트리올대학교	O	1265
		4	브리티시컬럼비아대학교(UBC)	O	1267
		5	세인트메리대학교		1272
		6	앨버타대학교	O	1274
		7	요크대학교	O	1276
		8	워털루대학교 레니슨칼리지	O	1279
		9	웨스턴온타리오대학교		1282
		10	캐모슨칼리지		1284
		11	토론토대학교	O	1286
서남아시아	스리랑카	1	켈라니아대학교	O	1291
	아프가니스탄	1	카불대학교		1295
	인도	1	델리대학교	O	1298
		2	라자기리사회과학칼리지	O	1302
		3	마니푸르대학교	O	1304
		4	마드라스크리스천칼리지		1306
		5	자와할랄네루대학교	O	1308
		6	힌두스탄대학교		1312
	파키스탄	1	파키스탄 국립외국어대학교	O	1315
서유럽	네덜란드	1	라이덴대학교	O	1318
		2	흐로닝언대학교		1322
	노르웨이	1	오슬로대학교	O	1326
	덴마크	1	코펜하겐대학교	O	1328
	라트비아	1	라트비아대학교	O	1332
	벨기에	1	겐트대학교		1335
	스웨덴	1	스톡홀름대학교	O	1338
	스페인	1	마드리드자치대학교		1342
		2	마드리드콤플루텐세대학교		1344
		3	말라가대학교	O	1346
		4	바르셀로나자치대학교	O	1351
		5	살라망카대학교	O	1354

지역	국가	연번	대학명	학위 과정 개설 유무	페이지
서유럽	아일랜드	1	코크대학교	O	1358
	에스토니아	1	타르투대학교	O	1362
		2	탈린대학교		1364
	영국	1	런던대학교 SOAS	O	1366
		2	센트럴랭카셔대학교	O	1370
		3	셰필드대학교	O	1376
		4	에든버러대학교	O	1380
		5	옥스퍼드대학교	O	1384
		6	임페리얼칼리지런던	O	1387
		7	케임브리지대학교	O	1389
		8	킹스칼리지런던		1391
	이탈리아	1	나폴리동양학대학교	O	1393
		2	로마대학교	O	1396
		3	밀라노대학교	O	1401
		4	베네치아 카포스카리대학교(베네치아대학교)	O	1403
		5	시에나외국어대학교		1406
	포르투갈	1	리스본대학교		1408
		2	신리스본대학교		1411
		3	포르토대학교		1413
	프랑스	1	국립고등사범학교(ENS)		1415
		2	국립동양어문화대학교(INALCO)	O	1417
		3	낭트대학교		1422
		4	낭트메트로폴미술학교	O	1424
		5	라로셸대학교	O	1426
		6	리옹3대학교	O	1430
		7	벨포르몽벨리아르기술대학교		1433
		8	보르도몽테뉴대학교		1435
		9	브르타뉴 아틀란틱 경영전문학교	O	1437
		10	사회과학고등연구원(EHESS)	O	1439
		11	스트라스부르대학교		1441
		12	엑스-마르세유대학교(구 프랑스대학교)	O	1443
		13	툴루즈-장 조레스대학교		1446
		14	파리디드로(파리7)대학교	O	1448

지역	국가	연번	대학명	학위 과정 개설 유무	페이지
서유럽	프랑스	15	파리13대학교	O	1453
		16	파리정치대학교(시앙스포)	O	1455
	핀란드	1	헬싱키대학교	O	1457
아프리카	나이지리아	1	칼라바르대학교		1461
	케냐	1	나이로비대학교	O	1463
	코트디부아르	1	펠릭스우푸에부아니대학교	O	1466
유라시아	러시아	1	극동연방대학교	O	1469
		2	노보시비르스크국립대학교	O	1473
		3	러시아고등경제대학교-모스크바	O	1476
		4	러시아고등경제대학교-상트페테르부르크	O	1480
		5	러시아국립인문대학교	O	1482
		6	러시아외교아카데미	O	1487
		7	로모노소프 모스크바국립대학교	O	1490
		8	모스크바국립국제관계대학교(MGIMO)	O	1494
		9	모스크바국립외국어대학교	O	1497
		10	부랴트국립대학교	O	1500
		11	사할린국립대학교	O	1504
		12	상트페테르부르크국립대학교	O	1509
		13	시베리아연방대학교	O	1513
		14	이르쿠츠크국립대학교	O	1515
		15	카잔연방대학교	O	1519
	우즈베키스탄	1	타슈켄트국립니사미사범대학교	O	1522
		2	타슈켄트국립동방학대학교	O	1525
	카자흐스탄	1	구밀요프 유라시아국립대학교	O	1529
		2	알-파라비 카자흐국립대학교	O	1532
		3	카자흐스탄국제관계및세계언어대학교	O	1539
		4	코르킷 아타 크즐오르다국립대학교	O	1546
	키르기스스탄	1	비슈케크인문대학교	O	1549
		2	오슈주립대학교		1553
		3	키르기스국립대학교	O	1555
		4	키르기스국제유니버설칼리지	O	1558
	타지키스탄	1	타지크국립외국어대학교	O	1561
중동	모로코	1	무함마드5세대학교-라바트		1564
	바레인	1	아흘리아대학교		1566

지역	국가	연번	대학명	학위 과정 개설 유무	페이지
중동	아랍에미리트	1	아랍에미리트연방(UAE)대학교	O	1568
	요르단	1	야르묵대학교		1571
		2	요르단국립대학교	O	1573
	이라크	1	바그다드대학교	O	1576
	이란	1	테헤란대학교		1579
	이스라엘	1	바르일란대학교		1582
		2	예루살렘히브리대학교	O	1585
		3	하이파대학교	O	1589
	이집트	1	아스완대학교	O	1592
		2	아인샴스대학교	O	1595
	카타르	1	카타르국립대학교		1599
중미카리브	과테말라	1	과테말라 산카를로스대학교		1601
	니카라과	1	니카라과국립대학교-마나과(UNAN-Managua)		1603
	멕시코	1	나야리트자치대학교(UAN)	O	1606
		2	누에보레온자치대학교(UANL)		1610
		3	콜리마대학교(UCOL)		1615
	베네수엘라	1	로스안데스대학교(ULA)		1617
	온두라스	1	온두라스국립대학교		1620
	코스타리카	1	국립기술대학교(UTN)		1622
		2	국립코스타리카대학교(UCR)		1624
		3	코스타리카국립대학교(UNA)		1627
	콜롬비아	1	EAFIT대학교		1630
		2	국립교육대학교		1632
		3	산탄데르산업대학교(UIS)		1634
		4	아틀란티코대학교		1636
		5	중앙기술교육기관		1638
		6	콜롬비아국립대학교(UNAL)		1640
	쿠바	1	호세마르티문화원		1643
	트리니다드토바고	1	서인도제도대학교-세인트오거스틴		1646
	파나마	1	파나마공과대학교(UTP)		1648
중유럽	독일	1	뒤스부르크에센대학교	O	1650
		2	베를린자유대학교	O	1654
		3	보훔대학교	O	1660

지역	국가	연번	대학명	학위 과정 개설 유무	페이지
중유럽	독일	4	본대학교	O	1665
		5	키엘대학교		1669
		6	튀빙겐대학교	O	1671
		7	프랑크푸르트괴테대학교	O	1676
		8	하이델베르크대학교	O	1680
		9	함부르크대학교	O	1684
	루마니아	1	루마니아–아메리칸대학교		1688
		2	바베스–보여이대학교	O	1691
	리투아니아	1	비타우타스 마그누스대학교	O	1695
	마케도니아	1	키릴메토디우스대학교		1699
	벨라루스	1	민스크국립언어대학교	O	1701
		2	벨라루스국립대학교	O	1703
	불가리아	1	벨리코투르노보대학교	O	1707
		2	소피아대학교	O	1709
	세르비아	1	니쉬대학교		1714
		2	베오그라드대학교		1716
	스위스	1	제네바대학교		1718
	슬로바키아	1	코메니우스대학교	O	1721
	슬로베니아	1	류블랴나대학교	O	1724
	아르메니아	1	예레반국립언어및사회과학대학교	O	1728
	아제르바이잔	1	바쿠국립대학교	O	1731
		2	이제르바이진언어대학교	O	1734
		3	하자르대학교		1737
	오스트리아	1	비엔나대학교	O	1739
	우크라이나	1	키예프국립외국어대학교	O	1743
		2	타라스 셰브첸코 키예프국립대학교	O	1746
	조지아	1	트빌리시자유대학교		1750
	체코	1	찰스대학교	O	1752
		2	팔라츠키대학교	O	1757
	터키	1	보아지치대학교	O	1760
		2	빌켄트대학교		1762
		3	앙카라대학교	O	1764
		4	에르지예스대학교	O	1769
		5	이스탄불대학교	O	1774

지역	국가	연번	대학명	학위 과정 개설 유무	페이지
중유럽	터키	6	중동공과대학교	O	1777
		7	하제테페대학교		1779
	폴란드	1	바르샤바대학교	O	1781
		2	브로츠와프대학교	O	1784
		3	아담 미츠키에비츠대학교	O	1788
		4	야기엘로니안대학교	O	1792
	헝가리	1	부다페스트경영대학교(BGE)		1795
		2	에외트뵈스 로란드대학교(ELTE)	O	1797

상파울루대학교
University of São Paulo

1. 대학 개요

대학명(자국어)	Universidade de São Paulo (USP)
설립 연도	1934년
소재 국가	브라질
형태	국공립
대표자 성명 / 직위	마르코 안토니오 자고(Marco Antonio Zago) / 총장

2. 연락처

주소	영문 주소	Av. Prof. Luciano Gualberto, 403 – sala 25 – Cidade Universitaria Sao Paulo, Brazil
	우편번호	05508 010
	전화	+55-11-3091-4299
	웹사이트	www5.usp.br

3. 기관 한국학 현황

1) 한국 관련 강좌 운영 현황

소속 학부	철학언어문학인문학부{Faculty of Philosophy, Languages and Literature, and Human Sciences(FFLCH)}	
소속 학과	동양문학과(Department of Oriental Literature)	
개설 연도	2013년	
프로그램 대표자	성명	직함
	안토니오 메네지스(Antonio Menezes)	교수
홈페이지	letrasorientais.fflch.usp.br	

2) 한국 관련 프로그램 제공 형태

학위 과정	B.A. (학사 과정)	한국어문학 전공

3) 한국학 교수진 : 2명

교수명	직위	전공 분야
임윤정	교수	문학
이나현	KF 객원교수	문학

4) 수강생 현황

한국어(학) 관련 강의 수강생 수 : 총 21명

학사 1학년	학사 2학년	학사 3학년	학사 4학년	석사 1학년	석사 2학년	박사 과정	기타
	7	4	10				

전공생 수

B.A.	M.A.	Ph.D.
21		

5) 강좌 개설 현황

과목명	담당 교수	주당 수업 시간	수강생 수	학점	필수 / 선택
한국 문화 1	임윤정	2	39	3	선택
한국 근대 문학 1	임윤정	2	10	3	필수
한국 근대 문학 3	임윤정	2	10	3	필수
한국 고전 문학 1	임윤정	2	10	3	필수
한국어 3	이나현	6	14	8	필수
한국어 5	이나현	4	32	5	필수
한국어 7	이나현	4	30	6	필수

6) 한국 관련 활동

활동명	시기	상세 활동 내용
한국학 스터디그룹	2007	관심 있는 학생들이 스터디 그룹을 만들어 행사와 학술 모임 주관
상파울루대학 한국학 모임	2012~2016	논문 대회 및 한국학 국제 세미나 개최

4. 한국연구센터 운영 현황

 - 없음

5. 도서관 현황

도서관명	상파울루대학교 도서관
한국학 장서 보유량(부)	503

6. 동아시아학 현황

1) 일본학 프로그램 제공 형태	석사
2) 중국학 프로그램 제공 형태	학사

라플라타국립대학교

National University of La Plata

1. 대학 개요

대학명(자국어)	Universidad Nacional de La Plata(UNLP)
설립 연도	1995년
소재 국가	아르헨티나
형태	국공립
대표자 성명 / 직위	라울 페르도모(Raúl Perdomo) / 총장

2. 연락처

주소	영문 주소	May, 25, No. 540, Quilmes, Buenos Aires, Argentina
	우편번호	1878
전화		+54-11-64471570
웹사이트		www.unlp.edu.ar

3. 기관 한국학 현황

1) 한국 관련 강좌 운영 현황

소속 연구소	국제관계연구소(Institute of International Relations)	
소속 센터	한국학센터(Center for Korean Studies)	
개설 연도	1996년	
프로그램 대표자	성명	직함
	바르바라 바볼레오 (Barbara Bavoleo)	코디네이터
홈페이지	www.iri.edu.ar	

2) 한국 관련 프로그램 제공 형태

비학위 과정		M.A. 선택 과목
학위 과정	M.A. (석사 과정)	기타 전공 내 한국학 프로그램(전공명: 국제관계학)
	Ph.D. (박사 과정)	기타 전공 내 한국학 프로그램(전공명: 국제관계학)

3) 주요 연구 분야

- 한국 정치와 국제 관계

4) 한국학 교수진 : 9명

교수명	직위	전공 분야
바르바라 바볼레오	국제관계연구소 연구교수	정치학
박재순(ChaeSoon Park (Tomas))	국제관계연구소 교수	정치학
지송인(Songin Chi(Pablo))	한국학센터 교수	한국어
베로니카 델 발레(Veronica del Valle)	한국학센터 연구원	인류학
마뉴엘 크루스(Manuel Cruz)	한국학센터 연구원	경제학
에스테파니아 쿤(Estefania Kuhn)	한국학센터 연구조교	법학 및 사회과학
플로렌시아 콜라비타(Florencia Colavita)	한국학센터 연구조교	생물학
마티아스 베니테스(Matias Benitez)	한국학센터 연구조교	사회학
이스라엘 오헨나르트(Israel Oyhenart)	한국학센터 연구조교	정치학

5) 수강생 현황

한국어(학) 관련 강의 수강생 수 : 총 17명

학사 1학년	학사 2학년	학사 3학년	학사 4학년	석사 1학년	석사 2학년	박사 과정	기타
				7	6	4	

전공생 수

B.A.	M.A.	Ph.D.
	25	16

6) 강좌 개설 현황

과목명	담당 교수	주당 수업 시간	수강생 수	학점	필수 / 선택
남북한 정치	바르바라 바볼레오	4	7	2	선택
동아시아 맥락 내 한국	바르바라 바볼레오	4	6	2	선택
한국어	지송인	3	37		선택
동양의 도시: 한국 도시 개발	미겔 이달고 마르티네스 (Miguel Hidalgo Martinez)	3	5		선택
현대 한국: 국가 브랜드와 라틴아메리카 시각	아드리 리즈코브(Adrii Rhyzkov), 나옐리 로페스 로차 (Nayeli Lopez Rocha)	3	7		선택
한반도 내 갈등: 이론적, 역사적 시각	바르바라 바볼레오	5	4	4	필수

7) 한국 관련 활동

활동명	시기	상세 활동 내용
한국 문화 세미나	2016. 6.	한국 문화와 가야금에 대해 강의
한국의 날		한국학센터 회원들의 학술 발표와 문화 공연
미술 전시		김유신(Yushin Kim)작품전
주아르헨티나 대사의 컨퍼런스		국제관계연구소에서 기획

8) 한국 관련 출판물

제목	형태	주요 내용
Launch of North Korean ballistic missiles reflects geopolitical tensions	기타	마티아스 베니테즈, 북한 미사일 발사 관련 한반도 상황 분석
Is impeachment the only way out? The political crisis of President of South Korea	기타	바르바라 바볼레오, 남한 정치 상황 분석
50 years of Korean Migration to Argentina	기타	바르바라 바볼레오, 플로렌시아 콜라비타 (eds.) 아르헨티나 학생들의 에세이 모음집

4. 한국연구센터 운영 현황

명칭	한국학센터(Center for Korean Studies)	
소속 기관	국제관계연구소	
설립 연도	1995년	
대표자	성명	직함
	바르바라 바볼레오	센터장

5. 도서관 현황

도서관명	국제관계연구소 도서관(Institute of International Relations Library)
담당 사서	조지나 지오이오사(Georgina Gioiosa)
한국학 장서 보유량(부)	95

6. 동아시아학 현황

1) 일본학 프로그램 제공 형태	기타(메이지대학과 교류)
2) 중국학 프로그램 제공 형태	기타(공자학원)

코르도바국립대학교
National University of Cordoba

1. 대학 개요

대학명(자국어)	Universidad Nacional de Córdoba(UNC)
설립 연도	1946년
소재 국가	아르헨티나
형태	국공립
대표자 성명 / 직위	토비아스 후안 알레한드로(Tobias Juan Alejandro) / 총장

2. 연락처

주소	영문 주소	737 San Juan Boulevar 3rd floor, Cordoba, Argentina
	우편번호	5000
전화		+540351-5238398
웹사이트		www.unc.edu.ar

3. 기관 한국학 현황

1) 한국 관련 강좌 운영 현황

소속 학부	철학 및 인문대학 역사학부(School of History, Philosophy and Humanities College)	
소속 학과	아시아와 아프리카 현대역사학과(Contemporary History of Asia and Africa)	
개설 연도	1987년	
프로그램 대표자	성명	직함
	호르헤 산타로사 (Jorge Santarrosa)	부교수

2) 한국 관련 프로그램 제공 형태

비학위 과정	B.A. 선택 과목, M.A. 선택 과목

3) 한국학 교수진 : 9명

교수명	직위	전공 분야
호르헤 산타로사	부교수	아시아, 유럽, 라틴아메리카의 통합 과정
구스타보 엔리케 산틸란(Gustavo Enrique Santillán)	조교수	역사학
프란시스코 바우에르(Francisco Bauer)	조교수	아시아, 유럽, 라틴아메리카의 통합 과정
파트리시아 노에미 두아르테(Patricia Noemí Duarte)	조교수	동아시아학
미구엘 안토니오 칸디아(Miguel Antonio Candia)	겸임교수	아시아, 유럽, 라틴아메리카의 통합 과정
프란시스코 안토니오 티타(Francisco Antonio Tita)	겸임교수	역사학
단테 알레한드로 안데르송(Dante Alejandro Anderson)	겸임교수	역사학
호세 마리아 레시알레 비아노(José María Resiale Viano)	겸임교수	역사학
소피아 페레로(Sofía Ferrero)	겸임교수	사회커뮤니케이션

4) 수강생 현황

한국어(학) 관련 강의 수강생 수 : 총 25명

5) 강좌 개설 현황

과목명	담당 교수	주당 수업 시간	수강생 수	학점	필수 / 선택
태평양 국가 관계	크리스티나 바론 (Cristina Barrón)	3		3	선택
한국 대중문화: 한류의 세계화	이승아(Seungah Lee)	3		3	선택
종교, 역사, 문학을 통해 배우는 한국	강은경(Eunkyung Kang), 루이스 보텔라 산체스(Luis A. Botella Sánchez), 도메넥 델 리오 (Doménech del Río)	3		3	선택
한국과 동아시아의 경제 발전과 협력	후안 펠리페 로페스 에임스(Juan Felipe López Aymes)	3		3	선택

6) 한국 관련 활동

활동명	시기	상세 활동 내용
제5회 한국학 회의	2009	아시아와 아프리카 현대역사학과와 아르헨티나 한국학협회에서 주최
남한 영화 토론회	2015	한국의 아르헨티나 이민 50주년을 기념하는 남한 영화 토론회
제2회 학술회의	2015	한국의 코르도바 이민 50주년 기념 학술회의로, 한반도에 대한 새로운 관점을 주제로 함
학술회의	2016	박채순(Chaesoon Park) 박사가 주최한 한반도의 역사적 배경과 현황에 대한 컨퍼런스
한국학 회의	2016	아시아와 아프리카 현대역사학과와 아르헨티나 한국학협회에서 주최
학술회의	2017	이남희(Namhee Lee) 박사가 주최한 한반도의 역사적 배경과 현황에 대한 컨퍼런스
제1회 한국학 워크숍	2017	아시아와 아프리카 현대역사학과와 아르헨티나 한국학협회에서 한국학 관련 신진 학자들을 위해 주최한 워크숍

7) 한국 관련 출판물

제목	형태	주요 내용
State, Political Power and Social Transformations in Northeast Asia Back to World War II	기타	역사학부의 연간 "State, Political Power and Social Transformations in Northeast Asia Back to World War II"에 게재된 기사. 에디터 Ferreyra, 2002
Social Movements and the Formation of Contemporary Societies in Northeast Asia	기타	역사학부의 연간 "Social Movements and the Formation of Contemporary Societies in Northeast Asia"에 게재된 기사. 에디터 Ferreyra, 2004
Reflections on the role of the state in the Process of Development and Socio-economic Transformations in Comparative Perspective in China and South Korea(second half of the twentieth century)	논문	San Carlos de Bariloche, 2009. 10.
A look about North Eastern Asian: Production, Translation and Perspectives	기타	역사학부의 연간 "A look about North Eastern Asian: Production, Translation and Perspectives"에 게재된 기사. 2016
South Korea Today: Economy, society and international relations	단행본	한국의 경제, 사회, 국제관계
Economic Development and Democratization in South Korea and Northeast Asia	단행본	남한과 동북아시아의 경제 발전과 민주화
New Perspectives on the Korean Peninsula after the Asian Crisis	단행본	한국의 경제, 사회, 국제관계

제목	형태	주요 내용
The Korean Peninsula at the Crossroads. Fifth National Congress of Korean Studies	단행본	한국의 경제, 사회, 국제관계
The Korean Peninsula Between Developments and Tensions	단행본	한국의 경제, 사회, 국제관계

4. 한국연구센터 운영 현황

- 없음

5. 도서관 현황

도서관명	엘마 콜메예르 드 에스트라보우 도서관 (Elma Kohlmeyer de Estrabou Library)
담당 사서	미구엘 안토니오 칸디아
한국학 장서 보유량(부)	220

6. 동아시아학 현황

1) 일본학 프로그램 제공 형태	기타(아시아와 아프리카 현대역사학과)
2) 중국학 프로그램 제공 형태	기타(아시아와 아프리카 현대역사학과)

칠레가톨릭대학교
Pontifical Catholic University of Chile

1. 대학 개요

대학명(자국어)	Pontificia Universidad Católica de Chile
설립 연도	1888년
소재 국가	칠레
형태	사립
대표자 성명 / 직위	리카르도 에자티 안드렐로(Ricardo Ezzati Andrello) / 총장

2. 연락처

주소	영문 주소	Av. Vicuña Mackenna 4860, Macul, Santiago, Chile
	우편번호	7820436
전화		+56-2-2354-7808
웹사이트		www.uc.cl

3. 기관 한국학 현황

1) 한국 관련 강좌 운영 현황

소속 학부	역사·지리·정치과학부	
소속 학과	역사학과	
개설 연도	2004년	
프로그램 대표자	성명	직함
	민원정(Wonjung Min)	교수
홈페이지	estudiosasiaticos.uc.cl	

2) 한국 관련 프로그램 제공 형태

비학위 과정	B.A. 선택 과목

3) 한국학 교수진 : 1명

교수명	직위	전공 분야
민원정	아시아학센터 교수	라틴아메리카 문학

4) 강좌 개설 현황

과목명	담당 교수	주당 수업 시간	수강생 수	학점	필수 / 선택
한-중남미 비교문화			29		
역사 속 한국 여성			13		

5) 한국 관련 활동

활동명	시기	상세 활동 내용
초청 강좌	2013. 8.	임상래 교수 초청 강연 (비교문학, 한국 역사 속의 여성)
제6회 국제 한국학 컨퍼런스	2013	
제7회 한국학 에세이 콘테스트	2013	
Newspaper Publication	2013	민원정 교수, 경향신문

4. 한국연구센터 운영 현황
- 없음

5. 도서관 현황

도서관명	중앙도서관(Central Library)
담당 사서	재클린 샌티스(Jacqueline Santis)
한국학 장서 보유량(부)	665

6. 동아시아학 현황

1) 일본학 프로그램 제공 형태	학사(아시아학 부전공)
2) 중국학 프로그램 제공 형태	학사(아시아학 부전공), 기타(공자학원)

칠레중앙대학교
Central University of Chile

1. 대학 개요

대학명(자국어)	Universidad Central de Chile
설립 연도	1982년
소재 국가	칠레
형태	사립
대표자 성명 / 직위	산티아고 곤살레스 라라인(Santiago González Larraín) / 총장

2. 연락처

주소	영문 주소	Lord Cochrane 417, Tower C, 1st floor, Santiago Centro, Chile
	우편번호	8330507
전화		+56-2-2582-6982
웹사이트		www.ucentral.cl

3. 기관 한국학 현황

1) 한국 관련 강좌 운영 현황

소속 학부	국제교류부	
개설 연도	2014년	
프로그램 대표자	성명	직함
	까롤리나 까브레라 (Carolina Cabrera)	디렉터
홈페이지	www.ucentral.cl/prontus_ucentral2012/site/edic/base/port/asuntos_internacionales.html	

2) 한국 관련 프로그램 제공 형태

비학위 과정		어학 강좌
학위 과정	M.A. (석사 과정)	한국어 전공

3) 주요 연구 분야

• 한국어 및 한국 사회문화 이해 강좌 운영, 한국 문화 행사 주관, 세미나 등 한국학 학술 활동

4) 한국학 교수진 : 2명

교수명	직위	전공 분야
최진옥	교육부총장실 조교수	한국학
김순배	국제교류학부 시간강사	사회과학

5) 수강생 현황

한국어(학) 관련 강의 수강생 수 : 총 112명

6) 강좌 개설 현황

과목명	담당 교수	주당 수업 시간	수강생 수	학점	필수 / 선택
한국 사회문화의 이해	최진옥	2	12		선택
한국어 초급 1a	김순배	3	20		선택
한국어 초급 1b	최진옥	3	20		선택
한국어 초급 2a	김순배	3	24		선택
한국어 초급 2b	김순배	3	19		선택
한국어 초급 3	최진옥	3	9		선택
TOPIK	최진옥	3	14		선택
한국어 중급 3	최진옥	3	6		선택

7) 한국 관련 활동

활동명	시기	상세 활동 내용
특강, 문화 행사, 교류 활동	2014. 8. ~10.	• 칠레중앙대학교–서울시립대학교 교류 협력 MOU 체결 • 주칠레 한국 대사관 한국 도서 기증 • 하우출판사 한국어 교재 기증 • 여성가족부 한–칠레 교류 프로그램의 한국 청소년 대표단 방문 및 학생 교류 • 한국어 강의: 초급 1 과정 2개 강좌 • '김치 버스' 방문단 한국 음식 시식회 개최
특강, 문화 행사, 교류 활동	2015. 6. ~11.	• 한국 문화와의 만남 6회 개최 • 여성가족부 한–칠레 교류 프로그램의 한국 청소년 대표단 방문 및 학생 교류 • Colegio Achiga Comeduc 고등학교 특강: "한국 문화의 이해" • 한국 영화제(주칠레 한국 대사관 후원) • 대구가톨릭대학교 중남미 글로벌 인재 양성 사업단 칠레중앙대학교 방문 및 학생 교류 • 칠레 '한류콘(HallyuCon)' 주최 '한국 페스티벌' 행사 특강 • 서울시립대학교 '국제 여름 캠프'에 칠레중앙대학교 한국어 과정 참가 • LG 칠레 법인 직원 대상 한국어 및 한국 문화 외래 강의 • 1, 2학기 10개 한국어 강좌 개설: 초급 1, 2, 3, 중급 1 과정
특강, 문화 행사, 교류 활동	2016	• 제1회 UCEN 한국학 세미나 개최: "한류와 한국: 학제 간 접근" • 제1회 UCEN 한국 문화 주간 개최 • 제1회 한국어 대회: 한국 전래 동화 읽기 대회 • 제2회 UCEN 한국학 세미나: "한국: 남과 북" • 칠레중앙대학교 국제 박람회: 한국 부스 운영 • 제2회 UCEN 한국어 대회: 한국 드라마 더빙 대회 • 제2회 한국 문화 주간 개최 • '김치 버스' 방문단과 함께하는 문화 교류 • 페루 가톨릭대학교 한국 문화 주간 세미나 참석 • 아시아 문화 박람회 'Asian Town 2016' 참가 • 서울시립대 '국제 여름 캠프'에 칠레중앙대학교 한국어 과정 수강생 2명 참가 • 1, 2학기 14개 한국어 강좌 개설: 초급 1, 2, 3, 중급 1, 2, 3, 토픽 과정 • '한국 사회문화의 이해' 교양 강좌 개설 • KF 교원 고용 사업 선정
특강, 문화 행사, 교류 활동	2017. 1. ~3.	• '한국 사회문화의 이해' 교양 강좌 개설 • 1학기 6개 한국어 강좌 개설: 초급 1, 2, 3, 실용 한국어 • 서울연구원 김인희 선임연구위원 초청 강연, "서울의 공간과 문화: 1950년부터 2030년까지": 건축·도시·조경학부와 공동 개최 • 한–칠레 워킹홀리데이 비자 설명회: 주칠레 한국 대사관과 공동 개최 • 교육부총장실 산하 한국학 석사 과정 설명회

4. 한국연구센터 운영 현황
-없음

5. 도서관 현황

도서관명	중앙도서관
담당 사서	안드레아 토바르 바예호스(Andrea Tobar Vallejos)
한국학 장서 보유량(부)	29

6. 동아시아학 현황

1) 일본학 프로그램 제공 형태	기타(일본어 강좌)
2) 중국학 프로그램 제공 형태	기타(중국어 강좌)

라울페냐국립교원대학교
Higher Institute of Education "Dr. Raúl Peña"

1. 대학 개요

대학명(자국어)	Instituto Superior de Educación "Dr. Raúl Peña"(ISE)
설립 연도	1968년
소재 국가	파라과이
형태	국공립
대표자 성명 / 직위	클라우델리나 마린 기브스(Claudelina Marín Gibons) / 총장

2. 연락처

주소	영문 주소	Av. Rep. Argentina Nro. 678 esq. Pacheco, Asuncion, Paraguay
	우편번호	–
전화		+595-21-334-939
웹사이트		www.ise.edu.py

3. 기관 한국학 현황

1) 한국 관련 강좌 운영 현황

소속 학과	한국어교육학과	
개설 연도	2013년	
프로그램 대표자	성명	직함
	필라르 아길레라 데 드레리만 (Pilar Aguilera de Drelichman)	코디네이터

2) 한국 관련 프로그램 제공 형태

학위 과정	B.A. (학사 과정)	한국어 교육 전공

3) 한국학 교수진 : 3명

교수명	직위	전공 분야
김장식	KF 객원교수	한국어 교육
성유저	강사	국어국문학
김지하	한국교육원 파견 강사	

4) 수강생 현황

한국어(학) 관련 강의 수강생 수 : 총 25명

학사 1학년	학사 2학년	학사 3학년	학사 4학년	석사 1학년	석사 2학년	박사 과정	기타
10	6	5	4				

전공생 수

B.A.	M.A.	Ph.D.
25		

5) 강좌 개설 현황

과목명	담당 교수	주당 수업 시간	수강생 수	학점	필수 / 선택
한국어 기초	김지하	4	11	4	필수
한국어 기초 회화 1	성유저	4	11	4	필수
한국어학 개론	김장식	4	11	4	필수
한국어 초급	김민정	4	6	4	필수
한국어 발음 교육론	성유저	4	6	4	필수
문법론 1-어휘 형태론	김장식	4	6	4	필수
한국어 중급	김지하	3	6	3	필수
한국어 문법 교육론	성유저	3	6	3	필수
의미화용론	김장식	3	6	3	필수
한국 문학 2	성유저	3	6	3	필수
교양	김장식	4	4	4	
한국어 고급	김민정	3	4	3	
실무 한국어	김장식	3	4	3	
어문 규정	김장식	3	4	3	
대조언어학	성유저	3	4	3	

6) 한국 관련 활동

활동명	시기	상세 활동 내용
한국의 날	2015. 04.	한국의 날 지정 기념 리셉션
이민 50주년 기념 마라톤 대회	2015. 05.	교수진 및 학생 참가
이민 50주년 기념 태권도 공연	2015. 06.	태권도 공연
제1회 ISE 한국어 겨울 캠프	2015. 07.	한국어 캠프(3일간)
TOPIK 특강	2015. 08.	TOPIK 시험 대비 특강(두 달간)
ISE 민속축제	2015. 08.	한국 부스 운영(2등 수상)
한국어 말하기 대회	2015. 11.	한국 교육원 말하기 대회(개인 3등, 팀 1등 수상)
제1회 기관 방문	2016. 04.	굿네이버스
제2회 기관 방문	2016. 06.	한인회
KBS 말하기 동영상 공모전	2016. 06.	동영상 공모(2학년 TOP 18 선정)

7) 한국 관련 출판물

제목	형태	주요 내용
ISE 소식지	기타	2016년 5월 창간

4. 한국연구센터 운영 현황

- 없음

5. 동아시아학 현황

1) 일본학 프로그램 제공 형태	-
2) 중국학 프로그램 제공 형태	-

오클랜드공과대학교

Auckland University of Technology

1. 대학 개요

설립 연도	2000년
소재 국가	뉴질랜드
형태	국공립
대표자 성명 / 직위	데릭 맥코맥(Derek McCormack) / 부총장

2. 연락처

주소	영문 주소	55 Wellesley Street East, Auckland, New Zealand
	우편번호	1010
전화		+64-(0)9-921-9999 Ext 6089
웹사이트		www.aut.ac.nz

3. 기관 한국학 현황

1) 한국 관련 강좌 운영 현황

소속 학부	언어·문화학부(School of Language and Culture)	
소속 학과	아시아학과(Asian Studies Department)	
개설 연도	2016년	
프로그램 대표자	성명	직함
	이승희	기간제 강사

2) 한국 관련 프로그램 제공 형태

비학위 과정		B.A. 선택 과목
학위 과정	B.A. (학사 과정)	아시아학 부전공

3) 한국학 교수진 : 1명

교수명	직위	전공 분야
이승희	기간제 강사	언어교육학

4) 수강생 현황

한국어(학) 관련 강의 수강생 수 : 총 68명

학사 1학년	학사 2학년	학사 3학년	학사 4학년	석사 1학년	석사 2학년	박사 과정	기타
68							

5) 강좌 개설 현황

과목명	담당 교수	주당 수업 시간	수강생 수	학점	필수 / 선택
한국 언어와 문화 입문	이승희	6	68	15	선택

4. 한국연구센터 운영 현황

　- 없음

5. 동아시아학 현황

1) 일본학 프로그램 제공 형태	학사
2) 중국학 프로그램 제공 형태	학사

오클랜드대학교
University of Auckland

1. 대학 개요

설립 연도	1883년
소재 국가	뉴질랜드
형태	국공립
대표자 성명 / 직위	스튜어트 맥커천(Stuart McCutcheon) / 부총장

2. 연락처

주소	영문 주소	Level 4, Arts 2 Building, 18 Symonds Street, Auckland, New Zealand
	우편번호	1010
전화		+64-(0)9-923-4604
웹사이트		www.auckland.ac.nz

3. 기관 한국학 현황

1) 한국 관련 강좌 운영 현황

소속 학부	인문학부(Faculty of Arts)	
소속 학과	문화·언어·어학대학 (School of Cultures, Languages and Linguistics)	
개설 연도	1989년	
프로그램 대표자	성명	직함
	송창주(Changzoo Song)	선임강사
홈페이지	www.arts.auckland.ac.nz	

2) 한국 관련 프로그램 제공 형태

비학위 과정		B.A. 선택 과목, M.A. 선택 과목
학위 과정	B.A. (학사 과정)	한국학 전공
	M.A. (석사 과정)	한국학 전공
	Ph.D. (박사 과정)	한국학 전공

3) 한국학 교수진 : 5명

교수명	직위	전공 분야
윤인실(Inshil Yoon)	선임강사	지리학
송창주	선임강사	한국정치학
구선희(Sunhee Koo)	강사	인류학
서유리(Yuri Seo)		마케팅
박미영(Miyoung Park)		언어학

4) 수강생 현황

한국어(학) 관련 강의 수강생 수 : 총 22명

학사 1학년	학사 2학년	학사 3학년	학사 4학년	석사 1학년	석사 2학년	박사 과정	기타
7	4	8	3				

전공생 수

B.A.	M.A.	Ph.D.
26		

5) 강좌 개설 현황

과목명	담당 교수	주당 수업 시간	수강생 수	학점	필수 / 선택
한국어 111			280		
한국어 201			36		
한국어 301			25		
한국학 120 한국 문화와 사회			45		
아시아학 302 아시아/한국 디아스포라			51		
한국학 341 한국 근대사			23		

대양주

4. 한국연구센터 운영 현황

명칭	한국학센터(Korean Studies Centre)	
소속 기관	뉴질랜드아시아연구소(New Zealand Asia Institute)	
설립 연도	1992년	
대표자	성명	직함
	서유리	센터장

5. 도서관 현황

도서관명	오클랜드대학교 도서관
담당 사서	베라 리(Vera Li)
한국학 장서 보유량(부)	12,590

6. 동아시아학 현황

1) 일본학 프로그램 제공 형태	학사, 석사, 박사
2) 중국학 프로그램 제공 형태	학사, 석사, 박사, 기타(공자학원)

웰링턴빅토리아대학교
Victoria University of Wellington

1. 대학 개요

설립 연도	1897년
소재 국가	뉴질랜드
형태	국공립
대표자 성명 / 직위	그랜트 길포드(Grant Guilford) / 부총장

2. 연락처

주소	영문 주소	P.O. Box 600 Wellington, New Zealand
	우편번호	6140
전화		+64-(0)4-463-5703
웹사이트		www.victoria.ac.nz

3. 기관 한국학 현황

1) 한국 관련 강좌 운영 현황

소속 학부	언어문화학부(School of Languages and Cultures)	
소속 학과	아시아언어문화학과(Asian Languages and Cultures)	
프로그램 대표자	성명	직함
	스티븐 엡스타인(Stephen Epstein)	학과장
홈페이지	www.victoria.ac.nz/slc	

2) 한국 관련 프로그램 제공 형태

비학위 과정	B.A. 선택 과목

3) 한국학 교수진 : 1명

교수명	직위	전공 분야
스티븐 엡스타인	학과장	아시아학

4) 수강생 현황

한국어(학) 관련 강의 수강생 수 : 총 20명

5) 강좌 개설 현황

과목명	담당 교수	주당 수업 시간	수강생 수	학점	필수 / 선택
한국어 입문			20		

4. 한국연구센터 운영 현황
- 없음

5. 도서관 현황

도서관명	웰링턴빅토리아대학교 도서관
담당 사서	토니 퀸(Tony Quinn)
한국학 장서 보유량(부)	3,402

6. 동아시아학 현황

1) 일본학 프로그램 제공 형태	박사
2) 중국학 프로그램 제공 형태	박사

그리피스대학교
Griffith University

1. 대학 개요

설립 연도	1971년
소재 국가	호주
형태	국공립
대표자 성명 / 직위	헨리 스머든(Henry Smerdon) / 총장

2. 연락처

주소	영문 주소	170 Kessels Rd, Nathan, Australia
	우편번호	QLD 4111
전화		+61-7-3735-7111
웹사이트		www.griffith.edu.au

3. 기관 한국학 현황

1) 한국 관련 강좌 운영 현황

소속 단과대학	그리피스 경영대학(Griffith Business School)
소속 학과	국제경영·아시아학과 (Department of International Business and Asian Studies)
홈페이지	www.griffith.edu.au/study/business-government/asian-studies

2) 한국 관련 프로그램 제공 형태

학위 과정	B.A. (학사 과정)	한국어 전공, 기타 전공 내 프로그램 (아시아사회·문화학, 아시아경영학, 국제관계·안보학, 법학)

4. 한국연구센터 운영 현황

명칭	호주한국학센터(Australian Centre for Korean Studies)

5. 동아시아학 현황

1) 일본학 프로그램 제공 형태	학사
2) 중국학 프로그램 제공 형태	학사

남부호주대학교
University of South Australia

1. 대학 개요

설립 연도	1991년
소재 국가	호주
형태	국공립
대표자 성명 / 직위	데이비드 로이드(David Lloyd) / 총장

2. 연락처

주소	영문 주소	North Terrace, City West, Campus Adelaide, SA, Australia
	우편번호	5000
전화		+61-(0)8-8302-0991
웹사이트		www.unisa.edu.au

3. 기관 한국학 현황

1) 한국 관련 강좌 운영 현황

소속 단과대학	경영대학(School of Management, Business School)	
한국학(어) 프로그램명	세종학당(King Sejong Institute)	
개설 연도	2016년	
프로그램 대표자	성명	직함
	이유일	애들레이드세종학당장
홈페이지	www.unisabusinessschool.edu.au/research/king-sejong-institute	

2) 한국 관련 프로그램 제공 형태

비학위 과정	어학 강좌

3) 수강생 현황

한국어(학) 관련 강의 수강생 수 : 총 40명

4) 강좌 개설 현황

과목명	담당 교수	주당 수업 시간	수강생 수	학점	필수 / 선택
한국어 1-a		4	20		
한국어 2		4	20		

4. 한국연구센터 운영 현황

- 없음

5. 도서관 현황

도서관명	중앙도서관(Central Library)
한국학 장서 보유량(부)	6,136

6. 동아시아학 현황

1) 일본학 프로그램 제공 형태	학사
2) 중국학 프로그램 제공 형태	학사, 석사, 박사

뉴사우스웨일즈대학교
University of New South Wales(UNSW)

1. 대학 개요

설립 연도	1949년
소재 국가	호주
형태	국공립
대표자 성명 / 직위	이안 제이컵스(Ian Jacobs) / 총장

2. 연락처

주소	영문 주소	Sydney, NSW, Australia
	우편번호	2052
전화		+61-(02)-9385-3724
웹사이트		www.unsw.edu.au

3. 기관 한국학 현황

1) 한국 관련 강좌 운영 현황

소속 단과대학 / 학부	인문사회과학대학 인문학·언어학부 (School of Humanities and Languages, Faculty of Arts and Social Sciences)	
소속 학과	일본·한국학과(Japanese and Korean Studies)	
개설 연도	1994년	
프로그램 대표자	성명	직함
	신성철	부교수
홈페이지	www.hal.arts.unsw.edu.au	

2) 한국 관련 프로그램 제공 형태

비학위 과정		B.A. 선택 과목, M.A. 선택 과목
학위 과정	B.A. (학사 과정)	한국학 전공(복수 전공)
	M.A. (석사 과정)	한국학 전공
	Ph.D (박사 과정)	한국학 전공

3) 주요 연구 분야

• 응용 및 교육언어학, 기술언어학, 문학 및 지성사

4) 한국학 교수진 : 8명

교수명	직위	전공 분야
신성철	부교수	응용언어학
그레그 에번(Greg Evon)	부교수	아시아문화학, 한국 문학, 아시아역사학
신기현	부교수	언어학
고성배	시간 강사	응용언어학
류용주	시간 강사	교육학, 응용언어학
양주연	시간 강사	통번역학
김성정	시간 강사	응용언어학
주 앨리스	시간 강사	응용언어학

5) 수강생 현황

한국어(학) 관련 강의 수강생 수 : 총 326명

학사 1학년	학사 2학년	학사 3학년	학사 4학년	석사 1학년	석사 2학년	박사 과정	기타
229	53	39		1	2	2	

전공생 수

B.A.	M.A.	Ph.D.
25	2	2

※ 매년 신입생 선발(인원: 200명)

6) 강좌 개설 현황

과목명	담당 교수	주당 수업 시간	수강생 수	학점	필수 / 선택
한국어 입문 A	신기현	5	229	6	필수
중급 한국어 A	신기현	4	53	6	필수
고급 한국어 A	신성철	4	27	6	필수
전문 한국어	신성철	4	12	6	필수
한국어 특별 프로젝트 1,2	신성철	1	2	6	필수
일본과 한국: 문화의 갈등	그레그 에번	3	45	6	필수
석사 연구	신성철	0	2	24	필수
박사 연구	신성철	0	1		필수

4. 한국연구센터 운영 현황

명칭	한국학연구원(Korea Research Institute)	
설립 연도	2000년	
대표자	성명	직함
	권승호(Seungho Kwon)	소장

5. 동아시아학 현황

1) 일본학 프로그램 제공 형태	학사, 석사, 박사
2) 중국학 프로그램 제공 형태	학사, 석사, 박사, 기타(공자학원)

매쿼리대학교
Macquarie University

1. 대학 개요

설립 연도	1964년
소재 국가	호주
형태	국공립
대표자 성명 / 직위	브루스 도턴(S. Bruce Dowton) / 부총장

2. 연락처

주소	영문 주소	Level 2, Building W6A, NSW, Australia
	우편번호	2109
전화		+61-(0)2-9850-7051
웹사이트		www.mq.edu.au

3. 기관 한국학 현황

1) 한국 관련 강좌 운영 현황

소속 학부	인문학부(Faculty of Arts)	
소속 학과	국제학과: 언어와 문화 (Department of International Studies : Languages and Cultures)	
한국학(어) 프로그램명	세종학당(King Sejong Institute)	
개설 연도	2015년	
프로그램 대표자	성명	직함
	마르티나 몰러링 (Martina Mollering)	총괄 학장

2) 한국 관련 프로그램 제공 형태

비학위 과정	어학원

3) 강좌 개설 현황

과목명	담당 교수	주당 수업 시간	수강생 수	학점	필수 / 선택
세종한국어 1-1		2			
세종한국어 1-2		2			
세종한국어 2-1		2			
세종한국어 2-2		2			

4. 한국연구센터 운영 현황

- 없음

5. 동아시아학 현황

1) 일본학 프로그램 제공 형태	학사
2) 중국학 프로그램 제공 형태	학사

대양주

멜버른대학교
University of Melbourne

1. 대학 개요

설립 연도	1853년
소재 국가	호주
형태	국공립
대표자 성명 / 직위	앨런 마이어스(Allan Myers) / 총장

2. 연락처

주소	영문 주소	Parkville, VIC, Australia
	우편번호	3010
전화		+61-(0)3-8344-5554
웹사이트		www.unimelb.edu.au

3. 기관 한국학 현황

1) 한국 관련 강좌 운영 현황

소속 학부	인문학부(Faculty of Arts)	
소속 학과	아시아연구소(Asia Institute)	
프로그램 대표자	성명	직함
	키푸콩(Pookong Kee)	아시아연구소장
홈페이지	www.arts.unimelb.edu.au/asiainstitute	

2) 한국 관련 프로그램 제공 형태

학위 과정	B.A. (학사 과정)	아시아학 전공

3) 한국학 교수진 : 1명

교수명	직위	전공 분야
송지영(Jiyoung Song)	조교수	정치학, 국제관계학

4) 강좌 개설 현황

과목명	담당 교수	주당 수업 시간	수강생 수	학점	필수 / 선택
한류: 한국 대중문화 확산과 여파	송지영				
현대 한국: 사람, 문화, 정치, 국제 관계와 경제	송지영				

4. 한국연구센터 운영 현황

- 없음

5. 동아시아학 현황

1) 일본학 프로그램 제공 형태	학사
2) 중국학 프로그램 제공 형태	학사

모내시대학교
Monash University

1. 대학 개요

설립 연도	1958년
소재 국가	호주
형태	국공립
대표자 성명 / 직위	사이먼 맥키언(Simon McKeon) / 총장

2. 연락처

주소	영문 주소	Wellington Rd, Clayton, VIC, Australia
	우편번호	3800
전화		+61-(0)3-9905-2226, +61-(0)3-9905-3626
웹사이트		www.monash.edu

3. 기관 한국학 현황

1) 한국 관련 강좌 운영 현황

소속 학부	인문학부(Faculty of Arts)	
소속 학과	언어·문학·문화·언어학과 (School of Languages, Literatures, Cultures and Linguistics)	
프로그램 대표자	성명	직함
	앤드루 잭슨(Andrew Jackson)	코디네이터
홈페이지	arts.monash.edu	

2) 한국 관련 프로그램 제공 형태

학위 과정	B.A. (학사 과정)	한국학 전공, 부전공

3) 한국학 교수진 : 4명

교수명	직위	전공 분야
앤드루 잭슨	선임강사	한국사
조시 손(Josie Sohn)	강사	한국 영화 문화, 동아시아어 문학
조영아(Younga Cho)	선임강사	한국어 문학
조인정(Injung Cho)	강사	응용언어학, 영어영문학

4) 강좌 개설 현황

과목명	담당 교수	주당 수업 시간	수강생 수	학점	필수 / 선택
한국어 입문	조영아				
중급 한국어	조영아				
중고급 한국어	조영아				
현대 한국어 독해	조영아				
고급 한국어	조영아				
영한 번역	조인정				

4. 한국연구센터 운영 현황
- 없음

5. 동아시아학 현황

1) 일본학 프로그램 제공 형태	–
2) 중국학 프로그램 제공 형태	–

서부호주대학교
University of Western Australia(UWA)

1. 대학 개요

설립 연도	1911년
소재 국가	호주
형태	국공립
대표자 성명 / 직위	마이클 채니(Michael Chaney) / 총장

2. 연락처

주소	영문 주소	Ground floor of the Social Sciences Building, Room G.14, Crawley, WA, Australia
	우편번호	6009
전화		+61-(0)8-6488-3522
웹사이트		www.uwa.edu.au

3. 기관 한국학 현황

1) 한국 관련 강좌 운영 현황

소속 단과대학 / 학부	사회과학대학 인문·경영·법률·교육학부 (School of Social Sciences Faculty of Arts, Business, Law and Education)	
소속 학과	아시아학과(Asian Studies)	
프로그램 대표자	성명	직함
	조애나 엘프빙 황 (Joanna Elfving-Hwang)	사회과학대학 부학장, 아시아학 석좌
홈페이지	www.socialsciences.uwa.edu.au/home/asian-studies/korean	

2) 한국 관련 프로그램 제공 형태

비학위 과정		B.A. 선택 과목
학위 과정	B.A. (학사 과정)	아시아학 전공

3) 한국학 교수진 : 3명

교수명	직위	전공 분야
조애나 엘프빙 황	부교수	한국 문학
니컬라 프라스키니(Nicola Fraschini)	강사	한국어, 문화교육
한은기(Eunki Han)	강사	

4) 강좌 개설 현황

과목명	담당 교수	주당 수업 시간	수강생 수	학점	필수 / 선택
현대 한국 사회	조애나 엘프빙 황	2		6	필수
한국어 1	니컬라 프라스키니	4		6	필수
한국어 2	니컬라 프라스키니	4		6	필수
한국어 3	한은기	3		6	필수
한국어 4	니컬라 프라스키니	3		6	필수
한국어 5	니컬라 프라스키니	3		6	필수
한국어 6	니컬라 프라스키니	3		6	선택
한국 문화 독해	조애나 엘프빙 황	3		6	필수

4. 한국연구센터 운영 현황

-없음

5. 동아시아학 현황

1) 일본학 프로그램 제공 형태	학사
2) 중국학 프로그램 제공 형태	학사

시드니대학교

University of Sydney

1. 대학 개요

설립 연도	1850년
소재 국가	호주
형태	국공립
대표자 성명 / 직위	마이클 스펜스(Michael Spence) / 부총장

2. 연락처

주소	영문 주소	A18 University of Sydney, NSW, Australia
	우편번호	2006
전화		+61-(0)2-9351-4490
웹사이트		sydney.edu.au

3. 기관 한국학 현황

1) 한국 관련 강좌 운영 현황

소속 단과대학 / 학부	인문사회과학대 언어문화학부 (School of Languages and Cultures, Faculty of Arts and Social Sciences)	
소속 학과	한국학과(Department of Korean Studies)	
개설 연도	1991년	
프로그램 대표자	성명	직함
	곽기성(Kisung Kwak)	부교수
홈페이지	sydney.edu.au/arts/korean	

2) 한국 관련 프로그램 제공 형태

비학위 과정		B.A. 선택 과목
학위 과정	B.A. (학사 과정)	한국학 전공, 한국어 전공
	M.A. (석사 과정)	한국학 전공
	Ph.D. (박사 과정)	한국학 전공

3) 주요 연구 분야

- 한국사, 미디어와 커뮤니케이션, 한국 사회와 문화, 한국어와 언어학

4) 한국학 교수진 : 3명

교수명	직위	전공 분야
곽기성	한국학과 부교수	미디어커뮤니케이션학
박덕수(Duksoo Park)	한국학과 선임강사	한국어학
황수경(Sukyoung Hwang)	한국학과 강사	한국사

5) 수강생 현황

한국어(학) 관련 수강생 수 : 총 197명

학사 1학년	학사 2학년	학사 3학년	학사 4학년	석사 1학년	석사 2학년	박사 과정	기타
115	40	41				1	

전공생 수

B.A.	M.A.	Ph.D.
		1

※ 매년 신입생 선발(인원: 250명)

대양주

6) 강좌 개설 현황

과목명	담당 교수	주당 수업 시간	수강생 수	학점	필수 / 선택
한국어 2	박덕수	4	115	6	필수
한국어 4	곽기성	3	40	6	필수
한국어 6	황수경	3	16	6	필수
문학과 대중문화에서 나타나는 한국	황수경	3	21	6	필수
동아시아 미디어산업	곽기성	3	34	6	필수

7) 한국 관련 출판물

제목	형태	출판사, 출판 연도
Media in Democratic Transition in South Korea	단행본	Routledge, 2012
Korea's Grievous War	단행본	University of Pennsylvania Press, 2016

4. 한국연구센터 운영 현황

- 없음

5. 도서관 현황

도서관명	시드니대학교 도서관(The University of Sydney Library)
담당 사서	강 에밀리(Emily H. Kang)
한국학 장서 보유량(부)	5,610

6. 동아시아학 현황

1) 일본학 프로그램 제공 형태	학사, 석사, 박사
2) 중국학 프로그램 제공 형태	학사, 석사, 박사

퀸즐랜드대학교
University of Queensland

1. 대학 개요

설립 연도	1909년
소재 국가	호주
형태	국공립
대표자 성명 / 직위	피터 호이(Peter Høj) / 부총장

2. 연락처

주소	영문 주소	St. Lucia, QLD, Australia
	우편번호	4072
전화		+61-(0)7-3365-2681
웹사이트		www.uq.edu.au

3. 기관 한국학 현황

1) 한국 관련 강좌 운영 현황

소속 학부	인문사회과학부(Faculty of Humanities and Social Sciences)	
소속 학과	언어문화학과(School of Languages and Cultures)	
개설 연도	1990년	
프로그램 대표자	성명	직함
	지민정(Minjung Jee)	강사
홈페이지	www.languages-cultures.uq.edu.au/study/korean	

2) 한국 관련 프로그램 제공 형태

학위 과정	B.A. (학사 과정)	한국학 전공, 한국어 전공, 기타 전공 내 한국학 프로그램(전공명: 국제관계학)
	M.A. (석사 과정)	한국학 전공, 한국어 전공
	Ph.D (박사 과정)	한국학 전공, 한국어 전공

3) 주요 연구 분야

• 한국어 교육, 한국 정체성(디아스포라), 한국 교과서 연구

4) 한국학 교수진 : 8명

교수명	직위	전공 분야
이동배(Dongbae Lee)	선임강사	한국어 교육
지민정	강사	외국어 교육
김종운(Chongwoon Kim)	코디네이터	음성학
박 켄(Ken Park)	코디네이터	컴퓨터 기술과 언어 교육
김 존(John Kim)	코디네이터	신학
김해석(Haisuk Kim)	교직원	
김선경(Seonkyung Kim)	교직원	한국어 교육, 한국학
조민혜(Minhye Cho)	교직원	영어 교재 내 문화와 이데올로기 분석

5) 수강생 현황

한국어(학) 관련 강의 수강생 수 : 총 394명

학사 1학년	학사 2학년	학사 3학년	학사 4학년	석사 1학년	석사 2학년	박사 과정	기타
268	85	37				3	honours 1

전공생 수

B.A.	M.A.	Ph.D.
40		2

※ 매년 신입생 선발

6) 강좌 개설 현황

과목명	담당 교수	주당 수업 시간	수강생 수	학점	필수 / 선택
한국어 회화 IA	박 켄	3	159	3	필수
한국어 작문 IA	리 이삭(Isaac Lee)	3	109	3	필수
한국어 회화 IIA	김종운	3	43	3	필수
한국어 작문 IIA	지민정	3	42	3	필수
비즈니스 한국어 A	지민정	3	12	3	필수
통번역 A	김종운, 김 존	3	13	3	선택
교포 학습자를 위한 한국어 I	김종운	3	8	3	필수
한국어 학습 프로젝트	리 이삭	2	3	3	선택
논문	지민정	2	1	8	선택
한국 대중문화: 한류	김 존	3	55	3	선택

7) 한국 관련 활동

활동명	시기	상세 활동 내용
한국 문화 체험 행사	2014	주시드니 한국문화원 주최로 한국 문화 체험 행사 개최
주시드니 총영사 강연	2015. 9.	주시드니 총영사의 한국과 호주 관계에 대한 특강 실시
한국의 맛	2016	퀸즐랜드 고등학교에서 한국어를 배우는 학생들을 대학으로 초대하여 대학에서 공부하는 한국어 과목 및 한국 문화 체험 기회 제공

4. 한국연구센터 운영 현황

- 없음

5. 도서관 현황

도서관명	퀸즐랜드대학교 도서관(University of Queensland Library)
담당 사서	로버트 게러티(Robert Gerrity)
한국학 장서 보유량(부)	74,339

6. 동아시아학 현황

1) 일본학 프로그램 제공 형태	학사, 석사
2) 중국학 프로그램 제공 형태	학사, 석사, 박사, 기타(공자학원)

호주국립대학교
Australian National University(ANU)

1. 대학 개요

설립 연도	1946년
소재 국가	호주
형태	국공립
대표자 성명 / 직위	브라이언 스미스(Brian Smith) / 부총장

2. 연락처

주소	영문 주소	Baldessin Precinct Building #110, Room E4.43, ANU, Acton, Canberra ACT 2601, Australia
	우편번호	2601
	전화	+61-6125-3191
	웹사이트	www.anu.edu.au

3. 기관 한국학 현황

1) 한국 관련 강좌 운영 현황

소속 학부	문화·역사·언어학부(School of Culture, History and Language)	
소속 학과	동아시아학과(Dept. of East Asian Studies) 사학과(Dept. of History) 젠더·미디어·문화학과(Dept. of Gender, Media and Cultural Studies)	
개설 연도	1995년	
프로그램 대표자	성명	직함
	로알드 마리앙케이 (Roald Maliangkay)	부교수
홈페이지	programsandcourses.anu.edu.au/minor/KORS-MIN	

2) 한국 관련 프로그램 제공 형태

학위 과정	B.A. (학사 과정)	한국학 부전공
	Ph.D. (박사 과정)	한국학 전공

3) 주요 연구 분야

- 젠더학, 문화학, 음악, 정치학, 문학, 역사학

4) 한국학 교수진 : 4명

교수명	직위	전공 분야
루스 배러클러프(Ruth Barraclough)	역사학과 선임강사	문학, 역사학, 젠더학
최혜월(Hyaeweol Choi)	젠더, 미디어, 문화학과 교수	문학, 역사학, 젠더학
김형아(Hyunga Kim)	아시아태평양학과 교수	정치학
로알드 마리앙케이	동아시아학과 부교수	음악, 문화, 역사

5) 수강생 현황

한국어(학) 관련 강의 수강생 수 : 총 202명

학사 1학년	학사 2학년	학사 3학년	학사 4학년	석사 1학년	석사 2학년	박사 과정	기타
70	75	50			2	5	

전공생 수

B.A.	M.A.	Ph.D.
50	2	5

※ 매년 신입생 선발

6) 강좌 개설 현황

과목명	담당 교수	주당 수업 시간	수강생 수	학점	필수 / 선택
한국어 2	로알드 마리앙케이, 구정윤 (Jeongyoon Ku)	5	70	6	선택
한국어 4	루스 배러클러프, 구정윤	5	32	6	선택
한국어 6	이민선(Minseon Lee)	3	10	6	선택

7) 한국 관련 활동

활동명	시기
서예 워크숍 및 전시	2014. 2.~5.
음악 워크숍 및 공연	2014. 3.
다큐멘터리영화 제작 세미나	2014. 5.
"잠재된 역사, 영향의 출현: 한국과 동남아시아 사이의 상호작용" 학술회의	2015. 2.

8) 한국 관련 출판물

제목	형태	출판사, 출판 연도
Soldiers on the Cultural Front: Developments in the Early History of North Korean Literature and Literary Policy	단행본	University of Hawai'i Press, 1687
Gender and Labour in Korea and Japan: Sexing Class	단행본	Routledge, 2009
Gender and Mission Encounters in Korea: New Women, Old Ways	단행본	University of California Press, 2009
To the Diamond Mountains: A Hundred-year Journey through China and Korea	단행본	Rowman & Littlefield Publishers, 2010
New Women in Colonial Korea: A Sourcebook	단행본	Routledge, 2012
East Asia Beyond the History Wars: Confronting the Ghosts of Violence	단행본	Routledge, 2013
Divine Domesticities: Christian Paradoxes in Asia and the Pacific	단행본	ANU Press, 2014
K-Pop: The International Rise of the Korean Music Industry	단행본	Routlodgo, 2014
Red Love Across the Pacific	단행본	Palgrave Macmillan, 2015
Gender in Modern East Asia: An Integrated History	단행본	Westview Press, 2016

4. 한국연구센터 운영 현황

명칭	한국연구소(Korea Institute)	
소속 기관	아시아태평양대학(College of Asia and the Pacific)	
설립 연도	2009년	
대표자	성명	직함
	로알드 마리앙케이	소장

5. 도서관 현황

도서관명	멘지스 도서관(Menzies Library)
담당 사서	프리데리케 시멜페니히(Friederike Schimmelpfennig)
한국학 장서 보유량(부)	50,000

6. 동아시아학 현황

1) 일본학 프로그램 제공 형태	학사, 석사, 박사
2) 중국학 프로그램 제공 형태	학사, 석사, 박사

동티모르대학교
National University of East Timor

1. 대학 개요

대학명(자국어)	Universidade Nacional Timor Lorosa'e
설립 연도	2000년
소재 국가	동티모르
형태	국공립
대표자 성명 / 직위	프란시스코 미구엘 마르틴스(Francisco Miguel Martins) / 총장

2. 연락처

주소	영문 주소	Av. Cidade de Lisboa, Díli, Timor-L'este
	우편번호	–
전화		+670-7825-7097
웹사이트		www.untl.edu.tl

3. 기관 한국학 현황

1) 한국 관련 강좌 운영 현황

소속 학부	경제경영학부(Faculty of Economics and Management)	
소속 학과	관광상업학과(Department of Commercial Tourism)	
개설 연도	2009년	
프로그램 대표자	성명	직함
	최창원(Changwon Choi)	객원교수

2) 한국 관련 프로그램 제공 형태

비학위 과정	한국어 과정

3) 한국학 교수진 : 1명

교수명	직위	전공 분야
최창원	객원교수	

4) 수강생 현황

한국어(학) 관련 강의 수강생 수 : 총 80명

5) 강좌 개설 현황

과목명	담당 교수	주당 수업 시간	수강생 수	학점	필수 / 선택
한국어	최창원				
한국학 강의	최창원				
한국 영화	최창원				
한국인 사례 리더십 강의	최창원				

6) 한국 관련 활동

활동명	시기	상세 활동 내용
고려대 민족문화연구원과 MOU 체결	2016	동티모르대학교 한국학연구소, 사전 개발 협력 중심

4. 한국연구센터 운영 현황

명칭	한국학연구소(The Center for Korean Studies)	
소속 기관	동티모르대학교	
설립 연도	2013년	
대표자	성명	직함
	최창원	소장

5. 동아시아학 현황

1) 일본학 프로그램 제공 형태	기타(비정규 교과-일본어 코스)
2) 중국학 프로그램 제공 형태	–

라오스국립대학교(동독캠퍼스)
National University of Laos(Dong Dok Campus)

1. 대학 개요

설립 연도	1996년
소재 국가	라오스
형태	국공립
대표자 성명 / 직위	솜시 응오판사이(Somsy Gnophanxay) / 총장

2. 연락처

주소	영문 주소	P.O. box 7322, Vientiane, Laos
	우편번호	–
전화		+856-20-55696276
웹사이트		www.nuol.edu.la

3. 기관 한국학 현황

1) 한국 관련 강좌 운영 현황

소속 학과	한국어학과(Korean Language department)	
개설 연도	2004년	
프로그램 대표자	성명	직함
	판콩 칸나팡(Phankhong khannaphang)	부학과장

2) 한국 관련 프로그램 제공 형태

학위 과정	B.A. (학사 과정)	한국어 전공

3) 한국학 교수진 : 6명

교수명	직위	전공 분야
판콩 칸나팡	부학과장	교수법
카이캄 시솜포우(Khaikham Sisomphou)		교육 경영
펫날로네 인타퐁(Phetnalone Inthavong)		한국어 교육
솜밋 도우앙티(Sommith Douangty)		한국어 교육
소울리야 칸야(Souliya kanya)		한국어 교육
찬삼몽 찬타퐁(Chansamong Chanthavong)		한국어 교육

4) 수강생 현황

한국어(학) 관련 강의 수강생 수 : 총 106명

학사 1학년	학사 2학년	학사 3학년	학사 4학년	석사 1학년	석사 2학년	박사 과정	기타
37	26	23	20				

4. 한국연구센터 운영 현황

　- 없음

5. 동아시아학 현황

1) 일본학 프로그램 제공 형태	학사, 기타(일본센터)
2) 중국학 프로그램 제공 형태	학사, 기타(공자학원)

말라야대학교

University of Malaya

1. 대학 개요

설립 연도	1905년
소재 국가	말레이시아
형태	국공립
대표자 성명 / 직위	모드 아민 잘랄루딘(Mohd Amin Jalaludin) / 부총장

2. 연락처

주소	영문 주소	Kuala Lumpur, Malaysia
	우편번호	50603
전화		+603-7967-3238
웹사이트		www.um.edu.my

3. 기관 한국학 현황

1) 한국 관련 강좌 운영 현황

소속 학부	인문사회과학부(Faculty of Arts and Social Sciences) 언어학부(Faculty of Languages and Linguistics)	
소속 학과	동아시아학과(Department of East Asian Studies) 아시아유럽어학과(Department of Asian and European Languages)	
개설 연도	1996년	
프로그램 대표자	성명	직함
	아스마디 빈 핫산(Asmadi Bin Hassan) 로쉬다 빈티 핫산(Roshidah Binti Hassan)	동아시아학과장 아시아유럽어학과장
홈페이지	fass.um.edu.my / fll.um.edu.my	

2) 한국 관련 프로그램 제공 형태

비학위 과정		B.A. 선택 과목
학위 과정	B.A. (학사 과정)	한국학 전공
	M.A. (석사 과정)	한국학 전공
	Ph.D. (박사 과정)	한국학 전공

3) 한국학 교수진 : 5명

교수명	직위	전공 분야
고빈다스미 기타(Govindasmy Geetha)	동아시아학과 선임강사	국제정치학
탄 수 키(Tan Soo Kee)	동아시아학과 강사	한국비즈니스학
박창규(Changgyu Park)	동아시아학과 선임강사	한국정치학
웡 얀 이(Wong Yan Yee)	아시아유럽어학과 외국어 강사	국어국문학
장용수	아시아유럽어학과 KF 객원교수	한국어 교육

4) 수강생 현황

한국어(학) 관련 강의 수강생 수 : 총 46명

학사 1학년	학사 2학년	학사 3학년	학사 4학년	석사 1학년	석사 2학년	박사 과정	기타
13	10	8	14	1			

전공생 수

B.A.	M.A.	Ph.D.
45	1	

5) 강좌 개설 현황

과목명	담당 교수	주당 수업 시간	수강생 수	학점	필수 / 선택
남북한 관계	기타 고빈다사오이 (Geetha Govindasaoy)	3			필수
한-아세안 관계	기타 고빈다사오이	3			필수
한국 문명	탄 수 키	3			필수
한국 경제	탄 수 키	3			필수
한국 근대화 과정	박창규	3			필수
한국어 1	웡 얀 이	4	15	3	선택

과목명	담당 교수	주당 수업 시간	수강생 수	학점	필수 / 선택
한국어 1	웡 얀 이	4	16	3	선택
한국어 1A	웡 얀 이	4	7	4	필수
한국어 2B	웡 얀 이	4	10	4	필수
한국어 2	장용수	4	12	3	필수
한국어 6B	장용수	4		4	필수
한국어 회화	장용수	2		2	선택
한국어 회화	장용수	2		2	선택
한국어 5	장용수	4	12		필수
한국어 2	장용수	4	10		선택

4. 한국연구센터 운영 현황

- 없음

5. 도서관 현황

도서관명	말라야대학교 도서관
담당 사서	자하라니 아이웁(Zaharani Aiyub)
한국학 장서 보유량(부)	3,000

6. 동아시아학 현황

1) 일본학 프로그램 제공 형태	학사, 석사, 박사
2) 중국학 프로그램 제공 형태	학사, 석사, 박사

말레이시아국립대학교
National University of Malaysia

1. 대학 개요

설립 연도	1970년
소재 국가	말레이시아
형태	국공립
대표자 성명 / 직위	누르 아즐란 가잘리(Noor Azlan Ghazali) / 총장

2. 연락처

주소	영문 주소	UKM Bangi, Selangor, Malaysia
	우편번호	43600
전화		+603-8921-6556
웹사이트		www.ukm.my

3. 기관 한국학 현황

1) 한국 관련 강좌 운영 현황

소속 단과대학	인문사회과학대학	
소속 학과	외국어 및 번역학과	
한국학(어) 프로그램명	한국어 과정	
개설 연도	1984년	
프로그램 대표자	성명	직함
	인탄 사피나즈 자이누딘 (Intan Safinaz Zainudin)	학과장
홈페이지	www.ukm.my/ppbl	

2) 한국 관련 프로그램 제공 형태

비학위 과정	B.A. 선택 과목, M.A. 선택 과목

3) 한국학 교수진 : 3명

교수명	직위	전공 분야
류승완	부교수	
성채민		한국어
조진선		

4) 수강생 현황

한국어(학) 관련 강의 수강생 수

학사 1학년	학사 2학년	학사 3학년	학사 4학년	석사 1학년	석사 2학년	박사 과정	기타
120	25	15	3	2	1		

5) 강좌 개설 현황

과목명	담당 교수	주당 수업 시간	수강생 수	학점	필수 / 선택
한국어 초급 1(세종한국어 1)	류승완, 성채민, 조진선, 김인영	4	120	3	선택
한국어 초급 2(세종한국어 2)	성채민	4	25	3	선택
한국어 중급 1	류승완	4	18	3	선택
한국어 중급 2	류승완	4	5	3	선택
한국어 회화반 1 (영재학교 / 중학교 과정)	김인영	1	53		
한국어 회화반 2 (영재학교 / 중학교 과정)	성채민	1	40		

6) 한국 관련 활동

활동명	시기	상세 활동 내용
연구	2013~2017	말레이시아 국가 발전 프로젝트(말레이시아 펠다와 한국 새마을 운동 비교 연구)
국제 세미나	2017. 3.	한국 문화 세미나 개최(말레이시아 교사들을 위한 세미나, 교재에서 발견되는 한국에 대한 오류)
국제 포럼	2017~2018	동남아 이슬람 국가에서의 한류: 현재와 미래, 상생을 위한 전략

7) 한국 관련 출판물

제목	형태	주요 내용
말레이시아인을 위한 한국어	단행본	대학 및 일반인을 위한 한국어 교재(2004, 2011)
양반: 한국 전통사회에서의 신분제도	단행본	한국 문화 관련 서적(말레이어본, 2013)
한국 현대 정치사	단행본	한국 관련 서적(말레이어본, 2014)
신체 관용어 비교 연구	논문	한국과 말레이시아 신체 관용어 비교 연구(2014)
한국-말레이시아 문화, 교육 교류사	단행본	한국과 말레이시아 간의 문화 및 교육 교류사 (한국어본, 2015)
말레이시아에서의 한국어 교육사	논문	말레이시아에서의 한국어 교육 역사 및 발전

4. 한국연구센터 운영 현황
- 없음

5. 도서관 현황

도서관명	페르푸스타칸 툰 세리 라낭 도서관(Perpustakaan Tun Seri Lanang)
담당 사서	완 수하이미 아리핀(Wan Suhaimi Ariffin)
한국학 장서 보유량(부)	1,080

6. 동아시아학 현황

1) 일본학 프로그램 제공 형태	기타(동아시아학 전공)
2) 중국학 프로그램 제공 형태	기타(동아시아학 전공)

말레이시아사바대학교

University of Malaysia Sabah

1. 대학 개요

대학명(자국어)	Universiti Malaysia Sabah
설립 연도	1994년
소재 국가	말레이시아
형태	국공립
대표자 성명 / 직위	카마루딘 무딘(D Kamaruddin D Mudin) / 부총장

2. 연락처

주소	영문 주소	Kota Kinabalu, Sabah, Malaysia
	우편번호	88400
전화		+60-88-320-000
웹사이트		www.ums.edu.my

3. 기관 한국학 현황

1) 한국 관련 강좌 운영 현황

소속 센터	지식과 언어학습진흥센터 (Centre for the Promotion of Knowledge and Language Learning)	
소속 분과	외국어 및 자국어 분과(Foreign and Local Language Cluster)	
한국학(어) 프로그램명	한국어 과정(Korean language programme)	
개설 연도	2011년	
프로그램 대표자	성명	직함
	강명숙(Myoungsook Kang)	선임강사

2) 한국 관련 프로그램 제공 형태

비학위 과정	B.A. 선택 과목

3) 한국학 교수진 : 1명

교수명	직위	전공 분야
강명숙	선임강사	응용언어학(번역학)

4) 수강생 현황

한국어(학) 관련 강의 수강생 수 : 총 120명

5) 강좌 개설 현황

과목명	담당 교수	주당 수업 시간	수강생 수	학점	필수 / 선택
한국어 1			40		
한국어 2			40		
한국어 3			40		

4. 한국연구센터 운영 현황
　-없음

5. 동아시아학 현황

1) 일본학 프로그램 제공 형태	-
2) 중국학 프로그램 제공 형태	-

쿠알라룸푸르대학교
University of Kuala Lumpur

1. 대학 개요

대학명(자국어)	Universiti Kuala Lumpur
설립 연도	2002년
소재 국가	말레이시아
형태	국공립
대표자 성명 / 직위	마즐리함 모드 수드(Mazliham Mohd Su'ud) / 총장

2. 연락처

주소	영문 주소	No 1016, Jalan Sultan Ismail, Kuala Lumpur, Malaysia
	우편번호	50250
전화		+60-3-2175-4176
웹사이트		www.unikl.edu.my

3. 기관 한국학 현황

1) 한국 관련 강좌 운영 현황

소속 학부	말레이시아정보기술학부(Malaysian Institute of Information Technology)	
한국학(어) 프로그램명	기술 기초 프로그램(Technology Foundation Program, Student Development)	
개설 연도	2012년	
프로그램 대표자	성명	직함
	누라시킨 살루딘(Nurashikin Saaludin)	학과장

2) 한국 관련 프로그램 제공 형태

비학위 과정	한국 대학 예비 과정, 한국어 집중 과정, 학부 교양 한국어

3) 한국학 교수진 : 8명

교수명	직위	전공 분야
서선복(Sunbok Suh)		수학
서규원(Kyuwon Seo)		e-러닝
박주화(Juhwa Park)		정보와 커뮤니케이션공학
강혜신(Hyeshin Kang)		한국어 교육
모드 하피줄 이스마일(Mohd Hafizul Ismail)		기계공학
이지형(Jihyung Lee)		한국어 교육
김보경(Bokyeong Kim)		한국어 교육

4) 수강생 현황

한국어(학) 관련 강의 수강생 수 : 총 153명

5) 강좌 개설 현황

과목명	담당 교수	주당 수업 시간	수강생 수	학점	필수 / 선택
한국 대학 예비 과정			14		
한국어 집중 과정			9		
한국어 1			70		
한국어 2			60		

4. 한국연구센터 운영 현황

　- 없음

5. 동아시아학 현황

1) 일본학 프로그램 제공 형태	-
2) 중국학 프로그램 제공 형태	기타(학부 교양 중국어)

테일러스대학교
Taylor's University

1. 대학 개요

설립 연도	1969년
소재 국가	말레이시아
형태	사립
대표자 성명 / 직위	마이클 드리스콜(Michael Driscoll) / 총장

2. 연락처

주소	영문 주소	1, JALAN SS15/8, SS 15, Subang Yaja, Selangor, Malaysia
	우편번호	47500
전화		+60-3-5636-5000
웹사이트		www.taylors.edu.my

3. 기관 한국학 현황

1) 한국 관련 강좌 운영 현황

소속 학과	언어문화학과(Centre for Languages and Cultural Studies)	
한국학(어) 프로그램명	한국어 과정	
프로그램 대표자	성명	직함
	찬드라 사카란 할리드 (Chandra Sakaran A/L Khalid)	학과장
홈페이지	university.taylors.edu.my/centre-for-languages	

2) 한국 관련 프로그램 제공 형태

비학위 과정	B.A. 선택 과목

3) 한국학 교수진 : 1명

교수명	직위	전공 분야
정겨운(Gyeowoon Jung)		헝가리어학

4) 수강생 현황

한국어(학) 관련 강의 수강생 수 : 총 41명

5) 강좌 개설 현황

과목명	담당 교수	주당 수업 시간	수강생 수	학점	필수 / 선택
소통과 문화를 위한 기초 한국어			2		
소통과 문화를 위한 한국어 I			39		

4. 한국연구센터 운영 현황
-없음

5. 동아시아학 현황

1) 일본학 프로그램 제공 형태	기타(일본어 과정)
2) 중국학 프로그램 제공 형태	기타(중국어 과정)

양곤외국어대학교

Yangon University of Foreign Languages

1. 대학 개요

설립 연도	1964년
소재 국가	미얀마(버마)
형태	국공립
대표자 성명 / 직위	끄이 쉰(Kyi Shwin) / 총장

2. 연락처

주소	영문 주소	119-131, University Avenue Road, Kamayut Township, Yangon, Myanmar
	우편번호	–
전화		+95-94-320-1867
웹사이트		www.yufl.edu.mm

3. 기과 한국학 현황

1) 한국 관련 강좌 운영 현황

소속 학과	한국어학과	
개설 연도	1993년	
프로그램 대표자	성명	직함
	세잉 세잉 에(Sein Sein Aye)	학과장

2) 한국 관련 프로그램 제공 형태

학위 과정	B.A. (학사 과정)	한국어 전공(한국학 과정은 2년 후에 개설 예정)
	M.A. (석사 과정)	한국학 전공, 한국어 전공

3) 주요 연구 분야

- 한국어와 미얀마어 대조 연구, 미얀마인 학습자를 위한 한국어 교육 연구

4) 한국학 교수진 : 12명

교수명	직위	전공 분야
세잉 세잉 에	교수	한국어
닐라띤	교수	한국어
딴따쬬	교수	한국어
웨누산	교수	한국어
띤모에	교수	한국어
에이에이띤	교수	한국어
진민표	교수	한국어
맛띠따우	교수	한국어
에이미약딴따마웅	교수	한국어
진무무띤	교수	한국어
킨킨탓	교수	한국어
수윈레이	교수	한국어

5) 수강생 현황

한국어(학) 관련 강의 수강생 수 : 총 412명

학사 1학년	학사 2학년	학사 3학년	학사 4학년	석사 1학년	석사 2학년	박사 과정	기타
100	106	93	92	9	1		예비 석사 11명

전공생 수

B.A.	M.A.	Ph.D.
389	21	

※ 매년 신입생 선발(인원: 100명)

6) 한국 관련 활동

활동명	시기	상세 활동 내용
학술 대회	2016. 12.	한국학중앙연구원의 지원으로 제1회 미얀마 한국어 교육 학술 대회 및 경희대학교 조현용 교수의 특강
학술 대회	2017. 1.	동남아시아에서의 한국어 문학 교육 연구의 재검토

4. 한국연구센터 운영 현황
- 없음

5. 도서관 현황

도서관명	양곤외국어대학교 도서관
담당 사서	따우 잉 트웨 르윙(Daw Yin Thwe Lwin)
한국학 장서 보유량(부)	7,253

6. 동아시아학 현황

1) 일본학 프로그램 제공 형태	-
2) 중국학 프로그램 제공 형태	-

다낭외국어대학교
Da Nang University of Foreign Language Studies

1. 대학 개요

설립 연도	2002년
소재 국가	베트남
형태	국공립
대표자 성명 / 직위	뜨란 후 푹(Tran Huu Phuc) / 총장

2. 연락처

주소	영문 주소	Number 131, Luong Nhu Hoc str, Cam Le district, Danang City, Vietnam
	우편번호	–
전화		+84-5113-699-334
웹사이트		www.ufl.udn.vn

3. 기관 한국학 현황

1) 한국 관련 강좌 운영 현황

소속 학과	일본어-한국어-태국어 종합과	
개설 연도	2005년	
프로그램 대표자	성명	직함
	판 탄 응가 호앙 (Phan Thanh Nga Hoàng)	한국어과장

2) 한국 관련 프로그램 제공 형태

학위 과정	B.A. (학사 과정)	한국어 전공

3) 한국학 교수진 : 10명

교수명	직위	전공 분야
뜨란 티 란 안(Tran Thi Lan Anh)		한국 문학
판 탄 응가 호앙(Phan Thanh Nga Hoàng)		한국어학
조 티 뀐 호아(Do Thi Quynh Hoa)		한국어학
응우옌 응옥 뚜이옌(Nguyen Ngoc Tuyen)		한국 문학
응우옌 티 푸옹 투(Nguyen Thi Phuong Thu)		한국어교육학
응우옌 민 손(Nguyen Minh Son)		한국어교육학
부이 티 홍 뜨람(Bui Thi Hong Tram)		한국어학
쿠옹 지에우 미(Khuong Dieu My)		한국어 및 문화
레 티 응옥 깜(Le Thi Ngoc Cam)		한국 민족
응우옌 티 빈 손(Nguyen Thi Binh Son)		한국어학

4) 수강생 현황

한국어(학) 관련 강의 수강생 수 : 총 414명

학사 1학년	학사 2학년	학사 3학년	학사 4학년	석사 1학년	석사 2학년	박사 과정	기타
120	100	100	94				

전공생 수

B.A.	M.A.	Ph.D.
414		

5) 강좌 개설 현황

과목명	담당 교수	주당 수업 시간	수강생 수	학점	필수 / 선택
전문 한국어 1	판 탄 응가 호앙	5	70	5	필수
전문 한국어 2	응우옌 티	5	70	5	필수
졸업 논문	판 탄 응가 호앙		70	10	필수
한국어 어휘론	판 탄 응가 호앙	6	100	2	필수
통역 1	신승호(Seungho Shin)	9	100	3	필수
한-베 번역 1	박성수(Sungsoo Park)	6	100	2	필수
한국 문학	정진희(Jinhee Jeong)	9	100	3	필수
한국 문화 문명	응우옌 티	6	100	2	필수
베-한 번역 1	응우옌 티	6	100	2	필수
비서 한국어	응우옌 응옥	6	100	2	선택

과목명	담당 교수	주당 수업 시간	수강생 수	학점	필수 / 선택
듣기 4	레 민 손(Le Minh Son)	4	70	2	필수
말하기 4	정진희	6	70	3	필수
읽기 4	응우옌 티	6	70	3	필수
쓰기 4	부이 티 홍	8	70	4	필수
듣기 2	김경아(Kyungah Kim)	6	110	2	필수
말하기 2	신승호	9	110	3	필수
쓰기 2	응우옌 티	12	110	2	필수
읽기 2	응우옌 티	6	110	2	필수
대조언어학	주옹 꾸옥(Duong Quoc)	6	100	2	

6) 한국 관련 활동

활동명	시기	상세 활동 내용
KF 글로벌 e-School	2013	한국 문화, 사회, 경제, 정치 등에 관한 수업 실행
한국학 씨앗형 사업	2014~2017	한국학중앙연구원과 다낭외국어대학교가 함께하는 한국 전통 문화 사업(농악, 사물놀이, 양국 농촌 연구 등)

4. 한국연구센터 운영 현황
-없음

5. 도서관 현황

담당 사서	부이 티 홍 뜨람
한국학 장서 보유량(부)	1,960

6. 동아시아학 현황

1) 일본학 프로그램 제공 형태	학사
2) 중국학 프로그램 제공 형태	학사

달랏대학교
Dalat University

1. 대학 개요

설립 연도	1957년
소재 국가	베트남
형태	국공립
대표자 성명 / 직위	응우옌 죽 호아(Nguyen Duc Hoa) / 총장

2. 연락처

주소	영문 주소	1 Phu Dong Thien Vuong, Ward 8, Da Lat City, Lam Dong Province, Vietnam
	우편번호	670100
	전화	+84-989-106-882
	웹사이트	www.dlu.edu.vn

3. 기관 한국학 현황

1) 한국 관련 강좌 운영 현황

소속 학부	국제학부	
소속 학과	한국학과	
개설 연도	2004년	
프로그램 대표자	성명	직함
	응우옌 티 홍 한 (Nguyen Thi Hong Hanh)	학과장
홈페이지	kqth.dlu.edu.vn	

2) 한국 관련 프로그램 제공 형태

비학위 과정		B.A. 선택 과목
학위 과정	B.A. (학사 과정)	한국학 전공

3) 한국학 교수진 : 9명

교수명	직위	전공 분야
응우옌 티 홍 한	학과장	한국학
호 투이 주이엔(Ho Thuy Duyen)	강사	한국학
루우 칸 로안(Luu Khanh Loan)		한국학
유태현	명예교수	외교학
김흥식		문학
김진호	KF 객원교수	문학
이상구	KOICA 해외봉사단원	법학
황미자	KOICA 해외봉사단원	국어교육학
안혜원	강사	

4) 수강생 현황

한국어(학) 관련 강의 수강생 수 : 총 478명

학사 1학년	학사 2학년	학사 3학년	학사 4학년	석사 1학년	석사 2학년	박사 과정	기타
190	140	75	73				

5) 강좌 개설 현황

과목명	담당 교수	주당 수업 시간	수강생 수	학점	필수/ 선택
한국어 입문 1	주이엔, 응안(Ngan), 이현석	8	190	4	필수
한국어 읽기 쓰기 1	응우옌 티 홍 한, 황미자	8	140	4	필수
한국어 듣기, 말하기 1	유태현, 주이엔	8	140	4	필수
한국어 읽기 쓰기 3	이상구, 응우옌 티 홍 한	8	75	4	필수
한국어 듣기, 말하기 3	안혜원, 김진호	8	75	4	필수
한국 문화	김진호	4	75	2	선택
한국어 통역	응우옌 티 홍 한	4	73	2	필수
한국어 번역	응우옌 티 홍 한	4	73	2	필수
한국 관광	이상구	4	73	2	선택
한-베 국제 관계	유태현	4	73	2	선택

과목명	담당 교수	주당 수업 시간	수강생 수	학점	필수 / 선택
한국 교육	안혜원	4	73	2	선택
한국어 입문 2	주이엔, 응안, 김일수,	8	190	4	필수
한국어 쓰기, 읽기 2	황미자, 응우옌 티 홍 한	8	140	4	필수
한국어 듣기, 말하기 2	유태현, 주이엔	8	140	4	필수
한국 지리 연구	김진호	4	140	2	선택
한국어 쓰기, 읽기 4	이상구, 김진호, 응우옌 티 홍 한	4	75	4	필수
한국어 듣기, 말하기 4	안혜원, 응안	4	75	4	필수
한국 신문	김진호	4	75	2	선택
비즈니스 한국어	안혜원	4	75	2	선택
한자	유태현	4	36	2	선택
문서 작성	김일수	4	73	2	선택
한국어 통역 2	응우옌 티 홍 한	4	73	2	필수
한국어 번역 2	응우옌 티 홍 한	4	73	2	필수

6) 한국 관련 활동

활동명	시기	상세 활동 내용
베트남 한국학 학술 대회	2016. 8.	베트남 한국학 연구자들이 학술 대회 참석
주베트남 한국 대사 초청 특강	2016. 10.	주베트남 대사의 "한국과 베트남의 특별한 관계" 강연
베트남 여성의 날 기념 요리 경연 대회	2016. 10.	한국 요리 출품 3등 수상
한글날 행사	2016. 10.	베트남 남부 지역 대학 및 한글 교육기관 연합 축제. 학생 20여 명 참여. 도전 골든벨 2등 수상
캠핑 대회	2016. 10.	한국학과 학생늘 참여

4. 한국연구센터 운영 현황
  - 없음

동남아시아

5. 도서관 현황

도서관명	한국학과 도서관
담당 사서	응우옌 보 타오 응안(Nguyen Vo Thao Ngan)
한국학 장서 보유량(부)	1,426

6. 동아시아학 현황

1) 일본학 프로그램 제공 형태	학사
2) 중국학 프로그램 제공 형태	–

락홍대학교
Lac hong University

1. 대학 개요

설립 연도	1997년
소재 국가	베트남
형태	사립
대표자 성명 / 직위	옹 후 타이(Do Huu Tai) / 총장

2. 연락처

주소	영문 주소	No. 10 Huynh Van Nghe Str., Buu Long Ward, Bien Hoa City, Dong Nai Province, Vietnam
	우편번호	–
전화		+84-0613-952-778
웹사이트		www.lhu.edu.vn

3. 기관 한국학 현황

1) 한국 관련 강좌 운영 현황

소속 학부	동방학부	
소속 학과	한국학과	
개설 연도	2005년	
프로그램 대표자	성명	직함
	응우옌 호앙 킴 응언 (Nguyen Hoang Kim Ngan)	학과장
홈페이지	dp.lhu.edu.vn	

2) 한국 관련 프로그램 제공 형태

비학위 과정		B.A. 선택 과목
학위 과정	B.A. (학사 과정)	한국학 전공

3) 주요 연구 분야

- 한국 문화, 사회 및 한국어

4) 한국학 교수진 : 4명

교수명	직위	전공 분야
응우옌 호앙 킴 응언	학과장, 한국학과 강사	아시아학
응우옌 홍 푸옥(Nguyen Hong Phuoc)	한국학과 조교	한국학
담 티 아인(Dam Thi Anh)	한국학과 조교	한국학
옹 티 투이(Do Thi Thuy)	한국학과 조교	한국학

5) 수강생 현황

한국어(학) 관련 강의 수강생 수 : 총 146명

학사 1학년	학사 2학년	학사 3학년	학사 4학년	석사 1학년	석사 2학년	박사 과정	기타
33	36	38	39				

전공생 수

B.A.	M.A.	Ph.D.
146		

6) 강좌 개설 현황

과목명	담당 교수	주당 수업 시간	수강생 수	학점	필수 / 선택
한국어 듣기 1	강주원(Joowon Kang)	3	34	2	필수
한국어 말하기 1	응우옌 호앙 킴 응언	3	34	2	필수
한국어 읽기 1	응우옌 홍 푸옥	3	34	2	필수
한국어 쓰기 1	담 티 아인	3	34	2	필수
한국어 듣기 3	김병선(Boungsun Kim)	3	36	2	필수
한국어 말하기 3	민병준(Byoungjun Min)	3	36	3	필수
한국어 읽기 3	응우옌 홍 푸옥	3	36	3	필수
한국어 쓰기 3	담 티 아인	3	36	3	필수
종합 한국어 1	응우옌 호앙 킴 응언	3	36	2	필수
한국어 듣기 5	최민철(Minchul Choi)	3	38	2	필수
한국어 말하기 5	박보갑(Bokab Park)	3	38	2	필수
한국어 읽기 5	응우옌 홍 푸옥	3	38	2	필수
한국어 쓰기 5	담 티 아인	3	38	3	필수
한국 인류, 문화, 사회	쩐 후 옌 로안(Tran Huu Yen Loan)	3	38	3	선택
한국어 듣기 7	강주원	3	39	2	필수
한국어 말하기 7	박보갑	3	39	2	필수
한국어 읽기 7	응우옌 호앙 킴 응언	3	39	2	필수
한국어 쓰기 7	응우옌 쭝 히앱(Nguyen Trung Hiep)	3	39	3	필수
한-베 통번역	쩐 히유 옌 로안	3	39	2	필수
비서 업무	민병준	3	39	2	필수

7) 한국 관련 활동

활동명	시기	상세 활동 내용
문화 교류	2014. 6.	경상남도 청소년 봉사단과 함께 전통 문화 상호 공연
문화 교류	2016. 6.	경상남도 청소년 봉사단과 함께 전통 문화 상호 공연

4. 한국연구센터 운영 현황

- 없음

5. 도서관 현황

도서관명	한국어 자료실
담당 사서	응우옌 홍 푸옥
한국학 장서 보유량(부)	350

6. 동아시아학 현황

1) 일본학 프로그램 제공 형태	학사
2) 중국학 프로그램 제공 형태	학사

반히엔대학교
Van Hien University

1. 대학 개요

설립 연도	1997년
소재 국가	베트남
형태	사립
대표자 성명 / 직위	뜨란 반 티엔(Tran Van Thien) / 총장

2. 연락처

주소	영문 주소	665-667-669 Dien Bien Phu Str. Ward 1, District 3, HCM City, Vietnam
	우편번호	–
전화		+84-(0)8-3832-0333
웹사이트		www.vhu.edu.vn

3. 기관 한국학 현황

1) 한국 관련 강좌 운영 현황

소속 학부	외국언어문화대학 동방학부	
소속 학과	한국학과	
개설 연도	2007년	
	성명	직함
프로그램 대표자	쨈 까오 응옥 린 (Chenh Cao Ngoc Linh)	학과장

2) 한국 관련 프로그램 제공 형태

비학위 과정		B.A. 선택 과목
학위 과정	B.A. (학사 과정)	한국학 전공

3) 한국학 교수진 : 6명

교수명	직위	전공 분야
짼 까오 응옥 린	학과장	한국어 교육
까오 투이 오안(Cao Thuy Oanh)		아시아학
응우옌 티 쑤안 아인(Nguyen Thi Xuan Anh)		동방학
리 팜 땀 장(Ly Pham Tam Đang)		동방학
응우옌 탄 자웅(Nguyen Thanh Daung)		한국어
뜨란 반 뚜(Tran Van Tu)		한국어 교육

4) 수강생 현황

한국어(학) 관련 강의 수강생 수 : 총 2000여 명

5) 강좌 개설 현황

과목명	담당 교수	주당 수업 시간	수강생 수	학점	필수 / 선택
한국학 입문			227		

4. 한국연구센터 운영 현황
- 없음

5. 동아시아학 현황

1) 일본학 프로그램 제공 형태	학사
2) 중국학 프로그램 제공 형태	학사

응우옌탓타인대학교
Nguyen Tat Thanh University

1. 대학 개요

설립 연도	2001년
소재 국가	베트남
형태	사립
대표자 성명 / 직위	응우옌 만 훙(Nguyen Manh Hung) / 총장

2. 연락처

주소	영문 주소	331 National Highway 1, An Phu Dong Ward, District 12, HCM City, Vietnam
	우편번호	700000
전화		+84-90-130-9699
웹사이트		www.ntt.edu.vn

3. 기관 한국학 현황

1) 한국 관련 강좌 운영 현황

소속 학부	인문사회과학부(Faculty of Social Science and Humanities)	
소속 학과	외국어학과(Department of Foreign Languages)	
개설 연도	2012년	
프로그램 대표자	성명	직함
	레 도 우옌(Le, Do Uyen)	한국어 전공 주임
홈페이지	ngoaingu.ntt.edu.vn	

2) 한국 관련 프로그램 제공 형태

비학위 과정		B.A. 선택 과목
학위 과정	B.A. (학사 과정)	한국어 전공

3) 수강생 현황

한국어(학) 관련 강의 수강생 수 : 총 60명

학사 1학년	학사 2학년	학사 3학년	학사 4학년	석사 1학년	석사 2학년	박사 과정	기타
30	8	22					

4. 한국연구센터 운영 현황
　- 없음

5. 동아시아학 현황

1) 일본학 프로그램 제공 형태	–
2) 중국학 프로그램 제공 형태	–

탕롱대학교
Thang Long University

1. 대학 개요

설립 연도	1988년
소재 국가	베트남
형태	사립
대표자 성명 / 직위	판 후이 푸(Phan Huy Phu) / 총장

2. 연락처

주소	영문 주소	Nghiem Xuan Yem Road-Hoang Mai District-Ha Noi City, Vietnam
	우편번호	–
전화		+84-90-446-9660
웹사이트		en.thanglong.edu.vn

3. 기관 한국학 현황

1) 한국 관련 강좌 운영 현황

소속 학부	언어학부(Faculty of Foreign Languages)	
소속 학과	한국어학과(Department of Korean)	
개설 연도	2016년	
프로그램 대표자	성명	직함
	이계선(Kyesun Lee)	학과장

2) 한국 관련 프로그램 제공 형태

비학위 과정		B.A. 선택 과목
학위 과정	B.A. (학사 과정)	한국어 전공

3) 한국학 교수진 : 10명

교수명	직위	전공 분야
이계선	한국어학과장	사회학
쩐 티 란 아인(Tran Thi Lan Anh)	전임강사	한국어문학
딘 마이 투 투이(Dinh Mai Thu Thuy)	전임강사	한국어문학
브엉 티 남(Vuong Thi Nam)	전임강사	한국어문학
응히엠 투이 린(Nghiem Thuy Linh)	전임강사	국제무역학
호앙 티 탄 호아(Hoang Thi Thanh Hoa)	강사	국제 한국어 교육
응우옌 티 홍(Nguyen Thi Hong)	강사	다문화, 상호 문화 협동 과정
이동관	강사	응용언어학, 번역학
이혜영	강사	한국어
신창옥	강사	한국어

4) 수강생 현황

한국어(학) 관련 강의 수강생 수

학사 1학년	학사 2학년	학사 3학년	학사 4학년	석사 1학년	석사 2학년	박사 과정	기타
147	63						

※ 매년 신입생 선발(인원: 145명)

5) 강좌 개설 현황

과목명	담당 교수	주당 수업 시간	수강생 수	학점	필수 / 선택
한국어 문법	쩐 티 란 아인, 호앙 티 탄 호아, 딘 마이 투 투이	15	210	2	필수
쓰기	이계선, 신창옥	15	210	2	필수
읽기	딘 마이 투 투이	15			필수
말하기	이동관, 이혜영	15	210	2	필수
듣기	브엉 티 남, 응히엠 투이 린	15	210	2	필수

4. 한국연구센터 운영 현황

- 없음

5. 도서관 현황

도서관명	한국어학과 도서관
담당 사서	딘 마이 투 투이
한국학 장서 보유량(부)	85

6. 동아시아학 현황

1) 일본학 프로그램 제공 형태	-
2) 중국학 프로그램 제공 형태	-

동남아시아

투득기술칼리지
Thu Duc College of Technology

1. 대학 개요

설립 연도	1984년
소재 국가	베트남
형태	국공립
대표자 성명 / 직위	응우옌 티 리(Nguyen Thi Ly) / 총장

2. 연락처

주소	영문 주소	53 Vo Van Ngan Strt., Linh Chieu Ward, Thu Duc District, HCMC, Vietnam
	우편번호	720214
전화		+84-28-2229-5466
웹사이트		www.tdc.edu.vn

3. 기관 한국학 현황

1) 한국 관련 강좌 운영 현황

소속 학과	한국어학과	
개설 연도	2011년	
프로그램 대표자	성명	직함
	부이 티 우옌(Bui Thi Uyen)	학과장

2) 한국 관련 프로그램 제공 형태

학위 과정	B.A. (학사 과정)	한국어 전공

3) 한국학 교수진 : 5명

교수명	직위	전공 분야
부이 티 우옌	학과장	아시아학
뜨란 티 반 옌(Tran Thi Van Yen)		언어학
팜 응우옌 누 안(Pham Nguyen Nhu An)		아시아학
응우옌 티 홍 하이(Nguyen Thi Hong Hai)		국제학
또 민 뚱(To Minh Tung)		한국학(사회-문화 전공)

4) 수강생 현황

한국어(학) 관련 강의 수강생 수 : 총 122명

5) 강좌 개설 현황

과목명	담당 교수	주당 수업 시간	수강생 수	학점	필수 / 선택
주간반			90		
야간반			32		

4. 한국연구센터 운영 현황

　- 없음

5. 동아시아학 현황

1) 일본학 프로그램 제공 형태	-
2) 중국학 프로그램 제공 형태	-

하노이국립외국어대학교
University of Languages & International Studies-VNU

1. 대학 개요

설립 연도	1955년
소재 국가	베트남
형태	국공립
대표자 성명 / 직위	또 뚜안 민(Đỗ Tuấn Minh) / 총장

2. 연락처

주소	영문 주소	Pham Van Dong, Cau Giay, Hanoi, Vietnam
	우편번호	–
전화		+84-4-3754-7269
웹사이트		www.ulis.vnu.edu.vn

3. 기관 한국학 현황

1) 한국 관련 강좌 운영 현황

소속 학과	한국어문학과	
개설 연도	1993년	
프로그램 대표자	성명	직함
	뜨란 티 후옹(Tran Thi Huong)	학과장

2) 한국 관련 프로그램 제공 형태

학위 과정	B.A. (학사 과정)	한국학 전공, 한국어 전공

3) 주요 연구 분야

• 한국 언어학, 한국어 통번역, 한국학, 한국어교육학

4) 한국학 교수진 : 26명

교수명	직위	전공 분야
뜨란 티 후옹	학과장	언어학
라 티 타인 마이(La Thi Thanh Mai)	부학과장	한국어 교육
응우옌 레 투(Nguyen Le Thu)	부학과장	한국 문학
호앙 티 옌(Hoang Thi Yen)		언어학
호앙 티 하이 안(Hoang Thi Hai Anh)		언어학
응우옌 투이 주옹(Nguyen Thuy Duong)		아시아학
장 응우옌 투이 주옹(Dang Nguyen Thuy Duong)		동아시아학
팜 홍 푸옹(Pham Hong Phuong)		한국어 교육
레 하이 옌(Le Hai Yen)		아시아학
까오 티 하이 박(Cao Thi Hai Bac)		사회학
뜨란 티 투 푸옹(Tran Thi Thu Phuong)		언어학
뜨란 티 빅 푸옹(Tran Thi Bich Phuong)		한국어 교육
응우옌 티 투 반(Nguyen Thi Thu Van)		인문학
팜 티 뚜옛(Pham Thi Tuyet)		경제학
조 푸옹 투이(Do Phuong Thuy)		한국어 교육
뜨란 하이 주옹(Tran Hai Duong)		한국어 교육
응우옌 티 반(Nguyen Thi Van)		한국어 교육
뜨란 후 뜨리(Tran Huu Tri)		한국학
조 투이 항(Do Thuy Hang)		경영학
부 티 마이 로안(Vu Thi Mai Loan)		언어학
팜 꾸인 자오(Pham Quynh Giao)		한국어
응우옌 티 투이 항(Nguyen Thi Thuy Hang)		한국어
응우옌 티 타인 호아(Nguyen Thi Thanh Hoa)		한국어
응우옌 티 홍 반(Nguyen Thi Hong Van)		한국어
응우옌 투이 중(Nguyen Thuy Dung)		한국어
루 하 린(Luu Ha Linh)		국제 관계

5) 수강생 현황

한국어(학) 관련 강의 수강생 수 : 총 378명

학사 1학년	학사 2학년	학사 3학년	학사 4학년	석사 1학년	석사 2학년	박사 과정	기타
146	80	81	71				

전공생 수

B.A.	M.A.	Ph.D.
378		

※ 매년 신입생 선발(인원: 80명)

6) 강좌 개설 현황

과목명	담당 교수	주당 수업 시간	수강생 수	학점	필수 / 선택
한국어 1A	레 하이 옌, 박태호(Taeho Park), 이보람(Boram Lee), 뜨란 티 투 푸옹, 응우옌 티 타인 호아	8	146	4	필수
한국어 1B	응우옌 레 투, 팜 티 뚜엣, 양재식(Jaesik Yang), 뜨란 티 빅 푸옹	8	146	4	필수
한국어 3A	레 하이 옌, 팜 티 뚜엣, 조 푸옹 투이, 응우옌 레 투	8	80	4	필수
한국어 3B	뜨란 티 빅 푸옹, 박태호, 이보람, 조 투이 항	6	80	3	필수
한국어 3C	까오 티 하이 박, 응우옌 티 투 반, 뜨란 티 투 푸옹, 장 응우옌 투이 주옹	6	80	3	필수
번역 이론	박지훈(Jihoon Park)	8	81	3	필수
번역	응우옌 티 주옹	3	81	3	필수
통역	뜨란 후 뜨리, 부 티 마이 로안	3	81	3	필수
언어학 1	호앙 티 옌	3	81	3	필수
문화 간 커뮤니케이션	뜨란 티 후옹, 조 푸옹 투이	3	71	3	필수
사무 한국어	라 티 타인 마이	3	71	3	필수
고급 통역	조 투이 항	3	71	3	필수
통번역 기술	장 응우옌 투이 주옹, 응우옌 티 투 반	3	71	3	필수
기사문 번역	뜨란 후 뜨리	3	71	3	필수

7) 한국 관련 활동

활동명	시기	상세 활동 내용
한국어 교육	1993~현재	대학생 대상으로 한국어 교육 또는 부속 고등학교 학생들에게 한국어 교육 중
한국어 교육	2014~2015	베트남 내 중고등학생을 위한 한국어 교육 과정 개발 또는 하노이대학교 외국어대학 부속 고등학교에서 한국어 교육 과정 개발
학술 세미나	매년	국제 학술회의 및 학술 세미나 개최

4. 한국연구센터 운영 현황
- 없음

5. 동아시아학 현황

1) 일본학 프로그램 제공 형태	-
2) 중국학 프로그램 제공 형태	-

동남아시아

하노이국립인문사회과학대학교

University of Social Sciences and Humanities-VNU

1. 대학 개요

설립 연도	1945년
소재 국가	베트남
형태	국공립
대표자 성명 / 직위	팜 꾸앙 민(Pham Quang Minh) / 총장

2. 연락처

주소	영문 주소	336 Nguyen Trai, Thanh Xuan, Hanoi, Vietnam
	우편번호	–
전화		+84-091-8485-969
웹사이트		www.ussh.vnu.edu.vn

3. 기관 한국학 현황

1) 한국 관련 강좌 운영 현황

소속 학부	동방학부	
소속 학과	한국학과	
개설 연도	1995년	
프로그램 대표자	성명	직함
	루우 뚜안 아인(Luu Tuan Anh)	학과장

2) 한국 관련 프로그램 제공 형태

학위 과정	B.A. (학사 과정)	한국학 전공
	M.A. (석사 과정)	동아시아학 전공
	Ph.D. (박사 과정)	동아시아학 전공

3) 주요 연구 분야

• 지역학의 연구 분야에서 한국의 언어, 문화, 역사, 사회, 경제, 문학 등 한국학 연구

4) 한국학 교수진 : 6명

교수명	직위	전공 분야
루우 뚜안 아인	학과장	언어학, 한국어학
하 민 타인(Ha Minh Thanh)	부학과장	한국 문학
레 티 투 장(Le Thi Thu Giang)	강사	한국 국제 관계
응우옌 티 투 후옹(Nguyen Thi Thu Huong)	강사	한국 경제 개발
응우옌 민 쭝(Nguyen Minh Chung)	강사	언어학, 한국어학
응우옌 투이 장(Nguyen Thuy Giang)	강사	한국의 인류학, 한국의 사회

5) 수강생 현황

한국어(학) 관련 강의 수강생 수 : 총 96명

학사 1학년	학사 2학년	학사 3학년	학사 4학년	석사 1학년	석사 2학년	박사 과정	기타
42	32	22					

전공생 수

B.A.	M.A.	Ph.D.
96	2(아시아학 전공 내 한국학)	

※ 매년 신입생 선발(인원: 60명)

6) 강좌 개설 현황

과목명	담당 교수	주당 수업 시간	수강생 수	학점	필수 / 선택
한국어-베트남어 통번역	응우옌 민 쭝	4	16	3	필수
고급 한국어 1(듣기-말하기)	박지훈(Jihoon Park), 응우옌 투이 장	6	25	4	필수
고급 한국어 1(읽기-쓰기)	유백율(Baigyoul Yoo), 하 민 타인	4	25	3	필수
심화 한국어 1	레 티 투 장, 유백율	6	41	4	필수
심화 한국어 2	레 티 투 장, 유백율	6	41	4	필수
기초 한국어 1	루우 뚜안 아인 응우옌 티 투 후옹	6	60	4	필수
한국 문화	응우옌 투이 장	6	25	3	필수
한국 지리	레 당 호안 (Le Dang Hoan)	2	41	2	필수
한국학에 대한 발표와 토론법	레 티 투 장	2	16	2	필수
한국 문학	하 민 타인	3	25	3	선택
비즈니스 한국어	응우옌 티 투 후옹	4	25	3	선택

7) 한국 관련 활동

활동명	시기	상세 활동 내용
한글날 행사	2016. 10.	• 북중부에 있는 한국어학과 또는 정규 강좌 운영 대학 및 교육기관의 한국어 교육생과 강사 약 1,000여 명이 참석함 • 한국어 및 문화를 소재로 경연과 합연 등 다양한 활동 진행

8) 한국 관련 출판물

제목	형태	주요 내용
한국 정치경제 개론	단행본	한국어판 한국 정치경제 개론 번역

4. 한국연구센터 운영 현황

- 없음

5. 도서관 현황

도서관명	한국학 자료실
담당 사서	응우옌 민 쭝
한국학 장서 보유량(부)	8,467

6. 동아시아학 현황

1) 일본학 프로그램 제공 형태	학사
2) 중국학 프로그램 제공 형태	학사, 박사

동남아시아

하노이대학교
Hanoi University

1. 대학 개요

설립 연도	1959년
소재 국가	베트남
형태	국공립
대표자 성명 / 직위	응우옌 딘 루안(Nguyen Dinh Luan) / 총장

2. 연락처

주소	영문 주소	No 301, C Building, Km 9, Nguyen Trai Road, Thanh Xuan Dict, Hanoi City, Vietnam
	우편번호	100000
전화		+84-43-554-1938
웹사이트		www.hanu.edu.vn

3. 기관 한국학 현황

1) 한국 관련 강좌 운영 현황

소속 학과	한국어과	
개설 연도	2002년	
프로그램 대표자	성명	직함
	팜 티 응옥(Pham Thi Ngoc)	학과장
홈페이지	www.hanu.vn/kr	

2) 한국 관련 프로그램 제공 형태

비학위 과정		B.A. 선택 과목
학위 과정	B.A. (학사 과정)	한국어 전공

3) 한국학 교수진 : 25명

교수명	직위	전공 분야
팜 티 응옥	학과장	국어국문
부이 티 박 주옹(Bui Thi Bach Duong)		문학
응우옌 티 응옥 빅(Nguyen Thi Ngoc Bich)		경제학
응우옌 푸옹 중(Nguyen Phuong Dung)		국어국문
부 타인 하이(Vu Thanh Hai)		국어국문
레 티 후옹(Le Thi Huong)		아시아학
응히엠 티 투 후옹(Nghiem Thi Thu Huong)		언어학
레 응우옛 민(Le Nguyet Minh)		한국학
호앙 티엔 타인(Hoang Thien Thanh)		아시아학
레 탄 뜨랑(Le Thanh Trang)		한국학
레 투 뜨랑(Le Thu Trang)		교육학
장 홍 반(Dang Hong Van)		교육학
응우옌 티 타인 후옌(Nguyen Thi Thanh Huyen)		한국학
응우옌 푸옹 투이(Nguyen Phuong Thuy)		경영학
꾸악 홍 홍(Quach Hong Hong)		한국학
레 민 투(Le Minh Thu)	초빙교수	한국학
바 티 응아(Ba Thi Nga)	초빙교수	경영학
박은지(Eunji Park)	KF 교수	교육학
박귀주(Gwiju Park)	초빙교수	교육학
허 손(Son Heo)	초빙교수	실내 건축학
신승복(Seungbok Shin)	초빙교수	베트남 역사
김권수(Kwonsoo Kim)	초빙교수	치료 특수교육
김시라(Sira Kim)	초빙교수	사회복지학
응우옌 티 투 반(Nguyen Thi To Van)	조교	한국학
루옹 티 투 응안(Luong Thi Thu Ngan)	조교	한국학

4) 수강생 현황

한국어(학) 관련 강의 수강생 수 : 총 6000여 명

5) 강좌 개설 현황

과목명	담당 교수	주당 수업 시간	수강생 수	학점	필수 / 선택
한국어 기능 1			96		
한국어 기능 1(제2외국어)			150		
한국어 기능 3			136		
음운론; 어휘론; 한자1; 한국 문화 및 한국 나라(한국 문화, 사회학); 번역 이론			110		
연구 및 학습 방법론			96		
한국어 통사론; 한국어 비지니스 서식; 통번역 2			96		

4. 한국연구센터 운영 현황

명칭	한-베문화센터(KVCC)	
설립 연도	2014년	
대표자	성명	직함
	팜 티 응옥	원장

5. 동아시아학 현황

1) 일본학 프로그램 제공 형태	학사, 석사
2) 중국학 프로그램 제공 형태	학사, 석사

호찌민국립인문사회과학대학교
University of Social Science and Humanities-VNU

1. 대학 개요

설립 연도	1957년
소재 국가	베트남
형태	국공립
대표자 성명 / 직위	반 센 보(Van Sen Vo) / 총장

2. 연락처

주소	영문 주소	10-12 Dinh Tien Hoang Street, Ben Nghe Ward, District 1, HCM City, Vietnam
	우편번호	710117
	전화	+84-90-601-7070
	웹사이트	hcmussh.edu.vn

3. 기관 한국학 현황

1) 한국 관련 강좌 운영 현황

소속 학부	한국학부(Faculty of Korean Studies)	
한국학(어) 프로그램명	한국어문학, 한국문화사회학, 한국경제정치학 전공	
개설 연도	1993년	
프로그램 대표자	성명	직함
	판 티 뚜 히엔 (Phan Thi Thu Hien)	학장
홈페이지	www.hanquochoc.edu.vn	

2) 한국 관련 프로그램 제공 형태

학위 과정	B.A. (학사 과정)	한국학 전공

3) 주요 연구 분야

- 한국학(한국어, 한국 문화, 한국 문학, 한국 경제 등)

4) 한국학 교수진

교수명	직위	전공 분야
판 티 뚜 히엔	학장	아시아 문학
루우 투이 또 란(Luu Thuy To Lan)	부학장	인류학
응우옌 티 히엔(Nguyen Thi Hien)	부학장	한국 문학
판 티 홍 하(Phan Thi Hong Ha)	한국어문학과장	한국어 교육
응우옌 쑤안 투이 린(Nguyen Xuan Thuy Linh)	한국문화사회학과장	아시아학
뜨란 후엔 뜨랑(Tran Huyen Trang)	한국경제정치학과장	국제관계학
마이 낌 찌(Mai Kim Chi)	E-러닝학과장	한국학
레 히엔 안(Le Hien Anh)	응용한국학과장	인류학
김병식(Byungshik Kim)	강사	행정학
응우옌 티 후옹 센(Nguyen Thi Huong Sen)	강사	한국어 교육
조 응옥 루옌(Do Ngoc Luyen)	강사	한국어 교육
뜨란 후우 옌 로안(Tran Huu Yen Loan)	강사	인류학
응우옌 응옥 뜨람 오안(Nguyen Ngoc Tram Oanh)	강사	경영학
응우옌 티 푸옹 마이(Nguyen Thi Phuong Mai)	강사	한국어 교육
팜 꾸앙 빈(Pham Quang Vinh)	강사	한국어 교육
하 티 뚜 투이(Ha Thi Thu Thuy)	강사	한국어 교육
팜 꾸인 장(Pham Quynh Giang)	강사	정치학
뜨란 티 응옥 마이(Tran Thi Ngoc Mai)	강사	문화학
라 두이 탄(La Duy Tan)	강사	한국학
호앙 티 뜨랑(Hoang Thi Trang)	강사	한국어 교육
응우옌 탄 란(Nguyen Thanh Lan)	강사	문화학
부 티 타인 땀(Vu Thi Thanh Tam)	강사	문학
부이 티 미 린(Bui Thi My Linh)	강사	한국어 교육
후인 티 낌 응안(Huynh Thi Kim Ngan)	강사	한국사
응우옌 뜨룽 히엡(Nguyen Trung Hiep)	강사	아시아학

교수명	직위	전공 분야
뜨란 티 푸옹 아인(Tran Thi Phuong Anh)	강사	한국사회학
후인 티 민 뚜(Huynh Thi Minh Tu)		아시아학
뚜옹 티 미 로안(Duong Thi My Loan)	조교	한국학
장 당 호앙 아인(Giang Dang Hoang Anh)	조교	한국학

5) 수강생 현황

한국어(학) 관련 강의 수강생 수 : 총 480명

학사 1학년	학사 2학년	학사 3학년	학사 4학년	석사 1학년	석사 2학년	박사 과정	기타
120	120	120	120				

전공생 수

B.A.	M.A.	Ph.D.
480		

※ 매년 신입생 선발(인원: 120명)

6) 강좌 개설 현황

과목명	담당 교수	주당 수업 시간	수강생 수	학점	필수 / 선택
한국어-듣기 7	김은주	3	120	2	필수
한국어-말하기 7	호광수	3	120	2	
한국어-읽기 7	김병식	3	120	2	
한국어-쓰기, 문법 7	이윤창 / 임시연	6	120	2	
한국학 입문	루우 투이 또 란	3	120	2	
한국 외교 정책과 국제관계	뜨란 남 띠엔(Tran Nam Tien)	3	120	2	
한국 문학	부 티 타인 탐(Vu Thi Thanh Tam)	3	120	2	
비즈니스 한국어	김병식	3	120	2	
졸업 논문	전체	3	120	2	
한국어-듣기 5	마이 낌 찌	3	120	2	
한국어-말하기 5	백순영	3	120	2	
한국어-읽기 5	부이 티 미 린	3	120	2	
한국어-쓰기, 문법 5	방효순, 뜨란 티 반(Tran Thi Van)	9	120	2	
한국 사회	뜨란 후우 옌 로안	3	120	2	
한국 역사	윤한열	3	120	2	

과목명	담당 교수	주당 수업 시간	수강생 수	학점	필수 / 선택
한국 경제	마이 낌 찌	3	120	2	
한국어-듣기 3	후인 낌 응안(Huynh Kim Ngan)	3	120	2	
한국어-말하기 3	팜 꾸앙 빈	3	120	2	
한국어-읽기 3	뜨란 후엔 뜨랑(Tran Huynh Trang)	3	120	2	
한국어-쓰기, 문법 3	팜 티 투이 린, 응우옌 응옥 뜨람 오안	6	120	2	
동아시아 유교	응우옌 응옥 토(Nguyen Ngoc Tho)	3	120	2	
한국어-듣기 1	뜨란 푸옹 아인(Tran Phuong Anh)	3	120	2	
한국어-말하기 1	박태훈	3	120	2	
한국어-읽기 1	응우옌 쑤안 투이 린	3	120	2	
한국어-쓰기, 문법 1	딘 란 후옹(Dinh Lan Huong), 루우 투이 또 란(Luu Thuy To Lan)	3	120	2	

7) 한국 관련 활동

활동명	시기	상세 활동 내용
국제 학술 대회	2014. 1.	"동아시아 속 한국 문학" 서울대와 공동 개최한 국제 학술 대회, KF 지원으로 "베트남에서의 한국학 20주년" 개최
한국 자료실 개실	2014. 2.	"Window on Korea" 자료실 개관 (한국 국립중앙도서관 지원)
한글날	2014. 2015. 2016.	한글날 축제(KF 지원)
한국 문학 독후감 대회	2014. 11.	한국 문학 작품 독후감 시상식(한국문학번역원)
문학 교류 행사	2014. 11.	한국과 베트남 문학 교류 행사(한국문학번역원), 김영하 작가와 응우옌 응옥 뜨 작가 초대
코리아나 베어판 사업	2014. 12.~현재	KF 지원 사업
KF 강연	2015. 3.	KF 이사장의 강연
KF 강연	2015. 3.	KF 초대 교수
국회의장 강연	2015. 3.	한국 국회의장의 강연
"KF-KB 한글사랑-한마음"	2015. 5.	"KF-KB 한글사랑-한마음" 글짓기, 말하기 대회
K-study 동아리 개설	2015. 5.	한국어 학습 동아리 개설
부산의 날	2015. 7.	
한국 문학 독후감 대회	2015. 11.	한국 문학 작품 독후감 시상식(한국문학번역원)
문학 교류 행사	2015. 11.	한국과 베트남 문학 교류 행사(한국문학번역원), 정유정 작가와 호안 타이 작가 초대
KF Friends Night	2015. 12.	KF 송년회
좌담회	2016. 1.	"다문화 가정의 문제"에 대한 세미나(건국대와 공동 개최)

활동명	시기	상세 활동 내용
NAVER 한-베 사전 사업	2016. 3.	NAVER 한-베 용례 사전(NAVER 의뢰 사업)
산학 협력 세미나	2016. 6.	"실질적인 한국학을 위한 산학협력 세미나"(AKS 지원)
KF 전국 한국학 워크숍	2016. 8.	"베트남 전국 한국학 워크숍"(KF, 베트남한국연구회)
한국 문학 독후감 대회	2016. 11.	한국 문학 작품 독후감 시상식(한국문학번역원)
문학 교류 행사	2016. 11.	한국과 베트남 문학 교류 행사(한국문학번역원), 황선미 작가 초대

8) 한국 관련 출판물

제목	형태	주요 내용
Từ điển thuật ngữ thương mại Việt Hàn-Hàn Việt	단행본	한베-베한 비즈니스 용어 사전
Những mái lều ẩn cư trong văn chương Đông Á	단행본	동아시아 문학 속 은거 문화
Những kỳ nữ trong thơ ca Đông Á	단행본	동아시아 시가에 나타난 기녀
Huyền thoại lập quốc của các nước Đông Á	단행본	동아시아 건국 신화
Ngụ ngôn Hàn Quốc	단행본	한국 우화
Lịch sử Hàn Quốc hiện đại	단행본	한국 현대사
Yangban-Tầng lớp cai trị trong xã hội truyền thống Hàn Quốc	단행본	양반-전통 한국 사회 지배 계층
Hai thập kỷ quan hệ Hàn-Việt	단행본	한국 관계사

4. 한국연구센터 운영 현황

명칭	한국학센터	
설립 연도	1994년	
대표자	성명	직함
	판 티 뚜 히엔	학장

5. 도서관 현황

도서관명	중앙도서관 "Window on Korea" 도서실, 학부 도서실
담당 사서	응우옌 뜨롱 히엡
한국학 장서 보유량(부)	6,400

6. 동아시아학 현황

1) 일본학 프로그램 제공 형태	학사
2) 중국학 프로그램 제공 형태	학사

호찌민기술대학교
Ho Chi Minh City University of Technology(HUTECH)

1. 대학 개요

설립 연도	1995년
소재 국가	베트남
형태	사립
대표자 성명 / 직위	호 작 록(Ho Dac Loc) / 총장

2. 연락처

주소	영문 주소	475B Dien Bien Phu Street, Ward 25, Binh Thanh District, HCM City, Vietnam
	우편번호	84
전화		+84-28-3512-0783
웹사이트		www.hcmut.edu.vn

3. 기관 한국학 현황

1) 한국 관련 강좌 운영 현황

소속 학부	인문사회과학대학(School of Social Sciences & Humanities)	
소속 학과	동방학과(Oriental Studies)	
개설 연도	2015년	
프로그램 대표자	성명	직함
	응우옌 안 홍 (Nguyen Anh Hong)	학장
홈페이지	hutech.edu.vn/khoakhxhnv	

2) 한국 관련 프로그램 제공 형태

학위 과정	B.A. (학사 과정)	기타 전공 내 한국학 프로그램(전공명: 동방학)

3) 한국학 교수진 : 1명

교수명	직위	전공 분야
부이 판 안 투(Bui Phan Anh Thu)	부학장	한국 문학

4) 수강생 현황

한국어(학) 관련 강의 수강생 수 : 총 150명

학사 1학년	학사 2학년	학사 3학년	학사 4학년	석사 1학년	석사 2학년	박사 과정	기타
90	60						

※ 매년 신입생 선발

5) 강좌 개설 현황

과목명	담당 교수	주당 수업 시간	수강생 수	학점	필수 / 선택
한국어 말하기와 듣기	김영기(Younggi Kim)	3	150	3	필수
한국어 독해	조 훙 만(Do Hung Manh), 레 즌 우옌(Le Dd Uyen)	3	150	3	필수
한국어 쓰기	김보라(Bora Kim), 민병준(Byoungjun Min)	3	150	3	필수

4. 한국연구센터 운영 현황

- 없음

5. 동아시아학 현황

1) 일본학 프로그램 제공 형태	-
2) 중국학 프로그램 제공 형태	-

호찌민사범대학교
Ho Chi Minh City University of Pedagogy

1. 대학 개요

설립 연도	1976년
소재 국가	베트남
형태	국공립
대표자 성명 / 직위	응우옌 낌 홍(Nguyen Kim Hong) / 총장

2. 연락처

주소	영문 주소	280, An Duong Vuong Street, Ward 4, District 5, HCM City, Vietnam
	우편번호	–
전화		+84-91-638-0399
웹사이트		www.en.hcmute.edu.vn

3. 기관 한국학 현황

1) 한국 관련 강좌 운영 현황

소속 학부	한국어학부	
소속 학과	한국어 통번역학과 / 관광학과	
개설 연도	2016년	
프로그램 대표자	성명	직함
	뜨란 응우옌 응우옌 한 (Tran Nguyen Nguyen Han)	학부장

2) 한국 관련 프로그램 제공 형태

학위 과정	B.A. (학사 과정)	한국어 전공

3) 주요 연구 분야

- 한국어, 한국학, 관광

4) 한국학 교수진 : 5명

교수명	직위	전공 분야
뜨란 응우옌 응우옌 한	학부장	교육학
정무영(Muyoung Jeong)	교수	베트남어학
응우옌 티 투 항(Nguyen Thi Thu Hang)	교수	통신
후인 타인 후옹(Huynh Thanh Huong)	교수	한국학
보 응옥 짠(Vo Ngoc Chanh)	교수	한국학

5) 수강생 현황

한국어(학) 관련 강의 수강생 수 : 총 248명

학사 1학년	학사 2학년	학사 3학년	학사 4학년	석사 1학년	석사 2학년	박사 과정	기타
148							다른 학과 비전공 100명

전공생 수

B.A.	M.A.	Ph.D.
148		

※ 매년 신입생 선발(인원: 150명)

6) 강좌 개설 현황

과목명	담당 교수	주당 수업 시간	수강생 수	학점	필수 / 선택
한국어 듣기·말하기 1	이석주(Seokjoo Lee), 조명숙(Myeongsook Cho), 김선주(Seonju Kim)	4	37	4	필수
한국어 읽기·쓰기 1	뜨란 응우옌 응우옌 한, 조명숙, 응우옌 티 투 항	4	37	4	필수
한국어 듣기·말하기 2	조명숙, 이윤창(Yunchang Lee), 이장현(Janghyun Lee), 이석주	4	37	4	필수
한국어 읽기·쓰기 2	응우옌 티 투 항, 응우옌 티 투이 티엔 (Nguyen Thi Thuy Tien), 응우옌 홍앙 낌 응안(Nguyen Hoang Kim Ngan), 김선주	4	37	4	필수

7) 한국 관련 활동

활동명	시기	상세 활동 내용
한국 문화 교육을 통해 한국어 교육 현황-호찌민 한국학, 한국어학과 한국어 전공 대학생 중심	2017~2018	호찌민시 국립사범대학교에서 등록하는 연구 주제

8) 한국 관련 출판물

제목	형태	주요 내용
A Contrastive Study on of Sino-Vietnamese and Sino-Korean Consonants	기타	베트남어학회 12(254) ISSN 0868-3409
The Effective Teaching Methods for Pronunciation in Korean Language Education for Students in Universities	기타	베트남어학회 12(254) ISSN 0868-3409
The Manners Manifesting a Negative Meaning in Korean and Vietnamese	기타	베트남어학회 ISSN 0868-3409

4. 한국연구센터 운영 현황

명칭	한국학센터	
소속 기관	세종어학당	
설립 연도	2013년	
대표자	성명	직함
	뜨린 삼(Trinh Sam)	센터장

5. 도서관 현황

도서관명	한국학과 자료실
담당 사서	후인 타인 후옹
한국학 장서 보유량	201

6. 동아시아학 현황

1) 일본학 프로그램 제공 형태	–
2) 중국학 프로그램 제공 형태	–

호찌민외국어정보대학교
Ho Chi Minh City University of Foreign Languages-Information Technology(HUFLIT)

1. 대학 개요

설립 연도	1992년
소재 국가	베트남
형태	사립
대표자 성명 / 직위	부이 응옥 토(Bùi Ngọc Thọ) / 총장

2. 연락처

주소	영문 주소	155 Su Van Hanh (noi dai) Street, Ward 13, District 10, HCM City, Vietnam
	우편번호	–
전화		+84-8-38621858
웹사이트		www.huflit.edu.vn

3. 기관 한국학 현황

1) 한국 관련 강좌 운영 현황

소속 학부	동양언어·문화학부	
개설 연도	1995년	
프로그램 대표자	성명	직함
	팜 티 투이 린 (Pham Thi Thuy Linh)	학과장

2) 한국 관련 프로그램 제공 형태

비학위 과정		B.A. 선택 과목
학위 과정	B.A. (학사 과정)	한국학 전공, 한국어 전공

3) 한국학 교수진 : 9명

교수명	직위	전공 분야
레 뚜안 손(Lê Tuấn Sơn)		언어학
팜 티 투이 린		한국어 교육
호앙 응우옌 프엉(Hoàng Nguyên Phương)		호텔관광학
응우옌 티 민 프엉(Nguyễn Thị Minh Phương)		문화학
응우옌 보 프엉 탄(Nguyễn Võ Phương Thanh)		문화학
딘 란 흐엉(Đinh Lan Hương)		한국학
호앙 티 빅 응옥(Hoàng Thị Bích Ngọc)		한국어 교육
루엉 꾸옥 안(Lương Quốc An)		아시아학
쩐 응우옌 미 호안(Trần Nguyễn Mỹ Hoàn)		언어학

4) 수강생 현황

전공생 수

B.A.	M.A.	Ph.D.
352		

5) 강좌 개설 현황

과목명	담당 교수	주당 수업 시간	수강생 수	학점	필수 / 선택
한국어 쓰기 1			116		
한국어 쓰기 2			116		
한국어 읽기 1			116		
한국어 읽기 2			116		
한국어 듣기 1			116		
한국어 듣기 2			116		
한국어 말하기 1			116		
한국어 말하기 2			116		
한국어 활용 1			116		
한국어 활용 2			116		

과목명	담당 교수	주당 수업 시간	수강생 수	학점	필수 / 선택
한국어 쓰기 3			78		
한국어 읽기 3			78		
한국어 읽기 4			78		
한국어 듣기 3			78		
한국어 듣기 4			78		
한국어 말하기 3			78		
한국어 말하기 4			78		
한국어 활용 3			78		
한국어 활용 4			78		
한국어 중급 글쓰기 1			82		
한국어 중급 글쓰기 2			82		
한국어 중급 문법 1			82		
한국어 중급 문법 2			82		
한국 사회·문화 읽기 1			82		
한국 사회·문화 읽기 2			82		
한국 사회·문화 듣기 1			82		
한국 사회·문화 듣기 2			82		
한국 사회·문화 말하기 1			82		
한국 사회·문화 말하기 2			82		
한국 지리			82		
한국 역사			82		
한국 문화			82		
동양(한국) 전통 예술			82		
한국어 쓰기 7			57		
한국어 쓰기 8			57		
한국어 읽기 7			57		
한국어 읽기 8			57		
한국어 듣기 7			57		
한국어 듣기 8			57		
한국어 말하기 7			57		
한국어 말하기 8			57		
한국어 활용 7			57		
한국어 활용 8			57		

과목명	담당 교수	주당 수업 시간	수강생 수	학점	필수 / 선택
경영 한국어			57		
한국 기업 문화			57		
한국어 1(제2외국어)			135		
한국어 2(제2외국어)			135		

4. 한국연구센터 운영 현황
- 없음

5. 동아시아학 현황

1) 일본학 프로그램 제공 형태	-
2) 중국학 프로그램 제공 형태	-

홍방국제대학교
Hong Bang International University(HBU)

1. 대학 개요

설립 연도	1997년
소재 국가	베트남
형태	사립
대표자 성명 / 직위	타이 바 깐(Thai Ba Can) / 총장

2. 연락처

주소	영문 주소	No.3, Hoang Viet Street, Ward 4, Tan Binh District, HCM City, Vietnam
	우편번호	–
전화		+84-909-780-669
웹사이트		www.hiu.vn

3. 기관 한국학 현황

1) 한국 관련 강좌 운영 현황

소속 학부	사회과학국제언어대학 (School of Social Sciences and International Language)	
소속 학과	한국학과(Korean Studies Department)	
개설 연도	1994년	
프로그램 대표자	성명	직함
	응우옌 티 미 주옌 (Nguyen Thi My Duyen)	학과장
홈페이지	ssl.hiu.vn	

2) 한국 관련 프로그램 제공 형태

학위 과정	B.A. (학사 과정)	한국학 전공
	M.A. (석사 과정)	기타 전공 내 한국학 프로그램(전공명: 국제관계학)

3) 주요 연구 분야

- 베트남 호찌민시의 해외 이주민과 그들의 생활공간 형성 및 이용 실태-한국 이민자 중심으로

4) 한국학 교수진 : 8명

교수명	직위	전공 분야
응우옌 티 미 주옌	학과장	국제 관계(정치학)
응우옌 뜨룽 히에우(Nguyen Trung Hieu)	전임강사	교육 관리
응우옌 티 후옹(Nguyen Thi Huong)	전임강사	한국학
또 민 뚱(To Minh Tung)	초빙강사	한국 문화
탄 투이 미 린(Than Thuy My Linh)	초빙강사	한국학
루 티 또 란(Luu Thi To Lan)	초빙강사	한국 역사
이선재(Seonjae Lee)	초빙강사	경제학
김경희(Kyunghee Kim)	초빙강사	민족학

5) 수강생 현황

한국어(학) 관련 강의 수강생 수 : 총 171명

학사 1학년	학사 2학년	학사 3학년	학사 4학년	석사 1학년	석사 2학년	박사 과정	기타
41	47	38	45				

전공생 수

B.A.	M.A.	Ph.D.
147		

※ 매년 신입생 선발(인원: 70명)

6) 강좌 개설 현황

과목명	담당 교수	주당 수업 시간	수강생 수	학점	필수 / 선택
한국어-듣기 1	탄 투이 미 린		41	2	필수
한국어-듣기 3	이선재		48	2	필수
한국어-듣기 5	탄 투이 미 린		38	2	필수
한국어-듣기 7	이선재		45	2	필수
한국어-말하기 1	김경희		41	2	필수
한국어-말하기 3	김경희		48	2	필수
한국어-말하기 5	김경희		38	2	필수
한국어-말하기 7	김경희		45	2	필수
한국어-읽기 1	응우옌 티 미 주옌		41	3	필수
한국어-읽기 3	응우옌 티 미 주옌		48	3	필수
한국어-읽기 5	응우옌 티 미 주옌		38	3	필수
한국어-읽기 7	응우옌 티 미 주옌		45	3	필수
한국어-쓰기 1	응우옌 티 후옹		41	3	필수
한국어-쓰기 3	또 민 뚱		48	3	필수
한국어-쓰기 5	또 민 뚱		38	3	필수
한국어-쓰기 7	탄 투이 미 린		45	3	필수
한국어 비즈니스	이선재		45	3	필수
한국 지리	루 투이 또 란		48	3	필수
한국 역사	루 투이 또 란		38	3	필수
한국 문학	김경희		38	3	필수
한국어 통번역사	응우옌 뜨룽 히에우		45	3	필수
한국어 글쓰기	응우옌 뜨룽 히에우		45	3	필수

7) 한국 관련 활동

활동명	시기	상세 활동 내용
한국 문학 감상	2016. 7.	황선미 작가의 『마당을 나온 암탉』 감상
한글날 축제	2016. 10.	장막 치기, 서예, 줄다리기, 음식 만들기

4. 한국연구센터 운영 현황

- 없음

5. 도서관 현황

도서관명	한국학과 도서관
담당 사서	응우옌 뜨룽 히에우
한국학 장서 보유량(부)	2,000

6. 동아시아학 현황

1) 일본학 프로그램 제공 형태	학사
2) 중국학 프로그램 제공 형태	학사

후에외국어대학교

Huế University of Foreign Languages

1. 대학 개요

설립 연도	2004년
소재 국가	베트남
형태	국공립
대표자 성명 / 직위	바오 캄(Bao Kham) / 총장

2. 연락처

주소	영문 주소	57- Nguyen Khoa Chiem Street, Hue, Vietnam
	우편번호	–
전화		+84-127-631-4660
웹사이트		www.hucfl.edu.vn

3. 기관 한국학 현황

1) 한국 관련 강좌 운영 현황

소속 단과대학	외국어대학	
소속 학과	한국 문화 및 언어학과	
개설 연도	2008년	
프로그램 대표자	성명	직함
	딘 티 투 히엔(Dinh Thi Thu Hien)	부학과장

2) 한국 관련 프로그램 제공 형태

학위 과정	B.A. (학사 과정)	한국학 전공

3) 주요 연구 분야

• 한국어 및 한국 문화

4) 한국학 교수진 : 16명

교수명	직위	전공 분야
딘 티 투 히엔	부학과장	한국어 교육
뜨란 티 후옌(Tran Thi Huyen)	부학과장	언어대조학
뜨린 티 쑤안 기앙(Trinh Thi Xuan Giang)	강사	한국어
레 티 푸옹 투이(Le Thi Phuong Thuy)	강사	한국 문학
뜨란 응옥 호아이 아인(Tran Ngoc Hoai Anh)	강사	한국어
팜 티 주옌(Pham Thi Duyen)	강사	언어대조학
조 티 키에우 디엠(Do Thi Kieu Diem)	강사	언어대조학
팜 티 후옌 뜨랑(Pham Thi Huyen Trang)	강사	다문화 교육
레 딘 뚜안(Le Dinh Tuan)	강사	한국어
응우옌 티 하 띠엔(Nguyen Thi Ha Tien)	강사	한국어
까오 쑤안 안 뚜(Cao Xuan Anh Tu)	강사	한국어
팜 티 후옌 뜨랑(Pham Thi Huyen Trang)	강사	한국어
팜 응우옌 타인 타오(Pham Nguyen Thanh Thao)	강사	한국어
정동조	강사	경제학
최지예	강사	한국어
조한길	강사	음악

5) 수강생 현황

한국어(학) 관련 강의 수강생 수 : 총 545명

학사 1학년	학사 2학년	학사 3학년	학사 4학년	석사 1학년	석사 2학년	박사 과정	기타
225	150	170					

전공생 수

B.A.	M.A.	Ph.D.
154		

※ 매년 신입생 선발(인원: 70명)

6) 강좌 개설 현황

과목명	담당 교수	주당 수업 시간	수강생 수	학점	필수 / 선택
한국 문학	최지예	4	41	2	필수
1학년 듣기	레 딘 뚜안	4	60	2	필수
1학년 말하기	최지예	4	60	2	필수
1학년 쓰기	팜 응우옌 타인 타오	4	60	2	필수
1학년 읽기	조 티 키에우 디엠	4	60	2	필수
1학년 TOPIK 1	딘 티 투 히엔	4	60	2	필수
2학년 듣기	뜨란 응옥 호아이 아인	4	50	2	필수
2학년 쓰기	염정은	4	50	2	필수
2학년 말하기	염정은	4	50	2	필수
2학년 읽기	팜 티 주옌	4	50	2	필수
2학년 TOPIK 2	딘 티 투 히엔	6	50	3	필수
4학년 한국 경제	정동조	4	41	2	필수
4학년 무역 한국어	정동조	4	41	2	필수
신문 한국어	염정은	4	41	2	필수
번역 1	팜 티 주옌	6	41	2	필수
통역 1	레 딘 뚜안	6	41	2	필수

7) 한국 관련 활동

활동명	시기	상세 활동 내용
한글날 행사	매년 10월	자기 자랑, 말하기 대회

4. 한국연구센터 운영 현황
- 없음

5. 도서관 현황

도서관명	후에대학교-외국어대학 도서관
담당 사서	뜨란 응우옌 티 지에우 띤(Tran Nguyen Thi Dieu Tin)
한국학 장서 보유량(부)	1,500

6. 동아시아학 현황

1) 일본학 프로그램 제공 형태	학사
2) 중국학 프로그램 제공 형태	학사

브루나이국립대학교

University of Brunei Darussalam

1. 대학 개요

설립 연도	1985년
소재 국가	브루나이
형태	국공립
대표자 성명 / 직위	아니타 빈룰 자리나 압둘 아지즈(Anita Binurul Zahrina Abdul Aziz) / 부총장

2. 연락처

주소	영문 주소	Tungku Link Road, Gadong, Bandar Seri Begawan, Brunei Darussalam
	우편번호	BE1410
전화		+673-246-3001
웹사이트		www.ubd.edu.bn

3. 기관 한국학 현황

1) 한국 관련 강좌 운영 현황

소속 센터	언어센터(Language Centre)	
한국학(어) 프로그램명	현대 언어 프로그램 (Modern Languages Program)	
개설 연도	2005년	
프로그램 대표자	성명	직함
	야빗 빈 알라스(Yabit bin Alas)	원장
홈페이지	lc.ubd.edu.bn	

2) 한국 관련 프로그램 제공 형태

비학위 과정		B.A. 선택 과목
학위 과정	B.A. (학사 과정)	한국어 부전공

3) 한국학 교수진 : 2명

교수명	직위	전공 분야
윤여희	강사	외국어로서의 한국어 교육
엄상란	강사	한국 문화

4) 수강생 현황

한국어(학) 관련 강의 수강생 수 : 총 123명

5) 강좌 개설 현황

과목명	담당 교수	주당 수업 시간	수강생 수	학점	필수 / 선택
한국어 1	엄상란 / 윤여희	4	71	4	선택
한국어 2	엄상란	4	34	4	선택
한국어 3	윤여희	4	10	4	선택
한국어 5	윤여희	4	5	4	선택
한국어 6	윤여희	4	3	4	선택

6) 한국 관련 활동

활동명	시기	상세 활동 내용
TOPIK	2011~현재	주브루나이 한국 대사관과 언어센터가 공동으로 매년 시행
한국 영화제	2012, 2015	주브루나이 한국 대사관과 언어센터가 공동으로 2회 시행
한국어 말하기 대회	2013~2014	주브루나이 한국 대사관과 언어센터가 공동으로 2회 시행
한국 퀴즈 대회	2015	주브루나이 한국 대사관과 언어센터가 공동으로 1회 시행

4. 한국연구센터 운영 현황
- 없음

5. 도서관 현황

도서관명	브루나이대학교 도서관
담당 사서	하지 아왕 무하맛 유숩 빈 포키딥 하지 무사 (Haji Awang Muhamad Yussuf bin Pokiddp Haji Musa)
한국학 장서 보유량(부)	803

6. 동아시아학 현황

1) 일본학 프로그램 제공 형태	학사(일본어 부전공)
2) 중국학 프로그램 제공 형태	학사(중국어 부전공)

난양공과대학교
Nanyang Technological University

1. 대학 개요

설립 연도	1981년
소재 국가	싱가포르
형태	국공립
대표자 성명 / 직위	베르틸 앤더슨(Bertil Andersson) / 총장

2. 연락처

주소	영문 주소	50 Nanyang Avenue, Administration Building Level 6, Singapore
	우편번호	639798
전화		+65-6790-6792
웹사이트		www.ntu.edu.sg

3. 기관 한국학 현황

1) 한국 관련 강좌 운영 현황

소속 단과대학	인문예술사회과학대학(College of Humanities, Arts & Social Sciences)	
소속 학과	예술디자인미디어학부(School of Art, Design and Media) 인문학부(School of Humanities) 인문학부 소속 현대언어센터(Centre for Modern Languages) 사회과학부(School of Social Sciences) 커뮤니케이션학부(Wee Kim Wee School of Communication)	
개설 연도	2006년	
프로그램 대표자	성명	직함
	알란 찬(Alan Chan)	학장
홈페이지	cohass.ntu.edu.sg	

2) 한국 관련 프로그램 제공 형태

비학위 과정	B.A. 선택 과목

3) 한국학 교수진 : 4명

교수명	직위	전공 분야
이관민	KF 한국학 교수	커뮤니케이션학
유혜진(Hyejin Ryu)	강사	
정나래(Narae Jung)	강사	TESOL
윤경원(Kyeongwon Yoon)	강사	한국어·문화

4) 강좌 개설 현황

과목명	담당 교수	주당 수업 시간	수강생 수	학점	필수 / 선택
한국어 1		3		3	선택
한국어 2		3		3	선택
한국어 3		4		3	선택
한국어 4		4		3	선택
한국어 5		4		3	선택
한국어 6		4		3	선택
한류: 학제적 관점				4	선택
한국사 입문				3	선택
건강, 음식, 스포츠와 한국 근대사				3	선택

5) 한국 관련 활동

활동명	시기	상세 활동 내용
2016 K-S 서포터즈 행사	2016. 9.	한류 관련 고위급 회의 개최
한-싱가포르 워크숍	연례	한국학 분야 인문학 및 사회과학 연구자들이 모여 성과를 공유하고 새로운 아이디어를 창출하여 워크숍 보고서 작성
한류 학술회의		미디어, 저널리즘, 정책, 인문, 음악 등 한국 엔터테인먼트 문화의 연구자들과 종사자들이 회의를 구성해 최신 아이디어 논의 및 대중과 공유
펠로십 교류		1~3개월간 난양공과대학교 연구자들이 한국학 심화 연구를 할 수 있도록 협력 및 현장 방문

동남아시아

4. 한국연구센터 운영 현황
- 없음

5. 도서관 현황

도서관명	중앙도서관
담당 사서	웡 오이 마이(Wong Oi May)
한국학 장서 보유량(부)	291

6. 동아시아학 현황

1) 일본학 프로그램 제공 형태	–
2) 중국학 프로그램 제공 형태	–

싱가포르국립대학교

National University of Singapore

1. 대학 개요

설립 연도	1905년
소재 국가	싱가포르
형태	국공립
대표자 성명 / 직위	탄 초어 추안(Tan Chorh Chuan) / 총장

2. 연락처

주소	영문 주소	9 Arts Link, AS4 02-05, Singapore
	우편번호	117570
전화		+65-166-346
웹사이트		www.nus.edu.sg

3. 기관 한국학 현황

1) 한국 관련 강좌 운영 현황

소속 학부	인문사회과학부(Faculty of Arts and Social Sciences)	
소속 학과	어학센터(Centre for Language Studies), 역사학과	
개설 연도	2008년	
프로그램 대표자	성명	직함
	지서원	한국어 프로그램 주임강사
홈페이지	www.fas.nus.edu.sg/cls	

2) 한국 관련 프로그램 제공 형태

비학위 과정	B.A. 선택 과목

3) 한국학 교수진 : 4명

교수명	직위	전공 분야
지서원	한국어 프로그램 주임강사	한국어 교육
조진희	전임강사	한국어 교육
박미희	전임강사	응용언어학
한지원	KF 객원교수	한국어 교육

4) 강좌 개설 현황

과목명	담당 교수	주당 수업 시간	수강생 수	학점	필수 / 선택
한국어 1				4	
한국어 2				4	
한국어 3				4	
한국어 4				4	
한국어 5				5	
한국어 6				5	
학술 목적 한국어					
20세기의 한국		2	50	4	선택

5) 한국 관련 활동

활동명	시기	상세 활동 내용
"한국의 냉전" 세미나	2016. 9.	당시 KF 객원교수 채리아가 진행 중인 연구에 대한 발표 및 토론
"21세기 남한의 이동 체제 및 이주 염원" 토크	2016. 11.	오클랜드대학교 콜린스(Francis L. Collins) 교수의 연구 발표

4. 한국연구센터 운영 현황
- 없음

5. 동아시아학 현황

1) 일본학 프로그램 제공 형태	학사, 석사, 박사
2) 중국학 프로그램 제공 형태	학사, 석사, 박사

가자마다대학교
Gadjah Mada University(UGM)

1. 대학 개요

설립 연도	1949년
소재 국가	인도네시아
형태	국공립
대표자 성명 / 직위	파눗 물리오노(Panut Mulyono) / 총장

2. 연락처

주소	영문 주소	Jl. Sosiohumaniora No.1, Bulaksumur, Yogyakarta, Republic of Indonesia
	우편번호	55281
전화		+62-274-513-096
웹사이트		www.ugm.ac.id

3. 기관 한국학 현황

1) 한국 관련 강좌 운영 현황

소속 학부	문화과학부(Faculty of Cultural Sciences)	
소속 학과	어문학과(Department of Languages and Literatures)	
개설 연도	2003년	
프로그램 대표자	성명	직함
	트리 마스토요(Tri Mastoyo)	한국어과장
홈페이지	korea.fib.ugm.ac.id	

2) 한국 관련 프로그램 제공 형태

학위 과정	B.A. (학사 과정)	한국어 전공

3) 한국학 교수진 : 7명

교수명	직위	전공 분야
트리 마스토요	한국어과장	인도네시아어
수라이 아궁 누그로호(Suray Agung Nugroho)	교수	한국학
율리아와티 드위 위디아닌그루(Yuliawati Dwi Wldyaningru)	교수	언어학
아흐메드 리오 데시아르(Achmad Rio Dessiar)	강사	한국어학
황후영	KF 객원교수	한국어 교육
안드리 사에푸딘(Andri Saefudin)		언어학
드위 헤스티닝시(Dwi Hestiningsih)	강의 조교	한국 문학

4) 수강생 현황

한국어(학) 관련 강의 수강생 수 : 총 124명

학사 1학년	학사 2학년	학사 3학년	학사 4학년	석사 1학년	석사 2학년	박사 과정	기타
32	35	31	26				

전공생 수

B.A.	M.A.	Ph.D.
124		

5) 강좌 개설 현황

과목명	담당 교수	주당 수업 시간	수강생 수	학점	필수 / 선택
문법 2	드위 헤스티닝시	5	36	4	필수
회화 2	황후영	5	35	3	필수
독해 2	황후영	2	35	3	필수
듣기 1	드위 헤스티닝시	2	35	3	필수
한국어 입문	모든 강사	2	35	3	필수
한국어 작문 2	황후영	2	35	3	필수
문법 4	드위 헤스티닝시	5	28	4	필수
통합 한국어 1	아흐메드 리오	5	28	4	필수
한자 1	트리 마스토요	2	26	3	필수

과목명	담당 교수	주당 수업 시간	수강생 수	학점	필수 / 선택
문학 세미나	노비 시티(Novi Siti)	2	16	3	필수
통합 한국어 3	황후영	5	26	3	필수
한국어 2	아흐메드 리오	2	21	3	선택
번역 2	황후영	5	28	4	필수
언어학 세미나	트리 마스토요	2	15	3	필수

4. 한국연구센터 운영 현황

명칭	한국학센터(Center for Korean Studies)

5. 도서관 현황

담당 사서	퐁키 차요(Pongky Cahyo A. N.)
한국학 장서 보유량(부)	16,530

6. 동아시아학 현황

1) 일본학 프로그램 제공 형태	학사
2) 중국학 프로그램 제공 형태	–

나시오날대학교
Nasional University(UNAS)

1. 대학 개요

대학명(자국어)	Akademi Bahasa Asing Nasional, Universitas Nasional
설립 연도	1949년
소재 국가	인도네시아
형태	사립
대표자 성명 / 직위	엘 아므리 버르마위 푸테라(El Amry Bermawi Putera) / 총장

2. 연락처

주소	영문 주소	Sawo Manila Road, Pejaten District, Pasar Minggu Village, South Jakarta, Republic of Indonesia
	우편번호	12520
전화		+62-21-782-8020
웹사이트		www.unas.ac.id

3. 기관 한국학 현황

1) 한국 관련 강좌 운영 현황

소속 아카데미	외국어아카데미(Foreign Language Academy)	
소속 학과	한국어학과(Korean Language Department)	
개설 연도	1995년	
프로그램 대표자	성명	직함
	피트리 메우티아(Fitri Meutia)	학과장
홈페이지	aba.unas.ac.id	

2) 한국 관련 프로그램 제공 형태

학위 과정	B.A. (학사 과정)	한국학 전공, 한국어 전공

3) 주요 연구 분야

- 한국어 교육, 한국학

4) 한국학 교수진 : 8명

교수명	직위	전공 분야
루라니 아딘다(Rurani Adinda)	외국어아카데미 소장	한국어 교육
피트리 메우티아	외국어아카데미 부소장, 한국어학과장	한국어 교육
자이니(Zaini)	강사	한국학
파디 사히야(Fahdi Sachiya)	강사	한국어학
김자영(Jayoung Kim)	강사	방송 언어
임경애(Kyungae Lim)	강사	한국어 교육
권영선(Youngsun Kwon)	강사	초등 교육
응다루 차투르 리니(Ndaru Catur Rini)	강사	방송

5) 수강생 현황

한국어(학) 관련 강의 수강생 수 : 총 194명

학사 1학년	학사 2학년	학사 3학년	학사 4학년	석사 1학년	석사 2학년	박사 과정	기타
80	66	48					

※ 매년 신입생 선발

6) 강좌 개설 현황

과목명	담당 교수	주당 수업 시간	수강생 수	학점	필수 / 선택
한국어 문법 2	피트리 메우티아	1	20	3	필수
한국어 문법 4	피트리 메우티아	1	20	3	필수
회화 2	피트리 메우티아	3	20	4	필수
회화 4	피트리 메우티아	3	20	4	필수
독해 2	루라니 아딘다	1	20	2	필수
독해 4	임경애	1	20	2	필수
듣기 2	파디 사히야	1	20	2	필수
듣기 4	해리 수해리 (Heri Suheri)	1	20	2	필수
작문 2	권영선	1	20	2	필수
작문 4	김자영	1	20	2	필수
번역 2	해리 수해리	1	20	2	필수
한국 문화 입문	자이니	1	20	2	필수
한글 타자	파디 사히야	1	20	2	필수

7) 한국 관련 활동

활동명	시기	상세 활동 내용
한국어 연극 및 뮤지컬 동호회	매학기	한국어 실력 향상을 위한 한국어학과 내 동호회
한국 전통 무용 동호회	매학기	한국 문화에 대한 열정을 발산하기 위한 한국어학과 내 동호회
태권도 동호회	매학기	한국 무술에 대한 열정을 발산하기 위한 한국어학과 내 동호회
한국의 색깔	매년 1월	고등학교와 직업학교에 한국어학과 홍보
중앙대학교 학생 자원봉사 프로그램	매년 1월	한국어학과와 한국 대학과의 관계를 강화하고 소규모의 한국어 교육 및 학습에 관한 프로그램을 통해 학생들의 한국어 능력 향상을 위해 실시
대구가톨릭대학교 학생 자원봉사 프로그램	매년 8월	한국어학과와 한국 대학과의 관계를 강화하고 소규모의 한국어 교육 및 학습에 관한 프로그램을 통해 학생들의 한국어 능력 향상을 위해 실시

4. 한국연구센터 운영 현황

명칭	한국학센터(Center for Korean Studies)	
설립 연도	1987년	
대표자	성명	직함
	자이니	한국어 강사

5. 도서관 현황

도서관명	나시오날대학교 도서관
담당 사서	파투딘(Fathuddin)

6. 동아시아학 현황

1) 일본학 프로그램 제공 형태	-
2) 중국학 프로그램 제공 형태	-

동남아시아

브라위자야대학교

Brawijaya University

1. 대학 개요

대학명(자국어)	Universitas Brawijaya
설립 연도	1963년
소재 국가	인도네시아
형태	국공립
대표자 성명 / 직위	모하맛 비스리(Mohammad Bisri) / 총장

2. 연락처

주소	영문 주소	Jalan Veteran. Malang-Jawa Timur, Republic of Indonesia
	우편번호	65145
전화		+62-(0)821-8327-2296
웹사이트		www.ub.ac.id

3. 기관 한국학 현황

1) 한국 관련 강좌 운영 현황

소속 학부	문화학부(Faculty of Cultural Studies)
소속 학과	어학센터(Language Center), 일어일문학과
한국학(어) 프로그램명	한국어 과정
개설 연도	2011년
홈페이지 주소	fib.ub.ac.id

2) 한국 관련 프로그램 제공 형태

비학위 과정	B.A. 선택 과목, 어학원

4. 한국연구센터 운영 현황

- 없음

5. 동아시아학 현황

1) 일본학 프로그램 제공 형태	학사(어학, 문학)
2) 중국학 프로그램 제공 형태	학사(문학)

인도네시아교육대학교

Indonesia University of Education(UPI)

1. 대학 개요

대학명(자국어)	Universitas Pendidikan Indonesia
설립 연도	1954년
소재 국가	인도네시아
형태	국공립
대표자 성명 / 직위	아셉 카다로만(H. R. Asep Kadarohman) / 총장

2. 연락처

주소	영문 주소	No.229 Dr. Setiabudhi Street, Bandung City, West Java Prov. Republic of Indonesia
	우편번호	40514
전화		+62-22-201-5411
웹사이트		www.upi.edu

3. 기관 한국학 현황

1) 한국 관련 강좌 운영 현황

소속 학부	언어문학교육학부(Faculty of Language and Literature Education)	
소속 학과	한국어학과(Korean Department)	
개설 연도	2015년	
프로그램 대표자	성명	직함
	디딘 삼수딘(Didin Samsudin)	학과장
홈페이지	korea.upi.edu	

2) 한국 관련 프로그램 제공 형태

학위 과정	B.A. (학사 과정)	한국어 전공

3) 주요 연구 분야

- 한국어 교육, 한국 문학

4) 한국학 교수진 : 8명

교수명	직위	전공 분야
디딘 삼수딘	학과장	경영(HRD)
신영덕(Youngduk Shin)	강사	한국 문학과 예술
김미숙(Misuk Kim)	강사	한국어 문법
이전순(Jeounsoon Lee)	강사	한국 문학과 예술
이충우(Choongwoo Lee)	강사	한국어 교육
이승훈(Seunghoon Lee)	강사	한국 문학과 예술
리사 트리아리산티(Risa Triarisanti)	강사	영어 교육
벨라예티 누피트리아니 안사스(Velayeti Nurfitriani Ansas)	강사	인도네시아어 교육

5) 수강생 현황

한국어(학) 관련 강의 수강생 수 : 총 130명

학사 1학년	학사 2학년	학사 3학년	학사 4학년	석사 1학년	석사 2학년	박사 과정	기타
77	53						

전공생 수

B.A.	M.A.	Ph.D.
130		

※ 매년 신입생 선발(인원: 80명)

6) 강좌 개설 현황

과목명	담당 교수	주당 수업 시간	수강생 수	학점	필수 / 선택
읽기 1	신영덕	2	53	2	필수
쓰기 1	신영덕	2	53	2	필수
말하기 1	이충우	2	53	2	필수
듣기 1	김미숙	2	53	2	필수
문법 1	이승훈	2	53	2	필수
읽기 2	신영덕	2	53	2	필수
쓰기 2	신영덕	2	53	2	필수
말하기 2	이충우	2	53	2	필수
듣기 2	이승훈	2	53	2	필수
문법 2	김미숙	2	53	2	필수
문학 작품 읽기	신영덕	2	53	0	선택
특별 강좌	이전순	2	30	0	선택
읽기 1	이전순	2	53	2	필수
읽기 3	신영덕	2	53	2	필수
쓰기 1	신영덕	2	79	2	필수
쓰기 3	신영덕	2	51	2	필수
말하기 1	이충우	2	79	2	필수
말하기 3	이충우	2	51	2	필수
듣기 1	디딘 삼수딘	2	78	2	필수
듣기 3	이승훈	2	52	2	필수
문법 1	이승훈	2	78	2	필수
문법 3	김미숙	2	51	2	필수

7) 한국 관련 활동

활동명	시기	상세 활동 내용
한국어학과 개설	2015. 10.	한국어학과 개설
한-인도네시아 청년 교류 프로그램 (IKYEP)	2015. 11.	청년 스포츠부와 한-인도네시아 청년 교류 프로그램 캠퍼스 투어 중 한국어학과 방문
특강	2016. 6.	"현대의 청년들과 미래 설계"를 주제로 강의
한국 문화 퀴즈 대회	2016. 7.	주인도네시아 대사관 주최 국제 한국 문화 퀴즈 대회
한국의 날	2016. 10.	한국어와 문화 체험
한국학 특강	2016. 10.	"한국의 갈등 이해"를 주제로 한 특강

8) 한국 관련 출판물

제목	형태	주요 내용
Learning Strategies for Language Classes With Highly Mixed Ability Students	논문	언어 학습 전략

4. 한국연구센터 운영 현황
- 없음

5. 동아시아학 현황

1) 일본학 프로그램 제공 형태	학사, 석사
2) 중국학 프로그램 제공 형태	–

동남아시아

인도네시아대학교
University of Indonesia

1. 대학 개요

대학명(자국어)	Universitas Indonesia(UI)
설립 연도	1940년
소재 국가	인도네시아
형태	국공립
대표자 성명 / 직위	아니스 멧 무하맛(Anis M.Met. Muhammad) / 총장

2. 연락처

주소	영문 주소	New Campus UI, Depok, West Java, Republic of Indonesia
	우편번호	16424
전화		+62-21-786-3528
웹사이트		www.ui.ac.id

3. 기관 한국학 현황

1) 한국 관련 강좌 운영 현황

소속 학부	인문학부	
한국학(어) 프로그램 명	한국어 문화 프로그램	
개설 연도	2006년	
프로그램 대표자	성명	직함
	자이니(Zaini)	학과장

2) 한국 관련 프로그램 제공 형태

비학위 과정	B.A. 선택 과목

3) 한국학 교수진 : 10명

교수명	직위	전공 분야
자이니	학과장	언어학
파드힐라(Fadhila)	강사	언어학
에우이스 술라스트리(Euis Sulastri)	강사	언어학
루라 니(Rura Ni)	강사	언어학
에바 라티파(Eva Latifah)	강사	문학
우스미(Usmi)	강사	문학
김현주(Hyunjoo Kim)	시간강사	경영학
이성우(Sungwoo Lee)	시간강사	교육학
임경애(Kyungae Lim)	시간강사	교육학
신영(Young Shin)	시간강사	언어학

4) 수강생 현황

한국어(학) 관련 강의 수강생 수 : 총 207명

학사 1학년	학사 2학년	학사 3학년	학사 4학년	석사 1학년	석사 2학년	박사 과정	기타
60	58	52	37				

5) 강좌 개설 현황

과목명	담당 교수	주당 수업 시간	수강생 수	학점	필수 / 선택
한국어 입문	로스티네우(Rostineu)	3	60	3	선택
한국 문학 소개	에바 라티파	3	60	3	선택
한국어 2	테암(Team)	8	60	4	선택
기초 문화 이론	자이니	3	58	3	선택
한국어 산문	에바 라티파	3	58	3	선택
한국어 4	테암	8	58	4	선택
한국인의 신념	자이니	3	58	3	선택
한국어 형태론	루라니 아딘다(Rurani Adinda)	3	58	3	선택
한국 현대사	파딜라 하스비(Fadila Hasby)	3	58	3	선택
한국 시	에바 라티파	3	52	3	선택
한국어 6	테암	8	52	4	선택
한국어-인도네시아어	에바 라티파	3	52	3	선택
비즈니스 한국어	김현주	3	52	3	선택

6) 한국 관련 활동

활동명	시기	상세 활동 내용
동아시아 세미나	2013. 11.	한국의 기업 문화 발표
한국 문화의 날	2014. 4.	한국 예술 공연, 한국 문화 토론, 요리 축제, K-POP 부르기 대회, 한국학 안내 세션 등

4. 한국연구센터 운영 현황
- 없음

5. 도서관 현황

도서관명	중앙도서관(Central Library)
담당 사서	푸아드 가니(Fuad Gani)
한국학 장서 보유량(부)	1,943

6. 동아시아학 현황

1) 일본학 프로그램 제공 형태	학사
2) 중국학 프로그램 제공 형태	학사

라이프대학교
Life University

1. 대학 개요

설립 연도	1975년
소재 국가	캄보디아
형태	사립
대표자 성명 / 직위	데이비드 구(David Koo) / 총장

2. 연락처

주소	영문 주소	CT Street Mondol 3, Sangkat 2, Sihanoukville, Kingdom of Cambodia
	우편번호	18000
전화		+85-515-713-373
웹사이트		www.lifeun.edu.kh

3. 기관 한국학 현황

1) 한국 관련 강좌 운영 현황

소속 단과대학	예술인문언어대학(College of Art, Humanity and Languages)	
소속 학과	한국어학과(Korean Language Department)	
개설 연도	2006년	
프로그램 대표자	성명	직함
	라이 소끌렝(Lay Sokleng)	학과장
홈페이지	www.lifeun.edu.kh/art.php	

2) 한국 관련 프로그램 제공 형태

학위 과정	B.A. (학사 과정)	한국어 전공

3) 한국학 교수진 : 10명

교수명	직위	전공 분야
라이 소끌렝	학과장	국어국문학
김선숙(Sunsook Kim)	교수	외국어로서의 한국어학
김세원(Seione Kim)	교수	국어국문학
소 분테안(So Bunthean)	교수	한국어 교육
임병재(Byungjae Lim)	교수	교육 행정
손팔원(Phalwon Son)	교수	해양생물학
이은숙(Eunsook Lee)	강사	가정학과
민병구(Byongkoo Min)	교수	축산학과
이인주(Injoo Lee)	교수	영문학과
장인숙(Insuk Jang)	교수	원예학

4) 수강생 현황

한국어(학) 관련 강의 수강생 수 : 총 32명

학사 1학년	학사 2학년	학사 3학년	학사 4학년	석사 1학년	석사 2학년	박사 과정	기타
8	5	10	9				

전공생 수

B.A.	M.A.	Ph.D.
32		

※ 매년 신입생 선발(인원: 20명)

5) 강좌 개설 현황

과목명	담당 교수	주당 수업 시간	수강생 수	학점	필수 / 선택
한국어 입문 I	라이 소끌렝	3		3	필수
한국어 문법 I	라이 소끌렝	3		3	필수
한국어 랩 I	소 분테안	3		3	필수
한국어 파닉스 I	임병재	2		2	필수
한국어 독해 I	장인숙	3		3	필수

과목명	담당 교수	주당 수업 시간	수강생 수	학점	필수 / 선택
한국어 작문 I	이인주	3		3	필수
한국어 문법 III	소 분테안	3		3	필수
한국어 랩 III	소 분테안	3		3	필수
한국어 이해 I	손팔원	3		3	필수
한국 문화	이은숙	3		3	필수
언어학	김세원	3		3	필수
한국어 교수법	김선숙	3		3	필수
현대 한국어 I	임병재	3		3	필수
TOPIK I	김세원	3		3	필수
학술 한국어 I	김세원	3		3	필수
비즈니스 한국어 I	민병구	3		3	필수

6) 한국 관련 활동

활동명	시기	상세 활동 내용
한국어 말하기 대회	매년 6월 말	한국어 말하기, 노래, 퀴즈 등

4. 한국연구센터 운영 현황

- 없음

5. 도서관 현황

담당 사서	쩨이 짠 소포엔(Chey Chan Sophoen)
한국학 장서 보유량(부)	580

6. 동아시아학 현황

1) 일본학 프로그램 제공 형태	–
2) 중국학 프로그램 제공 형태	학사

동
남
아
시
아

민쩨이대학교
Meanchey University

1. 대학 개요

설립 연도	2008년
소재 국가	캄보디아
형태	국공립
대표자 성명 / 직위	삼 응아(Sam Nga) / 총장

2. 연락처

주소	영문 주소	Road No 5, Banoy village, Teuk Thla District, Seiresophoan City, Banteay Mean Chey Province, Kingdom of Cambodia
	우편번호	–
전화		+855-012-502-333
웹사이트		www.mcu.edu.kh

3. 기관 한국학 현황

1) 한국 관련 강좌 운영 현황

소속 학부	예술인문언어학부(Faculty of Arts, Humanities and Languages)	
소속 학과	한국 문학과(Korean Literature)	
개설 연도	2008년	
프로그램 대표자	성명	직함
	찝 사리트(Chiv Sarith)	학장

2) 한국 관련 프로그램 제공 형태

학위 과정	B.A. (학사 과정)	한국어 전공

3) 한국학 교수진 : 4명

교수명	직위	전공 분야
최유택(Yutaek Choi)		한국어 교육
김형석(Hyungsuk Kim)		사회과학
정홍배(Hongbae Jeong)		독일어
권지수(Jisu Kwon)		한국어 교육

4) 강좌 개설 현황

과목명	담당 교수	주당 수업 시간	수강생 수	학점	필수 / 선택
기본 한국어	정홍배			12	
문법과 어휘	권지수			6	
듣기와 말하기	정영철			6	
읽기와 쓰기	최유택			6	
TOPIK 초중고급	정영철			9	
한국어 컴퓨터 개념	정영철			6	
한국 사회와 문화 입문	김형석			3	
한국사	김형석			6	
한국 정치와 경제	권지수			3	
한국 문학	권지수			3	
비즈니스 한국어	정홍배			3	
교수법	최유택			3	

4. 한국연구센터 운영 현황

- 없음

5. 동아시아학 현황

1) 일본학 프로그램 제공 형태	–
2) 중국학 프로그램 제공 형태	학사, 기타(공자학원)

바탐방대학교
University of Battambang

1. 대학 개요

설립 연도	2007년
소재 국가	캄보디아
형태	국공립
대표자 성명 / 직위	시엥 엠또띰(Sieng Emtotim) / 총장

2. 연락처

주소	영문 주소	National Road 5, Prek Prash Sdach Commune, Battambng, Kingdom of Cambodia
	우편번호	–
전화		+855-77-53-53-03
웹사이트		www.ubb.edu.kh

3. 기관 한국학 현황

1) 한국 관련 강좌 운영 현황

소속 학부	외국어학부(Institute of Foreign Languages)	
소속 학과	한국어학과(Department of Korean Language)	
개설 연도	2008년	
프로그램 대표자	성명	직함
	네안 보이트나(Nhean Voithna)	부학과장
홈페이지	ifl.ubb.edu.kh	

2) 한국 관련 프로그램 제공 형태

비학위 과정		B.A. 선택 과목
학위 과정	B.A. (학사 과정)	한국어 전공

3) 한국학 교수진 : 5명

교수명	직위	전공 분야
임옥자(Okja Im)		평생교육학
조문희(Moonhee Cho)		교육학 커리큘럼
장영은(Youngeun Jang)		언어 교육
김진숙(Jinsook Kim)		상담심리학
여움 살리(Yoeurm Saly)		한국어 교육

4) 수강생 현황

전공생 수

B.A.	M.A.	Ph.D.
38		

5) 강좌 개설 현황

과목명	담당 교수	주당 수업 시간	수강생 수	학점	필수 / 선택
한국어 말하기와 듣기 I				3	
한국어 말하기와 듣기 II				3	
한국어 읽기와 쓰기 I				3	
한국어 읽기와 쓰기 II				3	
초급 한국어 I				3	
초급 한국어 II				3	
한국어 어휘 I				3	
한국어 어휘 II				3	
한국어 문법 I				3	
한국어 문법 II				3	
한국어 음운론				3	
한국어 듣기				3	
한국 문화				1	
한국어 읽기 I				3	

동남아시아

과목명	담당 교수	주당 수업 시간	수강생 수	학점	필수 / 선택
한국어를 위한 컴퓨터 응용				3	
중급 한국어 I				3	
중급 한국어 II				3	
한국어 읽기 II				3	
한국 문학				3	
한국어 쓰기 I				3	
한국어 쓰기 II				3	
한국의 과거와 현재				3	
고급 한국어 I				3	
고급 한국어 II				3	
학술 한국어 I				3	
학술 한국어 II				3	
한국어 교수법 I				3	
한국어 교수법 II				3	
학술 작문				3	
비즈니스 한국어				3	
연구와 논문				8	

4. 한국연구센터 운영 현황

- 없음

5. 동아시아학 현황

1) 일본학 프로그램 제공 형태	기타(단기 과정)
2) 중국학 프로그램 제공 형태	기타(단기 과정)

빌드브라이트대학교

Build Bright University

1. 대학 개요

설립 연도	1998년
소재 국가	캄보디아
형태	사립
대표자 성명 / 직위	띠엡 세이하(Diep Seiha) / 총장

2. 연락처

주소	영문 주소	Kyong Siem Reap, Siem Reap Province, Kingdom of Cambodia
	우편번호	kh 1700
전화		+855-63-963-300
웹사이트		www.bbu.edu.kh

3. 기관 한국학 현황

1) 한국 관련 강좌 운영 현황

소속 센터	외국어센터(Center for Foreign Languages)	
개설 연도	2012년	
프로그램 대표자	성명	직함
	석미자	주임교수

동남아시아

2) 한국 관련 프로그램 제공 형태

비학위 과정	B.A. 선택 과목

3) 한국학 교수진 : 1명

교수명	직위	전공 분야
석미자	주임교수	교육학

4) 수강생 현황

한국어(학) 관련 강의 수강생 수 : 총 90명

5) 강좌 개설 현황

과목명	담당 교수	주당 수업 시간	수강생 수	학점	필수 / 선택
한국어 초급			65		
한국어 중급			25		

4. 한국연구센터 운영 현황

　　- 없음

5. 동아시아학 현황

1) 일본학 프로그램 제공 형태	–
2) 중국학 프로그램 제공 형태	–

앙코르대학교
Angkor University(Siem Reap)

1. 대학 개요

설립 연도	2007년
소재 국가	캄보디아
형태	사립
대표자 성명 / 직위	세앙 남(Seang Nam) / 총장

2. 연락처

주소	영문 주소	Borey Seang Nam, Siem Reap City, Kingdom of Cambodia
	우편번호	–
전화		+855-012-209-114
웹사이트		www.angkor.edu.kh

3. 기관 한국학 현황

1) 한국 관련 강좌 운영 현황

소속 학과	한국어학과	
개설 연도	2015년	
프로그램 대표자	성명	직함
	최인규	석좌교수

2) 한국 관련 프로그램 제공 형태

학위 과정	B.A. (학사 과정)	한국어 전공

3) 주요 연구 분야

- 한국어 및 한국학

4) 한국학 교수진 : 3명

교수명	직위	전공 분야
최인규	석좌교수	경영학, 한국어학
신미선	교수	건축학
이용철	초빙교수	건축학

5) 수강생 현황

한국어(학) 관련 강의 수강생 수 : 총 7명

학사 1학년	학사 2학년	학사 3학년	학사 4학년	석사 1학년	석사 2학년	박사 과정	기타
1	6						

전공생 수

B.A.	M.A.	Ph.D.
7		

※ 매년 신입생 선발

6) 강좌 개설 현황

과목명	담당 교수	주당 수업 시간	수강생 수	학점	필수 / 선택
한국어 회화	최인규	3	7	3	필수
한국 문화	신미선	3	7	3	필수
환경과 사회	이용철	3	7	3	필수
한국어 듣기 말하기	신미선	3	7	3	필수

4. 한국연구센터 운영 현황
-없음

5. 동아시아학 현황

1) 일본학 프로그램 제공 형태	–
2) 중국학 프로그램 제공 형태	–

왕립프놈펜대학교
Royal University of Phnom Penh

1. 대학 개요

설립 연도	1960년
소재 국가	캄보디아
형태	국공립
대표자 성명 / 직위	쨋 째알리(Chet Chealy) / 총장

2. 연락처

주소	영문 주소	Russian Federation Boulevard, Toul Kork, Phnom Penh, Kingdom of Cambodia
	우편번호	–
전화		+85-5-8959-8008
웹사이트		www.rupp.edu.kh

3. 기관 한국학 현황

1) 한국 관련 강좌 운영 현황

소속 학부	외국어학부(Institute of Foreign Languages)	
소속 학과	한국학과(Department of Korean)	
개설 연도	2007년	
프로그램 대표자	성명	직함
	오움 뽀니까(Oum Ponika)	학과장

2) 한국 관련 프로그램 제공 형태

학위 과정	B.A. (학사 과정)	한국어 전공

3) 한국학 교수진 : 14명

교수명	직위	전공 분야
오움 뽀니까	학과장	교육 행정
이영심(Yeongsim Lee)	KF 객원교수	한국어 교육
오하수(Hasoo Oh)	강사	한국어 교육
이동석(Dongsuk Lee)	강사	한국어 교육
조지희(Jihee Cho)	강사	한국어 교육
박다은(Daeun Park)	강사	한국어 교육
이태연(Taeyun Lee)	강사	한국어 교육
여해경(Haekyung Yeo)	강사	한국어 교육
박재희(Jaehee Park)	강사	한국어 교육
이경미(Kyeongmi Lee)	강사	한국어 교육
이유진(Yoojin Lee)	강사	한국어 교육
린 비락(Rin Virak)	강사	한국어 교육
상 나이 호우이(Sang Nai Houy)	강사	한국어 교육
엘 짠스라이몸(El Chlansreymom)	강사	한국어 교육

4) 수강생 현황

한국어(학) 관련 강의 수강생 수 : 총 267명

학사 1학년	학사 2학년	학사 3학년	학사 4학년	석사 1학년	석사 2학년	박사 과정	기타
107	69	48	43				

전공생 수

B.A.	M.A.	Ph.D.
267		

동남아시아

5) 강좌 개설 현황

과목명	담당 교수	주당 수업 시간	수강생 수	학점	필수 / 선택
기초 문법	엘 짠스라이몸, 리앙리쌍	3		3	필수
기초 말하기 1	이영심, 여해경	1.5		1.5	필수
기초 듣기 1	리앙리쌍	1.5		1.5	필수
기초 읽고 쓰기 1	엘 짠스라이몸	1.5		1.5	필수
발음 1	이영심, 여해경	1.5		1.5	필수
문법 1	엘 짠스라이몸, 이태윤, 춘마디나	1.5		1.5	필수
말하기 1	조지희, 클롯잔데카, 이경미, 여해경	1.5		1.5	필수
듣기 1	클롯잔데카, 리앙리쌍	1.5		1.5	필수
읽기 1	엘 짠스라이몸, 춘마디나	1.5		1.5	필수
작문 1	오현상, 박재희	1.5		1.5	필수
발표 1	오현상, 박재희	1.5		1.5	필수
문법 3	이동숙, 춘마디나, 박재희	1.5		1.5	필수
말하기 3	클롯잔데카, 이경미	1.5		1.5	필수
듣기 3	엘 짠스라이몸, 여해경	1.5		1.5	필수
읽기 3	클롯잔데카, 춘마디나	1.5		1.5	필수
작문 3	조지희, 이태윤	1.5		1.5	필수
발표 3	조지희, 이태윤	1.5		1.5	필수
역사 1	조지희, 이유진	1.5		1.5	필수
학문 목적 한국어 1	클롯잔데카, 이영심	3		3	필수
한국어학	춘마디나, 이태윤	3		3	필수
토론과 발표	이영심, 이경미	1.5		1.5	필수
시사 한국어 1	이동숙, 이태윤	1.5		1.5	필수
한국 문학	오현상, 이경미	3		3	필수
교수법	춘마디나, 이태윤	3		3	필수

6) 한국 관련 활동

활동명	시기	상세 활동 내용
한국 음식 문화 체험	2016. 10.	한국 음식 만들기
과학 전문가 초청 강연	2016. 11.	과학의 이론과 실제
2016 캄보디아–한국 차세대 지도자 회의	2016. 12.	ODA, MDGs, SDGs의 의미는 무엇이며 빈곤에 대해 우리는 무엇을 할 수 있는가?
제23회 한국어 문학 국제 학술회의	2017. 1.	동남아시아에서의 한국어 문학 연구의 재검토

4. 한국연구센터 운영 현황

명칭	캄보디아-한국협력센터(Cambodia-Korea Cooperation Center)

5. 동아시아학 현황

1) 일본학 프로그램 제공 형태	학사
2) 중국학 프로그램 제공 형태	학사

동남아시아

캄보디아 메콩대학교
Cambodian Mekong University

1. 대학 개요

설립 연도	2003년
소재 국가	캄보디아
형태	사립
대표자 성명 / 직위	잇 셍(Ich Seng) / 총장

2. 연락처

주소	영문 주소	Sangkat Teuk Thla, Khan Sen Sok, Phnom Penh City, Kingdom of Cambodia
	우편번호	–
전화		+855-86968634
웹사이트		www.mekong.edu.kh

3. 기관 한국학 현황

1) 한국 관련 강좌 운영 현황

소속 학과	한국어학과	
개설 연도	2016년	
프로그램 대표자	성명	직함
	티 속케앙(Thy Sokkheang)	코디네이터

2) 한국 관련 프로그램 제공 형태

비학위 과정		B.A. 선택 과목
학위 과정	B.A. (학사 과정)	기타 전공 내 한국학 프로그램

3) 주요 연구 분야

• 한국 문화, 커뮤니케이션 경영 실습

4) 한국학 교수진 : 3명

교수명	직위	전공 분야
까이 리티(Kay Rithy)	디렉터	경영학
딤 찬나(Dim Channa)	학장	경영학
순 소반산(Sun Sovannsal)	코디네이터	경영학

5) 수강생 현황

한국어(학) 관련 강의 수강생 수 : 총 95명

학사 1학년	학사 2학년	학사 3학년	학사 4학년	석사 1학년	석사 2학년	박사 과정	기타
25	15	10	5	25	15		

전공생 수

B.A.	M.A.	Ph.D.
25		

※ 매년 신입생 선발

6) 강좌 개설 현황

과목명	담당 교수	주당 수업 시간	수강생 수	학점	필수 / 선택
KL101	리 민호우릉(Ly Minhourng)	9	15	6	필수
KL102	고장동(Jangdong Ko)	9	10	6	선택

동남아시아

4. 한국연구센터 운영 현황
- 없음

5. 도서관 현황

도서관명	캄보디아 메콩대학교 도서관(Cambodian Mekong University's Library)
담당 사서	삼낭(Samnang)

6. 동아시아학 현황

1) 일본학 프로그램 제공 형태	학사
2) 중국학 프로그램 제공 형태	–

나레수안대학교
Naresuan University

1. 대학 개요

설립 연도	1967년
소재 국가	태국
형태	국공립
대표자 성명 / 직위	깐짜나 응오룽시(Kanchana Ngourungsi) / 총장

2. 연락처

주소	영문 주소	Muang District, Phitsanulok Province, Thailand
	우편번호	65000
전화		+66-932-463232
웹사이트		www.nu.ac.th

3. 기관 한국학 현황

1) 한국 관련 강좌 운영 현황

소속 단과대학	인문대학	
소속 학과	한국어학과	
개설 연도	2007년	
프로그램 대표자	성명	직함
	분추 줏하마드 (Boonchoo Juthamad)	학과장

2) 한국 관련 프로그램 제공 형태

학위 과정	B.A. (학사 과정)	한국어 전공

3) 주요 연구 분야

- 한국어(문법), 한국어 회화, 한국어 읽기, 한국어 쓰기, 한국어 번역, 한국 문학, 한국 사회와 문화, 비즈니스 한국어, 발음, 음운론, 형태론, 관광 한국어

4) 한국학 교수진 : 7명

교수명	직위	전공 분야
분추 줏하마드	학과장	한국어문학
시왓 수라낏보원		한국 문학
사시완낙콩		한국어문학
전선희	강사	한국어교육학
권해주	강사	한국어교육학
차유나	강사	한국어교육학
이지현	강사	한국어교육학

5) 수강생 현황

한국어(학) 관련 강의 수강생 수 : 총 114명

학사 1학년	학사 2학년	학사 3학년	학사 4학년	석사 1학년	석사 2학년	박사 과정	기타
30	33	29	22				

전공생 수

B.A.	M.A.	Ph.D.
114		

※ 매년 신입생 선발(인원: 30명)

6) 강좌 개설 현황

과목명	담당 교수	주당 수업 시간	수강생 수	학점	필수 / 선택
한국어 1	시왓 수라낏보원	4	33	3	필수
한국 사회와 문화	사시완 낙콩	4	33	3	필수
한국어 음성학	이지현	4	33	3	필수
한국어 3	전선희	4	33	3	필수
한국어 회화 2	권해주	4	33	3	필수
한국 문학 입문	시왓 수라낏보원	4	33	3	필수
한국어 통사론	분추 줏하마드, 차유나	4	23	3	선택
관광 한국어	차유나	4	8	3	선택
한국어 5	권해주	4	23	3	필수
한국어 읽기 1	전선희	4	23	3	필수
한국어 쓰기 1	이지현	4	23	3	필수
한국어 회화 4	차유나	4	23	3	필수
대중매체의 한국어	전선희	4	33	3	선택
비즈니스와 비서직 한국어	전선희	4	9	3	선택
한국어 번역 2	권해주, 사시완 낙콩	4	9	3	선택
한국어 통역	분추 줏하마드	4	9	3	선택
학부 논문	분추 줏하마드, 사시완 낙콩, 시왓 수라낏보원		12	6	필수

7) 한국 관련 활동

활동명	시기	상세 활동 내용
한국 문화 축제	2017. 1.	한국학중앙연구원 후원으로 진행되며, 한국 문화 축제를 통한 한국의 음식, 문화 소개 및 특강 운영

4. 한국연구센터 운영 현황

- 없음

동남아시아

5. 도서관 현황

도서관명	나레수안대학교 도서관(Naresuan University Library)
담당 사서	수차르트 예암만(Suchart Yeam-man)
한국학 장서 보유량(부)	437

6. 동아시아학 현황

1) 일본학 프로그램 제공 형태	학사
2) 중국학 프로그램 제공 형태	학사

람캄행대학교
Ramkhamhaeng University

1. 대학 개요

설립 연도	1971년
소재 국가	태국
형태	국공립
대표자 성명 / 직위	낌 차이산숙(Kim Chaisansook) / 총장

2. 연락처

주소	영문 주소	2086 Ramkhamhaeng Rd, Khwaeng Hua Mak, Khet Bang Kapi, Krung Thep Maha Nakhon, Thailand
	우편번호	10240
전화		+66-2-310-8000
웹사이트		www.ru.ac.th

3. 기관 한국학 현황

1) 한국 관련 강좌 운영 현황

소속 학부	인문학부(Faculty of Humanities)	
소속 학과	사회인류학과(Department of Sociology and Anthropology) / 태국동양어학과(Thai and Oriental Languages)	
프로그램 대표자	성명	직함
	라트리 뽕수완 (Ratree Pongsuwan)	학장
홈페이지	www.human.ru.ac.th	

2) 한국 관련 프로그램 제공 형태

학위 과정	B.A. (학사 과정)	기타 전공 내 한국학 프로그램

3) 강좌 개설 현황

과목명	담당 교수	주당 수업 시간	수강생 수	학점	필수 / 선택
한국 사회와 문화					
한국 근현대사					
한국정치학					
동아시아경제학					
한국어 101					
한국어 102					
한국어 201					
한국어 202					

4. 한국연구센터 운영 현황

명칭	한국학센터(Center for Korean Studies)	
소속 기관	사회인류학과(Department of Sociology and Anthropology)	
설립 연도	1995년	
대표자	성명	직함
	담롱 탄디(Damrong Thandee)	센터장

5. 동아시아학 현황

1) 일본학 프로그램 제공 형태	학사
2) 중국학 프로그램 제공 형태	학사

마하사라캄대학교
Mahasarakham University

1. 대학 개요

설립 연도	1994년
소재 국가	태국
형태	국공립
대표자 성명 / 직위	릿티뎃 삼빤(Ritthidech Sampan) / 총장

2. 연락처

주소	영문 주소	Kantarawichai District, Maha Sarakham, Thailand
	우편번호	44150
	전화	+66-81-0514455
	웹사이트	inter.msu.ac.th

3. 기관 한국학 현황

1) 한국 관련 강좌 운영 현황

소속 학부	인문사회과학부(Faculty of Humanities and Social Sciences)	
소속 학과	태국동양어학과(Department of Thai and Oriental Languages)	
개설 연도	2005년	
프로그램 대표자	성명	직함
	뿔락 뚱락왓딴아꾼(Poollak Tungrakwattanakul)	담당자

2) 한국 관련 프로그램 제공 형태

비학위 과정		B.A. 선택 과목
학위 과정	B.A. (학사 과정)	한국어 전공

3) 주요 연구 분야

• 한국어, 한국 문화, 한국학

4) 한국학 교수진 : 6명

교수명	직위	전공 분야
뿔락 뚱락왓딴아꼰	교수	국어국문
깃따나 와이야티라(Gidtana Waiyathira)	교수	국어국문
우경희(Gyounghee Woo)	교수	한국어 교육
유희경(Heekyung Yoo)	교수	한국어 교육
이민주(Minju Lee)	교수	한국어 교육
까녹꾼 마비양(Kanokkun Maviang)	교수	태국어

5) 수강생 현황

한국어(학) 관련 강의 수강생 수 : 총 289명

학사 1학년	학사 2학년	학사 3학년	학사 4학년	석사 1학년	석사 2학년	박사 과정	기타
72	60	61	96				

전공생 수

B.A.	M.A.	Ph.D.
289		

6) 강좌 개설 현황

과목명	담당 교수	주당 수업 시간	수강생 수	학점	필수 / 선택
회화를 위한 초급 한국어 1	까녹꾼	6	72	2	필수
일상생활을 위한 한국어 회화 1	우경희	6	72	2	필수
한국어 청해	뿔락	6	72	2	필수
한국어 독해	깃따나	6	60	2	필수
회화를 위한 중급 한국어 1	유희경	6	60	2	필수
응용음성학	까녹꾼	2	60	2	필수
한국어 청해	이민주	6	60	2	필수
한국 기초 지식	뿔락	2	60	2	선택
회화를 위한 고급 한국어 1	이민주	6	61	2	필수

과목명	담당 교수	주당 수업 시간	수강생 수	학점	필수 / 선택
기초 번역	뿔락, 시리나빠 (Sirinapa)	6	61	2	필수
한국학	뿔락	2	61	2	필수
한국 문학 배경	까녹꾼	2	61	2	필수
분석/비판을 위한 한국 독해	유희경	6	61	2	필수
한국 단편소설	우경희	4	61	2	선택
한국 역사	초빙교수	4	61	2	선택
한-태 번역	깃따나	9	96	2	필수
해석 번역	깃따나	9	96	2	선택
광고와 PR을 위한 한국어	뿔락	2	96	2	선택
한국어 말하기	유희경	6	96	2	선택
한국어 발표	우경희	6	96	2	선택
한국어 문화-시니어 프로젝트	까녹꾼	2	96	2	선택

4. 한국연구센터 운영 현황

- 없음

5. 도서관 현황

도서관명	인문사회과학부 한국학 섹션
담당 사서	뿔락 뚱락왓딴아꾼
한국학 장서 보유량(부)	175

6. 동아시아학 현황

1) 일본학 프로그램 제공 형태	-
2) 중국학 프로그램 제공 형태	-

부라파대학교
Burapha University

1. 대학 개요

설립 연도	1955년
소재 국가	태국
형태	국공립
대표자 성명 / 직위	솜눅 티라꿀삐숫(Somnuk Theerakulpisut) / 총장

2. 연락처

주소	영문 주소	169 Long-Hard Bangsaen Road, Tambon Saensuk, Amphur Muang, Chonburi, Thailand
	우편번호	20131
전화		+66-3810-2343
웹사이트		www.buu.ac.th

3. 기관 한국학 현황

1) 한국 관련 강좌 운영 현황

소속 학부	인문사회과학부(Faculty of Humanities and Social Sciences)	
소속 학과	동양어학과(Oriental Languages Department)	
개설 연도	2000년	
	성명	직함
프로그램 대표자	우라이완 짓뻰톰 낌 (Uraiwan Jitpenthom, Kim)	한국어 전공 주임교수
홈페이지	www.huso.buu.ac.th/Department/Oriental	

2) 한국 관련 프로그램 제공 형태

학위 과정	B.A. (학사 과정)	한국어 전공

3) 한국학 교수진 : 8명

교수명	직위	전공 분야
우라이완 짓뻰톰 낌	한국어 전공 주임교수	국어학
순타리 라프롱루엥(Soontaree Larprungrueng)	한국학센터소장	한국학
까노꽌 사로짜나(Kanokwan Sarojana)	조교수	국어학
나따완 시나로찌(Natthawan Sinaroj)	동양어학과장	국어학
김은경	전임강사	한국어 교육
정우진	전임강사	한국어 교육
김기태	KF 객원교수	국어학
안유진	KOICA 해외봉사단원	국어 교육

4) 수강생 현황

한국어(학) 관련 강의 수강생 수 : 총 106명

학사 1학년	학사 2학년	학사 3학년	학사 4학년	석사 1학년	석사 2학년	박사 과정	기타
41	26	32	7				

전공생 수

B.A.	M.A.	Ph.D.
106		

※ 매년 신입생 선발(인원: 45명)

5) 강좌 개설 현황

과목명	담당 교수	주당 수업 시간	수강생 수	학점	필수 / 선택
한국어 I	정우진	3	39	3	
한국어 I	나따완	3	32	3	
한국어 I	김은정	3	42	3	
한국어 I	김은정	3	42	3	
한국어 II	우라이완	3	15	3	필수
한국어 II	우라이완	3	20	3	필수
한국어 II	우라이완	3	19	3	필수
한국어 듣기-말하기 I	김기태	3	20	3	필수
한국어 듣기-말하기 I	김기태	3	19	3	필수
한국어 IV	나따완	3	13	3	필수
한국어 IV	나따완	3	13	3	필수
한국어 듣기-말하기 IV	안유진	3	13	3	필수
한국어 듣기-말하기 IV	정우진	3	13	3	필수
한국어 읽기 II	순타리	3	13	3	필수
한국어 읽기 II	순타리	3	13	3	필수
한국어 쓰기	김기태	3	13	3	필수
한국어 쓰기	안유진	3	13	3	필수
한국어 VI	김은정	3	12	3	필수
한국어 VI	김은정	3	14	3	필수
IT 커뮤니케이션을 위한 한국어	김은정	3	5	3	선택
직장 내 커뮤니케이션을 위한 한국어 II	정우진	3	12	3	필수
직장 내 커뮤니케이션을 위한 한국어 II	정우진	3	13	3	필수
직장 내 커뮤니케이션을 위한 한국어 II	까노꽌	3	16	3	필수
한국어 번역 I	까노꽌	3	16	3	필수
한국어 번역 II	까노꽌	3	7	3	필수
매스컴을 위한 한국어	정우진	3	8	3	선택
한국어-태국어 대조 분석	까노꽌	3	34	3	선택
한국 단편소설	안유진	3	8	3	선택
개별 학습	순타리	3	34	3	선택

6) 한국 관련 활동

활동명	시기	상세 활동 내용
한국어 말하기 대회	2012	태국 대학 학부생들을 위한 제7회 한국어 말하기 대회 "아세안에서 한국의 역할"
한국어 말하기 대회	2013	태국 대학 학부생들을 위한 제8회 한국어 말하기 대회 "내가 제일 좋아하는 한국 문화"
한국어 말하기 대회	2015. 9.	태국 대학 학부생들을 위한 제9회 한국어 말하기 대회 "내가 아는 한국 사람"
학술회의	2015. 12.	태국 내 한국학 발전 방향
학술회의	2016	2016년 한국어 교육 세미나 "태국 내 한국어 교육의 발전 방향"
학술회의	2016. 7.	제3차 한국학 및 태국학 국제 공동 학술회의
학술회의	2017. 3.	2017년 한국어 교육 세미나 "태국 내 한국어 교육의 발전 방향"

동남아시아

4. 한국연구센터 운영 현황

명칭	한국학센터(Korean Studies Center-KSC)	
소속 기관	인문사회과학부	
설립 연도	2000년	
대표자	성명	직함
	순타리 라쁘룽루엥	센터장

5. 도서관 현황

도서관명	동양어학과 도서관(Oriental Languages Department Library)
한국학 장서 보유량(부)	320

6. 동아시아학 현황

1) 일본학 프로그램 제공 형태	학사
2) 중국학 프로그램 제공 형태	학사

송클라나카린대학교(파타니 캠퍼스)

Prince of Songkla University Pattani Campus

1. 대학 개요

설립 연도	1967년
소재 국가	태국
형태	국공립
대표자 성명 / 직위	추삭 림사꿀(Chusak Limsakul) / 총장

2. 연락처

주소	영문 주소	181 Chareonpradit Road, Rusamilae, Muang, Pattani, Thailand
	우편번호	94000
전화		+66-7-333-1304
웹사이트		www.pn.psu.ac.th

3. 기관 한국학 현황

1) 한국 관련 강좌 운영 현황

소속 학부	인문사회과학부(Faculty of Humanities and Social Sciences)	
소속 학과	동양어학과(Department of Eastern Languages)	
프로그램 대표자	성명	직함
	니사껀 통녹(Nisakorn Thongnork)	학과장

2) 한국 관련 프로그램 제공 형태

학위 과정	B.A. (학사 과정)	한국어 전공

3) 한국학 교수진 : 9명

교수명	직위	전공 분야
빠릿 인센	인문사회대학장	한국어
까녹완 분뎃	학과장	역사학
사마와디 강혜	교수	한국어 교육
어라판 잔타오	교수	사회학
소파 콩팽	교수	한국어 교육
깐짜나 이얏누이	교수	한국어 교육
이춘자	KF 객원교수	한국어 교육
김희수	교수	한국어 교육
김태우	교수	교육 행정

4) 수강생 현황

한국어(학) 관련 강의 수강생 수 : 총 90명

학사 1학년	학사 2학년	학사 3학년	학사 4학년	석사 1학년	석사 2학년	박사 과정	기타
28	22	26	14				

전공생 수

B.A.	M.A.	Ph.D.
90		

5) 강좌 개설 현황

과목명	담당 교수	주당 수업 시간	수강생 수	학점	필수 / 선택
한국어 1	까녹완 분뎃	3	30	3	필수
한국어 1	어라판 잔타오	4	30	3	필수
한국어 듣기 및 회화 1	우경희	3	45	3	필수
한국어 3	깐짜나 사하위 리야	3	26	3	필수
한국어 듣기 및 회화 3	이춘자	3	27	3	필수
한국어 음성학	이춘자	3	30	3	필수
한국어와 문화	빠릿 인센	3	10	3	필수
한국어 독해 1	어라판 잔타오	3	17	3	필수
한국어 작문 1	우경희	3	10	3	필수
한국어 듣기 및 회화 4	우경희	3	22	3	필수
한국어 문법1	까녹완 분뎃	3	8	3	필수

과목명	담당 교수	주당 수업 시간	수강생 수	학점	필수 / 선택
한-태국어 번역	까녹완 분뎃	3	6	3	필수
관광 한국어	이춘자	4	3	3	필수
비즈니스 한국어	우경희	4	16	3	선택
비서 한국어	어라판 잔타오	3	14	3	선택
태국어-한글 번역	어라판 잔타오	3	2	3	선택
한국어 교수법	깐짜나 사하위 리야	4	11	3	선택

6) 한국 관련 활동

활동명	시기	상세 활동 내용
태국 청소년들에게 한국어와 문화 소개 행사	매년	송클라역사공원, 송클라스포츠컴플렉스, 와타나파크호텔
태국 교사들에게 한국어와 문화 교육	매년	효율적 한국어 교육법 제공, 한국어 교육 현장의 경험 교류

4. 한국연구센터 운영 현황
- 없음

5. 도서관 현황

담당 사서	솜분 한라따나사꾸(Somboon Hanrattanasaku)
한국학 장서 보유량(부)	16,704

6. 동아시아학 현황

1) 일본학 프로그램 제공 형태	학사
2) 중국학 프로그램 제공 형태	학사

송클라나카린대학교(푸껫 캠퍼스)
Prince of Songkla University Phuket Campus

1. 대학 개요

설립 연도	1967년
소재 국가	태국
형태	국공립
대표자 성명 / 직위	우라웃 위숫메탄꾼(Worawut Wisutmethangoon) / 부총장

2. 연락처

주소	영문 주소	Phuket Campus 80 Moo 1 Vichitsongklam Road Kathu District Phuket, Thailand
	우편번호	83000
전화		+66-8127-12253
웹사이트		www.phuket.psu.ac.th

3. 기관 한국학 현황

1) 한국 관련 강좌 운영 현황

소속 학과	아시아학과	
개설 연도	2011년	
프로그램 대표자	성명	직함
	사엔피탁 뿐치다 (Saenphithak Punchida)	커리큘럼 담당자

2) 한국 관련 프로그램 제공 형태

비학위 과정		B.A. 선택 과목, 어학원
학위 과정	B.A. (학사 과정)	한국학 전공, 기타 전공 내 한국학 프로그램(전공명: 국제경영학-한국)

3) 주요 연구 분야

- 한국학(젠더, 국제결혼, 문화, 한국어)

4) 한국학 교수진 : 5명

교수명	직위	전공 분야
사엔피탁 뿐치다	커리큘럼 담당자	한국학
네띠마 부라빠시리왓(Netima Burapasiriwat)	강사	한국어와 문학
빠니따 따끼안까오(Panita Takiankao)	강사	경영학
김지현	강사	한국어 교육
꼰또웃 차따라야와디(Korntouch Chartarayawadee)	강사	국제관계학

5) 수강생 현황

한국어(학) 관련 강의 수강생 수 : 총 73명

학사 1학년	학사 2학년	학사 3학년	학사 4학년	석사 1학년	석사 2학년	박사 과정	기타
11	17	26	19				

전공생 수

B.A.	M.A.	Ph.D.
73		

※ 매년 신입생 선발(인원: 20명)

6) 강좌 개설 현황

과목명	담당 교수	주당 수업 시간	수강생 수	학점	필수 / 선택
한국어 I	네띠마 부라빠시리왓	4	15	3	필수
한국어 청해와 말하기 I	김지현	4	15	3	필수
한국어 IV	사엔피탁 뿐치다	4	17	3	필수
한국어 청해와 말하기 III	김지현	4	17	3	필수
한국어 VII	네띠마 부라빠시리왓	4	27	3	필수
관광을 위한 한국어	사엔피탁 뿐치다, 김지현	4	15	3	선택
한국의 사회 전략	네띠마 부라빠시리왓	3	27	3	필수
한반도와 국제 이슈	꼰또웃 차따라야와디	3	15	3	필수
한국 사회에서의 젠더	사엔피탁 뿐치다	3	15	3	선택
학술용 한국어	네띠마 부라빠시리왓	4	15	2	필수

7) 한국 관련 활동

활동명	시기	상세 활동 내용
제1회 한-태 공동 국제회의	2013. 7.	주제: 대중문화에서 비춰진 여성의 이미지와 역할
한국 식문화 축제	2015. 2.	한식 요리 체험, 한식 전시회, 공연 관람
제2회 한-태 공동 국제회의	2015. 7.	ASEAN+3 맥락에서의 한국학-태국학 담론. 주제: 한국 이주의 연대순 역사
태국에서의 한국학 발전 접근	2015. 12.	주제: 연구 발달 방법을 통한 한국학 연구 자료의 필요성. 데이터베이스 발달의 필요성
한-태 공동 음악회	2016. 2.	한국과 태국의 피아노, 바이올린, 첼로 연주자들의 합주
서울여자대학교와 함께한 한국 캠프	2016. 8.	문화 교환
ASEAN 축제	2016. 9.	학생들의 한국 전통 공연 관람
제9회 푸켓 거리 문화	2017. 7.	한국 전통 공연 관람

동남아시아

8) 한국 관련 출판물

제목	형태	주요 내용
Teaching-Learning Speaking Korean by Applying Project Activities Focusing on Thai learners	논문	Prince of Songkla University Journal of International Studies 프로젝트 활동을 통해 학습하는 한국어 듣기와 말하기에 대해 설명한 기사
The Relationship between Korea and Thailand from the Past to the Present	논문	Prince of Songkla University Journal of International Studies 태국에서의 한국 문화 대중성: 한국 연예인, 식문화, 상품
A Study of Chronological History of The Cross Cultural Marriagein Koreans	논문	Prince of Songkla University Journal of International Studies 20세기 한국 이주에 대해 설명. 이주의 배경, 정착, 문화에 대해 자세히 기술
The Polysemic Korean Word 'Japta' for Thai Learners of Korean	논문	Prince of Songkla University Journal of International Studies 다의어 "잡다"의 용례

4. 한국연구센터 운영 현황
- 없음

5. 동아시아학 현황

1) 일본학 프로그램 제공 형태	-
2) 중국학 프로그램 제공 형태	-

시나카린위롯대학교
Srinakharinwirot University

1. 대학 개요

설립 연도	1949년
소재 국가	태국
형태	국공립
대표자 성명 / 직위	솜차이 산띠와따나꿀(Somchai Santiwatanakul) / 총장

2. 연락처

주소	영문 주소	114 Sukhumvit 23, Bangkok, Thailand
	우편번호	10110
전화		+66-2-649-5000
웹사이트		www.swu.ac.th

3. 기관 한국학 현황

1) 한국 관련 강좌 운영 현황

소속 학부	인문학부(Faculty of Humanities)	
소속 학과	동양어과(Department of Thai and Oriental Languages), 한국어과	
개설 연도	2005년	
프로그램 대표자	성명	직함
	타마차이 싯티니 (Thammachai Sitthinee)	학과장

2) 한국 관련 프로그램 제공 형태

학위 과정	B.A. (학사 과정)	한국어 전공

3) 주요 연구 분야

• 한국어, 한국어 교육, 한국 문학, 한국 문화

4) 한국학 교수진 : 6명

5) 수강생 현황

한국어(학) 관련 강의 수강생 수 : 총 107명

학사 1학년	학사 2학년	학사 3학년	학사 4학년	석사 1학년	석사 2학년	박사 과정	기타
41	24	21	21				

전공생 수

B.A.	M.A.	Ph.D.
112		

6) 강좌 개설 현황

과목명	담당 교수	주당 수업 시간	수강생 수	학점	필수 / 선택
의사소통을 위한 한국어 1	앙꿀라 띠띠왓(Angkula Titiwat)	3	24	3	필수
한국 문화	딴야락 까노꼰 (Tanyarak Kanokkorn)	3	24	3	필수
의사소통을 위한 한국어 4	앙꿀라 띠띠왓	3	21	3	필수
효과적인 한국어 듣기와 말하기 2	석관현(Kwanhyun Suk)	4	21	3	필수
효과적인 한국어 읽기 2	타마차이 싯티니	3	21	3	필수
효과적인 한국어 쓰기 2	석관현	3	21	3	선택
의사소통을 위한 한국어 6	딴야락 까노꼰	3	14	3	선택
한국어 구조	타마차이 싯티니	3	14	3	필수
효과적인 한국어 듣기와 말하기 4	석관현	4	14	3	선택
오늘날의 한국	석관현	3	14	3	필수
한국의 속담과 격언	앙꿀라 띠띠왓	3	14	3	선택

7) 한국 관련 출판물

제목	형태	주요 내용
한국어 초급 문법	단행본	한국어 초급 문법 설명과 예문
한국어 중급 문법	단행본	한국어 중급 문법 설명과 예문
한국어 조사	단행본	한국어 조사 설명과 예문 그리고 연습
한국어 기본 동사 활용	단행본	한국어 기본 동사 활용
한-태 사전	단행본	한국어-태국어 초급과 중급 단어

4. 한국연구센터 운영 현황

- 없음

5. 도서관 현황

도서관명	한국어과 도서관
담당 사서	숙쁘라만 나리타(Sukpramarn Naritha)
한국학 장서 보유량(부)	200

6. 동아시아학 현황

1) 일본학 프로그램 제공 형태	-
2) 중국학 프로그램 제공 형태	-

실파꼰대학교
Silpakorn University

1. 대학 개요

설립 연도	1943년
소재 국가	태국
형태	국공립
대표자 성명 / 직위	완차이 실라빳따군(Wanchai Silapattagul) / 총장

2. 연락처

주소	영문 주소	6 Rajamankha Raod, Amphoe Mueang, Nakhon-Pathom Province, Thailand
	우편번호	73000
전화		+66-3425-5096 ext. 23607
웹사이트		www.su.ac.th

3. 기관 한국학 현황

1) 한국 관련 강좌 운영 현황

소속 학부	인문학부(Faculty of Arts)	
소속 학과	근대동양어학과(Department of Modern Eastern Language)	
개설 연도	1998년	
프로그램 대표자	성명	직함
	완차이 실라빳따군	학과장
홈페이지	www.arts.su.ac.th	

2) 한국 관련 프로그램 제공 형태

비학위 과정		어학원
학위 과정	B.A. (학사 과정)	한국어 전공, 동아시아학 전공

3) 주요 연구 분야

• 한국어(의사소통을 위한 한국어, 실무 한국어)

4) 한국학 교수진 : 8명

교수명	직위	전공 분야
시리랏 시리낫(Sirirat Sirinat)		한국어 교육
끄라모 와니다(Krawmoh Wanida)		국어국문
싯띠촛-아난 오라사(Sittichot-anan Orasa)		국어국문
아리야탄아완 추띠마(Areeyathanawan Chutima)		한국 문화
순찬 수마리(Soonchan Sumalee)		한국어 교육
펭디 똣사쁜(Pengdee Todsaporn)		한국어 교육
노아실		한국어 교육
권상화		한국 문화

5) 수강생 현황

한국어(학) 관련 강의 수강생 수 : 총 310명

학사 1학년	학사 2학년	학사 3학년	학사 4학년	석사 1학년	석시 2학년	박사 과정	기타
	33	30	33				부전공 16, 교양 198

전공생 수

B.A.	M.A.	Ph.D.
96		

6) 강좌 개설 현황

과목명	담당 교수	주당 수업 시간	수강생 수	학점	필수 / 선택
기초 한국어 1	이예은, 수마리	4	55	3	필수
아시아학을 위한 기초 한국어 1	이예은, 수마리	4	35	3	필수
기초 한국어 3	권상화, 추띠마	4	45	3	필수
아시아학을 위한 기초 한국어 3	권상화, 추띠마	4	34	3	필수
한국어 청해와 말하기 1	노아실, 또닷뽄 (Todasporn)	4	46	3	필수
한국어 청해와 말하기 1	노아실, 또닷뽄	4	39	3	필수
한국어 독해 1	수마리	2	36	2	필수
한국어 작문 1	이예은	2	35	2	필수
한국어 구조 1	오라사	2	34	2	필수
한국어 문학 작품	이예은	3	39	3	필수
한국 문화 독해	추띠마	3	33	3	필수
한국어 청해와 말하기 3	권상화, 오라사	4	36	3	선택
한국어 청해와 말하기 3	권상화, 오라사	4	49	4	선택
한국어 청해와 말하기 5	권상화, 노아실	3	36	4	선택
한-태 번역	또닷뽄	2	40	2	필수
대중문화를 통해 보는 한국어	노아실	4	37	4	선택
한국 그룹 토의	노아실	3	11	2	선택
한자	노아실	2	38	2	선택
한국어 독해와 작문 I	이예은, 시리낫	3	40	4	필수
한국어 독해와 작문 III	시리낫	4	49	3	선택
기초 한국어 2	이예은, 수마리, 시리낫	4	54	3	필수
동아시아학을 위한 기초 한국어 2	이예은, 수마리, 시리낫	4	33	3	필수
기초 한국어 4	권상화, 오라사	4	39	3	필수
동아시아학을 위한 기초 한국어 4	권상화, 오라사	4	34	3	선택
한국어 청해와 말하기 2	노아실, 또닷뽄	4	39	3	필수
한국어 청해와 말하기 2	이예은, 노아실	4	39	3	필수
한국어 구조 2	오라사	2	30	2	선택
한국어 번역 입문	또닷뽄	3	35	3	필수
한국어 의미론	노아실	2	35	2	필수
한국어 단편소설	추띠마	2	38	2	필수
한국어 독해 2	또닷뽄	2	33	2	선택
한국어 작문 2	이예은	2	29	2	선택

과목명	담당 교수	주당 수업 시간	수강생 수	학점	필수 / 선택
한국어 청해와 말하기 4	권상화, 이예은	4	32	3	선택
경영 한국어	권상화	4	36	3	선택
아시아학을 위한 한국어 번역 I	수마리	3	50	3	선택
한국어 독해와 작문 II	시리낫	3	39	3	선택
한국 문화 독해	추띠마	3	50	3	필수
한국 문학	한국어학과 교수들	3	14	3	필수

4. 한국연구센터 운영 현황
- 없음

5. 도서관 현황

도서관명	중앙도서관(Sanamchandara Palace Library)
담당 사서	삭디빤 딴위몬랏(Sakdipan Tanwimonrat)
한국학 장서 보유량(부)	1,000

6. 동아시아학 현황

1) 일본학 프로그램 제공 형태	학사
2) 중국학 프로그램 제공 형태	학사

출라롱꼰대학교
Chulalongkorn University

1. 대학 개요

설립 연도	1917년
소재 국가	태국
형태	국공립
대표자 성명 / 직위	분딧 이우 아르뽄(Bundhit Eua-arporn) / 총장

2. 연락처

주소	영문 주소	Phayathai Road, Patumwan, Bangkok, Thailand
	우편번호	10330
전화		+66-95-074-6514
웹사이트		www.chula.ac.th

3. 기관 한국학 현황

1) 한국 관련 강좌 운영 현황

소속 학부	인문학부(Faculty of Arts)	
소속 학과	동양어학과(Department of Eastern Languages)	
개설 연도	1988년	
프로그램 대표자	성명	직함
	수빠뽄 분룽 (Supaporn Boonrung)	교수
홈페이지	www.arts.chula.ac.th/~east/korean	

2) 한국 관련 프로그램 제공 형태

비학위 과정		B.A. 선택 과목, M.A. 선택 과목
학위 과정	B.A. (학사 과정)	한국어 부전공
	M.A. (석사 과정)	한국학 전공

3) 주요 연구 분야

- 한국어 교육 분야

4) 한국학 교수진 : 8명

교수명	직위	전공 분야
수빠뿐 분룽	교수	한국어 교육
까몬 붓사반(Kamon Butsaban)	교수	한국학
추띠몬 껫마니(Chutimon Ketmanee)	교수	한국어 교육
이사리야 빠띠(Isariya Patee)	교수	한국어 교육
송지나	초빙교수	한국어 교육
따네스 사이짓보리숫(Tanes Saijitborisut)	교수	한국어 교육
수랑스리 딴상솜(Surangsri Tansangsom)	시간강사	역사학
차나마스 펭솜분(Chanamas Phengsomboon)	시간강사	한국어 교육

5) 수강생 현황

한국어(학) 관련 강의 수강생 수 : 총 304명

학사 1학년	학사 2학년	학사 3학년	학사 4학년	석사 1학년	석사 2학년	박사 과정	기타
65	80	75	78	2	4		

전공생 수

B.A.	M.A.	Ph.D.
45	6	

※ 매년 신입생 선발(부전공/인원: 45명)

6) 강좌 개설 현황

과목명	담당 교수	주당 수업 시간	수강생 수	학점	필수 / 선택
한국어 I (1반)	이사리야 빠띠	3	41	3	선택
한국어 I (2반)	이사리야 빠띠	3	49	3	선택
한국어 I (3반)	차나마스 펭솜분	3	44	3	선택
한국어 II (1반)	수빠뽄 분룽	3	20	3	선택
한국어 II (2반)	추띠몬 껫마니	3	16	3	필수
한국어 III	추띠몬 껫마니	3	30	3	필수
한국어 IV	따네스 사이짓보리숫	3	11	3	필수
한국어 읽기 I	수빠뽄 분룽	3	20	3	선택
한국 문화	수랑스리 딴상솜	3	30	3	선택
한국어 듣기와 말하기 I	송지나	3	33	3	선택
한국의 현재	송지나	3	9	3	선택
초급 한국어 I	추띠몬 껫마니	3	2	3	선택
초급 한국어 II	수빠뽄 분룽	3	4	3	선택
중급 한국어 II	이사리야 빠띠	3	2	3	선택
한국 영화	차나마스 펭솜분	3	25	3	선택

7) 한국 관련 활동

활동명	시기	상세 활동 내용
태국 교육자 한국학 워크숍	2014~2016	태국의 중등 교육자와 교육 행정 전문가를 출라롱꼰대학교에 초청하여 한국학 세미나 개최. 한국에서 현지답사를 통해 한국학에 대한 인식을 고취
2015년도 태국에서의 한국어 교육 국제 학술 대회	2015. 8.	태국 대학 기관 내 우수 논문을 발표할 기회를 제공하고 연구를 독려하여 태국 내 한국어 교육 활성화에 기여

8) 한국 관련 출판물

제목	형태	주요 내용
한-태 사전	단행본	싯티니, 수빠뽄 분룽, 나껀카셈, 방콕, 2010
태국인 한국어 학습자의 텍스트 응집성 인식 양상 연구	논문	이보라미, 수빠뽄 분룽, 『이중언어학』 48, 이중언어학회, pp.181~205, 2012
한-태 동사 구문 사전	단행본	수빠뽄 분룽 외, 한국외국어대학교, 서울, 2016

4. 한국연구센터 운영 현황
- 없음

5. 도서관 현황

도서관명	중앙도서관, 인문대학 도서관
담당 사서	추띠몬 껫마니
한국학 장서 보유량(부)	700

6. 동아시아학 현황

1) 일본학 프로그램 제공 형태	학사, 석사, 박사
2) 중국학 프로그램 제공 형태	학사, 석사, 박사

치앙라이라차팟대학교
Chiang Rai Rajabhat University

1. 대학 개요

설립 연도	1969년
소재 국가	태국
형태	국공립
대표자 성명 / 직위	스리차이 묵타이송(Srichai Mookthaisong) / 총장

2. 연락처

주소	영문 주소	80 Moo 9 Bandu, Muang, Chiang Rai, Thailand
	우편번호	57100
전화		+66-89-505-8640
웹사이트		www.crru.ac.th

3. 기관 한국학 현황

1) 한국 관련 강좌 운영 현황

소속 학부	인문학부(Faculty of Humanities)	
소속 학과	한국어학과(Department of Korean Language)	
개설 연도	2015년	
프로그램 대표자	성명	직함
	판세웁 위라차이 (Phanseub Weerachai)	학과장
홈페이지	human.crru.ac.th/human2015	

2) 한국 관련 프로그램 제공 형태

학위 과정	B.A. (학사 과정)	한국어 전공

3) 주요 연구 분야

- 한국어, 한국어 교육, 한국학

4) 한국학 교수진 : 6명

교수명	직위	전공 분야
이한우(Hanwoo Lee)	한국어 전문가	태국어
판세웁 위라차이(Phanseub Weerachai)	학과장	한국학
칫찬옥 욤찐다(Chidchanok Yomjinda)	강사	한국학
뿐야왓 쁘롬라(Punyawat Promla)	강사	한국어와 문학
최기영(Kiyoung Choi)	강사	한국어 교육
최진우(Jinwoo Choi)	KOICA 해외봉사단원	한국어와 문학

5) 수강생 현황

한국어(학) 관련 강의 수강생 수 : 총 68명

학사 1학년	학사 2학년	학사 3학년	학사 4학년	석사 1학년	석사 2학년	박사 과정	기타
50	18						

전공생 수

B.A.	M.A.	Ph.D.
68		

※ 매년 신입생 선발(인원: 80명)

6) 강좌 개설 현황

과목명	담당 교수	주당 수업 시간	수강생 수	학점	필수 / 선택
한국어 I (2개 반)	위라차이	4	25	3	필수
한국어 말하기와 듣기 I (2개 반)	최기영	4	25	3	필수
한국어 II (2개 반)	위라차이	4	25	3	필수
한국어 말하기와 듣기 II (2개 반)	최기영	4	25	3	필수
한국어 읽기 I (2개 반)	칫찬옥	4	25	3	필수
한국어 쓰기 I (2개 반)	뿐야왓	4	25	3	필수
한국어 III	위라차이	4	18	3	필수
한국어 말하기와 듣기 III	최기영	4	18	3	필수
한국어 읽기 II	최진우, 이한우	4	18	3	필수
한국어 쓰기 III	칫찬옥	4	18	3	필수
한국어 IV	칫찬옥, 뿐야왓	4	18	3	필수
한국어 말하기와 듣기 IV	최기영	4	18	3	필수
한국어 쓰기 IV	최기영	4	18	3	필수
한국어 읽기 III	위라차이, 최진우	4	18	3	필수
기본 커뮤니케이션을 위한 한국어	모든 강사	3	300	3	선택

7) 한국 관련 활동

활동명	시기	상세 활동 내용
김치 만들기	2016	관심 있는 학생들을 위한 학내 활동
K-POP 대회	2016	대학생 대상 대회
TOPIK(기초) 준비	2016	전공생 대상
한국어-태국어 번역	2016	전공생 대상
한글의 날	2016	전공생 및 대학생 대상
신입생들을 위한 한글 소개	2016	전공생 대상
한국 무용 "부채춤"	2016	전공생 대상
학생 IT 능력 개발을 위한 한국 검색엔진 사용법	2016	전공생 대상

4. 한국연구센터 운영 현황

- 없음

5. 도서관 현황

도서관명	인문학부 도서관(Humanities Library)
담당 사서	찰럼뽈 차이춤(Chalermpol Chaichum)
한국학 장서 보유량(부)	30

6. 동아시아학 현황

1) 일본학 프로그램 제공 형태	학사
2) 중국학 프로그램 제공 형태	학사, 기타(중국학센터)

치앙마이대학교
Chiang Mai University

1. 대학 개요

설립 연도	1964년
소재 국가	태국
형태	국공립
대표자 성명 / 직위	니웻 난타칫(Niwes Nantachit) / 총장

2. 연락처

주소	영문 주소	239 Huay Kaew Road, Muang district, Chiang Mai, Thailand
	우편번호	50200
전화		+66-(0)53-94-2334
웹사이트		www.cmu.ac.th

3. 기관 한국학 현황

1) 한국 관련 강좌 운영 현황

소속 학부	인문학부(Faculty of Humanities)	
소속 학과	동양어학과(Department of Eastern Languages)	
한국학(어) 프로그램명	한국어 과정(Korean Division)	
개설 연도	2012년	
프로그램 대표자	성명	직함
	삼아몬 손수완나스리 (Sayamon Sornsuwannasri)	한국학 프로그램 책임자
홈페이지	www.human.cmu.ac.th/cms/korean	

2) 한국 관련 프로그램 제공 형태

비학위 과정		B.A. 선택 과목
학위 과정	B.A. (학사 과정)	한국어 부전공

3) 한국학 교수진 : 4명

교수명	직위	전공 분야
권현숙	KF 객원교수	한국어 교육
삼야문	강사	커뮤니케이션 개발을 위한 언어와 문화
최혜경	강사	한국어 교육
나리사라	강사	한국학

4) 강좌 개설 현황

과목명	담당 교수	주당 수업 시간	수강생 수	학점	필수 / 선택
중급 한국어 1	권현숙	3	19	3	선택
한국어 2	권현숙	6	29	3	선택
듣기와 말하기 2	권현숙	3	19	3	선택
중급 한국어 2					선택
한국어 1					선택
듣기와 말하기 1					선택

5) 한국 관련 활동

활동명	시기	상세 활동 내용
'오픈하우스' 행사	2016. 11.	인문학부에서 개최한 행사로 한글 북마크를 만들어 참석자에게 배포하는 등 한국어 프로그램 홍보 활동

4. 한국연구센터 운영 현황

명칭	한국센터(Korea Center)
소속 기관	인문학부(Faculty of Humanities)
설립 연도	2013년

5. 동아시아학 현황

1) 일본학 프로그램 제공 형태	학사, 석사
2) 중국학 프로그램 제공 형태	학사

탐마삿대학교
Thammasat University

1. 대학 개요

설립 연도	1934년
소재 국가	태국
형태	국공립
대표자 성명 / 직위	솜킷 럿빠이툰(Somkit Lertpaithoon) / 총장

2. 연락처

주소	영문 주소	99 Moo 18 Paholyothin Rd., Klongnueng, Klongluang, Pathum-Thani, Thailand
	우편번호	12121
전화		+66-2-564-5000
웹사이트		www.tu.ac.th

3. 기관 한국학 현황

1) 한국 관련 강좌 운영 현황

소속 학부	동아시아학연구소(Institute of East Asian Studies) 교양학부(Faculty of Liberal Arts)	
소속 학과	태국어와 동아시아언어학과(Thai and East Asian Language Department)	
한국학(어) 프로그램명	동아시아 언어 교육 프로그램(East Asian Language Teaching Program)	
개설 연도	1998년	
프로그램 대표자	성명	직함
	파이분 뻿 아센(Phaiboon Petasen) / 위라야 꿍완쳇숙(Weeraya Kungwanjerdsuk)	프로그램 담당자 / 강사
홈페이지	www.asia.tu.ac.th	

2) 한국 관련 프로그램 제공 형태

비학위 과정		B.A. 선택 과목
학위 과정	B.A. (학사 과정)	수료증

3) 한국학 교수진 : 4명

교수명	직위	전공 분야
파이분 뺏 아센	프로그램 담당자	한국어와 문학
위몬마뜨 모엔오(Wimonmart Moenhor)		한국학
끄론나파 분마렛(Kronnapha Boonmalerd)		한국어
위라야 꿍완쳇숙		한국학

4) 수강생 현황

한국어(학) 관련 강의 수강생 수 : 총 236명

5) 강좌 개설 현황

과목명	담당 교수	주당 수업 시간	수강생 수	학점	필수 / 선택
한국어(초급 단계, 총 4강좌)			95		
한국어(초급 단계 M1-4, 총 1강좌)			5		
한국어 I			108		
한국어 II			28		

4. 한국연구센터 운영 현황

명칭	한국학센터(Center for Korean Studies)	
소속 기관	동아시아학 연구소(Institute of East Asian Studies)	
설립 연도	1989년	
대표자	성명	직함
	파이분 뺏 아센	센터장

5. 동아시아학 현황

1) 일본학 프로그램 제공 형태	학사, 석사
2) 중국학 프로그램 제공 형태	학사, 석사

허깐카타이대학교

University of the Thai Chamber of Commerce

1. 대학 개요

설립 연도	1970년
소재 국가	태국
형태	사립
대표자 성명 / 직위	사오와니 타이흐룽로이(Saowanee Thaihrungroj) / 총장

2. 연락처

주소	영문 주소	126 /1 Vibhavadee-Rangsit Road, Dindaeng, Bangkok, Thailand
	우편번호	10400
전화		+66-2-269-6429
웹사이트		www.utcc.ac.th

3. 기관 한국학 현황

1) 한국 관련 강좌 운영 현황

소속 단과대학	문과대학(School of Humanities and Applied Arts)	
소속 학과	한국어학과(Korean Language Department)	
개설 연도	2013년	
프로그램 대표자	성명	직함
	낫타야 삿따야퐁판 (Natthaya Sattayaphongphan)	학과장
홈페이지	humanities.utcc.ac.th/index.php/korean	

2) 한국 관련 프로그램 제공 형태

학위 과정	B.A. (학사 과정)	한국어 전공

3) 주요 연구 분야

• 사회경제학, 문화학

4) 한국학 교수진 : 4명

교수명	직위	전공 분야
낫타야 삿따야퐁판	교수	
김영용(Youngyong Kim)	겸임교수	
수깟차 인뚜다께뽄 (Sukatcha Intudakepon)		
비몰 마스 무엔 할 (Vimol Mas Muen Hall)	강사	

5) 수강생 현황

한국어(학) 관련 강의 수강생 수 : 총 304명

학사 1학년	학사 2학년	학사 3학년	학사 4학년	석사 1학년	석사 2학년	박사 과정	기타
86	105	56	57				

전공생 수

B.A.	M.A.	Ph.D.
304		

4. 한국연구센터 운영 현황

　　- 없음

동남아시아

5. 도서관 현황

도서관명	중앙도서관
한국학 장서 보유량(부)	32

6. 동아시아학 현황

1) 일본학 프로그램 제공 형태	–
2) 중국학 프로그램 제공 형태	–

세부기술(공과)대학교

Cebu Technological University

1. 대학 개요

설립 연도	1911년
소재 국가	필리핀
형태	국공립
대표자 성명 / 직위	로세인 안체타(Rosein A. Ancheta Jr.) / 총장

2. 연락처

주소	영문 주소	2nd FLR. RM 206. Lesson BLDG. P, Del Rosario Corner Jakosalem ST. Cebu, Philippines
	우편번호	–
전화		+63-915-819-1456
웹사이트		www.ctu.edu.ph

3. 기관 한국학 현황

1) 한국 관련 강좌 운영 현황

소속 단과대학	기술대학, 공학대학, 공공행정대학원 (College of Technology, College of Engineering, DPA Graduate School)	
소속 학과	그래픽과 디자인(Graphics and Design) 전공 토목공학(Civil Engineering) 전공 공공행정(Doctor in Public Administration) 전공	
한국학(어) 프로그램명	한국어 과정	
개설 연도	2015년	
프로그램 대표자	성명	직함
	최훈영	교수

2) 한국 관련 프로그램 제공 형태

비학위 과정		B.A. 선택 과목
학위 과정	B.A. (학사 과정)	기타-전공 내 한국어 프로그램 (전공명: 그래픽과 디자인, 토목공학, 공공행정학)
	M.A. (석사 과정)	기타-전공 내 한국어 프로그램 (전공명: 그래픽과 디자인, 토목공학, 공공행정학)
	Ph.D. (박사 과정)	기타-전공 내 한국어 프로그램 (전공명: 그래픽과 디자인, 토목공학, 공공행정학)

3) 한국학 교수진 : 1명

교수명	직위	전공 분야
최훈영	교수	교육학, 인문학

4) 강좌 개설 현황

과목명	담당 교수	주당 수업 시간	수강생 수	학점	필수 / 선택
한국어	최훈영				

4. 한국연구센터 운영 현황
　　-없음

5. 동아시아학 현황

1) 일본학 프로그램 제공 형태	-
2) 중국학 프로그램 제공 형태	-

아테네오마닐라대학교

Ateneo de Manila University

1. 대학 개요

설립 연도	1859년
소재 국가	필리핀
형태	사립
대표자 성명 / 직위	호세 라몬 빌라린(Jose Ramon Villarin) / 총장

2. 연락처

주소	영문 주소	3rd Floor Leong Hall, Katipunan Road, Loyola Heights, Quezon City, Philippines
	우편번호	1108
전화		+63-2-351-1620
웹사이트		www.ateneo.edu

3. 기관 한국학 현황

1) 한국 관련 강좌 운영 현황

소속 단과대학	사회과학대학(School of Social Sciences)	
소속 학과	영문학과, 역사학과, 정치학과, 커뮤니케이션학과	
한국학(어) 프로그램명	한국학 프로그램(Korean Studies Program)	
개설 연도	2014년	
프로그램 대표자	성명	직함
	리푸라 사라 제인 (Lipura Sarah Jane D.)	디렉터

2) 한국 관련 프로그램 제공 형태

비학위 과정		B.A. 선택 과목
학위 과정	B.A. (학사 과정)	한국학 부전공

3) 주요 연구 분야

• 한국어, 한국 대중문화, 한국 문학 영문 번역, 한국 근대사, 한-아세안 관계

4) 한국학 교수진 : 9명

교수명	직위	전공 분야
리푸라 사라 제인	한국학 프로그램 디렉터	아시아학(한국), 정치학
마 크리스티나 칼라 리코 (Ma. Kristina Carla Rico)	한국학 프로그램 강사	한국 문학, 한국어 교육
최자경(Jakyoung Choi)	한국학 프로그램 KF 객원교수	한국어 교육
알로나 구에바라(Alona Guevarra)	영문학과 전임교수	영문학
네빌 마나외스(Neville Manaois)	역사학과 전임교수	역사학
디아나 멘도사(Diana Mendoza)	정치학과 부석좌교수	정치학, 동남아학
올리베르 퀸타나(Oliver Quintana)	정치학과 강사	정치학, 동남아학
길버트 케(Gilbert Que)	커뮤니케이션, 역사학과 전임교수	아시아학, 미디어학
미셸 코레아(Michelle Correa)	커뮤니케이션학과 강사(휴직 중)	커뮤니케이션학, 미디어학

5) 수강생 현황

한국어(학) 관련 강의 수강생 수 : 총 191명

학사 1학년	학사 2학년	학사 3학년	학사 4학년	석사 1학년	석사 2학년	박사 과정	기타
1	36	46	96				12

전공생 수

B.A.	M.A.	Ph.D.
15(부전공)		

6) 강좌 개설 현황

과목명	담당 교수	주당 수업 시간	수강생 수	학점	필수 / 선택
한국어와 문화 1	최자경, 리푸라, 사라 도밍고(Sarah Domingo), 마 크리스티나 칼라 리코	3	104	3	필수
한국어와 문화 2	리푸라, 사라 도밍고	3	14	3	필수
한국어와 문화 3	최자경	3	5	3	선택
한국어와 문화 5	최자경	3	1	3	선택
한국 문학 영문 번역	알로나 구에바라	3	22	3	선택
한류	길버트 케	3	22	3	선택
한국 대중문화	리푸라, 사라 도밍고	3	11	3	선택
한국어와 문화 1	리푸라, 사라 도밍고, 마 크리스티나 칼라 리코	3	64	3	필수
한국어와 문화 2	마 크리스티나 칼라 리코	3	22	3	필수
한국어와 문화 3	최자경	3	6	3	선택
한국어와 문화 4	최자경	3	7	3	선택
한-아세안 관계	올리베르 퀸타나	3	27	3	선택
한국사	네빌 마나외스	3	30	3	선택
한국 영화	길버트 케	3	35	3	선택

7) 한국 관련 활동

활동명	시기	상세 활동 내용
특강 / 한국 101 랩	2016. 1.	산토토마스대학교와 공동 주최로 임상우 박사가 "한국의 문화 역사적 이해"를 주제로 강의
문화 축제	2016. 2.	2016 아테네오 설날 축제
한국어 말하기 대회	2016. 4.	주필리핀 한국문화원과 공동으로 전국 단위 한국어 말하기 대회 주최
체험 답사	2016. 6.	서강대 글로벌한국학과와 공동으로 아테네오 교수진 체험 답사 개최
한국학 포털 오픈	2016. 6.	주필리핀 한국문화원 협조로 필리핀 내 한국학 자료 포털 오픈
워크숍	2016. 8.	주필리핀 대사관과 공동으로 필리핀 교육자와 역사 교과서 집필자들 대상으로 한국사 워크숍 개최
문화 축제	2016. 9.	2016 추석 축제
학술회의와 문화 축제	2016. 10.	제3차 아테네오 한국학 학술회의, 한글 백일장 대회, 한국의 창 문화 행사 등 개최
학술회의	2016. 12.	오클랜드대학교와 공동으로 한민족 역이민을 주제로 학술회의 개최
특강 / 한국 101 랩	2017. 1.	"글로벌 불확실성 속 아세안과 한국"을 주제로 한 특강

동남아시아

8) 한국 관련 출판물

제목	형태	주요 내용
Ateneo Korean Studies Conference Proceedings	논문	아테네오 한국학 학술대회(1~3차) 발표 논문 및 페이퍼 자료집(http://journals.ateneo.edu/ojs/aiks)

4. 한국연구센터 운영 현황
- 없음

5. 도서관 현황

도서관명	리잘 도서관(Rizal Library)
담당 사서	베르논 토타네스(Vernon Totanes)
한국학 장서 보유량(부)	1,942

6. 동아시아학 현황

1) 일본학 프로그램 제공 형태	학사(부전공), 석사
2) 중국학 프로그램 제공 형태	학사

필리핀국립대학교
University of the Philippines

1. 대학 개요

대학명(자국어)	Unibersidad ng Pilipinas
설립 연도	1908년
소재 국가	필리핀
형태	국공립
대표자 성명 / 직위	다닐로 콘셉시오(Danilo L. Concepcion) / 총장

2. 연락처

주소	영문 주소	Quezon City, Philippines
	우편번호	1101
전화		+632-981-8500
웹사이트		www.up.edu.ph

3. 기관 한국학 현황

1) 한국 관련 강좌 운영 현황

소속 학과	언어학과(Department of Linguistics)	
한국학(어) 프로그램명	한국어 과정	
프로그램 대표자	성명	직함
	파라 쿠나난(Farah C. Cunanan)	학과장
홈페이지	uplinguistics.wordpress.com	

2) 한국 관련 프로그램 제공 형태

비학위 과정	B.A. 선택 과목

3) 한국학 교수진 : 6명

교수명	직위	전공 분야
알드린 리(Aldrin P. Lee)	부교수	언어학, 촘스키 이론, 한국어 교육
마크 래 차베스(Mark Rae C. De Chavez)	조교수	언어학, 통사론, 한국어 교육
제이 아 이그노(Jay-Ar M. Igno)	조교수	한국어 교육, 번역
배경민(Kyungmin Bae)	강사	한국어 교육
김영미(Youngmee Kim)	강사	한국어 교육
마 크리스티나 칼라 리코(Ma. Kristina Carla S. Rico)	강사	한국어 교육

4) 강좌 개설 현황

과목명	담당 교수	주당 수업 시간	수강생 수	학점	필수 / 선택
한국어 1					
한국어 2					
초급 한국어 1					
초급 한국어 2					

4. 한국연구센터 운영 현황

- 없음

5. 동아시아학 현황

1) 일본학 프로그램 제공 형태	학사
2) 중국학 프로그램 제공 형태	학사

필리핀아시아태평양대학교

University of Asia and the Pacific

1. 대학 개요

대학명(자국어)	Unibersidad ng Asya at Pasipiko
설립 연도	1967년
소재 국가	필리핀
형태	사립
대표자 성명 / 직위	윈스턴 콘래드 파도지녹(Winston Conrad B. Padojinog) / 총장

2. 연락처

주소	영문 주소	Pearl Drive, Ortigas Center, Pasig City, Philippines
	우편번호	1605
전화		+63-2-637-0912
웹사이트		www.uap.asia

3. 기관 한국학 현황

1) 한국 관련 강좌 운영 현황

소속 학부	인문과학대학(College of Arts and Sciences)	
소속 학과	역사학과(Department of History)	
한국학(어) 프로그램명	한국학 프로그램(Korea Studies Program)	
개설 연도	2006년	
프로그램 대표자	성명	직함
	조벤 아넬(Joven Arnel)	학과장

2) 한국 관련 프로그램 제공 형태

비학위 과정	B.A. 선택 과목, M.A. 선택 과목

3) 한국학 교수진 : 2명

교수명	직위	전공 분야
조벤 아넬	역사학과 학과장	역사
리기나 곤잘루두 츠틸로(Regina Gonzaludo-Cstillo)	아시아태평양학과	역사

4) 수강생 현황

한국어(학) 관련 강의 수강생 수 : 총 69명

5) 강좌 개설 현황

과목명	담당 교수	주당 수업 시간	수강생 수	학점	필수 / 선택
APS102C	리기나 곤잘루두 츠틸로	3	22	3	
KOR101	마르코 앙굴로(Marco Angulo)	3	10	3	선택
APS102C	리기나 곤잘루두 츠틸로	3	34	3	
KOR103	마르코 앙굴로	3	3	3	선택

6) 한국 관련 활동

활동명	시기	상세 활동 내용
한국학 강좌	2009	한국학, 한국어, 한국 경제 발전
한국학 연구	2013~2016	주제 연구

4. 한국연구센터 운영 현황

- 없음

5. 도서관 현황

담당 사서	하젤 안네 페스티오(Hazel Anne T. Pestio)
한국학 장서 보유량(부)	947

6. 동아시아학 현황

1) 일본학 프로그램 제공 형태	학사
2) 중국학 프로그램 제공 형태	학사

국립고웅대학(카오슝대학)

National University of Kaohsiung

1. 대학 개요

대학명(자국어)	國立高雄大學
설립 연도	2000년
소재 국가	대만
형태	국공립
대표자 성명 / 직위	슈에 리앙 왕(Shyue Liang Wang) / 총장

2. 연락처

주소	영문 주소	700, Kaohsiung University Rd., Nanzih District, 811. Kaohsiung, Taiwan(R.O.C.)
	우편번호	81148
전화		+886-987-339694
웹사이트		www.nuk.edu.tw

3. 기관 한국학 현황

1) 한국 관련 강좌 운영 현황

소속 단과대학	인문사회과학대학	
소속 학과	동아시아어문학과	
개설 연도	2008년	
프로그램 대표자	성명	직함
	이경보(李京保)	학과장
홈페이지	deal.nuk.edu.tw/main.asp?pn=tview&id=ro208e1viops	

2) 한국 관련 프로그램 제공 형태

학위 과정	B.A. (학사 과정)	한국어 전공

3) 주요 연구 분야

- 한국어, 한국 인문사회

4) 한국학 교수진 : 4명

교수명	소속/직위	전공 분야
이경보	동아시아어문학과 학과장	한일 대조 언어, 한국어학
하범식(河凡植)	동아시아어문학과 부교수	정치경제학
왕청동(王清棟)	동아시아어문학과 부교수	한국어 교육
유소정	동아시아어문학과 강사	한국어 교육

5) 수강생 현황

한국어(학) 관련 강의 수강생 수 : 총 68명

학사 1학년	학사 2학년	학사 3학년	학사 4학년	석사 1학년	석사 2학년	박사 과정	기타
17	17	17	17				

전공생 수

B.A.	M.A.	Ph.D.
68		

※ 매년 신입생 선발(인원: 17명)

6) 강좌 개설 현황

과목명	담당 교수	주당 수업 시간	수강생 수	학점	필수 / 선택
초급 한국어 1	이경보	4	45	4	필수
초급 한국어 회화 1	이경보	2	45	2	필수
중급 한국어 1	왕청동	3	20	2	필수
중급 한국어 회화 1	이경보	2	20	2	필수
한국어 청강 실습 1	하범식	2	20	2	필수
한국어 작문 1	이경보	2	23	2	필수
한국 주제 연구 1	이경보, 하범식, 왕청동	3	17	2	필수

과목명	담당 교수	주당 수업 시간	수강생 수	학점	필수 / 선택
고급 한국어 작문	유소정	2	17	2	필수
한국어 발음	하범식	2	25	2	선택
한국 문화 개론	하범식	2	35	2	선택
한국 경무 개론	하범식	2	35	2	선택
한국어 번역 1	왕청동	2	20	2	선택
한국 문학 선독	유소정	2	25	2	선택
한국어 구어 번역 1	왕청동	2	10	2	선택
한국어 신문 독해 연습	하범식	2	15	2	선택
한국 사회 개론 1	하범식	2	10	2	선택

7) 한국 관련 활동

활동명	시기	상세 활동 내용
한국-대만 학생 학술 교류	2012. 11.	대구대학교 국제한국어교육학부 학생들과의 학문 교류
국제 학술 대회	2014. 7.	2014년 국제 심포지엄. 제3회 동아시아언어사회연구학회 국제 심포지엄으로 "한국어 국제화 진흥 한국어 교육의 전망"을 주제로 함
한국-대만 공동 주최 세미나	2016. 11.	2016년 대만-한국 문화 교류를 위한 카오슝 포럼

8) 한국 관련 출판물

제목	형태	주요 내용
신 TOPIK 한국어 초급 1 시험완전공략	단행본	초급자를 위한 한국어능력시험을 대비하는 방법
TOPIK 한국어 중고급 2 시험완전공략	단행본	중고급자를 위한 한국어능력시험을 대비하는 방법
한국어 어휘 학습 전략 및 문법 교육	단행본	
통역 기법을 이용한 한국어 듣기 교육 -노트테이킹 중심으로	논문	노트테이킹(note-taking)을 통해 듣기 실력을 향상하는 방법
중국어권 학습자의 한국어 형용사 과거시제 오류 연구	논문	
대만에서의 한국어 교육 현황 및 전망	논문	
대만인 한국어 학습자의 어휘 학습 태도 및 학습 전략 양상	논문	
中國語圈 學習者에게서 나타나는 '을/를'의 오류 원인	논문	
'어지다'의 의미 기능 연구	논문	
한국어 한자어의 문법적인 특징 및 쓰임의 양상	논문	

제목	형태	주요 내용
일본어 번역을 통해 보는 '-어지다' 문장의 특성	논문	
한국 정치 세력과 권력 간 경쟁 변화: 진영 대립에서의 지역주의	논문	
정부의 역할과 정부와 기업 사이의 관계: 한국의 문화 산업 발전	논문	

4. 한국연구센터 운영 현황

명칭	한국연구중심(韓國研究中心)	
소속 기관	국립고웅대학 사회인문대학원	
설립 연도	2017년	
대표자	성명	직함
	하범식	연구소장

5. 도서관 현황

도서관명	고웅정보센터(圖書資訊館)
담당 사서	진건원(陳建源)
한국학 장서 보유량(부)	1,030

6. 동아시아학 현황

1) 일본학 프로그램 제공 형태	학사
2) 중국학 프로그램 제공 형태	학사

국립청치대학(국립정치대학)

National Chengchi University

1. 대학 개요

대학명(자국어)	國立政治大學
설립 연도	1954년
소재 국가	대만
형태	국공립
대표자 성명 / 직위	에드워드 초(Edward H. Chow) / 총장

2. 연락처

주소	영문 주소	NO.64, Sec.2, ZhiNan Rd.,Wenshan District, Taipei City, Taiwan(R.O.C)
	우편번호	11605
전화		+886-2-2939-309
웹사이트		www.nccu.edu.tw

3. 기관 한국학 현황

1) 한국 관련 강좌 운영 현황

소속 단과대학	외국어대학	
소속 학과	한국어문학과	
개설 연도	2000년	
프로그램 대표자	성명	직함
	진경지(陳慶智)	학과장
홈페이지	korean.nccu.edu.tw	

2) 한국 관련 프로그램 제공 형태

학위 과정	B.A. (학사 과정)	한국학 전공, 한국어 전공
	M.A. (석사 과정)	한국학 전공, 한국어 전공

3) 주요 연구 분야

- 한국학

4) 한국학 교수진 : 17명

교수명	직위	전공 분야
진경지	학과장, 부교수	한국 민속학
층천부	교수	한국 문학
곽추문	부교수	한국어학
박병선	부교수	한국어학
사목당	조교수	경제학
양원석	조교수	한국 문학
정성훈	조교수	한국어학
채련강	명예교수	한국어학
김영옥	조교수	한국 문학
박재경	조교수	한국 문학
이천승	교환 조교수	한국 철학
동문군	겸임 조교수	한국 문학
주립희	겸임강사	국제 관계
김학준	겸임강사	역사학
최호경	겸임강사	정치학
정내위	겸임강사	국제학
팽령임	겸임강사	한국어 교육

5) 수강생 현황

한국어(학) 관련 강의 수강생 수 : 총 188명

학사 1학년	학사 2학년	학사 3학년	학사 4학년	석사 1학년	석사 2학년	박사 과정	기타
33	35	32	29	12	5		학부 연장: 33, 석사 연장: 9

전공생 수

	B.A.	M.A.	Ph.D.
	162	26	

※ 매년 신입생 선발(인원: 29명)

6) 강좌 개설 현황

과목명	담당 교수	주당 수업 시간	수강생 수	학점	필수 / 선택
한국어 회화 II	정성훈	4	18	2	
한국어 회화 II	류진희	4	18	2	
한국어 회화 III	이천승	4	36	2	
초급 한국어	진경지	3	37	3	
중급 한국어	층천부	3	35	3	
고급 한국어	양원석	3	37	3	
실용 한국어	박병선	3	23	3	
한국어 듣기 II	류진희	2	39	1	
한국어 어법 I	정성훈	2	38	2	
한국어 쓰기 I	양원석	2	18	2	
한국어 쓰기 I	이천승	2	19	2	
한국어 듣기 III	류진희	2	37	1	
한국어 말하기 I	채련강	3	20	3	
한국어 말하기 I	층천부	3	18	3	
한국어 회화 IV	양원석	4	9	2	
조선 시기 동아시아 지역 간의 민간 교류	진경지	3	14	3	선택
영화를 통해서 본 한국 사회와 문화	박병선	2	78	2	선택
한국 이행기 사회의 정의 영화 평가	주립희	3	90	3	선택
한국 근현대 문학	박병선	2	9	2	선택
한국어 쓰기 II	정성훈	2	37	2	
한국 역사	류진희	2	25	2	선택
한국 문화 개론	류진희	2	39	2	선택
한국어 번역	동문군	2	43	2	선택
한국 영화 및 드마라 감상	양원석	2	2	2	선택
상용 한국어	곽추문	3	7	3	선택
한국 무역	사목당	2	33	2	선택
한국 신문	주립희	2	27	2	선택
관광 한국어	정성훈	2	50	2	선택

과목명	담당 교수	주당 수업 시간	수강생 수	학점	필수 / 선택
한국어 언어학 연구(석)	박병선	3	9	3	
한국 고전 문학 연구(석)	층천부	3	5	3	선택
한국 현대 문학 연구(석)	류진희	3	9	3	선택
한국어 교육 교재 및 교육자 연구(석)	정성훈	3	8	3	선택
한류 정책하의 한류 문화와 서사 모델(석)	곽추문	3	5	3	선택

7) 한국 관련 활동

활동명	시기	상세 활동 내용
독서회	2016. 10.~12.	『한어어법』으로 독서회를 진행하여 중국어와 한국어 어법 비교
한국어 교육 세미나	2016. 10.~12.	대만 지역 한국어 교원 재교육 및 교원 양성용 프로그램 연구
국제 학술회의(겨울)	2017. 1.	대만 한국학 발전 및 동아시아 한국어문 교육자 네트워크 구축

8) 한국 관련 출판물

제목	형태	주요 내용
한국 문화 교육 연구	논문	한국어 교육, 한국 문학, 한국 역사, 한국 문화 등 한국학 관련 주제의 연구 논문 게재
한국문화센터 창립 기념 학술대회	논문	1. 대만 한국학 발전 인력 양성 현황 및 문제점 2. 문화와 문화 콘텐츠 및 한국어 교육
한국어문학과 창립 60주년 기념 학술회의	논문	대만 한국학 교육 연구의 발전 및 전망
대만의 한국학 발전과 동아시아 한국어문 교육자 네트워크 구축	논문	대만 한국학 발전 및 동아시아 한국어문 교육자 네트워크 구축

4. 한국연구센터 운영 현황

명칭	한국연구중심(Center of Korean Studies)	
소속 기관	국제대학(College of International Affairs)	
설립 연도	2009년	
대표자	성명	직함
	밍리(Ming Lee)	단장

동북아시아

5. 도서관 현황

도서관명	중정도서관(中正圖書館)
한국학 장서 보유량(부)	36,115

6. 동아시아학 현황

1) 일본학 프로그램 제공 형태	학사, 석사, 박사
2) 중국학 프로그램 제공 형태	학사, 석사, 박사

유다상업기술학원(유달상업기술학원)
Yu Da University of Science and Technology

1. 대학 개요

대학명(자국어)	育達科技大學
설립 연도	1999년
소재 국가	대만
형태	사립
대표자 성명 / 직위	지안 센 첸(Jian-Shen Chen) / 총장

2. 연락처

주소	영문 주소	No. 168, Hsueh-fu Rd., Tanwen Village, Chaochiao Township, Miaoli County, Taiwan(R.O.C)
	우편번호	36143
전화		+88-63-765-1188
웹사이트		www.ydu.edu.tw

3. 기관 한국학 현황

1) 한국 관련 강좌 운영 현황

소속 단과대학	인문사회대학	
소속 학과	응용일본어학과	
한국학(어) 프로그램명	제2외국어-한국어 초급, 중급	
개설 연도	2008년	
프로그램 대표자	성명	직함
	허은아	겸임교수

동북아시아

2) 한국 관련 프로그램 제공 형태

비학위 과정	B.A. 선택 과목

3) 한국학 교수진 : 1명

교수명	직위	전공 분야
허은아	겸임교수	어문학

4) 수강생 현황

한국어(학) 관련 강의 수강생 수 : 총 80명

5) 강좌 개설 현황

과목명	담당 교수	주당 수업 시간	수강생 수	학점	필수 / 선택
한국어 초급			50		
한국어 중급			30		

4. 한국연구센터 운영 현황

- 없음

5 동아시아학 현황

1) 일본학 프로그램 제공 형태	학사
2) 중국학 프로그램 제공 형태	–

중국문화대학
Chinese Culture University

1. 대학 개요

대학명(자국어)	中國文化大學
설립 연도	1963년
소재 국가	대만
형태	사립

2. 연락처

주소	영문 주소	55 Hwa-Kang Road, Yang-Ming-Shan, Taipei, Taiwan
	우편번호	11111
전화		+886-2-2861-0511(ext.23301)
웹사이트		www.pccu.edu.tw

3. 기관 한국학 현황

1) 한국 관련 강좌 운영 현황

소속 학부	외국어학부	
소속 학과	한국어문학과	
개설 연도	1963년	
프로그램 대표자	성명	직함
	호정환(扈貞煥)	학과장
홈페이지	kor.pccu.edu.tw (한국어문학과) cks.pccu.edu.tw (한국학연구센터)	

2) 한국 관련 프로그램 제공 형태

학위 과정	B.A. (학사 과정)	한국어 전공
	M.A. (석사 과정)	한국어 전공

3) 주요 연구 분야

- 한국어학, 한국어 교육, 한국 문학, 한국 사회, 한국 문화

4) 한국학 교수진 : 9명

교수명	직위	전공 분야
호정환	교수	한국어 교육, 사회 한국어
유연환(游娟鐶)	부교수	고전 문학, 한국 관광
동달(董達)	부교수	고전 문학, 한국어 교육
정윤도(鄭潤道)	부교수	한국 정치와 법률, 한국어 교육
허이령(許怡齡)	부교수	한국 근대 문학, 한국 사상
오충신(吳忠信)	부교수	한국어학
김선효(金善孝)	조교수	한국어학
종장지(鍾長志)	조교수	한국어 교육, 한국어학
장수용(張秀蓉)	조교수	고전문학

5) 수강생 현황

한국어(학) 관련 강의 수강생 수

학사 1학년	학사 2학년	학사 3학년	학사 4학년	석사 1학년	석사 2학년	박사 과정	기타
70	64	62	61	17	15		

전공생 수

B.A.	M.A.	Ph.D.
257	36	

※ 매년 신입생 선발(인원: 73명)

6) 강좌 개설 현황

과목명	담당 교수	주당 수업 시간	수강생 수	학점	필수 / 선택
대일한어	장수용	2	606	2	필수
한어 회화(1)	장수용	2	95	2	필수
대일한어 01	유연환	2	76	2	필수
대일한어 02	유연환	2	80	2	필수
한어 회화(1) 01	정윤도	2	68	2	필수
한어 회화(2) 01	정윤도	2	84	2	필수
한어 어법	오충신	2	156	2	선택
한국 현세	임추산(林秋山)	2	79	2	선택
기초 한어	오충신	2	135	2	선택
기초 한어 시청 훈련 01	허이령	2	97	1	필수
기초 한어 시청 훈련 02	허이령	2	110	1	필수
한어 발음 01, 02	정윤도	2	75	2	선택
한어 회화(2) 01	임선유(林先渝)	2	82	2	필수
한어 회화(2) 02	임선유	2	107	2	필수
대일한어	동달	2	165	2	필수
한국사	정윤도	2	160	2	선택
한문 습작 01	한경덕(韓京意)	2	77	2	필수
한문 습작 02	한경덕	2	76	2	필수
한어구법론	오충신	2	78	2	필수
대일한문 번역	유연환	2	174	2	필수
진계 한어 시청 훈련 01	오충신	2	83	1	필수
진계 한어 시청 훈련 02	오충신	2	80	1	필수
한어 민속여문화	장수용	2	66	2	필수
한어 민속여문화	허이령	2	125	2	선택
한어 회화(3)	김선효	2	75	2	필수
대삼한어	장수용	2	60	2	필수
한국어학 개론	양인종(楊人從)	2	25	2	선택
상용 한어	유연환	2	56	2	선택
대삼한문 번역	허이령	2	60	2	필수
한어 청강 훈련	김선효	2	45	1	필수
한문사저(1)	호정환	2	47	2	필수
한어 회화(4) 01	호정환	2	48	2	필수
한어 회화(4) 02	호정환	2	265	2	필수

동북아시아

과목명	담당 교수	주당 수업 시간	수강생 수	학점	필수 / 선택
대사한어	임선유	2	58	2	필수
관광 한어	유연환	2	49	2	선택
한국 명저 선독	허이령	2	37	2	선택
한어구역	임명덕(林明德)	2	115	2	필수
한국 문학 개론	허이령	2	39	2	선택
진계 한어 청강 훈련 01	동달	2	49	1	필수
진계 한어 청강 훈련 02	동달	2	46	1	필수
한문사저(2) 01	김선효	2	49	2	필수
한문사저(2) 02	김선효	2	51	2	필수
한국 산업 개론	동달	2	41	2	선택
한어 도유 실무	유연환	2	34	2	선택
한국 문학 근현대	허이령	2	15	2	선택
한국 사회 여문	유연환, 장수용	2	23	2	선택
한어 음운학 연구	정윤도	2	14	2	선택
한어구역 요령 연구	임명덕	2	15	2	선택
한국어학 전제 연구	김선효	2	13	2	필수
한국 문학 전제 연구	동달	2	14	2	필수
대한 관광 산업 연구	유연환	2	11	2	선택
한국 한자 어휘 연구	임선유	2	6	2	선택
사회 한어학 연구	호정환	2	10	2	선택
근대 한어 철자법 연구	오충신	2	18	2	선택
한국 사상사 연구	허이령	2	7	2	선택
연구 방법 및 에세이 글쓰기	호저환	2	11	2	필수
한국 고전 문학 연구	동달	2	8	2	선택
대한 관광 산업 연구	유연환	2	18	2	선택
한국어 형태 통사론	김선효	2	10	2	선택
한국 근대사 연구	임추산	2	4	2	선택
한국 한자 어휘 연구	임선유	2	10	2	선택
한어 언해문 연구	양인종	2	4	2	선택
한국 경제 발전 및 정책 분사	오가흥(吳家興)	2	9	2	선택

7) 한국 관련 활동

활동명	시기	상세 활동 내용
제1회 서태평양 한국어 교육 및 한국학 국제학술회의	2011. 6.	한국, 중국, 베트남, 일본 등이 참가한 국제학술대회
제1회 양안 한국어학과 대학원생 학술회의	2012. 5.	중국과 대만 대학원생 학술 교류
제2회 서태평양 한국어 교육 및 한국학 국제학술회의	2013. 6.	한국, 중국, 베트남, 일본 등이 참가한 국제학술대회
제3회 서태평양 한국어 교육 및 한국학 국제학술회의	2014. 6.	한국, 중국, 베트남, 일본 등이 참가한 국제학술대회
제4회 서태평양 한국어 교육 및 한국학 국제학술회의	2015. 6.	한국, 중국, 베트남, 일본 등이 참가한 국제학술대회
제5회 서태평양 한국어 교육 및 한국학 국제학술회의	2016. 6.	한국, 중국, 베트남, 일본 등이 참가한 국제학술대회

8) 한국 관련 출판물

제목	형태	주요 내용
韓語發音	단행본	정윤도 저. 한국어 발음 교재
韓語讀本(1~4)	단행본	호정환, 임선유, 정윤도, 허이령 공저. 국어 읽기 교재
活用結構之韓文寫作(初級)	단행본	정윤도, 종장지 공저. 한국어 문법을 활용한 한국어 작문 교재
活用文法之韓文寫作(中高級)	단행본	호정환, 김선효, 종장지 공저. 한국어 문법을 활용한 한국어 작문 교재
視聽韓語教本	단행본	임명덕 저. 한국어 듣기 교재
韓英中實用經貿詞彙	단행본	유연환 저
韓英中高科技詞彙	단행본	유연환 저
南北韓語法對照詞典	단행본	호정환 저
韓中南北韓詞彙	단행본	호정환 저
韓語外來語	단행본	호정환 저
韓國學研究論文集(1~5)	논문	한국학 관련 논문
前進北韓	논문	북한의 정세에 관한 연구
經驗兩韓	논문	한국의 정세에 관한 연구
韓國經貿情勢與政策	논문	한국의 경제와 정책에 관한 연구
朝鮮王朝事大使行之研究	논문	조선 왕조와 중국의 방문 연구
中朝關係研究	논문	중국과 북한의 관계 연구
日治時期教科書朝『鮮語讀本』之綴字法現象	논문	오충신 저. 일제 시대 한국어 교과서 『조선독본』의 철자법에 대한 연구
한국어와 한국어 교육 연구	논문	김선효 저. 한국어학 및 한국어 교육에 관한 연구

동북아시아

4. 한국연구센터 운영 현황

명칭	한국학연구센터(Korean Studies Center)	
소속 기관	중국문화대학	
설립 연도	2014년	
대표자	성명	직함
	호정환	교수

5. 도서관 현황

도서관명	중국문화대학 도서관
담당 사서	우 주에이-시우(Wu Juei-Hsiu)
한국학 장서 보유량(부)	20,022

6. 동아시아학 현황

1) 일본학 프로그램 제공 형태	학사, 석사
2) 중국학 프로그램 제공 형태	학사, 석사, 박사

몽골국립과학기술대학교
Mongolian University of Science and Technology

1. 대학 개요

설립 연도	1959년
소재 국가	몽골
형태	국공립
대표자 성명 / 직위	오치르바트(B. Ochirbat) / 총장

2. 연락처

주소	영문 주소	B.O.X- 46/520, 8th Khoroo, Baga Toiruu, Sukhbaatar District,Ulaanbaatar, Mongolia
	우편번호	14191
전화		+976-11-324-590
웹사이트		www.must.edu.mn

3. 기관 한국학 현황

1) 한국 관련 강좌 운영 현황

소속 학부	외국어학부(Institute of Foreign Languages)	
소속 학과	아시아학과(Department of Asian study)	
개설 연도	2005년	
프로그램 대표자	성명	직함
	멘드 네르귀(Mend Nergui)	부학과장
홈페이지	fli.edu.mn	

2) 한국 관련 프로그램 제공 형태

비학위 과정		B.A. 선택 과목
학위 과정	B.A. (학사 과정)	한국어 전공
	M.A. (석사 과정)	한국어 전공, 기타 전공 내 프로그램(전공명: 언어학)
	Ph.D. (박사 과정)	기타 전공 내 프로그램(전공명: 언어학)

3) 주요 연구 분야

• 이공계 분야 통번역

4) 한국학 교수진 : 5명

교수명	직위	전공 분야
멘드 네르귀	부학과장	한국학, 외국어로서의 한국어
뭉흐자르갈 토모르바타르(Munkhjargal Tumurbaatar)	교수	언어학
에트겅 체벤도르지(Otgon Tseveendorj)	강사	문학
너민달라이 바야므바소렌(Nomindalai Bayambasuren)	강사	문학
엥흐체첵 토모르바타르(Enkhtsetseg Tumurbaatar)	강사	한국어

5) 수강생 현황

한국어(학) 관련 강의 수강생 수 : 총 64명

학사 1학년	학사 2학년	학사 3학년	학사 4학년	석사 1학년	석사 2학년	박사 과정	기타
			18				46

전공생 수

B.A.	M.A.	Ph.D.
18		

※ 정부 정책상 3년 동안 신입생 선발이 없었으나 2017년 가을학기부터 신입생 선발

6) 강좌 개설 현황

과목명	담당 교수	주당 수업 시간	수강생 수	학점	필수 / 선택
건축 분야 통번역	멘드 네르귀	4	12	2	필수
통역	멘드 네르귀	4	20	2	필수
광산 분야 통번역	뭉흐자르갈 토모르바타르	4	12	2	필수
한국어 교수법	에트겅 체벤도르지	6	12	3	선택
한국어 문법 1	멘드 네르귀	6	10	3	필수
한국어 문법 1	뭉흐자르갈 토모르바타르	6	10	3	필수
한국어 문법 2	멘드 네르귀	6	10	3	필수
한국어 쓰기 1	에트겅 체벤도르지	4	15	2	필수
한국어 쓰기 2	멘드 네르귀	6	10	3	필수
한국어 회화 1	임경진(KOICA)	6	10	3	필수
한국어 회화 2	임경진(KOICA)	6	10	3	필수

7) 한국 관련 활동

활동명	시기	상세 활동 내용
봉사 활동	매년 6월 말~7월 중순	몽골 학생들에게 한국어 및 한국 문화 소개

8) 한국 관련 출판물

제목	형태	주요 내용
한국어와 한국 문화	단행본	통번역 수업에서 쓸 수 있는 한국 문화를 소개한 책
기술 한국어	단행본	
광산 기술어	단행본	

4. 한국연구센터 운영 현황
- 없음

5. 도서관 현황

도서관명	과학기술 도서관
담당 사서	골나라
한국학 장서 보유량(부)	280

6. 동아시아학 현황

1) 일본학 프로그램 제공 형태	학사, 석사, 박사
2) 중국학 프로그램 제공 형태	학사, 석사

몽골국립교육대학교
Mongolian National University of Education

1. 대학 개요

설립 연도	1950년
소재 국가	몽골
형태	국공립
대표자 성명 / 직위	뭉흐야르갈(D. Munkhjargal) / 총장

2. 연락처

주소	영문 주소	Baga toiruu-14, Ulaanbaatar, Mongolia
	우편번호	210648
전화		+976-11-325792
웹사이트		www.msue.edu.mn

3. 기관 한국학 현황

1) 한국 관련 강좌 운영 현황

소속 학부	인문사회과학대학 동양어교육학부(School of Humanities and Social sciences, Faculty of Oriental Languages Education)	
소속 학과	한국어교육학과(Korean Language Education)	
개설 연도	2000년	
프로그램 대표자	성명	직함
	송유민(Euimin Song)	학장

2) 한국 관련 프로그램 제공 형태

학위 과정	B.A. (학사 과정)	한국어 전공
	M.A. (석사 과정)	한국어 전공
	Ph.D. (박사 과정)	한국어 전공

3) 주요 연구 분야

- 한국어 교육, 비교언어

4) 한국학 교수진 : 3명

교수명	직위	전공 분야
송유민	학장	비교언어학
요 냐므크히시그(Yo. Nyamkhishig)	교수	한국어 교육
두렌야르갈(D. Duurenjargal)	교수	한국어 교육

5) 수강생 현황

한국어(학) 관련 강의 수강생 수 : 총 382명

학사 1학년	학사 2학년	학사 3학년	학사 4학년	석사 1학년	석사 2학년	박사 과정	기타
323	24	18	15		2		

전공생 수

B.A.	M.A.	Ph.D.
78	2	1

6) 강좌 개설 현황

과목명	담당 교수	주당 수업 시간	수강생 수	학점	필수 / 선택
한국어 회화-2	송유민	4	24	2	필수
한국어 회화-4	송유민	4	18	2	필수
한국어 실용 문법	요 냐므크히시그	4	24	2	필수
한국어 읽기	요 냐므크히시그	2	24	1	필수
한국어 교수법	요 냐므크히시그	6	18	3	필수
한국어 듣기	두렌야르갈	2	24	1	필수
한국어 쓰기	두렌야르갈	2	18	1	필수
한국 문화	두렌야르갈	4	15	2	선택

7) 한국 관련 활동

활동명	시기	상세 활동 내용
한국어와 한국 문화 이해 프로그램	매년 여름	한국교원대학교와 협력하여 매년 여름방학 때 2주간 "한국어와 한국 문화 이해"라는 프로그램 운영. 또한 한국의 전통 놀이, 전통 공예, 음식, K-POP 등 문화 강좌 제공
한국 문화 주간	매년 11월	교생 실습 학교에서 한국어를 공부하는 학생들과 같이 한국 문화 주간을 개최, 한국의 문화 및 음식, 전통 놀이 등을 알림

8) 한국 관련 출판물

제목	형태	주요 내용
한국어 실용 문법	단행본	한국어 문형 중에서 학습 단계에 맞게 517개를 선정하여 몽골어로 상세한 설명과 더불어 몽골어의 의미 및 예문을 제시
한국어 기초 108 문법	단행본	한국어의 기초 문형이라고 할 수 있는 108가지 문법을 선정하여 몽골어로 설명과 의미 및 예문, 연습 문제를 제공

동북아시아

4. 한국연구센터 운영 현황

명칭	한국학센터(Center for Korean Studies)	
소속 기관	인문사회과학대학(School of Humanities and Social sciences)	
설립 연도	2006년	
대표자	성명	직함
	송유민	소장

5. 도서관 현황

도서관명	몽골국립교육대학교 도서관
담당 사서	요 냐므크히시게
한국학 장서 보유량(부)	1,122

6. 동아시아학 현황

1) 일본학 프로그램 제공 형태	학사
2) 중국학 프로그램 제공 형태	학사, 기타(공자학원)

몽골국립대학교
National University of Mongolia

1. 대학 개요

설립 연도	1942년
소재 국가	몽골
형태	국공립
대표자 성명 / 직위	에르데네 바트(Erdene R. Bat) / 학장

2. 연락처

주소	영문 주소	Ikh Surguuliin gudamj-1 P.O.BOX-46A/523, 210646 Ulaanbaatar, Mongolia
	우편번호	14200
	전화	+976-9137-7199
	웹사이트	www.num.edu.mn

3. 기관 한국학 현황

1) 한국 관련 강좌 운영 현황

소속 단과대학	인문과학대학 (School of Arts and Sciences)		법과대학 (School of Law)	
소속 학과	아시아학과		공법학과·사법학과	
개설 연도	1991년		2011년	
프로그램 대표자	성명	직함	성명	직함
	사인빌레그트 (D. Sainbilegt)	교수	김동훈	한국법교육센터장
홈페이지	sas.num.edu.mn		law.num.edu.mn	

2) 한국 관련 프로그램 제공 형태

학위 과정	B.A. (학사 과정)	한국학 전공, 기타 전공 내 한국학 프로그램(전공명: 한국 법학, 통번역학)
	M.A. (석사 과정)	한국학 전공, 한국어교육학 전공, 기타 전공 내 한국학 프로그램(전공명: 통번역학)
	Ph.D. (박사 과정)	한국학 전공, 한국어교육학 전공, 기타 전공 내 한국학 프로그램(전공명: 통번역학)

3) 주요 연구 분야

- 한국학 관련 연구 분야(한국역사학·한국정치학·한국경제학·한국 문학·한국 문화), 한국어교육학·비교언어학·통번역학
- 기본 한국법 교육, 몽골의 유관 기관(법무부 등 관계 부서)에서 요구하는 몽골의 필요한 법령의 제정·개정에 관련한 조언, 비교법적 자문

4) 한국학 교수진 : 15명

교수명	직위	전공 분야
강구철	명예교수	공법학
비야므바야르갈(A. Byambajargal)	공법학과 교수	공법학
에르데네수렌(D. Erdenesuren)	강사	한국어
유한동	강사	한국어
송경섭	강사	한국 문화
사란투야(M. Sarantuya)	강사	한국어
데지드마(A. Dejidmaa)	강사	법학
사인빌레그트	교수	교육학
권성훈	교수	국어학
에르데네치멕(G. Erdenechimeg)	교수	사학
노로브남(B. Norovnyam)	교수	민속학
돌마(B. Dulmaa)	교수	사회학
아리운바이갈(B. Ariunbaigal)	교수	사학
체렌도르지(Ts. Tserendorj)	교수	사학
오윤체첵(Oyuntsetseg)	교수	정치학

5) 수강생 현황

한국어(학) 관련 강의 수강생 수 : 총 56명(문리대학 / 법과대학)

학사 1학년	학사 2학년	학사 3학년	학사 4학년	석사 1학년	석사 2학년	박사 과정	기타
- / 13	20 / 13	17 / 11	40 / 10	1 / -	5 / -	3 / -	학사 5학년: 9명 (법과대학)

전공생 수(문리대학 / 법과대학)

B.A.	M.A.	Ph.D.
77 / 57	6 / -	3 / -

※ 매년 신입생 선발(인원: 20명-문리대학, 15명-법과대학)

6) 강좌 개설 현황

과목명	담당 교수	주당 수업 시간	수강생 수	학점	필수 / 선택
한국 형법	강구철	2	19	3	필수
한국 민법	강구철	2	11	3	필수
한국 공법	비야므바야르갈	2	13	3	필수
한국법 입문	송경섭	2	13	3	필수
한자	강구철, 유한동	6	30	3	필수
한국어 말하기, 듣기	유한동	12	57	3	필수
한국어 읽기	에르데네수렌	4	26	3	필수
한국어 번역, 법률 번역	에르데네수렌	8	43	3	필수
한국어 쓰기, 문법	사란투야	14	57	3	필수
한국 문화	에르데네치멕	2	5	2	필수
고대 한국어	에르데네치멕	2	19	2	필수
중급 읽기와 쓰기	에르데네치멕	2	17	2	필수
중급 말하기와 쓰기	에르데네치멕	2	19	2	필수
한국사	에르데네치멕	2	14	2	필수
한국 정치제도	사인빌레그트	2	20	2	필수
한국 교육사	사인빌레그트	2	16	2	필수
한몽 번역	사인빌레그트	4	12	2	필수
몽한 번역	권성훈	4	13	2	필수
비즈니스 번역	권성훈	4	11	2	필수
초급 어휘	권성훈	2	22	2	필수
중급 말하기 듣기	권성훈	3	21	2	필수

과목명	담당 교수	주당 수업 시간	수강생 수	학점	필수 / 선택
중급 한자 2	체렌도르지	4	21	2	필수
초급 읽기	체렌도르지	4	22	2	필수
사료 번역	체렌도르지	2	16	2	필수
초급 문법	아리운바이갈	6	22	3	필수
중급 문법	아리운바이갈	4	21	2	필수
한국어-1	아리운바이갈	6	30	3	선택

7) 한국 관련 활동

활동명	시기	상세 활동 내용
한글날 행사	매년 10월	한국학과 학생 대상의 언어문화 행사
학술회의와 세미나	매년 가을과 봄학기	몽골대학교 교수와 연구자 들을 대상으로 학술회의와 교육학 세미나 개최
한국법 문화 연수		한국법제연구원 연수원, 대법원, 대검찰청, 헌법재판소, 국회 등 기관 방문 및 한국어와 한국법 특강

8) 한국 관련 출판물

제목	형태	주요 내용
한-몽 사전	단행본	서울대학교 출판사, 2003-표제어 25,000개 수록
한국사 1	단행본	2006
한국사 2	단행본	2006
『춘향전』	단행본	2006
한국 경제	단행본	2009
한국 정치	단행본	2009
『삼국유사(三國遺事)』	단행본	2009
한국 사회와 문화	단행본	2009
『고산자』	단행본	2010
한국 전통 사회의 지배집단-양반	단행본	성균관대학교 중국연구소, 아시아와 한류 한국학 교재 1, 이매진 출판사, 2013
『발해고(渤海考)』	단행본	2014
몽골인을 위한 종합 한국어 1-6권	단행본	

4. 한국연구센터 운영 현황

명칭	한국학진흥협회	
소속 기관	몽골국립대학교	
설립 연도	2013년	
대표자	성명	직함
	사인빌레그트	대표

5. 도서관 현황

도서관명	몽골국립대학교 도서관
한국학 장서 보유량(부)	5,232

6. 동아시아학 현황

1) 일본학 프로그램 제공 형태	–
2) 중국학 프로그램 제공 형태	–

몽골국제대학교
Mongolia International University(MIU)

1. 대학 개요

설립 연도	2002년
소재 국가	몽골
형태	사립
대표자 성명 / 직위	권오문(Ohmoon Kwon) / 총장

2. 연락처

주소	영문 주소	(P.O.Box 252, Post Office No.51) 13th Khroo, Bayanzurkh District, Ulaanbaatar, Mongolia
	우편번호	–
전화		+96-7000-7447
웹사이트		www.miu.edu.mn

3. 기관 한국학 현황

1) 한국 관련 강좌 운영 현황

소속 학과	교양학과	
한국학(어) 프로그램명	한국어 과정	
개설 연도	2002년	
프로그램 대표자	성명	직함
	오선희	처장

2) 한국 관련 프로그램 제공 형태

비학위 과정	교양 필수

3) 한국학 교수진 : 2명

교수명	직위	전공 분야
오선희	처장	성악, 한국어 교육, 언어학
박민선		생명공학

4) 강좌 개설 현황

과목명	담당 교수	주당 수업 시간	수강생 수	학점	필수 / 선택
초급 한국어 1			30		
중급 한국어					

4. 한국연구센터 운영 현황

- 없음

5. 동아시아학 현황

1) 일본학 프로그램 제공 형태	–
2) 중국학 프로그램 제공 형태	–

몽골생명과학대학교(구 몽골국립농업대학교)
Mongolian University of Life Sciences

1. 대학 개요

설립 연도	1958년
소재 국가	몽골
형태	국공립
대표자 성명 / 직위	토모르바타르 헤로가(Tumurbaatar Kheruuga) / 총장

2. 연락처

주소	영문 주소	Zaisan, Khan-uul District, Ulaanbaatar, Mongolia
	우편번호	17024
전화		+976-11-341654
웹사이트		www.muls.edu.mn

3. 기관 한국학 현황

1) 한국 관련 강좌 운영 현황

소속 센터	교양교육센터(Center of General Education)	
소속 학과	외국어학과(Foreign Language Department)	
개설 연도	2004년	
프로그램 대표자	성명	직함
	오온치멕(S. Oyunchimeg)	학과장

2) 한국 관련 프로그램 제공 형태

학위 과정	B.A. (학사 과정)	한국 대학 복수 학위

3) 한국학 교수진 : 4명

교수명	직위	전공 분야
오욘치멕	학과장	영-한
아리운게렐(Ts. Ariungerel)		한국어 교육
소론고(D. Solongo)		한국어 교육
김유종(Yujong Kim)	KOICA 해외봉사단원	한국어 교육

4) 수강생 현황

한국어(학) 관련 강의 수강생 수 : 총 110명

5) 강좌 개설 현황

과목명	담당 교수	주당 수업 시간	수강생 수	학점	필수 / 선택
복수 학위 프로그램 내 한국어 과정			60		필수
학부생을 위한 한국어 과정			50		선택

4. 한국연구센터 운영 현황

명칭	한국언어문화센터(Center of Korean Language and Culture)	
소속 기관	외국어학과(Foreign Language Department)	
설립 연도	2004년	
대표자	성명	직함
	오욘치멕	소장

5. 동아시아학 현황

1) 일본학 프로그램 제공 형태	기타(복수 학위 프로그램 내 일본어 과정)
2) 중국학 프로그램 제공 형태	기타(복수 학위 프로그램 내 중국어 과정)

몽골인문대학교
University of Humanities

1. 대학 개요

설립 연도	1979년
소재 국가	몽골
형태	사립
대표자 성명 / 직위	촐론도르지(B. Chuluundorj) / 총장

2. 연락처

주소	영문 주소	PO Box 46-53, Ulaanbaatar, Mongolia
	우편번호	-
전화		+976-9114-2014
웹사이트		www.humanities.mn

3. 기관 한국학 현황

1) 한국 관련 강좌 운영 현황

소속 학부	언어문화대학 아시아언어학부	
소속 학과	한국어교육학과	
개설 연도	1992년	
프로그램 대표자	성명	직함
	최선수	코디네이터

2) 한국 관련 프로그램 제공 형태

비학위 과정		B.A. 선택 과목
학위 과정	B.A. (학사 과정)	한국어 전공
	M.A. (석사 과정)	한국학 전공, 한국어 전공
	Ph.D. (박사 과정)	한국학 전공, 한국어 전공

3) 주요 연구 분야

• 한국어 및 한국어 교육 관련 연구, 한국어-몽골어 통번역 관련 연구, 한국어-몽골어
비교연구

4) 한국학 교수진 : 4명

교수명	직위	전공 분야
최선수	코디네이터	농경제학, 언어학
에르데네수렌(D. Erdenesuren)	교수	한국어 교육, 교육학
김지은	교수	국어 교육
강의현	교수	인문학(신학)

5) 수강생 현황

한국어(학) 관련 강의 수강생 수 : 총 47명

학사 1학년	학사 2학년	학사 3학년	학사 4학년	석사 1학년	석사 2학년	박사 과정	기타
11	5	14	15			2	

전공생 수

B.A.	M.A.	Ph.D.
40		2

※ 매년 신입생 선발(인원: 15명)

동북아시아

6) 강좌 개설 현황

과목명	담당 교수	주당 수업 시간	수강생 수	학점	필수 / 선택
한국어 듣기, 말하기 A1.1 -TOPIK 1	김지은	6	11	3	필수
한국어 읽기, 쓰기 A1.1 -TOPIK 1	최선수	6	11	3	필수
한국어 듣기, 말하기 B	김지은	6	14	3	필수
한국어 쓰기, 문법 B2.1	최선수	8	14	4	필수
한국어 읽기, 어휘 B2.1	에르데네수렌	6	14	3	필수
한국학	에르데네수렌	4	14	2	필수
한국어 문법	강의현	4	14	2	필수
교생 실습 II	최선수, 에르데네수렌	45	15	6	필수
한국 사회, 정치, 언론 분야 번역	최선수	4	15	2	선택
한자 II	강의현	2	15	1	필수
교육평가론	에르데네수렌	4	15	2	필수
한국어 듣기, 말하기 A1.2	김지은	6	9	3	선택
한국어 읽기, 쓰기 A1.2	최선수	8	9	4	선택
TOPIK I-듣기	에르데네수렌	4	9	2	선택

7) 한국 관련 활동

활동명	시기	상세 활동 내용
몽골 대학생 한국어 말하기 대회	1997~현재	몽골 대학생 대상으로 한국어 말하기 대회 개최. 매년 10~12개 학교 참가
몽골대학교 한국어 학과 간 친선 체육 대회	2014~2016	주몽골 대사관 주최로 몽골대학교 한국어학과 간 친선 체육 대회.
경인여대-몽골인문대 몽골 봉사 활동	2016	경인여대 학생 교수, 실무 담당 직원이 몽골인문대에 와서 일주일 간 한국어, 태권도, K-POP, K-FOOD, 한국 문화 등 강좌 진행

8) 한국 관련 출판물

제목	형태	주요 내용
Korean Video lessons, Beginner, Intermediate, Advanced Level	기타	에르데네수렌 교수 참여, 2015 -몽골인을 위한 종합 한국어 교재를 기반으로 한 비디오 강의
Comprehensive Korean language Textbook for Mongolians (몽골인을 위한 종합 한국어)	단행본	에르데네수렌, 방성원(Seongwon Bang), 이영숙 (Yeongsook Lee) & 사인비레그(Sainbileg)

4. 한국연구센터 운영 현황

- 없음

5. 도서관 현황

도서관명	몽골인문대학교 언어문화대학 도서관 / 한국어교육학과
담당 사서	난살마(Ch. Nansalmaa)
한국학 장서 보유량(부)	2,700 / 1,200

6. 동아시아학 현황

1) 일본학 프로그램 제공 형태	학사, 석사, 박사
2) 중국학 프로그램 제공 형태	학사, 석사, 박사

동북아시아

에트겅텡게르대학교

Otgontenger University

1. 대학 개요

설립 연도	1991년
소재 국가	몽골
형태	사립
대표자 성명 / 직위	엥흐자야(N. Enkhzayaa) / 총장

2. 연락처

주소	영문 주소	BJukov Street, Enkhtaivan Avenue, Bayanzurkh Districe, Ulaanbaatar, Mongolia
	우편번호	PO Box 35, Post office 51
전화		+976-88096423
웹사이트		www.otgontenger.edu.mn

3. 기관 한국학 현황

1) 한국 관련 강좌 운영 현황

소속 단과대학	인문대학	
소속 학과	외국어학과, 한국어통역과, 국제관계학과, 항공학과	
개설 연도	2017년	
프로그램 대표자	성명	직함
	엥흐바트 네민(Enkhbat Nomin)	학과장

2) 한국 관련 프로그램 제공 형태

비학위 과정		B.A. 선택 과목
학위 과정	B.A. (학사 과정)	한국어 전공, 기타 전공 내 프로그램(전공명: 한국어 통역)

3) 한국학 교수진 : 3명

교수명	직위	전공 분야
첸드 불간(Tsend Bulgan)	교수	한국어 문학
체데냐브 바야르마(Tsedenjav Bayarmaa)		한국학
이슬기		

4) 수강생 현황

한국어(학) 관련 강의 수강생 수 : 총 140명

학사 1학년	학사 2학년	학사 3학년	학사 4학년	석사 1학년	석사 2학년	박사 과정	기타
140							

전공생 수

B.A.	M.A.	Ph.D.
10		

※ 매년 신입생 선발(인원: 10명)

5) 강좌 개설 현황

과목명	담당 교수	주당 수업 시간	수강생 수	학점	필수 / 선택
한국어 쓰기 1(한국어통역과)	첸드 불간	8	10	4	필수
한국어 말하기 1(한국어통역과)	체데냐브 바야르마	6	10	3	필수
한국어 말하기 1(한국어통역과)	이슬기	2	10	1	필수
한국어 기초 1(항공학과 1c반/1d반)	첸드 불간	6	60	3	필수
한국어 기초 1(항공학과 1a반/1b반)	체데냐브 바야르마	6	60	3	필수
한국어 기초 1(국제관계학과)	체데냐브 바야르마	4	15	2	필수
한국어 기초 1(국제관계학과)	이슬기	2	15	1	필수

4. 한국연구센터 운영 현황
- 없음

5. 도서관 현황

도서관명	인문대학 도서관
담당 사서	벨러르마 르카그바수렌(Bolormaa Lkhagvasuren)
한국학 장서 보유량(부)	1,608

6. 동아시아학 현황

1) 일본학 프로그램 제공 형태	–
2) 중국학 프로그램 제공 형태	학사

울란바타르국립대학교

Ulaanbaatar State University

1. 대학 개요

설립 연도	1992년
소재 국가	몽골
형태	국공립
대표자 성명 / 직위	바트-에르데네(Bat-Erdene. R.) / 총장

2. 연락처

주소	영문 주소	Bayanzurkh District, 5th Khoroo, Kino Uildver, PO-51, Box-167, Mongolia
	우편번호	–
전화		+976-88085495
웹사이트		www.usu.edu.mn

3. 기관 한국학 현황

1) 한국 관련 강좌 운영 현황

소속 학부	동양학부	
소속 학과	한국어학과	
개설 연도	1995년	
프로그램 대표자	성명	직함
	한다르마 르하그바도르지 (Khandarmaa Lkhagvadorj)	학과장
홈페이지	www.usu.edu.mn	

2) 한국 관련 프로그램 제공 형태

학위 과정	B.A. (학사 과정)	한국어 전공, 동아시아학

3) 한국학 교수진 : 2명

교수명	직위	전공 분야
한다르마	한국어학과 한국어 교수	언어학
촐론바트(Chuluunbat)	한국어학과 한국어 교수	언어학

4) 수강생 현황

한국어(학) 관련 강의 수강생 수 : 총 70명

학사 1학년	학사 2학년	학사 3학년	학사 4학년	석사 1학년	석사 2학년	박사 과정	기타
20	16	15	17			2	

전공생 수

B.A.	M.A.	Ph.D.
68		

※ 매년 신입생 선발

5) 강좌 개설 현황

과목명	담당 교수	주당 수업 시간	수강생 수	학점	필수 / 선택
한국어 통번역	한다르마	20	43	52	필수
역사학-한국어	촐론바트	12	16	31	선택
고고학-한국어	한다르마	12	9	31	선택

6) 한국 관련 활동

활동명	시기	상세 활동 내용
한국어로 얘기합시다	매년 10~11월	1~4학년 학생들의 한국어 실력을 높이기 위해 한국어로 발표 및 노래, 연극, 퀴즈 진행

7) 한국 관련 출판물

제목	형태	주요 내용
몽-한 번역 초급	단행본	몽골에서 한국어로 번역할 때 필요한 몽골 텍스트, 문법, 단어
고고학과 전문 몽골어-영어-한국어 소사전	단행본	몽골어, 영어, 한국어로 된 고고학 전문 단어들

4. 한국연구센터 운영 현황

명칭	한국학센터(Center for Korean Studies)

5. 도서관 현황

도서관명	울란바타르대학교 도서관
담당 사서	오윤체첵(Oyuntsetseg)

6. 동아시아학 현황

1) 일본학 프로그램 제공 형태	학사
2) 중국학 프로그램 제공 형태	학사, 기타(공자학원)

동북아시아

울란바타르에르뎀대학교

Ulaanbaatar Erdem University

1. 대학 개요

설립 연도	1996년
소재 국가	몽골
형태	사립
대표자 성명 / 직위	도르진 알리마(Доржийн Алимаа) / 총장

2. 연락처

주소	영문 주소	Ylaltiin Talbain Zuun Khoino, Baga Toiruu, 4-r Khoroo, Chingeltei Duureg, Ulaanbaatar, Mongolia
	우편번호	–
전화		+976-9972-6447
웹사이트		www.uberdem.edu.mn

3. 기관 한국학 현황

1) 한국 관련 강좌 운영 현황

소속 학과	외국어학과(Department of Foreign Languages)	
개설 연도	2006년	
프로그램 대표자	성명	직함
	토모르바타르 알탄속 (Tumurbaatar Altansog)	한국어 교수

2) 한국 관련 프로그램 제공 형태

비학위 과정		B.A. 선택 과목
학위 과정	B.A. (학사 과정)	한국어 전공, 기타 전공 내 한국학 프로그램

3) 주요 연구 분야

• 사회언어학, 언어 정책

4) 한국학 교수진 : 1명

교수명	직위	전공 분야
토모르바타르 알탄속	교수	한국어

4. 한국연구센터 운영 현황

- 없음

5. 도서관 현황

담당 사서	델게르체첵(Delgertsetseg)
한국학 장서 보유량(부)	321

6. 동아시아학 현황

1) 일본학 프로그램 제공 형태	학사
2) 중국학 프로그램 제공 형태	학사

후레정보통신대학교

Huree University of Information and Communication Technology

1. 대학 개요

설립 연도	2002년
소재 국가	몽골
형태	사립
대표자 성명 / 직위	존 성(John Sung) / 총장

2. 연락처

주소	영문 주소	Khasbaatryn Street, 11th Committees and Micro Areas, Missing District, Ulaanbaatar, Mongolia
	우편번호	–
전화		976-11-304850
웹사이트		www.huree.edu.mn

3. 기관 한국학 현황

1) 한국 관련 강좌 운영 현황

소속 학과	기술한국어통번역학과	
한국학(어) 프로그램명	한국어	
개설 연도	2009년	
프로그램 대표자	성명	직함
	안장교	교무처장

2) 한국 관련 프로그램 제공 형태

학위 과정	B.A. (학사 과정)	한국어 전공

3) 한국학 교수진 : 4명

교수명	직위	전공 분야
난딩토야 바트나산(Nandintuya Batnasan)	학과장	한국어학
서희경	전임교수	한국어 교육
타미르체첵(Tamirtsetseg)	시간강사	한국어학
정수한	KOICA 해외 파견강사	한국어 교육

4) 수강생 현황

한국어(학) 관련 강의 수강생 수 : 총 51명

학사 1학년	학사 2학년	학사 3학년	학사 4학년	석사 1학년	석사 2학년	박사 과정	기타
9	14	13	15				

5) 강좌 개설 현황(2015년 봄 학기)

과목명	담당 교수	주당 수업 시간	수강생 수	학점	필수 / 선택
기초 한국어 회화	임도희	3	13	3	필수
중급 한국어 회화	이현영(Hunyoung Lee)	3	12	3	필수
기초 한국어 어휘	임도희(Dohee Lim)	2	11	2	필수
한국어 문법	난딩토야 바트나산	3	13	3	필수
한국어 쓰기	이현영	3	9	3	필수
기초 한국어 한자	타미르체첵, 체렌나드미드(Tserennadmid)	2	14	2	필수
한국 창작 문학	난딩토야 바트나산	3	13	3	선택
비즈니스 한국어 이해	오치르바야르 바트 오치르 (Ochirbayar Bat Ochir)	3	13	3	선택

6) 한국 관련 활동

활동명	시기	상세 활동 내용
학술 교류 협정	2011~현재	한국사이버대학교 학생 및 교수 교류, 학술 세미나, 학술회 개최, 공동 학위 프로그램 운영
학술 교류 협정	2012~현재	목원대학교 학생 교환, 교류 및 교직원 교류, 공동 연구 등 협약
학술 교류 협정	2012~현재	배제대학교 학생 교환, 교류 및 교직원 교류, 공동 연구 등 협약
세종학당	2013~현재	한국어 교육 및 한국 문화 교육, 세종 한국어 운영
한국 바로 알리기 협약	2013~현재	사이버 외교사절단 반크와 한국 바로 알리기 협약 체결, 후레대학교 학생에게 한국 역사와 문화 소개 및 교육
학술 교류 협정	2014~현재	경상대학교 학술 연구 및 교환 연구 교류, 정보와 자료 교환, 공동 연구 심포지엄 학회 개최
학술 교류 협정	2015~현재	강릉 원주대학교 학술 연구 및 교환 연구 교류, 복수 학위제 실시
국제 학술 대회 공동 주최	2015~현재	대한전기학회 국제 학술 대회 공동 주최 MOU 체결

4. 한국연구센터 운영 현황

- 없음

5. 동아시아학 현황

1) 일본학 프로그램 제공 형태	–
2) 중국학 프로그램 제공 형태	–

간다외어대학

Kanda University of International Studies

1. 대학 개요

대학명(자국어)	神田外語大学
설립 연도	1987년
소재 국가	일본
형태	사립
대표자 성명 / 직위	구니야 사카이(Kuniya Sakai) / 총장

2. 연락처

주소	영문 주소	1-4-1, Wakaba, Mihama Ward, Chiba City, Chiba Prefecture, Japan
	우편번호	261-0014
전화		+81-43-273-2164
웹사이트		www.kandagaigo.ac.jp

3. 기관 한국학 현황

1) 한국 관련 강좌 운영 현황

소속 학부	외국어학부	
소속 학과	아시아언어학과	
개설 연도	1987년	
프로그램 대표자	성명	직함
	하마노우에 미유키 (Hamanoue Miyuki)	학과장

2) 한국 관련 프로그램 제공 형태

학위 과정	B.A. (학사 과정)	한국어 전공

3) 주요 연구 분야

- 한국어학, 한국사, 한국문화인류학

4) 한국학 교수진 : 6명

교수명	직위	전공 분야
하마노우에 고(浜之上 幸)		한국어학
권용경(權容璟)		한국어학
하야시 후미키(林史樹)		한국문화인류학
히라 가오리(平香織)		한국어학
도시마 유카(豊島悠果)		한국사
김주상(金周祥)		한국어학

5) 수강생 현황

한국어(학) 관련 강의 수강생 수 : 총 134명

학사 1학년	학사 2학년	학사 3학년	학사 4학년	석사 1학년	석사 2학년	박사 과정	기타
32	34	37	31				

전공생 수

B.A.	M.A.	Ph.D.
134		

6) 강좌 개설 현황

과목명	담당 교수	주당 수업 시간	수강생 수	학점	필수 / 선택
한국어 기초 II	권용경	9	32	6	필수
한국어 기초 IV	권용경	9	20	6	필수
일한 통역법	맹신미(孟信美)	1.5	6	2	선택
한일 번역법	신대기(辛大基)	1.5	27	2	선택
시사 한국어 II	하야시 후미키	1.5	15	2	선택
한국어 대화문 II	히라 가오리	1.5	8	2	선택
한국어 강독 II	신대기	1.5	12	2	선택
한국어 구두 표현 II	권용경	1.5	16	2	선택
한국어 상급 회화 II	김순임	1.5	15	2	선택
일한 대조 언어 연구 II	김순임	1.5	2	2	선택
한국어학 특강 II	히라 가오리	1.5	5	2	선택
한국어 사회언어학 II	하마노우에 고	1.5	44	2	선택
한국어사 II	권용경	1.5	4	2	선택
한국 문화 개론 II	하야시 후미키	1.5	101	2	선택
한국 영상문화론 II	황선영(黃善英)	1.5	21	2	선택
한국 현대 문학 연구 II	황선영	1.5	13	2	선택
한국 문화 특정 연구 II	하야시 후미키	1.5	5	2	선택
한국의 종교·사회 II	하야시 후미키	1.5	25	2	선택
한국사 개론 II	도시마 유카	1.5	35	2	선택
한국 근대사 II	도시마 유카	1.5	25	2	선택
중세 일한관계사	도시마 유카	1.5	29	2	선택
한국 정치론 II	사카타 야스요(阪田恭代)	1.5	25	2	선택
한국 경제론 II	히야쿠모토 가즈히로(百本和弘)	1.5	17	2	선택
한국어 영상번역법 II	혼다 게이고(本田惠子)	1.5	25	2	선택

7) 한국 관련 출판물

제목	형태	주요 내용
韓国語学年報	논문	한국어학 관계 논문집

4. 한국연구센터 운영 현황
 - 없음

5. 도서관 현황

도서관명	간다외어대학 도서관(神田外語大学図書館)
담당 사서	요시노 도모요시(吉野知義)
한국학 장서 보유량(부)	10,655

6. 동아시아학 현황

1) 일본학 프로그램 제공 형태	학사, 석사
2) 중국학 프로그램 제공 형태	학사

게이오대학
Keio University

1. 대학 개요

대학명(자국어)	慶應義塾大学
설립 연도	1858년
소재 국가	일본
형태	사립
대표자 성명 / 직위	아쓰시 세이케(Atsushi Seike) / 총장

2. 연락처

주소	영문 주소	2-15-45 Mita, Minato-ku, Tokyo, Japan
	우편번호	108-8345
전화		+81-3-5427-1044
웹사이트		www.keio.ac.jp

3. 기관 한국학 현황

1) 한국 관련 강좌 운영 현황

소속 학부	법학부	
소속 학과	정치학과	
개설 연도	1951년	
프로그램 대표자	성명	직함
	니시노 준야(西野純也)	교수

2) 한국 관련 프로그램 제공 형태

학위 과정	B.A. (학사 과정)	한국학 전공, 한국어 전공, 동아시아학 전공
	M.A. (석사 과정)	한국학 전공, 동아시아학 전공
	Ph.D. (박사 과정)	한국학 전공, 동아시아학 전공

3) 주요 연구 분야

- 동아시아 국제정치, 현대 한국 정치·외교, 한국 경제·경영, 북한 정치·외교 등

4) 한국학 교수진 : 7명

교수명	직위	전공 분야
니시노 준야	법학부 교수	현대 한국 정치·외교
소에야 요시히데	법학부 교수	동아시아 국제정치
오코노기마사오	법학부 명예교수	현대 한국 정치·외교
야나기마치 이사오	정책학부 교수	한국 경제·경영
이소자키 아쓰히토	법학부 준교수	북한 정치·외교
이홍천	정책학부 교수	미디어
노무라 신이치	문학부 교수	지역 문학

5) 강좌 개설 현황

과목명	담당 교수	주당 수업 시간	수강생 수	학점	필수 / 선택
인문과학 연구회 II	이소자키 아쓰히토	1.5		2	
인문과학 연구회 IV	이소자키 아쓰히토	1.5		2	
지역 문화론 II	이소자키 아쓰히토	1.5		2	
한국어 인센티브	이소자키 아쓰히토	1.5		2	
연구회	니시노 준야	1.5		2	
문헌 강독 I	니시노 준야	1.5		2	
예능사 II	노무라 신이치	1.5		2	
사회학 연구회 IV	노무라 신이치	1.5		2	
한국어 IV	노무라 신이치	1.5		2	
한국어 인센티브	이시다 미치요	1.5		2	
국제정치론 특수 연습	소에야 요시히데	1.5		2	

과목명	담당 교수	주당 수업 시간	수강생 수	학점	필수 / 선택
정치학 II	니시노 준야	1.5		2	
한국어(중급) b	이태문	1.5		2	
한국어 문헌 강독 II	노무라 신이치	1.5		2	
한국어 II	최의영	1.5		2	
한국어 연습 II	노무라 신이치	1.5		2	
한국어 II	이태문	1.5		2	
한국어 IV	이태문	1.5		2	

6) 한국 관련 활동

활동명	시기	상세 활동 내용
개소 기념 심포지엄	2009. 2.~2016. 12.	게이오대학 현대한국연구센터 개소 기념 심포지엄 "변혁기의 동북아시아와 한일 관계" 외 심포지엄 13회
정례 세미나	2009. 6.~2017. 2.	제목: "오바마 정권과 북미 관계 보고" 이종원(릿쿄대학), 토론: 오코노기 마사오 외 세미나 20회
한일 공동 연구 프로젝트B 워크숍	2009. 7.~2012. 6.	한일 공동 연구 프로젝트 "한국 사회의 쟁점과 전망" 제1회 워크숍(서울) 외 7회
한중일 회의	2009. 10.~2014. 5.	한중일 국제 심포지엄 "일본 민주당 정권 발족과 한중일 관계"(서울), 동서대학일본연구센터, 중국사회과학원과 공동 개최 외 3회
성균관대학교 학생 연수단 방문	2011. 1.	성균관대학교 학생 연수단이 센터 방문
연구 보고회	2011. 7.~2016. 1.	김동길(북경대학) 교수를 초청하여 중소 관계를 중심으로 한국 전쟁의 기원에 대해 연구 발표 외16회
한일 대화	2012. 2.	한일 전문가들이 모여 변동하는 동북아시아 질서와 한일 협력 방안에 대해 연구 및 보고
한일 공동 프로젝트	2013. 7.~2015. 4.	한일 공동 프로젝트 "Japan and Korea: Vision for the Future", 연세대학교 현대한국학연구소와 공동 진행 외 5회
의견 교환회	2015. 7.	"동북아 평화 협력 구상", 세종연구소와 공동 개최하에 한국 외교부의 동북아 평화 협력 구상에 대한 의견 교환
시사회	2016. 10.	한국 영화 「변호인」 상영회
한일 미래 비전 프로젝트(1~3차)	2016. 10.~2017. 2.	"한국과 일본의 다른 질서관", "협력은 가능한가", "한일 미래 비전 프로젝트" 등

4. 한국연구센터 운영 현황

명칭	현대한국연구센터	
소속 기관	게이오대학 동아시아연구소(Center for Contemporary Korean Studies)	
설립 연도	2009년	
대표자	성명	직함
	소에야 요시히데	센터장

5. 도서관 현황

도서관명	게이오대학 도서관
담당 사서	간지 아카기(Kanji Akagi)
한국학 장서 보유량(부)	18,377

6. 동아시아학 현황

1) 일본학 프로그램 제공 형태	학사, 석사, 박사
2) 중국학 프로그램 제공 형태	학사, 석사, 박사

고난여자대학
Konan Women's University

1. 대학 개요

대학명(자국어)	甲南女子大学
설립 연도	1920년
소재 국가	일본
형태	사립
대표자 성명 / 직위	모리타 가쓰아키(Morita Katsuaki, 森田勝昭) / 총장

2. 연락처

주소	영문 주소	6-2-23, Morikita-machi, Higashinada-ku, Kobe, Japan
	우편번호	658-0001
전화		+81-78-413-5396
웹사이트		www.konan-wu.ac.jp

3. 기관 한국학 현황

1) 한국 관련 강좌 운영 현황

소속 학부	문학부	
소속 학과	다문화커뮤니케이션학과	
개설 연도	2001년	
프로그램 대표자	성명	직함
	이은아	교수
홈페이지	www.konan-wu.jp/clover/study/multiculture.php	

2) 한국 관련 프로그램 제공 형태

비학위 과정	B.A. 선택 과목, M.A. 선택 과목

3) 한국학 교수진 : 1명

교수명	직위	전공 분야
이은아	교수	한일대조언어학

4) 수강생 현황

한국어(학) 관련 강의 수강생 수 : 총 3000여 명

5) 강좌 개설 현황

과목명	담당 교수	주당 수업 시간	수강생 수	학점	필수 / 선택
한국어 I~VIII			118		
한국어 연습 I~IV			46		
한국어 회화 I~II			34		
한국 문화사회론			50		
아시아 사정			84		

4. 한국연구센터 운영 현황

　-없음

5 동아시아학 현황

1) 일본학 프로그램 제공 형태	-
2) 중국학 프로그램 제공 형태	-

교토대학
Kyoto University

1. 대학 개요

대학명(자국어)	京都大学
설립 연도	1897년
소재 국가	일본
형태	국공립
대표자 성명 / 직위	주이치 야마기와(Juichi Yamagiwa, 壽一山極) / 총장

2. 연락처

주소	영문 주소	Yoshida-honmachi, Sakyo-ku, Kyoto, Japan
	우편번호	606-8501
전화		+81-75-753-2495
웹사이트		www.kyoto-u.ac.jp

3. 기관 한국학 현황

1) 한국 관련 강좌 운영 현황

소속 학부	문학연구과	
소속 학과	인문학과	
개설 연도	2004년	
프로그램 대표자	성명	직함
	요시이 히데오(吉井秀夫)	대표
홈페이지	www.zinbun.kyoto-u.ac.jp/~ksnet/	

2) 한국 관련 프로그램 제공 형태

학위 과정	B.A. (학사 과정)	기타 전공 내 한국학 프로그램
	M.A. (석사 과정)	기타 전공 내 한국학 프로그램
	Ph.D. (박사 과정)	기타 전공 내 한국학 프로그램

3) 주요 연구 분야

• 역사학, 고고학, 사상 문화 연구, 정치학(행정), 경제학

4) 한국학 교수진 : 11명

교수명	직위	전공 분야
요시이 히데오	문학연구과 교수	조선고고학
마쓰다 모토지(松田素二)	문학연구과 교수	사회학
센다 순타로(千田俊太郎)	문학연구과 준교수	언어학(조선어)
요시모토 미치마사(吉本道雅)	문학연구과 교수	동아시아 고대사
호리 가즈오(堀和生)	경제학연구과 교수	조선 경제사
오구라 기조(小倉紀蔵)	인간·환경학연구과 교수	한국 사상·문화
고마고메 다케시(駒込武)	교육학연구과 교수	식민지 교육사
미나미 교(南京兌)	법학연구과 준교수	정치학
야기 다케시(矢木毅)	인문과학연구소 교수	조선 중세·근세사
오노 야스테루(小野容照)	인문과학연구소 조교	조선 근대사
김우대(金宇大)	하쿠비센터 조교	조선 고고학

5) 수강생 현황

한국어(학) 관련 강의 수강생 수 : 총 261명

학사 1학년	학사 2학년	학사 3학년	학사 4학년	석사 1학년	석사 2학년	박사 과정	기타
60	60	60	60	6	1	14	

6) 강좌 개설 현황

과목명	담당 교수	주당 수업 시간	수강생 수	학점	필수 / 선택
조선·한국학 입문	요시이 히데오, 미나미 교, 오노이루루 데루	5	211	2	
조선어(초급B)	스기야마 유타카(杉山豊)	5	7	1	
조선어(중급B)	박진완(朴眞完)	5	10	1	선택
고고학 특수 강의 II	요시이 히데오	5	5	2	선택
동양사학 특수 강의(한국 근세사)	야기 다케시	5	4	2	선택
동양사학 특수 강의(발해국사)	후루하타 도루(古畑徹)		3	2	선택
현대 사학 특수 강의(조선 근대사)	오노 야스테루	5	15	2	선택
영서 강독(조선 근대사)	오노 야스테루	5	39	2	선택
아시아 경제사	호리 가즈오	5	8	2	선택
한국어·조선어 외국서 강독	호리 가즈오	5	9	2	선택
조선어 IB(실습)	오구라 기조	3	56	2	필수
조선어 IIB	오구라 기조	5	24	1	필수
조선어 IIB(실습)	오구라 기조	5	24	1	필수
동아시아 비교사상론 2	오구라 기조	5	20	2	선택
동아시아 비교사상론 연습 2	오구라 기조	5	2	2	선택
다문화 복합론 연습	오구라 기조	5	17	2	선택

7) 한국 관련 활동

활동명	시기	상세 활동 내용
'전 시기 조선 사히이 제상' 연구회		교토대학 인문과학연구소가 주최하며, 매월 조선에 관한 연구회
동방 문화 연구의 기억과 유산		교토대학 인문과학연구소, 성균관대학교 동아시아학술원, 연세대학교 국학연구원, 도쿄대학 동양문화연구소가 공동 개최. 교토대학에서 열린 동아시아 연구의 기억과 유산에 관한 심포지엄
오구라기조연구실 콜로키엄		한국의 사상이나 문화에 관한 콜로키엄이며, 지금까지 29회 개최
한국어회화클럽		한국어(언어학)에 관한 연구 발표
현대한국조선학회 대회		현대 한국에 관한 일본을 대표하는 학회인 현대한국조선학회 제17회 대회를 교토대학에서 개최
코리아라운드테이블		한국어에 관한 언어학자들의 연구 모임

동북아시아

8) 한국 관련 출판물

제목	형태	주요 내용
朝鮮工業化の史 的分析	단행본	堀和生, 유히카쿠출판, 1995 • 조선공업화를 역사적으로 분석
植民地帝国日本 の文化統合	단행본	駒込武, 이와나미쇼텐, 1996 • 한국을 포함한 일본 식민지 교육사 분석
高麗官僚制度研究	단행본	矢木毅, 교토대학 학술출판회, 2008 • 고려시대 관료제에 관한 연구
古代朝鮮墳墓に みる国家形成	단행본	吉井秀夫, 교토대학 학술출판회, 2010 • 분묘를 통해 고대 조선의 국가 형성 과정 해명
ハイブリッド化する日韓	단행본	小倉紀蔵, NTT출판, 2010 • 현대의 한일 관계 분석
韓国·朝鮮史の 系譜	단행본	矢木毅, 하나와쇼보, 2012 • 한국사 연구의 역사를 민족의식을 중심으로 분석
現代韓国を学ぶ	논문	小倉紀蔵編 저, 유히카쿠출판, 2012 • 현대 한국의 사상, 문화에 관한 논문집
朝鮮独立運動と 東アジア	단행본	小野容照, 시분카쿠출판, 2013 • 한국 독립 운동사에 관한 연구
北朝鮮とは何か	단행본	小倉紀蔵, 후지와라쇼텐, 2015 • 현대 북한에 관한 사상 연구
東アジア高度成 長の歴史的起源	논문	堀和生 편저, 교토대학 학술출판회, 2016 • 한국을 포함한 동아시아 경제에 관한 논문집
嫌韓問題の解き 方	논문	小倉紀蔵, 大西裕, 樋口直人 공저, 아사히신문출판, 2016 • 혐한 문제가 발생하게 된 원인을 밝히는 학술서
韓国の世界遺産 宗廟	단행본	矢木毅, 린센쇼텐, 2016 • 종묘의 역사에 관한 계몽서
帝国日本と朝鮮 野球	단행본	小野容照, 주오코론신사, 2017 • 한국의 야구에 관한 역사적 연구
金工品から読む 古代朝鮮と倭	단행본	金宇大, 교토대학 학술출판회, 2017 • 이식, 장식대도 등의 분석을 통해서 삼국시대 한일 관계 및 그 특징 검토

4. 한국연구센터 운영 현황
- 없음

5. 도서관 현황

도서관명	교토대학 도서관 기구
한국학 장서 보유량(부)	8,634

6. 동아시아학 현황

1) 일본학 프로그램 제공 형태	학사
2) 중국학 프로그램 제공 형태	학사, 석사, 박사

구마모토학원대학
Kumamoto Gakuen University

1. 대학 개요

대학명(자국어)	熊本学園大学
설립 연도	1942년
소재 국가	일본
형태	사립
대표자 성명 / 직위	료이치 고다(Ryoichi Koda) / 총장

2. 연락처

주소	영문 주소	2-5-1, Oe Chuo-ku, Kumamoto-shi, Japan
	우편번호	862-0971
전화		+81-96-364-516, +81-90-6429-1455
웹사이트		www.kumagaku.ac.jp

3. 기관 한국학 현황

1) 한국 관련 강좌 운영 현황

소속 학부	외국어학부(外国語学部)	
소속 학과	동아시아학과(東アジア学科)	
개설 연도	1994년	
프로그램 대표자	성명	직함
	다케시 오사와(Takeshi Osawa)	학과장

2) 한국 관련 프로그램 제공 형태

학위 과정	B.A. (학사 과정)	한국학 전공, 한국어 전공, 동아시아학 전공
	M.A. (석사 과정)	한국학 전공, 한국어 전공
	Ph.D. (박사 과정)	한국학 전공, 한국어 전공

3) 주요 연구 분야

- 한국어학, 한국 문학·문화, 한국 지역학·역사학

4) 한국학 교수진 : 4명

교수명	직위	전공 분야
야노 겐이치(矢野謙一, Yano Kenichi)	동아시아학과 교수	한국어학
시바 고야(柴公也, Shiba Koya)	동아시아학과 교수	한국어학
신명직(申明直, Myoungjik Shin)	동아시아학과 교수	한국 문학, 문화
도이 히로쓰구(土井浩嗣, Doi Hirotsugu)	동아시아학과 준교수	한국지역학

5) 수강생 현황

한국어(학) 관련 강의 수강생 수 : 총 136명

학사 1학년	학사 2학년	학사 3학년	학사 4학년	석사 1학년	석사 2학년	박사 과정	기타
50	36	20	29			1	

전공생 수

B.A.	M.A.	Ph.D.
200		

※ 매년 신입생 선발(인원: 50명)

6) 강좌 개설 현황

과목명	담당 교수	주당 수업 시간	수강생 수	학점	필수 / 선택
한국어 발음	신명직				
한국어 듣기 l	신명직				
한국어 회화 입문	야노 겐이치				
한국어 생활 회화	야노 겐이치				

과목명	담당 교수	주당 수업 시간	수강생 수	학점	필수 / 선택
한국어 독해 입문	도이 히로츠구				
한국어 단문 독해 I	도이 히로츠구				
한국어 듣기 II	박영규(朴永奎)				
한국어 생활 능력	박영규				
한국어 회화 II	박영규				
한국어 회화 표현	박영규				
한국어 단문 독해 II	야노 켄이치				
한국어 장문 독해	야노 켄이치				
한번역 입문	야노 하츠미(矢野初美)				
한번역	야노 하츠미				
한작문 입문	시바 고야				
한국어 작문 I	시바 고야				
한국어학 개론 I, II	시바 고야				
한국어학 개론 I, II	신명직				
현대 한국어 설명	야노 켄이치				
한국 현대 문학 강독	신명직				
한국 해외연수	신명직				
한국의 문화 이해	도이 히로츠구				
한국 방송 청취	시바 고야				
듣기 훈련	시바 고야				
스피치	신명직				
스피치 연습	신명직				
작문 연습	박영규				
작문 II	박영규				
종합 훈련	시바 고야				
번역 연습	시바 고야				
통역	박영규				
통역 연습	박영규				
전문 훈련 I II	공동				
한국어 방언학	야노 하츠미				
한국어 문법론	시바 고야				
한국어 문헌 강독	시바 고야				
한국 현대 문학 강독	신명직				

7) 한국 관련 활동

활동명	시기	상세 활동 내용
'함께 말해 봐요' 한국어 구마모토 대회	2007~현재	지정 스키트, 창작 스키트, K-POP(3부문) 매년 150여 명 출전, 관객 포함 매년 500여 명 참가
동아시아시민공생 영화제	2007~현재	한국 영화의 일본어 자막을 학생들과 교원이 함께 제작하고 한국 감독(김태용, 육상효, 김태균, 양영희, 임흥순 감독 등)을 초청함

8) 한국 관련 출판물

제목	형태	주요 내용
韓国文学ノート (한국문학노트)	단행본	2009년, 한국 고전 문학부터 2000년대까지의 한국 문학 입문서 문학 작품 일부 번역 및 시대별 해설(KF 지원)

4. 한국연구센터 운영 현황

- 없음

5. 동아시아학 현황

1) 일본학 프로그램 제공 형태	학사, 석사, 박사
2) 중국학 프로그램 제공 형태	학사, 석사, 박사

동북아시아

규슈대학
Kyushu University

1. 대학 개요

대학명(자국어)	九州大学
설립 연도	1911년
소재 국가	일본
형태	국공립
대표자 성명 / 직위	지하루 구보(Chiharu Kubo) / 총장

2. 연락처

주소	영문 주소	6-19-1 Hakozaki, Higashi-ku, Fukuoka, Japan
	우편번호	821-8581
전화		+81-92-642-2352
웹사이트		www.kyushu-u.ac.jp

3. 기관 한국학 현황

1) 한국 관련 강좌 운영 현황

소속 학부	문학부, 인문과학부	
소속 학과	인문학과	
개설 연도	1974년	
프로그램 대표자	성명	직함
	모리히라 마사히코(森平雅彦)	교수

2) 한국 관련 프로그램 제공 형태

학위 과정	B.A. (학사 과정)	조선사학 전공
	M.A. (석사 과정)	조선사학 전공
	Ph.D. (박사 과정)	조선사학 전공

3) 주요 연구 분야

- 한국사

4) 한국학 교수진 : 1명

교수명	직위	전공 분야
모리히라 마사히코	교수	고려사

5) 수강생 현황

한국어(학) 관련 강의 수강생 수 : 총 19명

학사 1학년	학사 2학년	학사 3학년	학사 4학년	석사 1학년	석사 2학년	박사 과정	기타
	2	5	6		2	3	1

전공생 수

B.A.	M.A.	Ph.D.
13	2	3

※ 매년 신입생 선발

6) 한국 관련 활동

활동명	시기	상세 활동 내용
아시아태평양대학	2010~현재	한국·미국의 대학과 공동 프로그램(영어, 한국어)

4. 한국연구센터 운영 현황

명칭	한국연구센터(韓国研究センター)	
설립 연도	1999년	
대표자	성명	직함
	나카노 히토시	센터장

5. 동아시아학 현황

1) 일본학 프로그램 제공 형태	–
2) 중국학 프로그램 제공 형태	–

나고야경제대학
Nagoya Keizai University

1. 대학 개요

대학명(자국어)	名古屋経済大学
설립 연도	1965년
소재 국가	일본
형태	사립
대표자 성명 / 직위	사부리 하루오(Saburi Haruo) / 총장

2. 연락처

주소	영문 주소	61-1 Uchikubo, Inuyama-shi, Aichi, Japan
	우편번호	484-8504
전화		+81-568-67-0511
웹사이트		www.nagoya-ku.ac.jp

3. 기관 한국학 현황

1) 한국 관련 강좌 운영 현황

소속 학부	법학부
소속 학과	비즈니스법학과

2) 한국 관련 프로그램 제공 형태

비학위 과정	B.A. 선택 과목

3) 한국학 교수진 : 1명

교수명	직위	전공 분야
이범찬(李範燦)	교수	상법학

4) 강좌 개설 현황

과목명	담당 교수	주당 수업 시간	수강생 수	학점	필수 / 선택
코리아어 입문	이범찬				
조선어 기초	하마자키 신야(浜崎信也)				
코리아어	이토 다로(伊藤太郎)				

4. 한국연구센터 운영 현황

- 없음

5. 동아시아학 현황

1) 일본학 프로그램 제공 형태	-
2) 중국학 프로그램 제공 형태	-

니쇼가쿠샤대학
Nishogakusha University

1. 대학 개요

대학명(자국어)	二松學舍大学
설립 연도	1877년
소재 국가	일본
형태	사립
대표자 성명 / 직위	준코 스가하라(Junko Sugahara) / 총장

2. 연락처

주소	영문 주소	6-16, Sanbancho, Chiyoda-ku, Tokyo, Japan
	우편번호	102-8336
전화		+81-3-3261-5751
웹사이트		www.nishogakusha-u.ac.jp

3. 기관 한국학 현황

1) 한국 관련 강좌 운영 현황

소속 학부	문학부	
소속 학과	중국문학과	
개설 연도	2004년	
프로그램 대표자	성명	직함
	시오다 교코(Shioda Kyoko)	교수
홈페이지	www.nishogakusha-u.ac.jp/gakubugakka/faculty/about_chubun.html#senko_00	

2) 한국 관련 프로그램 제공 형태

학위 과정	B.A. (학사 과정)	한국어 전공

3) 주요 연구 분야

- 한국어학

4) 한국학 교수진 : 1명

교수명	직위	전공 분야
시오다 교코	국문학과 교수	한국어학, 언어학

5) 수강생 현황

전공생 수

B.A.	M.A.	Ph.D.
33		

6) 강좌 개설 현황

과목명	담당 교수	주당 수업 시간	수강생 수	학점	필수 / 선택
한국어 1		1.5	108	2	선택
한국어 2		1.5	42	2	선택
한국어 3	시오다 교코	1.5	15	2	선택
한국어 기초 연습 1		1.5	26	2	선택
한국어 기초 연습 2		1.5	13	2	선택
한국어 중급 독해	시오다 교코	1.5	20	4	선택
한국어 중급 회화		1.5	25	4	선택
한국어 중급 표현		1.5	18	4	선택
한국어 상급 독해		1.5	12	4	선택
한국어 상급 회화		1.5	10	4	선택
한국어 상급 표현		1.5	16	4	선택
한국 문학 연구		1.5	5	4	선택
한국 문화사		1.5	37	4	선택
일한 비교문학 문화 연구		1.5	21	4	선택
한국어학 개론	시오다 교코	1.5	5	4	선택

과목명	담당 교수	주당 수업 시간	수강생 수	학점	필수 / 선택
한국어 세미나 1	시오다 교코	1.5	11	4	선택
한국어 세미나 2	시오다 교코	1.5	20	4	선택

4. 한국연구센터 운영 현황
- 없음

5. 도서관 현황
도서관명	니쇼가쿠샤대학 도서관
한국학 장서 보유량(부)	2,009

6. 동아시아학 현황
1) 일본학 프로그램 제공 형태	학사, 석사, 박사
2) 중국학 프로그램 제공 형태	학사, 석사, 박사

데즈카야마학원대학

Tezukayama Gakuin University

1. 대학 개요

대학명(자국어)	帝塚山学院大学
설립 연도	1966년
소재 국가	일본
형태	사립
대표자 성명 / 직위	긴스케 쓰다(Kinsuke Tsuda) / 학장

2. 연락처

주소	영문 주소	2-1823, Imakuma, Osaka Sayama-City, Osaka, Japan
	우편번호	589-8585
전화		+81-72-365-0865
웹사이트		www.tezuka-gu.ac.jp/

3. 기관 한국학 현황

1) 한국 관련 강좌 운영 현황

소속 학부	인문학부	
소속 학과	인문학과	
한국학(어) 프로그램명	동아시아 전공 내 프로그램(학사)	
개설 연도	2009년	
프로그램 대표자	성명	직함
	후루타 도미타테(古田富建)	교수

2) 한국 관련 프로그램 제공 형태

학위 과정	B.A. (학사 과정)	동아시아학 전공

3) 한국학 교수진 : 2명

교수명	직위	전공 분야
후루타 도미타테	인문학부 교수	한국종교학
임현수	인문학부 준교수	언어학

4) 수강생 현황

한국어(학) 관련 강의 수강생 수 : 총 71명

학사 1학년	학사 2학년	학사 3학년	학사 4학년	석사 1학년	석사 2학년	박사 과정	기타
26	21	14	10				

전공생 수

B.A.	M.A.	Ph.D.
71		

※ 인문학과 신입생 선발 후 희망 학생의 경우 한국학 전공 선택(인원: 100명)

5) 강좌 개설 현황

과목명	담당 교수	주당 수업 시간	수강생 수	학점	필수 / 선택
한국 문화론	후루타 도미타테	2	9	2	선택
한국어 커뮤니케이션	임현수	2	15	2	선택

6) 한국 관련 활동

활동명	시기	상세 활동 내용
한국 문화 교류 이벤트	매년 여름	고교생 대상으로 한국어, K-POP 댄스, 한국 화장품 등에 대해 배우는 이벤트 실시
고교생 K-POP 말하기 대회	매년 가을	고교생 대상으로 한국 노래 가사를 암송하는 대회 실시

동북아시아

7) 한국 관련 출판물

제목	형태	주요 내용
SNSで学ぶ毎日の韓国語	단행본	후루타 도미타테 저 -일반 학습자를 대상으로 SNS에서 쓸 만한 표현집
お風呂で学ぶ韓国語会話	단행본	후루타 도미타테 저 -방수 종이로 만든 한국어 회화 학습용 참고서

4. 한국연구센터 운영 현황
- 없음

5. 도서관 현황

도서관명	데즈카야마학원대학 도서관(帝塚山学院大学図書館)
담당 사서	하타케야마 야스코(畠山靖子)
한국학 장서 보유량(부)	5,019

6. 동아시아학 현황

1) 일본학 프로그램 제공 형태	학사
2) 중국학 프로그램 제공 형태	학사

덴리대학
Tenri University

1. 대학 개요

대학명(자국어)	天理大学
설립 연도	1925년
소재 국가	일본
형태	사립
대표자 성명 / 직위	나가오 노리아키(永尾 教昭) / 총장

2. 연락처

주소	영문 주소	1050 Somanouchi, Tenri, Nara, Japan
	우편번호	632-8510
전화		+81-743-63-9005
웹사이트		www.tenri-u.ac.jp

3. 기관 한국학 현황

1) 한국 관련 강좌 운영 현황

소속 학부	국제학부(International Studies)	
소속 학과	외국어학과(Department of Foreign Languages)	
한국학(어) 프로그램명	라틴아메리카 e-School 프로그램(e-School Program for Latin America and Academia de idiomas Asiáticos)	
개설 연도	1925년	
프로그램 대표자	성명	직함
	마쓰오 오사무(松尾勇)	교수
홈페이지	www.tenri-u.ac.jp/ins/kor/index.html	

2) 한국 관련 프로그램 제공 형태

학위 과정	B.A. (학사 과정)	한국어 전공

3) 주요 연구 분야

• 한국어문학, 한국사, 사회 문화, 인류학 등

4) 한국학 교수진

교수명	직위	전공 분야
마쓰오 오사무	외국어학과 교수	한국어
김선미	외국어학과 교수	한국어, 한일대조언어학
구마키 쓰토무(熊木勉)	외국어학과 교수	한국 문학
조현진	외국어학과 준교수	한국어, 한국어 교육
나가모리 미쓰노부(長森美信)	외국어학과 준교수	한국사
노재원	지역문화학과 교수	한국 사회
스즈키 요지(鈴木陽二)		한국어

5) 수강생 현황

한국어(학) 관련 강의 수강생 수

학사 1학년	학사 2학년	학사 3학년	학사 4학년	석사 1학년	석사 2학년	박사 과정	기타
30	30	30	30				

전공생 수

B.A.	M.A.	Ph.D.
120		

※ 매년 신입생 선발(인원: 30명)

6) 강좌 개설 현황

과목명	담당 교수	주당 수업 시간	수강생 수	학점	필수 / 선택
한국 조선 사정 1	조현진	2		2	
한국 조선 입문	나가모리 미쓰노부	2		2	
한국 조선사 1, 2	나가모리 미쓰노부	2		2	
한국 조선 문화 교류사	나가모리 미쓰노부	2		2	
한국 조선 문학 개론 1, 2	오카야마 젠이치로 (岡山善一郎)	2		2	
한국 조선 연구 특론 1, 2	나가모리 미쓰노부	2		2	
한국 조선 사회 문화론 1, 2	기타무라 아케미 (北村明美)	2		2	
한국어(레벨 A1~D1)	스즈키 요지(鈴木陽二)	2		2	
한국어(레벨 D2~F4)	스즈키 요지, 노재원, 다나카 미노루(田中実)	1		1	
조선어 고전 강독	나가모리 미쓰노부	1		1	
한국 조선어학 개론 1, 2	마쓰오 이사무	2		2	
조선어 응용 A, B	조현진	1		1	
한국 조선어 해외 어학 실습	나가모리 미쓰노부	4		4	
한국 조선어 연습(1~4)	김선미, 나가모리 미쓰노부, 구마키 쓰토무(熊木勉)	2		2	
조선어과 지도법 1, 2	마쓰오 이사무, 스즈키 요지	2		2	
한국 조선어 회화(A~F)	김선미, 구마키 쓰토무				
한국 조선어 문법(A~D)	마쓰오 이사무				
한국 조선어 발음 A	스즈키 요지				
한국 조선어 작문(C~F)	김선미				
한국 조선어 강독(C~F)	나가모리 미쓰노부, 구마키 쓰토무				
한국 조선어 표현(E~F)	김보영				
동아시아 지역 연구 입문 B	노재원	2		2	

동북아시아

7) 한국 관련 활동

활동명	시기	상세 활동 내용
조선학회 본부 및 사무국 운영		• 일본 전역의 한국사, 한국어, 한국 문화 연구자들의 모임인 동학의 사무국이 덴리대학에 있음 • 설립 연도: 1950년 • 학회원: 약 600명 (한국인 약 40명) • 웹사이트: http://www.tenri-u.ac.jp/soc/korea.html
조선학보 발간		1,000부 간행
조선학회 학술대회		매년 10월 개최

4. 한국연구센터 운영 현황
- 없음

5. 도서관 현황

도서관명	덴리대학 부속 덴리 도서관
한국학 장서 보유량(부)	15,000

6. 동아시아학 현황

1) 일본학 프로그램 제공 형태	학사, 석사
2) 중국학 프로그램 제공 형태	학사

도시샤대학
Doshisha University

1. 대학 개요

대학명(자국어)	同志社大学
설립 연도	1875년
소재 국가	일본
형태	사립
대표자 성명 / 직위	마쓰오카 다카시(松岡敬) / 총장

2. 연락처

주소	영문 주소	Karasuma-higashi-iru, Imadegawa-dori, Kamigyo-ku, Kyoto-shi, Japan
	우편번호	602-8580
전화		+81-75-251-3240
웹사이트		www.doshisha.ac.jp

3. 기관 한국학 현황

1) 한국 관련 강좌 운영 현황

소속 대학원/학부	글로벌스터디즈연구과(대학원), 글로벌지역문화학부(학부)	
한국학(어) 프로그램명	현대아시아연구 과정(대학원), 아시아태평양 과정(학부)	
프로그램 대표자	성명	직함
	오타 오사무(太田修)	교수
홈페이지	http://global-studies.doshisha.ac.jp/index.html(글로벌스터디즈연구과) http://gr.doshisha.ac.jp/(글로벌지역문화학부)	

2) 한국 관련 프로그램 제공 형태

학위 과정	B.A. (학사 과정)	기타 전공 내 한국학 프로그램(전공명: 아시아태평양)
	M.A. (석사 과정)	기타 전공 내 한국학 프로그램(전공명: 현대아시아연구 과정)

3) 주요 연구 분야

- 한국어 문학, 한국사, 사회 문화, 인류학 등

4) 한국학 교수진 : 8명

교수명	직위	전공분야
오타 오사무	대학원 글로벌스터디즈연구과 교수	한국 근현대사
고영진	글로벌지역문화학부 교수	한국어, 언어 문화
이타가키 류타(板垣竜太)	사회학부 교수	문화인류학, 조선 근대 사회사
오이네 사토시(大矢根聡)	법학부 교수	국제관계, 국제 정치경제
후쿠오카 마사아키(福岡正章)	경제학과 교수	경제사, 조선 경제사
오가와라 히로유키(小川原宏幸)	글로벌지역문화학부 준교수	조선 근대사, 동양사
엔도 도시유키(遠藤敏幸)	상학부 준교수	한국 경제
마쓰후지 가즈토(松藤和人)	문학부 교수	고고학

5) 수강생 현황

한국어(학) 관련 강의 수강생 수 : 연간 1,500여 명

6) 강좌 개설 현황

과목명	담당 교수	주당 수업 시간	수강생 수	학점	필수 / 선택
한국 기독교 사상	최홍덕	2		2	
현대 정치 특수 강의 2: 아시아의 정치 경제	오카모토 마사키 (岡本正明)	2		2	
이코노미 워크숍 (한국의 경제 사정)	김선숙	2		2	
한국 경제론	엔도 도시유키	2		2	
외국서 강독: 한국 경제 한글 강독	엔도 도시유키	2		2	
아시아 문화론(한국 문화 형성)	오가와라 히로유키	2		2	

과목명	담당 교수	주당 수업 시간	수강생 수	학점	필수 / 선택
한국의 언어와 문화	고영진	2		2	
한반도 정치 경제	박일	2		2	
한반도 사회 문화	오타 오사무	2		2	
현대 아시아 연구 연습	오타 오사무	2		2	
한국 경제	엔도 도시유키	2		2	
비교 언어 문화론 (동아시와 한반도)	아사이 요시쓰미 (浅井良純)	2		2	
한국 문학(근대 단편)	노혜영	2		2	
한국어 입문 1, 2	강종식, 채제영	2		2	
한국어 인텐시브 1~5	강종식, 고영진, 김정란 외	3		3	
한국어 응용 1 ~4	김정란, 히다리 미와코(左美和子) 외	1		1	
한국어 회화 초급 1~상급 2	진노 도모코(神農朋子), 이유숙, 고영진 외	1		1	
한국어 문화 사정 1, 2	김경자	2		2	
한국어 표현법 1, 2	황진걸	2		2	

7) 한국 관련 활동

활동명	시기	상세 활동 내용
한국연구회		다양한 분야의 젊은 연구자들이 발표할 수 있는 하나의 장으로서 연구회 개최. 원칙적으로 매달 첫 번째 금요일에 도시샤대학에서 열림. 교토 코리아학 컨소시엄(KCKS) 사업의 일환으로서 KCKS 참가 대학의 연구자들이 주로 참여. • 교토 코리아학 컨소시엄 웹사이트: http://kyoto_korea.net/
공개 행사		국내외의 연구자들을 초빙하여 수시로 심포지엄 및 강연회 개최
출판 사업		2014년 3월부터 매년 '도시샤 코리아 연구 총서' 발행 중
공동 연구		한국학의 다양한 분야에서 국내외 대학들과 공동 연구 진행 중

4. 한국연구센터 운영 현황

명칭	도시샤코리아연구센터(同志社コリア研究センター)	
설립 연도	2011년	
대표자	성명	직함
	오타 오사무	센터장

5. 도서관 현황

도서관명	도시샤대학 도서관
한국학 장서 보유량(부)	17,000

6. 동아시아학 현황

1) 일본학 프로그램 제공 형태	학사, 석사, 박사
2) 중국학 프로그램 제공 형태	학사, 석사, 박사

도야마대학
University of Toyama

1. 대학 개요

대학명(자국어)	富山大学
설립 연도	1949년
소재 국가	일본
형태	국공립
대표자 성명 / 직위	엔도 슌로(Endo Syunro) / 총장

2. 연락처

주소	영문 주소	3190 Gofuku, Toyama-shi, Toyama, Japan
	우편번호	930-8555
전화		+81-76-445-6011
웹사이트		www.u-toyama.ac.jp

3. 기관 한국학 현황

1) 한국 관련 강좌 운영 현황

소속 학부	인문학부	
개설 연도	1978년	
프로그램 대표자	성명	직함
	와다 도모미(和田とも美)	준교수

2) 한국 관련 프로그램 제공 형태

비학위 과정		B.A 선택 과목
학위 과정	B.A. (학사 과정)	한국어 전공

3) 한국학 교수진 : 5명

교수명	직위	전공 분야
송유재(宋有宰)	강사	
스즈키 노부아키(鈴木信昭)	교수	
하야시 나쓰오(林夏夫)	교수	
조호 사토시(上保敏)	준교수	조선어학
와다 도모미	준교수	조선, 식민지 문화

4) 수강생 현황

전공생 수 : 매년 2~3명

5) 강좌 개설 현황

과목명	담당 교수	주당 수업 시간	수강생 수	학점	필수 / 선택
조선 어언 문화 특수 강의	와다 도모미				
조선 언어 문화 개론	송유재				
외국어 연습(조선어)	스즈키 노부아키				
국제관계론 특수 강의	하야시 나쓰오				
조선어 회화	송유재				
동아시아 언어 문화 입문	와다 도모미 외				
국제 문화 특수 강의	스즈키 노부아키 외				
동양 사상사	스즈키 노부아키 외				
조선 어언 문화 강독	조호 사토시				
조선어 작문	와다 도모미				
사회 문화 특수 강의	하야시 나쓰오				
조선 어언 문화 연습	와다 도모미 외				
조선학 입문	와다 도모미 외				

4. 한국연구센터 운영 현황
   - 없음

5. 동아시아학 현황

1) 일본학 프로그램 제공 형태	-
2) 중국학 프로그램 제공 형태	-

도카이대학
Tokai University

1. 대학 개요

대학명(자국어)	東海大学
설립 연도	1942년
소재 국가	일본
형태	사립
대표자 성명 / 직위	다쓰로 마쓰마에(Tatsuro Matsumae) / 총장

2. 연락처

주소	영문 주소	4-1-1 Kitaganame, Hiratsuka, Kanagawa, Japan
	우편번호	259-1292
전화		+81-3-3467-2211
웹사이트		www.u-tokai.ac.jp

3. 기관 한국학 현황

1) 한국 관련 강좌 운영 현황

소속 센터	국제교육센터	
소속 학과	국제언어교육부문	
프로그램 대표자	성명	직함
	조희철	교수
홈페이지	s1.iec.u-tokai.ac.jp/modules/tinyd4/index.php?id=8	

2) 한국 관련 프로그램 제공 형태

비학위 과정	B.A. 선택 과목

3) 한국학 교수진 : 4명

교수명	직위	전공 분야
조희철	국제교육센터 교수	한국어학
요시모토 이치(吉本一)	국제교육센터 교수	한국어학
나카지마 진(中島仁)	국제교육센터 준교수	한국어학
김민수	국제교육센터 특임강사	언어학, 한국어 교육

4) 강좌 개설 현황

과목명	담당 교수	주당 수업 시간	수강생 수	학점	필수 / 선택
입문 1, 2	조희철 외 12명	2	300	2	선택
기초 1, 2	조희철 외 6명	2	50	2	선택
한국어 문화와 사회	김민수 외 5명	2	700	2	선택

4. 한국연구센터 운영 현황

- 없음

5. 동아시아학 현황

1) 일본학 프로그램 제공 형태	–
2) 중국학 프로그램 제공 형태	–

도쿄대학
University of Tokyo

1. 대학 개요

대학명(자국어)	東京大学
설립 연도	1877년
소재 국가	일본
형태	국공립
대표자 성명 / 직위	마코토 고노카미(Makoto Gonokami) / 총장

2. 연락처

주소	영문 주소	Chome-3-1 Hongo, Bunkyo, Tokyo 113-8654, Japan
	우편번호	113-8654
전화		+81-3-3812-2111
웹사이트		www.u-tokyo.ac.jp

3. 기관 한국학 현황

1) 한국 관련 강좌 운영 현황

소속 대학	인문과학대학원	
한국학(어) 프로그램명	한국 조선 연구 과정	
개설 연도	2000년	
프로그램 대표자	성명	직함
	기미야 다다시(Kimiya, Tadashi)	디렉터, 교수
홈페이지	phiz.c.u-tokyo.ac.jp/~korea/korea_senior.html	

2) 한국 관련 프로그램 제공 형태

학위 과정	B.A. (학사 과정)	한국학 전공, 한국어 전공, 동아시아학 전공
	M.A. (석사 과정)	한국학 전공, 한국어 전공, 동아시아학 전공
	Ph.D. (박사 과정)	한국학 전공, 한국어 전공, 동아시아학 전공

3) 주요 연구 분야

- 한국학, 정치학, 역사학, 사회학, 언어학

4) 한국학 교수진 : 2명

교수명	직위	전공 분야
기미야 다다시	디렉터, 교수	한국학, 정치학, 국제관계학
도노무라 마사루(Tonomura, Masaru)	교수	역사학

5) 수강생 현황

한국어(학) 관련 강의 수강생 수 : 총 161명

학사 1학년	학사 2학년	학사 3학년	학사 4학년	석사 1학년	석사 2학년	박사 과정	기타
80	50	5	5	3	3	15	

전공생 수

B.A.	M.A.	Ph.D.
10	6	15

※ 매년 신입생 선발(인원: 3명)

6) 강좌 개설 현황

과목명	담당 교수	주당 수업 시간	수강생 수	학점	필수 / 선택
한국어 초급			80		
한국어 고급			10		
한국 정치와 경제			15		
한국 근대사			15		

7) 한국 관련 활동

활동명	시기	상세 활동 내용
해외 한국학중핵대학교 사업		대학원 차원에서 한국학 연구자 육성

8) 한국 관련 출판물

제목	형태	주요 내용
The Journal of Korean Area Studies	논문	아시아 지역 연구에 관한 대학원생들의 논문 게재

4. 한국연구센터 운영 현황

명칭	한국학센터(Center for Korean Studies)	
소속 기관	글로벌지역학센터(Center for Global Area Studies)	
설립 연도	2014년	
대표자	성명	직함
	기미야 다다시	센터장

5. 동아시아학 현황

1) 일본학 프로그램 제공 형태	–
2) 중국학 프로그램 제공 형태	학사, 석사, 박사

도쿄외국어대학
Tokyo University of Foreign Studies

1. 대학 개요

대학명(자국어)	東京外国語大学
설립 연도	1873년
소재 국가	일본
형태	국공립
대표자 성명 / 직위	히로타카 다테이시(Hirotaka Tateishi, 立石博高) / 총장

2. 연락처

주소	영문 주소	3-11-1, Asahi-cho, Fuchu-shi, Tokyo, Japan
	우편번호	183-8534
전화		+81-(0)80-3451-4812
웹사이트		www.tufs.ac.jp

3. 기관 한국학 현황

1) 한국 관련 강좌 운영 현황

소속 학부	언어문화학부(言語文化学部), 국제사회학부(国際社会学部)	
소속 학과	동아시아지역학(East Asia Area Studies)	
개설 연도	1880년	
프로그램 대표자	성명	직함
	이카라시 고이치(Ikarashi Koich)	교수
홈페이지	www.tufs.ac.jp/common/fs/aen/kor/	

2) 한국 관련 프로그램 제공 형태

비학위 과정		B.A. 선택 과목
학위 과정	B.A. (학사 과정)	한국학 전공, 한국어 전공, 동아시아학 전공
	M.A. (석사 과정)	한국학 전공, 한국어 전공, 동아시아학 전공
	Ph.D. (박사 과정)	한국학 전공, 한국어 전공, 동아시아학 전공

3) 주요 연구 분야

• 한국언어학, 한국 문학, 한국사, 종교 비교 연구, 인류학, 한국사회학, 문화학

4) 한국학 교수진 : 5명

교수명	직위	전공 분야
이즈미 니와(Izumi Niwa)	한국학 교수	종교학
이카라시 고이치	한국어 교수	한국언어학
남윤진(Yunjin Nam)	한국어 부교수	한국언어학
조의성(Euiseong Cho)	한국어 부교수	한국언어학
최태원(Taewon Choi)	세계 언어와 사회교육센터 선임언어강사	한국 문학

5) 수강생 현황

한국어(학) 관련 강의 수강생 수 : 총 124명

학사 1학년	학사 2학년	학사 3학년	학사 4학년	석사 1학년	석사 2학년	박사 과정	기타
32	28	27	27	2	5	3	

전공생 수

B.A.	M.A.	Ph.D.
140	15	10

※ 매년 신입생 선발(인원: 30명)

6) 강좌 개설 현황

과목명	담당 교수	주당 수업 시간	수강생 수	학점	필수 / 선택
한국어 A1	이카라시 고이치, 남윤진, 조의성, 최태원, 야마자키(Yamazaki)	8	32	10	필수
한국어 A2	이카라시 고이치, 남윤진, 조의성, 최태원, 야마자키	8	28	10	필수
한국어 A3	이카라시 고이치, 조의성, 최태원, Kim MH	5	30	6	필수
아시아와 아프리카 언어학 연구	이카라시 고이치	2	28	2	필수
아시아와 아프리카 언어학(강의)	이카라시 고이치, 남윤진, 조의성, 최태원, 이즈미 니와	8	15	10	선택
아시아와 아프리카 언어학(세미나)	이카라시 고이치, 남윤진, 조의성, 이즈미 니와	6	15	8	필수
연구 세미나	이카라시 고이치, 남윤진, 조의성, 이즈미 니와	6	25	8	필수
한국언어학(석사)	이카라시 고이치, 남윤진, 조의성	5	25	6	선택
한국 문학(석사)	최태원	2	5	2	선택
한국학(석사)	이즈미 니와	2	5	2	선택
한국언어학(박사)	이카라시 고이치, 남윤진, 조의성	5	5	6	선택
한국학(박사)	이즈미 니와	2	5	2	선택

4. 한국연구센터 운영 현황

- 없음

5. 도서관 현황

도서관명	도쿄외국어대학 도서관
담당 사서	사치에 이고(Sachie Igo)

6. 동아시아학 현황

1) 일본학 프로그램 제공 형태	학사, 석사, 박사
2) 중국학 프로그램 제공 형태	학사, 석사, 박사

동북아시아

도호쿠문화학원대학
Tohoku Bunka Gakuen University

1. 대학 개요

대학명(자국어)	東北文化学園大学
설립 연도	1999년
소재 국가	일본
형태	사립
대표자 성명 / 직위	시게루 츠치야(Shigeru Tsuchiya, 土屋滋) / 총장

2. 연락처

주소	영문 주소	6-45-1 Kunumi, Aoba-ku, Sendai-si, Japan
	우편번호	981-8551
전화		+81-22-207-2008
웹사이트		www.tbgu.ac.jp

3. 기관 한국학 현황

1) 한국 관련 강좌 운영 현황

소속 학부	종합정책학부	
소속 학과	종합정책학과	
개설 연도	1999년	
프로그램 대표자	성명	직함
	문경철	교수, 대학원 겸임교수

2) 한국 관련 프로그램 제공 형태

비학위 과정		B.A. 선택 과목, M.A. 선택 과목
학위 과정	B.A. (학사 과정)	한국어 전공
	M.A. (석사 과정)	한국어 전공

3) 한국학 교수진 : 1명

교수명	직위	전공 분야
문경철	교수	언어학

4) 수강생 현황

한국어(학) 관련 강의 수강생 수 : 총 3400여 명

5) 강좌 개설 현황

과목명	담당 교수	주당 수업 시간	수강생 수	학점	필수 / 선택
한국어			190		
한국어 I, II, III, IV			87		
한국 연구			65		
동아시아학			1		

4. 한국연구센터 운영 현황

- 없음

5. 동아시아학 현황

1) 일본학 프로그램 제공 형태	-
2) 중국학 프로그램 제공 형태	-

리쓰메이칸대학

Ritsumeikan University

1. 대학 개요

대학명(자국어)	立命館大学
설립 연도	1922년
소재 국가	일본
형태	사립
대표자 성명 / 직위	요시다 미키오(Yoshida Mikio) / 총장

2. 연락처

주소	영문 주소	56-1 Tojiin Kitamachi, Kita Ward, Kyoto, Kyoto Prefecture, Japan
	우편번호	603-8577
전화		+81-75-465-8187
웹사이트		www.ritsumei.ac.jp

3. 기관 한국학 현황

1) 한국 관련 강좌 운영 현황

소속 학부	문학부(文学部)	
소속 학과	동아시아연구학역(東アジア研究学域)	
개설 연도	2012년	
프로그램 대표자	성명	직함
	후지마키 마사미(藤巻正巳)	학부장
홈페이지	www.ritsumei.ac.jp/lt/mea	

2) 한국 관련 프로그램 제공 형태

학위 과정	B.A. (학사 과정)	동아시아학 전공
	M.A. (석사 과정)	동아시아학 전공
	Ph.D. (박사 과정)	동아시아학 전공

3) 한국학 교수진 : 2명

교수명	직위	전공 분야
사사 미쓰아키(佐々充昭)		한국정교학
안자코 유카(庵逧由香)		한국 근현대사

4) 수강생 현황

한국어(학) 관련 강의 수강생 수 : 총 274명

학사 1학년	학사 2학년	학사 3학년	학사 4학년	석사 1학년	석사 2학년	박사 과정	기타
97	60	51	62	3	1		

전공생 수

B.A.	M.A.	Ph.D.
173	3	

※ 매년 신입생 선발(인원: 30명)

5) 강좌 개설 현황

과목명	담당 교수	주당 수업 시간	수강생 수	학점	필수 / 선택
조선어·표현 I			113	1	
조선어·기초			113	2	
조선어·표현 II			113	1	
조선어·전개			113	2	
조선어·응용			27	2	
조선어 중급 표현 독해 I			6	2	
조선어 중급 표현 독해 III			4	2	
조선어 상급 표현 독해 I			0	2	
조선어 중급 커뮤니케이션 I			2	1	
조선어 중급 표현 독해 II			6	2	

동북아시아

과목명	담당 교수	주당 수업 시간	수강생 수	학점	필수 / 선택
조선어 중급 표현 독해 IV			5	2	
조선어 상급 표현 독해 II			0	2	
조선어 중급 커뮤니케이션 II			2	1	
조선어 상급 표현 독해 III			0	2	
조선어 상급 표현 독해 IV			0	2	
전문 외국어 I(조선어)			6	1	
전문 외국어 III(조선어)			1	1	
전문 외국어 II(조선어)			5	1	
전문 외국어 IV(조선어)			2	1	
동아시아 연구 입문 강의			97	2	
한국 이니시에이션 실습			22	2	
현대 동아시아 언어·문화 개론 I			181	2	
현대 동아시아 언어·문화 개론 II			256	2	
현대 동아시아언어·문화 개론 III			124	2	
동양학을 위한 언어 입문			102	2	
기초 강독 I			25	2	
기초 강독 II			25	2	
현대 한국 연구 I			35	2	
현대 한국 연구 II			39	2	
현대 동아시아 언어·문화 강독 연습			41	2	
현대 동아시아 언어·문화 특수 강의			23	2	
동아시아 현대사론 II			39	2	
동아시아 현대 문화론 II			153	2	
동아시아 현지 실습			28	2	
동아시아 언어론			33	2	
동아시아 원격 강의 I			14	2	
동아시아 원격 강의 II			15	2	
인문학 특수 강의			9	2	
전문 연습 I·III			20	2	
전문 연습 II·IV			23	2	
전문 연습 I·III			19	2	
전문 연습 II·IV			25	2	
동아시아 현지 실습			15	2	

과목명	담당 교수	주당 수업 시간	수강생 수	학점	필수 / 선택
조선어(캠퍼스 아시아) I			24	1	
조선어(캠퍼스 아시아) III			7	1	
조선어(캠퍼스 아시아) III			24	1	
조선어(캠퍼스 아시아) IV			6	1	
캠퍼스 아시아 연습 I			24	2	
캠퍼스 아시아 연습 II			24	2	
현대 조선 언어 문화 특수 문제 I			0	2	
현대 조선 언어 문화 특수 문제 II			4	2	
현대 조선 언어 문화 특수 문제 III			4	2	
현대 조선 언어 문화 특수문제 IV			5	2	
실천 조선어 I			3	2	
실천 조선어 III			0	2	
실천 조선어 II			2	2	
실천 조선어 IV			0	2	
일·한·중 연휴 강좌 I			3	2	
일·한·중 연휴 강좌 II			5	2	

4. 한국연구센터 운영 현황

명칭	코리아연구센터(コリア研究センター)	
소속 기관	기누가사연구기구	
설립 연도	2005년	
대표자	성명	직함
	가쓰무라 마코토	교수

5. 동아시아학 현황

1) 일본학 프로그램 제공 형태	–
2) 중국학 프로그램 제공 형태	학사, 석사, 박사, 기타(공자학원)

동북아시아

메지로대학
Mejiro University

1. 대학 개요

대학명(자국어)	目白大学
설립 연도	1994년
소재 국가	일본
형태	사립
대표자 성명 / 직위	구네이 사토(Gunei Sato, 佐藤郡衛) / 총장

2. 연락처

주소	영문 주소	4-31-1 Nakaochiai, Shinjuku-ku, Tokyo, Japan
	우편번호	161-8539
전화		+81-3-5996-3162
웹사이트		www.mejiro.ac.jp

3. 기관 한국학 현황

1) 한국 관련 강좌 운영 현황

소속 학부	외국어학부	
소속 학과	한국어학과	
개설 연도	2005년	
프로그램 대표자	성명	직함
	고바야시 히로시	학과장
홈페이지	www.mejiro.ac.jp/univ/course/foreign/korean/	

2) 한국 관련 프로그램 제공 형태

학위 과정	B.A. (학사 과정)	한국어 전공

3) 주요 연구 분야

- 일한 대조언어학, 동아시아 사상, 일한 비교문학, 한국어 교육

4) 한국학 교수진 : 7명

교수명	직위	전공 분야
고바야시 히로시	학과장	사상
김경호	교수	어학
김하수	교수	어학
서인석	교수	문학
함주완	교수	한국어 교육
유혜정	준교수	한국어 교육
이소라	전임강사	역사

5) 수강생 현황

한국어(학) 관련 강의 수강생 수 : 총 301명

학사 1학년	학사 2학년	학사 3학년	학사 4학년	석사 1학년	석사 2학년	박사 과정	기타
74	75	72	70	5	5		

전공생 수

B.A.	M.A.	Ph.D.
291	10	

※ 매년 신입생 선발(인원: 75명)

6) 강좌 개설 현황

과목명	담당 교수	주당 수업 시간	수강생 수	학점	필수 / 선택
한국어 기초 회화					
한국 응용 회화					
한국어 기초 문법					
한국 응용 문법					

과목명	담당 교수	주당 수업 시간	수강생 수	학점	필수 / 선택
한국어 기초 청해					
한국 응용 청해					
한국어 기초 작문					
한국 단어 응용 작문					
검정 한국어 연습					
한국 어학연수					
한국어학 개론 A, B					
한일 통역 연습					
한일 번역 연습					
한국어 표현 연습					
한국 단어 문법 연습					
비즈니스 한국어 연습					
정보 리터러시 한국어 연습					
한국 한자 중국어 연습					
한국 한문 연습					
TOPIK 분석					
한국 사정 A, B					
한국 현대 문학					
한국 현대 문화					
한국 전통 사상					
한국 근대 사상					
한국 현대 사회					
한국어과 교육법 1-4					
한국 연구 1-5					
한국 고전 문학					
한국 전통 문화					
한국사 A, B					
한국 교육사					
한국어 교육 실습					
한국 전문 세미나 A, B					
한국어 특별 세미나 A, B					
졸업 연구					

7) 한국 관련 활동

활동명	시기	상세 활동 내용
교환학생 파견		한국의 협정 대학에 교환학생 파견(1년)

8) 한국 관련 출판물

제목	형태	주요 내용
중급 한국어	단행본	중급 능력 이상의 한국어 학습자를 대상으로 한 학습서
구로시오	단행본	임진왜란을 소재로 한 역사소설

4. 한국연구센터 운영 현황

- 없음

5. 동아시아학 현황

1) 일본학 프로그램 제공 형태	-
2) 중국학 프로그램 제공 형태	-

동북아시아

사이타마대학
Saitama University

1. 대학 개요

대학명(자국어)	埼玉大学
설립 연도	1949년
소재 국가	일본
형태	국공립
대표자 성명 / 직위	야마구치 히로키(Yamaguchi Hiroki) / 총장

2. 연락처

주소	영문 주소	255 Shimo-Okubo, Sakura-ku, Saitama City, Saitama, Japan
	우편번호	338-8570
전화		+81-48-858-3044
웹사이트		www.saitama-u.ac.jp

3. 기관 한국학 현황

1) 한국 관련 강좌 운영 현황

소속 학부	교양학부	
프로그램 대표자	성명	직함
	권순철(權純哲)	교수

2) 한국 관련 프로그램 제공 형태

비학위 과정	B.A. 선택 과목

3) 한국학 교수진 : 2명

교수명	직위	전공 분야
권순철	교수	한국 사상, 유학 사상, 동아시아 근대 학술 사상
마키 요이치(牧陽一)	교수	현대 중국 문학과 예술

4) 강좌 개설 현황

과목명	담당 교수	주당 수업 시간	수강생 수	학점	필수 / 선택
한국 문화 특수 강의 1	김광래(金光來)				
한국 문화 특수 강의 2	스즈키 가이(鈴木開)				
한국어 회화 1	손일선(孫一善)				
한국어 작문 2	손일선				

4. 한국연구센터 운영 현황
- 없음

5. 동아시아학 현황

1) 일본학 프로그램 제공 형태	-
2) 중국학 프로그램 제공 형태	-

동북아시아

쇼와여자대학
Showa Women's University

1. 대학 개요

대학명(자국어)	昭和女子大学
설립 연도	1920년
소재 국가	일본
형태	사립
대표자 성명 / 직위	마리코 반도(Mariko Bando) / 총장

2. 연락처

주소	영문 주소	1-7-57 Taishido, Setagaya-ku, Tokyo, Japan
	우편번호	154-8533
전화		+81-3-3411-7390
웹사이트		www.swu.ac.jp

3. 기관 한국학 현황

1) 한국 관련 강좌 운영 현황

소속 학부	국제학부(Faculty of International Humanities)	
소속 학과	국제학과(Department of International Studies)	
개설 연도	2009년	
프로그램 대표자	성명	직함
	이수(李守, Lee Su)	학과장
홈페이지	swuhp.swu.ac.jp/university/kokusai/global/	

2) 한국 관련 프로그램 제공 형태

학위 과정	B.A. (학사 과정)	한국학 전공, 한국어 전공, 동아시아학 전공, 기타(교양 한국어)
	M.A. (석사 과정)	기타 전공 내 한국학 프로그램(전공명: 언어 교육 커뮤니케이션)
	Ph.D. (박사 과정)	기타 전공 내 한국학 프로그램(전공명: 문학언어학)

3) 주요 연구 분야

• 한일 비교 대조, 한국 문화와 사회, 한국 현대사, 언어 정책, 한국어 교육

4) 한국학 교수진 : 3명

교수명	직위	전공 분야
이수	국제학과 학과장	사회언어학
서민정	국제학과 특명 준교수	인지언어학
이숙현	종합교육센터 준교수	일본어 교육

5) 수강생 현황

한국어(학) 관련 강의 수강생 수 : 총 85명

학사 1학년	학사 2학년	학사 3학년	학사 4학년	석사 1학년	석사 2학년	박사 과정	기타
31	20	18	16				

전공생 수

B.A.	M.A.	Ph.D.
85		

※ 매년 신입생 선발

동북아시아

6) 강좌 개설 현황

과목명	담당 교수	주당 수업 시간	수강생 수	학점	필수 / 선택
고급 핵심 한국어 a	이수지	2	14	2	필수
고급 핵심 한국어 b	서민정	2	15	2	필수
한국어 심화 과정(실생활 회화)	이수지	3	20	2	필수
한국 현대사 II	이수지	2	16	2	필수
대한민국 사회학 B	가사이 노부유키(笠井信幸)	2		2	선택
지역학 F(한국) III	이수	3	19	1	필수
글로벌 지역학(한국)	서민정	3	16	2	필수
국제 및 지역학 세미나	이수	3	19	2	필수
한국어 심화 과정(집중)	서민정	3	20	2	필수
한국어 심화 과정(핵심)	이수, 이수지	3	20	2	필수
한국어 심화 과정(집중)	서지원, 서민정		20	2	필수
기초 한국어	이유수, 이숙현, 석현경, 맹신화, 김현수, 하정일, 다나카 도시미쓰(田中俊光)	3	35	2	선택
한국어 표현	맹신화, 다나카 도시미쓰	2	35	2	선택
현대 한국어	이숙현, 김인혜	2	35	1	선택
한국어 청해	이유수	2	35	1	선택
비교학: 한국과 일본	이숙현	2	35	2	선택
한국어-TOPIK 대비반	다나카 도시미쓰	2	35	1	선택

7) 한국 관련 활동

활동명	시기	상세 활동 내용
e-school 사업	2016~	KF의 지원을 받은 숙명여대와 매 학기 e-school 운영
복수 학위 프로그램	2017~	서울여대(국어국문학과)와 복수 학위 제도 실시
인턴십	2017. 8~	한국 주재 일본 기업에서 인턴십 실시
국제학과 한국어 선택 전원 한국 유학		한국의 대학(서강대, 서울여대, 성신여대, 숙명여대, 한양여대)에 1년 이상 교환학생 파견

4. 한국연구센터 운영 현황

- 없음

5. 도서관 현황

도서관명	쇼와여자대학 도서관(昭和女子大学図書館)

6. 동아시아학 현황

1) 일본학 프로그램 제공 형태	학사, 석사, 박사
2) 중국학 프로그램 제공 형태	학사

시즈오카현립대학
Shizuoka University

1. 대학 개요

대학명(자국어)	静岡県立大学
설립 연도	1987년
소재 국가	일본
형태	국공립
대표자 성명 / 직위	기토 히로시(Kito Hiroshi) / 총장

2. 연락처

주소	영문 주소	52-1 Yada, Suruga-ku, Shizuoka City, Shizuoka, Japan
	우편번호	422-8526
전화		+81-54-264-5102
웹사이트		www.u-shizuoka-ken.ac.jp

3. 기관 한국학 현황

1) 한국 관련 강좌 운영 현황

소속 단과대학/학부	국제관계학부(학부), 국제관계학연구과(석사)	
프로그램 대표자	성명	직함
	고하리 스스무(Kohari Susumu)	교수

2) 한국 관련 프로그램 제공 형태

학위 과정	B.A. (학사 과정)	기타 전공 내 한국학 프로그램(전공명: 아시아 과정)
	M.A. (석사 과정)	기타 전공 내 한국학 프로그램(전공명: 국제관계학연구학)

3) 한국학 교수진 : 2명

교수명	직위	전공 분야
고하리 스스무	교수	현대 한국과 조선 사회론, 북동아시아 지역 연구
오쿠조노 히데키(奧薗秀樹)	준교수	현대 한국 정치 외교

4) 강좌 개설 현황

과목명	담당 교수	주당 수업 시간	수강생 수	학점	필수 / 선택
한국 조선 문화 사회론 A	고하리 스스무			2	
한국 조선 현대사 A	오쿠조노 히데키			2	
현대 한국 조선론 A	이즈미 하지메			2	
한국 조선 문화 사회론 B	고하리 스스무			2	
한국 조선 현대사 B	오쿠조노 히데키			2	
현대 한국 조선론 B	이즈미 하지메			2	

4. 한국연구센터 운영 현황

명칭	현대한국조선연구센터	
소속 기관	대학원 국제관계연구과	
설립 연도	2003년	
대표자	성명	직함
	고하리 스스무	센터장

5. 동아시아학 현황

1) 일본학 프로그램 제공 형태	–
2) 중국학 프로그램 제공 형태	–

동북아시아

아이치슈쿠토쿠대학
Aichi Shukutoku University

1. 대학 개요

대학명(자국어)	愛知淑徳大学
설립 연도	1975년
소재 국가	일본
형태	사립
대표자 성명 / 직위	슈조 시마다(Shuzo Shimada, 島田修三) / 총장

2. 연락처

주소	영문 주소	Hoshigaoka 23, Chikusa-ku, Nagoya, Japan
	우편번호	464-8671
전화		+81-52-781-1379
웹사이트		www.aasa.ac.jp

3. 기관 한국학 현황

1) 한국 관련 강좌 운영 현황

소속 학부	교류문화대학 교류문화학부	
한국학(어) 프로그램명	한국 전문가 프로그램(Korean Expert program)	
개설 연도	2016년	
프로그램 대표자	성명	직함
	이시다 요시에(Ishida Yoshie)	교수

2) 한국 관련 프로그램 제공 형태

학위 과정	B.A. (학사 과정)	한국어 전공

3) 주요 연구 분야

• 한국어, 한국 문화, 동아시아 문화

4) 한국학 교수진 : 1명

교수명	직위	전공 분야
조술섭(Sulseob Jo)	교류문화학부	중국어 문학

5) 수강생 현황

한국어(학) 관련 강의 수강생 수 : 총 500명

학사 1학년	학사 2학년	학사 3학년	학사 4학년	석사 1학년	석사 2학년	박사 과정	기타
200	150	100	50				

전공생 수

B.A.	M.A.	Ph.D.
35	35	35

※ 매년 신입생 선발

6) 강좌 개설 현황

과목명	담당 교수	주당 수업 시간	수강생 수	학점	필수 / 선택
한국 / 조선 문학	조술섭	2	20	2	선택
지역 문화(한국, 조선)	윤대진	2	60	2	선택
한국어 입문	육심분 외 7명	4	200	4	선택

7) 한국 관련 활동

활동명	시기	상세 활동 내용
교내 한국어 작문 대회		한국어로 글쓰기

동북아시아

8) 한국 관련 출판물

제목	형태	주요 내용
장기 연수 보고서	단행본	학습, 활동 내역 보고
작문 대회 작문집	단행본	

4. 한국연구센터 운영 현황

- 없음

5. 도서관 현황

도서관명	아이치슈쿠토쿠대학 도서관
한국학 장서 보유량(부)	11,000

6. 동아시아학 현황

1) 일본학 프로그램 제공 형태	학사
2) 중국학 프로그램 제공 형태	학사

오사카대학
Osaka University

1. 대학 개요

대학명(자국어)	大阪大学
설립 연도	1931년
소재 국가	일본
형태	국공립
대표자 성명 / 직위	쇼지로 니시오(Shojiro Nishio, 西尾章治郎) / 총장

2. 연락처

주소	영문 주소	8-1-1, Aomatanihigashi, Minooshi, Osaka, Japan
	우편번호	563-8558
전화		+81-72-730-5198
웹사이트		www.osaka-u.ac.jp

3. 기관 한국학 현황

1) 한국 관련 강좌 운영 현황

소속 학부	외국어학부	
소속 학과	외국어학과	
개설 연도	2007년	
프로그램 대표자	성명	직함
	고니시 도시오(小西敏夫)	준교수
홈페이지	www.sfs.osaka-u.ac.jp	

동북아시아

2) 한국 관련 프로그램 제공 형태

학위 과정	B.A. (학사 과정)	한국학 전공, 한국어 전공
	M.A. (석사 과정)	기타 전공 내 한국학 프로그램(전공명: 언어사회학)
	Ph.D. (박사 과정)	기타 전공 내 한국학 프로그램(전공명: 언어사회학)

3) 주요 연구 분야

- 한국어학, 한국사학

4) 한국학 교수진 : 5명

교수명	직위	전공 분야
기시다 후미타카(岸田文隆)	교수	한국어학
고니시 도시오	준교수	한국어학
사카이 히로미(酒井裕美)	준교수	한국사학
배영미(裵姈美)	준교수	한국사학
조유미(趙瑜美)	외국인 특임강사	한국어학

5) 수강생 현황

한국어(학) 관련 강의 수강생 수 : 총 90명

학사 1학년	학사 2학년	학사 3학년	학사 4학년	석사 1학년	석사 2학년	박사 과정	기타
21	22	22	22			2	1

전공생 수

B.A.	M.A.	Ph.D.
87		2

※ 매년 신입생 선발(인원: 18명)

6) 강좌 개설 현황

과목명	담당 교수	주당 수업 시간	수강생 수	학점	필수 / 선택
조선어 1	다카하시 마나부(高橋学)	1.5	22	2	필수
조선어 2	기시다 후미타카	1.5	22	2	필수
조선어 3	고니시 도시오	1.5	22	2	필수
조선어 4	조유미(チョウ ユミ)	1.5	22	2	필수
조선어 5	조유미	1.5	22	2	필수
조선어 11	고니시 도시오	1.5	22	2	필수
조선어 12	남미혜(ナム ミヘ)	1.5	22	2	필수
조선어 13	기시다 후미타카	1.5	22	2	필수
조선어 14	조유미	1.5	22	2	필수
조선어 15	조유미	1.5	22	2	필수
조선어 I b	조유미	1.5	17	4	선택
조선어 II b	조유미	1.5	15	4	선택
조선어 III b	진수미(秦秀美)	1.5	20	4	선택
조선어 IV b	기시다 후미타카	1.5	22	4	선택
조선어학 강의 b	기시다 후미타카	1.5	13	4	선택
조선 문화 강의 b	이건제(李建済)	1.5	5	4	선택
조선어학 연습 I b	고니시 도시오	1.5	15	4	선택
조선어학 연습 II b	기시다 후미타카	1.5	25	4	선택
조선어학 연습 III b	조유미	1.5	24	4	선택
조선 문학 연습 b	고니시 도시오	1.5	20	4	선택
조선 문화 연습 I b	이건제	1.5	10	4	선택
조선 문화 연습 II b	강종헌(康宗憲)	1.5	15	4	선택
조선 문화 연습 III b	강종헌	1.5	15	4	선택
조선 문화 연습 VI b	이건제	1.5	14	4	선택
조선 문학 강의 b	야마다 교코(山田恭子)	1.5	2	4	선택
조선 문화 연습 V b	문호일(文浩一)	1.5	25	4	선택

7) 한국 관련 활동

활동명	시기	상세 활동 내용
대마도 종사문서의 한글 편지에 관한 연구	2012~2016	일본 학술재단 과학 연구비 지원을 받아 대마도 종사문고에 소장된 한글 편지 100여 통을 새롭게 발견해 한일 공동 연구 실시

동북아시아

8) 한국 관련 출판물

제목	형태	주요 내용
『朝鮮語教程』	단행본	小西敏夫·岸田文隆·酒井裕美 저, 溪水社 • 중급 수준 학습자를 대상으로 한 한국어 교재. 어학 학습을 통해 대표적인 역사 문헌을 접함으로써 앞으로 본격적인 문헌 강독을 위한 기초 능력 양성 목적

4. 한국연구센터 운영 현황

- 없음

5. 도서관 현황

도서관명	외국학도서관(外国学図書館)
담당 사서	오사카대학 부속 도서관 미노 지역 도서관 서비스와 외국학 도서관반 이용 지원 담당
한국학 장서 보유량(부)	8,221

6. 동아시아학 현황

1) 일본학 프로그램 제공 형태	학사, 석사, 박사
2) 중국학 프로그램 제공 형태	학사

와세다대학
Waseda University

1. 대학 개요

대학명(자국어)	早稻田大学
설립 연도	1882년
소재 국가	일본
형태	사립
대표자 성명 / 직위	가마타 가오루(鎌田薫) / 총장

2. 연락처

주소	영문 주소	1-7-17, Nishiwaseda, Shinjuku-ku, Tokyo 169-0051, Japan
	우편번호	169-0051
전화		+81-3-3203-4141
웹사이트		www.waseda.jp

3. 기관 한국학 현황

1) 한국 관련 강좌 운영 현황

소속 단과대학/학부	글로벌교육센터(GEC), 문학부, 문화구상학부, 상학부, 국제교양학부, 대학원 문학연구과, 정치경제학술원, 아시아태평양대학원	
개설 연도	1977년	
프로그램 대표자	성명	직함
	호테이 도시히로(布袋敏博)	국제교양학부 교수

2) 한국 관련 프로그램 제공 형태

학위과정	B.A. (학사 과정)	한국학 부전공

3) 주요 연구 분야

• 한국어 문학, 한국사, 한일 관계, 한국 정치 경제, 사회 문화

4) 한국학 교수진 : 8명

교수명	직위	전공 분야
이성시(李成市)	문학부 교수	동아시아 역사
호테이 도시히로	국제교양학부 교수	한국 문학
후카가와 유키코 (深川由起子)	정치경제학술원교수	국제경제학
이종원(李鐘元)	대학원 아시아태평양연구과 교수	동아시아 국제관계, 한반도
박상준	국제교양학부 교수	경제학
이마지	국제교양학부 교수	한국어, 한국 사회 문화
김경묵	문화구상학부 교수	국제사회학, NGO, 재일 코리언
인성희	문학학술원 문학부 준교수	한국어

5) 수강생 현황

한국어(학) 관련 강의 수강생 수 : 연간 2,000여 명

6) 강좌 개설 현황

과목명	담당 교수	주당 수업 시간	수강생 수	학점	필수 / 선택
(국제교양학부)한국어 I 02	호테이 도시히로, 곤도 유리	2		2	
(국제교양학부)한국어 I 51	곤도 유리, 이마지	2		2	
(국제교양학부)한국어 I 52	안은희, 가미야 니지	2		2	
(국제교양학부)한국어 I 53	곤도 유리, 이마지	2		2	
(국제교양학부)한국어 I 54	호테이 도시히로, 김모란	2		2	
(국제교양학부)한국어 II 02	호테이 도시히로, 김모란	2		2	
(국제교양학부)한국어 II 51	호테이 도시히로, 곤도 유리	2		2	
(국제교양학부)한국어 II 52	다쓰노 사유, 김현수	2		2	

과목명	담당 교수	주당 수업 시간	수강생 수	학점	필수 / 선택
(국제교양학부)한국어 III 01	호테이 도시히로, 안은희	2		2	
(국제교양학부)한국어 III 51	김모란, 안은희	2		2	
(국제교양학부)한국어 IV 51	이마지, 기시 가나코	2		2	
(국제교양학부) 표현 세미나 01(한국 문학)	호테이 도시히로	2		2	
(국제교양학부) 표현 세미나 51(한국 문학)	호테이 도시히로	2		2	
한국 경제	박상준	2		2	
(글로벌교육센터) 한국 고대 사회와 문화(입문) 1	이성시	1		1	
(글로벌교육센터) 한국 고대 사회와 문화(입문) 2	이성시	1		1	
(글로벌교육센터) 한국 고대 사회와 문화	이성시	1		1	
(글로벌교육센터) 한국 고대 사회와 문화(응용) 1	이성시	1		1	
(글로벌교육센터) 한국 고대 사회와 문화(응용) 2	이성시	1		1	
(글로벌교육센터) 해외·재일 코리안 고찰 1	김경묵	1		1	
(글로벌교육센터)한국어 입문 1	김모란, 가미야 니지	2	40	2	
(글로벌교육센터)한국어 입문 2	후쿠시마 미노리, 이에나카 유우코	2	38	2	
(글로벌교육센터)한국어 입문 3	하시모토 시게루, 야마사키 레미나	2	33	2	
(글로벌교육센터)한국어 입문 4	하시모토 시게루, 야마사키 레미나	2	30	2	
(글로벌교육센터)한국어 입문 5	전동원, 가미야 니지	2	41	2	
(글로벌교육센터)한국어 입문 6	다쓰노 사요, 이토우 도모니	2	24	2	
(글로벌교육센터)한국어 입문 7	이순애, 야마사키 레미나	2	24	2	
(글로벌교육센터)한국어 입문 8	전동원, 기시 가나코	2	19	2	
(글로벌교육센터)한국어 입문 9	임주희, 윤영수	2	18	2	
(글로벌교육센터)한국어 입문 10	문진영, 윤영수	2		2	
(글로벌교육센터)한국어 초급 1	김모란, 가미야 니지	2		2	
(글로벌교육센터)한국어 초급 2	후쿠시마 미노리, 이에나카 유우코	2		2	

동북아시아

과목명	담당 교수	주당 수업 시간	수강생 수	학점	필수 / 선택
(글로벌교육센터)한국어 초급 3	하시모토 시게루, 야마사키 레미나	2		2	
(글로벌교육센터)한국어 초급 4	하시모토 시게루, 야마사키 레미나	2		2	
(글로벌교육센터)한국어 초급 5	전동원, 가미야 니지	2		2	
(글로벌교육센터)한국어 초급 6	다쓰노 사요, 이토우 도모니	2		2	
(글로벌교육센터)한국어 초급 7	이순애, 야마사키 레미나	2		2	
(글로벌교육센터)한국어 초급 8	전동원, 기시 가나코	2		2	
(글로벌교육센터)한국어 초급 9	임주희, 윤영수	2		2	
(글로벌교육센터)한국어 초급 10	문진영, 윤영수	2		2	
(글로벌교육센터)한국어 준중급 1	이토우 도모니	1	27	1	
(글로벌교육센터)한국어 준중급 2	김모란	1	22	1	
(글로벌교육센터)한국어 준중급 3	이순애	1	22	1	
(글로벌교육센터)한국어 준중급 4	야마사키 레미나	1	19	1	
(글로벌교육센터)한국어 준중급 5	문진영	1	31	1	
(글로벌교육센터)한국어 준중급 6	이에나카 유우코	1	19	1	
(글로벌교육센터)한국어 준중급 7	이토우 도모니	1	23	1	
(글로벌교육센터)한국어 준중급 8	안은희	1	22	1	
(글로벌교육센터)한국어 준중급 9	최태원	1	15	1	
(글로벌교육센터)한국어 중급 1	이토우 도모니	1		1	
(글로벌교육센터)한국어 중급 2	김모란	1		1	
(글로벌교육센터)한국어 중급 3	이순애	1		1	
(글로벌교육센터)한국어 중급 4	야마사키 레미나	1		1	
(글로벌교육센터)한국어 중급 5	문진영	1		1	
(글로벌교육센터)한국어 중급 6	이에나카 유우코	1		1	
(글로벌교육센터)한국어 중급 7	이토우 도모니	1		1	
(글로벌교육센터)한국어 중급 8	안은희	1		1	
(글로벌교육센터)한국어 중급 9	최태원	1		1	
(글로벌교육센터)한국어 상급	김모란	1	9	1	
(글로벌교육센터)현대 한국 이해 한국어 독해(중상급)	김모란	1	21	1	
(글로벌교육센터) 한반도의 문화 사회	김모란	2		2	

과목명	담당 교수	주당 수업 시간	수강생 수	학점	필수 / 선택
(글로벌교육센터)현대 한국 이해 한국어 회화(중상급)	김모란	1		1	
(글로벌교육센터) 현대 북한 연구 개론 1	히라이 히사시, 이성시	1		1	
(글로벌교육센터) 현대 북한 연구 개론 2	히라이 히사시, 이성시	1		1	
(글로벌교육센터) 현대 한국 북한 연구 입문	이성시, 호테이 도시히로, 이종원	1		1	
(글로벌교육센터) 현대 한국 북한 연구 입문 2	이성시, 호테이 도시히로, 이종원	1		1	
(글로벌교육센터) 한국 문학과 영상(입문)	호테이 도시히로	2		2	
(글로벌교육센터) 한국 문학과 영상(응용)	호테이 도시히로	2		2	
(아시아태평양대학원) 한반도 정치 외교론	이종원	2		2	
(아시아태평양대학원)한반도 정치 외교론, 동북아 국제관계 (석사 세미나)	이종원	2		2	
(아시아타평양대학원)현대 한반도 연구, 동북아 국제관계(연구지도)	이종원	2		2	
(정치경제학부)현대 한국 정치사	기미야 세이시(木宮正史)	2		2	
(법학부)외국법 총론(한국법)	고쿠부 노리코(國分典子)	2		2	
(법학부)지역 연구(한국)	기미야 세이시	2		2	
(내학원 성지연구과)정치사 연구(현대 한국 정치사)	기미야 세이시	2		2	
현대 북한 정치사	고이치(高一)	2		2	
(문화구상학부)한국 현대사	미쓰이 다카시	2		2	
(문화구상학부)한국어 중급	인성희	2		2	
(문화구상학부)한국어 중상급	인성희	2		2	
(문화구상학부)한국어 상급 1	인성희	2		2	
(문화구상학부)한국어 상급 2	인성희	2		2	
(문화구상학부)한국어 회화 중급	이화정	2		2	
(문화구상학부) 한국어 회화 중상급 1	이화정	2		2	
(문화구상학부) 한국어 회화 중상급 2	인성희	2		2	

동북아시아

과목명	담당 교수	주당 수업 시간	수강생 수	학점	필수 / 선택
(문화구상학부) 한국어 회화 중상급 3	인성희	2		2	
(문학부)한국어 스텝 1	이토우 도모코, 안은희, 기시 가노코, 인성희, 전동원	2		2	
(문학부)한국어 스텝 2	이화정, 구로사와 아키코, 임주희, 김현수, 인성희	2		2	
(문학부)한국 근현대사	미쓰이 다카시	2		2	
(문학부)한국어 중급	인성희	2		2	
(문학부)한국어 중상급	인성희	2		2	
(문학부)한국어 상급 1	인성희	2		2	
(문학부)한국어 상급 2	인성희	2		2	
(문학부)한국어 회화 중급	이화정	2		2	
(문학부)한국어 회화 중상급 1	이화정	2		2	
(문학부)한국어 회화 중상급(2,3)	인성희	2		2	
(문학부)한국어 상급(1, 2)	임주희	2		2	
(문학부)한국어 작문 중급, 상급	이화정	2		2	
시사 한국어	구로사와 아키코	2		2	
통역 한국어	구로사와 아키코	2		2	
한반도 연구	박정현, 이애리아	2		2	

7) 한국 관련 활동

활동명	시기	상세 활동 내용
"코리아 연구" 주제로 스터디 운영		• 와세다대학 글로벌교육센터에서 주관하는 학부생을 위한 부전공 프로그램 중 하나로, 2007년부터 개설됨. 한반도 역사와 문화를 다양한 관점에서 이해한다는 목적 아래 고고학, 역사, 문학, 전통 문화, 현대 문화, 한국어 교육 등 한국 관련 강좌 제공 • 매년 12월 한국어 강사들의 협력을 통해 '신바람'(코리아 문화제) 개최. 2006년부터 한국어 말하기 대회, 한국 영화 상영회 등 개최 • 매년 여름방학 중 한국 방문 연수 추진

4. 한국연구센터 운영 현황

명칭	한국학연구소(早稲田大学韓国学研究所)	
소속 기관	와세다대학 종합연구기구(早稲田大学総合研究機構)	
설립 연도	2013년	
대표자	성명	직함
	이종원	연구소장

5. 도서관 현황

도서관명	중앙도서관
한국학 장서 보유량(부)	30,000

6. 동아시아학 현황

1) 일본학 프로그램 제공 형태	학사, 석사, 박사
2) 중국학 프로그램 제공 형태	학사, 석사, 박사

현립히로시마여자대학

Prefectural University of Hiroshima

1. 대학 개요

대학명(자국어)	県立広島大学
설립 연도	2005년
소재 국가	일본
형태	국공립
대표자 성명 / 직위	겐이치 나카무라(Kenichi Nakamura, 中村健一) / 학장

2. 연락처

주소	영문 주소	1-1-71 Ujina-Higashi, Minami-ku, Hiroshima City, Hiroshima Prefecture, Japan
	우편번호	734-8558
전화		+81-082-251-9891
웹사이트		www.pu-hiroshima.ac.jp

3. 기관 한국학 현황

1) 한국 관련 강좌 운영 현황

소속 학부	인간문화학부	
소속 학과	국제문화학과	
개설 연도	2005년	
프로그램 대표자	성명	직함
	정우택	준교수
홈페이지	www.pu-hiroshima.ac.jp/soshiki/international/	

2) 한국 관련 프로그램 제공 형태

학위 과정	B.A. (학사 과정)	한국어 전공, 기타 전공 내 한국학 프로그램(전공명: 국제문화학)
	M.A. (석사 과정)	한국어 전공, 기타 전공 내 한국학 프로그램

3) 주요 연구 분야

• 한국어, 한국 사회·문화

4) 한국학 교수진 : 2명

교수명	직위	전공 분야
정우택	준교수	언어학(한국어학)
정은지	준교수	복식 문화

5) 수강생 현황

한국어(학) 관련 강의 수강생 수 : 총 53명

학사 1학년	학사 2학년	학사 3학년	학사 4학년	석사 1학년	석사 2학년	박사 과정	기타
30	10	7	6				

전공생 수

B.A.	M.A.	Ph.D.
6		

6) 강좌 개설 현황

과목명	담당 교수	주당 수업 시간	수강생 수	학점	필수 / 선택
한국 조선어 3a, 3b, 4, 7, 8	정우택, 정은지, 김근오	10	40	2	선택
한국 조선어 문화론 연습, 한국 조선어 문화론 특론	정우택	4	10	2	선택
비교 문화론 연습, 비교 문화론 특론	정은지	4	50	2	선택

7) 한국 관련 활동

활동명	시기	상세 활동 내용
교환학생 파견	매년	서울시립대학교에 매년 20명 이상 장단기 유학생 파견 중

동북아시아

4. 한국연구센터 운영 현황
- 없음

5. 도서관 현황

도서관명	학술정보센터 도서관
한국학 장서 보유량(부)	1,100

6. 동아시아학 현황

1) 일본학 프로그램 제공 형태	–
2) 중국학 프로그램 제공 형태	학사, 석사

히메지독쿄대학
Himeji Dokkyo University

1. 대학 개요

대학명(자국어)	姫路獨協大学
설립 연도	1987년
소재 국가	일본
형태	사립
대표자 성명 / 직위	혼다 요시아키(Honda Yoshiaki, 本多義昭) / 총장

2. 연락처

주소	영문 주소	7-2-1 Kami-ono, Himeji-shi, Hyogo, Japan
	우편번호	670-8524
전화		+81-79-223-9156
웹사이트		www.himeji-du.ac.jp

3. 기관 한국학 현황

1) 한국 관련 강좌 운영 현황

소속 파트너십	지역연휴(地域連携, Regional Partnership)	
개설 연도	2006년	
프로그램 대표자	성명	직함
	문춘금(Chungum Moon)	교수
홈페이지	www.himeji-du.ac.jp/region	

2) 한국 관련 프로그램 제공 형태

비학위 과정		B.A. 선택 과목
학위 과정	B.A. (학사 과정)	한국어 전공

3) 한국학 교수진 : 2명

교수명	직위	전공 분야
문춘금	교수	비교언어학
나카무라 마유(Nakamura mayu)		현대 한국어

4) 강좌 개설 현황

과목명	담당 교수	주당 수업 시간	수강생 수	학점	필수 / 선택
한국어			15		
한국어 AII			3		
한국어 BII			3		
한국어 CII			3		
주제 연구 II(한국어)			13		
주제 연구 IV(한국어)			12		
집중 한국어 II			9		
한국어 입문 II			2		
한국어 워크숍 II(독해 능력)			11		
한국어 워크숍 II(대중 발표)			0		
해외 언어 훈련 과정(한국어)			7		
비교문화학(일본과 한국)			11		
한국어 워크숍 II(작문)			10		
비교언어학(일본어와 한국어)			0		
기초 세미나			6		
세미나			6		

4. 한국연구센터 운영 현황
   - 없음

5. 동아시아학 현황

1) 일본학 프로그램 제공 형태	학사, 석사
2) 중국학 프로그램 제공 형태	학사, 석사

동북아시아

히토쓰바시대학
Hitotsubashi University

1. 대학 개요

대학명(자국어)	一橋大学
설립 연도	1920년
소재 국가	일본
형태	국립
대표자 성명 / 직위	스스무 야마우치(Susumu Yamauchi) / 총장

2. 연락처

주소	영문 주소	Japan, Tokyo, Kunitachi, Naka, 2-1, Japan
	우편번호	186-8601
전화		+81-80-4407-9209
웹사이트		www.hit-u.ac.jp

3. 기관 한국학 현황

1) 한국 관련 강좌 운영 현황

소속 학과	사회학연구과, 언어사회연구과, 법학연구과, 한국학연구센터	
프로그램 대표자	성명	직함
	이연숙(Yeonsook Lee)	교수

2) 한국 관련 프로그램 제공 형태

비학위 과정		B.A. 선택 과목, M.A. 선택 과목
학위 과정	B.A. (학사 과정)	한국학 전공, 한국어 전공, 동아시아학 전공
	M.A. (석사 과정)	한국학 전공, 한국어 전공, 동아시아학 전공
	Ph.D. (박사 과정)	한국학 전공, 한국어 전공, 동아시아학 전공

3) 주요 연구 분야

- 사회학, 언어학, 역사학, 법학, 경제학, 문화 연구

4) 한국학 교수진 : 4명

교수명	직위	전공 분야
이연숙	언어사회연구과 교수	사회언어학, 문화 연구
가토 게이키(加藤圭木)	사회학연구과 전임강사	한국 근대사
권용석(權容奭)	법학연구과 준교수	국제관계사
이규수(李圭洙)	한국학연구센터 특임교수	한일관계사

5) 수강생 현황

한국어(학) 관련 강의 수강생 수 : 총 117명

학사 1학년	학사 2학년	학사 3학년	학사 4학년	석사 1학년	석사 2학년	박사 과정	기타
14	15	23	21	9	14	21	

전공생 수

B.A.	M.A.	Ph.D.
73	23	21

※ 매년 신입생 선발

6) 강좌 개설 현황

과목명	담당 교수	주당 수업 시간	수강생 수	학점	필수 / 선택
조선어 초급 A	홍윤신(洪玧伸)	4	15	4	선택
조선어 중급	신규섭(申奎燮)	2	13	2	선택
일본과 국제 관계	이치하라 마이코(市原麻衣子)	2	23	2	선택
세미나	이연숙	2	21	2	필수
조선어 중급	신규섭	2	16	2	선택
사회 연구 입문 세미나	요시다 유타카(吉田裕)	2	8	2	필수
현대 이슈에 대한 토론 IV	김젠마(金ゼンマ)	2	11	2	선택
국제 정치 경제 I	김젠마	2	12	2	선택
조선어 초급 B	신규섭	4	16	4	선택
세미나	와카오 정희(若尾政希)	4	8	4	선택
조선어 중급	홍윤신	2	15	2	선택
조선어	료스미코(梁澄子)	8	14	8	선택
세미나(4학년)	와카오 정희	4	8	4	필수
조선어 상급	신규섭	2	12	2	선택
아시아 공동체론	이연숙	2	145	2	선택
한국과 동아시아 언어문화론	이연숙	2	25	2	선택
조선어 상급	신규섭	2	16	2	선택
교양 세미나	이연숙	2	15	2	선택
공통 세미나	이규수	4	15	4	선택
외국사(아시아 사회사 총론)	가토 케이키(加藤圭木)	2	125	2	선택
사회사 사료 강독 II	가토 케이키	2	25	2	선택
문헌 연습(조선어)	이규수	2	9	2	선택
조선어 초급 A	박호열(朴浩烈)	4	21	4	선택
조선어 초급 A	박호열	4	25	4	선택
세미나	유시다 유타카	4	9	4	필수
세미나(4학년)	권용석	4	7	4	필수
세미나(3학년)	권용석	4	8	4	필수
단기 해외연수(한국)	와타나베 유키(渡部由紀)	2	13	2	선택
동아시아 국제 관계사 특수 문제	권용석	2	23	2	선택
동아시아 국제 관계	권용석	2	45	2	선택
사회 연구 입문 세미나	가토 케이키	2	15	2	선택

과목명	담당 교수	주당 수업 시간	수강생 수	학점	필수 / 선택
조선 외교사	권용석	2	34	2	선택
전쟁과 사회	유시다 유타카	2	28	2	선택
조선과 일본의 관계사	권용석	2	25	2	선택
조선 사회사 II(근현대)	가토 케이키	2	89	2	선택
정치사 I	유시다 유타카	2	67	2	선택
아시아 사회사 II(근현대)	가토 케이키	2	23	2	선택
세미나	가토 케이키	4	13	4	필수
일본과 조선의 언어문화	야스다 도시로(安田敏朗)	2	17	2	선택
세미나(3학년)	유시다 유타카	4	8	4	필수
세미나(4학년)	유시다 유타카	4	7	4	필수
동아시아 사회사 총론	시주 렌 예(石居人也)	2	24	2	선택
조선의 역사와 문화 I	미야모토 마사아키(宮本正明)	2	56	2	선택
조선의 역사와 문화 II	미야모토 마사아키	2	45	2	선택

7) 한국 관련 활동

활동명	시기	상세 활동 내용
한국학 포럼	정기	한국학 관련 국내외 전문가를 초빙하여 연 6회 관련 강좌 개최
근현대 인물사 연구회	정기	한국 관련 인물을 둘러싼 연구회를 연 4회 개최. 특히 한국과 일본의 경계에 존재한 인물에 주목함
국제 학술 대회	정기	국제 학술 대회를 연 1회 개최
국제 교류 세미나	정기	국제 교류 세미나를 연 2회 개최. 특히 히토쓰바시대학 한국학연구센터, 성균관대학교 동아시아역사연구소, 중국 북화대학 동아언구중심은 매년 "일본의 전쟁 책임과 역사 인식"을 주제로 공동 학술대회 개최(6년 계획)
식민지 체험과 기억을 읽는 모임	정기	식민지 체험과 기억을 둘러싼 자료를 바탕으로 연 4회 연구회 개최
공생을 위한 문화 강좌	비정기	시민 대상으로 한국 관련 영화 등을 상영하여 한국에 대한 이해를 높임
저작 비평회	정기	출간된 한국 관련 저서를 둘러싼 비평회를 개최하여 연구의 질 향상 도모

4. 한국연구센터 운영 현황

명칭	한국학연구센터(Research Center for Korean Studies)	
소속 기관	대학원 언어사회연구과	
설립 연도	2017년	
대표자	성명	직함
	이연숙	교수

5. 도서관 현황

도서관명	중앙도서관, 경제연구소 도서관

6. 동아시아학 현황

1) 일본학 프로그램 제공 형태	학사, 석사, 박사
2) 중국학 프로그램 제공 형태	학사, 석사, 박사

광둥백운학원(광동백운학원)

Guangdong Baiyun University

1. 대학 개요

대학명(자국어)	广东白云学院
설립 연도	1989년
소재 국가	중국
형태	사립
대표자 성명 / 직위	케타오 시에(Ketao Xie, 谢可滔) / 이사장

2. 연락처

주소	영문 주소	1 Xueyuan Rd, Jianggaozhen, Baiyun Qu, Guangzhou Shi, Guangdong Province, China
	우편번호	510000
전화		+86-20-3609-3333
웹사이트		www.studyinguangdong.cn

동북아시아

3. 기관 한국학 현황

1) 한국 관련 강좌 운영 현황

소속 단과대학	외국어대학	
소속 학과	한국어학과	
개설 연도	2007년	
프로그램 대표자	성명	직함
	등효정(Deung Xiaozheng)	학과장
홈페이지	wy.baiyunu.edu.cn	

2) 한국 관련 프로그램 제공 형태

비학위 과정		B.A. 선택 과목
학위 과정	B.A. (학사 과정)	한국어 전공, 중-한 복수 전공

3) 주요 연구 분야

- 한국어, 사회·문화, 한국 문화

4) 한국학 교수진 : 2명

교수명	직위	전공 분야
등효정	한국어학과장	한국어 교육
황병강(Huang Binggang)		한국어 문법론

5) 수강생 현황

한국어(학) 관련 강의 수강생 수 : 총 184명

학사 1학년	학사 2학년	학사 3학년	학사 4학년	석사 1학년	석사 2학년	박사 과정	기타
55	45	40	44				

전공생 수

B.A.	M.A.	Ph.D.
184		

※ 매년 신입생 선발(인원: 50명)

6) 강좌 개설 현황

과목명	담당 교수	주당 수업 시간	수강생 수	학점	필수 / 선택
초급 한국어	등효정	8	50	8	필수
중급 한국어	마향각	8	44	8	필수
고급 한국어	김도연	8	30	8	필수
한국어 듣기	김도연	2	50	2	필수
한국어 시청각	권필재	2	50	2	필수
한국어 회화	김도연	2	50	2	필수
비즈니스 한국어	권필재	2	30	2	필수
한국어 문학사	김도연	2	30	2	필수
한국어 쓰기	황병강	2	50	2	필수
한국어 읽기	황병강	2	50	2	필수
한국 기업 문화	황병강	2	44	2	필수

7) 한국 관련 활동

활동명	시기	상세 활동 내용
한국 문화 축제		한국어 말하기 대회, 중-한 번역 대회, 한국 음식 만들기 등 행사 진행

4. 한국연구센터 운영 현황

- 없음

5. 도서관 현황

도서관명	중앙도서관
한국학 장서 보유량(부)	5,010

6. 동아시아학 현황

1) 일본학 프로그램 제공 형태	학사
2) 중국학 프로그램 제공 형태	학사

광둥외어외무대학 남국상학원(광동외어외무대학 남국상학원)

Guangdong University of Foreign Studies, South China Business College

1. 대학 개요

대학명(자국어)	广东外语外贸大学 南国商学院
설립 연도	1996년
소재 국가	중국
형태	사립
대표자 성명 / 직위	샤오 쥔 딩(Xiao Jun Ding) / 이사장

2. 연락처

주소	영문 주소	No.181 Liangtian Middle Road, Baiyun District, Guangzhou City, Guangdong Province, China
	우편번호	510545
웹사이트		www.gwng.edu.cn

3. 기관 한국학 현황

1) 한국 관련 강좌 운영 현황

소속 학원	동방언어문화학원	
소속 학과	조선어학과	
개설 연도	2008년	
프로그램 대표자	성명	직함
	지성녀(Chi Shengnu)	학과장
홈페이지	www.gwng.edu.cn/web/alcd/1	

2) 한국 관련 프로그램 제공 형태

학위 과정	B.A. (학사 과정)	한국어 전공

3) 한국학 교수진 : 8명

교수명	직위	전공 분야
지성녀	학과장	한국어학
김선희		경제학
서화		통번역
이은교		한국어학
곽휘		한국어학
이지행		경영학
김성월		한국어학
엽영림		한국어학

4) 수강생 현황

한국어(학) 관련 강의 수강생 수 : 총 224명

학사 1학년	학사 2학년	학사 3학년	학사 4학년	석사 1학년	석사 2학년	박사 과정	기타
66	62	65	31				

전공생 수

B.A.	M.A.	Ph.D.
224		

5) 강좌 개설 현황

과목명	담당 교수	주당 수업 시간	수강생 수	학점	필수 / 선택
기초 한국어 1	서화, 엽영림	10		10	필수
한국어 듣기 말하기 1	김선희	4	66	10	필수
기초 한국어 3	이은교, 곽휘	8	66	8	필수
한국어 듣기 말하기 3	이지행	4	62	4	필수
한국어 문법	지성녀	2	62	2	선택
한국어 읽기	김성월	2	62	2	선택
통번역 수업	이결	4	31	4	필수
글쓰기	이은교	2	31	2	필수
경제 한국어	김선희	2	31	2	선택

4. 한국연구센터 운영 현황

- 없음

5. 도서관 현황

도서관명	남국도서관
담당 사서	첸웬란(陈文澜)
한국학 장서 보유량(부)	5,796

6. 동아시아학 현황

1) 일본학 프로그램 제공 형태	–
2) 중국학 프로그램 제공 형태	–

광시사범대학(광서사범대학)
Guangxi Normal University

1. 대학 개요

대학명(자국어)	广西师范大学
설립 연도	1932년
소재 국가	중국
형태	국공립
대표자 성명 / 직위	쭈빈헤(Zubin He) / 총장

2. 연락처

주소	영문 주소	15 Yucailu Rd, Guilin City, Guangxi Province, China
	우편번호	541004
전화		+86-18978330333
웹사이트		www.gxnu.edu.cn

3. 기관 한국학 현황

1) 한국 관련 강좌 운영 현황

소속 단과대학	외국어대학	
소속 학과	한국어학과	
개설 연도	2005년	
프로그램 대표자	성명	직함
	이영남	학과장
홈페이지	www.cofs.gxnu.edu.cn	

2) 한국 관련 프로그램 제공 형태

학위 과정	B.A. (학사 과정)	한국어 전공
	M.A. (석사 과정)	한국어 전공

3) 한국학 교수진 : 11명

교수명	직위	전공 분야
이영남	학과장	한국 고전 문학
조영임	교수	한국 고전 문학
김재욱	부교수	중국 현대 문학
전금숙	부교수	한중 언어 대비
이진명	원어민교사	한중 언어 대비
왕종선	강사	한국경제학
고정	강사	한국민속학
채추염	강사	한중 통번역
왕비비	강사	한국 신문학
양몽려	강사	한중 통번역
이연정	조교	한국어교육학

4) 수강생 현황

한국어(학) 관련 강의 수강생 수 : 총 173명

학사 1학년	학사 2학년	학사 3학년	학사 4학년	석사 1학년	석사 2학년	박사 과정	기타
50	52	27	27	6	11		

전공생 수

B.A.	M.A.	Ph.D.
156	17	

※ 매년 신입생 선발(인원: 50명)

5) 강좌 개설 현황

과목명	담당 교수	주당 수업 시간	수강생 수	학점	필수 / 선택
한국어 통역	이영남	2	26	1	필수
경제 무역 한국어	왕종선	2	26	1	선택
응용문 쓰기	김대호	2	26	1	필수
관광 한국어	전금숙	2	26	1	선택
종합 한국어 3	왕종선	6	27	6	필수
한국어 고급 회화	조영임	4	27	4	필수
한국어 문법(고급)	채추염	2	27	2	필수
한국어 쓰기(고급)	김대호	2	27	2	필수
한국어 듣기(고급)	왕비비	2	27	2	필수
한국(조선) 경제	왕종선	2	27	2	선택
종합 한국어 2	양몽려	8	27	8	필수
한국어 듣기(중급)	이연정	2	27	2	필수
한국어 읽기(중급)	전금숙	2	27	2	필수
한국어 중급 회화	조영임	4	27	4	필수
한국어 쓰기(중급)	조영임	2	27	2	필수
종합 한국어 1	채추염, 왕비비	10	52	10	필수
한국 개황	고정	2	52	2	필수

6) 한국 관련 활동

활동명	시기	상세 활동 내용
국제 학술회의	2013	제4회 중국 범주강삼각수 지역 한국어 교육 국제 학술회의
국제 학술회의	2015	제4회 중국 한국어교육연구학회 차세대 교육자 포럼
객원 연구원	2016	서울대학교 국어교육연구소 객원 연구원(피초청자: 이영남)
국제 학술회의	2017	18세기 동아시아 지식인의 탈 경계 인식과 상호교류 국제 학술회의

7) 한국 관련 출판물

제목	형태	주요 내용
정약용 철학 사상 연구	단행본	소주대학교 출판부, 2015, 한국문학번역원 지원 프로그램 결과물
중국 과학 고고학의 흥기	단행본	한국국학자료원 출판부, 2016, 중국 국가사회과학연구기금 결과물
중국 문화와 정약용의 문학 관련 연구	단행본	광서사범대학교 출판부, 2016
중급 한국어 상, 하	단행본	중국 외국어교육연구출판사, 2015
천곡 수필집	단행본	한국국학자료원 출판부, 2016
벌레의 꿈	단행본	시와사람, 2015, 광서 지역 시인의 작품을 한국어로 번역 출판
삼성웨이	단행본	중신도서출판공사, 2015
계림일지	단행본	한국인의 눈으로 보고 직접 경험한 계림 생활
한국어 언어학 개론	단행본	한국학자의 언어학 개론을 중국어로 번역

4. 한국연구센터 운영 현황

명칭	조선-한국학연구센터	
소속 기관	외국어대학	
설립 연도	2013년	
대표자	성명	직함
	이영남	센터장

5. 도서관 현황

도서관명	광시사범대학 일부도서관(广西师范大学 逸夫图书馆)
한국학 장서 보유량(부)	8,800

6. 동아시아학 현황

1) 일본학 프로그램 제공 형태	학사, 석사
2) 중국학 프로그램 제공 형태	학사, 석사, 박사

구이린여유학원(계림여유학원)

Guilin Tourism University

1. 대학 개요

대학명(자국어)	桂林旅游学院
설립 연도	1985년
소재 국가	중국
형태	국공립
대표자 성명	진 성주(Jin Sheng Zhu)

2. 연락처

주소	영문 주소	26 Liangfeng Road, Yanshan District, GuilinGuangxi, China
	우편번호	541006
전화		+86-773-369-1068
웹사이트		school.cuecc.com/guangxi/glit/

3. 기관 한국학 현황

1) 한국 관련 강좌 운영 현황

소속 단과대학	외국어대학(School of Foreign Languages), 국제교육·교환대학(School of International Education and Exchange)	
개설 연도	2008년	
프로그램 대표자	성명	직함
	황 샤오핑(Huang xiaoping)	학장

동북아시아

2) 한국 관련 프로그램 제공 형태

학위 과정	B.A. (학사 과정)	한국어 전공

3) 주요 연구 분야

- 한국 관광

4) 한국학 교수진 : 2명

교수명	직위	전공 분야
무 릴리(Mu Lili)	교원	한국어
류 민(Liu Min)	교원	한국어

5) 수강생 현황

한국어(학) 관련 강의 수강생 수 : 총 117명

학사 1학년	학사 2학년	학사 3학년	학사 4학년	석사 1학년	석사 2학년	박사 과정	기타
35	42	40					

전공생 수

B.A.	M.A.	Ph.D.
117		

6) 강좌 개설 현황

과목명	담당 교수	주당 수업 시간	수강생 수	학점	필수 / 선택
한국어 1, 2, 3	무 릴리	4	40	2-4	필수
회화, 청해, 작문, 문법	류 민	12	40	2-4	필수

7) 한국 관련 활동

활동명	시기	상세 활동 내용
한국어 말하기 대회	2016	학교와 지역에서 진행
한국 문화 페스티벌	2016	한국 문화 소개 행사

4. 한국연구센터 운영 현황

- 없음

5. 도서관 현황

도서관명	계림관광대학 도서관
담당 사서	저우 미(Zhou mi)
한국학 장서 보유량(부)	292

6. 동아시아학 현황

1) 일본학 프로그램 제공 형태	기타
2) 중국학 프로그램 제공 형태	기타

난징대학(남경대학)

Nanjing University

1. 대학 개요

대학명(자국어)	南京大学
설립 연도	1902년
소재 국가	중국
형태	국공립
대표자 성명 / 직위	준 첸(Jun Chen) / 총장

2. 연락처

주소	영문 주소	No.163 Xianlin Avenue, Nanjing, China
	우편번호	210023
전화		+86-13770340694
웹사이트		www.nju.edu.cn

3. 기관 한국학 현황

1) 한국 관련 강좌 운영 현황

소속 단과대학	외국어대학	
소속 학과	한국어문학과	
개설 연도	2006년	
프로그램 대표자	성명	직함
	최창록(崔昌祿)	학과장

2) 한국 관련 프로그램 제공 형태

학위 과정	B.A. (학사 과정)	한국학 전공, 기타 전공 내 한국학 프로그램(전공명: 중문, 사학)
	M.A. (석사 과정)	한국학 전공, 기타 전공 내 한국학 프로그램(전공명: 중문, 사학)
	Ph.D. (박사 과정)	동아시아학 전공, 기타 전공 내 한국학 프로그램(전공명: 중문, 사학)

3) 주요 연구 분야

• 한국 언어학, 문학, 문헌, 역사 문화, 국제 관계 및 동아시아 지적 교류 등

4) 한국학 교수진 : 10명

교수명	직위	전공 분야
윤해연(尹海燕)	한국어문학과 교수	문학, 번역
최창록(崔昌䇳)	한국어문학과 부교수	현대 문학
윤은자(尹恩子)	한국어문학과 부교수	역사 문화
이금화(李锦花)	한국어문학과 부교수	언어학
정선모(郑墡谟)	한국어문학과 부교수	고전 문학
오옥매(吴玉梅)	한국어문학과 전임강사	언어학
서여명(徐黎明)	한국어문학과 전임강사	근대 문학
장백위(张伯伟)	중어중문과 교수	고전 문학
테무르(特木勒)	사학과 부교수	역사학
송문지(宋文志)	사학과 전임강사	국제 관계

5) 수강생 현황

한국어(학) 관련 강의 수강생 수 : 총 81명

학사 1학년	학사 2학년	학사 3학년	학사 4학년	석사 1학년	석사 2학년	석사 3학년	박사 과정
16	15	16	14	8	7	5	

전공생 수

B.A.	M.A.	Ph.D.
61	20	

※ 매년 신입생 선발(인원: 15명)

6) 강좌 개설 현황

과목명	담당 교수	주당 수업 시간	수강생 수	학점	필수 / 선택
기초 한국어 정독	윤해연, 이금화	8	23	8	필수
중급 한국어 정독	윤은자, 오옥매	8	20	8	필수
한국 통사	윤은자	2	18	2	필수
한국 고전 문학사	정선모	2	18	2	필수
한국 현대 문학사	최창륵	2	21	2	필수
한국 언어학 통론	장윤희(인하대)	2	21	2	필수
고급 한국어 정독	최창륵	4	16	4	선택
기초 한국어 시청설(視聽說)	장준익	4	22	4	선택
중급 한국어 시청설	장준익	4	18	2	선택
경제 무역 한국어	장준익	2	36	2	선택
중한 교류사	유영렬(숭실대)	2	17	2	선택
당대 중한 문화 교류	서여명	2	18	2	선택
한국어 실용문 작성법	정선모	2	17	2	선택
중한 번역 이론과 실천	오옥매	2	17	2	선택
중한 통역	오옥매	2	17	2	선택
한국학 논문 작성 지도	정선모	2	14	2	선택
한국학 테마 특강	서여명	1	14	1	선택
졸업 논문 작성(4학년)	전체 교수진 7명		14	6	필수
(e-School)아시아의 발전과 도시화	쿠즈 포터 (Cuz Potter, 고려대)	2	56	2	필수
(e-School)대중매체와 한국의 대중문화	박지훈(고려대)	2	76	2	선택
(e-School)아시아의 맥락에서 바라본 한국 경영	신만수(고려대)	2	25	2	선택
한국 언어학 개론	이금화	2	3	2	필수
한국 당대 문학 도론(導論)	최창륵	2	3	2	필수
한국 고전 문학사 도론	정선모	2	3	2	필수
한국 근현대사 도론	윤은자	2	2	2	필수
번역과 근대 동아시아	윤해연	2	8	2	필수
연구 방법과 논문 작성	최창륵	2	4	2	선택
동아시아 문학의 탈문화적 연구	김병민(옌벤대)		8	2	선택

7) 한국 관련 활동

활동명	시기	상세 활동 내용
김준엽 선생 서거 5주년 추모 난징 국제 학술회의	2016. 6.	난징대학의 전신인 국립중앙대학의 교우였던 김준엽 선생을 추모하기 위해 한국사회과학원과 공동으로 개최. 주제: "한국과 중국, 그리고 동아시아: 상호 인식과 이해"
"동아시아 한적(漢籍) 연구의 학문적 의의" 국제 학술회의	2016. 7.	동아시아 한문 고전 연구를 더욱 세계적으로 발전시킬 수 있는 계기를 마련하기 위해 난징대학 해외한적연구소와 공동 개최
"동아시아 시각에서의 해상교통 및 이역(異域) 인지(認知)" 국제 학술회의	2016. 8.	한반도 주변 해역 관련 고지도를 연구하는 유영승 교수팀과 공동으로 개최
연세대학교–난징대학 학술 교류회	2016. 11.	동아시아 연구 중심 대학 협의회 회원교인 연세대 국학연구원·국어국문학과와 공동 개최함. 교수들의 논문 발표, 학생들의 「동주」 영화 감상 토론 등 진행
「동아시아 시각에서의 한국학 연구」 하계대학		중국 대학의 우수한 학생들을 초청하여 국내외 유명한 학자들의 강의와 토론을 제공함으로써 학문적 분위기를 고양시키고 아울러 차세대 한국학 연구자 육성을 도모함

8) 한국 관련 출판물

제목	형태	주요 내용
연행록연구논집	단행본	철저한 문헌 고증 방법을 활용하여 연행록 정리 작업을 진행하는 과정에 작성한 논문들을 먼저 단행본으로 간행
중국 國立東方語文專科學校와 한국학 교육의 선구자들	논문	윤은자, 『중국근현대사연구』(KCI 등재지) 제70집, 2016 • 중국 최초의 한국어과를 설립한 국립동방어문전과학교의 설립 목적과 운영, 한국어과의 개설 목적과 교사 학생 상황, 베이징 대학으로 통합 초기 상황 등에 대해 서술
중국 國立中央大學의 한인유학생과 독립운동(1927~1949)	논문	윤은자, 『중국근현대사연구』(KCI 등재지) 제72집, 2016 • 난징대학 당안관 소장 중앙대학당안, 임시정부를 비롯한 독립운동단체와 인물에 관한 국내외 기록들을 사료로 활용. 당시 국민정부 최고의 고등교육기관 국립중앙대학에 재학했던 한인 학생들의 입학과 항일 및 관련된 독립운동가·단체들에 대해 서술하고 나아가 그것이 재중 한인독립운동과 한중 교류에서 갖는 의미 천명
高麗詩壇與杜詩學	논문	정선모, 『域外漢籍研究集刊』(CSSCI 등재지) 제13집, 2016 • 고려시대 두시(杜詩) 수용에 나타난 특징을 북송문학 수용과 연결시켜 다각도로 고찰하여 고려시단의 중국 문학 수용에 나타난 특징 규명

제목	형태	주요 내용
중국에서 한국학 교육의 역사와 현황 그리고 향후 전망	논문	논문, 윤해연, 『동방학지』(KCI 등재지) 제177집, 2016 • 한국어, 한국 문학, 한국 역사, 한국 철학 등을 가르치는 대학을 중심으로 중국에서 한국학 교육의 역사와 현황을 고찰. 동방학의 한 부분으로서의 한국학 교육(베이징대), 민족학의 구심점으로서의 한국학 교육(옌볜대, 중앙민족대), 아시아 지역학의 한 부분으로서의 한국학 교육(푸단대, 산둥대), 동아시아 지식 생산의 다원화 플랫폼으로서의 한국학 교육(난징대) 등을 중심으로 구체적인 논의를 전개하고 향후 전망 제시

4. 한국연구센터 운영 현황

명칭	한국학연구센터(Institute of Korean Studies)	
소속 기관	난징대학	
설립 연도	2010년	
대표자	성명	직함
	윤해연	센터장

5. 도서관 현황

도서관명	난징대학 한국학연구센터 자료실
담당 사서	윤은자
한국학 장서 보유량(부)	1,327

6. 동아시아학 현황

1) 일본학 프로그램 제공 형태	학사, 석사, 박사
2) 중국학 프로그램 제공 형태	학사, 석사, 박사

난징사범대학(남경사범대학)
Nanjing Normal University

1. 대학 개요

대학명(자국어)	南京师范大学
설립 연도	1902년
소재 국가	중국
형태	국공립
대표자 성명 / 직위	호민강(胡敏强) / 총장

2. 연락처

주소	영문 주소	No.1 Wenyuan Road, Nanjing, China
	우편번호	210023
전화		+86-25-8372-0759
웹사이트		www.njnu.edu.cn

3. 기관 한국학 현황

1) 한국 관련 강좌 운영 현황

소속 단과대학	외국어문화대학	
소속 학과	한국어과	
개설 연도	2003년	
프로그램 대표자	성명	직함
	이홍매	학과장

2) 한국 관련 프로그램 제공 형태

학위 과정	B.A. (학사 과정)	한국학 전공, 한국어 전공
	M.A. (석사 과정)	한국학 전공, 한국어 전공

3) 주요 연구 분야

- 한국어 문법, 한국 문학과 비교문학

4) 한국학 교수진 : 5명

교수명	직위	전공 분야
이홍매	학과장	언어학
유성운	부교수	문학
윤성룡	전임강사	문학
이해연	전임강사	언어학
김영란	전임강사	언어학

5) 수강생 현황

한국어(학) 관련 강의 수강생 수 : 총 57명

학사 1학년	학사 2학년	학사 3학년	학사 4학년	석사 1학년	석사 2학년	석사 3학년	박사 과정
10	10	16	12		5	4	

전공생 수

B.A.	M.A.	Ph.D.
48	9	

※ 매년 신입생 선발(인원: 10명)

6) 강좌 개설 현황

과목명	담당 교수	주당 수업 시간	수강생 수	학점	필수 / 선택
종합 한국어	이해연	8	10	8	필수
고급 한국어	윤성롱	4	16	4	필수
고급 한국어	유성운	2	12	2	필수
번역	김영란	4	16	4	필수
듣기, 말하기 1	원어민 강사	4	10	4	필수
듣기, 말하기 2	원어민 강사	4	16	4	필수
듣기, 말하기 3	원어민 강사	2	12	2	필수
비즈니스 한국어	이홍매	2	16	2	선택
시사 한국어	이홍매	2	16	2	선택
한국 문화통론	유성운	2	10	2	필수
한국 현대 문학	윤성롱	2	12	2	선택

7) 한국 관련 출판물

제목	형태	주요 내용
새 기초 한국어(상/하)	단행본	한국어 초급 교재
한국 문화통론	단행본	한국 문화 관련 교재

4. 한국연구센터 운영 현황

- 없음

5. 도서관 현황

담당 사서	중앙도서관 내 한국학 코너
한국학 장서 보유량(부)	220

6. 동아시아학 현황

1) 일본학 프로그램 제공 형태	학사, 석사, 박사
2) 중국학 프로그램 제공 형태	학사, 석사, 박사, 기타(공자학원)

난카이대학(남개대학)
Nankai University

1. 대학 개요

대학명(자국어)	南开大学
설립 연도	1919년
소재 국가	중국
형태	국공립
대표자 성명 / 직위	위대붕(魏大鵬) / 총장

2. 연락처

주소	영문 주소	94 Weijin Rd, Nankai Qu, China
	우편번호	300071
전화		+86-22-2350-4845
웹사이트		www.nankai.edu.cn

3. 기관 한국학 현황

1) 한국 관련 강좌 운영 현황

소속 단과대학	역사대학, 비즈니스대학
개설 연도	1995년
홈페이지	history.nankai.edu.cn (역사대학) ibs.nankai.edu.cn (비즈니스대학)

2) 한국 관련 프로그램 제공 형태

비학위 과정		B.A. 선택 과목, M.A. 선택 과목
학위 과정	B.A. (학사 과정)	한국어 전공
	M.A. (석사 과정)	기타 전공 내 한국학 프로그램(전공명: 국제언어교육)
	Ph.D. (박사 과정)	동아시아 역사 전공

3) 한국학 교수진 : 4명

교수명	직위	전공 분야
양롱	정치학과 주임	동아시아 정치
순웨이궈	역사학과 주임	한국사
신광영	비즈니스학과 부주임	한국 경제
차오종핑	역사학과 교수	한국사

4) 수강생 현황

한국어(학) 관련 강의 수강생 수 : 총 133명

학사 1학년	학사 2학년	학사 3학년	학사 4학년	석사 1학년	석사 2학년	박사 과정	기타
30	25	28			20	30	

전공생 수

B.A.	M.A.	Ph.D.
55	20	30

5) 한국 관련 활동

활동명	시기	상세 활동 내용
텐진 포럼	2010. 10.	한반도 역사 회고와 평화를 위한 포럼
동아시아 포럼	2016. 6.	한반도 평화를 위한 좌담회

4. 한국연구센터 운영 현황

명칭	한국연구중심(南开大学 韩国研究中心)

5. 동아시아학 현황

1) 일본학 프로그램 제공 형태	학사, 석사, 박사
2) 중국학 프로그램 제공 형태	학사, 석사, 박사

다롄민족학원(대련민족학원)

Dalian Minzu University

1. 대학 개요

대학명(자국어)	大连民族大学
설립 연도	1984년
소재 국가	중국
형태	국공립
대표자 성명 / 직위	류옥빈(刘玉彬) / 총장

2. 연락처

주소	영문 주소	18 Liaohe W Rd, Jinzhou Qu, Dalian, Liaoning Province, China
	우편번호	116600
전화		+86-411-8765-6013
웹사이트		www.dlnu.edu.cn

3. 기관 한국학 현황

1) 한국 관련 강좌 운영 현황

소속 단과대학	외국어대학	
소속 학과	한국어학과	
개설 연도	2008년	
프로그램 대표자	성명	직함
	왕유파(王维波)	학장
홈페이지	www.dlnu.edu.cn/foreign2	

2) 한국 관련 프로그램 제공 형태

학위 과정	B.A. (학사 과정)	한국어 전공

3) 주요 연구 분야

- 한국의 언어와 문화

4) 한국학 교수진 : 10명

교수명	직위	전공 분야
진남남	학과장	외국어로서의 한국어 교육
최화		국어학
최연화		국어학
동가		현대 문학
김지은		한국어 교육
남춘애		현대 문학
오소정		영어
유양		외국어로서의 한국어 교육
윤경애	부학장	국어학
왕연		외국어로서의 한국어 교육

5) 수강생 현황

한국어(학) 관련 강의 수강생 수 : 총 209명

학사 1학년	학사 2학년	학사 3학년	학사 4학년	석사 1학년	석사 2학년	박사 과정	기타
54	50	53	52				

전공생 수

B.A.	M.A.	Ph.D.
209		

※ 매년 신입생 선발(인원: 54명)

6) 강좌 개설 현황

과목명	담당 교수	주당 수업 시간	수강생 수	학점	필수 / 선택
기초 한국어 1	윤경애, 왕연	8	54	8	필수
통역 이론과 실천	윤경애	2	38	2	필수
비즈니스 한국어 번역	윤경애	2	38	2	필수
한국 문학사	남춘애	2	13	2	필수
한국어 언어 실천 7	남춘애, 최연화	1	38	1	필수
한국-조선 개황	왕연	2	50	1	필수
고급 한국어 1	남춘애	2	13	6	필수
기초 한국어 3	진남남, 최화	8	50	8	필수
번역 이론과 기법	진남남	4	15	4	필수
언어 능력 훈련 1	진남남, 최화	1	50	1	필수
한국어 실용문 작성	최화	2	38	2	필수
한국어 듣기 1	유양, 동가	4	54	4	필수
한국어 언어 실천 1	유양	1	54	1	필수
한국어 언어 실천 3	유양, 오소정	1	50	1	필수
한국어 듣기 3	동가	8	50	8	필수
언어 능력 훈련 3	동가	1	13	1	필수
한국 기업 문화 개론	오소정	2	38	2	필수
한국어 간행물 읽기	오소정	2	13	2	선택
한국 대중문화	김지은	2	50	2	선택
관광 한국어	김지은	2	13	2	선택
한국어 언어 실천 5	김지은	1	13	1	필수
한자어 대조	최화	2	50	2	선택

7) 한국 관련 출판물

제목	형태	주요 내용
한국 문화의 이해	단행본	임경순 저, 윤경애, 왕연 역 -한국의 의식주, 여가 및 관광 문화, 세시 풍속과 의례, 공동체, 결혼, 정치·교육 문화, 과학 기술, 종교, 대중문화와 예술, 문화유산 등에 대한 전반적인 소개

4. 한국연구센터 운영 현황

명칭	한국학연구센터(Research Center for Korean Studies)	
소속 기관	다롄민족학원 외국어대학	
설립 연도	2010년	
대표자	성명	직함
	윤경애	부교수, 부학장

5. 도서관 현황

도서관명	외국어대학 도서자료실
담당 사서	위동단(魏冬丹)
한국학 장서 보유량(부)	1,197

6. 동아시아학 현황

1) 일본학 프로그램 제공 형태	-
2) 중국학 프로그램 제공 형태	-

다롄외국어학원(대련외국어학원)

Dalian University of Foreign Languages

1. 대학 개요

대학명(자국어)	大连外国语大学
설립 연도	1964년
소재 국가	중국
형태	국공립
대표자 성명 / 직위	류굉(刘宏) / 총장

2. 연락처

주소	영문 주소	6 Lvshun South Rd West Section, Lvshunkou Qu, Dalian Shi, Liaoning Province, China
	우편번호	116044
전화		+86-411-8611-2222
웹사이트		www.dlufl.edu.cn

3. 기관 한국학 현황

1) 한국 관련 강좌 운영 현황

소속 단과대학	한국학대학	
개설 연도	1995년	
프로그램 대표자	성명	직함
	장국강(张国强)	학장
홈페이지	kr.dlufl.edu.cn	

2) 한국 관련 프로그램 제공 형태

학위 과정	B.A. (학사 과정)	한국학 전공
	M.A. (석사 과정)	한국학 전공

3) 한국학 교수진 : 26명

교수명	직위	전공 분야
장국강	교수, 학장	민속학
이민(李民)	부교수, 부학장	통역
임효려(任晓丽)	교원	문학
하동매(何彤梅)	교원	정치학
박선희(朴善姬)	교수	언어학
김룡(金龙)	교수	언어학
진염평(陈艳平)	교수	언어학
한위성(韩卫星)	교수	문학
권혁철(权赫哲)	부교수	언어학
이옥화(李玉华)	부교수	경제학
판염매		경제학
원영혁(苑英奕)	부교수	문학
호취월(胡翠月)	부교수	언어학
이계요(李桂瑶)	부교수	민속학
서준(徐俊)	부교수	언어학
정걸		언어학
왕소천		언어학
주위		언어학
만수아		문학
마려		언어학
사빈		정치학
이암		언어학
안녕		언어학
서지		정치학
노검영		언어학
서령		문학

4) 수강생 현황

한국어(학) 관련 강의 수강생 수 : 총 613명

학사 1학년	학사 2학년	학사 3학년	학사 4학년	석사 1학년	석사 2학년	박사 과정	기타
108	113	128	147	27	25		65

전공생 수

B.A.	M.A.	Ph.D.
545	68	

※ 매년 신입생 선발(인원: 110명)

5) 강좌 개설 현황

과목명	담당 교수	주당 수업 시간	수강생 수	학점	필수 / 선택
초급 한국어 1	주위, 판염매, 안녕, 노검영	8	108	8	필수
초급 한국어 회화 1	홍영민, 이준옥	2	108	2	필수
초급 한국어 듣기 1	이암, 마려, 만수아, 서준	4	108	4	필수
중급 한국어 1	마려, 만수아, 이암, 권혁철	8	113	8	필수
중급 한국어 회화 1	홍정모, 신해은, 길계령	4	113	4	필수
중급 한국어 듣기 1	안녕, 이옥화, 노검영, 주위	4	113	4	필수
한국 개황	사빈, 장국강	2	113	2	선택
고급 한국어 1	김계령, 임현정	4	128	4	필수
고급 한국어 듣기 1	판염매, 김룡	2	128	2	필수
한국어 독해	임현정, 홍정모	2	128	2	선택
한국어 언어학	진염평, 박선희	2	128	2	선택
한국어·중국어 번역	이옥화, 서준	2	128	2	선택
한국 정치와 외교	사빈	2	128	2	선택
컴퓨터 응용	장준석	2	128	2	선택
종합 한국어 1	신해은, 김월배	4	147	4	필수
종합 한국어 듣기 1	서령, 진염평, 서준	2	147	2	선택
한국 문학 작품 감상	손임숙, 한위성	2	147	2	선택
통역 1	한위성, 박선희	2	147	2	선택
한국어 작문 쓰기	김룡, 서령	2	147	2	선택
한국 역사	이계요, 손임숙	2	147	2	선택
종합 실용 한국어	박성석	4	49	4	필수
통역 2	이민	2	49	2	선택

4. 한국연구센터 운영 현황

명칭	한국학연구소(Institute for Korean Studies)	
소속 기관	한국어대학	
대표자	성명	직함
	장국강	한국어대학 학장

5. 도서관 현황

도서관명	다롄외국어학원 한국문화원 도서관
담당 사서	이준옥
한국학 장서 보유량(부)	13,300

6. 동아시아학 현황

1) 일본학 프로그램 제공 형태	–
2) 중국학 프로그램 제공 형태	–

대외경제무역대학

University of International Business and Economics

1. 대학 개요

대학명(자국어)	对外经济贸易大学
설립 연도	1951년
소재 국가	중국
형태	국공립
대표자 성명 / 직위	왕가경(王稼琼) / 총장

2. 연락처

주소	영문 주소	Huibin N Rd, Chaoyang Qu, Beijing, China
	우편번호	100029
전화		+86-12276763
웹사이트		www.uibe.cn

3. 기관 한국학 현황

1) 한국 관련 강좌 운영 현황

소속 단과대학	외국어대학	
소속 학과	한국어학과	
개설 연도	1952년	
프로그램 대표자	성명	직함
	서영빈(徐永彬)	학장
홈페이지	sfs.uibe.edu.cn/index.htm	

2) 한국 관련 프로그램 제공 형태

학위 과정	B.A. (학사 과정)	한국어 전공
	M.A. (석사 과정)	한국어 전공

3) 주요 연구 분야

• 한국 언어 문학, 한국학

4) 한국학 교수진 : 7명

교수명	직위	전공 분야
서영빈	학장, 교수	한국 문학
이정수(李正秀)	부교수	한국어
홍성일(洪成一)	교원	한국어
최옥산(崔玉山)	부교수	한국 문학
신천(申泉)	교원	한국어, 번역, 통역
학군봉(郝君峰)	교원	한국 문학
송혜염(荣慧艳)	교원	한국 문학

5) 수강생 현황

한국어(학) 관련 강의 수강생 수 : 총 150명

학사 1학년	학사 2학년	학사 3학년	학사 4학년	석사 1학년	석사 2학년	박사 과정	기타
20	20	20	17	40	33		

전공생 수

B.A.	M.A.	Ph.D.
77	73	

※ 매년 신입생 선발(인원: 20명)

6) 강좌 개설 현황

과목명	담당 교수	주당 수업 시간	수강생 수	학점	필수 / 선택
기초 한국어 1	학군봉	12	20	12	필수
기초 한국어 3	영혜영	10	20	10	필수
작문	최옥산	4	16	4	선택
번역 이론과 실천	학군봉	2	16	2	선택
비즈니스 한국어	이정수	6	16	6	필수
시청각 2	영혜영	2	20	2	선택
문학 강독	서영빈	6	16	6	필수
시청각 2	신천	2	20	2	선택
시청각 4	변성연	2	20	2	선택
한국어 회화	장재웅	2	20	2	선택
한국어 독해	이정수	2	20	2	선택
한국어 문법	신천	4	20	4	선택
한국어 실용문	변성연	2	16	2	필수

7) 한국 관련 활동

활동명	시기	상세 활동 내용
마케팅 경진 대회	2016년 가을	주중 한국무역협회 주최
중국 내 한국어 말하기 대회	2016년 가을	금호타이어 협찬

8) 한국 관련 출판물

제목	형태	주요 내용
인사이드 삼성	단행본	한국 기업 삼성을 소개한 저서

4. 한국연구센터 운영 현황

- 없음

5. 도서관 현황

도서관명	대외경제무역대학 도서관
한국학 장서 보유량(부)	5,100

6. 동아시아학 현황

1) 일본학 프로그램 제공 형태	–
2) 중국학 프로그램 제공 형태	–

랴오닝대학(요녕대학)

Liaoning University

1. 대학 개요

대학명(자국어)	辽宁大学
설립 연도	1993년
소재 국가	중국
형태	국공립
대표자 성명 / 직위	반일산(潘一山) / 총장

2. 연락처

주소	영문 주소	No.58, Daoyinandajie, Shenyang, Liaoning Province, China
	우편번호	110136
전화		+86-24-6260-2471
웹사이트		enweb.lnu.edu.cn

3. 기관 한국학 현황

1) 한국 관련 강좌 운영 현황

소속 단과대학	국제대학(School of International Studies)	
소속 학과	한국학과(Department of Korean Studies)	
개설 연도	1993년	
프로그램 대표자	성명	직함
	장동명(张东明)	부학장
홈페이지	gjgx.lnu.edu.cn	

동북아시아

2) 한국 관련 프로그램 제공 형태

학위 과정	B.A. (학사 과정)	한국어 전공
	M.A. (석사 과정)	한국학 전공
	Ph.D. (박사 과정)	기타 전공 내 한국학 프로그램

3) 주요 연구 분야

• 경제학, 한국정치학

4) 한국학 교수진 : 8명

교수명	직위	전공 분야
장동명	부학장	경제학, 한국 경제, 세계 경제
김청욱(金清昱)	교원	
송해련(宋海连)	교원	한국사회학, 한국 문화
고길(高洁)	교원	한국어, 한국 정치
조뢰(赵磊)	부교수	국제 무역, 한국 무역, 한반도 문제
윤경자(尹京子)	부교수	한국 역사, 동북아시아 역사
마영미(马英美)	교원	한국어, 중국어, 영어
박송희(朴松喜)	교원	한국어, 한국 문화

5) 수강생 현황

전공생 수

B.A.	M.A.	Ph.D.
216	19	

※ 매년 신입생 선발(인원: 65명)

6) 강좌 개설 현황

과목명	담당 교수	주당 수업 시간	수강생 수	학점	필수 / 선택
초급 한국어 정독(상)	박송희	4	56	4	필수
초급 한국어 회화(상)	최경헌(외국인 강사)	3	56	3	필수
중급 한국어 정동(상)	강준혁(외국인 강사)	4	44	4	필수
중급 한국어 회화(상)	유태수(외국인 강사)	3	44	3	필수
고급 한국어 정동(상)	최경헌(외국인 강사)	4	62	4	필수
고급 한국어 회화(상)	유태수(외국인 강사)	3	62	3	필수
한국 경제사	윤경자	3	44	3	선택
한국 기업 경영 관리	김청옥	4	62	4	필수
중한 경제 무역 관계	조뢰	3	44	3	선택
한국 문화와 사회 개론	송해련	3	62	3	선택
세계 경제 개론	대리연	3	62	3	선택
한국어 듣기	유태수(외국인 강사)	2	56	2	필수
외국 기업	부쟁	2	44	2	선택
한국어 글쓰기(상무)	고결	2	44	2	선택
국제 금융	한쌍	3	44	3	선택
재무 관리	김청옥	2	56	2	선택
국제 무역 실무	조뢰	3	44	3	선택

7) 한국 관련 활동

활동명	시기	상세 활동 내용
제6회 한국 전통 문화 국제 학술 심포지엄	2005. 8.	주제: 한반도의 경제 사회 발전과 전통 문화 참가자: 120명/논문: 66개 발표
제14회 중국에서의 한국학 연구 컨퍼런스	2013. 10.	주제: 변화하는 세상 속 한국학 참가자: 150명/논문: 90개 발표

8) 한국 관련 출판물

제목	형태	주요 내용
高麗亞那研究 韓國研究論叢	논문	한국학 논문
東北亞研究論叢	논문	동북아시아학 논문

4. 한국연구센터 운영 현황

명칭	한국연구중심(Center for Korean Studies)	
소속 기관	동북아시아학연구소(Institute of Northeast Asian Studies)	
설립 연도	1993년	
대표자	성명	직함
	장동명	디렉터

5. 도서관 현황

도서관명	한국학 도서관
담당 사서	박송이(Piao Songxi)
한국학 장서 보유량(부)	600

6. 동아시아학 현황

1) 일본학 프로그램 제공 형태	학사
2) 중국학 프로그램 제공 형태	학사

루동대학(노동대학)

Ludong University

1. 대학 개요

대학명(자국어)	鲁东大学
설립 연도	1930년
소재 국가	중국
형태	국공립
대표자 성명 / 직위	곡송군(曲 荣君) / 부총장

2. 연락처

주소	영문 주소	186, Middle Hongqi Road, Zhifu District, Yantai, Shandong Province, China
	우편번호	264025
전화		+86-1876-652-1238
웹사이트		www.ytnc.edu.cn

3. 기관 한국학 현황

1) 한국 관련 강좌 운영 현황

소속 단과대학	외국어대학	
소속 학과	한국어학과	
개설 연도	1999년	
프로그램 대표자	성명	직함
	유효려	학과장
홈페이지	www.fl.ldu.edu.cn	

2) 한국 관련 프로그램 제공 형태

학위 과정	B.A. (학사 과정)	한국어 전공

3) 한국학 교수진 : 16명

교수명	직위	전공 분야
임효례	한국어학과, 외국어대학 부학장	한국어 교육
최원평	부교수	한국어학
임려	부교수	한국어학
유효려	학과장, 조교수	한국어학
유경	조교수	한국어학
이향화	조교수	한국어학
당곤	조교수	국제무역학
유효동	조교수	한국 문학
이효나	조교수	한국 문학
최연	조교수	한국 문학
유주명	조교수	한국어학
주회민	조교수	한국어학
황홍휘	조교수	문화인류학
왕위령	조교수	한국 문학
유목림	조교수	역사학
원운하	조교수	한국어학

4) 수강생 현황

한국어(학) 관련 강의 수강생 수 : 총 240명

학사 1학년	학사 2학년	학사 3학년	학사 4학년	석사 1학년	석사 2학년	박사 과정	기타
60	60	60	60				

전공생 수

B.A.	M.A.	Ph.D.
240		

5) 강좌 개설 현황

과목명	담당 교수	주당 수업 시간	수강생 수	학점	필수 / 선택
한국 사회와 문화	원어민 교수	2	60	2	필수

4. 한국연구센터 운영 현황

- 없음

5. 도서관 현황

도서관명	외국어대학 열람실
담당 사서	장홍뢰
한국학 장서 보유량(부)	5,052

6. 동아시아학 현황

1) 일본학 프로그램 제공 형태	학사, 석사
2) 중국학 프로그램 제공 형태	학사, 석사, 기타(공자학원)

바오지문리학원(보계문리학원)

Baoji University of Arts and Sciences

1. 대학 개요

대학명(자국어)	宝鸡文理学院
설립 연도	1958년
소재 국가	중국
형태	국공립
대표자 성명 / 직위	시 시아오훙(Si Xiaohong) / 총장

2. 연락처

주소	영문 주소	No.1 Gaoxin Rd, Baoji, Shaanxi, China
	우편번호	721013
전화		+86-0917-3566-326
웹사이트		www.bjwlxy.cn

3. 기관 한국학 현황

1) 한국 관련 강좌 운영 현황

소속 학과	외국어문학과(Foreign Languages & Literature Department)	
개설 연도	2015년	
프로그램 대표자	성명	직함
	이상원	강사

2) 한국 관련 프로그램 제공 형태

비학위 과정	B.A. 선택 과목

3) 한국학 교수진 : 5명

교수명	직위	전공 분야
이상원	강사	법학
조규옥	강사	교육학
백학동	강사	공학
이도영	한국 교육부 파견 강사	영문학
윤석연	한국 교육부 파견 강사	영문학

4) 수강생 현황

한국어(학) 관련 강의 수강생 수 : 총 1,207명

5) 강좌 개설 현황

과목명	담당 교수	주당 수업 시간	수강생 수	학점	필수 / 선택
초급 한국어			541		
한국어 기초			148		
한국어 일상 회화			518		

4. 한국연구센터 운영 현황

- 없음

5. 동아시아학 현황

1) 일본학 프로그램 제공 형태	–
2) 중국학 프로그램 제공 형태	–

베이징대학(북경대학)
Peking University

1. 대학 개요

대학명(자국어)	北京大学
설립 연도	1898년
소재 국가	중국
형태	국공립
대표자 성명 / 직위	림건화(林建華) / 총장

2. 연락처

주소	영문 주소	Haidian District, Beijing, China
	우편번호	100871
전화		+86-10-62767513
웹사이트		www.pku.edu.cn

3. 기관 한국학 현황

1) 한국 관련 강좌 운영 현황

소속 단과대학	외국어대학	
소속 학부	조선(한국)언어문화학부	
개설 연도	1945년	
프로그램 대표자	성명	직함
	왕단(王丹)	교수

2) 한국 관련 프로그램 제공 형태

학위 과정	B.A. (학사 과정)	한국학 전공, 한국어 전공
	M.A. (석사 과정)	한국학 전공, 한국어 전공
	Ph.D. (박사 과정)	한국학 전공, 한국어 전공

3) 주요 연구 분야

• 한국어학, 한국 고전 문학, 한국 현대 문학, 한국 문화, 한국 철학, 한국 역사, 한국 경제, 한반도 문제 연구, 한국어 교육, 한국 문학 연구, 한국 번역학

4) 한국학 교수진 : 7명

교수명	직위	전공 분야
장민(张敏)	교수	한국 철학, 한국번역학
왕단	교수	한국어학, 한국어 교육
임성희(林成姬)	조교수	한국 문화
금지아(琴知雅)	부교수	한국한문학, 한중 비교문학, 한중 문화 교류사
문려화(文丽华)	부교수	한국 고전 문학, 한중 비교문학
남연(南燕)	부교수	한국 현대 문학, 한국 문학 교육, 한국어 교육
리팅팅(李婷婷)	조교수	한반도 근현대사, 한반도 정치 경제, 동북아 국제 관계

5) 수강생 현황

한국어(학) 관련 강의 수강생 수 : 총 85명

학사 1학년	학사 2학년	학사 3학년	학사 4학년	석사 1학년	석사 2학년	석사 3학년	박사 과정
14	13	16	15	7	10	7	3

전공생 수

B.A.	M.A.	Ph.D.
58	24	13

※ 매년 신입생 선발(인원: 15명)

6) 강좌 개설 현황

과목명	담당 교수	주당 수업 시간	수강생 수	학점	필수 / 선택
기초 한국어 1	문려화, 최인숙	10	14	8	필수
기초 한국어 3	임성희, 금지아	10	13	8	필수
고급 한국어 1	심소희, 설희정	8	9	5	필수
고급 한국어 3	김보경	4	15	2	필수
한국어 시청각 1	최인숙	4	14	2	필수
한국어 시청각 3	문려화, 심소희	4	13	2	필수
고급 한국어 말하기 1	설희정	2	10	2	선택
한국어 응용문 쓰기	심소희	2	10	2	선택
한국 역사	리팅팅	2	15	2	선택
한반도 개황	전체 교수	2	14	2	필수
한국 신문 읽기(상)	리팅팅	4	13	4	선택
중한 번역	장민	4	15	3	필수
교양 한국어	민영미	4	50	2	
동아시아 국제 관계	이용묵	2	6	2	
한국 현대 사회	김은기	2	11	2	
한국 고전 문학 특수 문제 연구	금지아	3	7	3	필수
근현대 한반도 국제 관계사	김경일	2	7	2	필수
한국어언어학 연구	왕단	3	7	3	필수
조선 역학사	장민	2	4	2	필수
근현대 중국과 한반도 관계	김경일	2	4	2	필수
한국어 교수법 연구	왕단	3	4	3	필수

7) 한국 관련 활동

활동명	시기	상세 활동 내용
감지(感知) 한국 강좌 37	2016. 11.	한반도 문제와 동북아 질서
감지(感知) 한국 강좌 38	2016. 12.	통번역자의 역할과 소실 문제

4. 한국연구센터 운영 현황

명칭	조선문화연구소	
소속 기관	외국어대학	
설립 연도	1987년	
대표자	성명	직함
	왕단	교수

명칭	한국연구중심(Center for Korean Studies)	
소속 기관	외국어대학	
설립 연도	1993년	
대표자	성명	직함
	심정창(沈定昌)	디렉터

5. 도서관 현황

도서관명	북경대학 조선(한국)언어문화학부 도서관
담당 사서	리팅팅
한국학 장서 보유량(부)	2,100

6. 동아시아학 현황

1) 일본학 프로그램 제공 형태	-
2) 중국학 프로그램 제공 형태	-

베이징어언대학(북경어언대학)

Beijing Language and Culture University

1. 대학 개요

대학명(자국어)	北京语言大学
설립 연도	1962년
소재 국가	중국
형태	국공립
대표자 성명 / 직위	추이 시리앙(Cui Xiliang) / 총장

2. 연락처

주소	영문 주소	15 Xueyuan Rd, WuDaoKou, Haidian Qu, China
	우편번호	100083
전화		+86-10-8230-3114
웹사이트		english.blcu.edu.cn

3. 기관 한국학 현황

1) 한국 관련 강좌 운영 현황

소속 학부	외국어학부	
소속 학과	한국어학과	
개설 연도	1995년	
프로그램 대표자	성명	직함
	교문(乔文)	학과장

2) 한국 관련 프로그램 제공 형태

학위 과정	B.A. (학사 과정)	한국어 전공
	M.A. (석사 과정)	한국학 전공, 한국어 전공, 동아시아학 전공, 기타 전공 내 한국학 프로그램(전공명: 동시 통역)
	Ph.D. (박사 과정)	한국학 전공, 한국어 전공

3) 주요 연구 분야

• 한국학, 언어학

4) 한국학 교수진 : 1명

교수명	직위	전공 분야
최순희(催順姬)	교수	한국어학

5) 수강생 현황

한국어(학) 관련 강의 수강생 수 : 총 170명

학사 1학년	학사 2학년	학사 3학년	학사 4학년	석사 1학년	석사 2학년	박사 과정	기타
36	40	40	37	6	6	5	

전공생 수

B.A.	M.A.	Ph.D.
153	12	5

※ 매년 신입생 선발(인원: 40명)

6) 강좌 개설 현황

과목명	담당 교수	주당 수업 시간	수강생 수	학점	필수 / 선택
한국어 읽기	유영명	8	18	8	필수
비즈니스 한국어	육흔	4	15	4	선택

7) 한국 관련 활동

활동명	시기	상세 활동 내용
한국어 말하기 대회	2016. 6.	베이징어언대학 한국어과 학생들이 참가한 말하기 대회
한국 가요 대전	2016. 11.	베이징어언대학 중국 및 외국 학생들이 참가한 가요 축제

8) 한국 관련 출판물

제목	형태	주요 내용
말하기 쉬운 한국어	단행본	한국어 말하기 교재
비즈니스 한국어	단행본	비즈니스 한국어 교재

4. 한국연구센터 운영 현황

명칭	한국교육문화연구중심(Reseach Center for Korean Education and Culture)	
소속 기관	외국어학부 한국어학과	
설립 연도	1992년	
대표자	성명	직함
	유영명	디렉터

5. 도서관 현황

도서관명	베이징어언대학 도서관
한국학 장서 보유량(부)	25,367

6. 동아시아학 현황

1) 일본학 프로그램 제공 형태	학사, 석사, 박사
2) 중국학 프로그램 제공 형태	학사, 석사, 박사, 기타(공자학원)

베이징외국어대학(북경외국어대학)

Beijing Foreign Studies University

1. 대학 개요

대학명(자국어)	北京外国语大学
설립 연도	1954년
소재 국가	중국
형태	국공립
대표자 성명 / 직위	팽룡(彭龙) / 총장

2. 연락처

주소	영문 주소	No.2 North Xisanhuan Road, Beijing, China
	우편번호	100089
전화		+86-10-8881-8609
웹사이트		lb.bfsu.edu.cn

3. 기관 한국학 현황

1) 한국 관련 강좌 운영 현황

소속 단과대학	아시아아프리카대학	
소속 학과	한국어학과	
개설 연도	1994년	
프로그램 대표자	성명	직함
	왕파	학과장
홈페이지	global.bfsu.edu.cn/en/?p=353	

2) 한국 관련 프로그램 제공 형태

학위 과정	B.A. (학사 과정)	한국어 전공
	M.A. (석사 과정)	한국학 전공
	Ph.D. (박사 과정)	한국학 전공

3) 주요 연구 분야

• 한국언어학, 한국 문학, 한국어 교육, 한중번역학, 한국 문화

4) 한국학 교수진 : 7명

교수명	직위	전공 분야
왕파	학과장	한국언어학
김경선		한국 문학, 한중 번역
이려추		한국 문학, 한중 번역
임상		한국 문학, 한국 문화
왕광명		한중 번역
주효뢰		한국학
위국봉		한국언어학

5) 수강생 현황

한국어(학) 관련 강의 수강생 수 : 총 151명

학사 1학년	학사 2학년	학사 3학년	학사 4학년	석사 1학년	석사 2학년	박사 과정	기타
50	45	24	16	7	7	2	

전공생 수

B.A.	M.A.	Ph.D.
135	14	2

※ 매년 신입생 선발(인원: 48명)

6) 강좌 개설 현황

과목명	담당 교수	주당 수업 시간	수강생 수	학점	필수 / 선택
기초 한국어	왕파	8	25	8	필수
기초 한국어	임상	8	25	8	필수
한국어 생활 말하기	강귀인	4	25	4	필수
한국어 생활 말하기	조서형	4	25	4	필수
대중매체와 한국 문화	구자원	2	25	2	선택
고급 한국어	왕광명	6	23	6	필수
고급 한국어	위국봉	8	22	8	필수
기초 한국어 시청설	구자원	2	23	2	필수
기초 한국어 시청설	구자원	2	22	2	필수
기초 한국어 말하기	김현서	4	23	4	필수
기초 한국어 말하기	김현서	4	22	4	필수
기초 한국어 시청설	구자원	2	24	2	필수
한국어 번역	구자원	2	24	2	필수
한국어 통역	조서형	2	24	2	필수
한국어 쓰기	김현서	2	24	2	필수
한국어학 개론	위국봉	2	24	2	필수
한국어 번역	박미례	2	24	2	필수
한국어 통역	이려추	2	24	2	필수
한국어 쓰기	구자원	2	24	2	필수
한국 문학 선독	김경선	2	24	2	필수
한국 문화 연구	왕파	2	24	2	필수

7) 한국 관련 활동

활동명	시기	상세 활동 내용
한국어 말하기 대회	매년 4월	

8) 한국 관련 출판물

제목	형태	주요 내용
한국어 입문	단행본	한국어 입문 교재
한국 문학 선독	단행본	한국 문학 작품 선집
한국어 문법 실용 교정(초급)	단행본	한국어 기초 문법 교재

4. 한국연구센터 운영 현황

명칭	한국학연구센터(Research Center for Korean Studies)	
소속 기관	아시아아프리카대학	
설립 연도	2010년	
대표자	성명	직함
	김경선	소장

5. 동아시아학 현황

1) 일본학 프로그램 제공 형태	학사, 석사, 박사
2) 중국학 프로그램 제공 형태	학사, 석사, 박사, 기타(공자학원)

베이징제2외국어학원(북경제2외국어학원)

Beijing International Studies University

1. 대학 개요

대학명(자국어)	北京第二外国语学院
설립 연도	1964년
소재 국가	중국
형태	국공립
대표자 성명 / 직위	펭 페이(Feng Pei) / 총장

2. 연락처

주소	영문 주소	No. 1, Nanli Community, Dingfu Town, Chaoyang District, Beijing, China
	우편번호	100024
전화		+86-10-6577-8450
웹사이트		www.bisu.edu.cn

3. 기관 한국학 현황

1) 한국 관련 강좌 운영 현황

소속 학원	동방어학원	
소속 학과	한국어학과	
개설 연도	1972년	
프로그램 대표자	성명	직함
	추이 잉 란(Cui Ying Lan)	학과장
홈페이지	chaoyu.bisu.edu.cn	

2) 한국 관련 프로그램 제공 형태

학위 과정	B.A. (학사 과정)	한국어 전공
	M.A. (석사 과정)	한국어 전공
	Ph.D. (박사 과정)	한국어 전공

3) 주요 연구 분야

• 한국 언어 문학, 한중 번역, 한국 문화 등

4) 한국학 교수진 : 11명

교수명	직위	전공 분야
마려(马丽)	교수	한국 수화, 한국 교육, 한국 문화
김진걸	부교수	아시아학, 한국문헌학, 문학
김영옥(金英玉)	부교수	한국 현대 문학, 비교문학, 문학 교육
노금송(鲁锦松)	부교수	한중 번역, 한국어 교육
대세쌍(戴世双)	부교수	한국어, 문화
손옥하(孙玉霞)	부교수	한국어, 한국학, 번역
양뢰(杨磊)	부교수	번역
진빙빙(陈冰冰)	부교수	비교문학, 한국 고전 문학
최영란(崔英兰)	부교수	한국어학, 한국어 문법, 한국어 교육
김정일(金正日)	교원	한국 근현대 문학
장래하(张来霞)	교원	현대 문학

5) 수강생 현황

한국어(학) 관련 강의 수강생 수 : 총 214명

학사 1학년	학사 2학년	학사 3학년	학사 4학년	석사 1학년	석사 2학년	박사 과정	기타
46	48	48	48	13	11		

※ 매년 신입생 선발(인원: 48명)

6) 강좌 개설 현황

과목명	담당 교수	주당 수업 시간	수강생 수	학점	필수 / 선택
초급 한국어	최영란, 장래하	10	44	10	필수

과목명	담당 교수	주당 수업 시간	수강생 수	학점	필수 / 선택
한국어 회화 1	김진걸	2	44	2	필수
한국 사회와 문화	진빙빙	2	44	2	선택
기초 한국어	양뢰, 손옥하	8	48	8	필수
한국어 회화	남은영	2	48	2	필수
한국어 읽기	김성(행정직)	2	48	2	선택
중한 번역	양뢰	2	48	2	필수
고급 한국어	이유승(한국)	6	48	6	필수
신문 강독	이유승(한국)	2	48	2	선택
문학 작품 선독	김영옥	2	48	2	선택
상무 한국어	남은영(한국)	2	48	2	선택
한국어 시청각	이유승(한국)	2	48	2	필수
언어학 개론	김정일	2	48	2	선택
한국 문학사	김영옥	2	48	2	선택
중한 통역	노금송	2	48	2	필수

7) 한국 관련 활동

활동명	시기	상세 활동 내용
한중 번역 교수와 연구 학술 대회	2010~현재(격년)	중국 내 대학 한중, 중한 번역 교수와 연구 성과 발표 및 공유
한국 문화제	2010, 2012	교내에서 한국 문화를 소개하는 한국 문화제 개최
다국어 통역 대회 한국어분과	2011~현재(매년)	중국 내 대학 재학생을 대상으로 진행하는 국내 최대 규모의 통역 대회

4. 한국연구센터 운영 현황

  - 없음

5. 동아시아학 현황

1) 일본학 프로그램 제공 형태	학사, 석사
2) 중국학 프로그램 제공 형태	학사, 석사

산둥대학(산동대학)

Shandong University

1. 대학 개요

대학명(자국어)	山东大学
설립 연도	1901년
소재 국가	중국
형태	국공립
대표자 성명 / 직위	장영(张荣) / 총장

2. 연락처

주소	영문 주소	17923 Jing Shi Lu, Lixia Qu, Jinan Shi, Shandong Province, China
	우편번호	250000
전화		+86-531-8839-5114
웹사이트		en.sdu.edu.cn

3. 기관 한국학 현황

1) 한국 관련 강좌 운영 현황

소속 단과대학	외국어대학	
소속 학과	한국어학과	
개설 연도	1992년	
프로그램 대표자	성명	직함
	한매(韩梅)	학과장
홈페이지	www.flc.sdu.edu.cn/index.htm	

2) 한국 관련 프로그램 제공 형태

학위 과정	B.A. (학사 과정)	한국어 전공
	M.A. (석사 과정)	한국학 전공, 한국어 전공
	Ph.D. (박사 과정)	한국학 전공

3) 주요 연구 분야

• 한국어학, 한국 문학, 한국 문화, 한중 번역

4) 한국학 교수진 : 7명

교수명	직위	전공 분야
한매	학과장	한국 문학
박은숙(朴银淑)	교수	한국 문학
고홍희(高红姬)	부교수	한국어 문법, 방언
이성도(李成道)	부교수	한국어 문법, 한국어 교육
주명애(朱明爱)	부교수	한국 사회와 문화, 한국 문학
김국화(金菊花)	교원	한국어학
전원해(全源海)	교원	한국어 교육

5) 수강생 현황

한국어(학) 관련 강의 수강생 수 : 총 107명

학사 1학년	학사 2학년	학사 3학년	학사 4학년	석사 1학년	석사 2학년	박사 과정	기타
26	22	24	23	1	5	5	1

전공생 수

B.A.	M.A.	Ph.D.
95	11	1

※ 매년 신입생 선발

6) 강좌 개설 현황

과목명	담당 교수	주당 수업 시간	수강생 수	학점	필수 / 선택
종합 한국어 1	이성도, 유영영	8	26	8	필수
종합 한국어 3	한매, 김국화	8	22	8	필수
종합 한국어 5	고홍희, 전원해	6	24	6	필수
한국어 회화 1	박애양(한국인 교수)	4	26	4	필수
한국어 회화 3	최종민(한국인 교수)	4	22	4	필수
한국어 작문	최종민	2	22	2	필수
한중 통역	박애양	2	23	2	필수
한국어 듣기 1	박애양	2	26	2	필수
한국어 듣기 3	최종민	2	22	2	필수
한국 문학사 2	박은숙	2	23	2	필수
한중 미디어 번역	박은숙	2	24	2	필수
한중 동시 통역	김국화	2	23	2	선택
한국어 읽기 1	박애양	2	24	2	필수
한국어 실용 문법 2	이성도	2	24	2	필수
한국 정치 외교	주명애	2	22	2	선택
한국어 실용문 작성	최종민	2	23	2	필수
한중 시사 번역	주명애	2	23	2	선택
한국 사회 문화	주명애	2	24	2	필수
한중 경제 무역 번역	전원해	2	24	2	필수
한국 문화 원전 독해 및 연구	한매	3	1	3	필수
한국 작가 작품 연구	한매	2	5	2	선택
한중 문학 비교 연구	박은숙	2	6	2	선택
동아시아 문학 연구	박은숙	2	1	2	필수
한국 고전 문학 연구	한매	2	1	2	필수
한국 사회 연구	주명애	2	6	2	선택
한국언어학	고홍희	2	1	2	필수
학술 논문 작성	고홍희	2	5	2	필수
실용언어학	이성도	2	5	2	필수
한국 문화 연구	이성도	2	1	2	필수

7) 한국 관련 활동

활동명	시기	상세 활동 내용
한국학중앙연구원 교수 집중 강의	2016. 3.	한국 사회와 젠더, 한국 도시와 농촌 사회의 변화, 한국 사회 세대 간 문화 변동과 갈등
주칭다오 총영사 특강	2016. 3.	한중 문화 교류의 새로운 패러다임
KBS 공미희 PD 특강	2016. 5.	「아리랑」을 통해 본 한국 문화
한국학 번역 인재 양성 및 교재 개발 세미나	2016. 6.	한중 번역 교재 5종의 편찬을 위한 논의
제2회 한중통번역경시대회	2016. 9.	학부 2학년 이상 모든 학생 대상으로 통번역경연대회
한신대 유문선 교수 집중 강의	2016. 11.	여성 계몽의 좌표, 위기 시대의 여성, 성장과 자립의 시대
서울대 김광억 명예교수 특강	2016. 11.	한국인과 유교 문화
충남대 우암연구소 소장 특강 및 공동 학술회의	2016. 12.	한국의 언어, 문학과 문화

8) 한국 관련 출판물

제목	형태	주요 내용
한국 근현대 문학사	단행본	한국 근현대 문학사
『집을 떠나며(离家)』	단행본	현길언 작가의 소설집 『집을 떠나며』의 중국어 번역본
한국 문학사강	단행본	한국 문학사

4. 한국연구센터 운영 현황

명칭	한국연구중심(Korean Studies Center)	
소속 기관	산둥대학	
설립 연도	1992년	
대표자	성명	직함
	진상승(Chen Shang Sheng)	담당자

5. 도서관 현황

도서관명	중앙도서관, 외국어대학 자료실
담당 사서	소춘염
한국학 장서 보유량(부)	6,330

6. 동아시아학 현황

1) 일본학 프로그램 제공 형태	학사, 석사, 박사
2) 중국학 프로그램 제공 형태	학사, 석사, 박사

산둥대학 웨이하이분교(산둥대학 위해분교)

Shandong University, Weihai

1. 대학 개요

대학명(자국어)	山东大学(威海)
설립 연도	1984년
소재 국가	중국
형태	국공립
대표자 성명 / 직위	류건아(刘建亚) / 총장

2. 연락처

주소	영문 주소	180 Wenhua W Rd, Huancui Qu, Weihai Shi, Shandong Province, China
	우편번호	264200
전화		+86-631-568-8282
웹사이트		www.wh.sdu.edu.cn/index.do

3. 기관 한국학 현황

1) 한국 관련 강좌 운영 현황

소속 단과대학	한국학대학	
소속 학과	한국어학과	
개설 연도	1992년	
프로그램 대표자	성명	직함
	우림걸(Niu Linjie)	학장
홈페이지	www.korean.wh.sdu.edu.cn	

2) 한국 관련 프로그램 제공 형태

학위 과정	B.A. (학사 과정)	한국학 전공
	M.A. (석사 과정)	한국학 전공, 동아시아학 전공
	Ph.D. (박사 과정)	한국학 전공, 동아시아학 전공

3) 주요 연구 분야

• 한국 문학, 한국어학, 한국 역사, 한국 철학, 한국 정치 외교, 한중 관계

4) 한국학 교수진 : 19명

교수명	직위	전공 분야
우림걸	학장, 교수	한국 문학
김 철	교수	한국 문학
류보전	교수	한국사
이학당	교수	한국 문학
민영란	부교수	한국어
정동매	부교수	한국 문학
류 창	부교수	한국사
필영달	부교수	한국 정치
왕보하	부교수	한국어
진 원	부교수	한국 철학
황영철	전임	한국어
우명연	전임	한국 문학
윤석만	전임	한국어
홍 정	전임	한국 정치
장경청	전임	한국어 교육
석 견	전임	한국어
조산산	전임	한국 문학
정 염	전임	한국 사회
류혜영	전임	한국 문학

5) 수강생 현황

한국어(학) 관련 강의 수강생 수 : 총 517명

학사 1학년	학사 2학년	학사 3학년	학사 4학년	석사 1학년	석사 2학년	박사 과정	기타
120	120	120	120	15	15	7	

전공생 수

B.A.	M.A.	Ph.D.
480	30	7

※ 매년 신입생 선발(인원: 120명)

6) 강좌 개설 현황

과목명	담당 교수	주당 수업 시간	수강생 수	학점	필수 / 선택
초급 한국어 강독	우명연	8	120	8	
중급 한국어 강독	정염	8	120	8	
고급 한국어 강독	민영란	6	120	6	
초급 한국어 말하기	황영철	4	120	4	
중급 한국어 말하기	윤석만	4	120	4	
고급 한국어 말하기	정동매	4	120	4	
초급 한국어 듣기	유 창	4	120	4	
중급 한국어 듣기	진 원	4	120	4	
고급 한국어 듣기	이학당	4	120	4	
한국어 읽기 2	김 철	2	120	2	
한국어 읽기 4	석 견	2	120	2	
중한 / 한중 번역	김 철	4	120	4	
한국어 실용 습작	장경청	2	120	2	
조선-한국 개황	유보전	2	90	2	
한국 문학사	우림걸	2	80	2	
중한 언어 비교	왕보하	4	80	4	
한국 문화	류 창	4	60	4	
한국 문학 작품 선독	우림걸	2	60	2	
한국 정치	홍 정	2	60	2	

7) 한국 관련 활동

활동명	시기	상세 활동 내용
중한 관계 포럼	매년	한중 양국의 유수한 한중 관계 분야 전문가들을 초청하여 양국 관계의 현안과 발전 방향에 대해 집중 탐구
중한 청년 학자 포럼	매년	한중 양국의 청년학자(상대국 유학 경력 있는 자)들을 초청하여 한중 정치 외교, 경제 협력, 인문 교류에 대해 토론

8) 한국 관련 출판물

제목	형태	주요 내용
Blue Book of Korea(한국청서)	단행본	해당 연도 한국의 정치 외교, 경제 발전, 사회 등 각 분야의 성과와 현안에 대해 분석
한국연구총서	단행본	한국 각 분야에 관한 전문 연구서

4. 한국연구센터 운영 현황

명칭	한국학학원(School of Korean Studies)	
소속 기관	산둥대학(웨이하이 분교)	
설립 연도	1991년	
대표자	성명	직함
	우림걸	원장

5. 도서관 현황

도서관명	산둥대학(웨이하이 분교) 도서관
담당 사서	왕위, 이해용
한국학 장서 보유량(부)	35,150

6. 동아시아학 현황

1) 일본학 프로그램 제공 형태	학사, 석사
2) 중국학 프로그램 제공 형태	학사, 석사, 박사, 기타(공자학원)

산둥사범대학(산동사범대학)
Shandong Normal University

1. 대학 개요

대학명(자국어)	山东师范大学
설립 연도	1950년
소재 국가	중국
형태	국공립
대표자 성명 / 직위	탕 보(Tang Bo) / 총장

2. 연락처

주소	영문 주소	No.1 Daxue Road, Changqing, Jinan Province, China
	우편번호	250358
전화		+86-0531-8961-0710
웹사이트		www.sdnu.edu.cn

3. 기관 한국학 현황

1) 한국 관련 강좌 운영 현황

소속 단과대학	외국어대학	
소속 학과	한국어학과	
프로그램 대표자	성명	직함
	이 호(Li Hao)	학과장
홈페이지	www.flc.sdnu.edu.cn	

2) 한국 관련 프로그램 제공 형태

학위 과정	B.A. (학사 과정)	한국어 전공
	M.A. (석사 과정)	한국어 전공

3) 주요 연구 분야

• 한국 현대 문학, 고전 문학, 비교문학, 언어학

4) 한국학 교수진 : 9명

교수명	직위	전공 분야
이 호	학과장, 부교수	한국 현대 문학
종결(Zhongjie)	강사	한국언어학
진강려(Chen Jiangli)	강사	한국어 교육
조춘염(Zhao Chunyan)	강사	한국 고전 문학
류함함(Liu Hanhan)	강사	한국 고전 문학
양뢰뢰(Yang Leileil)	강사	한국 문학
한 효(Han Xiao)	강사	교육학
채춘매(Cai Chunmei)	강사	교육학
마지성(Ma Zhicheng)	강사	한국 현대 문화

5) 수강생 현황

한국어(학) 관련 강의 수강생 수 : 총 118명

학사 1학년	학사 2학년	학사 3학년	학사 4학년	석사 1학년	석사 2학년	박사 과정	기타
30	29	30	28	1			

※ 매년 신입생 선발(인원: 30명)

6) 강좌 개설 현황

과목명	담당 교수	주당 수업 시간	수강생 수	학점	필수 / 선택
종합 한국어 1	진강려	8	30	8	필수
종합 한국어 3	한 효, 양뢰뢰	6	29	6	필수
종합 한국어 5	조춘염	6	30	6	필수
한국어 듣기 1, 3, 5	한국 초빙교수	4	89	4	필수
한국어 읽기 2, 4	채춘매	4	59	4	필수
한국 문화 특강	마지성	4	90	4	필수
중급 회화	한국 초빙교수	2	30	2	선택
발음 지도 교육	한국 초빙교수	2	30	2	선택
한국어 입문	진강려	2	30	2	필수
한반도 개황	마지성	2	30	2	선택
관광 한국어	마지성	2	30	2	선택
중한 통번역	이 호, 채춘매	4	30	4	필수
무역 한국어	이 호	4	30	4	선택
고급 시청	한국 초빙교수	2	30	2	선택
한국어 쓰기	한국 초빙교수	2	30	2	선택
한국 문학	양뢰뢰, 한 효	4	30	4	선택

7) 한국 관련 활동

활동명	시기	상세 활동 내용
중국 산동성 대학생 응용 한국어 대회 주최	2016. 4.	산동성 15개 대학 한국어 전공 대학생들이 참가하는 응용 한국어 대회

8) 한국 관련 출판물

제목	형태	주요 내용
한국 전후 소설과 중국 신시기 소설의 비교 연구	논문	이 호 저
한국–조선 근현대 문학사	논문	이 호 저
新編經貿韓國語	단행본	이 호 저
한국어와 중국어 합성어 구조 연구	논문	종 결 저

4. 한국연구센터 운영 현황

명칭	한국학연구센터(Research Center for Korean Studies)	
소속 기관	산둥사범대학	
설립 연도	2012년	
대표자	성명	직함
	이 호	부교수

5. 도서관 현황

도서관명	산둥사범대학 도서관
한국학 장서 보유량(부)	630

6. 동아시아학 현황

1) 일본학 프로그램 제공 형태	–
2) 중국학 프로그램 제공 형태	–

상하이외국어대학(상해외국어대학)

Shanghai International Studies University

1. 대학 개요

대학명(자국어)	上海外国语大学
설립 연도	1949년
소재 국가	중국
형태	국공립
대표자 성명 / 직위	차오 더밍(Cao Deming) / 총장

2. 연락처

주소	영문 주소	550 Dalian W Rd, Hongkou Qu, Shanghai Shi, China
	우편번호	201620
전화		+86-21-67701359
웹사이트		www.shisu.edu.cn

3. 기관 한국학 현황

1) 한국 관련 강좌 운영 현황

소속 단과대학	동방언어대학	
소속 학과	한국어학과	
개설 연도	1994년	
프로그램 대표자	성명	직함
	이춘호(Li Chunhu)	학장

2) 한국 관련 프로그램 제공 형태

학위 과정	B.A. (학사 과정)	한국어 전공
	M.A. (석사 과정)	한국학 전공, 한국어 전공
	Ph.D. (박사 과정)	한국학 전공, 한국어 전공

3) 주요 연구 분야

• 언어, 역사, 문학

4) 한국학 교수진 : 10명

5) 수강생 현황

한국어(학) 관련 강의 수강생 수 : 총 193명

학사 1학년	학사 2학년	학사 3학년	학사 4학년	석사 1학년	석사 2학년	박사 과정	기타
40	40	40	40	12	12	9	

전공생 수

B.A.	M.A.	Ph.D.
160	24	9

※ 매년 신입생 선발(인원: 40명)

6) 강좌 개설 현황

과목명	담당 교수	주당 수업 시간	수강생 수	학점	필수 / 선택
초급 한국어		14	40		필수
중급 한국어		8	40		필수
고급 한국어		8	40		필수
한국어 시청각		2	40		필수
한국어 쓰기		2	40		필수
한국어 말하기		2	40		필수
한국어 독해		2	40		필수
한국어 번역		2	40		필수
한국 문학 작품 선독		2	40		필수
한국 문학사		2	40		필수
한국 신문 독해		2	40		필수
한국의 역사와 문화		2	40		필수

4. 한국연구센터 운영 현황

명칭	조선반도문제연구소	
소속 기관	동방언어대학	
설립 연도	2015년	
대표자	성명	직함
	이춘호	교수

5. 도서관 현황

도서관명	상하이외국어대학 동방언어대학 도서실
한국학 장서 보유량(부)	10,000

6. 동아시아학 현황

1) 일본학 프로그램 제공 형태	학사, 석사, 박사
2) 중국학 프로그램 제공 형태	학사, 석사, 박사

상하이해양대학(상해해양대학)
Shanghai Ocean University

1. 대학 개요

대학명(자국어)	上海海洋大学
설립 연도	1912년
소재 국가	중국
형태	국공립
대표자 성명 / 직위	정유동(程裕东) / 총장

2. 연락처

주소	영문 주소	999 Hucheng Ring Rd, Pudong Xinqu, Shanghai, China
	우편번호	201306
전화		+86-21-6190-0296
웹사이트		www.shou.edu.cn

3. 기관 한국학 현황

1) 한국 관련 강좌 운영 현황

소속 단과대학	외국어대학	
소속 학과	한국어학과	
개설 연도	2007년	
프로그램 대표자	성명	직함
	이해영	학과장

2) 한국 관련 프로그램 제공 형태

학위 과정	B.A. (학사 과정)	한국어 전공

3) 주요 연구 분야

* 한국어, 한국 문학

4) 한국학 교수진 : 9명

교수명	직위	전공 분야
이해영	학과장	언어학
전용화		문학
이승자		언어학
최춘매		현대 문학
한조원		언어 대비
김계화		고전 문학
임영		고전 문학
황림화		의미론
정혜		교육학

5) 수강생 현황

한국어(학) 관련 강의 수강생 수 : 총 161명

학사 1학년	학사 2학년	학사 3학년	학시 4학년	석사 1학년	식사 2학년	박사 과정	기타
60	32	38	31				

전공생 수

B.A.	M.A.	Ph.D.
161		

※ 매년 신입생 선발(인원: 60명)

동북아시아

6) 강좌 개설 현황

과목명	담당 교수	주당 수업 시간	수강생 수	학점	필수 / 선택
기초 한국어 1	전용화, 이해영	10	60	10	필수
기초 한국어 3	정혜, 임영	8	45	8	필수
말하기 1	김계화, 최춘매	2	60	2	필수
말하기 3	이동춘	2	45	2	필수
듣기 1	한조원	2	45	2	필수
듣기 3	최춘매	2	34	2	필수
고급 한국어 1	황림화, 이승자	8	34	8	필수
한국어 열독 1	이승자	2	20	2	선택
한국 개황	한조원	2	38	2	필수
여행 한국어	이동춘	2	34	2	선택
한국어 문법	정혜	2	34	2	필수
한국 문학사	김계화	4	34	4	필수
한국 신문 강독	전용화	2	15	2	필수
한국 문학 작품 선독	임영	2	15	2	필수
응용문 습작	이동춘	2	15	2	필수

4. 한국연구센터 운영 현황

- 없음

5. 도서관 현황

도서관명	상하이해양대학 도서관
한국학 장서 보유량(부)	2,140

6. 동아시아학 현황

1) 일본학 프로그램 제공 형태	학사
2) 중국학 프로그램 제공 형태	학사

쉬저우공정학원(서주공정학원)
Xuzhou Institute of Technology

1. 대학 개요

대학명(자국어)	徐州工程学院
설립 연도	2007년
소재 국가	중국
형태	국공립
대표자 성명 / 직위	한보평(汉堡平) / 총장

2. 연락처

주소	영문 주소	3rd Ring Rd S, Quanshan Qu, Xuzhou Shi, Jiangsu Province, China
	우편번호	221000
전화		+86-516-8310-5000
웹사이트		www.xzit.edu.cn

3. 기관 한국학 현황

1) 한국 관련 강좌 운영 현황

소속 학부	외국어학부	
소속 학과	한국어학과	
개설 연도	2007년	
프로그램 대표자	성명	직함
	류문도(刘文涛)	강사
홈페이지	wyxy.xzit.edu.cn	

2) 한국 관련 프로그램 제공 형태

학위 과정	B.A. (학사 과정)	한국어 전공

3) 한국학 교수진 : 10명

교수명	직위	전공 분야
박춘섭	교사	중한 번역
서중운(徐中云)	교사	한국어 교육
왕문령(王文玲)	교사	중한 대비
강림방(姜淼芳)	교사	한국어 교육
류문도	교사	한국어학
전욱기(钱旭琪)	교사	한국어 교육
최경옥(崔庆玉)	교사	한국 문학
김병준	교사	한국어 교육
이한택	교사	한국어 교육
서은	교사	한국어 교육

4) 수강생 현황

한국어(학) 관련 강의 수강생 수 : 총 200명

학사 1학년	학사 2학년	학사 3학년	학사 4학년	석사 1학년	석사 2학년	박사 과정	기타
50	50	50	50				

전공생 수

B.A.	M.A.	Ph.D.
200		

※ 매년 신입생 선발(인원: 50명)

5) 강좌 개설 현황

과목명	담당 교수	주당 수업 시간	수강생 수	학점	필수 / 선택
초급 한국어	류문도, 전욱기	8	50	6	필수
중급 한국어	서중운, 강묘방	8	50	6	필수
고급 한국어	왕문령, 전욱기	6	50	4	필수
한국어 열독	류문도	4	50	3	필수
한중 번역	박춘섭	4	50	3	필수
한국어 회화	김병준	6	50	6	필수
한국 개황	이한택	2	50	2	필수
한국 문학사 및 문학 작품 감상	최경옥	2	50	2	필수
한국 문화 및 예의	최경옥	4	50	3	필수

6) 한국 관련 활동

활동명	시기	상세 활동 내용
한국어협회	매년	기초 한국어 교육, 한국 문화 관련 활동
한중교류회	매년	장한 대학생 교류

4. 한국연구센터 운영 현황

- 없음

5. 동아시아학 현황

1) 일본학 프로그램 제공 형태	–
2) 중국학 프로그램 제공 형태	학사

동북아시아

시안외국어대학(서안외국어대학)

Xi'An International Studies University

1. 대학 개요

대학명(자국어)	西安外国语大学
설립 연도	1952년
소재 국가	중국
형태	국공립
대표자 성명 / 직위	왕 준저(Wang Junzhe) / 총장

2. 연락처

주소	영문 주소	No.630 Mail box, Shannxi Province, China
	우편번호	710128
전화		+86-29-85319709
웹사이트		www.xisu.edu.cn

3. 기관 한국학 현황

1) 한국 관련 강좌 운영 현황

소속 단과대학	동방언어문화대학	
소속 학과	한국어학과	
개설 연도	2004년	
프로그램 대표자	성명	직함
	순 진취(Sun Jinqiu)	부교수

2) 한국 관련 프로그램 제공 형태

학위 과정	B.A. (학사 과정)	한국어 전공
	M.A. (석사 과정)	동아시아학 전공

3) 주요 연구 분야

• 문법, 한국어 교육, 고대 문학, 현대 문학, 경제학

4) 한국학 교수진 : 10명

교수명	직위	전공 분야
손금추	부원장	대조언어학
유동청	부교수	언어학
유지붕	부교수	현대 문학
송교	조교수	고대 문학
주뢰	조교수	경제학
손뢰	조교수	언어학
오해리	조교수	한국어 교육
동효령	조교수	한국어 교육
유교운	조교수	언어학
이정옥	초빙교수	한국어 교육

5) 수강생 현황

한국어(학) 관련 강의 수강생 수 : 총 229명

학사 1학년	학사 2학년	학사 3학년	학사 4학년	석사 1학년	석사 2학년	박사 과정	기타
30	58	67	66	4	3	1	

전공생 수

B.A.	M.A.	Ph.D.
231	8	

※ 매년 신입생 선발(인원: 60명)

6) 강좌 개설 현황

과목명	담당 교수	주당 수업 시간	수강생 수	학점	필수 / 선택
기초 한국어 1	유교운	8	30	8	필수
중급 한국어 1	손뢰, 유지붕	8	58	8	필수
고급 한국어 1	손금추	4	67	4	필수
고급 한국어 3	손금추	2	66	2	필수
기초 한국어 듣기 1	주뢰	4	30	8	필수
중급 한국어 듣기 1	송교, 유교운	4	58	8	필수
고급 한국어 듣기 1	이정옥	4	67	4	필수
고급 한국어 듣기 3	송교	2	66	2	필수
기초 한국어 회화 1	이정옥	2	30	2	필수
중급 한국어 회화 1	이정옥	2	58	2	필수
고급 한국어 회화 1	이정옥	2	67	2	필수
중한 번역	주뢰	2	67	2	필수
한국어 쓰기	이정옥	2	67	2	필수
통역 1	유지붕	2	67	2	필수
발음 연습	유교운	2	30	2	선택
문형 연습	유지붕, 손뢰	2	58	2	선택
시사 한국어	유동청	2	67	2	선택
어휘론	유교운	2	67	2	선택
한국어 개론	주뢰	2	67	2	선택
한국 문화	손금추	2	67	2	선택
한반도 국제관계사	주뢰	2	67	2	선택
한국 문학 작품 선독	유지붕	2	66	2	선택
비즈니스 한국어	주뢰	2	66	2	선택
관광 한국어	유지붕	2	66	2	선택

4. 한국연구센터 운영 현황
- 없음

5. 도서관 현황

도서관명	시안외국어대학 도서관
담당 사서	장 밍완(Zhang Ming yuan)
한국학 장서 보유량(부)	1,525

6. 동아시아학 현황

1) 일본학 프로그램 제공 형태	학사, 석사, 박사
2) 중국학 프로그램 제공 형태	학사, 석사, 박사, 기타(공자학원)

동북아시아

쓰촨외국어대학(사천외국어대학)
Sichuan International Studies University

1. 대학 개요

대학명(자국어)	四川外国语大学
설립 연도	1950년
소재 국가	중국
형태	국공립
대표자 성명 / 직위	이극용(李克勇) / 교장

2. 연락처

주소	영문 주소	No. 33, Zhuangzhi Road, Lieshimu, Shapingba District, Chongqing, China
	우편번호	400031
전화		+86-023-65385988
웹사이트		www.sisu.edu.cn

3. 기관 한국학 현황

1) 한국 관련 강좌 운영 현황

소속 단과대학	동양어대학	
소속 학과	한국어학과	
개설 연도	2006년	
프로그램 대표자	성명	직함
	조영승	학과장

2) 한국 관련 프로그램 제공 형태

학위 과정	B.A. (학사 과정)	한국어 전공
	M.A. (석사 과정)	한국어 전공

3) 주요 연구 분야

- 한국어, 한국 문학, 한국 문화, 한중 통번역

4) 한국학 교수진 : 9명

교수명	직위	전공 분야
임향란	교수	한국 고전 문학
원선희	강사	한국어 교육
황진재	부교수	한국어 교육
문유	강사	한국 문화
조영승	부교수	문화산업
왕례량	부교수	언어학
최향	부교수	한국 고전 문학
왕청청	부교수	한국어 교육
김일권	강사	지역학

5) 수강생 현황

한국어(학) 관련 강의 수강생 수 : 총 210명

학사 1학년	학사 2학년	학사 3학년	학사 4학년	석사 1학년	석사 2학년	박사 과정	기타
60	60	30	30	15	15		

전공생 수

B.A.	M.A.	Ph.D.
180	45	

※ 매년 신입생 선발(인원: 60명)

동북아시아

6) 강좌 개설 현황

과목명	담당 교수	주당 수업 시간	수강생 수	학점	필수 / 선택
한국어 문법 1	최향, 왕청청	10	60	10	필수
한국어 문법 3	왕례량, 김병활	8	60	8	필수
한국어 듣기 1	김동일, 임주희	4	60	4	필수
한국어 듣기 3	조영승, 김일권	2	60	2	필수
한국어 열독 2	김일권	4	60	4	필수
한국어 회화 3	임주희, 김동일	2	60	2	필수
한국 개황	조영승, 김일권	2	60	2	필수
한국어 쓰기 1	김동일, 임주희	2	60	2	필수
비즈니스 한국어	조영승	2	30	2	필수
한국어 통번역	조영승	2	30	2	필수
한국 문학사	임향란	2	30	2	필수
한국어 문법	왕례량	2	30	2	필수

7) 한국 관련 활동

활동명	시기	상세 활동 내용
한국어 말하기 대회	매년 11월	한국어 말하기

8) 한국 관련 출판물

제목	형태	주요 내용
조선-한국학 연구	논문	언어, 문학, 문화, 번역

4. 한국연구센터 운영 현황

명칭	한국학연구센터(Research Center for Korean Studies)	
설립 연도	2010년	
대표자	성명	직함
	임향란	교수

5. 도서관 현황

도서관명	쓰촨외국어대학 도서관
한국학 장서 보유량(부)	2,500

6. 동아시아학 현황

1) 일본학 프로그램 제공 형태	–
2) 중국학 프로그램 제공 형태	–

쓰촨외국어대학 성도학원(사천외국어대학 성도학원)

Chengdu Institute Sichuan International Studies University

1. 대학 개요

대학명(자국어)	四川外国语大学 成都学院
설립 연도	2000년
소재 국가	중국
형태	사립
대표자 성명 / 직위	이극용(李克勇) / 총장

2. 연락처

주소	영문 주소	Gaoerfu Road No.367, Daguan Town, Dujiangyan, Sichuan Province, China
	우편번호	611844
전화		+86-187-0818-8106
웹사이트		www.cisisu.edu.cn

3. 기관 한국학 현황

1) 한국 관련 강좌 운영 현황

소속 학부	동양어학부	
소속 학과	한국어학과	
개설 연도	2009년	
프로그램 대표자	성명	직함
	오아뢰	강사
홈페이지	olc.cisisu.edu.cn	

2) 한국 관련 프로그램 제공 형태

학위 과정	B.A. (학사 과정)	한국어 전공

3) 주요 연구 분야

- 한국어학

4) 수강생 현황

한국어(학) 관련 강의 수강생 수 : 총 360명

학사 1학년	학사 2학년	학사 3학년	학사 4학년	석사 1학년	석사 2학년	박사 과정	기타
90	90	90	90				

전공생 수

B.A.	M.A.	Ph.D.
90		

※ 매년 신입생 선발

5) 강좌 개설 현황

과목명	담당 교수	주당 수업 시간	수강생 수	학점	필수 / 선택
기초 한국어		8		8	필수
한국어 듣기		4		4	필수
한국어 회화		4		4	필수
한국 개황		2		2	선택
한국어 쓰기		2		2	필수
한국어 읽기		2		2	필수
한중 / 중한 번역		4		4	필수
한국어 문법		2		2	선택
비즈니스 한국어		2		2	선택
여행 한국어		2		2	선택

동북아시아

4. 한국연구센터 운영 현황

명칭	한국학연구소(Institute for Korean Studies)

5. 동아시아학 현황

1) 일본학 프로그램 제공 형태	–
2) 중국학 프로그램 제공 형태	–

씨난민족대학(서남민족대학)

Southwest Minzu University

1. 대학 개요

대학명(자국어)	西南民族大学
설립 연도	1951년
소재 국가	중국
형태	국공립
대표자 성명 / 직위	밍 쳉(Ming Zeng) / 총장

2. 연락처

주소	영문 주소	No.16,South 4th Section, First Ring Road, Chengdu, Sichuan Province, China
	우편번호	610041
전화		+86-1500-2870566
웹사이트		www.swun.edu.cn

3. 기관 한국학 현황

1) 한국 관련 강좌 운영 현황

소속 단과대학	외국어대학	
소속 학과	한국어학과	
개설 연도	2007년	
프로그램 대표자	성명	직함
	허련화(Xu Lian Hua)	학과장

2) 한국 관련 프로그램 제공 형태

학위 과정	B.A. (학사 과정)	한국어 전공, 기타 전공 내 한국학 프로그램

3) 주요 연구 분야

- 한국어, 한국 문학, 중한·한중 번역

4) 한국학 교수진 : 7명

교수명	직위	전공 분야
허련화	학과장	한국 문학
진려봉	부교수	한국어
여의	강사	한국어
최해만	강사	한국어
방강	강사	한국어
유일쌍	강사	한국어
조위동	강사	한국어

5) 수강생 현황

한국어(학) 관련 강의 수강생 수 : 총 214명

학사 1학년	학사 2학년	학사 3학년	학사 4학년	석사 1학년	석사 2학년	박사 과정	기타
55	53	50	56				

전공생 수

B.A.	M.A.	Ph.D.
214		

6) 강좌 개설 현황

과목명	담당 교수	주당 수업 시간	수강생 수	학점	필수 / 선택
초급 조선어 1	방강	6	55	6	필수
초급 조선어 시청각 1	여의	4	55	2	필수
초급 조선어 회화 1	한국인 교원(1)	4	55	2	필수
중급 조선어 1	조위동	6	53	6	필수
중급 조선어 열독 1	유일쌍	2	53	2	필수
중급 조선어 시청각 1	한국인 교원(2)	6	53	3	선택
세계 명작 읽기 1	유일쌍	2	55	2	선택
조선어 문학 작품 선독 1	허련화	2	53	2	선택
조선어 통역 1	진려봉	2	50	2	선택
조선어 번역 1	방강	2	50	2	선택
조선어 문법 1	진려봉	2	50	2	선택
조선어 쓰기 1	한국인 교원(1, 2)	2	50	2	선택
조선-한국 문학사 1	허련화	2	50	2	선택
고급 조선어 시청각 1	한국인 교원(3)	6	50	2	필수
고급 한국어 회화 2	여의	2	50	2	선택
고급 한국어 2	허련화, 진려봉	6	50	6	필수
조선-한국 명저 읽기 1	유일쌍	2	50	2	선택
제2외국어	한국인 교원(3)	4	40	4	필수
조선어 졸업 논문 지도	진려봉	2	50	2	필수

7) 한국 관련 활동

활동명	시기	상세 활동 내용
한국 문학 작품 독후감 대회		한국문학번역원 지원 사업으로, 가을 학기에 작품 한편을 정해 독후감 대회, 시상식 개최
한국 문화제		한국 시 낭송, 한복 쇼, 한국 문화 퀴즈 등
한국어 말하기 대회		학과 활동
한국어 시 낭송 대회		학과 활동
한국 드라마 더빙 대회		외국어대학의 외국 영화/드라마 더빙 대회의 일환
한국어 연극 대회		외국어대학의 외국어 연극 대회의 일환

4. 한국연구센터 운영 현황
- 없음

5. 도서관 현황

도서관명	씨난민족대학 본교 도서관, 항공항캠퍼스 도서관
한국학 장서 보유량(부)	400

6. 동아시아학 현황

1) 일본학 프로그램 제공 형태	-
2) 중국학 프로그램 제공 형태	-

얀청사범학원(염성사범학원)

Yancheng Teachers University

1. 대학 개요

대학명(자국어)	盐城师范学院
설립 연도	2004년
소재 국가	중국
형태	국공립
대표자 성명 / 직위	대빈영(Dai Bin Rong) / 총장

2. 연락처

주소	영문 주소	No.50, Kaifang Road, Yancheng, Jangsu Province, China
	우편번호	224-002
전화		+86-515-8823-3012
웹사이트		www.yctc.edu.cn

3. 기관 한국학 현황

1) 한국 관련 강좌 운영 현황

소속 단과대학	외국어대학	
소속 학과	한국어학과	
개설 연도	2004년	
프로그램 대표자	성명	직함
	필봉산(毕凤珊)	학장
홈페이지	fl.yctu.edu.cn	

2) 한국 관련 프로그램 제공 형태

학위 과정	B.A. (학사 과정)	한국학 전공, 한국어 전공

3) 주요 연구 분야

- 한국어학, 한국 문학, 한국학

4) 한국학 교수진 : 7명

교수명	직위	전공 분야
양해승(梁海胜)	전임교원	한국어학, 한국어 교육
안순남(安順男)	교원	비교문학, 한국 문학
김선자	교수	한국 문학
강옥(姜玉)	교수	한국 문학
박려화(朴丽花)	전임교원	한국 문학
대려연(代丽娟)	전임교원	한국 문학
전림	전임교원	한국어 번역

5) 수강생 현황

한국어(학) 관련 강의 수강생 수 : 총 214명

학사 1학년	학사 2학년	학사 3학년	학사 4학년	석사 1학년	석사 2학년	박사 과정	기타
34	60	60	60				

전공생 수

B.A.	M.A.	Ph.D.
214		

※ 매년 신입생 선발(인원 : 60명)

6) 강좌 개설 현황

과목명	담당 교수	주당 수업 시간	수강생 수	학점	필수 / 선택
한국어 강독 1	박려화	10	34	10	필수
한국어 발음	김동철	2	34	1	선택
한국 드라마 및 영화 감상	박려화	2	34	2	선택
한국어 강독 3	양해승	10	43	8	필수

과목명	담당 교수	주당 수업 시간	수강생 수	학점	필수 / 선택
한국어 쓰기 1	강옥	4	43	2	필수
한국어 말하기 2	김동철	4	43	2	선택
한국어 듣기 2	박청매	4	43	2	필수
한국어 문법 1	전림	4	43	2	필수
한국어 전공 기능 훈련 2	이용성	4	43	1	필수
한국어 강독 5	전림	8	43	4	필수
한국어 읽기 1	김동철	4	43	2	필수
한국어 듣기 4	김선자	4	43	2	필수
신문 읽기	강옥	4	43	2	선택
번역 이론과 실천	김선자	4	43	2	선택
한국 문학사	박려화	4	43	2	필수
여행 한국어	이용성	4	43	2	선택
무역 한국어	이용성	4	43	2	선택
언어학 개론	양해승	4	43	2	필수
한국 기업 실습	양해승	40	53	10	필수

7) 한국 관련 활동

활동명	시기	상세 활동 내용
제1회 장강 삼각주 지역 한국어학과 청년 교수 연수 및 제6회 장강 삼각주 지역 한국어 교육 세미나(주관)	2015. 4.	한국어학과가 개설되어 있는 양자강 삼각주 지역 대학 교수 대상 한국어 연수, 학술회의
제8회 한국어 말하기 대회	매년 4월, 11월	한국어 말하기 실력을 겨루는 대회
제8회 한국어 타자 경기 대회	매년 4월, 5월, 11월, 12월	한국어 타자 실력을 겨루는 대회
제8회 한국어 경필 경연 대회	매년 4월, 12월	한국어 경필 서예 실력을 겨루는 대회
제8회 한국어 노래 장기 자랑 대회	매년 5월, 12월	한국어 노래 실력을 겨루는 대회
제8회 한국의 밤(대형 공연)	매년 5월, 12월	한국 노래, 춤, 개그 예능을 중심으로 한 공연
제8회 한국어 더빙 대회	매년 5월, 12월	한국어 더빙 실력을 중심으로 겨루는 대회
제8회 한국어 단어 경연 대회	매년 6월, 12월	한국어 단어 파악 능력을 겨루는 대회

8) 한국 관련 출판물

제목	형태	주요 내용
冲击韩国语能力考试历年真题解析(中级) (한국어능력시험기출문제분석집-중급)	단행본	양해승, 부주필(副主編) 공저 -중급 한국어능력시험 기출 문제 분석서

제목	형태	주요 내용
综合韩国语(종합한국어)	단행본	양해승, 부주필 공저 -전문대학 한국어학과 학생을 대상으로 한 한국어 학습용 기초 교과서. 중국 국가급 상 수상
放学以后—海底王国(방과이후-해저세계)	단행본	양해승 역 -일반 한국 사회인을 대상으로 한 중국어 학습용 기초 교과서
韩汉多功能学习词典(한국어분류사전)	단행본	양해승 공동 편집
实用交际韩语脱口说 (실용 교제 한국어 말하기 쇼)	단행본	양해승 제2 저자 -중고급 한국어 학습자를 대상으로 한 한국어 말하기 교과서
纪念中韩建交20周年在韩中国高层人才学术交流会议论文集(중국-한국 수교 20주년 기념-재한 중국 고위층 인재 학술 교류 세미나 논문집)	논문	양해승 공동 편집
金学铁文学研究(김학철문학연구)	논문	강옥 저 -김학철 문학 작품에 대한 연구 논문집
新编韩国语词汇学(신판 한국어어휘론)	단행본	대려연 공동 주필 -한국 어휘론에 대한 연구 논저
韩国近代文学(한국근대문학)	논문	박려화 공동 편집 -한국 근대 문학에 대한 연구 논저

4. 한국연구센터 운영 현황
- 없음

5. 도서관 현황

도서관명	외국어대학 자료실
소속 기관	외국어단과대학
한국학 장서 보유량(부)	2,320

6. 동아시아학 현황

1) 일본학 프로그램 제공 형태	-
2) 중국학 프로그램 제공 형태	-

양저우대학(양주대학)

Yangzhou University

1. 대학 개요

대학명(자국어)	扬州大学
설립 연도	1902년
소재 국가	중국
형태	국공립
대표자 성명 / 직위	초신안(焦新安) / 총장

2. 연락처

주소	영문 주소	NO.12-205, Dong Mei Zhuang Xin Cun Subdistrict, Si Wang Ting Road, Yang Zhou, Jiang Su Province, China
	우편번호	225009
전화		13813193160
웹사이트		www.yzu.edu.cn

3. 기관 한국학 현황

1) 한국 관련 강좌 운영 현황

소속 단과대학	외국어대학	
소속 학과	한국어학과	
개설 연도	2003년	
프로그램 대표자	성명	직함
	정의향	학과장
홈페이지	wgyxy.yzu.edu.cn/	

2) 한국 관련 프로그램 제공 형태

학위 과정	B.A. (학사 과정)	한국어 전공
	M.A. (석사 과정)	한국어 전공
	Ph.D. (박사 과정)	한국어 전공

3) 주요 연구 분야

• 한국어 국문학, 한국어 방언, 한국어 교육

4) 한국학 교수진 : 1명

교수명	직위	전공 분야
정의향	학과장, 교수	국어국문학

5) 수강생 현황

한국어(학) 관련 강의 수강생 수 : 총 96명

학사 1학년	학사 2학년	학사 3학년	학사 4학년	석사 1학년	석사 2학년	박사 과정	기타
20	25	25	23	1	2		

전공생 수

B.A.	M.A.	Ph.D.
90		

※ 매년 신입생 선발(인원 : 30명)

6) 강좌 개설 현황

과목명	담당 교수	주당 수업 시간	수강생 수	학점	필수 / 선택
한국어(1, 2, 3, 4, 5, 6)	정의향	6	25	6	필수
문법	정의향	4	25	4	필수
글쓰기	오화	4	25	4	필수
문학사	오화	4	25	4	선택

4. 한국연구센터 운영 현황
- 없음

5. 동아시아학 현황

1) 일본학 프로그램 제공 형태	-
2) 중국학 프로그램 제공 형태	-

동북아시아

옌볜대학(연변대학)

Yanbian University

1. 대학 개요

대학명(자국어)	延边大学
설립 연도	1949년
소재 국가	중국
형태	국립
대표자 성명 / 직위	박영호(朴永浩) / 총장

2. 연락처

주소	영문 주소	977 Gongyuan Rd, Yanji, Yanbian Chaoxianzuzizhizhou, Jilin Province, China
	우편번호	–
전화		+86-433-273-2477
웹사이트		www.ybu.edu.cn/

3. 기관 한국학 현황

1) 한국 관련 강좌 운영 현황

소속 학원	조선-한국학학원	
소속 학부	조선어학부	
개설 연도	1972년	
프로그램 대표자	성명	직함
	주송희	전임강사
홈페이지	ksc.ybu.edu.cn/index.htm	

2) 한국 관련 프로그램 제공 형태

학위 과정	B.A. (학사 과정)	한국어 전공
	M.A. (석사 과정)	한국어 전공

3) 주요 연구 분야

- 한국어와 중국어의 대비 연구

4) 한국학 교수진 : 15명

교수명	직위	전공 분야
주송희	조선어학부 전임강사	한국어학
이민덕		한국어학
심현숙		한국어학
마금선		한국어학
남일		한국어학
장영미		한국어학
김휘		한국어학
김향숙		한국어학
김순녀		한국어학
전화민		한국어학
김성희		한국어학
노성화		한국어학
려문호		한국어학
림강		한국어학
김귀화		한국어학

5) 수강생 현황

한국어(학) 관련 강의 수강생 수 : 총 314명

학사 1학년	학사 2학년	학사 3학년	학사 4학년	석사 1학년	석사 2학년	박사 과정	기타
69	65	72	78	13	17		

동북아시아

전공생 수

B.A.	M.A.	Ph.D.
284	30	

※ 매년 신입생 선발(인원: 70명)

6) 강좌 개설 현황

과목명	담당 교수	주당 수업 시간	수강생 수	학점	필수 / 선택
기초 한국어 2	장영미, 김향숙	8	69	5	필수
중급 한국어 2	마금선, 김휘	8	65	5	필수
고급 한국어 2	심현숙, 남일	6	72	4	필수
초급 한국어 회화 2	주송희	4	69	3	필수
중급 한국어 회화 2	김향숙	4	65	3	필수
한국어 듣기 1	김순녀	2	69	3	필수
한국어 듣기 3	림강, 려문호	4	65	3	필수
한국어 시청각	노성화	3	72	2	필수
한중 번역	전화민	3	72	2	필수
한중 문법 대비	남일	3	73	3	선택
한중 음운 대비	림강	2	89	2	선택
여행 한국어	박수향	4	54	4	선택
한국 민속	김귀화	2	73	2	선택

7) 한국 관련 출판물

제목	형태	주요 내용
기초 한국어 1-4	단행본	초·중급 한국어 교과서
고급 한국어 1-2	단행본	고급 한국어 교과서
기초 한국어 회화1-4	단행본	초·중급 한국어 회화 교과서
한국어 듣기 1-6	단행본	초·중·고급 한국어 듣기 교과서
한·중 / 중·한 번역 기초	단행본	번역 이론서
한국 문학 작품 선독	단행본	문학 작품 선독 교과서
중국 조선어 규범 원칙 및 규범 세칙 연구	단행본	중국 조선어 규범 원칙 및 4대 규범 세칙에 대한 연구
중국인 한국어 학습자를 위한 한자어 교육 연구	단행본	중국인 한국어 학습자들의 한자어 교육 내용과 교수·학습의 실제 구안
조선어 의성의태어 연구	단행본	조선어 의성의태어에 대한 연구
한국어 준구어 형태론적 연구	단행본	한국어 준구어의 형태론적 특징에 대한 연구
해방 전 재중 조선인 이산문학 연구-시가를 중심으로	단행본	해방 전 재중 조선인의 시가 창작에 대한 연구
한국어 연결어미 교육 연구	단행본	중국인 한국어 학습자들을 대상으로 한 한국어 연결어미의 교수·학습법 연구
현대 한국어 공간형용사 연구	단행본	공간형용사를 대상으로 각 개별 공간형용사의 다양한 의미 구조를 분석하고 이를 토대로 전반적인 공간형용사의 의미 체계 및 공간형용사들 사이의 내적인 관련성을 밝힘

4. 한국연구센터 운영 현황

명칭	조선반도연구협력창신중심	
소속 기관	옌벤대학	
설립 연도	2012년	
대표자	성명	직함
	채미화	교수

5. 동아시아학 현황

1) 일본학 프로그램 제공 형태	석사
2) 중국학 프로그램 제공 형태	석사

옌타이대학(연태대학)

Yantai University

1. 대학 개요

대학명(자국어)	烟台大学
설립 연도	1984년
소재 국가	중국
형태	국공립
대표자 성명 / 직위	궈 산리(Guo Shanli) / 총장

2. 연락처

주소	영문 주소	No. 30 Qingquan Road, Laishan, Yantai, China
	우편번호	264005
전화		+86-0535-6903475-815
웹사이트		www.ytu.edu.cn/

3. 기관 한국학 현황

1) 한국 관련 강좌 운영 현황

소속 단과대학 / 학부	외국어대학 한국어학부	
소속 학과	한국어학과	
개설 연도	1999년	
프로그램 대표자	성명	직함
	이영자(李英子)	학과장

2) 한국 관련 프로그램 제공 형태

학위 과정	B.A. (학사 과정)	한국학 전공, 한국어 전공
	M.A. (석사 과정)	한국학 전공, 한국어 전공

3) 주요 연구 분야

• 한국의 언어, 문학, 경제, 문화

4) 한국학 교수진 : 11명

교수명	직위	전공 분야
이영자	한국어학과장	한국 언어
정봉희	한국어학과 교수	한국 문학
우영란		한국 역사, 한국 문화
박금숙		한국어학
김옥자		한국언어학
장뢰		한국 경제
이용		한국 언어
왕군		한국 문학
김영수		한국 문학
신혜옥		한국 문학
배서봉		한국 문학

5) 수강생 현황

한국어(학) 관련 강의 수강생 수 : 총 319명

학사 1학년	학사 2학년	학사 3학년	학사 4학년	석사 1학년	석사 2학년	박사 과정	기타
85	72	75	72	13	2		

전공생 수

B.A.	M.A.	Ph.D.
304	15	

※ 매년 신입생 선발(인원: 80명)

동북아시아

6) 강좌 개설 현황

과목명	담당 교수	주당 수업 시간	수강생 수	학점	필수 / 선택
고급 한국어	박금숙	12	54	6	필수
한국 문학사	정봉희	2	75	2	필수
중조관계사	우영란	2	75	2	선택
한중 번역	김옥자, 이영자	2	54	2	필수
초급 한국어	김옥자, 신혜옥	10	85	10	필수
한국어 개론	이영자	2	54	2	선택
한국 개황	왕군	2	85	2	선택
한국어 신문 선독	왕군	2	85	2	선택
중급 한국어	배서봉, 김영수	8	72	8	필수
비즈니스 한국어	장뢰	2	54	2	선택
한국어 듣기	장뢰, 이용	4	72	2	필수
한국 시청각 문화	배서봉	2	54	2	필수

7) 한국 관련 활동

활동명	시기	상세 활동 내용
전국 차세대 한국어 교육자 포럼	2014. 10.	전국 대학교 한국어학과 차세대 교사들의 한국어 교육 관련 논문 발표, 한국과 중국 내 저명 학자 초청 강연. 전국에서 온 40여 명 청년 한국어 교사들이 한국어 언어학, 문학, 번역, 한국어 교수 등 파트로 나뉘어 논문 발표와 토론
제2회 전국 대학원생 한국어 논문 경시 대회	2016. 6.	중국 내 아시아–아프리카 전공 석사생 한국어 논문 대회, 한국어, 한국 문학, 한국 역사, 한중 번역 등 분야별 논문 발표 대회

8) 한국 관련 출판물

제목	형태	주요 내용
한국학 연구 1-3	논문	한국의 언어, 문학, 문화, 경제, 비교 연구 등

4. 한국연구센터 운영 현황

명칭	한국학연구센터(Center for Korean Studies)	
소속 기관	동아시아연구소	
설립 연도	2004년	
대표자	성명	직함
	정봉희	교수

5. 도서관 현황

도서관명	옌타이대학 외국어대학 도서실
한국학 장서 보유량(부)	5,000

6. 동아시아학 현황

1) 일본학 프로그램 제공 형태	학사, 석사
2) 중국학 프로그램 제공 형태	–

옌타이대학 문경학원(연태대학 문경학원)

Wenjing College, Yantai University

1. 대학 개요

대학명(자국어)	烟台大学 文经学院
설립 연도	2003년
소재 국가	중국
형태	사립
대표자 성명 / 직위	유 광휘(Yu Guanghui) / 원장

2. 연락처

주소	영문 주소	Laishan Yantai, Shandong Province, China
	우편번호	264005
전화		+86-535-691-5078
웹사이트		wenjing.ytu.edu.cn

3. 기관 한국학 현황

1) 한국 관련 강좌 운영 현황

소속 학계	외국어언문학계(外国语言文学系)	
소속 학과	한국어학과(韩语系)	
개설 연도	2003년	
프로그램 대표자	성명	직함
	왕예정	주임
홈페이지	waiyu.wenjing.ytu.edu.cn	

2) 한국 관련 프로그램 제공 형태

학위 과정	B.A. (학사 과정)	한국어 전공

3) 주요 연구 분야

- 한국어학, 무역 한국어

4) 한국학 교수진 : 7명

교수명	직위	전공 분야
왕예정	주임	한국어 교육 및 무역학
곽아기		정보 통신
유연		무역학
김정		한국어
동혜민		한국어
장초		번역
노영생		한국어

5) 수강생 현황

한국어(학) 관련 강의 수강생 수 : 총 89명

학사 1학년	학사 2학년	학사 3학년	학사 4학년	석사 1학년	석사 2학년	박사 과정	기타
33	27	21	8				

※ 매년 신입생 선발(인원: 30명)

동북아시아

6) 강좌 개설 현황

과목명	담당 교수	주당 수업 시간	수강생 수	학점	필수 / 선택
기초 한국어 1	김정	10	33	10	필수
기초 한국어 2	장초	8	27	8	필수
고급 한국어 1	왕예정	6	21	6	필수
고급 한국어 2	유연	4	8	4	필수
한국어 시청각	왕예정	2	21	3	필수
한국어 문법	왕예정	2	21	2	필수
중한 번역	장초	2	21	3	선택
한국어 문학	동혜민	2	21	2	필수
비즈니스 한국어	장초	2	21	2	필수
한국어 읽기	유연	2	21	2	필수
한국어 듣기	동혜민	2	27	3	필수
한국어 회화	노영생	4	27	4	필수

7) 한국 관련 활동

활동명	시기	상세 활동 내용
한국어 동아리	한 학기에 한 번	한국 학생과 같이 공부하기

4. 한국연구센터 운영 현황
- 없음

5. 동아시아학 현황

1) 일본학 프로그램 제공 형태	-
2) 중국학 프로그램 제공 형태	-

웨이난사범학원(위남사범학원)

Weinan Normal University

1. 대학 개요

대학명(자국어)	渭南师范学院
설립 연도	1923년
소재 국가	중국
형태	국공립
대표자 성명 / 직위	정덕과(丁德科) / 총장

2. 연락처

주소	영문 주소	Chaoyang Street, Weinan City, Shaanxi Province, China
	우편번호	714000
전화		+86-139-9232-9355
웹사이트		www.wnu.edu.cn

3. 기관 한국학 현황

1) 한국 관련 강좌 운영 현황

소속 단과대학	외국어대학	
소속 학과	한국어학과	
개설 연도	2009년	
프로그램 대표자	성명	직함
	최문정	학과장
홈페이지	wgyxy.wnu.edu.cn/zysz.htm	

2) 한국 관련 프로그램 제공 형태

학위 과정	B.A. (학사 과정)	한국어 전공

3) 주요 연구 분야

• 한국어 교육

4) 한국학 교수진 : 8명

교수명	직위	전공 분야
곽석뢰	외국어대학 부원장	한중 언어 대비, 교육학
최문정	학과장	한중 언어 대비
왕립군	교수	한국어 교육
왕비비	교수	한국 문화
양이	교수	한중 언어 대비, 대외 언어 교육
왕서명	교수	한중 언어 대비
안소영	한국인 교수	한국어 교육
이정림	한국인 교수	한국어 교육

5) 수강생 현황

한국어(학) 관련 강의 수강생 수 : 총 139명

학사 1학년	학사 2학년	학사 3학년	학사 4학년	석사 1학년	석사 2학년	박사 과정	기타
26	64		49				

전공생 수

B.A.	M.A.	Ph.D.
139		

※ 매년 신입생 선발

6) 강좌 개설 현황

과목명	담당 교수	주당 수업 시간	수강생 수	학점	필수 / 선택
기초 한국어 1	왕서명	10	26	10	필수
한국어 회화 1	안소영	4	26	2	필수
한국어 듣기 1	양이	4	26	2	필수
기초 한국어 3	최문정/양이	8	64	8	필수
한국어 회화 3	안소영	4	64	2	필수
한국어 듣기 3	왕서명	2	64	1	필수
한국 문화	이정림	2	64	1	선택
고급 한국어 4	최문정	4	49	4	필수
졸업 논문 쓰기	곽석뢰	1	49	1	필수
언어학 개론	양이	2	49	2	필수
한중 통역	왕서명	2	49	2	선택
비즈니스 한국어	이정림	2	49	1	선택

7) 한국 관련 활동

활동명	시기	상세 활동 내용
한국어 말하기 대회 등 관련 활동	2012~2016	매년 주시안 한국 총영사관, 아시아나항공 등이 주최하는 한국어 말하기 대회 또는 K-POP, 퀴즈 대회 등 관련 활동에 적극 참여
한국 영사관 관련 활동	2012~2016	한국 국경일 리셉션, 한중 우호의 밤 등 여러 가지 활동 참가
한국어 교수 연수	2013, 2014, 2017	국립국어원, 경희대학교, 인천대학교 등 기관에서 주최하는 한국어 교수 해외 연수 프로그램 참가

4. 한국연구센터 운영 현황

명칭	한중문화교류센터	
소속 기관	웨이난사범학원	
설립 연도	2012년	
대표자	성명	직함
	조애리	주임

5. 도서관 현황

도서관명	웨이난사범학원 도서관 외국어대학 자료실
담당 사서	강홍
한국학 장서 보유량(부)	453

6. 동아시아학 현황

1) 일본학 프로그램 제공 형태	학사
2) 중국학 프로그램 제공 형태	학사

자무쓰대학(가목사대학)

Jiamusi University

1. 대학 개요

대학명(자국어)	佳木斯大学
설립 연도	1947년
소재 국가	중국
형태	국공립
대표자 성명 / 직위	추 홍빈(Qiu Hongbin) / 총장

2. 연락처

주소	영문 주소	Street no. 148, Jiamusi, Heilongjiang Province, China
	우편번호	154007
전화		+86-454-8617554
웹사이트		www.jmsu.org

3. 기관 한국학 현황

1) 한국 관련 강좌 운영 현황

소속 학원	외국어학원	
소속 학과	한국어학과	
개설 연도	2009년	
프로그램 대표자	성명	직함
	리 메이잉(Li Meiying)	학과장
홈페이지	www.wgy.jmsu.edu.cn	

동북아시아

2) 한국 관련 프로그램 제공 형태

학위 과정	B.A. (학사 과정)	한국어 전공
	M.A. (석사 과정)	동아시아학 전공

3) 주요 연구 분야

- 한국어 언어학, 한국어 문학, 한국어 문화, 한국어 통번역

4) 한국학 교수진 : 6명

교수명	직위	전공 분야
리 메이잉	학과장	한국어
유양		한국어
소단		경영학
장방명		한국어
이홍		한국어
김외란		물리학

5) 수강생 현황

한국어(학) 관련 강의 수강생 수 : 총 115명

학사 1학년	학사 2학년	학사 3학년	학사 4학년	석사 1학년	석사 2학년	박사 과정	기타
24	25	39	27				

전공생 수

B.A.	M.A.	Ph.D.
115		

※ 매년 신입생 선발(인원: 25명)

6) 강좌 개설 현황

과목명	담당 교수	주당 수업 시간	수강생 수	학점	필수 / 선택
한국어 쓰기(중급)	이용근	2	24	2	필수
고급 한국어	이용근	16	39	6	필수
한국어 말하기	김외란	2	24	2	필수
구직 한국어	김외란	3	17	1.5	선택
한국 경제와 무역	김외란	4	39	2	필수
한국 사회 문화	김외란	4	39	2	필수
한국어 어음	김외란	2	24	1.5	필수
기초 한국어	유양	10	24	5.5	필수
한국어 읽기	유양	2	24	2	필수
한국어 통역	유양	4	39	2	필수
한국 기업 경영 관리	소단	4	17	2	선택
한국 인력 자원 관리	소단	4	39	2	선택
한국어 시청각	소단	4	24	3.5	필수
국제 무역 문서 실습	장방명	4	17	2	선택
기초 한국어	장방명	8	24	5.5	필수
국제무역 실습	장방명	4	39	2	필수
한국어 시청각(고급)	리 메이잉	8	39	2.5	필수
한국어 쓰기(고급)	리 메이잉	4	39	2	필수
한국어 시청각(초급)	리 메이잉	4	24	3	필수
논문 작성법	리 메이잉	2	17	1	선택

7) 한국 관련 활동

활동명	시기	상세 활동 내용
경희대학교 언어 연수	2010	언어 연수
재외 한국어 교육자 국제 학술 대회	2013. 7.	언어 연수
재외 한국어 교육자 국제 학술 대회	2014. 1.	언어 연수

8) 한국 관련 출판물

제목	형태	주요 내용
한국어 시청각(초중급)	단행본	인사말, 날씨, 취미, 전화하기 등 주제별 기본 한국어 강좌

4. 한국연구센터 운영 현황
- 없음

5. 도서관 현황

도서관명	한국어학과 열람실
담당 사서	이미영
한국학 장서 보유량	1,400

6. 동아시아학 현황

1) 일본학 프로그램 제공 형태	-
2) 중국학 프로그램 제공 형태	-

저장대학(절강대학)
Zhejiang University

1. 대학 개요

대학명(자국어)	浙江大学
설립 연도	1897년
소재 국가	중국
형태	국공립
대표자 성명 / 직위	나위동(罗卫东) / 부총장

2. 연락처

주소	영문 주소	NO. 148 Tian Mu Shan Rd, Hangzhou, Zhejiang Province, China
	우편번호	310028
전화		+86-571-8827-3684
웹사이트		www.zju.edu.cn

3. 기관 한국학 현황

1) 한국 관련 강좌 운영 현황

소속 단과대학	인문대학	
소속 학과	한국학과	
개설 연도	1993년	
프로그램 대표자	성명	직함
	김건인(金健人)	한국연구소장

2) 한국 관련 프로그램 제공 형태

학위 과정	M.A. (석사 과정)	한국학 전공, 동아시아학 전공
	Ph.D. (박사 과정)	한국학 전공, 동아시아학 전공

3) 주요 연구 분야

• 중한 해양 교류사, 한국 문화, 한국 정치, 한국 사회, 한국 고대 한문소설

4) 한국학 교수진 : 4명

교수명	직위	전공 분야
김건인	한국연구소장	한문학
진휘(陳輝)	한국연구소 부소장	한중 교류사, 조선족 연구
안성호(安成浩)		조선족 연구
천용(千勇)		한중 관계, 국제정치학

5) 수강생 현황

한국어(학) 관련 강의 수강생 수 : 총 11명

학사 1학년	학사 2학년	학사 3학년	학사 4학년	석사 1학년	석사 2학년	박사 과정	기타
				3	4	4	

전공생 수

B.A.	M.A.	Ph.D.
	7	4

※ 매년 신입생 선발(인원: 1~4명)

6) 강좌 개설 현황

과목명	담당 교수	주당 수업 시간	수강생 수	학점	필수 / 선택
한국어 1	안성호	8	50	3	선택
한국어 1	천용	8	63	3	선택
한국어 2	안성호	8	26	3	선택
한국어 2	천용	8	30	3	선택
동아시아 한자와 문화	진휘	8	120	3	선택
중한관계사	진휘	8	4	1.5	필수
중한 문화 교류	진휘	4	4	1.5	필수
한국 외교와 문화	천용	8	70	3	선택
한국 한문소설	김건인	8	8	3	필수
동아시아 해양 교류	안성호	8	78	3	선택

7) 한국 관련 활동

활동명	시기	상세 활동 내용
항주시 혜인 고려사 재건	2007. 5.	항주시 정부와 함께 항주시 혜인 고려사 재건
항주시 대한민국 독립기념관 창건	2008. 11.	항주시 정부와 함께 항주시 대한민국 독립기념관 창건
제9차 중국 한국학 국제 학술회의	2008. 11.	KF와 공동 개최
저장대학교 아세아센터 건립	2011. 6.	저장대학과 한국고등교육재단 공동 건립
중국조선사 연구회 학술회의	2011. 7.	중국조선사연구회 공동 개최
최부와 500년 중한 해상 교류 문화 국제학술연토회	2011. 8.	한국학중앙연구원 공동 개최
중한 수교 20주년 기념 "중국 강남과 한국-교류와 우호의 역사" 국제 학술회의	2012. 6.	동아시아역사재단과 공동 개최
제15회 중국 한국학 국제 학술회의	2014. 10.	KF와 공동 개최

8) 한국 관련 출판물

제목	형태	주요 내용
韩国研究丛书(한국연구총서)	논문	1994년 제1집 출간을 시작으로 그 후 정기적으로 한국학 관련 학자들이 연구 저서와 학술회의 논문 출판(2016년까지 총 60집 발간)

4. 한국연구센터 운영 현황

명칭	한국연구소(Institute of Korean Studies)	
소속 기관	인문대학	
설립 연도	1993년	
대표자	성명	직함
	김건인	교수

5. 도서관 현황

도서관명	한국연구소 자료실
한국학 장서 보유량(부)	24,650

6. 동아시아학 현황

1) 일본학 프로그램 제공 형태	석사
2) 중국학 프로그램 제공 형태	학사, 석사, 박사

저장외국어학원(절강외국어학원)

Zhejiang International Studies University

1. 대학 개요

대학명(자국어)	浙江外国语学院
설립 연도	1955년
소재 국가	중국
형태	국공립
대표자 성명 / 직위	홍강(洪崗) / 교장

2. 연락처

주소	영문 주소	2 Xiyuan 9th Rd, Xihu Qu, Hangzhou, Zhejiang Province, China
	우편번호	310000
전화		+86-151-6847-8889
웹사이트		www.zisu.edu.cn

3. 기관 한국학 현황

1) 한국 관련 강좌 운영 현황

소속 학원	동방어언문화학원	
소속 학과	한국어학과	
개설 연도	2014년	
프로그램 대표자	성명	직함
	김해취(金海就)	부교수

2) 한국 관련 프로그램 제공 형태

학위 과정	B.A. (학사 과정)	한국어 전공

3) 주요 연구 분야

- 한국 고전문

4) 한국학 교수진 : 6명

교수명	직위	전공 분야
김해취	부교수	한국 고전문
김염(金艳)	전임강사	한국어 교육
한향화(韩香花)	전임강사	한국어학
이화자(李花子)	전임강사	한국어학
김용진(金镛镇)	전임강사	한국 고전문
문영자(文英子)	객원교수	한국어학

5) 수강생 현황

한국어(학) 관련 강의 수강생 수 : 총 141명

학사 1학년	학사 2학년	학사 3학년	학사 4학년	석사 1학년	석사 2학년	박사 과정	기타
74	44	23					

6) 강좌 개설 현황

과목명	담당 교수	주당 수업 시간	수강생 수	학점	필수 / 선택
기초 한국어 1	한향화, 이화자, 김용진	10	74	9	필수
한국어 음운론	이명희	2	74	2	필수
한국어 회화	문영자	4	44	4	필수
한국어 독해 2	문영자	4	44	2	필수
기초 한국어 2	김해취	16	44	10	필수
한국어 청해 2	한향화	4	44	2	필수

4. 한국연구센터 운영 현황
- 없음

5. 동아시아학 현황

1) 일본학 프로그램 제공 형태	–
2) 중국학 프로그램 제공 형태	–

중국전매대학
Communication University of China

1. 대학 개요

대학명(자국어)	中国传媒大学
설립 연도	1954년
소재 국가	중국
형태	국공립
대표자 성명 / 직위	후 정룽(Hu Zhengrong) / 총장

2. 연락처

주소	영문 주소	#33 Building, No.1 Dingfuzhuang East Street, Chaoyang District, Beijing, China
	우편번호	100024
전화		+86-1860-0593863
웹사이트		www.cuc.edu.cn

3. 기관 한국학 현황

1) 한국 관련 강좌 운영 현황

소속 단과대학	외국어대학	
소속 학과	아시아-아프리카학과	
개설 연도	2002년	
프로그램 대표자	성함	직함
	손학운(孙鹤云)	부교수

2) 한국 관련 프로그램 제공 형태

학위 과정	B.A. (학사 과정)	한국어 전공

3) 주요 연구 분야

- 한국어, 한국 문화

4) 한국학 교수진 : 4명

교수명	직위	전공 분야
손학운	부교수	한국 문학, 번역학
정매		한국문화인류학
범류		한국어학, 번역학
김은정		한국어학

5) 수강생 현황

한국어(학) 관련 강의 수강생 수 : 총 33명

학사 1학년	학사 2학년	학사 3학년	학사 4학년	석사 1학년	석사 2학년	박사 과정	기타
17		16					

전공생 수

B.A.	M.A.	Ph.D.
33		

※ 격년 신입생 선발(인원: 20명)

6) 강좌 개설 현황

과목명	담당 교수	주당 수업 시간	수강생 수	학점	필수 / 선택
한국어 정독 1	정매, 김은정	10	17	10	필수
한국어 범독	정매	2	10	2	필수
한국어 고급 열독	범류, 김은정	6	10	6	필수
한국어 번역 1	범류	4	10	4	필수

동북아시아

4. 한국연구센터 운영 현황
-없음

5. 도서관 현황

도서관명	외국어대학 도서관
한국학 장서 보유량(부)	70

6. 동아시아학 현황

1) 일본학 프로그램 제공 형태	학사, 석사
2) 중국학 프로그램 제공 형태	–

중국해양대학
Ocean University of China

1. 대학 개요

대학명(자국어)	中国海洋大学
설립 연도	1924년
소재 국가	중국
형태	국공립
대표자 성명 / 직위	우지강(于志刚) / 총장

2. 연락처

주소	영문 주소	5 Yushan Rd, Shinan Qu, Qingdao, Shandong Province, China
	우편번호	266100
전화		+86-532-8203-2666
웹사이트		www.ouc.edu.cn

3. 기관 한국학 현황

1) 한국 관련 강좌 운영 현황

소속 단과대학	외국어대학	
소속 학과	한국어학과	
개설 연도	1992년	
프로그램 대표자	성명	직함
	양련서(杨连瑞)	학과장
홈페이지	222.195.158.203/View/Index.aspx	

2) 한국 관련 프로그램 제공 형태

학위 과정	B.A. (학사 과정)	한국학 전공
	M.A. (석사 과정)	한국학 전공

3) 한국학 교수진 : 11명

교수명	직위	전공 분야
동뢰(董磊)	교원	한국어 문법, 언어유형학
황대화(黄大华)	교수	한국어학
이승매(李承梅)	교수	한국 문학
이광재(李光在)	교수	현대 문학, 한국 문학, 비교문학
이해영(李海英)	교수	한국어 현대 문학, 문학사
이룡해(李龙海)	교수	한국어학, 번역학
이상우(李翔宇)	교원	한국사회학, 문화학, 한국 번역
배종석(裴钟硕)	교원	중국 문학, 한국 문학
임명걸(任明杰)	부교수	한국 고전 문학
신혜정(申惠程)	교원	한국어학
오성애(吳圣爱)	부교수	한국어 문법, 사회언어학

4) 강좌 개설 현황

과목명	담당 교수	주당 수업 시간	수강생 수	학점	필수 / 선택
듣기			40		
쓰기			40		
읽기			40		
회화			40		
시청각			40		
한국언어학			15		
한국 문학사			25		
한국 문학 작품 강독			20		
한국 사회와 문화			40		
한국 기업 문화			12		
영화로 만나는 한국			30		

4. 한국연구센터 운영 현황

명칭	한국연구소(Institute for Korean Studies)	
소속 기관	외국어대학	
설립 연도	2007년	
대표자	성명	직함
	이해영	교수

5. 동아시아학 현황

1) 일본학 프로그램 제공 형태	학사, 석사
2) 중국학 프로그램 제공 형태	학사, 석사, 박사, 기타(공자학원)

동북아시아

중산대학 국제번역학원

School of International Studies, Sun Yat-sen University

1. 대학 개요

대학명(자국어)	中山大学 国际翻译学院
설립 연도	2005년
소재 국가	중국
형태	국공립
대표자 성명 / 직위	뤄쥔(Luo Jun) / 총장

2. 연락처

주소	영문 주소	10F/L, Administration Building, Tangjia, Zhuhai, Guangdong Province, China
	우편번호	519082
전화		+86-134-1136-5753
웹사이트		sti.sysu.edu.cn

3. 기관 한국학 현황

1) 한국 관련 강좌 운영 현황

소속 학원	국제번역학원	
소속 학과	한국어학과	
개설 연도	2009년	
프로그램 대표자	성명	직함
	류우(刘宇)	학과장

2) 한국 관련 프로그램 제공 형태

학위 과정	B.A. (학사 과정)	한국어 전공

3) 주요 연구 분야

• 한국어학, 문학, 경제, 역사, 문화

4) 한국학 교수진 : 7명

5) 수강생 현황

한국어(학) 관련 강의 수강생 수 : 총 108명

학사 1학년	학사 2학년	학사 3학년	학사 4학년	석사 1학년	석사 2학년	석사 3학년	박사 과정
26	27	27	28				

전공생 수

B.A.	M.A.	Ph.D.
108		

6) 강좌 개설 현황

과목명	담당 교수	주당 수업 시간	수강생 수	학점	필수 / 선택
한국어 강독 1	류우, 이지영	8	27	8	필수
한국어 회화 1	신아사	3	27	3	필수
한국어 듣기 1	장문이	3	27	3	필수
기초 한국어 3	장문이, 신아사	8	27	8	필수
한국어 회화 3	이지영	3	27	3	필수
한국어 듣기 3	이정	3	27	3	필수
한반도 개황(역사와 현황)	허방	2	27	2	선택
한국어 강독 5		4	28	4	필수
한국어 고급 읽기		3	28	3	선택
한국 문화	이지영	3	28	3	선택
한국 시사	허방	3	28	3	선택
한국 경제	류우	3	28	3	선택
한국 문학		3	28	3	선택

과목명	담당 교수	주당 수업 시간	수강생 수	학점	필수 / 선택
중한 무역 실무	류우	3	28	3	선택
한국어 번역	이정	4	28	4	필수
한국어 통역	장문이	2	28	2	필수

7) 한국 관련 활동

활동명	시기	상세 활동 내용
중산대학 한국 문화제	2005~2016	매년 10월 말, 20일 동안 진행되는 한국 문화제로 개막식, 말하기 대회, 노래 대회, 더빙 대회, 한국 음식 전시회, 한국 영화 상영, 한국 사진 전시회, 폐막 공연 등 다양한 프로그램 진행

4. 한국연구센터 운영 현황
   - 없음

5. 도서관 현황

도서관명	중산대학 도서관
한국학 장서 보유량(부)	2,000

6. 동아시아학 현황

1) 일본학 프로그램 제공 형태	–
2) 중국학 프로그램 제공 형태	–

중앙민족대학
Minzu University of China

1. 대학 개요

대학명(자국어)	中央民族大学
설립 연도	1951년
소재 국가	중국
형태	국공립
대표자 성명 / 직위	황태암(黄泰岩) / 총장

2. 연락처

주소	영문 주소	27 Zhongguancun S St, Haidian Qu, Beijing, China
	우편번호	100081
전화		+86-10-6893-3971
웹사이트		www.muc.edu.cn

3. 기관 한국학 현황

1) 한국 관련 강좌 운영 현황

소속 단과대학	중국소수민족언어문학대학 / 외국어대학	
소속 학과	조선언어문학부 / 한국어학과	
개설 연도	1972년	
프로그램 대표자	성명	직함
	강용택(姜镕泽)	학부장
홈페이지	chaowen.muc.edu.cn/new	

2) 한국 관련 프로그램 제공 형태

학위 과정	B.A. (학사 과정)	한국학 전공, 한국어 전공
	M.A. (석사 과정)	한국학 전공, 한국어 전공
	Ph.D. (박사 과정)	한국학 전공, 한국어 전공

3) 주요 연구 분야

- 한국 고전 문학, 한국 현대 문학, 조선족 문학, 한국어학, 민속학(한국 문화), 한중 언어 비교

4) 한국학 교수진

교수명	직위	전공 분야
강용택	학부장, 교수	문체론
김춘선	교수	한국 현대 문학
오상순	교수	조선족 문학
김명숙	교수	한국 현대 문학
임광욱	교수	사회언어학
최학송	부교수	조선족 문학
김청룡	부교수	의미론
박순희	부교수	응용언어학
손경란	조교수	한국 고전 문학
김염	조교수	한국 현대 문학
엄성호	조교수	조선어 발달사
김현철	조교수	조선족 문학
허봉자	교수	한국어학
박문자	교수	한국어학
김성란	교수	한국어학
최유학	부교수	한국 문학
백해파	조교수	한국어학
신사명	조교수	한국 문학
김하나	조교수	한국어 교육

5) 수강생 현황

한국어(학) 관련 강의 수강생 수 : 총 283명(조선언어문학학부)

학사 1학년	학사 2학년	학사 3학년	학사 4학년	석사 1학년	석사 2학년	박사 과정	기타
60	65	68	67	7	8	8	

한국어(학) 관련 강의 수강생 수 : 총 67명(한국어학과)

학사 1학년	학사 2학년	학사 3학년	학사 4학년	석사 1학년	석사 2학년	박사 과정	기타
	25	25	13	1	1	2	

전공생 수

B.A.	M.A.	Ph.D.
323	27	17

※ 매년 신입생 선발

6) 강좌 개설 현황

과목명	담당 교수	주당 수업 시간	수강생 수	학점	필수 / 선택
조선 민간 문학	손경란	2	26	3	필수
중국 조선족 문학사	김현철	2	26	3	필수
현대 조선어 2	김청룡	2	27	3	필수
조선 현대 문학사	김명숙	2	25	3	필수
조선어 역사	엄성호	2	24	3	필수
한국어 문법 2	강용택	2	39	3	필수
한국 고대 종교 및 철학 사상	김경진	2	15	3	선택
한중 경제 무역 번역	엄성호	2	25	3	선택
한국 영화 작품 분석	김염	2	11	3	선택
조선어 어휘론	김청룡	2	27	3	선택
한국 문화 산업 개론	최학송	2	20	3	선택
조선어 문체론	엄성호	2	20	3	선택
한국 현대 문학 작품 강독	김명숙	2	15	3	선택
한국 역사	박승권	2	23	3	선택
한국어 회화	김하나	4	21	6	필수
인터넷 한국어	김하나	2	15	3	선택
종합 한국어	허봉자	8	21	12	필수
한국어 듣기	박문자	2	21	3	필수

과목명	담당 교수	주당 수업 시간	수강생 수	학점	필수 / 선택
한국어 어휘	김하나	2	18	3	선택
한국 문학 선독	신사명	4	9	6	필수
고급 한국어	김성란	2	9	3	필수
한국어 열독	김하나	2	9	3	선택
한국어 번역	최유학	4	9	6	필수
한국어 듣기 말하기	백해파	2	9	3	필수
한국어 습작	신사명	2	9	3	필수

7) 한국 관련 활동

활동명	시기	상세 활동 내용
제7회 북경 지역 한국학과 대학원생 학술 포럼	2016. 4.	북경 지역 및 천진 6개 대학교의 한국학 전공 석박사 논문 총 12편 발표
한글날 기념 공연	2016. 5.	학부생들이 '아리랑-조선민족문화'를 주제로 공연 진행

8) 한국 관련 출판물

제목	형태	주요 내용
중국에서의 한국학과 한국어 교육	단행본	2015년 하반기부터 2016년 상반기 사이 북경 지역을 중심으로 하는 중국 한국학 연구자들의 최신 연구 성과와 2016년 4월 중앙민족대학 조선문학부에서 개최한 "제7회 북경 지역 대학원생 학술 포럼"에서 수상한 우수 논문을 비롯한 북경 지역 한국학 대학원생들의 논문 수록
한국 현대 문학과 작가 의식	단행본	강경애, 신채호, 이육사 등 한국 현대 작가들의 작품에 대한 분석을 통하여 각 작품에 나타난 작가의 의식을 다각도로 설명
재중 조선 인문학에 나타난 중국 형상 연구	단행본	한국 현대 문인들의 중국 기행문과 중국 체험을 다룬 작품들에 대한 분석을 통하여 현대 문학에 나타난 북경, 심양, 장춘, 할빈 등 도시 형상과 강경애, 주요섭, 김조규 등 작가들의 작품에 나타난 중국 형상을 연구 분석

4. 한국연구센터 운영 현황

명칭	조선-한국학연구중심	
소속 기관	조선언어문학학부	
설립 연도	1992년	
대표자	성명	직함
	김춘선	교수

5. 도서관 현황

도서관명	조문학부 자료실
담당 사서	김명화
한국학 장서 보유량(부)	30,000

6. 동아시아학 현황

1) 일본학 프로그램 제공 형태	-
2) 중국학 프로그램 제공 형태	-

동북아시아

지난대학(제남대학)

University Of Jinan

1. 대학 개요

대학명(자국어)	济南大学
설립 연도	1948년
소재 국가	중국
형태	국공립
대표자 성명 / 직위	장사강(张士强) / 총장

2. 연락처

주소	영문 주소	#336 Nanxinzhuang West Road, Shizhong District, Jinan City, Shandong Province, China
	우편번호	250022
전화		+86-15169121362
웹사이트		www.ujn.edu.cn

3. 기관 한국학 현황

1) 한국 관련 강좌 운영 현황

소속 학원	외국어학원	
소속 학과	한국어학과	
프로그램 대표자	성명	직함
	오발(吳钵)	학과장

2) 한국 관련 프로그램 제공 형태

학위 과정	B.A. (학사 과정)	한국어 전공

3) 한국학 교수진 : 8명

교수명	직위	전공 분야
오발	학과장	국어학
범위리		국어 교육
근보강		국어 교육
적위기		국어학
마효양		국어학
양만만		국어학
유애매		국어학
김성학		국문

4) 수강생 현황

한국어(학) 관련 강의 수강생 수 : 총 118명

학사 1학년	학사 2학년	학사 3학년	학사 4학년	석사 1학년	석사 2학년	박사 과정	기타
30	33	31	24				

전공생 수

B.A.	M.A.	Ph.D.
118	19	

동북아시아

5) 강좌 개설 현황

과목명	담당 교수	주당 수업 시간	수강생 수	학점	필수 / 선택
기초 한국어 1	적위기, 유애매	6	30	6	필수
한국어 듣기 1	양만만	2	30	2	필수
기초 한국어 3	양만만, 근보강	6	33	6	필수
한국어 듣기 3	오발	2	33	2	필수
한국어 읽기 1	유애매	2	33	2	필수
한국 개황	마효양	2	33	2	필수
고급 한국어 1	김성학	6	31	6	필수
한국어 문법 2	근보강	2	31	2	필수
한중 번역	적위기	2	31	2	필수
한국 문학사 2	범위리	2	31	2	필수
한국어 개론	오발	2	31	2	필수
한국 고전 문학	김성학	2	31	2	필수
고급 한국어 3	마효양	4	24	4	필수

4. 한국연구센터 운영 현황

- 없음

5. 동아시아학 현황

1) 일본학 프로그램 제공 형태	–
2) 중국학 프로그램 제공 형태	–

지린대학(길림대학)
Jilin University

1. 대학 개요

대학명(자국어)	吉林大学
설립 연도	1946년
소재 국가	중국
형태	국공립
대표자 성명 / 직위	이원원(李元元) / 교장

2. 연락처

주소	영문 주소	4026 Yatai St, Nanguan Qu, Changchun, Jilin Province, China
	우편번호	130012
전화		+86-431-8849-9001
웹사이트		www.jlu.edu.cn

3. 기관 한국학 현황

1) 한국 관련 강좌 운영 현황

소속 단과대학	외국어대학	
소속 학부	조선어학부	
개설 연도	1993년	
프로그램 대표자	성명	직함
	권혁률	부원장

2) 한국 관련 프로그램 제공 형태

학위 과정	B.A. (학사 과정)	한국어 전공
	M.A. (석사 과정)	한중 통번역 전공, 한국 문학 전공, 한국어 전공

3) 주요 연구 분야

• 한국 언어, 한국 문학, 한국 문화 및 중한 문학의 비교 연구

4) 한국학 교수진 : 2명

교수명	직위	전공 분야
권혁률	부원장, 교수	한국 현대 문학
윤윤진		한국 현대 문학

5) 수강생 현황

한국어(학) 관련 강의 수강생 수 : 총 126명

학사 1학년	학사 2학년	학사 3학년	학사 4학년	석사 1학년	석사 2학년	박사 과정	기타
38	18	36	18	7	8	1	

※ 매년 신입생 선발(인원: 40명)

6) 강좌 개설 현황

과목명	담당 교수	주당 수업 시간	수강생 수	학점	필수 / 선택
말하기	원어민 교수	4	56	2	필수
듣기	이문교	4	56	2	
조선 한국 개황	윤윤진	2	38	2	선택
한국어 정독	김정, 김명염, 오야적	8		6	필수
한국어 기초 문법	김명염	2	18	2	필수
한국어 번역	왕염려	2	18	2	선택
한국 문학사	권혁률	2	18	2	선택
한국어 통론	권혁률	2	18	2	선택
논문 작성법	왕염려	2	18	2	선택
한국어 범독	권혁률	2	18	2	선택

4. 한국연구센터 운영 현황

명칭	조선한국연구소	
소속 기관	동북아시아연구원	
설립 연도	1992년	
대표자	성명	직함
	장혜지	소장

5. 도서관 현황

도서관명	외국어학원 자료실
한국학 장서 보유량(부)	6,505

6. 동아시아학 현황

1) 일본학 프로그램 제공 형태	–
2) 중국학 프로그램 제공 형태	–

지린대학 주하이학원(길림대학 주해학원)

Zhuhai College, Jilin University

1. 대학 개요

대학명(자국어)	吉林大学 珠海学院
설립 연도	2004년
소재 국가	중국
형태	사립
대표자 성명 / 직위	이원원(李元元) / 총장

2. 연락처

주소	영문 주소	Caotang Crescent(Wan), Jinwan District, Zhuhai, Guangdong Province, China
	우편번호	519041
전화		+86-152-1717-6189
웹사이트		www.jluzh.com

3. 기관 한국학 현황

1) 한국 관련 강좌 운영 현황

소속 학부	외국어학부	
소속 학과	한국어학과	
개설 연도	2007년	
프로그램 대표자	성명	직함
	이인순(李仁顺)	학과장

2) 한국 관련 프로그램 제공 형태

비학위 과정		B.A. 선택 과목
학위 과정	B.A. (학사 과정)	한국어 전공

3) 주요 연구 분야

• 한국어, 한국 교육, 한국 문화

4) 한국학 교수진 : 15명

교수명	직위	전공 분야
허세립(許世立)	교수	번역, 한국어 교육
이인순	학과장	한국어학, 한국어 문법
권기호(权基虎)	조교수	한국 고전 문학
박화염(朴花艳)	조교수	중국어 문학, 한국어 교육, 통번역
백옥란(白玉兰)	조교수	한국어 교육, 한국어
박진하(朴辰夏)	조교수	한국어
오정현(吴定泫)	부교수	한국어
양동훈(梁东训)	부교수	남북 관계, 한국사회학
이연옥(李妍玉)	부교수	한국어
이영주(李映姝)	부교수	한국어 교육
조영숙(曹永淑)	부교수	한국 문학, 한국 문화
이은희(李恩熙)	부교수	한국어
김민성(金玟成)	조교수	한국어
윤지현(尹志贤)	교원	한국어
한은지(韩恩智)	조교수	한국어

5) 수강생 현황

한국어(학) 관련 강의 수강생 수 : 총 576명

학사 1학년	학사 2학년	학사 3학년	학사 4학년	석사 1학년	석사 2학년	박사 과정	기타
99	127	257	93				

동북아시아

전공생 수

B.A.	M.A.	Ph.D.
408		

※ 매년 신입생 선발(인원: 100명)

6) 강좌 개설 현황

과목명	담당 교수	주당 수업 시간	수강생 수	학점	필수 / 선택
한국어 초급 강독 1	이영주, 백옥란	8	99	8	필수
한국어 초급 듣기 1	권기호	2	99	2	필수
한국어 초급 말하기 1	한은지, 김민성	2	99	2	필수
한국어 중급 강독	이은희, 조영숙, 박진하	8	127	8	필수
한국어 중급 듣기	양동훈, 권기호	4	127	2.5	필수
한국어 중급 말하기	한은지, 김민성	4	127	2.5	필수
한국어 범독 1	이인순	2	127	2	필수
한국어능력시험 중급	오정현	2	127	1	선택
한국어 고급 정독	오정현	8	32	8	필수
한반도 사회와 문화	양동훈	2	32	1	필수
한중 번역	허세립	2	32	2	필수
한국어 쓰기	이연옥	2	32	1	필수
한국어 문법	이은희	2	32	1	필수
한국어 신문 구독	한은지	2	32	1	선택
한국어능력시험 고급	이연옥	2	32	1	선택
교양 한국어	이은희, 이연옥, 조영숙, 백옥란, 김민성	3	225	3	선택

7) 한국 관련 활동

활동명	시기	상세 활동 내용
도전 골든벨	2016. 11.	교내 한국어과 학생 대상 퀴즈 대회

8) 한국 관련 출판물

제목	형태	주요 내용
한국인의 시야로 본 중국	단행본	한국인이 중국을 어떻게 바라보는지 분석
현대 한국어 초급 1, 초급 2, 중급	단행본	현대 유행어 및 현대 실생활을 중점으로 교재 완성
한중 언어문화론	단행본	한중 언어문화 차이점 분석(대한민국 학술원 우수도서)
한국어 프리토킹	단행본	실용 회화 중심 교재
우리들의 글상자 1, 2, 3	단행본	학생들의 한국어 우수 작문을 모아 출판
한국 현대 정치사	단행본	한국 현대 정치 역사 분석
한국 현대 문화사	단행본	한국 현대 문화 역사 분석
한국 현대 경제사	단행본	한국 현대 경제 역사 분석

4. 한국연구센터 운영 현황

명칭	한국학연구소(Institute for Korean Studies)	
소속 기관	외국어학부	
설립 연도	2009년	
대표자	성명	직함
	허세립	한국어학과 교수, 국제교류처장

5. 도서관 현황

도서관명	지린대학 주하이분교 도서관 / 한국학연구소
담당 사서	도서관장 / 한국학연구소장
한국학 장서 보유량(부)	12,050

6. 동아시아학 현황

1) 일본학 프로그램 제공 형태	–
2) 중국학 프로그램 제공 형태	학사

지린사범대학(길림사범대학)
Jilin Normal University

1. 대학 개요

대학명(자국어)	吉林師範大学
설립 연도	2008년
소재 국가	중국
형태	사립
대표자 성명 / 직위	장효용(张晓勇) / 총장

2. 연락처

주소	영문 주소	No. 217-3, Orchid Street, Tiexi District, Siping, Jilin Province, China
	우편번호	136000
전화		+86-434-3291018
웹사이트		www.bdxy.com.cn

3. 기관 한국학 현황

1) 한국 관련 강좌 운영 현황

소속 학부	동양언어학부	
소속 학과	한국어학과	
개설 연도	2008년	
프로그램 대표자	성명	직함
	양혜(杨慧)	학장

2) 한국 관련 프로그램 제공 형태

비학위 과정		B.A. 선택 과목
학위 과정	B.A. (학사 과정)	한국어 전공

3) 한국학 교수진 : 6명

교수명	직위	전공 분야
최빈(崔斌)	교수	
하염(夏艳)	부교수	
김홍철(金洪哲)	교원	
이이(李俐)	교원	한국어 교육
김금희(金锦姬)	교원	
왕효(王晓)	조교	

4) 수강생 현황

한국어(학) 관련 강의 수강생 수 : 총 82명

학사 1학년	학사 2학년	학사 3학년	학사 4학년	석사 1학년	석사 2학년	박사 과정	기타
11	16	26	29				

전공생 수

B.A.	M.A.	Ph.D.
82		

4. 한국연구센터 운영 현황
-없음

5. 도서관 현황

도서관명	동양어학과 자료실
담당 사서	이수
한국학 장서 보유량(부)	2,100

6. 동아시아학 현황

1) 일본학 프로그램 제공 형태	학사
2) 중국학 프로그램 제공 형태	학사

지린재경대학(길림재경대학)
Jilin University of Finance and Economics

1. 대학 개요

대학명(자국어)	吉林财经大学
설립 연도	1946년
소재 국가	중국
형태	국공립
대표자 성명 / 직위	송동림(宋冬林) / 총장

2. 연락처

주소	영문 주소	3699 Jingyue St, Nanguan Qu, Changchun, Jilin Province, China
	우편번호	130117
전화		+86-(1)37-5655-6256
웹사이트		www.jlufe.edu.cn

3. 기관 한국학 현황

1) 한국 관련 강좌 운영 현황

소속 단과대학	외국어대학	
소속 학과	한국어학과	
개설 연도	2005년	
프로그램 대표자	성명	직함
	현천추(玄天秋)	부학장
홈페이지	wgyxy.jlufe.edu.cn	

2) 한국 관련 프로그램 제공 형태

학위 과정	B.A. (학사 과정)	한국학 전공, 한국어 전공, 기타 전공 내 한국학 프로그램(전공명: 번역학, 경제학)
	M.A. (석사 과정)	한국학 전공, 한국어 전공, 기타 전공 내 한국학 프로그램(전공명: 경제학)

3) 주요 연구 분야

- 중한 비교문학, 동아시아 문화, 역사

4) 한국학 교수진 : 2명

교수명	직위	전공 분야
현천추	부학장	문학
이연화	학과장	경제학

5) 수강생 현황

한국어(학) 관련 강의 수강생 수 : 총 198명

학사 1학년	학사 2학년	학사 3학년	학사 4학년	석사 1학년	석사 2학년	박사 과정	기타
48	50	47	45	3	5		

전공생 수

B.A.	M.A.	Ph.D.
190	14	

※ 매년 신입생 선발(인원: 50명)

6) 강좌 개설 현황

과목명	담당 교수	주당 수업 시간	수강생 수	학점	필수 / 선택
한국어 읽기 1	황뢰	8	48	8	필수
한국어 읽기 3	현천추	8	50	8	필수
한국어 읽기 5	김홍매	6	47	6	필수
한국어 듣기 1	이연화	4	48	4	필수
한국어 듣기 3	이성주	4	50	4	필수
한국어 듣기 5	이성주	2	47	2	필수
한국어 말하기 1	이희경	4	48	4	필수
한국어 말하기 1	전정임	2	47	2	필수

과목명	담당 교수	주당 수업 시간	수강생 수	학점	필수 / 선택
한국어 말하기 3	전정임	4	50	4	필수
중한 / 한중 번역	이성주	4	45	4	필수
중한 / 한중 통번역	이연화	4	45	4	필수
한국 경제 소개	김한신	4	45	4	선택
경제 무역 문장 독해	이희경	4	45	4	필수

7) 한국 관련 활동

활동명	시기	상세 활동 내용
장춘 한국 주간 활동	매년	통역 도우미
장춘 동북아박람회	매년	통역 도우미
금호아시아나배 말하기 경연	매년	중국 대학생 한국어 말하기 경연
성균관배 한국어 글짓기 대회	매년	중국 대학생 한국어 글짓기 경연
한국경영학회 아이디어 경연	매년	마케팅 아이디어 경연
장춘한인회 문화 체험		문화 체험
한국어 퀴즈 대회		한국 관련 지식 경연(주심양 한국 총영사관 주최)

4. 한국연구센터 운영 현황

- 없음

5. 도서관 현황

도서관명	지린재경대학 도서관
담당 사서	김성애
한국학 장서 보유량(부)	3,500

6. 동아시아학 현황

1) 일본학 프로그램 제공 형태	학사, 석사
2) 중국학 프로그램 제공 형태	학사, 석사

지린화교외국어학원(길림화교외국어학원)

Jilin Huaqiao Foreign Languages Institute

1. 대학 개요

대학명(자국어)	吉林华桥外国语学院
설립 연도	1995년
소재 국가	중국
형태	사립
대표자 성명 / 직위	진화(秦和) / 총장

2. 연락처

주소	영문 주소	3658 Jingyue St, Nanguan Qu, Changchun, Jilin Province, China
	우편번호	130117
전화		+86-431-8456-5012
웹사이트		www.hqwy.com

3. 기관 한국학 현황

1) 한국 관련 강좌 운영 현황

소속 단과대학	동방어대학	
소속 학과	한국어학과(본과), 한국어통번역학과(석사)	
한국학(어) 프로그램명	세종학당 프로그램	
프로그램 대표자	성명	직함
	박안수(朴安洙)	학과장

2) 한국 관련 프로그램 제공 형태

학위 과정	B.A. (학사 과정)	한국어 전공
	M.A. (석사 과정)	한국어 통번역 전공

3) 한국학 교수진 : 16명

교수명	직위	전공 분야
박안수	학과장, 교수	중국 현대 문학
윤윤전(尹允镇)	교수	한국 문학
김관웅(金宽雄)	교수	한국 문학
왕지국(王志国)	조교수	한국어 교육
이정실(李正实)	조교수	한국어 교육
반정욱(潘政旭)	조교수	한국학
전혜영(全慧颖)	조교수	만다린 국가 문학
성휘(盛辉)	조교수	한국어 번역
윤연(尹燕)	교원	한국어
사방예(史方锐)	교원	아시아와 아프리카 언어 및 문학
김홍월(金红月)	교원	한국어, 중국어
이광형(李光衡)	교수	한국어, 중국어
김상일(金相一)	교수	국어와 문학
전영의(全映宜)	교수	한국어, 중국어
신진용(申振容)	교원	비교문학
김윤주(金胤姝)	교원	한국어 통역

4) 한국 관련 활동

활동명	시기	상세 활동 내용
세종학당	2015~현재	동북 3성 한국어 연극 대회, 장춘세종학당 말하기 대회, 문학 특강, 장춘시 한국인교수연합회 세미나 개최

4. 한국연구센터 운영 현황

-없음

5. 동아시아학 현황

1) 일본학 프로그램 제공 형태	-
2) 중국학 프로그램 제공 형태	-

창수이공학원(상숙이공학원)
Changshu Institute of Technology

1. 대학 개요

대학명(자국어)	常熟理工学院
설립 연도	1958년
소재 국가	중국
형태	국공립
대표자 성명 / 직위	부대유(富大有) / 총장

2. 연락처

주소	영문 주소	No. 99, 3rd South Ring Road, Changshu, Jiangsu Province, China
	우편번호	215500
전화		+86-512-5225-1113
웹사이트		www.cslg.cn

3. 기관 한국학 현황

1) 한국 관련 강좌 운영 현황

소속 학원	외국어학원	
소속 학과	한국어학과	
개설 연도	2008년	
프로그램 대표자	성명	직함
	전유재(全有再)	학과장

2) 한국 관련 프로그램 제공 형태

학위 과정	B.A. (학사 과정)	한국어 전공

3) 주요 연구 분야

• 한국 문학, 동아시아 비교문학, 한국어학

4) 한국학 교수진 : 5명

교수명	직위	전공 분야
전유재	학과장	한국 고전 문학
유효홍(俞曉红)	한국어학과	국어학
원극연(苑克娟)	한국어학과	한국어교육학
로광위(卢广伟)	한국어학과	국어학
류예(刘睿)	한국어학과	국어학

5) 수강생 현황

한국어(학) 관련 강의 수강생 수 : 총 152명

학사 1학년	학사 2학년	학사 3학년	학사 4학년	석사 1학년	석사 2학년	박사 과정	기타
40	40	40	32				

전공생 수

B.A.	M.A.	Ph.D.
152		

※ 매년 신입생 선발(인원: 40명)

6) 강좌 개설 현황

과목명	담당 교수	주당 수업 시간	수강생 수	학점	필수 / 선택
고급 한국어 1	유효홍	8	40	8	필수
고급 한국어 3	전유재	6	40	6	필수

4. 한국연구센터 운영 현황
- 없음

5. 동아시아학 현황

1) 일본학 프로그램 제공 형태	–
2) 중국학 프로그램 제공 형태	–

취푸사범대학 리자오분교(곡부사범대학 일조분교)
Qufu Normal University, Ri zhao

1. 대학 개요

대학명(자국어)	曲阜师范大学日照分校
설립 연도	2002년
소재 국가	중국
형태	국공립
대표자 성명 / 직위	척만학(戚万学) / 총장

2. 연락처

주소	영문 주소	No. 80 Yantai Road, Donggang District, Rizhao City, Shandong Province, China
	우편번호	276800
	전화	+86-18613631137
	웹사이트	www.qfnu.edu.cn

3. 기관 한국학 현황

1) 한국 관련 강좌 운영 현황

소속 단과대학	통번역대학	
소속 학과	한국어학과	
개설 연도	2005년(학부), 2012년(석사 과정)	
프로그램 대표자	성명	직함
	김동국(金东国)	학과장

2) 한국 관련 프로그램 제공 형태

학위 과정	B.A. (학사 과정)	한국어 전공
	M.A. (석사 과정)	한국학 전공, 한중 통번역 전공

3) 주요 연구 분야

- 한중 문화 교류, 한국민속학, 한국어 교육, 한국어학, 한국 문학, 한중 번역

4) 한국학 교수진

교수명	직위	전공 분야
김동국	학과장	한중 문화 교류, 한국민속학

5) 수강생 현황

한국어(학) 관련 강의 수강생 수 : 총 274명

학사 1학년	학사 2학년	학사 3학년	학사 4학년	석사 1학년	석사 2학년	석사 3학년	박사 과정
60	60	60	75	7	5	7	

전공생 수

B.A.	M.A.	Ph.D.
255	19	

※ 매년 신입생 선발(인원: 60명)

6) 강좌 개설 현황

과목명	담당 교수	주당 수업 시간	수강생 수	학점	필수 / 선택
한국민속학	김동국	2	5	2	필수
한국 현대 문화 개론	김동국	2	5	2	필수

7) 한국 관련 활동

활동명	시기	상세 활동 내용
한국학 특강	연 2회	한국어, 문학, 문화에 대한 학술 보고와 토론 진행

8) 한국 관련 출판물

제목	형태	주요 내용
연암 박지원의 『열하일기』를 통해서 본 한중 문화 교류 연구	단행본	박이정출판사
한국어 문법 교정	단행본	베이징민족출판사

4. 한국연구센터 운영 현황

명칭	한국문화연구소	
소속 기관	취푸사범대학 통번역대학	
설립 연도	2011년	
대표자	성명	직함
	김동국	소장

5. 도서관 현황

도서관명	취푸사범대학 리자오분교 도서관
한국학 장서 보유량(부)	3,040

6. 동아시아학 현황

1) 일본학 프로그램 제공 형태	–
2) 중국학 프로그램 제공 형태	–

칭다오농업대학(청도농업대학)

Qingdao Agricultural University

1. 대학 개요

대학명(자국어)	青岛农业大学
설립 연도	1951년
소재 국가	중국
형태	국공립
대표자 성명 / 직위	송시윤(Song Xi Yun) / 총장

2. 연락처

주소	영문 주소	700 Changcheng Road, Chengyang District, Qingdao, Shandong Province, China
	우편번호	266109
	전화	+86-532-86080544
	웹사이트	www.qau.edu.cn

3. 기관 한국학 현황

1) 한국 관련 강좌 운영 현황

소속 단과대학	외국어대학	
소속 학과	한국어학과	
개설 연도	2005년	
프로그램 대표자	성명	직함
	김염화	학과장

동북아시아

2) 한국 관련 프로그램 제공 형태

학위 과정	B.A. (학사 과정)	한국어 전공

3) 주요 연구 분야

- 한국 문학, 한국어, 한국어 교육

4) 한국학 교수진 : 8명

교수명	직위	전공 분야
이춘매	부학장	한국 현대 문학
김염화	학과장	한국 현대 문학
왕정		한국어 교육
한태화		한국언어학
안미란		한국 현대 문학
진희		한국언어학
추육영		한국어 교육
이홍란		한국 고전 문학

5) 수강생 현황

한국어(학) 관련 강의 수강생 수 : 총 237명

학사 1학년	학사 2학년	학사 3학년	학사 4학년	석사 1학년	석사 2학년	박사 과정	기타
60	64	60	53				

전공생 수

B.A.	M.A.	Ph.D.
237		

※ 매년 신입생 선발(인원: 60명)

6) 강좌 개설 현황

과목명	담당 교수	주당 수업 시간	수강생 수	학점	필수 / 선택
초급 한국어 1	이홍란, 추육영	8	60	8	필수
초급 한국어 3	한태화, 이춘매	8	60	8	필수
고급 한국어 1	안미란, 김염화	8	60	8	필수
고급 한국어 3	왕정	4	60	8	필수
한국어 읽기 1	박세진(원어민)	2	60	2	선택
한국어 쓰기 1	박세진(원어민)	2	60	2	필수
한국어 말하기 2	최욱진(원어민)	2	60	2	필수
한국어 말하기 4	최욱진(원어민)	2	60	2	필수
한국어 듣기 2	안미란	2	60	2	필수
한국어 시청각 1	최욱진(원어민)	2	60	2	필수
한국 문학사 1	김염화	2	60	2	선택
한중 번역 1	추육영	2	60	2	필수
한중 통역	안미란	2	60	2	선택

4. 한국연구센터 운영 현황
- 없음

5. 도시관 현황

도서관명	한국어학과 자료실
한국학 장서 보유량(부)	150

6. 동아시아학 현황

1) 일본학 프로그램 제공 형태	–
2) 중국학 프로그램 제공 형태	–

칭다오대학(청도대학)
Qingdao University

1. 대학 개요

대학명(자국어)	青岛大学
설립 연도	1909년
소재 국가	중국
형태	국공립
대표자 성명 / 직위	판 유에진(Fan Yuejin) / 총장

2. 연락처

주소	영문 주소	308 Ningxia Road, Qingdao, Shangdong Province, China
	우편번호	266071
전화		+86-532-8595-4409
웹사이트		www.qdu.edu.cn

3. 기관 한국학 현황

1) 한국 관련 강좌 운영 현황

소속 단과대학	외국어대학	
소속 학과	한국어학과	
개설 연도	1992년	
프로그램 대표자	성명	직함
	김춘자(金春子)	학과장
홈페이지	sfl.qdu.edu.cn/info/1014/1268.htm	

2) 한국 관련 프로그램 제공 형태

비학위 과정		B.A. 선택 과목, M.A. 선택 과목
학위 과정	B.A. (학사 과정)	한국어 전공
	M.A. (석사 과정)	한국어 전공, 한중번역학 전공

3) 한국학 교수진 : 16명

교수명	직위	전공 분야
김춘자	학과장	한국어학
양호(杨昊)	부학과장	한국어학
이명학(李明学)		한국 현대 문학
최계화(崔桂花)		한국 현대 문학
김성근(金成根)		한국사
최화(崔花)		북한 문학
김순희(金顺姬)		한국어학
조성금(赵城琴)		한국어학
백춘애(白春爱)		교육학
이향분(李香芬)		한국 고전 문학
류진중(刘振中)		한국어학
김성화(金圣花)		한국어학
방위(庞伟)		한국 현대 문학
장나(张娜)		한국어학
심해란(沈海兰)		한국어학
우봉연(牛凤娟)		

4) 수강생 현황

한국어(학) 관련 강의 수강생 수 : 총 380명

학사 1학년	학사 2학년	학사 3학년	학사 4학년	석사 1학년	석사 2학년	박사 과정	기타
90	90	90	90	10	10		

전공생 수

B.A.	M.A.	Ph.D.
360	20	

※ 매년 신입생 선발

5) 강좌 개설 현황

과목명	담당 교수	주당 수업 시간	수강생 수	학점	필수 / 선택
기초 한국어 1	김춘자, 방위, 원어민 강사	8	90	8	필수
한국어 듣기 1	원어민 강사, 우봉연	2	90	2	필수
한국어 말하기 1	원어민 강사	2	90	2	필수
기초 한국어 3	백춘애, 김성화, 원어민 강사	8	90	8	필수
한국어 듣기 3	원어민 강사, 우봉연	2	90	2	필수
한국어 말하기 3	원어민 강사	2	90	2	필수
한국어 듣기, 말하기 1	원어민 강사	2	90	2	필수
고급 한국어 1	조성금, 류진중, 원어민 강사	6	90	6	필수
한국어 읽기 1	장나, 양호	2	90	2	필수
한국어 문법	장나	2	90	2	선택
토픽 시험 지도	김순희	2	90	2	선택
한국 개황	방위, 양호	2	90	2	필수
고급 한국어 3	김순희, 최화, 원어민 강사	6	90	6	필수
한국 문학사 2	이명학	2	90	2	필수
과학기술 한국어	원어민 강사	2	90	2	선택
한국어 비서 실무	최계화	2	90	2	선택
비즈니스 한국어	원어민 강사	2	90	2	선택
한국어 쓰기	김순희	2	90	2	선택
[대학원]한국어 개론	조성금	2	2	2	
[대학원]한국어 문법론	김춘자	2	2	2	
[대학원]문학 개론	최화	2	2	2	
[대학원]한국 고전 문학	이향분	2	2	2	
[대학원]한국 문화론	백춘애	2	2	2	
[대학원]한국어 통사론	장나				
[대학원]한중 대조언어학	류진중				
[대학원]한중 비교문학	이명학				
[대학원]문학 비평	최계화				
[대학원]번역학 개론	심해란				
[대학원]번역 이론과 실제	김춘자				
[대학원]한중 번역 기초	김성근				
[대학원]한중 통역 기초	이명학				
[대학원]한국어 고급 쓰기	최계화				

4. 한국연구센터 운영 현황

명칭	중한센터(China-Korean Center)	
소속 기관	외국어대학	
설립 연도	2008년	
대표자	성명	직함
	이명학	교수

5. 도서관 현황

도서관명	한국어학과 자료실
담당 사서	최계화
한국학 장서 보유량(부)	5,120

6. 동아시아학 현황

1) 일본학 프로그램 제공 형태	-
2) 중국학 프로그램 제공 형태	-

칭다오이공대학(청도이공대학)

Qingdao Technological University

1. 대학 개요

대학명(자국어)	青岛理工大学
설립 연도	2006년
소재 국가	중국
형태	국공립
대표자 성명 / 직위	왕야쥔(Wang Yajun) / 총장

2. 연락처

주소	영문 주소	11 Fushun Rd, Si Fang Qu, Qingdao, Shandong Province, China
	우편번호	266520
전화		+86-1370-8986701
웹사이트		www.qtech.edu.cn

3. 기관 한국학 현황

1) 한국 관련 강좌 운영 현황

소속 단과대학	외국어대학	
소속 학과	한국어학과	
개설 연도	2006년	
프로그램 대표자	성명	직함
	왕연홍(王延红)	학과장

2) 한국 관련 프로그램 제공 형태

학위 과정	M.A. (석사 과정)	한국어 전공

3) 주요 연구 분야

• 한국어학, 한국 문화, 한국 문학 등

4) 한국학 교수진 : 7명

교수명	직위	전공 분야
왕연홍	학과장	한국학
한홍화		문학
김승범		정치학
두위		한국학
장춘매		한국 문학
한존새		한국학
양평		한국학

5) 수강생 현황

한국어(학) 관련 강의 수강생 수 : 총 123명

학사 1학년	학사 2학년	학사 3학년	학사 4학년	석사 1학년	석사 2학년	박사 과정	기타
29	30	31	33				

※ 매년 신입생 선발

6) 강좌 개설 현황

과목명	담당 교수	주당 수업 시간	수강생 수	학점	필수 / 선택
한국어 정독		8		8	필수
한국어 읽기		2		2	필수
한국어 회화		2		2	필수
한국어 듣기		2		2	필수

7) 한국 관련 활동

활동명	시기	상세 활동 내용
한국 문화 체험	매년 10월	한국 음식 문화, 풍습 등 체험

동북아시아

4. 한국연구센터 운영 현황

-없음

5. 도서관 현황

도서관명	한국어학과 도서실
담당 사서	왕연홍
한국학 장서 보유량(부)	205

6. 동아시아학 현황

1) 일본학 프로그램 제공 형태	학사
2) 중국학 프로그램 제공 형태	–

톈진사범대학(천진사범대학)

Tianjin Normal University

1. 대학 개요

대학명(자국어)	天津师范大学
설립 연도	1958년
소재 국가	중국
형태	국공립
대표자 성명	유바오 가오(Yubao Gao)

2. 연락처

주소	영문 주소	No.393, Extension of Bin Shui West Road, Xi Qing District, Tianjin, China
	우편번호	300387
전화		+86-138-2125-6806
웹사이트		www.tjnu.edu.cn

3. 기관 한국학 현황

1) 한국 관련 강좌 운영 현황

소속 단과대학	외국어대학	
소속 학과	한국어학과	
개설 연도	2002년	
프로그램 대표자	성명	직함
	진장샨(Jin Zhangshan)	학과장

2) 한국 관련 프로그램 제공 형태

학위 과정	B.A. (학사 과정)	한국어 전공
	M.A. (석사 과정)	한국학 전공

3) 주요 연구 분야

- 한중/중한 통번역 연구, 한국역사정치학

4) 한국학 교수진 : 12명

5) 수강생 현황

전공생 수

B.A.	M.A.	Ph.D.
4	2	

※ 매년 신입생 선발(인원: 90명)

6) 한국 관련 활동

활동명	시기	상세 활동 내용
중국 조선어(한국어) 차세대 교육자 학술 대회	2014. 3.	중국 경내 최대 규모의 한국어 차세대 교육자 학술 대회
중국 조선어(한국어)교육 대회	2014. 5.	중국 경내 최대 규모의 한국어 교육자 학술 대회

7) 한국 관련 출판물

제목	형태	주요 내용
한중 언어문화 연구	기타	한중 언어문화에 관련된 논문

4. 한국연구센터 운영 현황

명칭	한국문화연구센터	
소속 기관	톈진사범대학	
설립 연도	2003년	
대표자	성명	직함
	김장선	학과장, 교수

5. 도서관 현황

도서관명	한국문화센터도서실
한국학 장서 보유량(부)	5,100

6. 동아시아학 현황

1) 일본학 프로그램 제공 형태	학사, 석사
2) 중국학 프로그램 제공 형태	–

동북아시아

톈진외국어대학(천진외국어대학)

Tianjin Foreign Studies University

1. 대학 개요

대학명(자국어)	天津外国语大学
설립 연도	1964년
소재 국가	중국
형태	국공립
대표자 성명 / 직위	강 시우(Gang Xiu) / 총장

2. 연락처

주소	영문 주소	No.117, MaChang Road, HeXi District, TianJin, China
	우편번호	300204
전화		+86-022-23254395
웹사이트		www.tjfsu.edu.cn

3. 기관 한국학 현황

1) 한국 관련 강좌 운영 현황

소속 단과대학	아시아아프리카어대학	
소속 학과	한국어학과	
한국학(어) 프로그램명	한국어 통번역(학부/대학원)	
개설 연도	1994년	
프로그램 대표자	성명	직함
	이방(李芳)	학과장

2) 한국 관련 프로그램 제공 형태

학위 과정	B.A. (학사 과정)	한국어 전공
	M.A. (석사 과정)	한국어 전공, 기타 전공 내 한국학 프로그램(전공명: MTI)

3) 주요 연구 분야

- 한중 통번역

4) 수강생 현황

한국어(학) 관련 강의 수강생 수 : 총 220명

학사 1학년	학사 2학년	학사 3학년	학사 4학년	석사 1학년	석사 2학년	박사 과정	기타
44	44	44	44	24	20		

전공생 수

B.A.	M.A.	Ph.D.
176	44	

5) 한국 관련 활동

활동명	시기	상세 활동 내용
세종학당 운영	2008~현재	일반인 대상 한국어 보급

4. 한국연구센터 운영 현황

- 없음

5. 동아시아학 현황

1) 일본학 프로그램 제공 형태	–
2) 중국학 프로그램 제공 형태	–

통화사범학원
Tonghua Normal University

1. 대학 개요

대학명(자국어)	通化师范学院
설립 연도	1929년
소재 국가	중국
형태	국공립
대표자 성명 / 직위	주준의(朱俊义) / 총장

2. 연락처

주소	영문 주소	No. 950, Yucai Road, Tonghua, Jilin Province, China
	우편번호	134000
전화		+86-151-4455-9691
웹사이트		www.thnu.edu.cn

3. 기관 한국학 현황

1) 한국 관련 강좌 운영 현황

소속 단과대학	외국어대학	
소속 학과	한국어학과	
개설 연도	2009년	
프로그램 대표자	성명	직함
	김선희(金善姬)	부교수

2) 한국 관련 프로그램 제공 형태

학위 과정	B.A. (학사 과정)	한국어 전공

3) 주요 연구 분야

• 한국어 문학 및 어학, 한중 언어 비교, 한중 번역, 한국 문화 등

4) 한국학 교수진 : 10명

교수명	직위	전공 분야
김선희	부교수	한국어 문학
이영천		한국어 문학
이순녀		한국어 문학
박향옥		한국어 문학
최지화		한국어 문학
최경화		한국어 문학
설교		한국어 문학
두붕		한국어 교육
강웅구		중국어문자학, 어학
이남례		동물 유전자 육종 번식, 농학

5) 수강생 현황

한국어(학) 관련 강의 수강생 수 : 총 162명

학사 1학년	학사 2학년	학사 3학년	학사 4학년	석사 1학년	석사 2학년	박사 과정	기타
51	33	30	48				

전공생 수

B.A.	M.A.	Ph.D.
159		

※ 매년 신입생 선발(인원: 60명)

6) 강좌 개설 현황

과목명	담당 교수	주당 수업 시간	수강생 수	학점	필수 / 선택
종합 한국어 I	이영천	8	32	8	필수
고급 한국어 듣기 I	이영천	4	30	2	선택
종합 한국어 I	박향옥	8	27	8	필수
한국어 쓰기 I	박향옥	2	32	2	필수
한중 번역 I	최지화	2	30	2	필수
종합 한국어 I	설교	8	28	8	필수
중급 한국어 듣기 I	설교	4	32	3	필수
한국어 듣기 I	최경화	4	32	3	필수
한국어 시청각 II	최경화	2	32	2	선택
종합 한국어 III	김선희	102	30	6	필수
조선어 전공 도입	김선희	16	55	1	필수
한국어 읽기	두붕	34	32	2	선택
논문 쓰기	두붕	16	32	2	필수
한국 교류 기교	강웅구	32	30	2	선택
한국어 실무 쓰기	강웅구	32	30	2	선택
한국어 어음	강웅구	32	55	2	필수
한국어 회화 I	강웅구	32	27	2	필수
한국어 회화 I	이남례	32	28	2	필수
한국어 회화 III	이남례	68	32	4	필수
조선반도 개황	이남례	16	30	1	선택

7) 한국 관련 출판물

제목	형태	주요 내용
중국 조선족의 친척 용어	단행본	흑룡강조선민족출판사 -중국 조선족 친척 용어의 형태 및 특징
한국어 1	단행본	경상대학교출판사
한국어 2	단행본	경상대학교출판사
한국어 3	단행본	경상대학교출판사

4. 한국연구센터 운영 현황

명칭	한국어연구센터	
소속 기관	통화사범학원	
설립 연도	2017년	
대표자	성명	직함
	김선희	부교수

5. 도서관 현황

도서관명	통화사범학원 도서관
한국학 장서 보유량(부)	130

6. 동아시아학 현황

1) 일본학 프로그램 제공 형태	–
2) 중국학 프로그램 제공 형태	–

푸단대학(복단대학)
Fudan University

1. 대학 개요

대학명(자국어)	复旦大学
설립 연도	1905년
소재 국가	중국
형태	국공립
대표자 성명 / 직위	허저생(许宁生) / 총장

2. 연락처

주소	영문 주소	220 Handan Road, Shanghai, China
	우편번호	200-433
전화		+86-21-65643482
웹사이트		www.fudan.edu.cn

3. 기관 한국학 현황

1) 한국 관련 강좌 운영 현황

소속 단과대학	외국어문학대학	
소속 학과	한국어문학과	
개설 연도	1995년	
프로그램 대표자	성명	직함
	황현옥(黄贤玉)	부교수
홈페이지	dfll.fudan.edu.cn	

2) 한국 관련 프로그램 제공 형태

학위 과정	B.A. (학사 과정)	한국어 전공
	M.A. (석사 과정)	한국어 전공
	Ph.D. (박사 과정)	한국어 전공

3) 주요 연구 분야

• 한국어학, 한국 문학, 번역학, 중한 언어 비교, 중한 문학 비교, 한국 문화

4) 한국학 교수진 : 7명

교수명	직위	전공 분야
채옥자(蔡玉子)	교수	한국언어학
최혜령(崔惠玲)	부교수	한국어 문법, 통역, 한국 문화
곽일성(郭一誠)	전임강사	한국어 번역, 한국언어학
황현옥	부교수	외국어 교육, 번역, 한국 비교문학
강보유(姜宝有)	교수	한국어 문법, 인지언어학
강영(姜穎)	전임강사	한국 문학, 한중 비교 연구
오선화(吳仙花)	전임강사	한국어음성학, 방언, 한국어 교육

5) 수강생 현황

한국어(학) 관련 강의 수강생 수 : 총 73명

학사 1학년	학사 2학년	학사 3학년	학사 4학년	석사 1학년	석사 2학년	박사 과정	기타
15	15	15	15	4	5	4	

※ 매년 신입생 선발(인원: 15명)

6) 강좌 개설 현황

과목명	담당 교수	주당 수업 시간	수강생 수	학점	필수 / 선택
기초 한국어(상/하)	채옥자, 오선화	10	15	10	필수
중급 한국어(상/하)	강영, 곽일성	8	15	8	
고급 한국어(상/하)	황현옥, 최혜령	6	15	6	필수
한국어 시청각 1(상/하)	객원교수	4	15	2	필수
한국어 시청각 2(상/하)	객원교수	4	15	2	필수
한국어 글쓰기	강영	2	15	2	필수
번역 이론과 기교(상/하)	곽일성, 최혜령	2	15	2	필수
한국어 어휘론	강보유	2	15	2	선택
한국어 문법론	오선화	2	15	2	선택
한국 문학사	황현옥	2	15	2	선택
경제 무역 한국어	최혜령	2	15	2	선택
한국 신문 열독	강보유	2	15	2	선택
한국어 통론	강보유	2	15	2	선택
한국 및 조선 개황	곽일성	2	15	2	선택
한국 사회와 문화	채옥자	2	15	2	선택
한국 문학 선독	강영	2	15	2	선택
한국어수사학	강보유	2	15	2	선택
과학기술 한국어	최혜령	2	15	2	선택
한국 명작 감상	황현옥	2	15	2	선택
동시 통역	최혜령, 곽일성	2	15	2	선택
한국 영화 감상	황현옥	2	15	2	선택

7) 한국 관련 활동

활동명	시기	상세 활동 내용
중국 한국(조선)어교육연구학회 국제 학술 대회	2005. 10.	
제9차 고려학 국제 학술 대회	2009. 8.	
제1회 장강 삼각주 지역 한국어교육자연토회	2010. 4.	
제11회 한국어 문학 국제 학술회의	2011. 10.	
2012년 중한 대학원생 포럼	2012. 12.	
푸단대학 한국어학과 개설 20주년 국제 학술 대회	2015. 10.	

4. 한국연구센터 운영 현황

명칭	한국연구중심(Center for Korean Studies)
소속 기관	푸단대학
설립 연도	1992년

5. 도서관 현황

도서관명	외국언어문학학원 자료실
한국학 장서 보유량(부)	3,150

6. 동아시아학 현황

1) 일본학 프로그램 제공 형태	–
2) 중국학 프로그램 제공 형태	–

동북아시아

하얼빈공업대학 웨이하이분교(하얼빈공업대학 위해분교)

Harbin Institute of Technology, Weihai

1. 대학 개요

대학명(자국어)	哈尔滨工业大学 威海分校
설립 연도	1920년
소재 국가	중국
형태	국공립
대표자 성명 / 직위	서효비(徐晓飞) / 총장

2. 연락처

주소	영문 주소	No.2, Wenhua West Road, Weihai, Shandong Province, China
	우편번호	264209
전화		+86-631-5687851
웹사이트		www.hitwh.edu.cn

3. 기관 한국학 현황

1) 한국 관련 강좌 운영 현황

소속 단과대학	언어문학대학	
소속 학과	한국어학과	
개설 연도	2007년	
프로그램 대표자	성명	직함
	진 자오 링(Jin Jiao Ling)	학과장

2) 한국 관련 프로그램 제공 형태

학위 과정	B.A. (학사 과정)	한국어 전공

3) 한국학 교수진 : 5명

교수명	직위	전공 분야
진 자오 링	학과장	한중 비교문학, 언어학
김학철(金鶴哲)		한국 현대 문학, 번역학
선광용		언어학
황명자		언어학, 한중 언어 비교
학미평		언어학

4) 한국 관련 활동

활동명	시기	상세 활동 내용
제11회 산둥성 대학생 K-POP 경연대회	2016. 5.	한국관광공사 주최, 하얼빈공업대학(위해분교) 언어문학대학 주관, 주칭다오 총영사관 등 8개 기관에서 협찬. 산둥성 소재 43개 대학에서 선발된 학생과 지도교수를 포함해 총 100여 명 참가
한국 음식 문화 축제	매년 3월 말 ~ 4월 초	한국 전통 음식 소개
한국어학과 언어문화 축제	매년 여름 학기	한국어학과 학생들이 춤, 노래, 개그, 더빙 등 다양한 분야에서 한국어 실력을 선보이는 축제

5) 한국 관련 출판물

제목	형태	주요 내용
韓國現當代文學經典解讀	단행본	북경대학 출판사, 2010 • 20세기 한국 현대 문학 대표작을 발췌 시, 에세이, 소설로 분류하고 한글 원문과 중국어 번역문을 비교 분석하여 작품 해석과 작가 소개

4. 한국연구센터 운영 현황

- 없음

5. 동아시아학 현황

1) 일본학 프로그램 제공 형태	–
2) 중국학 프로그램 제공 형태	–

하얼빈사범대학

Harbin Normal University

1. 대학 개요

대학명(자국어)	哈尔滨师范大学
설립 연도	1946년
소재 국가	중국
형태	국공립
대표자 성명 / 직위	왕선장(王选章) / 총장

2. 연락처

주소	영문 주소	No. 1, Shi Da Road, Limin Economic Development Zone, Harbin, China
	우편번호	150025
전화		+86-451-139-4602-5086
웹사이트		www.hrbnu.edu.cn

3. 기관 한국학 현황

1) 한국 관련 강좌 운영 현황

소속 학원	동방언어문화학원	
소속 학과	한국어학과	
개설 연도	2006년	
프로그램 대표자	성명	직함
	강승철	학과장

2) 한국 관련 프로그램 제공 형태

학위 과정	B.A. (학사 과정)	한국어 전공

3) 주요 연구 분야

• 한국어학, 한국 문학, 한국 문화, 한국 사회 등 한국학 전반

4) 한국학 교수진 : 10명

교수명	직위	전공 분야
강승철	학과장	고전 문학
조동일	교수	경제학
이남	교수	한국어학
장효나	교수	경영학
유영	교수	한국문화학
학지	교수	언어학
배준영	객원교수	한국어학
윤민주	객원교수	현대 문학
김지영	객원교수	한국어 교육
이호윤	객원교수	동아시아사학

5) 수강생 현황

한국어(학) 관련 강의 수강생 수 : 총 193명

학사 1학년	학사 2학년	학사 3학년	학사 4학년	석사 1학년	석사 2학년	박사 과정	기타
64	40	61	28				

전공생 수

B.A.	M.A.	Ph.D.
193		

※ 매년 신입생 선발(인원: 50명)

6) 강좌 개설 현황

과목명	담당 교수	주당 수업 시간	수강생 수	학점	필수 / 선택
기초 한국어 1(1반, 2반)	배준영, 김지영	10	64	10	필수
기초 한국어 3	이남	10	40	10	필수
고급 한국어 1	배준영	6	24	6	필수
기초 한국어 말하기 듣기 1(1반, 2반)	장효나	4	64	4	필수
한국 개황(1반, 2반)	배준영	2	64	2	필수
한국 문학사 1	윤민주	2	40	2	선택
한국어 문법 1	이남	2	40	2	선택
한국 문화	이호윤	2	40	2	선택
중급 한국어 말하기 듣기 1	윤민주	4	40	4	필수
중급 한국어 읽기 1	이호윤	2	40	2	필수
고급 한국어 읽기	이호윤	2	24	2	선택
한중 번역	장효나	2	24	2	선택
한국어 작문	윤민주	2	24	2	선택
영화로 배우는 한국어	윤민주	2	24	2	선택
한국 문학 작품 선독	윤민주	2	24	2	선택
한국어 논문 지도	윤민주	4	28	4	선택
상무 한어 작문	이호윤	4	28	4	선택
한국어 동시 통역	유영	4	28	4	선택
한국어 컴퓨터 실습	김지영	4	28	4	선택

7) 한국 관련 활동

활동명	시기	상세 활동 내용
교환학생 프로그램	매년	국민대, 단국대, 대진대, 성신여대 등과의 교환학생 프로그램 운영
중한 대학생 교류회 및 멘토링	매 학기	대진대학교, 하얼빈캠퍼스 대학생과 하얼빈사범대학 학생 간의 교류회 및 멘토링 프로그램
한국어 말하기 대회	매년 10~12월	한국어학과 문화제 행사
한국 드라마 더빙 대회		한국 드라마나 영화의 장면을 학생들이 더빙하여 한국어로 말하는 대회
윷놀이 대회		윷놀이를 통한 한국 문화 체험
한국어 경필 쓰기 대회		한국 문학 작품을 선정하여 경필 쓰기 대회 개최
한국 음식 문화 체험		김치 만들기 등 한국 음식 문화 체험
기타		기타 한국 문화 체험 및 한국어 능력 향상을 도모하기 위한 행사 진행

4. 한국연구센터 운영 현황
- 없음

5. 도서관 현황

도서관명	하얼빈사범대학 도서관
한국학 장서 보유량(부)	3,075

6. 동아시아학 현황

1) 일본학 프로그램 제공 형태	-
2) 중국학 프로그램 제공 형태	-

동북아시아

헤이룽장대학(흑룡강대학)
Heilongjiang University

1. 대학 개요

대학명(자국어)	黑龙江大学
설립 연도	1941년
소재 국가	중국
형태	국공립
대표자 성명 / 직위	하영(何颖) / 총장

2. 연락처

주소	영문 주소	No.74 Xuefu Road, Nangang District, Harbin, Heilongjiang Province, China
	우편번호	150080
전화		+86-183-4606-3554
웹사이트		www.hlju.edu.cn

3. 기관 한국학 현황

1) 한국 관련 강좌 운영 현황

소속 학부	동방언어문학학부	
소속 학과	한국어학과	
개설 연도	1996년	
프로그램 대표자	성명	직함
	영미	학과장

2) 한국 관련 프로그램 제공 형태

학위 과정	B.A. (학사 과정)	한국어 전공
	M.A. (석사 과정)	한국학 전공, 한국어 전공

3) 주요 연구 분야

• 한국어학, 한국 문학

4) 한국학 교수진 : 11명

교수명	직위	전공 분야
송영화	부학부장	한국어학
영미	학과장	한국어학
왕경운		한국 문화
장정		한국어학
양욱		한국 문화
문연희		한국어학
이태복		한국 문화
김경희	교수	교육학
박시연	교수	중한 대비
박원희	시간제 교원	중한 대비
김수창	시간제 교원	중한 대비

5) 수강생 현황

한국어(학) 관련 강의 수강생 수 : 총 207명

학사 1학년	학사 2학년	학사 3학년	학사 4학년	석사 1학년	석사 2학년	박사 과정	기타
50	50	50	50	4	3		

전공생 수

B.A.	M.A.	Ph.D.
200	13	

※ 매년 신입생 선발(인원: 50명)

동북아시아

6) 강좌 개설 현황

과목명	담당 교수	주당 수업 시간	수강생 수	학점	필수 / 선택
초급 한국어 I	영미, 장정	12	50	10	필수
초급 한국어 시청각	김수창	2	50	2	필수
한국 개황	박원희	2	50	2	선택
중급 한국어 I	왕경운, 양욱	10	50	10	필수
중급 한국어 시청각	박시연	2	50	2	필수
실용 한국어 회화 I	김경희	2	50	2	필수
한국어 읽기 I	송영화	2	50	2	필수
한국 사회 문화	김경희	2	50	2	선택
고급 한국어 I	문영희, 박시연	8	50	8	필수
고급 한국어 시청각	박시연	2	50	2	필수
한국 문학사	양욱	2	50	2	필수
한국어 쓰기	박원희	2	50	2	필수
한국어 읽기	김수창	2	50	2	필수
종합 한국어	송영화, 김경희	6	50	6	필수
한국어 개론	김경희	2	50	2	필수
중한 번역 이론과 실천	이태복	2	50	2	필수
한국 시사 열독	이태복	2	50	2	필수
한국 영화 감상	이태복	2	50	2	선택

7) 한국 관련 활동

활동명	시기	상세 활동 내용
헤이룽장대학 한국어과 설립 20주년 기념 대회	2016. 9.	제주대학교 김성훈(金聖勳) 교수가 "중한 인연-한국 경제와 중국 진출 한국 기업"이라는 표제로 기조 발언을 하고, 옌벤대학 김철준(金哲俊) 교수가 "실험음성학 및 조선어 발음 교육"이라는 제목으로, 한국 영남대학교 서종학 교수가 "한국의 문자 발전과 역사"라는 제목으로 학술 강좌 진행. 또한 한국어학과 재학생들의 현대 무용, 노래, 기타 연주 등 다채로운 자축 공연 진행

4. 한국연구센터 운영 현황
- 없음

5. 도서관 현황

도서관명	동방언어문학학부 자료실
담당 사서	손려려(孫麗麗)
한국학 장서 보유량(부)	1,020

6. 동아시아학 현황

1) 일본학 프로그램 제공 형태	학사, 석사, 박사
2) 중국학 프로그램 제공 형태	학사, 석사, 박사

동북아시아

홍콩대학
University of Hong Kong

1. 대학 개요

대학명(자국어)	香港大学
설립 연도	1911년
소재 국가	중국
형태	국공립
대표자 성명 / 직위	피터 매시슨(Peter Mathieson) / 총장

2. 연락처

주소	영문 주소	Room 539, Run Run Shaw Tower, Centennial Campus, HKU, Pokfulam Road, Hong Kong SAR
	우편번호	–
전화		+852-3917-4069
웹사이트		www.hku.hk

3. 기관 한국학 현황

1) 한국 관련 강좌 운영 현황

소속 학부	현대언어문화대학 인문학부 (School of Modern Languages and Cultures, Faculty of Arts)	
개설 연도	2012년	
프로그램 대표자	성명	직함
	김수연(Suyun Kim)	디렉터
홈페이지	www.korean.hku.hk	

2) 한국 관련 프로그램 제공 형태

비학위 과정		B.A. 선택 과목
학위 과정	B.A. (학사 과정)	한국학 전공
	M.A. (석사 과정)	한국학 전공
	Ph.D. (박사 과정)	한국학 전공

3) 한국학 교수진 : 6명

교수명	직위	전공 분야
폴 차(Paul Cha)	조교수	한국 근대사
백영경(Youngkyoung Paik)	강사	한국어 교육
김수연	조교수	문학
이강순(Kangsoon Lee)	선임강사	한국어 교육
장은경(Eunkyung Chang)	강사	한국어 교육
이을지(Eulji Lee)	강사	한국어 교육

4) 수강생 현황

한국어(학) 관련 강의 수강생 수 : 총 202명

학사 1학년	학사 2학년	학사 3학년	학사 4학년	석사 1학년	석사 2학년	박사 과정	기타
	63	65	73		1		

전공생 수

B.A.	M.A.	Ph.D.
201	1	

5) 강좌 개설 현황

과목명	담당 교수	주당 수업 시간	수강생 수	학점	필수 / 선택
한국 1001 한국어 I.1 (A, B, C, D, E반)	이강순, 백영경, 문미경 (Mikyoung Mun)	6	97	6	필수
한국 3024 영한 번역 1	백영경	2	17	6	선택
한국 2021 한국어 읽기	장은경	2	13	6	선택
한국 2026 한국어 토픽	폴 차	2	17	6	선택

과목명	담당 교수	주당 수업 시간	수강생 수	학점	필수 / 선택
한국 3022 한국학 연구 프로젝트	김다산(Dasan Kim)	2	16	6	필수
한국 2002 한국어 II.2	이강순	5	27	6	선택
한국 3002 한국어 III.2	이강순	5	27	6	선택
한국 1021 한국 문화 사회 입문	폴 차	2	74	6	필수
한국 3119 해외 집중 언어 과정-한국어	이강순	2	11	6	선택

6) 한국 관련 활동

활동명	시기	상세 활동 내용
맨아시아문학상 수상자 신경숙 특강: 한국의 가족과 젠더에 대해	2013. 10.	신경숙 작가 초청, 홍콩에서 대중 강연 진행
영화감독 강제규 감독과의 대화: 내 방식대로 영화 만들기	2013. 10.	강제규 감독 초청, 홍콩에서 대중 강연 진행
홍콩대학 한국학렉처시리즈: 동아시아의 식민지 영화 네트워크 이론화	2015. 4.	듀크대학교 권나영(Dr. Nayoung Aimee Kwon) 박사 초청, 동아시아에서 초식민지적 영화 공동 제작에 대한 강의 진행
김후란 시인과의 대화: 따뜻한 가족	2015. 10.	김후란 시인 초청, 최근 번역된 시 모음집에 대한 강연 진행

4. 한국연구센터 운영 현황

　- 없음

5. 도서관 현황

담당 사서	다이애나 추이(Diana Tsui)
한국학 장서 보유량(부)	3,609

6. 동아시아학 현황

1) 일본학 프로그램 제공 형태	학사, 석사, 박사
2) 중국학 프로그램 제공 형태	학사, 석사

홍콩성시대학(홍콩시립대학)
City University of Hong Kong

1. 대학 개요

대학명(자국어)	香港城市大学
설립 연도	1986년
소재 국가	중국
형태	국공립
대표자 성명 / 직위	웨이 쿠오(Way Kuo) / 총장

2. 연락처

주소	영문 주소	Tat Chee Avenue, Kowloon, Hong Kong SAR
	우편번호	–
전화		+852-3442-7654
웹사이트		www.cityu.edu.hk

3. 기관 한국학 현황

1) 한국 관련 강좌 운영 현황

소속 단과대학	인문사회과학대학(College of Liberal Arts and Social Sciences)	
소속 학과	아시아국제학과(Department of Asian & International Studies)	
개설 연도	2004년	
프로그램 대표자	성명	직함
	마크 톰슨(Mark R. Thompson)	학장
홈페이지	www.cityu.edu.hk/ais/	

동북아시아

2) 한국 관련 프로그램 제공 형태

비학위 과정		B.A. 선택 과목
학위 과정	B.A. (학사 과정)	한국어 부전공, 기타 전공 내 한국학 프로그램

3) 주요 연구 분야

• 한국어와 문화

4) 한국학 교수진 : 3명

교수명	직위	전공 분야
오선영	조교수	언어학
캐런 김원경	교원	중국어학
줄리아 한지연	교원	교육학

5) 수강생 현황

한국어(학) 관련 강의 수강생 수 : 총 68명

학사 1학년	학사 2학년	학사 3학년	학사 4학년	석사 1학년	석사 2학년	박사 과정	기타
			68				

전공생 수

B.A.	M.A.	Ph.D.
68		

6) 강좌 개설 현황

과목명	담당 교수	주당 수업 시간	수강생 수	학점	필수 / 선택
한국어 I	캐런 김원경 줄리아 한지연, 진숙	3	200	3	
한국어 II	캐런 김원경, 박선영	3	87	3	
한국 사회 입문	오선영	3	87	3	
한국어 III	박선영	3	36	3	선택
한국어 IV	박선영	3	20	3	필수
한국 문화	줄리아 한지연	3	52	3	

7) 한국 관련 활동

활동명	시기	상세 활동 내용
스터디 투어	2005~2014	매년 여름 30~40명의 학생들이 한국 대학에서 제공하는 한국어 프로그램 참여 참여 대학: 서강대학교, 고려대학교, 경희대학교, 한림대학교 등
"Discover Chinese and Korean Cultures through Ancient Maps and Korean Classics"	2009. 3.	City U 도서관과 주홍콩 한국 영사관의 협력을 통해 세미나와 전시회 지원
KF 글로벌 e-School	2011. 4.	KF 글로벌 e-School과 MOU 체결, 실시간 온라인 강의 제공
한국 국회도서관과 협력	2011. 9.	한국 국회도서관의 한국어학 관련 학술 연구를 위해 필요한 데이터베이스 제공
한국 문화 주간		• 한국학 관련 학술 세미나, 한국 문화 워크숍 • 한국 전통 혼례 시연 행사, 한국 영사관 후원 • 한인 교원 워크숍, KF 후원, 외국어로서의 한국어에 대한 세미나, 교수법 강의

8) 한국 관련 출판물

제목	형태	주요 내용
Korean Conversation	단행본	Karen Kim, David Santandreu Calonge 공저, City University Press 출판, 2008 -회화, 문화 소개
Let's Go Korea I, Hong Kong	단행본	Karen Kim, Julia Han 공저, City University Press 출판 -회화, 문화 소개
Let's Go Korea II, Hong Kong	단행본	Karen Kim, Julia Han 공저, City University Press 출판 -회화, 문화 소개
Let's Go Korea III, Hong Kong	단행본	Karen Kim, Julia Han 공저, City University Press 출판 -회화, 문화 소개

동북아시아

4. 한국연구센터 운영 현황

- 없음

5. 도서관 현황

도서관명	Run Run Shaw 도서관
담당 사서	줄리아 한(Julia Han, 한국학 코너 담당자), 셀린 청(Celine Cheung, 도서관 사서)
한국학 장서 보유량(부)	10,410

6. 동아시아학 현황

1) 일본학 프로그램 제공 형태	학사
2) 중국학 프로그램 제공 형태	박사

홍콩이공대학
Hong Kong Polytechnic University

1. 대학 개요

대학명(자국어)	香港理工大学
설립 연도	1937년
소재 국가	중국
형태	국공립
대표자 성명 / 직위	티모시 통(Timothy W. Tong) / 총장

2. 연락처

주소	영문 주소	Hung Hom, Kowloon, Hong Kong SAR
	우편번호	–
전화		+852-2766-7563
웹사이트		www.polyu.edu.hk

3. 기관 한국학 현황

1) 한국 관련 강좌 운영 현황

소속 학부	인문학부(Faculty of Humanities)	
소속 학과	중국어·다중언어학과(Department of Chinese and Bilingual Studies)	
개설 연도	2010년	
프로그램 대표자	성명	직함
	김선아(Suna Kim)	조교수
홈페이지	www.cbs.polyu.edu.hk/minor.html	

2) 한국 관련 프로그램 제공 형태

학위 과정	B.A. (학사 과정)	한국어 부전공

3) 주요 연구 분야

- 응용언어학, 외국어 습득, 한국어 교육

4) 한국학 교수진 : 3명

교수명	직위	전공 분야
김선아	조교수	외국어 습득, 심리언어학
한혜민(Haemin Han)	강의 펠로	한국어 교육
심신애(Sinae Sim)	강의 펠로	

5) 수강생 현황

한국어(학) 관련 강의 수강생 수 : 총 298명

학사 1학년	학사 2학년	학사 3학년	학사 4학년	석사 1학년	석사 2학년	박사 과정	기타
69	184	45					

전공생 수

B.A.	M.A.	Ph.D.
98		

※ 매년 신입생 선발(인원: 30~50명)

6) 강좌 개설 현황

과목명	담당 교수	주당 수업 시간	수강생 수	학점	필수 / 선택
동아시아: 문화 다양성을 통해 글로벌 커뮤니티로	김선아, 심신애, 한혜민, 마스미 마쓰모토(Masumi Matsumoto)	3	69	3	선택
초급 한국어 I	심신애, 한혜민	3	99	3	필수
초급 한국어 II	심신애, 한혜민	3	15	3	필수
한국인과 그들의 문화적 정체성	김선아	3	70	3	선택
중급 한국어 I	한혜민	3	23	3	필수
미디어를 통해 본 한국어	한혜민	3	22	3	선택

7) 한국 관련 활동

활동명	시기	상세 활동 내용
한국 영화의 밤	2011. 3.~2011. 4.	문화 다양성 제고를 위해 한국 영화 3편 상영. 약 60여 명의 학생, 교직원과 일반인들 참석
한국의 맛	2012. 2.	한국 음식 체험 행사 개최. 약 500여 명의 학생, 교직원과 일반인들 참여
한국 음악 축제	2012. 11.	한국 문화의 이해를 높이기 위해 원아시아재단의 후원으로 8명의 한국 전통 음악 연주자를 초청하여 한국 음악 콘서트 개최. 약 1,000여 명의 학생, 교직원과 일반인들 참석
한국 영화 시리즈	2014. 9.~2014. 11.	주홍콩 총영사관 후원으로 한국 영화 3편 상영. 약 100여 명의 학생, 교직원과 일반인들이 참석
한국 시인과의 밤	2014. 10.	한국문학번역원과 주홍콩 총영사관의 후원으로 저명한 한국 시인인 문정희 작가 초청. 약 150여 명의 학생, 교직원과 일반인들 참석
한국 영화감독과의 만남	2015. 10.	주홍콩 총영사관 후원으로 「우리들의 일그러진 영웅」(1992) 박종원 감독 초청. 약 150여 명의 학생, 교직원과 일반인들 참석
한국 문학의 밤	2016. 10.	한국문학번역원과 주홍콩 총영사관의 후원으로 한국의 소설가 김애란 작가 초청

8) 한국 관련 출판물

제목	형태	주요 내용
홍콩이공대학 내 동아시아 과목의 특징과 개선점	단행본	김선아 저 -홍콩의 동아시아 문화 교육
해외 대학 한국어 학습자를 위한 학습 활동 활용 현황 조사: 다중지능이론을 중심으로	논문	김선아, 한혜민, 신승희 공저 -외국어로서 한국어 교육
홍콩 광동어 화자의 한국어 단모음 지각 연구	논문	심신애, 김선아 공저 -외국어로서 한국어 교육
해외 한국어 학습자를 위한 플립드러닝 수업 개발과 활용 사례	논문	한혜민, 김선아 공저 -외국어로서 한국어 교육
홍콩 내 주요 대학의 한국어 문화 교육 현황과 전망	논문	김선아 저 -홍콩 내 대학들의 한국학 프로그램 조망

4. 한국연구센터 운영 현황

- 없음

5. 동아시아학 현황

1) 일본학 프로그램 제공 형태	학사, 석사
2) 중국학 프로그램 제공 형태	학사, 석사, 박사, 기타(공자학원)

홍콩중문대학
Chinese University of Hong Kong

1. 대학 개요

대학명(자국어)	香港中文大学
설립 연도	1963년
소재 국가	중국
형태	국공립
대표자 성명 / 직위	조지프 성(Joseph J. Y. Sung) / 교장

2. 연락처

주소	영문 주소	G24, Leung Kau Kui Building, The Chinese University of Hong Kong, Shatin, New Territories, Hong Kong SAR
	우편번호	–
전화		+852-3943-4712
웹사이트		www.cuhk.edu.hk

3. 기관 한국학 현황

1) 한국 관련 강좌 운영 현황

소속 학부	인문학부	
소속 학과	언어학·현대언어학과	
개설 연도	2006년	
프로그램 대표자	성명	직함
	최진숙	코디네이터
홈페이지	www.cuhk.edu.hk/lin/new/en_index.html	

동북아시아

2) 한국 관련 프로그램 제공 형태

학위 과정	B.A. (학사 과정)	한국어 부전공

3) 주요 연구 분야

- 외국어로서 한국어 교육

4) 한국학 교수진 : 3명

교수명	직위	전공 분야
윤종숙	언어학·현대언어학과 강사	언어학, 교육학
유선희	언어학·현대언어학과 강사	언어학
최진숙	언어학·현대언어학과 조교	한국어교육학

5) 수강생 현황

한국어(학) 관련 강의 수강생 수 : 총 389명

6) 강좌 개설 현황

과목명	담당 교수	주당 수업 시간	수강생 수	학점	필수 / 선택
한국어 I(8개 반 개설)	최진숙 외 시간강사 3명	3	198	3	선택
한국어 III(5개 반 개설)	윤종숙, 유선희	3	86	3	선택
드라마를 통해 배우는 한국어	유선희	3	21	3	선택
한국을 통하는 문	최진숙	3	24	3	선택

7) 한국 관련 활동

활동명	시기	상세 활동 내용
한국 영화의 밤	2016. 10.	매 학기 한국어 프로그램 수강생들을 위한 문화 행사
한국 테이블	2016. 11.	홍콩중문대학 유나이티드 칼리지(United College) 주최, 본교 학생과 교환학생들 간 언어 교환 행사

4. 한국연구센터 운영 현황

  - 없음

5. 동아시아학 현황

1) 일본학 프로그램 제공 형태	학사, 석사, 박사
2) 중국학 프로그램 제공 형태	학사, 석사, 박사

동북아시아

화난사범대학(화남사범대학)

South China Normal University

1. 대학 개요

대학명(자국어)	华南師範大学
설립 연도	1933년
소재 국가	중국
형태	국립
대표자 성명 / 직위	유명(刘鸣) / 총장

2. 연락처

주소	영문 주소	55 Zhongshan W Ave, TianHe GongYuan, Tianhe Qu, Guangzhou, Guangdong Province, China
	우편번호	510631
전화		+86-020-85211547
웹사이트		www.scnu.edu.cn

3. 기관 한국학 현황

1) 한국 관련 강좌 운영 현황

소속 학원	외국어언문화학원(外國語言文化學院)	
소속 학과	영어영문학과	
개설 연도	2010년	
프로그램 대표자	성명	직함
	최성학	부교수
홈페이지	sfs.scnu.edu.cn	

2) 한국 관련 프로그램 제공 형태

비학위 과정		B.A. 선택 과목, M.A. 선택 과목
학위 과정	B.A. (학사 과정)	한국어 부전공

3) 한국학 교수진 : 3명

교수명	직위	전공 분야
최성학	부교수	한국 고전 문학
김홍매		한국 고전 문학
최동우		한국어 교육

4) 수강생 현황

한국어(학) 관련 강의 수강생 수 : 총 265명

5) 강좌 개설 현황

과목명	담당 교수	주당 수업 시간	수강생 수	학점	필수 / 선택
기초 한국어, 중급 한국어			85		
외국어대학 대학원생 외국 문학 (한국 고전 문학)			90		
화난사범대학 대학원생 외국어			90		

4. 한국연구센터 운영 현황

   - 없음

5. 동아시아학 현황

1) 일본학 프로그램 제공 형태	석사
2) 중국학 프로그램 제공 형태	박사

화중사범대학

Central China Normal University

1. 대학 개요

대학명(자국어)	华中师范大学
설립 연도	1903년
소재 국가	중국
형태	국공립
대표자 성명 / 직위	양종개(杨宗凯) / 총장

2. 연락처

주소	영문 주소	152 Luoyu Road, Wuhan, Hubei Province, China
	우편번호	430079
전화		+86-027-67865887
웹사이트		www.ccnu.edu.cn

3. 기관 한국학 현황

1) 한국 관련 강좌 운영 현황

소속 단과대학	외국어대학	
소속 학과	한국어학과	
개설 연도	2009년	
프로그램 대표자	성명	직함
	지수용(池水涌)	학과장

2) 한국 관련 프로그램 제공 형태

학위 과정	B.A. (학사 과정)	한국학 전공, 한국어 전공
	M.A. (석사 과정)	한국학 전공, 한국어 전공
	Ph.D. (박사 과정)	한국학 전공

3) 주요 연구 분야

• 한국 문학, 한중 비교문학, 한중 문화교류사, 한중 언어 비교

4) 한국학 교수진 : 7명

교수명	직위	전공 분야
지수용	학과장, 정교수	한국 문학
배규범		한국 문학
제영		한국어학
진염민		한국어학
한룡호		한국 문학
조현호		한중 언어 비교
증사제		한국 문학

5) 수강생 현황

한국어(학) 관련 강의 수강생 수 : 총 97명

학사 1학년	학사 2학년	학사 3학년	학사 4학년	석사 1학년	석사 2학년	박사 과정	기타
22	22	22	23	3	3	2	

전공생 수

B.A.	M.A.	Ph.D.
89	9	2

※ 매년 신입생 선발(인원: 22명)

6) 강좌 개설 현황

과목명	담당 교수	주당 수업 시간	수강생 수	학점	필수 / 선택
초급 한국어 1	증사제	8	22	6	필수
한국어 회화 1	원어민 교사	2	22	1	필수
한국어 듣기 1	한룡호	2	22	1	필수
중급 한국어 1	제영	6	22	6	필수
한국어 회화 3	원어민 교사	2	22	1	필수
한국어 시청각 1	원어민 교사	2	22	1	필수
한국어 쓰기 1	원어민 교사	2	22	1	필수
한국어 읽기 1	한룡호	2	22	1	필수
고급 한국어 1	지수용	6	22	6	필수
한중 번역	지수용	2	22	2	필수
한국어 쓰기 3	조현호	2	22	2	필수
한국어 고급 회화	객원교수	2	22	1	필수
한자와 한국 문화	객원교수	2	22	2	선택
한중 문법 비교	제영	2	22	2	선택
비즈니스 한국어	조현호	2	22	2	선택
고급 한국어 3	배규범	4	23	4	필수
한국 현대 문학	배규범	2	23	2	필수
한중 동시 통역	진염민	2	23	2	선택
과학기술 한국어	한룡호	2	23	2	선택
한국 고전 문학	배규범	2	6	2	필수
한중 번역 이론	지수용	2	6	2	필수
한국 문화 개론	객원교수	2	6	2	필수
한국언어학	제영	2	6	2	필수

7) 한국 관련 활동

활동명	시기	상세 활동 내용
한국어 말하기 대회	2012. 12.	제7회 금호아시아나배 전국 한국어 말하기 대회 결선
한국어 말하기 대회	2013. 5.	2013 화중 지역 한국어 말하기 대회 결선
한국 관련 행사	2013. 10.	제1회 한국 문화제
한국어 교육 관련 행사	2013. 11.	2013 화중 지역 한국어 교사 연찬회
한국어 말하기 대회	2014. 5.	2014 화중 지역 한국어 말하기 대회 결선
한국 관련 행사	2014. 10.	제2회 한국 문화제
한국어 교육 관련 행사	2014. 11.	2014 화중 지역 한국어 교사 연찬회
한국어 말하기 대회	2015. 6.	2015 화중 지역 한국어 말하기 대회 후베이성 예선
한국학 국제 심포지움	2015. 6.	한중 문화교류사 연구의 현황과 과제
한국어 교육 관련 행사	2015. 11.	2015 화중 지역 한국어 교사 연찬회
한국 관련 행사	2015. 12.	2015 후베이성 K-POP 대회 및 한국 문화제
한국학 국제 학술 대회	2016. 2.	『삼국지』와 『삼국연의』의 세계 (한국 동아시아 고대학회와 공동 주최)
한국학 국제 학술 대회	2016. 7.	한중 인문학 교육 및 번역의 방향 (한국 한중 인문학회와 공동 주최)
한국어 교육 관련 행사	2016. 11.	2016 화중 지역 한국어 교사 연수 및 포럼
한국 관련 행사	2016. 12.	2016 후베이성 K-POP 대회 및 한국 문화제

8) 한국 관련 출판물

제목	형태	주요 내용
고려시대 한국학 연구	단행본	고려시대 한시와 산문의 발전 역사 고찰. 한시 및 산문 관련 주요 작가와 작품 분석
중한 주술문 구성 성분 비교 연구	단행본	중국어와 한국어에서 주술문을 구성하는 품사들의 성격과 기능 비교 분석
한국 문학 작품 선독	단행본	상고 시기부터 20세기 80년대까지의 주요 작가와 작품에 대한 장르별 고찰

4. 한국연구센터 운영 현황

명칭	한국문화연구소	
소속 기관	외국어대학	
설립 연도	2011년	
대표자	성명	직함
	지수용	학과장

5. 도서관 현황

도서관명	한국문화연구소 자료실
담당 사서	배규범
한국학 장서 보유량(부)	1,350

6. 동아시아학 현황

1) 일본학 프로그램 제공 형태	학사, 석사, 박사
2) 중국학 프로그램 제공 형태	학사, 석사, 박사, 기타(공자학원)

후난사범대학(호남사범대학)

Hunan Normal University

1. 대학 개요

대학명(자국어)	湖南师范大学
설립 연도	1938년
소재 국가	중국
형태	국공립
대표자 성명 / 직위	장홍신(蒋洪新) / 총장

2. 연락처

주소	영문 주소	36# Lushan Ld., Changsha, Hunan Province, China
	우편번호	410081
전화		+86-155-7584-1598
웹사이트		www.hunnu.edu.cn

3. 기관 한국학 현황

1) 한국 관련 강좌 운영 현황

소속 단과대학	외국어대학	
소속 학과	한국어학과	
개설 연도	2008년	
프로그램 대표자	성명	직함
	노금숙(卢锦淑)	학과장

2) 한국 관련 프로그램 제공 형태

학위 과정	Ph.D. (박사 과정)	한국어 전공

3) 주요 연구 분야

- 한국어, 한국 문학, 한국 문화, 한중 번역

4) 한국학 교수진 : 6명

교수명	직위	전공 분야
노금숙	학과장	한국어 교육
한연		한국 현대 문학
염초		한중 언어 비교
정영		한중 현대 문학 비교
조광범		한국어
좌진		한국 문화

5) 수강생 현황

한국어(학) 관련 강의 수강생 수 : 총 112명

학사 1학년	학사 2학년	학사 3학년	학사 4학년	석사 1학년	석사 2학년	박사 과정	기타
32	25	26	24	1	4		

전공생 수

B.A.	M.A.	Ph.D.
107	8	

※ 매년 신입생 선발(인원: 30명)

6) 강좌 개설 현황

과목명	담당 교수	주당 수업 시간	수강생 수	학점	필수 / 선택
초급 한국어 1	노금숙	10	32	7	필수
초급 한국어 듣기 1	정영	4	32	3	필수
중급 한국어 1	조광범	8	25	6	필수
중급 한국어 듣기 1	염초	4	25	3	필수
중급 한국어 말하기 1	좌진	4	25	3	필수
고급 한국어 1	한연	6	26	5	필수
고급 한국어 쓰기	노금숙	2	26	2	선택
고급 한국어 듣기 1	염초	4	26	3	선택
고급 한국어 말하기 1	좌진	4	26	3	선택
한국어 읽기	좌진	2	26	2	선택
한국 고전 문학사	정영	2	26	2	선택
한국어 문법	조광범	4	26	3	필수
졸업 논문 쓰기	노금숙	2	24	2	선택
한국 현대 문학 작품 선독	한연	2	24	2	선택
중한 언어 비교	염초	2	24	2	선택

7) 한국 관련 활동

활동명	시기	상세 활동 내용
한국어 말하기 대회	매년 5월과 6월 사이	한국어학과 재학생을 대상으로 한국 사회, 문화, 정치 경제 등 관련 분야를 주제로 3분간 말하기 대회 개최

8) 한국 관련 출판물

제목	형태	주요 내용
한국 문학 읽기 교육 연구	단행본	한국어 고급 학습자 수의 증가로 많은 학습자들이 언어 이해 능력의 제약을 벗어나게 되면서 문학 교육이 새롭게 중요시되고 현 실정에 비추어 대화적 방법으로 문학 교육의 방법 제안
김철 시문학의 주제학적 연구	단행본	김철의 시문학을 1950~60년대의 낭만적인 송가 형태의 문학, 1980년대의 사실주의 시풍의 문학, 1990년대의 참신한 이미지 창조에 바탕을 둔 현대 문명에 대한 비판과 고국 통일에의 주제로 분류하여 연구

4. 한국연구센터 운영 현황

-없음

5. 도서관 현황

도서관명	외국어대학 도서관
담당 사서	원리
한국학 장서 보유량(부)	1,200

6. 동아시아학 현황

1) 일본학 프로그램 제공 형태	학사, 석사
2) 중국학 프로그램 제공 형태	–

후난섭외경제학원(호남섭외경제학원)
Hunan International Economics University

1. 대학 개요

대학명(자국어)	湖南涉外经济学院
설립 연도	1997년
소재 국가	중국
형태	사립
대표자 성명 / 직위	왕요중(王耀中) / 총장

2. 연락처

주소	영문 주소	Feng Lin 3 road, Yuelu District, Changsha, Hunan Province, China
	우편번호	410205
전화		+86-159-7311-9662
웹사이트		www.hunaneu.com

3. 기관 한국학 현황

1) 한국 관련 강좌 운영 현황

소속 단과대학	외국어대학	
소속 학과	한국어학과(조선어학과)	
개설 연도	2009년	
프로그램 대표자	성명	직함
	유림(刘淋)	학과장
홈페이지	wy.hieu.edu.cn	

2) 한국 관련 프로그램 제공 형태

비학위 과정		B.A. 선택 과목
학위 과정	B.A. (학사 과정)	한국학 전공, 비즈니스 한국어 전공

3) 주요 연구 분야

• 비즈니스 한국어, 한중·중한 번역 및 순차 통역, 한국어 문법 및 어휘 등

4) 한국학 교수진 : 6명

교수명	직위	전공 분야
유림	학과장	한국어학
여군(余君)	조교수	한국어학
동로단(董璐丹)	전임강사	한국어학
신문적(申文迪)	전임강사	한국어학
왕가정(王珂婧)	전임강사	한국어학
전종훈(全钟勋)	원어민 교수	한국어학

5) 수강생 현황

한국어(학) 관련 강의 수강생 수 : 총 124명

학사 1학년	학사 2학년	학사 3학년	학사 4학년	석사 1학년	석사 2학년	박사 과정	기타
56	49	11	8				

전공생 수

B.A.	M.A.	Ph.D.
124		

※ 기타 신입생 선발 교양 과목/선택 과목(인원: 300명)

6) 강좌 개설 현황

과목명	담당 교수	주당 수업 시간	수강생 수	학점	필수 / 선택
한국어 문법 및 어휘	유림	2	8	2	선택
한국어 신문 선독	전종훈	2	8	2	선택
고급 한국어 1	유림	4	11	4	필수
비즈니스 한국어 1	전종훈	2	11	2	필수
비즈니스 한국어 회화 1	전종훈	2	11	2	필수
한국어 쓰기 1	전종훈	2	11	2	필수
한국어 읽기 1	신문적	2	11	2	필수
고급 한국어 듣기 1	여군	4	11	4	필수
비즈니스 한국어 예절	전종훈	2	11	2	필수
한국 개황	유림	2	49	2	필수
중급 한국어 회화 1	전종훈	2	49	2	필수
중급 한국어 듣기 1	신문적	2	49	2	필수
중급 한국어 1	동로단	8	49	8	필수
초급 한국어 1	신문적, 왕가정	8	56	8	필수
초급 한국어 듣기 1	왕가정, 전종훈	2	56	2	필수
한국어 음운학 입문	전종훈, 왕가정	2	56	2	필수
한국어 1	여군, 동로단	4	100	4	선택
한국어 1	여군, 동로단	2	100	2	선택
대학 한국어 1	유림, 왕가정	4	120	4	선택

7) 한국 관련 활동

활동명	시기	상세 활동 내용
국제 교류(교환학생 선발 및 파견)	2016. 3.	한국 순천향대학교와 국제 교류 활동. 매년 한국어학과 학생 4명을 선발하여 상대 기관으로 파견

동북아시아

4. 한국연구센터 운영 현황
  - 없음

5. 도서관 현황

도서관명	후난섭외경제학원 도서관
한국학 장서 보유량(부)	100

6. 동아시아학 현황

1) 일본학 프로그램 제공 형태	학사
2) 중국학 프로그램 제공 형태	학사

후난이공학원(호남이공학원)

Hunan Institute of Science and Technology

1. 대학 개요

대학명(자국어)	湖南理工学院
설립 연도	1907년
소재 국가	중국
형태	국공립
대표자 성명 / 직위	노선명(盧先明) / 교장

2. 연락처

주소	영문 주소	Xue-yuan Street, Yue-yang, Hu-nan Province, China
	우편번호	414006
전화		+86-1397-5037645
웹사이트		www.hnist.cn

3. 기관 한국학 현황

1) 한국 관련 강좌 운영 현황

소속 학부	외국어학부(外國語學院)	
소속 학과	조선(한국)어학과	
개설 연도	2008년	
프로그램 대표자	성명	직함
	이광세	학과장

2) 한국 관련 프로그램 제공 형태

학위 과정	B.A. (학사 과정)	한국어 전공

3) 한국학 교수진 : 7명

교수명	직위	전공 분야
이광세	학과장, 부교수	
유미	강사	
백창진	강사	
박미옥	강사	
은걸민	강사	
갈대경	강사	
이영욱	강사	

4) 수강생 현황

한국어(학) 관련 강의 수강생 수 : 총 189명

학사 1학년	학사 2학년	학사 3학년	학사 4학년	석사 1학년	석사 2학년	박사 과정	기타
57	48	39	45				

전공생 수

B.A.	M.A.	Ph.D.
189		

※ 매년 신입생 선발(인원: 50명)

5) 강좌 개설 현황

과목명	담당 교수	주당 수업 시간	수강생 수	학점	필수 / 선택
기초 한국어	유미, 은걸민	8	105	3	필수
한국어 말하기	이영욱	4	105	2	필수
한국어 듣기	백창진	4	105	2	필수
한국어 쓰기	이영욱	2	48	2	필수
한국 문화 개황	이광세	2	39	3	필수
비즈니스 한국어	이광세	2	39	2	필수
한국 문학 작품 선독	갈대경	2	39	2	필수
언어학 개론	박미옥	2	84	3	필수

4. 한국연구센터 운영 현황

- 없음

5. 도서관 현황

도서관명	중앙도서관
담당 사서	진 천(Jin Chen)
한국학 장서 보유량(부)	758

6. 동아시아학 현황

1) 일본학 프로그램 제공 형태	-
2) 중국학 프로그램 제공 형태	-

동북아시아

괌커뮤니티칼리지
Guam Community College

1. 대학 개요

설립 연도	1977년
소재 국가	미국
형태	국공립
대표자 성명 / 직위	메리 오카다(Mary A. Y. Okada) / 총장

2. 연락처

주소	영문 주소	P.O. Box 23069, Barrigada, GU, USA
	우편번호	96921
전화		+1-671-788-7371
웹사이트		www.guamcc.edu

3. 기관 한국학 현황

1) 한국 관련 강좌 운영 현황

소속 단과대학	무역·전문서비스대학(School of Trades & Professional Services)	
소속 학과	관광학과(Tourism & Hospitality)	
개설 연도	2016년	
프로그램 대표자	성명	직함
	버지니아 투델라(Virginia C. Tudela)	학장

2) 한국 관련 프로그램 제공 형태

학위 과정	B.A. (학사 과정)	기타 전공 내 한국학 프로그램(준학사)

3) 한국학 교수진 : 1명

교수명	직위	전공 분야
린제이 리(Lynsey Lee)		영어

4) 수강생 현황

한국어(학) 관련 강의 수강생 수 : 총 40명

5) 강좌 개설 현황

과목명	담당 교수	주당 수업 시간	수강생 수	학점	필수 / 선택
초급 한국어 1			20		
초급 한국어 2			20		

4. 한국연구센터 운영 현황

   - 없음

5. 동아시아학 현황

1) 일본학 프로그램 제공 형태	-
2) 중국학 프로그램 제공 형태	-

북
미

국방언어교육원 외국어센터

Defense Language Institute Foreign Language Center

1. 대학 개요

설립 연도	1954년
소재 국가	미국
형태	국공립
대표자 성명 / 직위	제프리 쿠퍼(Jeffrey T. Cooper) / 사령관

2. 연락처

주소	영문 주소	Presidio of Monterey, Monterey, CA, USA
	우편번호	93944
전화		+1-831-242-5119
웹사이트		www.dliflc.edu

3. 기관 한국학 현황

1) 한국 관련 강좌 운영 현황

소속 학부	언어학부(Language Schools)	
소속 학과	아시아학과(Asian Schools)	
프로그램 대표자	성명	직함
	박미숙	부교수
홈페이지	www.dliflc.edu/academics/language-schools	

2) 한국 관련 프로그램 제공 형태

학위 과정	B.A. (학사 과정)	준학사

3) 한국학 교수진 : 1명

교수명	직위	전공 분야
박미숙	부교수	외국어 교육

4. 한국연구센터 운영 현황

- 없음

5. 동아시아학 현황

1) 일본학 프로그램 제공 형태	준학사
2) 중국학 프로그램 제공 형태	준학사

북
미

노스웨스턴대학교
Northwestern University

1. 대학 개요

설립 연도	1851년
소재 국가	미국
형태	사립
대표자 성명 / 직위	모턴 샤피로(Morton O. Schapiro) / 총장

2. 연락처

주소	영문 주소	2-130 Rebecca Crown Center, 633 Clark Street, Evanston, IL, USA
	우편번호	60208
전화		+1-847-491-7456
웹사이트		www.northwestern.edu

3. 기관 한국학 현황

1) 한국 관련 강좌 운영 현황

소속 단과대학	인문과학대학(College of Arts & Sciences)	
소속 학과	아시아어문화학과(Department of Asian Languages and Cultures)	
프로그램 대표자	성명	직함
	이은미	코디네이터
홈페이지	www.alc.northwestern.edu	

2) 한국 관련 프로그램 제공 형태

비학위 과정		B.A. 선택 과목
학위 과정	B.A. (학사 과정)	아시아어문화학 전공

3) 한국학 교수진 : 3명

교수명	직위	전공 분야
이은미	부교수	동아시아학
김은희	조교수	언어 교육
심미령	조교수	한국 문학, 한국 문화

4) 강좌 개설 현황

과목명	담당 교수	주당 수업 시간	수강생 수	학점	필수 / 선택
한국어 I					
한국어 II					
한국어 II-단축					
한국어 III					
한국어 IV: 한국 문학					
한국어 IV: 한국 영화					
한국어 IV: 토의					
한국 영화와 사회					

4. 한국연구센터 운영 현황

- 없음

5. 동아시아학 현황

1) 일본학 프로그램 제공 형태	학사(아시아어문화학)
2) 중국학 프로그램 제공 형태	학사(아시아어문화학)

북
미

노스이스턴일리노이대학교
Northeastern Illinois University

1. 대학 개요

설립 연도	1867년
소재 국가	미국
형태	국공립
대표자 성명 / 직위	리처드 헬도블러(Richard Helldobler) / 총장

2. 연락처

주소	영문 주소	5500 North St. Louis Ave, Chicago, Illinois, IL, USA
	우편번호	60625-4699
전화		+1-224-616-7767
웹사이트		www.neiu.edu

3. 기관 한국학 현황

1) 한국 관련 강좌 운영 현황

소속 단과대학	인문과학대학(College of Arts and Sciences)	
소속 학과	세계언어문화학과(World Languages and Cultures)	
개설 연도	1997년	
프로그램 대표자	성명	직함
	데니스 클루난 코르테스 디앤더스 (Denise L. Cloonan Cortez de Andersen)	학과장
홈페이지	www.neiu.edu/academics/college-of-arts-and-sciences/ departments/world-languages-and-cultures	

2) 한국 관련 프로그램 제공 형태

학위 과정	B.A. (학사 과정)	기타 전공 내 한국학 프로그램(전공명: 세계언어문화학)

3) 주요 연구 분야

- 한국 문학, 한국사, 한국 문화

4) 한국학 교수진 : 1명

교수명	직위	전공 분야
이정순	교원	한국어, 문학

5) 수강생 현황

한국어(학) 관련 강의 수강생 수 : 총 42명

학사 1학년	학사 2학년	학사 3학년	학사 4학년	석사 1학년	석사 2학년	박사 과정	기타
10	10	8	7				7

6) 강좌 개설 현황

과목명	담당 교수	주당 수업 시간	수강생 수	학점	필수 / 선택
한국어 101	이정순	3	24	3	선택
한국어 103	이정순	3	15	3	선택

7) 한국 관련 활동

활동명	시기	상세 활동 내용
한국 문학 번역	2011~현재	
NEIU 한국 동아리	2016~현재	무료 한국어 회화, 한국 문화 교류, 견학 등

8) 한국 관련 출판물

제목	형태	주요 내용
We Woori	단행본	한국어와 영어로 작성된 학생들의 에세이 모음집

4. 한국연구센터 운영 현황

- 없음

5. 동아시아학 현황

1) 일본학 프로그램 제공 형태	학사(부전공)
2) 중국학 프로그램 제공 형태	학사(부전공)

노스캐롤라이나대학교-채플힐

University of North Carolina at Chapel Hill

1. 대학 개요

설립 연도	1789년
소재 국가	미국
형태	국공립
대표자 성명 / 직위	캐롤 폴트(Carol Folt) / 총장

2. 연락처

주소	영문 주소	FedEx Global Education Center, Office # 3107, 301 Pittsboro St, CB 7582, Chapel Hill, NC, USA
	우편번호	27599
전화		+1-919-843-9065
웹사이트		www.unc.edu

3. 기관 한국학 현황

1) 한국 관련 강좌 운영 현황

소속 단과대학	인문과학대학(College of Arts and Sciences)	
소속 학과	아시아학과(Department of Asian Studies)	
개설 연도	2006년	
프로그램 대표자	성명	직함
	조지연(Jiyeon Jo)	조교수
홈페이지	asianstudies.unc.edu	

2) 한국 관련 프로그램 제공 형태

비학위 과정		B.A. 선택 과목
학위 과정	B.A. (학사 과정)	한국학 부전공, 동아시아학 전공

3) 주요 연구 분야

- 한국 디아스포라, 초국가적 이주, 계승어와 문화 교육, 정체성

4) 한국학 교수진 : 3명

교수명	직위	전공 분야
조지연	조교수	교육학
방동수(Dongsoo Bang)	강사	한국 문학
장원경(Wonkyung Jang)	특별 연구원	교육학

5) 수강생 현황

한국어(학) 관련 강의 수강생 수 : 총 174명

학사 1학년	학사 2학년	학사 3학년	학사 4학년	석사 1학년	석사 2학년	박사 과정	기타
85	53	21	13	1			1

6) 강좌 개설 현황

과목명	담당 교수	주당 수업 시간	수강생 수	학점	필수 / 선택
초급 한국어	재키 렐리아(Jackie Relyea), 방동수	4	60	4	선택
중급 한국어	방동수	4	43	4	선택
고급 한국어	조지연	3	15	3	선택
한국 문학과 문화	방동수	3	8	3	선택
한국어 150	조지연	3	48	3	선택

7) 한국 관련 활동

활동명	시기	상세 활동 내용
특강: "현대화와 유일신교-20세기에 들어서면서 한국인들이 더 종교적이게 된 이유"	2015. 1.	아시아센터, 아시아학과, 한국 포럼의 협동으로 도널드 베이커(Donald Baker, 브리티시컬럼비아대학교 한국사와 문명화 교수) 초청 강연
특강: "국립 약대 설립의 역사와 한국 약품의 국제적 트렌드"	2015. 2.	아시아센터의 한국 연구 펠로 프로그램의 초청 학자인 부산대학교 한의학과 신상원 교수 강의

활동명	시기	상세 활동 내용
특강: "비한국인인 한국인? 서울 내외부의 소수 한국인, 고려인을 중심으로"	2015. 4.	아시아센터, 아시아학과, 한국 포럼의 협동으로 블라디미르 티호노프(Vladimir Tikhonov, 노르웨이 오슬로대학교 동아시아학 교수) 초청 강연
한인연합 환영 행사	2015. 9.	한국인 졸업생, 박사후 과정생, 객원학자로 구성된 노스캐롤라이나대학교 한인연합의 연례 환영 행사
K-POP 대회	2015. 10.	한국 문화에 대한 인식과 공감을 위해 노스캐롤라이나대학교의 한국학 프로그램 수강생과 교원들이 개최한 K-POP 노래 대회
한국 신년 행사	2016. 1.	아시아학과와 아시아센터 공동으로 주최한 한국 신년 행사로 한국학 주제 발표, 공연, 한식 체험 등 진행
아시아 영화 상영제: 「디어 평양(Dear Pyongyang)」	2016. 1.	아시아 국가와 문화의 교차로를 탐험하는 1년간의 과정을 담은 영화. 이 영화에서 일본 태생 한국계 민족 영화 제작자는 아버지의 북한에 대한 강한 충성심을 보여 줌. 2005년 작, 양용희 감독
문화 행사	2016. 1.	노스캐롤라이나대학교 한미학생연합 주최의 연례 한국 문화 박람회. 학생들의 공연, 한식 체험 등 진행
설날 행사	2016. 2.	음력 새해를 기념하는 행사. 음식, 게임, 문화 교류 등 진행
한국 포럼	2016. 3.	아시아센터, 아시아학과, 한국 포럼이 공동 주최한 오찬 및 조엘 위트(Joel S. Wit, U.S.-Korea institute의 학자이자 컬럼비아대학교 아시아학 선임 연구 펠로)와의 대화
런닝맨 행사	2016. 4.	노스캐롤라이나대학교 한-미 학생연합에서 세계적으로 유명한 한국의 버라이어티쇼 「런닝맨」 에피소드 재현. 학생들은 다양한 게임에서 수상함
한국 바비큐 행사	2016. 5.	노스캐롤라이나대학교 한국인학생협회에서 주최한 한국식 바비큐 이벤트로 독특한 한국 요리를 캠퍼스 커뮤니티와 공유
한국 환영 행사	2016. 8.	노스캐롤라이나대학교 한국인학생협회의 신규 멤버 환영회
추석 행사	2016. 9.	아시아학과와 아시아센터 공동 주최. 노스캐롤라이나대학교 한국학 10주년 기념행사 일환으로, 전통 놀이와 한국 음식 등을 준비하여 추석 기념행사 진행. 학생, 교직원, 직원 등 참석
K-POP 대회	2016. 11.	아시아학과와 아시아센터 공동 주최 K-POP 대회. FedEx 글로벌 교육센터의 넬슨 만델라 강당에서 개최. 학생들의 솔로와 그룹 퍼포먼스
2017 문화 쇼케이스	2017. 1.	노스캐롤라이나대학교 한인학생회 주최 연례 문화 쇼케이스. 문화 공연과 한식 만찬 등 진행

8) 한국 관련 출판물

제목	형태	주요 내용
Homing : An Affective Topography of Korean Ethnic Return Migration	단행본	이주 한국인들의 한국으로의 재이주 경험, 2017

4. 한국연구센터 운영 현황

 - 없음

5. 도서관 현황

도서관명	노스캐롤라이나대학교 채플힐캠퍼스 도서관
담당 사서	시 추 볼릭(Hsi-Chu Bolic)
한국학 장서 보유량(부)	24,852

6. 동아시아학 현황

1) 일본학 프로그램 제공 형태	학사
2) 중국학 프로그램 제공 형태	학사

뉴욕대학교
New York University(NYU)

1. 대학 개요

설립 연도	1831년
소재 국가	미국
형태	사립
대표자 성명 / 직위	윌리엄 버클리(William R. Berkley) / 총장

2. 연락처

주소	영문 주소	19 University Place, 5th Floor, 508, NY, USA
	우편번호	10003
전화		+1-212-992-9557
웹사이트		www.nyu.edu

3. 기관 한국학 현황

1) 한국 관련 강좌 운영 현황

소속 단과대학	인문과학대학(Arts and Science)	
소속 학과	동아시아학과(Department of East Asian Studies)	
개설 연도	2000년	
프로그램 대표자	성명	직함
	엘리어트 보렌스타인 (Eliot Borenstein)	학과장
홈페이지	eas.as.nyu.edu/page/home	

2) 한국 관련 프로그램 제공 형태

학위 과정	B.A. (학사 과정)	한국학 전공, 한국어 전공, 동아시아학 전공

3) 주요 연구 분야

- 한국 모더니즘과 동아시아 지성사, 한국 근현대 문학, 한국 문화(대중문화, 미디어 문화, 문화 연구), 한국 영화학, 한국 대중음악, 북한 사회와 문화, 한국 이산(디아스포라)과 문화, 한국과 글로벌 자본주의

4) 한국학 교수진 : 9명

교수명	직위	전공 분야
이용우	조교수	근대 한국 미디어와 문화학, 동아시아 대중문화, 비평 이론
권준희	펠로	인류학
나은주	선임강사	한국어, 교육학
김동민	강사	한국어 교육, 한국어 문학
박지선	선임강사	동아시아학
김천미	강사	한국어 교육
김지현	강사	한국어 교육
현명호	강사	한국어 교육
오윤정	조교수	비교문학

5) 수강생 현황

전공생 수

B.A.	M.A.	Ph.D.
42		5

※ 2011년 이후 학부 위주로 개편

6) 강좌 개설 현황

과목명	담당 교수	주당 수업 시간	수강생 수	학점	필수 / 선택
한국의 모더니즘	이용우	3	13	4	선택
근대 한국과 한국인 디아스포라	권준희	3	14	4	선택
현대 한국 이슈와 토론	권준희	3	16	4	선택
초급 한국어 1	나은주	3		4	

과목명	담당 교수	주당 수업 시간	수강생 수	학점	필수 / 선택
초급 한국어 2	박지선	3		4	
중급 한국어 1	김동민	3		4	
중급 한국어 2	김천미	3		4	
고급 한국어 1	나은주	3		4	
고급 한국어 2	박지선	3		4	
미디어 한국어	김동민	3		4	
TOPIK	이용우	3		4	

7) 한국 관련 활동

활동명	시기	상세 활동 내용
한국(한국학) 특강	2015~현재	한국(한국학) 관련, 저명 학자와 예술가(아티스트, 큐레이터, 영화감독 등)를 초청하여 한국 정치, 역사, 문화 관련 강의 및 토론 진행
한국 영화의 밤		한국의 역사, 사회, 문화를 잘 보여 줄 수 있는 한국 명작 영화를 선정하여 상영 및 토론

4. 한국연구센터 운영 현황

- 없음

5. 도서관 현황

도서관명	엘머 홈스 밥스트 도서관(Elmer Holmes Bobst Library)
담당 사서	베스 카초프(Beth Katzoff)
한국학 장서 보유량(부)	3,773

6. 동아시아학 현황

1) 일본학 프로그램 제공 형태	학사
2) 중국학 프로그램 제공 형태	학사

1003
해외 한국학 대학별 상세 현황

뉴욕시립대학교
City University of New York(CUNY)

1. 대학 개요

설립 연도	1847년
소재 국가	미국
형태	국공립
대표자 성명 / 직위	제임스 밀리컨(James Milliken) / 총장

2. 연락처

주소	영문 주소	160 Convent Ave, New York, NY, USA
	우편번호	10031
전화		+1-212-650-6375
웹사이트		www.cuny.edu

3. 기관 한국학 현황

1) 한국 관련 강좌 운영 현황

소속 학부	인문예술학부(Division of Humanities & the Arts)	
프로그램 대표자	성명	직함
	리처드 캘리치먼 (Richard F. Calichman)	디렉터
홈페이지	www.ccny.cuny.edu/asianstudies	

2) 한국 관련 프로그램 제공 형태

비학위 과정		B.A. 선택 과목
학위 과정	B.A. (학사 과정)	동아시아학 전공

3) 한국학 교수진 : 1명

교수명	직위	전공 분야
박새영(Saeyoung Park)	교수	아시아 문화

4. 한국연구센터 운영 현황
- 없음

5. 동아시아학 현황

1) 일본학 프로그램 제공 형태	–
2) 중국학 프로그램 제공 형태	–

뉴욕주립대학교-빙엄턴
Binghamton University, State University of New York(SUNY)

1. 대학 개요

설립 연도	1946년
소재 국가	미국
형태	국공립
대표자 성명 / 직위	하비 스텐저(Harvey G. Stenger) / 총장

2. 연락처

주소	영문 주소	4400 Vestal Parkway East, Binghamton, NY, USA
	우편번호	13902
전화		+1-607-777-3882
웹사이트		www.binghamton.edu

3. 기관 한국학 현황

1) 한국 관련 강좌 운영 현황

소속 학부	예술인문학부(Division of Fine Arts and Humanities)	
소속 학과	아시아·아시아계미국학과	
프로그램 대표자	성명	직함
	김손자(Sonja Kim)	프로그램 코디네이터
홈페이지	www.binghamton.edu/aaas/undergraduate/korean-studies	

2) 한국 관련 프로그램 제공 형태

비학위 과정		B.A. 선택 과목
학위 과정	B.A. (학사 과정)	한국학 전공, 부전공
	M.A. (석사 과정)	동아시아학 전공

3) 한국학 교수진 : 9명

교수명	직위	전공 분야
차길(Kil Cha)	강사	한국교육학
조성대(Sungdai Cho)	부교수	언어학
임마누엘 김(Immanuel Kim)	조교수	비교문학
김손자(Sonja Kim)	부교수	동아시아언어문화학
로버트 지성 구(Robert Ji-Song Ku)	부교수	영어학
이윤경(Yoonkyung Lee)	부교수	정치학
문소진(Sojin Moon)	강사	언어학
마이클 페티드(Michael Pettid)	교수	
봉 제이 윤(Bong J. Yoon)	교수	경제학

4) 강좌 개설 현황

과목명	담당 교수	주당 수업 시간	수강생 수	학점	필수 / 선택
한국어 구조	조성대	3			
20세기 한국 문학	임마누엘 김	3			
분단된 한국	김손자	3			
한류와 미류	로버트 지성 구	3			
한국: 내부의 외부	김손자	3			
초급 한국어 I					
초급 한국어 II					
중급 한국어 I					
고급 읽기와 쓰기 I					

4. 한국연구센터 운영 현황

명칭	한국학센터(Center for Korean Studies)	
설립 연도	2010년	
대표자	성명	직함
	조성대	센터장

5. 동아시아학 현황

1) 일본학 프로그램 제공 형태	학사, 석사(동아시아학)
2) 중국학 프로그램 제공 형태	학사, 석사(동아시아학)

뉴욕주립대학교-스토니브룩
Stony Brook University, State University of New York(SUNY)

1. 대학 개요

설립 연도	1957년
소재 국가	미국
형태	국공립
대표자 성명 / 직위	사무엘 스탠리(Samuel L. Stanley) / 총장

2. 연락처

주소	영문 주소	100 Nicolls Rd, Stony Brook, NY, USA
	우편번호	11794
전화		+1-631-632-7362
웹사이트		www.stonybrook.edu

3. 기관 한국학 현황

1) 한국 관련 강좌 운영 현황

소속 단과대학	인문과학대학(College of Arts and Sciences)	
소속 학과	아시아·아시아계미국학과(Department of Asian & Asian American Studies)	
개설 연도	1982년	
프로그램 대표자	성명	직함
	아그네스 웨이윤 헤 (Agnes Weiyun He)	학과장
홈페이지	www.stonybrook.edu/commcms/asianamerican/	

2) 한국 관련 프로그램 제공 형태

학위 과정	B.A. (학사 과정)	한국학 부전공

3) 한국학 교수진 : 5명

교수명	직위	전공 분야
김홍경	한국학센터장	동아시아 종교와 사상
손희정	부교수	아시아아메리카
주현	겸임교수	불교학
김소연	겸임교수	한국어
황지원	강사	한국어

4) 강좌 개설 현황

과목명	담당 교수	주당 수업 시간	수강생 수	학점	필수 / 선택
한국 문화 입문					
한국의 종교					
시각 문화를 통해 본 근대 한국					
유교와 도교					
불교					
동아시아 사상사					
한국 문학					
한국의 언어와 사회					
한국사					
명상과 깨달음					
아시아 예술 토픽-근현대 한국 예술					
초급 한국어					
중급 한국어					
고급 한국어					
한국학의 사회과학 토픽					
한국학의 인문학 토픽					
한국어의 구조					
동아시아 언어와 삶					
한국과 일본의 종교					

4. 한국연구센터 운영 현황

명칭	한국학센터(Center for Korean Studies)	
소속 기관	인문과학대학(College of Arts and Sciences)	
설립 연도	1982년	
대표자	성명	직함
	김홍경	센터장

5. 동아시아학 현황

1) 일본학 프로그램 제공 형태	학사(부전공)
2) 중국학 프로그램 제공 형태	학사(부전공)

해외 한국학 대학별 상세 현황

뉴욕주립대학교-올버니

University at Albany, State University of New York(SUNY)

1. 대학 개요

설립 연도	1844년
소재 국가	미국
형태	국공립
대표자 성명 / 직위	제임스 스텔라(James R. Stellar) / 총장

2. 연락처

주소	영문 주소	HU-210 SUNY Albany, NY, USA
	우편번호	12222
전화		+1-518-442-4117
웹사이트		www.albany.edu

3. 기관 한국학 현황

1) 한국 관련 강좌 운영 현황

소속 단과대학	인문과학대학(College of Arts and Science)	
소속 학과	동아시아학과(East Asian Studies)	
개설 연도	2002년	
프로그램 대표자	성명	직함
	앤드루 상필 변 (Andrew Sangpil Byon)	학과장
홈페이지	www.albany.edu/eas	

2) 한국 관련 프로그램 제공 형태

학위 과정	B.A. (학사 과정)	한국어 부전공, 동아시아학 전공

3) 주요 연구 분야

• 외국어로서의 한국어교육학, 사회언어학, 제2외국어 교육

4) 한국학 교수진 : 2명

교수명	직위	전공 분야
앤드루 변	동아시아학과장	한국응용언어학
진영 메이슨(Jinyoung Mason)	강사	응용언어학

5) 수강생 현황

한국어(학) 관련 강의 수강생 수 : 총 93명

학사 1학년	학사 2학년	학사 3학년	학사 4학년	석사 1학년	석사 2학년	박사 과정	기타
41	23	19	10				

6) 강좌 개설 현황

과목명	담당 교수	주당 수업 시간	수강생 수	학점	필수 / 선택
초급 한국어 1	앤드루 변	5	60	5	선택
한국의 문화유산	앤드루 변	3	40	3	필수
중급 한국어 1	진영 메이슨	4	21	5	필수
고급 한국어 1	김혜연	3	19	3	선택
한국 문학, 역사, 문화 토픽	황인정	3	11	3	선택

4. 한국연구센터 운영 현황

-없음

5. 도서관 현황

도서관명	중앙도서관
담당 사서	유후이 첸(Yu-Hui Chen)
한국학 장서 보유량(부)	2,556

6. 동아시아학 현황

1) 일본학 프로그램 제공 형태	학사
2) 중국학 프로그램 제공 형태	학사

다트머스칼리지
Dartmouth College

1. 대학 개요

설립 연도	1769년
소재 국가	미국
형태	사립
대표자 성명 / 직위	필립 한론(Philip J. Hanlon) / 총장

2. 연락처

주소	영문 주소	Hanover, NH, USA
	우편번호	03755
전화		+1-603-646-2867
웹사이트		www.dartmouth.edu

3. 기관 한국학 현황

1) 한국 관련 강좌 운영 현황

소속 학부	예술인문학부(Arts and Humanities)	
소속 학과	아시아·중동어문학과 (Department of Asian and Middle Eastern Languages and Literatures)	
프로그램 대표자	성명	직함
	조너선 스몰린 (Jonathan Smolin)	학과장
홈페이지	www.dartmouth.edu/~damell/	

2) 한국 관련 프로그램 제공 형태

학위 과정	B.A. (학사 과정)	동아시아학 전공

3) 한국학 교수진 : 3명

교수명	직위	전공 분야
김성임	조교수	예술학
서소영	조교수	역사학
최정자	객원교수	

4) 강좌 개설 현황

과목명	담당 교수	주당 수업 시간	수강생 수	학점	필수 / 선택
한국 문화 입문	김성임, 서소영	4	42	1	선택
북한의 기원과 과도기	서소영	4	13	1	선택
근현대 한국 예술	김성임	4	7	1	선택
영화를 통한 한국 연구	김성임	4	17	1	선택
한국의 기독교	서소영	4	17	1	선택
한국 대중문화에서 나타난 젠더와 성	최정자	4	32	1	선택
한국 문학 입문	최정자	4	26	1	선택

4. 한국연구센터 운영 현황

- 없음

5. 동아시아학 현황

1) 일본학 프로그램 제공 형태	학사
2) 중국학 프로그램 제공 형태	학사

덴버대학교

University of Denver

1. 대학 개요

설립 연도	1864년
소재 국가	미국
형태	사립
대표자 성명 / 직위	레베카 촙(Rebecca Chopp) / 총장

2. 연락처

주소	영문 주소	2199 S. University Blvd., Denver, CO, USA
	우편번호	80208
전화		+1-303-871-2000
웹사이트		www.du.edu

3. 기관 한국학 현황

1) 한국 관련 강좌 운영 현황

소속 센터	세계언어·문화센터(Center for World Languages & Cultures)	
프로그램 대표자	성명	직함
	앨리슨 니시 (Alison M. Nishi)	디렉터
홈페이지	www.du.edu/cwlc	

2) 한국 관련 프로그램 제공 형태

비학위 과정	한국어 과정

3) 강좌 개설 현황

과목명	담당 교수	주당 수업 시간	수강생 수	학점	필수 / 선택
개별 언어 학습: 한국어				4	

4. 한국연구센터 운영 현황
- 없음

5. 동아시아학 현황

1) 일본학 프로그램 제공 형태	부전공
2) 중국학 프로그램 제공 형태	부전공

듀크대학교
Duke University

1. 대학 개요

설립 연도	1838년
소재 국가	미국
형태	사립
대표자 성명 / 직위	리처드 브로드헤드(Richard H. Brodhead) / 총장

2. 연락처

주소	영문 주소	2138 Campus Drive, Durham, NC, USA
	우편번호	27708
전화		+1-919-660-4364
웹사이트		www.duke.edu

3. 기관 한국학 현황

1) 한국 관련 강좌 운영 현황

소속 단과대학	인문과학대학(College of Arts & Science)	
소속 학과	아시아·중동학과(Department of Asian and Middle Eastern Studies)	
개설 연도	2007년	
프로그램 대표자	성명	직함
	레오 칭(Leo Ching)	학과장
홈페이지	asianmideast.duke.edu	

2) 한국 관련 프로그램 제공 형태

학위 과정	B.A. (학사 과정)	한국학 전공, 한국어 전공, 동아시아학 전공

3) 한국학 교수진 : 4명

교수명	직위	전공 분야
김환수	종교학부 부교수	한국 불교, 동아시아 종교
권나영	아시아·중동학과 부교수	한국 문학, 일본 문학, 비교문학
김해영	아시아·중동학과 교수	통사론, 이중 언어, 언어 발전
김은영	아시아·중동학과 강사	한국어 교육

4) 강좌 개설 현황

과목명	담당 교수	주당 수업 시간	수강생 수	학점	필수 / 선택
초급 한국어	바로니 은(Barohny Eun)	3			
중급 한국어	바로니 은	3			
고급 한국어	김은영	1			
한국어와 사회	김은영	3			

4. 한국연구센터 운영 현황
　- 없음

5. 도서관 현황

도서관명	퍼킨스 도서관(Perkins Library)
담당 사서	구미래(Miree Ku)

6. 동아시아학 현황

1) 일본학 프로그램 제공 형태	학사
2) 중국학 프로그램 제공 형태	학사

듀페이지칼리지
College of DuPage

1. 대학 개요

설립 연도	1967년
소재 국가	미국
형태	국공립
대표자 성명 / 직위	앤 롱도(Ann E. Rondeau) / 총장

2. 연락처

주소	영문 주소	425 Fawell Blvd. Glen Ellyn, IL, USA
	우편번호	60137-6599
전화		+1-630-942-2174
웹사이트		www.cod.edu

3. 기관 한국학 현황

1) 한국 관련 강좌 운영 현황

소속 단과대학	문과대학(Liberal Arts Division)	
소속 학과	인문·커뮤니케이션학과(Humanities and Speech Communication)	
한국학(어) 프로그램명	한국어 과정(Language Program)	
프로그램 대표자	성명	직함
	찰스 분(Charles Boone)	학장
홈페이지	www.cod.edu/programs/languages/	

2) 한국 관련 프로그램 제공 형태

비학위 과정	B.A. 선택 과목

3) 한국학 교수진 : 1명

교수명	직위	전공 분야
이미란		

4) 강좌 개설 현황

과목명	담당 교수	주당 수업 시간	수강생 수	학점	필수 / 선택
초급 한국어 I					
초급 한국어 II					
중급 한국어 I					
중급 한국어 II					

4. 한국연구센터 운영 현황
  - 없음

5. 동아시아학 현황

1) 일본학 프로그램 제공 형태	준학사
2) 중국학 프로그램 제공 형태	준학사

디앤자칼리지

De Anza College

1. 대학 개요

설립 연도	1967년
소재 국가	미국
형태	국공립
대표자 성명 / 직위	브라이언 머피(Brian Murphy) / 총장

2. 연락처

주소	영문 주소	Stevens Creek Boulevard, Cupertino, CA, USA
	우편번호	95014
전화		+1-408-864-5300
웹사이트		www.deanza.edu

3. 기관 한국학 현황

1) 한국 관련 강좌 운영 현황

소속 학부	문화·국제학부(Intercultural & International Studies Division)	
소속 학과	한국어학과(Korean Department)	
개설 연도	2009년	
프로그램 대표자	성명	직함
	에드문도 노르테(Edmundo Norte)	학과장
홈페이지	www.deanza.edu/korean	

2) 한국 관련 프로그램 제공 형태

학위 과정	B.A. (학사 과정)	한국어 전공

3) 한국학 교수진 : 3명

교수명	직위	전공 분야
에드문도 노르테	학과장	
최화자	강사	한국어
이율하(Yulha Lee)	강사	한국어

4) 강좌 개설 현황

과목명	담당 교수	주당 수업 시간	수강생 수	학점	필수 / 선택
초급 한국어 1					
초급 한국어 2					
초급 한국어 3					

4. 한국연구센터 운영 현황
　-없음

5. 동아시아학 현황

1) 일본학 프로그램 제공 형태	기타(일반 교육 과정)
2) 중국학 프로그램 제공 형태	기타(일반 교육 과정)

디트로이트머시대학교

University of Detroit Mercy

1. 대학 개요

설립 연도	1877년
소재 국가	미국
형태	사립
대표자 성명 / 직위	안토이네 가리발디(Antoine M. Garibaldi) / 총장

2. 연락처

주소	영문 주소	4001 W McNichols Rd, Detroit, MI, USA
	우편번호	48221
전화		+1-313-993-1245
웹사이트		www.udmercy.edu

3. 기관 한국학 현황

1) 한국 관련 강좌 운영 현황

소속 단과대학	인문교육대학(College of Liberal Arts & Education)	
프로그램 대표자	성명	직함
	마크 덴햄(Mark Denham)	학장
홈페이지	liberalarts.udmercy.edu	

2) 한국 관련 프로그램 제공 형태

비학위 과정	수료증

3) 강좌 개설 현황

과목명	담당 교수	주당 수업 시간	수강생 수	학점	필수 / 선택
한국어 입문 I				3	선택
중급 한국어 I				3	선택

4. 한국연구센터 운영 현황

명칭	북한학연구소(Institute for North Korean Studies)	
소속 기관	디트로이트머시대학교	
설립 연도	2004년	
대표자	성명	직함
	김숙(Suk Kim)	소장

5. 동아시아학 현황

1) 일본학 프로그램 제공 형태	수료증
2) 중국학 프로그램 제공 형태	수료증

라이스대학교
Rice University

1. 대학 개요

설립 연도	1912년
소재 국가	미국
형태	사립
대표자 성명 / 직위	데이비드 리브론(David Leebron) / 총장

2. 연락처

주소	영문 주소	6100 Main St, Houston, TX, USA
	우편번호	77005
전화		+1-713-348-5128
웹사이트		www.rice.edu

3. 기관 한국학 현황

1) 한국 관련 강좌 운영 현황

소속 단과대학	인문대학(School of Humanities)	
소속 학과	Chao 아시아학센터(Chao Center for Asian Studies)	
프로그램 대표자	성명	직함
	소니아 량(Sonia Ryang)	센터장
홈페이지	clic.rice.edu	

2) 한국 관련 프로그램 제공 형태

비학위 과정		B.A. 선택 과목
학위 과정	B.A. (학사 과정)	동아시아학 전공

3) 한국학 교수진 : 2명

교수명	직위	전공 분야
송자영	강사	한국어 교육
이진	강사	한국어 교육

4) 강좌 개설 현황

과목명	담당 교수	주당 수업 시간	수강생 수	학점	필수 / 선택
1학년 한국어	송자영	3		3	
2학년 한국어	송자영	3		3	
3학년 한국어	송자영	3		3	
근대 한국		2		3	

4. 한국연구센터 운영 현황

　- 없음

5. 동아시아학 현황

1) 일본학 프로그램 제공 형태	학사(동아시아학)
2) 중국학 프로그램 제공 형태	학사(동아시아학)

럿거스뉴저지주립대학교

Rutgers, The State University of New Jersey

1. 대학 개요

설립 연도	1766년
소재 국가	미국
형태	국공립
대표자 성명 / 직위	로버트 바치(Robert Barchi) / 총장

2. 연락처

주소	영문 주소	7 College Ave, New Brunswick, NJ, USA
	우편번호	08901
전화		+1-848-932-5603
웹사이트		www.rutgers.edu

3. 기관 한국학 현황

1) 한국 관련 강좌 운영 현황

소속 단과대학	인문과학대학(School of Arts and Sciences)	
소속 학과	아시아어문화학과(Department of Asian Languages and Cultures)	
프로그램 대표자	성명	직함
	폴 샬로(Paul G. Schalow)	학과장
홈페이지	asianlanguages.rutgers.edu	

2) 한국 관련 프로그램 제공 형태

학위 과정	B.A. (학사 과정)	동아시아학 전공
	M.A. (석사 과정)	한국학 부전공, 동아시아학 전공

3) 한국학 교수진 : 3명

교수명	직위	전공 분야
유조영미(Youngmee Yu Cho)	부교수	언어학
천희청(Heechung Chun)	강사	한국어, 문학
김수지(Suzy Kim)	부교수	한국사

4) 강좌 개설 현황

과목명	담당 교수	주당 수업 시간	수강생 수	학점	필수 / 선택
한국 문학의 토픽	메디나(J. Medina)			3	
한국의 영화와 영화 언어 입문	메디나			3	
한국의 젠더와 사회 변화	김수지			3	
사회주의와 포스트사회주의의 북한	김수지			3	
한국학 토픽	스트라우스(S. Strauss)			3	
초급 한국어	문(K. Moon)			4	
중급 한국어	천희청			4	
고급 한국어	천희청			4	

4. 한국연구센터 운영 현황
- 없음

5. 동아시아학 현황

1) 일본학 프로그램 제공 형태	학사(동아시아학, 일본학 부전공)
2) 중국학 프로그램 제공 형태	학사(동아시아학, 중국학 부전공)

리워드커뮤니티칼리지
Leeward Community College

1. 대학 개요

설립 연도	1968년
소재 국가	미국
형태	국공립
대표자 성명 / 직위	마누엘 카브랄(Manuel Cabral) / 총장

2. 연락처

주소	영문 주소	96-045 Ala Ike, Pearl City, HI, USA
	우편번호	96782
전화		+1-808-455-0330
웹사이트		www.leeward.hawaii.edu

3. 기관 한국학 현황

1) 한국 관련 강좌 운영 현황

소속 학부	언어인문학부(Language Arts)	
개설 연도	2009년	
	성명	직함
프로그램 대표자	캐서린 후지오카 이마이 (Kathryn Fujioka-Imai)	학장

2) 한국 관련 프로그램 제공 형태

학위 과정	B.A. (학사 과정)	준학사 선택 과목

3) 한국학 교수진 : 2명

교수명	직위	전공 분야
주혜리		외국어 습득
김혜원		영어 교육

4) 수강생 현황

한국어(학) 관련 강의 수강생 수 : 총 80명

5) 강좌 개설 현황

과목명	담당 교수	주당 수업 시간	수강생 수	학점	필수 / 선택
초급 한국어 1	주혜리		50	4	
초급 한국어 2	주혜리, 김혜연		15	4	
중급 한국어 2	주혜리		15	4	

4. 한국연구센터 운영 현황
- 없음

5. 동아시아학 현황

1) 일본학 프로그램 제공 형태	–
2) 중국학 프로그램 제공 형태	–

매사추세츠공과대학교
Massachusetts Institute of Technology(MIT)

1. 대학 개요

설립 연도	1861년
소재 국가	미국
형태	사립
대표자 성명 / 직위	레오 라파엘 라이프(Leo Rafael Reif) / 총장

2. 연락처

주소	영문 주소	77 Massachusetts Ave, Cambridge, MA, USA
	우편번호	02139
전화		+1-617-324-8466
웹사이트		www.mit.edu

3. 기관 한국학 현황

1) 한국 관련 강좌 운영 현황

소속 대학	인문예술사회과학대학(School of Humanites, Arts and Social Sciences)	
소속 학과	글로벌학과 언어(Global Studies and Languages)	
한국학(어) 프로그램명	한국어 과정	
개설 연도	2014년	
프로그램 대표자	성명	직함
	엠마 텡(Emma Teng)	학과장
홈페이지	mitgsl.mit.edu	

2) 한국 관련 프로그램 제공 형태

비학위 과정	어학 과정

3) 강좌 개설 현황

과목명	담당 교수	주당 수업 시간	수강생 수	학점	필수 / 선택
한국어 1					
한국어 3					

4. 한국연구센터 운영 현황
- 없음

5. 동아시아학 현황

1) 일본학 프로그램 제공 형태	학사(일본어 심화전공, 부전공)
2) 중국학 프로그램 제공 형태	학사(중국어 심화전공, 부전공)

메릴랜드대학교-볼티모어카운티

University of Maryland, Baltimore County

1. 대학 개요

설립 연도	1966년
소재 국가	미국
형태	국공립
대표자 성명 / 직위	프리먼 라보스키(Freeman Hrabowski III) / 총장

2. 연락처

주소	영문 주소	463 Fine Arts Building, 1000 Hilltop Circle, Baltimore MD, USA
	우편번호	21250
전화		+1-410-455-2807
웹사이트		www.umbc.edu

3. 기관 한국학 현황

1) 한국 관련 강좌 운영 현황

소속 단과대학	예술·인문·사회과학대학(College of Arts, Humanities, and Social Sciences)	
소속 학과	현대 언어·어학·문화교류커뮤니케이션학과 (Department of Modern Languages, Linguistics, and Intercultural Communication)	
개설 연도	2006년	
프로그램 대표자	성명	직함
	윤경은	코디네이터
홈페이지	mlli.umbc.edu	

2) 한국 관련 프로그램 제공 형태

비학위 과정	B.A. 선택 과목
학위 과정	B.A. (학사 과정)	한국학 전공, 한국어 전공, 아시아학 전공

3) 주요 연구 분야

- 한국어, 한국 문화

4) 한국학 교수진 : 2명

교수명	직위	전공 분야
윤경은	선임강사	한국어 교육, 응용언어학
크리페스 연(Krippes, Yeon)	겸임교수	언어학

5) 수강생 현황

한국어(학) 관련 강의 수강생 수 : 총 164명

학사 1학년	학사 2학년	학사 3학년	학사 4학년	석사 1학년	석사 2학년	박사 과정	기타
73	49	22	20				

전공생 수

B.A.	M.A.	Ph.D.
전공생:10 부전공생: 29		

※ 매년 신입생 선발(인원: 2명)

6) 강좌 개설 현황

과목명	담당 교수	주당 수업 시간	수강생 수	학점	필수 / 선택
초급 한국어	크리페스 연	4	50	4	필수
초급 한국어	그레이스 리(Grace Lee)	4	23	4	필수
중급 한국어	크리페스 연	4	49	4	필수
고급 한국어	윤경은	3	22	3	필수
비즈니스 한국어	윤경은	3	20	3	필수
한국 문화 입문	윤경은	3	30	3	필수

7) 한국 관련 활동

활동명	시기	상세 활동 내용
한국학 연구 활동	2009~현재	학술 논문 다섯 권 출간, 6차례 학회 논문 발표
영화제	2009~현재	2009년 가을 학기부터 교내에서 매 학기 한국 영화 감상회 개최
문화 행사	2009~현재	2009년 가을 학기부터 교내에서 매 학기 한국 문화 공연 개최
NCTA 특강		National Consortium for Teaching about Asia에서 미국 초중고 교사에게 한국학 내용 특강

8) 한국 관련 출판물

제목	형태	주요 내용
Other-Initiated Repair as Language Learning Resources	논문	외국어로서의 한국어 교육과 학습
Observing Census Enumeration of Non-English Speaking Households in the 2010 Census: Korean Report	논문	통계 연구 및 방법론 보고서 시리즈
Questions and Responses in Korean Conversation	논문	화용론에 대한 기사
Negotiating Boundaries in Talk	논문	상대적 관점에서의 대화 분석

4. 한국연구센터 운영 현황

- 없음

5. 동아시아학 현황

1) 일본학 프로그램 제공 형태	학사
2) 중국학 프로그램 제공 형태	학사

북
미

메릴랜드대학교-칼리지파크

University of Maryland, College Park

1. 대학 개요

설립 연도	1856년
소재 국가	미국
형태	국공립
대표자 성명 / 직위	월리스 로(Wallace Loh) / 총장

2. 연락처

주소	영문 주소	2106G Jimenez Hall, College Park, MD, USA
	우편번호	20742
전화		+1-301-405-4256
웹사이트		www.umd.edu

3. 기관 한국학 현황

1) 한국 관련 강좌 운영 현황

소속 학부	언어문학문화학부(School of Languages, Literatures, and Cultures)	
소속 학과	동아시아언어문화학과(Department of East Asian Languages and Cultures)	
프로그램 대표자	성명	직함
	로버트 램지 (S. Robert Ramsey)	교수
홈페이지	sllc.umd.edu/korean/	

2) 한국 관련 프로그램 제공 형태

학위 과정	B.A. (학사 과정)	한국학 부전공

3) 한국학 교수진 : 2명

교수명	직위	전공 분야
로버트 램지	교수	언어학
영희 램지(Younghi Ramsey)	선임강사	한국어, 문학

4) 강좌 개설 현황

과목명	담당 교수	주당 수업 시간	수강생 수	학점	필수 / 선택
한국학 특강: 서울에서 살아가기 I–도시화와 개발에 대한 문화적 역사			10		
초급 한국어				3	
중급 한국어 1				3	
중급 한국어 2				3	
한국어의 역사				3	
한국어 입문				3	
한국인을 위한 고급 한국어–기초 1				3	
한국인을 위한 고급 한국어–기초 2				3	

4. 한국연구센터 운영 현황
- 없음

5. 동아시아학 현황

1) 일본학 프로그램 제공 형태	학사, 기타(동아시아학 수료)
2) 중국학 프로그램 제공 형태	학사, 기타(공자학원)

미네소타대학교
University of Minnesota

1. 대학 개요

설립 연도	1851년
소재 국가	미국
형태	국공립
대표자 성명 / 직위	에릭 칼러(Eric W. Kaler) / 총장

2. 연락처

주소	영문 주소	220 Folwell Hall, 9 Pleasant St. S.E., Minneapolis, MN, USA
	우편번호	55455
전화		+1-612-625-6534
웹사이트		www.twin-cities.umn.edu

3. 기관 한국학 현황

1) 한국 관련 강좌 운영 현황

소속 단과대학	문과대학(College of Liberal Arts)	
소속 학과	아시아어문학과(Asian Languages and Literatures)	
개설 연도	2001년	
프로그램 대표자	성명	직함
	조항태(Hangtae Cho)	한국학 디렉터
홈페이지	cla.umn.edu/asian-lang-lit	

2) 한국 관련 프로그램 제공 형태

학위 과정	B.A. (학사 과정)	한국학 부전공, 동아시아학 전공
	Ph.D. (박사 과정)	동아시아학 전공

3) 주요 연구 분야

• 일제강점기 역사와 문학, 냉전시대의 남북한 영화, 현대 한국 영화, 현대 문학과 번역, 철학, 북한 언어학, 남북한의 문화와 사회

4) 한국학 교수진 : 2명

교수명	직위	전공 분야
트래비스 워크맨(Travis Workman)	부교수	한국 문학
조항태	선임강사	한국언어학

5) 수강생 현황

한국어(학) 관련 강의 수강생 수 : 총 336명

학사 1학년	학사 2학년	학사 3학년	학사 4학년	석사 1학년	석사 2학년	박사 과정	기타
160	95	45	33			3	

전공생 수

B.A.	M.A.	Ph.D.
전공생: 23 부전공생: 22		3

6) 강좌 개설 현황

과목명	담당 교수	주당 수업 시간	수강생 수	학점	필수 / 선택
한국 근대 문학	트래비스 워크맨	3	58	3	필수
남한과 북한의 언어와 사회	조항태(e-School)	3	35	3	필수
초급 한국어 1	브라이스 존슨(Bryce Johnson), 이인혜(Inhye Lee), 패티마 월지(Fatima Walji)	5	150	5	필수
중급 한국어 1	김수경(Sugyung Kim), 패티마 월지	5	49	5	필수
3학년 한국어 1	브라이스 존슨	4	19	4	필수

과목명	담당 교수	주당 수업 시간	수강생 수	학점	필수 / 선택
근대 한국어 읽기	조항태	4	8	4	선택
연구 지도	조항태	2	2	2	선택
한국 문화 토픽 (KF 글로벌 e-School)	준 안(Juhn Ahn)	3	2	3	선택

7) 한국 관련 활동

활동명	시기	상세 활동 내용
아시아 문학, 문화, 미디어 워크숍	2016년 봄~가을	KF의 도서관 지원금 일부로 임마누엘 김(북한 영화), 미셸 조(한국 대중문화), 김영미(역사학) 교수 초청

8) 한국 관련 출판물

제목	형태	주요 내용
Imperial Genus	단행본	캘리포니아대학교 출판사 • 제국주의 일본과 식민지 한국에서 인간 중심의 철학, 문학, 사회과학에 대한 논의

4. 한국연구센터 운영 현황

-없음

5. 도서관 현황

도서관명	미네소타대학교 동아시아 도서관(University of Minnesota East Asian Library)
담당 사서	야오 첸(Yao Chen)
한국학 장서 보유량(부)	4,803

6. 동아시아학 현황

1) 일본학 프로그램 제공 형태	학사, 박사
2) 중국학 프로그램 제공 형태	학사, 박사

미들베리칼리지
Middlebury College

1. 대학 개요

설립 연도	1800년
소재 국가	미국
형태	사립
대표자 성명 / 직위	패튼 로리(Patton Laurie L.) / 총장

2. 연락처

주소	영문 주소	14 Old Chapel Rd., Middlebury, Vermont, USA
	우편번호	05753
전화		+1-802-443-5510 / +1-408-221-9381
웹사이트		www.middlebury.edu

3. 기관 한국학 현황

1) 한국 관련 강좌 운영 현황

소속 학원	미들베리어학원(Middlebury Language Schools)	
소속 학과	한국어학교(School of Korean)	
한국학(어) 프로그램명	여름 집중 한국어 프로그램 레벨1-5 (Summer Intensive Korean Language Program from Level 1 to Level 5)	
개설 연도	2014년	
프로그램 대표자	성명	직함
	강사희(Sahie Kang)	한국어스쿨 디렉터
홈페이지	www.middlebury.edu/ls/schoolofkorean	

2) 한국 관련 프로그램 제공 형태

비학위 과정	B.A. 선택 과목, 어학원

3) 한국학 교수진 : 1명

교수명	직위	전공 분야
강사희	한국어스쿨 디렉터	언어학

4) 수강생 현황

한국어(학) 관련 강의 수강생 수 : 총 42명

5) 강좌 개설 현황

과목명	담당 교수	주당 수업 시간	수강생 수	학점	필수 / 선택
초급 한국어 1	강사희		12	3	선택
초급 한국어 2	강사희		8	3	선택
중급 한국어 1	강사희		5	3	선택
중급 한국어 2	강사희		5	3	선택
고급 한국어 1	강사희		4	3	선택
남북한의 언어와 사회	강사희		4	3	선택
한국 경제와 사회의 역사	강사희		4	3	선택

4. 한국연구센터 운영 현황
- 없음

5. 동아시아학 현황

1) 일본학 프로그램 제공 형태	학사, 석사
2) 중국학 프로그램 제공 형태	학사, 석사, 박사

미시간대학교
University of Michigan

1. 대학 개요

설립 연도	1817년
소재 국가	미국
형태	국공립
대표자 성명 / 직위	마크 슐리셀(Mark Schlissel) / 총장

2. 연락처

주소	영문 주소	500 S State St, Ann Arbopr, MI, USA
	우편번호	48109
전화		+1-734-764-2587
웹사이트		www.umich.edu

3. 기관 한국학 현황

1) 한국 관련 강좌 운영 현황

소속 단과대학	문학과학인문대학(College of Literature, Science, and the Arts)	
소속 학과	아시아어문화학과(Department of Asian Languages Cultures)	
개설 연도	1995년	
프로그램 대표자	성명	직함
	곽노진	남 한국학센터장
홈페이지	lsa.umich.edu	

2) 한국 관련 프로그램 제공 형태

학위 과정	B.A. (학사 과정)	동아시아학 전공

3) 한국학 교수진 : 4명

교수명	직위	전공 분야
안준영	조교수	한국사
미카 오어백(Micah Auerback)	부교수	일본사, 한국사
오세미	조교수	한국사, 시각 문화
류영주	부교수	시각 문화, 한국 문학

4) 강좌 개설 현황

과목명	담당 교수	주당 수업 시간	수강생 수	학점	필수 / 선택
한국 문화 학부 세미나	류영주	3		3	
한국 문명 입문	안준영	3		3	
아시아학 토픽(한국의 극적인 역사)	오세미	3		3	
근대 한국 문학	류영주	3		3	
아시아학 토픽(한국 전통 시: 시조)	모스먼 도희 (Morsman, DoHee)	3		3	
한국의 영화 문화	오세미	3		3	

4. 한국연구센터 운영 현황

명칭	남 한국학센터(Nam Center for Korean Studies)	
소속 기관	미시간대학교	
설립 연도	2010년	
대표자	성명	직함
	곽노진	센터장

5. 도서관 현황

도서관명	아시아 도서관(Asia Library)
담당 사서	성유나(Yunah Sung)

6. 동아시아학 현황

1) 일본학 프로그램 제공 형태	학사(아시아학 전공, 부전공)
2) 중국학 프로그램 제공 형태	학사(아시아학 전공, 부전공)

북
미

미시간주립대학교
Michigan State University

1. 대학 개요

설립 연도	1855년
소재 국가	미국
형태	국공립
대표자 성명 / 직위	루 애나 사이먼(Lou Anna K. Simon) / 총장

2. 연락처

주소	영문 주소	220 Trowbridge Rd, East Lansing, MI, USA
	우편번호	48824
전화		+1-517-353-0740
웹사이트		www.msu.edu

3. 기관 한국학 현황

1) 한국 관련 강좌 운영 현황

소속 단과대학	예술인문대학(College of Arts & Letters)	
소속 학과	언어와 독어·슬라브어·아시아어·아프리카어학과 (Department of Linguistics & Germanic, Slavic, Asian and African Languages)	
프로그램 대표자	성명	직함
	제이슨 메릴 (Jason Merrill)	학과장
홈페이지	linglang.msu.edu	

2) 한국 관련 프로그램 제공 형태

학위 과정	B.A. (학사 과정)	한국어 부전공

3) 한국학 교수진 : 1명

교수명	직위	전공 분야
박옥숙	조교수	한국어

4) 강좌 개설 현황

과목명	담당 교수	주당 수업 시간	수강생 수	학점	필수 / 선택
초급 한국어 I				4	선택
초급 한국어 II				4	선택
중급 한국어 I				4	선택
중급 한국어 II				4	선택
중급 한국학				1-6	선택
중고급 한국어 I				3	선택
중고급 한국어 II				3	선택
고급 한국어 I				3	선택
고급 한국어 II				3	선택
고급 한국학				1-6	선택

4. 한국연구센터 운영 현황

명칭	한국학협의회(Council on Korean Studies)	
소속 기관	아시아학센터(Asian Studies Center)	
설립 연도	2000년	
대표자	성명	직함
	강기원	회장

5. 동아시아학 현황

1) 일본학 프로그램 제공 형태	학사
2) 중국학 프로그램 제공 형태	학사

미시시피대학교

University of Mississippi

1. 대학 개요

설립 연도	1848년
소재 국가	미국
형태	국공립
대표자 성명 / 직위	제프리 비터(Jeffrey Vitter) / 총장

2. 연락처

주소	영문 주소	P.O. Box 1848, University, MS, USA
	우편번호	38677
전화		+1-662-915-3499
웹사이트		www.olemiss.edu

3. 기관 한국학 현황

1) 한국 관련 강좌 운영 현황

소속 단과대학	인문대학(College of Liberal Arts)	
소속 학과	현대언어학과(Department of Modern Languages)	
개설 연도	2011년	
프로그램 대표자	성명	직함
	대니얼 오설리번 (Daniel O'Sullivan)	학과장
홈페이지	modernlanguages.olemiss.edu	

2) 한국 관련 프로그램 제공 형태

학위 과정	B.A. (학사 과정)	한국어 부전공, 기타 전공 내 한국학 프로그램(전공명: 현대언어학)

3) 한국학 교수진 : 2명

교수명	직위	전공 분야
김현지(Hyunji Kim)	강사	
김다은(Daeun Kim)	조교	

4) 강좌 개설 현황

과목명	담당 교수	주당 수업 시간	수강생 수	학점	필수 / 선택
집중 한국어(1~6)					
초급 한국어					
중급 한국어					
고급 한국어					
한국어 토픽					

4. 한국연구센터 운영 현황
- 없음

5. 동아시아학 현황

1) 일본학 프로그램 제공 형태	학사(부전공)
2) 중국학 프로그램 제공 형태	학사(부전공)

미주리대학교
University of Missouri

1. 대학 개요

설립 연도	1839년
소재 국가	미국
형태	국공립
대표자 성명 / 직위	알렉산더 카트라이트(Alexander Cartwright) / 총장

2. 연락처

주소	영문 주소	N49 Memorial Union, Columbia, Missouri, USA
	우편번호	65211
전화		+1-573-882-7693
웹사이트		www.missouri.edu

3. 기관 한국학 현황

1) 한국 관련 강좌 운영 현황

소속 단과대학	인문과학대학(College of Arts and Science)	
소속 학과	독일·러시아학과(Department of German and Russian Studies)	
한국학(어) 프로그램명	한국학 프로그램(Korean Studies Program)	
개설 연도	1986년	
프로그램 대표자	성명	직함
	숀 아이어턴(Sean Ireton)	학과장
홈페이지	grs.missouri.edu/korean/korean-studies	

2) 한국 관련 프로그램 제공 형태

학위 과정	B.A. (학사 과정)	동아시아학 전공

3) 주요 연구 분야

- 한반도와 한국 지역의 안보와 외교 이슈

4) 한국학 교수진 : 7명

교수명	직위	전공 분야
시나 그레이튼스(Sheena Greitens)	교수	동아시아 안보
유승권(Seungkwon You)	교수	한미 관계
정재국(Jekook Chung)	강사	동아시아 경제
김용재(Yongjae Kim)	강사	한국 정치
천상훈(Sanghun Chun)	강사	국제관계학
이의랑(Euirang Lee)	강사	언론학
원소은(Shoeun Won)	강사	교육학

5) 수강생 현황

한국어(학) 관련 강의 수강생 수 : 총 70명

학사 1학년	학사 2학년	학사 3학년	학사 4학년	석사 1학년	석사 2학년	박사 과정	기타
20	20	20	10				

6) 강좌 개설 현황

과목명	담당 교수	주당 수업 시간	수강생 수	학점	필수 / 선택
초급 한국어	원소은	3	25	5	선택
중급 한국어	이의랑	3	10	3	선택
한국의 문명	천상훈	3	9	3	선택
한국 영화	김용재	3	20	3	선택
세계 속의 한반도	김용재	3	10	3	선택

7) 한국 관련 활동

활동명	시기	상세 활동 내용
트루먼 컨퍼런스	1992년부터 격년으로 개최	한미 관계를 주제로 미주리대학교 아시아센터(Asian Affairs Center)와 한국인졸업생협회에서 기획
한국학연구소 개소식	2017. 2.	영화 상영 및 그레이스 조(Grace Jo) 연설
한국학연구소 특별 강연	2017. 3.	"국경 지대와 그곳 사람들의 역사: 트루먼밸리의 한국인들"을 주제로 한 아이오와대학교 알리사 박(Alyssa Park)의 강연
한국학연구소 전시회	2017. 4.	예술가 송벽(Song Byeok)의 전시
한국학연구소 영화 상영	2017. 4.	영화 「국제시장」 상영
한국학연구소 세미나	2017. 4.	조선대학교 지병근(Byungkeun Jhee) 교수와 인제대학교 홍재우(Jaewoo Hong) 교수가 다가오는 한국의 대선과 민주주의 활동에 관해 논의

4. 한국연구센터 운영 현황

명칭	한국학연구소(Institute of Korean Studies)	
소속 기관	아시아센터(Asian Affairs Center)	
설립 연도	2017년	
대표자	성명	직함
	시나 그레이튼스	소장

5. 도서관 현황

도서관명	아시아센터 한국 도서 섹션(Korean Library Section in the Asian Affairs Center)
담당 사서	임안기(Angie Im)
한국학 장서 보유량(부)	450

6. 동아시아학 현황

1) 일본학 프로그램 제공 형태	학사(부전공)
2) 중국학 프로그램 제공 형태	기타(공자학원)

바사칼리지
Vassar College

1. 대학 개요

설립 연도	1861년
소재 국가	미국
형태	사립
대표자 성명 / 직위	엘리자베스 브래들리(Elizabeth H. Bradley) / 총장

2. 연락처

주소	영문 주소	124 Raymond Avenue, Poughkeepsie, NY, USA
	우편번호	12604
전화		+1-845-437-7000
웹사이트		www.vassar.edu

3. 기관 한국학 현황

1) 한국 관련 강좌 운영 현황

소속 학과	아시아학과(Asian Studies)	
프로그램 대표자	성명	직함
	마이클 월시(Michael Walsh)	책임자
홈페이지	asianstudies.vassar.edu	

2) 한국 관련 프로그램 제공 형태

비학위 과정	B.A. 선택 과목

3) 한국학 교수진 : 2명

교수명	직위	전공 분야
문성숙	교수	사회학
신은주		

4) 강좌 개설 현황

과목명	담당 교수	주당 수업 시간	수강생 수	학점	필수 / 선택
초급 한국어	게르하르디 리오바 (Gerhardi, Lioba)				
중급 한국어	게르하르디 리오바				
고급 한국어	게르하르디 리오바				
영화로 보는 한국 사회 변화	문성숙				

4. 한국연구센터 운영 현황
　- 없음

5. 동아시아학 현황

1) 일본학 프로그램 제공 형태	학사
2) 중국학 프로그램 제공 형태	학사

밴더빌트대학교
Vanderbilt University

1. 대학 개요

설립 연도	1873년
소재 국가	미국
형태	사립
대표자 성명 / 직위	니콜라스 제포스(Nicholas S. Zeppos) / 총장

2. 연락처

주소	영문 주소	VU Station B 351806, 2301 Vanderbilt Place Nashville, TN, USA
	우편번호	37235-1806
전화		+1-615-322-4712
웹사이트		www.vanderbilt.edu

3. 기관 한국학 현황

1) 한국 관련 강좌 운영 현황

소속 단과대학	인문·과학대학(College of Arts & Science)	
소속 프로그램	아시아학 프로그램(Asian Studies Program)	
개설 연도	1967년	
프로그램 대표자	성명	직함
	제럴드 피갈(Gerald Figal)	디렉터

2) 한국 관련 프로그램 제공 형태

비학위 과정		B.A. 선택 과목
학위 과정	B.A. (학사 과정)	동아시아학 전공

3) 주요 연구 분야

- 언어, 문화

4) 한국학 교수진 : 2명

교수명	직위	전공 분야
김세영	조교수	영화학, 미디어아트
신해린	조교수	비교문학

5) 수강생 현황

한국어(학) 관련 강의 수강생 수 : 총 22명

학사 1학년	학사 2학년	학사 3학년	학사 4학년	석사 1학년	석사 2학년	박사 과정	기타
7	4	8	3				

전공생 수

B.A.	M.A.	Ph.D.
26		

6) 강좌 개설 현황

과목명	담당 교수	주당 수업 시간	수강생 수	학점	필수 / 선택
동아시아 건축과 정원	밀러(T. Miller)	3	12	3	선택

7) 한국 관련 활동

활동명	시기	상세 활동 내용
영화: 「설국열차」	2014. 1.	신해린 박사가 주최한 영화 상영과 토론
시자석 헌정식	2014. 10.	시자석과 대학 미술 갤러리 헌정에 대한 해외 한국문화유산재단의 평가
석굴암: 유라시아 관점에서	2015. 4.	미네소타대학교 김민구 박사와의 대화
동아시아 지중해 네트워크의 신라시대	2015. 4.	드퍼대학교(DePauw University) 김수정 박사와의 대화
"건축 언어의 유연성: 중국과 한국의 두 개의 탑"	2015. 4.	예일대학교 김연미 박사의 컨퍼런스 톡
영화: 「장화홍련」	2015. 10.	신해린 박사가 주최한 영화 상영과 토론
한국어 스터디	2015~현재	초급 한국어 그룹의 주 2회 모임
VIVID K-POP	2015~현재	K-POP 그룹 워크숍과 공연
아시아 신년 행사	2016. 2.	밴더빌트 학생들의 K-POP 그룹 공연과 한국의 부채춤 공연
한국 토론회	2016. 4.	한인학생회와 K-POP 그룹 학생들이 주최한 한국 문화, 사회, 정치 토론
영화: 「인류멸망보고서」	2016. 10.	신해린 박사가 주최한 영화 상영과 토론
한국 경제 특강	2016 가을	권태신(한국경제연구원장)의 캠퍼스 톡

4. 한국연구센터 운영 현황

- 없음

5. 도서관 현황

도서관명	중앙도서관
담당 사서	유펜 벤더(Yuh-Fen Benda, 아시아학 사서)
한국학 장서 보유량(부)	10,451

6. 동아시아학 현황

1) 일본학 프로그램 제공 형태	석사
2) 중국학 프로그램 제공 형태	석사

버지니아대학교

University of Virginia

1. 대학 개요

설립 연도	1819년
소재 국가	미국
형태	국공립
대표자 성명 / 직위	테레사 설리번(Teresa A. Sullivan) / 총장

2. 연락처

주소	영문 주소	Charlottesville, VA, USA
	우편번호	22903
전화		+1-434-924-3303
웹사이트		www.virginia.edu

3. 기관 한국학 현황

1) 한국 관련 강좌 운영 현황

소속 단과대학	인문과학대학·대학원(College and Graduate School of Arts and Sciences)	
소속 학과	동아시아어문학·문화학과 (Department of East Asian Languages Literatures & Cultures)	
프로그램 대표자	성명	직함
	최윤화	디렉터
홈페이지	eastasian.virginia.edu	

2) 한국 관련 프로그램 제공 형태

비학위 과정		B.A. 선택 과목
학위 과정	B.A. (학사 과정)	동아시아학 전공, 부전공

3) 한국학 교수진 : 2명

교수명	직위	전공 분야
최윤화	강사	한국어 교육
김정희	강사	한국어 교육

4) 강좌 개설 현황

과목명	담당 교수	주당 수업 시간	수강생 수	학점	필수 / 선택
초급 한국어					
중급 한국어					
고급 한국어					
근대 한국어 고급 읽기					
근대 한국 문학 연구					
한국 영화 연구					
근대 한국 문학과 영화 속 여성					
세미나: 남북 분단					

4. 한국연구센터 운영 현황
- 없음

5. 동아시아학 현황

1) 일본학 프로그램 제공 형태	학사
2) 중국학 프로그램 제공 형태	학사

북
미

베일러대학교

Baylor University

1. 대학 개요

설립 연도	1845년
소재 국가	미국
형태	사립
대표자 성명 / 직위	린다 리빙스턴(Linda Livingstone) / 총장

2. 연락처

주소	영문 주소	One Bear Place, #97391 Waco, TX, USA
	우편번호	76798
전화		+1-254- 710-6007
웹사이트		www.baylor.edu

3. 기관 한국학 현황

1) 한국 관련 강좌 운영 현황

소속 단과대학	인문과학대학(College of Arts and Sciences)	
소속 학과	현대어문화학과(Department of Modern languages and Cultures)	
개설 연도	1996년	
프로그램 대표자	성명	직함
	마이클 롱(Micheal Long)	디렉터
홈페이지	www.baylor.edu/mlc	

2) 한국 관련 프로그램 제공 형태

비학위 과정		B.A. 선택 과목
학위 과정	B.A. (학사 과정)	기타 전공 내 한국학 프로그램(전공명: 아시아·아프리카어)

3) 한국학 교수진 : 1명

교수명	직위	전공 분야
소니아 킴 우버(Sonia Kim Uber)	강사	교육학

4) 강좌 개설 현황

과목명	담당 교수	주당 수업 시간	수강생 수	학점	필수 / 선택
초급 한국어	소니아 킴 우버		28		
중급 한국어	소니아 킴 우버		28		

4. 한국연구센터 운영 현황

- 없음

5. 동아시아학 현황

1) 일본학 프로그램 제공 형태	학사(부전공)
2) 중국학 프로그램 제공 형태	학사(부전공)

북
미

보스턴대학교

Boston University

1. 대학 개요

설립 연도	1839년
소재 국가	미국
형태	사립
대표자 성명 / 직위	로버트 브라운(Robert A. Brown) / 총장

2. 연락처

주소	영문 주소	745 Commonwealth Avenue, Room 602, Boston, MA, USA
	우편번호	02215
전화		+1-617-358-5032
웹사이트		www.bu.edu

3. 기관 한국학 현황

1) 한국 관련 강좌 운영 현황

소속 단과대학	인문과학대학(College of Arts and Sciences)	
소속 학과	세계언어문학과(Department of World Languages and Literatures)	
프로그램 대표자	성명	직함
	김정수	한국어 프로그램 디렉터
홈페이지	www.bu.edu/wll	

2) 한국 관련 프로그램 제공 형태

비학위 과정		B.A. 선택 과목
학위 과정	B.A. (학사 과정)	한국어 부전공, 아시아학 전공

3) 한국학 교수진 : 7명

교수명	직위	전공 분야
양윤선	조교수	한국 문학, 비교문학, 젠더학, 영화학
위브케 데네케(Wiebke Denecke)	부교수	의학, 중국학, 일본학
노재민	선임강사	한국어 교육
김정수	강사	비교문학
김지현	시간강사	한국어
구강임	시간강사	영어영문학, TESOL
유정아	시간강사	영어영문학, TESOL

4) 강좌 개설 현황

과목명	담당 교수	주당 수업 시간	수강생 수	학점	필수 / 선택
1학기 한국어	유정아, 구강임	4		4	
2학기 한국어	유정아, 구강임	4		4	
3학기 한국어	노재민	4		4	
4학기 한국어		4		4	
5학기 한국어					
6학기 한국어					
한국 문학 입문(영문 번역본)	양윤선	3		4	
영화를 통해 본 근대 한국 문화	양윤선	3		4	
미디어를 통한 한국어 회화와 작문	노재민	3		4	
고급 한국어 토픽				4	
한국 문학과 문화 토픽	양윤선, 위브케 데네케	3		4	

4. 한국연구센터 운영 현황

- 없음

5. 동아시아학 현황

1) 일본학 프로그램 제공 형태	학사
2) 중국학 프로그램 제공 형태	학사

보스턴칼리지
Boston College

1. 대학 개요

설립 연도	1863년
소재 국가	미국
형태	사립
대표자 성명 / 직위	윌리엄 레이히(William P. Leahy) / 총장

2. 연락처

주소	영문 주소	Lyons Hall 210, 140 Commonwealth Avenue, Chestnut Hill, MA, USA
	우편번호	02467
전화		+1-617-552-3910
웹사이트		www.bc.edu

3. 기관 한국학 현황

1) 한국 관련 강좌 운영 현황

소속 단과대학	모리세이 인문과학대학(Morrissey College of Arts and Sciences)	
소속 학과	슬라브·동양어문학과(Slavic & Eastern Languages and Literatures)	
프로그램 대표자	성명	직함
	프랭크 살라메 (Franck Salameh)	학과장
홈페이지	www.bc.edu/schools/cas/slavic-eastern	

2) 한국 관련 프로그램 제공 형태

비학위 과정	B.A. 선택 과목

3) 한국학 교수진 : 1명

교수명	직위	전공 분야
윤충남	강사	한국어

4) 강좌 개설 현황

과목명	담당 교수	주당 수업 시간	수강생 수	학점	필수 / 선택
한국어 입문 1	윤충남	3		3	선택
한국어 1(계속)	윤충남	3		3	선택

4. 한국연구센터 운영 현황
- 없음

5. 동아시아학 현황

1) 일본학 프로그램 제공 형태	-
2) 중국학 프로그램 제공 형태	학사(부전공)

보이시주립대학교
Boise State University(BSU)

1. 대학 개요

설립 연도	2008년
소재 국가	미국
형태	국공립
대표자 성명 / 직위	로버트 쿠스트라(Robert W. Kustra) / 총장

2. 연락처

주소	영문 주소	1910 University Dr., Boise, ID, USA
	우편번호	83725
전화		+1-208-426-3956
웹사이트		www.boisestate.edu

3. 기관 한국학 현황

1) 한국 관련 강좌 운영 현황

소속 단과대학	인문과학대학(School of Arts and Science)	
소속 학과	세계언어학과(Department of World Languages)	
개설 연도	2008년	
프로그램 대표자	성명	직함
	아드리안 케인(Adrian Kane)	학과장
홈페이지	worldlang.boisestate.edu	

2) 한국 관련 프로그램 제공 형태

비학위 과정	B.A. 선택 과목

3) 한국학 교수진 : 2명

교수명	직위	전공 분야
이유경(Yookyung Lee)	겸임강사	한국학
이경숙(Kyungsuk Lee)	겸임강사	일본어

4) 강좌 개설 현황

과목명	담당 교수	주당 수업 시간	수강생 수	학점	필수 / 선택
초급 한국어 101, 102			40		
중급 한국어 201, 202			15		
한국 대중문화와 사회			40		
한국 현대 영화: 사회적 맥락					

4. 한국연구센터 운영 현황
- 없음

5. 동아시아학 현황

1) 일본학 프로그램 제공 형태	학사
2) 중국학 프로그램 제공 형태	학사

북부조지아대학교

University of North Georgia

1. 대학 개요

설립 연도	2013년
소재 국가	미국
형태	국공립
대표자 성명 / 직위	보니타 제이컵스(Bonita Jacobs) / 총장

2. 연락처

주소	영문 주소	82 College Cir, Dahlonega, GA, USA
	우편번호	30597
전화		+1-706-867-4553
웹사이트		www.ung.edu

3. 기관 한국학 현황

1) 한국 관련 강좌 운영 현황

소속 단과대학	예술·인문대학(College of Arts & Letters)	
소속 학과	현대·고전어학과(Modern & Classical Languages)	
프로그램 대표자	성명	직함
	브라이언 만(D. Brian Mann)	학과장
홈페이지	ung.edu/modern-languages/	

2) 한국 관련 프로그램 제공 형태

학위 과정	B.A. (학사 과정)	한국어 부전공, 기타 전공 내 한국학 프로그램(전공명: 현대·고전어학)

3) 한국학 교수진 : 1명

교수명	직위	전공 분야
지영 대니얼(Jiyoung Daniel)	조교수	

4) 강좌 개설 현황

과목명	담당 교수	주당 수업 시간	수강생 수	학점	필수 / 선택
초급 한국어					
중급 한국어					
고급 한국어					
스페셜 토픽					

4. 한국연구센터 운영 현황

- 없음

5. 동아시아학 현황

1) 일본학 프로그램 제공 형태	학사(부전공)
2) 중국학 프로그램 제공 형태	학사

브라운대학교
Brown University

1. 대학 개요

설립 연도	1764년
소재 국가	미국
형태	사립
대표자 성명 / 직위	크리스티나 팩슨(Christina Paxson) / 총장

2. 연락처

주소	영문 주소	Providence, RI, USA
	우편번호	02912
전화		+1-401-863-3869
웹사이트		www.brown.edu

3. 기관 한국학 현황

1) 한국 관련 강좌 운영 현황

소속 학부	인문학부	
소속 학과	동아시아학과	
개설 연도	1987년	
프로그램 대표자	성명	직함
	왕혜숙	학과장
홈페이지	www.brown.edu/academics/east-asian-studies	

2) 한국 관련 프로그램 제공 형태

비학위 과정		B.A. 선택 과목
학위 과정	B.A. (학사 과정)	동아시아학 전공

3) 한국학 교수진 : 4명

교수명	직위	전공 분야
왕혜숙	학과장, 부교수	사회언어학, 외국어 습득
하현주	강사	TESOL
이혜성	강사	외국어 습득
새뮤얼 페리(Samuel Perry)	부교수	

4) 강좌 개설 현황

과목명	담당 교수	주당 수업 시간	수강생 수	학점	필수 / 선택
초급 한국어	하현주		35		
중급 한국어	하현주		11		
고급 한국어	이혜성		10		
한국 문화와 사회			2		
미디어 한국어	왕혜숙				
한국과 일본의 근대 문화	새뮤얼 페리				
근대 한국: 정치, 문화,사회					
한국어 번역: 소설, 시, 영화, K-POP	새뮤얼 페리				
낙한 영화 속 역사아 기억					

4. 한국연구센터 운영 현황

- 없음

5. 동아시아학 현황

1) 일본학 프로그램 제공 형태	학사
2) 중국학 프로그램 제공 형태	학사

북
미

브랜다이스대학교
Brandeis University

1. 대학 개요

설립 연도	1948년
소재 국가	미국
형태	사립
대표자 성명 / 직위	로널드 리보위츠(Ronald D. Liebowitz) / 총장

2. 연락처

주소	영문 주소	415 South St, Waltham, MA, USA
	우편번호	024563
전화		+1-781-736-3218
웹사이트		www.brandeis.edu

3. 기관 한국학 현황

1) 한국 관련 강좌 운영 현황

소속 학부	인문과학부(Faculty of Arts and Sciences)	
소속 학과	독일·러시아·아시아어문학과 (Department of German, Russian, and Asian Languages and Literature)	
프로그램 대표자	성명	직함
	스티븐 다우든 (Stephen D. Dowden)	학과장
홈페이지	www.brandeis.edu/departments/grall	

2) 한국 관련 프로그램 제공 형태

비학위 과정	B.A. 선택 과목

3) 한국학 교수진 : 3명

교수명	직위	전공 분야
이은조	강사	한국어 교육
헤이우드 파커 제임스(Heywood Parker James)		아시아 역사
김지연		한국 미술

4) 강좌 개설 현황

과목명	담당 교수	주당 수업 시간	수강생 수	학점	필수 / 선택
초급 한국어	이은조	4	14		선택
중급 한국어	이은조	4	15		선택

4. 한국연구센터 운영 현황

- 없음

5. 동아시아학 현황

1) 일본학 프로그램 제공 형태	기타(일본어 강좌)
2) 중국학 프로그램 제공 형태	기타(중국어 강좌)

북미

브룩헤이븐칼리지

Brookhaven College

1. 대학 개요

설립 연도	1978년
소재 국가	미국
형태	국공립
대표자 성명 / 직위	톰 체스니(Thom D. Chesney) / 총장

2. 연락처

주소	영문 주소	3939 Valley View Lane, Farmers Branch, TX, USA
	우편번호	75244
전화		+1-972-860-4788
웹사이트		www.brookhavencollege.edu

3. 기관 한국학 현황

1) 한국 관련 강좌 운영 현황

소속 학부	세계언어학부(World Languages Division)	
프로그램 대표자	성명	직함
	그랜트 시스크(Grant Sisk)	학장
홈페이지	www.brookhavencollege.edu/cd/instruct-divisions/bhc/world-language/pages/default.aspx	

2) 한국 관련 프로그램 제공 형태

비학위 과정	B.A. 선택 과목

3) 한국학 교수진 : 2명

교수명	직위	전공 분야
방화자		ESL
정혜정		한국어 교육

4) 강좌 개설 현황

과목명	담당 교수	주당 수업 시간	수강생 수	학점	필수 / 선택
초급 한국어 1	방화자			4	
초급 한국어 2	정혜정			4	
중급 한국어 1	방화자			3	
중급 한국어 2	방화자			3	

4. 한국연구센터 운영 현황
- 없음

5. 동아시아학 현황

1) 일본학 프로그램 제공 형태	기타(학점 수료)
2) 중국학 프로그램 제공 형태	기타(학점 수료)

브리검영대학교
Brigham Young University

1. 대학 개요

설립 연도	1875년
소재 국가	미국
형태	사립
대표자 성명 / 직위	케빈 워덴(Kevin J. Worthen) / 총장

2. 연락처

주소	영문 주소	Provo, UT, USA
	우편번호	84602
전화		+1-801-422-7672
웹사이트		www.byu.edu

3. 기관 한국학 현황

1) 한국 관련 강좌 운영 현황

소속 학부	인문학부(College of Humanities)	
소속 학과	아시아·근동언어학과(Asian & Near Eastern Languages)	
프로그램 대표자	성명	직함
	마크 페터슨 (Mark A. Peterson)	한국학 담당자
홈페이지	ane.byu.edu	

2) 한국 관련 프로그램 제공 형태

학위 과정	B.A. (학사 과정)	한국어 전공, 부전공

3) 한국학 교수진 : 1명

교수명	직위	전공 분야
유장숙	겸임강사	

4) 강좌 개설 현황

과목명	담당 교수	주당 수업 시간	수강생 수	학점	필수 / 선택
한국어 1				4	
한국어 2				4	
한국어 회화				2	
근대 한국어 읽기				3	
한국어의 구조				3	
1900년까지의 한국 문학				3	
한국 문화				3	
북한의 언어와 문화				2	
1900년 이후의 한국 문학				3	
고전 한국어(한문)				3	

4. 한국연구센터 운영 현황
- 없음

5. 동아시아학 현황

1) 일본학 프로그램 제공 형태	학사
2) 중국학 프로그램 제공 형태	학사

새들백칼리지
Saddleback College

1. 대학 개요

설립 연도	1968년
소재 국가	미국
형태	국공립
대표자 성명 / 직위	토드 버넷(Tod A. Burnett) / 총장

2. 연락처

주소	영문 주소	28000 Marguerite Parkway, Mission Viejo, CA, USA
	우편번호	92692
전화		+1-949-582-4500
웹사이트		www.saddleback.edu

3. 기관 한국학 현황

1) 한국 관련 강좌 운영 현황

소속 단과대학	문과대학(Liberal Arts Division)	
소속 학과	외국어학과(International Languages Department)	
프로그램 대표자	성명	직함
	카르멘마라 에르난데스 브라보 (Carmenmara Hernandez-Bravo)	공동 학과장
홈페이지	www.saddleback.edu/la/international-languages	

2) 한국 관련 프로그램 제공 형태

비학위 과정		A.A. 선택 과목
학위 과정	B.A. (학사 과정)	기타 전공 내 프로그램(준학사)

3) 한국학 교수진 : 1명

교수명	직위	전공 분야
유수영		

4) 수강생 현황

한국어(학) 관련 강의 수강생 수 : 총 27명

5) 강좌 개설 현황

과목명	담당 교수	주당 수업 시간	수강생 수	학점	필수 / 선택
초급 한국어					
실용 한국어					
한국 문화 입문			27		

4. 한국연구센터 운영 현황

- 없음

5. 동아시아학 현황

1) 일본학 프로그램 제공 형태	준학사
2) 중국학 프로그램 제공 형태	준학사

샌타모니카칼리지
Santa Monica College

1. 대학 개요

설립 연도	1929년
소재 국가	미국
형태	국공립
대표자 성명 / 직위	캐스린 제프리(Kathryn E. Jeffery) / 총장

2. 연락처

주소	영문 주소	1900 Pico Boulevard, Santa Monica, CA, USA
	우편번호	90405
전화		+1-310-434-4000
웹사이트		www.smc.edu

3. 기관 한국학 현황

1) 한국 관련 강좌 운영 현황

소속 학과	현대언어·문화학과(Modern Languages and Cultures)	
한국학(어) 프로그램명	한국어 프로그램(Korean Program)	
프로그램 대표자	성명	직함
	토니 트리베스(Toni Trives)	학과장
홈페이지	www.smc.edu/AcademicPrograms/ModernLanguage	

2) 한국 관련 프로그램 제공 형태

학위 과정	B.A. (학사 과정)	A.A. 일반 교육

3) 한국학 교수진 : 4명

교수명	직위	전공 분야
차지현		아시아어, 한국어, 한국 문학
최수정		
돈 리(Don Lee)		
박지현		

4) 강좌 개설 현황

과목명	담당 교수	주당 수업 시간	수강생 수	학점	필수 / 선택
초급 한국어 I					
초급 한국어 II					
중급 한국어 I					
중급 한국어 II					

4. 한국연구센터 운영 현황
- 없음

5. 동아시아학 현황

1) 일본학 프로그램 제공 형태	준학사 일반 교육
2) 중국학 프로그램 제공 형태	준학사 일반 교육

서던네바다칼리지
College of Southern Nevada

1. 대학 개요

설립 연도	1971년
소재 국가	미국
형태	국공립
대표자 성명 / 직위	마이클 리처드(Michael D. Richards) / 총장

2. 연락처

주소	영문 주소	6375 W. Charleston Blvd. Las Vegas, NV, USA
	우편번호	89146
전화		+1-702-651-5000
웹사이트		www.csn.edu

3. 기관 한국학 현황

1) 한국 관련 강좌 운영 현황

소속 단과대학	문과대학(The School of Arts & Letters)	
소속 학과	국제어학과(Department of International Languages)	
프로그램 대표자	성명	직함
	켄 움랜드(Ken Umland)	학과장
홈페이지	www.csn.edu/programs/world-languages	

2) 한국 관련 프로그램 제공 형태

비학위 과정		B.A. 선택 과목
학위 과정	B.A. (학사 과정)	기타 전공 내 한국학 프로그램(전공명: 국제언어학)

3) 한국학 교수진 : 2명

교수명	직위	전공 분야
송정은		
김혜숙		

4) 강좌 개설 현황

과목명	담당 교수	주당 수업 시간	수강생 수	학점	필수 / 선택
한국어 회화 I	김혜숙		7		
1차년도 한국어 I	송정은		19		
1차년도 한국어 II	송정은		4		
2차년도 한국어 I	김혜숙, 송정은				
2차년도 한국어 II	송정은				

4. 한국연구센터 운영 현황
- 없음

5. 동아시아학 현황

1) 일본학 프로그램 제공 형태	준학사(국제언어학 전공)
2) 중국학 프로그램 제공 형태	준학사(국제언어학 전공)

서던캘리포니아대학교(남가주대학교)
University of Southern California(USC)

1. 대학 개요

설립 연도	1880년
소재 국가	미국
형태	사립
대표자 성명 / 직위	맥스 니키아스(C. L. Max Nikias) / 총장

2. 연락처

주소	영문 주소	809 West 34th Street, AHN 100, Los Angeles, CA, USA
	우편번호	90089
전화		+1-213-740-4059
웹사이트		www.usc.edu

3. 기관 한국학 현황

1) 한국 관련 강좌 운영 현황

소속 단과대학	언어인문과학대학(Dornsife College of Letters, Arts and Sciences)	
소속 학과	동아시아언어문화학과(East Asian Languages and Cultures)	
프로그램 대표자	성명	직함
	주희(Hee Ju)	디렉터
홈페이지	dornsife.usc.edu/ealc	

2) 한국 관련 프로그램 제공 형태

비학위 과정		B.A. 선택 과목, M.A. 선택 과목
학위 과정	B.A. (학사 과정)	한국학 전공, 한국어 전공
	Ph.D. (박사 과정)	한국학 전공

3) 주요 연구 분야

• 언어, 문화, 문학

4) 한국학 교수진 : 6명

교수명	직위	전공 분야
김남길(Namkil Kim)	교수	한국언어학
박선영(Sunyoung Park)	부교수	한국 문학
최영민(Youngmin Choe)	부교수	한국 문화
안현정(Hyunjung Ahn)	강사	한국어
주희(Hee Ju)	강사	한국어
헬렌 정(Helen Chung)	강사	한국어

5) 강좌 개설 현황

과목명	담당 교수	주당 수업 시간	수강생 수	학점	필수 / 선택
한국어 1	주희	4	32	4	필수
한국어 2	안현정	4	23	4	필수
한국어 3	헬렌 정	4	16	4	선택
한국어 4	주희	4	3	4	선택
고급 한국어	안현정	4	4	4	선택
국한문 성서를 통한 한국어 쓰기	김남길	3	8	4	선택
고대부터 근대까지의 한국 문화	엘리 김(Elli Kim)	3	97	4	선택
동아시아 사회	정진희(Jinhee Choung)	4	186	4	필수

6) 한국 관련 활동

활동명	시기	상세 활동 내용
디지털 공공 외교를 통한 한미 관계 증진	2016. 11.	한미 관계 증진을 위한 디지털 통신 기술의 역할 탐구

북미

4. 한국연구센터 운영 현황

명칭	한국학연구소(Korean Studies Institute)	
소속 기관	언어인문과학대학	
설립 연도	1995년	
대표자	성명	직함
	데이비드 강(David Kang)	디렉터

5. 도서관 현황

도서관명	한국 유산 도서관(Korean Heritage Library)
담당 사서	조이 김(Joy Kim)
한국학 장서 보유량(부)	146,302

6. 동아시아학 현황

1) 일본학 프로그램 제공 형태	학사, 석사, 박사
2) 중국학 프로그램 제공 형태	학사, 석사, 박사

스미스칼리지
Smith College

1. 대학 개요

설립 연도	1871년
소재 국가	미국
형태	사립
대표자 성명 / 직위	캐슬린 매카트니(Kathleen McCartney) / 총장

2. 연락처

주소	영문 주소	Northampton, MA, USA
	우편번호	01063
전화		+1-413-585-3684
웹사이트		www.smith.edu

3. 기관 한국학 현황

1) 한국 관련 강좌 운영 현황

소속 학과	동아시아어문학과(East Asian Languages and Literatures)	
프로그램 대표자	성명	직함
	수제인 우(Sujane Wu)	학과장
홈페이지	www.smith.edu/eall	

2) 한국 관련 프로그램 제공 형태

비학위 과정		B.A. 선택 과목
학위 과정	B.A. (학사 과정)	동아시아학 전공, 부전공

3) 한국학 교수진 : 2명

교수명	직위	전공 분야
숙 매시(Suk Massey)	강사	세계화, 제2외국어 습득
신현숙(Hyunsook Shin)	강사	제2외국어 교육

4) 강좌 개설 현황

과목명	담당 교수	주당 수업 시간	수강생 수	학점	필수 / 선택
동아시아 사회와 문화 입문	갓생(S. Gottschang)	3		4	
한국어 1	매시	3		4	
한국어 2	매시	3		4	
한국 대중문화: 김치	엘리 최(Ellie Choi)	3		4	

4. 한국연구센터 운영 현황
- 없음

5. 동아시아학 현황

1) 일본학 프로그램 제공 형태	학사
2) 중국학 프로그램 제공 형태	학사

스탠퍼드대학교
Stanford University

1. 대학 개요

설립 연도	1885년
소재 국가	미국
형태	사립
대표자 성명 / 직위	마크 테시어 라빈(Marc Tessier-Lavigne) / 총장

2. 연락처

주소	영문 주소	Encina Hall, E301, 616 Serra St. Stanford, CA, USA
	우편번호	94305
전화		+1-650-724-8271
웹사이트		www.stanford.edu

3. 기관 한국학 현황

1) 한국 관련 강좌 운영 현황

소속 단과대학	인문과학대학(School of Humanities and Sciences)	
소속 학과	사회학과(Sociology), 역사학과(History), 동아시아학과(East Asian Studies), 경제학과(Economics), 동아시아문학·문화학과(East Asian Literature and Culture), 언어센터(Language Center)	
프로그램 대표자	성명	직함
	리처드 샐러 (Richard P. Saller)	학장
홈페이지	humsci.stanford.edu	

2) 한국 관련 프로그램 제공 형태

비학위 과정		B.A. 선택 과목, M.A. 선택 과목
학위 과정	B.A. (학사 과정)	동아시아학 전공
	M.A. (석사 과정)	동아시아학 전공

3) 주요 연구 분야

- 한미 관계, 북한 문제, 세계화와 혁신, 교육과 경제 발전, 언어 교육

4) 한국학 교수진 : 6명

교수명	직위	전공 분야
신기욱	교수	사회학
문유미	부교수	한국사
이용석	APARC센터 펠로	경제학
다프나 주르(Dafna Zur)	조교수	한국 문학
김희선	강사	언어학
윤한나(Hannah Yoon)	강사	교육학

5) 수강생 현황

한국어(학) 관련 강의 수강생 수 : 총 39명

학사 1학년	학사 2학년	학사 3학년	학사 4학년	석사 1학년	석사 2학년	박사 과정	기타
9	9	3	8	6	2	2	

6) 강좌 개설 현황

과목명	담당 교수	주당 수업 시간	수강생 수	학점	필수 / 선택
한국어 1(1학년)	김희선	5	11	5	선택
한국어 2(1학년)	김희선	5	10	5	선택
한국인을 위한 한국어 입문	김희선	3	4	3	선택
한국어(2학년)	윤한나	5	6	5	선택
한국어(3학년)	윤한나	4, 5	6	4-5	선택
한국어(4학년)	윤한나	4	3	4	선택

7) 한국 관련 활동

활동명	시기	상세 활동 내용
세미나와 컨퍼런스	2011~현재	
연구	2011~현재	

4. 한국연구센터 운영 현황

명칭	쇼렌스타인 아시아-태평양연구센터 한국 프로그램 (Shorenstein Asia-Pacific Research Center, Korea Program)	
소속 기관	프리먼 스포글리 국제학대학 (Freeman Spogli Institute for International Studies)	
설립 연도	2001년	
대표자	성명	직함
	신기욱	센터장

5. 도서관 현황

도서관명	동아시아 도서관(East Asia Library)
담당 사서	전경미(Kyungmi Chun)
한국학 장서 보유량(부)	41,441

6. 동아시아학 현황

1) 일본학 프로그램 제공 형태	학사(동아시아학 전공, 언어문화 전공, 사회학 전공, 정치학 전공)
2) 중국학 프로그램 제공 형태	학사(동아시아학 전공, 언어문화 전공, 사회학 전공, 정치학 전공)

시카고대학교
University of Chicago

1. 대학 개요

설립 연도	1890년
소재 국가	미국
형태	사립
대표자 성명 / 직위	로버트 짐머(Robert J. Zimmer) / 총장

2. 연락처

주소	영문 주소	5801 S Ellis Ave, Chicago, IL, USA
	우편번호	60637
전화		+1-773-834-4683
웹사이트		www.uchicago.edu

3. 기관 한국학 현황

1) 한국 관련 강좌 운영 현황

소속 학부	인문학부(Division of Humanities)	
소속 학과	동아시아언어문명학과(East Asian Languages and Civilizations)	
프로그램 대표자	성명	직함
	제이컵 아이페르스 (Jacob Eyferth)	학과장
홈페이지	ealc.uchicago.edu	

2) 한국 관련 프로그램 제공 형태

학위 과정	B.A. (학사 과정)	동아시아학 전공
	Ph.D. (박사 과정)	동아시아언어문명학 전공

3) 한국학 교수진 : 3명

교수명	직위	전공 분야
최경희	부교수	한국 문학
김지은	강사	한국어
나원경	강사	동아시아언어학

4) 강좌 개설 현황

과목명	담당 교수	주당 수업 시간	수강생 수	학점	필수 / 선택
비즈니스 한국어	나원경	3	5		
초급 한국어	김희선	4	57		
중급 한국어	김지은	4	23		
고급 한국어	김지은	3	6		
한국 현대 TV와 언어	한남비	3	4		
동아시아 검열: 식민지 한국의 사례	최경희	3	6		
한국 문학의 외국 비평	최경희	3	3		
기독교와 한국	앤지 허(Angie Heo)	2	3		
영화와 문학을 통해 본 현대 한국 정체성 변화	박현희	3	2		

4. 한국연구센터 운영 현황

명칭	한국학연구위원회(Committee on Korean Studies)	
소속 기관	동아시아학센터(Center for East Asian Studies)	
대표자	성명	직함
	브루스 커밍스(Bruce Cumings)	위원장

5. 도서관 현황

도서관명	레겐스테인 도서관(Regenstein Library)
담당 사서	박지영(Jeeyoung Park)

6. 동아시아학 현황

1) 일본학 프로그램 제공 형태	학사(동아시아학 전공)
2) 중국학 프로그램 제공 형태	학사(동아시아학 전공)

아메리칸대학교
American University Washington D.C.

1. 대학 개요

설립 연도	1893년
소재 국가	미국
형태	사립
대표자 성명 / 직위	실비아 매슈스 버웰(Sylvia Matthews Burwell) / 총장

2. 연락처

주소	영문 주소	4400 Massachusetts Ave NW, Washington, DC, USA
	우편번호	1893
전화		+1-202-601-2490
웹사이트		www.american.edu

3. 기관 한국학 현황

1) 한국 관련 강좌 운영 현황

소속 단과대학	인문과학대학(College of Arts and Sciences)	
소속 학과	인문학과(Department of Humanities)	
개설 연도	2004년	
프로그램 대표자	성명	직함
	피터 스타(Peter Starr)	학장
홈페이지	www.american.edu/cas/humanities/	

2) 한국 관련 프로그램 제공 형태

비학위 과정		B.A. 선택 과목
학위 과정	B.A. (학사 과정)	동아시아학 전공

3) 한국학 교수진 : 2명

교수명	직위	전공 분야
박순	겸임교수	
신혜영	강사	세계 언어와 문화

4) 강좌 개설 현황

과목명	담당 교수	주당 수업 시간	수강생 수	학점	필수 / 선택
한국 근대사	박순	2		3	
북한과 국제 안보	리 제이(Lee J.)	3		3	
초급 한국어		4		5	
중급 한국어		4		5	

4. 한국연구센터 운영 현황
- 없음

5. 동아시아학 현황

1) 일본학 프로그램 제공 형태	학사
2) 중국학 프로그램 제공 형태	학사

아이오와대학교

University of Iowa

1. 대학 개요

설립 연도	1847년
소재 국가	미국
형태	국공립
대표자 성명 / 직위	브루스 해럴드(Bruce Harreld) / 총장

2. 연락처

주소	영문 주소	101 Jessup Hall, Iowa City, IA, USA
	우편번호	52242-1316
전화		+1-319-335-2923
웹사이트		www.uiowa.edu

3. 기관 한국학 현황

1) 한국 관련 강좌 운영 현황

소속 단과대학	인문과학대학(College of Liberal Arts and Sciences)	
소속 학과	아시아·슬라브어문학과(Asian & Slavic Languages and Literatures)	
프로그램 대표자	성명	직함
	프레드릭 스미스 (Frederick M. Smith)	학과장
홈페이지	clas.uiowa.edu/dwllc/asll	

2) 한국 관련 프로그램 제공 형태

학위 과정	B.A. (학사 과정)	한국학 부전공, 기타 전공 내 한국학 프로그램(전공명: 아시아·슬라브어문학)

3) 한국학 교수진 : 3명

교수명	직위	전공 분야
윤상석	교수	한국어
변유주	객원교수	
박정아	객원교수	

4) 수강생 현황

한국어(학) 관련 강의 수강생 수 : 총 77명

5) 강좌 개설 현황

과목명	담당 교수	주당 수업 시간	수강생 수	학점	필수 / 선택
여행·비즈니스용 한국어	변유주	2	16		선택
여행·비즈니스용 한국어	박정아	4	13		선택
여행·비즈니스용 한국어	윤상석	4	13		선택
아시아 인문학: 한국학	윤상석	3	3		필수
2차년도 한국어	윤상석	4	9		선택
2차년도 한국어	박정아	4	11		선택
3차년도 한국어	윤상석	3	10		필수
4차년도 한국어	윤상석	3	3		필수
한국 영상문화	윤상석	3	9		선택

6) 한국 관련 활동

활동명	시기	상세 활동 내용
한국어 교실	2017. 3.~2017. 5.	세종학당에서 운영하는 한국어 교실, 한글 / 기초 회화 / 기초 한국어 교실
한글 서예 교실	2017. 4.~2017. 7.	세종학당에서 운영하는 서예 교실

4. 한국연구센터 운영 현황

- 없음

5. 동아시아학 현황

1) 일본학 프로그램 제공 형태	학사
2) 중국학 프로그램 제공 형태	학사

애리조나대학교
University of Arizona

1. 대학 개요

설립 연도	1885년
소재 국가	미국
형태	국공립
대표자 성명 / 직위	로버트 로빈스(Robert C. Robbins) / 총장

2. 연락처

주소	영문 주소	1717 E. Speedway Blvd. Babcock building #3312 Tucson, AZ, USA
	우편번호	85721
전화		+1-520-621-3387
웹사이트		www.arizona.edu

3. 기관 한국학 현황

1) 한국 관련 강좌 운영 현황

소속 단과대학	인문대학(College of Humanities)	
소속 학과	동아시아학과(East Asian Studies)	
개설 연도	1985년	
프로그램 대표자	성명	직함
	킴벌리 존스(Kimberly A. Jones)	부학장
홈페이지	eas.arizona.edu	

2) 한국 관련 프로그램 제공 형태

비학위 과정		B.A. 선택 과목
학위 과정	B.A. (학사 과정)	동아시아학 전공

3) 한국학 교수진 : 6명

교수명	직위	전공 분야
류지은(Jieun Ryu)	튜터	외국어 교육
김영(Young Kim)	튜터	
김태우(Taewoo Kim)	튜터	
이지혜(Cheehye Lee)	튜터	
이은혜(Enhye Lee)	튜터	
이상연(Sangyeon Lee)	튜터	

4) 수강생 현황

한국어(학) 관련 강의 수강생 수 : 총 196명

5) 강좌 개설 현황

과목명	담당 교수	주당 수업 시간	수강생 수	학점	필수 / 선택
한국어 101			60		
한국어 102			35		
한국어 201			20		
한국어 202			10		
한국어 301			5		
한국어 302			5		
한국어 397			16		
한국어 497			5		
한국 영화를 통해 본 한국			20		
한국 대중문화			20		

4. 한국연구센터 운영 현황
- 없음

5. 동아시아학 현황

1) 일본학 프로그램 제공 형태	학사
2) 중국학 프로그램 제공 형태	학사

애리조나주립대학교
Arizona State University

1. 대학 개요

설립 연도	1885년
소재 국가	미국
형태	국공립
대표자 성명 / 직위	마이클 크로(Michael M. Crow) / 총장

2. 연락처

주소	영문 주소	P.O. Box 876505 Tempe, AZ, USA
	우편번호	85281
전화		+1-480-727-7447
웹사이트		www.asu.edu

3. 기관 한국학 현황

1) 한국 관련 강좌 운영 현황

소속 단과대학	인문과학대학(College of Liberal Arts and Sciences)	
프로그램 대표자	성명	직함
	패트릭 케니(Patrick J. Kenney)	학장
홈페이지	clas.asu.edu	

2) 한국 관련 프로그램 제공 형태

학위 과정	B.A. (학사 과정)	한국학 부전공, 한국학 수료, 동아시아학 전공

3) 한국학 교수진 : 4명

교수명	직위	전공 분야
오보미(Bomi Oh)	강사	한국어
조숙자(Sookja Cho)	조교수	한중 문학 비교
에브루 터커(Ebru Turker)	조교수	언어학
신지원(Jiwon Shin)	조교수	한국 문학

4) 수강생 현황

한국어(학) 관련 강의 수강생 수 : 총 145명

5) 강좌 개설 현황

과목명	담당 교수	주당 수업 시간	수강생 수	학점	필수 / 선택
1학년 한국어	오보미, 리(Lee)	4	57	5	
2학년 한국어	오보미, 리	4	27	5	
3학년 한국어	에브루 터커	3	13	3	
한국 문학	신지원	3	16	3	
한국 영화와 문학	신지원	3	12	3	
한국의 여성	조숙자	3	1	3	
한국의 종교	박(Park)	3	19	3	

4. 한국연구센터 운영 현황

  - 없음

5. 동아시아학 현황

1) 일본학 프로그램 제공 형태	학사, 석사
2) 중국학 프로그램 제공 형태	학사, 석사

앨라배마대학교
University of Alabama

1. 대학 개요

설립 연도	1820년
소재 국가	미국
형태	국공립
대표자 성명 / 직위	스튜어트 벨(Stuart R. Bell) / 총장

2. 연락처

주소	영문 주소	Tuscaloosa, AL, USA
	우편번호	35487
전화		+1-205-348-6010
웹사이트		www.ua.edu

3. 기관 한국학 현황

1) 한국 관련 강좌 운영 현황

소속 단과대학	인문과학대학(College of Arts and Science)	
소속 학과	현대언어·고전학과(Department of Modern Languages and Classics)	
프로그램 대표자	성명	직함
	더글라스 라이트풋 (Douglas Lightfoot)	학과장
홈페이지	www.clc.ua.edu/languages/korean/	

2) 한국 관련 프로그램 제공 형태

비학위 과정	어학 과정

3) 한국학 교수진 : 5명

교수명	직위	전공 분야
조연경(Younkyung Cho)	한국어 트레이너	
수미 마이즈(Sumi Mize)	한국어 트레이너	
사라 고(Sarah Koh)	한국어 트레이너	
윤휘철(Huicheol Yun)	한국어 트레이너	
이예진(Yeajin Lee)	한국어 트레이너	

4) 강좌 개설 현황

과목명	담당 교수	주당 수업 시간	수강생 수	학점	필수 / 선택
초급 한국어					
중급 한국어					

4. 한국연구센터 운영 현황

- 없음

5. 동아시아학 현황

1) 일본학 프로그램 제공 형태	학사(부전공)
2) 중국학 프로그램 제공 형태	학사(부전공)

에모리대학교
Emory University

1. 대학 개요

설립 연도	1836년
소재 국가	미국
형태	사립
대표자 성명 / 직위	클레어 스턱(Claire E. Sterk) / 총장

2. 연락처

주소	영문 주소	532 Kilgo Circle, Atlanta, GA, USA
	우편번호	30322
전화		+1-404-727-6427
웹사이트		www.emory.edu

3. 기관 한국학 현황

1) 한국 관련 강좌 운영 현황

소속 단과대학	인문과학대학(Emory College of Arts and Sciences)	
소속 학과	러시아동아시아어문화학과 (Department of Russian and East Asian Languages and Cultures)	
개설 연도	2007년	
프로그램 대표자	성명	직함
	셰릴 크롤리 (Cheryl Crowley)	학과장
홈페이지	realc.emory.edu	

2) 한국 관련 프로그램 제공 형태

비학위 과정		B.A. 선택 과목
학위 과정	B.A. (학사 과정)	동아시아학 전공, 한국어 부전공

3) 주요 연구 분야

- 한국어, 한국어학, 근현대사, 한국 문화, 한국 사회와 정치

4) 한국학 교수진 : 6명

교수명	직위	전공 분야
최범용(Bumyong Choi)	강사	한국어
김선철(SunChul Kim)	조교수	사회학
최수정	강사	한국어 문학
김빛나	강사	한국어
윤현애	강사	한국어
김은혜	강사	한국어 교육

5) 수강생 현황

한국어(학) 관련 강의 수강생 수 : 총 182명

학사 1학년	학사 2학년	학사 3학년	학사 4학년	석사 1학년	석사 2학년	박사 과정	기타
93	34	32	21				2

6) 강좌 개설 현황

과목명	담당 교수	주당 수업 시간	수강생 수	학점	필수 / 선택
초급 한국어 1	김빛나, 윤현애	4	25	4	
초급 한국어 2	최범용, 최수정	4	68	4	
중급 한국어 1	조아람	4	14	4	
한인 2세를 위한 중급 한국어	조아람	4	4	3	
근대 한국의 형성	김선철	3	16	3	
특강: 한국어	김선철	3	16	3	
고급 한국어 1	조아람	3	16	3	
한국어와 문화	김빛나	3	13	3	
비즈니스 한국어	윤현애	3	8	3	
KRN 625	최범용	3	2	3	

7) 한국 관련 활동

활동명	시기	상세 활동 내용
오택권 작가 서예 전시회	2009. 10.	Halle Institute와 한국학 프로그램, 러시아동아시아어문화학과(REALC) 지원으로 "글쓰기와 상상: 한국과 중국의 서예" 전시회 개최
공개 강의: 전 한국 적십자 회장 한완상 교수	2009. 11.	Halle Institute와 한국학 프로그램 후원으로 "분단된 한국에서의 평화 만들기" 강의
공개 강의: 권영민 독일 전 대사	2010. 2.	Halle Institute, 한국학 프로그램과 Candler School of Theology 후원으로 "한미 관계" 강의
2010 한국 문화의 날	2010. 4.	교내 축제, 한국유네스코학생협회(KUSA), 에모리대 한인학생회(KISEM) 후원
"Dynamic Korea" 공연	2010. 9.	한국 전통 음악과 춤 공연. Korea Society, Halle Institute 후원
공개 강의: 연세대학교 국제대학원 이정훈 교수	2010. 11.	Halle Institute, 정치학과, REALC, 한국학 프로그램 후원으로 "북한에는 무슨 일이 일어나고 있는가?" 강의
2011 한국 문화의 날	2011. 4.	교내 축제, KUSA, KISEM 후원
공개 강의: 하버드로스쿨 교수, 한국 프로그램 담당자 이재원	2011. 4.	Halle Institute, REALC, 한국학 프로그램, 페미니즘과 합법 이론 프로젝트 후원으로 "최근 한국에서 벌어지는 임신 중절 수술에 관한 논쟁들" 강의
공개 강의: 롱아일랜드대학교 교수, 아시안 연구 프로그램 의장 김혜숙	2011. 4.	Halle Institute, REALC, 한국학 프로그램, 페미니즘과 합법 이론 프로젝트 후원으로 "예상 밖의 여걸: 신 한국에 개척자와 같이 등장한 세 명의 여성" 강의
제임스 레이니(James T. Laney) 대사의 한국에 대한 오리엔테이션	2011. 5.	에모리대학교 명예회장, 전 주한 미대사(제임스 레이니)는 2011 Halle 학부의 수학여행 참가자들에게 한국에 관한 오리엔테이션 제공
2011 Halle 학부의 수학여행- 중국, 한국, 홍콩	2011. 6.	학부 학생 대상의 수학여행. 학생 및 학부모 리셉션, 이화여자대학교와 연세대학교 방문 프로그램
추석 기념행사	2011. 9.	KUSA와 KISEM이 주최한 추석 기념행사로 프레젠테이션, 게임 등 실시
불고기 타코 트리비아 나이트	2011. 11.	KUSA와 런던심포니오케스트라(LSO)가 주최한 트리비아 나이트
공개 강의: 이화여자대학교 장필화 교수	2012. 1.	Halle Institute, 여성, 성별 및 성학부, REALC, 한국학 프로그램, Hightower Fund의 후원으로 "초국가적 행동주의와 아시안 페미니즘" 강의
공개 강의: 북한 탈북민 예술가 송벽	2012. 2.	REALC, 에모리대학교 시각예술학부 주최로 "송벽: 선전과 팝아트의 교차 지점에서" 강의
공개 강의: 컬럼비아대학교 한국학부 찰스 암스트롱 교수	2012. 4.	Halle Institute, REALC, 한국학 프로그램, 동북아시아학부, 역사학부의 후원으로 "민주화와 한반도" 강의
2012 한국 문화의 날	2012. 4.	KUSA와 KISEM의 주최로 열린 교내 축제로, 한국 메이저 뉴스 통신사에서 보도 및 기사화

활동명	시기	상세 활동 내용
공개 강의: 조지아대학교 글로벌 이슈 연구학부장 Han S. Park	2012. 4.	Halle Institute, 정치과학부, 국제학부, 개발 연구, REALC의 후원으로 "김정일 시대의 북한" 강의
제임스 레이니 대사의 한국에 대한 오리엔테이션	2012. 4.	에모리대학교 명예회장, 전 주한 미대사(제임스 레이니)는 2012 Halle 학부의 수학여행 참가자들에게 한국에 관한 오리엔테이션 제공
2012 Halle 학부의 수학여행–중국, 한국	2012. 5.	학부 학생 대상의 수학여행. 학생 및 학부모 리셉션, 이화여자대학교와 연세대학교 방문 프로그램
공개 강의: 듀크대학교 아시아 & 중동 연구학부, ACLS 새 교수진 연구원 김치형	2013. 4.	REALC, Halle Institute, LiNK의 후원으로 "새로운 김씨 하의 북한: 전쟁 일으키기와 국제 사회" 강의
공개 강의: 샘포드대학교 역사학 부교수 폴 차(Paul Cha)	2014. 4.	REALC, Halle Institute, 한국학 프로그램, KEGS의 후원으로 "1907년 평양 대부흥: 크리스천 외교와 평등을 위한 투쟁" 강의
2014 한국 문화 박람회	2014. 4.	한국학 프로그램 주최로 한국 문화와 전통에 대해 보다 더 깊게 이해할 수 있는 기회 제공
공개 강의: 시각예술가 이창진	2014. 4.	"위안부 여성 구함" 시청각 자료 시청. 제2차 세계대전 중 제국군에 의해 성노예로 착취당한 '위안부' 20만 명 이상의 젊은 여성들에 대한 기억을 불러일으키는 예술 프로젝트. 러시아동아시아어문화학과, Halle Institute, 한국학 프로그램 후원
2014 한국 문화의 날	2014. 4.	교내 축제, KUSA, KISEM 후원
공개 행사–KEGS	2015. 4.	"미래에 대하여 얘기해 봅시다" 대학원생 진로에 관한 Q&A 타임. KEGS의 주최
2015 한국 문화 박람회	2015. 4.	한국학 프로그램 주최로 한국 문화와 전통에 대해 보다 더 깊게 이해할 수 있는 기회 제공
공개 토론	2015. 4.	"코리안 나이트 라이브(KNL): 정체성 토크쇼"
한국 교육자들의 미팅	2015. 4.	8개 대학의 한국인 교사 16명이 참석하여 프로그램에 대한 정보를 공유하고 지역 사회에서 한국어와 문화를 장려하기 위한 향후 계획에 대하여 논의. REALC와 한국학 프로그램 후원
한국 영화의 밤	2016. 3.	"그들이 보고 있는 동안" 한국 인권 침해 영화 감상
2016 한국 문화 박람회	2016. 3.	한국학 프로그램 주최로 한국 문화와 전통에 대해 보다 더 깊게 이해할 수 있는 기회 제공
공개 토론	2016. 3.	"위안부가 아닌 성노예 토론: 한국, 일본, 중국의 시각" 한국, 중국, 일본에서 온 전문가들이 각국에서 이 문제가 어떻게 받아들여지고 있는지를 논의하고, 인권 원칙에 따라 평화적 해결 방법 토론. 신원철, 루한챠오, 김레이만 등 참가. REALC, Halle Institute, 한국학 프로그램 후원
2016 한국 문화의 날	2016. 4.	교내 축제, KUSA, KISEM 후원

활동명	시기	상세 활동 내용
에모리-연세대학교 공동 연구를 위한 파트너십	2016. 3.	연세대학교와의 파트너십을 통해 에모리대학교 교수진이 한국에 대한 연구와 교육을 확대할 수 있는 기회를 제공하며 한국의 교수진 및 연구원과 새로운 기회 창출
제21회 한인 전문 직업인 교사 연수회 및 학술회의	2016. 6.	140여 명의 한국인 교육자들이 함께 모여 "가상 가능성: 언어 학습 및 교수법에서의 기술 통합"이란 주제로 토론
공개 행사	2017. 3.	애틀란타에 '위안부' 동상 설치를 통한 초국가적 평화 운동 추진. 천주교 윤리 및 갈등 개혁 교수 겸 조교수인 엘런 오트 마셜(Ellen Ott Marshall) 박사가 패널 진행
2017 한국 문화 박람회	2017. 3.	한국학 프로그램 주최로 한국 문화와 전통에 대해 보다 더 깊게 이해할 수 있는 기회 제공
공개 강의: 위스콘신대학교 찰스 김(Charles Kim) 박사, 컬럼비아대학교 제니 왕 메디나(Jenny Wang Medina) 박사	2017. 3.	"민주주의 전후의 한국 대중문화"라는 주제의 공개 강의. 한국의 민주화 30주년 기념 학술 세미나
공개 행사: "한글 파티" 예술가 박병철	2017. 3.	"한글 파티: 한글 서예 즐기기" 행사를 통해 한글에 대해서 배워 보고 한국의 서예와 문화를 스스로 체험을 통해 경험해 볼 수 있는 기회 제공
2017 한국 문화의 날	2017. 4.	교내 축제, KUSA, KISEM 후원

4. 한국연구센터 운영 현황

- 없음

5. 도서관 현황

도서관명	로버트 우드러프 도서관(Robert W. Woodruff Library)
담당 사서	요란다 쿠퍼(Yolanda Cooper)
한국학 장서 보유량(부)	2,832

6. 동아시아학 현황

1) 일본학 프로그램 제공 형태	학사
2) 중국학 프로그램 제공 형태	학사

예일대학교
Yale University

1. 대학 개요

설립 연도	1701년
소재 국가	미국
형태	사립
대표자 성명 / 직위	피터 샐로베이(Peter Salovey) / 총장

2. 연락처

주소	영문 주소	New Haven, CT, USA
	우편번호	06520
전화		+1-203-432-2866
웹사이트		www.yale.edu

3. 기관 한국학 현황

1) 한국 관련 강좌 운영 현황

소속 학부	사회과학부(Faculty of Social Sciences)	
소속 학과	동아시아언어문학과(Department of East Asian Languages and Literatures)	
프로그램 대표자	성명	직함
	티나 루(Tina Lu)	학과장
홈페이지	ceas.yale.edu	

2) 한국 관련 프로그램 제공 형태

학위 과정	B.A. (학사 과정)	동아시아학 전공, 동아시아언어문학 전공

3) 한국학 교수진 : 5명

교수명	직위	전공 분야
최승자(Seungja Choi)	선임강사	한국어, 번역학
안젤라 리 스미스(Angela Lee-Smith)	선임강사	한국어, 한국어 교육
존 트리트(John Treat)	교수	문학사, 문화학
전경수(Kyungsoo Chun)	객원교수	문화 이론, 인류학
윤수련(Sooryon Yoon)	박사후 연구원	정치경제학, 동아시아의 인종과 젠더

4) 강좌 개설 현황

과목명	담당 교수	주당 수업 시간	수강생 수	학점	필수 / 선택
한국의 예술과 문화	김연미(Younmi Kim)	2			
동아시아의 인종, 젠더, 공연	윤수련	2			
기초 한국어 1	안젤라 리 스미스, 데이비드 말리노브키 (David Malinowki)	4			
기초 한국어 2	최승자	4			
중급 한국어 1	최승자	4			
중급 한국어 2	안젤라 리 스미스	4			
고급 한국어 3	최승자	2			

4. 한국연구센터 운영 현황
- 없음

5. 동아시아학 현황

1) 일본학 프로그램 제공 형태	학사(동아시아학, 동아시아언어문학)
2) 중국학 프로그램 제공 형태	학사(동아시아학, 동아시아언어문학)

오리건대학교
University of Oregon(UO)

1. 대학 개요

설립 연도	1876년
소재 국가	미국
형태	국공립
대표자 성명 / 직위	마이클 실(Michael H. Schill) / 총장

2. 연락처

주소	영문 주소	1585 E 13th Ave, Eugene, OR, USA
	우편번호	97403
전화		+1-541-346-4108
웹사이트		www.uoregon.edu

3. 기관 한국학 현황

1) 한국 관련 강좌 운영 현황

소속 단과대학	인문과학대학(College of Arts and Sciences)	
소속 학과	동아시아언어문학과(Department of East Asian Languages and Literatures)	
프로그램 대표자	성명	직함
	루시엔 브라운(Lucien Brown)	부교수
홈페이지	eall.uoregon.edu	

2) 한국 관련 프로그램 제공 형태

학위 과정	B.A. (학사 과정)	한국학 부전공, 동아시아학 전공

3) 한국학 교수진 : 3명

교수명	직위	전공 분야
루시엔 브라운	부교수	한국언어학
김동훈	부교수	한국 영화, 문학, 문화
이은영	강사	한국어

4) 강좌 개설 현황

과목명	담당 교수	주당 수업 시간	수강생 수	학점	필수 / 선택
1학년 한국어	박 케이(Park K.), 리 에이(Li A.), 윤 에스(Yoon S.)	4		5	
2학년 한국어	이은영, 이근영, 김 에스(Kim S.)	4		5	
3학년 한국어	이은영, 이근영	4		5	
한국의 대중문화	김동훈	4		4	
동아시아 영화 세미나	김동훈	4		5	

4. 한국연구센터 운영 현황
- 없음

5. 동아시아학 현황

1) 일본학 프로그램 제공 형태	학사
2) 중국학 프로그램 제공 형태	학사

오번대학교
Auburn University

1. 대학 개요

설립 연도	1856년
소재 국가	미국
형태	국공립
대표자 성명 / 직위	스티븐 리스(Steven Leath) / 총장

2. 연락처

주소	영문 주소	Auburn, AL, USA
	우편번호	36849
전화		+1-334-703-9958
웹사이트		www.auburn.edu

3. 기관 한국학 현황

1) 한국 관련 강좌 운영 현황

소속 학부	인문대학(College of Liberal Arts)	
소속 학과	외국어문학과(Department of Foreign Languages & Literatures)	
개설 연도	2012년	
프로그램 대표자	성명	직함
	트레이시 드브라이언(Traci S. D'Brien)	학과장
홈페이지	cla.auburn.edu/forlang/asian-studies	

2) 한국 관련 프로그램 제공 형태

비학위 과정	B.A. 선택 과목

3) 한국학 교수진 : 1명

교수명	직위	전공 분야
손현영(Hyunyoung Son)	강사	한국어

4) 수강생 현황

한국어(학) 관련 강의 수강생 수 : 총 25명

학사 1학년	학사 2학년	학사 3학년	학사 4학년	석사 1학년	석사 2학년	박사 과정	기타
3	14	4	4				

5) 강좌 개설 현황

과목명	담당 교수	주당 수업 시간	수강생 수	학점	필수 / 선택
초급 한국어	손현영	3	25	3	선택

6) 한국 관련 활동

활동명	시기	상세 활동 내용
한국 축제	2015. 10.	전통 의상 패션쇼, 전통 공예 작품 전시(한지 공예, 규방 공예, 매듭 공예, 유리 공예, 민화 등), 한국 음식 시식, 한복 착용, 공예품 만들기 체험(닥종이인형, 한지 거울, 한지 꽃신 만들기), K-POP 공연(오번대학교 학생 주최), 한국 영화 관람 등
한글 파티	2016. 4.	한글 직가 박병철 초청 워크숍

4. 한국연구센터 운영 현황
- 없음

5. 도서관 현황

도서관명	랩프 브라운 드래건 도서관(Ralph Brown Draughon Library)
담당 사서	토드 시프먼(Todd Shipman)
한국학 장서 보유량(부)	89

6. 동아시아학 현황

1) 일본학 프로그램 제공 형태	학사
2) 중국학 프로그램 제공 형태	학사

오벌린칼리지
Oberlin College

1. 대학 개요

설립 연도	1833년
소재 국가	미국
형태	사립
대표자 성명 / 직위	마빈 크리슬로프(Marvin Krislov) / 총장

2. 연락처

주소	영문 주소	50 N. Professor Street, Oberlin, OH, USA
	우편번호	44074
전화		+1-440-775-8313
웹사이트		www.oberlin.edu

3. 기관 한국학 현황

1) 한국 관련 강좌 운영 현황

소속 단과대학	인문과학대학(College of Arts and Sciences)	
소속 학과	동아시아학과(East Asian Studies)	
프로그램 대표자	성명	직함
	슈 추앙 데프먼 (Hsiu-Chuang Deppman)	학과장
홈페이지	www.oberlin.edu/arts-and-sciences/departments/east-asian-studies	

2) 한국 관련 프로그램 제공 형태

비학위 과정		B.A. 선택 과목
학위 과정	B.A. (학사 과정)	동아시아학 전공, 부전공

3) 한국학 교수진 : 1명

교수명	직위	전공 분야
예거 세일라 미요시(Jager Sheila Miyoshi)	교수	역사학

4) 강좌 개설 현황

과목명	담당 교수	주당 수업 시간	수강생 수	학점	필수 / 선택
한국 개관(세미나)	예거 세일라 미요시		13		
한국의 과거, 현재, 미래	예거 세일라 미요시		20		

4. 한국연구센터 운영 현황
-없음

5. 동아시아학 현황

1) 일본학 프로그램 제공 형태	학사
2) 중국학 프로그램 제공 형태	학사

오크톤커뮤니티칼리지
Oakton Community College

1. 대학 개요

설립 연도	1969년
소재 국가	미국
형태	국공립
대표자 성명 / 직위	요안네 스미스(Joianne L. Smith) / 총장

2. 연락처

주소	영문 주소	1600 E. Golf Road, Des Plaines, IL, USA
	우편번호	60016
전화		+1-847-635-1600
웹사이트		www.oakton.edu

3. 기관 한국학 현황

1) 한국 관련 강좌 운영 현황

소속 학부	언어인문예술학부(Division of Languages, Humanities & the Arts)	
소속 학과	현대언어학과(Modern Languages)	
프로그램 대표자	성명	직함
	유니스 한(Eunice M. Han)	강사
홈페이지	www.oakton.edu/academics/academic_departments/modern_language	

2) 한국 관련 프로그램 제공 형태

비학위 과정		어학 과정
학위 과정	B.A. (학사 과정)	기타 전공 내 한국학 프로그램(준학사, 전공명: 현대언어학)

3) 한국학 교수진 : 1명

교수명	직위	전공 분야
유니스 한	강사	한국어

4) 강좌 개설 현황

과목명	담당 교수	주당 수업 시간	수강생 수	학점	필수 / 선택
초급 한국어 I				4	
초급 한국어 II				4	
한국어 회화				3	
중급 한국어 I				4	
중급 한국어 II				4	

4. 한국연구센터 운영 현황
- 없음

5. 동아시아학 현황

1) 일본학 프로그램 제공 형태	기타(어학 과정)
2) 중국학 프로그램 제공 형태	기타(어학 과정)

오하이오주립대학교
Ohio State University

1. 대학 개요

설립 연도	1870년
소재 국가	미국
형태	국공립
대표자 성명 / 직위	마이클 드레이크(Michael V. Drake) / 총장

2. 연락처

주소	영문 주소	Columbus, OH, USA
	우편번호	43210
전화		+1-614-292-3876
웹사이트		www.osu.edu

3. 기관 한국학 현황

1) 한국 관련 강좌 운영 현황

소속 단과대학	인문과학대학(College of Arts and Sciences)	
소속 학과	동아시아어문학과(Department of East Asian Languages and Literatures)	
프로그램 대표자	성명	직함
	마크 벤더(Mark Bender)	학과장
홈페이지	deall.osu.edu	

2) 한국 관련 프로그램 제공 형태

학위 과정	B.A. (학사 과정)	한국학 전공

3) 한국학 교수진 : 5명

교수명	직위	전공 분야
강연수(Yonsoo Kang)	강사	한국어
김필호(Pilho Kim)	조교수	한국 사회와 문화
이현진(Hyunjin Lee)	강사	한국
찬 박(Chan E. Park)	교수	한국어, 문학
대니엘 편(Danielle O. Pyun)	부교수	한국어 교육

4) 강좌 개설 현황

과목명	담당 교수	주당 수업 시간	수강생 수	학점	필수 / 선택
한국어 1					
한국어 1					
한국 문화 기초					
한국 번역 문학					
한국어 3					
한국어 4					
한국어 5					
한국 정치와 사회의 학제 간 토픽					
한국어: 구조, 문화, 커뮤니케이션					
한국언어학					
한국의 공연 전통					
한국의 극적 전통					
한국 문학과 고전 문서 읽기					
한국의 예술, 음악, 영화, 연극의 학제 간 과정					

4. 한국연구센터 운영 현황

명칭	한국학연구소(Institute for Korean Studies)

5. 동아시아학 현황

1) 일본학 프로그램 제공 형태	학사
2) 중국학 프로그램 제공 형태	학사

워싱턴대학교

University of Washington(UW)

1. 대학 개요

설립 연도	1968년
소재 국가	미국
형태	국공립
대표자 성명 / 직위	아나 마리 카우스(Ana Mari Cauce) / 총장

2. 연락처

주소	영문 주소	Center for Korea Studies, JSIS, 431 Thomson, Box 353650 Seattle, WA, USA
	우편번호	98195
전화		+1-206-543-4873
웹사이트		www.washington.edu

3. 기관 한국학 현황

1) 한국 관련 강좌 운영 현황

소속 단과대학 / 학부	잭슨 국제대학(Jackson School of International Studies), 아시아어·문학부(Asian Language and Literature), 인문과학대학(College of Arts and Sciences)	
소속 센터	한국학센터(Center for Korea Studies)	
개설 연도	1944년	
프로그램 대표자	성명	직함
	클락 소렌슨(Clark W. Sorensen)	센터장
홈페이지	jsis.washington.edu/korea(한국학센터), asian.washington.edu(아시아어·문학부)	

2) 한국 관련 프로그램 제공 형태

학위 과정	B.A. (학사 과정)	한국학 전공, 한국어 문학 전공, 부전공
	M.A. (석사 과정)	한국학 전공
	Ph.D. (박사 과정)ʹ	한국학 전공

3) 한국학 교수진 : 8명

교수명	직위	전공 분야
클락 소렌슨	한국학센터 소장	인류학
하용출(Yongchool Ha)	교수	정치학
남화숙	부교수	역사학
조희경	부교수	동아시아 문학과 문화
원은영	강사	언어학
하양원	연구원	교육학
김은정	간호학과 부교수	간호학
김우주	강사	아시아 언어 문학

4) 수강생 현황

한국어(학) 관련 강의 수강생 수 : 총 324명

학사 1학년	학사 2학년	학사 3학년	학사 4학년	석사 1학년	석사 2학년	박사 과정	기타
80	80	75	75	3	4	7	

전공생 수

B.A.	M.A.	Ph.D.
166	7	7

5) 강좌 개설 현황

과목명	담당 교수	주당 수업 시간	수강생 수	학점	필수 / 선택
1학년 한국어	김우주	4	114	5	필수
2학년 한국어	김혜인		67	5	선택
3학년 한국어	김혜인		18	5	선택
한국 문학 독해와 문화	조희경	4	9	5	선택
현대 한국 사회	클락 소렌슨	4	24	5	선택
후기 산업주의와 사회 변화	하용출	4	17	5	선택

6) 한국 관련 활동

활동명	상세 활동 내용
한국학 학회	한국과 미국의 학자들이 모여 조선사, 식민 시기 한국 문학, 남북 관계 등의 주제 발표
학자 초청 프로그램	한국 학자 12명 초청
교사 심포지엄	워싱턴주의 K-12 교사들이 모여 K-12 수준의 한국학 교육 일일 심포지엄 참석
한국학센터 출판	한국과의 일: 1960년대 기회의 땅, 한국의 기억

7) 한국 관련 출판물

제목	형태
An Affair with Korea : Memories of South Korea in the 1960s	단행본
International Impact of Colonial Rule	단행본
Spaces of Possibility : In Between and Beyond Korea and Japan	단행본

4. 한국연구센터 운영 현황

명칭	한국학센터(Center for Korea Studies)	
소속 기관	잭슨 국제대학	
설립 연도	2006년	
대표자	성명	직함
	클락 소렌슨	센터장

5. 도서관 현황

도서관명	동아시아 도서관(East Asia Library)
담당 사서	이효경
한국학 장서 보유량(부)	137,471

6. 동아시아학 현황

1) 일본학 **프로그램 제공 형태**	학사, 석사, 박사
2) 중국학 **프로그램 제공 형태**	학사, 석사, 박사

웨슬리언대학교
Wesleyan University

1. 대학 개요

설립 연도	1831년
소재 국가	미국
형태	사립
대표자 성명 / 직위	마이클 로스(Michael S. Roth) / 총장

2. 연락처

주소	영문 주소	Fisk Hall 313, 262 High Street, Middletown, CT, USA
	우편번호	06459
전화		+1-860-685-3453
웹사이트		www.wesleyan.edu

3. 기관 한국학 현황

1) 한국 관련 강좌 운영 현황

소속 단과대학	동아시아학대학(College of East Asian Studies)	
개설 연도	2014년	
프로그램 대표자	성명	직함
	메리 앨리스 하다드 (Mary Alice Haddad)	학장
홈페이지	www.wesleyan.edu/ceas/	

2) 한국 관련 프로그램 제공 형태

학위 과정	B.A. (학사 과정)	동아시아학 전공

3) 한국학 교수진 : 2명

교수명	직위	전공 분야
백혜주	객원교수	교육심리학
조안 조(Joan Cho)	조교수	한국 정치 경제

4) 강좌 개설 현황

과목명	담당 교수	주당 수업 시간	수강생 수	학점	필수 / 선택
한국 소개	백혜주	3	16	1	선택
초급 한국어	백혜주	3	18	1	선택
중급 한국어	백혜주	3	12	1	선택
한국의 사회와 정치 변화	조안 조	3	17	1	선택

4. 한국연구센터 운영 현황
- 없음

5. 동아시아학 현황

1) 일본학 프로그램 제공 형태	학사
2) 중국학 프로그램 제공 형태	학사

웰즐리칼리지
Wellesley College

1. 대학 개요

설립 연도	1875년
소재 국가	미국
형태	사립
대표자 성명 / 직위	파울라 존슨(Paula A. Johnson) / 총장

2. 연락처

주소	영문 주소	Green Hall 234E, 106 Central Street, Wellesley, MA, USA
	우편번호	02482
전화		+1-781-283-2427
웹사이트		www.wellesley.edu

3. 기관 한국학 현황

1) 한국 관련 강좌 운영 현황

소속 학과	동아시아어문화학과(East Asian Languages and Cultures)	
개설 연도	2005년	
프로그램 대표자	성명	직함
	이브 지메르만(Eve Zimmerman)	학과장
홈페이지	www.wellesley.edu/ealc	

2) 한국 관련 프로그램 제공 형태

비학위 과정		B.A. 선택 과목
학위 과정	B.A. (학사 과정)	한국어 부전공, 동아시아학 전공

3) 주요 연구 분야

- 언어학

4) 한국학 교수진 : 3명

교수명	직위	전공 분야
이선희(Sunhee Lee)	부교수	언어학
장석배(Seokbae Jang)	강사	언어 정보 처리
캐서린 문(Katharine Moon)		정치학

5) 수강생 현황

한국어(학) 관련 강의 수강생 수 : 총 105명

학사 1학년	학사 2학년	학사 3학년	학사 4학년	석사 1학년	석사 2학년	박사 과정	기타
44	22	20	7				12

전공생 수

B.A.	M.A.	Ph.D.
5(동아시아학 전공), 8(한국학 부전공)		

6) 강좌 개설 현황

과목명	담당 교수	주당 수업 시간	수강생 수	학점	필수 / 선택
초급 한국어	장석배	5	23	1.25	선택
중급 한국어	이선희	5	10	1.23	선택
중고급 한국어	장석배	2	12	1	선택
고급 한국어	이선희	2	10	1	선택

7) 한국 관련 활동

활동명	시기	상세 활동 내용
교수 초빙 강좌	2005~현재	매 학기 1~2회 한국학 분야의 교수들을 초빙하여 특별 강연 개최
셰익스피어 워크숍:「한여름 밤의 꿈」	2015. 10.	극단 여행자 그룹을 초청하여 연극을 공연하고 셰익스피어 탄생 400주년 기념 워크숍 개최
아트 전시회	2015. 11.	케이트 오 트래브시(Kate Oh, Trabusi) 초청 한국 민속 아트 전시회 및 리셉션
판소리 공연	2016. 2.	오하이오대학교 박찬 교수 초빙 공연
한국 영화의 밤	2016~현재	한국어 학습자와 한인 학생회와 더불어 매 학기 두 번의 영화 상영

8) 한국 관련 출판물

제목	형태	주요 내용
Frequency Dictionary of Korean: Core Vocabulary for learners	단행본	루틀렛지출판사
말뭉치를 기반으로 한 한국어 대용어 연구	단행본	학술진흥재단 프로젝트 연구 논문

4. 한국연구센터 운영 현황

- 없음

5. 도서관 현황

도서관명	웰즐리칼리지 도서관
한국학 장서 보유량(부)	73,781

6. 동아시아학 현황

1) 일본학 프로그램 제공 형태	학사
2) 중국학 프로그램 제공 형태	학사

위스콘신대학교-매디슨
University of Wisconsin-Madison

1. 대학 개요

설립 연도	1848년
소재 국가	미국
형태	국공립
대표자 성명 / 직위	레베카 블랭크(Rebecca Blank) / 총장

2. 연락처

주소	영문 주소	1214 Van Hise, 1220 Linden Drive, Madison, WI, USA
	우편번호	53706
전화		+1-608-262-3341
웹사이트		www.wisc.edu

3. 기관 한국학 현황

1) 한국 관련 강좌 운영 현황

소속 단과대학	인문·과학대학(College of Letters & Science)	
소속 학과	아시아언어문화학과(Department of Asian Languages and Cultures)	
개설 연도	2010년	
프로그램 대표자	성명	직함
	준코 모리(Junko Mori)	학과장
홈페이지	alc.wisc.edu	

2) 한국 관련 프로그램 제공 형태

학위 과정	B.A. (학사 과정)	동아시아학 전공
	M.A. (석사 과정)	동아시아학 전공
	Ph.D. (박사 과정)	동아시아학 전공, 동아시아역사학-한국사 전공

3) 주요 연구 분야

- 언어·언어학, 문학, 문화, 역사, 시각 문화, 아시아학, 정치과학, 디자인, 한류, 아시아 문화

4) 한국학 교수진 : 13명

교수명	직위	전공 분야
임병진	아시아언어문화학과 부교수	언어학, 언어교육학
찰스 김(Charles Kim)	역사학과 부교수	한국사
페기 초이(Peggy Choy)	무용과 부교수	무용, 아시아 무용
신정혜	디자인과 부교수	디자인
정은숙	정치학과 강사	아시아 정치
존 오네조르게(John Ohnesorge)	법학과 교수	국제법
김지은	시간강사	교육학
안재린(Jaerin Ahn)	시간강사	교육학
최주리(Juri Choi)	시간강사	교육학
우문주	시간강사	교육학
김성학	시간강사	신문방송학
최혜은	시간강사	한국사
신승엽	시간강사	한국사

5) 수강생 현황

한국어(학) 관련 강의 수강생 수 : 총 138명

학사 1학년	학사 2학년	학사 3학년	학사 4학년	석사 1학년	석사 2학년	박사 과정	기타
38	27	44	21	1	2	5	

전공생 수

B.A.	M.A.	Ph.D.
		3(한국사 전공)

6) 강좌 개설 현황

과목명	담당 교수	주당 수업 시간	수강생 수	학점	필수 / 선택
초급 한국어	임병진	5	76	4	선택
3학기 한국어	임병진	5	32	4	선택
5학기 한국어	임병진	3	10	3	선택
7학기 한국어	임병진	3	19	3	선택
1945년부터 현재까지 한국의 역사	찰스 김	3	32	3	선택

7) 한국 관련 활동

활동명	시기	상세 활동 내용
한국 작가 행사	2013. 11.	한국 작가 김인석과 강용석이 자신들 작품을 2개 국어로 낭독. 브리티시컬럼비아대학의 브루스 풀턴 교수 통역
KF 글로벌 e-School	2014~현재	역사학과 찰스 김 교수의 주도 하에 미국 중서부 지역의 CIC대학과 연합하여 한국학 강의 제공
한국 포럼	2014. 4.	럿거스대학교의 유명미 교수를 초청하여 K-POP과 현대 한국어의 라임과 말장난의 발달을 소개하는 대중 강연 진행
한국 현대 문화와 사회 특강	2014. 4.	KF 후원으로 현재와 미래의 한국학 교수를 위한 교육 워크숍 진행. 6개 대학에서 교직원 8명과 박사 과정생이 참가
특강	2015. 2.	UCLA의 이남희 교수를 초청하여 한국의 현대 정치에 대한 강연 진행
한국 포럼	2015. 3.	미시간대학교 준 안(Juhn Ahn) 교수를 초청하여 연복사에 대한 대중 강연 진행
아시아학회 연례 학술 대회	2016. 3.~4.	시애틀에서 열린 아시아학회 연례 학술 대회에서 정치학과 정은숙 교수가 "한국의 기독교적 원리주의와 정치 참여"라는 주제로 발표
동아시아학센터 특강	2016. 10.	동아시아학센터에서 진행된 정치학과 정은숙 교수의 강의 "한국의 기독교적 원리주의와 정치 참여"

8) 한국 관련 출판물

제목	형태	주요 내용
Korean language education with one-on-one desktop video-conferencing	기타	임병진, 2011 • 스카이프를 이용한 일대일 화상 강의를 도입함으로써 한국어 교수법이 교실 내 활동을 넘어서 어떻게 변화하는지 또한 한국어 학습자들이 수업 시간에 배운 내용을 한국어 원어민과의 화상 강의에 적용하기 위한 동기 부여 방식 제시
Synchronous online interaction between learners of Korean and English beyond the classroom	기타	임병진 & H. J. Lee, 2015 • 다양한 도구의 활용은 학습자들의 이해도와 학습 프로세스 참여도를 향상시키며, 화상 강의에서의 다양한 도구 사용 또한 학습자의 상호작용을 강화
Korean Foreign Language Learning : Video-conferencing with native speakers	단행본	임병진 & O. D. Pyun, 2016 • UW-Madison의 중급 한국어 학습자 21명 대상 화상 강의가 그들의 한국어 숙련도와 대상 언어 학습에 미치는 영향

4. 한국연구센터 운영 현황

- 없음

5. 도서관 현황

도서관명	메모리얼 도서관(Memorial Library)
담당 사서	다이애나 수(Dianna Xu)
한국학 장서 보유량(부)	10,562

6. 동아시아학 현황

1) 일본학 프로그램 제공 형태	학사, 석사, 박사
2) 중국학 프로그램 제공 형태	학사, 석사, 박사

윌리엄패터슨대학교
William Paterson University

1. 대학 개요

설립 연도	1855년
소재 국가	미국
형태	국공립
대표자 성명 / 직위	캐슬린 월드론(Kathleen Waldron) / 총장

2. 연락처

주소	영문 주소	300 Pompton Rd, Wayne, NJ, USA
	우편번호	07470
전화		+1-973-720-3034
웹사이트		www.wpunj.edu

3. 기관 한국학 현황

1) 한국 관련 강좌 운영 현황

소속 단과대학	인문·사회과학대학(College of Humanities and Social Sciences)	
소속 학과	언어문화학부(Department of Languages and Cultures)	
프로그램 대표자	성명	직함
	에스터 마리네즈 (Esther Marinez)	학과장
홈페이지	www.wpunj.edu/cohss/departments/lang_cul/	

2) 한국 관련 프로그램 제공 형태

학위 과정	B.A. (학사 과정)	기타 전공 내 한국학 프로그램(전공명: 언어문화학)

3) 한국학 교수진 : 2명

교수명	직위	전공 분야
윤금실	교수	언어학, 문화학
이미혜	외래교수	한국어

4) 강좌 개설 현황

과목명	담당 교수	주당 수업 시간	수강생 수	학점	필수 / 선택
기초 한국어 I	윤금실	3	13		필수
중급 한국어 I		3	7		선택

4. 한국연구센터 운영 현황
- 없음

5. 동아시아학 현황

1) 일본학 프로그램 제공 형태	학사
2) 중국학 프로그램 제공 형태	–

유타대학교
University of Utah

1. 대학 개요

설립 연도	1850년
소재 국가	미국
형태	국공립
대표자 성명 / 직위	데이비드 퍼싱(David W. Pershing) / 총장

2. 연락처

주소	영문 주소	Salt Lake City, UT, USA
	우편번호	84112
전화		+1-801-581-7561
웹사이트		www.utah.edu

3. 기관 한국학 현황

1) 한국 관련 강좌 운영 현황

소속 단과대학	인문대학(College of Humanities)	
소속 학과	세계언어문화학과(Department of World Languages and Cultures)	
개설 연도	2013년	
프로그램 대표자	성명	직함
	다이앤 해리스 (Dianne Harris)	학장
홈페이지	languages.utah.edu	

2) 한국 관련 프로그램 제공 형태

학위 과정	B.A. (학사 과정)	한국학 부전공, 아시아학 전공
	M.A. (석사 과정)	아시아학 전공

3) 한국학 교수진 : 4명

교수명	직위	전공 분야
데버니어 토리(Deberniere Torrey)	조교수	비교문학
조귀원	조교수	비교문학
김혜선	보조강사	세계 언어와 문화
박고은	보조강사	세계 언어와 문화

4) 수강생 현황

한국어(학) 관련 강의 수강생 수 : 총 134명

5) 강좌 개설 현황

과목명	담당 교수	주당 수업 시간	수강생 수	학점	필수 / 선택
1, 2학년 한국어			64		
3, 4학년 한국어			14		
한국 문학과 영화 속 한국 문화			10		
한국전쟁			46		

4. 한국연구센터 운영 현황

- 없음

5. 동아시아학 현황

1) 일본학 프로그램 제공 형태	학사, 석사(아시아학 전공)
2) 중국학 프로그램 제공 형태	석사(아시아학 전공), 기타(공자학원)

유타주립대학교
Utah State University

1. 대학 개요

설립 연도	1888년
소재 국가	미국
형태	국공립
대표자 성명 / 직위	노엘 코켓(Noelle E. Cockett) / 총장

2. 연락처

주소	영문 주소	Logan, UT, USA
	우편번호	84322
전화		+1-435-797-1211
웹사이트		www.usu.edu

3. 기관 한국학 현황

1) 한국 관련 강좌 운영 현황

소속 단과대학	인문사회과학대학(College of Humanities and Social Sciences)	
소속 학과	언어·철학·커뮤니케이션학과 (Languages, Philosophy and Communication Studies Department)	
프로그램 대표자	성명	직함
	짐 로저스(Jim Rogers)	디렉터
홈페이지	lpcs.usu.edu	

2) 한국 관련 프로그램 제공 형태

학위 과정	B.A. (학사 과정)	동아시아학 전공

3) 한국학 교수진 : 1명

교수명	직위	전공 분야
정은숙	강사	

4. 한국연구센터 운영 현황
- 없음

5. 동아시아학 현황

1) 일본학 프로그램 제공 형태	학사(부전공)
2) 중국학 프로그램 제공 형태	학사(부전공)

인디애나대학교
Indiana University Bloomington

1. 대학 개요

설립 연도	1820년
소재 국가	미국
형태	국공립
대표자 성명 / 직위	마이클 맥로비(Michael McRobbie) / 총장

2. 연락처

주소	영문 주소	355 N Jordan Ave 2046, Bloomington, IN, USA
	우편번호	47405
전화		+1-812-856-7007
웹사이트		www.indiana.edu

3. 기관 한국학 현황

1) 한국 관련 강좌 운영 현황

소속 단과대학	국제대학(School of Global and International Studies)	
소속 학과	동아시아어문화학과(East Asian Languages and Cultures)	
개설 연도	1962년	
프로그램 대표자	성명	직함
	이효상	코디네이터
홈페이지	www.indiana.edu/~ealc	

2) 한국 관련 프로그램 제공 형태

비학위 과정		B.A. 선택 과목, M.A. 선택 과목
학위 과정	B.A. (학사 과정)	동아시아학 전공
	M.A. (석사 과정)	동아시아학 전공

3) 한국학 교수진 : 6명

교수명	직위	전공 분야
김성경	한국학과장	인류학
존 핀치(John Finch)	부학과장	인류학
마크 민턴(Mark Minton)	교수	정치학
이효상	부교수	언어학
수잔 황(Susan Hwang)	조교수	문학
김지영	강사	언어학

4) 수강생 현황

한국어(학) 관련 강의 수강생 수 : 총 13명

학사 1학년	학사 2학년	학사 3학년	학사 4학년	석사 1학년	석사 2학년	박사 과정	기타
13							

전공생 수

B.A.	M.A.	Ph.D.
	1	

5) 강좌 개설 현황

과목명	담당 교수	주당 수업 시간	수강생 수	학점	필수 / 선택
한국 근대 문학의 혁명, 반란, 저항	수잔 황	3	12	3	선택
한국의 사회와 문화	존 핀치	3	12	3	선택
한국의 젠더와 계급	김성경	3	11	3	선택
한미 관계	마크 민턴	3	20	3	선택
제2외국어로서의 한국어 교육	이효상	3	4	3	선택
초급 한국어	김지영	5	88	4	선택
2학년 한국어	이효상	5	21	4	선택
3학년 한국어	김지영	5	14	4	선택

6) 한국 관련 활동

활동명	시기	상세 활동 내용
한국 영화 시리즈	2016. 2.	"한국의 천년: 21세기 시대의 도래"
공개 강의	2016. 2.	지도교수: 박현주 "한국의 천년-그들은 누구인가?"
회의	2016. 9.	미국과 해외의 학자 11명이 모여 미국 평화봉사단에 의한 한국학 형성 과정에 대해 논의
공개 강의	2016. 9.	지도교수: 랜들 존스 박사(Dr. Randall Jones) "정책 개발자들이 직면한 핵심 과제-한국과 일본의 교훈"
공개 강의	2016. 10.	지도교수: 브루스 풀턴(Bruce, Ju-Chan Fulton) "새로운 세계 속으로-새천년 시기 한국 여성의 글"

4. 한국연구센터 운영 현황

명칭	한국학연구소(Institute for Korean Studies)	
소속 기관	인디애나대학교	
설립 연도	2016년	
대표자	성명	직함
	김성경	소장

5. 도서관 현황

도서관명	인디애나대학교 도서관(Indiana University Libraries)
담당 사서	리우 웬 링(Liu Wen-ling)
한국학 장서 보유량(부)	25,540

6. 동아시아학 현황

1) 일본학 프로그램 제공 형태	학사, 석사, 박사
2) 중국학 프로그램 제공 형태	학사, 석사, 박사

인카네이트워드대학교
University of the Incarnate Word

1. 대학 개요

설립 연도	1919년
소재 국가	미국
형태	사립
대표자 성명 / 직위	토머스 에반스(Thomas Evans) / 총장

2. 연락처

주소	영문 주소	4301 Broadway, San Antonio, TX, USA
	우편번호	78209
전화		+1-210-649-5362
웹사이트		www.uiw.edu

3. 기관 한국학 현황

1) 한국 관련 강좌 운영 현황

소속 단과대학	인문사회과학대학(College of Humanities, Arts and Social Sciences)	
소속 학과	현대언어학과(Department of Modern Languages)	
개설 연도	2014년	
프로그램 대표자	성명	직함
	마이클 탈론(Michael Tallon)	학과장
홈페이지	www.uiw.edu/modernlanguages/	

2) 한국 관련 프로그램 제공 형태

비학위 과정		B.A. 선택 과목
학위 과정	B.A. (학사 과정)	한국어 부전공, 기타 전공 내 한국학 프로그램(전공명: 현대언어학)

3) 한국학 교수진 : 1명

교수명	직위	전공 분야
공득희(Deukhee Gong)	비상근 강사	한국어 교육

4) 수강생 현황

한국어(학) 관련 강의 수강생 수 : 총 20명

전공생 수

B.A.	M.A.	Ph.D.
2		

5) 강좌 개설 현황

과목명	담당 교수	주당 수업 시간	수강생 수	학점	필수 / 선택
초급 한국어 1	공득희	3	20	3	선택
중급 한국어 1	공득희	3	5	3	선택
고급 한국어 문법 및 작문	공득희	3	1	3	필수

4. 한국연구센터 운영 현황
- 없음

5. 도서관 현황

도서관명	J. E. 앤드 L. E. 마비 도서관
담당 사서	폴 앤더슨(Paul Andersen)

6. 동아시아학 현황

1) 일본학 프로그램 제공 형태	–
2) 중국학 프로그램 제공 형태	–

북
미

일리노이대학교-시카고
University of Illinois at Chicago

1. 대학 개요

설립 연도	1982년
소재 국가	미국
형태	국공립
대표자 성명 / 직위	마이클 아미리디스(Michael D. Amiridis) / 총장

2. 연락처

주소	영문 주소	1200 West Harrison St., Chicago, IL, USA
	우편번호	60607
전화		+1-312-996-7000
웹사이트		www.uic.edu

3. 기관 한국학 현황

1) 한국 관련 강좌 운영 현황

소속 학부	문학·문화학·언어학부 (School of Literatures, Cultural Studies and Linguistics)	
소속 학과	언어학과(Department of Linguistics)	
개설 연도	2015년	
프로그램 대표자	성명	직함
	김한애	한국어 강사
홈페이지	lcsl.uic.edu	

2) 한국 관련 프로그램 제공 형태

비학위 과정	B.A. 선택 과목

3) 한국학 교수진 : 1명

교수명	직위	전공 분야
김한애	강사	통번역학

4) 강좌 개설 현황

과목명	담당 교수	주당 수업 시간	수강생 수	학점	필수 / 선택
K101-기초 한국어 1	김한애	4		3	
K103-기초 한국어 1	김한애	4		3	
K102-기초 한국어 2	김한애	4		3	
K104-기초 한국어 3	김한애	4		3	

4. 한국연구센터 운영 현황
- 없음

5. 동아시아학 현황

1) 일본학 프로그램 제공 형태	-
2) 중국학 프로그램 제공 형태	-

일리노이대학교-어바나샴페인

University of Illinois Urbana-Champaign

1. 대학 개요

설립 연도	1867년
소재 국가	미국
형태	국공립
대표자 성명 / 직위	로버트 존스(Robert R. Jones) / 총장

2. 연락처

주소	영문 주소	2090 Foreign Language Building (FLB), 707 S. Mathews Ave, Urbana, IL, USA
	우편번호	61801
전화		+1-217-244-2725
웹사이트		www.illinois.edu

3. 기관 한국학 현황

1) 한국 관련 강좌 운영 현황

소속 단과대학	문학문화언어학대학(School of Literatures, Cultures, & Linguistics)	
소속 학과	동아시아어문화학과(Department of East Asian Languages and Cultures)	
개설 연도	1970년	
프로그램 대표자	성명	직함
	지영 안 하(Jeeyoung Ahn Ha)	한국어 프로그램 디렉터
홈페이지	www.ealc.illinois.edu	

2) 한국 관련 프로그램 제공 형태

학위 과정	B.A. (학사 과정)	동아시아학 전공
	M.A. (석사 과정)	동아시아학 전공
	Ph.D. (박사 과정)	동아시아학 전공

3) 한국학 교수진 : 1명

교수명	직위	전공 분야
지영 안 하	한국어 프로그램 디렉터	언어학

4) 수강생 현황

한국어(학) 관련 강의 수강생 수 : 총 111명

학사 1학년	학사 2학년	학사 3학년	학사 4학년	석사 1학년	석사 2학년	박사 과정	기타
15	20	37	33	2	3	1	

전공생 수

B.A.	M.A.	Ph.D.
27	3	

5) 강좌 개설 현황

과목명	담당 교수	주당 수업 시간	수강생 수	학점	필수 / 선택
초급 한국어	지영 안 하	5	42	5	선택
중급 한국어	지영 안 하	5	34	5	선택
고급 한국어	지영 안 하	5	10	5	선택
한국어 읽기와 쓰기 1	지영 안 하	4	7	4	선택
한국어 읽기와 쓰기 2	지영 안 하	4	7	4	선택
4학년 한국어	지영 안 하	3	9	3	선택
한국의 문명화 개론	안준(Juhn Ahn)	3	9	3	선택

6) 한국 관련 활동

활동명	시기	상세 활동 내용
한국 영화의 밤	2009~현재	매 학기 한국어 프로그램 기획
한국 문화 주간	2012~현재	대규모 국제 주간 행사의 일부로 Ad-Holic Agency, 가락 마당, 국제토론협회(IDS), 경제학과한인회(KASE), 회계학과한인학생회(KASS), 한국문화센터(KCC), 한인학생회(KSA) 등이 주최
한국 초청 프로그램	2014~현재	매년 한인학생회와 한국문화센터 주최로 한국 문화 홍보를 위한 한국 초청 시행

4. 한국연구센터 운영 현황

-없음

5. 도서관 현황

도서관명	국제학·지역학 도서관(International & Area Studies Library)
담당 사서	송유성, 박성은

6. 동아시아학 현황

1) 일본학 프로그램 제공 형태	학사, 석사, 박사(동아시아학 전공)
2) 중국학 프로그램 제공 형태	학사, 석사, 박사(동아시아학 전공), 기타(공자학원)

조지메이슨대학교
George Mason University

1. 대학 개요

설립 연도	1949년
소재 국가	미국
형태	국공립
대표자 성명 / 직위	엔젤 카브레라(Ángel Cabrera) / 총장

2. 연락처

주소	영문 주소	Aquia Buidling Room 304, 4400 University Drive, Fairfax, VA, USA
	우편번호	22030
전화		+1-703-993-1229
웹사이트		www2.gmu.edu

3. 기관 한국학 현황

1) 한국 관련 강좌 운영 현황

소속 단과대학	인문사회과학대학(College of Humanities and Social Sciences)	
소속 학과	현대고전어학과(Modern and Classical Languages)	
개설 연도	2006년	
프로그램 대표자	성명	직함
	레이 베로아(Rei Berroa)	학과장
홈페이지	mcl.gmu.edu	

2) 한국 관련 프로그램 제공 형태

학위 과정	B.A. (학사 과정)	한국학 부전공, 기타 전공 내 한국학 프로그램(전공명: 현대고전어학)

3) 한국학 교수진 : 4명

교수명	직위	전공 분야
노영찬	교수	종교학
정영아	조교수	문화학, 한국 문학
문지혜	겸임강사	제2외국어 습득
신혜영	겸임강사	교육학

4) 수강생 현황

한국어(학) 관련 강의 수강생 수 : 총 105명

5) 강좌 개설 현황

과목명	담당 교수	주당 수업 시간	수강생 수	학점	필수 / 선택
초급 한국어			56		
중급 한국어			26		
한국 고전 문학			11		
고급 한국어			12		

4. 한국연구센터 운영 현황

명칭	한국학센터(Korean Studies Center)	
소속 기관	인문사회과학대학	
설립 연도	2005년	
대표자	성명	직함
	노영찬(Youngchan Ro)	센터장

5. 동아시아학 현황

1) 일본학 프로그램 제공 형태	학사(부전공)
2) 중국학 프로그램 제공 형태	학사, 기타(공자학원)

조지아공과대학교
Georgia Institute of Technology

1. 대학 개요

설립 연도	1885년
소재 국가	미국
형태	국공립
대표자 성명 / 직위	"버드" 페터슨(G. P. "Bud" Peterson) / 총장

2. 연락처

주소	영문 주소	613 Cherry Street, Atlanta, GA, USA
	우편번호	30332-0375
전화		+1-404-385-4573
웹사이트		www.gatech.edu

3. 기관 한국학 현황

1) 한국 관련 강좌 운영 현황

소속 단과대학	이반앨런 문과대학(Ivan Allen College of Liberal Arts)	
소속 학과	현대언어학과(School of Modern Languages)	
개설 연도	2003년	
프로그램 대표자	성명	직함
	재클린 로이스터(Jacqueline J. Royster)	학장
홈페이지	modlangs.gatech.edu	

2) 한국 관련 프로그램 제공 형태

비학위 과정	B.A. 선택 과목

3) 주요 연구 분야

• 한국어와 문화

4) 한국학 교수진 : 2명

교수명	직위	전공 분야
김용택	부교수	한국어
이종현	강사	언어학

5) 수강생 현황

한국어(학) 관련 강의 수강생 수 : 총 176명

6) 강좌 개설 현황

과목명	담당 교수	주당 수업 시간	수강생 수	학점	필수 / 선택
초급 한국어(3개 섹션)	리 오(Lee Oh), 이종현	75		4	선택
중급 한국어(2개 섹션)	이종현	45		3	선택
고급 한국어	리 오	30		3	선택
심화 한국어	이종현	27		3	선택

7) 한국 관련 활동

활동명	시기	상세 활동 내용
한국 LBAT 프로그램	2010~현재	한국을 방문하여 한국어, 산업, 문화를 공부하는 여름방학 프로그램

4. 한국연구센터 운영 현황

- 없음

5. 동아시아학 현황

1) 일본학 프로그램 제공 형태	–
2) 중국학 프로그램 제공 형태	–

조지아대학교
University of Georgia

1. 대학 개요

설립 연도	1785년
소재 국가	미국
형태	국공립
대표자 성명 / 직위	제레 모어헤드(Jere Morehead) / 총장

2. 연락처

주소	영문 주소	148 Joe Brown Hall, Athens, GA, USA
	우편번호	30602
전화		+1-706-461-9207
웹사이트		www.uga.edu

3. 기관 한국학 현황

1) 한국 관련 강좌 운영 현황

소속 단과대학	프랭클린 인문과학대학(Franklin College of Arts & Sciences)	
소속 학과	비교문학과(Comparative Literature)	
개설 연도	1991년	
프로그램 대표자	성명	직함
	이향순	디렉터
홈페이지	www.cmlt.uga.edu	

2) 한국 관련 프로그램 제공 형태

학위 과정	B.A. (학사 과정)	한국어 부전공, 아시아어문학 전공

3) 주요 연구 분야

• 한국 문학과 영화, 한국 불교와 수도원 생활

4) 한국학 교수진 : 1명

교수명	직위	전공 분야
이향순	교수	비교문학, 영화학

5) 수강생 현황

한국어(학) 관련 강의 수강생 수 : 총 480명

학사 1학년	학사 2학년	학사 3학년	학사 4학년	석사 1학년	석사 2학년	박사 과정	기타
160	180	100	40				

전공생 수

B.A.	M.A.	Ph.D.
15		

※ 매년 신입생 선발(인원: 5~10명)

6) 강좌 개설 현황

과목명	담당 교수	주당 수업 시간	수강생 수	학점	필수 / 선택
한국 문화	김창환	3	13	3	선택
초급 한국어		4			
중급 한국어		3			
고급 한국어		3			
비즈니스 한국어	이향순	3			

7) 한국 관련 활동

활동명	시기	상세 활동 내용
특강	2005~2014	한국 사회 교사 연수 프로그램으로 한국 문화 강좌
한국 영화제	2012	제1회 애틀랜타 한국 영화 페스티벌

8) 한국 관련 출판물

제목	형태	주요 내용
Buddhist Nuns and Korean Literature	단행본	전근대 한국 여승 작가들
Welcome to Korean!	단행본	생존 한국어 사용 설명서

4. 한국연구센터 운영 현황

- 없음

5. 동아시아학 현황

1) 일본학 프로그램 제공 형태	학사, 석사, 박사
2) 중국학 프로그램 제공 형태	학사, 석사, 박사

북미

조지아주립대학교
Georgia State University

1. 대학 개요

설립 연도	1913년
소재 국가	미국
형태	국공립
대표자 성명 / 직위	마크 베커(Mark P. Becker) / 총장

2. 연락처

주소	영문 주소	Langdale Hall, 38 Peachtree Center Ave., 8th floor, Suite 841, Atlanta, GA, USA
	우편번호	30303
전화		+1-404-413-5699
웹사이트		www.gsu.edu

3. 기관 한국학 현황

1) 한국 관련 강좌 운영 현황

소속 단과대학	인문과학대학(Colleges of Arts and Sciences)	
소속 학과	세계언어문화학과(Department of World Languages and Cultures)	
개설 연도	2005년	
프로그램 대표자	성명	직함
	이학윤(Hakyoon Lee)	프로그램 디렉터
홈페이지	wlc.gsu.edu	

2) 한국 관련 프로그램 제공 형태

비학위 과정	B.A. 선택 과목, M.A. 선택 과목

3) 주요 연구 분야

• 한국어 교육과 활용, 한국 사회언어학, 한국어 교원 교육

4) 한국학 교수진 : 1명

교수명	직위	전공 분야
이학윤	강사	응용언어학

5) 수강생 현황

한국어(학) 관련 강의 수강생 수 : 총 119명

학사 1학년	학사 2학년	학사 3학년	학사 4학년	석사 1학년	석사 2학년	박사 과정	기타
30	20	35	30	4			

6) 강좌 개설 현황

과목명	담당 교수	주당 수업 시간	수강생 수	학점	필수 / 선택
초급 한국어 1	이학윤	3	30	3	선택
초급 한국어 2	김민경(Minkyung Kim)	3	30	3	선택
중급 한국어	이학윤	3	20	3	선택
고급 한국어	이학윤	3	10	3	선택

7) 한국 관련 활동

활동명	시기	상세 활동 내용
한국 문화 클럽	2016~현재	조지아주립대학교와 애틀랜타 지역에 한국 대중문화와 한국어 전파. '한국 문화의 밤' 정기 모임

4. 한국연구센터 운영 현황

　-없음

5. 동아시아학 현황

1) 일본학 프로그램 제공 형태	학사, 석사
2) 중국학 프로그램 제공 형태	학사, 석사

조지워싱턴대학교
George Washington University

1. 대학 개요

설립 연도	1821년
소재 국가	미국
형태	사립
대표자 성명 / 직위	스티븐 냅(Steven Knapp) / 총장

2. 연락처

주소	영문 주소	2121 I St NW, Washington D.C., USA
	우편번호	20052
전화		+1-202-994-6761
웹사이트		www.gwu.edu

3. 기관 한국학 현황

1) 한국 관련 강좌 운영 현황

소속 단과대학	컬럼비안 인문과학대학(Columbian College of Arts and Sciences)	
소속 학과	동아시아언어문학과(Department of East Asian Languages and Literatures)	
프로그램 대표자	성명	직함
	박미옥(Miok Pak)	조교수
홈페이지	eall.columbian.gwu.edu	

2) 한국 관련 프로그램 제공 형태

학위 과정	B.A. (학사 과정)	한국어문화학 부전공, 동아시아학 전공

3) 한국학 교수진 : 4명

교수명	직위	전공 분야
박미옥	조교수	언어학
김지수(Jisoo M. Kim)	KF 부교수	근대 한국의 젠더와 법사학
강윤경(Yunkyoung Kang)	강사	언어학
유니스 윤경 김(Eunice Yookyung Kim)	강사	한국 문학, 영화

4) 강좌 개설 현황

과목명	담당 교수	주당 수업 시간	수강생 수	학점	필수 / 선택
기초 한국어	박미옥			4	
중급 한국어	박미옥, 강윤경			4	
동아시아의 과거와 현재	김지수			3	
동아시아의 젠더, 권력, 성	김지수			3	
남한과 북한: 정체성과 분단	김지수			3	
한국사	김지수			3	
한국 근대사	김지수			3	
아시아의 역사, 기억, 폭력	김지수			3	
한국의 인권	김지수			3	
근대 한국어 읽기	강윤경			3	

4. 한국연구센터 운영 현황

명칭	한국학연구소(Institute for Korean Studies)	
소속 기관	엘리엇 국제학부(Elliott School of International Affairs)	
대표자	성명	직함
	김지수	소장

5. 동아시아학 현황

1) 일본학 프로그램 제공 형태	학사
2) 중국학 프로그램 제공 형태	학사

조지타운대학교
Georgetown University

1. 대학 개요

설립 연도	1789년
소재 국가	미국
형태	사립
대표자 성명 / 직위	존 드조이어(John J. DeGioia) / 총장

2. 연락처

주소	영문 주소	306 Intercultural Center, Box 571052, 37th and O Streets, N.W., Washington D.C., USA
	우편번호	20057
전화		+1-202-687-3955
웹사이트		www.georgetown.edu

3. 기관 한국학 현황

1) 한국 관련 강좌 운영 현황

소속 학과	동아시아언어문화학과(Department of East Asian Languages and Cultures)	
프로그램 대표자	성명	직함
	최민구	코디네이터
홈페이지	ealac.georgetown.edu	

2) 한국 관련 프로그램 제공 형태

비학위 과정		B.A. 선택 과목, M.A. 선택 과목
학위 과정	B.A. (학사 과정)	한국학 부전공, 동아시아학 전공

3) 한국학 교수진 : 3명

교수명	직위	전공 분야
최민구	조교수	한국 문학
유혜숙	조교수	한국어학, 교육학
문보경	강사	언어학

4) 수강생 현황

한국어(학) 관련 강의 수강생 수 : 총 105명

학사 1학년	학사 2학년	학사 3학년	학사 4학년	석사 1학년	석사 2학년	박사 과정	기타
30	20	20	30	3	2		

5) 강좌 개설 현황

과목명	담당 교수	주당 수업 시간	수강생 수	학점	필수 / 선택
집중 한국어 1	문보경	7	13	6	선택
집중 한국어 1	최민구	7	14	6	선택
집중 한국어 2	유혜숙	7	12	6	선택
한국어 3	최민구	4	9	3	선택
통합 고급 한국어	유혜숙	2	6	3	선택
비즈니스 한국어	최민구	2	11	3	선택
한국 문화의 젠더와 성	최민구	2	34	3	선택

4. 한국연구센터 운영 현황
-없음

5. 도서관 현황

도서관명	중앙도서관(Lauinger Library)
담당 사서	딩 예(Ding Ye)

6. 동아시아학 현황

1) 일본학 프로그램 제공 형태	학사
2) 중국학 프로그램 제공 형태	학사

존스홉킨스대학교

Johns Hopkins University

1. 대학 개요

설립 연도	1876년
소재 국가	미국
형태	사립
대표자 성명 / 직위	로널드 대니얼스(Ronald J. Daniels) / 총장

2. 연락처

주소	영문 주소	3400 N. Charles Street, Baltimore, MD, USA
	우편번호	21218
전화		+1-202-663-5624
웹사이트		www.jhu.edu

3. 기관 한국학 현황

1) 한국 관련 강좌 운영 현황

소속 대학원 / 센터	니츠국제대학원(Nitze School of Advanced International Studies, SAIS) 언어교육센터(Center for Language Education)	
프로그램 대표자	성명	직함
	발리 나스르(Vali R. Nasr)	학장
	이수연(Sooyun Lee)	강사
홈페이지	www.sais-jhu.edu/content/korea-studies krieger.jhu.edu/cle/language-programs/korean/	

2) 한국 관련 프로그램 제공 형태

비학위 과정		한국어 과정
학위 과정	M.A. (석사 과정)	한국학 전공, 부전공

3) 주요 연구 분야

- 한국 근대 국내 정치, 경제, 역사
- 미국과 아시아 국가와의 한국 외교 정책

4) 한국학 교수진 : 8명

교수명	직위	전공 분야
임은정	SAIS(국제대학원) 강사	한국정책학, 국제 관계, 환경 정책, 에너지 정책
켄트 칼더(Kent E. Calder)	SAIS 한국학 프로그램 대표자	한국학, 동아시아 정치
알렉산더 만수로프 (Alexandre Mansourov)	SAIS 객원교수	동북아시아 안보, 정책, 경제
케이 미 탁(K. Mi Tak)	SAIS 코디네이터	사회학, 한국어
서진교	SAIS 객원교수	한국 경제와 국제 무역
에린 애란 정(Erin Aeran Chung)	SAIS 부교수	동아시아 정치 경제
하양 유미 김(Hayang "Yumi" Kim)	SAIS 조교수	일본 근대사
이수연	언어교육센터 강사	

5) 수강생 현황

한국어(학) 관련 강의 수강생 수 : 총 57명

학사 1학년	학사 2학년	학사 3학년	학사 4학년	석사 1학년	석사 2학년	박사 과정	기타
				16	18		23

전공생 수

B.A.	M.A.	Ph.D.
306	8	6

6) 강좌 개설 현황

과목명	담당 교수	주당 수업 시간	수강생 수	학점	필수 / 선택
한국의 정치 역사	임은정	2		4	선택
초급 한국어 1	케이 미 탁	3		0	선택
초급 한국어 2	이수연	3		0	선택
중급 한국어 1	와이 강(Y. Kang)	3		0	선택
중급 한국어 2-I	케이 미 탁	2		0	선택
중급 한국어 2-II	이수연	3		0	선택
고급 한국어 1	케이 미 탁	3		0	선택
고급 한국어 2-I	케이 미 탁	2		0	선택
고급 한국어 3-III	케이 미 탁	2		0	선택
정치의 소용돌이: 한국 정치사	임은정	3	10	4	필수
북한: 정책 수립 입문	알렉산더 만수로프	3	25	4	선택
IS: 국제적 제재에 대한 북한의 포괄적 대응	알렉산더 만수로프	3	1	4	

7) 한국 관련 활동

활동명	시기	상세 활동 내용
한국학 오찬	정기 행사	한국 관련 정책 수립가, 전문직 종사자, 학자들을 대상으로 오찬을 주최, 한국 관련 주요 이슈에 대해 각 전문 분야의 연구와 경험 공유. 학교 커뮤니티에 한해 공개되며 초청 인사와 학생들의 비공식적이고 솔직한 교류를 위한 포럼 제공
언어 교환 활동	정기 행사	매 학기 한미연구소 초청 학자와 SAIS 학생들이 언어 교류에 참가해 다른 문화에 대해 배우며 향후 연구 정보 공유
한미연구소 행사	정기 행사	교육, 연구 및 대중 봉사 활동을 통해 한국에 대한 이해를 증진할 수 있도록 한미연구소에서 다양한 한국 관련 이벤트, 세미나, 컨퍼런스 연중 개최
한국 방문	매년	동북아와 한반도 국제정치학과 학생들의 사실 검증과 추가 연구를 위해 서울 방문. 온라인과 SAIS U.S.-Korea 연보에 보고서 게재

8) 한국 관련 출판물

제목	형태	주요 내용
SAIS U.S.-Korea Yearbook	기타	그해의 남북한 관계를 특징짓는 주요 발전 상황 분석

4. 한국연구센터 운영 현황

명칭	SAIS 한미연구소(SAIS US-Korea Institute)	
소속 기관	니츠국제대학원	
설립 연도	2006년	
대표자	성명	직함
	제이슨 구(Jason Ku)	소장

5. 도서관 현황

도서관명	워싱턴 D.C. 메이슨 도서관(Mason Library Washington D.C.)
담당 사서	실라 탤리머(Sheila Thalhimer)
한국학 장서 보유량(부)	5,267

6. 동아시아학 현황

1) 일본학 프로그램 제공 형태	석사, 박사
2) 중국학 프로그램 제공 형태	석사, 박사

카피올라니커뮤니티칼리지

Kapiolani Community College

1. 대학 개요

설립 연도	1946년
소재 국가	미국
형태	국공립
대표자 성명 / 직위	루이즈 파고토(Louise Pagotto) / 총장

2. 연락처

주소	영문 주소	4303 Diamond Head Rd, Honolulu, HI, USA
	우편번호	96816
전화		+1-808-734-9000
웹사이트		www.kapiolani.hawaii.edu

3. 기관 한국학 현황

1) 한국 관련 강좌 운영 현황

소속 학부	인문학부(Liberal Arts Program)
소속 학과	아시아학과(Asian Studies)
홈페이지	www.kapiolani.hawaii.edu/academics/programs-of-study/liberal-arts-program/

2) 한국 관련 프로그램 제공 형태

학위 과정	B.A. (학사 과정)	기타 전공 내 한국학 프로그램(준학사, 전공명: 인문학)

3) 한국학 교수진 : 3명

교수명	직위	전공 분야
제이슨 성(Jason Sung)		
이상희		
연수아		

4) 강좌 개설 현황

과목명	담당 교수	주당 수업 시간	수강생 수	학점	필수 / 선택
초급 한국어 I					
초급 한국어 II					
중급 한국어 I					
중급 한국어 II					

4. 한국연구센터 운영 현황
- 없음

5. 동아시아학 현황

1) 일본학 프로그램 제공 형태	준학사(인문학)
2) 중국학 프로그램 제공 형태	준학사(인문학)

캔자스대학교
University of Kansas

1. 대학 개요

설립 연도	1854년
소재 국가	미국
형태	국공립
대표자 성명 / 직위	더글라스 기로드(Douglas Girod) / 총장

2. 연락처

주소	영문 주소	1445 Jayhawk Blvd. 2100 Wescoe Hall, Lawrence, KS, USA
	우편번호	66045
전화		+1-785-864-3207
웹사이트		www.ku.edu

3. 기관 한국학 현황

1) 한국 관련 강좌 운영 현황

소속 단과대학	언어문학문화대학(School of Languages, Literatures, and Cultures)	
소속 학과	동아시아언어문화학과(East Asian Languages and Cultures)	
개설 연도	1969년	
프로그램 대표자	성명	직함
	마거릿 차일즈 (Margaret Childs)	학과장
홈페이지	ealc.ku.edu	

2) 한국 관련 프로그램 제공 형태

비학위 과정		B.A. 선택 과목, M.A. 선택 과목
학위 과정	B.A. (학사 과정)	한국학 전공, 동아시아학 전공, 기타 전공 내 한국학 프로그램(전공명: 미술사학)
	M.A. (석사 과정)	동아시아학 전공, 기타 전공 내 한국학 프로그램(전공명: 법학)
	Ph.D. (박사 과정)	기타 전공 내 한국학 프로그램(전공명: 역사학, 미술사학)

3) 주요 연구 분야

- 인류학, 예술사, 정치과학, 지리학, 사회학, 교육, 복지

4) 한국학 교수진 : 11명

교수명	직위	전공 분야
정소민	동아시아학센터장	지리학
윤교임	동아시아언어문화학과 부교수	인류학
이지연	동아시아언어문화학과 강사	제2외국어 습득
호플러 마샤(Haufler Marsha)	미술사학과 교수	예술사
스틸러 마야(Stiller Maya)	미술사학과 조교수	예술사
켈리 정(Kelly Chong)	사회학과 부교수	사회학
김창환	사회학과 부교수	사회학
윤지수	정치학과	정치학
에드워드 캔다(Edward Canda)	사회복지학과 교수	사회복지학
조혜선	교육학과 조교수	TESOL
서현진	언론미디어학과 부교수	대중매체

5) 수강생 현황

한국어(학) 관련 강의 수강생 수 : 총 70명

학사 1학년	학사 2학년	학사 3학년	학사 4학년	석사 1학년	석사 2학년	박사 과정	기타
36	22	9		1		2	

전공생 수

B.A.	M.A.	Ph.D.
30	1	3(역사학 1명, 미술사학 2명)

※ 매년 신입생 선발

6) 강좌 개설 현황

과목명	담당 교수	주당 수업 시간	수강생 수	학점	필수 / 선택
초급 한국어	이지연	5	36	5	필수
중급 한국어	이지연	5	22	5	필수
고급 한국어	이지연	4	9	4	필수
한국어 읽기	김민아		2	1~4	필수
식민지 한국	에릭 프라이스(Eric Price)	3	23	3	선택
한국 근대 예술과 문화	이정실		38	3	필수
동아시아의 시각예술	이정실	3	26	3	선택

7) 한국 관련 활동

활동명	시기	상세 활동 내용
설날 행사	2007~현재	한국인 강사진과 학생들이 한국 음식을 요리하여 캔자스대학교 학생들과 지역 주민들과 공유하며 새해를 기념
시 낭독 행사	2007~현재	한국어 상급반 학생들이 한국 시 번역 및 낭독
회화 세션	2007~현재	한국어 학생들은 한국어 원어민 강사가 진행하는 서로 다른 2개 레벨의 주간 회화 세션에 참가
회담	2007~현재	미국 및 다른 지역의 학자들과 비학술 발표자의 한국 관련 회담. 동아시아센터(CEAS) 후원
구술 교육	2008~현재	모든 한국어 학생들이 매년 구술 인터뷰(OPI)를 통해 구술 능력과 진행 상황을 모니터링. 미국 교육부에서 제공하는 CEAS의 Title6 장학금으로 운영
TOPIK	2013~현재	캔자스대학교 재학생과 비재학생을 대상으로 캠퍼스에서 TOPIK 시험 진행
한국어로 영어 교육	2015~현재	EALC와 사범대학교 학생들을 선별하여 프리맨재단의 동아시아 인턴십을 위한 장학금으로 경기도 경화고등학교에서 진행되는 TESOL 실습 교육에 참가. 학생들은 6주간 영어를 가르치며 주말에는 서울과 속초 문화 탐방
한국 도서 활동	2016~현재	한국인 가족, 한국 문화와 언어에 관심 있는 일반인을 대상으로 지역 공공도서관에서 다양한 문화 활동 제공

8) 한국 관련 출판물

제목	형태	주요 내용
Deliverance and Submission	논문	복음주의 여성과 한국의 가부장제 협의

4. 한국연구센터 운영 현황
- 없음

5. 도서관 현황

도서관명	동아시아 도서관(East Asian Library)
담당 사서	비키 돌(Vickie Doll)
한국학 장서 보유량(부)	8,812

6. 동아시아학 현황

1) 일본학 프로그램 제공 형태	학사, 석사
2) 중국학 프로그램 제공 형태	학사, 석사, 기타(공자학원)

캘리포니아대학교-로스앤젤레스

University of California, Los Angeles(UCLA)

1. 대학 개요

설립 연도	1919년
소재 국가	미국
형태	국공립
대표자 성명 / 직위	진 블록(Gene D. Block) / 총장

2. 연락처

주소	영문 주소	11371 Bunche Hall, Los Angeles, CA, USA
	우편번호	90095
전화		+1-310-825-3428
웹사이트		www.ucla.edu

3. 기관 한국학 현황

1) 한국 관련 강좌 운영 현황

소속 학부	인문과학대학 인문학부(College of Letters and Science, Humanities Division)	
소속 학과	아시아언어문화학과(Asian Languages and Cultures)	
개설 연도	1995년	
프로그램 대표자	성명	직함
	윌리엄 보디포드(William M. Bodiford)	학과장
홈페이지	www.alc.ucla.edu	

2) 한국 관련 프로그램 제공 형태

비학위 과정		B.A. 선택 과목, M.A. 선택 과목
학위 과정	B.A. (학사 과정)	한국학 전공, 한국어 전공, 동아시아학 전공
	M.A. (석사 과정)	동아시아학 전공
	Ph.D. (박사 과정)	한국학 전공

3) 주요 연구 분야

• 언어, 언어학, 문학, 역사, 예술사, 인류학, 영화학, 대중매체, 시각 매체, 설화

4) 한국학 교수진 : 16명

교수명	직위	전공 분야
로버트 버스웰(Robert Buswell)	교수	불교학
손성옥(Sungock Sohn)	교수	언어학
존 던컨(John Duncan)	교수	역사학
박계영(Kyeyoung Park)	부교수	인류학
버글린드 정맨(Burglind Jungmann)	교수	예술사
티머시 탕헤르리니(Timothy Tangherlini)	교수	전통 문화
이남희(Namhee Lee)	부교수	역사학
옥성득(Sungdeuk Oak)	부교수	기독교학
긴슈연(Sukyoung Kim)	교수	공연 시각문하
크리스토퍼 한스컴(Christopher Hanscom)	부교수	문학
김지나(Gina Kim)	조교수	영화학
제니퍼 정 김(Jennifer Jung-Kim)	강사	역사학
제인 최(Jane Choi)	강사	언어
전선경(Seonkyung Jeon)	강사	언어
재은 임 미츠나가(Jaeeun Im Mitsunaga)	강사	언어
윤재은(Jaeeun Yoon)	강사	언어

5) 수강생 현황

전공생 수

B.A.	M.A.	Ph.D.
22(한국어문화학), 16(동아시아학)	2(동아시아학)	19

※ 매년 신입생 선발(인원: 16명)

6) 강좌 개설 현황

과목명	담당 교수	주당 수업 시간	수강생 수	학점	필수 / 선택
초급 한국어	제인 최		141		
중급 한국어	전선경		45		
한류: 한국 대중문화의 세계화	Kim		145		
고급 한국어	재은 임 미츠나가		22		
고급 한국어 읽기	윤재은		14		
고급 한국어 회화	제인 최		16		
고급 학습자를 위한 한국어 작문	전선경		21		
한국 학술지 읽기	윤재은		26		
한국 근대 문학	크리스토퍼 한스컴		39		
한국의 기독교 토픽	옥성득		29		
역사 속 여성: 전근대 한국	제니퍼 정 김		39		
세미나: 한국 언어학의 토픽	손성옥		6		
세미나: 한국 근대 문학 토픽	크리스토퍼 한스컴		5		
세미나: 한국의 불경	로버트 버스웰		6		
세미나: 근대 한국 문화사 토픽	이남희		4		
한국 회화사(학부)	버글린드 정맨		8		
한국 회화사(대학원)	버글린드 정맨		2		

7) 한국 관련 활동

활동명	시기	상세 활동 내용
한식 페스티벌	2015. 7.	
학술회의	2015. 10.	한국의 부패 수사
학술회의	2015. 10.	마음 챙김 프로그램 소개: 한국 육군 현장 사례 연구
학술회의	2015. 10.	김정은의 북한: 개혁의 위험성과 가능성
학술회의	2015. 11.	서울의 도시 브랜드 진흥 방법
학술회의	2015. 11.	TV 드라마 「펀치」의 제작 과정과 비하인드 스토리
학술회의	2015. 11.	아시아의 불안한 안보-제2차 세계대전 70년 후
영화제	2015. 11.	류승완 감독과 함께하는 영화 「베테랑」 상영
학술회의	2015. 12.	한국 DMZ의 공공악으로서의 지뢰: 한국의 예외
학술회의	2016. 1.	독일 통일의 사회, 문화적 통합 과제
학술회의	2016. 1.	커뮤니티센터와 아파트 단지의 역할과 중요성
워크숍	2016. 1.	연세대와의 대학원생 워크숍
고려대학교 여름 교환학생 프로그램	2016. 1.	
학술회의	2016. 2.	박근혜의 역사 전쟁 극복: 국정 역사 교과서 논란
학술회의	2016. 2.	한국의 스마트워크 정책과 일본의 텔레워크 정책 비교: 탐색적 접근
학술회의	2016.2.	박경(Kyong Park) 교수의 강의 "새로운 실크로드가 있는 새로운 유라시아 상상"
학술회의	2016. 3.	독도 수호/다케시마 회수: 시민 행동주의와 한일 영토 분쟁
학술회의	2016. 4.	독점의 몰락: KBS TV쇼 살아남기
학술회의	2016. 4.	민족주의, 수정주의, 세계화: 이념 논쟁을 넘어선 한국의 역사 서사를 향히여
UCLA 2016 한국 기독교 컨퍼런스	2016. 4.	
2016 한국 문화의 밤	2016. 4.	
학술회의	2016. 5.	한국의 대규모 시장 비즈니스 제한: 과연 올바른가?
학술회의	2016. 5.	위기에서 기회로: 한국전쟁 당시 북한의 내적 선전과 사회 정책
한국 문화 연구, 현재와 미래	2016. 5.	
UCLA 한국-멕시코 문화의 날	2016. 5.	
학술회의	2016. 6.	개성공단: 남북 평화통일 최후의 보루

북미

4. 한국연구센터 운영 현황

명칭	한국학센터(Center for Korean Studies)	
소속 기관	UCLA 국제연구소(International Institute, UCLA)	
설립 연도	1993년	
대표자	성명	직함
	이남희	센터장

5. 도서관 현황

도서관명	루돌프 동아시아 도서관(Richard C. Rudolph East Asian Library)
담당 사서	조상훈
한국학 장서 보유량(부)	69,420

6. 동아시아학 현황

1) 일본학 프로그램 제공 형태	학사, 석사, 박사
2) 중국학 프로그램 제공 형태	학사, 석사, 박사, 기타(공자학원)

캘리포니아대학교-리버사이드(UC리버사이드)

University of California, Riverside

1. 대학 개요

설립 연도	1907년
소재 국가	미국
형태	국공립
대표자 성명 / 직위	킴 윌콕스(Kim A. Wilcox) / 총장

2. 연락처

주소	영문 주소	900 University Ave. HMNSS 2401, Riverside, CA, USA
	우편번호	91521
전화		+1-951-827-1534
웹사이트		www.ucr.edu

3. 기관 한국학 현황

1) 한국 관련 강좌 운영 현황

소속 단과대학	인문사회과학대학(College of Humanities and Social Sciences)	
소속 학과	비교문학·외국어학과(Comparative Literature & Foreign Languages)	
개설 연도	2008년	
프로그램 대표자	성명	직함
	토머스 스캔런 (Thomas F. Scanlon)	학과장
홈페이지	complitforlang.ucr.edu	

북
미

2) 한국 관련 프로그램 제공 형태

비학위 과정		B.A. 선택 과목
학위 과정	B.A. (학사 과정)	기타 전공 내 한국학 프로그램(전공명: 비교문학)
	M.A. (석사 과정)	한국학 전공, 동아시아학 전공, 기타 전공 내 한국학 프로그램
	Ph.D. (박사 과정)	한국학 전공, 동아시아학 전공, 기타 전공 내 한국학 프로그램

3) 주요 연구 분야

• 현대 한국 문학, 한국 영화, 비판 이론

4) 한국학 교수진 : 2명

교수명	직위	전공 분야
켈리 정(Kelly Jeong)	부교수	한국 문학, 비교문학
홍영화(Youngwha Hong)	강사	한국어 교육

5) 수강생 현황

한국어(학) 관련 강의 수강생 수 : 총 15명

전공생 수

B.A.	M.A.	Ph.D.
		5

6) 강좌 개설 현황

과목명	담당 교수	주당 수업 시간	수강생 수	학점	필수 / 선택
사회 비판의 전통	켈리 정	3	15	4	선택
동아시아 문학과 영화 토픽	켈리 정	3	4	4	
1학년 한국어	켈리 정, 이은주, 이순영	3	43	4	
고급 한국어	켈리 정	3	5	4	

7) 한국 관련 출판물

제목	형태	주요 내용
Crisis of Gender and the Nation in Korean Literature and Cinema: Modernity Arrives Again	단행본	1910~1960년대 한국 문학과 영화의 발전과 근대화

4. 한국연구센터 운영 현황
- 없음

5. 도서관 현황

도서관명	UCR 도서관(UCR Library)
담당 사서	스티븐 맨더빌 갬블(Steven Mandeville-Gamble)
한국학 장서 보유량(부)	3,099

6. 동아시아학 현황

1) 일본학 프로그램 제공 형태	학사, 석사, 박사
2) 중국학 프로그램 제공 형태	학사, 박사

캘리포니아대학교-버클리(UC버클리)

University of California, Berkeley

1. 대학 개요

설립 연도	1868년
소재 국가	미국
형태	국공립
대표자 성명 / 직위	니콜라스 덕스(Nicholas Dirks) / 총장

2. 연락처

주소	영문 주소	Berkeley, CA
	우편번호	94720-2920
전화		+1-510-642-5397
웹사이트		www.berkeley.edu

3. 기관 한국학 현황

1) 한국 관련 강좌 운영 현황

소속 단과대학	인문과학대학(School of Letters and Science)	
소속 학과	동아시아언어문화학과(East Asian Languages & Cultures)	
한국학(어) 프로그램명	한국어 프로그램, 한국어 부전공 프로그램 (Korean Language Program, Korean Minor Program)	
프로그램 대표자	성명	직함
	맥 호턴(H. Mack Horton)	학과장
홈페이지	ealc.berkeley.edu	

2) 한국 관련 프로그램 제공 형태

비학위 과정		B.A. 선택 과목, M.A. 선택 과목
학위 과정	B.A. (학사 과정)	한국학 부전공, 동아시아학 전공
	M.A. (석사 과정)	아시아학 전공
	Ph.D. (박사 과정)	아시아학 전공

3) 한국학 교수진 : 9명

교수명	직위	전공 분야
안지수	부교수	근대 한국 영화
권영민	겸임교수	근대 한국 문학
장승은	강사	언어학
김민석	강사	언어학
고기주	강사	언어학
이미혜	강사	언어학
이수진	강사	영어교육학
박정희	강사	응용언어학
박경미	강사	

4) 수강생 현황

한국어(학) 관련 강의 수강생 수 : 총 950명

학사 1학년	학사 2학년	학사 3학년	학사 4학년	석사 1학년	석사 2학년	박사 과정	기타
275	250	225	200				

5) 강좌 개설 현황

과목명	담당 교수	주당 수업 시간	수강생 수	학점	필수 / 선택
초급 한국어	이미혜	5	210	5	선택
한인 교포를 위한 초급 한국어	장승은	5	25	5	선택
전근대 한국 문학과 문화 입문	안지수	4	46	4	선택
중급 한국어	장승은	5	32	5	선택
한인 교포를 위한 중급 한국어	고기주	5	23	5	선택
고급 한국어	김민석	5	24	5	선택
한인 교포를 위한 고급 한국어	이수진	5	25	5	선택
읽기: 한국 문학(4학년)	박정희	4	16	4	선택
근대 한국 소설	권영민	4	29	4	선택
현대 한국 문학	권영민	4	30	4	선택
한국의 냉전 문화: 문학과 영화	안지수	4	26	4	선택

6) 한국 관련 활동

활동명	시기	상세 활동 내용
한국 문학, 문화 세미나	2016~2017	한국 문학 및 문화 관련 강연, 영화 상영 등
동아시아학 컨퍼런스: 문화, 지식, 공간	2016. 10.	문화, 지식, 공간이라는 세 개의 주제에 관해 신진 학자들이 동아시아학 컨퍼런스 개최
조정래의『정글만리』기념행사	2016. 11.	한국의 저명한 작가 조정래의 소설『정글만리』영문 번역을 기념하여 작가 초청 행사 개최
한국 문학 번역 워크숍	2017. 2.	한국과 북미 대학원생 13명이 번역 워크숍에 참가
학제 간 컨퍼런스	2017. 4.	고대 한반도 인류 사회의 이해와 세계사, 고고학과의 관계를 탐구하기 위한 학제 간 컨퍼런스 개최
한국 영화 워크숍		안진수 교수가 격년으로 주최하는 한국 영화 워크숍

7) 한국 관련 출판물

제목	형태	주요 내용
Literature in North Korea	단행본	권영민, 을유문화사, 1983
Modern Korean Literature and the Spirit of the Age	단행본	권영민, 문예출판사, 1983
The National Literary Movement in the Liberation Period	단행본	권영민, 서울대학교출판사, 1987
The Literary Nationalism in Korean Modern Literature	단행본	권영민, 민음사, 1988
The Encyclopedia of Modern Korean Writers 1-2	단행본	권영민, 아시아프레스, 1990
History of Korean Proletarian Literature	단행본	권영민, 문예출판사, 1998
Modernity of Narrative Discourse	단행본	권영민, 서울대학교출판사, 1999
Cinematic Projection of the Past : Historical Drama of the 1960s	논문	안진수, 연세대학교출판사, 2002
History of Modern Korean Literature	단행본	권영민, 민음사, 2003
Money : Localism and Agricultural Economy of the 1950s	논문	안진수, Times of Fascination and Crisis : South Korean Cinema of the 1950s, 소도, 2003
The Encyclopedia of Modern Korean Literature	단행본	권영민, 서울대학교출판사, 2004
Screening the Redemption : Christianity and Korean Melodrama	논문	안진수, South Korean Golden Age Melodrama : Gender, Genre & National Cinema, Wayne State University Press, 2005
Rebirth of Korean Writing	단행본	권영민, 서울대학교출판사, 2006
Sŏng Ch'unhyang : Period Drama, Discourse of Tradition and Modernity, and Legal Status of Married Woman	논문	안진수, Aesthetics and Historical Imagination of Korean Cinema, 소도, 2006.
The Cinematic World of Sin Sangok	논문	안진수, Sin Sangok Collection, 2007
Burden of History and Question of Agency	논문	안진수, Popular Narrative Studies, 2007
A Study on Korean Courtroom Drama Film	논문	안진수, Moving Image Arts Studies, 2007
Ambiguous Nationalism in 1960s' Manchurian Action Films	논문	안진수, Manchurian Studies, 2008
Literary History and Criticism	단행본	권영민, 문학동네, 2009
Textual Criticism on Yu Sang's Literary Works	단행본	권영민, 웅진, 2009
The Ambivalence of the Nationalist Struggle in Deterritorialized Space : The Case of South Korea's Manchurian Action Film	논문	안진수, 2010

제목	형태	주요 내용
Caught Between Memory of Colonialism and Passion for Revolution	논문	안진수, Korean Cinema and Democracy, 선인, 2011
Conundrums of Flashback: Korean Horror Films and Representation of Colonialism	논문	안진수, Popular Narrative Studies, 2011
Variations of Emergent Places: On Spatiality of Video Game Genre	논문	안진수, Moving Image Arts Studies, 2011
The Birth of Yi Sang's Poem "Ogamdo"	단행본	권영민, 태학사, 2012
The Secret of Yi Sang's Literature	단행본	권영민, 민음사, 2012
The Korean Proletarian Literary Movement	단행본	권영민, 서울대학교출판사, 2014
Parameters of Disavowal: Colonial Representation in South Korean Cinema	단행본	안진수, 한국영화사

4. 한국연구센터 운영 현황

명칭	한국학센터(Center for Korean Studies)	
소속 기관	동아시아학연구소	
설립 연도	1979년	
대표자	성명	직함
	로라 넬슨(Laura C. Nelson)	센터장

5. 도서관 현황

도서관명	스타 동아시아 도서관(C. V. Starr East Asian Library)
담당 사서	장재용(Jaeyong Chang)
한국학 장서 보유량(부)	198,372

6. 동아시아학 현황

1) 일본학 프로그램 제공 형태	학사, 석사, 박사
2) 중국학 프로그램 제공 형태	학사, 석사, 박사

캘리포니아대학교-샌디에이고(UC샌디에이고)
University of California, San Diego

1. 대학 개요

설립 연도	1931년
소재 국가	미국
형태	국공립
대표자 성명 / 직위	프라딥 코슬라(Pradeep Khosla) / 총장

2. 연락처

주소	영문 주소	9500 Gilman Drive # 0113, La Jolla, CA, USA
	우편번호	92093-0113
전화		+1-858-534-0491
웹사이트		www.ucsd.edu

3. 기관 한국학 현황

1) 한국 관련 강좌 운영 현황

소속 학부	인문학부(Institute of Arts and Humanities)	
한국학(어) 프로그램명	초국적 한국학 프로그램(Transnational Korean Studies Program)	
개설 연도	2013년	
프로그램 대표자	성명	직함
	토드 헨리(Todd A. Henry)	디렉터
홈페이지	koreanstudies.ucsd.edu	

2) 한국 관련 프로그램 제공 형태

학위 과정	B.A. (학사 과정)	한국학 부전공

3) 주요 연구 분야

• 국제 시대의 현대 한국, 한국의 역사적·세계사적 맥락, 역사, 문학, 언어, 문화, 대중
문화학, 젠더, 음악, 정치학, 국제관계학, 세계화

4) 한국학 교수진 : 5명

교수명	직위	전공 분야
토드 헨리	부교수	한국사
스테판 해거드(Stephan M. Haggard)	교수	정치학
이지선(Jeyseon Lee)	강사	한국어
이진경(Jinkyung Lee)	부교수	한국 문학
박경(Kyong Park)	교수	시각예술

5) 수강생 현황

한국어(학) 관련 강의 수강생 수 : 총 375명

학사 1학년	학사 2학년	학사 3학년	학사 4학년	석사 1학년	석사 2학년	박사 과정	기타
46	94	108	110	9		8	

전공생 수

B.A.	M.A.	Ph.D.
15	25	10

6) 강좌 개설 현황

과목명	담당 교수	주당 수업 시간	수강생 수	학점	필수 / 선택
이주 한국인의 역사와 문화	토드 헨리	4	14	4	선택
초급 한국어 1(1학년)	이지선	5	155	5	선택
초급 한국어 3(1학년)	이지선	5	40	5	선택
중급 한국어(2학년)	이지선	5	53	5	선택
고급 한국어(3학년)	이지선	5	19	5	선택
고급 한국어 문학과 문화 읽기	이진경	4	43	4	선택

7) 한국 관련 활동

활동명	시기	상세 활동 내용
전문가 특강	2016.10.	서울대 고고미술사학과 김영나 명예교수가 "20세기 한국 예술의 힘든 도전, 역동적 변화"를 주제로 강의
대학원생 워크숍	2016.10.	다국적 한국학 대학원생 워크숍
문화 행사	2016.11.	Pac Arts 2016 아시아 영화 페스티벌과 공동 개최, 초국적 한국학 프로그램 공동 후원으로 개최된 한국 디아스포라 영화 쇼케이스.「AKA Seoul」과 「Spa Night」상영

4. 한국연구센터 운영 현황

- 없음

5. 도서관 현황

도서관명	가이젤 도서관(Geisel Library)
담당 사서	진 문(Jin Moon)
한국학 장서 보유량(부)	8,199

6. 동아시아학 현황

1) 일본학 프로그램 제공 형태	학사
2) 중국학 프로그램 제공 형태	학사

캘리포니아대학교-샌타바버라(UC샌타바버라)

University of California, Santa Barbara

1. 대학 개요

설립 연도	1891년
소재 국가	미국
형태	국공립
대표자 성명 / 직위	헨리 양(Henry T. Yang) / 총장

2. 연락처

주소	영문 주소	Santa Barbara, CA, USA
	우편번호	93106
전화		+1-805-893-2245
웹사이트		www.ucsb.edu

3. 기관 한국학 현황

1) 한국 관련 강좌 운영 현황

소속 단과대학	인문·과학대학(College of Letters & Science)	
소속 학과	동아시아언어문화학과 (Department of East Asian Languages & Cultural Studies)	
프로그램 대표자	성명	직함
	캐서린 솔츠맨 리 (Katherine Saltzman-Li)	학과장
홈페이지	www.eastasian.ucsb.edu	

2) 한국 관련 프로그램 제공 형태

학위 과정	B.A. (학사 과정)	동아시아학 전공
	M.A. (석사 과정)	동아시아학 전공
	Ph.D. (박사 과정)	동아시아학 전공

3) 한국학 교수진 : 1명

교수명	직위	전공 분야
배형일(Hyungil Pai)	교수	인류학

4) 강좌 개설 현황

과목명	담당 교수	주당 수업 시간	수강생 수	학점	필수 / 선택
신한류	배형일	3	51	4	선택

4. 한국연구센터 운영 현황
- 없음

5. 동아시아학 현황

1) 일본학 프로그램 제공 형태	학사
2) 중국학 프로그램 제공 형태	학사

캘리포니아대학교-어바인(UC어바인)
University of California, Irvine

1. 대학 개요

설립 연도	1965년
소재 국가	미국
형태	국공립
대표자 성명 / 직위	하워드 길먼(Howard Gillman) / 총장

2. 연락처

주소	영문 주소	1114 Humanities Gateway, Irvine, CA, USA
	우편번호	92697-3375
전화		+1-949-824-7141
웹사이트		www.uci.edu

3. 기관 한국학 현황

1) 한국 관련 강좌 운영 현황

소속 단과대학	인문대학(School of Humanities)	
소속 학과	동아시아언어문학과(Department of East Asian Languages and Literatures)	
프로그램 대표자	성명	직함
	현현영(Hyunyoung Hyun)	코디네이터
홈페이지	www.humanities.uci.edu/eastasian	

2) 한국 관련 프로그램 제공 형태

비학위 과정		B.A. 선택 과목, M.A. 선택 과목
학위 과정	B.A. (학사 과정)	한국학 전공, 동아시아학 전공
	M.A. (석사 과정)	동아시아학 전공
	Ph.D. (박사 과정)	동아시아학 전공

3) 주요 연구 분야

- 한국 역사, 한국 근현대사, 현대 한국 문학, 한국 영상, 한국 대중문화, 젠더, 국제인류학, 국제 문학, 한국어학, 집중 한국학

4) 한국학 교수진 : 10명

교수명	직위	전공 분야
최충무(Chungmoo Choi)	부교수	근대 한국 문화, 식민주의, 대중문화와 문화 이론, 인류학
데이비드 페드먼(David Fedman)	조교수	역사학
김경현(Kyunghyun Kim)	교수	동아시아영화학, 근대 한국
엘레나 김(Eleana Kim)	부교수	인류학
김재홍(Jaehong Kim)	부교수	정책
제임스 경진 리(James Kyung-Jin Lee)	부교수	아시아아메리카학
제리 원 리(Jerry Won Lee)	조교수	동아시아어문학
줄리아 리(Julia Lee)	부교수	아시아아메리카 문화와 문학
실비아 남(Sylvia Nam)	부교수	인류학
서석배(Serkbae Suh)	부교수	근대 한국 문학

5) 수강생 현황

한국어(학) 관련 강의 수강생 수 : 총 429명

학사 1학년	학사 2학년	학사 3학년	학사 4학년	석사 1학년	석사 2학년	박사 과정	기타
17	42	59	96	2	1		212

전공생 수

B.A.	M.A.	Ph.D.
40	15	5

※ 매년 신입생 선발

6) 강좌 개설 현황

과목명	담당 교수	주당 수업 시간	수강생 수	학점	필수 / 선택
한국의 사회와 문화	최충무	4	30	4	선택
한국 여성 필름	최충무	4	29	4	선택
한국 도시와 지방	김경현	4	15	4	선택
한국 여성 필름	최충무	4	1	4	선택
젠더와 한국 심상	최충무	4	49	4	선택
한국 여성 묘사	최충무	4	3	4	선택
분단된 대한민국	데이비드 페드먼	4	50	4	선택
한국 예술	울프그램(Wolfgram J.)	4	36	4	선택
국제적 한국	엘레나 김	4	50	4	선택
한국어 기초(1A)	강사	4	112	4	필수
한국어 중급(2A)	강사	4	42	4	필수
한국어 고급(3A)	강사	4	13	4	선택
한국어 기초(1B)	강사	4	104	4	필수
한국어 중급(2B)	강사	4	42	4	필수
한국어 고급(3B)	강사	4	8	4	선택
한국어 기초(1C)	강사	4	94	4	필수
한국어 중급(2C)	강사	4	24	4	필수
한국어 고급(3C)	강사	4	9	4	선택

7) 한국 관련 활동

활동명	시기	상세 활동 내용
크리티컬한국학센터 설립	2016. 11.	한국학중앙연구원의 후원을 받아 한국학센터 설립. 혁신적인 학제 간 프로그램 개발, 최첨단 서적과 에세이를 위한 연구비 지원, 한국학을 선도하는 박사후 학생 고용, 전 세계 한국학자들을 초청하여 연구 교류 활동 진행, 캠퍼스 내의 사회단체와 학생들이 협력하여 공공 활동을 통해 문화 인식 제고
코리아 코너 신설	2016. 11.	KF의 후원을 받아 도서관 내 새로운 도서와 학습 자료 비치

4. 한국연구센터 운영 현황

명칭	UCI 크리티컬한국학센터(Center for Critical Korean Studies)	
설립 연도	2016년	
대표자	성명	직함
	김경현	센터장

5. 도서관 현황

도서관명	UC어바인 도서관(UC Irvine Library)
담당 사서	잉 장(Ying Zhang)
한국학 장서 보유량(부)	15,375

6. 동아시아학 현황

1) 일본학 프로그램 제공 형태	–
2) 중국학 프로그램 제공 형태	–

캘리포니아주립대학교-로스앤젤레스

California State University, Los Angeles

1. 대학 개요

설립 연도	1947
소재 국가	미국
형태	국공립
대표자 성명 / 직위	윌리엄 코비노(William A. Covino) / 총장

2. 연락처

주소	영문 주소	5151 State University Dr, Los Angeles, CA 90032, USA
	우편번호	90032
전화		+1-323-343-3000
웹사이트		www.calstatela.edu/

3. 기관 한국학 현황

1) 한국 관련 강좌 운영 현황

소속 단과대학	예술인문대학(College of Arts & Letters)	
소속 학과	현대언어문학과(Department of Modern Languages and Literatures)	
프로그램 대표자	성명	직함
	사치코 마쓰나가 (Sachiko Matsunaga)	학과장
홈페이지	www.calstatela.edu/academic/mld	

2) 한국 관련 프로그램 제공 형태

비학위 과정		한국어 자격증
학위 과정	B.A. (학사 과정)	한국어 부전공

3) 한국학 교수진 : 1명

교수명	직위	전공 분야
이남희	부교수	한국어

4) 강좌 개설 현황

과목명	담당 교수	주당 수업 시간	수강생 수	학점	필수 / 선택
중급 한국어 A				4	필수
중급 한국어 B				4	필수
중급 한국어 C				4	필수
고급 한국어 A				4	필수
고급 한국어 B				4	필수
고급 한국어 C				4	필수
전통 한국 문명				4	선택
현대 한국 문명				4	선택
한국어학 입문				4	선택
한국 사회복지				6	선택
한국 인턴십/교환학생				6	선택
고급 독해와 작문: 정치, 교육 이슈				4	선택
고급 독해와 작문: 경제 이슈				4	선택
고급 독해와 작문: 기술과 한미 관계				4	선택
고전 한국 문학				4	선택
현대 한국 문학				4	선택
강독				4	선택

북미

4. 한국연구센터 운영 현황

명칭	한국계미국인-한국학연구센터 (Center for Korean-American and Korean Studies)
소속 기관	캘리포니아주립대학교-로스앤젤레스
설립 연도	1979년

5. 동아시아학 현황

1) 일본학 프로그램 제공 형태	학사
2) 중국학 프로그램 제공 형태	학사

캘리포니아주립대학교-풀러턴
California State University, Fullerton(CSUF)

1. 대학 개요

설립 연도	1957년
소재 국가	미국
형태	국공립
대표자 성명 / 직위	밀드레드 가르시아(Mildred García) / 총장

2. 연락처

주소	영문 주소	2600 Nutwood Ave, Suite 850, Fullerton, CA, USA
	우편번호	92831
전화		+1-657-278-4320
웹사이트		www.fullerton.edu

3. 기관 한국학 현황

1) 한국 관련 강좌 운영 현황

소속 학부	인문사회과학부(Humanities and Social Sciences)	
소속 학과	현대언어·문화학과(Department of Modern Languages & Literatures)	
프로그램 대표자	성명	직함
	제임스 후사르(James Hussar)	학과장
홈페이지	hss.fullerton.edu/mll	

2) 한국 관련 프로그램 제공 형태

비학위 과정	B.A. 선택 과목, 한국어 과정

3) 한국학 교수진 : 1명

교수명	직위	전공 분야
리 헤일리(Lee, Haely)	강사	

4) 수강생 현황

한국어(학) 관련 강의 수강생 수 : 총 63명

5) 강좌 개설 현황

과목명	담당 교수	주당 수업 시간	수강생 수	학점	필수 / 선택
한국어 101			37	3	
한국어 102			17	3	
한국어 2			9	3	

6) 한국 관련 활동

활동명	시기	상세 활동 내용
한미학생협회 문화 행사	2014. 10.	다문화 푸드 페어 참가
코리아타임즈 SAT 준비	2015. 8.	SAT 준비 이벤트
한미학생협회 문화 행사	2015. 9.	K-POP 클럽 결성
한국 대학 설명회	2015. 9.	대학 진학 설명회
한국 자문위원 방문	2015. 12.	자문위원 방문
문화 외교 특강	2015. 12.	정치학과 의장 스티브 스탬보우(Dr. Steve Stambough)의 강연
야구 경기	2016. 2.	NC다이노스 vs CSUF타이탄스 야구 경기
한미학생협회 문화 행사	2016. 12.	LA 한국 축제 참가

4. 한국연구센터 운영 현황
- 없음

5. 도서관 현황

도서관명	캘리포니아주립대학교-풀러턴 도서관
담당 사서	스콧 휴잇(Scott Hewitt)
한국학 장서 보유량(부)	2,830

6. 동아시아학 현황

1) 일본학 프로그램 제공 형태	–
2) 중국학 프로그램 제공 형태	–

컬럼비아대학교
Columbia University

1. 대학 개요

설립 연도	1754년
소재 국가	미국
형태	사립
대표자 성명 / 직위	리 볼린저(Lee Bollinger) / 총장

2. 연락처

주소	영문 주소	124 Raymond Ave, Poughkeepsie, NY, USA
	우편번호	12604
전화		+1-212-854-5144
웹사이트		www.columbia.edu

3. 기관 한국학 현황

1) 한국 관련 강좌 운영 현황

소속 학과	동아시아언어문화학과(Department of East Asian Languages and Cultures)	
프로그램 대표자	성명	직함
	하루오 시라네 (Haruo Shirane)	학과장
홈페이지	ealac.columbia.edu	

2) 한국 관련 프로그램 제공 형태

비학위 과정		B.A. 선택 과목
학위 과정	B.A. (학사 과정)	동아시아학 전공
	M.A. (석사 과정)	동아시아학 전공

3) 한국학 교수진 : 10명

교수명	직위	전공 분야
유니스 유나 정	강사	영어교육학
시어도어 휴스(Theodore Hughes)	KF 부교수	한국 문학
이범	강사	사회학
캐롤 슐츠(Carol H. Schulz)	선임강사	한국어
송선희	강사	TESOL
이현규	강사	역사
찰스 암스트롱(Charles Armstrong)	KF 교수	근대한국학, 동아시아학, 국제역사학
김정원	세종학당 조교수	조선의 젠더, 가족, 법사학
김승욱	객원교수	종교학
로럴 켄달(Laurel Kendall)	겸임교수	인류학

4) 강좌 개설 현황

과목명	담당 교수	주당 수업 시간	수강생 수	학점	필수 / 선택
콜로키움: 한국 역사 속 갈등과 문화	김정원	2			
불교와 한국 문화	김승욱	2			
한국의 역사적 맥락	김정원	2			
한국어 입문 A	이현규, 유니스 정	2			
한국어 입문 B	유니스 정	2			
한국어(1학년)	송선희, 이범	4			
한국어(2학년)	캐롤 슐츠, 송선희	4			
한국어(3학년)	유니스 정, 이범	4			
한국어(4학년)	이현규	4			
한국어(5학년)	캐롤 슐츠	3			

4. 한국연구센터 운영 현황

명칭	한국연구센터(Center for Korean Research)	
설립 연도	1988년	
대표자	성명	직함
	시어도어 휴스	센터장

5. 도서관 현황

도서관명	스타 동아시아 도서관(C.V. Starr East Asian Library)
담당 사서	신희숙(Heesook Shin)

6. 동아시아학 현황

1) 일본학 프로그램 제공 형태	학사, 석사(동아시아학)
2) 중국학 프로그램 제공 형태	학사, 석사(동아시아학)

코넬대학교
Cornell University

1. 대학 개요

설립 연도	1865년
소재 국가	미국
형태	사립
대표자 성명 / 직위	마사 폴락(Martha E. Pollack) / 총장

2. 연락처

주소	영문 주소	Ithaca, NY, USA
	우편번호	14850
전화		+1-607-255-8498
웹사이트		www.cornell.edu

3. 기관 한국학 현황

1) 한국 관련 강좌 운영 현황

소속 단과대학	인문과학대학(College of Arts & Sciences)	
소속 학과	아시아학과(Department of Asian Studies)	
프로그램 대표자	성명	직함
	대니얼 골드(Daniel Gold)	학과장
홈페이지	asianstudies.cornell.edu	

북
미

2) 한국 관련 프로그램 제공 형태

학위 과정	B.A. (학사 과정)	아시아학 전공, 부전공
	M.A. (석사 과정)	아시아학 전공, 기타 전공 내 한국학 프로그램(전공명: 아시아 문학, 종교와 문화)
	Ph.D. (박사 과정)	기타 전공 내 한국학 프로그램(전공명: 아시아 문학, 종교와 문화)

3) 한국학 교수진 : 1명

교수명	직위	전공 분야
송미정(Meejeong Song)	선임강사	한국어 교육

4) 강좌 개설 현황

과목명	담당 교수	주당 수업 시간	수강생 수	학점	필수 / 선택
초급 한국어 1	송미정	4		6	
초급 한국어 2	송미정	4		6	
중급 한국어 읽기와 쓰기 1	송미정	3		4	
중급 한국어 읽기와 쓰기 2	송미정	3		4	
고급 한국어 1	송미정	3		4	
고급 한국어 2	송미정	3		4	

4. 한국연구센터 운영 현황
　- 없음

5. 동아시아학 현황

1) 일본학 프로그램 제공 형태	학사(아시아학)
2) 중국학 프로그램 제공 형태	학사

콜로라도대학교-볼더
University of Colorado Boulder

1. 대학 개요

설립 연도	1876년
소재 국가	미국
형태	국공립
대표자 성명 / 직위	벤슨 브루스(Benson Bruce D.) / 총장

2. 연락처

주소	영문 주소	234UCB, Boulder, CO, USA
	우편번호	80309
전화		+1-303-735-5122
웹사이트		www.colorado.edu

3. 기관 한국학 현황

1) 한국 관련 강좌 운영 현황

소속 단과대학	인문과학대학(College of Arts and Sciences)	
소속 학과	아시아언어문화학과(Department of Asian Languages and Cultures)	
프로그램 대표자	성명	직함
	김상복	한국어 코디네이터
홈페이지	Colorado.edu/alc	

2) 한국 관련 프로그램 제공 형태

비학위 과정	B.A. 선택 과목

3) 한국학 교수진 : 4명

교수명	직위	전공 분야
임성연(Sungyun Lim)	조교수	역사학
정재원(Jaewon Chung)	조교수	한국 문학
김상복(Sangbok Kim)	선임교원	언어학
서희승(Heeseung Suh)	한국어 강사	

4) 강좌 개설 현황

과목명	담당 교수	주당 수업 시간	수강생 수	학점	필수 / 선택
초급 한국어 1	김상복, 서희승	3	80	3	선택
중급 한국어 1	김상복, 서희승	3	40	3	선택
고급 한국어 1	김상복, 서희승	3	20	3	선택
한국사 입문	임성연	3	68	3	선택
동아시아 역사 속의 여성	임성연	3	30	3	선택
한국 문명 입문	정재원	3	60	3	선택
한국의 문화와 영화	정재원	3	15	3	선택

4. 한국연구센터 운영 현황

- 없음

5. 도서관 현황

한국학 장서 보유량(부)	8,781

6. 동아시아학 현황

1) 일본학 프로그램 제공 형태	-
2) 중국학 프로그램 제공 형태	-

퀸즈칼리지
Queens College, City University of New York

1. 대학 개요

설립 연도	1937년
소재 국가	미국
형태	국공립
대표자 성명/ 직위	펠릭스 마토스 로드리게스(Félix V. Matos Rodríguez) / 총장

2. 연락처

주소	영문 주소	65-30 Kissena Boulevard, Queens, NY, USA
	우편번호	11367-1597
전화		+1-718-997-5562
웹사이트		www.qc.cuny.edu

3. 기관 한국학 현황

1) 한국 관련 강좌 운영 현황

소속 학부	예술인문학부(Division of Arts and Humanities)	
소속 학과	고전·중동·아시아언어문화학과 (Classical, Middle Eastern, and Asian Languages and Cultures)	
개설 연도	1992년	
프로그램 대표자	성명	직함
	윤종 슈(Yunzhong Shu)	학과장
홈페이지	www.qc.cuny.edu/academics/degrees/dah/cmal	

2) 한국 관련 프로그램 제공 형태

비학위 과정		B.A. 선택 과목
학위 과정	B.A. (학사 과정)	한국어 부전공, 동아시아학 전공

3) 한국학 교수진 : 2명

교수명	직위	전공 분야
고성연	조교수	언어학
김지영		동아시아 문학

4) 수강생 현황

한국어(학) 관련 강의 수강생 수 : 총 213명

5) 강좌 개설 현황

과목명	담당 교수	주당 수업 시간	수강생 수	학점	필수 / 선택
초급 한국어 1			103		
초급 한국어 2			38		
중급 한국어 2			16		
고급 한국어 2			8		
한국어 읽기			12		
한국의 문명화			17		
동아시아 언어 구조: 한국어			19		

4. 한국연구센터 운영 현황

명칭	재외한인사회연구소(Research Center for Korean Community)	
대표자	성명	직함
	민병갑(Pyonggap Min)	디렉터

5. 동아시아학 현황

1) 일본학 프로그램 제공 형태	학사
2) 중국학 프로그램 제공 형태	학사

클레어몬트매케나칼리지
Claremont McKenna College

1. 대학 개요

설립 연도	1946년
소재 국가	미국
형태	사립
대표자 성명 / 직위	히람 코도시(Hiram Chodosh) / 총장

2. 연락처

주소	영문 주소	850 Columbia Ave. Claremont, CA, USA
	우편번호	90711
전화		+1-909 607-2503
웹사이트		www.cmc.edu

3. 기관 한국학 현황

1) 한국 관련 강좌 운영 현황

소속 학과	현대어문학과(Modern Languages and Literatures)	
프로그램 대표자	성명	직함
	김민주	부교수
홈페이지	www.cmc.edu/modern-languages	

2) 한국 관련 프로그램 제공 형태

비학위 과정		B.A. 선택 과목
학위 과정	B.A. (학사 과정)	한국학 부전공, 동아시아학 전공

3) 한국학 교수진 : 3명

교수명	직위	전공 분야
김민주	부교수	한국어학
앨버트 박(Albert Park)	부교수	한국사
홍용화	겸임교수	교육학

4) 수강생 현황

한국어(학) 관련 강의 수강생 수 : 총 100명

학사 1학년	학사 2학년	학사 3학년	학사 4학년	석사 1학년	석사 2학년	박사 과정	기타
40	30	20	10				

5) 강좌 개설 현황

과목명	담당 교수	주당 수업 시간	수강생 수	학점	필수 / 선택
초급 한국어	김민주	4	25	4	선택
중급 한국어	김민주	4	17	4	선택
한국 근대사	앨버트 박	3	18	4	선택

4. 한국연구센터 운영 현황

- 없음

5. 동아시아학 현황

1) 일본학 프로그램 제공 형태	학사
2) 중국학 프로그램 제공 형태	학사

터프츠대학교
Tufts University

1. 대학 개요

설립 연도	1852년
소재 국가	미국
형태	사립
대표자 성명 / 직위	앤서니 모나코(Anthony P. Monaco) / 총장

2. 연락처

주소	영문 주소	419 Boston Ave, Medford, MA, USA
	우편번호	02155
전화		+1-617-627-4307
웹사이트		www.tufts.edu

3. 기관 한국학 현황

1) 한국 관련 강좌 운영 현황

소속 단과대학	플레처스쿨(Fletcher School of Law and Diplomacy)	
프로그램 대표자	성명	직함
	제임스 스태브리디스(James Stavridis)	학장
홈페이지	fletcher.tufts.edu	

북
미

2) 한국 관련 프로그램 제공 형태

비학위 과정		M.A. 선택 과목
학위 과정	M.A. (석사 과정)	태평양아시아학 전공

3) 한국학 교수진 : 1명

교수명	직위	전공 분야
이성윤	KF 조교수	

4. 한국연구센터 운영 현황
　-없음

5. 동아시아학 현황

1) 일본학 프로그램 제공 형태	학사
2) 중국학 프로그램 제공 형태	학사

텍사스대학교-리오그란데밸리
University of Texas Rio Grande Valley(UTRGV)

1. 대학 개요

설립 연도	1927년
소재 국가	미국
형태	국공립
대표자 성명 / 직위	가이 베일리(Guy Bailey) / 총장

2. 연락처

주소	영문 주소	ARHU 329, 1201 West University Drive, Edinburg, TX, USA
	우편번호	78539
전화		+1-9-566-653441
웹사이트		www.utrgv.edu

3. 기관 한국학 현황

1) 한국 관련 강좌 운영 현황

소속 단과대학	인문대학(College of Liberal Arts)	
소속 학과	작문언어학과(Department of Writing and Language Studies)	
개설 연도	2016년	
프로그램 대표자	성명	직함
	콜린 찰턴(Colin Charlton)	학과장
홈페이지	www.utrgv.edu/cla	

2) 한국 관련 프로그램 제공 형태

비학위 과정		B.A. 선택 과목(외국어 필수)
학위 과정	B.A. (학사 과정)	동양학 부전공

3) 한국학 교수진 : 1명

교수명	직위	전공 분야
오미진		한국어 교육, 유아 교육

4) 강좌 개설 현황

과목명	담당 교수	주당 수업 시간	수강생 수	학점	필수 / 선택
기초 한국학 I	오미진		25		
기초 한국학 II	오미진		16		

4. 한국연구센터 운영 현황
- 없음

5. 동아시아학 현황

1) 일본학 프로그램 제공 형태	학사(아시아학 부전공)
2) 중국학 프로그램 제공 형태	학사(아시아학 부전공)

텍사스대학교-샌안토니오
University of Texas at San Antonio

1. 대학 개요

설립 연도	1969년
소재 국가	미국
형태	국공립
대표자 성명 / 직위	페드로 레예스(Pedro Reyes) / 총장

2. 연락처

주소	영문 주소	One UTSA Circle, San Antonio, TX, USA
	우편번호	78249
전화		+1-210-649-5362
웹사이트		www.utsa.edu

3. 기관 한국학 현황

1) 한국 관련 강좌 운영 현황

소속 단과대학	인문예술대학(College of Liberal & Fine Arts)	
소속 학과	현대언어문학과(Department of Modern Languages and Literatures)	
개설 연도	2016년	
프로그램 대표자	성명	직함
	산티아고 데이디 톨슨(Santiago Daydi-Tolson)	학과장
홈페이지	colfa.utsa.edu/modern-languages	

2) 한국 관련 프로그램 제공 형태

비학위 과정	B.A. 선택 과목

3) 한국학 교수진 : 1명

교수명	직위	전공 분야
공득희(Deukhee Gong)	강사	한국어 교육

4) 수강생 현황

한국어(학) 관련 강의 수강생 수 : 총 50명

5) 강좌 개설 현황

과목명	담당 교수	주당 수업 시간	수강생 수	학점	필수 / 선택
초급 한국어	공득희	3	50	4	선택

6) 한국 관련 활동

활동명	상세 활동 내용
김치 페스티벌	샌안토니오 지역에 다양한 공연과 게임 활동, 한국 음식 맛보기 등 실시
한국어 말하기 대회	한국어를 배우는 학생들(한국인 학생과 부모가 한국인인 경우 제외)이 참여한 한국어 말하기 대회

4. 한국연구센터 운영 현황

- 없음

5. 도서관 현황

도서관명	UTSA 도서관(UTSA Libraries)
담당 사서	새리 샐리스버리(Shari Salisbury)

6. 동아시아학 현황

1) 일본학 프로그램 제공 형태	학사
2) 중국학 프로그램 제공 형태	기타(공자학원)

텍사스대학교-알링턴
University of Texas at Arlington

1. 대학 개요

설립 연도	1835년
소재 국가	미국
형태	국공립
대표자 성명 / 직위	비스타스프 카브하리(Vistasp Karbhari) / 총장

2. 연락처

주소	영문 주소	701 Planetarium Place, BOX 19557, Arlington, TX, USA
	우편번호	76019
전화		+1-817-272-3161
웹사이트		www.uta.edu

3. 기관 한국학 현황

1) 한국 관련 강좌 운영 현황

소속 단과대학	인문대학(College of Liberal Arts)	
소속 학과	현대언어학과(Department of Modern Languages)	
개설 연도	2012년	
프로그램 대표자	성명	직함
	김석주(Sokju Kim)	코디네이터
홈페이지	www.uta.edu/modl/kore	

2) 한국 관련 프로그램 제공 형태

비학위 과정		B.A. 선택 과목
학위 과정	B.A. (학사 과정)	한국어 부전공, 기타 전공 내 한국학 프로그램(전공명: 현대언어학)

3) 주요 연구 분야

- 한국어, 한국 문화, 한국어학, 번역과 통역

4) 한국학 교수진 : 2명

교수명	직위	전공 분야
김석주	조교수	언어학
최연미(Yeonmi Choi)	강사	문헌정보학, 교육학

5) 수강생 현황

한국어(학) 관련 강의 수강생 수 : 총 119명

학사 1학년	학사 2학년	학사 3학년	학사 4학년	석사 1학년	석사 2학년	박사 과정	기타
68	35	16					

6) 강좌 개설 현황

과목명	담당 교수	주당 수업 시간	수강생 수	학점	필수 / 선택
초급 한국어 1	김석주	3	23	4	
초급 한국어 1	최연미	6	45	4	
초급 한국어 2	김석주	3	11	4	
중급 한국어 1	김석주	3	23	3	
중급 한국어 2	최연미	3	12	3	
고급 한국어 1	김석주	3	16	3	
번역	피트 스미스(Pete Smith)	3	16	3	

4. 한국연구센터 운영 현황
 - 없음

5. 동아시아학 현황

1) 일본학 프로그램 제공 형태	–
2) 중국학 프로그램 제공 형태	학사

텍사스대학교-오스틴

University of Texas at Austin

1. 대학 개요

설립 연도	1883년
소재 국가	미국
형태	국공립
대표자 성명 / 직위	그레고리 펜베스(Gregory L. Fenves) / 총장

2. 연락처

주소	영문 주소	120 Inner Campus Dr Stop G9300, WCH 4.134, Austin, TX, USA
	우편번호	78712-1251
전화		+1-512-471-5811
웹사이트		www.utexas.edu

3. 기관 한국학 현황

1) 한국 관련 강좌 운영 현황

소속 단과대학	인문대학(College of Liberal Arts)	
소속 학과	아시아학과(Department of Asian Studies)	
프로그램 대표자	성명	직함
	랜디 디엘(Randy L. Diehl)	학장
홈페이지	liberalarts.utexas.edu/asianstudies	

2) 한국 관련 프로그램 제공 형태

학위 과정	B.A. (학사 과정)	한국어 전공, 아시아학 전공
	M.A. (석사 과정)	아시아학 전공

3) 한국학 교수진 : 5명

교수명	직위	전공 분야
로버트 오펜하임(Robert Oppenheim)	부교수	인류학
오유정	조교수	지리학
박경	선임교원	영어영문학
박상훈	강사	언어학
김보영	강사	언어학

4) 강좌 개설 현황

과목명	담당 교수	주당 수업 시간	수강생 수	학점	필수 / 선택
한국 문화와 역사 개론	오유정				
전후 한국의 정치 경제 발전	오유정				
남북한과 미국	로버트 오펜하임				
동아시아 대중문화의 세계화	오유정				

4. 한국연구센터 운영 현황

　- 없음

5. 동아시아학 현황

1) 일본학 프로그램 제공 형태	학사(아시아문화어학), 기타(수료증)
2) 중국학 프로그램 제공 형태	학사(중국어 부전공, 아시아문화어학)

북미

템플대학교
Temple University

1. 대학 개요

설립 연도	1884년
소재 국가	미국
형태	국공립
대표자 성명 / 직위	리처드 앵글러트(Richard M. Englert) / 총장

2. 연락처

주소	영문 주소	1801 N Broad St, Philadelphia, PA, USA
	우편번호	19122
전화		+1-215-204-8268
웹사이트		www.temple.edu

3. 기관 한국학 현황

1) 한국 관련 강좌 운영 현황

소속 단과대학	인문대학(College of Liberal Arts)	
소속 학과	아시아학과(Department of Asian Studies)	
프로그램 대표자	성명	직함
	루이스 만지오네 (Louis Mangione)	학과장
홈페이지	www.cla.temple.edu/asian-studies	

2) 한국 관련 프로그램 제공 형태

학위 과정	B.A. (학사 과정)	아시아학 전공, 부전공

3) 한국학 교수진 : 1명

교수명	직위	전공 분야
케이티 리 문(Katie Lee Moon)	겸임교수	TESOL

4) 강좌 개설 현황

과목명	담당 교수	주당 수업 시간	수강생 수	학점	필수 / 선택
초급 한국어	케이티 리 문			4	
중급 한국어	케이티 리 문			4	
고급 한국어	케이티 리 문			3	
한국어 토픽	케이티 리 문			3	

4. 한국연구센터 운영 현황
- 없음

5. 동아시아학 현황

1) 일본학 프로그램 제공 형태	준학사, 학사
2) 중국학 프로그램 제공 형태	학사, 기타(수료증)

북
미

펜실베이니아대학교
University of Pennsylvania

1. 대학 개요

설립 연도	1740년
소재 국가	미국
형태	사립
대표자 성명 / 직위	에이미 거트먼(Amy Gutmann) / 총장

2. 연락처

주소	영문 주소	255 S. 36th Street, Williams Hall 642, Philadelphia, PA, USA
	우편번호	19104
전화		+1-215-573-8367
웹사이트		www.upenn.edu

3. 기관 한국학 현황

1) 한국 관련 강좌 운영 현황

소속 단과대학	인문과학대학(School of Arts and Sciences)	
소속 학과	동아시아언어문명학과(Department of East Asian Languages and Civilization)	
한국학(어) 프로그램명	제임스 주진 김 프로그램(James Joo-Jin Kim Program)	
개설 연도	2011년	
프로그램 대표자	성명	직함
	유진 박(Eugene Y. Park)	디렉터
홈페이지	www.sas.upenn.edu/ealc www.sas.upenn.edu/koreanstudies	

2) 한국 관련 프로그램 제공 형태

학위 과정	B.A. (학사 과정)	동아시아학 전공
	M.A. (석사 과정)	동아시아학 전공
	Ph.D. (박사 과정)	동아시아학 전공

3) 주요 연구 분야

- 역사학, 사회학

4) 한국학 교수진 : 6명

교수명	직위	전공 분야
유진 박	KF 부교수	역사학
박현준	KF 부교수	사회학
조혜원(Haewon Cho)	한국어 프로그램 디렉터	언어학, TESOL
정지영	강사	응용언어학
이은지	강사	언어학
이석	강사	역사학

5) 수강생 현황

한국어(학) 관련 강의 수강생 수 : 총 145명

학사 1학년	학사 2학년	학사 3학년	학사 4학년	석사 1학년	석사 2학년	박사 과정	기타
33	34	33	35				한국학 대학원생: 5 한국어 대학원생: 5

전공생 수

B.A.	M.A.	Ph.D.
2	1	4

※ 매년 신입생 선발

6) 강좌 개설 현황

과목명	담당 교수	주당 수업 시간	수강생 수	학점	필수 / 선택
전근대 한국	유진 박	3	34	1	필수
한국사 읽기	유진 박	3	9	1	선택
초급 한국어(3개 섹션)	조혜원, 정지영, 이은지	4	37	1	필수
중급 한국어(2개 섹션)	이은지	4	14	1	필수
유학생을 위한 한국어	정지영	4	9	1	필수
고급 한국어	조혜원	3	7	1	
비즈니스 한국어 커뮤니케이션	조혜원	3	5	1	
고급 한국어 토픽	정지영	3	9	1	
현대 한국 미디어	정지영	3	7	1	
고급 비즈니스 한국어	제러미 유(Jeremy Yoo)	3	14	1	

7) 한국 관련 활동

활동명	시기	상세 활동 내용
학술 강의	2016. 2.	디마 미로넨코(Dima Mironenko) 박사의 강의 "광대, 마술사, 곡예사: 영화와 일상에서의 북한 서커스"
학술 강의	2016. 2.	시시앙 왕(Sixiang Wang, 펜실베이니아대학교 박사후 펠로)의 강의 "한국 시의 문학적 실천과 제국적 상상"
학술 강의	2016. 2.	주뉴욕 총영사의 강의 "한중일 전략 삼각 지대의 현재 정치, 경제적 과제"
학술 강의	2016. 2.	미셸 조(Michelle Cho, 맥길대 조교수) 강의 "Genre World"
프로그램 컨퍼런스	2016. 4.	제임스 주진 김(James Joo-Jin Kim)이 주최 및 후원한 컨퍼런스 "한국과 제국: 초국가적 세계로의 저항, 대립, 적응"
2016 연례 북미 한국학과장 포럼	2016. 4.	북미 한국학과장 연례 모임
학술 강의	2016. 4.	박아림(Ahrim Park, 숙명여대 교수) 강의 "고구려 고분벽화를 재고하다"
한국학 국제 학술회의	2016. 10.	한국학중앙연구원과 공동 주최한 제8회 한국학 국제 학술회의. 주제: 한국 문화, 미래를 위한 통찰력 모색
특강	2016. 10.	로스 킹(Ross King, 브리티시컬럼비아대 교수) 박사의 강의 "Out of the Margins: The Western Wing Glossarial Complex in Late Chosun and the Problem of the Literary Vernacular"
학생 라운드테이블	2016. 10.	"2016년 북한: 미사일, 핵무기, 시장, 미치광이"
문화 행사	2016. 11.	한국 문화 중 가족에 초점을 둔 행사

8) 한국 관련 출판물

제목	형태	주요 내용
Family Environments, School Resources, and Educational Outcomes	단행본	박현준, 그레이스 고 공저, 에머랄드출판사
Learning Beyond the School Walls: Trends and Implications	기타	박현준 저 사설과 공립 보충 교육에 대한 기존 연구 검토 및 잠재적 연구 영역 확인(Annual Review of Sociology 42)
Shadow Education and Educational Inequality in South Korea: Examining Effect Heterogeneity of Shadow Education on Middle School Seniors' Achievement Test Scores	기타	박현준 저 한국 학생의 수학 성취에 평준화 정책이 미치는 다중적 영향 추정(Research in Social Stratification and Mobility 44)
Living Arrangements of Single Parents and Their Children in South Korea	기타	박현준 저 조부모와 함께 사는 편부모 가정 어린이의 규모와 주거 방식과 연관된 요소에 대한 조사(Marriage & Family Review 52)
Marriage, Independence, and Adulthood among Unmarried Women in South Korea	기타	박현준 저 미혼 여성의 결혼, 독립, 성인에 대한 기대치 연구(Asian Journal of Social Science 44)
Colonial Korea's First Participation in the Olympic Games(1932)	기타	이석 저 식민주의와 민족주의적 측면에서 식민지 한국에 1932년 올림픽이 미친 다면적 영향(Seoul Journal of Korean Studies 29)
L2 Acquisition of Number Marking in Korean and Indonesian: a Feature-based Approach	기타	이은지 저 성인 한국 원어민(L1)의 제2외국어로서 인도네시아어 습득과 성인 인도네시아 원어민의 한국어 습득에 대한 양방향 연구

4. 한국연구센터 운영 현황

명칭	제임스 주진 김 한국학 프로그램 (James Joo-Jin Kim Program in Korean Studies)	
소속 기관	펜실베이니아대학교	
설립 연도	2011년	
대표자	성명	직함
	유진 박	소장

5. 도서관 현황

도서관명	반 펠트 도서관(Van Pelt Library)
담당 사서	몰리 데스 자르댕(Molly Des Jardin)
한국학 장서 보유량(부)	11,995

6. 동아시아학 현황

1) 일본학 프로그램 제공 형태	학사, 석사, 박사
2) 중국학 프로그램 제공 형태	학사, 석사, 박사

펜실베이니아인디애나대학교
Indiana University of Pennsylvania

1. 대학 개요

설립 연도	1875년
소재 국가	미국
형태	국공립
대표자 성명 / 직위	마이클 드리스콜(Michael Driscoll) / 총장

2. 연락처

주소	영문 주소	1011 South Dr, Indiana, PA, USA
	우편번호	15705
전화		+1-724-357-5612
웹사이트		www.iup.edu

3. 기관 한국학 현황

1) 한국 관련 강좌 운영 현황

소속 단과대학	인문사회과학대학(College of Humanities and Social Sciences)	
소속 학과	아시아학(Asian Studies)	
프로그램 대표자	성명	직함
	스튜어트 챈들러(Stuart Chandler)	코디네이터
홈페이지	www.iup.edu/asianstudies	

2) 한국 관련 프로그램 제공 형태

비학위 과정	B.A. 선택 과목

북
미

3) 강좌 개설 현황

과목명	담당 교수	주당 수업 시간	수강생 수	학점	필수 / 선택
한국어 I					
한국어 II					
한국어 III					
한국어 IV					

4. 한국연구센터 운영 현황
- 없음

5. 동아시아학 현황

1) 일본학 프로그램 제공 형태	기타(수료증)
2) 중국학 프로그램 제공 형태	기타(수료증)

펜실베이니아주립대학교
Pennsylvania State University

1. 대학 개요

설립 연도	1855년
소재 국가	미국
형태	국공립
대표자 성명 / 직위	에릭 배런(Eric J. Barron) / 총장

2. 연락처

주소	영문 주소	201D Old Botany Building, University Park, PA, USA
	우편번호	16802
전화		+1-814-865-7671
웹사이트		www.psu.edu

3. 기관 한국학 현황

1) 한국 관련 강좌 운영 현황

소속 단과대학	인문대학(College of Liberal Arts)	
소속 학과	아시아학과(Asian Studies), 비교문학과(Comparative Literature), 역사학과(History)	
개설 연도	1991년	
프로그램 대표자	성명	직함
	수전 웰치(Susan Welch)	학장
홈페이지	asian.la.psu.edu	

2) 한국 관련 프로그램 제공 형태

비학위 과정		B.A., Ph.D.(복수 전공) 선택 과목
학위 과정	B.A. (학사 과정)	한국학 부전공, 동아시아학 전공

3) 한국학 교수진 : 2명

교수명	직위	전공 분야
수전 스트라우스(Susan G. Strauss)	부교수	응용언어학
이위정(Wejung Yi)	조교수	한국 문학, 문화

4) 수강생 현황

한국어(학) 관련 강의 수강생 수 : 총 416명

학사 1학년	학사 2학년	학사 3학년	학사 4학년	석사 1학년	석사 2학년	박사 과정	기타
27	44	72	58	3		4	208

5) 강좌 개설 현황

과목명	담당 교수	주당 수업 시간	수강생 수	학점	필수 / 선택
아시아 문학 비교 세미나(대학원)	이위정	3	7	3	선택
현대 한국의 젠더와 계급	김승경(Seungkyung Kim, 인디애나대학교)	3	3	3	선택
한국 문화사	이위정	3	13	3	선택
한국어 1(5개 섹션)	소린 휴(Sorin Huh), 윤재림(Jaerim Yoon)	5	88	4	선택
한국어 2(3개 섹션)	김란(Lan Kim), 이현주(Hyunjoo Lee)	5	21	4	선택
한국어 3(1개 섹션)	김란	5	48	4	선택
한국어 110(1개 섹션)	박주연(Jooyeon Park)	5	19	4	선택
한국어 401(1개 섹션)	윤재림	5	9	4	선택

6) 한국 관련 활동

활동명	시기	상세 활동 내용
한국 문화의 밤	2013~현재	2013년부터 진행된 봄 정기 행사로 한국 전통 및 현대 공연과 문화 활동 진행. 아시아학과 한국어 프로그램과 학생 단체(한인학생회, 국제한인학생 단체, 한국국제클럽 등)에서 기획

7) 한국 관련 출판물

제목	형태	주요 내용
Verge: Studies in Global Asias	기타	글로벌 아시아의 정치
Comparative Literature Studies	기타	한국의 문화적 번역과 세계 문학

4. 한국연구센터 운영 현황

  - 없음

5. 도서관 현황

도서관명	대학 도서관
담당 사서	제이드 앳윌(Jade Atwill)
한국학 장서 보유량(부)	1,576

6. 동아시아학 현황

1) 일본학 프로그램 제공 형태	학사
2) 중국학 프로그램 제공 형태	학사

포틀랜드주립대학교
Portland State University

1. 대학 개요

설립 연도	1946년
소재 국가	미국
형태	국공립
대표자 성명 / 직위	빔 비벌(Wim Wiewel) / 총장

2. 연락처

주소	영문 주소	724 SW Harrison Street, Portland, OR, USA
	우편번호	97201
전화		+1-503-725-5284
웹사이트		www.pdx.edu

3. 기관 한국학 현황

1) 한국 관련 강좌 운영 현황

소속 단과대학	인문과학대학(College of Liberal Arts and Sciences)	
소속 학과	세계언어문학과(World Languages and Literatures)	
개설 연도	1980년	
프로그램 대표자	성명	직함
	지나 그레코(Gina Greco)	학과장
홈페이지	www.pdx.edu/wll/korean	

2) 한국 관련 프로그램 제공 형태

비학위 과정	B.A. 선택 과목

3) 주요 연구 분야

- 한국어

4) 한국학 교수진 : 4명

교수명	직위	전공 분야
이정희	교수	불교
윤경아	강사	세계 언어와 문학
권정민	조교수	영화학
켄 루오프(Ken Ruoff)	교수	역사학

5) 수강생 현황

한국어(학) 관련 강의 수강생 수 : 총 55명

학사 1학년	학사 2학년	학사 3학년	학사 4학년	석사 1학년	석사 2학년	박사 과정	기타
40	15						

6) 강좌 개설 현황

과목명	담당 교수	주당 수업 시간	수강생 수	학점	필수 / 선택
1학년 한국어		5	40	5	선택
2학년 한국어		5	15	5	선택

7) 한국 관련 활동

활동명	시기	상세 활동 내용
한국학 특강	1996~현재	매년 분기별로 아시아학연구소에서 강의와 문화 행사 제공

4. 한국연구센터 운영 현황

- 없음

5. 도서관 현황

도서관명	포틀랜드주립대학교 도서관(Portland State University Library)
담당 사서	린다 앱셔(Linda Absher)

6. 동아시아학 현황

1) 일본학 프로그램 제공 형태	학사
2) 중국학 프로그램 제공 형태	학사

프린스턴대학교
Princeton University

1. 대학 개요

설립 연도	1746년
소재 국가	미국
형태	사립
대표자 성명 / 직위	크리스토퍼 아이스그루버(Christopher L. Eisgruber) / 총장

2. 연락처

주소	영문 주소	Princeton, NJ, USA
	우편번호	08544
전화		+1-609-258-0917
웹사이트		www.princeton.edu

3. 기관 한국학 현황

1) 한국 관련 강좌 운영 현황

소속 학부	인문학부(Faculty of Humanities)	
소속 학과	동아시아학과(Department of East Asian Studies)	
프로그램 대표자	성명	직함
	스티븐 정(Steven Chung), 서주원	한국어 코디네이터
홈페이지	www.princeton.edu/eas	

2) 한국 관련 프로그램 제공 형태

학위 과정	B.A. (학사 과정)	동아시아학 전공, 부전공
	Ph.D. (박사 과정)	동아시아학 전공

3) 한국학 교수진 : 6명

교수명	직위	전공 분야
스티븐 정	부교수	한국 영화, 문화
크세니아 치초바(Ksenia Chizhova)	조교수	한국 문학
서주원	선임강사	한국어
최호정	강사	한국어
지은정	강사	한국어
윤유선	강사	한국어

4) 강좌 개설 현황

과목명	담당 교수	주당 수업 시간	수강생 수	학점	필수 / 선택
근대 한국 소설	스티븐 정	3	11		
초급 한국어	서주원, 윤유선	2	58		
중급 한국어	최호정, 지은정	2	18		
집중 한국어	지은정	2	14		
고급 한국어	최호정	2	12		
종합 한국어	지은정	2	10		
현대 한국의 언어와 문화	윤유선	3	6		
근대 한국어 읽기	서주원	3	9		

4. 한국연구센터 운영 현황
- 없음

5. 도서관 현황

도서관명	동아시아 도서관(East Asian Library)
담당 사서	이형배(Hyoungbae Lee)

6. 동아시아학 현황

1) 일본학 프로그램 제공 형태	학사, 박사(동아시아학)
2) 중국학 프로그램 제공 형태	학사, 박사(동아시아학)

북미

피츠버그대학교
University of Pittsburgh

1. 대학 개요

설립 연도	1787년
소재 국가	미국
형태	국공립
대표자 성명 / 직위	패트릭 갤러거(Patrick D. Gallagher) / 총장

2. 연락처

주소	영문 주소	4200 Fifth Ave, Pittsburgh, PA, USA
	우편번호	15260
전화		+1-412-624-5562
웹사이트		www.pitt.edu

3. 기관 한국학 현황

1) 한국 관련 강좌 운영 현황

소속 단과대학	인문과학대학(Kenneth P. Dietrich School of Arts and Sciences)	
소속 학과	동아시아언어문학과(East Asian Languages and Literatures)	
프로그램 대표자	성명	직함
	히로시 나라(Hiroshi Nara)	학과장
홈페이지	www.deall.pitt.edu	

2) 한국 관련 프로그램 제공 형태

학위 과정	B.A. (학사 과정)	한국어 부전공, 동아시아학 전공

3) 한국학 교수진 : 3명

교수명	직위	전공 분야
주경옥	강사	응용언어학
김미현	강사	한국 언어학
신승환	객원교수	영화학, 비교문학

4) 강좌 개설 현황

과목명	담당 교수	주당 수업 시간	수강생 수	학점	필수 / 선택
1학년 한국어 1	주경옥	2		4	
1학년 한국어 2	주경옥	2		4	
2학년 한국어 1	김미현	2		4	
2학년 한국어 2	김미현	2		4	
3학년 한국어 1	김미현	2		4	
3학년 한국어 2	김미현	2		4	
4학년 한국어 1	주경옥	3		3	
4학년 한국어 2	김미현	3		3	
세계 속의 한국	신승환	3		3	
근대 한국 문학 입문	신승환	3		3	
한국 문화와 문명화 입문	신승환	3		3	
영화를 통해 보는 한국	신승환	4		3	
한국의 언어와 사회	김미현	3		3	

4. 한국연구센터 운영 현황
- 없음

5. 동아시아학 현황

1) 일본학 프로그램 제공 형태	학사
2) 중국학 프로그램 제공 형태	학사

하버드대학교
Harvard University

1. 대학 개요

설립 연도	1636년
소재 국가	미국
형태	사립
대표자 성명 / 직위	드루 길핀 파우스트(Drew Gilpin Faust) / 총장

2. 연락처

주소	영문 주소	Cambridge, MA, USA
	우편번호	02138
전화		+1-617-495-5928
웹사이트		www.harvard.edu

3. 기관 한국학 현황

1) 한국 관련 강좌 운영 현황

소속 학부	인문과학부(Faculty of Arts and Sciences)	
소속 학과	동아시아언어문명학과(East Asian Languages and Civilizations)	
프로그램 대표자	성명	직함
	김희선(Hisun Kim)	디렉터
홈페이지	ealc.fas.harvard.edu, korea.fas.harvard.edu	

2) 한국 관련 프로그램 제공 형태

비학위 과정		B.A. 선택 과목
학위 과정	B.A. (학사 과정)	동아시아학 전공
	Ph.D. (박사 과정)	기타 전공 내 한국학 프로그램(전공명: 역사와 동아시아언어)

3) 한국학 교수진 : 12명

교수명	직위	전공 분야
안희영(Heeyoung Ahn)	강사	언어학
안선영(Sunyoung Ahn)	강사	언어학
카터 에커트(Carter Eckert)	교수	한국사
정희영(Heeyeong Jung)	강사	한국어
김희선	선임강사	한국어
김선주(Sunjoo Kim)	교수	한국사
이정목(Joungmok Lee)	강사	한국어
데이비드 맥칸(David McCann)	교수	한국 문학
박시내(Sinae Park)	조교수	한국 문학, 동아시아학
박태균(Taegyun Park)	객원교수	한국사
마야 스틸러(Maya Stiller)	강사	아시아 언어 문화
캐런 손버(Karen L. Thornber)	교수	동아시아 문학

4) 강좌 개설 현황

과목명	담당 교수	주당 수업 시간	수강생 수	학점	필수 / 선택
동아시아 영화	이지애(Jie Li)	2			
역사, 민족주의, 세계: 한국의 사례	김선주	2			
고급 한국어	이정목	4			
영화를 통해 보는 한국 역사	김선주	2			
1945년 이후 한미관계의 역사	박태균	2			
한국의 서적과 독자	박시내	1			
근대 한국 사회의 변화	폴 장(Paul Chang)	4			
동아시아의 민주주의와 사회운동	폴 장	2			
남한과 북한	카터 에커트	4			

4. 한국연구센터 운영 현황

명칭	한국학연구소(Korea Institute)	
소속 기관	인문과학부	
설립 연도	1981년	
대표자	성명	직함
	김선주	소장

5. 도서관 현황

도서관명	하버드 옌칭 도서관(Havard-Yenching Library)
담당 사서	강미경(Mikyung Kang)

6. 동아시아학 현황

1) 일본학 프로그램 제공 형태	학사(동아시아학)
2) 중국학 프로그램 제공 형태	학사(동아시아학)

하와이대학교-마노아

University of Hawaii at Manoa

1. 대학 개요

설립 연도	1907년
소재 국가	미국
형태	국공립
대표자 성명 / 직위	로버트 블레이 브로먼(Robert Bley-Vroman) / 총장

2. 연락처

주소	영문 주소	2500 Campus Rd, Honolulu, HI, USA
	우편번호	96822
전화		+1-808-956-2319
웹사이트		www.manoa.hawaii.edu

3. 기관 한국학 현황

1) 한국 관련 강좌 운영 현황

소속 단과대학	언어학·문학대학(College of Languages, Linguistics & Literature)	
소속 학과	동아시아언어문학과(Department of East Asian Languages and Literatures)	
프로그램 대표자	성명	직함
	메리 김(Mary Kim)	한국학과장
홈페이지	www.hawaii.edu/eall	

북
미

2) 한국 관련 프로그램 제공 형태

비학위 과정		B.A. 선택 과목
학위 과정	B.A. (학사 과정)	한국어 전공, 부전공, 동아시아학 전공
	M.A. (석사 과정)	동아시아학 전공
	Ph.D. (박사 과정)	동아시아학 전공

3) 한국학 교수진 : 6명

교수명	직위	전공 분야
메리 김	한국학과장	한국어, 한국사
장수미(Sumi Chang)	강사	제2외국어
전상이(Sangyee Cheon)	부교수	언어학, 영어영문학
김영희(Yunghee Kim)	교수	아시아학, 비교문학
공동관(Dongkwan Kong)	조교수	한국어
박미정(Meejeong Park)	부교수	응용언어학

4) 강좌 개설 현황

과목명	담당 교수	주당 수업 시간	수강생 수	학점	필수 / 선택
초급 한국어	B. Jung, B. Fox, H. Smith, H. Lee, C. Hwang			4	
중급 한국어	D. Juhn, H. An, C. Park			4	
한국어 3	S. Pak, S. Chang			3	
한자 읽기 2	S. Matsuyama			3	
TV를 통한 한국어 숙련	S. Yu			3	
한국어 4	C. Park			3	
한국어 화법	H. Smith			3	
한국어 작문	O. Kim			3	
한국어 미디어 분석	S. Chang			3	
한국어의 구조	M. Park			3	
근대 한국 문학 입문	H. Kim			3	
남북한 언어 비교	D. Kong			3	
한국어 회화 분석	M. Kim			3	

4. 한국연구센터 운영 현황

명칭	한국학센터(Center for Korean Studies)	
설립 연도	1972년	
대표자	성명	직함
	이상협(Sanghyop Lee)	센터장

5. 도서관 현황

도서관명	해밀턴 도서관(Hamilton Library)
담당 사서	주드 양(Jude Y. Yang)

6. 동아시아학 현황

1) 일본학 프로그램 제공 형태	학사, 석사(동아시아학)
2) 중국학 프로그램 제공 형태	학사, 석사(동아시아학)

하워드대학교
Howard University

1. 대학 개요

설립 연도	1876년
소재 국가	미국
형태	사립
대표자 성명 / 직위	웨인 프레더릭(Wayne A. I. Frederick) / 총장

2. 연락처

주소	영문 주소	2441 Sixth Street NW. Washington D.C., USA
	우편번호	20059
전화		+1-202-806-4311
웹사이트		www2.howard.edu

3. 기관 한국학 현황

1) 한국 관련 강좌 운영 현황

소속 단과대학	인문과학대학(College of Arts and Science)	
소속 학과	세계언어문화학과(The Department of World Languages and Culture)	
개설 연도	2005년	
프로그램 대표자	성명	직함
	버네사 화이트 잭슨 (Vernessa White-Jackson)	학과장
홈페이지	coas.howard.edu/worldlanguagesandcultures	

2) 한국 관련 프로그램 제공 형태

비학위 과정		B.A. 선택 과목
학위 과정	B.A. (학사 과정)	한국어 부전공

3) 한국학 교수진 : 1명

교수명	직위	전공 분야
김수(Sue Kim)	겸임강사	교육학

4) 수강생 현황

한국어(학) 관련 강의 수강생 수 : 총 38명

5) 강좌 개설 현황

과목명	담당 교수	주당 수업 시간	수강생 수	학점	필수 / 선택
한국어 1			12		
한국어 2			8		
한국어 3			10		
한국 문화			8		

4. 한국연구센터 운영 현황

- 없음

5. 동아시아학 현황

1) 일본학 프로그램 제공 형태	-
2) 중국학 프로그램 제공 형태	-

매니토바대학교
University of Manitoba

1. 대학 개요

설립 연도	1877년
소재 국가	캐나다
형태	국공립
대표자 성명 / 직위	데이비드 바너드(David Barnard) / 총장

2. 연락처

주소	영문 주소	442 University College, Winnipeg MB, Canada
	우편번호	R3T 2N2
전화		+1-204-480-1444
웹사이트		www.umanitoba.ca

3. 기관 한국학 현황

1) 한국 관련 강좌 운영 현황

소속 학부	인문학부(Faculty of Arts)	
소속 센터	아시아학센터(Asian Studies Centre)	
개설 연도	2011년	
프로그램 대표자	성명	직함
	롭 호파(Rob Hoppa)	학장
홈페이지	umanitoba.ca/asian_studies	

2) 한국 관련 프로그램 제공 형태

비학위 과정	B.A. 선택 과목

3) 한국학 교수진 : 1명

교수명	직위	전공 분야
송혜경	아시아학센터	언어 교육학

4) 수강생 현황

한국어(학) 관련 강의 수강생 수 : 총 30명

5) 강좌 개설 현황

과목명	담당 교수	주당 수업 시간	수강생 수	학점	필수 / 선택
초급 한국어	송혜경		30		

4. 한국연구센터 운영 현황
- 없음

5. 동아시아학 현황

1) 일본학 프로그램 제공 형태	학사, 석사
2) 중국학 프로그램 제공 형태	학사

맥길대학교
McGill University

1. 대학 개요

설립 연도	1821년
소재 국가	캐나다
형태	국공립
대표자 성명 / 직위	마이클 미언(Michael A. Meighen) / 총장

2. 연락처

주소	영문 주소	688 Sherbrooke West #425 Montreal, QC, Canada
	우편번호	H3A 3R1
전화		+1-514-398-5872
웹사이트		www.mcgill.ca

3. 기관 한국학 현황

1) 한국 관련 강좌 운영 현황

소속 학부	인문학부(Faculty of Arts)	
소속 학과	동양학과(East Asian Studies)	
개설 연도	1991년	
프로그램 대표자	성명	직함
	필립 버클리(Philip Buckley)	학과장
홈페이지	www.mcgill.ca/eas/	

2) 한국 관련 프로그램 제공 형태

비학위 과정		B.A. 선택 과목, M.A. 선택 과목
학위 과정	B.A. (학사 과정)	동아시아학 전공
	M.A. (석사 과정)	한국학 전공, 동아시아학 전공
	Ph.D. (박사 과정)	한국학 전공, 동아시아학 전공

3) 주요 연구 분야

• 영화, 대중매체, 문화학

4) 한국학 교수진 : 2명

교수명	직위	전공 분야
미셸 조	조교수	현대 한국 영화, 미디어, 문화
김명희	강사	언어학

5) 수강생 현황

한국어(학) 관련 강의 수강생 수 : 총 232명

6) 강좌 개설 현황

과목명	담당 교수	주당 수업 시간	수강생 수	학점	필수 / 선택
동아시아 문화 입문: 한국	미셸 조	3	122	3	
이미지, 텍스트, 퍼포먼스	미셸 조	3	24	3	
한국어 레벨 1	김명희	5	63	4.5	
한국어 레벨 2	김명희	5	23	4.5	

7) 한국 관련 출판물

제목	형태	주요 내용
Pop Cosmopolitics and K-Pop Video Cultures	단행본	미셸 조, 듀크대학교 출판사, 2017
Popular Abjection : Physical Humor and Gendered Embodiment	단행본	미셸 조, 듀크대학교 출판사
McGill Korean 1	단행본	하우출판사 -초, 중급 학습자를 위한 기초 한국어 문법

4. 한국연구센터 운영 현황

 - 없음

5. 도서관 현황

도서관명	맥길대학교 도서관(McGill Univeristy Library)
담당 사서	메이시 쳉(Macy Zheng/동아시아학 사서)
한국학 장서 보유량(부)	1,890

6. 동아시아학 현황

1) 일본학 프로그램 제공 형태	석사, 박사
2) 중국학 프로그램 제공 형태	석사, 박사

몬트리올대학교

University of Montreal

1. 대학 개요

대학명(자국어)	Université de Montréal
설립 연도	1878년
소재 국가	캐나다
형태	국공립
대표자 성명 / 직위	가이 브레턴(Guy Breton) / 총장

2. 연락처

주소	영문 주소	2900 Boulevard Edouard-Montpetit, Montréal, QC, Canada
	우편번호	H3T 1J4
전화		+1-514-343-6074
웹사이트		www.umontreal.ca

3. 기관 한국학 현황

1) 한국 관련 강좌 운영 현황

소속 학부	인문과학부(Faculty of Arts and Sciences)	
소속 학과	동아시아학센터(Center for East Asian Studies)	
	성명	직함
프로그램 대표자	로랑스 모네 (Laurence Monnais)	디렉터
홈페이지	cetase.umontreal.ca/accueil/	

2) 한국 관련 프로그램 제공 형태

학위 과정	B.A. (학사 과정)	동아시아학 전공, 부전공, 기타 전공 내 한국학 프로그램(전공명: 비교문학)

3) 한국학 교수진 : 2명

교수명	직위	전공 분야
로디카 리비아 모네(Rodica-Livia, Monnet)	교수	아시아 문화
임성숙	강사	

4) 강좌 개설 현황

과목명	담당 교수	주당 수업 시간	수강생 수	학점	필수 / 선택
한국어		3		3	
아시아의 언어, 문화, 사회		3		3	
아시아 국가 연구		3		3	
한국의 문화와 커뮤니케이션		3		3	
동아시아의 정치, 경제 이슈		3		3	

4. 한국연구센터 운영 현황

- 없음

5. 동아시아학 현황

1) 일본학 프로그램 제공 형태	학사(동아시아학)
2) 중국학 프로그램 제공 형태	학사(동아시아학)

브리티시컬럼비아대학교

University of British Columbia(UBC)

1. 대학 개요

설립 연도	1915년
소재 국가	캐나다
형태	국공립
대표자 성명 / 직위	산타 오노(Santa J. Ono) / 총장

2. 연락처

주소	영문 주소	266-1855 West Mall, Vancouver, BC, Canada
	우편번호	V6T 1Z2
전화		+1-604-822-2483
웹사이트		www.ubc.ca

3. 기관 한국학 현황

1) 한국 관련 강좌 운영 현황

소속 학부	인문학부(Faculty of Arts)	
소속 학과	아시아학과(Department of Asian Studies)	
개설 연도	1987년	
프로그램 대표자	성명	직함
	로스 킹(Ross King)	학과장
홈페이지	asia.ubc.ca	

2) 한국 관련 프로그램 제공 형태

비학위 과정		B.A. 선택 과목, M.A. 선택 과목
학위 과정	B.A. (학사 과정)	동아시아학 전공
	M.A. (석사 과정)	동아시아학 전공
	Ph.D. (박사 과정)	동아시아학 전공

3) 주요 연구 분야

• 남북한 정치 체계, 한미 관계, 아시아 관계, 한일 관계, 젠더와 개발, 한국의 문화와 종교 역사, 사회문화인류학, 한국 문학과 번역, 대한민국 전통 악기, 한국어학의 역사, 한국방언학, 세계화, 식민주의, 대중문화, 이주학

4) 한국학 교수진 : 9명

교수명	직위	전공 분야
로스 킹	아시아학과장	언어학, 한국어 문학
박경애(Kyungae Park)		정치학
도널드 베이커(Donald Baker)	KF 교수	한국사, 사상
밀리 크레이튼(Millie Creighton)	공동 한국학센터장	사회문화인류학
브루스 풀턴(Bruce Fulton)	부교수	한국 문학, 번역학
네이선 헤슬링크(Nathan Hesselink)	교수	민족음악학
허남린(Namlin Hur)	교수	역사학
스티븐 리(Steven Lee)	부교수	국제관계학
형구 린(Hyunggu Lynn)	부교수	국제관계학, 현대 대중문화

5) 수강생 현황

한국어(학) 관련 강의 수강생 수 : 총 296명(학사 275명, 석박사 21명)

전공생 수

B.A.	M.A.	Ph.D.
25	17	

6) 강좌 개설 현황

과목명	담당 교수	주당 수업 시간	수강생 수	학점	필수 / 선택
한국 민족학	밀리 크레이튼	3	23	3	선택
1600년까지 한국의 역사	도널드 베이커	3	47	3	선택
한국 대중음악	시더 바우 새지 (Cedar-Bough Saeji)	3	106	3	선택
한국 전통 문학 입문	브루스 풀턴	3	47	3	선택
한국 영화	도널드 베이커	4	80	3	선택
현대 한국 문화	서지영(Jiyoung Suh)	3	47	3	선택
한국 여류문학	브루스 풀턴	3	6	3	선택
아시아의 언어와 식민주의	로스 킹	3	10	3	선택
한국어의 역사와 구조	로스 킹	3	3	3	선택
기초 한국어	신유리(Eurie Shin), 이인순(Insun Lee)	4	74	6	선택
중급 한국어	이인순	4	38	6	선택
한국어 토픽 읽기	신유리	3	21	3	선택
근대 한국 단편소설 읽기	브루스 풀턴	3	8	3	선택
한국어 직독	브루스 풀턴	3	1	3	선택

7) 한국 관련 활동

활동명	시기	상세 활동 내용
CKR 세미나와 컨퍼런스	2010~현재	주제 "환경 무정부주의: 근대 한국의 농업과 사회 개선"

8) 한국 관련 출판물

제목	형태	주요 내용
P'ungmul : South Korean Drumming and Dance	단행본	네이선 헤슬링크, 시카고대학교 출판사, 2006
Whither morphology in the new millennium?	단행본	로스 킹, 고용건, 김영욱, 구본관, 신정곤, 최동주, 유현경, 이카라시 고이치, 연재훈, 장소원 공저, 박이정출판사, 2006
Transformations in Twentieth Century Korea	단행본	스티븐 리, 루틀렛지출판사, 2006
Death and Social Order in Tokugawa Japan : Buddhism, Anti-Christianity, and the Danka System	단행본	허남린, 하버드대학교 아시아센터, 2007
Hong Gildong	단행본	로스 킹, 브루스 풀턴 공저, 서하진 역, 자넷 홍, 레이프 올슨 편집, 지문당, 2007
Korean Spirituality	단행본	도널드 베이커 저, 하와이대학교 출판사, 2008
Korea Confronts Globalization	단행본	도널드 베이커, 장윤식, 석현호, 루틀렛지출판사, 2008
There a Petal Silently Falls : Three Stories by Ch'oe Yun	단행본	브루스 풀턴, 주찬 풀턴 공저, 컬럼비아대학교 출판사, 2008
New Challenges of North Korean Foreign Policy	단행본	박경애, 팔그레이브맥밀란출판사, 뉴욕, 2010
Asian Religions in British Columbia	단행본	도널드 베이커, 래리 드브라이스, 댄 오버미어 공동편집, 브리티시컬럼비아대학교 출판사, 2010
Non-Traditional Security Issues in North Korea	단행본	박경애 , 하와이대학교 출판사, 2013
North Korea in Transition : Politics, Economy and Society	단행본	박경애, S. Snyder, 로우맨 앤 리틀필드출판사, 2013
Waxen Wings : The Acta Koreana Anthology of Short Fiction from Korea	단행본	브루스 풀턴, 고려출판사, 2013
Critical Readings on the Colonial Period of Korea 1910-1945	단행본	형구 린, 브릴출판사, 2013
Critical Readings on Christianity in Korea	단행본	도널드 베이커, 브릴출판사, 2014
Infected Korean Language, Purity versus Hybridity : From the Sinographic Cosmopolis to Japanese Colonialism to Global English	단행본	고종석, 로스 킹, 캄브리아출판사, 2014
Advanced Korean	단행본	로스 킹, 연재훈, 김정숙, 도널드 베이커 공저, 터틀출판사, 2015
Score One for the Dancing Girl, and Other Selections from the Kimun ch'onghwa	단행본	로스 킹, 박시내, 토론토대학교 출판사, 2016

4. 한국연구센터 운영 현황

명칭	한국학연구센터(Centre for Korean Research)	
소속 기관	아시아연구소(Institute of Asian Research)	
설립 연도	1993년	
대표자	성명	직함
	박경애, 도널드 베이커	공동 소장

5. 도서관 현황

도서관명	아시아 도서관(Asian Library)
담당 사서	루시아 박(Lucia Park)
한국학 장서 보유량(부)	48,457

6. 동아시아학 현황

1) 일본학 프로그램 제공 형태	학사, 석사, 박사
2) 중국학 프로그램 제공 형태	학사, 석사, 박사

북
미

세인트메리대학교
Saint Mary's University

1. 대학 개요

설립 연도	1802년
소재 국가	캐나다
형태	국공립
대표자 성명 / 직위	로버트 섬머비 머레이(Robert Summerby-Murray) / 총장

2. 연락처

주소	영문 주소	923 Robie Street, Halifax, NS, Canada
	우편번호	B3H 3C3
전화		+1-902-420-5755
웹사이트		www.smu.ca

3. 기관 한국학 현황

1) 한국 관련 강좌 운영 현황

소속 학부	인문학부(Faculty of Arts)	
소속 학과	역사학과(Department of History)	
프로그램 대표자	성명	직함
	슈얼 빌(Sewell Bill)	코디네이터

2) 한국 관련 프로그램 제공 형태

비학위 과정	B.A. 선택 과목

3) 한국학 교수진 : 2명

교수명	직위	전공 분야
슈얼 빌	부교수	역사학
시아오핑 순(Xiaoping Sun)	조교수	역사학

4) 수강생 현황

한국어(학) 관련 강의 수강생 수 : 총 58명

5) 강좌 개설 현황

과목명	담당 교수	주당 수업 시간	수강생 수	학점	필수 / 선택
한국사			21		
동아시아 역사 입문	시아오핑 순		37		

4. 한국연구센터 운영 현황

- 없음

5. 동아시아학 현황

1) 일본학 프로그램 제공 형태	학사(부전공)
2) 중국학 프로그램 제공 형태	학사(부전공), 기타(공자학원)

앨버타대학교
University of Alberta

1. 대학 개요

설립 연도	1908년
소재 국가	캐나다
형태	국공립
대표자 성명 / 직위	더글라스 스톨러리(Douglas R. Stollery) / 총장

2. 연락처

주소	영문 주소	116 St & 85 Ave, Edmonton, AB, Canada
	우편번호	T6G 2R3
전화		+1-780-248-1370
웹사이트		www.ualberta.ca

3. 기관 한국학 현황

1) 한국 관련 강좌 운영 현황

소속 학부	인문학부(Faculty of Arts)	
소속 학과	동아시아학과(East Asian Studies Department)	
개설 연도	1994년	
프로그램 대표자	성명	직함
	김경숙	코디네이터
홈페이지	www.ualberta.ca/east-asian-studies	

2) 한국 관련 프로그램 제공 형태

학위 과정	B.A. (학사 과정)	동아시아학 전공, 부전공

3) 한국학 교수진 : 2명

교수명	직위	전공 분야
김경숙(Kyungsook Kim)	강사	한국어
권혁찬(Hyukchan Kwon)	조교수	번역학, 한중 문학 비교

4. 한국연구센터 운영 현황
- 없음

5. 동아시아학 현황

1) 일본학 프로그램 제공 형태	학사(동아시아학)
2) 중국학 프로그램 제공 형태	학사(동아시아학)

요크대학교

York University

1. 대학 개요

설립 연도	1959년
소재 국가	캐나다
형태	국공립
대표자 성명 / 직위	그렉 소바라(Greg Sorbara) / 총장

2. 연락처

주소	영문 주소	4700 Keele St, Toronto, ON, Canada
	우편번호	M3J 1P3
전화		+1-416-736-2100 (ext.20495)
웹사이트		www.yorku.ca

3. 기관 한국학 현황

1) 한국 관련 강좌 운영 현황

소속 학부	인문·전문학부(Faculty of Liberal Arts & Professional Studies)	
소속 학과	언어문학과(Department of Languages, Literatures and Linguistics)	
프로그램 대표자	성명	직함
	아난야 무커르지 리드 (Ananya Mukherjee-Reed)	학장
홈페이지	korean.dlll.laps.yorku.ca	

2) 한국 관련 프로그램 제공 형태

비학위 과정		B.A. 선택 과목
학위 과정	B.A. (학사 과정)	동아시아학 전공

3) 한국학 교수진 : 4명

교수명	직위	전공 분야
전미현(Mihyon Jeon)	언어문학과 부교수	언어 교육
이아롱(Ahrong Lee)	언어문학과 조교수	언어학, 영어
테레사 현(Theresa Hyun)	인문학과	한국학, 여성학
재니스 김(Janice Kim)	역사학과	20세기 동아시아

4) 강좌 개설 현황

과목명	담당 교수	주당 수업 시간	수강생 수	학점	필수 / 선택
초급 현대 표준 한국어					선택
중급 현대 표준 한국어					선택
고급 현대 표준 한국어					선택
한국언어학					선택
현대 한국: 정체성, 사회, 문화					선택
현대 한국: 한국 대중문화와 한류					선택
한국 영화를 통한 한국 이해					선택
한국의 언어와 사회					선택
고급 비즈니스 한국어					선택
한국: 기나긴 역사					
2차 세계대전 이후 한국					
동아시아 역사 속 젠더의 재고					
한국 문화 입문					
종교, 젠더와 한국 문화					
현대 한국 가족의 내러티브					

4. 한국연구센터 운영 현황

　- 없음

5. 동아시아학 현황

1) 일본학 프로그램 제공 형태	학사(동아시아학)
2) 중국학 프로그램 제공 형태	학사(동아시아학)

워털루대학교 레니슨칼리지

Renison University College-University of Waterloo

1. 대학 개요

설립 연도	1957년
소재 국가	캐나다
형태	국공립
대표자 성명 / 직위	맨프레드 콘래드(Manfred Conrad) / 총장

2. 연락처

주소	영문 주소	240 Westmount Road North, ON, Canada
	우편번호	N2L 3G4
전화		+1-416-449-4310
웹사이트		www.uwaterloo.ca/renison

3. 기관 한국학 현황

1) 한국 관련 강좌 운영 현황

소속 학과	동아시아학과(East Asian Studies)	
개설 연도	1991년	
프로그램 대표자	성명	직함
	키미에 하라(Kimie Hara)	학과장
홈페이지	uwaterloo.ca/culture-and-language-studies/east-asian-studies	

2) 한국 관련 프로그램 제공 형태

비학위 과정		B.A. 선택 과목
학위 과정	B.A. (학사 과정)	동아시아학 부전공

3) 주요 연구 분야

• 한국어와 문화 교육, 한국 문화, 문화 사회

4) 한국학 교수진 : 5명

교수명	직위	전공 분야
김영곤(Younggon Kim)	교수	한국어 교육, 문학
하영리(Younglee Ha)	강사	문학, 역사학
김원희(Wonhee Kim)	강사	한국어
조영주(Youngjoo Cho)	강사	교육학
송혜란(Hyeran Song)	강사	교육학

5) 수강생 현황

한국어(학) 관련 강의 수강생 수 : 총 180명

학사 1학년	학사 2학년	학사 3학년	학사 4학년	석사 1학년	석사 2학년	박사 과정	기타
45	50	50	35				

6) 강좌 개설 현황

과목명	담당 교수	주당 수업 시간	수강생 수	학점	필수 / 선택
한국어	김영곤	3	148	1	선택
한국어	김영곤	3	46	1	선택
한국어	김영곤	3	20	1	선택
한국 문화와 사회	하영리	3	21	1	선택
한국 대중문화	하영리	3	23	1	선택

7) 한국 관련 활동

활동명	시기	상세 활동 내용
음식 축제	2016	한국 음식 소개 및 시식, 김밥 만들기
서예	2016	한글 붓글씨 소개, 쓰기 지도
영화의 밤	2016	한국 영화 관람의 날(교내 행사)
전통 음악	2016	한국 전통 악기 소개(가야금, 해금, 장고)
한국 전통 의상 소개	2016	한국 전통 의상 소개(패션쇼)

8) 한국 관련 출판물

제목	형태	주요 내용
Dr. Kim's Korean for Complete Beginners	단행본	초심자를 위한 한국어 교재

4. 한국연구센터 운영 현황

- 없음

5. 도서관 현황

도서관명	루시웡 도서관(Lusi Wong Library)
담당 사서	토니 임(Tony Im)
한국학 장서 보유량(부)	63

6. 동아시아학 현황

1) 일본학 프로그램 제공 형태	학사(동아시아학 부전공)
2) 중국학 프로그램 제공 형태	학사(동아시아학 부전공), 기타(공자학당)

북
미

웨스턴온타리오대학교
University of Western Ontario

1. 대학 개요

설립 연도	1878년
소재 국가	캐나다
형태	국공립
대표자 성명 / 직위	잭 코윈(Jack Cowin) / 총장

2. 연락처

주소	영문 주소	1151 Richmond Street, London, ON, Canada
	우편번호	N6A 3KJ
전화		+1-519-661-2111
웹사이트		www.uwo.ca

3. 기관 한국학 현황

1) 한국 관련 강좌 운영 현황

소속 학부	인문학부(Faculty of Arts & Humanities)	
소속 학과	현대어문학과(Department of Modern Languages and Literatures)	
프로그램 대표자	성명	직함
	라파엘 몬타노 (Rafael Montano)	학과장
홈페이지	www.uwo.ca/modlang	

2) 한국 관련 프로그램 제공 형태

비학위 과정	B.A. 선택 과목

3) 강좌 개설 현황

과목명	담당 교수	주당 수업 시간	수강생 수	학점	필수 / 선택
초급 한국어					
중급 한국어					
고급 한국어					

4. 한국연구센터 운영 현황
- 없음

5. 동아시아학 현황

1) 일본학 프로그램 제공 형태	기타(선택 과목)
2) 중국학 프로그램 제공 형태	기타(선택 과목)

북
미

캐모슨칼리지
Camosun College

1. 대학 개요

설립 연도	1967년
소재 국가	캐나다
형태	국공립
대표자 성명 / 직위	셰리 벨(Sherri Bell) / 총장

2. 연락처

주소	영문 주소	3100 Foul Bay Rd, Victoria BC, Canada
	우편번호	V8P 5J2
전화		+1-250-370-3360
웹사이트		www.camosun.ca

3. 기관 한국학 현황

1) 한국 관련 강좌 운영 현황

소속 단과대학	인문과학대학(School of Arts & Science)	
소속 학과	인문학과(Humanities)	
개설 연도	2006년	
프로그램 대표자	성명	직함
	도미닉 버게론(Dominic Bergeron)	학장
홈페이지	camosun.ca/learn/subjects/korean	

2) 한국 관련 프로그램 제공 형태

비학위 과정	B.A. 선택 과목

3) 한국학 교수진 : 1명

교수명	직위	전공 분야
리 에스터(Lee, Esther)	강사	한국어 교육

4) 수강생 현황

한국어(학) 관련 강의 수강생 수 : 총 75명

5) 강좌 개설 현황

과목명	담당 교수	주당 수업 시간	수강생 수	학점	필수 / 선택
한국어 기초 1	리 에스터	3	30	3	
한국어 기초 2	리 에스터	3	30	3	
중하급 한국어	리 에스터	3	15	3	
중급 한국어	리 에스터	3		3	

4. 한국연구센터 운영 현황

- 없음

5. 동아시아학 현황

1) 일본학 프로그램 제공 형태	기타(교양 과목)
2) 중국학 프로그램 제공 형태	–

토론토대학교
University of Toronto

1. 대학 개요

설립 연도	1827년
소재 국가	캐나다
형태	국공립
대표자 성명 / 직위	마이클 윌슨(Michael Wilson) / 총장

2. 연락처

주소	영문 주소	27 King's College Cir, Toronto, ON, Canada
	우편번호	ON M5S
전화		+1-416-946-5102
웹사이트		www.utoronto.ca

3. 기관 한국학 현황

1) 한국 관련 강좌 운영 현황

소속 학부	인문과학부(Faculty of Arts & Sciences)	
소속 학과	동아시아학과(Department of East Asian Studies)	
개설 연도	1977년	
프로그램 대표자	성명	직함
	앙드레 슈미드(Andre Schmid)	학과장
홈페이지	www.eas.utoronto.ca	

2) 한국 관련 프로그램 제공 형태

학위 과정	B.A. (학사 과정)	동아시아학 전공, 부전공
	M.A. (석사 과정)	한국학 전공, 동아시아학 전공
	Ph.D. (박사 과정)	한국학 전공, 동아시아학 전공

3) 주요 연구 분야

• 한국사, 한국 문학, 한국어 교육, 여성과 젠더

4) 한국학 교수진 : 14명

교수명	직위	전공 분야
앙드레 슈미드	동아시아학과 학과장	한국사
재닛 풀(Poole, Janet)	동아시아학과 부교수	한국 문학
고경록(Kyoungrok Ko)	동아시아학과 교수	한국어
요네야마 리사(Yoneyama, Lisa)	사회학과 조교수	여성과 젠더
추해연(Haeyeon Choo)	지리학과 조교수	사회학
한 주휘 주디(Han, Ju Hui Judy)	지리학과 조교수	지리학
이윤경(Yoonkyung Lee)	사회학과 조교수	정치사회학
송재숙(Jesook Song)	인류학과 교수	인류학
제니퍼 전(Jennifer Chun)	사회학과 부교수	사회학
이은정(Eunjung Lee)	사회복지학과 부교수	사회복지학
조슈아 필저(Joshua Pilzer)	음악과 부교수	민족음악학
이토 펭(Ito Peng)	사회학과 교수	사회학
다카시 후지타니(Takashi Fujitani)	역사학과 교수	역사학
조지프 웡(Joseph Wong)	정치사회학과 교수	정치학

5) 수강생 현황

한국어(학) 관련 강의 수강생 수 : 총 1,072명

학사 1학년	학사 2학년	학사 3학년	학사 4학년	석사 1학년	석사 2학년	박사 과정	기타
68	374	318	263	9	13	27	

전공생 수

B.A.	M.A.	Ph.D.
1,023	22	27

※ 매년 신입생 선발(인원: 1~3명)

6) 강좌 개설 현황

과목명	담당 교수	주당 수업 시간	수강생 수	학점	필수 / 선택
현대 표준 한국어 1	와이 최(Y. Choi), 아이 장(I. Jang)	4	120	1	필수
현대 표준 한국어 2	와이 최	4	40	1	필수
현대 표준 한국어 3	엔 류(N. Ryu)	4	25	1	필수
현대 표준 한국어 4	와이 최	4	297	1	선택
심화 한국어 I & II	에스 리(S. Lee)	4	30	1	필수
전근대 동아시아	엘 펑(L. Feng)	3	225	1	필수
근대 동아시아	오센턴(S. Osenton)	3	125	1	필수
동아시아 접근법	사카키(A. Sakaki)	3	156	1	필수
동아시아 음식의 문화적 역사	엘 펑	2	156	1	선택
20세기 한국의 미학과 정치	재닛 풀	2	80	1	선택
모더니즘과 식민지 한국	재닛 풀	2	45	1	선택
전후 냉전과 한국 분단	앙드레 슈미드	2	45	1	선택
동아시아학 토픽	더블유 성(W. Sung)	2	45	0.5	선택
한국 문학 번역 워크숍	재닛 풀	2	45	0.5	선택
동아시아학 고급 토픽	굿맨(A. Goodman), 쳉(W. Cheng)	2	20	0.5	선택

7) 한국 관련 활동

활동명	시기	상세 활동 내용
토론토 한국어 말하기 대회	2007~현재	매년 3월 개최. 분야별 수상자는 한국의 주요 5개 대학(서울대, 고려대, 서강대, 성균관대, 이화여대)의 여름 언어 프로그램에 참가. 본 대회는 여러 한국 기업으로부터 후원을 받아 캐나다의 전국 TV 채널을 통해 방송됨
한국 문화 주간	2013~2016	아시아학과(EAS), 한국학센터, 토론토대학교 한국학생회, 토론토 대한민국 총영사관 공동 주최. 10월에 개최되며 캠퍼스와 캐나다 사회 주류 문화 속 한국 문화를 소개. 한-캐나다 영화 감상 및 비평의 밤, 김치 워크숍, 서예 워크숍, 캠퍼스 런닝맨, K-POP의 밤 등 다양한 한국 관련 학술, 사회, 문화 행사 개최

활동명	시기	상세 활동 내용
한국학 연구 공개 강의와 심포지엄	2016~2017	동아시아학부와 한국학센터는 북미와 동아시아의 저명한 학자들이 모이는 연례 강연 시리즈 개최
대학원생 워크숍	2016~2017	한국학 및 아시아퍼시픽 지역 연구 방법에 초점을 맞춘 대학원생 중심의 워크숍 시리즈
학술 독서 워크숍	2017. 3.	국제 학자들 대상 도서 워크숍 개최

8) 한국 관련 출판물

제목	형태	주요 내용
Decentering Citizenship: Gender, Labor, and Migrant Rights in South Korea	단행본	
Language Travels and Global Aspirations of Korean Youth	기타	
Organizing at the Margins: The Symbolic Politics of Labor in South Korea and the United States	단행본	
Race for Empire: Koreans as Japanese and Japanese as Americans during World War II	단행본	
Beyond Safe Haven: A Critique of Christian Custody of North Korea Migrants in China	기타	
Supralaryngeal Implementation of Length and Laryngeal Contrasts in Japanese and Korean	기타	
Grammar versus Content: KFL/ES L Teachers' Trends in Feedback on College Student Writing	기타	
A Production of Education Migrants: A Case Study of South Korean Transnational Families in Canada	기타	
The Social protection Floor and the 'New' Social Investment Policies in Japan and South Korea	기타	
Hearts of Pine: Songs in the Lives of Three Korean Survivors of the Japanese "Comfort Women"	단행본	
When the Future Disappears: The modernist Imagination in Late Colonial Korea	단행본	
Korea Between Empire, 1895-1919	단행본	
Cold War Ruins: Transpacific Critique of American Justice and Japanese War Crimes	단행본	
Hiroshima Traces: Time, Space, and the Dialectics of Memory	단행본	
Living on Your Own: Single Women, Rental Housing, and Post-Revolutionary Affect in Contemporary South korea	단행본	
South Koreans in the Debt Crisis: The Creation of a Neoliberal Welfare Society	단행본	

제목	형태	주요 내용
Healthy Democracies: Welfare Politics in Taiwan and South Korea	단행본	
Militants or Partisans: Labor Unions and Democratic Politics in Korea and Taiwan	단행본	

4. 한국연구센터 운영 현황

명칭	한국학센터(Centre for the Study of Korea)	
소속 기관	아시아연구소(Asian Institute)	
설립 연도	2006년	
대표자	성명	직함
	제니퍼 지혜 전(Jennifer Jihye Chun)	소장

5. 도서관 현황

도서관명	동아시아 도서관(Cheng Yu Tung East Asian Library)
담당 사서	지혜 줄리아 전(Jihae Julia Chun) / 한국학 사서
한국학 장서 보유량(부)	68,061

6. 동아시아학 현황

1) 일본학 프로그램 제공 형태	학사, 석사, 박사
2) 중국학 프로그램 제공 형태	학사, 석사, 박사

켈라니야대학교

University of Kelaniya

1. 대학 개요

설립 연도	1978년
소재 국가	스리랑카
형태	국공립
대표자 성명 / 직위	세마싱헤(D. M. Semasinghe) / 부총장

2. 연락처

주소	영문 주소	Dalugama Kelaniya, Sri Lanka
	우편번호	11600
전화		+94-(0)7-1420-2207
웹사이트		www.kln.ac.lk

3. 기관 한국학 현황

1) 한국 관련 강좌 운영 현황

소속 학부	인문학부(Faculty of Humanities)	
소속 학과	근대언어학과(Department of Modern Languages)	
개설 연도	1997년	
프로그램 대표자	성명	직함
	구나난다 테로 미뮤어 (Gunananda Thero Meemure)	학과장
홈페이지	units.kln.ac.lk/cks	

2) 한국 관련 프로그램 제공 형태

비학위 과정		B.A. 선택 과목, M.A. 선택 과목
학위 과정	B.A. (학사 과정)	한국학 전공

3) 한국학 교수진 : 2명

교수명	직위	전공 분야
채스리카 니라니(Chathurika Nilani)	강사	한국어 교육
김진량(Jinryang Kim)	KF 객원교수	한국 문학

4) 수강생 현황

한국어(학) 관련 강의 수강생 수 : 총 188명

학사 1학년	학사 2학년	학사 3학년	학사 4학년	석사 1학년	석사 2학년	박사 과정	기타
100	30	58					

전공생 수

B.A.	M.A.	Ph.D.
88		

※ 매년 신입생 선발

5) 강좌 개설 현황

과목명	담당 교수	주당 수업 시간	수강생 수	학점	필수 / 선택
한국어와 문화 이해	우다니 프리양이카 (Udani Priyangika)	2	98	2	필수
한국어와 문화 1	우다니 프리양이카	2	4	2	선택
언어 학습 기초-한국어	니산살라 파디라나 (Nisansala Pathirana)	2	100	4	필수
한국어 문법, 단어, 철자법	박병배 (Byongbae Park)	2	100	2	필수
한국어와 문화	우다니 프리양이카	2	2	2	선택
현대 한국 생활 방식	아밀라지스 니산카 (Amilajith Nisanka)	2	30	2	필수
미디어를 활용한 현대 한국어	김진량	2	16	2	선택
작문 지도, 철자법, 구두커뮤니 케이션	가야 아리야완스 (Gaya Ariyawanse)	2	29	3	필수
문학 입문	김진량	2	17	3	필수
한국어와 문화 2	우다니 프리양이카	2	3	2	선택
한국 문화와 사회: 한국어능력시험 입문	김진량	2	58	3	필수
외국어로서 한국어 교수법	김진량	2	26	2	필수
한국어와 문화	김진량	2	26	3	필수
한국어와 문화	우다니 프리양이카	2	1	2	선택
한국어 고급 작문	김진량	2	9	2	필수

6) 한국 관련 활동

활동명	시기	상세 활동 내용
국제 학술 대회와 워크숍 (International Conference and Workshop)	2016. 6.~12.	1. 외국어 교육 및 학습 관련 국제회의 2. 한국 드라마 및 영화 관련 워크숍

7) 한국 관련 출판물

제목	형태	주요 내용
한국어 2	단행본	스리랑카 O-level 한국어 교재

4. 한국연구센터 운영 현황

명칭	한국학센터(Centre for Korean Studies)	
소속 기관	근대언어학과	
설립 연도	2015년	
대표자	성명	직함
	구나난다 테로 미뮤어, 김진량	공동 소장

5. 도서관 현황

도서관명	한국학연구원 자료실
담당 사서	아밀라지스 니산카
한국학 장서 보유량(부)	1,200

6. 동아시아학 현황

1) 일본학 프로그램 제공 형태	학사
2) 중국학 프로그램 제공 형태	학사, 기타(공자학원)

카불대학교
Kabul University

1. 대학 개요

설립 연도	1930년
소재 국가	아프가니스탄
형태	국공립
대표자 성명 / 직위	하미둘라 파루키(Hamidullah Farooqi) / 총장

2. 연락처

주소	영문 주소	Kabul, Afghanistan
	우편번호	–
전화		+93-78-254-8431
웹사이트		www.ku.edu.af

3. 기관 한국학 현황

1) 한국 관련 강좌 운영 현황

소속 학과	언어문학학과(Department of Language and Literature)	
개설 연도	2013년	
프로그램 대표자	성명	직함
	김성님	교수

2) 한국 관련 프로그램 제공 형태

비학위 과정	B.A. 선택 과목

3) 한국학 교수진 : 3명

교수명	직위	전공 분야
김성님	학과장	국어국문학
김선정	교수	영어영문학
이진문	행정과장	의학

4) 수강생 현황

한국어(학) 관련 강의 수강생 수 : 총 53명

5) 강좌 개설 현황

과목명	담당 교수	주당 수업 시간	수강생 수	학점	필수 / 선택
한국어 1	이진문	4	40		선택
한국어 2	김성님	4	10		선택
한국어 3	김성님	3	3		선택

6) 한국 관련 활동

활동명	시기	상세 활동 내용
한국 NGO 협력 구호 / 의료 활동	2014. 5.	2014년 지진으로 인해 아프간 바닥션주에서 2500명의 사상자가 발생하여 한국 NGO와 연계해 구호 활동을 펼침
아프간 한국의 날 행사 참여	2016.10.	한글의 날을 맞아 주아프간 한국 대사관에서 주최하는 한국 문화 행사에 참여

4. 한국연구센터 운영 현황
-없음

5. 도서관 현황

도서관명	카불대 한국어과 언어 도서실
담당 사서	김선정
한국학 장서 보유량(부)	100

6. 동아시아학 현황

1) 일본학 프로그램 제공 형태	어학 과정
2) 중국학 프로그램 제공 형태	학사

델리대학교
University of Delhi

1. 대학 개요

설립 연도	1922년
소재 국가	인도
형태	국공립
대표자 성명 / 직위	요제스 티아기(Yogesh Tyagi) / 부총장

2. 연락처

주소	영문 주소	Delhi, India
	우편번호	110007
전화		+91-11-2766-6675
웹사이트		www.du.ac.in

3. 기관 한국학 현황

1) 한국 관련 강좌 운영 현황

소속 학부	사회과학부(Faculty of Social Sciences)	
소속 학과	동아시아학과(Department of East Asian Studies)	
개설 연도	2009년	
프로그램 대표자	성명	직함
	스리마티 차크라바티 (Sreemati Chakrabarti)	학과장

2) 한국 관련 프로그램 제공 형태

비학위 과정		한국어 수료증
학위 과정	M.A. (석사 과정)	동아시아학 전공
	Ph.D. (박사 과정)	동아시아학 전공

3) 주요 연구 분야

- 동아시아 사회, 정치, 국제 관계

4) 한국학 교수진 : 4명

교수명	직위	전공 분야
파레쉬 쿠마르(Mr. Paresh Kumar)	조교수	한국어 교육
란짓 쿠마르 다완(Dr. Ranjit Kumar Dhawan)	조교수	한국어 교육
김도영(D. Y. Kim)	KF 객원 교수	한국어 교육, 문학
프리티 싱(Ms. Priti Singh)	객원 교수	한국어학, 한국학

5) 수강생 현황

한국어(학) 관련 강의 수강생 수 : 총 98명

학사 1학년	학사 2학년	학사 3학년	학사 4학년	석사 1학년	석사 2학년	박사 과정	기타
				38	21	13	26

전공생 수

B.A.	M.A.	Ph.D.
	12	4

6) 강좌 개설 현황

과목명	담당 교수	주당 수업 시간	수강생 수	학점	필수 / 선택
동아시아 역사	아반트 바타차랴(Dr. Abant Bhattacharya), 라지브 란잔(Mr. Rajiv Ranjan), 김도영	4	38	4	필수
동아시아 정치 제도	나빈 쿠마르 팬더(Dr. Nabin Kumar Panda) 자나르단 사후(Dr. janardan Sahu)	4	38	4	필수
동아시아 사회	라나잔 묵호파드하이아이 (Dr. Ranajan Mukhopadhayay), 라브니 타쿠르(Dr. Ravni thakur)	4	38	4	필수
한국어	파레쉬 쿠마르	4	8	4	선택
한국 사회	프리티 싱	4	6	4	선택
한국 문학	김도영	4	5	4	선택
남한 정치 발전	란짓 쿠마르 다완	4	8	4	선택
한국 정치	란짓 쿠마르 다완	4	3	4	선택
한국 사회	김도영	4	3	4	선택
한국어 집중 고급 디플로마	파레쉬 쿠마르, 김도영, 프리티 싱	15	26	12	필수

7) 한국 관련 활동

활동명	시기	상세 활동 내용
전 인도 한국어 말하기 대회 (All India Korean Speech Contest)	2016. 11.	후원: 한국문화센터

8) 한국 관련 출판물

제목	형태	주요 내용
Korea & India : A Forging Relationship 외 8권	단행본	한국과 인도의 관계 구축
Bharati Korean Advanced / Intermediate / Basic	단행본	기초 / 중급 / 고급 한국어 교재
International Korean Grammar	단행본	한국어 문법
Korean-English Students, Dictionary in Romanized & Hindi Pronunciation 외 1권	기타	로마자와 힌두어 발음으로 작성된 한영사전

4. 한국연구센터 운영 현황

- 없음

5. 도서관 현황

도서관명	동아시아학과 도서관
담당 사서	타스님 지아(Tasnim Zia)
한국학 장서 보유량(부)	3,723

6. 동아시아학 현황

1) 일본학 프로그램 제공 형태	학사(동아시아학), 일본어 석사
2) 중국학 프로그램 제공 형태	학사(동아시아학)

라자기리사회과학칼리지

Rajagiri College of Social Sciences

1. 대학 개요

설립 연도	1955년
소재 국가	인도
형태	사립
대표자 성명 / 직위	비노이 요셉(Binoy Joseph) / 총장

2. 연락처

주소	영문 주소	Rajagiri Valley P. O, Kakkanad, Kochi, Kerala, India
	우편번호	682039
전화		+91-484-2426554
웹사이트		www.rajagiri.edu

3. 기관 한국학 현황

1) 한국 관련 강좌 운영 현황

소속 학과	경영학, 회계학, 사회복지학, 심리학, 도서정보학	
개설 연도	2014년	
프로그램 대표자	성명	직함
	한혜경(Hyekyung Han)	강사

2) 한국 관련 프로그램 제공 형태

학위 과정	B.A. (학사 과정)	수료증

3) 한국학 교수진 : 1명

교수명	직위	전공 분야
한혜경		한국어 교육

4) 강좌 개설 현황

과목명	담당 교수	주당 수업 시간	수강생 수	학점	필수 / 선택
초급 한국어			18		
중급 한국어			6		

4. 한국연구센터 운영 현황
- 없음

5. 동아시아학 현황

1) 일본학 프로그램 제공 형태	–
2) 중국학 프로그램 제공 형태	–

마니푸르대학교

Manipur University

1. 대학 개요

설립 연도	1980년
소재 국가	인도
형태	국공립
대표자 성명 / 직위	아디야 프라사드 판디(Adya Prasad Pandey) / 부총장

2. 연락처

주소	영문 주소	Indo-Burma Road, Canchipur, India
	우편번호	795003
전화		+91-985-6082389
웹사이트		www.manipuruniv.ac.in

3. 기관 한국학 현황

1) 한국 관련 강좌 운영 현황

소속 학부	인문학부(School of Humanities)	
소속 학과	외국어학과(Department of Foreign Language)	
개설 연도	2011년	
프로그램 대표자	성명	직함
	아핸텀 로미타 데비 (Dr. Ahanthem Romita Devi)	조교수

2) 한국 관련 프로그램 제공 형태

학위 과정	M.A. (석사 과정)	한국어 디플로마 프로그램

3) 한국학 교수진 : 1명

교수명	직위	전공 분야
아핸텀 로미타 데비	조교수	언어학

4) 수강생 현황

한국어(학) 관련 강의 수강생 수 : 총 15명

※ 신입생 선발(인원: 20명/석사)

5) 강좌 개설 현황

과목명	담당 교수	수강생 수	학점	필수 / 선택
한국어 디플로마	아핸텀 로미타 데비	15		필수

6) 한국 관련 출판물

제목	형태	주요 내용
The Advantages of Using Devnagri Script in Teaching Korean Language	논문	데브나그리(Devnagri)라는 힌두어 대본을 이용하여 학생들이 한국어와 친숙해지는 방법에 주목하며, 영어에 비해 힌두어와 한국어의 밀접한 연관성을 증명. 또한 학습 용이성을 위해 언어학의 기본에 대한 이해의 중요성 논의

4. 한국연구센터 운영 현황
- 없음

5. 동아시아학 현황

1) 일본학 프로그램 제공 형태	–
2) 중국학 프로그램 제공 형태	–

서남아시아

마드라스크리스천칼리지

Madras Christian College

1. 대학 개요

설립 연도	1837년
소재 국가	인도
형태	국공립
대표자 성명 / 직위	알렉산더 예스다산(Alexander Jesudasan) / 총장

2. 연락처

주소	영문 주소	East Tambram, Chennai, Tamil Nadu, India
	우편번호	600059
전화		+91-44-22390675
웹사이트		www.mcc.edu.in

3. 기관 한국학 현황

1) 한국 관련 강좌 운영 현황

소속 학과	언어학과(Department of Languages)	
개설 연도	2012년	
프로그램 대표자	성명	직함
	이화랑	교수

2) 한국 관련 프로그램 제공 형태

비학위 과정	어학 강좌

3) 한국학 교수진 : 1명

교수명	직위	전공 분야
이화랑	한신대 파견 강사	한국어

4) 수강생 현황

한국어(학) 관련 강의 수강생 수 : 총 39명

학사 1학년	학사 2학년	학사 3학년	학사 4학년	석사 1학년	석사 2학년	박사 과정	기타
9	13	6		6	4	1	

5) 강좌 개설 현황

과목명	담당 교수	주당 수업 시간	수강생 수	학점	필수 / 선택
초급 1 오전반	이화랑	8	10		선택
초급 1 오후반	이화랑	8	11		선택
초급 2 오전반	이화랑	8	3		선택
초급 2 오후반	이화랑	8	11		선택
중급 1 오전반	이화랑	6	4		선택

4. 한국연구센터 운영 현황

- 없음

5. 도서관 현황

담당 사서	예스더스(P. Yesudoss)
한국학 장서 보유량(부)	174

6. 동아시아학 현황

1) 일본학 프로그램 제공 형태	–
2) 중국학 프로그램 제공 형태	–

자와할랄네루대학교
Jawaharlal Nehru University

1. 대학 개요

설립 연도	1969년
소재 국가	인도
형태	국공립
대표자 성명 / 직위	마미달라 자가데시 쿠마르(Mamidala Jagadesh Kumar) / 부총장

2. 연락처

주소	영문 주소	#209, New School of Language Building, New Mehrauli Road, New Delhi, India
	우편번호	110067
전화		+91-93-1262-0171
웹사이트		www.jnu.ac.in

3. 기관 한국학 현황

1) 한국 관련 강좌 운영 현황

소속 학부	언어문학문화학부(School of Language, Literature & Culture Studies)	
소속 학과	한국어학과	
개설 연도	1976년	
프로그램 대표자	성명	직함
	라비케시(Pro. Ravikesh)	학과장
홈페이지	www.jnu.ac.in/SLLCS/CKS	

2) 한국 관련 프로그램 제공 형태

학위 과정	B.A. (학사 과정)	한국어 전공
	M.A. (석사 과정)	한국어 전공
	Ph.D. (박사 과정)	한국어 전공

3) 주요 연구 분야

- 한국어학, 한국어 교육, 한국 문학

4) 한국학 교수진 : 6명

교수명	직위	전공 분야
비야얀티 라가반(Dr. Vyjayanti Raghavan)	교수	한국사
라비케시	부교수	한국 현대 문학
네르하 사마자르(Dr. Neerja Samajdar)	부교수	한국어 교육
카우살 쿠마르(Mr. Kaushal Kumar)	부교수	한국 현대 문화
사티안슈 스리바스타바(Mr. Satyanshu Srivastava)	부교수	한국 드라마
산토시 쿠마르(Mr. Santosh Kumar)	부교수	한국 현대 문화

5) 수강생 현황

한국어(학) 관련 강의 수강생 수 : 총 160명

학사 1학년	학사 2학년	학사 3학년	학시 4학년	서사 1학년	석사 2학년	박사 과정	기타
30	36	39		31	13	11	

전공생 수

B.A.	M.A.	Ph.D.
105	44	11

6) 강좌 개설 현항

과목명	담당 교수	주당 수업 시간	수강생 수	학점	필수 / 선택
구두 표현 1	네르하 사마자르	4	30	2	필수
구두 표현 2	객원강사	4	30	2	필수
한글	이현경(Dr. Hyunkyung Lee)	4	30	2	필수
기본 구조	객원강사	4	30	2	필수
이해	객원강사	4	30	2	필수
한국 지리와 문화	객원강사	4	30	2	필수
회화 능력	네르하 사마자르	4	36	3	필수
독해 능력	객원강사	4	36	3	필수
한자 1	객원강사	4	36	3	필수
번역과 작문	객원강사	4	36	3	필수
한자 2	객원강사	4	36	3	필수
현대 한국	객원강사	4	36	3	필수
한자	객원강사	4	39	3	필수
텍스트와 문법	비야얀티 라가반	4	39	3	필수
한국 문학 테마 1	이명애(Dr. Myunge Lee)	4	39	3	필수
전문 용어와 번역	객원강사	4	39	4	필수
언어학 입문	이현경	4	31	4	필수
번역과 통역 1	객원강사	4	31	4	필수
문학 트렌드와 테마 1	객원강사	4	31	4	필수
한국의 사회 문화 유산	KF 글로벌 e-School	4	31	4	필수
문체와 텍스트 분석	이현경	4	13	4	필수
번역과 통역	이명애	4	13	4	필수
문학 트렌드와 테마 2	라비케시	4	13	4	필수
시사 분석	객원강사	4	13	4	필수
연구 방법론	객원강사	4	3	4	필수
시사 분석	비야얀티 라가반	4	3	4	필수

4. 한국연구센터 운영 현황

명칭	한국학센터(Centre for Korean Studies)	
소속 기관	언어문학문화학부	
설립 연도	1976년	
대표자	성명	직함
	비야얀티 라가반	센터장

5. 동아시아학 현황

1) 일본학 프로그램 제공 형태	-
2) 중국학 프로그램 제공 형태	-

힌두스탄대학교
Hindustan University

1. 대학 개요

설립 연도	1985년
소재 국가	인도
형태	사립
대표자 성명 / 직위	엘리자베스 베르게제(Elizabeth Verghese) / 총장

2. 연락처

주소	영문 주소	No.1, Rajiv Gandhi Salai (OMR), IT Express highway, Padur, Chennai, Tamil Nadu, India
	우편번호	603103
전화		+91-44-2747-4395 / +91-44-2747-4262(Ext.209)
웹사이트		www.hindustanuniv.ac.in

3. 기관 한국학 현황

1) 한국 관련 강좌 운영 현황

소속 학부	과학 및 인문학부(School of Science and Humanities)	
소속 학과	외국어학과(Department of Foreign Languages)	
개설 연도	2014년	
프로그램 대표자	성명	직함
	이숙희(Sukhee Lee)	조교수

2) 한국 관련 프로그램 제공 형태

비학위 과정	B.A. 선택 과목

3) 한국학 교수진 : 1명

교수명	직위	전공 분야
이숙희	조교수	사회학, 영어

4) 한국 관련 활동

활동명	시기	상세 활동 내용
교환학생 프로그램	2010~2017	매년 7~20명의 한국 학생들이 힌두스탄대학교를 방문하여 한 학기 동안 영어, 인도 비즈니스, 인도 문화 등을 학습
하계학교	2010~2015	25명의 힌두스탄대학교 항공우주공학과와 MBA 학생들이 한국항공대 및 동국대에서 여름 계절학기 수강
한국 기업체 방문	2012~2015	현대, 포스코, 롯데, 삼성, TTOP Management 등 한국 플랜트 방문. 2015년에는 힌두스탄대학교 총장, 부총장, KCG 대학 학장 외 5명의 학장들이 현대 플랜트 방문
특강: 한국에 대해 아십니까?	2013. 10.	주인도 한국 대사의 한-인도 수교 40주년 기념 특별 강연
KOTRA와 MOU 체결	2013. 10.	'한-인도 수교 40주년 포럼'에서 KOTRA와 MOU 체결
첸나이와 인도의 한국 기업 대상 강의	2013~2015	초청 강연 시리즈. 포스코, 현대, KOTRA 등에서 강연자를 초청하여 MBA 및 자동차학과 학생, 스태프를 대상으로 첸나이와 인도에서의 한국 산업의 지위에 대한 일일 강의 제공
한국 문화 이해	2014~2016	교환학생, MBA, 인턴십 등을 위해 한국 방문 예정인 인도 학생 대상 강의
첸나이 총영사관 인도인 직원을 위한 한국 이해 강좌	2015~2016	(매년 각 10회) 인도인 직원들이 한국의 문화, 사람, 외교 이전 등을 익히도록 교육. 총영사 비서, 비자 담당, 한국어 독해 및 기초 회화 가능 접수 담당자
K-POP 댄스클럽	2015~2016	힌두스탄대학교 댄스팀 창설. South Zone 2015 우승
설날 행사	2015. 2.	힌두스탄대학교에 재학 중인 한국인 학생들 및 유학생들과 함께 진행한 신년 행사. 한국 새해 의복, 음식, 놀이 그리고 다양한 전통에 대해 설명하고 제기차기, 윷놀이, 닭싸움 등 문화 체험
K-POP 축제(남인도 지역)	2015. 7.	힌두스탄대학과 첸나이 총영사관의 공동 주최로 개최된 2015 K-POP 페스티벌
한국의 날 행사	2015. 9.	국제 스쿨. 발표, 노래, 아리랑과 전통 무용 배우기
e-브릿지 프로그램	2015. 12.	e-브릿지의 후원으로 경영국제대학, KOTRA, 첸나이 총영사관, 부산외대에서 공동 주최한 비즈니스 마인드 프로그램. 힌두스탄대학교에서 학업 중인 한국인 학생을 대상으로 함

서남아시아

활동명	시기	상세 활동 내용
K-POP 콘테스트 (남인도 지역)	2016. 7.	첸나이 총영사관과 공동 주최한 K-POP 경연 대회로서 'Indie Earth' 프로그램 디렉터가 수석 심사를 맡음
한국 무대	매년	(연례 인터내셔널 데이) 강남스타일, 한국 의복 패션쇼, 한국 대학 생활 발표
K-Drama 클럽		K-Drama를 좋아하는 학생들이 한국 드라마를 시청하는 월간 모임

5) 한국 관련 출판물

제목	형태	주요 내용
Let's Learn Korean	기타	간단한 안사말과 한국 드라마

4. 한국연구센터 운영 현황
-없음

5. 도서관 현황

도서관명	베르게제 연구 및 자원센터 (Dr. K.C.G. Verghese Reserch & Resource Centre)
담당 사서	비라케미(Dr. M. Veerachemy)
한국학 장서 보유량(부)	597

6. 동아시아학 현황

1) 일본학 프로그램 제공 형태	선택 과목(일본어)
2) 중국학 프로그램 제공 형태	-

파키스탄 국립외국어대학교

National University of Modern Languages

1. 대학 개요

설립 연도	1970년
소재 국가	파키스탄
형태	국공립
대표자 성명 / 직위	맘눈 후세인(Mamnoon Hussain) / 총장

2. 연락처

주소	영문 주소	P.O.Shaigan, Sector H-8, Islamabad, Pakistan
	우편번호	44000
전화		+92-51-926-5111
웹사이트		www.numl.edu.pk

3. 기관 한국학 현황

1) 한국 관련 강좌 운영 현황

소속 학부	언어학부(Faculty of Languages)	
소속 학과	한국어학과(Department of Korean)	
개설 연도	2006년	
프로그램 대표자	성명	직함
	아티프 파라스(Dr. Atif Faraz)	학과장
홈페이지	www.numl.edu.pk/Oriental%20Languages/Korean.aspx	

서
남
아
시
아

2) 한국 관련 프로그램 제공 형태

비학위 과정		B.A. 선택 과목
학위 과정	B.A. (학사 과정)	한국학 전공, 부전공

3) 한국학 교수진 : 6명

교수명	직위	전공 분야
아티프 파라스	학과장	한국학
피아오 하이엔(Piao Haiyan)	조교수	한국어 교육
아티샴 후세인(Ahtisham Hussain)	강사	경영
메흐무나 타히라 (Mehmoona Tahira)	강사	한국 문학
윤경숙(Kyungsook Yun)	강사	중국 문학
아미르 알리(Aamir Ali)	조교	인문학

4) 수강생 현황

한국어(학) 관련 강의 수강생 수 : 총 188명

5) 강좌 개설 현황

과목명	담당 교수	주당 수업 시간	수강생 수	학점	필수 / 선택
한국어 수료증	아티샴 후세인, 윤경숙	23	20	22	필수
한국어 디플로마	피아오 하이엔, 메흐무나 타히라	23	11	22	필수
세종학당 수료증	아티샴 후세인, 메흐무나 타히라, 나비드 아크타르(Naveed Akhtar), 아미르 알리	12	157	12	필수

6) 한국 관련 활동

활동명	시기	상세 활동 내용
한국어 말하기 대회	매년 4월	다양한 주제에 대한 한국어 말하기
TOPIK	매년 10월	TOPIK 시행
한글날	매년 10월	한글날을 기념하여 다양한 행사
추석, 서예, 한식 축제 등	매년	한글 서예 체험, 한국 전통 음식 요리, 한국 전통 놀이 등

4. 한국연구센터 운영 현황

명칭	한국연구센터(Korean Research Center)	
소속 기관	한국어학과	
설립 연도	2009년	
대표자	성명	직함
	아티프 파라스	센터장

5. 도서관 현황

도서관명	코리아 코너(Korea Corner)
담당 사서	마디하 마크수드(Madiha Maqsood)
한국학 장서 보유량(부)	1,839

6. 동아시아학 현황

1) 일본학 프로그램 제공 형태	수료증, 디플로마, 통역
2) 중국학 프로그램 제공 형태	학사, 석사, 기타(공자학원)

라이덴대학교
Leiden University

1. 대학 개요

대학명(자국어)	Universiteit Leiden
설립 연도	1575년
소재 국가	네덜란드
형태	국공립
대표자 성명 / 직위	카럴 스톨커르(Carel Stolker) / 총장

2. 연락처

주소	영문 주소	Rapenburg 70, Leiden, Netherlands
	우편번호	2311 EZ
전화		+31-71-527-1628
웹사이트		www.universiteitleiden.nl

3. 기관 한국학 현황

1) 한국 관련 강좌 운영 현황

소속 단과대학	인문대학	
프로그램 대표자	성명	직함
	마르크 루트허르스(Mark Rutgers)	학장
홈페이지	www.universiteitleiden.nl/en/humanities	

2) 한국 관련 프로그램 제공 형태

학위 과정	B.A. (학사 과정)	한국학 전공
	M.A. (석사 과정)	동아시아학 전공
	Ph.D. (박사 과정)	동아시아학 전공

3) 한국학 교수진 : 10명

교수명	직위	전공 분야
린지 블랙(Lindsay Black)	강사	동아시아학, 국제 관계
렘코 브뢰커르(Remco Breuker)	해외 지역 연구 사무소-한국학	동아시아 역사, 한국 역사, 한국학
쿤데 괴스터르(Koen de Ceuster)	강사	한국 경제, 한국 정치, 한국 역사
지명숙	강사	한국어, 언어 교육
한남희	강사	디지털미디어, 한국 영화, 한국 문학
황은하	강사	한국어, 한국학
앤드루 로히(Andrew Logie)	연구진	한국 역사, 동북아시아
남애리	강사	한국어, 한국학
박진희	강사	한국어, 한국학, 문법
박새영	강사	한국학

4) 강좌 개설 현황

과목명	담당 교수	주당 수업 시간	수강생 수	학점	필수 / 선택
한국어 1.1	남애리			15	필수
한국어 1.1	지명숙			15	필수
한국어 1.1	Ms. E. S. Kim			15	필수
텍스트와 문화	Dr. S. Park			5	필수
전근대 한국사	렘코 브뢰커르			5	선택
지역학	Dr. W. J. I. Waal			5	선택
기초 학문: 한국학	Dr. M. F. J. Baasten				필수
기초 학문: 한국학	Dr. G. J. Rowicka				필수
기초 학문: 한국학	Dr. S. E. Pronk-Tie thoff				필수
한국학 학사 멘토링				0	필수
한국어 1.2	남애리			10	필수
한국어 1.2	E. S. Kim			10	필수

과목명	담당 교수	주당 수업 시간	수강생 수	학점	필수 / 선택
학술용 한국어 1	Drs. M. S. Chi			5	필수
학술용 한국어 1	A. Li			5	필수
근현대 한국사	쿤데 괴스터르			5	선택
한국학 이슈	Dr. N. Han			5	필수
한국어 2.1	남애리			10	필수
한국어 2.1	박진희			10	필수
학술용 한국어 2	Drs. M. S. Chi			5	필수
학술용 한국어 2	A. Li			5	필수
한국의 분단	C. K. Green			5	필수
동아시아 역사의 화해	M. Nam			5	선택
한국 역사 기록학	Dr. S. Park			5	선택
한국의 정체성				5	선택
학술용 한국어 3	Drs. M.S. Chi			5	필수
학위 논문 & 리서치 세미나	쿤데 괴스터르			5	필수
세미나: 북한에 대한 이니셔티브	쿤데 괴스터르			5	선택
문화와 사회: 다국적 한국	Dr. N. Han			5	선택
학사 최종 프로젝트 세미나	렘코 브뢰커르			5	필수
학사 최종 프로젝트 세미나	쿤데 괴스터르			5	필수
학사 최종 프로젝트 세미나	Dr. N. Han			5	필수
학사 최종 프로젝트 세미나	Dr. S. Park			5	필수
학사 학위 논문 지도	렘코 브뢰커르				
학사 학위 논문 지도	쿤데 괴스터르				
학사 학위 논문 지도	Dr. N. Han				
학사 학위 논문 지도	Dr. S. Park				
학사 학위 전공자들이 한국학 이외의 아시아 전공 과목에서 선택				5	선택
아시아학 입문	Prof. dr. I. B. Smits			5	선택
아시아학 입문	Prof. dr. D. E. F. Henley			5	선택
아시아학 입문	Dr. E. Mark			5	선택
아시아학 입문	Prof. dr. F. N. Pieke			5	선택
석사 논문 지도				5	필수
고급 한국어: 독해	박진희			10	선택

과목명	담당 교수	주당 수업 시간	수강생 수	학점	필수 / 선택
석사 학위 전공자들이 한국학 이외의 전공 과목에서 선택				10	
한국 파견 A				30	필수
한국 파견 B				30	필수
아시아학 석사 논문 지도				15	필수
고급 독해: 한국어	쿤데 괴스터르			5	필수

4. 한국연구센터 운영 현황

- 없음

5. 동아시아학 현황

1) 일본학 프로그램 제공 형태	학사
2) 중국학 프로그램 제공 형태	학사

흐로닝언대학교

University of Groningen

1. 대학 개요

대학명(자국어)	Rijksuniversiteit Groningen
설립 연도	1614년
소재 국가	네덜란드
형태	국공립
대표자 성명 / 직위	시브랜드 포프마(Sibrand Poppema) / 총장

2. 연락처

주소	영문 주소	CEASG, Harmonie Building(1315.0208) Oude Kijkin't Jatstraat 26, Groningen, Netherlands
	우편번호	9712 EK
전화		+31-50-363-5806
웹사이트		www.rug.nl

3. 기관 한국학 현황

1) 한국 관련 강좌 운영 현황

소속 학부	예술학부, 경제경영학부(Faculty of Arts, Faculty of Economics and Business)	
소속 학과	동아시아학센터(Centre for East Asian Studies), 국제관계학과(International Relations), 국제 경제와 경영학과(Global economics and Management)	
개설 연도	2014년	
프로그램 대표자	성명	직함
	티아링 할베르츠마(Tjalling Halbertsma), 야니 드용(Janny de Jong)	동아시아학센터 소장
홈페이지	www.rug.nl/masters/east-asian-studies/	

2) 한국 관련 프로그램 제공 형태

비학위 과정		B.A. 선택 과목, M.A. 선택 과목
학위 과정	M.A. (석사 과정)	동아시아학 전공
	Ph.D. (박사 과정)	동아시아학 전공

3) 주요 연구 분야

- 현대 한국, 한국 경제, 한국의 정치 경제, 한국의 국제 관계

4) 한국학 교수진 : 7명

교수명	직위	전공 분야
티아링 할베르츠마	교수	국제관계학
최선경	조교수	경제학, 경영학
데이비드 심(David Shim)	조교수	국제관계학
스테판 베이하르(Stefan Weishaar)	조교수	국제법
핏숨 티허(Fitsum Tighe)	박사 학위 연구원	국제법
필립 올브리흐(Philipp Olbrich)	박사 학위 연구원	국제관계학
이선옥(Seneok Lee)	박사 학위 연구원	세계화

5) 수강생 현황

한국어(학) 관련 강의 수강생 수 : 총 53명

학사 1학년	학사 2학년	학사 3학년	학사 4학년	석사 1학년	석사 2학년	박사 과정	기타
		40		10		3	

전공생 수

B.A.	M.A.	Ph.D.
	15	

6) 강좌 개설 현황

과목명	담당 교수	주당 수업 시간	수강생 수	학점	필수 / 선택
한국 경제의 성공 요인	최선경	4	40	5	선택
동아시아 연구: 동아시아의 부상(한국)	티아링 할베르츠마	3	15	10	필수

7) 한국 관련 활동

활동명	시기	상세 활동 내용
여름학교: 네덜란드 이해하기	2016. 7.	한국학 여름 학기
여름학교: 네덜란드와 국제화에 대한 학제 간 연구	2016. 7.	한국학 여름 학기
한국학 컨퍼런스	2016. 11.	부산대학교-흐로닝언대학교 센터 컨퍼런스 유치
논문 발표	2016. 11.	Dr. Choi, 「경제 중진국으로 가기 위한 네덜란드의 길: 한국에게 주는 교훈」
연구 기관별 협력		부산대학교-흐로닝언대학교 연구 센터
코리아 코너		한국학 진흥을 위한 코리아 코너 설치
UKOR		도서관 보유 한국학 서적 확대
한국 공무원 연구 프로그램		공무원 연수 프로그램을 통한 한국 연구원 방문 촉진 프로그램
흐로닝언대학교 강의		부산대학교 차 교수의 흐로닝언대학교 강의
탄소 배출 시스템 연구 프로젝트		탄소 배출 시스템 연결 분석 연구 프로젝트
연례 한국학 강의		2017 강연자: 거스 히딩크
부산대학교 교수 초청 강의		주스트 헤르만(Joost Herman) 교수 초청 강의
부산대학교 교수 초청 강의		얀 판데르 하르스트(Jan Van der Harst) 교수 초청 강의

8) 한국 관련 출판물

제목	형태	주요 내용
Mongolia and the Democratic People's Republic of Korea at Sixty-five	기타	T. Halbertsma, NK Review, 2014
Visual Politics and North Korea: Seeing is Believing	단행본	Shim, D., Routledge, 2016
East Asia and the European Union: Strong Economics, Weak Politics?	단행본	J. van der Harst and T. Halbertsma, Brill: Leiden, 2017
Sketching geopolitics: comics and the case of the Cheonan sinking	논문	Shim, D., 2017
Various articles under peer review	기타	최선경
Ulaanbaatar's changing relations with Pyongyang	기타	

4. 한국연구센터 운영 현황

-없음

5. 도서관 현황

도서관명	한국 컬렉션 코너(UKOR)
담당 사서	마욜레인 니보어(Marjolein Nieboer)
한국학 장서 보유량(부)	10,000

6. 동아시아학 현황

1) 일본학 프로그램 제공 형태	석사, 박사, 기타(일본 센터 / 오사카 사무소)
2) 중국학 프로그램 제공 형태	박사, 기타(공자학원)

오슬로대학교
University of Oslo

1. 대학 개요

대학명(자국어)	Universitetet i Oslo
설립 연도	1811년
소재 국가	노르웨이
형태	국공립
대표자 성명 / 직위	올레 페터 오터센(Ole Petter Ottersen) / 총장

2. 연락처

주소	영문 주소	Blindernveien 9, Domus Theologica, Oslo, Norway
	우편번호	0315
전화		+47-22-85-76-29
웹사이트		www.uio.no

3. 기관 한국학 현황

1) 한국 관련 강좌 운영 현황

소속 학부	인문학부(Faculty of Humanities)	
소속 학과	문화학·동양어학과(Department of Culture Studies and Oriental Languages)	
프로그램 대표자	성명	직함
	아르네 부게 아문센 (Arne Bugge Amundsen)	학과장
홈페이지	www.hf.uio.no/ikos/english/	

2) 한국 관련 프로그램 제공 형태

비학위 과정		어학 과정
학위 과정	B.A. (학사 과정)	동아시아학 전공
	M.A. (석사 과정)	동아시아학 전공

3) 한국학 교수진 : 1명

교수명	직위	전공 분야
블라디미르 티호노프(Vladimir Tikhonov)		동아시아학, 한국학, 한국 불교

4) 강좌 개설 현황

과목명	담당 교수	주당 수업 시간	수강생 수	학점	필수 / 선택
한국: 철학과 종교				10	선택
한국: 역사, 사회, 정치				10	선택
북한: 이데올로기, 사회, 정치				10	선택
남한: 역사, 사회, 정치				10	선택

4. 한국연구센터 운영 현황

- 없음

5. 동아시아학 현황

1) 일본학 프로그램 제공 형태	학사
2) 중국학 프로그램 제공 형태	학사

코펜하겐대학교
University of Copenhagen

1. 대학 개요

대학명(자국어)	Københavns Universitet
설립 연도	2004년
소재 국가	덴마크
형태	국공립
대표자 성명 / 직위	헨리크 베게너(Henrik C. Wegener) / 총장

2. 연락처

주소	영문 주소	Karen Blixen Plads 8, København S, Søndre Campus, Building: 10-3-05, Denmark
	우편번호	2300
전화		+45-35-32-89-06
웹사이트		www.ku.dk

3. 기관 한국학 현황

1) 한국 관련 강좌 운영 현황

소속 학과	범문화·지역학과(Department of Cross-cultural and Regional Studies)	
한국학(어) 프로그램명	범문화적, 지역 연구 내의 한국학 프로그램	
프로그램 대표자	성명	직함
	잉올프 투에센 (Ingolf Thuesen)	학과장
홈페이지	ccrs.ku.dk	

2) 한국 관련 프로그램 제공 형태

학위 과정	B.A. (학사 과정)	한국학 전공
	M.A. (석사 과정)	기타 전공 내 한국학 프로그램(전공명: 범문화·지역학)

3) 한국학 교수진 : 3명

교수명	직위	전공 분야
바바라 발(Barbara Wall)	부교수	한국학
카린 야콥센(Karin Jakobsen)	조교수	한국학
최현주	조교수	미학

4) 수강생 현황

한국어(학) 관련 강의 수강생 수 : 총 64명

학사 1학년	학사 2학년	학사 3학년	학사 4학년	석사 1학년	석사 2학년	박사 과정	기타
22	18	8	6	5	5		

전공생 수

B.A.	M.A.	Ph.D.
50	5	

※ 매년 신입생 선발(인원: 22명)

5) 강좌 개설 현황

과목명	담당 교수	주당 수업 시간	수강생 수	학점	필수 / 선택
전근대 한국의 역사, 사회, 문화	바바라 발	2		7.5	필수
기초 한국어 1	최현주, 카린 야콥센	13	22	22.5	필수
기초 한국어 C	최현주, 카린 야콥센	8	10	15	필수
한국어 2		6	9	15	필수
자유 회화		2	10		선택

6) 한국 관련 활동

활동명	시기	상세 활동 내용
한국학 세미나	2015. 10.	서울대학교 이태진 교수의 강의 "한국과 덴마크의 알려진 그리고 알려지지 않은 역사"
한국학 세미나	2015. 10.	펜실베이니아대학교 시시앙(Sixiang Wang) 박사의 강의 "버림받은 공녀, 돌아온 선물, 파빌리온의 발명: 1400~1633년 사이 조선과 명 사이의 조약, 평판, 신화"
한국학 세미나	2016. 2.	우도 모니그(Udo Monig)의 강의 "태권도의 발명"
한국학 세미나	2016. 3.	제인 진 카이슨(Jane Jin Kaisen)의 강의 "제주 봉기, 반체제 변형"
한국학 세미나	2016. 3.	바베스보여이대학교(Babes-Bolyai University) 코드루타 신쇼니언(Codruța Sîntionean) 박사의 강의 "박정희 시대의 유산: 지속적 유산"
한국학 워크숍	2016. 4.	"또 다른 한국의 이해: 북한" 강연
유럽 한국어교육자협회 워크숍	2016. 4.	유럽 내 한국어 교수진 및 연구생이 모여 유럽 한국어 교육 관련 워크숍 실시
한국학 세미나	2016. 4.	연세대학교 이연호(Yeonho Lee) 교수의 "묻혀진 자율성의 실패: 남한의 규제 개혁" 강의
한국학 세미나	2016. 4.	SOAS 유경주 박사의 "세월호 참사의 언어적 표현: 2개 한국 신문사의 헤드라인 뉴스를 통한 코퍼스 분석" 강의
한국학 세미나	2016. 5.	클레어몬트매케나대학교 앨버트 박(Albert Park) 박사의 "덴마크 갈망: 식민지 시대 한국인의 사회적 상상 속 덴마크인의 삶" 강의
한국학 세미나	2016. 9.	노르딕아시아센터 안데르스 리엘 뮐러(Anders Riel Müller) 박사의 "소고기, 바베큐 그리고 민족주의" 강의
대학원생 컨퍼런스	2016. 9.	제13회 유럽 한국학 졸업생 대회
한국학 세미나	2016. 11.	도릿 바그너(Dorrit Wagner)의 "청학동 – 믿음과 생활 방식" 강의
한국학 세미나	2016. 11.	투르크대학교 안티 라파넨(Antti Lappanen) 박사의 "남한의 사회적, 상업적 공간에서의 이웃: 자영업과 공동체 이데올로기" 강의
한국학 세미나	2017. 1.	서울대학교 에릭 모브랜드(Erik Mobrand) 박사의 "남한의 정치와 민주주의" 강의
한국학 세미나	2017. 3.	프랑크푸르트 괴테대학교 안연선(Yonson Ahn)의 "독일 이주 노동자로서의 한국인 간호사: 감정노동자로서의 간호 업무" 강의
한국학 세미나	2017. 3.	SOAS 키스 하워드(Keith Howard)의 "왜 K-POP 팬들은 싸이의 강남스타일을 싫어하는가?" 강의

4. 한국연구센터 운영 현황

- 없음

5. 도서관 현황

도서관명	ToRS 도서관(ToRS Library)
담당 사서	소렌 란첸(Soren Rantzen)
한국학 장서 보유량(부)	9,347

6. 동아시아학 현황

1) 일본학 프로그램 제공 형태	학사, 석사, 박사
2) 중국학 프로그램 제공 형태	학사, 석사, 박사

라트비아대학교

University of Latvia

1. 대학 개요

대학명(자국어)	Latvijas Universitāte
설립 연도	1919년
소재 국가	라트비아
형태	국공립
대표자 성명 / 직위	인드리키스 무이지니악스(Indriķis Muižnieks) / 총장

2. 연락처

주소	영문 주소	Raina bulv. 19, Riga, Latvia
	우편번호	LV-1586
전화		+371-2644-5518
웹사이트		www.lu.lv

3. 기관 한국학 현황

1) 한국 관련 강좌 운영 현황

소속 학부	인문학부(Faculty of Humanities)	
소속 학과	아시아학과(Asian Study Department)	
개설 연도	2013년	
프로그램 대표자	성명	직함
	야니스 프리에드(Janis Priede)	학과장
홈페이지	www.lu.lv/eng/faculties/fh/	

2) 한국 관련 프로그램 제공 형태

학위 과정	B.A. (학사 과정)	한국어 전공, 동아시아학 전공

3) 한국학 교수진 : 8명

교수명	직위	전공 분야
야니스 프리에드	학과장, 교수	문학
서진석	KF 객원교수	비교민속학
마다러 로마노프스카(Madara Romanovska)		교육학
라우마 시메(Lauma Šime)	조교	언어문화학
나탈리아 얀손(Natālija Jansone)		한국어
레온스 타이반스(Leons Taivans)	교수	민족학
프랑크 크라우사르(Frank Kraushaar)	교수	중국학
아기타 발트갈베(Agita Baltgalve)	부교수	언어학

4) 수강생 현황

한국어(학) 관련 강의 수강생 수 : 총 33명

학사 1학년	학사 2학년	학사 3학년	학사 4학년	석사 1학년	석사 2학년	박사 과정	기타
6	11	16					

전공생 수

B.A.	M.A.	Ph.D.
33		

5) 강좌 개설 현황

과목명	담당 교수	주당 수업 시간	수강생 수	학점	필수 / 선택
한국어 1	무라스코브스카(Muraškovska), 로마노프스카	8	12	12	필수
한국어 2	무라스코브스카	8	14	12	필수
한국어 3	서진석, 무라스코브스카	8	18	12	필수
한국어 4	서진석	8	14	12	필수
한국어 5	서진석	8	9	12	필수
한국어 6	서진석	8	9	12	필수
현대 한국 사회	무라스코브스카	2	18	3	필수

과목명	담당 교수	주당 수업 시간	수강생 수	학점	필수 / 선택
아시아 문학과 문화(한국)	서진석, 로마노프스카	4	18	6	필수
아시아 문학과 문화 2	서진석	4	14	6	필수
아시아 문학과 문화 3(한국)	서진석, 무라스코브스카	4	9	6	필수
민족학 2	타이반스, 무라스코브스카	4	62	6	필수
한국 철학과 종교의 흐름	서진석	2	15	3	필수

6) 한국 관련 활동

활동명	시기	상세 활동 내용
한국어 말하기 대회	2015. 12.	
한국학센터 개소식	2016. 2.	한국학 씨앗형 사업
학회	2016. 5.	"한국과 동북 유럽의 새로운 학술적 관계 모색" 학술 컨퍼런스
제2회 발틱 한국학 세미나	2016. 5.	하이델베르크대학교 S. Knoob과 런던대학교 연재훈 교수의 세미나
한국 풍물 워크숍	2016. 5.	전북대학교 풍물, 농악단 초청
한국의 날	2016. 5.	한국의 날 문화 행사 개최. 학술 컨퍼런스, 제2회 발틱 한국학 세미나, 한국 타악 워크숍 등 행사 진행

4. 한국연구센터 운영 현황

- 없음

5. 도서관 현황

도서관명	UL 도서관
담당 사서	리날즈 바라노브스(Rinalds Baranovs)
한국학 장서 보유량(부)	524

6. 동아시아학 현황

1) 일본학 프로그램 제공 형태	학사, 석사
2) 중국학 프로그램 제공 형태	학사, 석사

겐트대학교
Ghent University

1. 대학 개요

대학명(자국어)	Universiteit Gent
설립 연도	1817년
소재 국가	벨기에
형태	국공립
대표자 성명 / 직위	아너 더 파프(Anne De Paepe) / 총장

2. 연락처

주소	영문 주소	Blandijnberg 2, Ghent, Belgium
	우편번호	9052
전화		+32-9-264-4000
웹사이트		www.ugent.be

3. 기관 한국학 현황

1) 한국 관련 강좌 운영 현황

소속 단과대학	인문철학대학(Faculty of Arts and Philosophy)	
소속 학과	언어문화학과(Department of Languages and Cultures)	
개설 연도	2014년	
프로그램 대표자	성명	직함
	니하우스 안드레아스 (Niehaus, Andreas)	학과장
홈페이지	www.ugent.be/lw	

2) 한국 관련 프로그램 제공 형태

비학위 과정	B.A. 선택 과목, M.A. 선택 과목

3) 한국학 교수진 : 1명

교수명	직위	전공 분야
정진영(Jinyoung Jung)	언어문화학과 객원교수	한국어학(형태론)

4) 수강생 현황

한국어(학) 관련 강의 수강생 수 : 총 15명

학사 1학년	학사 2학년	학사 3학년	학사 4학년	석사 1학년	석사 2학년	박사 과정	기타
1	3	5		4			2

5) 강좌 개설 현황

과목명	담당 교수	주당 수업 시간	수강생 수	학점	필수 / 선택
한국어 문화 I	정진영	6	15	5	선택
한국어 문화 II					

6) 한국 관련 활동

활동명	시기	상세 활동 내용
역사를 통해 본 한일 관계	2016.2	콕세이더(Koksijde)에서 한일 관계에 대한 공개 강연 (3회 시리즈) 개최
겐트대학교 한국 영상·체험 프로그램 (Korea in Motion, Experience Korea at UGent)	2016. 5.	브뤼셀 한국문화원과 협력하여 한국 문화 행사(봉산탈춤 워크숍, 한지 공예 워크숍, 한국 전통 음악 및 한국 전통 춤 공연, 한국 영화 상영) 개최
한국 영화 상영 & 라운드테이블	2016. 12.	브뤼셀 한국문화원과 협력하여 한국 다큐멘터리 영화 (「Reach for the SKY 공부의 나라」) 상영

4. 한국연구센터 운영 현황
 - 없음

5. 도서관 현황

도서관명	동남아시아어문화 도서관
담당 사서	나탈리 더메이스터르(Nathalie Demeester)
한국학 장서 보유량(부)	672

6. 동아시아학 현황

1) 일본학 프로그램 제공 형태	학사, 석사, 박사
2) 중국학 프로그램 제공 형태	학사, 석사, 박사

스톡홀름대학교
Stockholm University

1. 대학 개요

대학명(자국어)	Stockholms Universitet
설립 연도	1878년
소재 국가	스웨덴
형태	국공립
대표자 성명 / 직위	아스트리드 쇠더베리 위딩(Astrid Söderbergh Widding) / 총장

2. 연락처

주소	영문 주소	SE-106 91, Stockholm, Sweden
	우편번호	106 91
전화		+46-8-16-22-38
웹사이트		www.su.se

3. 기관 한국학 현황

1) 한국 관련 강좌 운영 현황

소속 학부	인문학부(Faculty of Humanities)	
소속 학과	아시아·중동·터키학과 (Department of Asian, Middle Eastern and Turkish Studies)	
개설 연도	1968년	
프로그램 대표자	성명	직함
	알베르토 티스코루아 (Alberto Tiscoruia)	학과장
홈페이지	www.su.se/asia/english/korean-language-and-cultures	

2) 한국 관련 프로그램 제공 형태

학위 과정	B.A. (학사 과정)	한국학 전공
	M.A. (석사 과정)	동아시아학 전공
	Ph.D. (박사 과정)	동아시아학 전공

3) 주요 연구 분야

- 한국 고전 문학, 현대 한국 문학, 고대 한국 문화, 현대 한국 문화, 한국 정치

4) 한국학 교수진 : 3명

교수명	직위	전공 분야
소냐 하우슬러	한국학과 학과장	한국 문학, 문화
가브리엘 욘손(Gabriel Jonsson)	조교수	한국 정치경제학
강경숙	강사	한국어

5) 수강생 현황

한국어(학) 관련 강의 수강생 수 : 총 168명

학사 1학년	학사 2학년	학사 3학년	학사 4학년	석사 1학년	석사 2학년	박사 과정	기타
65	50	30		14	6	3	

전공생 수

B.A.	M.A.	Ph.D.
35	3	3

※ 매년 신입생 선발(인원: 65명)

6) 강좌 개설 현황

과목명	담당 교수	주당 수업 시간	수강생 수	학점	필수 / 선택
한국어 1	김은아, 강경숙	10	60	22.5	필수
한국어 3	강경숙, 예카테리나 말리크 (Ekaterina Malik), 소냐 하우슬러	8	20	22.5	필수
한국어 4	김은아, 가브리엘 욘손	4	4	22.5	필수
한국학 입문	소냐 하우슬러, 가브리엘 욘손	2	60	7.5	필수

과목명	담당 교수	주당 수업 시간	수강생 수	학점	필수 / 선택
한국의 종교 문화	소냐 하우슬러	2	15	7.5	선택
남북 관계	가브리엘 욘손	2	20	7.5	선택
한국어 6	소냐 하우슬러	2	2	7.5	필수
한국어 7	김은아	2	2	7.5	필수
동아시아 문화 흐름과 정치 상황	이르미 슈바이거(Irmy Schweiger), 소냐 하우슬러 등	2	14	7.5	선택
아시아의 인권	한스 잉바르 로스(Hans-Ingvar Roth), 가브리엘 욘손 등	2	25	7.5	선택
아시아의 공연 예술과 대중문화 한국학	크리스티나 니그렌(Christina Nygren), 소냐 하우슬러 등	2	20	7.5	선택

7) 한국 관련 활동

활동명	시기	상세 활동 내용
한국 문학과 영화	2016~2020	상트페테르부르크대학 학자들과의 공동 프로젝트. 『한국 문학과 영화』라는 출판물에 대한 강연 공유
현대 한국 문학(스웨덴어 번역)	2016	트라난출판사(Tranan Publ. Co.)와의 공동 작업. 스웨덴에 한국 현대 문학 소개
제10회 학술 컨퍼런스	2016. 8.	한국학, 일본학 노르딕연합의 제10회 컨퍼런스. 참가자 수는 100명
한국어 말하기 대회	2016. 9.	스웨덴 대사관과 스톡홀름 한국학교 공동 주최
한국학 특강	매 학기	국내외 4~5명 학자들의 강연
한국 문학 독강	연례	매년 한국 작가 한두 명이 그들의 작품에 대한 강연 진행
스톡홀름대학교 아시아학 세미나		한국학 학자들과 박사 과정생들이 진행 중인 논문으로 SU에서 진행되는 아시아학 세미나에 참석

8) 한국 관련 출판물

제목	형태	주요 내용
Proceedings from the 2016 NAJAKS conference at Stockholm University, Orientaliska Studier, vols. 147 and 148, 2016.	논문	한국과 일본의 언어, 문학, 예술, 정치, 사회, 역사-문화적 관계에 대한 논문

4. 한국연구센터 운영 현황

- 없음

5. 도서관 현황

도서관명	아시아 도서관
담당 사서	노부코 쿠라마수(Nobuko Kuramasu)
한국학 장서 보유량(부)	5,980

6. 동아시아학 현황

1) 일본학 프로그램 제공 형태	학사, 석사, 박사
2) 중국학 프로그램 제공 형태	학사, 석사, 박사, 기타(공자학원)

마드리드자치대학교

Autonomous University of Madrid

1. 대학 개요

대학명(자국어)	Universidad Autónoma de Madrid
설립 연도	1968년
소재 국가	스페인
형태	국공립
대표자 성명 / 직위	호세 마리아 산스 마르티네스(José María Sanz Martínez) / 총장

2. 연락처

주소	영문 주소	Despacho 215B(CEAO). Módulo III. Facultad de Profesorado. C/. Tomásy Valiente 3. Madrid, Spain
	우편번호	28049
	전화	+34-630-790485
	웹사이트	www.uam.es

3. 기관 한국학 현황

1) 한국 관련 강좌 운영 현황

소속 단과대학	철학·어학대학(Faculty of Philosophy and Letters)	
소속 학과	아시아·아랍·아프리카학과(Department of Asia Arab and Africa Studies)	
개설 연도	2015년	
프로그램 대표자	성명	직함
	테오필 암바디앙 (Théophil Ambadiang)	학과장

2) 한국 관련 프로그램 제공 형태

비학위 과정	B.A. 필수 과목(일본학, 중국학), B.A. 선택 과목(영어통번역대)

3) 한국학 교수진 : 1명

교수명	직위	전공 분야
양은숙	방문교수	국제정치학

4) 강좌 개설 현황

과목명	담당 교수	주당 수업 시간	수강생 수	학점	필수 / 선택
한국어 1			3		
한국어 2			35		
한국어 3(2017년 9월부터 개설)					
동아시아 사회 문화의 새로운 트렌드: 한국			48		

4. 한국연구센터 운영 현황

　- 없음

5. 동아시아학 현황

1) 일본학 프로그램 제공 형태	학사(석사 과정 진행 예정)
2) 중국학 프로그램 제공 형태	학사(석사 과정 진행 예정)

마드리드콤플루텐세대학교

Complutense University of Madrid

1. 대학 개요

대학명(자국어)	Universidad Complutense de Madrid
설립 연도	1293년
소재 국가	스페인
형태	국공립
대표자 성명 / 직위	카를로스 안드라다스 에란스(Carlos Andradas Heranz) / 총장

2. 연락처

주소	영문 주소	Avenida Séneca 2, Madrid, Spain
	우편번호	28040
전화		+34-91-394-5345
웹사이트		www.ucm.es

3. 기관 한국학 현황

1) 한국 관련 강좌 운영 현황

소속 학부	어문학부(Faculty of Philology)	
한국학(어) 프로그램명	한국어 과정(Korean Language)	
개설 연도	2008년	
프로그램 대표자	성명	직함
	에우헤니오 라몬 루한 마르티네스 (Eugenio Ramón Luján Martínez)	학장

2) 한국 관련 프로그램 제공 형태

비학위 과정	B.A. 선택 과목

3) 한국학 교수진 : 1명

교수명	직위	전공 분야
정미강		중남미 문학

4) 강좌 개설 현황

과목명	담당 교수	주당 수업 시간	수강생 수	학점	필수 / 선택
한국어 I			14		
한국어 II			14		
한국 문학			14		

4. 한국연구센터 운영 현황

- 없음

5. 동아시아학 현황

1) 일본학 프로그램 제공 형태	-
2) 중국학 프로그램 제공 형태	-

말라가대학교
University of Málaga

1. 대학 개요

대학명(자국어)	Universidad de Málaga
설립 연도	1972년
소재 국가	스페인
형태	국공립
대표자 성명 / 직위	호세 앙헬 나르바에스(José Ángel Narváez) / 총장

2. 연락처

주소	영문 주소	Francisco Trujillo Villanueva 1st Av., Malaga, Spain
	우편번호	29071
전화		+34-951-952-773
웹사이트		www.uma.es

3. 기관 한국학 현황

1) 한국 관련 강좌 운영 현황

소속 학부	사회학부(College of Social Studies and Social Work)	
소속 학과	사회심리학, 사회인류학, 동아시아학과(Dept. of Social Psychology, Social Work, Social Anthropology and East Asian Studies)	
개설 연도	2011년	
프로그램 대표자	성명	직함
	페르난도 불프 알론소 (Fernando Wulff Alonso)	코디네이터
홈페이지	www.uma.es/fest	

2) 한국 관련 프로그램 제공 형태

학위 과정	B.A. (학사 과정)	동아시아학 전공
	Ph.D. (박사 과정)	기타 전공 내 한국학 프로그램

3) 주요 연구 분야

• 국제 협상, 한국어, 한국사, 한국 고고학

4) 한국학 교수진 : 4명

교수명	직위	전공 분야
안토니오 호세 도메네크 델 리오	교수	사회인류학
강은경	부교수	극예술
윤혜숙	KF 객원교수	한국어
루이스 보테야(Luis Botella)	조교수	역사학

5) 수강생 현황

한국어(학) 관련 강의 수강생 수 : 총 213명

학사 1학년	학사 2학년	학사 3학년	학사 4학년	석사 1학년	석사 2학년	박사 과정	기타
55	55	50	50			3	

전공생 수

B.A.	M.A.	Ph.D.
210		3

※ 매년 신입생 선발(인원: 55명)

6) 강좌 개설 현황

과목명	담당 교수	주당 수업 시간	수강생 수	학점	필수 / 선택
동아시아 예술과 미학	마리아 로사 페르난데스 (Maria Rosa Fernandez)	3	55	6	
동아시아 경제	안드레 헤수스 마르찬테 (Andres Jesus Marchante)	3	55	6	
아시아 지리학	프란시스코 메리다 (Francisco Merida)	3	55	6	
한국어 I	루이스 보테야, 안토니오 도메네크	3	55	6	
동아시아 전근대사	페르난도 불프	3	55	6	
동아시아 고전 문학	엔리케 바에나(Enrique Baena)	3	55	6	
동아시아 무역과 국제 관계	마리아 루이사 바예스핀 (Maria Luisa Vallespin)	3	55	6	
한국어 III	강은경	3	55	6	
담화와 문화 교류 이론	마리아 마르토스 (Maria J. Martos)	3	55	6	
동아시아 현대 문학	엔리케 바에나	3	55	6	
동아시아 문화 교류와 협상	마리아 두란 (Maria A. Duran)	3	55	6	
한국 예술과 미학	마리아 로사 페르난데스	3	50	6	
한국 문학	강은경	3	50	6	
동아시아 근현대사	루이스 보테야, 안토니오 도메네크	3	50	6	
한국어 IV	윤혜숙	3	50	6	
한국어 V	윤혜숙	3	50	6	
실용 예술: 한국의 춤과 음악	강은경	3	15	6	
샤머니즘, 자연, 종교적 실천	안토니오 헤수스 가예고스 (Antonio Jesus Gallegos)	3	15	6	
한국 경영	윤혜숙	3	15	6	
한국 경영 문화와 협상	이사벨 마리아 가메스 (Isabel Maria Gamez)	3	15	6	
혁신과 최신 기술	알바로 시몬 드블라스 (Alvaro Simon de Blas)	3	15	6	
동아시아 전통 의료와 건강	페르난도 페르난데스 마르틴 (Fernando Fernandez Martin)	3	15	6	
한국 관광 및 교환학생	안토니오 헤수스 가예고스	3	15	6	

7) 한국 관련 활동

활동명	시기	상세 활동 내용
한국 문학 에세이 대회	2007~2016	한국 작품 구독 및 에세이 작성. 매년 선정된 작가가 시상식에 참석
한국 주간(Korea Week)	2010~2016	일주일간 다양한 한국 문화 체험(영화, 연극, 문학, 학술 컨퍼런스 등)
언어 교환 활동	2011~2017	한국어 강의 수강생과 한국인 학생들 간의 만남을 통한 언어 연습
TOPIK 시험	2012~2016	한국어활용능력검정 시험 개최
1:1 언어 교환 활동	2012~2017	한국인 학생과 스페인 학생의 1 대 1 매칭을 통한 언어 교류
한글날	2013~2016	학기당 1회. 한글 문자 교실
석가탄신일	2013~2016	석가탄신일 기념행사
설날	2013~2017	한국인과 스페인 학생 간의 언어 교류와 한국의 새해 기념행사
혁신적 교육 프로젝트: 한국어	2013~2017	한국어 교육 방법의 쇄신을 위해 전자기기 활용, 소규모 수업 진행 등 한국어 학습 효율 향상 방법 도모
만화 페어	2014	서예, 등불 만들기, K-POP, 드라마, 영화 소개 등 다양한 활동을 통해 한국 문화를 접해 보는 만화 페어에 참가
한국 전통 무용 과정	2014~2016	한국 전통 무용의 주요 특징 배우기
한국어 말하기 대회	2014~2016	한국어 웅변 대회. 말라가대학교와 세비야대학교의 모든 학생에게 참가 자격 부여
요리 교실	2014~2017	한식 만들기 교실
이베로아메리카한국학연합	2015	스페인과 라틴아메리카 대학 간의 한국학 프로그램 교류
EPEL 강의 프로그램	2015··2016	유럽한국학연합의 후원으로 열리는 한국 관련 연례 강의
한국학 강의	2016~2017	한국사, 한국어, 한국 사회 등 한국 관련 주제로 강의하는 연례 컨퍼런스
최 코디(Cody Choi) 전시회: "Is that Beauty?"	2016~2017	최 코디의 30년간 예술 작품 회고전. 회화, 조각, 설치미술, 디지털 디자인 등 포함

8) 한국 관련 출판물

제목	형태	주요 내용
Historia de la Literatura Coreana : de la Antiguedad al siglo XIX	단행본	말라가대학교출판사

4. 한국연구센터 운영 현황

- 없음

5. 도서관 현황

도서관명	말라가대학교 도서관
담당 사서	그레고리아 가르시아 레체(Gregoria García Reche)
한국학 장서 보유량(부)	3,612

6. 동아시아학 현황

1) 일본학 프로그램 제공 형태	–
2) 중국학 프로그램 제공 형태	–

바르셀로나자치대학교

Autonomous University of Barcelona

1. 대학 개요

대학명(자국어)	Universitat Autònoma de Barcelona
설립 연도	1968년
소재 국가	스페인
형태	국공립
대표자 성명 / 직위	마르가리타 아르브와(Margarita Arboix) / 총장

2. 연락처

주소	영문 주소	Edifici K, Facultat de Traduccio, Campus de la UAB (Bellaterra), Cerdanyola del Valles (Barcelona), Spain
	우편번호	08193
	전화	+34-93-581-3375
	웹사이트	www.uab.cat

3. 기관 한국학 현황

1) 한국 관련 강좌 운영 현황

소속 학부	통번역학부(Faculty of Translation and Interpretation)	
소속 학과	동아시아학(Studies of East Asia)	
개설 연도	2009년	
프로그램 대표자	성명	직함
	알베르트 브란차델 갈로 (Albert Branchadell Gallo)	학장
홈페이지	www.uab.cat/traducciointerpretacio	

2) 한국 관련 프로그램 제공 형태

학위 과정	B.A. (학사 과정)	동아시아학 전공, 한국학 부전공

3) 주요 연구 분야

• 어문학, 번역, 역사

4) 한국학 교수진 : 1명

교수명	직위	전공 분야
조미화	겸임교수	한국어 문학

5) 수강생 현황

한국어(학) 관련 강의 수강생 수 : 총 35명

전공생 수

B.A.	M.A.	Ph.D.
80		

6) 강좌 개설 현황

과목명	담당 교수	주당 수업 시간	수강생 수	학점	필수 / 선택
한국어 1	조미화	6	35	12	필수
한국어 강독 1	조미화	4	15	6	필수

7) 한국 관련 활동

활동명	시기	상세 활동 내용
한국, 조용한 아침의 나라 (Corea, el pais del mati calm)	2006. 5.~6.	한 달간 직지영인본, 활자 주조 과정 비디오 상영, (청주 직지박물관 협조), 현지인 한국 도자기 컬렉션 전시

8) 한국 관련 출판물

제목	형태	주요 내용
한국의 인쇄 문화	단행본	박병선, 한국 인쇄 문화 출판

4. 한국연구센터 운영 현황

　-없음

5. 도서관 현황

도서관명	인문도서관
담당 사서	누리아 갤라트(Núria Gallart)
한국학 장서 보유량(부)	606

6. 동아시아학 현황

1) 일본학 프로그램 제공 형태	학사, 석사
2) 중국학 프로그램 제공 형태	학사, 석사

살라망카대학교

University of Salamanca

1. 대학 개요

대학명(자국어)	Universidad de Salamanca
설립 연도	1218년
소재 국가	스페인
형태	국공립
대표자 성명 / 직위	다니엘 에르난데스 루이페레스(Daniel Hernández Ruipérez) / 총장

2. 연락처

주소	영문 주소	Plaza de Anaya s/n, Hospederia, Salamanca, Spain
	우편번호	37008
전화		+34-923-294400(ext. 1704)
웹사이트		www.usal.es

3. 기관 한국학 현황

1) 한국 관련 강좌 운영 현황

소속 단과대학	어문대학(Facultad de Filologia)	
소속 학과	현대어학과, 극동아시아학과 (Dpto. de Filologia Moderna, Estudios de Asia Oriental)	
개설 연도	2000년	
프로그램 대표자	성명	직함
	비센테 곤잘레스 마르틴(Vicente Gonzalez Martin), 김혜정	어문대학 학장 극동아시아학, 한국학 코디네이터
홈페이지	facultadfilologia.usal.es	

2) 한국 관련 프로그램 제공 형태

학위 과정	B.A. (학사 과정)	한국학 전공, 한국어 전공, 동아시아학 전공
	M.A. (석사 과정)	한국학 전공, 동아시아학 전공,
	Ph.D. (박사 과정)	한국학 전공, 한국어 전공

3) 주요 연구 분야

• 한국어, 한국 문학, 한국어학(한국 역사/사회/문화/예술/사상 포함)

4) 한국학 교수진 : 3명

교수명	직위	전공 분야
김혜정		현대 문학
차순자		언어학
채문숙	KF 객원교수	한국어 교육

5) 수강생 현황

한국어(학) 관련 강의 수강생 수 : 총 185명

학사 1학년	학사 2학년	학사 3학년	학사 4학년	석사 1학년	석사 2학년	박사 과정	기타
73	68	20	15	8		1	

전공생 수

B.A.	M.A.	Ph.D.
39	8	1

※ 매년 신입생 선발(인원: 35명)

6) 강좌 개설 현황

과목명	담당 교수	주당 수업 시간	수강생 수	학점	필수 / 선택
한국어 I	김혜정	4	18	6	필수
한국어 III	김혜정	4	21	6	필수
한국 문학	김혜정	4	21	6	필수
실용 한국어	차순자	4	18	6	필수
제2외국어 한국어	차순자	4	15	6	선택

과목명	담당 교수	주당 수업 시간	수강생 수	학점	필수 / 선택
부전공 한국어 I	채문숙	4	33	6	선택
부전공 한국어 III	채문숙	4	15	6	선택
한국어 I(석사 과정)	김혜정	2	8	3	필수
한국 문화 역사(석사 과정)	프란시스코 로드리게스 (Francisco Rodriguez)	2	8	3	필수
한국 문학/예술사(석사 과정)	김혜정, 클라라 콜리나스 (Clara Colinas)	2	8	3	필수
한국 경제(석사 과정)	호르헤 마티아스 (Jorge Matias)	2	8	3	필수

7) 한국 관련 활동

활동명	시기	상세 활동 내용
스페인 마드리드 한국 문학 세미나	2014. 10.	하성란, 조경란 작가의 에세이 발표 및 스페인 시인 안토니오 콜리나스와 클라라 하네스의 비평, 작품 낭독 및 토론
살라망카대학교 극동아시아학 한국 문학 세미나	2014. 10.	살라망카대학교 교수진, 한국학 전공 석사 과정생 참여. 한국 문학 세미나 진행, 하성란 소설 「옆집 여자」와 조경란 작가의 「풍선을 샀어」 작품 낭독, 강연 및 토론
옥스퍼드대학교 동양연구소-살라망카대학교 어문대학 교환 프로그램: 한국 문학, 모더니즘의 역사	2015. 2.	『Sounds of Korean』의 저자이자 옥스퍼드대학교 조지은 교수가 한국어의 체계와 음성학 강연
한국어 기초 언어학 세미나	2015. 3.	옥스퍼드대학교 조지은 교수가 국어의 체계와 음성학 강연
옥스퍼드대학교 동양연구소-살라망카대학교 어문대학 교환 학술 세미나	2015. 4.	옥스퍼드대학교 지영해 교수 "한반도의 현상황: 북한의 도발과 서양 매체의 시각" 발표
단국대학교 법대 교수 강연	2015. 5.	한국학 관련 초청 강연: 정진명 단국대학교 법대 학장, 한국 민법의 역사와 현주소 강연
주스페인 한국문화원 세종학당 말하기 대회	2015. 6.	세종학당 말하기 대회 참가
주스페인 대사 강연	2015. 10.	극동아시아학과 한국학 학위 과정 개설 기념으로 주스페인 대사 강연
KBS 라디오 방송 취재	2015. 11.	살라망카대학교 현대언어학과 학장 및 교수, 한국학 전공 학부생 및 석사 과정생, 한국 유학생 등 인터뷰
살라망카대학교 교내 방송국 녹음	2015. 11.	한국학과 한국 문화 홍보(한국학 교수, 학생, 한국 교환학생 다수 참여)

활동명	시기	상세 활동 내용
한국 경찰대학교-살라망카대학교 협력 교류 협정	2015. 11.	경찰대학교 학장, 살라망카대학교 국제 관련 부총장과 면담
한국 문화 주간 행사	2016. 5.	한국 문화 행사로서 한국 문화 사진전, 한복 문화 특별 강연, 한복 전시와 체험, 한국 음식 전시와 시식회, 한국어 말하기 대회, 한국 영화 상영과 토론 실시
EBS 「세계테마기행」 촬영	2016. 6.	살라망카대학교 소개 및 한국학 전공 과정 인터뷰
스페인 한국문화원 '퀴즈온 코리아'	2016. 6.	살라망카대학교 한국학 전공 학생 참가
한국학 전공 학생 실습 프로그램: 한국 대사관, 한국문화원 방문과 한국 문화 체험	2016. 11.	한국의 장학생 프로그램, 한국 경제 특별 강연(KOTRA), 한국 문화 체험, 한국 음식 시식

8) 한국 관련 출판물

제목	형태	주요 내용
Coreano para Principiantes	단행본	한국어 문법
Introduccion al genero lirico Sicho, "시조"	논문	한국 시조의 발생 배경과 종류, 유교의 영향, 시조 예문
La escritura coreana y literatura femenina	논문	한글 창제 의미의 다각적 분석과 사회와 여성문학에 미친 영향

4. 한국연구센터 운영 현황

- 없음

5. 도서관 현황

도서관명	어문대학 도서관
담당 사서	앙헬 페르난데스 세비야노(Angel Fernandez Sevillano)
한국학 장서 보유량(부)	1,800

6. 동아시아학 현황

1) 일본학 프로그램 제공 형태	학사, 석사, 박사
2) 중국학 프로그램 제공 형태	학사, 석사

코크대학교
University College Cork

1. 대학 개요

설립 연도	1845년
소재 국가	아일랜드
형태	국공립
대표자 성명 / 직위	패트릭 오셔(Patrick G. O'Shea) / 총장

2. 연락처

주소	영문 주소	Western Road, Cork, Ireland
	전화	+353-21-490-3165
	웹사이트	www.ucc.ie

3. 기관 한국학 현황

1) 한국 관련 강좌 운영 현황

소속 학부	인문·켈트·사회과학부(College of Arts, Celtic Studies and Social Sciences)	
소속 학과	아시아학과(Department of Asian Studies)	
개설 연도	2011년	
프로그램 대표자	성명	직함
	케빈 콜리(Kevin Cawley)	아시아학과장
홈페이지	www.ucc.ie/en/asian/	

2) 한국 관련 프로그램 제공 형태

학위 과정	B.A. (학사 과정)	동아시아학 전공
	M.A. (석사 과정)	동아시아학 전공
	Ph.D. (박사 과정)	한국학 전공

3) 주요 연구 분야

- 한국의 종교와 철학적 전통, 한국 역사와 현대 사회

4) 한국학 교수진 : 2명

교수명	직위	전공 분야
케빈 콜리	학과장	한국학
심영보(Youngbo Shim)	KF 객원교수	한국학

5) 수강생 현황

한국어(학) 관련 강의 수강생 수 : 총 86명

학사 1학년	학사 2학년	학사 3학년	학사 4학년	석사 1학년	석사 2학년	박사 과정	기타
35	20	18	6	6		1	

전공생 수

B.A.	M.A.	Ph.D.
35	2	1

6) 강좌 개설 현황

과목명	담당 교수	주당 수업 시간	수강생 수	학점	필수 / 선택
현대 아시아 입문					
한국의 종교와 전통					
20세기 한국 역사					
한국어-유도 학습 프로젝트					
독해: 한국 문화와 시사					
현대 한국과 일본 시사					

과목명	담당 교수	주당 수업 시간	수강생 수	학점	필수 / 선택
문화 공동체: 아시아의 과거, 현재, 미래					
한국학 논문 지도					
한국어 레벨 1					
한국어 레벨 2					
한국어 레벨 3					
한국어 레벨 4					

7) 한국 관련 활동

활동명	시기	상세 활동 내용
한국 관련 특강	2017. 1. ~2017. 4.	옥스퍼드, 케임브리지, SOAS, 셰필드 등 세계적 대학의 교수들을 초청하여 학사, 석사 과정 학생들을 대상으로 강의 실시
한국어 야간학교	학기당 10주 프로그램	한국어 야간 수업
'한국에서의 비즈니스' 워크숍	매 학기	주아일랜드 한국 대사관 직원, 한국에 지사가 있는 회사 또는 한국 회사와 거래하는 회사 직원들의 발표
코크대학교 한국 사회 행사	매주 화요일	UCC의 한인 학생들이 모여 한식과 한복 등을 준비하고 한글 워크숍, 추석, 설날 등 다양한 문화 행사 기획
한글학교	매주 토요일	재외 동포 자녀를 대상으로 하는 한글 수업

4. 한국연구센터 운영 현황

명칭	아일랜드 한국학연구소(Irish Institute of Korean Studies)	
소속 기관	언어학연구소	
설립 연도	2011년	
대표자	성명	직함
	케빈 콜리	소장

5. 도서관 현황

도서관명	불 도서관(Boole Library)
담당 사서	로난 매든(Ronan Madden)
한국학 장서 보유량(부)	829

6. 동아시아학 현황

1) 일본학 프로그램 제공 형태	학사, 석사(아시아학)
2) 중국학 프로그램 제공 형태	학사, 석사, 박사

타르투대학교
University of Tartu

1. 대학 개요

대학명(자국어)	Tartu Ülikool
설립 연도	1632년
소재 국가	에스토니아
형태	국공립
대표자 성명 / 직위	볼리 캄(Volli Kalm) / 총장

2. 연락처

주소	영문 주소	Lossi street 3, Tartu, Estonia
	우편번호	51003
전화		+372-737-5358
웹사이트		www.ut.ee

3. 기관 한국학 현황

1) 한국 관련 강좌 운영 현황

소속 학과	아시아어학과(Department of Languages of the Asian Region)	
한국학(어) 프로그램명	한국어 문화 과정(Korean Language and Culture Courses)	
개설 연도	2014년	
프로그램 대표자	성명	직함
	카텔 티나(Kattel Tiina)	학과장

2) 한국 관련 프로그램 제공 형태

비학위 과정		B.A. 선택 과목, M.A. 선택 과목
학위 과정	B.A. (학사 과정)	한국어 부전공

3) 한국학 교수진 : 3명

교수명	직위	전공 분야
메르트 레너메츠(Märt Läänemets)	선임연구원	
신현정		
박정란	KF 객원교수	

4) 수강생 현황

한국어(학) 관련 강의 수강생 수 : 총 50명

5) 강좌 개설 현황

과목명	담당 교수	주당 수업 시간	수강생 수	학점	필수 / 선택
입문 한국어 1	신현정	4	17	6	선택
입문 한국어 3	신현정	4	5	6	선택
한국 사회와 문화	신현정	2	8	3	선택
입문 한국어 1	박정란	4	13	6	선택
입문 한국어 2	박정란	4	5	6	선택
한국 사회와 문화	박정란	2	24	3	선택

4. 한국연구센터 운영 현황
- 없음

5. 동아시아학 현황

1) 일본학 프로그램 제공 형태	-
2) 중국학 프로그램 제공 형태	-

탈린대학교
University of Tallinn

1. 대학 개요

대학명(자국어)	Tallinna Ülikool
설립 연도	1919년(2005년 재개교)
소재 국가	에스토니아
형태	국공립
대표자 성명 / 직위	티트 란드(Tiit Land) / 총장

2. 연락처

주소	영문 주소	Narva mnt 25, Tallinn, Estonia
	우편번호	10120
전화		+372-6409101
웹사이트		www.tlu.ee

3. 기관 한국학 현황

1) 한국 관련 강좌 운영 현황

소속 단과대학	인문대학(School of Humanities)	
개설 연도	2000년	
프로그램 대표자	성명	직함
	터누 비크(Tõnu Viik)	디렉터
홈페이지	www.tlu.ee/en/school-of-humanities	

2) 한국 관련 프로그램 제공 형태

비학위 과정	B.A. 선택 과목

3) 한국학 교수진 : 1명

교수명	직위	전공 분야
김정임	강사	

4) 수강생 현황

한국어(학) 관련 강의 수강생 수 : 총 33명

5) 강좌 개설 현황

과목명	담당 교수	주당 수업 시간	수강생 수	학점	필수 / 선택
초급 한국어		8	19	15 ECTS	선택
초급 한국어 2		8	14	15 ECTS	선택

6) 한국 관련 활동

활동명	시기	상세 활동 내용
한국을 통해 바라본 세계	2016. 2.	한국 문화에서 자연의 중요성
불고기 만들기	2016. 4.	한국 음식 불고기 만들기

4. 한국연구센터 운영 현황

- 없음

5. 동아시아학 현황

1) 일본학 프로그램 제공 형태	학사, 석사
2) 중국학 프로그램 제공 형태	학사, 석사

런던대학교 SOAS

SOAS(The School of Oriental and African Studies) University of London

1. 대학 개요

설립 연도	1916년
소재 국가	영국
형태	국공립
대표자 성명 / 직위	바로니스 발레리 아모스(Baroness Valerie Amos) / 총장

2. 연락처

주소	영문 주소	10 Thornhaugh Street, Russell Square, London, UK
	우편번호	WC1H 0XG
전화		+44-20-7898-4232
웹사이트		www.soas.ac.uk

3. 기관 한국학 현황

1) 한국 관련 강좌 운영 현황

소속 학부	언어문화학부(Faculty of Languages and Cultures)	
소속 학과	한일어문화학과 (Department of the Languages and Cultures of Japan and Korea)	
프로그램 대표자	성명	직함
	네이선 힐 (Dr. Nathan W. Hill)	학과장
홈페이지	www.soas.ac.uk/japankorea/	

2) 한국 관련 프로그램 제공 형태

학위 과정	B.A. (학사 과정)	한국어 전공, 한국학 전공
	M.A. (석사 과정)	한국학 전공

3) 한국학 교수진 : 7명

교수명	직위	전공 분야
연재훈	교수	언어학
앤더스 칼슨(Anders Karlsson)	선임강사	역사학, 언어학
그레이스 고(Grace Koh)	강사	한국 문학
오웬 밀러(Owen Miller)	강사	한국
이졸더 스탠디시(Isolde Standish)	교직원	영화학
주유경	선임강사	한국어
이경은	선임강사	한국어

4) 강좌 개설 현황

과목명	담당 교수	주당 수업 시간	수강생 수	학점	필수 / 선택
1990년대 남한 영상	이현선			0.5	
고급 현대 한국어 독해	오웬 밀러			1	
기초 한국어 I	이경은			1	
기초 한국어 2	장혜진			1	
한국어 작문	이경은	2		0.5	
현대 한국 문화와 사회	앤더스 칼슨, 오웬 밀러	2		1	
초급 한국어	연재훈, 이경은			2	
한국어 문화 에세이	오웬 밀러			0.5	
중급 한국어 독해	이경은	3		1	
19세기 후반 한국사와 문화	앤더스 칼슨, 오웬 밀러	2		1	
한국어의 역사와 구조	연재훈	2		1	
한국어 문화 개별 지도	오웬 밀러			1	
중급 한국어	주유경	4		1	
국한문 성서 입문	이경은	4		1	
한국어 회화	이경은	2		0.5	
한영 번역	그레이스 고	2		0.5	
한국의 문학 전통과 문화	그레이스 고	2		0.5	

과목명	담당 교수	주당 수업 시간	수강생 수	학점	필수 / 선택
한국 문학 독해	그레이스 고	2		0.5	
또 다른 한국: 1945년 이후의 북한	오웬 밀러	2		0.5	
현대 한국 문학의 발전	그레이스 고	2		0.5	
기초 한국어(대학원)	이경은	4			
기초 한국어 2(대학원)	이경은	4			
가이드 독해: 한국학 A	앤더스 칼슨	2			
가이드 독해: 한국학 B	앤더스 칼슨	2			
한국학 논문 지도	앤더스 칼슨				
한일 문화와 언어 논문 지도	스티븐 도드 (Stephen Dodd)				
한국어 중급 독해(대학원)	연재훈, 이경은	3			
초급 한국어 특강	이경은				
여름 특강: 한국 현지 방문	이경은				
중급 한국어(대학원)	연재훈, 이경은	4			
국한문 성서 입문(대학원)	연재훈, 이경은	3			
고급 한국어(석사)	이희재	2			
한국 문학의 전통과 문화(석사)	그레이스 고	1			
1945년 이후의 북한: 아시아 개발의 시작과 붕괴	오웬 밀러	2			
한국어 실용 번역	그레이스 고	1			
한국 문학 독해(석사)	그레이스 고	1			
현대 한국 사회 독해(대학원)	연재훈, 이경은	2			
한국의 근현대	오웬 밀러	2			
한국어의 역사와 구조	연재훈	2			
20세기 현대 한국 문학의 발전	그레이스 고	1			
한국 문학 번역(박사)	그레이스 고	2			

4. 한국연구센터 운영 현황

명칭	SOSA 한국학센터(SOSA Centre for Korea Studies)	
설립 연도	1987년	
대표자	성명	직함
	샬럿 홀릭(Charlotte Horlyck)	센터장

5. 도서관 현황

도서관명	SOAS 도서관
담당 사서	후지코 고바야시(Fujiko Kobayashi)
한국학 장서 보유량(부)	84,040

6. 동아시아학 현황

1) 일본학 프로그램 제공 형태	학사, 석사, 박사
2) 중국학 프로그램 제공 형태	학사, 석사, 박사

센트럴랭카셔대학교

University of Central Lancashire

1. 대학 개요

설립 연도	1828년
소재 국가	영국
형태	국공립
대표자 성명 / 직위	란비어 싱(Ranvir Singh) / 총장

2. 연락처

주소	영문 주소	Preston, Lancashire, UK
	우편번호	PR1 2HE
전화		+44-1772-893143
웹사이트		www.uclan.ac.uk

3. 기관 한국학 현황

1) 한국 관련 강좌 운영 현황

소속 학부	문화와 창의산업학부(Faculty of Culture and the Creative Industries)	
소속 학과	언어·국제학과(School of Language and Global Studies)	
개설 연도	2013년	
프로그램 대표자	성명	직함
	다니엘 월러 (Dr. Daniel Waller)	학과장
홈페이지	www.uclan.ac.uk/schools/language-global-studies/	

2) 한국 관련 프로그램 제공 형태

비학위 과정		B.A. 선택 과목
학위 과정	B.A. (학사 과정)	기타 전공 내 한국학 프로그램 (전공명: 현대언어학, 아시아태평양학, TESOL과 현대 언어, 영어와 현대 언어)
	M.A. (석사 과정)	한국학 전공, 기타 전공 내 한국학 프로그램(전공명: 북한학)
	Ph.D. (박사 과정)	한국학 전공

3) 주요 연구 분야

• 국제 관계, 언어학, 국제법, 사회학, 동아시아학

4) 한국학 교수진 : 8명

교수명	직위	전공 분야
전해성(Haesung Jeon)	강사	언어학
시 첸(Xi Chen)	부교수	언어학
이정민(Jungmin Lee)	부교수	언어학
현준석(Junsuk Hyun)	객원교수	역사학
임소진(Sojin Lim)	강사	사회과학
유 타오(Yu Tao)	선임강사	국제학
에드 그리피스(Ed Griffith)	강사	아시아학
니키 알스포드(Niki Alsford)	강사	아시아학

5) 수강생 현황

한국어(학) 관련 강의 수강생 수 : 총 172명

학사 1학년	학사 2학년	학사 3학년	학사 4학년	석사 1학년	석사 2학년	박사 과정	기타
100	40	22	10				

전공생 수

B.A.	M.A.	Ph.D.
110	1	3

※ 매년 신입생 선발(인원: 60명)

6) 강좌 개설 현황

과목명	담당 교수	주당 수업 시간	수강생 수	학점	필수 / 선택
한국의 배경	임소진	2		20	필수
한국어 2	이정민	2		20	필수
한국어 3	시 첸	4		40	필수
한국어의 구조와 변화	전해성	2		20	필수
현대 한국 사회와 문화	임소진, 현준석	2		20	선택
고급 한국어(국내 학생용)	전해성	4		20	필수
고급 한국어 3 (해외 체험 학생용)	전해성	4		20	필수
학술용 한국어	이정민	4		20	선택
분단된 한국	임소진	4		20	선택
아시아 태평양 지역의 발전	유 타오	2		20	필수
아시아 태평양 지역의 문화 변화와 범문화적 접근	에드 그리피스	2		20	필수
아시아 태평양 지역의 개발과 변화	에드 그리피스	2		20	필수
아시아 태평양 지역의 국제 관계	에드 그리피스	2		20	필수
해외 파견(4년 과정)					
학생 주도 교과목				10	선택
논문 지도				20	필수
이중 논문 지도				40	선택
번역 프로젝트				20	선택
TESOL 입문	제인 클리어리(Jane Cleary), 대니얼 월러(Daniel Waller), 크리스 존스(Chris Jones), 니콜라 할렌코(Nicola Halenko), 타니아 호락(Tania Horak), 조시 레너드(Josie Leonard)	2		20	선택
ESOL / 세계 영어	타니아 호락, 니콜라 워커 (Nicola Walker)	2		20	선택

7) 한국 관련 활동

활동명	시기	상세 활동 내용
삼성 협약	2012~2013	랭카셔대학교와 삼성이 제휴하여 학부 과정인 제품 디자인 학위 개설
교환학생 프로그램	2013~현재	한국학연구소는 이화여대, 한국외대, 경희대와 공식 파트너십을 맺고 학생 교류 활동 실시
한국어 학사 과정 제공	2013~현재	현대언어학, 아시아태평양학, 외국어로서의 영어교육학 3개 학위에 한국학센터의 자료 제공. 한국어는 전공, 부전공, 부전공 선택 과목으로 제공됨
한국어 수업 제공 (모든 재학생)	2013~현재	랭카셔대학교 재학생들은 전공과 상관없이 한국어 수업 수강 가능
한국어 공동 연구	2014~2016	한국학중앙연구원으로부터 연구 자금 지원 받음
한국 영화 상영	2014~현재	매년 국제영화제 개최. IKSU 설립을 계기로 축제에 한국 영화 상영 포함
교류 협약 체결	2014	숙명여대와 협약 체결
1993~2008년 북한 인구학 연구 프로젝트	2014~2015	한국학연구소 주도로 우드로윌슨센터와 공동 진행한 북한 다큐멘터리 프로젝트를 우드로윌슨센터에서 발표
석사 과정 신설 (현대 한국학, 북한학)	2014	한국학센터에 새로운 석사 과정으로 현대한국학과 북한학 신설(학사 연도 2015/2016에 제공)
IKSU 초빙 강연	2014. 2.	우드로윌슨센터 학자를 초청하여 장성택 이후 북한에 관해 강연
북한분쟁조정국장 보좌관 초청	2014. 2.	북한분쟁조정국장 보좌관 초청
국제 컨퍼런스	2014. 10.	미국, 한국, 중국, 일본, 오스트리아, 영국, 호주 및 네덜란드의 수석 외교관, 학자 및 언론인 초청(영국 외무부, 유럽연합, 미국 DoS, 한국 외교부 포함)
국제 파트너십 활동	2015. 2.	랭카셔대학 교수진이 파트너십 확대를 위해 서울과 부산 방문
논문 출판	2015. 4.	스미스 교수 케임브리지대학 출판부를 통해 『북한: 시장과 군사법』 출간
석사 학위 과정 승인	2015. 5.	북한학을 새로운 석사 학위 과정으로 승인
한국 교환학생 협약	2015. 5.	부산대학교와 교류 협약 체결
한국 투어	2015. 5.	단과대학 간 경쟁을 통해 선발한 한국학 비전공생 8명에게 한국 방문 경비 지급
주한 영국 대사와 주영국 한국 대사 방문	2015. 6.	주한 영국 대사와 주영국 한국 대사의 첫 합동 방문
교류 협약 체결	2015. 6.	인제대학교와의 협력 및 교류 협약 체결
연구 세미나	2016	북한에 다년간 체류하며 일했던 두 수석 교수(전 유니세프 대북 대표 오마웨일(Omawale) 박사와 헤이즐 스미스 교수)의 북한 연구에 대한 강연
학생 학비 보조금 지급	2016	랭카셔대학의 학부생이 영국 재향군인협회 장학생으로 선발되어 1년 간 한국 장학금 수여

8) 한국 관련 출판물

제목	형태	주요 내용
My Korean Friend 1	단행본	이정민, 한국문화사, 2012
Explaining North Korean migration to China	기타	헤이즐 스미스, Nkidp E-Dossier 공저, 2012
Reframing North Korean Human Rights	단행본	헤이즐 스미스, 크리스틴 홍 공저, 아시아학 논평 스페셜 에디션 파트 1, Routledge, 2013
North Korea's Security Perspectives	단행본	헤이즐 스미스, 앤드루 단, 2013
Strategic Choices and Political Paralysis in the Korean Crisis	기타	헤이즐 스미스, 2013
Can There Be an East Asian Donor Model? A Comparative Study of South Korea, China and Japan	기타	임소진, 2013
Donor Behaviour Change in Implementing the Paris Declaration and its Implication for the Global Partnership for Effective Development Cooperation: A Comparative Study of Sweden and China in Tanzania	기타	임소진, 2013
Reframing North Korean Human Rights Part 2.	단행본	헤이즐 스미스, 크리스틴 홍(Christine Hong) 공저, 아시아학 논평 스페셜 에디션 파트 2, Routledge, 2014
Crimes against Humanity? Unpacking the North Korean Human Rights Debate	단행본	헤이즐 스미스, 2014
The Perception of Korean Boundary Tones by First and Second Language Speakers	기타	전해성, 2014
Compliance with International Norms: Implementing OECD DAC Principles in South Korea	기타	임소진, 2014
Compensation Strategies in Evaluation speech acts and its Reflection on Caring Theory	논문	시 첸, 중산대학 출판부, 2014
North Korea: Markets and Military Rule	단행본	헤이즐 스미스, 케임브리지대학 출판부, 2015
Prosody	단행본	전해성, Brown, L. & Yeon, J.(eds.) 공저, 한국어학 핸드북, Wiley-Blackwell 출판, 2015
Prosodic marking of narrow focus in Seoul Korean	기타	전해성, 프란시스 놀란(Francis Nolan) 공저, 2016, 음운론

4. 한국연구센터 운영 현황

명칭	국제한국연구소(International Institute of Korean Studies)	
소속 기관	언어·국제학과	
설립 연도	2012년	
대표자	성명	직함
	니키 알스포드(Dr. Niki Alsford)	소장

5. 도서관 현황

도서관명	UCLan 중앙도서관
담당 사서	안드레아 에반스(Andrea Evans)
한국학 장서 보유량(부)	2,090

6. 동아시아학 현황

1) 일본학 프로그램 제공 형태	학사
2) 중국학 프로그램 제공 형태	학사, 기타(공자학원)

셰필드대학교
University of Sheffield

1. 대학 개요

설립 연도	1897년
소재 국가	영국
형태	국공립
대표자 성명 / 직위	앤 래퍼티(Anne Rafferty) / 총장

2. 연락처

주소	영문 주소	6/8 Shearwood Road, Sheffield, UK
	우편번호	S10 2TD
전화		+44-114-222-8444
웹사이트		www.sheffield.ac.uk

3. 기관 한국학 현황

1) 한국 관련 강좌 운영 현황

소속 단과대학	동아시아대학(School of East Asian Studies)	
소속 학과	동아시아학과(Department of East Asian Studies)	
개설 연도	1980년	
프로그램 대표자	성명	직함
	휴고 돕슨(Hugo Dobson)	학과장
홈페이지	www.sheffield.ac.uk/seas/home	

2) 한국 관련 프로그램 제공 형태

비학위 과정		B.A. 선택 과목, M.A. 선택 과목
학위 과정	B.A. (학사 과정)	한국학 전공, 동아시아학 전공
	M.A. (석사 과정)	동아시아학 전공
	Ph.D. (박사 과정)	동아시아학 전공

3) 주요 연구 분야

• 세계사, 현대 한국과 동아시아의 외교, 북한 이주자, 한국 경제와 무역, 한국 영화

4) 한국학 교수진 : 5명

교수명	직위	전공 분야
김승영	선임강사	동아시아와 한국의 국제 역사와 정치
주디스 체리(Judith Cherry)	강사	한국학
마커스 벨(Markus Bell)	강사	문화인류학
조숙영	한국어 강사	한국어 교육
김연정	한국어 강사	한국어 교육

5) 수강생 현황

한국어(학) 관련 강의 수강생 수 : 총 217명

학사 1학년	학사 2학년	학사 3학년	학사 4학년	석사 1학년	석사 2학년	박사 과정	기타
85	55	42	21	11		3	

전공생 수

B.A.	M.A.	Ph.D.
107		2

※ 매년 신입생 선발(인원: 53명)

6) 강좌 개설 현황

과목명	담당 교수	주당 수업 시간	수강생 수	학점	필수 / 선택
두 한국과 이웃나라	김승영	2	15	20	선택
근대 세계 속의 한국과 중국	김승영	2	12	15	선택
현대 북한의 이해	마커스 벨	2	16	20	선택
한국어	조숙영	5	52	20	필수
비전공자를 위한 한국어	김연정(Yeonjeong Kim)	2	80	10	선택
고급 한국어 1	조숙영	5	15	20	필수
고급 한국어 3	조숙영	5	13	20	필수
한국 교환학생	주디스 체리		25		필수
한국 영화	케이트 테일러 존스 (Kate Taylor-Jones)	2	18	20	선택

7) 한국 관련 활동

활동명	상세 활동 내용
학교 세미나 시리즈: 한국학 세미나	매년 한국 문화, 영화, 정치, 남북한의 외교 등에 관한 세미나 개최를 위해 작가, 학자, 전현직 외교관 등을 초청

4. 한국연구센터 운영 현황

명칭	한국학센터(Center for Korean Studies)	
소속 기관	동아시아대학	
설립 연도	1990년	
대표자	성명	직함
	휴고 돕슨	센터장

5. 도서관 현황

도서관명	웨스턴뱅크 도서관
담당 사서	연희 휴스(Younhi Hughes)
한국학 장서 보유량(부)	16,328

6. 동아시아학 현황

1) 일본학 프로그램 제공 형태	학사, 석사, 박사
2) 중국학 프로그램 제공 형태	학사, 석사, 박사

에든버러대학교
University of Edinburgh

1. 대학 개요

설립 연도	1583년
소재 국가	영국
형태	국공립
대표자 성명 / 직위	티모시 오셔(Timothy O'Shea) / 총장

2. 연락처

주소	영문 주소	Old College, South Bridge, Edinburgh, UK
	우편번호	EH8 9YL
전화		+44-131-651-4537
웹사이트		www.ed.ac.uk

3. 기관 한국학 현황

1) 한국 관련 강좌 운영 현황

소속 학부	문학·어문화학부(School of Literatures, Languages & Cultures), 인문사회과학대학(College of Humanities and Social Sciences)	
소속 학과	아시아학과(Asian Studies)	
개설 연도	2013년	
프로그램 대표자	성명	직함
	대니얼 해먼드(Daniel Hammond)	디렉터
홈페이지	www.eastasianstudiesedinburgh.org	

2) 한국 관련 프로그램 제공 형태

학위 과정	M.A. (석사 과정)	동아시아학 전공

3) 한국학 교수진 : 3명

교수명	직위	전공 분야
김영미(Youngmi Kim)	선임강사	한국학
로렌 리처드슨(Lauren Richardson)	학생 조교	한국학
강수현(Suhyun Kang)	언어 강사	한국어

4) 수강생 현황

한국어(학) 관련 강의 수강생 수 : 총 25명

학사 1학년	학사 2학년	학사 3학년	학사 4학년	석사 1학년	석사 2학년	박사 과정	기타
				25			

전공생 수

B.A.	M.A.	Ph.D.
	25	

※ 매년 신입생 선발

5) 강좌 개설 현황

과목명	담당 교수	주당 수업 시간	수강생 수	학점	필수 / 선택
한일 관계: 역사적, 현대적 이슈	로렌 리처드슨	2	10	20	선택
한국 정치와 국제 관계: 역사적, 현대적 이슈	로렌 리처드슨	2	11	20	선택
동아시아 근대사	헬렌 파커(Helen Parker), 로렌 리처드슨, 크리스 퍼킨스(Chris Perkins)	2	90	20	선택
한국어	강수현	2	30	20	선택
동아시아의 대미 외교 정책	로렌 리처드슨	2	19	20	선택

6) 한국 관련 활동

활동명	시기	상세 활동 내용
한국 대학과 MOU 및 교류	2006~현재	국민대, 고려대, 건국대, 이화여대, 연세대 등 한국 대학과 MOU를 체결하여 교환학생, 방문 프로그램 등 운영
연구 활동	2008	한국 의료법에 대한 연구
연구 활동	2011~현재	한국 정부의 지원을 받아 연세대와 탄소 포집에 대해 합동 연구
연구 활동		Moray House School of Education 이정우 박사의 "한국 미디어의 스포츠 보도에 담긴 민족주의와 선전"에 대한 연구
연구 활동		서울대학교, 삼성과 함께하는 국외 직접 투자의 동아시아 사례에 대한 경영대학원의 연구
문화 활동	2013. 8.	에든버러국제페스티벌의 일환으로 기획한 백남준 전시
워크숍과 컨퍼런스	2013~2017	윤보선 기념 연례 심포지엄
한국학 세미나 시리즈	2015~2017	총 11회의 한국학 관련 세미나 개최
문화 활동	2017. 6.	가야금 연주와 한국 전통 민속 노래, 현대 한국 대중가요 등 음악 공연
기조강연	2017. 6.	한국 민주주의의 연약성과 가능성: 윤보선부터 문재인까지

7) 한국 관련 출판물

제목	형태	주요 내용
Intra-party Politics and Minority Coalition Government in South Korea	논문	Youngmi Kim, Japanese Journal of Political Science, 2008
Explaining Minority Coalition Government and Governability in South Korea: A Review Essay	논문	Youngmi Kim, Korea Observer, 2008
Fission, fusion, reform and failure: Roh Moo-hyun's administration	논문	Youngmi Kim, Korea Yearbook 2008, 2009
A Tale of Two Standards: Drift and Inertia in Modern Korean Medical Law	논문	Dr. Shawn Harmon, SCRIPTed, 2009
Digital Populism in South Korea? Internet Culture and the Trouble with Direct Participation	논문	Youngmi Kim, KEI Academic Paper Series, 2009
The Politics of Coalition in Korea: Between Institutions and Culture	단행본	Youngmi Kim, Routledge, 2011, 2014
Nationalism, Religion and Democracy Political and Ideological Conflicts in Post-War South Korean Politics	단행본	Dr. Myungkoo Kim, 2013

제목	형태	주요 내용
The European Union and South Korea. The Legal Framework for Strengthening Trade, Economic and Political Relations	기타	James Harrison, Edinburgh University Press, 2013
Korean Horror Cinema	기타	Alison Peirse·Daniel Martin, Edinburgh University Press, 2013
The 2012 Presidential and Parliamentary Elections in South Korea	기타	Youngmi Kim, Electoral Studies, 2014
North Korea: Crisis as an Opportunity and the Unintended Consequences of Engagement	논문	Youngmi Kim, Wiener Beiträge zur Koreaforschung, 2014
Mapping South Korea's Soft Power: Sources, Actors, Tools, and Impact	논문	Youngmi Kim·Valentina Marinescu, Romanian Journal of Sociological Studies, 2015
Protesting Policy and Practice in South Korea's Nuclear Energy Industry	기타	Lauren Richardson, Lessons of Fukushima: Nuclear Power in East Asia, Australian National University Press, 2016
Korea's Quest for Economic Democratization: Globalization, Polarization and Contention	논문	Youngmi Kim, Palgrave, 2017

4. 한국연구센터 운영 현황

- 없음

5. 도서관 현황

도서관명	중앙도서관(Main Library)
담당 사서	선샤오 통(Shenxiao Tong)
한국학 장서 보유량(부)	2,951

6. 동아시아학 현황

1) 일본학 프로그램 제공 형태	학사, 석사, 박사
2) 중국학 프로그램 제공 형태	학사, 석사, 박사

옥스퍼드대학교

University of Oxford

1. 대학 개요

설립 연도	1096년
소재 국가	영국
형태	국공립
대표자 성명 / 직위	크리스 패튼(Chris Patten) / 총장

2. 연락처

주소	영문 주소	Wellington Square, Oxford, UK
	우편번호	OX1 3PA
전화		+44-1865-278200
웹사이트		www.ox.ac.uk

3. 기관 한국학 현황

1) 한국 관련 강좌 운영 현황

소속 학부	동양학부(Faculty of Oriental Studies)	
소속 학과	한국학과(Korean Studies)	
개설 연도	1994년	
프로그램 대표자	성명	직함
	조지은, 지영해	부교수
홈페이지	www.orinst.ox.ac.uk	

2) 한국 관련 프로그램 제공 형태

학위 과정	B.A. (학사 과정)	한국학 전공, 한국어 부전공
	M.A. (석사 과정)	한국학 전공

3) 한국학 교수진 : 3명

교수명	직위	전공 분야
제임스 루이스(James B. Lewis)	부교수	한국사
지은 키에르(Jieun Kiaer)	조교	한국어
지영해	강사	한국어 교육

4) 수강생 현황

한국어(학) 관련 강의 수강생 수 : 총 50명

5) 강좌 개설 현황

과목명	담당 교수	주당 수업 시간	수강생 수	학점	필수 / 선택
한국어	지영해	4	32		선택
독해	지영해	2	16		선택
한국 문화 에세이	지영해	1	2		선택
고급 한국어 독해	지영해				
초급 한국어	지영해				
한국의 사회과학(석사)	지영해				
통사론(석사)	지은 키얼				
의미론(석사)	지은 키얼				
중세·현대 한국어 문법(석사)	지은 키얼				
한국어-일본어 비교언어학(석사)	지은 키얼				
동아시아언어학(석사)	지은 키얼				
역사적 언어학과 한일 문학(석사)	지은 키얼				
한일 역사 입문(석사)	제임스 루이스				
고전 문학을 통해서 본 한국 역사(석사)	제임스 루이스				
한국학 방법론(석사)	제임스 루이스				

4. 한국연구센터 운영 현황
  - 없음

5. 동아시아학 현황

1) 일본학 프로그램 제공 형태	학사, 석사, 박사
2) 중국학 프로그램 제공 형태	학사

임페리얼칼리지런던

Imperial College London

1. 대학 개요

설립 연도	1907년
소재 국가	영국
형태	사립
대표자 성명 / 직위	앨리스 개스트(Alice P. Gast) / 총장

2. 연락처

주소	영문 주소	Room S305, Sherfield Building, South Kensington Campus, Imperial College London, London, UK
	우편번호	SW7 2AZ
전화		+44-207-594-8767
웹사이트		www.imperial.ac.uk

3. 기관 한국학 현황

1) 한국 관련 강좌 운영 현황

소속 센터	언어·문화·커뮤니케이션 센터 (Centre for Language, Culture and Communication)	
한국학(어) 프로그램명	허라이즌스 한국어(HORIZONS Korean for B.A. students)	
개설 연도	2015년	
프로그램 대표자	성명	직함
	펠리시타스 스타 에거 (Felicitas Starr-Egger)	언어 디렉터
홈페이지	www.imperial.ac.uk/centre-for-languages-culture-and-communication	

2) 한국 관련 프로그램 제공 형태

비학위 과정		B.A. 선택 과목
학위 과정	B.A. (학사 과정)	기타(야간 과정)

3) 한국학 교수진 : 1명

교수명	직위	전공 분야
장혜진		한국어학

4) 강좌 개설 현황

과목명	담당 교수	주당 수업 시간	수강생 수	학점	필수 / 선택
한국어 레벨 1, 2, 3			100		

4. 한국연구센터 운영 현황
- 없음

5. 동아시아학 현황

1) 일본학 프로그램 제공 형태	–
2) 중국학 프로그램 제공 형태	–

케임브리지대학교

University of Cambridge

1. 대학 개요

설립 연도	1209년
소재 국가	영국
형태	국공립
대표자 성명 / 직위	데이비드 세인즈버리(David Sainsbury) / 총장

2. 연락처

주소	영문 주소	The Old Schools, Trinity Ln, Cambridge, UK
	우편번호	CB2 1TN
전화		+44-1223-335171
웹사이트		www.cam.ac.uk

3. 기관 한국학 현황

1) 한국 관련 강좌 운영 현황

소속 학부	아시아·중동학부(Faculty of Asian and Middle Eastern Studies)	
소속 학과	동아시아학과(Department of East Asian Studies)	
프로그램 대표자	성명	직함
	마이클 신(Michael D. Shin)	강사
홈페이지	www.ames.cam.ac.uk	

2) 한국 관련 프로그램 제공 형태

학위 과정	**B.A.** (학사 과정)	동아시아학 전공
	M.A. (석사 과정)	기타 전공 내 한국학 프로그램(전공명: 일본학)
	Ph.D. (박사 과정)	한국학 전공

3) 한국학 교수진 : 2명

교수명	직위	전공 분야
마이클 신	강사	한국사
박현귀(Hyungwi Park)	연구원	인류학

4. 한국연구센터 운영 현황
- 없음

5. 도서관 현황

도서관명	케임브리지대학 도서관
담당 사서	크리스틴 윌리암스(Kristin H. Williams)
한국학 장서 보유량(부)	10,435

6. 동아시아학 현황

1) 일본학 프로그램 제공 형태	학사, 석사, 박사
2) 중국학 프로그램 제공 형태	학사

킹스칼리지런던

King's College London

1. 대학 개요

설립 연도	1829년
소재 국가	영국
형태	국공립
대표자 성명 / 직위	에드워드 번(Edward Byrne) / 총장

2. 연락처

주소	영문 주소	Strand, London, UK
	우편번호	WC2R 2LS
전화		+44-20-7848-2209
웹사이트		www.kcl.ac.uk

3. 기관 한국학 현황

1) 한국 관련 강좌 운영 현황

소속 학부	예술인문학부(Faculty of Arts and Humanities)	
소속 센터	현대언어센터(Modern Language Centre)	
한국학(어) 프로그램명	야간 한국어 과정(Korean Evening Language Course)	
프로그램 대표자	성명	직함
	러셀 골번 (Russell Goulbourne)	학장
홈페이지	www.kcl.ac.uk/artshums	

2) 한국 관련 프로그램 제공 형태

비학위 과정	어학 과정

3) 강좌 개설 현황

과목명	담당 교수	주당 수업 시간	수강생 수	학점	필수 / 선택
한국어 레벨 1		2			
한국어 레벨 2		2			
한국어 레벨 3		2			
한국어 입문		2			

4) 한국 관련 활동

활동명	시기	상세 활동 내용
제5회 한국영화학습컨퍼런스	2016. 6.	유럽 내 한국학과 교수·학생·일반인이 모여 한국 영화를 비롯한 대중문화 전반에 관한 학술 논문 발표 및 정보 교환
현대 한국 강연	2016. 10.~12.	한국학중앙연구원의 후원으로 한국의 경제, 정치, 사회 분야 교수 4명 초청 강연

4. 한국연구센터 운영 현황
- 없음

5. 도서관 현황

도서관명	모건 도서관
담당 사서	톰 클레이돈(Tom Claydon)
한국학 장서 보유량(부)	1,176

6. 동아시아학 현황

1) 일본학 프로그램 제공 형태	학사, 석사
2) 중국학 프로그램 제공 형태	석사, 박사

나폴리동양학대학교
Naples University of Oriental Studies

1. 대학 개요

대학명(자국어)	Università degli Studi di Napoli "L'Orientale"
설립 연도	1732년
소재 국가	이탈리아
형태	국공립
대표자 성명 / 직위	엘다 모를리키오(Elda Morlicchio) / 총장

2. 연락처

주소	영문 주소	Via Chiatamone, 61/62, Napoli, Italy
	우편번호	80121
전화		+39-81-690-9658
웹사이트		www.unior.it

3. 기관 한국학 현황

1) 한국 관련 강좌 운영 현황

소속 학과	아시아·아프리카·지중해학과 (Department of Asian, African and Mediterranean Studies)	
개설 연도	1969년	
프로그램 대표자	성명	직함
	마우리치오 리오토(Maurizio Riotto), 안드레아 베네디티스 (Andrea De Benedittis)	전임교수

2) 한국 관련 프로그램 제공 형태

학위 과정	B.A. (학사 과정)	동아시아학 전공
	M.A. (석사 과정)	동아시아학 전공

3) 한국학 교수진 : 4명

교수명	직위	전공 분야
마우리치오 리오토	교수	한국어, 문학
안드레아 베네디티스	교수	
송미선(Miseon Song)	강사	
베네데타 메를리니 (Benedetta Merlini)	조교	

4) 수강생 현황

한국어(학) 관련 강의 수강생 수 : 총 3000여 명

5) 강좌 개설 현황

과목명	담당 교수	주당 수업 시간	수강생 수	학점	필수 / 선택
한국 문학 1	마우리치오 리오토				
한국 문학 2	마우리치오 리오토				
한국어 1	마우리치오 리오토, 안드레아 베네디티스				
한국어 2	마우리치오 리오토, 안드레아 베네디티스				
한국어와 한국 문학 1	마우리치오 리오토				
한국어와 한국 문학 2	마우리치오 리오토				
한국어와 한국 문학 3	마우리치오 리오토				

6) 한국 관련 활동

활동명	상세 활동 내용
한국 대학과 파트너십	한국의 서강대(1989~), 성균관대(2003~), 고려대(2007~), 인하대(2011~), 이화여대(2013~) 등과 파트너십 체결

7) 한국 관련 출판물

제목	형태	주요 내용
The Bronze Age in Korea (1989)	단행본	
Korean Folk Tales (1994)	단행본	
A History of Korean Literature (1996)	단행본	
Korea's Religious Poetry (2004)	단행본	
A History of Korea (2005)	단행본	
The Mistery of Silla (2014)	단행본	
『인현왕후전』 외 13권	단행본	고전 & 현대 문학 번역

4. 한국연구센터 운영 현황

- 없음

5. 동아시아학 현황

1) 일본학 프로그램 제공 형태	–
2) 중국학 프로그램 제공 형태	–

로마대학교
Sapienza University of Rome

1. 대학 개요

대학명(자국어)	Sapienza-Università di Roma
설립 연도	1303년
소재 국가	이탈리아
형태	국공립
대표자 성명 / 직위	에우제니오 가우디오(Eugenio Gaudio) / 총장

2. 연락처

주소	영문 주소	Scalo S. Lorenzo RM 21, Circonvallazione Tiburtina 4 S. Lorenzo Area, Italy
	우편번호	00185
전화		+39-339-1476719
웹사이트		www.uniroma1.it

3. 기관 한국학 현황

1) 한국 관련 강좌 운영 현황

소속 학부	인문대학 철학·언어학부 (College of Humanities/Faculty of Philosophy and Letters)	
소속 학과	동양학과(Department of Italian Institute of Oriental Studies-ISO)	
개설 연도	2001년	
프로그램 대표자	성명	직함
	안토네타 브루노(Antonetta L. Bruno)	교수
홈페이지	web.uniroma1.it/diso/en	

2) 한국 관련 프로그램 제공 형태

학위 과정	B.A. (학사 과정)	동아시아학 전공
	M.A. (석사 과정)	동아시아학 전공
	Ph.D. (박사 과정)	한국학 전공

3) 주요 연구 분야

• 언어, 문학, 역사, 문헌학, 예술, 현대 사회

4) 한국학 교수진 : 5명

교수명	직위	전공 분야
안토네타 브루노	교수	언어인류학
주세피나 데 니콜라(Giuseppina De Nicola)	교수	역사인류학
필리포 살비아티(Filippo Salviati)	선임 조교수	아시아, 한국 미술사
김은정	언어 강사	한국어
오윤정	KF 글로벌 챌린저(한국어)	

5) 수강생 현황

한국어(학) 관련 강의 수강생 수 : 총 285명

학사 1학년	학사 2학년	학사 3학년	학사 4학년	석사 1학년	석사 2학년	박사 과정	기타
180	60	30		10	4	1	

전공생 수

B.A.	M.A.	Ph.D.
270	14	1

※ 매년 신입생 선발

6) 강좌 개설 현황

과목명	담당 교수	주당 수업 시간	수강생 수	학점	필수 / 선택
한국어 문법(학부 1, 2, 3학년)	안토네타 브루노	6	270	9	필수
한국어 회화 연습(학부1, 2, 3학년)	김은정, 정소민	20	270	9	필수
한국의 역사와 문명화(학부)	주세피나 데 니콜라	8	80	9	필수
고대 한국어의 역사(학부)	주세피나 데 니콜라	8	60	9	필수
한국어와 한국 문학(석사)	주세피나 데 니콜라	8	10	9	필수
한국 예술사(석사)	필리포 살비아티	3	30	9	필수
한국 문학(석사)		9	60	9	필수
한국 문헌학(석사)		9	10	6	필수
한국 문학(석사)		9	10	9	필수
한국어 회화 연습(석사, 2016)	정소민	4	10	9	필수

7) 한국 관련 활동

활동명	시기	상세 활동 내용
AKSE 국제회의	2003	유럽 한국학 국제 컨퍼런스
한국 문화 워크숍	2006	민속박물관과 한국 문화체육관광부가 합동 주최한 한국 무속 의식 세미나
한국 영화와 문화	2006	김기덕 감독 헌정 영화제와 델 프라(Del Pra) 교수, 『라이샛(Raisat)』 영화 전문 매거진에 의해 개최된 워크숍
이탈리아 교육자 한국학 워크숍	2010~2011	이탈리아 중고교 교사들을 위한 한국 문화와 한국어 워크숍
TOPIK	2011~	한국어능력시험
어린이를 위한 한국 문학 세미나	2012	"아이들을 비추는 거울" 세미나. 한국 작가 김지은, 김남정, 김동승 참석
한국 문학 에세이 대회	2013~	나폴리대, 베네치아대, 로마대 학생들이 이탈리아어로 번역된 한국 소설에 대한 논문 작성. 평가를 통해 우수 학생에게 상장 수여
한국 작가들과 함께한 세미나	2013~	Arts Council Korea의 후원으로 매년 한국 작가와 세미나 개최
한국·유럽 문학 세미나	2014	ARCO와의 협력으로 개최한 제1회 한-유럽 작가 포럼. 주제: 문학 안에서 다름을 마주하다. 이문열, 신경숙, 한강, 이승우, 조경란 등 한국 주요 작가들 참석
문학 번역 워크숍	2014	한국 문학 번역 방법에 대한 워크숍. 학사, 석사 과정생 참석. 김승정 작가를 초대했으며, 학생들은 소설 「내 의자를 돌려주세요」 번역
한국 무용 워크숍	2016. 12.	Accademia di Belle Arti di Roma 협조로 보스턴대학교 김선호 조교수의 한국 현대 무용 워크숍 개최
AKS 씨앗형 프로젝트	2016. 12.	AKS의 지원을 받아 진행된 씨앗형 프로젝트

8) 한국 관련 출판물

제목	형태	주요 내용
Corea : K-POP multimediale	기타	대중문화와 멀티미디어
Uno sguardo sulla Corea contemporanea – Arte, lingua, cibo, politica e famiglia in una raccolta di saggi	기타	예술, 정치, 가족, 음식, 언어에 대한 에세이 모음
Corso di Lingua coreana	단행본	한국어 과정
La Letteratura coreana	단행본	"한국 고전 및 현대 문학의 역사" 번역
Tradurre dal coreano	단행본	이탈리아어/영어-한국어, 한국어-이탈리아어/영어 번역 이론과 실습
The Gate of Words : Language in the rituals of Korean Shamans	단행본	샤머니즘
Yi Ch'ong-jun, Enigmi coreani	단행본	소설 번역
Canti sciamanici coreani	단행본	한국 무당 굿거리
Tradurre dal coreano : aspetti linguistici e grammaticali	단행본	한국어 번역 : 언어학과 문법
Comparativeness between Japanese and Korean	기타	언어학
Conoscere la Corea : Viaggio attraverso la cultura, la lingua, la storia e l'economia	단행본	한국의 발견 : 문화, 언어, 역사, 경제를 통한 여행
Korean Popular Beliefs	단행본	번역
Dizionario Italiano-Coreano	단행본	한-이, 이-한 사전
Esercizi di Lingua Coreana	단행본	한국어 연습 교재
Kohyang : Remembering where I am from The concept of place of origin in the elaboration of collective and individual memory in South Korea	논문	인류학, 가족 서사
"Symbolism and domestic use of space in Korean housing"	논문	인류학과 공간 개념
Corea del Sud : alcuni aspetti geopolitici, economici e sociali nel nuovo millennio	논문	사회와 근대사
L'Impero del Mai. Corea del Nord : realta, immaginazione e rappresentazioni	단행본	역사, 사회

4. 한국연구센터 운영 현황

명칭	한국학연구센터(Korean Studies and Research Center-C.R.S. Corea)	
설립 연도	2014년	
대표자	성명	직함
	안토네타 브루노	소장

5. 도서관 현황

도서관명	동아시아학 도서관
담당 사서	파비오 스타시(Fabio Stassi)
한국학 장서 보유량(부)	2,610

6. 동아시아학 현황

1) 일본학 프로그램 제공 형태	학사, 석사, 박사
2) 중국학 프로그램 제공 형태	학사, 석사, 박사, 기타(공자학원)

밀라노대학교

University of Milan

1. 대학 개요

대학명(자국어)	Università degli Studi di Milano
설립 연도	1924년
소재 국가	이탈리아
형태	국공립
대표자 성명 / 직위	잔루카 바고(Gianluca Vago) / 총장

2. 연락처

주소	영문 주소	Via Festa del Perdono, 7, Milano, Italy
	우편번호	20122
전화		+39-333-2459262
웹사이트		www.unimi.it

3. 기관 한국학 현황

1) 한국 관련 강좌 운영 현황

소속 학부	자연과학·언어학·문화학부 (Faculty of Sciences Linguistic and Cultural Mediation)	
소속 학과	실용언어·문화교류학과 (Department of Applied Languages and Intercultural Studies)	
한국학(어) 프로그램명	한국어와 문화(Korean Language and Culture) 과정	
프로그램 대표자	성명	직함
	조민상	계약직 교수

2) 한국 관련 프로그램 제공 형태

학위 과정	B.A. (학사 과정)	기타 전공 내 한국학 프로그램(전공명: 실용언어·문화교류학)

3) 한국학 교수진 : 1명

교수명	직위	전공 분야
조민상	계약직 교수	문학, 철학

4) 수강생 현황

한국어(학) 관련 강의 수강생 수 : 총 59명

5) 강좌 개설 현황

과목명	담당 교수	주당 수업 시간	수강생 수	학점	필수 / 선택
개인 교습	조민상	4			
논문 지도	조민상		4		
한국어와 문화	조민상	6	55	9	선택

4. 한국연구센터 운영 현황
   - 없음

5. 동아시아학 현황

1) 일본학 프로그램 제공 형태	학사, 석사
2) 중국학 프로그램 제공 형태	학사, 석사

베네치아 카포스카리대학교(베네치아대학교)

Ca' Foscari University of Venice

1. 대학 개요

대학명(자국어)	Università Ca' Foscari Venezia
설립 연도	1868년
소재 국가	이탈리아
형태	국공립
대표자 성명 / 직위	미켈레 불리에지(Michele Bugliesi) / 총장

2. 연락처

주소	영문 주소	Dorsoduro 3246, Venice, Italy
	우편번호	30123
전화		+39-41-234-9520
웹사이트		www.unive.it

3. 기관 한국학 현황

1) 한국 관련 강좌 운영 현황

소속 학부	어문화학부(Faculty of Languages and Cultures)	
소속 학과	아시아·지중해학과(Department of Studies on Asian and Mediterranean)	
프로그램 대표자	성명	직함
	빈센차 두르소(Vincenza D'Urso)	프로젝트 디렉터
홈페이지	www.unive.it/degree/lt40	

2) 한국 관련 프로그램 제공 형태

학위 과정	B.A. (학사 과정)	한국학 전공, 동아시아학 전공

3) 한국학 교수진 : 4명

교수명	직위	전공 분야
빈센차 두르소	부교수	한국어 문화
윤미라	교원	한국학
이상숙	교원	한국어
소피아 세르보(Sofia Scerbo)	교원	한국학

4) 수강생 현황

한국어(학) 관련 강의 수강생 수 : 총 220명

학사 1학년	학사 2학년	학사 3학년	학사 4학년	석사 1학년	석사 2학년	박사 과정	기타
80	78	62					

전공생 수

B.A.	M.A.	Ph.D.
220		

5) 강좌 개설 현황

과목명	담당 교수	주당 수업 시간	수강생 수	학점	필수 / 선택
한국어 실습	연미라(Mira Youn)	2			
한국어 1					
한국사					
한국 문학 1	정임석(Imsuk Jung)	3			
한국어 실습 1A 2	이상석(Sangsuk Lee)	2			
한국 근현대사와 제도		3			
한국 문학 2	빈센차 두르소	3			
한국어의 역사 1	빈센차 두르소	3			
한국어 2		3			

4. 한국연구센터 운영 현황

- 없음

5. 도서관 현황

도서관명	인문대 도서관
담당 사서	다니엘라 강뎅(Daniela Gandin)
한국학 장서 보유량(부)	3,007

6. 동아시아학 현황

1) 일본학 프로그램 제공 형태	–
2) 중국학 프로그램 제공 형태	–

시에나외국어대학교

University for Foreigners of Siena

1. 대학 개요

대학명(자국어)	Università per Stranieri di Siena
설립 연도	1917년
소재 국가	이탈리아
형태	국공립
대표자 성명 / 직위	피에트로 카탈디(Pietro Cataldi) / 총장

2. 연락처

주소	영문 주소	Piazza Carlo Rosselli, 27/28, Siena, Italy
	우편번호	53100
전화		+39-577-240165
웹사이트		www.unistrasi.it

3. 기관 한국학 현황

1) 한국 관련 강좌 운영 현황

소속 학부	경제학, 법학, 정치학부(Economics, Law and Political Sciences)	
소속 학과	정치·국제관계학과(Department of Political and International Sciences)	
프로그램 대표자	성명	직함
	스테파노 마기(Stefano Maggi)	학과장
홈페이지	en.unisi.it/departments/department-political-and-international-sciences	

2) 한국 관련 프로그램 제공 형태

비학위 과정	B.A. 선택 과목

3) 한국학 교수진 : 1명

교수명	직위	전공 분야
정임숙	교수	언어학

4) 강좌 개설 현황

과목명	담당 교수	주당 수업 시간	수강생 수	학점	필수 / 선택
현대 국제 관계의 역사	세네시 릴리아나(Senesi Liliana)			9	필수

4. 한국연구센터 운영 현황

- 없음

5. 동아시아학 현황

1) 일본학 프로그램 제공 형태	-
2) 중국학 프로그램 제공 형태	-

리스본대학교
University of Lisbon

1. 대학 개요

대학명(자국어)	Universidade de Lisboa
설립 연도	1911년
소재 국가	포르투갈
형태	국공립
대표자 성명 / 직위	안토니우 마누엘 다 크루즈 세하(António Manuel da Cruz Serra) / 총장

2. 연락처

주소	영문 주소	Alameda da Universidade, Lisboa, Portugal
	우편번호	1600-214
전화		+351-217-920-045
웹사이트		www.ulisboa.pt

3. 기관 한국학 현황

1) 한국 관련 강좌 운영 현황

소속 학부	문학부(Faculty of Letters)	
소속 학과	역사학과(Department of History)	
개설 연도	2012년	
프로그램 대표자	성명	직함
	페드루 라지 헤이스 코헤이아 (Pedro Lage Reis Correia)	교수
홈페이지	www.tmp.letras.ulisboa.pt/dh	

2) 한국 관련 프로그램 제공 형태

비학위 과정	B.A. 선택 과목

3) 주요 연구 분야

- 한국의 과거와 현재, 한국 문화

4) 한국학 교수진 : 1명

교수명	직위	전공 분야
페드루 라지 헤이스 코헤이아	교수	근대사

5) 수강생 현황

한국어(학) 관련 강의 수강생 수 : 총 17명

학사 1학년	학사 2학년	학사 3학년	학사 4학년	석사 1학년	석사 2학년	박사 과정	기타
17							

6) 강좌 개설 현황

과목명	담당 교수	주당 수업 시간	수강생 수	학점	필수 / 선택
한국의 과거와 현재	페드루 라지 헤이스 코헤이아	4	24	4	선택
한국 문화	페드루 라지 헤이스 코헤이아	4	36	4	선택

4. 한국연구센터 운영 현황

- 없음

5. 도서관 현황

도서관명	문학부 도서관(Biblioteca da Faculdade de Letras)
담당 사서	페드루 이스타시우(Pedro Estácio)

6. 동아시아학 현황

1) 일본학 프로그램 제공 형태	학사
2) 중국학 프로그램 제공 형태	학사, 기타(공자학원)

신리스본대학교
New University of Lisbon

1. 대학 개요

대학명(자국어)	Universidade Nova de Lisboa
설립 연도	1911년
소재 국가	포르투갈
형태	국공립
대표자 성명 / 직위	안토니우 헨다스(António Rendas) / 총장

2. 연락처

주소	영문 주소	Avenida de Berna 26, Piso 4, Gabinete 4.10, Lisboa, Portugal
	우편번호	1050-041
전화		+351-21-790-8300
웹사이트		www.unl.pt

3. 기관 한국학 현황

1) 한국 관련 강좌 운영 현황

소속 단과대학	인문사회과학대학(Faculdade de Ciências Sociais e Humanas)	
소속 학과	세종학당(King Sejong Institute Lisbon)	
개설 연도	1988년	
프로그램 대표자	성명	직함
	프란시쿠 카라멜루 (Francisco Caramelo)	디렉터
홈페이지	fcsh.unl.pt	

2) 한국 관련 프로그램 제공 형태

비학위 과정	B.A. 선택 과목

3) 한국학 교수진 : 2명

교수명	직위	전공 분야
강병구	교수	포르투갈어, 서양사
홍미현		국제경영학, 한국어 교육

4) 수강생 현황

한국어(학) 관련 강의 수강생 수 : 총 43명

5) 강좌 개설 현황

과목명	담당 교수	주당 수업 시간	수강생 수	학점	필수 / 선택
한국어와 한국 문화 1			25		
한국어와 한국 문화 3			9		
한국어와 한국 문화 5			5		
한국어와 한국 문화 7			4		

4. 한국연구센터 운영 현황

- 없음

5. 동아시아학 현황

1) 일본학 프로그램 제공 형태	학사
2) 중국학 프로그램 제공 형태	학사

포르토대학교
University of Porto

1. 대학 개요

대학명(자국어)	Universidade do Porto
설립 연도	1919년
소재 국가	포르투갈
형태	국공립
대표자 성명 / 직위	세바스치아우 페요 지 아제베도(Sebastião Feyo de Azevedo) / 총장

2. 연락처

주소	영문 주소	Via Panorâmica s/nº, Porto, Portugal
	우편번호	4150-564
전화		+351-22-607-71-52
웹사이트		sigarra.up.pt

3. 기관 한국학 현황

1) 한국 관련 강좌 운영 현황

소속 단과대학	언어단과대학	
소속 학과	평생교육원(Continuing Training)	
한국학(어) 프로그램명	한국어와 한국 문화(Korean Language and Culture)	
개설 연도	2017년	
프로그램 대표자	성명	직함
	박정연	교수
홈페이지	sigarra.up.pt/flup/pt	

2) 한국 관련 프로그램 제공 형태

비학위 과정	어학 과정

3) 한국학 교수진 : 1명

교수명	직위	전공 분야
박정연		한국어 교육

4) 강좌 개설 현황

과목명	담당 교수	주당 수업 시간	수강생 수	학점	필수 / 선택
문법	박정연				
어휘	박정연				
한국 문화	박정연				

4. 한국연구센터 운영 현황
　-없음

5. 동아시아학 현황

1) 일본학 프로그램 제공 형태	–
2) 중국학 프로그램 제공 형태	–

국립고등사범학교

ENS Paris

1. 대학 개요

대학명(자국어)	École Normale Supérieure(ENS)
설립 연도	1794년
소재 국가	프랑스
형태	국공립
대표자 성명 / 직위	마르크 메자르(Marc Mezard) / 총장

2. 연락처

주소	영문 주소	45 rue d'Ulm Paris, France
	우편번호	75005
전화		+33-1-44-32-30-00
웹사이트		www.ens.fr

3. 기관 한국학 현황

1) 한국 관련 강좌 운영 현황

소속 학과	언어문화원(Space of Cultures and Languages)	
개설 연도	2011년	
프로그램 대표자	성명	직함
	도로테 부티제게 (Dorothée Boutigieg)	학과장
홈페이지	www.ecla.ens.fr	

2) 한국 관련 프로그램 제공 형태

비학위 과정	B.A. 선택 과목, M.A. 선택 과목

3) 한국학 교수진 : 1명

교수명	직위	전공 분야
구모덕	강사	영화학, 문학

4) 강좌 개설 현황

과목명	담당 교수	주당 수업 시간	수강생 수	학점	필수 / 선택
한국어 초급반	구모덕		13		

4. 한국연구센터 운영 현황
- 없음

5. 동아시아학 현황

1) 일본학 프로그램 제공 형태	–
2) 중국학 프로그램 제공 형태	–

국립동양어문화대학교(INALCO)

National Institute for Oriental Languages and Civilizations

1. 대학 개요

대학명(자국어)	Institut National des Langues et Civilisations Orientales
설립 연도	1669년
소재 국가	프랑스
형태	국공립
대표자 성명 / 직위	프랑크 마뉴엘(Franck Manuelle) / 총장

2. 연락처

주소	영문 주소	65 rue des Grands Moulins, Paris, France
	우편번호	75013
전화		+33-1-81-70-11-25
웹사이트		www.inalco.fr

3. 기관 한국학 현황

1) 한국 관련 강좌 운영 현황

소속 학과	한국학과(Department of Korean Studies)	
개설 연도	1960년	
프로그램 대표자	성명	직함
	김대열(Daeyeol Kim)	학과장
홈페이지	www.inalco.fr/langue/coreen	

2) 한국 관련 프로그램 제공 형태

학위 과정	B.A. (학사 과정)	한국학 전공, 한국어 전공
	M.A. (석사 과정)	한국학 전공, 한국어 전공
	Ph.D. (박사 과정)	동아시아학 전공

3) 주요 연구 분야

- 문학, 역사, 사회학, 언어학, 미디어학

4) 한국학 교수진 : 14명

교수명	직위	전공 분야
김대열	학과장	역사학
테브네 스테판(Thevenet Stéphane)	부교수	언론정보학
김희복(Heebok Kim)	전임강사	
채옥양(Okyang Chae)	전임강사	역사학
정은진(EunJin Jeong)	부교수	문학
김희연(Huiyeon Kim)	부교수	사회학
구모덕(Moduk Koo)	전임강사	
이지훈(Jihun Lee)	전임강사	언어학
노지현(Jee Hyun Noe)	시간강사	
최지영(Jiyoung Choi)	부교수	언어학
홍소라(Sora Hong)	전임강사	
루 피에르 에마뉘엘(Roux Pierre-Emmanuel)	시간강사	
강신태(Shintae Kang)	전임강사	
김보라(Bora Kim)	시간강사	

5) 수강생 현황

한국어(학) 관련 강의 수강생 수 : 총 493명

학사 1학년	학사 2학년	학사 3학년	학사 4학년	석사 1학년	석사 2학년	박사 과정	기타
200	130	100		50	10	3	

전공생 수

B.A.	M.A.	Ph.D.
430	60	3

※ 매년 신입생 선발(인원: 200명)

6) 강좌 개설 현황

과목명	담당 교수	주당 수업 시간	수강생 수	학점	필수 / 선택
구어 문법 1	이지훈	2	200	3	
문어 문법 1	최지영	2	200	3	
쓰기 연습 1	그룹별 수업	2	40	3	
말하기 연습 1	그룹별 수업	2	40	3	
회화 1	그룹별 수업	2	40	3	
한국어의 역사와 문화	정은진	2	200	3	
한국학 방법론	테브네 스테판	2	200	3	
한국사 개론	김대열, 테브네 스테판	2	200	3	
한국 지리	테브네 스테판	2	200	3	
한자	루 피에르 에마뉘엘	2	200	3	
한국의 예술 1	최옥경	2		3	선택
한국어 문법 1	최지영	2	130	3	
쓰기 연습 3	그룹별 수업	2	30	3	
말하기 연습 3	그룹별 수업	2	30	3	
회화 3	그룹별 수업	2	30	3	
한국 문화 1	정은진	2	130	3	
한국 인류학	김희연	2	130	3	
한국 사회정치사 1	김대열	2	130	3	
한자어 1	노지현	2	130	3	
한국의 제도	김희연	2	130	3	
한국 지정학	테브네 스테판	2	130	3	
남한의 미디어	테브네 스테판	2	130	3	
문법 3	최지영	2	100	3	
읽기와 쓰기	그룹별 수업	2	30	3	
읽기와 말하기	그룹별 수업	2	30	3	
번역	그룹별 수업	2		3	선택
한국 문학 3	정은진	2	100	3	
한자어 3	김대열	2	100	3	

과목명	담당 교수	주당 수업 시간	수강생 수	학점	필수 / 선택
한국 문화사 1	김대열	2	100	3	
한국 언론의 이해	김희연, 테브네 스테판	2		3	선택
한국의 종교	김희연	2		3	선택
한국의 영화	구모덕	2		3	선택
한국 미디어 분석(석사)	플로랑스 갈미쉬 (Florence Galmiche)				
한국어 발표 연습(석사)	강신태, 김보경				
번역(석사)	마리 오랑주 리베 라산 (Marie-Orange Rivé-Lasan)				
현대 문학(석사)	구모덕				
멀티미디어 분석(석사)	김정아				
인문사회과학 논문 읽기(석사)	김희연				
학문 목적 한국어(석사)	김대열				
고급 한자(석사)	루 피에르 에마뉘엘				
한국 현대사(석사)	마리 오랑주 리베 라산				
한국 현대 문학 강독(석사)	정은진				
종교, 사회, 그리고 이민(석사)	김희연				
한국 언어학(석사)	김진옥				
중세 한국(석사)	야니크 브루네통 (Yannick Bruneton)				
한국 문화사(석사)	김대열				
한국 종교인류학(석사)	플로랑스 갈미쉬				

7) 한국 관련 활동

활동명	시기	상세 활동 내용
워크숍	2015. 12.	"젊은 한국학 연구자의 날(Journée des jeunes chercheurs en études coréennes)" 워크숍. 현재 한국을 연구하는 박사 과정생들이 각자 준비 중인 논문을 발표하고, 각 발표 후 젊은 교수들이 사회를 맡아, 한국학에서 연구 가능한 주제와 방법론 등에 대한 폭넓은 토론
초청 강좌	2016. 2.	상명여자대학교 박석 교수의 "시조 창의 미학(L'esthétique du Chant de sijo時調)" 강의
초청 강좌	2016. 2.	연세대학교 이전경 연구교수의 "또 하나의 한국 문자, 구결(Kugyŏl, un autre système d'écriture coréen)" 강의
작가와의 만남	2016. 3.	김혜순 시인과의 만남. 국립동양학대학 한국학과 교수들과 학생 등 20여 명이 참가하였고, 프랑스 국립과학원(CNRS) 소속 언어학자 다비드 니콜라(David Nicolas)가 불어로 시 낭송

활동명	시기	상세 활동 내용
작가와의 만남	2016. 3.	김영하 소설가와의 만남
워크숍	2016. 5.	국립동양학대학에서 프랑스대학연합도서관 BULAC과 한국국립중앙도서관 공동으로 "한국 고서 워크숍" 주최
학술대회	2016. 9.	2016 International Workshop on Yulgok Studies. Yulgok Studies and Korean Culture. 유럽에서 활동하는 한국 사상사 연구자들이 율곡과 관련된 주제로 한국 학자들과 함께 연구 성과 공유 및 토론
초청 강좌	2017. 2. 9.	건국대학교 박진우 교수의 초청 강좌. Le traitement par la presse sud-coréenne de l'affaire CHOI Soon-sil et de ses conséquences (destitution en cours de la présidente). 최순실 국정 농단 사건과 한국 언론 매체의 해석 방법 또한 그에 따른 부작용과 문제점(박근혜 대통령 탄핵 사건을 중심으로)
초청 강좌	2017. 3. 13.	빈대학교 루카스 포코르니(Lukas Pokorny) 교수의 "한국의 신종교운동" 강의
초청 강좌	2017. 5. 9.	서강대학교 김소연 교수 강연
학술 대회	2017. 5. 18.	한국어 언어학 대회(Journée d'études "Linguistique coréenne"). 한국어를 대상으로 하는 언어학을 언어학 이론, 문법, 한국어 교육, 음성학 등으로 나누어 학술 세미나 개최

4. 한국연구센터 운영 현황

명칭	한국연구소(Centre d'études coréennes)	
소속 기관	아시아연구소, 이날코(Equipe ASIEs, INALCO)	
설립 연도	2010년	
대표자	성명	직함
	김대열	교수

5. 동아시아학 현황

1) 일본학 프로그램 제공 형태	학사, 석사, 박사
2) 중국학 프로그램 제공 형태	학사, 석사, 박사

낭트대학교
University of Nantes

1. 대학 개요

대학명(자국어)	Université de Nantes
설립 연도	1460년
소재 국가	프랑스
형태	국공립
대표자 성명 / 직위	윌리엄 마루아(William Marois) / 총장

2. 연락처

주소	영문 주소	23 rue du Recteur Schmitt, bâtiment F0, BP 81227, Nantes cedex 33, France
	우편번호	44322
전화		+33-2-53-48-77-03
웹사이트		www.univ-nantes.fr

3. 기관 한국학 현황

1) 한국 관련 강좌 운영 현황

소속 학과	외국어문화학과(Department of Foreign Languages and Culture)	
개설 연도	2013년	
프로그램 대표자	성명	직함
	디디에 딜롬 (Didier Delorme)	학과장
홈페이지	www.flce.univ-nantes.fr	

2) 한국 관련 프로그램 제공 형태

비학위 과정	B.A. 선택 과목, M.A. 선택 과목

3) 한국학 교수진 : 1명

교수명	직위	전공 분야
에스텔 천	교원	교육학

4) 수강생 현황

한국어(학) 관련 강의 수강생 수 : 총 61명

5) 강좌 개설 현황

과목명	담당 교수	주당 수업 시간	수강생 수	학점	필수 / 선택
한국어와 문화 입문	에스텔 천		23		
한국어와 문화/역사 비교 초급반	에스텔 천		23		
한국어와 문화 집중 심화반	에스텔 천		15		

4. 한국연구센터 운영 현황

   - 없음

5. 동아시아학 현황

1) 일본학 프로그램 제공 형태	학사, 기타(LEA(실용 언어) 과정 선택 과목)
2) 중국학 프로그램 제공 형태	학사

낭트메트로폴미술학교
Nantes Metropole-Nantes School of Art

1. 대학 개요

대학명(자국어)	École supérieure des beaux-arts de Nantes Métropole
설립 연도	1904년
소재 국가	프랑스
형태	국공립
대표자 성명 / 직위	피에르 장 갈딘(Pierre-Jean Galdin) / 총장

2. 연락처

주소	영문 주소	Place Dulcie September – BP 20119, Nantes Cedex 1, France
	우편번호	44001
전화		+33-2-40-35-90-20
웹사이트		beauxartsnantes.fr

3. 기관 한국학 현황

1) 한국 관련 강좌 운영 현황

소속 단과대학	예술대학(School of Art)	
개설 연도	2016년	
프로그램 대표자	성명	직함
	에스텔 천	전임강사
홈페이지	beauxartsnantes.fr/enseignements/second-cycle-dnsep	

2) 한국 관련 프로그램 제공 형태

비학위 과정		M.A. 선택 과목
학위 과정	B.A. (학사 과정)	기타 전공 내 한국학 프로그램 (제1외국어 수업으로 영어와 동등하게 선택하는 학점 인정 한국어 수업)

3) 한국학 교수진 : 1명

교수명	직위	전공 분야
에스텔 천	전임교원	교육학

4) 강좌 개설 현황

과목명	담당 교수	주당 수업 시간	수강생 수	학점	필수 / 선택
한국어	에스텔 천	1	15		

4. 한국연구센터 운영 현황

- 없음

5. 동아시아학 현황

1) 일본학 프로그램 제공 형태	–
2) 중국학 프로그램 제공 형태	–

라로셸대학교
University of La Rochelle

1. 대학 개요

대학명(자국어)	Université de La Rochelle
설립 연도	1993년
소재 국가	프랑스
형태	국공립
대표자 성명 / 직위	장 마르크 오지에(Jean-Marc Ogier) / 총장

2. 연락처

주소	영문 주소	1, Parvis Fernand Braudel, La Rochelle Cedex 1, France
	우편번호	17042
전화		+33-5-4645-6800
웹사이트		www.univ-larochelle.fr

3. 기관 한국학 현황

1) 한국 관련 강좌 운영 현황

소속 학부	인문·언어·예술학부 (Faculty of Humanities, Languages, Arts and Humanities)	
소속 학과	실용외국어학과(Applicable Foreign Languages)	
개설 연도	2002년	
프로그램 대표자	성명	직함
	로랑 오지에 (Laurent Augier)	디렉터
홈페이지	www.univ-larochelle.fr/Faculte-des-Lettres-Langues-Arts-et-Sciences-Humaines	

2) 한국 관련 프로그램 제공 형태

학위 과정	B.A. (학사 과정)	한국어 전공
	M.A. (석사 과정)	한국학 전공, 한국어 전공

3) 주요 연구 분야

• 한국어, 한국 사회 및 경제

4) 한국학 교수진 : 5명

교수명	직위	전공 분야
에블린 쉐렐	부교수	한국사
권용해	부교수	한국어 교육
김고티에	교수	한국학
류혜림	교수	한국어 교육
홍소라	교수	한국학

5) 수강생 현황

한국어(학) 관련 강의 수강생 수 : 총 148명

학사 1학년	학사 2학년	학사 3학년	학사 4학년	석사 1학년	석사 2학년	박사 과정	기타
45	40	35		10	18		

전공생 수

B.A.	M.A.	Ph.D.
120	28	

※ 매년 신입생 선발(인원 : 45명)

6) 강좌 개설 현황

과목명	담당 교수	주당 수업 시간	수강생 수	학점	필수 / 선택
전공 한국어 초급 1A	에블린	2	45	2	필수
전공 한국어 초급 1B	권용해	2	30	2	필수
전공 한국어 초급 1B	김고티에	2	15	2	필수
전공 한국어 초급 1C	류혜림	2	15	2	필수
한국 사회와 한국어 1D	권용해	2	45	2	필수
전공 한국어 중급 2A	권용해	2	40	2	필수
전공 한국어 중급 2B	김고티에	2	30	2	필수
전공 한국어 중급 2B	김고티에	2	10	2	필수
전공 한국어 중급 2C	류혜림	2	15	2	필수
한국 사회와 한국어 2D	홍소라	2	40	2	필수
한국 문화 1A	에블린	2	40	2	필수
전공 한국어 고급 3A	권용해	2	35	2	필수
전공 한국어 고급 3B	김고티에	2	35	2	필수
전공 한국어 고급 3C	류혜림	2	18	2	필수
전공 한국어 고급 3C	류혜림	2	17	2	필수
경제 한국어	홍소라	2		2	필수
한국 문화 1B	에블린	2		2	필수
석사 한국어 1A	에블린	2		2	필수
석사 한국어 1B	김고티에	2		2	필수
석사 한국어 1C	홍소라	2		2	필수
석사 한국어 2A	홍소라	2		2	필수
석사 한국어 2B	김고티에	2		2	필수
석사 한국어 2C	홍소라	2		2	필수

7) 한국 관련 활동

활동명	시기	상세 활동 내용
TOPIK	2009~현재	한국어능력시험 실시

8) 한국 관련 출판물

제목	형태	주요 내용
프랑스어권 학습자를 위한 한국어-초급	단행본	다락원, 2011

4. 한국연구센터 운영 현황
- 없음

5. 도서관 현황

도서관명	라로셸대학교 도서관
한국학 장서 보유량(부)	500

6. 동아시아학 현황

1) 일본학 프로그램 제공 형태	–
2) 중국학 프로그램 제공 형태	학사, 석사, 기타(공자학원)

리옹3대학교

Jean Moulin University Lyon 3

1. 대학 개요

대학명(자국어)	Université Jean Moulin Lyon III
설립 연도	1973년
소재 국가	프랑스
형태	국공립
대표자 성명 / 직위	자크 콩비(Jacques Comby) / 총장

2. 연락처

주소	영문 주소	6 Cours Albert Thomas – B.P. 8242, Lyon Cedex 08, France
	우편번호	69355
전화		+33-47854-9961
웹사이트		www.univ-lyon3.fr

3. 기관 한국학 현황

1) 한국 관련 강좌 운영 현황

소속 단과대학	외국어대학(Faculty of Foreign Languages)	
소속 학과	한국어학과(Department of Korean Studies)	
개설 연도	1983년	
프로그램 대표자	성명	직함
	왕(이)민숙 (Minsook Wang-Lee)	학과장
홈페이지	facdeslangues.univ-lyon3.fr	

2) 한국 관련 프로그램 제공 형태

비학위 과정		B.A. 선택 과목
학위 과정	B.A. (학사 과정)	한국어 전공, 기타 전공 내 한국학 프로그램
	M.A. (석사 과정)	한국어 전공

3) 주요 연구 분야

- 한국어 교육: 문법, 독해, 작문, 회화
- 한국 역사, 정치, 문화, 예술, 경제 지리학, 비즈니스, 마케팅, 커뮤니케이션

4) 한국학 교수진 : 1명

교수명	직위	전공 분야
왕민숙	한국어학과 학과장	한국 문학, 프랑스 문학

5) 수강생 현황

한국어(학) 관련 강의 수강생 수 : 총 318명

학사 1학년	학사 2학년	학사 3학년	학사 4학년	석사 1학년	석사 2학년	박사 과정	기타
170	92	56					

전공생 수

B.A.	M.A.	Ph.D.
183		

※ 매년 신입생 선발(인원: 90~100명)

6) 강좌 개설 현황

과목명	담당 교수	주당 수업 시간	수강생 수	학점	필수 / 선택
초급 한국어 문화	왕민숙	3			
한국어 문화 A1-A2	왕민숙	3			
한국어 문화 B1-B2	왕민숙	3			

7) 한국 관련 활동

활동명	시기	상세 활동 내용
한국의 해	2017. 9.~2018. 8.	카멜레온(Cameleon) 문학상(프랑스어로 번역된 한국 문학 작품에 수여하는 상) • 한국기업포럼 • 문화 행사: 전시회, 판소리 공연, 영화 상영 • 컨퍼런스

4. 한국연구센터 운영 현황

 - 없음

5. 도서관 현황

도서관명	리옹3대학교 도서관
담당 사서	크라비에츠 기욤(Krawiec Guillaume)
한국학 장서 보유량(부)	974

6. 동아시아학 현황

1) 일본학 프로그램 제공 형태	학사, 석사, 박사
2) 중국학 프로그램 제공 형태	학사, 석사, 박사, 기타(공자학원)

벨포르몽벨리아르기술대학교

University of Technology in Belfort-Montbéliard

1. 대학 개요

대학명(자국어)	Université de Technologie de Belfort-Montbéliard
설립 연도	1999년
소재 국가	프랑스
형태	국공립
대표자 성명 / 직위	지슬랭 몽타봉(Ghislain Montavon) / 총장

2. 연락처

주소	영문 주소	Sévenans Campus, Belfort, France
	우편번호	90010
전화		+33-3-84-57-31-76
웹사이트		www.utbm.fr

3. 기관 한국학 현황

1) 한국 관련 강좌 운영 현황

소속 학과	인문학과(Department of Humanities)	
개설 연도	1999년	
프로그램 대표자	성명	직함
	배정숙(Jungsook Bae)	교수

2) 한국 관련 프로그램 제공 형태

비학위 과정	B.A. 선택 과목

3) 한국학 교수진 : 1명

교수명	직위	전공 분야
배정숙	교수	음성학, 비교문화심리학

4) 강좌 개설 현황

과목명	담당 교수	주당 수업 시간	수강생 수	학점	필수 / 선택
한국어 0 & 1	배정숙		50		
언어학 보충	배정숙		10		
아시아학	배정숙		120		
문화행동론	배정숙		56		

4. 한국연구센터 운영 현황
- 없음

5. 동아시아학 현황

1) 일본학 프로그램 제공 형태	–
2) 중국학 프로그램 제공 형태	–

보르도몽테뉴대학교

Bordeaux Montaigne University

1. 대학 개요

대학명(자국어)	Université Bordeaux Montaigne
설립 연도	1971년
소재 국가	프랑스
형태	국공립
대표자 성명 / 직위	엘레네 벨라스코 그라시에(Hélène Velasco-Graciet) / 총장

2. 연락처

주소	영문 주소	Domaine Universitaire, 19 Esplanade des Antilles, F-33607 Pessac Cedex, France
	전화	+33-557-12-44-44
	웹사이트	www.u-bordeaux-montaigne.fr

3. 기관 한국학 현황

1) 한국 관련 강좌 운영 현황

소속 학부	UFR 언어문화학부(UFR Languages and Cultures)	
소속 과정	야간 어학 과정(Evening Courses in Languages)	
개설 연도	1986년	
프로그램 대표자	성명	직함
	스테판 쿠할레 (Stéphane Couralet)	강사

2) 한국 관련 프로그램 제공 형태

비학위 과정	수료증

3) 한국학 교수진 : 3명

교수명	직위	전공 분야
스테판 쿠할레	강사	언어학
에홀러 강(Herole Kang)		외국어 습득 및 교육
비어베뉴 고(Bienvenu Ko)		외국어 습득 및 교육

4) 강좌 개설 현황

과목명	담당 교수	주당 수업 시간	수강생 수	학점	필수 / 선택
한국어 I: 문법			250		
한국어 II: 표현			250		
한국 문화			150		

4. 한국연구센터 운영 현황
- 없음

5. 동아시아학 현황

1) 일본학 프로그램 제공 형태	박사
2) 중국학 프로그램 제공 형태	박사

브르타뉴 아틀란틱 경영전문학교

School of Management Brittany Atlantic(EMBA)

1. 대학 개요

대학명(자국어)	École de Management Bretagne Atlantique
설립 연도	1990년
소재 국가	프랑스
형태	사립
대표자 성명 / 직위	마갈리 케리뇨(Magali Kerrinio) / 총장

2. 연락처

주소	영문 주소	1 avenue de la Plage des Gueux Quimper, France
	우편번호	29000
전화		+33-20-98-10-16-16
웹사이트		www.emba.fr

3. 기관 한국학 현황

1) 한국 관련 강좌 운영 현황

소속 학부	아시아어문화학부(Faculty of Languages and Cultures of Asia)	
소속 과정	아시아 언어 과정(Asian Language Course)	
개설 연도	2012년	
프로그램 대표자	성명	직함
	소피 바롱(Sophie Baron)	학장

2) 한국 관련 프로그램 제공 형태

비학위 과정		B.A. 선택 과목, M.A. 선택 과목
학위 과정	B.A. (학사 과정)	한국어 전공
	M.A. (석사 과정)	한국어 전공

3) 한국학 교수진 : 1명

교수명	직위	전공 분야
김명율		프랑스 문학

4) 수강생 현황

한국어(학) 관련 강의 수강생 수 : 총 50명

5) 강좌 개설 현황

과목명	담당 교수	주당 수업 시간	수강생 수	학점	필수 / 선택
한국어			53		
비즈니스용 한국 문화			31		
한국 문화			51		
한국 회사 문화			53		

4. 한국연구센터 운영 현황

- 없음

5. 동아시아학 현황

1) 일본학 프로그램 제공 형태	학사, 석사
2) 중국학 프로그램 제공 형태	학사, 석사

사회과학고등연구원(EHESS)
School for Advanced Studies in the Social Sciences

1. 대학 개요

대학명(자국어)	École des hautes études en sciences sociales
설립 연도	1975년
소재 국가	프랑스
형태	국립
대표자 성명 / 직위	피에르 시릴 오트쾨르(Pierre-Cyrille Hautcœur) / 원장

2. 연락처

주소	영문 주소	54 Boulevard Raspail, Paris, France
	우편번호	75006
전화		+33-1-49-54-25-25
웹사이트		www.ehess.fr

3. 기관 한국학 현황

1) 한국 관련 강좌 운영 현황

프로그램 대표자	성명	직함
	휴버트 라데낵(Hubert Radenac)	담당자

2) 한국 관련 프로그램 제공 형태

학위 과정	M.A. (석사 과정)	동남아시아학 전공
	Ph.D. (박사 과정)	동남아시아학 전공

4. 한국연구센터 운영 현황

명칭	한국연구센터(CRC, Le Centre de Recherches sur la Corée)	
소속 기관	UMR8173: "Chine, Coree, Japon"	
참여 기관	프랑스국립연구기관(CNRS), 사회과학고등연구원(EHESS), 파리디드로(파리7)대학교	
설립 연도	2006년	
대표자	성명	직함
	이자벨 산쇼(Isabelle Sancho)	소장

5. 동아시아학 현황

1) 일본학 프로그램 제공 형태	–
2) 중국학 프로그램 제공 형태	–

스트라스부르대학교

University of Strasbourg

1. 대학 개요

대학명(자국어)	Université de Strasbourg
설립 연도	1567년
소재 국가	프랑스
형태	국공립
대표자 성명 / 직위	미셸 데네큰(Michel Deneken) / 총장

2. 연락처

주소	영문 주소	SPIRAL, 2 allée René Capitant, Strasbourg, France
	우편번호	67084
전화		+33-3-68-85-60-29
웹사이트		www.unistra.fr

3. 기관 한국학 현황

1) 한국 관련 강좌 운영 현황

소속 학부	언어학부(Faculty of Languages)	
한국학(어) 프로그램명	한국어 워크숍(한국어 아틀리에)	
개설 연도	2008년	
프로그램 대표자	성명	직함
	안 반드리-스쿠비 (Anne Bandry-Scubbi)	디렉터

2) 한국 관련 프로그램 제공 형태

비학위 과정	어학 과정

3) 한국학 교수진 : 1명

교수명	직위	전공 분야
최지영	교원	외국어 교수법

4) 수강생 현황

한국어(학) 관련 강의 수강생 수 : 총 34명

5) 강좌 개설 현황

과목명	담당 교수	주당 수업 시간	수강생 수	학점	필수 / 선택
한국어 심화 과정			24		
한국어 아틀리에			10		

4. 한국연구센터 운영 현황
- 없음

5. 동아시아학 현황

1) 일본학 프로그램 제공 형태	학사, 석사
2) 중국학 프로그램 제공 형태	학사

엑스-마르세유대학교(구 프랑스대학교)

Aix-Marseille University

1. 대학 개요

대학명(자국어)	Aix-Marseille Université
설립 연도	2012년
소재 국가	프랑스
형태	국공립
대표자 성명 / 직위	이봉 베를랑(Yvon Berland) / 총장

2. 연락처

주소	영문 주소	29, Avenue Robert Schuman, Aix-en-Provence, France
	우편번호	13621
전화		+33-6-88-62-64-79
웹사이트		www.univ-amu.fr

3. 기관 한국학 현황

1) 한국 관련 강좌 운영 현황

소속 단과대학	예술·문학·언어·인문과학대학 (Faculty of Arts, Letters, Languages, Humanities)	
소속 학과	아시아학과(Department of Asian Studies)	
개설 연도	2009년	
프로그램 대표자	성명	직함
	장 클로드 더크레센조 (Jean-Claude de Crescenzo)	한국학 주임교수
홈페이지	allsh.univ-amu.fr/DULC-coreen	

2) 한국 관련 프로그램 제공 형태

비학위 과정		B.A. 선택 과목, M.A. 선택 과목
학위 과정	B.A. (학사 과정)	한국학 전공, 한국어 전공
	M.A. (석사 과정)	한국학 전공, 한국어 전공, 기타 전공 내 한국학 프로그램 (전공명: 관광, 언어와 문화재, 문화, 아시아 사회, 언어와 문화, 한국 문학 번역)
	Ph.D. (박사 과정)	한국학 전공, 기타 전공 내 한국학 프로그램(전공명: 한국 문학 번역)

3) 한국학 교수진 : 5명

교수명	직위	전공 분야
장 클로드 더크레센조	한국학 주임교수	사회학, 한국문화학
김혜경		외국어 교육 ,문학 번역
주수영		한국어 교육
임정은		언어학
루시 앙거벙(Lucie Angheben)		번역학

4) 수강생 현황

한국어(학) 관련 강의 수강생 수 : 총 832명

5) 강좌 개설 현황

과목명	담당 교수	주당 수업 시간	수강생 수	학점	필수 / 선택
한국어 입문 1– 문법(학부 1학년)			55		
한국어 입문 1– 활용(학부 1학년)			55		
한국어 입문 1(학부 1학년)			125		
한국어 중급 1– 문법(학부 2학년)			42		
한국어 중급 1– 활용(학부 2학년)			42		
한국어 중급 1(학부 2학년)			69		
한국어 고급 1– 문법(학부 3학년)			35		
한국어 고급 1– 활용(학부 3학년)			35		
한국어 고급 1(학부 3학년)			30		
한국어 강화 1(석사 1학년)			15		
한국어 완성 1(석사 2학년)			8		
한국 문화 1(학부 1학년)			135		

과목명	담당 교수	주당 수업 시간	수강생 수	학점	필수 / 선택
한국 문화 3(학부 2학년)			95		
한국 문화 5(학부 3학년)			68		
한국 문화 7(석사 1학년)			15		
한국 문화 5(석사 2학년)			8		

4. 한국연구센터 운영 현황

- 없음

5. 동아시아학 현황

1) 일본학 프로그램 제공 형태	학사, 석사, 박사
2) 중국학 프로그램 제공 형태	학사, 석사, 박사

툴루즈-장 조레스대학교

University of Toulouse-Jean Jaurès

1. 대학 개요

대학명(자국어)	Université Toulouse-Jean Jaurès
설립 연도	1229년
소재 국가	프랑스
형태	국공립
대표자 성명 / 직위	다니엘 라크루아(Daniel Lacroix) / 총장

2. 연락처

주소	영문 주소	5 Allées Antonio Machado, Toulouse Cedex 9, France
	우편번호	31058
전화		+33-5-61-50-43-53
웹사이트		www.univ-tlse2.fr

3. 기관 한국학 현황

1) 한국 관련 강좌 운영 현황

소속 학부	외국어문화문학학부(UFR of Foreign Languages, Literatures and Civilizations)	
소속 학과	외국어학과	
한국학(어) 프로그램명	평생교육 프로그램: DU(Diplôme Universitaire) 한국어 초급 자격증	
개설 연도	2015년	
프로그램 대표자	성명	직함
	블라디미르 벨타코프 (Vladimir Beltakov)	학장

2) 한국 관련 프로그램 제공 형태

비학위 과정	B.A. 선택 과목

3) 한국학 교수진 : 1명

교수진 정보

교수명	직위	전공 분야
김미경	교원	한국어문화학

4) 수강생 현황

한국어(학) 관련 강의 수강생 수 : 총 140명

5) 강좌 개설 현황

과목명	담당 교수	주당 수업 시간	수강생 수	학점	필수 / 선택
한국어 A1	김미경		140		
한국어 A2	김미경		31		

4. 한국연구센터 운영 현황
   - 없음

5. 동아시아학 현황

1) 일본학 프로그램 제공 형태	학사, 석사
2) 중국학 프로그램 제공 형태	학사, 석사

파리디드로(파리7)대학교

Paris Diderot–Paris 7 University

1. 대학 개요

대학명(자국어)	Université Paris Diderot – Paris 7
설립 연도	1970년
소재 국가	프랑스
형태	국공립
대표자 성명 / 직위	크리스틴 클레리시(Christine Clerici) / 총장

2. 연락처

주소	영문 주소	5 Rue Thomas Mann, Paris, France
	우편번호	75013
전화		+33-1-57-27-57-27
웹사이트		www.univ-paris-diderot.fr

3. 기관 한국학 현황

1) 한국 관련 강좌 운영 현황

소속 학부	동아시아어문명학부(Languages and Civilizations of East Asia)	
프로그램 대표자	성명	직함
	피에르 에마뉘엘 루 (Pierre-Emmanuel Roux)	부교수
홈페이지	w3.univ-paris-diderot.fr/ufr_lcao/	

2) 한국 관련 프로그램 제공 형태

학위 과정	B.A. (학사 과정)	한국학 전공
	M.A. (석사 과정)	한국학 전공

3) 한국학 교수진 : 6명

교수명	직위	전공 분야
야니크 브흐네통(Yannick Bruneton)		
마리 오헝쥬 히브 라쌍(Marie-Orange Rive-Lasan)		
김진옥(Jinok Kim)		
플루헝슈 글래미시(Florance Glamiche)		
피에르 에마뉘엘 루	부교수	
임은실(Eunsil Yim)		

4) 수강생 현황

한국어(학) 관련 강의 수강생 수

학사 1학년	학사 2학년	학사 3학년	학사 4학년	석사 1학년	석사 2학년	박사 과정	기타
136	82	48		18	18	1	

전공생 수

B.A.	M.A.	Ph.D.
266	36	1

※ 매년 신입생 선발(인원: 100명)

5) 강좌 개설 현황

과목명	담당 교수	주당 수업 시간	수강생 수	학점	필수 / 선택
문법 1	김진옥			4	
문법 연습 1	김미종			4	
회화 1	김정아			4	
작문 표현 1	강명희			4	
음성학과 음독	강명희			4	
말하기 연습	김정아			4	
한국 근현대사 입문	마리 오헝쥬 히브 라쌍			3	
한국 지리	필리프 카뎅 (Philippe Cadene)			3	
실습 1	마리 오헝쥬 히브 라쌍			3	
온라인 언어 자율학습 1	피에르 에마뉘엘 루			3	
문법 2	김경미			4	
문법 연습 2	임은실			4	
회화 2	강명희			4	
작문 표현 2	김정아			4	
말하기 연습 2	최미경			4	
한자 입문	야니크 브흐네통			4	
한국 고대사 입문	야니크 브흐네통			3	
한국 문화 입문	김경미			3	
온라인 언어 자율학습 2	김진옥			3	
문법 3	임은실			4	
문법 연습 3	김미종			4	
작문 표현 3	이효숙			4	
회화 3	강명희			4	
문법 분석과 번역 1	김경미			4	
한국 중세 역사	야니크 브흐네통			3	
한국 인류학	플로헝슈 글래미시			3	
한국어학 입문	김진옥			3	
한국 예술사	최옥경 (Chae-Duporge Okyang)			3	
온라인 언어 자율학습 3	플로헝슈 글래미시			3	
한국 전근대사(조선)	피에르 에마뉘엘 루			2	
한국 사회 정치학(1945~)	마리 오헝쥬 히브 라쌍			2	

과목명	담당 교수	주당 수업 시간	수강생 수	학점	필수 / 선택
한국 문학 입문	김경미			2	
한국 무역과 이주	임은실			2	
TOPIK 1(대비반)	강명희			2	
문법 4	김보경			4	
작문 표현 4	김정아			4	
회화 4	최미경			4	
시청각 자료 청해 1	강명희			4	
기사 읽기 1	이효숙			4	
번역 1	김경미			4	
고전학 1	야니크 브흐네통			3	
고전문학 1	김미종			3	
사회과학과 인문학 1	플로헝슈 글래미시			3	
TOPIK 2(대비반)	김정아			2	
문법 6	김진옥			4	
작문 표현 6	강명희			4	
회화 6	김정아			4	
시청각 자료 청해 2	최미경			4	
기사 읽기 2	강명희			4	
번역 2	마리 오헝쥬 히브 라쌍			4	
고전학 2	야니크 브흐네통			3	
고전 문학 2	김미종			3	
사회과학과 인문학 2	피에르 에미뉘엘 루			3	

4. 한국연구센터 운영 현황

명칭	한국연구센터(CRC, Le Centre de Recherches sur la Corée)	
소속 기관	UMR8173: "Chine, Coree, Japon"	
참여 기관	프랑스국립연구기관(CNRS), 사회과학고등연구원(EHESS), 파리디드로(파리7)대학교	
설립 연도	2006년	
대표자	성명	직함
	이자벨 산쇼(Isabelle Sancho)	소장

5. 도서관 현황

도서관명	동아시아어문명학부(LCAO) 도서관
담당 사서	정희선
한국학 장서 보유량(부)	14,560

6. 동아시아학 현황

1) 일본학 프로그램 제공 형태	학사, 석사
2) 중국학 프로그램 제공 형태	학사, 석사, 기타(공자학원)

파리13대학교
University of Paris 13

1. 대학 개요

대학명(자국어)	Université Paris 13
설립 연도	1971년
소재 국가	프랑스
형태	국공립
대표자 성명 / 직위	장 피에르 아스트루크(Jean-Pierre Astruc) / 총장

2. 연락처

주소	영문 주소	99 av.Jean Baptiste Clément, Villetaneuse, France
	우편번호	93430
전화		+33-1-49-40-30-59
웹사이트		www.univ-paris13.fr

3. 기관 한국학 현황

1) 한국 관련 강좌 운영 현황

소속 학부	경제경영학부(Faculty of Economic Science and Management)	
한국학(어) 프로그램명	심화 과정: 한국어·영어(Reinforced Courses : Korean & English)	
개설 연도	2013년	
프로그램 대표자	성명	직함
	나탈리 레이 (Nathalie Rey)	디렉터
홈페이지	www.univ-paris13.fr/ecogestion	

2) 한국 관련 프로그램 제공 형태

비학위 과정		B.A. 선택 과목
학위 과정	B.A. (학사 과정)	기타 전공 내 한국학 프로그램(영어, 한국어 동시 선택 의무)

3) 한국학 교수진 : 2명

교수명	직위	전공 분야
조혜영		문학
이현재		경제학

4) 수강생 현황

한국어(학) 관련 강의 수강생 수 : 총 25명

5) 강좌 개설 현황

과목명	담당 교수	주당 수업 시간	수강생 수	학점	필수 / 선택
한국어 초급 1			13		
한국어 초급 2			12		

4. 한국연구센터 운영 현황
   - 없음

5. 동아시아학 현황

1) 일본학 프로그램 제공 형태	-
2) 중국학 프로그램 제공 형태	-

파리정치대학교(시앙스포)
Paris Institute of Political Studies

1. 대학 개요

설립 연도	1872년
소재 국가	프랑스
형태	사립
대표자 성명 / 직위	올리버 두하멜(Oliver Duhamel) / 총장

2. 연락처

주소	영문 주소	27 rue Saint Guillaume, Paris, France
	우편번호	75007
전화		+33-1-44-32-12-00
웹사이트		www.sciencespo.fr

3. 기관 한국학 현황

1) 한국 관련 강좌 운영 현황

소속 프로그램	유럽-아시아 프로그램(Programme Europe-Asie)	
소속 코스	언어코스(Cours de langues)	
한국학(어) 프로그램명	한국어 과정(Le cours de coréen)	
개설 연도	2006년	
프로그램 대표자	성명	직함
	플로레 보나방튀르 (Floreut Bonaventure)	책임자

2) 한국 관련 프로그램 제공 형태

학위 과정	B.A. (학사 과정)	한국어 전공
	M.A. (석사 과정)	한국어 전공

3) 한국학 교수진 : 3명

교수명	직위	전공 분야
최은숙		언어학
조혜영		문학
임준서		언어학

4) 수강생 현황

한국어(학) 관련 강의 수강생 수 : 총 60명

5) 강좌 개설 현황

과목명	담당 교수	주당 수업 시간	수강생 수	학점	필수 / 선택
한국어 초급 1, 2		6	35		
한국어 중급, 고급		6	25		

4. 한국연구센터 운영 현황

- 없음

5. 동아시아학 현황

1) 일본학 프로그램 제공 형태	학사, 석사, 박사
2) 중국학 프로그램 제공 형태	학사, 석사, 박사

헬싱키대학교
University of Helsinki

1. 대학 개요

대학명(자국어)	Helsingin Yliopisto
설립 연도	1640년
소재 국가	핀란드
형태	국공립
대표자 성명 / 직위	토마스 빌헬름손(Thomas Wilhelmsson) / 총장

2. 연락처

주소	영문 주소	PO Box 59 (Unioninkatu 38B), Helsinki, Finland
	우편번호	FIN-00014
전화		+358-(0)504482439
웹사이트		www.helsinki.fi

3. 기관 한국학 현황

1) 한국 관련 강좌 운영 현황

소속 학부	인문학부(Faculty of Arts)	
소속 학과	세계문화학과(Department of World Cultures)	
개설 연도	1928년	
프로그램 대표자	성명	직함
	김정영	교수
홈페이지	www.helsinki.fi/eastasia	

2) 한국 관련 프로그램 제공 형태

학위 과정	B.A. (학사 과정)	동아시아학 전공
	M.A. (석사 과정)	한국학 전공, 한국어 전공
	Ph.D. (박사 과정)	한국학 전공, 한국어 전공

3) 주요 연구 분야

• 언어, 역사, 문화, 정치, 경제, 사회 등

4) 한국학 교수진 : 2명

교수명	직위	전공 분야
김정영	교수	응용언어학
유하 얀후넨(Juha Janhunen)	교수	알타이어학

5) 수강생 현황

한국어(학) 관련 강의 수강생 수 : 총 46명

학사 1학년	학사 2학년	학사 3학년	학사 4학년	석사 1학년	석사 2학년	박사 과정	기타
20	10	10		5		1	

전공생 수

B.A.	M.A.	Ph.D.
10	3	1

※ 격년 신입생 선발(인원: 5명)

6) 강좌 개설 현황

과목명	담당 교수	주당 수업 시간	수강생 수	학점	필수 / 선택
한국어 1	김정영	4	20	10	필수
한국어 2	김정영	4	10	10	필수
한국어 3	김정영	4	10	10	필수
한국어 4	김정영	4	5	5	필수
한국의 정치·경제	유하 얀후넨			20	선택
한국 이데올로기	유하 얀후넨			20	선택

과목명	담당 교수	주당 수업 시간	수강생 수	학점	필수 / 선택
한국의 대중문화	유하 얀후넨			20	선택
한국의 문학과 예술	유하 얀후넨			20	선택
한국의 문화와 역사		2	10	5	선택

7) 한국 관련 활동

활동명	시기	상세 활동 내용
제8회 북유럽 일본·한국학 학술회의 (Conference of NAJAKS-Nordic Association of Japanese and Korean Studies)	2010. 8.	
한국의 날(Korea Day)	2012. 5.	주핀란드 대사관과 공동으로 한국의 근대 역사와 문화를 핀란드에 소개
제10회 유럽 한국학 대학원생 학술회의 (Korean Studies Graduate Students Conference in Europe)	2013. 7.	
제20회 국제한국언어학회(International Circle of Korean Linguistics) 개최	2017. 6.	
TOPIK		한국어능력시험 실시

8) 한국 관련 출판물

제목	형태	주요 내용
The lost languages of Koguryo	기타	Juha Janhunen, Journal of Inner and East Asian Studies, vol. 2, 2005
Tensification vs. Intervocalic Voicing in L2: The Production of Korean Stops by English and Finnish Speakers	단행본	김정연, Frontiers of Korean Language Acquisition, Saffron, 2006
Cultural meanings of community and market for Korean neighbourhood shop-keeping	기타	Antti Leppänen, Contemporary South Korean capitalism: its workings and challenges. Tikhonov, V. (ed.)., Unipub, 2010
L2 Korean Phonology: What matters in L2 pronunciation?	단행본	김정연, VDM Verlag Dr. Muller, 2010
The Ideology and Practice of "Jeong" and Ethnographic Research in Korea	기타	Leppanen, A., Academy of Korean Studies CEFIA Webzine, vol.82., 2011
Access and Repression in Korea	단행본	Taru Salmenkari, Lotta Aunio 공저, Studia Orientalia, 2011
The Answers: North Korea	단행본	Andrew Logie, Marshall Cavendish 공저, International Asia Pte Ltd, 2012

제목	형태	주요 내용
Second Language Acquisition: Phonology	기타	김정연, The Handbook of Korean Linguistics, Wiley Blackwell, 2015
Accessing the Audience Community: How Newspapers Connect with Audience Communities in Finland, Japan, and Korea	기타	Mikko Olavi Villi, 정주영 공저, International Journal on Media Management, 2015
Implications for Teaching the Korean Hearer Honorifics in Sweden and Finland	단행본	김정연, Stockholm University(Orientaliska Studier), 2016
Influential Factors in the L2A of – nita and– yo by Swedish and Finnish Speakers	기타	김정연, Journal of the International Association for Korean Language Education Vol.2, 2016
Beyond the Impasse in the Korean Question: North Korean Development and Inter–Korean Relations	기타	Barry Keith Gills, (Inter–Korean Relations and the Unification Process in Regional and Global Contexts) Columbia Law School Press, 2016

4. 한국연구센터 운영 현황

-없음

5. 도서관 현황

도서관명	헬싱키대학교 도서관(Helsinki University Library)
담당 사서	유하 렙파마키(Juha Leppämäki)
한국학 장서 보유량(부)	4,144

6. 동아시아학 현황

1) 일본학 프로그램 제공 형태	학사, 석사, 박사
2) 중국학 프로그램 제공 형태	학사, 석사, 박사

칼라바르대학교
University of Calabar

1. 대학 개요

설립 연도	1975년
소재 국가	나이지리아
형태	국공립
대표자 성명 / 직위	자나 이티운베 아크파구(Zana Itiunbe Akpagu) / 부총장

2. 연락처

주소	영문 주소	Cross River State, Nigeria
	우편번호	–
전화		+234-803-713-5335
웹사이트		www.unical.edu.ng

3. 기관 한국학 현황

1) 한국 관련 강좌 운영 현황

소속 센터	아시아아프리카학센터(Institute for African & Asian Studies)	
개설 연도	2017년	
	성명	직함
프로그램 대표자	크리스 이피아니 느와무 (Chris Ifeanyi Nwamuo)	센터장

2) 한국 관련 프로그램 제공 형태

비학위 과정	B.A. 선택 과목

3) 한국학 교수진 : 4명

교수명	직위	전공 분야
크리스 느와무	센터장	
자나 아크파구	부총장	외국어
프랜시스 앙그리(Francis Angrey)	강사	현대언어학
유게리아 느와바라(Eugeria Nwabara)	강사	사회인류학

4) 수강생 현황

한국어(학) 관련 강의 수강생 수 : 총 30명

학사 1학년	학사 2학년	학사 3학년	학사 4학년	석사 1학년	석사 2학년	박사 과정	기타
30							

4. 한국연구센터 운영 현황
  - 없음

5. 도서관 현황

도서관명	동아시아연구 도서관(East Asian Studies Library)
담당 사서	존 에크파(John Ekpa)
한국학 장서 보유량(부)	100

6. 동아시아학 현황

1) 일본학 프로그램 제공 형태	–
2) 중국학 프로그램 제공 형태	–

나이로비대학교

University of Nairobi

1. 대학 개요

설립 연도	1956년
소재 국가	케냐
형태	국공립
대표자 성명 / 직위	비주 라탄시(Vijoo Rattansi) / 총장

2. 연락처

주소	영문 주소	Harry Thuku Road, P.O. BOX 30197-00100 Nairobi, Kenya
	우편번호	–
전화		+254-726-978-645
웹사이트		www.uonbi.ac.ke

3. 기관 한국학 현황

1) 한국 관련 강좌 운영 현황

소속 단과대학	인문사회과학대학(College of Humanities and Social Sciences)	
소속 학과	언어학과(Department of Linguistics and Languages)	
개설 연도	2013년	
프로그램 대표자	성명	직함
	제인 오두어(Jane Oduor)	코디네이터
홈페이지	koreanstudies.uonbi.ac.ke	

2) 한국 관련 프로그램 제공 형태

비학위 과정		B.A. 선택 과목
학위 과정	B.A. (학사 과정)	한국학 전공

3) 한국학 교수진 : 6명

교수명	직위	전공 분야
박유진(Yuhjin Park)	KF 객원교수	한국어 교육
안나 므왕기(Anna Mwangi)	문학과 강사	문학
마스미 오다리(Masumi Odari)	문학과 선임강사	문학
길버트 와풀라(Gilbert Wafula)	사학과 강사	역사학
프레드 아토(Fred Atoh)	언어학과 강사	언어학
요세파트 기통가(Josephat Gitonga)	언어학과 강사	언어학

4) 수강생 현황

한국어(학) 관련 강의 수강생 수 : 총 58명

학사 1학년	학사 2학년	학사 3학년	학사 4학년	석사 1학년	석사 2학년	박사 과정	기타
	9	3	6				40

전공생 수

B.A.	M.A.	Ph.D.
7		

※ 매년 신입생 선발(인원: 10명)

5) 강좌 개설 현황

과목명	담당 교수	주당 수업 시간	수강생 수	학점	필수 / 선택
구두 표현과 청해	박유진	3	40	3	필수
한글 표기 체계 입문	박유진	3	40	3	필수
한국어 독해	박유진	3	9	3	필수
한국어 작문	박유진	3	9	3	필수
한국어 문법	박유진	3	3	3	필수
근대 한국 문학	마스미 오다리	3	6	3	필수
연구방법론	프레드 아토	3	6	3	필수
대화형 한국어	박유진	3	3	3	선택

6) 한국 관련 활동

활동명	시기	상세 활동 내용
우리 마을 안의 한국 (Korea in Our Village)	2016. 7.~12.	한국학 전공 학생들이 한국에 관심 있는 사람들과 대화하여 한국학을 홍보하고 나이로비 내 기관들을 방문하여 한국 문화를 전파함

7) 한국 관련 출판물

제목	형태	출판사, 출판연도
The Essay as a Handshake	단행본	University of Nairobi, 2012
Nairobi Speaks : Narratives of Urbanisation in Kenya	단행본	Three Angle Media, 2013
Seoul Speaks : Narratives of Urbanisation in Korea	단행본	Three Angle Media, 2013
Introducing Korean Studies in Kenya	논문	The Nairobi Journal of Literature, 2014
Kenya Meets Korea in Essays	단행본	University of Nairobi, 2015

4. 한국연구센터 운영 현황

- 없음

5. 도서관 현황

도서관명	조모 케냐타 기념 도서관(Jomo Kenyatta Memorial Library)
담당 사서	소피아 칸(Sophia Kaane)
한국학 장서 보유량(부)	449

6. 동아시아학 현황

1) 일본학 프로그램 제공 형태	-
2) 중국학 프로그램 제공 형태	학사, 기타(공자학원)

펠릭스우푸에부아니대학교
Felix Houphouet-Boigny University

1. 대학 개요

대학명(자국어)	Université Félix Houphouët-Boigny
설립 연도	1958년
소재 국가	코트디부아르
형태	국공립
대표자 성명 / 직위	아부 카라모코(Abou Karamoko) / 총장

2. 연락처

주소	영문 주소	Abidjan 01, Ivory Coast
	우편번호	01 BP V 34
전화		+225-4992-5597
웹사이트		univ-fhb.edu.ci

3. 기관 한국학 현황

1) 한국 관련 강좌 운영 현황

소속 단과대학	경제경영대학(College of Economic Sciences and Management)	
개설 연도	2015년	
프로그램 대표자	성명	직함
	우아타라 압둘라예 (Ouattara Abdoulaye)	학장

2) 한국 관련 프로그램 제공 형태

비학위 과정		M.A. 선택 과목
학위 과정	M.A. (석사 과정)	한국학 전공

3) 한국학 교수진 : 1명

교수명	직위	전공 분야
황희영	KF 객원교수	경제

4) 수강생 현황

한국어(학) 관련 강의 수강생 수 : 총 25명

전공생 수

B.A.	M.A.	Ph.D.
	15	

※ 매년 신입생 선발

5) 강좌 개설 현황

과목명	담당 교수	주당 수업 시간	수강생 수	학점	필수 / 선택
한국 비즈니스 관행: 케이스 스터디	황희영	4	35	3	필수
한국 농촌 경제	황희영	3	30	3	필수
경제 정책 만들기	황희영	3	25	3	필수
한국 경제사	황희영	3	25	3	필수

6) 한국 관련 활동

활동명	시기	상세 활동 내용
세미나	2015. 3.	한국 농촌 경제에 대한 특별 세미나 시리즈
한국 장학금 소개	2015. 3.	석사 과정 학생 대상 한국 정부 장학금 설명회 개최
한국 대학교 파트너십	2015. 7.	숙명여자대학교와 파트너십 체결
특별 강의	2015~2016	경제·경영대 학생들을 대상으로 대한민국의 경제 발전에 대한 특강 개최
한국어 강좌 개설	2015. 11.~2016. 5.	코트디부아르 최초로 경제·경영대 학생들을 대상으로 한국어 강좌(2개, 비학점) 개설. 국립국제교육원에서 한국어 강좌를 위한 도서 100부 기증
KF 인사 초청	2015. 12.	KF 초청으로 티토 티에이(Tito Tiehi) 경제·경영대 부학장 방한
컴퓨터 기증	2016. 2.	한국정보화진흥원에서 컴퓨터 150대 기증

4. 한국연구센터 운영 현황

- 없음

5. 도서관 현황

도서관명	펠릭스우푸에부아니대학교 도서관
한국학 장서 보유량(부)	270

6. 동아시아학 현황

1) 일본학 프로그램 제공 형태	–
2) 중국학 프로그램 제공 형태	–

극동연방대학교
Far Eastern Federal University

1. 대학 개요

설립 연도	1899년
소재 국가	러시아
형태	국공립
대표자 성명 / 직위	세르게이 이바네츠(Sergey V. Ivanets) / 총장

2. 연락처

주소	영문 주소	8 Sukhanova St., Vladivostok, Russia
	우편번호	690090
전화		+8-800-555-0888
웹사이트		www.dvfu.ru

3. 기관 한국학 현황

1) 한국 관련 강좌 운영 현황

소속 학부	지역학국제학대학 동양학부 (Institute of Oriental Studies-School of Regional and International Studies)	
소속 센터	한국학과(Department of Korean Studies)	
개설 연도	2010년	
프로그램 대표자	성명	직함
	이고르 톨스토쿨라코프 (Igor Tolstokulakov)	교수, 한국연구센터장
홈페이지	www.dvfu.ru/schools/school_of_regional_and_international_studies/ structure/centre_of_korean_studies	

2) 한국 관련 프로그램 제공 형태

학위 과정	B.A. (학사 과정)	한국학 전공
	M.A. (석사 과정)	한국학 전공
	Ph.D. (박사 과정)	동아시아학 전공

3) 주요 연구 분야

- 한국사, 한국 경제, 한국어학

4) 한국학 교수진 : 15명

교수명	직위	전공 분야
이고르 톨스토쿨라코프	교수, 한국연구센터장	한국사, 한국 문화
스타이치코프(Starichkov A.)		한국 지리
코클라(Koukla M.)		한국 정치
예르몰라에바(Ermolaeva E.)		한국 경제
그루즈데프(Gruzdev A.)		한국 경제
유소프(Yusov I.)		한국사
Park K.		한국어
파르호멘코(Parkhomenko S.)		한국어
로우트(Roud N.)		한국어
데르유기나(Deryugina T.)		한국어
시렌코(Sirenko O.)		한국어
Son T.		한국어
아쿨렌코(Akulenko V.)		한국어
모스카렌코(Moskalenko Yu.)		한국 문학
치라모프(Chihramov K.)		한국 문학

5) 수강생 현황

한국어(학) 관련 강의 수강생 수 : 총 165명

학사 1학년	학사 2학년	학사 3학년	학사 4학년	석사 1학년	석사 2학년	박사 과정	기타
49	39	35	34		7	1	

전공생 수

B.A.	M.A.	Ph.D.
157	7	1

※ 매년 신입생 선발(인원: 40명)

6) 강좌 개설 현황

과목명	담당 교수	주당 수업 시간	수강생 수	학점	필수 / 선택
학사 과정생을 위한 한국어			157		
석사 과정생을 위한 한국어			7		
한국어 역사			15		
번역 이론(한국어)			34		
한국어 형식			12		
한국어 문구			12		
한국어학 입문			12		
한국어 어휘론			8		
비즈니스 한국어			34		
한국 자연지리학			49		
한국 역사학과 사료			7		
한국 문화사			34		
한국사에서의 근대화			11		
한국 경제			39		
러시아 극동 한인들			11		
한국시 실제 문제			24		
한국 사회 정치 사상 역사			11		
한국 종교사			24		
한국사			34		
한국 사회 정치 체계			35		
한국 문학사			27		
한국 민족학			49		
한국 고고학			7		
러시아 극동에서 러-한 협력			27		

유라시아

해외 한국학 대학별 상세 현황

7) 한국 관련 활동

활동명	시기	상세 활동 내용
"나의 한국" 에세이	2015. 11.	중고등학생 대상 말하기, 글짓기 대회
국제 한국학 학술 대회 "변화하는 세계에서 러시아와 한국: 정치, 경제, 문화"	2016. 5.	국제 과학 컨퍼런스
한국 문화의 날	2016. 5.	한국 문화 소개

8) 한국 관련 출판물

제목	형태	주요 내용
Korean Studies at FEFU. Vol. 1	단행본	역사와 문화(저자: 아쿨렌코). 한국 민족학의 문제에 대한 남한 역사학자의 민족주의적 이데올로기 반영
New Wave of Korean Studies at FEFU	기타	보스턴(Boston M.) 지음

4. 한국연구센터 운영 현황

명칭	한국연구센터(Center for Korean Researches)	
소속 기관	지역학국제학대학 동양학부	
설립 연도	1999년	
대표자	성명	직함
	이고르 톨스토쿨라코프	한국연구센터장

5. 도서관 현황

도서관명	극동연방대학교 한국학과 자료실
담당 사서	타티아나 악세노바(Tatiana Aksenova)
한국학 장서 보유량(부)	7,916

6. 동아시아학 현황

1) 일본학 프로그램 제공 형태	–
2) 중국학 프로그램 제공 형태	학사, 석사, 박사, 기타(공자학원)

노보시비르스크국립대학교
Novosibirsk State University

1. 대학 개요

설립 연도	1958년
소재 국가	러시아
형태	국공립
대표자 성명 / 직위	미하일 페도루크(Mikhail Fedoruk) / 총장

2. 연락처

주소	영문 주소	1 Pirogova Str, Novosibirsk-90, Russia
	우편번호	630090
전화		+7-(383)-363-42-92, +7-(383) 363-43-33
웹사이트		www.nsu.ru

3. 기관 한국학 현황

1) 한국 관련 강좌 운영 현황

소속 학부	인문대학	
소속 학과	동양학과	
개설 연도	1997년	
프로그램 대표자	성명	직함
	보이티쉑 엘레나, 크리보쇼프킨 안드레이	동양학과장, 고고학 민속학 학과장
홈페이지	education.nsu.ru/oriental_studies, education.nsu.ru/history	

2) 한국 관련 프로그램 제공 형태

비학위 과정		B.A. 선택 과목
학위 과정	B.A. (학사 과정)	동아시아학 전공
	M.A. (석사 과정)	기타 전공 내 한국학 프로그램(전공명: 고고학, 민속학)
	Ph.D. (박사 과정)	기타 전공 내 한국학 프로그램(전공명: 고고학, 민속학)

3) 주요 연구 분야

• 역사, 고고학, 민속학, 예술 역사, 언어학 및 문학

4) 한국학 교수진 : 8명

교수명	직위	전공 분야
세르게이 알킨(Sergei Alkin)		민속학, 역사학
블라디미르 아흐메토브		민속학, 역사학
마리야 비트첸코		역사학
김금미		인류학
에카테리나 로세바		문학
나시마 니콜라에바		민속학, 역사학
안톤 솨므린		역사학
안나 쉬마코바		역사학

5) 수강생 현황

한국어(학) 관련 강의 수강생 수 : 총 46명

학사 1학년	학사 2학년	학사 3학년	학사 4학년	석사 1학년	석사 2학년	박사 과정	기타
12	11	14	6		2	1	

전공생 수

B.A.	M.A.	Ph.D.
43	2	1

※ 매년 신입생 선발(인원: 10~12명)

6) 강좌 개설 현황

과목명	담당 교수	주당 수업 시간	수강생 수	학점	필수 / 선택
한국의 사료 및 역사학		14	28		
한국과 만주의 역사와 문화에 대한 특별 세미나		14	15		
한국사		14	32		
러시아 내 한국학 역사		14	23		
20세기 한반도 국가 정치 체계		14	28		
한국사 실제 문제		14			
극동 국가 역사(한국 부분)		14	12		
한국 경제 지리		14	55		
한글 학습을 위한 한자		14	23		
한국 문학		14	50		

7) 한국 관련 활동

활동명	시기	상세 활동 내용
언어 경연 참가	매년	모스크바 올림피아드 및 콩쿠르, 노보시비르스크 콩쿠르
노보시비르스크국립대학교 국제 학생 학술 컨퍼런스	매년	2~4학년 학생 참가, 석사생 발표, 논문 발행
러시아한국학대학연합(RAUK) 및 러시아 과학아카데미연구소들에서 개최된 박사 및 교원 학술 컨퍼런스에 참여		러시아 과학아카데미 시베리아 분과 고고학 및 민속학연구소와 다른 연구소 학술 연구, 박사 논문 준비를 위한 주제 선정과 관계된 보고서 및 투고(논문) 주제 선정

4. 한국연구센터 운영 현황

명칭	한국학연구센터(NSU Center for Korean Studies)	
소속 기관	노보시비르스크국립대학교 인문대학	
설립 연도	2008년	
대표자	성명	직함
	세르게이 알킨	소장

5. 동아시아학 현황

1) 일본학 프로그램 제공 형태	학사
2) 중국학 프로그램 제공 형태	학사, 기타(공자학원)

러시아고등경제대학교-모스크바

National Research University Higher School of Economics, Moscow

1. 대학 개요

설립 연도	1992년
소재 국가	러시아
형태	국공립
대표자 성명 / 직위	야로슬라프 쿠즈미노프(Yaroslav Kuzminov) / 총장

2. 연락처

주소	영문 주소	Room 308, 17/1 Malaya Ordynka Str., Moscow, Russia
	우편번호	119017
전화		+7-(495)-772-9590 ext. 22792
웹사이트		www.hse.ru

3. 기관 한국학 현황

1) 한국 관련 강좌 운영 현황

소속 학부	동양학부(School of Asian Studies)	
소속 학과	한국학과(Korean Studies Unit)	
개설 연도	2011년	
프로그램 대표자	성명	직함
	알렉세이 마슬로프 (Aleksey A. Maslov)	학과장
홈페이지	oriental.hse.ru/en/	

2) 한국 관련 프로그램 제공 형태

비학위 과정		B.A. 선택 과목, M.A. 선택 과목
학위 과정	B.A. (학사 과정)	동아시아학 전공

3) 주요 연구 분야

- 남북한 역사·정치·경제·사회·문화

4) 한국학 교수진 : 5명

교수명	직위	전공 분야
김 나탈리아(Kim Natalia)	조교수	한국 현대사, 국제 관계와 외교 정책의 역사
손 잔나(Son Janna)	조교수	고려인의 역사, 한국어
바클라노바 마리아(Baklanova Maria)	튜터	한국어
유주연(Juyoun Yu)	튜터	한국어
호흘로바 엘레나(Khokhlova Elena)	강사	한국어, 한국 미술

5) 수강생 현황

한국어(학) 관련 강의 수강생 수 : 총 118명

학사 1학년	학사 2학년	학사 3학년	학사 4학년	석사 1학년	석사 2학년	박사 과정	기타
31	45	22	20				

전공생 수

B.A.	M.A.	Ph.D.
118		

※ 매년 신입생 선발

6) 강좌 개설 현황

과목명	담당 교수	주당 수업 시간	수강생 수	학점	필수 / 선택
한국어	바클라노바 마리아, 유지연, 손 잔나	16	118		필수
한국사	김 나탈리아	6	76		필수
한국 정치 체계	김영운(시간강사)	4	22		필수
한국 경제 발전	자하로바 류드밀라밀라(시간강사)	4	42		필수
한국 문화	호흘로바 엘레나, 손 잔나	8	76		필수

7) 한국 관련 활동

활동명	시기	상세 활동 내용
한국 현대사 특강	2016. 2.	뉴시스 노찬현 특파원(미국) 특강
대학생 라운드테이블	2016. 3.	"한국과 북한: 현 도전과 발전 전략"
대중 강연	2016. 4.	폴란드 미트스케비치대학교(Mitskevich University)의 파벨 키다 (Pavel Kida)의 대중 강연. 주제: 한-영, 한-러 번역의 이론과 실습
스피치 콘테스트	2016. 12.	KOTRA(모스크바), 고등경제대학교 주최
스피치 콘테스트	2016. 12.	KF 스피치 콘테스트, 고등경제대학교 주최. "러-한 관계에 대한 새로운 시각"
대학생 라운드테이블	2016. 12.	한국 문화에 대하여
대학생 라운드테이블	2017. 3.	한국 근현대사 실제 문제에 대하여
강연	2017. 4.	오스트레일리아대학교(Australian University)의 로버트 윈텐레이-체스터스(Robert Winstenley-Chesters)의 북한 연구에 대한 강연
특강	2017. 5.	경희대 라종일 교수 특강. 주제: 한일 관계에 대한 새로운 전망

8) 한국 관련 출판물

제목	형태	주요 내용
Gender Politics and Nation-Building: Constructing a New Image of Femininity in North Korea(1945-1957)	논문	Kim N.
New Nationalism and New Democracy: Assessing An Jae-hong's Legacy	기타	Kim N. 29.09.2015 "Sino-NK"의 전자 저널
South Korea 1945-1948: A Political History	단행본	Oriental literature Publishing Comp., 2015
On the Meaning of the Term Chingyongsansuhwa	기타	Khokhlova E. CEESOK Journal of Korean Studies. 2016. No. 16 (in English)
Evolution of Women Status in Korea: from Traditional Society to Modern.	기타	Kim N. N.·Khokhlova E.A., Orient, 2016, Vol. 6. (In Russian)

4. 한국연구센터 운영 현황
- 없음

5. 도서관 현황

한국학 장서 보유량(부)	100

6. 동아시아학 현황

1) 일본학 프로그램 제공 형태	학사, 석사
2) 중국학 프로그램 제공 형태	학사, 석사

러시아고등경제대학교-상트페테르부르크

National Research University Higher School of Economics, Saint Petersburg

1. 대학 개요

설립 연도	1997년
소재 국가	러시아
형태	국공립
대표자 성명 / 직위	야로슬라프 쿠즈미노프(Yaroslav Kuzminov) / 총장

2. 연락처

주소	영문 주소	Soyuza Pechatnikov Str., 16, Saint Petersburg, Russia
	우편번호	190121
웹사이트		spb.hse.ru

3. 기관 한국학 현황

1) 한국 관련 강좌 운영 현황

소속 단과대학	사회과학인문대학(School of Social Sciences and Humanities)	
소속 학과	아시아·아프리카학과(Department of Asian and African Studies)	
개설 연도	2014년	
프로그램 대표자	성명	직함
	예브게니 젤레네프 (Evgeny Zelenev)	학과장
홈페이지	sh.spb.hse.ru/en/daas/	

2) 한국 관련 프로그램 제공 형태

비학위 과정		B.A. 선택 과목, M.A. 선택 과목
학위 과정	B.A. (학사 과정)	한국어 전공, 부전공

3) 한국학 교수진 : 5명

교수명	직위	전공 분야
이상윤	부교수	
김환	부교수	
파울리나(Paulina N. C.)	조교수	
마리아(Maria A. A.)	전임강사	
김광일	KF 객원교수	

4) 수강생 현황

전공생 수

B.A.	M.A.	Ph.D.
50(전공: 30 부전공: 20)		

4. 한국연구센터 운영 현황

- 없음

5. 동아시아학 현황

1) 일본학 프로그램 제공 형태	–
2) 중국학 프로그램 제공 형태	–

유라시아

러시아국립인문대학교

Russian State University for the Humanities

1. 대학 개요

설립 연도	1930년
소재 국가	러시아
형태	국공립
대표자 성명 / 직위	예브게니 이바흐넨코(Evgeny Ivakhnenko) / 총장

2. 연락처

주소	영문 주소	Miusskaya pl., 6/1, GSP-3, Moscow, Russia
	우편번호	125993
전화		+7-495-250-61-83
웹사이트		www.rggu.com

3. 기관 한국학 현황

1) 한국 관련 강좌 운영 현황

소속 연구소	동양고전학연구소(Institute for Oriental and Classical Studies)	
소속 학과	극동언어역사학과(Department of History and Philology of the Far East)	
개설 연도	2005년	
프로그램 대표자	성명	직함
	스타로스틴 게오르기 세르기비치 (Starostin Georgiy Sergeevich)	학과장
홈페이지	ivka.rsuh.ru	

2) 한국 관련 프로그램 제공 형태

학위 과정	B.A. (학사 과정)	동아시아학 전공

3) 주요 연구 분야

• 한국어, 한국어 역사, 문법학, 한국 문화, 한국 역사, 한문, 중급 한국어, 한자

4) 한국학 교수진 : 5명

교수명	직위	전공 분야
아르테모바 아나스타샤 알렉세에브나		한국어, 한자교육학
브레찰로바 에브게니야 블라디미로브나		한국어 교육
콘드라티에바 엘레나 니콜라에브나		한국어, 한국사, 한국어 교육
로구노바 에카테리나 세르게에브나		한국어 교육
체스노코바 나탈리야 알렉세에브나		한국어 교육

5) 수강생 현황

한국어(학) 관련 강의 수강생 수 : 총 13명

학사 1학년	학사 2학년	학사 3학년	학사 4학년	석사 1학년	석사 2학년	박사 과정	기타
	11					2	

전공생 수

B.A.	M.A.	Ph.D.
11		2

6) 강좌 개설 현황

과목명	담당 교수	주당 수업 시간	수강생 수	학점	필수 / 선택
기초 한국어 + 한자			11		
중급 한국어			11		
한국 역사			11		
한국 역사 입문			11		

7) 한국 관련 활동

활동명	시기	상세 활동 내용
국제 학술회의 "유럽 내 전근대 한국학: 결과, 프로젝트와 전망"	2016. 1.	프랑스 파리 개최. 콘드라티에바 참가
제20회 러시아 CIS 한국학자 국제 학술 대회 "변혁기의 한반도"	2016. 3.	모스크바 개최, 극동연구소. 체스노코바 참가 및 논문 발표(RISC 등록 발행)
제4회 국제 차세대 한국학자 학술회의 "한국학에서의 젊은 세대"	2016. 4.	모스크바 개최, 모스크바국립대학, 아시아아프리카연구소. 체스노코바 참가
국제 대학생 세미나 "한국에서의 러시아, 러시아에서의 한국"	2016. 5.	러시아국립인문대학교 개최
"비서구권 사회에서의 권력과 폭압"	2016. 5.	제2회 국제 학술 대회
"극동 문학의 문제들"	2016. 6.	제7회 국제 학술회의
KF 박사 과정생 한국 문학 워크숍 참가	2016. 7.	체스노코바 "택리지 1751년" 논문 발표
한국학 전공 대학원생 논문 발표(KSGSC)	2016. 9.	한국학 국제 학술회의 참가
제11회 러시아한국학대학협의회 회의	2016. 10.	회의 참석
KF 차세대 지도자 초청 사업		

8) 한국 관련 출판물

제목	형태	주요 내용
외국어 교육 교재로 대외 관계의 한국 중세 시기 반영; 첩해신어(捷解新語)(1676년) 연구	기타	콘드라티에바; 중세 한국의 대외 정책 분석. 한국 국가 기관에서 일본어 통역관을 위해 17세기 말에 2개 국어로 작성한 『첩해신어』를 예로 외국인들과의 만남과 관계 형성에 관한 다양한 방법들을 반영
수행자들의 묵언: 수동적 비판의 전통	기타	("한국학의 젊은 세대" 제4회 한국학 차세대 국제 학술회의) 모스크바국립대, 2016 체스노코바; "택리지 1751년" 분석; 한국어 문학 작품들을 러시아어로 분석
18세기 정당 간 투쟁의 정점으로서의 1722년의 대량 학살	논문	(비서구권 사회의 권력과 폭압: 첨예한 문제들의 연구: 논문집) / 감수 루키야노프 G. B., 라비닌 A. L., 아르토미에브 I. A. 체스노코바; 고등경제대학 제2회 국제 학술회의 "비서구권 사회에서의 권력과 폭압
외면할 것인가 아니면 이해할 것인가? 19세기 말, 20세기 초 한국 풍수지리에 대한 서구 선교사들의 시각	논문	(러시아한국학술집 7호, 모스크바, 2015 동양학술문학집), 2016년 체스노코바; 최초 서구 선교사들의 한국 풍수지리설에 대한 관점 연구
소수 그룹에서 지역학 강좌를 강의하는 게임 이론(방법)	논문	"컨셉" 학술 방법 전자 잡지, 2016년, 체스노코바; 2012~2016년간 지역학 강의 관련 게임 방법에 대해 기술

제목	형태	주요 내용
Risunki tush'yu. Koreiskaya klassicheskaya poesiya na kitaiskom yazyke by Guryeva Anastasia A., Zhdanova Larisa V., Krol' Yury L., Men'shiko v Lev N., Trotsevich Adelaida F.에 대한 비평	기타	체스노코바; "묵화(墨畵). 한자로 쓰여진 한국 고시(古詩)" 논문집에 대한 비평(평론) / 중국어에서의 번역본, 구리에바 A. A., 취다노바 L. B., 크롤리 Y. L., 멘쉬코프 L. N., 트로쩨비치 A. F., 대표 감수인 트로쩨비치 A. F. / 상트페테르부르크, 히페리온 출판사 2015년, 160쪽(한국문학황금재단 9호)
수행자들 개인의 도덕적 자율성과 "내면적 이주"	논문	체스노코바; 한국 수행자들의 콘셉트와 선택된 수행자가 되어야 했던 사유 연구
"택리지, 1751년: 구성 의식의 재구성"	논문	체스노코바; 『택리지』에 대한 이중환의 해설을 분석하고 본문 구성 재구성. 니키티나 M. I.(1930~1999)의 제안과 재구성 역학 구조 연구 기술
Korean Ethnic Features of the "Self-Image" in Yi Chung-hwan's "T'aengniji"(1751) // Korean Literature Workshop for Overseas Doctoral Students, 5~10 July 2016. Seoul, SomersetPalace	기타	체스노코바; 민족 정체성의 출현에 기여하고, 지적 한국인들의 세계관 형성에 기여한 세계사에서 중세 한국의 기본 요소들을 연구
고귀한 남편의 "내면 이주": 한국에서의 수행자들의 전통	기타	체스노코바; "고귀한 남편의 길"을 보존하는 가능한 방법들 중 하나로서 수행자의 콘셉트 연구
미래 한국인들의 잠재적 결정 요인의 출현 장소로서의 고정관념과 지역주의	논문	체스노코바; 토지와 미래 인간의 관계에 관한 중세와 현대의 사상
한 작품의 20가지 제목: 이중환의 단일 저작물에 대한 제목 일원화의 문제	논문	체스노코바; 이중환의 작품에 대한 20가지 제목 연구

4. 한국연구센터 운영 현황
- 없음

유라시아

5. 도서관 현황

도서관명	러시아국립인문대학 동양고전문화대학 극동 역사 및 문헌학과 도서관
담당 사서	크류코바 올가, 트로피모바 엘레나
한국학 장서 보유량(부)	200

6. 동아시아학 현황

1) 일본학 프로그램 제공 형태	학사, 석사
2) 중국학 프로그램 제공 형태	학사, 석사, 기타(공자학원)

러시아외교아카데미

Diplomatic Academy of Russian Foreign Ministry

1. 대학 개요

설립 연도	1934년
소재 국가	러시아
형태	국립
대표자 성명 / 직위	예브게니 바즈하노프(Evgeny P. Bazhanov) / 원장

2. 연락처

주소	영문 주소	Ostozhenka 53/2, stroenie 1, Moscow, Russia
	우편번호	119021
전화		+7-499-940-13-56
웹사이트		www.dipacademy.ru

3. 기관 한국학 현황

1) 한국 관련 강좌 운영 현황

소속 단과대학	사회과학대학(Social Sciences)	
소속 학부	국제관계학부(Faculty of International Relations)	
개설 연도	2016년	
프로그램 대표자	성명	직함
	자카우르체바 타티아나 (Zakaurtseva Tatiana)	부원장

2) 한국 관련 프로그램 제공 형태

학위 과정	B.A. (학사 과정)	한국어 전공

3) 한국학 교수진 : 1명

교수명	직위	전공 분야
예브게니 이바노비치(Evgeny Ivanovic)	교수	한국어

4) 수강생 현황

한국어(학) 관련 강의 수강생 수 : 총 6명

학사 1학년	학사 2학년	학사 3학년	학사 4학년	석사 1학년	석사 2학년	박사 과정	기타
6							

전공생 수

B.A.	M.A.	Ph.D.
6		

5) 강좌 개설 현황

과목명	담당 교수	주당 수업 시간	수강생 수	학점	필수 / 선택
외국어로서의 한국어	예브게니 이바노비치	12	6	5	

6) 한국 관련 활동

활동명	상세 활동 내용
한국-러시아 포럼	컨퍼런스, 심포지엄, 출판

4. 한국연구센터 운영 현황
- 없음

5. 도서관 현황

도서관명	중앙도서관(Central Library)
담당 사서	톨카체바(Tolkacheva J.)
한국학 장서 보유량(부)	106

6. 동아시아학 현황

1) 일본학 프로그램 제공 형태	학사
2) 중국학 프로그램 제공 형태	학사

로모노소프 모스크바국립대학교
Lomonosov Moscow State University

1. 대학 개요

설립 연도	1755년
소재 국가	러시아
형태	국공립
대표자 성명 / 직위	빅토르 안토노비치 사도브니치(Victor Antonovich Sadovnichy) / 총장

2. 연락처

주소	영문 주소	Mokhovaya str., 11, Moscow, Russia
	우편번호	103009
전화		+7-916-115-1123
웹사이트		www.msu.ru

3. 기관 한국학 현황

1) 한국 관련 강좌 운영 현황

소속 학부	아시아아프리카학부	
소속 학과	동남아시아·한국·몽골어문학과	
개설 연도	1956년	
프로그램 대표자	성명	직함
	이리나 카사트키나(Irina Kasatkina)	학과장
홈페이지	www.icfks.narod.ru	

2) 한국 관련 프로그램 제공 형태

학위 과정	B.A. (학사 과정)	한국학 전공
	M.A. (석사 과정)	한국학 전공
	Ph.D. (박사 과정)	한국학 전공

3) 주요 연구 분야

• 한국어 문학, 경제학, 역사학, 정치학

4) 한국학 교수진 : 8명

교수명	직위	전공 분야
이리나 카사트키나	학과장	한국 문학
정인순(Insoon Chung)		러시아어학
펜튜호바(V. Pentyukhova)		한국사
안드리아노프(V. Andrianov)		한국 경제
보즈드비젠스키(A. Vozdvizhensky)		한국 경제
아스몰로프(K. Asmolov)		한국사
하지조바(K. Khazizova)		한국사
포가다예바(A. Pogadayeva)		한국 문학

5) 수강생 현황

한국어(학) 관련 강의 수강생 수 : 총 45명

학사 1학년	학사 2학년	학사 3학년	학사 4학년	석사 1학년	석사 2학년	박사 과정	기타
10	8	7	11	6		3	

전공생 수

B.A.	M.A.	Ph.D.
36	6	3

※ 매년 신입생 선발

6) 강좌 개설 현황

과목명	담당 교수	주당 수업 시간	수강생 수	학점	필수 / 선택
한국어 초급(1학년)	펜튜호바, 정인순	14	10		필수
한국어 중급(2학년)	카사트키나, 정인순, 펜튜호바	14	8		필수
한국어 회화(3학년)	카사트키나, 정인순	12	9		필수
한러/러한 번역 실습(4학년)	카사트키나, 정인순	8	11		필수
한국어(석사 과정 1년차)	카사트키나, 정인순	8	4		필수
한국어(석사 과정 2년차)	카사트키나, 정인순	6	3		필수
한자(1학년)	카사트키나	2	10		필수
한자(2학년)	카사트키나	2	8		필수
한국 문학(1학년)	카사트키나	2	10		필수
한국 문학(2학년)	카사트키나	2	8		필수
한국 문학(3학년)	카사트키나	2	9		필수
한글 맞춤법 특강	정인순	2	8		필수
한국어 문법	정인순	2	8		필수
한국 종교	하지조바	2	9		필수
한국 경제 및 지리	보즈드비젠스키	2	10		필수
한국 민속학	하지조바	2	10		필수
한국학 연구 세미나	안드리아노프	2	11		필수
한국의 사회 정치 발전 역사	아스몰로프	2	8		필수
한국 역사	하지조바	2	9		필수
한국 정치	아스몰로프	2	11		필수

7) 한국 관련 활동

활동명	시기	상세 활동 내용
러시아 전국 한국어 교수 학술 세미나	2004년 이후 격년으로	러시아 전국에서 한국학과 및 한국어 과정이 개설된 대학의 교수들이 모여 세미나 개최
학술지 『러시아 한국학』 발간	매년	러시아 한국학자들의 논문 학술지 발간
차세대 한국학자 학술 세미나		한국학 전공자들이 모여 세미나 개최
한국학 도서관 운영		KF 및 기타 한국 기관들이 기증한 도서들을 모아 도서관 운영

8) 한국 관련 출판물

제목	형태	주요 내용
러시아 한국학	기타	

4. 한국연구센터 운영 현황

명칭	국제한국학센터(International Center for Korean Studies)	
소속 기관	로모노소프 모스크바국립대학교 아시아아프리카학부	
설립 연도	1992년	
대표자	성명	직함
	이리나 카사트키나	소장

5. 도서관 현황

도서관명	국제한국학센터 한국학도서관
담당 사서	예카테리나 보스트리코바
한국학 장서 보유량(부)	4,600

6. 동아시아학 현황

1) 일본학 프로그램 제공 형태	학사, 석사, 박사, 기타(일본문화원)
2) 중국학 프로그램 제공 형태	학사, 석사, 박사, 기타(공자학원)

모스크바국립국제관계대학교

Moscow Institute of International Relations(MGIMO)

1. 대학 개요

설립 연도	1944년
소재 국가	러시아
형태	국공립
대표자 성명 / 직위	아나톨리 토르쿠노프(Anatoly Torkunov) / 총장

2. 연락처

주소	영문 주소	Vernadskogo aw 76, Moscow, Russia
	우편번호	119454
전화		+7-499-4313096
웹사이트		www.mgimo.ru

3. 기관 한국학 현황

1) 한국 관련 강좌 운영 현황

소속 학과	동양학과(Department of Oriental studies)	
개설 연도	1954년	
프로그램 대표자	성명	직함
	발레리 수히닌(Valery Sukhinin)	부교수

2) 한국 관련 프로그램 제공 형태

학위 과정	B.A. (학사 과정)	기타 전공 내 한국학 프로그램(전공명: 지역학)
	M.A. (석사 과정)	기타 전공 내 한국학 프로그램(전공명: 지역학)
	Ph.D. (박사 과정)	기타 전공 내 한국학 프로그램(전공명: 국제관계학)

3) 한국학 교수진 : 8명

교수명	직위	전공 분야
발레리 수히닌	부교수	한국어학, 한반도 정치 상황
일리야 디아치코프(Iliya Diachkov)		한국어학, 한반도 정치 상황의 역사
야로슬로바 파쿨로바(Yaroslowa Pakulova)	선임교원	한국어학
안나 신야코바(Anna Sinyakova)		한국어학, 한국 경제
이츠하난(M. Itshkhanyan)	선임교원	한국어학
보론초프(A. Vorontsov)		한국사
토로라야(G. Toloraya)	교수	한국 경제
자하라로바(L. Zakharaova)		한국 경제

4) 수강생 현황

한국어(학) 관련 강의 수강생 수 : 총 47명

학사 1학년	학사 2학년	학사 3학년	학사 4학년	석사 1학년	석사 2학년	박사 과정	기타
7	6	7	18	5	4		

전공생 수

B.A.	M.A.	Ph.D.
38	9	

5) 강좌 개설 현황

과목명	담당 교수	주당 수업 시간	수강생 수	학점	필수 / 선택
지역학			7		
한반도 정치 체계			6		
한국 경제			7		
한국사			6		
한국어			64		

6) 한국 관련 활동

활동명	시기	상세 활동 내용
북한 학생들과 우정의 날	2015	
한국 클럽 행사		정기적으로 개최
MGIMO-IFANS(외교안보연구원) 학술회의		연례행사
MGIMO-CIIS(중국국제문제연구원)-IFANS 학술회의		연례행사
한국 대학 교환학생 프로그램		매년 학생 2~10명 참여

4. 한국연구센터 운영 현황
 - 없음

5. 도서관 현황

도서관명	MGIMO 도서관(MGIMO Library)
담당 사서	마리나 레세트니코바(Marina Reshetnikova)
한국학 장서 보유량(부)	1,838

6. 동아시아학 현황

1) 일본학 프로그램 제공 형태	–
2) 중국학 프로그램 제공 형태	–

모스크바국립외국어대학교
Moscow State Linguistic University

1. 대학 개요

설립 연도	1930년
소재 국가	러시아
형태	국공립
대표자 성명 / 직위	이고르 마노킨(Igor Manokhin) / 총장

2. 연락처

주소	영문 주소	Ostozhenka 38, Moscow, Russia
	우편번호	119034
전화		+8-495-637-5597
웹사이트		www.linguanet.ru

3. 기관 한국학 현황

1) 한국 관련 강좌 운영 현황

	성명	직함
소속 학부	번역학부, 국제관계 및 사회정치연구소	
소속 학과	동양언어학과	
개설 연도	1990년	
프로그램 대표자	포홀코바 에카테리나 아나톨리에브나 (Pokholkova Ekaterina Anatolievna)	학과장

2) 한국 관련 프로그램 제공 형태

비학위 과정		B.A. 선택 과목, M.A. 선택 과목
학위 과정	B.A. (학사 과정)	동아시아학 전공, 기타 전공 내 한국학 프로그램(전공명: 문화학, 통번역학)

3) 주요 연구 분야

- 언어학, 언어이론학, 번역학, 문학, 어휘론, 문화, 문화학

4) 한국학 교수진 : 5명

교수명	직위	전공 분야
포홀코바 에카테리나 아나톨리에브나	학과장	아시아아프리카언어학
솔다토바 마리야 바실리에브나		한국 문학
노지윤		러시아어 문학
두디노바 안나 알렉산드로브나		문화학, 문학
셀레즈네바 다리야		언어학

5) 수강생 현황

한국어(학) 관련 강의 수강생 수 : 총 61명

학사 1학년	학사 2학년	학사 3학년	학사 4학년	석사 1학년	석사 2학년	박사 과정	기타
24	12	10	12			3	

전공생 수

B.A.	M.A.	Ph.D.
12	46	3

※ 매년 신입생 선발(인원: 12~14명)

6) 한국 관련 활동

활동명	시기	상세 활동 내용
교원 전문교육	2010, 2011, 2013, 2016	한글학회, 한국학중앙연구원, 국제교류재단
연수	2010~2015	국제번역원(KLTI), 두디노바, 우르반쩨바, 비치코바, 네스테로바 등 참가
KGP 석사	2010~2016	한국 석사 과정(토도로바, 드로노바)

4. 한국연구센터 운영 현황

- 없음

5. 동아시아학 현황

1) 일본학 프로그램 제공 형태	–
2) 중국학 프로그램 제공 형태	–

부랴트국립대학교

Buryat State University

1. 대학 개요

설립 연도	1932년
소재 국가	러시아
형태	국공립
대표자 성명 / 직위	니콜라이 모시킨(Nikolai I. Moshkin) / 총장

2. 연락처

주소	영문 주소	Ul. Smolina, 24a, Ulan-Ude, Buryatiya Republits, Russia
	우편번호	670000
전화		+7-983-459-3390
웹사이트		www.bsu.ru

3. 기관 한국학 현황

1) 한국 관련 강좌 운영 현황

소속 단과대학	동양대학(Oriental Institute)	
소속 학과	극동언어학과, 아시아역사지역학과	
개설 연도	2002년	
프로그램 대표자	성명	직함
	악타모프 인노켄티	학장
홈페이지	http://vi.bsu.ru/	

2) 한국 관련 프로그램 제공 형태

학위 과정	B.A. (학사 과정)	한국학 전공, 한국어 전공, 기타(제2외국어로서 한국어)
	M.A. (석사 과정)	한국학 전공

3) 주요 연구 분야

- 한국 언어 문학, 한국 역사

4) 한국학 교수진 : 9명

교수명	직위	전공 분야
츠데노바 다리바(Tcydenova Dariwa)	극동언어학과 / 부교수	동양언어학
잔치포바 덴세마	극동언어학과	언어학
문쿠예바 나데즈다	극동언어학과	동양언어학
다쉬발로프 에르뎀	아시아역사지역학과 / 전임강사	한국사
하무타예바 사야나	아시아역사지역학과 / 전임강사	한국사
츠비코바 다리마	극동언어학과 / 강사	한국사
츠비코바 발렌티나	극동언어학과 / 강사	중국 언어 문학, 한국어 교육
김가언	극동언어학과 / 강사	철학
단사루노바 노르지마	극동언어학과 / 강사	한국사

5) 수강생 현황

한국어(학) 관련 강의 수강생 수 : 총 91명

학사 1학년	학사 2학년	학사 3학년	학사 4학년	석사 1학년	석사 2학년	박사 과정	기타
23	19	17	9	6	17		

전공생 수

B.A.	M.A.	Ph.D.
68	23	

※ 신입생을 기타 선발(극동언어학과 10~25명, 역사학과 10~15명)

6) 강좌 개설 현황

과목명	담당 교수	주당 수업 시간	수강생 수	학점	필수 / 선택
기초 한국어	다리바	3	34	3	필수
듣기	발렌티나	2	34	2	필수
한국어 회화	김가언	2	23	2	필수
한국어 회화 및 작문 실습	김가언	3	17	3	필수
문학 텍스트 분석	덴세마	2	24	2	필수
이론 문법	나데즈다	2	24	2	필수
통번역의 이론과 실습	덴세마	2	17	2	필수
고전 한국어	나데즈다	1	17	1	필수
텍스트 종류별 번역	덴세마	2	7	2	필수
화법	김가언	2	7	2	필수
언어 예절 및 교법	김가언	2	7	2	필수
텍스트 분석 읽기	김가언	1	7	1	필수
한국 언어학 개론	다리바	1	23	1	필수
한국사	에르뎀	1	23	1	필수
한국 문학	나데즈다	1	58	1	필수
지역학	김가언	1	17	1	필수
고전 시	나데즈다	1	17	1	필수
한국의 사회 정치 시스템	사야나	1	7	1	필수
기초 한국어	에르뎀	3	8	3	필수
한국어 듣기	에르뎀	1	8	1	필수
한국 중세 역사	에르뎀	1	8	1	필수
민속학	사야나	1	8	1	필수
한국어 읽기	언연수 중	2	2	1	필수
비즈니스 한국어 회화	언연수 중	2	2	1	필수
한국어 회화	언연수 중	3	2	2	필수
지역학	언연수 중	3	2	2	필수
한국어	다리바	1	6	1	필수
사회 정치 텍스트 번역	다리바	1	6	1	필수
역사 텍스트 번역	다리바	1	6	1	필수
한국사 이슈 문제	에르뎀	1	6	1	필수
현재 정보 기술	에르뎀	2	17	2	필수

7) 한국 관련 활동

활동명	시기	상세 활동 내용
문화 교육 행사	매년 4월	'한국어 주간' 일환으로 한국어 올림피아드, 한국어 말하기 대회, 한국 영화 상영, 한국어 문학 번역 대회, 장기 자랑, 동영상 대회 등 진행
문화 교육 행사	매년 7~8월	'국제 한국학 여름학교'의 일환으로 한국어를 배우는 러시아 학생들이 한국 학생들과 소통할 수 있는 공간을 마련해서 한국의 역사, 문화, 언어 특강 실시
문화 행사	매년 10월	한글날 기념행사

8) 한국 관련 출판물

제목	형태	주요 내용
한국어 동사 편람	단행본	한국어 동사를 위주로 기초 문법을 설명하는 교재. 저자: 츠데노바 다리바(브레찰로바 예브게니아 공동 저자)
한국어 문법 2급	단행본	민중서림 출판사, "한국어 2"에 나타난 문법을 설명하는 교재

4. 한국연구센터 운영 현황

명칭	한국문화센터(Korean Cultural Center)	
소속 기관	동양대학	
설립 연도	2005년	
대표자	성명	직함
	다쉬발로프 에르뎀	센터장

5. 도서관 현황

도서관명	동양대학 한국문화센터
담당 사서	츠데노바 다리바
한국학 장서 보유량(부)	650

6. 동아시아학 현황

1) 일본학 프로그램 제공 형태	학사
2) 중국학 프로그램 제공 형태	학사, 기타(공자학원)

사할린국립대학교

Sakhalin State University

1. 대학 개요

설립 연도	1949년
소재 국가	러시아
형태	국공립
대표자 성명 / 직위	올레그 아나톨리예비치 페도로프(Oleg Anatolievich Fedorov) / 총장

2. 연락처

주소	영문 주소	Lenina, 290, of. 27. Yuzhno-Sakhalinsk, Sakhalin Region, Russia
	우편번호	693000
전화		+7-4242-45-03-36
웹사이트		www.sakhgu.ru

3. 기관 한국학 현황

1) 한국 관련 강좌 운영 현황

소속 학부	언어역사아시아학부(Institute Of Philology, History and Asian Studies)	
소속 학과	아시아학과(Department of Asian Studies), 관광학과(Department of Tourism)	
개설 연도	1991년	
프로그램 대표자	성명	직함
	임 엘비라(Lim Elvira)	한국어 담당자

2) 한국 관련 프로그램 제공 형태

비학위 과정		B.A. 선택 과목
학위 과정	B.A. (학사 과정)	한국학 전공, 한국어 전공

3) 주요 연구 분야

• 한국어 교육·교수법, 한국의 문화·비교문화, 한국의 문학

4) 한국학 교수진 : 4명

교수명	직위	전공 분야
임 엘비라	학과장	한국어 교육
코르네예바 인나(Korneeva Inna)	교수	한국어 교육
데 카리나(De Karina)	선임강사	한국어 교육
채인나(Inna Che)	선임강사	한국어 교육

5) 수강생 현황

한국어(학) 관련 강의 수강생 수 : 총 66명

학사 1학년	학사 2학년	학사 3학년	학사 4학년	석사 1학년	석사 2학년	박사 과정	기타
11	20	16	19				

전공생 수

B.A.	M.A.	Ph.D.
38		

※ 매년 신입생 선발(인원: 10~15명)

6) 강좌 개설 현황

과목명	담당 교수	주당 수업 시간	수강생 수	학점	필수 / 선택
실용 한국어 문법 1학기	코르네예바	4	11	2	필수
실용 한국어 문법 2학기	코르네예바	6	11	3	필수
통역 및 번역 교육 1학기	데 카리나	8	11	4	필수
통역 및 번역 교육 2학기	데 카리나	12	11	6	필수
통역 및 번역 교육 7학기	채인나	10	7	4,5	필수
통역 및 번역 교육 8학기	채인나	11	7	4,5	필수

과목명	담당 교수	주당 수업 시간	수강생 수	학점	필수 / 선택
한국어 음성론 2학기	데 카리나	4	11	2	필수
한국어 어휘론 7학기	채인나	7	7	3	필수
다문화 교육 7학기	채인나	12	7	5	선택
한국어사 7학기	채인나	12	7	5	선택
한국어 속담과 관용어 7학기	임 엘비라		7	4	선택
현대 한국어 7학기	임 엘비라		7	4	선택
한국의 경제와 정치 7학기	톨스토쿨라코프 (Tolstokulakov)		7	4	선택
직장 예절 8학기	임 엘비라	9	7	4	선택
실무 한국어 8학기	임 엘비라		7	4	선택
한국어 문헌론 8학기	임 엘비라		7	2	선택
한국어 교육사 8학기	코르네예바		7	2	선택
한국의 구비문학 8학기	코르네예바	5	7	3	선택
한국의 전통 문화 8학기	코르네예바		7	3	선택
한국어 3학기	데 카리나		9	8	필수
한국어 4학기	데 카리나		9	6	필수
한국어 5학기	데 카리나		4	6,5	필수
한국어 6학기	채인나		4	4,5	필수
한국어 7학기	임 엘비라	13	4	6,5	필수
한국어 8학기	임 엘비라		4	7,5	필수
한국사 3학기	임 엘비라		9	2	필수
한국사 4학기	임 엘비라	3	9	3	필수
한국 지리학 3학기	임 엘비라		9	3	필수
한국 문화 4학기	임 엘비라	3	9	2	필수
한국 문화 5학기	임 엘비라		4	3	필수
동양철학 4학기	샤쉬키나 (Shashkina)		4	3	필수
한국 종교 4학기	코르네예바	3	4	3	필수
한국 종교 5학기	코르네예바		9	3	필수
언어학 3학기	코르네예바		4	4	필수
언어학 4학기	코르네예바	3	4	2	필수
한국어 음성론 3학기	채인나	4	4	2	필수
한국어 음성론 4학기	채인나	4	4	2	필수
한국어 음성론 7학기	채인나	4	1,5	1,5	필수

과목명	담당 교수	주당 수업 시간	수강생 수	학점	필수 / 선택
한국어 음성론 8학기	채인나	4	4	2,5	필수
한국 경제 6학기	주기호(Giho Ju)		9	3	필수
한국어 실용 연습 5학기	데 카리나	4	9	3	필수
한국어 실용 연습 6학기	코르네예바		9	3	필수
한국 문학 5학기	데 카리나	3	9	1,5	필수
한국 문학 6학기	코르네예바		9	3,5	필수
한국어의 역사 5학기	채인나	5	9	2	필수
한국어의 역사 6학기	채인나		9	32	필수
한국어 문법론 6학기	코르네예바		9		필수
한국어 문법론 7학기	코르네예바		4	2	필수
통번역 및 번역 교육 6학기	데 카리나		9	2	필수
러시아어와 한국어 비교 분석 6학기	임 엘비라		9	3	선택
한국어사 5학기	임 엘비라	6	9	2	선택
다문화 교육 5학기	채인나		9	2	선택
한국어능력시험 준비 5학기	코르네예바	6	9	2	선택
한국어 속담과 관용어 7학기	코르네예바	8	4	4	선택
한국의 현대화 7학기	톨스토쿨라코프	8	4	4	선택
한국의 경제와 정치 7학기	톨스토쿨라코프	8	4	4	선택
직장 예절 8학기	임 엘비라		4	2	선택
실무 한국어 8학기	임 엘비라		4	2	선택
한국어 문헌론 8학기	코르네예바		4	3	선택
한국어 어휘 7학기	채인나	3	4	1,5	필수
한국어 어휘 8학기	채인나		4	2,5	필수

7) 한국 관련 활동

활동명	시기	상세 활동 내용
사할린 주 한국어 교사 연수	2007~2016	사할린 주 한국어 교사 및 교수 참가(~30명)
사할린 주 한국어 말하기 대회	2007~2016	사할린 주 초중고등학생부, 대학생부 (~30명)
사할린 주 K-POP 페스티벌	2012~2015	사할린 주 초중고등학생 및 대학생이 참가하여 노래 및 춤 공연 관람(~100명)

8) 한국 관련 출판물

제목	형태	주요 내용
Практический курс корейского языка: сборник текстов по географии, истории и культуры Кореи (для студентов 4-5 курсов) Южно-Сахалинск: СахГУ, 2009. – 104 с.	기타	한국어 실용 과정: 한국의 지리, 역사 및 문화에 관한 텍스트 모음
Словарь частотных глаголов-синонимов корейского языка с комментариями Южно-Сахалинск: СахГУ, 2009. – 142 с.	기타	한국어 동의어 사전
Практическая грамматика корейского языка Южно-Сахалинск: СахГУ, 2011. – 150 с.	기타	한국어 실용 문법
Корейский язык: лексико-грамматические упражнения Южно-Сахалинск: СахГУ, 2011. – 211 с.	기타	한국 언어: 어휘 및 문법 연습
Традиционная культура корейцев в обрядах жизненного цикла Южно-Сахалинск: изд-во СахГУ, 2015. – 150 с.	단행본	생활 의식 속 전통 한국 문화

4. 한국연구센터 운영 현황
- 없음

5. 도서관 현황

도서관명	사할린국립대학교 도서관
담당 사서	톨스티아코바 나탈리아 니콜라예브나(Tolstyakova Natalia Nikolaevna)
한국학 장서 보유량(부)	281

6. 동아시아학 현황

1) 일본학 프로그램 제공 형태	학사
2) 중국학 프로그램 제공 형태	학사

상트페테르부르크국립대학교

Saint Petersburg State University

1. 대학 개요

설립 연도	1724년
소재 국가	러시아
형태	국공립
대표자 성명 / 직위	크로파체프 니콜라이 미하일로비치(Kropachev Nikolay Mikhaylovich) / 총장

2. 연락처

주소	영문 주소	Universitetskaya nab. 11, St.-Petersburg, Russian
	우편번호	199034
전화		+7-812-328-77-32
웹사이트		www.spbu.ru

3. 기관 한국학 현황

1) 한국 관련 강좌 운영 현황

소속 학부	아시아아프리카학부(Faculty of Asian and African Studies)	
소속 학과	한국학과(Dept. of Korean Studies)	
개설 연도	2017년	
프로그램 대표자	성명	직함
	세르게이 쿠르바노프 (Sergei Kurbanov)	학과장

유라시아

2) 한국 관련 프로그램 제공 형태

비학위 과정		B.A. 선택 과목, M.A. 선택 과목
학위 과정	B.A. (학사 과정)	한국학 전공
	M.A. (석사 과정)	한국학 전공
	Ph.D. (박사 과정)	한국학 전공

3) 한국학 교수진 : 7명

교수명	직위	전공 분야
세르게이 쿠르바노프	학과장	한국사
최 인나 발레리안토브나(Tsoi Inna Valeriantovna)	부교수	한국 문학
바실리예프 알렉세이 아나톨리비치(Vasiliev Alexey Anatolievich)	선임강사	한국언어학
구리예바 아나스타시야 알렉산드로브나(Guryeva Anastasia Alexandrovna)	부교수	한국 문학
정양옥(Yangok Chung)	조교수	교육학
드미트리프스카야 나타리야 빅토로브나(Dmitrievskaya Natalia Viktorovna)	조교수	한국사
핀코 니나 빅토로브나(Finko Nina Victorovna)	조교수	한국사

4) 수강생 현황

한국어(학) 관련 강의 수강생 수 : 총 33명

학사 1학년	학사 2학년	학사 3학년	학사 4학년	석사 1학년	석사 2학년	박사 과정	기타
11	7	7		6	2		

전공생 수

B.A.	M.A.	Ph.D.
25	8	

※ 매년 신입생 선발(인원: 10명)

5) 강좌 개설 현황

과목명	담당 교수	주당 수업 시간	수강생 수	학점	필수 / 선택
전공 입문 한국사	세르게이 쿠르바노프	2	18		필수
한국 지리	세르게이 쿠르바노프	4	18		필수
한국 역사학 및 사료 연구	세르게이 쿠르바노프	2	8		필수
한국 근대 발전 실제 문제	세르게이 쿠르바노프	4	8		필수

과목명	담당 교수	주당 수업 시간	수강생 수	학점	필수 / 선택
19~20세기 러시아와 한국	세르게이 쿠르바노프	2	10		선택
20~21세기 러시아와 한국	세르게이 쿠르바노프	2	20		선택
한국 문화유산	세르게이 쿠르바노프	2	10		선택
문자학	임 수(Lim Su)	2	8		필수
한국어 이론 및 역사적 문법	바실리예프 알렉세이	2	8		필수
특강 "서울 사투리"	바실리예프 알렉세이	2	8		필수
특강 "한국어 서술 문법 분류"	바실리예프 알렉세이	2	8		필수
음성학 입문	바실리예프 알렉세이	2	18		필수
한국어 독해 초급 1	바실리예프 알렉세이	2	18		필수
한국어 회화 중고급 1	최 인나 발레리안토브나	4	8		필수
한국어 독해 초급 1	최 인나 발레리안토브나	8	18		필수
한국어 회화 고급 1	최 인나 발레리안토브나	2	9		필수
한국어 회화(석사 과정)	최 인나 발레리안토브나	2	1		필수
한러 번역	구리예바 아나스타시야 알렉산드로브나	2	8		필수
한국 문학 텍스트 독해	구리예바 아나스타시야 알렉산드로브나	2	8		필수
한국 문학	구리예바 아나스타시야 알렉산드로브나	2	8		필수
한국어 회화 초급 1	구리예바 아나스타시야 알렉산드로브나	4	18		필수
한국 과학 텍스트 독해	구리예바 아나스타시야 알렉산드로브나	2	9		필수
한국 지식 문화 서적 및 쓰기 담화	구리예바 아나스타시야 알렉산드로브나				필수
한국어 회화 중고급 1	정양옥	2	8		필수
실용음성학	정양옥	4	18		필수
한국어 회화 고급 1	정양옥	2	9		필수
문자학	정양옥	2	9		필수
한국어, 한자	드미트리프스카야 나타리야 빅토로브나, 핀코 니나 빅토로브나				필수
한국사	드미트리프스카야 나타리야 빅토로브나, 핀코 니나 빅토로브나				필수

6) 한국 관련 활동

활동명	시기	상세 활동 내용
한국언어문화센터 프로시딩 (학술 대회 발표 자료) 출판	1997~현재	저명한 신진 학자들의 한국 관련 논문을 러시아어와 영어로 출판. 2015~2016년 17번째 출판물 간행(한국국제교류재단에 3부 발송). 18번째 출판물 발간 준비 중. 2014년에 저널 홈페이지 신설(http://www.korea.spbu.ru/herald)
학생 토론	2016. 5. 19.	학사 1, 2, 3학년 학생들이 한국 전통 토론 방식으로 진행
한국 사진전: 한국인의 감정-정	2016. 5.~6.	한국의 '정(情)'을 주제로 한 사진 전시회

4. 한국연구센터 운영 현황

명칭	학제 간 한국학연구소(Interdisciplinary Studies of Korea)	
설립 연도	2013년	
대표자	성명	직함
	세르게이 쿠르바노프	소장

5. 도서관 현황

도서관명	학제 간 한국학연구소
담당 사서	바라디노바 스베틀라나 게우릭호마(Varadinova Svetlana Geurikhoma)
한국학 장서 보유량(부)	4,700

6. 동아시아학 현황

1) 일본학 프로그램 제공 형태	학사, 석사, 박사
2) 중국학 프로그램 제공 형태	학사, 석사, 박사

시베리아연방대학교
Siberian Federal University

1. 대학 개요

설립 연도	2006년
소재 국가	러시아
형태	국공립
대표자 성명 / 직위	유진 바가노프(Eugene A. Vaganov) / 총장

2. 연락처

주소	영문 주소	79/10 Svobodny pr., Room P8-05 Krasnoyarsk, Russia
	우편번호	660041
전화		+7-391-244-86-25
웹사이트		www.sfu-kras.ru

3. 기관 한국학 현황

1) 한국 관련 강좌 운영 현황

소속 학부	국제교류부(International Relations Office)	
개설 연도	2015년	
프로그램 대표자	성명	직함
	올가 쿠즈네초바 (Olga V. Kuznetsova)	부장
홈페이지	structure.sfu-kras.ru/ums	

2) 한국 관련 프로그램 제공 형태

학위 과정	B.A. (학사 과정)	한국학 부전공

3) 강좌 개설 현황

과목명	담당 교수	주당 수업 시간	수강생 수	학점	필수 / 선택
한국어 기본 과정		3			

4. 한국연구센터 운영 현황

명칭	한국과학교육센터(Science and Education Center of Korea)	
소속 기관	국제교류부	
설립 연도	2014년	
대표자	성명	직함
	주예바 알렉산드라 게오르기예브나	소장

5. 동아시아학 현황

1) 일본학 프로그램 제공 형태	학사, 석사
2) 중국학 프로그램 제공 형태	학사, 석사

이르쿠츠크국립대학교
Irkutsk State University

1. 대학 개요

설립 연도	1918년
소재 국가	러시아
형태	국공립
대표자 성명 / 직위	알렉산드르 아르구친체프(Alexander V. Arguchintsev) / 총장

2. 연락처

주소	영문 주소	6, Ulan-Batorskaya Street, Irkutsk, Russia
	우편번호	664082
전화		+7-3952-52-11-56
웹사이트		www.isu.ru

3. 기관 한국학 현황

1) 한국 관련 강좌 운영 현황

소속 학부	경제언어국제학부(International Institute of Economics and Linguistics)	
소속 학과	동양어학과(Department of Oriental Languages)	
개설 연도	1996년	
프로그램 대표자	성명	직함
	바이라모바 스베틀라나 이고레브나 (Bayramova Svetlana Igorevna)	학과장
홈페이지	miel.isu.ru	

2) 한국 관련 프로그램 제공 형태

학위 과정	B.A. (학사 과정)	한국어 전공

3) 한국학 교수진 : 1명

교수명	직위	전공 분야
콜로디나 예브게니야 아나톨리예브나 (Kolodina Evgeniia Anatol'evna)		한영 통역

4) 수강생 현황

한국어(학) 관련 강의 수강생 수 : 총 35명

학사 1학년	학사 2학년	학사 3학년	학사 4학년	석사 1학년	석사 2학년	박사 과정	기타
10	8	9	8				

전공생 수

B.A.	M.A.	Ph.D.
35		

※ 매년 신입생 선발(인원: 10명)

5) 강좌 개설 현황

과목명	담당 교수	주당 수업 시간	수강생 수	학점	필수 / 선택
1학년 초급 한국어			10		
2학년 중급 한국어			8		
2학년 비즈니스 한국어			8		
3학년 전문 번역 초급			9		
3학년 번역 이론			9		
4학년 전문 번역 중급			8		
4학년 실습			8		
1학년 (한국)국가학			10		

6) 한국 관련 활동

활동명	시기	상세 활동 내용
사물놀이	2012, 2013, 2014, 2016	
한국 전통 무용: 부채춤, 소고춤, 한량무	2012, 2013, 2014, 2016	
한국 문화 축제	2012, 2014, 2016	차 시음회, 한복 착용 사진 촬영, 서예 등
한국 사진전 "나 그리고 한국"	2013~2016	한국 관련 학생 사진전, 우승자들을 위한 상품 수여
친선 음악회 "지구에서 우리는 이웃"	2014. 3. 2016. 3.	문화 교류 목적으로 한국, 러시아 학생들의 공동 출연
한국 전문가 강연	2014. 3. 2016. 5. 2016. 9.	한국과 러시아의 분야별 전문가 강연 실시
한국 정원	2014. 9. 2016. 5.	이르쿠츠크대학교 식물원 내 한국 정원 설립
한국 관련 퀴즈대회	2016. 5.	한국 관련 퀴즈 대회 실시
학생 학술 실습 컨퍼런스 "현대 정치 경제 세계에서의 동양 언어들"	매년 3월	발표집 출판
국제경제언어연구소 논문집 『동양 언어』	연 1회	논문집 출판
한국어 수업	매년	초중급, 한국어능력시험 준비
추석	매년	체육 행사
한글날	매년	"나는 왜 한국어를 선택했나?"를 주제로 학생 말하기 대회

7) 한국 관련 출판물

제목	형태	주요 내용
영화 담론 영역에서의 영화적 대화의 의미: 시너지적 접근 방식	논문	2013
한국어 서면 비즈니스 커뮤니케이션의 언어문화적 특징들	논문	2013
영화 대화, 영화 대본, 영화 담론: 시너지적 연구의 경험	논문	2013
현대 한국어에서의 어법 대응 체계	논문	2014
(한국 영화 기반) 한국어 대화 번역의 문제점	논문	2014
영화/비디오 자료들의 번역: 비전통적 접근	논문	2014
영화 대화, 이미지-의미 번역(학술 논문)	논문	2014
(영어, 한국어 영화 기반) 영화 제목 번역에 있어서 의미와 이미지 전달의 특성	논문	2015

제목	형태	주요 내용
한국어: 한국어능력시험 준비	단행본	한국어능력시험 중급 준비를 위한 교재
한국어 자율 학습서	단행본	자율 학습을 위한 교재

4. 한국연구센터 운영 현황

명칭	한국어센터(Korean Language Center)	
소속 기관	경제언어국제학부	
설립 연도	2006년	
대표자	성명	직함
	콜로디나 예브게니야 아나톨리예브나	소장

5. 도서관 현황

도서관명	한국학센터 도서관
담당 사서	코로디나 E. A.
한국학 장서 보유량(부)	784

6. 동아시아학 현황

1) 일본학 프로그램 제공 형태	학사
2) 중국학 프로그램 제공 형태	학사, 기타(공자학원)

카잔연방대학교
Kazan Federal University

1. 대학 개요

설립 연도	1804년
소재 국가	러시아
형태	국공립
대표자 성명 / 직위	일샤트 가푸로프(Ilshat Gafurov) / 총장

2. 연락처

주소	영문 주소	1/55, Pushkin st, Kazan, Russia
	우편번호	420111
전화		+7-919-681-29-98
웹사이트		www.kpfu.ru

3. 기관 한국학 현황

1) 한국 관련 강좌 운영 현황

소속 학부	국제 관계, 역사 및 동양학부 (Institute of international Relations, History and Oriental Studies)	
소속 학과	알타이중국학과(Department of Altaic and Chinese Studies)	
개설 연도	2003년	
프로그램 대표자	성명	직함
	하이루티노프 라밀 (hairutdinov Ramil)	디렉터
홈페이지	kpfu.ru/imoiv	

2) 한국 관련 프로그램 제공 형태

학위 과정	B.A. (학사 과정)	한국학 전공, 한국어 전공, 동아시아학 전공, 기타 전공 내 한국학 프로그램(전공명: 국제관계학)

3) 한국학 교수진 : 6명

교수명	직위	전공 분야
사비나 라고지나(Sabina Ragozina)	선임강사	한국어 문학
고영철(Youngcheol Ko)	KF 객원교수	한국어 교육
발리예바 율리야(Valieva Yuliya)	선임강사	한국어 문학
후지나 알리나(Huzina Alina)	조교수	한국어 문학
볼로토바 나탈리아(Bolotova Natalia)	조교수	한국사
가이눌리나 랴일라(Gainullina Lyaila)	조교수	한국사

4) 수강생 현황

한국어(학) 관련 강의 수강생 수 : 총 132명

학사 1학년	학사 2학년	학사 3학년	학사 4학년	석사 1학년	석사 2학년	박사 과정	기타
45	21	42	24				

전공생 수

B.A.	M.A.	Ph.D.
132		

※ 매년 신입생 선발(인원: 20~30명)

5) 강좌 개설 현황

과목명	담당 교수	주당 수업 시간	수강생 수	학점	필수 / 선택
한국어	사비나 라고지나, 고영철, 가이눌리나 랴일라	8	132	34	필수
한국 문학	사비나 라고지나, 고영철, 후지나 알리나, 발리예바 율리야	4	62	18	필수
한국어 교수법	사비나 라고지나, 후지나 알리나	4	44	18	필수

6) 한국 관련 활동

활동명	시기	상세 활동 내용
한국어 말하기 대회	2016. 12.	

4. 한국연구센터 운영 현황

명칭	한국학센터(Korean Studies Center)	
소속 기관	국제 관계, 역사 및 동양학부	
설립 연도	2016년	
대표자	성명	직함
	고영철	교수

5. 동아시아학 현황

1) 일본학 프로그램 제공 형태	학사
2) 중국학 프로그램 제공 형태	학사

타슈켄트국립니자미사범대학교

Tashkent State Pedagogical University named after Nizami

1. 대학 개요

대학명(자국어)	Nizomiy nomidagi To'shkent Davlat Pedagogika Universitet
설립 연도	1936년
소재 국가	우즈베키스탄
형태	국공립
대표자 성명 / 직위	샤리포프 샤브카트 사파로비치(Sharipov Shavkat Safarovich) / 총장

2. 연락처

주소	영문 주소	27, Bunyodkor street, Chilonzor, Tashkent, Uzbekistan
	우편번호	–
전화		+998-91-192-8680
웹사이트		tdpu.uz

3. 기관 한국학 현황

1) 한국 관련 강좌 운영 현황

소속 학부	외국어학부	
소속 학과	러시아어문학과	
개설 연도	1956년	
프로그램 대표자	성명	직함
	마테노바 유 (Matenova Yu. U.)	학과장

2) 한국 관련 프로그램 제공 형태

비학위 과정		B.A. 선택 과목
학위 과정	B.A. (학사 과정)	한국어 전공

3) 한국학 교수진 : 4명

교수명	직위	전공 분야
김 올가		러시아어 문학, 한국어
이유미		교육학
명 스베틀라나		러시아어 문학, 한국어
허 마르가리타		한국어

4) 수강생 현황

전공생 수

B.A.	M.A.	Ph.D.
45		

5) 강좌 개설 현황

과목명	담당 교수	주당 수업 시간	수강생 수	학점	필수 / 선택
한국어 연습			23		
한국어 회화 A, B			45		
한국어 기술			23		
현대 한국어			22		
한국 현대 문화			23		
한국 문학사			22		

4. 한국연구센터 운영 현황
　- 없음

5. 동아시아학 현황

1) 일본학 프로그램 제공 형태	–
2) 중국학 프로그램 제공 형태	–

타슈켄트국립동방학대학교
Tashkent State Institute of Oriental Studies

1. 대학 개요

대학명(자국어)	Toshkent Davlat Sharqshunoslik Instituti
설립 연도	1991년
소재 국가	우즈베키스탄
형태	국공립
대표자 성명 / 직위	마노노프 압두라힘 무탈로비치(Mannonov Abdurahim Mutalovich) / 총장

2. 연락처

주소	영문 주소	Mirobad district, 25 Shahrisabz, Tashkent, Uzbekistan
	우편번호	100047
전화		+998-71-326-16-91
웹사이트		tashgiv.uz/en

3. 기관 한국학 현황

1) 한국 관련 강좌 운영 현황

소속 학부	동양어학부(Faculty of Oriental Philology)	
소속 학과	한국어문학과(Korean Philology Department)	
개설 연도	1993년	
프로그램 대표자	성명	직함
	사이다지모바 우미다 (Saydazimova Umida)	학과장
홈페이지	tashgiv.uz/en/sharq-filologiyasi-fakulteti/	

2) 한국 관련 프로그램 제공 형태

학위 과정	B.A. (학사 과정)	한국어 전공, 기타 전공 내 한국어 프로그램(전공명: 번역학)
	M.A. (석사 과정)	한국어 전공, 기타 전공 내 한국어 프로그램 (전공명: 한국 문학, 한국사학, 한국 경제학, 번역학)
	Ph.D. (박사 과정)	한국어 전공, 기타 전공 내 한국어 프로그램 (전공명: 한국 문학, 한국사, 한국 경제, 번역학, 언어유형학)

3) 주요 연구 분야

- 한국어, 한국 문학, 번역학(한국어), 한국어 언어 문화

4) 한국학 교수진 : 12명

교수명	직위	전공 분야
사이다지모바 우미다	학과장	언어학(문학)
김 빅토리아(Viktoriya Kim)	교수	철학(문화학, 문학)
김 올가(Olga Kim)	강사	언어학(한국어)
판 라리사(Pan Larisa)	강사	언어학(한국어)
김 나탈리아(Natalya Kim)	강사	언어학(한국어)
김 엘레나(Elena Kim)	선임강사	언어학(한국어)
차이 루이자(Tsay Luiza)	강사	언어학(한국어)
예르다노바 훌카르(Erdanova Hulkar)	강사	언어학(한국어)
후다이 베르디예바 스베타(Huday Berdieva Sveta)		언어학(한국어)
최소영	KF 객원교수	역사학, 언어학
장인숙	KOICA 해외봉사단원	IT
김소리	KOICA 해외봉사단원	언어학(한국어)

5) 수강생 현황

한국어(학) 관련 강의 수강생 수 : 총 306명

학사 1학년	학사 2학년	학사 3학년	학사 4학년	석사 1학년	석사 2학년	박사 과정	기타
48	67	98	68	10	10	5	

전공생 수

B.A.	M.A.	Ph.D.
281	20	5

※ 매년 신입생 선발(인원: 48명)

6) 강좌 개설 현황

과목명	담당 교수	주당 수업 시간	수강생 수	학점	필수 / 선택
한국어 과정 1-4	김 엘레나, 차이 루이자, 김 나탈리아, 최소영, 장인숙, 김소리, 에르다노바 홀카르, 후다이 베르디예바 스베타	8	2050		필수
한자	김 엘레나, 최소영	2	66		필수
중국 일본 과정을 위한 한국어	차이 루이자, 예르다노바 홀카르	4	406		필수
동아시아학 입문	김 빅토리아	2	66		필수
언어학 전공 입문	최소영	2	58		필수
한국어 어휘론	김 올가, 예르다노바 홀카르	2	98		필수
한국어 문법 이론	김 엘레나	4	66		필수
한국어 교수법	사이다지모바 우미다, 김 나탈리아	2	126		필수
한국어 언어 문화	김 엘레나	2	68		필수
번역 이론	판 라리사	2	110		필수
한국 문학사 (고대, 중세, 근대) 과정 2, 3, 4	김 빅토리아, 사이다지모바 우미다	4	3630		필수
한국 드라마	김 빅토리아, 사이다지모바 우미다	2	42		필수
한국 문학의 사실주의적 경향	김 빅토리아, 사이다지모바 우미다	2	42		
한국어에 대한 특별 텍스트 독해 및 분석	김 빅토리아, 사이다지모바 우미다, 김 올가, 판 라리사	2	180		필수
한국어 역사	판 라리사	2	60		필수
한국어 유형	판 라리사	2	60		필수
전공 이론 문제(한국어)	김 나탈리아	2	60		필수
언어 상황	김 나탈리아	2	60		필수
세계 문학 속 한국 문학	김 빅토리아, 사이다지모바 우미다	2	112		필수
전공 이론 문제 (한국 문학)	김 빅토리아, 사이다지모바 우미다	2	172		필수
문학 경향	김 빅토리아, 사이다지모바 우미다	4	112		
한국의 시	김 빅토리아, 사이다지모바 우미다	4	168		

유라시아

7) 한국 관련 활동

활동명	시기	상세 활동 내용
한국학 특강	2016. 2.	한국학아카데미 교수의 특강
말하기	2016. 3.	우즈베키스탄대학교 우수 학생과의 한국어 구술 연설
한국 문학의 날	2016. 12.	학부생 전원 참석. 주제: 한국 현대 작가와 시인

8) 한국 관련 출판물

제목	형태	주요 내용
Anthology of Classic Korean Prose	단행본	한국 유명 고전 작가의 소설 우즈벡어로 번역
Anthology of Classic Korean Poetry	단행본	한국 유명 고전 작가의 소설 우즈벡어로 번역
Anthology of Modern Korean Prose	단행본	한국 유명 현대 시인의 작품 우즈벡어로 번역
Anthology of Modern Korean Poetry	단행본	한국 유명 현대 시인의 작품 우즈벡어로 번역
Theatrical Art Koreans in Uzbekistan	단행본	우즈베키스탄에 거주하는 한국인들의 문화와 예술에 관한 전공 논문

4. 한국연구센터 운영 현황

명칭	한국학연구과학센터(Research-Science Center for Korean Studies)	
소속 기관	동양어학부	
설립 연도	2013년	
대표자	성명	직함
	김 빅토리아	교수

5. 도서관 현황

도서관명	한국어학과 도서관
담당 사서	차이 루이자
한국학 장서 보유량(부)	100

6. 동아시아학 현황

1) 일본학 프로그램 제공 형태	학사, 석사
2) 중국학 프로그램 제공 형태	학사, 석사, 박사, 기타(공자학원)

구밀요프 유라시아국립대학교
L. N. Gumilyov Eurasian National University

1. 대학 개요

설립 연도	1996년
소재 국가	카자흐스탄
형태	국공립
대표자 성명 / 직위	예를란 시디코프(Yerlan Sydykov) / 총장

2. 연락처

주소	영문 주소	405 room, main building, Satpayev str.2, Astana city, Republic of Kazakhstan
	우편번호	010000
	전화	+7-771-977-0137
	웹사이트	www.enu.kz

3. 기관 한국학 현황

1) 한국 관련 강좌 운영 현황

소속 학부	국제관계학부(Faculty of International Relations)	
소속 학과	동양학과(Department of Oriental Studies)	
개설 연도	2011년	
프로그램 대표자	성명	직함
	알리베쿨리 아크시기트 (Alibekuly Akzhigit)	학과장
홈페이지	fmo.enu.kz	

2) 한국 관련 프로그램 제공 형태

학위 과정	B.A. (학사 과정)	한국학 전공
	M.A. (석사 과정)	한국학 전공

3) 주요 연구 분야

- 정책, 경제, 교육 등 한-카자흐스탄 관계

4) 한국학 교수진 : 4명

교수명	직위	전공 분야
안상훈(Sanghoon An)	교수	러시아 문학
김일겸(Ilkyum Kim)	교수	종교학
사울레 이스마일로바 (Saule Ismailova)	강사	한국어 번역
심바트 자카예바 (Symbat Zhakayeva)	강사	한국어 번역

5) 수강생 현황

한국어(학) 관련 강의 수강생 수 : 총 49명

학사 1학년	학사 2학년	학사 3학년	학사 4학년	석사 1학년	석사 2학년	박사 과정	기타
5	11	7	8		2		16

전공생 수

B.A.	M.A.	Ph.D.
31	2	

※ 매년 신입생 선발(인원: 10명)

6) 강좌 개설 현황

과목명	담당 교수	주당 수업 시간	수강생 수	학점	필수 / 선택
한국어	사울레 이스마일로바	6	5	6	필수
기본 동양어	사울레 이스마일로바	3	5	3	필수
번역 실습	사울레 이스마일로바	4	8	4	선택
한국어 작문 실습	심바트 자카예바	5	11	5	선택

과목명	담당 교수	주당 수업 시간	수강생 수	학점	필수 / 선택
언론 용어	심바트 자카예바	3	7	6	선택
한국 문학	안상훈	2	7	4	선택
학습 국가 언어 페이퍼 작성	안상훈	3	7	5	선택
고대 한국어 텍스트	안상훈	3	2	3	선택
한글 문자	안상훈	3	2	3	선택
한국어 입문	김일겸	2	5	5	선택
한국어 말하기 실습	김일겸	4	11	4	선택
번역 이론	김일겸	3	8	3	선택

4. 한국연구센터 운영 현황

명칭	카–한 관계협력센터	
소속 기관	구밀요프 유라시아국립대학교	
설립 연도	2017년	
대표자	성명	직함
	안상훈	센터장

5. 도서관 현황

도서관명	구밀요프 유라시아국립대학교
담당 사서	사울레 사비토바(Saule zh. Sabitova)
한국학 장서 보유량(부)	260

6. 동아시아학 현황

1) 일본학 프로그램 제공 형태	학사, 석사
2) 중국학 프로그램 제공 형태	학사, 석사, 기타(공자학원)

알-파라비 카자흐국립대학교

Al-Farabi Kazakh National University

1. 대학 개요

설립 연도	1934년
소재 국가	카자흐스탄
형태	국공립
대표자 성명 / 직위	무타노프 가림카이르 므타노비치(Mutanov Galïmkaïr Mwtanoviç) / 총장

2. 연락처

주소	영문 주소	71 al-Farabi Ave., Almaty, Republic of Kazakhstan
	우편번호	050040
전화		+7-727-221-1000
웹사이트		www.kaznu.kz

3. 기관 한국학 현황

1) 한국 관련 강좌 운영 현황

소속 학부	동양학부(Faculty of Oriental Studies)	
소속 학과	극동학과(Department of the Far East)	
한국학(어) 프로그램명	KF 글로벌 e-School, 원아시아 프로그램(One Asia Program)	
개설 연도	1994년	
프로그램 대표자	성명	직함
	레나타 쿠다이베르게노바 (Renata Kudaibergenova)	부학장

2) 한국 관련 프로그램 제공 형태

비학위 과정		B.A. 선택 과목
학위 과정	B.A. (학사 과정)	한국학 전공
	M.A. (석사 과정)	한국학 전공
	Ph.D. (박사 과정)	한국학 전공

3) 한국학 교수진 : 21명

교수명	직위	전공 분야
명 드미트리	교수	정치학
염 나탈리야	교수	역사학
S. 류드밀라	교수	문학
정 율리야	선임강사	어문학
최미옥	선임강사	언어학
M. 아이누르	선임강사	언어학
T. 바흐트쿨	선임강사	역사
A. 우미타이	선임강사	문학
K. 벡티야르	선임강사	언어학
A. 아케르케	선임강사	언어학
김 게르만	교수	역사학
A. 알리나	강사	언어학
K. 레니티	교수	역사학
전병순	선임강사	정치학
명순옥	선임강사	인류학
허경	강사	언어학
이정혜	강사	언어학
K. 율리야	강사	언어학
K. 사그느이쉬	강사	언어학
문현주	교수	언어학
이병조	KF 객원교수	역사학

4) 수강생 현황

한국어(학) 관련 강의 수강생 수 : 총 112명

학사 1학년	학사 2학년	학사 3학년	학사 4학년	석사 1학년	석사 2학년	박사 과정	기타
18	26	33	25	5	2	3	

전공생 수

B.A.	M.A.	Ph.D.
102	7	3

5) 강좌 개설 현황

과목명	담당 교수	주당 수업 시간	수강생 수	학점	필수 / 선택
정보 번역 실습	A. 알리나	3		3	
작문 실습	A. 알리나	3		3	
기본 동양어 C2	허경	3		3	
기본 외국어 B1	허경	3		3	
기본 동양어 B2	허경	3		3	
기본 외국어 B2	이정혜	3		3	
기본 외국어 A1	이정혜	3		3	
학습 언어 기본 문법 1	K. 벡티야르	3		3	
학습 언어 기본 문법 2	K. 벡티야르	3		3	
번역 이론 및 실습	K. 벡티야르	3		3	
공공 및 정치적 텍스트 번역	K. 벡티야르	3		3	
학습 언어 비즈니스 회화	M. 아이누르	3		3	
정보 번역 실습	M. 아이누르	3		3	
공공 및 정치적 텍스트 번역	M. 아이누르	3		3	
학습 국가 현대사	이병조	3		3	
세계 속 한국과 지역 정책 -역사와 현재	이병조	3		3	
고대 및 중세사	이병조	3		3	
기본 동양어 A1	최미옥	2		2	
기본 동양어 A2	최미옥	2		2	
동양어 회화 실습	최미옥	2		2	
회화 실습	최미옥	2		2	
학습 국가 문화	T. 바흐트쿨	3		3	

과목명	담당 교수	주당 수업 시간	수강생 수	학점	필수 / 선택
학습 국가 외교 정책	T. 바흐트쿨	3		3	
한국의 문화와 종교	T. 바흐트쿨	3		3	
학습 국가 역사	T. 바흐트쿨	2		2	
기본 외국어 B1	정 율리야	3		3	
학습 언어 문학 및 번역 문제	정 율리야	3		3	
학습 언어 회화 문화	정 율리야	3		3	
학습 언어 현대 문학	정 율리야	3		3	
언어 문화적 관점에서 본 한국어	전병순	3		3	
학습 국가 외교 언어 및 예절	전병순	3		3	
전통 언어학	전병순	3		3	
학습 국가 문화	명 드미트리	3		3	
학습 국가 역사	명 드미트리	3		3	
학습 국가 외교 정책	명 드미트리	3		3	
한글 논문 작성법	명순옥	3		3	
한국어 관련 문제	명순옥	3		3	
학술 목적을 위한 기본 외국어	명순옥	3		3	
학습 국가 근현대 문학	S. 류드밀라	3		3	
재외 한국인 민족 간 관계	염 나탈리야	3		3	
한국 문학	A. 우미타이	3		3	
학습 국가 근현대 문학	A. 우미타이	3		3	
회화 실습	K. 율리야	2		2	
실용 청해	K. 율리아	2		2	
회화 실습	K. 율리야	2		2	
문화 간 커뮤니케이션 실습	K. 율리야	2		2	
학습 언어 음성학 교정 입문	K. 사그느이쉬	2		2	
기본 동양어 B2	K. 사그느이쉬	2		2	
작문 실습	K. 사그느이쉬	2		2	
언어 문화학	K. 사그느이쉬	2		2	
학습 언어 어휘론	문현주	2		2	
번역가들의 전문 활동 기본	문현주	2		2	
민족 간 관계	염 나탈리야	3		3	
학습 국가 문학	아우미타이	3		3	
학습 언어 현대 문학	아우미타이	3		3	

과목명	담당 교수	주당 수업 시간	수강생 수	학점	필수 / 선택
기본 동양어	이정혜	2		2	
언어 문화학	K. 사그느이쉬	2		2	
작문 실습	K. 사그느이쉬	2		2	
기본 동양어	K. 사그느이쉬	2		2	
정보 번역 실습	A. 알리나	3		3	
작문 실습	A. 알리나	3		3	
기본 동양어	허경	3		3	
기본 외국어	허경	3		3	
기본 외국어	이정혜	3		3	
학습 언어 문화	이병조	3		3	
CIS의 한국인	이병조	2		2	
번역의 이론과 실습	K. 벡티야르	3		3	
비즈니스 회화	M. 아이누르	3		3	
기본 동양어	최미옥	2		2	
회화 실습	최미옥	2		2	
학습 언어 문화	T. 바흐트쿨	3		3	
한국의 문화와 종교	T. 바흐트쿨	3		3	
기본 외국어	정 율리야	3		3	
학습 언어 현대 문학	정 율리야	3		3	
한국 언어문화학	전병순	3		3	
전통 언어학	전병순	3		3	
학습 국가 역사	명 드미트리	3		3	
학습 국가 외교 정책	명 드미트리	3		3	
한국 관련 문제	명순옥	3		3	
현대 문학	S. 류드밀라	3		3	
회화 실습	K. 율리야	3		3	

6) 한국 관련 활동

활동명	시기	상세 활동 내용
한국 기업인 간담회	2015. 3.	알마타 내에서 활동 중인 한국인 사업체와 주요 기관장들이 함께하는 기업인 간담회 개최
통역 자원 봉사 활동	2015. 6.	한국학과 학생 통역 자원 활동 수행(강남세브란스병원 카자흐국립대학교 및 칼차가이 지역에서 의료 봉사 활동 진행)
제1차 한국-카자흐스탄 실크로드 오픈 포럼	2015. 6.	2015년부터 주알마타 총영사관 후원으로 알파라비 카자흐국립대학교와 카자흐스탄국제관계및세계언어대학교가 중심이 되어 한국학 및 한국 관련 포럼을 공동 진행
장학금 전달식	2015. 10.	산학협동재단, 한국학과 학생들에게 장학금 전달
메아리 합창단 창단	2015. 10.	한국학과 내에 25명으로 구성된 동아리, 메아리 합창단 창단
한국학 주간 행사	2015. 11.	매년 2회 한국학 주간 행사 진행
한국어경시 대회	2015. 11.	성균관배 한국어 경시 대회(타슈켄트)
장학금 전달식	2015. 11.	고려인의 꿈, 한국학과 학생들에게 장학금 전달
장학금 전달식	2015. 11.	신한은행, 한국학과 학생들에게 장학금 전달
제2차 한국-카자흐스탄 실크로드 오픈 포럼	2015. 12.	2015년부터 주알마타 총영사관 후원으로 알파라비 카자흐국립대학교와 카자흐스탄국제관계및세계언어대학교가 중심이 되어 한국학 및 한국 관련 포럼을 공동 진행
올림피아드 참가	2016. 2.	통번역, 어문학 분야 올림피아드(한국학) 대회 참가
올림피아드 진행	2016. 3.	동양학 분야 올림피아드(한국학) 대회 진행
대학생 학술 대회	2016. 4.	대학생 학술 대회 '파라비 알레미' 조직 및 진행
대학생 학술 대회	2016. 4.	대학생 학술 대회 참가(카자흐스탄국제관계및세계언어대학교)
장학금 전달식	2016. 4.	고려인의 꿈, 한국학과 학생에게 장학금 전달
제3차 한국-카자흐스탄 실크로드 오픈 포럼	2016. 5.	2015년부터 주알마타 총영사관 후원으로 알파라비 카자흐국립대학교와 카자흐스탄국제관계및세계언어대학교가 중심이 되어 한국학 및 한국 관련 포럼을 공동 진행
한국어 말하기 대회	2016. 6.	한양대-남서울대배 한국어 말하기 대회
통역 자원봉사 활동	2016. 6.	한국학과 재학생 10명, 부산 사직 글로벌 의료 봉사단을 대상으로 통역 봉사 활동 수행
한국학 학술 대회 참가	2016. 6.	중앙아시아한국학교수협의회 주관으로 학술 대회 개최
통역 자원봉사 활동	2016. 7.	한국학과 재학생, 강남세브란스 의료 봉사단을 대상으로 통역 봉사
기타 활동		한국학과 학생 한국 단기 어학 연수 수행 / 초청 프로그램으로 한국 방문 수행

4. 한국연구센터 운영 현황

명칭	한국(Hanguk)	
소속 기관	동양학부 극동학과	
대표자	**성명**	**직함**
	나탈리아 보리소브나 (Ew Natalia Borisovna)	센터장

5. 도서관 현황

도서관명	알-파라비 카자흐국립대학교 도서관
담당 사서	정 율리야
한국학 장서 보유량(부)	4,130

6. 동아시아학 현황

1) 일본학 프로그램 제공 형태	학사, 석사, 박사
2) 중국학 프로그램 제공 형태	학사, 석사, 박사

카자흐스탄국제관계및세계언어대학교
Kazakh Ablai Khan University of International Relations and World Languages

1. 대학 개요

설립 연도	1941년
소재 국가	카자흐스탄
형태	사립
대표자 성명 / 직위	살리마 쿠난바예바(Salima Kunanbayeva) / 총장

2. 연락처

주소	영문 주소	Tole bi 84, Almaty, Republic of Kazakhstan
	우편번호	050012
전화		+7-727-272-6006
웹사이트		www.ablaikhan.kz

3. 기관 한국학 현황

1) 한국 관련 강좌 운영 현황

소속 학부	동양학부(Faculty of Oriental Studies)	
소속 학과	한국학과(Department of Korean Studies)	
개설 연도	1998년	
프로그램 대표자	성명	직함
	한 넬리(Khan Nelly)	학과장

2) 한국 관련 프로그램 제공 형태

비학위 과정		B.A. 선택 과목, M.A. 선택 과목
학위 과정	B.A. (학사 과정)	한국어 전공, 동아시아학 전공, 기타 전공 내 한국학 프로그램(전공명: 통번역학)
	M.A. (석사 과정)	한국어 전공, 동아시아학 전공, 기타 전공 내 한국학 프로그램(전공명: 통번역학)
	Ph.D. (박사 과정)	한국어 전공, 기타 전공 내 한국학 프로그램(전공명: 통번역학)

3) 주요 연구 분야

• 한국학, 한국어, 한국 문학, 지역학, 통번역

4) 한국학 교수진 : 18명

교수명	직위	전공 분야
박 넬리	학국학센터소장	유럽어학
한 넬리	학과장	한국어
김 아나스타시야	조교수	한국어
김 울리아나	강사	한국어
전 엘레나	강사	한국어
스비리도바 발렌티나	강사	한국학
보란타예바 파리자	강사	문화학
두미셰바 알루아	강사	한국학
젯피소프 사켄	전임강사	한국 문학
김 스베틀라나	강사	한국학
황인나	강사	통번역
사케노바 아이누르	강사	한국학
박티베코바 베크자트	강사	한국학
방정식	강사	문화학
김영경	강사	한국어 교육
이성숙	강사	러시아어학
쿠툴루코프 시르자트	강사	동양학
장호종	교수	한국어학

5) 수강생 현황

한국어(학) 관련 강의 수강생 수 : 총 308명

학사 1학년	학사 2학년	학사 3학년	학사 4학년	석사 1학년	석사 2학년	박사 과정	기타
73	49	44	61	5	5	1	70

전공생 수

B.A.	M.A.	Ph.D.
227	10	1

※ 매년 신입생 선발(인원: 60명)

6) 강좌 개설 현황

과목명	담당 교수	주당 수업 시간	수강생 수	학점	필수 / 선택
한국어 1-1	보란타예바 F., 김 아나스타시야, 사케노바 A.	5	32	5	필수
음운론 연습	스비리도바 V., 박티베코바 B.	1	32	1	선택
언어학 입문	젯피소프 S.	2	32	2	선택
한국어 1-1	김 스베틀라나, 보란타예바 F.	6	24	6	필수
음운론 연습	스비리도바 V., 김영경	2	24	2	선택
한국어 1-1	두미셰바 A., 사케노바 A.	6	17	6	필수
제2외국어(한국어1)	스비리도바 V.	4	0	4	선택
한국어 2-1	전 옐레나, 방정식	7	19	7	필수
지역학	두미셰바 A.	2	19	2	선택
한국어 2-1	전 옐레나, 김 율리아나	5	18	5	필수
외국어 교육 개론	젯피소프 S.	2	18	2	필수
회화 연습	김 스베틀라나	2	18	2	선택
한국어 2-1	이성숙	6	12	6	필수
한반도의 정세	두미셰바 A.	3	12	3	선택
제2외국어(한국어 2)	스비리도바 V.	4	7	4	선택
한국어 3-1	김영경, 이성숙	4	21	4	필수
한국어 어휘론	장호종	3	21	3	필수
한국어 문체론	장호종	2	21	2	필수
문서 작성	이성숙	3	21	3	선택
한국어 3-1	이성숙	4	15	4	필수
문서 작성	방정식	2	15	2	선택

과목명	담당 교수	주당 수업 시간	수강생 수	학점	필수 / 선택
번역 연습	김 스베틀라나	1	15	1	필수
통번역: 국제 교역	김 스베틀라나	2	15	2	선택
번역 이론	젯피소프 S.	3	15	3	선택
통번역과 문화	젯피소프 S.	2	15	3	선택
한국어 3-1	김영경	5	8	5	필수
한국 경제	쿠툴루코프 S. H.	3	8	3	선택
동북아의 안보	쿠툴루코프 S. H.	3	8	3	선택
비즈니스 한국어	방정식	2	8	2	선택
한국사	쿠툴루코프 S. H.	2	8	2	선택
제2외국어(한국어 3)	사케노바 A.	4	15	4	선택
한국어 4-1	김영경	3	16	3	필수
학술 한국어	방정식	2	16	2	선택
한국어와 한자	한 넬리	2	16	2	선택
통번역: 산업	김 스베틀라나	2	16	2	선택
통번역: 경제 협력	김 스베틀라나	2	16	3	선택
비즈니스 한국어	방정식	3	16	3	선택
한국 문학	장호종	3	16	3	필수
한국어 4-1	김영경, 방정식	4	27	4	필수
인지언어학	한 넬리	2	27	2	선택
언어문화	한 넬리	2	27	2	선택
통역 연습	김 스베틀라나	2	27	2	필수
순차 통역: 정치	김 스베틀라나	2	27	2	선택
통번역과 문체	젯피소프 S.	2	27	2	선택
한국 문학	장호종	2	27	2	필수
한국어 4-1	김영경, 방정식	4	18	4	필수
한국 경제	박티베코바 B.	3	18	3	선택
컨설팅: 산업	박티베코바 B., 쿠툴루코프 S. H.	3	18	3	선택
컨설팅: IT	박티베코바 B., 쿠툴루코프 S. H.	3	18	3	선택
컨설팅: 상담	박티베코바 B., 쿠툴루코프 S. H.	3	18	3	선택
제2외국어(한국어 4)	사케노바 A., 박티베코바 B.	4	13	4	선택
대학원 한국어	장호종	3	1	3	필수
대학원 한국어	장호종	3	2	3	필수
번역의 실제: 사회	황인나	2	2	2	선택

과목명	담당 교수	주당 수업 시간	수강생 수	학점	필수 / 선택
순차 통역: 사회	황인나	2	2	2	선택
동시 통역: 사회	황인나	2	2	2	선택
대학원 한국어	장호종	3	2	3	필수
대학원 한국어	장호종	3	3	3	필수
번역의 실제: 국제 경제	황인나	1	2	1	선택
순차 통역: 국제 경제	황인나	1	2	1	선택
동시 통역: EXPO	황인나	2	2	2	선택
동시 통역: 국제 경제	황인나	2	2	2	선택
대학원 한국어	장호종	3	0	3	필수

7) 한국 관련 활동

활동명	시기	상세 활동 내용
2016 KF 한국학 특강	2016. 4.	김영훈(이화여대), 서정수(계명대) 교수 한국학 관련 특강. 본교 한국학 학생 및 강사 150명 참석
제1회 CIS 대학(원)생 한국학 학술 대회	2016. 4.	5개국 11개 대학의 학생 70명, 관계자 30명 참석
학술지 『카자흐스탄 한국학』 4호	2016. 5.	4개국 8개 도시 9개 대학의 한국학자 48명 논문 44편 수록
학술지 『CIS 대학생 한국학 논문집』 3호	2016. 5.	4개국 7개 도시 9개 대학의 학생 56명 논문 43편 수록
제13회 키르기스스탄 한국학 퀴즈 대회	2016. 5	키르기스스탄, 카자흐스탄 한국학 전공 대학생 100명 참석
2016년 제1차 한-카 실크로드 오픈 포럼	2016. 5	본교 및 카자흐국립대 한국학 관계자 30명 참석
주카자흐스탄 한국 대사 초청 강연	2016. 5.	본교 한국학 및 동양학 학생 100명, 국제관계학 학생 100명 참석
고등학생을 위한 예비 한국학 강좌	2016. 6. ~2016. 7.	알마티 내 고교생 50명 참석
제4회 중앙아시아 한국학 학술 대회 및 2016 중앙아·한교협 정기 총회	2016. 6.	5개국 21개 대학 및 기관 한국학 관계자 60명 참석
학술지 『중앙아시아 한국학 교육』 2호	2016. 6.	4개국 6개 도시 10개 대학의 한국학자 23명 논문 22편 수록
소식지 『중앙아시아 한국학 네트워크』	2016. 6.	중앙아시아 한국학 개설 대학의 한국학 관련 주요 소식 수록
제1회 러시아어-카자흐어-한국어 통번역 포럼	2016. 6.	본교를 포함한 알마티 내 통번역 관계자 30명 참석
570돌 한글날 기념	2016. 10.	570돌 한글날 및 한국학센터 개원 4주년 기념행사. 본교

활동명	시기	상세 활동 내용
제2회 CIS 대학(원)생 한국학 학술 대회	2016. 11.	4개국 6개 도시 10개 대학의 학생 44명 등 총 75명 참석
제8회 중앙아시아 성균한글백일장	2016. 12.	4개국 8개 도시 24개 대학의 학생 38명 등 80명 참석
학술지 『CIS 대학생 한국학 논문집』 4호	2017. 2.	CIS 대학생 한국학 논문 21편 수록
제7회 중앙아시아 한국학올림피아드	2017. 2.	4개국 10개 도시 19개 대학의 학생 67명, 관계자 30명 참석
학술지 『카자흐스탄 한국학』 5호	2017. 3.	중앙아시아 한국학 논문 29편 수록
제9회 중앙아시아 성균한글백일장	2017. 4.	4개국 11개 도시 24개 대학의 학생 등 총 80명 참석
2017 공공 외교 세미나	2017. 5.	카자흐스탄 내 한국학 강사 등 60명 참석. 주카자흐스탄 대사관 주최
한국학 포럼		150명 참석

8) 한국 관련 출판물

제목	형태	주요 내용
카자흐스탄 한국학	기타	2013년 1호 발간. 연 2회 발간
CIS 대학생 한국학 논문집	논문	2014년 1호 발간. 연 1회 발간
중앙아시아 한국학 교육	기타	2015년 1호 발간. 연 1회 발간
중앙아시아 한국학 뉴스레터	기타	중앙아시아 주요 대학의 한국학 관련 소식. 연 2회 발간

4. 한국연구센터 운영 현황

명칭	한국학센터(Center for Korean Studies)	
소속 기관	동양학부	
설립 연도	2012년	
대표자	성명	직함
	박 넬리(Pak Nelly)	소장

5. 도서관 현황

도서관명	한국학센터
담당 사서	텐 엘레나(Ten Elena)
한국학 장서 보유량(부)	3,500

6. 동아시아학 현황

1) 일본학 프로그램 제공 형태	학사, 석사, 박사, 기타(제2외국어)
2) 중국학 프로그램 제공 형태	학사, 석사, 박사, 기타(공자학원)

코르킷 아타 크즐오르다국립대학교

Korkyt Ata Kyzylorda State University

1. 대학 개요

설립 연도	1937년
소재 국가	카자흐스탄
형태	국공립
대표자 성명 / 직위	비세노프 키리스바이 알다베르게노비치(Bissenov Kylyshbay Aldabergenovich) / 총장

2. 연락처

주소	영문 주소	29-A, Aiteke Bi Street, Kyzylorda, Republic of Kazakhstan
	우편번호	KZ/120014
전화		+7-7242-26-17-25
웹사이트		www.korkyt.kz

3. 기관 한국학 현황

1) 한국 관련 강좌 운영 현황

소속 학부	교육대학 외국어학부(Foreign language Department of Educational College)	
소속 학과	한국어-영어과(Korean-English Department)	
개설 연도	2013년	
프로그램 대표자	성명	직함
	켄신바이 테미르볼랏 (Kenshinbay Temirbolat)	학장

2) 한국 관련 프로그램 제공 형태

학위 과정	B.A. (학사 과정)	한국어 전공

3) 주요 연구 분야

- 한국어와 문화

4) 한국학 교수진 : 2명

교수명	직위	전공 분야
안수현	KF 객원교수	한영 번역
송혜수(Hyesue Song)		심리학

5) 수강생 현황

한국어(학) 관련 강의 수강생 수 : 총 45명

학사 1학년	학사 2학년	학사 3학년	학사 4학년	석사 1학년	석사 2학년	박사 과정	기타
19	7	11	8				

전공생 수

B.A.	M.A.	Ph.D.
45		

※ 매년 신입생 선발(인원: 20명)

6) 강좌 개설 현황

과목명	담당 교수	주당 수업 시간	수강생 수	학점	필수 / 선택
기초 한국어	안수현, 송혜수	3	19	3	필수
제2외국어로서 한국어	송혜수	3	19	3	필수
실용 한국어 I	송혜수	3	7	3	필수
현대 한국어	송혜수	3	7	3	필수
한국어 형태론	송혜수	3	11	3	필수
실용 한국어 II	안수현	3	11	3	필수
특별 한국어	안수현	4	8	3	필수

7) 한국 관련 활동

활동명	시기	상세 활동 내용
한국어 자원봉사 (Korean Volunteer Work)	2016. 9. 14.	한국 의료진의 크즐오르다 지역 의료 봉사에 학생들이 통역 자원봉사자로 참여
K-Pop 축제	2016. 10. 13.	한국 노래와 댄스 경연

4. 한국연구센터 운영 현황
　-없음

5. 도서관 현황

도서관명 °	과학기술 도서관(Scientific Technical Library)
담당 사서	자말 아베노바(Zhamal Abenova)
한국학 장서 보유량(부)	160

6. 동아시아학 현황

1) 일본학 프로그램 제공 형태	–
2) 중국학 프로그램 제공 형태	학사

비슈케크인문대학교

Bishkek Humanities University

1. 대학 개요

설립 연도	1979년
소재 국가	키르기스스탄
형태	국공립
대표자 성명 / 직위	무사에프 아브딜다 이나야토비치(Musaev Abdylda Inayatovich) / 총장

2. 연락처

주소	영문 주소	27 Mira str., Bishkek, Kyrgyz Republic
	우편번호	720044
전화		+996-776-948845
웹사이트		www.bhu.kg

3. 기관 한국학 현황

1) 한국 관련 강좌 운영 현황

소속 학부	동양학 및 국제관계학부	
소속 학과	한국학과	
개설 연도	1992년	
프로그램 대표자	성명	직함
	백태현	학과장
홈페이지	www.bhu.kg/academics/fvmo/korean-phillology	

2) 한국 관련 프로그램 제공 형태

학위 과정	B.A. (학사 과정)	한국학 전공, 한국어 전공, 동아시아학 전공
	M.A. (석사 과정)	한국학 전공, 한국어 전공, 동아시아학 전공
	Ph.D. (박사 과정)	한국학 전공, 동아시아학 전공

3) 주요 연구 분야

• 한국어, 한국학

4) 한국학 교수진 : 7명

교수명	직위	전공 분야
백태현	학과장	역사학
미나라 쉐리쿨로바	강사	언어학
문상웅	조교수	역사학
이해준	조교수	한국 문학
제냐 신데츠카야	조교수	언어학
질드스 베쿠라토바	전임강사	언어학
엘레나 제트킨체코바	전임강사	언어학

5) 수강생 현황

한국어(학) 관련 강의 수강생 수 : 총 117명

학사 1학년	학사 2학년	학사 3학년	학사 4학년	석사 1학년	석사 2학년	박사 과정	기타
29	27	20	17	1		3	20

전공생 수

B.A.	M.A.	Ph.D.
93	1	3

※ 매년 신입생 선발(인원: 30명)

6) 강좌 개설 현황

과목명	담당 교수	주당 수업 시간	수강생 수	학점	필수 / 선택
한국어(1학년)	질드스, 문상웅	6	14	10	필수
한국어(1학년)	엘레나, 문상웅	6	15	10	필수
동양학 개론	질드스	4	14	4	필수
한국어(2학년)	제냐, 문상웅	6	12	10	필수
한국어(2학년)	엘레나, 이해준	6	14	10	필수
제2외국어 (한국어, 일본학과 2학년 대상)	질드스	4	12	4	필수
한국어(3학년 A)	제냐, 이해준	6	12	10	필수
한국어(3학년 B)	엘레나, 이해준	6	8	10	필수
제2외국어 (한국어, 일본학과 3학년 대상)	질드스	4	10	4	필수
한국 역사(3학년)	백태현	2	12	2	필수
필수 선택 과목(3학년)	제냐	2	12	2	필수
문화 관계 기초 이론	제냐	2	12	2	필수
동시 통번역	질드스	2	12	2	필수
한국어(4학년 A)	미나라	10	6	10	필수
한국어(4학년 B)	백태현	10	12	10	필수
통번역 이론(4학년)	백태현	2	6	2	필수
필수 선택 과목(한국 현대사)	백태현	2	6	2	필수
한국 현대 문화	백태현	2	6	2	필수
제2외국어 (한국어, 일본학과 4학년 대상)	제냐	4	6	4	필수

7) 한국 관련 활동

활동명	시기	상세 활동 내용
한국어과 개설	1992. 9.	여자사범대학 동양학과 한국어 파트를 흡수하여 학과 개설
한국학과 시스템 개편	1993. 9.	동양학 및 국제관계학부 한국학과 시스템으로 편제
한국학과 독립	2004. 9.	기존 한국학과, 일본학과, 중국학과의 복합적 과 체제에서 실질적 한국학과 독립
한국학과 개소식	2004. 10.	동양학 및 국제관계학부 한국학과 개소식 거행 (학과장: 백태현 교수 임명)
대학원 한국학 전공 개설	2005. 9.	대학원(석사 과정) 한국학 전공(한국어, 한국사 전공) 개설
복수 학위제 시행	2006. 4. ~2008. 8.	한국 경희대학교 한국어학과와 복수 학위제 계약 체결

활동명	시기	상세 활동 내용
사이버 한국학 강좌 개설	2011. 9. ~2012. 8.	(사)한국지방발전교육연구원과 협약하여 한국학 사이버 강좌 개설
한국학 교재 출판	2011~2013	외국인을 위한 한국의 역사와 문화, 외국인을 위한 오늘의 한국, 외국인을 위한 살아 있는 한국 문화, 교재 3권 키르기스스탄 소재 안살람출판사에서 출판
중앙아시아 맞춤형 한국학 교재 개발 연구		한국 경희대학교 및 중앙아시아 3개 대학과 연계하여, 중앙아시아 맞춤형 한국학 교재 개발 연구(키르기스스탄 연구 책임자: 한국학과 백태현 교수)

8) 한국 관련 출판물

제목	형태	주요 내용
외국인을 위한 한국의 역사와 문화	단행본	
외국인을 위한 오늘의 한국	단행본	
외국인을 위한 살아 있는 한국 문화	단행본	

4. 한국연구센터 운영 현황

- 없음

5. 도서관 현황

도서관명	비쉬켁인문대학교 도서관
한국학 장서 보유량(부)	2,150

6. 동아시아학 현황

1) 일본학 프로그램 제공 형태	학사, 석사, 박사
2) 중국학 프로그램 제공 형태	학사, 석사, 박사, 기타(공자학원)

오슈주립대학교

Osh State University

1. 대학 개요

설립 연도	1939년
소재 국가	키르기스스탄
형태	국공립
대표자 성명 / 직위	카니베크 압두바시토비치 이사코프(Kanybek Abduvasitovich Isakov) / 총장

2. 연락처

주소	영문 주소	73 Supanaliyeba, Osh city, Kyrgyz Republic
	우편번호	723500
전화		+9-96-778-871-165
웹사이트		www.oshsu.kg

3. 기관 한국학 현황

1) 한국 관련 강좌 운영 현황

소속 학부	국제관계학부(Faculty of International Relations)	
소속 학과	국제학과, 지역학과	
개설 연도	2002년	
프로그램 대표자	성명	직함
	김정영	교수

2) 한국 관련 프로그램 제공 형태

비학위 과정	B.A. 선택 과목

3) 한국학 교수진 : 2명

교수명	직위	전공 분야
김정영	교수	건축공학, 한국어 문화학
악사마잇	교수	국제관계학

4) 수강생 현황

한국어(학) 관련 강의 수강생 수 : 총 80명

학사 1학년	학사 2학년	학사 3학년	학사 4학년	석사 1학년	석사 2학년	박사 과정	기타
40	30	10					

4. 한국연구센터 운영 현황
  -없음

5. 동아시아학 현황

1) 일본학 프로그램 제공 형태	–
2) 중국학 프로그램 제공 형태	–

키르기스국립대학교
Kyrgyz National University

1. 대학 개요

설립 연도	1925년
소재 국가	키르기스스탄
형태	국공립
대표자 성명 / 직위	아다쿨로바(Adawkulova Ch.U.) / 총장

2. 연락처

주소	영문 주소	547 Frunze, Bishkek, Kyrgyz Republic
	우편번호	720033
전화		+997-777-888-233
웹사이트		www.knu.kg

3. 기관 한국학 현황

1) 한국 관련 강좌 운영 현황

소속 학부	국제관계 및 동양학부	
개설 연도	1993년	
프로그램 대표자	성명	직함
	이재욱	교수

2) 한국 관련 프로그램 제공 형태

비학위 과정		B.A. 선택 과목
학위 과정	B.A. (학사 과정)	동아시아학 전공, 기타 전공 내 한국학 프로그램

3) 주요 연구 분야

• 한국어

4) 한국학 교수진 : 4명

교수명	직위	전공 분야
이재욱	교수	한국어
김용구	교수	동양학
윤효승	객원교수	러시아어학
테미를란	강사	한국어

5) 수강생 현황

한국어(학) 관련 강의 수강생 수 : 총 79명

학사 1학년	학사 2학년	학사 3학년	학사 4학년	석사 1학년	석사 2학년	박사 과정	기타
56	8	7	8				

전공생 수

B.A.	M.A.	Ph.D.
49		

※ 매년 신입생 선발(인원: 10~20명)

6) 강좌 개설 현황

과목명	담당 교수	주당 수업 시간	수강생 수	학점	필수 / 선택
한국어 1	테밀를란	10	15	2	선택
한국어 1-1	김용구	10	10	2	필수
한국어 1-2	테밀를란	10	16	2	필수
한국어 2	윤효승	10	8	2	필수
한국어 3	윤효승	10	7	2	필수
한국어 4	이재욱	10	8	2	필수
한국어 어휘론, 방언론, 교수업	이재욱	6	8	2	선택

7) 한국 관련 출판물

제목	형태	주요 내용
한국어 어휘 학습서	단행본	한국어 어휘를 어원별로 분류하여 접두사, 접미사, 어근별로 배우는 학습 교과서(러시아어로 예문 설명이 되어 있음)

4. 한국연구센터 운영 현황
   - 없음

5. 도서관 현황

도서관명	국립대학교 한국어연구소
담당 사서	이재욱
한국학 장서 보유량(부)	300

6. 동아시아학 현황

1) 일본학 프로그램 제공 형태	–
2) 중국학 프로그램 제공 형태	–

유
라
시
아

키르기스국제유니버설칼리지
Kyrgyz International Universal College

1. 대학 개요

설립 연도	2012년
소재 국가	키르기스스탄
형태	사립
대표자 성명 / 직위	유민(Min Ryu) / 학장

2. 연락처

주소	영문 주소	Mashnostroitelnaya Street, Shopokov City, Sokuluk, Chui Region, Kyrgyz Republic
	우편번호	724830
전화		+996-312-22-11-82
웹사이트		www.kiuc.org

3. 기관 한국학 현황

1) 한국 관련 강좌 운영 현황

소속 학과	통역학과	
한국학(어) 프로그램명	한국어-영어-노어 통역 프로그램	
개설 연도	2016년	
프로그램 대표자	성명	직함
	유민	학장

2) 한국 관련 프로그램 제공 형태

학위 과정	B.A. (학사 과정)	한국어 전공

3) 주요 연구 분야

- 중앙아시아학

4) 한국학 교수진 : 3명

교수명	직위	전공 분야
유민	학장	국제관계학, 국제 경제
김한솔		한국어 교육
솔톤쿨로바 아이자다(Soltonkulova Aizada)	한국어 수석 강사	한국어

5) 수강생 현황

한국어(학) 관련 강의 수강생 수 : 총 32명

학사 1학년	학사 2학년	학사 3학년	학사 4학년	석사 1학년	석사 2학년	박사 과정	기타
24	8						

전공생 수

B.A.	M.A.	Ph.D.
38		

※ 매년 신입생 선발(인원: 30명)

6) 강좌 개설 현황

과목명	담당 교수	주당 수업 시간	수강생 수	학점	필수 / 선택
한국어 초급	아이자다	4	24	3	필수
한국어 중급	유민	4	10	3	필수

4. 한국연구센터 운영 현황

- 없음

5. 도서관 현황

도서관명	키르기스국제유니버설칼리지 도서관
담당 사서	굴나라
한국학 장서 보유량(부)	44

6. 동아시아학 현황

1) 일본학 프로그램 제공 형태	–
2) 중국학 프로그램 제공 형태	학사, 기타(공자학원)

타지크국립외국어대학교

Tajik State Institute of Languages named after Sotim Ulugzoda

1. 대학 개요

대학명(자국어)	Донишкадаи Давлатии Забон ои То икистон ба номи Сотим Улу зода
설립 연도	1979년
소재 국가	타지키스탄
형태	국공립
대표자 성명 / 직위	마흐마둘로 라잡조다(Mahmadullo Rajabzoda) / 총장

2. 연락처

주소	영문 주소	Embassy of the Republic of Korea, Ghani Abdullo Street 61, Dushanbe, Republic of Tajikistan
	우편번호	734003
	전화	+992-93-403-08-52

3. 기관 한국학 현황

1) 한국 관련 강좌 운영 현황

소속 학부	동양어학부	
소속 학과	한국어학과	
개설 연도	2004년	
프로그램 대표자	성명	직함
	신낙균	학과장

2) 한국 관련 프로그램 제공 형태

학위 과정	B.A. (학사 과정)	한국어

3) 한국학 교수진 : 4명

교수명	직위	전공 분야
신낙균	학과장	교육행정학
최미희	책임강사	심리학
미르조예프 도바르	강사	한국어
노르마흐메도프 이르폰	강사	한국어

4) 수강생 현황

한국어(학) 관련 강의 수강생 수 : 총 60명

학사 1학년	학사 2학년	학사 3학년	학사 4학년	석사 1학년	석사 2학년	박사 과정	기타
23	19	8	10				

전공생 수

B.A.	M.A.	Ph.D.
60		

※ 매년 신입생 선발(인원: 25명)

5) 강좌 개설 현황

과목명	담당 교수	주당 수업 시간	수강생 수	학점	필수 / 선택
한국어		8		4	필수
실용 문법		4		2	필수
한국어 발음		2		1	필수
발음 이론		2		1	필수
한국어 글쓰기		4		2	필수
문법 이론		4		2	필수
관광 안내 실습		2		1	필수
한국어의 역사		4		2	필수
한국 소개		2		1	필수
문서 작성		4		2	필수
비교 문법		2		1	필수

과목명	담당 교수	주당 수업 시간	수강생 수	학점	필수 / 선택
번역 이론과 실습		4		2	필수
어휘론		2		1	필수
한국 문학		2		1	필수
세계 문학		2		1	필수
한국어 특강		4		2	필수
한국 정치 독해		3		1.5	필수
한국 경제 독해		3		1.5	필수
문체론		2		1	필수
실습(4학년)				5	필수

4. 한국연구센터 운영 현황

- 없음

5. 도서관 현황

도서관명	타지키스탄 국립도서관(The National Library of the Republic of Tajikistan)
담당 사서	미르조알리예프 후쉬누드
한국학 장서 보유량(부)	495

6. 동아시아학 현황

1) 일본학 프로그램 제공 형태	학사
2) 중국학 프로그램 제공 형태	학사, 기타(공자학원)

무함마드5세대학교-라바트
Mohammed V University of Rabat

1. 대학 개요

대학명(자국어)	Université Mohammed V de Rabat
설립 연도	1957년
소재 국가	모로코
형태	국공립
대표자 성명 / 직위	사이드 암자지(Saaid Amzazi) / 총장

2. 연락처

주소	영문 주소	Avenue Mohammed, Ben Abdellah, Erregragui, Rabat, Morocco
	우편번호	10000
전화		+212-537-77-18-73
웹사이트		www.um5.ac.ma

3. 기관 한국학 현황

1) 한국 관련 강좌 운영 현황

소속 학부	문학 및 인문학부(Faculty of Letters and Human Sciences)	
소속 학과	어학원(Language Center)	
개설 연도	2001년	
프로그램 대표자	성명	직함
	야미나 엘 키라트(Yamina El Kirat)	부학장
홈페이지	www.flshr.ac.ma	

2) 한국 관련 프로그램 제공 형태

비학위 과정	어학 강좌

3) 한국학 교수진 : 1명

교수명	직위	전공 분야
박용희(Yonghee Park)	KF 객원교수	아랍 문학

4) 수강생 현황

한국어(학) 관련 강의 수강생 수 : 총 146명

5) 강좌 개설 현황

과목명	담당 교수	주당 수업 시간	수강생 수	학점	필수 / 선택
한국어	박용희	15	146		선택

4. 한국연구센터 운영 현황
- 없음

5. 도서관 현황

도서관명	문학 및 인문학부 도서관
담당 사서	타메르티 무함마드(Taamerti Mohammed)
한국학 장서 보유량(부)	57

6. 동아시아학 현황

1) 일본학 프로그램 제공 형태	기타(어학 강좌)
2) 중국학 프로그램 제공 형태	학사, 기타(공자학원)

아흘리아대학교
Ahlia University

1. 대학 개요

설립 연도	2001년
소재 국가	바레인
형태	사립
대표자 성명 / 직위	아라알리 만수르 아흐메드(Alaali Mansoor Ahmed) / 총장

2. 연락처

주소	영문 주소	P.O. Box 10878 Boulevard 41 Road 18 Al-Hoora 310, Manama, Kingdom of Bahrain
	우편번호	–
전화		+973-1729-8973
웹사이트		www.ahlia.edu.bh

3. 기관 한국학 현황

1) 한국 관련 강좌 운영 현황

한국학(어) 프로그램명	마나마 세종학당 프로그램 (*2017년 9월부터는 바레인국립대에서 운영)	
개설 연도	2016년	
프로그램 대표자	성명	직함
	윤영기	세종학당장

2) 한국 관련 프로그램 제공 형태

비학위 과정	세종학당 언어 프로그램

3) 한국학 교수진 : 2명

교수명	직위	전공 분야
이보람		한국어 교육
손석주		한국어 교육

4) 수강생 현황

한국어(학) 관련 강의 수강생 수 : 총 40명

5) 강좌 개설 현황

과목명	담당 교수	주당 수업 시간	수강생 수	학점	필수 / 선택
초급 한국어 1-1			13		
초급 한국어 1-2			7		
초급 한국어 2			6		
문화 한국어			14		

4. 한국연구센터 운영 현황

- 없음

5. 동아시아학 현황

1) 일본학 프로그램 제공 형태	–
2) 중국학 프로그램 제공 형태	–

아랍에미리트연방(UAE)대학교
United Arab Emirates University

1. 대학 개요

설립 연도	1976년
소재 국가	아랍에미리트
형태	국공립
대표자 성명 / 직위	알리 라시드 알 누아이미(Ali Rashid Al Nuaimi) / 총장

2. 연락처

주소	영문 주소	(P.O. Box: 15551) Al Ain, Abu Dhabi, UAE
	우편번호	–
전화		+971-3-713-6457
팩스		+971-3-713-4978
웹사이트		www.uaeu.ac.ae/en

3. 기관 한국학 현황

1) 한국 관련 강좌 운영 현황

소속 단과대학	인문사회과학대학(College of Humanities and Social Sciences)	
소속 학과	번역학과(Department of Translation Studies)	
개설 연도	2012년	
프로그램 대표자	성명	직함
	할라 샤카스(Hala Sharkas)	학과장
홈페이지	www.chss.uaeu.ac.ae/en/departments/translation/index.shtml	

2) 한국 관련 프로그램 제공 형태

학위 과정	B.A. (학사 과정)	한국어 부전공

3) 한국학 교수진 : 1명

교수명	직위	전공 분야
김지혜(Jihye Kim)	KF 객원교수	한국어 교육

4) 수강생 현황

한국어(학) 관련 강의 수강생 수 : 총 82명

학사 1학년	학사 2학년	학사 3학년	학사 4학년	석사 1학년	석사 2학년	박사 과정	기타
31	16	25	10				

※ 매년 신입생 선발

5) 강좌 개설 현황

과목명	담당 교수	주당 수업 시간	수강생 수	학점	필수 / 선택
초급 한국어 1	김지혜	3	29	3	선택
초급 한국어 2	김지혜	3	16	3	선택
중급 한국어	김지혜	3	26	3	필수
한국어와 문화	김지혜	3	22	3	
독해와 작문	김지혜	3	2	3	

6) 한국 관련 활동

활동명	시기	상세 활동 내용
아리랑 클럽	2013. 3.~2015. 11.	한국 배우 송중기 UAEU 방문(KHIDI, 주바레인 한국 대사관 주관), 한국 영화 상영, 한국의 과학과 문화 여행, 한국 문화의 날(학생 100명 참석), 「런닝맨」 프로그램, 한국 문화 액티비티, 한국 문화 체험 활동 "Why Korea"
한국 수학여행	2013. 8.	후원: 한국외국어대, 이화여대
한국어 말하기 대회	2013. 11.~2015. 10.	제1회: 10명 참가, 2위, 3위 수상 제2회: 10명 참가, 2위 수상 제3회: 15명 참가, 1위, 2위, 3위 수상 제4회: 6명 참가, 2위, 3위 수상
TOPIK	2013~현재	

활동명	시기	상세 활동 내용
한국 문화 체험답사	2013. 3.~2015. 12.	한국인과의 만남, 한국 음식 만들기(Mubazara park), 한국 전통 뮤지컬(아부다비), 한국 의학 관광 체험 및 문화행사(ADNEC, 아부다비), K lover의 밤(주바레인 한국 대사관, 아부다비)
K-청년 진로 탐방 GCC	2015. 11.	UAEU 방문, 문화(한국 학생 16명 참가) 교류 프로그램
교환학생		UAEU 학생 중 고려대 2명, 단국대 2명 교환학생 파견. 단국대 학생 8명 교환학생으로 전입
한국 정부 초청 프로그램	2013, 2016	UAEU 학생 2명이 행사에 참여하도록 초청받음
TOPIK 장학금	2016년 가을	UAEU 학생 1명이 이화여대 한국어센터에서 4개월간 공부할 수 있는 장학금 수혜

4. 한국연구센터 운영 현황

-없음

5. 도서관 현황

도서관명	아랍에미리트연방(UAE)대학교 도서관
한국학 장서 보유량(부)	140

6. 동아시아학 현황

1) 일본학 프로그램 제공 형태	-
2) 중국학 프로그램 제공 형태	-

야르묵대학교
Yarmouk University

1. 대학 개요

설립 연도	1976년
소재 국가	요르단
형태	국공립
대표자 성명 / 직위	레팟 알파오리(Refat A. Alfaouri) / 총장

2. 연락처

주소	영문 주소	Shafiq Irshidat st, Irbid, Jordan
	우편번호	–
전화		+962-2-7211111
웹사이트		www.yu.edu.jo

3. 기관 한국학 현황

1) 한국 관련 강좌 운영 현황

소속 학부	인문학부(Faculty of Arts)	
소속 학과	근대언어학과(Modern Language Department)	
개설 연도	2014년	
프로그램 대표자	성명	직함
	리헤일 후세인(Rehail. Hussein)	학과장
홈페이지	http://arts.yu.edu.jo/en	

2) 한국 관련 프로그램 제공 형태

비학위 과정	B.A. 선택 과목

3) 한국학 교수진 : 1명

교수명	직위	전공 분야
안창순(Changsoon Ahn)		한국어 교육

4) 수강생 현황

한국어(학) 관련 강의 수강생 수 : 총 3명

5) 강좌 개설 현황

과목명	담당 교수	주당 수업 시간	수강생 수	학점	필수 / 선택
한국 110 / 초급 한국어 1	안창순				
한국 110 / 초급 한국어 2	안창순				

4. 한국연구센터 운영 현황
- 없음

5. 동아시아학 현황

1) 일본학 프로그램 제공 형태	-
2) 중국학 프로그램 제공 형태	-

요르단국립대학교

University of Jordan

1. 대학 개요

설립 연도	1962년
소재 국가	요르단
형태	국공립
대표자 성명 / 직위	아즈미 마하프자(Azmi Mahafzah) / 총장

2. 연락처

주소	영문 주소	Aljubeiha, Amman, Jordan
	우편번호	11942
전화		+962-6-5355000
웹사이트		www.ju.edu.jo

3. 기관 한국학 현황

1) 한국 관련 강좌 운영 현황

소속 학부	외국어학부(Faculty of Foreign Languages)	
소속 학과	아시아언어학과(Department of Asian Languages)	
개설 연도	2007년	
프로그램 대표자	성명	직함
	박병주	KF 객원교수, 코디네이터
홈페이지	languages.ju.edu.jo	

2) 한국 관련 프로그램 제공 형태

학위 과정	B.A. (학사 과정)	한국어-영어 전공

3) 한국학 교수진 : 3명

교수명	직위	전공 분야
박병주	KF 객원교수	한국 문학
조문화	KOICA 해외자원봉사자	한국어 교육(2급)
김미애	KOICA 해외자원봉사자	한국어 교육(3급)

4) 수강생 현황

한국어(학) 관련 강의 수강생 수 : 총 160명

학사 1학년	학사 2학년	학사 3학년	학사 4학년	석사 1학년	석사 2학년	박사 과정	기타
50	40	40	30				

전공생 수

B.A.	M.A.	Ph.D.
150		

※ 매년 신입생 선발(인원: 50명)

5) 강좌 개설 현황

과목명	담당 교수	주당 수업 시간	수강생 수	학점	필수 / 선택
한국 비지니스	이정애	3	20	3	필수
문법 1	조문화, 김미애	3	35	3	필수
한국 문학 개론	박병주	3	25	3	필수
한자	박병주	3	21	3	선택
관광 한국어	이정애	3	18	3	선택
읽기와 토론	박병주	3	11	3	선택
문학 특강	박병주	3	9	3	선택
Specialization	조문화, 김미애, 이영숙	6	40	6	필수
듣기와 말하기	조문화, 김미애	3	40	3	필수
한국어 초급 1	조문화, 김미애	3	15	3	
번역 1	전을생	3	9	3	필수
번역 2	전을생	3	20	3	필수

6) 한국 관련 활동

활동명	시기	상세 활동 내용
TOPIK	2016. 4.	멀티미디어실
한국어 말하기 대회	2016. 10.	후세인컬처센터
한국 주간	2016. 10.	토론 배틀, 한국 역사 퀴즈 대회, 인기 동영상 투표, 한국 음식 요리 강좌

4. 한국연구센터 운영 현황

- 없음

5. 도서관 현황

도서관명	코리아 코너(Korea Corner)
한국학 장서 보유량(부)	2,340

6. 동아시아학 현황

1) 일본학 프로그램 제공 형태	기타(교양 강좌)
2) 중국학 프로그램 제공 형태	학사

중동

바그다드대학교
University of Baghdad

1. 대학 개요

설립 연도	1949년
소재 국가	이라크
형태	국공립
대표자 성명 / 직위	알라 압둘 후세인(Alaa' Abdul Hussein) / 총장

2. 연락처

주소	영문 주소	Al-Jadriyyah Baghdad, Iraq
	우편번호	-
전화		+964-7702-643-888
웹사이트		www.uobaghdad.edu.iq

3. 기관 한국학 현황

1) 한국 관련 강좌 운영 현황

소속 학부	인문학부(College of Arts)	
소속 학과	사학과(Department of History)	
개설 연도	2008년	
프로그램 대표자	성명	직함
	마흐무드 알 케이시 (Mahmoud Al-Qaysi)	디렉터
홈페이지	www.coart.uobaghdad.edu.iq	

2) 한국 관련 프로그램 제공 형태

학위 과정	M.A. (석사 과정)	한국학 전공, 동아시아학 전공

3) 주요 연구 분야

• 한국 근대화, 근대사

4) 한국학 교수진 : 2명

교수명	직위	전공 분야
마흐무드 알 케이시	디렉터	근대사, 한국의 근대화
이남 알 살만(Inaam Al-Salman)		근대사

5) 수강생 현황

한국어(학) 관련 강의 수강생 수 : 총 13명

학사 1학년	학사 2학년	학사 3학년	학사 4학년	석사 1학년	석사 2학년	박사 과정	기타
2	3	2	2	2	2		

전공생 수

B.A.	M.A.	Ph.D.
	3	

※ 매년 신입생 선발(인원: 2명)

6) 강좌 개설 현황

과목명	담당 교수	주당 수업 시간	수강생 수	학점	필수 / 선택
한국의 근대화	마흐무드 알 케이시	2			
이라크-한국 관계	이남 알 살만	2			

7) 한국 관련 출판물

제목	형태	주요 내용
이라크 관련 발제문	기타	한국중동학회-AFMA(Asia Federation of Middle East Studies) 공동 국제 학술 대회(부산외국어대학교), 2012

4. 한국연구센터 운영 현황

-없음

5. 도서관 현황

도서관명	역사학 도서관(Library of Department of History)
담당 사서	마디야 자와드(Madiyha Jawad)
한국학 장서 보유량(부)	23

6. 동아시아학 현황

1) 일본학 프로그램 제공 형태	석사, 박사
2) 중국학 프로그램 제공 형태	-

테헤란대학교
University of Tehran

1. 대학 개요

설립 연도	1935년
소재 국가	이란
형태	국공립
대표자 성명 / 직위	닐리 아흐마다바디(Nili Ahmadabadi) / 총장

2. 연락처

주소	영문 주소	Between 15th & 16th Streets, Kargar Shomali St., Tehran, Iran
	우편번호	1439813164
전화		+98-21-6111-9053
웹사이트		www.ut.ac.ir/en

3. 기관 한국학 현황

1) 한국 관련 강좌 운영 현황

소속 단과대학	외국어문학대학(Faculty of Foreign Languages and Literature)	
소속 학과	기타 외국어학과(Department of Other Languages)	
개설 연도	2002년	
프로그램 대표자	성명	직함
	발리 푸르 알리 레자 (Vali Pour Ali Reza)	학장

2) 한국 관련 프로그램 제공 형태

비학위 과정	B.A. 선택 과목

3) 한국학 교수진 : 1명

교수명	직위	전공 분야
최인화	KF 객원교수	한국어 교육, 페르시아어 문학

4) 수강생 현황

한국어(학) 관련 강의 수강생 수 : 총 41명

5) 강좌 개설 현황

과목명	담당 교수	주당 수업 시간	수강생 수	학점	필수 / 선택
제2외국어로서의 한국어 1	최인화	4	16	4	선택
제2외국어로서의 한국어 2	최인화	4	17	4	선택
제2외국어로서의 한국어 3	최인화	4	8	4	선택

6) 한국 관련 활동

활동명	시기	상세 활동 내용
한국 현대 시와의 만남	2016. 5.	한국어 수강생들의 한국 현대시 낭송, 한국 현대 시인들의 강연회 및 학생들과의 질의응답
한국의 맛 알리기	2016. 5.	제5회 테헤란대학교 인터내셔널 데이 기간 중, 최인화 교수와 한국어 수강생들이 불고기를 직접 만들어 테헤란대학교 본교 캠퍼스에서 학생 및 방문객들에게 시식 기회를 제공하고 한국 음식의 맛을 알림
한국 사진전	2016. 12.	한국에 대한 관심도 고취를 위해 한국 관광 사진전을 외국어문학대학 로비에서 개최
『한마음』 발간	2016. 12.	최인화 교수와 한국어 수강생들이 주축이 되어 한국의 언어, 역사, 문화에 대해 소개하는 책자 『한마음』을 이란어로 발간 배포

4. 한국연구센터 운영 현황

- 없음

5. 도서관 현황

도서관명	외국어문학대학 도서관 (Library of the Faculty of Foreign Languages and Literatures)
담당 사서	모이데 에스파하니(Ms. Mojdeh Esfahani)
한국학 장서 보유량(부)	761

6. 동아시아학 현황

1) 일본학 프로그램 제공 형태	학사, 석사
2) 중국학 프로그램 제공 형태	학사, 기타(공자학원)

중동

바르일란대학교
Bar-Ilan University

1. 대학 개요

설립 연도	1955년
소재 국가	이스라엘
형태	국공립
대표자 성명 / 직위	다니엘 허쉬코위츠(Daniel Hershkowitz) / 총장

2. 연락처

주소	영문 주소	Ramat-Gan, Israel
	우편번호	52090002
전화		+972-(03)-531-8370
웹사이트		www1.biu.ac.il

3. 기관 한국학 현황

1) 한국 관련 강좌 운영 현황

소속 학부	인문학부(Faculty of Humanities)	
소속 학과	학제 간 학사 프로그램(Multidisciplinary B.A. Program)	
개설 연도	2007년	
프로그램 대표자	성명	직함
	알론 레프코위츠(Alon Levkowitz)	코디네이터
홈페이지	barav.biu.ac.il	

2) 한국 관련 프로그램 제공 형태

비학위 과정	B.A. 선택 과목

3) 주요 연구 분야

• 한국 안보, 정치, 경제, 소프트파워

4) 한국학 교수진 : 2명

교수명	직위	전공 분야
알론 레프코위츠	코디네이터	한국 외교 정책
고민정(Minjeung Ko)	강사	

5) 수강생 현황

한국어(학) 관련 강의 수강생 수 : 총 32명

학사 1학년	학사 2학년	학사 3학년	학사 4학년	석사 1학년	석사 2학년	박사 과정	기타
12	10	10					

전공생 수

B.A.	M.A.	Ph.D.
30		

※ 매년 신입생 선발(인원: 10명)

6) 강좌 개설 현황

과목명	담당 교수	주당 수업 시간	수강생 수	학점	필수 / 선택
한국의 비즈니스 문화	알론 레프코위츠	2	15	2	선택
영화의 시각을 통한 사회, 문화, 갈등	알론 레프코위츠	2	15	2	선택
한국어 초급	고민정	4	10	4	선택
한국어 2	고민정	4	5	4	선택

7) 한국 관련 활동

활동명	시기	상세 활동 내용
제1회 한국학 워크숍	2016. 12.	이스라엘의 한국 전문가와 석, 박사 과정생들이 참가한 최초의 한국학 워크숍
한국학 강좌	2016. 12.~2017. 1.	한국 전문 변호사 리오르 사파티(Dr. Lior Sarfati), 알론 레프코위츠 등에 의해 진행된 한국 관련 강좌

8) 한국 관련 출판물

제목	형태	주요 내용
North Korea and the Middle East	논문	*Mideast Security and Policy Studies*, No.127, 2017
Seoul-Washington Alliance: The beginning of independence?	단행본	*American Foreign Policy and Global Standing in the 21st* Century(eds. Efraim Inbar, Jonathan Rynhold), Routledge, 2016

4. 한국연구센터 운영 현황
- 없음

5. 도서관 현황

도서관명	아시아학 도서관(Asian Studies Library)
담당 사서	카리나 마사사(Karina Masasa)
한국학 장서 보유량(부)	680

6. 동아시아학 현황

1) 일본학 프로그램 제공 형태	학사
2) 중국학 프로그램 제공 형태	학사

예루살렘히브리대학교

Hebrew University of Jerusalem

1. 대학 개요

설립 연도	1925년
소재 국가	이스라엘
형태	국공립
대표자 성명 / 직위	메나헴 벤 사순(Menahem Ben-Sasson) / 총장

2. 연락처

주소	영문 주소	Mt. Scopus Campus, Jerusalem, Israel
	우편번호	–
전화		+972-054-3966261
웹사이트		new.huji.ac.il/en

3. 기관 한국학 현황

1) 한국 관련 강좌 운영 현황

소속 학부	인문학부(Faculty of Humanities)	
소속 학과	아시아학과(Department of Asian Studies)	
개설 연도	2013년	
프로그램 대표자	성명	직함
	니심 오트마긴 (Nissim Otmazgin)	학과장
홈페이지	http://en.asia.huji.ac.il/dk	

2) 한국 관련 프로그램 제공 형태

비학위 과정		B.A. 선택 과목
학위 과정	B.A. (학사 과정)	한국학 전공

3) 주요 연구 분야

• 한국 문학, 영화, 대중문화, 젠더학

4) 한국학 교수진 : 7명

교수명	직위	전공 분야
니심 오트마긴	학과장	
이주연(Jooyeon Rhee)	조교수	한국 문학, 영화
야코브 코헨(Yaacov Cohen)	강사	한국 정치학
알론 레프코위츠(Alon Levkowitz)	강사	국제관계학
아이라 라이언(Ira Lyan)	강사	사회학
고민정(Minjeong Ko)	강사	한국어학
김 제이 로즈먼(Jay Rosman Kim)	강사	한국어학

5) 수강생 현황

한국어(학) 관련 강의 수강생 수 : 총 37명

학사 1학년	학사 2학년	학사 3학년	학사 4학년	석사 1학년	석사 2학년	박사 과정	기타
18	12	6			1		

전공생 수

B.A.	M.A.	Ph.D.
18	1	

※ 매년 신입생 선발(인원: 18명)

6) 강좌 개설 현황

과목명	담당 교수	주당 수업 시간	수강생 수	학점	필수 / 선택
한국 전근대사	이주연	4	25	4	필수
한국 대중문화	이주연	2	20	2	필수
젠더와 문학	이주연	2	16	2	필수
한일 문화 교류	이주연, 니심 오트마긴	2	11	2	필수
한국 정치	야코브 코헨	2	25	2	필수
한국어(초급, 문법)	김 제이 로즈먼	6	24	8	필수
한국어(초급, 독해와 회화)	고민정	4	18	4	필수
한국어(중급, 문법)	고민정	4	10	4	필수
한국어(중급, 독해와 회화)	고민정	2	8	2	필수

7) 한국 관련 활동

활동명	시기	상세 활동 내용
연례 국제 학술회의	2013~현재	매년 한국의 역사, 문화, 정치 관련 국제 학술 대회 개최(한국, 일본, 유럽, 북미, 중동에서 20~25명의 발표자 초청)
한국의 날	2013~현재	학생들이 기획하는 문화 행사로서 한국 음식, 대중가요 소개 및 한국 문화, 관광, 영화 등에 대한 소규모 강의 개최

4. 한국연구센터 운영 현황

명칭	한국학포럼(Korean Studies Forum)	
소속 기관	아시아학과	
설립 연도	2015년	
대표자	성명	직함
	이주연	조교수

5. 도서관 현황

도서관명	인문사회과학을 위한 블룸필드 도서관 (Bloomfield Library for the Humanities and Social Sciences)
담당 사서	하노치 로니거(Hanoch Roniger)
한국학 장서 보유량(부)	3,295

6. 동아시아학 현황

1) 일본학 프로그램 제공 형태	학사, 석사
2) 중국학 프로그램 제공 형태	학사, 석사, 박사, 기타(공자학원)

하이파대학교
University of Haifa

1. 대학 개요

설립 연도	1972년
소재 국가	이스라엘
형태	국공립
대표자 성명 / 직위	아모스 샤피라(Amos Shapira) / 총장

2. 연락처

주소	영문 주소	Mt Carmel, Haifa, Israel
	우편번호	3498838
전화		+972-4-8288530
웹사이트		www.haifa.ac.il

3. 기관 한국학 현황

1) 한국 관련 강좌 운영 현황

소속 학부	인문학부(Faculty of Humanities)	
소속 학과	아시아학과(Department of Asian Studies)	
개설 연도	2010년	
프로그램 대표자	성명	직함
	구르 알로이(Gur Alroey)	학장
홈페이지	asia.haifa.ac.il/index.php/he/staff-depoffice/staff/academi	

2) 한국 관련 프로그램 제공 형태

학위 과정	B.A. (학사 과정)	아시아학 전공
	M.A. (석사 과정)	아시아학 전공
	Ph.D. (박사 과정)	아시아학 전공

3) 주요 연구 분야

- 한국 근현대사 및 정치

4) 한국학 교수진 : 2명

교수명	직위	전공 분야
가이 포돌러(Guy Podoler)	아시아학과 선임강사	아시아학, 한국학
고민정(Minjeung Ko)	아시아학과 조교	언어학

5) 수강생 현황

한국어(학) 관련 강의 수강생 수 : 총 140명

전공생 수

B.A.	M.A.	Ph.D.
		1

6) 강좌 개설 현황

과목명	담당 교수	주당 수업 시간	수강생 수	학점	필수 / 선택
한국 근대사	가이 포돌러	4	44	4	필수
한국 산업사	가이 포돌러	2	33	2	필수
영화를 통해 본 한국 문화와 역사	가이 포돌러	2	37	2	선택
한국어 A	고민정	4	18	4	선택
한국어 C	고민정	2	7	2	선택

7) 한국 관련 출판물

제목	형태	주요 내용
'Who was Park Chung-hee?' The Memorial Landscape and National Identity Politics in South Korea	논문	가이 포들러, *East Asia* 33:271-288, 2016
The past under the shadow of the present: the case of the National Museum of Korean Contemporary History	논문	가이 포들러, *Asian Studies Review*

4. 한국연구센터 운영 현황

- 없음

5. 도서관 현황

도서관명	유니스 소라야 나자리안 도서관(Younes and Soraya Nazarian Library)
담당 사서	니라 샤이(Nira Shai)
한국학 장서 보유량(부)	1,735

6. 동아시아학 현황

1) 일본학 프로그램 제공 형태	학사, 석사, 박사
2) 중국학 프로그램 제공 형태	학사, 석사, 박사

아스완대학교
Aswan University

1. 대학 개요

설립 연도	2012년
소재 국가	이집트
형태	국공립
대표자 성명 / 직위	아흐마드 굴랍 모함메드 이브라힘(Ahmed Gulab Mohammed Ibrahim) / 총장

2. 연락처

주소	영문 주소	Sahari City, Airport Road Aswan, Egypt
	우편번호	81528
전화		+20-97-348-2233
웹사이트		www.aswu.edu.eg

3. 기관 한국학 현황

1) 한국 관련 강좌 운영 현황

소속 단과대학	알순대학(Faculty of Alsun)	
소속 학과	한국어학과(Department of Korean Language)	
개설 연도	2016년	
프로그램 대표자	성명	직함
	압델-코두스 엠바비 에산 (Abdel-Qoddus Embaby Ehsan)	학장
홈페이지	lang.aswu.edu.eg	

2) 한국 관련 프로그램 제공 형태

학위 과정	B.A. (학사 과정)	한국어 전공

3) 주요 연구 분야

- 한-아, 아-한 통번역

4) 한국학 교수진 : 2명

교수명	직위	전공 분야
강연현	강사, KOICA 해외봉사단원	한국어 교육
장은경	강사, KOICA 해외봉사단원	국어국문학

5) 수강생 현황

한국어(학) 관련 강의 수강생 수

학사 1학년	학사 2학년	학사 3학년	학사 4학년	석사 1학년	석사 2학년	박사 과정	기타
18							

전공생 수

B.A.	M.A.	Ph.D.
18		

※ 매년 신입생 선발(인원: 20명)

6) 강좌 개설 현황

과목명	담당 교수	주당 수업 시간	수강생 수	학점	필수 / 선택
언어학	강연현	6	18		필수
일반 지문	강연현	6	18	60	필수
듣기와 말하기	강연현	4	18	20	필수

7) 한국 관련 활동

활동명	시기	상세 활동 내용
한국의 날	2016. 10.	한국어과 창립 기념으로 한국문화원 주최 하에 열린 행사. 한국어 전공자와의 질의응답, 한국의 과거와 현재 사진전, 서예 전시, 한글 붓글씨로 이름 쓰기, 한복 체험 등 실시
글로벌 빌리지	2016. 10.	국제경상학생연합회 아스완(AIESEC Aswan) 주최로 외국인 국제경상학생연합회 단원들을 초청하여 각국의 문화를 알리는 행사. 한국 소개 및 젓가락 사용법, 비빔밥 시식 등의 문화 체험 제공

4. 한국연구센터 운영 현황

- 없음

5. 동아시아학 현황

1) 일본학 프로그램 제공 형태	학사
2) 중국학 프로그램 제공 형태	학사

아인샴스대학교
Ain Shams University

1. 대학 개요

설립 연도	1950년
소재 국가	이집트
형태	국공립
대표자 성명 / 직위	압델와합 모하메드 에자트(Abdel Wahab Mohamed Ezzat) / 총장

2. 연락처

주소	영문 주소	Khalifa Al-Moumoun, Abbasya, Cairo, Egypt
	우편번호	11566
전화		+20-127-835-1110
웹사이트		www.asu.edu.eg

3. 기관 한국학 현황

1) 한국 관련 강좌 운영 현황

소속 학부	알-알순학부(Faculty of Al-Alsun)	
소속 학과	한국어학과(Korean Department)	
개설 연도	2005년	
프로그램 대표자	성명	직함
	모나 푸아드 하산 (Mona Fouad Hassan)	학장
홈페이지	alsun.asu.edu.eg	

2) 한국 관련 프로그램 제공 형태

학위 과정	B.A. (학사 과정)	한국어 전공
	M.A. (석사 과정)	한국어 전공

3) 주요 연구 분야

- 한국어, 한국 문학, 번역

4) 한국학 교수진 : 27명

교수명	직위	전공 분야
정영인	객원교수	국어학
오세종	객원교수	교육학
홍혜련	KOICA 해외봉사단원(Senior)	국어학
고정민	KOICA 해외봉사단원	종교학
강태영	자원봉사 무급 강사	역사학
박정미	자원봉사 무급 강사	사회학
이승욱	자원봉사 무급 강사	영문학
허광호	자원봉사 무급 강사	수학
엄채영	자원봉사 무급 강사	컴퓨터공학
정영진	자원봉사 무급 강사	국어학
니헬 오사마	보조 강사	어학
샐리 아이만	보조 강사	어학
누란 살라비	보조 강사	어학
마하센 무함마드	보조 강사	문학
쉬린 엘하미	보조 강사	어학
나슈아 알라	교수 요원	한국어
모나 세라그	교수 요원	한국어
니헬 세미	교수 요원	한국어
올라 함디	교수 요원	한국어
야스민 메트핫	교수 요원	한국어
샤흐드 호삼	교수 요원	한국어
살마 살라	교수 요원	한국어
살마 마그디	교수 요원	한국어

교수명	직위	전공 분야
나다 파라그	교수 요원	한국어
알레 타릭	교수 요원	한국어
에너스 압두	교수 요원	한국어
마이 아부	교수 요원	한국어

5) 수강생 현황

한국어(학) 관련 강의 수강생 수 : 총 117명

학사 1학년	학사 2학년	학사 3학년	학사 4학년	석사 1학년	석사 2학년	박사 과정	기타
25	34	24	22	1	5		석사 논문 학기 6명

전공생 수

B.A.	M.A.	Ph.D.
105	12	

※ 매년 신입생 선발(인원: 30명)

6) 강좌 개설 현황

과목명	담당 교수	주당 수업 시간	수강생 수	학점	필수 / 선택
한국어학	고정민, 샤흐드 호삼	6	25		필수
일반 텍스트	쉬린 멜하미, 나다 파라그	6	25	6	필수
청취와 회화	이승욱	4	25		필수
한국어학	박정미, 살마 살라	4	32	4	필수
텍스트(산문과 시)	고정민, 니헬 세미	4	32	4	필수
아랍어 번역	오세종	3	32	3	필수
아랍어로 번역	누란 샬라비	3	32	3	필수
문학과 문명의 역사	마하센 무함마드	2	32	2	필수
청취와 회화	홍혜련	4	32	2	필수
한국어학	엄채영, 살마 살라	4	24	4	필수
텍스트(단편소설과 장편소설)	허광호	4	24	4	필수
아랍어 번역	오세종	3	24	3	필수
아랍어로 번역	야스민 메트핫	3	24	3	필수
문학과 문명의 역사	홍혜련	2	24	2	필수
에세이	강태영	4	24	4	필수

과목명	담당 교수	주당 수업 시간	수강생 수	학점	필수 / 선택
한국어학	정영진, 샐리 아이만	3	22	3	필수
텍스트(산문과 시)	홍혜련, 나슈아 알라	4	22	4	필수
아랍어 번역	오세종	4	22	4	필수
아랍어로 번역	니헬 오사마, 샐리 아이만	4	22	4	필수
문학과 문명의 역사	고정민	2	22	2	필수
에세이	고정민	2	22	2	필수
에세이	정영인, 오세종	2	22	2	필수
연구 방법론	정영인	3	6	3	필수
한국어 어휘론	정영인	3	6	3	선택
한국어 어휘론	정영인	3	6	3	선택
화용론	오세종	3	6	3	선택

7) 한국 관련 활동

활동명	시기	상세 활동 내용
한국어 말하기 대회	매년	2006년 이후 매년 실시
한국어능력시험		2009년부터 매년 실시
한국 문화의 날	매년	2012년 이후 매년 실시
한국어 위성방송	2012~2014	이집트 공영 교육 채널을 통해 중동, 아프리카 지역에 방송
한국문학번역원 독후감 대회		총 4번 실시

4. 한국연구센터 운영 현황
  - 없음

5. 동아시아학 현황

1) 일본학 프로그램 제공 형태	학사
2) 중국학 프로그램 제공 형태	학사, 석사, 박사

카타르국립대학교
Qatar University

1. 대학 개요

설립 연도	1973년
소재 국가	카타르
형태	국공립
대표자 성명 / 직위	핫산 알 데르함(Hassan Al-Derham) / 총장

2. 연락처

주소	영문 주소	P.O. Box 2713, Doha, Qatar
	우편번호	–
전화		+974-3007-4051
웹사이트		www.qu.edu.qa

3. 기관 한국학 현황

1) 한국 관련 강좌 운영 현황

소속 학부	인문과학부(College of Arts and Sciences)	
소속 학과	국제학과(Department of International Affairs)	
개설 연도	2016년	
프로그램 대표자	성명	직함
	아흐메드 이브라힘 (Ahmed H. Ibrahim)	학과장
홈페이지	www.qu.edu.qa/artssciences	

2) 한국 관련 프로그램 제공 형태

비학위 과정	B.A. 선택 과목

3) 한국학 교수진 : 1명

교수명	직위	전공 분야
송경옥	KF 객원교수	한국어 교육

4) 강좌 개설 현황

과목명	담당 교수	주당 수업 시간	수강생 수	학점	필수 / 선택
한국어 1	송경옥	12	61	3	선택

4. 한국연구센터 운영 현황
- 없음

5. 동아시아학 현황

1) 일본학 프로그램 제공 형태	-
2) 중국학 프로그램 제공 형태	-

과테말라 산카를로스대학교

University of San Carlos of Guatemala

1. 대학 개요

대학명(자국어)	Universidad de San Carlos de Guatemala
설립 연도	1676년
소재 국가	과테말라
형태	국공립
대표자 성명 / 직위	카를로스 알바라도 세레조(Carlos Alvarado Cerezo) / 총장

2. 연락처

주소	영문 주소	University city, Zona 12, Guatemala
	우편번호	CA01012
전화		+502-5308-0345
웹사이트		www.usac.edu.gt

3. 기관 한국학 현황

1) 한국 관련 강좌 운영 현황

소속 연수원	언어연수원(Centro de aprendizaje de lenguas)	
한국학(어) 프로그램명	세종학당(King Sejong Institute Guatemala City) 프로그램	
개설 연도	2014년	
프로그램 대표자	성명	직함
	김성현	한국어과 과장
홈페이지	www.calusaconline.usac.edu.gt	

2) 한국 관련 프로그램 제공 형태

비학위 과정	B.A. 선택 과목(제2외국어로 선택)

3) 한국학 교수진 : 1명

교수명	직위	전공 분야
김성현		

4) 강좌 개설 현황

과목명	담당 교수	주당 수업 시간	수강생 수	학점	필수 / 선택
TOPIK					
기초반 1					

5) 한국 관련 활동

활동명	시기	상세 활동 내용
한국 관련 프레젠테이션	2004	한국 건축 양식, 한국 경제, 한국과 과테말라 교육 비교 발표
한국학 포럼	2016	중남미의 한국학 발전 상황, 한국학과 개설의 필요성 발표

4. 한국연구센터 운영 현황

-없음

5. 동아시아학 현황

1) 일본학 프로그램 제공 형태	–
2) 중국학 프로그램 제공 형태	–

니카라과국립대학교-마나과

National University of Nicaragua-Managua

1. 대학 개요

대학명(자국어)	Universidad Nacional Autónoma de Nicaragua, Managua(UNAN-Managua)
설립 연도	1958년
소재 국가	니카라과
형태	국공립
대표자 성명 / 직위	라모나 로드리게스 페레스(RamonaRodríguez Pérez) / 총장

2. 연락처

주소	영문 주소	De la Rotonda Universitaria "Rigoberto Lopez Perez" 150 metros al este, Villa Fontana, Managua, Nicaragua
	우편번호	–
전화		+505-5716-7801
웹사이트		www.unan.edu.ni

3. 기관 한국학 현황

1) 한국 관련 강좌 운영 현황

소속 학부	교육언어학부(Faculty of Education and Languages)	
소속 기관	외국어교육센터(Center of Teaching Foreign Language)	
개설 연도	2014년	
프로그램 대표자	성명	직함
	이반 엔리케 산디노 (Ivan Enrique Sandino)	코디네이터
홈페이지	http://fei.unan.edu.ni	

중미카리브

2) 한국 관련 프로그램 제공 형태

비학위 과정	선택 과목

3) 한국학 교수진 : 1명

교수명	직위	전공 분야
김복순(Boksoon Kim)	강사	한국언어문화학

4) 수강생 현황

한국어(학) 관련 강의 수강생 수 : 총 120여 명

5) 강좌 개설 현황

과목명	담당 교수	주당 수업 시간	수강생 수	학점	필수 / 선택
한국어 1A	김복순	3	20		선택
한국어 1B	김복순	3	41		선택
한국어 2	김복순	3	30		선택
한국어 4	김복순	3	18		선택
한국어 5	김복순	3	15		선택

6) 한국 관련 활동

활동명	시기	상세 활동 내용
제1회 남북 평화통일에 관하여	2016. 4.	남북 평화통일에 관한 자료집을 읽고 7개국 국제사회 대표자 선정, 모의 토론 대회 개최를 통해 한국 평화통일의 필요성과 현황을 현지 지식층에 홍보
제3회 한국어 말하기 대회	2016. 11.	한국어 학습자들 중 15명이 참가하여 한국어 말하기 실력 향상 도모
제3회 독도 영상 제작 대회	2016. 12.	현지 대학생들에게 독도에 대한 역사적 진실 홍보
한국관 제1주년 기념식	2016. 12.	중앙도서관에 설치된 한국관의 적극적 이용 권장을 위해 한국관 1주년 기념 에세이 공모전 개최

4. 한국연구센터 운영 현황

- 없음

5. 도서관 현황

도서관명	살로몬데라셀바 도서관(Salomon de la Selva)
담당 사서	마리차 발레실라 플로레스(Maritza Vallecilla Flores)

6. 동아시아학 현황

1) 일본학 프로그램 제공 형태	–
2) 중국학 프로그램 제공 형태	–

중미카리브

나야리트자치대학교
Autonomous University of Nayarit

1. 대학 개요

대학명(자국어)	Universidad Autónoma de Nayarit(UAN)
설립 연도	1925년
소재 국가	멕시코
형태	국공립
대표자 성명 / 직위	호르헤 이그나시오 페냐 곤살레스(Jorge Ignacio Peña González) / 총장

2. 연락처

주소	영문 주소	Cd. de la Cultura Amado Nervo S/N Edificio de Lenguas Extranjeras, Tepic, Nayarit, Mexico
	우편번호	63155
전화		+52-311-2118825
웹사이트		www.uan.edu.mx

3. 기관 한국학 현황

1) 한국 관련 강좌 운영 현황

소속 학부	인문사회과학학부(College of Humanities and Social Sciences)	
소속 학과	한국학과(Korean Studies)	
개설 연도	2013년	
프로그램 대표자	성명	직함
	로라 메디나 루이스 (Laura Medina Ruiz)	학과장

2) 한국 관련 프로그램 제공 형태

비학위 과정		B.A. 선택 과목
학위 과정	B.A. (학사 과정)	한국학 전공

3) 한국학 교수진 : 5명

교수명	직위	전공 분야
윤상철	교수	한국어학
예세니아 자네스 로페스(Yesenia Janeth López)	강사	법학
마리아 델 카르멘 에르난데스 쿠에토 (María del Carmen Hernández Cueto)	강사	언어학
안드리 리코브(Andrii Ryhkov)	강사	한국어학
나옐리 로페스 로차(Nayelli López Rocha)	강사	한국 문화

4) 수강생 현황

한국어(학) 관련 강의 수강생 수 : 총 44명

학사 1학년	학사 2학년	학사 3학년	학사 4학년	석사 1학년	석사 2학년	박사 과정	기타
19	14	6	5				

전공생 수

B.A.	M.A.	Ph.D.
44		

5) 강좌 개설 현황

과목명	담당 교수	주당 수업 시간	수강생 수	학점	필수 / 선택
한국 사회 발전사	윤상철	4	14	6	필수
한국 경제 기초	로살바(Rosalva)	4	14	6	필수
초급 한국어	윤상철	6	14	8	필수
이문화 접근 방법론	헤라르도(Gerardo)	4	14	6	필수
행정학 개론	이레네 파라(Irene Parra)	4	14	6	필수
한멕 관계사	나디아 셀레네(Nadia Selene)	4	14	6	필수
초급 비즈니스 영어	마리아 델(Maria del)	4	14	6	필수
초중급 한국어	장가혜	4	5	8	필수
중급 비즈니스 영어	안드리 리코브	4	5	6	필수

과목명	담당 교수	주당 수업 시간	수강생 수	학점	필수 / 선택
한국 무역 세미나	헤라르도	4	5	6	필수
한국 현대 문화	나엘리 로페스	4	5	6	필수
국제법 1	예세니아 자네스(Yesenia Janeth)	4	5	6	필수
언론정보학	후안 카를로스(Juan Carlos)	4	5	6	필수
조직 발달 이론	이레네 파라	4	5	6	필수

6) 한국 관련 활동

활동명	시기	상세 활동 내용
한국 요리 대회 및 한국어 말하기 대회	2015. 6.	나야리트자치대학교와 테픽 세종학당이 공동으로 한국 요리 대회 및 말하기 대회 개최(약 100명 참여)
세종학당 우수 학습자 초청 연수 참가자 선정	2015. 6.~7.	세종학당 우수 학습자를 선정하여 한국 연수 실시
한글날 행사	2015. 10.	한국학과와 연계하여 한국 노래 자랑 대회, 한국 전통 놀이 체험, 부채 만들기, 한국 관련 전시회, 한국 영화 상영 등의 프로그램 진행
TOPIK 시행	2015. 10.	제42회 한국어능력시험 주최
멕시코 한글학교협의회 합동 교사 연수	2015. 11.	멕시코 한글학교 교사 대상으로 교수법 강의
한국 문학의 날	2015. 12.	독후감 대회, 한국–멕시코 시 낭송회, 한국 소설 낭송회, 작가와의 만남 등의 프로그램 진행
TOPIK 시행	2016. 3.	제45회 한국어능력시험 주최
한국어 말하기 대회	2016. 5.	나야리트자치대학교와 테픽 세종학당이 공동으로 한국어 말하기 대회 주최
해외 문화가 있는 날	2016. 5.	나야리트자치대학교와 테픽 세종학당, 비즈카야대학교가 공동으로 '김치 만들기'를 주제로 현지인 대상으로 문화 체험 기회 제공
교환학생 파견	2016. 8.	한국학과 3학년 재학생들을 교환학생 자격으로 한국 대학에 파견

4. 한국연구센터 운영 현황

- 없음

5. 도서관 현황

도서관명	나야리트자치대학교 도서관
담당 사서	카를로스 옥타비오 실바(Carlos Octavio Silva)
한국학 장서 보유량(부)	2,851

6. 동아시아학 현황

1) 일본학 프로그램 제공 형태	–
2) 중국학 프로그램 제공 형태	–

중미카리브

누에보레온자치대학교

Autonomous University of Nuevo Leon(UANL)

1. 대학 개요

설립 연도	1933년
소재 국가	멕시코
형태	국공립
대표자 성명 / 직위	로헬리오 가르사 리베라(Rogelio Garza Rivera) / 총장

2. 연락처

주소	영문 주소	Ave. Manuel L. Barragan #4904, Ciudad Universitaria, San Nicolas de los Garza, NL, Mexico
	우편번호	66455
전화		+52-8329-400 ext6580
웹사이트		www.uanl.mx

3. 기관 한국학 현황

1) 한국 관련 강좌 운영 현황

소속 처	국제관계처(Secretary of International Relations)	
소속 센터	아시아학센터(Center of Asian Studies)	
한국학(어) 프로그램명	라틴아메리카 e-School 프로그램(e-School Program for Latin America and Academia de idiomas Asiáticos)	
개설 연도	2014년	
프로그램 대표자	성명	직함
	레나토 발데라마(Renato Balderrama)	디렉터
홈페이지	www.kf-latinamerica.org	

2) 한국 관련 프로그램 제공 형태

비학위 과정	B.A. 선택 과목, M.A. 선택 과목

3) 주요 연구 분야

• 한국과 라틴아메리카의 통상 관계(태평양연합의 맥락에서), 한국의 국제 관계, 개발 정책의 일환으로서 한국의 혁신

4) 한국학 교수진 : 21명

교수명	직위	전공 분야
레나토 발데라마	디렉터	사회과학(동아시아)
후안 필리페 로페즈 에임스(Juan Felipe López Aymes)	e-School 프로그램 교수	국제관계학
크리스티나 바론(Cristina Barrón)	e-School 프로그램 교수	고대 아시아 역사
아르만도 아수아(Armando Azúa)	e-School 프로그램 교수	역사학
안토니오 세베라(Antonio Cervera)	e-School 프로그램 교수	사회과학(동아시아)
마리아노 보니알리안(Mariano Bonialian)	e-School 프로그램 교수	역사학
루치아노 다미안 볼리나가(Luciano Damián Bolinaga)	e-School 프로그램 교수	국제관계학
안토니오 도메네크(Antonio Domenech)	e-School 프로그램 교수	사회인류학
루이스 알베르토 보텔라 산체스 (Luis Alberto Botella Sánchez)	e-School 프로그램 교수	한국학
유누엔 만두하노(Yunuen Mandujano)	e-School 프로그램 교수	사회과학
블랑카 알가라(Blanca Algarra)	e-School 프로그램 교수	국제학
메구미 테루이(Megumi Terui)	e-School 프로그램 교수	커뮤니케이션학
김원호(Wonho Kim)	e-School 프로그램 교수	국제관계학
마누엘 몬탈반(Manuel Montalban)	e-School 프로그램 교수	사회인류학
마리아 악술라도라 두란(Maria Axuliadora Durán)	e-School 프로그램 교수	문화인류학
김종인(Jongin Kim)	언어강사	국제관계학
박연우(Yeonwoo Park)	언어강사	초등교육학(영어)
최진영(Jinyoung Choi)	언어강사	스페인어학
정유림(Yulim Jung)	언어강사	스페인어번역학
호지영(Jiyoung Ho)	언어강사	어문학
웬디 라미레스(Wendy Ramirez)	언어강사	초등교육학

중미카리브

5) 수강생 현황

한국어(학) 관련 강의 수강생 수

학사 1학년	학사 2학년	학사 3학년	학사 4학년	석사 1학년	석사 2학년	박사 과정	기타
25	16	58	118	3	7		27

전공생 수

B.A.	M.A.	Ph.D.
217	10	

6) 강좌 개설 현황

과목명	담당 교수	주당 수업 시간	수강생 수	학점	필수 / 선택
현대 한국의 국가 브랜드와 라틴아메리카의 전망	안드리 리시코프(Andrii Ryzhkov), 나엘리 로차 (Nayelli Rocha)	3	91	8	필수
아태 지역에서의 한국 전망	레나토 발데라마	3	79	8	필수
한국과 동아시아의 발전	미겔 앙헬 히달고 마르티네스(Miguel Ángel Hidalgo Martínez)	3	88	8	필수
한국과 동아시아의 경제적 발전과 협력	후안 필리페 로페즈 에임스	3	114	8	필수

7) 한국 관련 활동

활동명	시기	상세 활동 내용
글로벌 트라이어드 교육 프로그램	2017. 1.~ 2017. 2.	한국 교육부의 후원으로 부산외국어대학교 학생들이 멕시코를 방문하여 라틴아메리카와 연관된 한국 기업에 취직하기 위한 프로그램 모색
K-MOVE 프로그램	2017. 1.~ 2017. 5.	부산외국어대학교 학생들이 멕시코를 방문하여 4개월간 스페인의 언어, 역사, 경제, 문화 등에 관한 수업 수강
제6회 e-School 프로그램 국제 워크숍	2017. 5.	KF의 후원으로 멕시코 내 한국학 분야 우수 학생들을 초청하여 네트워크 형성
한국 근대사 집중 과정	2017. 8.	KF 후원으로 개최된 한국학 집중 과정
중남미 한국 연구의 조우	2017. 8.	라틴아메리카와 한국의 공통 관심사와 도전 과제에 관한 이슈를 논의하는 일련의 회의. 누에보레온자치대학교를 대표하여 레나토 발데라마 교수와 아나 카렌 벨라스케스 코디네이터가 논문을 준비해 발표함
ALADAA 국민회의	2017. 10.	아시아와 아프리카에 대한 회의로 누에보레온자치대학교에서 주최. 레나토 발데라마 교수와 아나 카렌 벨라스케스(Ana Karen Velázquez) 코디네이터가 'e-School 프로그램이 라틴아메리카의 한국학에 미치는 영향'에 관한 회의에 참석
집중 과정: K-스타트업 생태계	2017. 10.~ 2017. 11.	KF 후원으로 개최된 한국의 스타트업과 기업가 정신에 대한 집중 과정

8) 한국 관련 출판물

제목	형태	주요 내용
La política exterior y comercial de Corea del Sur en el marco de la Alianza del Pacífico	논문	Balderrama Santander, R., & Velázquez, Martínez, A., 2016, ISSN 1851-9431 −태평양연합 국가와 관련된 한국의 대외 정책 −한국과 태평양연합 소속 국가 각각의 통상 관계 −한국과 멕시코 간의 통상 기회
Una mirada a la relación de México con Corea a través de la Alianza del Pacífico	논문	Balderrama Santander, R., & Velázquez Martínez, A., 2016, ISBN 978-6077362777 −한국과 멕시코의 역사적 관계, 현재 관계 −라틴아메리카의 대(對)한 대외 정책
Corea del Sur en el marco de la economía del conocimiento y una nueva estrategia de cooperación con México en el 55 aniversario de relaciones diplomáticas	논문	Balderrama Santander Renato, 2017, ISSN 20075308 −한국과 멕시코의 4차 산업 관련 혁신, 기술, 산업을 통한 협력 전략

중미카리브

4. 한국연구센터 운영 현황

    - 없음

5. 도서관 현황

도서관명	아시아학센터 도서관
담당 사서	마리벨 몬레알(Maribel Monrreal)
한국학 장서 보유량(부)	667

6. 동아시아학 현황

1) 일본학 프로그램 제공 형태	–
2) 중국학 프로그램 제공 형태	기타(공자학원)

콜리마대학교

University of Colima

1. 대학 개요

대학명(자국어)	Universidad de Colima(UCOL)
설립 연도	1940년
소재 국가	멕시코
형태	공립
대표자 성명 / 직위	호세 에두아르도 에르난데스 나바(José Eduardo Hernández Nava) / 총장

2. 연락처

주소	영문 주소	Avenida Universidad 333, Las Víboras, Colima, Mexico
	우편번호	28040
전화		+52-316-1000-47814
웹사이트		www.ucol.mx

3. 기관 한국학 현황

1) 한국 관련 강좌 운영 현황

소속 단과대학	정치사회과학대학(Faculty of Political and Social Sciences)	
소속 학과	국제관계학과(Degree in International Relations)	
개설 연도	2008년	
프로그램 대표자	성명	직함
	비아니 아메주쿠아 바라야스 (Vianey Amezcua Barajas)	디렉터
홈페이지	http://portal.ucol.mx/cpolitica/	

2) 한국 관련 프로그램 제공 형태

비학위 과정	B.A. 선택 과목(KF 글로벌 e-School, 한국어)

3) 한국학 교수진 : 1명

교수명	직위	전공 분야
모니카 라모스 플로레스(Monica Ramos Flores)	시간강사	국제관계학

4) 강좌 개설 현황

과목명	담당 교수	주당 수업 시간	수강생 수	학점	필수 / 선택
한국어 1, 3, 5					
전쟁과 평화: 남북한의 영화			16		

4. 한국연구센터 운영 현황
   -없음

5. 동아시아학 현황

1) 일본학 프로그램 제공 형태	-
2) 중국학 프로그램 제공 형태	기타(공자학원)

로스안데스대학교

University of the Andes Venezuela

1. 대학 개요

대학명(자국어)	Universidad de Los Andes(ULA)
설립 연도	1810년
소재 국가	베네수엘라
형태	국공립
대표자 성명 / 직위	마리오 보누치 로시니(Mario Bonucci Rossini) / 총장

2. 연락처

주소	영문 주소	Principal avenue Milla lane, Number 0-276. Merida, Merida State, Venezuela
	우편번호	5101
전화		+58-414-081-7106
웹사이트		www.ula.ve

3. 기관 한국학 현황

1) 한국 관련 강좌 운영 현황

소속 단과대학	인문교육학부 역사대학 (Faculty of Humanities and Education, School of History)	
소속 학과	세계사학과(Department of Universal History)	
개설 연도	1974년	
프로그램 대표자	성명	직함
	에르난 루세나 모렐로 (Hernán Lucena Molero)	디렉터
홈페이지	www.human.ula.ve/ceaa	

2) 한국 관련 프로그램 제공 형태

비학위 과정	B.A. 선택 과목

3) 주요 연구 분야

• 한국을 포함한 아시아·아프리카 역사와 문화

4) 한국학 교수진 : 1명

교수명	직위	전공 분야
몰리나 노르베르트(Molina Norbert)	교수	베네수엘라 역사

5) 수강생 현황

한국어(학) 관련 강의 수강생 수 : 총 30명

6) 강좌 개설 현황

과목명	담당 교수	주당 수업 시간	수강생 수	학점	필수 / 선택
한국사	몰리나 노르베르트	4	30	4	필수

7) 한국 관련 출판물

제목	형태	주요 내용
Diplomatic relations Venezuela–Korea(1965~2015) Venezuela	단행본	한–베네수엘라 수교 50주년(1965~2015)을 기념해 두 나라 간 협력의 강약점 분석, 2015
South Korea from Latin America	기타	*Humania del Sur* No 21, 2016

4. 한국연구센터 운영 현황

- 없음

5. 도서관 현황

도서관명	"Dr. Kaldone G. Nweihed" 도서관(Library "Dr. Kaldone G. Nweihed")
담당 사서	비야레알 리스베스(Villarreal J. Lizbeth)
한국학 장서 보유량(부)	126

6. 동아시아학 현황

1) 일본학 프로그램 제공 형태	석사
2) 중국학 프로그램 제공 형태	석사

온두라스국립대학교

National Autonomous University of Honduras

1. 대학 개요

대학명(자국어)	Universidad Nacional Autonoma de Honduras
설립 연도	1842년
소재 국가	온두라스
형태	국공립
대표자 성명 / 직위	줄리에타 카스텔라노스(Julieta Castellanos) / 총장

2. 연락처

주소	영문 주소	Edificio F1, 4to piso, Lenguas Extranjeras, Tegucigalpa, Honduras
	우편번호	–
전화		+504-9990-3345
웹사이트		www.unah.edu.hn

3. 기관 한국학 현황

1) 한국 관련 강좌 운영 현황

소속 학부	인문예술학부(School of Humanities and Arts)	
소속 학과	외국어학과(Department of Foreign Languages)	
개설 연도	2016년	
프로그램 대표자	성명	직함
	마르시아 토레스 사트루 (Marcia Torres Xatruch)	학과장
홈페이지	lenguasextranjeras.unah.edu.hn	

2) 한국 관련 프로그램 제공 형태

비학위 과정	B.A. 선택 과목

3) 한국학 교수진 : 1명

교수명	직위	전공 분야
송신애(Shinae Song)	강사	

4) 수강생 현황

한국어(학) 관련 강의 수강생 수 : 총 43명

5) 강좌 개설 현황

과목명	담당 교수	주당 수업 시간	수강생 수	학점	필수 / 선택
한국어 1	송신애	6	25		선택
한국어 2	송신애	6	18		선택

4. 한국연구센터 운영 현황
　　- 없음

5. 동아시아학 현황

1) 일본학 프로그램 제공 형태	-
2) 중국학 프로그램 제공 형태	-

국립기술대학교

Technical National University of Costa Rica

1. 대학 개요

대학명(자국어)	Universidad Técnica Nacional(UTN)
설립 연도	2008년
소재 국가	코스타리카
형태	국공립
대표자 성명 / 직위	마르셀로 프리에토 히메네스(Marcelo Prieto Jiménez) / 총장

2. 연락처

주소	영문 주소	Villa Bonita de Alajuela, 500 mts Sur de Pastas Roma, Costa Rica
	우편번호	1902-4050
전화		+506-2435-5000
웹사이트		www.utn.ac.cr

3. 기관 한국학 현황

1) 한국 관련 강좌 운영 현황

한국학(어) 프로그램명	세종학당(King Sejong Institute, San Jose)	
개설 연도	2015년	
프로그램 대표자	성명	직함
	모린 게바라(Maureen Guevara)	세종학당장
홈페이지	sanjose.sejonghakdang.org/	

2) 한국 관련 프로그램 제공 형태

비학위 과정	업무를 위한 기관 언어 프로그램(Institutional Language Program for Work)

3) 강좌 개설 현황

과목명	담당 교수	주당 수업 시간	수강생 수	학점	필수 / 선택
기초 한국어 1~4					
중급 한국어 5~8					

4. 한국연구센터 운영 현황
　- 없음

5. 동아시아학 현황

1) 일본학 프로그램 제공 형태	–
2) 중국학 프로그램 제공 형태	–

국립코스타리카대학교

University of Costa Rica

1. 대학 개요

대학명(자국어)	Universidad de Costa Rica(UCR)
설립 연도	1940년
소재 국가	코스타리카
형태	국공립
대표자 성명 / 직위	헤닝 젠센 패닝턴(Henning Jensen Pennington) / 총장

2. 연락처

주소	영문 주소	P.O. Box 2060 San Pedro, San Jose, Costa Rica
	우편번호	11501
전화		+506-8338-7867
웹사이트		www.ucr.ac.cr

3. 기관 한국학 현황

1) 한국 관련 강좌 운영 현황

소속 학부	현대어문학부(School of Modern Language)	
개설 연도	2013년	
프로그램 대표자	성명	직함
	프란시스코 게바라 키엘 (Francisco Guevara Quiel)	현대어문학부장
홈페이지	lenguasmodernas.ucr.ac.cr	

2) 한국 관련 프로그램 제공 형태

비학위 과정	B.A. 선택 과목

3) 한국학 교수진 : 5명

교수명	직위	전공 분야
최현덕	철학과 교수	철학
최아리	KF 글로벌챌린저	외국어로서의 한국어 교육
김익환	KF 객원교수	외국어로서의 한국어 교육
송창훈	KF 객원교수	개발 협력
어다은	KF 객원교수	외국어로서의 한국어 교육

4) 수강생 현황

한국어(학) 관련 강의 수강생 수 : 총 83명

5) 강좌 개설 현황

과목명	담당 교수	주당 수업 시간	수강생 수	학점	필수 / 선택
집중 한국어 1		6	19	4	선택
집중 한국어 2		6	23	4	선택
집중 한국어 3		6	17	4	선택
집중 한국어 4		6	6	4	선택
영어로 하는 철학 강의: 동이시이 철학 입문		3	12	3	선택
KF 글로벌 e-School 강좌: 한국과 동아시아의 경제 발전과 협력		3	6		

6) 한국 관련 활동

활동명	시기	상세 활동 내용
학술 행사	2013	22건, 연인원 약 1,500명 참석
문화 행사	2013	6건, 연인원 약 2,500명 참석

중미카리브

7) 한국 관련 출판물

제목	형태	주요 내용
El Desarrollo economicoy la democracia en Corea. Nuevos Retosy Deberes (Bumgoo Jong)	논문	한국이 경제 발전과 민주화를 함께 이룬 역사를 살펴보고 현재 직면하고 있는 도전들과 과제 정리(스페인어 번역)
Anhelando un Nuevo Universalismo (Kyungsik Suh)	논문	전 지구화 시대 디아스포라의 입장에서 새로운 보편주의 모색(스페인어 번역)

4. 한국연구센터 운영 현황
- 없음

5. 도서관 현황

도서관명	카를로스 몽헤 도서관, 아시아 도서관 (Biblioteca de Carlos Monge, Asian Library)
한국학 장서 보유량(부)	526

6. 동아시아학 현황

1) 일본학 프로그램 제공 형태	학사(현대언어학)
2) 중국학 프로그램 제공 형태	기타(공자학원)

코스타리카국립대학교

National University of Costa Rica

1. 대학 개요

대학명(자국어)	Universidad Nacional de Costa Rica(UNA)
설립 연도	1973년
소재 국가	코스타리카
형태	국공립
대표자 성명 / 직위	알베르토 살롬 에체베리아(Alberto Salom Echeverria) / 총장

2. 연락처

주소	영문 주소	Avenue 1, Street 9 Campus Omar Dengo. Heredia, Costa Rica
	우편번호	–
전화		+506-2562-4053
웹사이트		www.una.ac.cr

3. 기관 한국학 현황

1) 한국 관련 강좌 운영 현황

소속 단과대학	어문학대학(School of Literature and Language Sciences)	
소속 학부	철학 및 문학학부(Faculty of Philosophy and Letters)	
개설 연도	2011년	
프로그램 대표자	성명	직함
	일레아나 사보리오 페레스 (Ileana Saborío Pérez)	학장
홈페이지	www.literatura.una.ac.cr	

2) 한국 관련 프로그램 제공 형태

비학위 과정	B.A. 선택 과목

3) 한국학 교수진 : 3명

교수명	직위	전공 분야
한명희(Myunghee Han)	강사	한국어 교육
이승희(Seunghee Lee)	강사	한국어 교육
한성엽(Sungyub Han)	강사	한국어 교육

4) 수강생 현황

한국어(학) 관련 강의 수강생 수 : 총 92명

학사 1학년	학사 2학년	학사 3학년	학사 4학년	석사 1학년	석사 2학년	박사 과정	기타
79	13						

5) 강좌 개설 현황

과목명	담당 교수	주당 수업 시간	수강생 수	학점	필수 / 선택
기초 한국어 1	한명희	4	25	4	선택
기초 한국어 1	이승희	4	15	4	선택
기초 한국어 2	한성엽	4	15	4	선택
중급 한국어 1	이승희	4	12	4	선택

6) 한국 관련 활동

활동명	시기	상세 활동 내용
문화 주간 (Cultures Week)	매년 10월	외국어 전공 교수 및 학생들이 학습하고 있는 언어와 문화에 대한 문화 활동, 학술 활동, 음식 및 공연을 준비하여 타 문화에 대한 관심 제고

4. 한국연구센터 운영 현황

   -없음

5. 도서관 현황

도서관명	"Joaquin Garcia Monge" 도서관("Joaquin Garcia Monge" Library)
담당 사서	마르가리타 가르시아 세구라(Margarita Garcia Segura)
한국학 장서 보유량(부)	110

6. 동아시아학 현황

1) 일본학 프로그램 제공 형태	기타
2) 중국학 프로그램 제공 형태	기타

중미카리브

EAFIT대학교
EAFIT University

1. 대학 개요

대학명(자국어)	Universidad EAFIT
설립 연도	1960년
소재 국가	콜롬비아
형태	사립
대표자 성명 / 직위	후안 루이스 메히아 아랑고(Juan Luis Mejía Arango) / 총장

2. 연락처

주소	영문 주소	Carrera 48 A #10 sur 107 House 5 EAFIT Neighborhood Aguacatala 2, Colombia
	우편번호	–
전화		+57-4-261-9500 ext. 9063
웹사이트		www.eafit.edu.co

3. 기관 한국학 현황

1) 한국 관련 강좌 운영 현황

소속 센터	아시아태평양학센터(Asia Pacific Studies Center)	
개설 연도	2012년	
프로그램 대표자	성명	직함
	카밀로 알베르토 페레즈 레스트레포 (Camilo Alberto Pérez Restrepo)	코디네이터
홈페이지	www.eafit.edu.co/centros/asia-pacifico/cursos/Paginas/cursos-de-cultura-e-idioma-coreano.aspx	

2) 한국 관련 프로그램 제공 형태

비학위 과정	한국어 강좌, KF 글로벌 e-School

3) 한국학 교수진 : 3명

교수명	직위	전공 분야
조수영	KOICA 해외봉사단원	
카밀로 알베르토 페레즈 레스트레포		국제 관계, 국제 경영
마리아 테레사 우리베(Maria Teresa Uribe)		동남아시아학, 국제 경영

4) 강좌 개설 현황

과목명	담당 교수	주당 수업 시간	수강생 수	학점	필수 / 선택
한국어 1, 2					
한국 문화와 회화					
현대 한국					
동아시아 지역 구도 내 한국					

4. 한국연구센터 운영 현황
- 없음

5. 동아시아학 현황

1) 일본학 프로그램 제공 형태	기타(언어 센터 내 정규 강좌)
2) 중국학 프로그램 제공 형태	기타(공자학원)

중미카리브

국립교육대학교
National Pedagogic University

1. 대학 개요

대학명(자국어)	Universidad Pedagógica Nacional
설립 연도	1962년
소재 국가	콜롬비아
형태	국공립
대표자 성명 / 직위	아돌포 레온 아테호르투아 크루스(Adolfo León Atehortúa Cruz) / 총장

2. 연락처

주소	영문 주소	Calle 72 No. 11-86, Bogotá, Colombia
	우편번호	
전화		+57-1-594-1720
웹사이트		www.pedagogica.edu.co

3. 기관 한국학 현황

1) 한국 관련 강좌 운영 현황

소속 센터	어학원(Language Center)	
개설 연도	2015년	
프로그램 대표자	성명	직함
	모니카 릴리아나 몬로이 구스만 (Mónica Liliana Monroy Guzmán)	원장
홈페이지	centrodelenguas.pedagogica.edu.co	

2) 한국 관련 프로그램 제공 형태

비학위 과정	무료 강좌

3) 한국학 교수진 : 1명

교수명	직위	전공 분야
신미영	KOICA 해외봉사단원	한국어

4) 수강생 현황

한국어(학) 관련 강의 수강생 수 : 총 60명

5) 강좌 개설 현황

과목명	담당 교수	주당 수업 시간	수강생 수	학점	필수 / 선택
한국어와 문화			60		

4. 한국연구센터 운영 현황

- 없음

5. 동아시아학 현황

1) 일본학 프로그램 제공 형태	-
2) 중국학 프로그램 제공 형태	-

중미카리브

산탄데르산업대학교

Industrial University of Santander

1. 대학 개요

대학명(자국어)	Universidad Industrial de Santander(UIS)
설립 연도	1948년
소재 국가	콜롬비아
형태	국공립
대표자 성명 / 직위	에르난 포라스 디아스(Hernán Porras Díaz) / 총장

2. 연락처

주소	영문 주소	Carrera 27 Calle 9. La Universidad Neighborhood. Colombia
	우편번호	680002
전화		+57-634-4000
웹사이트		www.uis.edu.co

3. 기관 한국학 현황

1) 한국 관련 강좌 운영 현황

소속처	국제교류처(International Relations Department)	
개설 연도	2010년	
	성명	직함
프로그램 대표자	길레스 헨리 가우터 (Gilles Henri Gauther)	처장

2) 한국 관련 프로그램 제공 형태

비학위 과정	언어 교류 프로그램(재학생, 졸업생 및 교직원 복지 차원의 무료 강좌)

3) 한국학 교수진 : 1명

교수명	직위	전공 분야
하은선	KOICA 해외봉사단원	외국어로서의 한국어 교육

4. 한국연구센터 운영 현황
  - 없음

5. 동아시아학 현황

1) 일본학 프로그램 제공 형태	–
2) 중국학 프로그램 제공 형태	–

중미카리브

아틀란티코대학교

University of the Atlántic

1. 대학 개요

대학명(자국어)	Universidad del Atlántico
설립 연도	1941년
소재 국가	콜롬비아
형태	국립
대표자 성명 / 직위	라파엘라 보스 오베소(Rafaela Vos Obeso) / 총장

2. 연락처

주소	영문 주소	Km 7. Antigua Vía a Puerto, Colombia
	우편번호	–
전화		+57-5-319-7010 Ext. 1017
웹사이트		www.uniatlantico.edu.co

3. 기관 한국학 현황

1) 한국 관련 강좌 운영 현황

소속처	국제교류처(Office of International Relations)	
개설 연도	2012년	
	성명	직함
프로그램 대표자	디아나 레스트레포 아레발로 (Diana Restrepo Arevalo)	국제교류처장
홈페이지	www.uniatlantico.edu.co/uatlantico/internacional	

2) 한국 관련 프로그램 제공 형태

비학위 과정	어학원(대학 내 비(非)학점 무료 과정)

3) 한국학 교수진 : 1명

교수명	직위	전공 분야
백아름	KOICA 해외봉사단원	중국어 교육, 한국어 교육

4) 수강생 현황

한국어(학) 관련 강의 수강생 수 : 총 55명

5) 강좌 개설 현황

과목명	담당 교수	주당 수업 시간	수강생 수	학점	필수 / 선택
한국어 1			30		
한국어 2			25		

4. 한국연구센터 운영 현황
　　-없음

5. 동아시아학 현황

1) 일본학 프로그램 제공 형태	기타(분교 일본어 유료 과정)
2) 중국학 프로그램 제공 형태	기타(분교 중국어 유료 과정)

중미카리브

중앙기술교육기관

Central Technological Institute Technical School

1. 대학 개요

대학명(자국어)	Escuela Tecnológica Instituto Técnico Central
설립 연도	1904년
소재 국가	콜롬비아
형태	국공립
대표자 성명 / 직위	호세 그레고리오 콘트레라스 페르난데스(José Gregorio Contreras Fernández) / 총장

2. 연락처

주소	영문 주소	Cra7 #43-11, Camino Real Apt. 1103, Bogota, Colombia
	우편번호	–
전화		+57-3123323450
웹사이트		www.itc.edu.co

3. 기관 한국학 현황

1) 한국 관련 강좌 운영 현황

소속 센터	외국어센터	
개설 연도	2016년	
프로그램 대표자	성명	직함
	최동균	강사
홈페이지	www.itc.edu.co/es/continuada/centrolenguas	

2) 한국 관련 프로그램 제공 형태

비학위 과정	방과 후 수업, 자유 출석 수업

3) 한국학 교수진 : 1명

교수명	직위	전공 분야
최동균	강사	영문학

4) 수강생 현황

한국어(학) 관련 강의 수강생 수 : 총 25명

5) 강좌 개설 현황

과목명	담당 교수	주당 수업 시간	수강생 수	학점	필수 / 선택
빠른 한국어 1급			15		
빠른 한국어 2급			10		

4. 한국연구센터 운영 현황
- 없음

5. 동아시아학 현황

1) 일본학 프로그램 제공 형태	-
2) 중국학 프로그램 제공 형태	-

콜롬비아국립대학교
National University of Colombia

1. 대학 개요

대학명(자국어)	Universidad Nacional de Colombia(UNAL)
설립 연도	1867년
소재 국가	콜롬비아
형태	국립
대표자 성명 / 직위	이그나시오 만틸라 프라다(Ignacio Mantilla Prada) / 총장

2. 연락처

주소	영문 주소	Cra.30 #45-03, Bogota, Colombia
	우편번호	–
전화		+57-320-347-3058
웹사이트		unal.edu.co

3. 기관 한국학 현황

1) 한국 관련 강좌 운영 현황

소속 단과대학	인문과학대학(Faculty of Human Sciences)	
소속 학과	언어학과(Department of Linguistics)	
개설 연도	2012년	
프로그램 대표자	성명	직함
	루스 암파로 파하르도 (Luz Amparo Fajardo)	학장
홈페이지	www.humanas.unal.edu.co/linguistica/	

2) 한국 관련 프로그램 제공 형태

비학위 과정	B.A. 선택 과목

3) 주요 연구 분야

• 스페인어권 화자를 위한 한국어 / 한국 사회 및 한국 문화에 대한 비교문화론적 관점에서의 연구

4) 한국학 교수진 : 1명

교수명	직위	전공 분야
유선아	KF 객원교수	문화인류학(문학사), 외국인을 위한 국어 교육(교육학 석사)

5) 수강생 현황

한국어(학) 관련 강의 수강생 수 : 총 95명

6) 강좌 개설 현황

과목명	담당 교수	주당 수업 시간	수강생 수	학점	필수 / 선택
교양 한국어 1-1	유선아	4	15	3	선택
교양 한국어 1-2	유선아	4	15	3	선택
교양 한국어 2	유선아	4	15	3	선택
한국 문화 개론	유선아	4	50	3	선택

7) 한국 관련 활동

활동명	시기	상세 활동 내용
대학생 한국학 논문 발표 대회	2015. 9.	콜롬비아 소재 대학 대학생들을 위한 한국학 논문 발표 대회
제3회 한국학회 정기 학술 대회	2015. 9.~10.	콜롬비아 소재 한국학회(Asociación de Estudio Coreano en Colombia) 정기 학술 대회
제2회 한국어 말하기 대회	2015. 10.	입문 및 초급 학습자 대상 한국어 말하기 대회 (세종학당과의 협력 활동)
제3회 한국어 말하기 대회	2016. 11.	콜롬비아국립대학교 재학생 대상 교내 한국어 말하기 대회
교내 영화 포럼	2016. 11.	한국 영화를 통하여 한국 사회의 이슈 들여다보기

4. 한국연구센터 운영 현황
　-없음

5. 도서관 현황

도서관명	시드 보고타 도서관(Biblioteca Sede Bogota)
담당 사서	안드레아 로페스(Andrea Lopez)
한국학 장서 보유량(부)	373

6. 동아시아학 현황

1) 일본학 프로그램 제공 형태	교양 선택 과목
2) 중국학 프로그램 제공 형태	교양 선택 과목

호세마르티문화원

Jose Marti Cultural Society

1. 대학 개요

대학명(자국어)	Sociedad Cultural Jose Marti
설립 연도	1995년
소재 국가	쿠바
형태	기타(문화원)
대표자 성명 / 직위	아르만도 아르트 다발로스(Armando Hart Davalos) / 원장

2. 연락처

주소	영문 주소	Calle 17, No. 552, Esquina D, Vedado, La Habana, Cuba
	우편번호	–
전화		+53-7-833-2180
웹사이트		www.martiano.cult.cu

3. 기관 한국학 현황

1) 한국 관련 강좌 운영 현황

개설 연도	2012년	
프로그램 대표자	성명	직함
	카를로스 메디나 (Carlos Medina)	사무국장

2) 한국 관련 프로그램 제공 형태

비학위 과정	한국어 강좌

3) 한국학 교수진 : 1명

교수명	직위	전공 분야
양진경	KF 객원교수	국어국문학

4) 수강생 현황

한국어(학) 관련 강의 수강생 수 : 총 92명

5) 강좌 개설 현황

과목명	주당 수업 시간	수강생 수	학점	필수 / 선택
한국어 1	4	40	4	필수
한국어 2	4	27	4	필수
한국어 3	4	25	4	필수

6) 한국 관련 활동

활동명	시기	상세 활동 내용
대전오페라단 아바나 극장 공연	2005~2013	SCJM 후원으로 한국과 쿠바의 예술가들 공연
한국문화예술위원회와 문화 교류	2011. 7.~2015. 12.	한국 작가 및 사진작가 지원
광복절 기념행사	2012. 8.~2015. 8.	기념식 및 문화 공연
한국과 쿠바 작가 워크숍	2012. 2.	한국 작가 32명과 쿠바 작가들 간의 교류 행사
한국과 쿠바 화가 합동 전시	2012. 2.	한국 화가 5명의 작품 24점 전시
한국박물관 개막식	2014. 8.	한국계 모임 결성 및 박물관 개막식 후원

4. 한국연구센터 운영 현황
   -없음

5. 도서관 현황

도서관명	호세마르티문화원 도서관
담당 사서	카를로스 메디나
한국학 장서 보유량(부)	299

6. 동아시아학 현황

1) 일본학 프로그램 제공 형태	–
2) 중국학 프로그램 제공 형태	–

서인도제도대학교-세인트오거스틴

University of the West Indies at St. Augustine

1. 대학 개요

설립 연도	1960년
소재 국가	트리니다드 토바고
형태	기타
대표자 성명 / 직위	브라이언 코프랜드(Brian Copeland) / 교장

2. 연락처

주소	영문 주소	St. Augustine, Trinidad and Tobago
	우편번호	–
전화		+1-868-296-7449
웹사이트		sta.uwi.edu

3. 기관 한국학 현황

1) 한국 관련 강좌 운영 현황

소속 학부	인문·교육학부(Faculty of Humanities & Education)	
소속 기관	언어학습센터(Centre for Language Learning)	
개설 연도	2016년	
프로그램 대표자	성명	직함
	베벌리 앤 카터 (Beverly-Anne Carter)	소장
홈페이지	sta.uwi.edu/fhe/cll/	

2) 한국 관련 프로그램 제공 형태

비학위 과정	한국어 과정 시범 운영 중

3) 한국학 교수진 : 1명

교수명	직위	전공 분야
김현정(Hyunjeoung Kim)	KF 객원교수	외국어로서의 한국어 교육

4) 수강생 현황

한국어(학) 관련 강의 수강생 수 : 총 45명

5) 강좌 개설 현황

과목명	담당 교수	주당 수업 시간	수강생 수	학점	필수 / 선택
한국어 1-A	김현정	4			선택
한국 문화	김현정	2			선택

4. 한국연구센터 운영 현황

- 없음

5. 동아시아학 현황

1) 일본학 프로그램 제공 형태	학사
2) 중국학 프로그램 제공 형태	학사

파나마공과대학교
Technological University of Panama

1. 대학 개요

대학명(자국어)	Universidad Tecnologica de Panama(UTP)
설립 연도	1981년
소재 국가	파나마
형태	국공립
대표자 성명 / 직위	오스카 마누엘 라미레스 리오스(Oscar Manuel Ramírez Ríos) / 총장

2. 연락처

주소	영문 주소	Avenida Universidad Tecnológica de Panamá, Vía Puente Centenario, Campus Metropolitano Víctor Levi Sasso, Panama
	우편번호	–
전화		+507-560-3527
웹사이트		www.utp.ac.pa

3. 기관 한국학 현황

1) 한국 관련 강좌 운영 현황

소속 센터	언어센터(Specialized Language Center)	
개설 연도	2009년	
프로그램 대표자	성명	직함
	에디스 에스피노 비야레알 (Edith Espino Villarreal)	언어센터소장
홈페이지	www.utp.ac.pa/cursos-de-coreano	

2) 한국 관련 프로그램 제공 형태

비학위 과정	어학원

4. 한국연구센터 운영 현황
- 없음

5. 동아시아학 현황

1) 일본학 프로그램 제공 형태	기타(어학 강좌)
2) 중국학 프로그램 제공 형태	기타(어학 강좌)

중미카리브

뒤스부르크에센대학교

University of Duisburg-Essen

1. 대학 개요

대학명(자국어)	Universität Duisburg-Essen
설립 연도	1994년
소재 국가	독일
형태	국공립
대표자 성명 / 직위	울리히 라드케(Ulrich Radke) / 총장

2. 연락처

주소	영문 주소	Forsthausweg 2 LE Building, Duisburg, Germany
	우편번호	47057
전화		+49-203-379-2485
웹사이트		www.uni-due.de

3. 기관 한국학 현황

1) 한국 관련 강좌 운영 현황

소속 연구소	동아시아학 연구소(Institute of East Asian Studies, IN-EAST)	
개설 연도	2016년	
프로그램 대표자	성명	직함
	클라인 악셀(Klein Axel)	현대동아시아학 담당자
홈페이지	www.in-east.de	

2) 한국 관련 프로그램 제공 형태

비학위 과정		B.A. 선택 과목, M.A. 선택 과목
학위 과정	B.A. (학사 과정)	한국학 전공, 동아시아학 전공
	M.A. (석사 과정)	한국학 전공, 동아시아학 전공
	Ph.D (박사 과정)	기타 전공 내 한국학 프로그램(전공명: 경제사회학, 정치학)

3) 한국학 교수진 : 4명

교수명	직위	전공 분야
베르너 파샤(Werner Pascha)	교수	경영학
모하메드 만수르(Mohamed Mansour)	연구진	국제경제학
디아나 슐러(Diana Schüler)	연구진	경제학
스테판 크눕(Stefan Knoob)	강사	한국학·한국어학

4) 수강생 현황

한국어(학) 관련 강의 수강생 수 : 총 16명

학사 1학년	학사 2학년	학사 3학년	학사 4학년	석사 1학년	석사 2학년	박사 과정	기타
2			4	5	5		

전공생 수

B.A.	M.A.	Ph.D.
2	2	

※ 매년 신입생 선발

5) 강좌 개설 현황

과목명	담당 교수	주당 수업 시간	수강생 수	학점	필수 / 선택
한국 경제 사회 입문	베르너 파샤, 모하메드 만수르	2	7	3	선택
한국 경제·경영 이슈	베르너 파샤, 모하메드 만수르	2	7	3	선택
한국어 I	스테판 크눕	8	7	12	필수
고급 한국어	스테판 크눕	4		6	필수

6) 한국 관련 활동

활동명	시기	상세 활동 내용
연례 한국 경제 특강	1996~2014	지도교수: 베르너 파샤
특강	2014	현대 한국 사회 이슈(지도교수: 베르너 파샤)
제8회 뒤스부르크 동아시아의 날	2014. 1.~12.	패널리스트: 뤼디거 프랑크(비엔나), 프랑크 모슬러(베를린)
교류 협약	2015	중앙대학교, 부산대학교

7) 한국 관련 출판물

제목	형태	주요 내용
Innovation and Technology in Korea	단행본	W. Pascha, J. Mahlich 공저, 2007
Towards Northeast Asian Security Community	단행본	W. Pascha, B. Seliger 공저, 2011
Korean Science and Technology in an International Perspective	단행본	W. Pascha, J. Mahlich 공저, 2012
Effect of Experiencing Economic Crisis on Risk Perception and Risk Attitude-A Case from South Korea	논문	Sunkung Choi, 2013
The Influence of Cultural Factors on Decision-making Behavior in Korea and Germany	논문	Sven Horak, 2013
The Politics and Processes of Creating Eco-Cities in South Korea	논문	Youngah Guahk, 2014
Entrepreneurship and Risk in South Korea: Occupational Choice or Substitute for Welfare	논문	Diana Schüler, 2015
Regulierung in der Republik Korea: Kennzeichen und Reformen am Beispiel des Telekommunikationssektors	논문	Rüdiger Frank

4. 한국연구센터 운영 현황
- 없음

5. 도서관 현황

도서관명	중앙도서관
담당 사서	리타 네메스(Rita Németh)
한국학 장서 보유량(부)	951

6. 동아시아학 현황

1) 일본학 프로그램 제공 형태	학사, 석사, 박사
2) 중국학 프로그램 제공 형태	학사, 석사, 박사, 기타(공자학원)

중유럽

베를린자유대학교
Free University of Berlin

1. 대학 개요

대학명(자국어)	Freie Universität Berlin
설립 연도	1948년
소재 국가	독일
형태	국공립
대표자 성명 / 직위	페터 앙드레 알트(Peter-André Alt) / 총장

2. 연락처

주소	영문 주소	Fabeckstr. 7, Berlin, Germany
	우편번호	14195
전화		+49-30-838-56895
웹사이트		www.fu-berlin.de

3. 기관 한국학 현황

1) 한국 관련 강좌 운영 현황

소속 학부	역사문화학부(Department of History and Cultural Studies)	
소속 학과	동아시아·중동학과(East Asia and the Middle East)	
개설 연도	2005년	
프로그램 대표자	성명	직함
	이은정	한국학연구소장
홈페이지	www.fu-berlin.de/en/einrichtungen/fachbereiche/fb/gesch-kultur/ orient/index.html	

2) 한국 관련 프로그램 제공 형태

학위 과정	B.A. (학사 과정)	한국학 전공, 기타 전공 내 한국학 프로그램
	M.A. (석사 과정)	한국학 전공, 기타 전공 내 한국학 프로그램
	Ph.D. (박사 과정)	한국학 전공

3) 주요 연구 분야

• 사회과학, 정치학

4) 한국학 교수진 : 15명

교수명	직위	전공 분야
이은정(Eunjeung Lee)	학과장	정치 이론, 역사학, 정치 문화, 한국 역사와 사회
한네스 모슬러(Hannes B. Mosler)	교수	한국 정치 체계와 헌법
에릭 발바흐(Eric J. Ballbach)	연구조교	북한학, 국제 정치
아르네 바르츠슈(Arne Bartzsch)	연구조교	일본학, 정보학
호머 브로홀로스(Holmer Brochlos)	선임강사	한국어 교육
장희경(Heekyoung Chang)	연구조교	정치학
다니엘라 클라우스킴 (Daniela Claus-Kim)	연구조교	한국학
마르틴 겔만(Martin Gehlmann)	연구조교	중국학
김은희(Eunhee Kim)	선임강사	언어학
김혜영(Hyeyoung Kim)	KF 객원교수	철학
김상국(Sangkuk Kim)	연구조교	정치학
팍 호후이(Pak Hohui)	시간강사	한국어 교육
박수진(Sugeen Park)	시간강사	교육학
알렉산더 페니히(Alexander Pfennig)	연구조교	정치학
장이히(Jean Yhee)	연구조교	철학, 문화학

5) 수강생 현황

한국어(학) 관련 강의 수강생 수 : 총 313명

학사 1학년	학사 2학년	학사 3학년	학사 4학년	석사 1학년	석사 2학년	박사 과정	기타
71	70	67	60	16	19	10	

전공생 수

B.A.	M.A.	Ph.D.
268	35	10

※ 매년 신입생 선발(인원: 58명)

6) 강좌 개설 현황

과목명	담당 교수	주당 수업 시간	수강생 수	학점	필수 / 선택
한국어 I / 과정 1	김은희, 호머 브로홀로스, 박수진, 장희경, 팍 호후이	8	85	7.5	필수
한국어 II / 과정 2	김은희, 박수진, 장희경, 팍 호후이	8	70	7.5	필수
한국어 III / 과정 2(한자)	마르틴 겔만	2	30	5	필수
한국어 III / 과정 3(번역)	호머 브로홀로스	2	25	5	필수
한국학 방법론 입문	한네스 모슬러	2	75	5	필수
한국사 입문	호머 브로홀로스	2	110	5	필수
한국 온라인뉴스 독해	호머 브로홀로스	2	20	5	선택
한국 문화와 정치 중심 역사	이은정	2	100	5	필수
현대 한국의 시간과 공간	김혜영	2	25	5	선택
한국 문화	다니엘라 클라우스김	2	25	5	선택
북한 독해-북한 담론 분석	에릭 발바흐	2	25	5	선택
동아시아의 다문화	에릭 발바흐, 김상국	4	15	10	선택
한국의 문화와 다문화	이은정	4	15	10	선택
한국 연구의 이론과 담론	에릭 발바흐	4	15	10	필수
동아시아의 한국: 탈식민주의와 교토대학교	김혜영	4	15	10	선택
한국학 방법론	한네스 모슬러	4	15	10	필수
한국어 특강(석사)	호머 브로홀로스	4	15	10	필수
아시아의 여성	장필화	4	30	10	선택
학회 리서치	이은정	2	30	5	필수

7) 한국 관련 활동

활동명	시기	상세 활동 내용
특강: 북한의 포스터 문화	2016. 1.	쿤데 괴스터르(Koen De Ceuster), 레이던대학교
특강: 현대 한국 예술의 역사와 집합 기억	2016. 2.	샬럿 홀릭(Charlotte Horlyck), SOAS
문학 독해	2016. 4.	지도강사: 헬가 피히트(Helga Picht) 번역가: 박경리(Pak Kyongni's)
특강: 코트라와 한독 경제 관계	2016. 5.	윤유현(Yuhyeon Yun), KOTRA
특강: 한독 경제 관계 진흥	2016. 5.	정종윤(Jongyun Jung), 주독일 대사관
공동 워크숍: 분단과 통합의 정서	2016. 5.	IKS와 사회과학한국연구센터와의 공동 워크숍 (Social Science Korea Research Center)
특강: 선한 사람들의 통일 공동체	2016. 5.	성낙인(서울대학교 총장)
특강: 아시아 내 독일의 경영 네트워크-한국	2016. 6.	티모 프레콥(Timo Prekop), Ostasiatischer Verein e.V.
특강: 정의란 무엇인가-일본의 위안부 문제	2016. 6.	양현아(서울대학교)
특강: 헌법의 힘에 의한 파멸 -국제적인 시각으로 바라본 구소련	2016. 6.	정근식(서울대학교)
문명의 충돌? 유럽과 한국의 모바일 게임	2016. 6.	데이비드 모어 (David Mohr, GAMEVIL Europe GmbH)
강의 시연: Bach Yu Ram Gi-과거로의 여행	2016. 7.	이수은(Sooeun Lee), 재즈음악가 피터 에발트(Peter Ehwald)
특강: 현대 한국 문학	2016. 7.	한은영
2016 한국학 여름학교	2016. 8.	한국학중앙연구원(AKS) 후원으로 진행된 학술 프로그램
공동 심포지엄: 북한 탈북자의 비교 연구/난 민-직응, 통합, 그리고 정체성	2016. 11.	IKS와 서울대학교의 통일평화연구원에서 공동 주관한 심포지엄
특강: 새로 쓰는 역사, 전후 한일 관계의 유산 과 철학의 역할	2016. 11.	힐데스하임대학교 요코 아리사카(Yoko Arisaka)
특강: 동아시아의 한국-아이디어의 역사	2016. 11.	힐데스하임대학교 볼프강 자이페르트(Wolfgang Seifert)
국제 컨퍼런스: 현대의 아름다움	2016. 11.	중국-일본-한국의 미에 대한 국제 컨퍼런스
특강: 정도전과 기화의 신유교학과 불교	2016. 11.	홍콩 과기대학교 에릭 넬슨(Eric Nelson)
특강: 전후 아시아의 상상과 국가주의의 아포리아	2017. 1.	성공회대학교 백원담(Wondam Paik)
2017 대학원생 워크숍	2017. 1.	IKS와 연세대학교 대학원생들과 함께 진행한 대학원생 워크숍
한국 다문화 도시, 안산의 시간과 공간의 주름	2017. 1.	영화감독 김소영(Soyoung Kim)
특강: 페미니스트와 지속 가능한 공동체	2017. 1.	장필화(Pilwha Chang)
특강: 시간과 공간-한국의 현대 예술	2017. 1.	예술가 오정근(Junggeun Oh)

중아 럽

8) 한국 관련 출판물

제목	형태	주요 내용
Knowledge Transfer as Intercultural Translation. The German Reunification as a 'Lesson' for Korea?	기타	(Historical Social Research Vol. 41 No. 3), 2016
Fuhrungswechsel bei den zwei großen Parteien Sudkoreas : Der Wahlkampf zur Prasidentschaftswahl 2017 ist bereits eingelautet(On party politics in South Korea in view of the presidential elections in 2017, in ASIEN)	기타	(The German Journal on Contemporary Asia 141), 2016
Der Demokratiediskurs in Sudkorea-Im Spannungsfeld von freiheitlicher und liberaler demokratischer Grundordnung(Exploring conceptions of democracy beyond the West)	기타	('Demokratie' jenseits des Westens. Theorien, Diskurse, Einstellungen. PSV Sonderheft 51), 2016
Wege zur Erleuchtung(myŏng/ming) in der konfuzianischen Philosophie Koreas-am Beispiel von Yulgok Yi I(On the question : Does there exist a concept of "enlightment" in Confucian thinking)	기타	2016
Yu Kil-chun's translation of Karl Rathgen's "Political Science"(Chongch'ihak) and its relevance to modern day Korean social science	기타	(Cases from Korea, Research on Korea Vol. 6), Peter and Lang Publ. House, 2016
The Dynamics of Knowledge Circulation : Cases from Korea	단행본	(Research on Korea series vol. 5), Peter Lang Publ. House, 2016.
Die 20. Parlamentswahlen in Sudkorea 2016	기타	(The German Journal on Contemporary Asia.), 2016
Sowon-Konfuzianische Privatakademien in Korea	단행본	(Research on Korea series vol. 4), Peter Lang Publ. House, 2016
Das Verbot der Vereinten Progressiven Partei in der Republik Korea	기타	Zeitschrift fur Parlamentsfragen(ZParl), 2016
Facetten deutsch-koreanischer Beziehungen(2017)	단행본	독일과 한국의 역사
Das Verbot der Vereinten Progressiven Partei-Ein 'negatives Lehrstuck' fur das koreanische Verfassungsgericht	기타	통합진보당 해산 관련 기사
North Korea's Emerging Nuclear State Identity : Discursive Construction and Performative Enactment	기타	북한의 핵미사일 관련 기사

4. 한국연구센터 운영 현황

명칭	한국학연구소(Institute of Korean Studies)	
소속 기관	베를린자유대학교	
설립 연도	2008년	
대표자	성명	직함
	이은정	소장

5. 도서관 현황

도서관명	대학교 도서관(Campusbibliothek)
담당 사서	릴리아네 스페르(Liliane Sperr)
한국학 장서 보유량(부)	18,124

6. 동아시아학 현황

1) 일본학 프로그램 제공 형태	학사, 석사, 박사
2) 중국학 프로그램 제공 형태	학사, 석사, 박사, 기타(공자학원)

보훔대학교
Ruhr University of Bochum

1. 대학 개요

대학명(자국어)	Ruhr-Universität Bochum
설립 연도	1965년
소재 국가	독일
형태	국공립
대표자 성명 / 직위	악셀 쇨메리히(Axel Schölmerich) / 총장

2. 연락처

주소	영문 주소	Universitaetsstr. 134, Bochum, Germany
	우편번호	44801
전화		+49-234-32-25572
웹사이트		www.ruhr-uni-bochum.de/index_en.htm

3. 기관 한국학 현황

1) 한국 관련 강좌 운영 현황

소속 학부	동아시아학부(Faculty of East Asia Studies)	
소속 학과	한국학과(Korean Studies)	
개설 연도	1964년	
프로그램 대표자	성명	직함
	마리온 에거트(Marion Eggert)	학과장
홈페이지	www.ruhr-uni-bochum.de/skk/en	

2) 한국 관련 프로그램 제공 형태

비학위 과정		B.A. 선택 과목, M.A. 선택 과목
학위 과정	B.A. (학사 과정)	한국학 전공, 기타 전공 내 한국학 프로그램
	M.A. (석사 과정)	한국학 전공, 동아시아학 전공, 기타 전공 내 한국학 프로그램
	Ph.D (박사 과정)	한국학 전공, 동아시아학 전공

3) 주요 연구 분야

• 한국 현대 문학, 한국 고전 문학, 역사, 역사적 언어학, 사상

4) 한국학 교수진 : 8명

교수명	직위	전공 분야
마리온 에거트	학과장	한국 문학
토르스텐 트라울센(Thorsten Traulsen)	한국학 연구원	한국어학
데니스 뷔트너(Dennis Würthner)	한국학 연구원	한국 문학
플로리안 폴킹(Florian Polking)	한국학 연구원	한국사
도로테아 호프만(Dorothea Hoppmann)	한국학 강사	한국학
양한주(Hanju Yang)	한국학 강사	한국 문학
외르크 플라센(Jörg Plassen)	동아시아 종교 교수	불교학
디트마르 에베르트(Dietmar Ebert)	동아시아 정치 시간강사	동아시아 국가 정치 체제

5) 수강생 현황

한국어(학) 관련 강의 수강생 수 : 총 181명

학사 1학년	학사 2학년	학사 3학년	학사 4학년	석사 1학년	석사 2학년	박사 과정	기타
91	28	32	18	5	3	4	

전공생 수

B.A.	M.A.	Ph.D.
169	8	4

6) 강좌 개설 현황

과목명	담당 교수	주당 수업 시간	수강생 수	학점	필수 / 선택
한국어 문법 I	도로테아 호프만	2	88	2.5	필수
한국어 작문 I	도로테아 호프만	2	24	2.5	필수
한국어 실습	도로테아 호프만	2	88	2.5	필수
한자 I	도로테아 호프만	2	94	2.5	필수
한국어 실습 I	양한주	2	87	2.5	필수
한국어 독해	양한주	2	87	2.5	필수
한국 신문 독해	양한주	2	15	3	필수
중급 한국어 I	토르스텐 트라울센	2	16	2.5	필수
고전 한국어 한자 독해	토르스텐 트라울센	2	7	2.5	선택
문학 번역	데니스 뷔트너, 양한주	2	11	5	선택
한국학의 조사방법론	데니스 뷔트너	2	80	2	필수
한국사 I	플로리안 폴킹	2	135	3	필수
한국 문학의 역사	토르스텐 트라울센	2	23	2	필수
조선의 제도적 구조	플로리안 폴킹	2	12	3	선택
20세기 한국의 추모 공간	토르스텐 트라울센	2	9	3	선택
고대와 현대 한국의 논제	마리온 에거트	4	3	13	선택
한국의 철학적 기조	외르크 플란센	4	3	3	선택
불교 경전 독해	외르크 플란센	2	3	3	선택
현대 동아시아의 종교와 정치	외르크 플란센	2	6	2	선택
고전 한자 I	로에츠	4	52	7	필수
남한과 북한의 정치 구조	디트마르 에베르트	2		3	선택

7) 한국 관련 활동

활동명	시기	상세 활동 내용
김섬 작가와 함께하는 한국 문학의 밤	2014. 12.	김섬 작가와 함께하는 한국 문학 독일어 낭독회: LIT-Korea 후원, 보훔 콘서트홀에서 진행
AKSE 격년 컨퍼런스 2015	2015. 7.	유럽한국학협회의 격년 컨퍼런스
"한국 문화의 변화"	2016. 6.	AKS 프로그램 내 국제 컨퍼런스
한국학 여름학교	2016. 8.	공동 여름학교: 베를린 자유대학교, 프라하 카렐대학교, 프랑스 이날코동양어문화대학교
한국의 날	2016. 11.	대중에게 한국 문화 소개: KF와 언어교습연구소(LSI) 공동 개최, 한국학연구소 학생 및 교원 참여
박사 세미나		보훔과 베를린 박사학 학생들의 세미나

활동명	시기	상세 활동 내용
한국학 특강		한국학 관련 국제학자 초빙 특강
한국 고전 영화 포럼		한국 고전 영화 상영 책임자: 데니스 부르트너
"간식 문화-한국의 새로운 문화"		숙명여자대학교 독일학과와 공동으로 주최한 세미나, 독일에서 진행
한국 문학 에세이 대회		LIT-한국 에세이 대회, 김훈 작가의 단편 작품을 바탕으로 작성한 학생/비학생 에세이 검토. 책임자: 양한주, 심사위원: 데니스 부르트너, 토르스텐 트라울센
"동아시아 문학 논문"		독일 격년 논문집 'Hefte fur oastasiatische Literatur'(동아시아문학 논문집: 동아시아문학 번역) 편집장: 토르스텐 트라울센

8) 한국 관련 출판물

제목	형태	주요 내용
Paengnyon Chʼohae: Charakteristika eines koreanischen Lehrbuchs der Parallelvers-Dichtung	논문	(Ruhr-University / East Asian Studies series), Wiesbaden: Harrassowitz, 2010
Die lexikologi-schen und phonologischen Grundlagen der inneren Rekon-struktion im Mit-tel koreanischen(The Lexicological and Phonological Basis of Internal Reconstruction in Middle Korea)	기타	Thorsten Traulsen, Staats- und Universitäts-bibliothek Hamburg, E-Dissertationen, 2012
Research on Korea, vol. 1{Space and Location in the Circulation of Knowledge(1400~1800)-Korea and Beyond}	논문	Marion Eggert, Felix Siegmund, Dennis Wurthner 공저
Research on Korea, vol. 5(The Dynamics of Knowledge Circulation-Cases from Korea)	논문	이은정, Marion Eggert 공저
Research on Korea, vol. 6(Integration Processes in the Circulation of Knowledge-Cases from Korea)	논문	Marion Eggert, Florian Polking 공저
Ostasien in Geschichte und Gegenwart. Eine Einfuhrung fur den Unterricht, 2013	단행본	고등학교 교사를 위한 동아시아 문화 입문서: 한국 중심, Marion Eggert, Gotelind Muller-Saini, Reinhold Zollner 공저
Einfuhrung in die koreanische Sprache	단행본	입문용 한국어 교재 Dorothea Hoppmann 저
Koreanisch Intensiv. Grund und Aufbaukurs	단행본	언어 과정을 위한 한국어 교과서, Dorothea Hoppmann, 이소연, Dennis Würthner 공저
Kleine Geschichte Koreas(A short history of Korea). Munich: C.H.B eck Verlag, 2005	논문	교습용 및 일반인용 한국사, Marion Eggert, Jörg Plassen 공저
Research on Korea, vol. 8(Nine Clouds in Motion. A Study on Hypertexts of Kuunmong)	논문	Dennis Wuerthner, Peter Lang, 2017(예정)

제목	형태	주요 내용
Research on Korea, vol. ??(Der Soziopolitische Stellenwert Bauhandwerklichen Fachwissens und seiner Träger in der Späten Chosŏnzeit)	논문	Florian Pölking, Peter Lang, 2018(예정)

4. 한국연구센터 운영 현황

-없음

5. 도서관 현황

도서관명	동아시아학 도서관(East Asian Studies Library)
담당 사서	미카엘 슈테(Michael Schutte)
한국학 장서 보유량(부)	20,920

6. 동아시아학 현황

1) 일본학 프로그램 제공 형태	학사, 석사, 박사
2) 중국학 프로그램 제공 형태	학사, 석사, 박사

본대학교
University of Bonn

1. 대학 개요

대학명(자국어)	Rheinische Friedrich-Wilhelms-Universität Bonn
설립 연도	1818년
소재 국가	독일
형태	국공립
대표자 성명 / 직위	미카엘 호흐(Michael Hoch) / 총장

2. 연락처

주소	영문 주소	Regina-Pacis-Weg 7, Bonn, Germany
	우편번호	53113
전화		+49-(0)228-737851
웹사이트		www.uni-bonn.de

3. 기관 한국학 현황

1) 한국 관련 강좌 운영 현황

소속 연구소	철학부, 아시아학연구소(Institute for Oriental and Asian Studies)	
소속 학과	일본한국학과(Department of Japanese Studies and Korean Studies)	
개설 연도	1972년	
프로그램 대표자	성명	직함
	라인하르트 죌너 (Reinhard Zöllner)	학과장
홈페이지	www.ioa.uni-bonn.de/de/abteilungen/japanologie-und-koreanistik	

2) 한국 관련 프로그램 제공 형태

학위 과정	B.A. (학사 과정)	한국학 전공
	M.A. (석사 과정)	한국학 전공, 기타 전공 내 한국학 프로그램(한국어 번역)

3) 주요 연구 분야

- 한국 역사 및 한국 문화, 현대 사회 문화, 한국 종교, 한국 예술 문화

4) 한국학 교수진 : 2명

교수명	직위	전공 분야
박희석	부교수	한국사 및 문화
조윤미	강사	한국어 번역

5) 수강생 현황

한국어(학) 관련 강의 수강생 수 : 총 177명

학사 1학년	학사 2학년	학사 3학년	학사 4학년	석사 1학년	석사 2학년	박사 과정	기타
55	50	47		15	10		

전공생 수

B.A.	M.A.	Ph.D.
152	25	

※ 매년 신입생 선발(인원: 60명)

6) 강좌 개설 현황

과목명	담당 교수	주당 수업 시간	수강생 수	학점	필수 / 선택
한국어 초급 1: 문법	스테판 샤페르스 (Stefan Schafers)	2	60	3	필수
한국어 초급 1: 문법 연습	김영진	2	60	3	필수
한국어 초급 1: 듣기 및 말하기	조윤미	2	60	3	필수
한국어 초급 1: 읽기 및 쓰기	조윤미	2	60	3	필수
한국어 초급 3: 문법	조윤미	2	60	3	필수
한국어 초급 3: 문법 연습	조윤미	2	60	3	필수
한국어 초급 3: 듣기 및 말하기	전부영(Buyoung Chon)	2	60	3	필수

과목명	담당 교수	주당 수업 시간	수강생 수	학점	필수 / 선택
한국어 초급 3: 읽기 및 쓰기	김영진	2	60	3	필수
한국어 중급 2: 전문 텍스트	김마루	2	45	4	선택
한국어 중급 2: 한국어 토론	문성원	2	45	4	선택
한국어 중급 2: 한자어	전부영	2	45	4	선택
아시아 역사	라인하르트 죌너	2	150	12	필수
한국 역사: 태동부터 1945년까지 한국사	박희석	2	49	4	선택
한국 역사: 한일 경제관계사	다카히로 니시야마 (Takahiro Nishiyama)	2	49	4	선택
한국 역사: 한국 음악사	노 폰 블룸로더 (Nho-von Blumroder), 유경(Yookyung)	2	49	12	선택
콜로키움: 석사 논문 콜로키움	라인하르트 죌너, 박희석	2	17	5	필수
콜로키움: 본대학 200주년 전시회	박희석	2	17	5	필수
20세기 동아시아사: 여행기로 본 동아시아-문화 전이 측면에서 본 동아시아사	박희석	2	28	5	선택
20세기 동아시아사: 동아시아 이민사	라인하르트 죌너	2	28	5	선택
한국 정신문화사: 19세기 말과 20세기 초 한국 지성인	박희석	2	12	5	선택
한국 정신문화사: 정약용	김학철	2	12	5	선택
학술문: 언어적 분석	전부영	2	14	5	선택
학술문: 내용 분석	김마루	2	14	5	선택
미디어 언어와 번역: 문학 텍스트 번역	스테판 샤페르스	2	6	5	선택
미디어 언어와 번역: 미디어 텍스트 번역	스테판 샤페르스	2	6	5	선택

7) 한국 관련 활동

활동명	시기	상세 활동 내용
워크숍: 19세기 말 유럽 무대에 나타난 동아시아 인식	2016. 4.	19세기 유럽의 연극, 오페라, 발레 등의 무대에 등장한 한국과 동아시아의 인식이라는 주제로 독일, 오스트리아, 한국, 일본, 중국 등에서 참석한 전문가들의 워크숍
독일어권 한국학 대회	2016. 11.	독일어권에서 활동하는 한국학 학자들의 발표 대회. 베를린, 보훔, 튀빙겐, 프랑크푸르트, 빈 등에서 약 90명의 한국학 학자 참석. 30개 주제 발표

4. 한국연구센터 운영 현황

- 없음

5. 도서관 현황

도서관명	일본·한국학과 도서관
담당 사서	하르트무트 람파트(Hartmut Lamparth)
한국학 장서 보유량(부)	10,352

6. 동아시아학 현황

1) 일본학 프로그램 제공 형태	학사, 석사, 박사
2) 중국학 프로그램 제공 형태	학사, 석사, 박사

키엘대학교
Kiel University

1. 대학 개요

대학명(자국어)	Christian Albrechts Universität zu Kiel
설립 연도	1665년
소재 국가	독일
형태	국공립
대표자 성명 / 직위	루츠 키프(Lutz Kipp) / 총장

2. 연락처

주소	영문 주소	Leibnizstrasse 10, Kiel, Germany
	우편번호	24118
전화		+49-432-880-2420
웹사이트		www.uni-kiel.de

3. 기관 한국학 현황

1) 한국 관련 강좌 운영 현황

소속 학부	인문학부(Faculty of Arts and Humanities)	
개설 연도	2012년	
프로그램 대표자	성명	직함
	마이클 뒤링(Michael Düring)	학장
홈페이지	www.phil.uni-kiel.de/en	

2) 한국 관련 프로그램 제공 형태

비학위 과정	B.A. 선택 과목, M.A. 선택 과목

3) 한국학 교수진 : 1명

교수명	직위	전공 분야
정은영		언어학

4) 강좌 개설 현황

과목명	담당 교수	주당 수업 시간	수강생 수	학점	필수 / 선택
한국어	정은영		14		

4. 한국연구센터 운영 현황

- 없음

5. 동아시아학 현황

1) 일본학 프로그램 제공 형태	-
2) 중국학 프로그램 제공 형태	학사, 석사, 박사

튀빙겐대학교
University of Tübingen

1. 대학 개요

대학명(자국어)	Eberhard Karls Universität Tübingen
설립 연도	1477년
소재 국가	독일
형태	국립
대표자 성명 / 직위	베른트 엥글러(Bernd Engler) / 총장

2. 연락처

주소	영문 주소	Wilhelmstr. 133, Tuebingen, Germany
	우편번호	72074
전화		+49-7071-29-72746
웹사이트		www.uni-tuebingen.de

3. 기관 한국학 현황

1) 한국 관련 강좌 운영 현황

소속 학부	아시아동양학부(Institute of Asian and Oriental Studies)	
소속 학과	중국·한국학과(Department of Chinese and Korean Studies)	
개설 연도	1979년	
프로그램 대표자	성명	직함
	이유재(Youjae Lee)	교수
홈페이지	www.korea.uni-tuebingen.de	

2) 한국 관련 프로그램 제공 형태

비학위 과정		B.A. 선택 과목, M.A. 선택 과목
학위 과정	B.A. (학사 과정)	한국학 전공
	M.A. (석사 과정)	한국학 전공, 기타 전공 내 한국학 프로그램(전공명: 동아시아 정치·사회학)
	Ph.D. (박사 과정)	한국학 전공

3) 주요 연구 분야

- 현대 한국: 일제강점기, 냉전 시대 이주 중심
  1) 한국의 냉전: 냉전 시대의 한국 일상사
  2) 글로벌 관점에서 한국의 일제 치하: 식민지, 수도 등
  3) 한국의 국제적 이주: 기관, 국민 그리고 문화의 초국가적 이동

4) 한국학 교수진 : 12명

교수명	직위	전공 분야
이유재	교수	역사학
안종철	조교수	역사학
송문의	전임강사	교육학
한은숙	초빙교수	역사학
키엔 흐그히 하(Kien Hghi Ha)	교수 대리	문화학
크세니아 키르기스(Xenia Kirgis)	파견교수	한국학
최선주	조교수	언어학
로베르트 크라메(Robert Kramme)	연구교원	역사학
토비아스 숄(Tobias Scholl)	연구교원	일본학
다니엘 슈베켄디에크(Daniel Schwekendiek)	시간강사	경제학
변영관	시간강사	고전어
제롬 드윗(Jerome de Wit)	조교수	문학

5) 수강생 현황

한국어(학) 관련 강의 수강생 수 : 총 327명

학사 1학년	학사 2학년	학사 3학년	학사 4학년	석사 1학년	석사 2학년	박사 과정	기타
103	68	65	70	6	11	4	

전공생 수

B.A.	M.A.	Ph.D.
306	17	4

※ 매년 신입생 선발(인원: 103명)

6) 강좌 개설 현황

과목명	담당 교수	주당 수업 시간	수강생 수	학점	필수 / 선택
SK 기초 한국어 1(A)	송문의	4	25	5	필수
SK 기초 한국어 1(B)	송문의	4	25	5	필수
SK 기초 한국어 1(C)	김혜민	4	25	5	필수
PU 한국어 활용 1(A)	김은아(Euna Kim)	4	20	4	필수
PU 한국어 활용 1(B)	김은아	4	20	4	필수
PU 한국어 활용(C)	김은아	4	20	4	필수
자습 1(A)	김혜민	2	25		필수
자습 1(B)	김은아	2	25		필수
한국 전근대사	안종철(Jongchol An)	2	20	6	필수
한국 전근대사	제롬 드윗	2	20	6	필수
한국사	토비아스 숄	2	20	6	필수
한국 전근대사	황태진(Taejin Hwang)	2	20	6	필수
VL 한국학 입문	이유재, 안종철, 제롬 드윗	2	80	3	필수
과학적 연구	김지운(Jeeun Kim)	2	15		필수
SK 기초 한국어 3(A)	송문의	4	25	5	필수
SK 기초 한국어 3(B)	김혜민	4	25	5	필수
PU 한국어 활용 3(A)	김은아	4	25	4	필수
PU 한국어 활용 3(B)	김혜민	4	25	4	필수
언어 실습 3(A)	송문의	2	25		필수
언어 실습 3(B)	송문의	2	25	6	필수
1945년 이후 남한의 정치와 역사	김동훈	2	25	6	필수

과목명	담당 교수	주당 수업 시간	수강생 수	학점	필수 / 선택
1945년 이후 북한과 남한의 역사	토비아스 솔	2	25	6	필수
1945년 이후 현대 한국사와 사회	황태진	2	25	6	필수
한국 연구: 국가와 개인	구영은(Youngeun Koo)	2	30	3	필수
한국의 디아스포라와 초국가주의	이윤경(Yoonkyong Lee)	2	30	3	필수
1960년대 한국 영화	이현선(Hyunseon Lee)	2	30	3	필수
한국 정치 경제(e-School)	은기수(Kisoo Eun), 구영은	2	25	3	필수
북한 일상사	이유재	2	10	9	필수
현대 한국의 가족과 국적 문제	안종철	2	10	9	필수
한국의 문화와 문학적 이론	제롬 드윗	2	10	3	필수
대한민국 근현대사	이유재, 토비아스 솔	2	10	3	필수
학술용 작문과 회화 1	김은아	2	10	3	필수
문화: 독일에서의 한국 문학	손형권(Hyoungkwon Son)	3		3	필수
세종학당-말하기 과정	조현호(Hyeonho Cho), 김홍기(Hong-Ki Weikert Kim)	6			선택
한국학 연구 강의	황태진	2			선택

7) 한국 관련 활동

활동명	시기	상세 활동 내용
한국학 오픈하우스	2010. 6.	한국학 오픈하우스: "국경을 넘어서(Looking Beyond Borders)"
학술 컨퍼런스	2011. 10.	"한국의 디아스포라: 일제강점기와 냉전을 넘어서"
개소식	2012. 5.	고려대학교 내 튀빙겐 한국학센터 개소식
코리아위크	2012. 6.	한국 영화 상영 행사 "The End of the Morning Calm"
개소식	2012. 11.	세종학당 개소식
학술 컨퍼런스	2013. 7.	"냉전의 이유, 역사 그리고 함의-독일과 한국의 비교"
사진 전시회	2013. 12.	"50년, 한국인의 독일 파견"-축제, 사진 전시회
한국 문학 낭독회	2014. 10.	이호철 작가의 단편 작품 낭독회
"작지만 강한 나라!"	2014. 11.	35주년 튀빙겐 한국학 연구 행사-한국학 박사 과정 정식 개시 행사: 한국 문화 행사, 한국 전통 음악 공연, 현대 미술 전시회
국제 워크숍	2015. 6.	식민지 경험: 독일, 일본, 한국의 비교 연구
한국학 워크숍	2017. 2.	제1회 한국학 연구 워크숍

8) 한국 관련 출판물

제목	형태	주요 내용
Koloniale Zivilgemeinschaft: Alltag und Lebensweise der Christen in Korea, 1894~1954	단행본	이유재, (Campus Verlag; 1edition), 2017

4. 한국연구센터 운영 현황

- 없음

5. 도서관 현황

도서관명	튀빙겐 한국학 도서관(Korean Studies Library in Tuebingen)
담당 사서	토비아스 솔
한국학 장서 보유량(부)	29,890

6. 동아시아학 현황

1) 일본학 프로그램 제공 형태	학사, 석사, 박사
2) 중국학 프로그램 제공 형태	학사, 석사, 박사

프랑크푸르트괴테대학교
Goethe University of Frankfurt

1. 대학 개요

대학명(자국어)	Goethe-Universität Frankfurt am Main
설립 연도	1914년
소재 국가	독일
형태	국공립
대표자 성명 / 직위	비르기타 볼프(Birgitta Wolff) / 총장

2. 연락처

주소	영문 주소	Senckenberganlage 31 HPF. 159, Frankfurt a.M., Germany
	우편번호	60325
전화		+49-69-798-237-69
웹사이트		www.goethe-university-frankfurt.de

3. 기관 한국학 현황

1) 한국 관련 강좌 운영 현황

소속 학부	언어·문화·예술학부(Faculty of Linguistics, Culture, and Arts)	
소속 학과	동아시아언어연구소(Institute of East Asian Philology)	
개설 연도	2011년	
프로그램 대표자	성명	직함
	안연선(Yonson Ahn)	디렉터
홈페이지	www.korea.uni-frankfurt.de	

2) 한국 관련 프로그램 제공 형태

비학위 과정		B.A. 선택 과목
학위 과정	B.A. (학사 과정)	한국학 전공, 한국어 전공
	M.A. (석사 과정)	동아시아학 전공
	Ph.D. (박사 과정)	한국학 전공

3) 주요 연구 분야

- 초국가적 이주, 젠더, 독일 내 이주 한국인들의 민족 정체성 연구, 한국 결혼 이민자의 민족 정체성 연구

4) 한국학 교수진 : 8명

교수명	직위	전공 분야
안연선	디렉터	
조미정(Mijeong Jo)	연구원	
야세민 키스(Yasemin Kis)	사무총장	
로사 레블랑(Rosa Leblang)	사무총장	
문소연(Soyeon Moon)	시간제 강사	
노이하우스 돌프 알렉산더(Neuhaus Dolf-Alexander)	연구원	
신영주(Youngju Shin)	시간제 강사	
뤼신 웨이(Ruixin Wei)	연구원	

5) 수강생 현황

전공생 수

B.A.	M.A.	Ph.D.
122	6	3

※ 매년 신입생 선발

6) 강좌 개설 현황

과목명	담당 교수	주당 수업 시간	수강생 수	학점	필수 / 선택
한국학 입문	안연선	2		4	
한국의 발전(1860~1935)	안연선, 돌프 알렉산더 노이하우스	2		4	
한국 IT의 초국가적 이동	안연선	2		4	
현대 한국과 양적 연구방법론	안연선	2		4	
한국 구어체	안연선	1			
한국 종교	안연선, 돌프 알렉산더 노이하우스	2		4	
한국 경제의 세계화와 대기업 (e-School)	임은미	2		4	
한국어 번역	김혁숙(Hyuksook Kim)	2		4	
한국어 기초 정규 과정	문소연	4		6	
한국어 기초 정규 과정 그룹 2	문소연	4		6	
한국어 중급 정규 과정	신영주	4			
중급 한국어 실습 1	문소연	2			
중급 한국어 실습 2	문소연	2			
기초 한국어와 실습 그룹 1+2	신영주	2		3	
한국어 입문 개별 지도	타마라 부츠(Tamara Butz), 줄리아 몰렉(Julia Molek)	2			
중급 한국어 개별 지도	야나 바스텍(Jana Bastek), 라리사 바이스 (Larissa Weiss)	2			
한국학 입문 개별 지도	프라우케 베허(Frauke Behre), 사무엘 판쿠허 (Samuel Pfannkuche)	2	1		
한국어 고급 정규 과정	문소연	2		3	
고급 한국어 실습	문소연	2		3	

7) 한국 관련 활동

활동명	시기	상세 활동 내용
객원 강의	2016	튀빙겐대학교 제롬 드윗 박사(Dr. Jerome de Witt), 토니 필딩 박사(Dr. Tony Fielding), 백범임 박사(Dr. Bumhym Bek), 카렙 용 박사(Dr. Caleb Yong)
교내외 국제 워크숍: 이주, 고향, 대한민국	2017. 1.	

4. 한국연구센터 운영 현황

- 없음

5. 도서관 현황

도서관명	동아시아 도서관
담당 사서	한나 리(Hanna Lie)
한국학 장서 보유량(부)	4,025

6. 동아시아학 현황

1) 일본학 프로그램 제공 형태	학사, 석사, 박사
2) 중국학 프로그램 제공 형태	학사, 석사, 박사

중유럽

하이델베르크대학교
Heidelberg University

1. 대학 개요

대학명(자국어)	Ruprecht-Karls-Universität Heidelberg
설립 연도	1386년
소재 국가	독일
형태	국공립
대표자 성명 / 직위	베른하르트 아이텔(Bernhard Eitel) / 총장

2. 연락처

주소	영문 주소	Building 4400, Vossstrasse 2, Karl Jaspers Centre, Heidelberg, Germany
	우편번호	69115
전화		+49-6221-54-40-80
웹사이트		www.uni-heidelberg.de

3. 기관 한국학 현황

1) 한국 관련 강좌 운영 현황

소속 학부	철학부(Faculty of Philosophy)	
소속 센터	동아시아학센터(Centre for East Asian Studies)	
개설 연도	2006년	
프로그램 대표자	성명	직함
	멜라니 트레데(Melanie Trede)	디렉터
홈페이지	www.zo.uni-heidelberg.de	

2) 한국 관련 프로그램 제공 형태

학위 과정	B.A. (학사 과정)	동아시아학 전공
	M.A. (석사 과정)	동아시아학 전공, 기타 전공 내 한국학 프로그램(전공명: 국제문화학)
	Ph.D. (박사 과정)	동아시아학 전공, 기타 전공 내 한국학 프로그램(전공명: 국제문화학)

3) 주요 연구 분야

- 한국사, 한국 사회, 한국 문화와 정치

4) 한국학 교수진 : 3명

교수명	직위	전공 분야
하랄트 푸에스(Harald Fuess)	교수	문화경제사
권자옥(Kwon-Hein, Jaok)	강사	동아시아사회학
이효진	강사	동아시아 문화 상호작용학

5) 수강생 현황

한국어(학) 관련 강의 수강생 수 : 총 45명

6) 강좌 개설 현황

과목명	담당 교수	주당 수업 시간	수강생 수	학점	필수 / 선택
한국어 I(정규 과정)	이효진	2	33	3	선택
한국어 I(실습)	이효진	2	31	2	선택
한국어 III(정규 과정)	이효진	2	8	3	선택
한국어 III(실습)	이효진	2	7	2	선택
현대 한국 문화, 사회, 정치 세미나	이효진	2	7	7	선택

7) 한국 관련 활동

활동명	시기	상세 활동 내용
연구 활동: "민주화와 군사에 대한 시민혁명: 새로운 민주주의와의 비교 1974~2010"	2012~2015	지도교수: 아우렐 크루아상 (Aurel Croissant)
현대 한국에 대한 공개 강의: "한국과 일본: 현대 문학에서의 상호 관계, 한국전쟁에 대한 대한민국 영화"	2013	오슬로대학교 블라디미르 티호노프 (Vladimir Tikhonov), SOAS대학교 앤드루 잭슨(Andrew Jackson)
연구 활동: "1884~1950 한국의 독일 상인주택"	2013~2015	지도교수: 메이어, 카를 볼터 (E. Meyer & Co, Carl Wolter & Co)
유럽과 한일합병 연구	2013~2015	지도교수: 하랄트 푸에스
20세기 한국	2016~2017	지도교수: 하랄트 푸에스

8) 한국 관련 출판물

제목	형태	주요 내용
Forging Women's Political Space in Democracy Movements: A Case Study of the Korean Catholic Rural Women's Organization	기타	Jaok Kwon, (Jinbun Shizenkenkyuu vol. 6), 2012
Gender Politics in Labor Movements in South Korea	기타	Jaok Kwon, *Gender Studies* vol. 15, 2013
Selbstregulierung einer Fremdenkolonie: Deutsche Konsulargerichtsbarkeit in Japan und Korea	기타	Harald Fuess, (ZJapanR / J.Japan.L. 36), 2013
Das Politische System Sudkorea "The Political System of South Korea" Aurel Croissant "Politische Systeme in Ostasien(Political Systems of East Asia)"	기타	Derichs and T. Heberer, (VS Verlag, 3rd), 2014
Democratic Change and Civil-Military Relations in South Korea: Re-evaluation and implications for developing countries	기타	Aurel Croissant, (Korea and the World. Contemporary History and Implications), Seoul: National Museum of Contemporary Korean History, 2015
Quo Vadis Korean Democracy?	기타	Aurel Croissant, (EAF Policy Debates No.22.), 2015
Fujitsuka Chikashi's The Understanding of Korean Confucianism	단행본	Hyojin Lee, (East Asia and world II), Social Sciences Academic Press(China), 2015
E. Meyer & Co. at the Eastern Frontiers of Capitalism: The Leading Western Merchant House in Korea, 1884~1914	기타	Harald Fuess, (In Journal of Business History Vol. 62:1), 2016
The Study of Korean Confucianism in Keij? Imperial University Development and establishment of Modern Knowledge	단행본	Hyojin Lee, (Tokyo: Bensei Shuppan), 2016

4. 한국연구센터 운영 현황

- 없음

5. 도서관 현황

도서관명	중앙도서관, 동아시아학 도서관(East Asian Studies Library)
담당 사서	한노 레헤르(Hanno Lecher)
한국학 장서 보유량(부)	4,018

6. 동아시아학 현황

1) 일본학 프로그램 제공 형태	학사, 석사, 박사
2) 중국학 프로그램 제공 형태	학사, 석사, 박사

함부르크대학교

University of Hamburg

1. 대학 개요

대학명(자국어)	Universität Hamburg
설립 연도	1919년
소재 국가	독일
형태	국공립
대표자 성명 / 직위	디에테르 렌젠(Dieter Lenzen) / 총장

2. 연락처

주소	영문 주소	Edmund-Siemers-Allee 1, Flügel Ost, Hamburg, Germany
	우편번호	20146
전화		+49-40-42838-8255
웹사이트		www.uni-hamburg.de/

3. 기관 한국학 현황

1) 한국 관련 강좌 운영 현황

소속 학부	인문학부(Faculty of Humanities)	
소속 학과	아시아-아프리카학과(Asia-Africa Institute)	
개설 연도	1992년	
프로그램 대표자	성명	직함
	이본 슐츠 친다 (Yvonne Schulz Zinda)	한국학 담당자
홈페이지	www.aai.uni-hamburg.de/	

2) 한국 관련 프로그램 제공 형태

학위 과정	B.A. (학사 과정)	한국학 전공
	M.A. (석사 과정)	한국학 전공
	Ph.D. (박사 과정)	한국학 전공

3) 주요 연구 분야

- 한국사, 동아시아 현대 문화

4) 한국학 교수진 : 3명

교수명	직위	전공 분야
이본 슐츠 친다	교수	지성사
이강선	교수	언어학
헬레네 강(Helene Kang)	사서	문헌정보학

5) 수강생 현황

한국어(학) 관련 강의 수강생 수 : 총 110명

학사 1학년	학사 2학년	학사 3학년	학사 4학년	석사 1학년	석사 2학년	박사 과정	기타
49	25	13	18	2	1	2	

전공생 수

B.A.	M.A.	Ph.D.
93	3	2

※ 매년 신입생 선발(인원: 18명)

중유럽

6) 강좌 개설 현황

과목명	담당 교수	주당 수업 시간	수강생 수	학점	필수 / 선택
동아시아의 문화 지리	요르크 쿠엔체르 (Jorg Quenzer)	2	185	2	필수
현대 한국어 1	이강선	8	44	11	필수
현대 한국학	이본 슐츠 친다	1	17	2	선택
현대 한국어 3	이강선	6	25	11	필수
현대 중국어(한국학 전공자 대상)	동동 리우 (Dongdong Liu)	4	12	7	필수
한국사	이본 슐츠 친다	2	25	3	필수
학술적 작문 입문	스테파니 키르슈니크 (Stephanie Kirschnick)	2	19	1	필수
현대 한국어 5	이강선	2	10	6	필수
남한과 중국에서의 북한 영화	이본 슐츠 친다	2	11	5	필수
남북한 문학 비교		2	11	3	필수
한자 1		1	9	2	선택
한일 영상학	요르크 쿠엔체르	2	11	3	선택

7) 한국 관련 활동

활동명	시기	상세 활동 내용
한국 영화 상영	2016. 10. ~2017. 1.	동아시아 혁명 관련 영화 시리즈 상영
제6회 한국 영화학술 컨퍼런스	2017. 6.	유럽 내 한국학 교수, 연구생, 일반인들이 모여 한국 영화를 비롯한 대중문화 전반에 대한 학술 논문 발표 및 정보 교환

8) 한국 관련 출판물

제목	형태	주요 내용
Oriens Extremus		문화, 역사, 동아시아학

4. 한국연구센터 운영 현황
- 없음

5. 도서관 현황

도서관명	아시아아프리카학과 내 한국학 도서관
담당 사서	헬레네 강
한국학 장서 보유량(부)	17,700

6. 동아시아학 현황

1) 일본학 프로그램 제공 형태	학사, 석사, 박사
2) 중국학 프로그램 제공 형태	학사, 석사, 박사

중유럽

루마니아-아메리칸대학교
Romanian-American University

1. 대학 개요

대학명(자국어)	Universitatea Româno-Americană
설립 연도	1991년
소재 국가	루마니아
형태	사립
대표자 성명 / 직위	오비디우 폴커트(Ovidiu Folcut) / 총장

2. 연락처

주소	영문 주소	1B Expozitiei Bd., District 1, Bucharest, Romania
	우편번호	012101
전화		+40-21-202-9500
웹사이트		www.ro-am.ro

3. 기관 한국학 현황

1) 한국 관련 강좌 운영 현황

소속 학과	아시아학과(Department of Asian Studies)	
개설 연도	2011년	
프로그램 대표자	성명	직함
	페카 디아나(Peca Diana)	코디네이터

2) 한국 관련 프로그램 제공 형태

비학위 과정	B.A. 선택 과목

3) 한국 관련 활동

활동명	시기	상세 활동 내용
역사, K-POP 콘서트	2016. 2.	700명 참여
두산기업 탐방	2016. 3.	기업의 주요 활동, 한국 경영 환경, 기업의 가치와 미션
제45회 TOPIK	2016. 3.	주루마니아 대사관 후원
아시아의 날	2016. 4.	다과, 서예, 한복 체험, 사물놀이 공연, 전통놀이 등 한국을 비롯한 일본과 중국 문화 체험
"루마니아-한국연구센터의 발전" 컨퍼런스	2016. 6.	연구센터와 KOTRA, 삼성, 두산과 공동 주관. 한국 경제 상황, 루마니아와 한국의 경제 관계, 삼성과 두산의 루마니아 성공 사례 공유
제3회 한국 문화 릴레이 축제	2016. 6.	루마니아-한국연구센터와 주루마니아 대사관이 공동 주관 첫째 날: 전통 무용 공연, 사물놀이, 한지 워크숍 둘째 날: 사물놀이, 서예, 한국 전통 의상 패션쇼, 판소리, 현대 무용
한국 전통 부채춤 교실	2016. 9.	국립국악원 진행, 한국 대사관 후원(지도교수: 장민하)
한국 전통 음악과 무용 공연	2016. 9.	사물놀이 공연, 부채춤 공연
2016 K-Lovers 페스티벌	2016. 11.	루마니아-한국연구센터와 주루마니아 대사관 공동 주관. 태권도 시범, 사물놀이, K-POP 댄스 공연, 비디오 콘테스트, 한국 음식 시식 등 다채로운 행사 진행
제49회 TOPIK	2016. 11.	주루마니아 대사관 후원
한국의 날	2016. 12.	KOTRA 지원 참여 문화 행사 진행 워크숍: 서예, 사물놀이, 한복 체험, 전통 음식 체험
한국 대학교와의 협약		• 단국대학교, 전남대학교와 협약 • 2016 협약 예정: 건국대학교, 고려대학교(세종) • 단국대학교와 교환학생 프로그램 진행 • 전남대학교와 교환학생 프로그램 진행

중·유럽

4. 한국연구센터 운영 현황

명칭	루마니아-한국연구센터(Romanian-Korean Studies Center)	
소속 기관	아시아학과	
설립 연도	2011년	
대표자	성명	직함
	세르반 제오르제스쿠 (Serban Georgescu)	센터장

5. 도서관 현황

도서관명	루마니아-아메리칸대학교 도서관
한국학 장서 보유량(부)	74

6. 동아시아학 현황

1) 일본학 프로그램 제공 형태	기타(루마니아-일본연구센터)
2) 중국학 프로그램 제공 형태	기타(루마니아-중국연구센터)

바베스-보여이대학교

Babes-Bolyai University

1. 대학 개요

대학명(자국어)	Universitatea Babeş-Bolyai
설립 연도	1919년
소재 국가	루마니아
형태	국공립
대표자 성명 / 직위	이오안 키릴러(Ioan Chirilă) / 총장

2. 연락처

주소	영문 주소	Str. Horea no. 31, Cluj-Napoca, Cluj County, Romania
	우편번호	400202
전화		+40-74-479-8181
웹사이트		www.ubbcluj.ro

3. 기관 한국학 현황

1) 한국 관련 강좌 운영 현황

소속 학부	인문학부(Faculty of Letters)	
소속 학과	아시아어문학과(Department of Asian Languages and Literatures)	
개설 연도	1997년	
프로그램 대표자	성명	직함
	하빌 로디카 프렌치우 (Habil-Rodica Frenţiu)	학과장
홈페이지	lett.ubbcluj.ro/departamente/departamentul-de-limbi-si-literaturi-asiatice/	

중유럽

2) 한국 관련 프로그램 제공 형태

학위 과정	B.A. (학사 과정)	한국어 전공

3) 주요 연구 분야

- 한국어, 한국 고전 문학, 한국 현대 문학, 한국 문화와 문명(역사와 예술), 한국 현대 문화와 사회

4) 한국학 교수진 : 3명

교수명	직위	전공 분야
신티오네안 코드루타(Sintionean Codruta)	조교수	한국 문화와 역사, 비교문학
곽동훈(Donghun Kwak)	조교	한국어, 사회학
김훈태(Huntae Kim)	객원교수	한국어

5) 수강생 현황

한국어(학) 관련 강의 수강생 수 : 총 127명

학사 1학년	학사 2학년	학사 3학년	학사 4학년	석사 1학년	석사 2학년	박사 과정	기타
50	44	33					

전공생 수

B.A.	M.A.	Ph.D.
70		

※ 매년 신입생 선발(인원: 25명)

6) 강좌 개설 현황

과목명	담당 교수	주당 수업 시간	수강생 수	학점	필수 / 선택
한국어 1	곽동훈, 김훈태	6	53	6	필수
한국 문화와 문명(고려시대)	신티오네안 코드루타	3	53	6	필수
한국어 3	곽동훈, 김훈태	6	42	8	필수
한국 고전 문학	신티오네안 코드루타	3	42	7	필수
한국어 5	곽동훈, 김훈태	5	33	4	필수
설화와 예술	신티오네안 코드루타	2	33	5	필수
한국어 문학 번역	빈대학교 안드레아스 시르머 (Andreas Schirmer)	2	29	6	선택
응용 독해	김훈태	2	4	6	선택
한국어 입문 I	곽동훈	2	30	3	선택
한국어 입문 II	곽동훈	2	10	3	선택

7) 한국 관련 활동

활동명	시기	상세 활동 내용
국제 한국어 말하기 대회 및 한국학 워크숍	2016~2018. 3.	루마니아와 근처 국가들의 학생과 교수진 참여: 소피아 대학교(불가리아), 에외트뵈스 로란드대학교(헝가리), 부쿠레슈티대학교(루마니아)
클루지나포카의 다문화 행사	매년 5월	한국문화센터 프레젠테이션 진행
크리스마스 한국어 말하기 대회	매년 12월	한국어 말하기 대회

8) 한국 관련 출판물

제목	형태	주요 내용
Multidisciplinary Perspectives in Korean Studies	단행본	제7회 유럽 한국학 대학원생 대회 자료집

4. 한국연구센터 운영 현황

명칭	한국문화센터(Korean Cultural Center)	
소속 기관	아시아어문학과	
설립 연도	2007년	
대표자	성명	직함
	곽동훈	센터장

5. 도서관 현황

도서관명	한국문화센터(Korean Cultural Center)
담당 사서	곽동훈
한국학 장서 보유량(부)	1,650

6. 동아시아학 현황

1) 일본학 프로그램 제공 형태	학사, 박사
2) 중국학 프로그램 제공 형태	학사

비타우타스 마그누스대학교
Vytautas Magnus University

1. 대학 개요

대학명(자국어)	Vytauto Didžiojo Universitetas
설립 연도	1922년
소재 국가	리투아니아
형태	국공립
대표자 성명 / 직위	유오자스 아우구티스(Juozas Augutis) / 총장

2. 연락처

주소	영문 주소	V. Putvinskio st. 23-417/418, Kaunas, Lithuania
	우편번호	44243
전화		+370-37-331323
웹사이트		www.vdu.lt

3. 기관 한국학 현황

1) 한국 관련 강좌 운영 현황

소속 학부	인문학부	
소속 센터	아시아학센터	
개설 연도	2008년	
프로그램 대표자	성명	직함
	아우렐리우스 지카스 (Aurelijus Zykas)	학과장
홈페이지	asc.vdu.lt	

2) 한국 관련 프로그램 제공 형태

학위 과정	B.A. (학사 과정)	동아시아학 전공
	M.A. (석사 과정)	동아시아학 전공

3) 주요 연구 분야

- 문화, 역사, 정치, 현대 사회

4) 한국학 교수진 : 12명

교수명	직위	전공 분야
아우렐리우스 지카스	학과장	정치학
에글레 페트라우스카이테(Egle Petrauskaite)	강사	정치학
에리카 그리우츠카이티테(Erika Griuckai tyte)	강사	경제학
크리스티나 바란초바이테 스킨다라비치에네 (Kristina Barancovaite-Skindaraviciene)	연구원, 강사	정치학
라무나스 모티에카이티스(Ramunas Motiekaitis)	부교수	철학
리나스 디트발리스(Linas Didvalis)	코디네이터 단장	정치학
김유리(Yuree Kim)	KF 객원교수	정치학
게오르게 알렉산드루 프라틸라(Gheorghe Alexandru Fratila)	코디네이터	정치학
시모나 바실레프스키테(Simona Vasilevskyte)	코디네이터, 강사	동아시아지역학
아르비다스 쿰피스(Arvydas Kumpis)	코디네이터, 강사	정치학
빈센타스 보불레비치우스(Vincentas Vobulevicius)	부교수	정치학
기에드리우스 야나우스카스(Giedrius Janauskas)	부교수	역사학

5) 수강생 현황

한국어(학) 관련 강의 수강생 수 : 총 259명

학사 1학년	학사 2학년	학사 3학년	학사 4학년	석사 1학년	석사 2학년	박사 과정	기타
58	67	65	61		8		

전공생 수

B.A.	M.A.	Ph.D.
251	8	

※ 매년 신입생 선발(인원: 50명)

6) 강좌 개설 현황

과목명	담당 교수	주당 수업 시간	수강생 수	학점	필수 / 선택
한국어와 문화(레벨 1)	에리카 그리우츠카이티테, 에글레 페트라우스카이테	4	25	7	필수
한국어와 문화(레벨 3)	에글레 페트라우스카이테	3	20	6	필수
한국어와 문화(레벨 5)	에리카 그리우츠카이티테	3	15	6	필수
동아시아 문명 입문	아우렐리우스 지카스	1	58	4	필수
국제 관계(동-서)	아우렐리우스 지카스, 리나스 디트발리스	2	58	6	필수
한국 문화사	김유리	2	62	6	필수
동아시아 근현대사	기에드리우스 야나우스카스	2	62	6	필수
동아시아 문학과 예술	라무니스 모티에카이티스	1	59	5	필수
동서 문화적 상호작용	게오르게 알렉산드루 프라틸라, 시모나 바실레프스키테	1	65	5	필수
동아시아의 문화적 다양성	아우렐리우스 지카스, 아르비다스 쿰피스	2	65	6	필수
동아시아 경제	빈센타스 보불레비치우스	2	8	6	필수
동아시아의 정체성	아우렐리우스 지카스, 리나스 디트발리스, 김유리	2	8	6	필수
현대 한국 사회와 정치	김유리	2	8	6	필수

7) 한국 관련 활동

활동명	시기	상세 활동 내용
한국 미술 전시회	2009. 7.	한국 사진 전시회
국제컨퍼런스	2010. 11.	유럽 매체에서의 일본 및 한국과의 비교
한국어 여름학교	2011. 8.	교내 한국어 강의
한국 미술 전시회	2012. 10.	한국 전통 도자기 전시회
한국 음악 콘서트	2013. 5.	한국 전통 음악 공연과 전통 악기 소개
VMU 아시아의 주 2014	2014. 10.	교내 학생들 대상 한국 소개: 한국어 대회, 음식 및 문화 워크숍, 프레젠테이션
동아시아의 날	2015. 4.	한국 소개, 한국의 대학교들과 문화 교환 프로그램 진행, 리투아니아 내 한국학 연구
VMU 아시아의 주 2016	2016. 4.	교내 학생들 대상 한국 소개: 한국어 대회, 음식 및 문화 워크숍, 프레젠테이션

8) 한국 관련 출판물

제목	형태	주요 내용
East Asian Studies in Lithuania	단행본	리투아니아 내의 아시아 역사 및 발전과 한국학
Reception of Japanese and Korean Popular Culture in Europe I	단행본	유럽 내의 한국과 일본의 대중문화의 전파에 대한 연구 결과
Reception of Japanese and Korean Popular Culture in Europe II	단행본	유럽 내의 한국과 일본의 대중문화의 전파에 대한 연구 결과

4. 한국연구센터 운영 현황
- 없음

5. 도서관 현황

도서관명	아시아도서관(Asian Book Space)
담당 사서	리나 블로베스치우니에네(Lina Blovesciuniene)
한국학 장서 보유량(부)	613

6. 동아시아학 현황

1) 일본학 프로그램 제공 형태	학사, 석사
2) 중국학 프로그램 제공 형태	학사, 석사

키릴메토디우스대학교

Ss. Cyril and Methodius University in Skopje

1. 대학 개요

설립 연도	1943년
소재 국가	마케도니아
형태	국공립
대표자 성명 / 직위	벨리미르 스토이코스키(Velimir Stojkoski) / 총장

2. 연락처

주소	영문 주소	Blvd. Goce Delchev 9a, Skopje, Republic of Macedonia
	우편번호	1000
전화		+389-2324-0401
웹사이트		www.ukim.edu.mk

3. 기관 한국학 현황

1) 한국 관련 강좌 운영 현황

소속 학부	어문학부(Faculty of Philology)	
개설 연도	2008년	
프로그램 대표자	성명	직함
	아네타 두체브스카 (Aneta Ducevska)	학장
홈페이지	www.flf.ukim.edu.mk	

2) 한국 관련 프로그램 제공 형태

비학위 과정	B.A. 선택 과목

3) 한국학 교수진 : 1명

교수명	직위	전공 분야
정경선		한국 전통 문화

4) 강좌 개설 현황

과목명	담당 교수	주당 수업 시간	수강생 수	학점	필수 / 선택
한국어 1	정경선		12		
한국어 2	정경선		2		
현대 문학	정경선		1		

4. 한국연구센터 운영 현황
- 없음

5. 동아시아학 현황

1) 일본학 프로그램 제공 형태	학사
2) 중국학 프로그램 제공 형태	학사, 기타(공자학원)

민스크국립언어대학교
Minsk State Linguistic University

1. 대학 개요

설립 연도	1948년
소재 국가	벨라루스
형태	국공립
대표자 성명 / 직위	나탈리아 바라노바(Natalya P. Baranova) / 총장

2. 연락처

주소	영문 주소	Minsk, Zakharova, 21, Republic of Belarus
	우편번호	220034
전화		+375-17-294-76-63
웹사이트		www.mslu.by

3. 기관 한국학 현황

1) 한국 관련 강좌 운영 현황

소속 학과	동양어학과(Department of Oriental Languages)	
개설 연도	2010년	
프로그램 대표자	성명	직함
	올레니크 세르게이 예브게니비치 (Oleinik Sergey Evgenievich)	학과장
홈페이지	www.mslu.by/vostochnyh-yazykov	

2) 한국 관련 프로그램 제공 형태

학위 과정	B.A. (학사 과정)	외국어 전공, 한국어 부전공

3) 한국학 교수진 : 3명

교수명	직위	전공 분야
이영주	KF 객원교수	외국어로서의 한국어 교육
흐람초바 아나스타시아 이고레브나	전임강사	영어, 한국어, 러시아어 교육
시니츠나 아나스타시아 세르게예브나	시간강사	영어, 한국어

4) 강좌 개설 현황

과목명	담당 교수	주당 수업 시간	수강생 수	학점	필수 / 선택
한국어 작문/회화 연습		2	11		필수
한국의 이슈		2	11		선택
한국어 작문/회화 연습		4	9		필수
한국어 작문/회화 연습		6	8		선택

4. 한국연구센터 운영 현황

- 없음

5. 동아시아학 현황

1) 일본학 프로그램 제공 형태	-
2) 중국학 프로그램 제공 형태	-

벨라루스국립대학교

Belarusian State University

1. 대학 개요

대학명(자국어)	Беларýскі дзяржáўны ўніверсітэ́т
설립 연도	1921년
소재 국가	벨라루스
형태	국공립
대표자 성명 / 직위	시아르헤이 아블라메이카(Siarhei Ablameika) / 총장

2. 연락처

주소	영문 주소	Leningradskaya 20, Minsk, Republic of Belarus
	우편번호	220030
전화		+375-29-508-75-03
웹사이트		www.bsu.by

3. 기관 한국학 현황

1) 한국 관련 강좌 운영 현황

소속 학부	국제관계학부(Faculty of International Relations)	
소속 학과	동양언어지역학과(Department of Oriental Linguistic and Country Studies)	
개설 연도	2001년	
프로그램 대표자	성명	직함
	아스카리 아리안 (Askary Aryan)	한국어과장
홈페이지	fir.bsu.by/ru/departments/ol-in-menu.html	

2) 한국 관련 프로그램 제공 형태

학위 과정	B.A. (학사 과정)	동양학 전공
	M.A. (석사 과정)	동양학 전공
	Ph.D. (박사 과정)	기타 전공 내 한국학 프로그램 (전공명: 비교언어학, 언어 이론, 문화 이론 및 문화의 역사, 동양언어학)

3) 주요 연구 분야

• 동양학, 의미론, 통사론

4) 한국학 교수진 : 4명

교수명	직위	전공 분야
길경숙		경제학, 교육학, 한국어 교육
아스카리 아리안		한국어, 한국학, 언어학
스몰코 엘레나(Smolko Elena)		한국어, 한국학
마샤르스키 키릴(Masharskiy Kiril)		한국어, 한국학, 언어학, 국제 개발 협력, 문화 이론

5) 수강생 현황

한국어(학) 관련 강의 수강생 수 : 총 30명

학사 1학년	학사 2학년	학사 3학년	학사 4학년	석사 1학년	석사 2학년	박사 과정	기타
8	12			8		2	

전공생 수

B.A.	M.A.	Ph.D.
28		2

※ 격년 신입생 선발(인원: 12명)

6) 강좌 개설 현황

과목명	담당 교수	주당 수업 시간	수강생 수	학점	필수 / 선택
초급 한국어	길경숙, 아스카리 아리안, 스몰코 엘레나	14	8	8	필수
중급-1 한국어	길경숙, 아스카리 아리안, 스몰코 엘레나	14	12	8	필수
한자(초급)	아스카리 아리안	2	8	2	필수
한자(중급)	아스카리 아리안	2	12	2	필수
한반도의 지리	소로코(Soroko P.)	2	8	2	필수
한국의 역사	마샤르스키 키릴	2	12	3	필수
한러-러한 번역	길경숙, 아스카리 아리안, 스몰코 엘레나	6	8	5	필수
한국어 회화	길경숙	6	8	5	필수
비즈니스 한국어	길경숙	2	8	2	필수
동양 철학의 역사	신코바(Synkova I.)	2	26	2	필수
극동의 대외 정책	보로보이(Borovoy V.), 마샤르스키 키릴	2	26	2	필수
극동의 예술	수네이코(Shuneyko E.)	2	26	2	필수

7) 한국 관련 활동

활동명	시기	상세 활동 내용
한국어 말하기 대회	2014~현재	세종학당 주최, 동양언어지역학과 협조
노래 자랑 대회	2014~현재	세종학당 주최, 동양언어지역학과 협조

8) 한국 관련 출판물

제목	형태	주요 내용
Imitative words with the meaning of 'speaking', 'catching', 'knocking' in Korean and Iranian languages	기타	여러 언어의 의성어, 의태어 비교
The role of onomatopoetic words in the ontogenesis of language	기타	한국어와 러시아어 중심으로 연구한 언어의 개체 발생 과정에 의성어, 의태어의 역할
한자와 한문 교수법: 동양학적 측면	기타	한자와 한문 교육을 통해 동양학적 내용 가르치기의 중요성에 대한 기사
의성어, 의태어를 통해 보는 동물 이름	기타	의성어, 의태어 바탕으로 지은 한국어, 러시아어, 페르시아어의 동물 이름 비교

제목	형태	주요 내용
Methods of teaching Korean imitative words to foreigners	기타	한국어를 외국어로서 배우는 학습자들에게 의성어와 의태어의 어감을 어떻게 설명하고 가르쳐야 하는지에 대한 기사
Comparative analysis of national innovational systems of Four Asian Tigers(Singapore, South Korea, Taiwan, Hong Kong)	기타	한국, 싱가포르, 대만, 홍콩의 국가적 시스템 비교
Korea at the Crossroads of Civilizations : the role of socio-cultural factors in the process of westernization of South Korean Society	기타	한국 사회의 서구화에 미치는 사회문화적 요인

4. 한국연구센터 운영 현황
- 없음

5. 도서관 현황

도서관명	한국학센터
담당 사서	아스카리 아리안
한국학 장서 보유량(부)	2,310

6. 동아시아학 현황

1) 일본학 프로그램 제공 형태	학사(동양학), 석사(동양학), 박사(기타 전공)
2) 중국학 프로그램 제공 형태	학사(동양학), 석사(동양학), 박사(기타 전공), 기타(공자학원)

벨리코투르노보대학교

St. Cyril and St. Methodius University of Veliko Turnovo

1. 대학 개요

설립 연도	1963년
소재 국가	불가리아
형태	국공립
대표자 성명 / 직위	리스토 본촐로프(Hristo Bondzholov) / 총장

2. 연락처

주소	영문 주소	2 T. Turnovski str., Veliko Turnovo, Bulgaria
	우편번호	5003
전화		+359-886-631205
웹사이트		www.uni-vt.bg

3. 기관 한국학 현황

1) 한국 관련 강좌 운영 현황

소속 학부	현대언어학부(Faculty of Modern Languages)	
소속 학과	고전·동양어문화학과 (Department of Classical and Easternal Languages and Cultures)	
개설 연도	2013년	
프로그램 대표자	성명	직함
	이방카 이바노바 돈체바 (Ivanka Ivanova Doncheva)	학과장
홈페이지	www.uni-vt.bg/eng/?zid=78	

2) 한국 관련 프로그램 제공 형태

학위 과정	M.A. (석사 과정)	한국어 전공

3) 한국학 교수진 : 1명

교수명	직위	전공 분야
강 제임스 환정(James Hwanjoung Kang)		정치학

4) 강좌 개설 현황

과목명	담당 교수	주당 수업 시간	수강생 수	학점	필수 / 선택
실용 한국어			17		
한국 현대 문학			7		
번역			7		

4. 한국연구센터 운영 현황
- 없음

5. 동아시아학 현황

1) 일본학 프로그램 제공 형태	학사, 석사, 박사
2) 중국학 프로그램 제공 형태	학사, 석사, 박사, 기타(공자학원)

소피아대학교

Sofia University "St. Kliment Ohridski"

1. 대학 개요

설립 연도	1888년
소재 국가	불가리아
형태	국공립
대표자 성명 / 직위	아나스타스 게르즈히코프(Anastas Gerdzhikov) / 총장

2. 연락처

주소	영문 주소	bul. "Todor Alexandrov" 79, Sofia, Bulgaria
	우편번호	2010
전화		+359-2-9446-423
웹사이트		www.uni-sofia.bg

3. 기관 한국학 현황

1) 한국 관련 강좌 운영 현황

소속 학부	고전현대언어학부(Faculty of Classical and Modern Philology)	
소속 학과	한국학과(Korean Studies Department)	
개설 연도	1995년	
프로그램 대표자	성명	직함
	스베틀라 쿠르테바 (Svetla Karteva)	학과장

2) 한국 관련 프로그램 제공 형태

학위 과정	B.A. (학사 과정)	한국학 전공, 한국어 전공, 동아시아학 전공
	M.A. (석사 과정)	한국학 전공, 한국어 전공, 동아시아학 전공
	Ph.D. (박사 과정)	한국학 전공, 한국어 전공

3) 주요 연구 분야

- 한국어, 한국학, 냉전 시기 자료 발굴 및 연구, 한국 전통 문화

4) 한국학 교수진 : 8명

교수명	직위	전공 분야
알렉산더 페도토프(Alexander Fedotov)	한국학센터 소장	고전 한국 문학
스베틀라 쿠르테바(Svetla Kurteva)	학과장	비교언어학
김소영(Soyoung Kim)	부교수	한국어 교육, 한·불가리아어 언어 비교
야니차 이바노바(Yanitsa Ivanova)	부교수	현대 한국 문학
이리나 소티로바(Irina Sotirova)	부교수	고전 한국 문학
야나 만체바(Yana Mancheva)	부교수	한국 음악
라이나 베네바(Raina Veneva)	조교수	한국 문화
미로슬라바 자부르토바 (Miroslava Zaburtova)	조교수	한국어 통사론

5) 수강생 현황

한국어(학) 관련 강의 수강생 수 : 총 57명

학사 1학년	학사 2학년	학사 3학년	학사 4학년	석사 1학년	석사 2학년	박사 과정	기타
16	14	14	10		2	1	

전공생 수

B.A.	M.A.	Ph.D.
54	2	1

※ 매년 신입생 선발(인원: 15명)

6) 강좌 개설 현황

과목명	담당 교수	주당 수업 시간	수강생 수	학점	필수 / 선택
실용 한국어 2(1학년)	김소영, 보이코 파블로브	14			필수
한국어 컴퓨터 용어(1학년)	니콜리나 키릴로바	2			
TOPIK 준비반(1학년)	니콜리나 키릴로바	2			
알타이와 한국 신화의 유사성(1학년)	알렉산더 페도토프	2			필수
한류와 세계(1학년)	알렉산더 페도토프	2			
언어문화(1학년)	스테프카 페트바지에바	2			
실용 한국어 4(2학년)	야나 만체바, 라이나 베네바, 이현정, 양보윤	16			선택
한국 민속 예술과 문화(2학년)	야나 만체바	2			
TOPIK 준비반(2학년)	니콜리나 키릴로바	2			
한국 종교와 철학(2학년)	이리나 소티로바	2			
전통 사물놀이(2학년)	김소영	2			선택
중세 한국 문학(2학년)	알렉산더 페도토프	3			필수
한국 중세사(2학년)	알렉산더 페도토프	2			필수
한국어 형태론(2학년)	스베틀라 쿠르테바	2			필수
한류와 세계(2학년)	알렉산더 페도토프	2			
실용 한국어 6(3학년)	미로슬라바 자부르토바, 이리나 소티로바, 최은경, 김세원	14			필수
제2외국어-일본어(3학년)	페티야 파나요토바	3			
한국어 토론과 논술(3학년)	미로슬라바 자부르토비	2			필수
통역 기초론(3학년)	스베틀라 쿠르테바	2			필수
한국 사회학(3학년)	츠베텔리나 안드레에바	2			필수
전통 사물놀이(3학년)	김소영	2			선택
번역의 이론과 실제(3학년)	보이코 파블로브	2			필수
중국 서예 역사(3학년)	에벨리나 하인	4			
실용 한국어 8(4학년)	김소영, 이리나 소티로바, 박선영	17			필수
북한어(4학년)	라이나 베네바	2			
제2외국어-일본어(4학년)	페티야 파나요토바	4			
전통 사물놀이(4학년)	김소영	2			선택

7) 한국 관련 활동

활동명	시기	상세 활동 내용
독후감 대회	2006~2016	총 9회, 대상: 고등학생, 대학생, 일반인
씨앗형 사업	2010. 11.~2016. 6.	• 일제강점기와 터키 식민지 시절의 한국과 불가리아 문인의 삶과 내면 세계 비교 연구 • 식민지 유산과 사회 발전: 정치·법제·문화 • 불가리아와 한국의 비교 및 교재 개발 기초 연구, 냉전 시기 불가리아 소재 북한 관련 문서의 수집과 해제
현지인 교사연수	2014~2016	• 대상: 불가리아 중·고등학교 교사, 교육부 및 출판사 관련자 • 교육 내용: 한국 역사, 정치, 경제, 문화, 교육 등에 대한 강의
중핵 사업	2015. 9.~2020. 8.	동유럽의 한국학 정착과 확산을 위한 교육·연구 통합 시스템 구축(국제 학술회의, 학생 세미나, 백일장, 집중 강의, 냉전 시기 남북한 자료 수집 및 연구, 냉전 시기 영상물과 사진 수집 및 연구 등)
한국 문화의 날	2015~2016	프로그램: 한국어 연극, 노래, 춤, 전통 놀이 및 K-POP 체험 워크숍 등

8) 한국 관련 출판물

제목	형태	주요 내용
탈식민화와 사회 발전-한국과 불가리아의 비교 사적 관점, 냉전 시기 불가리아에서 생성된 북한 관련 자료를 기초로 한 북한의 외교 정책	논문	남북한 관련 냉전 시기 자료 연구
한국 현대 시의 형성 과정	단행본	저자: 야니차 이바노바, 한국 현대 시의 작가와 작품 세계
Outlining the Korean Society. International Jubilee Conference on Korean Studies Dedicated to the 20th Anniversary of the Korean Studies Program in Sofia University "St. Kliment Ohridski"	논문	한국학 관련 연구 논문
한국 전통 사회에서 문화와 정치적 삶에서 학자들의 역할	단행본	저자: 야나 만체바, 한국의 전통 사회에서 학자들의 역할과 정치적인 영향력
단군신화와 한국인의 정체성 형성	단행본	저자: 이리나 소티로바, 단군신화 연구 및 단군신화를 통해 한국인의 정체성 형성 과정 분석
남, 북한의 사회 변동과 발전(1945~1953)	단행본	저자: 스베틀라 쿠르테바, 알렉산더 페도토프, 야니차 이바노바, 진재교 공저, 해방 후부터 한국전쟁 시기까지 남북한의 사회를 정치, 경제, 교육, 예술의 측면으로 나누어 분석
불가리아와 한국전쟁(1950~1953)	단행본	한국전쟁 발발 후 불가리아와 북한과의 관계 분석
한국어 문법 1	단행본	한국어 문법 초급
불가리아-한국어 사전	단행본	8만 단어 수록

제목	형태	주요 내용
한국어 초급	단행본	한국어 초급 교재
한국어 중급	단행본	한국어 중급 교재
봉순이언니	단행본	번역자: 김소영, 이리나 소티로바
모순	단행본	번역자: 김소영, 요르단카 알렉산드로바
은희경의 단편소설집(「아내의 상자」 외)	단행본	번역자: 김소영, 야니차 이바노바
한국 현대 시	단행본	번역자: 김소영, 야니차 이바노바
마당을 나온 암탉	단행본	번역자: 김소영
한국 현대 문학	단행본	야니차 이바노바
한국 고전 문학	단행본	알렉산더 페도토프
한국	단행본	알렉산더 페도토프
Korean Historical and Cultural Trends. International Conference on Korean Studies	논문	냉전 시기 자료 연구(루마니아, 헝가리, 불가리아 비교 연구) 및 한국학 관련 연구 논문

4. 한국연구센터 운영 현황

명칭	한국학센터(Center for Koean Studies)	
소속 기관	소피아대학교	
설립 연도	2004년	
대표자	성명	직함
	알렉산더 페도토프	소장

5. 도서관 현황

도서관명	한국학과 도서관
담당 사서	야나 만체바, 스베토슬라바 페이체바(Svetoslava Peycheva)
한국학 장서 보유량(부)	4,265

6. 동아시아학 현황

1) 일본학 프로그램 제공 형태	학사, 석사, 박사
2) 중국학 프로그램 제공 형태	학사, 석사, 박사, 기타(공자학원)

니쉬대학교
University of Nis

1. 대학 개요

설립 연도	1965년
소재 국가	세르비아
형태	국공립
대표자 성명 / 직위	드라간 안티치(Dragan Antić) / 총장

2. 연락처

주소	영문 주소	Cirila i Metodija 2, Nis, Serbia
	우편번호	18000
전화		+381-065-5281001
웹사이트		www.ni.ac.rs

3. 기관 한국학 현황

1) 한국 관련 강좌 운영 현황

소속 학부	철학부(Faculty of Philosophy)	
소속 센터	외국어센터(Center of Foreign Language)	
개설 연도	2016년	
프로그램 대표자	성명	직함
	사브카 블라고예비치 (Savka Blagojevic)	외국어센터 코디네이터
홈페이지	www.filfak.ni.ac.rs	

2) 한국 관련 프로그램 제공 형태

비학위 과정	B.A. 선택 과목, M.A. 선택 과목

3) 한국학 교수진 : 1명

교수명	직위	전공 분야
이양금	KF 객원교수	외국어로서의 한국어 교육

4) 수강생 현황

한국어(학) 관련 강의 수강생 수 : 총 28명

5) 강좌 개설 현황

과목명	담당 교수	주당 수업 시간	수강생 수	학점	필수 / 선택
한국어 1	이양금	4	8		선택
한국어 2	이양금	4	10		선택
한국어와 문화	이양금	4	10		선택

4. 한국연구센터 운영 현황

  - 없음

5. 도서관 현황

도서관명	니쉬대학교 철학부 도서관
담당 사서	나타사 라드즈브코비치 안츠(Natasa Radgvkovic Annc)

6. 동아시아학 현황

1) 일본학 프로그램 제공 형태	–
2) 중국학 프로그램 제공 형태	기타(공자학원)

베오그라드대학교

University of Belgrade

1. 대학 개요

설립 연도	1808년
소재 국가	세르비아
형태	국공립
대표자 성명 / 직위	블라드미르 붐바시레비치(Vladimir Bumbaširević) / 총장

2. 연락처

주소	영문 주소	Dalmatinska 63, number 6, Palilula, Belgrade, Serbia
	우편번호	11120
전화		+381 69 4116 652
웹사이트		www.bg.ac.rs

3. 기관 한국학 현황

1) 한국 관련 강좌 운영 현황

소속 학부	언어학부	
소속 학과	동양어학과	
개설 연도	1994년	
프로그램 대표자	성명	직함
	마르코비치 르지랴나(Marković Ljiljana)	학장
홈페이지	www.fil.bg.ac.rs/	

2) 한국 관련 프로그램 제공 형태

비학위 과정	B.A. 선택 과목

3) 한국학 교수진 : 1명

교수명	직위	전공 분야
이준형	강사	언어학

4) 수강생 현황

한국어(학) 관련 강의 수강생 수 : 총 53명

학사 1학년	학사 2학년	학사 3학년	학사 4학년	석사 1학년	석사 2학년	박사 과정	기타
15	7	27	4				

5) 강좌 개설 현황

과목명	담당 교수	주당 수업 시간	수강생 수	학점	필수 / 선택
현대 한국어 P1	이준형	3	25		선택
현대 한국어 P2	이준형	3	25		선택
현대 한국어 P3	이준형	3	10		선택
현대 한국어 P4	이준형	3	10		선택

4. 한국연구센터 운영 현황

- 없음

5. 도서관 현황

도서관명	동양어학과 도서관
한국학 장서 보유량(부)	830

6. 동아시아학 현황

1) 일본학 프로그램 제공 형태	학사, 석사, 박사
2) 중국학 프로그램 제공 형태	학사, 석사, 박사, 기타(공자학원)

제네바대학교
University of Geneva

1. 대학 개요

대학명(자국어)	Université de Genève
설립 연도	1559년
소재 국가	스위스
형태	국공립
대표자 성명 / 직위	이베스 플뤼키거(Yves Flückiger) / 총장

2. 연락처

주소	영문 주소	Boulevard des Philosophes 22, Geneva, Switzerland
	우편번호	1204
전화		+41-22-379-7236
웹사이트		www.unige.ch

3. 기관 한국학 현황

1) 한국 관련 강좌 운영 현황

소속 학부	인문학부(Faculty of Humanities)	
소속 학과	동아시아학과(Department of East Asian Studies)	
개설 연도	2011년	
프로그램 대표자	성명	직함
	니콜라스 주페라이 (Nicolas Zufferey)	디렉터
홈페이지	www.unige.ch/lettres/estas/coreen/	

2) 한국 관련 프로그램 제공 형태

비학위 과정		B.A. 선택 과목, M.A. 선택 과목
학위 과정	B.A. (학사 과정)	기타 전공 내 한국학 프로그램
	M.A. (석사 과정)	기타 전공 내 한국학 프로그램
	Ph.D. (박사 과정)	기타 전공 내 한국학 프로그램

3) 주요 연구 분야

- 근현대사

4) 한국학 교수진 : 2명

교수명	직위	전공 분야
구엑스 사무엘(Guex Samuel)	조교수	동아시아 역사
김성미	강사	동아시아 역사

5) 수강생 현황

한국어(학) 관련 강의 수강생 수 : 총 25명

학사 1학년	학사 2학년	학사 3학년	학사 4학년	석사 1학년	석사 2학년	박사 과정	기타
	25						

6) 강좌 개실 현황

과목명	담당 교수	주당 수업 시간	수강생 수	학점	필수 / 선택
한국어 입문	김성미	4	30	6	선택
한국어 중급	이경희	4	8	6	선택

7) 한국 관련 활동

활동명	시기	상세 활동 내용
600년의 조선 심포지엄	2016. 7.	제네바대학교와 연세대학교가 공동 주최한 심포지엄

8) 한국 관련 출판물

제목	형태	주요 내용
Au pays du matin calme : nouvelle histoire de la Coree	단행본	한국사 관련 서적

4. 한국연구센터 운영 현황

　-없음

5. 도서관 현황

도서관명	동아시아 도서관
담당 사서	프랑스 베손 지라드(France Besson-Girard)
한국학 장서 보유량(부)	400

6. 동아시아학 현황

1) 일본학 프로그램 제공 형태	학사, 석사, 박사
2) 중국학 프로그램 제공 형태	학사, 석사, 박사, 기타(공자학원)

코메니우스대학교

Comenius University

1. 대학 개요

대학명(자국어)	Univerzita Komenského
설립 연도	1919년
소재 국가	슬로바키아
형태	국공립
대표자 성명 / 직위	카롤 미치에타(Karol Mičieta) / 총장

2. 연락처

주소	영문 주소	P.O.BOX 32, Gondova 2, Bratislava, Slovakia
	우편번호	814 99
전화		+421-2-59244-688
웹사이트		www.uniba.sk

3. 기관 한국학 현황

1) 한국 관련 강좌 운영 현황

소속 학부	인문학부(Faculty of Arts)	
소속 학과	동아시아학과(Department of East Asian Studies)	
개설 연도	2012년	
	성명	직함
프로그램 대표자	야나 베니츠카 (Jana Benicka)	학과장
홈페이지	fphil.uniba.sk/katedry-a-odborne-pracoviska/katedra-vychodoazijskych-studii/httpswww-migraciafphilunibaskindexphp id5941/	

2) 한국 관련 프로그램 제공 형태

학위 과정	B.A. (학사 과정)	동아시아학 전공
	M.A. (석사 과정)	동아시아학 전공
	Ph.D. (박사 과정)	동아시아학 전공

3) 주요 연구 분야

• 한국어와 언어학, 역사, 문화, 사회, 지리, 정치, 경제, 한자

4) 한국학 교수진 : 3명

교수명	직위	전공 분야
밀로쉬 프로츠하즈카(Miloš Procházka)	조교수	한국학
주자나 바브린초바(Zuzana Vavrincova)	강사	한국학
신상현	KF 객원교수	한국어 교육

5) 수강생 현황

한국어(학) 관련 강의 수강생 수 : 총 35명

학사 1학년	학사 2학년	학사 3학년	학사 4학년	석사 1학년	석사 2학년	박사 과정	기타
24				10		1	

전공생 수

B.A.	M.A.	Ph.D.
13	1	1

※ 4년마다 신입생 선발(인원: 25명)

6) 강좌 개설 현황

과목명	담당 교수	주당 수업 시간	수강생 수	학점	필수 / 선택
동아시아언어 이론 입문 1	프로츠하즈카	2	24	5	필수
현대 한국어 말하기 1	신상현	6	24	5	필수
한국어 문법 1	바브린초바	4	24	4	필수
한국어 문법 실습 1	신상현	2	24	5	필수
한국어 작문 1	신상현	2	24	4	필수

과목명	담당 교수	주당 수업 시간	수강생 수	학점	필수 / 선택
한국학 입문: 지리와 민족지	프로츠하즈카	2	24	3	필수
한국학 입문: 문화와 사회	바브린초바	2	24	3	필수
동아시아 역사	바브린초바	2	10	5	필수
고급 한국어 말하기 3	신상현	6	10	6	필수
청음·구두 실습	신상현	2	10	4	필수
한국어 형태론, 통사론, 어휘론 1	프로츠하즈카	2	10	4	필수
한국의 현대 발전에 대한 이슈	프로츠하즈카	2	10	3	필수

7) 한국 관련 출판물

제목	형태	주요 내용
Korean Language for Beginners	단행본	초보자를 위한 한국어 교재
Slovak–Korean Vocabulary	단행본	슬로바키아–한국어 사전

4. 한국연구센터 운영 현황

- 없음

5. 도서관 현황

도서관명	동아시아학과 도서관
담당 사서	주자나 바브린초바, 밀로스 프로츠하즈카
한국학 장서 보유량(부)	1,700

6. 동아시아학 현황

1) 일본학 프로그램 제공 형태	학사, 석사, 박사
2) 중국학 프로그램 제공 형태	학사, 석사, 박사

류블랴나대학교

University of Ljubljana

1. 대학 개요

대학명(자국어)	Univerza v Ljubljani
설립 연도	1919년
소재 국가	슬로베니아
형태	국공립
대표자 성명 / 직위	이반 스베틀리크(Ivan Svetlik) / 총장

2. 연락처

주소	영문 주소	Askerceva 2, Ljubljana, Slovenia
	우편번호	1000
전화		+386-1-241-1308
웹사이트		www.uni-lj.si

3. 기관 한국학 현황

1) 한국 관련 강좌 운영 현황

소속 학부	인문학부(Faculty of Arts)	
소속 학과	아시아학과(Department of Asian Studies)	
개설 연도	2003년	
프로그램 대표자	성명	직함
	나타샤 비소크니크 (Nataša Visočnik)	부학과장
홈페이지	http://as.ff.uni-lj.si/	

2) 한국 관련 프로그램 제공 형태

학위 과정	B.A. (학사 과정)	한국학 전공, 한국어 전공, 동아시아학 전공
	M.A. (석사 과정)	동아시아학 전공
	Ph.D. (박사 과정)	동아시아학 전공

3) 주요 연구 분야

- 한국학(한국 문학, 한국 문화, 한국사, 한국 미술, 한국어), 일본학, 중국학

4) 한국학 교수진 : 7명

교수명	직위	전공 분야
강병융(Byoungyoong Kang)	KF 객원교수	한국 문학
류현숙(Hyeonsook Ryu)	전임강사	문헌정보학
곽부모(Bumo Kawk)	KF 객원교수	한국어학
나타사 비소크니크	조교수	민족학, 문화인류학
치카코 시게모리 부카르 (Chikako Shigemori Bucar)	조교수	언어학
나타사 밤펠 수하돌니크 (Natasa Vampelj Suhadolnik)	조교수	역사학
야나 로스케르(Jana Rosker)	교수	중국학

5) 수강생 현황

한국어(학) 관련 강의 수강생 수 : 총 97명

학사 1학년	학사 2학년	학사 3학년	학사 4학년	석사 1학년	석사 2학년	박사 과정	기타
63	20	14					

전공생 수

B.A.	M.A.	Ph.D.
97		

※ 매년 신입생 선발(인원: 35명)
※ 2017/2018년도에는 선발 없음
※ 한국학 석사 학위 개설 중

6) 강좌 개설 현황

과목명	담당 교수	주당 수업 시간	수강생 수	학점	필수 / 선택
현대 한국어 1	곽부모	6	57	9	필수
현대 한국어 2	곽부모	4	10	6	필수
현대 한국어 3	곽부모	4	14	6	필수
한국어 음운론 2	곽부모	2	7	3	필수
한국 문학 1	강병융	2	20	3	필수
한국의 전통과 현대	강병융	2	20	3	필수
한국사	강병융	2	14	3	필수
한국 문화	강병융	2	63	3	선택

7) 한국 관련 활동

활동명	시기	상세 활동 내용
한국영화제	2016. 11.	
제4회 한국어 말하기 대회	2016. 11.	서강대학교, 한국 대사관 협조
특강	2016. 12.	고대 한국과 한국 미술의 소개(지도교수: 신영선)

8) 한국 관련 출판물

제목	형태	주요 내용
Pisem v zrak, Ko Un	단행본	고은 시인이 선별한 한국어와 슬로베니아어로 된 시 인터뷰 내용, 단편 전기
Teaching Materials to Promote Korean and East Asian Studies in Central Europe	기타	

4. 한국연구센터 운영 현황

명칭	한국학센터(Center for Korean Studies)
소속 기관	인문학부
설립 연도	2015년

5. 도서관 현황

도서관명	중앙 인문학 도서관(The Central Humanities Library)
담당 사서	다린카 바라가(Darinka Baraga)
한국학 장서 보유량(부)	2,071

6. 동아시아학 현황

1) 일본학 프로그램 제공 형태	학사, 석사, 박사
2) 중국학 프로그램 제공 형태	학사, 석사, 박사

중유럽

예레반국립언어및사회과학대학교
Yerevan Brusov State University of Languages and Social Sciences

1. 대학 개요

설립 연도	1935년
소재 국가	아르메니아
형태	국공립
대표자 성명 / 직위	가이아네 가스파르얀(Gayane Gasparyan) / 총장

2. 연락처

주소	영문 주소	42 Tumanyan Street, Yerevan, Armenia
	우편번호	0002
전화		+374-98-51-02-28
웹사이트		www.brusov.am

3. 기관 한국학 현황

1) 한국 관련 강좌 운영 현황

소속 학부	유럽-동양어학부(Department of European and Oriental Languages)	
소속 학과	한국어통역과(Department of Korean-Armenian Translation)	
개설 연도	2006년	
프로그램 대표자	성명	직함
	박희수	교수

2) 한국 관련 프로그램 제공 형태

학위 과정	B.A. (학사 과정)	한-아르메니아어 통역 전공

3) 주요 연구 분야

- 한국어 통번역

4) 한국학 교수진 : 3명

교수명	직위	전공 분야
박희수	KF 객원교수	정치철학
수잔나	강사	국제관계학
슈샨	강사	언어학

5) 수강생 현황

한국어(학) 관련 강의 수강생 수 : 총 72명

학사 1학년	학사 2학년	학사 3학년	학사 4학년	석사 1학년	석사 2학년	박사 과정	기타
3	23	25	21				

전공생 수

B.A.	M.A.	Ph.D.
14		

6) 강좌 개설 현황

과목명	담당 교수	주당 수업 시간	수강생 수	학점	필수 / 선택
한국어 음성학	박희수	1	3	2	필수
초급 한국어	슈샨, 박희수	4	21	3	필수
한국어 문법	슈샨	2	11	3	필수
한국어 독해	슈샨, 박희수	10	14	12	필수
한국어 작문	박희수	1	6	3	필수
중급 한국어	슈샨, 박희수	4	19	3	필수
고급 한국어	슈샨, 박희수	4	21	3	필수
한국 문학 번역	슈샨	1	6	3	필수

7) 한국 관련 활동

활동명	시기	상세 활동 내용
한국 문화 캠프	2016. 6.	한국어, K-POP, 한국 영화, 사물놀이, 부채춤 등
한국 문화의 날	매년 10월	K-POP, 한국 영화, 사물놀이, 부채춤 등
한국어 말하기 대회	매년 10월	청소년부, 대학생부, 일반인부 대회
한국어 백일장	매년 10월	청소년부, 대학생부, 일반인부 대회
TOPIK	매년 11월	본 대학교 한국어문화센터 주최
한국어 클럽 활동		한국어, K-POP, 한국 영화, 사물놀이, 부채춤 등

8) 한국 관련 출판물

제목	형태	주요 내용
한국어-아르메니아어 사전	단행본	한국어 50,000개 낱말 아르메니아어 번역 사전

4. 한국연구센터 운영 현황
- 없음

5. 도서관 현황

도서관명	한국어문화센터 자료실
담당 사서	소나 파피키안
한국학 장서 보유량(부)	727

6. 동아시아학 현황

1) 일본학 프로그램 제공 형태	학사
2) 중국학 프로그램 제공 형태	학사, 기타(공자학원)

바쿠국립대학교
Baku State University

1. 대학 개요

대학명(자국어)	Bakı Dövlət Universiteti
설립 연도	1919년
소재 국가	아제르바이잔
형태	국공립
대표자 성명 / 직위	아벨 마하라모프(Abel Maharramov) / 총장

2. 연락처

주소	영문 주소	Academic Zahid Khalilov street,23 Baku city, Azerbaijan
	우편번호	AZ 1148
전화		+994-12-494-2268
웹사이트		www.bsu.edu.az

3. 기관 한국학 현황

1) 한국 관련 강좌 운영 현황

소속 학부	동양학부(Faculty of Oriental Studies)	
소속 학과	극동어문학과(Department of Far Eastern Languages)	
개설 연도	2007년	
프로그램 대표자	성명	직함
	오그타이 야릴베일리 (Ogtay Jalilbeyli)	학과장
홈페이지	orient.bsu.edu.az/en/	

2) 한국 관련 프로그램 제공 형태

학위 과정	B.A. (학사 과정)	한국어 전공

3) 주요 연구 분야

- 한국어, 한국 문학

4) 한국학 교수진 : 5명

교수명	직위	전공 분야
이상정	강사	철학
김동현	강사	영문학
신명철	강사	공학
양정민	강사	한국어교육학, 한국학
부살레 하사노바	강사	한국어, 국제관계학

5) 수강생 현황

한국어(학) 관련 강의 수강생 수 : 총 40명

학사 1학년	학사 2학년	학사 3학년	학사 4학년	석사 1학년	석사 2학년	박사 과정	기타
10	10	10	10				

전공생 수

B.A.	M.A.	Ph.D.
40		

※ 매년 신입생 선발(인원: 10명)

6) 강좌 개설 현황

과목명	담당 교수	주당 수업 시간	수강생 수	학점	필수 / 선택
한국어 1	김동현	10	10	(적용 불가)	필수
한국어 2	이상정	8	10		필수
한국어 3	신명철	7	10		필수
한국어 4	양정민	10	10		필수
한국어학 개론	부살레	3	10		선택
한국 고대 문학	부살레	4	10		필수

과목명	담당 교수	주당 수업 시간	수강생 수	학점	필수 / 선택
한국 중세 문학	부살레	4	10		필수
한국 현대 문학	이상정	4	10		필수

7) 한국 관련 활동

활동명	시기	상세 활동 내용
한국 문화의 날	2008~2016	'한국 문화의 날'을 개최하여 한국 음식 체험뿐만 아니라 학생들이 주체가 되어 사물놀이, 부채춤 등의 문화 공연을 실시하였으며 아제르바이잔 현지인들이 한국에 대해 이해할 수 있도록 도움
한국어 말하기 대회	2011~2016	매년 한국어 말하기 대회 본선 개최를 통해 지역 내의 다양한 한국어 학습자들의 말하기 실력과 대회 참여율이 높아지고 있음

4. 한국연구센터 운영 현황

　- 없음

5. 도서관 현황

도서관명	한국학 도서관
담당 사서	부살레 하사노바
한국학 장서 보유량(부)	1,370

6. 동아시아학 현황

1) 일본학 프로그램 제공 형태	학사, 석사
2) 중국학 프로그램 제공 형태	학사

아제르바이잔언어대학교

Azerbaijan University of Languages

1. 대학 개요

대학명(자국어)	Azərbaycan Dillər Universitet
설립 연도	1973년
소재 국가	아제르바이잔
형태	국공립
대표자 성명 / 직위	카말 메흐디 압둘라이예프(Kamal Mehdi Abdullayev) / 총장

2. 연락처

주소	영문 주소	Tebriz street 81, Baku city, Azerbaijan
	우편번호	–
전화		+994-55-477-8924
웹사이트		www.adu.edu.az

3. 기관 한국학 현황

1) 한국 관련 강좌 운영 현황

소속 학부	통번역학부(School of Translation)	
소속 학과	스페인어·한국어 번역학과 (Department of Translation of Spanish and Korean languages)	
개설 연도	1994년	
프로그램 대표자	성명	직함
	아이누르 굴리예바 (Aynur Guliyeva)	책임자
홈페이지	adu.edu.az/en/2017/02/ispan-və-koreya-dillərinin-tərcuməsi-kafedrasi/	

2) 한국 관련 프로그램 제공 형태

학위 과정	B.A. (학사 과정)	한국어 번역 전공
	M.A. (석사 과정)	한국어 번역 전공

3) 한국학 교수진 : 6명

교수명	직위	전공 분야
최호	KF 객원교수	통번역학
조미현	강사	한국어교육학
이연홍	강사	영어영문학
이금련	강사	사회문화
군아이 핼릴로바	강사	통번역학
쿄눌 카밀자데	강사	통번역학

4) 수강생 현황

한국어(학) 관련 강의 수강생 수 : 총 37명

학사 1학년	학사 2학년	학사 3학년	학사 4학년	석사 1학년	석사 2학년	박사 과정	기타
12	12	12			1		

전공생 수

B.A.	M.A.	Ph.D.
36	1	

※ 매년 신입생 선발(인원: 12명)

5) 강좌 개설 현황

과목명	담당 교수	주당 수업 시간	수강생 수	학점	필수 / 선택
듣기와 말하기	조미현	12	12	15	필수
읽기와 쓰기	쿄눌 카밀자데	12	12	15	필수
구어의 이해와 표현	이금련	4	12	5	필수
문어의 이해와 표현	이연홍	6	12	7	필수
제2외국어 I	이금련	4	9	5	선택
제2외국어 III	이금련	4	10	5	선택
제2외국어 V	이연홍	6	9	5	선택

과목명	담당 교수	주당 수업 시간	수강생 수	학점	필수 / 선택
문서와 용어	이연홍	4	12	3	선택
통번역 Ⅰ	최호	8	14	8	필수
B→A 번역	균아이 핼릴로바	6	14	8	필수
일반 통번역	최호	4	1	6	필수
번역학 선택 과목	균아이 핼릴로바	2	1	6	필수

6) 한국 관련 활동

활동명	시기	상세 활동 내용
한국 문화 전시회	2016. 4.	본교 본관 재학생들을 위한 한국 문화 소개 전시회
한글날 홍보 행사	2016. 10.	통번역학부 재학생을 위한 한글날 홍보(한글 이름 써 주기 등)

7) 한국 관련 출판물

제목	형태	주요 내용
한-아 사전	단행본	한국인 아제르바이잔어 학습자나 아제르바이잔인 한국어 학습자 모두에게 유용한 사전 편찬

4. 한국연구센터 운영 현황

  - 없음

5. 동아시아학 현황

1) 일본학 프로그램 제공 형태	학사
2) 중국학 프로그램 제공 형태	학사

하자르대학교
Khazar University

1. 대학 개요

대학명(자국어)	Xəzər Universiteti
설립 연도	1991년
소재 국가	아제르바이잔
형태	사립
대표자 성명 / 직위	하므레트 이사한리(Hamlet Isakhanli) / 총장

2. 연락처

주소	영문 주소	41 Mehseti Str. Baku, Azerbaijan
	우편번호	AZ1096
전화		+994-124211093
웹사이트		www.khazar.org

3. 기관 한국학 현황

1) 한국 관련 강좌 운영 현황

소속 학부	인문사회학부(School of Humanities and Social Sciences)	
소속 학과	어문화학과(Department of Languages and Cultures)	
개설 연도	2011년	
프로그램 대표자	성명	직함
	아지조바 엘누라(Azizova Elnura)	학과장
홈페이지	www.khazar.org/en/menus/124/languages_and_cultures_	

2) 한국 관련 프로그램 제공 형태

비학위 과정	B.A. 선택 과목

3) 강좌 개설 현황

과목명	담당 교수	주당 수업 시간	수강생 수	학점	필수 / 선택
한국어 1	코눌 카밀자데(Konul Kamilzade)	6	20	3	선택
한국어 2	코눌 카밀자데	6	20	3	선택

4) 한국 관련 활동

활동명	시기	상세 활동 내용
한국센터 개소식	2012. 10.	한국센터 개소식, 한글날 기념행사 진행
한식의 날 문화 행사	2014. 5.	한식 체험, 문화 행사
한국학 세미나	2015. 5.	

4. 한국연구센터 운영 현황
  - 없음

5. 도서관 현황

도서관명	하자르대학교 도서관
한국학 장서 보유량(부)	93

6. 동아시아학 현황

1) 일본학 프로그램 제공 형태	-
2) 중국학 프로그램 제공 형태	-

비엔나대학교
University of Vienna

1. 대학 개요

대학명(자국어)	Universität Wien
설립 연도	1365년
소재 국가	오스트리아
형태	국공립
대표자 성명 / 직위	하인츠 엥글(Heinz Engl) / 총장

2. 연락처

주소	영문 주소	AAKH-Campus, Hof 5, 5.4, Spitalgasse 2-4, Vienna, Austria
	우편번호	A-1090
전화		+43-1-4277-43820
웹사이트		www.univie.ac.at

3. 기관 한국학 현황

1) 한국 관련 강좌 운영 현황

소속 학부	언어·문화학부(Faculty of Philological and Cultural Studies)	
소속 학과	동아시아학과(Department of East Asian Studies)	
개설 연도	2000년	
프로그램 대표자	성명	직함
	바바라 리에플러 (Barbara Riefler)	학장
홈페이지	koreanologie.univie.ac.at	

중유럽

2) 한국 관련 프로그램 제공 형태

학위 과정	B.A. (학사 과정)	한국학 전공
	M.A. (석사 과정)	한국학 전공
	Ph.D. (박사 과정)	한국학 전공

3) 주요 연구 분야

- 언어, 정치, 지리, 문화, 사회

4) 한국학 교수진 : 11명

교수명	직위	전공 분야
라이너 도르멜스(Rainer Dormels)	교수	언어학, 지리, 정치
조수잔	조교	시각커뮤니케이션
마리안느 정(Marianne Jung)	조교(육아 휴직 중)	한국학
최지영	전임강사	한국학
오현숙	강사	성악
이미호	강사	음악학
양은영	강사	음악학
안드레아스 시르머(Andreas Schirmer)	강사	독어학
베로니카 신(Veronika Shin)	강사	독어학
김지선	강사	음악학
윤선영	강사	독어학

5) 수강생 현황

한국어(학) 관련 강의 수강생 수 : 총 172명

학사 1학년	학사 2학년	학사 3학년	학사 4학년	석사 1학년	석사 2학년	박사 과정	기타
75	45	25		2	21	4	

전공생 수

B.A.	M.A.	Ph.D.
226	23	4

※ 매년 신입생 선발

6) 강좌 개설 현황

과목명	담당 교수	주당 수업 시간	수강생 수	학점	필수 / 선택
한국어 문법 1(그룹1)	오현숙	3	40	6	필수
한국어 문법 1(그룹2)	윤선영	3	35	6	필수
한국어 회화 1(그룹1)	오현숙	3	40	7	필수
한국어 회화 1(그룹2)	윤선영	3	35	7	필수
한자 1	최지영	1	75	2	필수
지리학적 관점에서의 동아시아(이론)	라이너 도르멜스	1	75	2	필수
지리학적 관점에서의 동아시아(실기)	조수잔	1	75	2	필수
한국 현황	안드레아스 시르머	1	75	3	필수
한국어 문법 3	이미호	2	45	3	필수
한국어 회화 3	이미호	3	45	5	필수
한자 3	최지영	1	45	2	필수
한국어 문법 5	최지영	2	25	4	필수
한국어 회화 5	최지영	3	25	6	필수
한자 5	최지영	1	25	2	필수
식민시대 대중문화의 형성	양은영	1	10	3	선택
북한에 대한 남한의 전공 도서 및 참고 자료(이론)	라이너 도르멜스	2	40	8	필수
북한에 대한 남한의 전공 도서 및 참고 자료(실기)	김지선	1	40	3	필수
제주: 역사, 문화, 정치	김지선	1	25	3	선택
한국학 소세미나 1	안드레아스 시르머	2	45	5	필수
중세 국어 1(석사)	라이너 도르멜스	2	3	6	필수
음성학	베로니카 신	1	15	3	선택
한국의 젠더 역할	조수잔	1	15	3	선택
북한에 대한 남한의 전공 도서 및 참고 자료(이론, 석사)	라이너 도르멜스	2	4	10	필수
북한에 대한 남한의 전공 도서 및 참고 자료(실기, 석사)	라이너 도르멜스	2	4	6	필수
마스터콜로키움 I	라이너 도르멜스	1	5	4	필수
한국학 연구 방법 I	안드레아스 시르머	1	4	5	필수
한국어법	키다(Kida P.)	1	20	3	선택
남한의 전통문화	신티오네안 (Sintionean, T.)	1	20	3	선택

7) 한국 관련 활동

활동명	시기	상세 활동 내용
한국학의 날	매년 12월	2007년에 처음으로 시작하여 매년 비엔나대학교 동아시아연구소 한국학과가 주최하는 한국학자들의 연구 발표 세미나. 유럽 내 한국학자들이 모여 그들의 연구 결과나 진행 상황, 타 한국학과의 실정 등을 서로 교환하며 서로 공동 연구를 계획하는 기회 제공

8) 한국 관련 출판물

제목	형태	주요 내용
Koreanisch kannst du auch 1&2	단행본	개별 학습을 위한 한국어 교재
Sinokoreanisch	단행본	개별 학습을 위한 한자 교재
North Koreas Cities	단행본	북한 주요 27개 도시에 대한 연구
Wiener Beitraege	기타	비엔나대학교 한국학과에서 매년 발간하는 한국학 관련 연구 발표물

4. 한국연구센터 운영 현황

- 없음

5. 도서관 현황

도서관명	동아시아학 도서관(East Asian Studies Library)
담당 사서	울리히 리(Ulrich Lee)
한국학 장서 보유량(부)	15,419

6. 동아시아학 현황

1) 일본학 프로그램 제공 형태	학사, 석사, 박사
2) 중국학 프로그램 제공 형태	학사, 석사, 박사, 기타(공자학원)

키예프국립외국어대학교
Kyiv National Linguistic University

1. 대학 개요

설립 연도	1948년
소재 국가	우크라이나
형태	국공립
대표자 성명 / 직위	바스코 로만(Vas'ko Roman) / 총장

2. 연락처

주소	영문 주소	Laboratorna str., 5/17, Kyiv, Ukraine
	우편번호	02000
전화		+380-521-60-28
웹사이트		www.knlu.kyiv.ua

3. 기관 한국학 현황

1) 한국 관련 강좌 운영 현황

소속 학부	동양학부(Faculty of Oriental Studies)	
소속 학과	한국어학과	
개설 연도	2017년	
프로그램 대표자	성명	직함
	강정식	학과장

2) 한국 관련 프로그램 제공 형태

학위 과정	B.A. (학사 과정)	한국어 전공
	M.A. (석사 과정)	한국어 전공

3) 한국학 교수진 : 8명

교수명	직위	전공 분야
강정식	학과장	
보드야니츠카야 테티야나 세르지브나(Vodyanitskaya Tetyana Sergeevna)	강사	
루츠유크 율리야 타라시브나(Lutsyuk Yuliya Tarasivna)	강사	
율리야 모힐코(Yuliya M. Mohylko)	강사	
한나 비야쉬슬라보브나 푸티엔코(Hanna Vyacheslavovna Putienko)	강사	
세메랴코 올가 비탈리브나(Semeryako Olga Vitaliivna)	강사	
안나 토고비츠카(Anna Togobitska)	강사	
쉬베츠 비탈리 비크토로비치(Shvets Vitaliy Viktorovich)	강사	

4) 수강생 현황

한국어(학) 관련 강의 수강생 수

학사 1학년	학사 2학년	학사 3학년	학사 4학년	석사 1학년	석사 2학년	박사 과정	기타
52	35	23	33	11	9		

전공생 수

B.A.	M.A.	Ph.D.
143	20	

5) 강좌 개설 현황

과목명	담당 교수	주당 수업 시간	수강생 수	학점	필수 / 선택
한국어	올라 알리멘코(Olha Alimenko), 비탈리 오크리멘코(Vitalii Okhrimenko), 율리아 모힐코, 율리아 보이코(Yuliia Boiko), 쉬베츠 비탈리 비크토로비치, 안나 다리아 예벤코(Anna U, Daria Yevenko), 드미트로 비신스키(Dmytro Vyshynskii), 안나 토호비츠카(Anna Tohobytska)				
한국어 실용 번역 과정	강정식				
한국어 통역 과정	빅토리아 유리아도바 (Viktoriia Uriadova)				
실용 음성학	유성옥				
한국어 문법 이론	올라 알리멘코				
한국 문학	율리아 모힐코				
어휘론	올라 알리멘코				

4. 한국연구센터 운영 현황

명칭	한국학센터(Center of Korean Studies)	
설립 연도	2017년	
대표자	성명	직함
	강정식	교수

5. 도서관 현황

도서관명	한국학센터 도서관
한국학 장서 보유량(부)	350

6. 동아시아학 현황

1) 일본학 프로그램 제공 형태	–
2) 중국학 프로그램 제공 형태	–

타라스 셰브첸코 키예프국립대학교
Taras Shevchenko National University of Kyiv

1. 대학 개요

설립 연도	1834년
소재 국가	우크라이나
형태	국립
대표자 성명 / 직위	레오니드 후베르스키(Leonid Huberskyi) / 총장

2. 연락처

주소	영문 주소	str. Lomonosova 83/a apt 29, Kiev, Ukraine
	우편번호	03022
전화		+38-44-239-3302
웹사이트		www.univ.kiev.ua

3. 기관 한국학 현황

1) 한국 관련 강좌 운영 현황

소속 학부	언어학부(Institute of Philology)	
소속 학과	중국어·한국어·일본어 언어학과 (Department of Chinese, Korean and Japanese Philology)	
개설 연도	1997년	
프로그램 대표자	성명	직함
	본다렌크(I. P. Bondarenk)	학과장
홈페이지	philology.knu.ua	

2) 한국 관련 프로그램 제공 형태

학위 과정	B.A. (학사 과정)	한국학 전공, 한국어 전공
	M.A. (석사 과정)	한국학 전공, 한국어 전공
	Ph.D. (박사 과정)	한국어 문학 전공

3) 주요 연구 분야

• 한국어학, 한국 문학, 한국학 전반

4) 한국학 교수진 : 9명

교수명	직위	전공 분야
킨지발라(Kinzhibala)	조교수	고대 한국 문학
질라 비카(Zhila Bika)	부교수	한국어학
날리모바(Nalimova)	전임강사	현대 한국 문학
볼데스쿨(Boldeskul)	조교수	한국 문학
안티호프(Antihob)	전임강사	한국어학
코발축(Kobalchuk)	조교수	한국어학
장영진	조교수	한국 문학
여미경	조교수	한국어학
김석원	KF 객원교수	비교문학

5) 수강생 현황

한국어(학) 관련 강의 수강생 수 : 총 87명

학사 1학년	학사 2학년	학사 3학년	학사 4학년	석사 1학년	석사 2학년	박사 과정	기타
16	16	15	21	9	7	3	

전공생 수

B.A.	M.A.	Ph.D.
68	18	3

※ 매년 신입생 선발(인원: 16명)

6) 강좌 개설 현황

과목명	담당 교수	주당 수업 시간	수강생 수	학점	필수 / 선택
한국어 1-1	여미경	4	8	3	필수
언어 실습	날리모바	2	8	2	필수
한국학 개론	킨지발라	4	8	3	필수
한국어 2-1	안티호프	4	8	3	필수
한국어 실습 2-1	장영진	3	8	3	필수
한국어 어휘론	김석원	4	8	3	필수
한국 문화	볼데스쿨	4	8	3	필수
고급 한국어	질라 비카	4	8	3	필수
시사 실무 한국어	코발축	4	8	3	필수
한국 문학사 2	킨지발라	4	8	3	필수
문체론	장영진	4	8	3	필수
한국어 역사	여미경	4	10	2	필수
한국사 연구	킨지발라	4	10	2	필수
한-우크라 통번역	김석원	4	10	2	필수
한국어 특성 연구	질라 비카	4	10	2	필수
통번역 연습	여미경	4	9	3	필수
한국 고전 연구	코발축	4	9	3	필수
한국 소설 문학	날리모바	4	9	3	필수
비교문학	김석원	4	9	3	필수
한국 현대 작가 연구	킨지발라	4	7	3	필수
한국어 교육방법론	질라 비카	4	7	3	필수
문체 기능론	코발축	4	7	3	필수

7) 한국 관련 활동

활동명	시기	상세 활동 내용
학술회의	격년으로 10월경	한-우크라이나 학술회의 개최
한국어 올림피아드(경연 대회)	매년 4월	한국어 올림피아드 참가
특강	연 3~4회	유명인이나 대사, 기업인을 대상으로 연 3~4회 특강 실시
TOPIK	연 2회	한국어능력시험 실시
한글날 모임	매년 10월	한글날 기념 문화 행사 실시

8) 한국 관련 출판물

제목	형태	주요 내용
한국의 옛이야기	단행본	한국의 옛이야기를 우크라이나어로 번역
한국어(교재)	단행본	우크라이나어로 만든 한국어 교재
우-한 용어 사전	단행본	우크라이나-한국어 용어 사전 편찬

4. 한국연구센터 운영 현황

명칭	한국어문학센터(Center of Korean Language and Literature)	
소속 기관	언어학부	
설립 연도	2006년	
대표자	성명	직함
	옥사나 킨지발라(Oksana Kinzhibala)	조교수

5. 도서관 현황

도서관명	인문대학교 도서관, 한국어문학센터 도서관
담당 사서	나타샤(Natasha)
한국학 장서 보유량(부)	3,220

6. 동아시아학 현황

1) 일본학 프로그램 제공 형태	학사, 석사, 박사
2) 중국학 프로그램 제공 형태	학사, 석사, 박사, 기타(공자학원)

트빌리시자유대학교
Free university of Tbilisi

1. 대학 개요

설립 연도	2007년
소재 국가	조지아
형태	사립
대표자 성명 / 직위	바흐탕 레차바(Vakhtang Lezhava) / 총장

2. 연락처

주소	영문 주소	Kakha Bendukidze University Campus 240, David Agmashenebeli alley, Tbilisi, Georgia
	우편번호	0159
전화		+995-32-220-0901
웹사이트		www.freeuni.edu.ge

3. 기관 한국학 현황

1) 한국 관련 강좌 운영 현황

소속 학부	아시아·아프리카학부(Institute of Asia and Africa)	
한국학(어) 프로그램명	극동아시아 프로그램(Far East Program)	
개설 연도	2006년	
프로그램 대표자	성명	직함
	티나틴 카로사니체(Tinatin Karosanidze)	학장

2) 한국 관련 프로그램 제공 형태

비학위 과정	B.A. 선택 과목

3) 한국학 교수진 : 5명

교수명	직위	전공 분야
나나 미카베리체		한국어
니노 킬라지아니(Nino Qilarjiani)		극동종교학
바드리 겔리타쉬빌리(Badri Gelitashvili)		극동경제학
콘스탄틴 체레텔리(Konstantin Tsereteli)		극동역사학
전문이	KF 객원교수	국어국문학

4) 수강생 현황

한국어(학) 관련 강의 수강생 수 : 총 22명

학사 1학년	학사 2학년	학사 3학년	학사 4학년	석사 1학년	석사 2학년	박사 과정	기타
6	10	3	3				

5) 강좌 개설 현황

과목명	담당 교수	주당 수업 시간	수강생 수	학점	필수 / 선택
한국어			26		
극동 경제			41		
비즈니스용 한국어			2		
극동 역사			30		
한국 전설			2		
극동 문학			30		

4. 한국연구센터 운영 현황

- 없음

5. 동아시아학 현황

1) 일본학 프로그램 제공 형태	학사
2) 중국학 프로그램 제공 형태	학사, 기타(공자학원)

찰스대학교
Charles University

1. 대학 개요

대학명(자국어)	Univerzita Karlova
설립 연도	1348년
소재 국가	체코
형태	국공립
대표자 성명 / 직위	토마시 지마(Tomáš Zima) / 총장

2. 연락처

주소	영문 주소	2 Jan Palach Square, Prague 1, Czech Republic
	우편번호	116 38
전화		+420-221-619-703
웹사이트		www.cuni.cz

3. 기관 한국학 현황

1) 한국 관련 강좌 운영 현황

소속 학부	인문철학부(Faculty of Arts and Philosophy)	
소속 학과	한국학과(Department of Korean Studies)	
개설 연도	1348년	
프로그램 대표자	성명	직함
	미리암 뢰벤스타이노바 (Miriam Löwensteinová)	학과장
홈페이지	korea.ff.cuni.cz	

2) 한국 관련 프로그램 제공 형태

학위 과정	**B.A.** (학사 과정)	한국학 전공
	M.A. (석사 과정)	한국학 전공
	Ph.D. (박사 과정)	아시아학 전공, 기타 전공 내 한국학 프로그램

3) 주요 연구 분야

- 고전 한국학, 언어학, 문학, 철학, 종교

4) 한국학 교수진 : 9명

교수명	직위	전공 분야
미리암 뢰벤스타이노바	학과장	한국학
블라디미르 글롬(Vladimir Glomb)	조교수	한국학
마레크 제마네크(Marek Zemanek)	강사	한국학, 종교
토마스 호라크(Tomas Horak)	조교수	한국학
블랑카 페르클로바(Blanka Ferklova)	강사	한국학
블라디슬라바 마자나(Vladislava Mazana)	강사	한국학
스테판카 호라코바(Stepanka Horakova)	강사	한국학
정연우(Younwoo Jung)	강사	한국학
욜라나 블라지츠코바(Jolana Blazickova)	강사	한국학

5) 수강생 현황

한국어(학) 관련 강의 수강생 수 : 총 79명

학사 1학년	학사 2학년	학사 3학년	학사 4학년	학사 5학년	석사 1학년	석사 2학년	석사 3학년	석사 4학년	박사 과정
15	11	14	13	6	4	4	5	2	5

전공생 수

B.A.	M.A.	Ph.D.
59	18	5

※ 매년 신입생 선발(인원: 20명)

6) 강좌 개설 현황

과목명	담당 교수	주당 수업 시간	수강생 수	학점	필수 / 선택
한국어 입문	토마스 호라크	2	16	4	필수
한국어 문법 I	토마스 호라크	2	17	9	필수
한국어 문법 II	토마스 호라크	2	12	6	필수
한국어 실용 I	스테판카 호라코바, 정연우	4	15	7	필수
한국어 실용 II	스테판카 호라코바, 정연우	4	11	6	필수
한국어 실용 III	스테판카 호라코바, 정연우	4	15	6	필수
한국어 의성학	정연우	2	14	4	필수
한국 어휘론	블라디슬라브 마자나	2	15	4	필수
국한문 성서 독해	블라디슬라브 마자나	2	12	6	필수
한국 문학 독해	스테판카 호라코바	2	15	5	필수
한국어 독해	블라디슬라브 마자나	2	12	6	필수
한국어 조사방법론	블라디슬라브 마자나	2	5	9	필수
한국 문학 I	미리암 뢰벤스타이노바	2	11	5	필수
한국사 I	미리암 뢰벤스타이노바	2	12	4	필수
한국어의 역사	블라디슬라브 마자나	2	4	3	필수
한국어 문법 이론 I	토마스 호라크	2	9	3	필수
한국학 입문	마레크 제마네크	2	16	3	필수
한국학 입문 세미나	마레크 제마네크	2	15	3	필수
한국어 신문 독해	토마스 호라크	2	16	4	필수
한국학 학사 논문 지도	마레크 제마네크	2	15	4	필수
한국어의 의성어와 미메시스	블랑카 페르클로바 (Blanka Ferklova)	2	23	6	필수
한국어 문법	블랑카 페르클로바	2	20	6	필수
한국어 산문체의 이론과 응용	미리암 뢰벤스타이노바	2	2	6	필수
한국 영화	정연우	2	27	6	필수
학위 세미나	토마스 호라크	2	2	3	필수
한국어의 응용 I	정연우	2	10	4	필수
실용 한국어와 이해 I	마레크 제마네크	2	4	3	필수
한국어 번역과 이해 I	정연우	2	4	3	필수
한국어 번역과 이해 II	정연우	2	6	2	필수
한국 역사의 이해 I	미리암 뢰벤스타이노바	2	4	3	필수

7) 한국 관련 활동

활동명	시기	상세 활동 내용
프라하 한국학연구소 개소식	2016. 3.	한국과의 관계와 한국학의 문화적 접근을 강화하기 위해 인류학, 역사학, 언어학, 문학, 철학, 그리고 종교학을 전공하는 교수님들이 참여함
제3회 한국어교육연구협회 국제컨퍼런스	2016. 6.	한국어 교육의 문제점과 해결점 논의
AKSE 컨퍼런스	2017. 4.	한국학과가 주최한 한국학 학술 대회

8) 한국 관련 출판물

제목	형태	주요 내용
Korejska mise do Ruska. Deniky Min Jonghwana a Jun Cchihoa zroku 1896 (Korean Mission to Russia: The Diaries of Min Yeonghwan and Yun Chiho)	단행본	1896년 4월 고종의 특파원으로 러시아에 가게 된 민영환과 윤치호의 6개월간의 일기
Chci se stat kockou. Antologie soucasne korejske prozy (I want to become a cat: Anthology of Contemporary Korean Prose)	단행본	한국의 현대 작가 소개(양귀자, 김영하, 이문열, 김태열, 김은서)와 지도교수의 해설

4. 한국연구센터 운영 현황

명칭	프라하 한국학연구소(Prague Centre for Korean Studies)	
소속 기관	한국학과	
설립 연도	2014년	
대표자	성명	직함
	미리암 뢰벤스타이노바	소장

5. 도서관 현황

도서관명	동아시아학연구소 도서관(Library of Institute of East Asian Studies)
담당 사서	욜라나 블라지츠코바
한국학 장서 보유량(부)	3,617

6. 동아시아학 현황

1) 일본학 프로그램 제공 형태	학사, 석사, 박사
2) 중국학 프로그램 제공 형태	학사, 석사, 박사

팔라츠키대학교
Palacký University, Olomouc

1. 대학 개요

대학명(자국어)	Univerzity Palackeho, Olomouc
설립 연도	1573년
소재 국가	체코
형태	국공립
대표자 성명 / 직위	야로슬라프 밀러(Jaroslav Miller) / 총장

2. 연락처

주소	영문 주소	Křížkovského 14 Olomouc, Czech Republic
	우편번호	779 00
전화		+420-585-633-420
웹사이트		www.upol.cz

3. 기관 한국학 현황

1) 한국 관련 강좌 운영 현황

소속 학부	인문학부(Faculty of Arts)	
소속 학과	아시아학과(Department of Asian Studies)	
개설 연도	2015년	
프로그램 대표자	성명	직함
	마르틴 스투르딕(Martin Šturdík)	담당자

2) 한국 관련 프로그램 제공 형태

학위 과정	B.A. (학사 과정)	한국학 전공

3) 주요 연구 분야

• 비즈니스 상황에 필요한 한국어 습득, 한국의 정치·경제·사회·문화에 대한 이해

4) 한국학 교수진 : 3명

교수명	직위	전공 분야
제갈명	아시아학과 KF 객원교수	한국어 교육
마르틴 스투르딕	아시아학과 강사	경제학
곽영란	아시아학과 강사	국어국문학

5) 수강생 현황

한국어(학) 관련 강의 수강생 수 : 총 47명

학사 1학년	학사 2학년	학사 3학년	학사 4학년	석사 1학년	석사 2학년	박사 과정	기타
23	24						

전공생 수

B.A.	M.A.	Ph.D.
47		

※ 매년 신입생 선발

6) 강좌 개설 현황

과목명	담당 교수	주당 수업 시간	수강생 수	학점	필수 / 선택
비즈니스 독해	제갈명	6	20	4	필수
읽기 1	제갈명	2	23	2	필수
쓰기 1	제갈명	2	23	2	필수
회화 1	제갈명	5	23	3	필수
한국어 1-A	제갈명	2	14	4	선택
한국어 3	제갈명	2	12	4	선택
듣기 1	곽영란	2	23	2	필수
비즈니스 회화	곽영란	4	20	4	필수
한국어 1-B	곽영란	2	20	4	선택
한국 언어와 사회		2	22	3	선택
한국 문화		2	48	3	선택

4. 한국연구센터 운영 현황
- 없음

5. 도서관 현황

도서관명	KAS 도서관(KAS Library)
담당 사서	카트카 스조카로바(Katka Szokalova)
한국학 장서 보유량(부)	395

6. 동아시아학 현황

1) 일본학 프로그램 제공 형태	학사, 석사, 박사
2) 중국학 프로그램 제공 형태	학사, 석사, 박사, 기타(공자학원)

보아지치대학교
Bogazici University

1. 대학 개요

대학명(자국어)	Boğaziçi Üniversites
설립 연도	1863년
소재 국가	터키
형태	국공립
대표자 성명 / 직위	오즈칸 메흐메트(Ozkan Mehmed) / 총장

2. 연락처

주소	영문 주소	Bebek, Istanbul, Turkey
	우편번호	34342
전화		+90-212-359-7528
웹사이트		www.boun.edu.tr

3. 기관 한국학 현황

1) 한국 관련 강좌 운영 현황

소속 단과대학	인문과학대학(School of Arts and Science)	
소속 학과	역사학과(Department of History)	
개설 연도	2010년	
프로그램 대표자	성명	직함
	셀추크 에센벨(Selçuk Esenbel)	코디네이터
홈페이지	maas.boun.edu.tr	

2) 한국 관련 프로그램 제공 형태

비학위 과정		B.A. 선택 과목, M.A. 선택 과목
학위 과정	B.A. (학사 과정)	한국어 전공
	M.A. (석사 과정)	동아시아학 전공

3) 한국학 교수진 : 2명

교수명	직위	전공 분야
홍현웅	KF 객원교수	미국 역사
이화천	전임강사	교육

4) 수강생 현황

한국어(학) 관련 강의 수강생 수 : 총 75명

5) 강좌 개설 현황

과목명	담당 교수	주당 수업 시간	수강생 수	학점	필수 / 선택
한국어 입문, 중급, 고급	이화천	5	40	5	선택
한국사 I	홍현웅	3	32	3	선택
근현대사와 문화	홍현웅	3	3	3	선택

4. 한국연구센터 운영 현황

- 없음

5. 동아시아학 현황

1) 일본학 프로그램 제공 형태	–
2) 중국학 프로그램 제공 형태	기타(공자학원)

빌켄트대학교
Bilkent University

1. 대학 개요

대학명(자국어)	Bilkent Üniversitesi
설립 연도	1984년
소재 국가	터키
형태	사립
대표자 성명 / 직위	압둘라 아탈라르(Abdullah Atalar) / 총장

2. 연락처

주소	영문 주소	Bilkent, Ankara, Turkey
	우편번호	06800
전화		+90-312-290-1803
웹사이트		w3.bilkent.edu.tr

3. 기관 한국학 현황

1) 한국 관련 강좌 운영 현황

소속 학부	인문언어학부(Faculty of Humanities and Letters)	
소속 학과	외국어과(Foreign Languages)	
개설 연도	2016년	
프로그램 대표자	성명	직함
	셴귈 소이테티르 센튀르크 (Şengül Soytetir Şentürk)	코디네이터
홈페이지	sfl.bilkent.edu.tr	

2) 한국 관련 프로그램 제공 형태

비학위 과정	B.A. 선택 과목, M.A. 선택 과목

3) 한국학 교수진 : 1명

교수명	직위	전공 분야
양남식		한국어 교육, 예술 역사

4) 강좌 개설 현황

과목명	담당 교수	주당 수업 시간	수강생 수	학점	필수 / 선택
한국어 1			40		

4. 한국연구센터 운영 현황

- 없음

5. 동아시아학 현황

1) 일본학 프로그램 제공 형태	기타(외국어교육원에서 제공하는 일본어 선택 과목)
2) 중국학 프로그램 제공 형태	기타(외국어교육원에서 제공하는 중국어 선택 과목)

앙카라대학교

Ankara University

1. 대학 개요

대학명(자국어)	Ankara Üniversitesi
설립 연도	1946년
소재 국가	터키
형태	국공립
대표자 성명 / 직위	에르칸 이비쉬(Erkan İbiş) / 총장

2. 연락처

주소	영문 주소	Dögol Caddesi Tandoğan, Ankara, Turkey
	우편번호	06100
전화		+90-312-212-56-56/3671
웹사이트		www.ankara.edu.tr

3. 기관 한국학 현황

1) 한국 관련 강좌 운영 현황

소속 학과	한국어문학과(Korean Language and Literature Department)	
개설 연도	1989년	
프로그램 대표자	성명	직함
	마흐무트 에르탄 괴크멘 (Mahmut Ertan Gökmen)	학과장
홈페이지	bbs.ankara.edu.tr/Amac_Hedef.aspx?bno=1612&bot=209	

2) 한국 관련 프로그램 제공 형태

학위 과정	B.A. (학사 과정)	한국어 전공
	M.A. (석사 과정)	한국어 전공
	Ph.D. (박사 과정)	한국어 전공

3) 한국학 교수진 : 9명

교수명	직위	전공 분야
마흐무트 에르탄 괴크멘	학과장	한국어 교육과 문학
예심 휘렌데지(S. Yesim Ferendeci)	강사	한국어 교육과 문학
피나르 알툰닥(Pinar Altundag)	조교수	한국어 교육과 문학
조은숙	KF 객원교수	교육심리학
유은미	강사	한국어 교육
오츠렘 괴크제(Ozlem Gokce)	연구조교	한국어 교육과 문학
오크타이 괴크한 반발(Oktay Gokhan Banbal)	연구조교	한국어 교육과 문학
메디네 팔라(Medine Pala)	연구조교	한국어 교육과 문학
무함메트 에므레 코르크마즈(Muhammet Emre Korkmaz)	연구조교	한국어 교육과 문학

4) 수강생 현황

한국어(학) 관련 강의 수강생 수 : 총 120명

학사 1학년	학사 2학년	학사 3학년	학사 4학년	석사 1학년	석사 2학년	박사 과정	기타
35	30	25	25		1	4	

전공생 수

B.A.	M.A.	Ph.D.
115	1	4

5) 강좌 개설 현황

과목명	담당 교수	주당 수업 시간	수강생 수	학점	필수 / 선택
번역	유은미	4	10	4	필수
운문	예심 휘렌데지	4	11	4	필수
현대 한국	피나르 알툰닥	3	10	3	필수
한국어 교육	마흐무트 에르탄 괴크멘	2	15	2	선택
한국어 교수법 기술	피나르 알툰닥	2	11	2	선택
한국어 문법 입문	예심 휘렌데지	4	40	4	필수
한글	마흐무트 에르탄 괴크멘	4	35	4	필수
한국어 통사론	유은미	3	35	3	필수
한국어 음성학 입문	조은숙	2	32	2	필수
한국 현대 문화 교육	피나르 알툰닥	2	31	2	선택
문법 I	예심 휘렌데지	4	36	4	필수
통사론	마흐무트 에르탄 괴크멘	4	35	4	필수
회화	유은미	2	34	2	필수
한자 입문	조은숙	3	32	3	필수
기초 언어 능력 I	피나르 알툰닥	2	32	2	선택
고급 한국어 입문	피나르 알툰닥	4	14	4	필수
한국어 문법	피나르 알툰닥	4	15	4	필수
한국사	마흐무트 에르탄 괴크멘	3	15	3	필수
고대 한국 문학	예심 휘렌데지	2	16	2	필수
한국어 교수법	유은미	2	14	2	선택
문법 방법론	조은숙	2	10	2	필수
언어 교육에서의 문화 간 커뮤니케이션 능력(박사)	마흐무트 에르탄 괴크멘	3	2	3	선택
비교한국학 I(박사)	마흐무트 에르탄 괴크멘	3	2	3	선택
한국어 교육 교수법(박사)	조은숙	3	1	3	선택
음성학 연구와 음운론 I(석사)	마흐무트 에르탄 괴크멘	3	1	3	필수
외국어로서의 한국어 교육론 I (석사)	마흐무트 에르탄 괴크멘	3	1	3	필수
한국어 의미론	피나르 알툰닥	4	15	4	필수
회화 분석	조은숙	2	17	2	필수
소설	예심 휘렌데지	4	14	4	필수
조사방법론	마흐무트 에르탄 괴크멘	3	15	3	필수
한국어 음성학 입문	유은미	2	15	2	선택

과목명	담당 교수	주당 수업 시간	수강생 수	학점	필수 / 선택
기초 한국어 문법	예심 휘렌데지	4	36	4	필수
기초 한국어 음성학	조은숙	4	35	4	필수
기초 한국어 작문	마흐무트 에르탄 괴크멘	2	35	2	필수
한국어 통사 구조 입문	유은미	3	33	3	필수
전통 한국 교육	피나르 알툰닥	2	35	2	선택
문법 II	예심 휘렌데지	4	33	4	필수
한국어 어휘	유은미	4	37	4	필수
한국어 입문	피나르 알툰닥	3	30	3	필수
한자	조은숙	2	31	2	필수
기초 언어 능력 발달 I	마흐무트 에르탄 괴크멘	2	30	2	선택
한국어 작문	조은숙	2	15	2	필수
번역 방법	유은미	4	16	4	필수
20세기 한국 역사	마흐무트 에르탄 괴크멘	4	15	4	필수
현대 한국 문학	예심 휘렌데지	3	17	3	필수
한국어	예심 휘렌데지	2	24	2	선택
사회언어학과 한국어	피나르 알툰닥	2	15	2	선택
비교한국어(박사)	마흐무트 에르탄 괴크멘	3	2	3	선택
한국어(박사)	마흐무트 에르탄 괴크멘	3	2	3	선택
한국어(박사)	조은숙	3	1	3	선택
음성학과 음운론 연구(석사)	마흐무트 에르탄 괴크멘	3	1	3	선택
한국어(석사)	마흐무트 에르탄 괴크멘	3	1	3	선택

6) 한국 관련 활동

활동명	시기	상세 활동 내용
제8회 한국 언어학 국제컨퍼런스	2004. 7.	
제2회 유럽 한국언어교육협회	2008. 6.	
터키에서의 한국어 교육	2010. 11.	
서당 교육	2012. 1.	

4. 한국연구센터 운영 현황
- 없음

5. 도서관 현황

도서관명	한국어문학과 자료실
담당 사서	외즐렘 괴크세(Özlem Gökşe)
한국학 장서 보유량(부)	4,000

6. 동아시아학 현황

1) 일본학 프로그램 제공 형태	학사, 석사, 박사
2) 중국학 프로그램 제공 형태	학사, 석사, 박사

에르지예스대학교
Erciyes University

1. 대학 개요

대학명(자국어)	Erciyes Üniversitesi
설립 연도	1978년
소재 국가	터키
형태	국공립
대표자 성명 / 직위	무함메트 귀벤(Muhammet Güven) / 총장

2. 연락처

주소	영문 주소	Melikgazi Kayseri, Turkey
	우편번호	38039
전화		+90-536-438-5693
웹사이트		www.erciyes.edu.tr

3. 기관 한국학 현황

1) 한국 관련 강좌 운영 현황

소속 학부	문과대학, 동양어학부	
소속 학과	한국어문학과(Korean Language and Literature)	
개설 연도	2003년	
프로그램 대표자	성명	직함
	하티제 코로글루 튀르쾨주 (Hatice Koroglu Türközü)	학과장
홈페이지	www.erciyeskorean.com	

2) 한국 관련 프로그램 제공 형태

학위 과정	B.A. (학사 과정)	한국어문학 전공
	M.A. (석사 과정)	한국어문학 전공
	Ph.D. (박사 과정)	한국어문학 전공

3) 주요 연구 분야

- 한국어, 한국 문학, 한국어 교육, 한국사

4) 한국학 교수진 : 9명

교수명	직위	전공 분야
하티제 코로글루 튀르쾨주	학과장, 조교수	한국 문학
유정숙	KF 객원교수	한국 문학
김기창	교수	한국 고전 문학
괵셀 튀르쾨주(Göksel Türközü)	교수	한국어 교육
오혜숙	전임강사	한국어
두르순 에시스즈	연구조교	한국어 교육
잔단 기라이	연구조교	한국 민속 문학
니한 하르만즈	연구조교	한국 문화
메흐멧 윌체르	연구조교	한국어

5) 수강생 현황

한국어(학) 관련 강의 수강생 수 : 총 332명

학사 1학년	학사 2학년	학사 3학년	학사 4학년	석사 1학년	석사 2학년	박사 과정	기타
74	72	68	92	10	10	6	

전공생 수

B.A.	M.A.	Ph.D.
306	20	6

※ 매년 신입생 선발(인원: 70명)

6) 강좌 개설 현황

과목명	담당 교수	주당 수업 시간	수강생 수	학점	필수 / 선택
한국어 문법	괵셀 튀르쾨주	4		4	필수
한국어 읽기	하티제 코로글루 튀르쾨주	4		4	필수
한국어 쓰기	오혜숙	2		2	필수
한국어 말하기	오혜숙	2		2	필수
한국어 듣기	니한 하르만즈	2		2	필수
기초 한국어 어휘	셰흐리반 카라잔	2		2	필수
한국 문화	셰흐리반 카라잔	2		2	필수
한국어 문법	메흐멧 윌체르	4		4	필수
한국어 읽기	하티제 코로글루 튀르쾨주	4		4	필수
한국 역사	잔단 기라이	2		2	필수
한국어 말하기	오혜숙	2		2	필수
한국어 듣기	메흐멧 윌체르	2		2	필수
한글 컴퓨터	셰흐리반 카라잔	2		2	필수
한국어 문법	괵셀 튀르쾨주	4		4	필수
한국어 작문	유정숙	2		2	필수
한국어 말하기	강수영	4		4	필수
어휘와 한자	김기창	4		4	필수
한국 문학	하티제 코로글루 튀르쾨주	2		2	필수
번역 연구	괵셀 튀르쾨주	2		2	필수
문장론	괵셀 튀르쾨주	2		2	필수
한국어 작문	괵셀 튀르쾨주	2		2	필수
연구 방법	니한 하르만즈	2		2	필수
한국 문학	하티제 코로글루 튀르쾨주	2		2	필수
한자 문장 연구	김기창	2		2	필수
문학 번역 연구	하티제 코로글루 튀르쾨주	2		2	필수
고급 한국어 TOPIK	유정숙	2		2	필수

7) 한국 관련 활동

활동명	시기	상세 활동 내용
문화의 날	2003~현재	'한국 문화의 날' 행사 주최
문학 행사	2007~현재	'한국 문학' 행사 및 '독후감 대회' 시상식
국제 학술회의	2010. 5.	중-동유럽 한국어교육학회 학술회의 주최
국제 학술회의	2010. 7.	한-터키 국제 학술회의 및 고고 민속 학술조사, '한국과 터키의 민속 문화 비교', 비교민속학회 공동 주최
국제 학술회의	2012. 8.	국제 한국어 응용언어학 국제 학술회의 주최
특강	2013. 2.	국제대학교 이경 교수 특강 "한국 문학에서의 사랑"
특강	2013. 11.	한국 작가 함정임 특강 "소설로 떠나는 미지의 여행-인간, 세계 그리고 소설"
국제 학술회의	2014. 1.	에르지예스대학교 한국어문학과, 고려대학교 BK21플러스 한국어문학미래인재육성사업단, 한국어문학국제학술포럼 공동 주최, 제15회 한국어문학국제 학술회의 "유럽-아시아에서의 한국어 문학 연구와 교육"
국제 학술회의	2014. 2.	제1회 국제한국학학술회의, 한국어 및 외국어 교재 개발, 한국학중앙연구원 지원
특강	2014. 2.	오은경 교수 특강 "한국 신여성의 혼란"
특강	2014. 5.	유정숙 교수 특강 "Korean New Women and Korean Modernity: New Women's Actions and Writings in Korea's Colonial Era"
특강	2015. 3.	"북한의 심각한 상황", 다니엘 빌레펠트(Daniel Bielefeld) 특강
특강	2015. 5.	2015 KF 한국학 특강, 성극제 교수, 김은기 교수
특강	2016. 4.	동국대 정진원 교수 특강 "신라의 세계적 석학 원효에 대하여", "한국의 세계 문화유산과 삼국유사"
특강	2016. 4.	주터키 대사관 공사 특강 및 한국 영화 상영 행사
국제 학술회의	2017. 1.	제2회 에르지예스대학교 한국어 문학과 국제 학술회의, '한국어 및 한국 문학의 번역 교육과 연구'

8) 한국 관련 출판물

제목	형태	주요 내용
한국어 터키어 표준 사전	단행본	한국어-터키어, 터키어-한국어 표준 사전
현대 한국 문학사	단행본	개화기부터 현재까지의 한국 문학 흐름을 다룬 도서
한국을 알면서 한국어를 배우자	단행본	한국 문화를 터키어로 다루면서 고급 어휘나 관용 표현, 속담 등을 학습할 수 있는 교재

4. 한국연구센터 운영 현황
- 없음

5. 동아시아학 현황

1) 일본학 프로그램 제공 형태	학사
2) 중국학 프로그램 제공 형태	학사, 석사

중유럽

이스탄불대학교
Istanbul University

1. 대학 개요

대학명(자국어)	Istanbul Üniversitesi
설립 연도	1453년
소재 국가	터키
형태	국공립
대표자 성명 / 직위	마흐무트 아크(Mahmut Ak) / 총장

2. 연락처

주소	영문 주소	Ordu Cad. No:6, Laleli – İstanbul, Turkey
	우편번호	34134
전화		+90-212-4400-0000(ext: 15935)
웹사이트		www.istanbul.edu.tr

3. 기관 한국학 현황

1) 한국 관련 강좌 운영 현황

소속 단과대학/학부	인문대학(Faculty of Letters), 동양어학부	
소속 학과	한국어문화학과(Department of Korean Languages and Cultures)	
개설 연도	2016년	
프로그램 대표자	성명	직함
	하야티 데벨리 (Hayati Develi)	학장
홈페이지	edebiyat.istanbul.edu.tr/koredili/	

2) 한국 관련 프로그램 제공 형태

학위 과정	B.A. (학사 과정)	한국학 전공, 한국어 전공

3) 주요 연구 분야

• 한국학, 한국어, 한국 문화, 한국 문학

4) 한국학 교수진 : 2명

교수명	직위	전공 분야
정은경	주임교수	한국 역사
괵셀 튀르쾨주	객원교수(에르지예스대학교)	한국어

5) 수강생 현황

한국어(학) 관련 강의 수강생 수 : 총 17명

학사 1학년	학사 2학년	학사 3학년	학사 4학년	석사 1학년	석사 2학년	박사 과정	기타
17							

전공생 수

B.A.	M.A.	Ph.D.
17		

※ 매년 신입생 선발(인원: 20명)

6) 강좌 개설 현황

과목명	담당 교수	주당 수업 시간	수강생 수	학점	필수 / 선택
한국어 읽기	정은경	4	18	4	필수
한국어 듣기	정은경	4	17	4	필수
한국어 문법	괵셀 튀르쾨주	4	17	4	필수
한국어 쓰기	양소영	4	17	4	필수
한국어 말하기	양소영	4	17	4	필수
한국 문화	정은경	2	17	2	선택

중유럽

4. 한국연구센터 운영 현황
- 없음

5. 도서관 현황

도서관명	이스탄불대학교 도서관
한국학 장서 보유량(부)	754

6. 동아시아학 현황

1) 일본학 프로그램 제공 형태	–
2) 중국학 프로그램 제공 형태	학사

중동공과대학교
Middle East Technical University

1. 대학 개요

대학명(자국어)	Orta Doğu Teknik Üniversitesi
설립 연도	1956년
소재 국가	터키
형태	국립
대표자 성명 / 직위	무스타파 베르솬 쾨크(Mustafa Verşan Kök) / 총장

2. 연락처

주소	영문 주소	# 441, MM Building 4th Floor, Ankara, Turkey
	우편번호	06800
전화		+90-312-210 3094
웹사이트		www.metu.edu.tr

3. 기관 한국학 현황

1) 한국 관련 강좌 운영 현황

소속 대학원	사회과학대학원(Graduate School of Social sciences)	
소속 학과	국제관계학과(Department of International Relations)	
개설 연도	2008년	
프로그램 대표자	성명	직함
	제렌 에르젠츠(Ceren Ergenç)	학과장
홈페이지	ir.metu.edu.tr	

2) 한국 관련 프로그램 제공 형태

학위 과정	M.A. (석사 과정)	동아시아학 전공

3) 강좌 개설 현황

과목명	담당 교수	주당 수업 시간	수강생 수	학점	필수 / 선택
한국 사회, 경제, 정치	이희철	3	11	3	선택
한국사	이희철	3	8	3	선택

4. 한국연구센터 운영 현황

- 없음

5. 도서관 현황

도서관명	중앙도서관
담당 사서	한단 클르츠(Handan Kılıç)
한국학 장서 보유량(부)	93

6. 동아시아학 현황

1) 일본학 프로그램 제공 형태	석사
2) 중국학 프로그램 제공 형태	기타(공자학원)

하제테페대학교
Hacettepe University

1. 대학 개요

대학명(자국어)	Hacettepe Üniversitesi
설립 연도	1967년
소재 국가	터키
형태	국공립
대표자 성명 / 직위	하루크 외젠(A. Haluk Özen) / 총장

2. 연락처

주소	영문 주소	Beytepe, Ankara, Turkey
	우편번호	06800
전화		+90-312-287-8085
웹사이트		www.hacettepe.edu.tr

3. 기관 한국학 현황

1) 한국 관련 강좌 운영 현황

소속 교육원	외국어교육원(School of Foreign Languages)	
소속 학과	현대언어과(Department of Modern Languages)	
개설 연도	2014년	
프로그램 대표자	성명	직함
	날란 뷔위칸타르키오글루 (S. Nalan Büyükkantarcioğlu)	원장
홈페이지	www.ydyo.hacettepe.edu.tr/en/menu/department_of_modern_languages-172	

2) 한국 관련 프로그램 제공 형태

비학위 과정	B.A. 선택 과목

3) 한국학 교수진 : 1명

교수명	직위	전공 분야
이태영	외국인 전임강사	한국어 교육

4) 강좌 개설 현황

과목명	담당 교수	주당 수업 시간	수강생 수	학점	필수 / 선택
한국어 1			89		
한국어 3			8		
한국어 5			7		

4. 한국연구센터 운영 현황
- 없음

5. 동아시아학 현황

1) 일본학 프로그램 제공 형태	선택 과목
2) 중국학 프로그램 제공 형태	선택 과목

바르샤바대학교
University of Warsaw

1. 대학 개요

대학명(자국어)	Uniwersytet Warszawski
설립 연도	1816년
소재 국가	폴란드
형태	국공립
대표자 성명 / 직위	마르친 파우이스(Marcin Pałys) / 총장

2. 연락처

주소	영문 주소	Krakowskie Przedmieście 26/28, Warsaw, Poland
	우편번호	00-927
전화		+48-22-55-22-402
웹사이트		www.uw.edu.pl

3. 기관 한국학 현황

1) 한국 관련 강좌 운영 현황

소속 학부		동양학부(Faculty of Oriental Studies)
소속 학과		한국학과(Department of Korean Studies)
프로그램 대표자	성명	직함
	안나 파라도브스카 (Anna Paradowska)	학과장
홈페이지		orient.uw.edu.pl

2) 한국 관련 프로그램 제공 형태

학위 과정	B.A. (학사 과정)	한국학 전공
	M.A. (석사 과정)	한국학 전공

3) 한국학 교수진 : 6명

교수명	직위	전공 분야
안나 이자벨라 파라도브스카	학과장	
최정인	강사	
아그니에슈카 헬레나 코지라(Agnieszka Helena Kozyra)	객원교수	
유스티나 아가타 나이바르 밀러(Justyna Agata Najbar-Miller)	강사	
에바 리나르제브스카(Ewa Rynarzewska)	강사	
크리스토프 얀 신 야나시아크(Christoph Jan Shin-Janasiak)	선임강사	

4) 강좌 개설 현황

과목명	담당 교수	주당 수업 시간	수강생 수	학점	필수 / 선택
학사 세미나: 한국학, 언어학, 문화	안나 이자벨라 파라도브스카			6	필수
한국어	안나 이자벨라 파라도브스카			2	필수
한국어	최정인			2	필수
한국어	크리스토프 얀 신 야나시아크			2	필수
한국어 회화 1	최정인			1.5	필수
한국어 회화 1	안나 디니에이코 바스 (Anna Diniejko-Was)			1.5	필수
한국어 회화 2	최정인			4	필수
한국어 회화 2	전은경(Eunkyong Cheon)			4	필수
한국어 회화 2	카밀라 코지올(Kamila Koziol)			4	필수
한국 미학	에바 리나르제브스카			3	필수
한국어 발음	안나 피보바르스카 (Anna Piwowarska)			3	필수
국한문 혼용체	유스티나 아가타 나이바르 밀러			2	필수
국한문 혼용체	크리스토프 얀 신 야나시아크			2	필수
한국 전통 언어학	크리스토프 얀 신 야나시아크			4	필수
한국어 작문	유스티나 아가타 나이바르 밀러			3	필수
한국어 작문	카밀라 코지올			3	필수

과목명	담당 교수	주당 수업 시간	수강생 수	학점	필수 / 선택
석사 세미나: 한국학	안나 이자벨라 파라도브스카			6	
대한민국 정치경제학	안나 이자벨라 파라도브스카			4	선택
실용 한국어 문법	안나 이자벨라 파라도브스카			2	필수
한국어 독해	유스티나 아가타 나이바르 밀러			2	필수
한국어 독해	에바 리나르제브스카			2	필수
한국어 독해	크리스토프 안 신 야나시아크			2	필수

4. 한국연구센터 운영 현황
- 없음

5. 동아시아학 현황

1) 일본학 프로그램 제공 형태	-
2) 중국학 프로그램 제공 형태	-

중유럽

브로츠와프대학교
University of Wrocław

1. 대학 개요

대학명(자국어)	Uniwersytet Wrocławski
설립 연도	1702년
소재 국가	폴란드
형태	국공립
대표자 성명 / 직위	아담 예제이에르스키(Adam Jezeierski) / 총장

2. 연락처

주소	영문 주소	Komuny Paryskiej Street 21, Wrocław, Poland
	우편번호	50-451
전화		+48-71-343-49-48
웹사이트		international.uni.wroc.pl

3. 기관 한국학 현황

1) 한국 관련 강좌 운영 현황

소속 학부	고전 지중해 및 동양학부 (Institute of Classical, Mediterranean and Oriental Studies)	
소속 학과	동아시아학과(East Asian Studies)	
개설 연도	2013년	
프로그램 대표자	성명	직함
	이해성	한국학 담당자

2) 한국 관련 프로그램 제공 형태

비학위 과정		B.A. 선택 과목
학위 과정	B.A. (학사 과정)	한국학 전공

3) 주요 연구 분야

- 한국어, 한국사, 한국 사회, 한국 예술과 문화

4) 한국학 교수진 : 6명

교수명	직위	전공 분야
이해성		사회학
박혜림		언어학
아그니에슈카 스미아타치(Agnieszka Smiatacz)		역사학
라도스와프 폴코브스키(Radosław Polkowski)		사회학
말레나 올렉시우크(Marlena Oleksiuk)		한국어학
도로타 푸드와(Dorota Pudło)		문화학

5) 수강생 현황

한국어(학) 관련 강의 수강생 수 : 총 97명

학사 1학년	학사 2학년	학사 3학년	학사 4학년	석사 1학년	석사 2학년	박사 과정	기타
16	21						60

전공생 수

B.A.	M.A.	Ph.D.
37		

※ 매년 신입생 선발(인원: 15~25명)

6) 강좌 개설 현황

과목명	담당 교수	주당 수업 시간	수강생 수	학점	필수 / 선택
실용 한국어(1학년)	이해성, 박혜림, 말레나 올렉시우크	10	16	18	
한국 한자어(1학년)	이해성	2	16	3	
현대 한국 사회(1학년)	라도스와프 폴코브스키	2	17	2	
한국사 I(1학년)	이해성	2	16	2	
한국 예술과 미(1학년)	박혜림	2	16	2	
실용 한국어(2학년)	이해성, 박혜림, 아그니에슈카 스미아타치	8	21	8	
한국어 랩(2학년)	박혜림	2	21	2	
한국어의 기술 문법(2학년)	박혜림	2	21	2	
한국사 III(2학년)	아그니에슈카 스미아타치	2	21	2	
한국의 종교와 철학(2학년)	이해성	2	21	2	
한국어 입문	이해성	3	10	3	
한국어 입문	말레나 올렉시우크	3	42	3	
한국어 중고급	말레나 올렉시우크	3	8	3	

7) 한국 관련 활동

활동명	시기	상세 활동 내용
한국 경영 대표단 초대	2014. 2.	한국 기업 최고경영진들의 교내 방문(LG디스플레이, LG전자, LG이노텍, LG화학): 대학 대표단과의 미팅, 교내 박물관 방문, 특별 강연 "한국과 폴란드의 협력" 진행
한국 축제	2014. 6.	한국-폴란드 수교 25주년 기념행사. 센터의 한국학 전공 학생들이 봉사 활동으로 참여
한국 공업 단지 견학	2015. 6.	LG디스플레이 폴란드의 제품 계열사 방문, 한국 기업 대표단과의 오찬
송년 파티	2015. 12.	학생들의 K-POP과 댄스 공연

4. 한국연구센터 운영 현황
- 없음

5. 도서관 현황

도서관명	브로츠와프대학교 도서관
한국학 장서 보유량(부)	425

6. 동아시아학 현황

1) 일본학 프로그램 제공 형태	기타(언어 프로그램)
2) 중국학 프로그램 제공 형태	학사, 기타(공자학원)

아담 미츠키에비츠대학교

Adam Mickiewicz University in Poznań

1. 대학 개요

대학명(자국어)	Uniwersytet im. Adama Mickiewicza w Poznaniu
설립 연도	1919년
소재 국가	폴란드
형태	국공립
대표자 성명 / 직위	안드르제이 레시츠키(Andrzej Lesicki) / 총장

2. 연락처

주소	영문 주소	Al. Niepodleglosci 4, Collegium Novum, Poznan, Poland
	우편번호	61-874
전화		+48-609-052-440
웹사이트		international.amu.edu.pl

3. 기관 한국학 현황

1) 한국 관련 강좌 운영 현황

소속 단과대학/학부	현대언어문학대학(Faculty of Modern Languages and Literature), 언어학부(Institute of Linguistics)	
소속 학과	한국어학과(Department of Korean Philology)	
개설 연도	2003년	
프로그램 대표자	성명	직함
	피오트르 비에르즈흔(Piotr Wierzchon)	학과장
홈페이지	www.ij.amu.edu.pl	

2) 한국 관련 프로그램 제공 형태

학위 과정	B.A. (학사 과정)	한국학 전공, 한국어 전공
	M.A. (석사 과정)	한국학 전공, 한국어 전공
	Ph.D. (박사 과정)	한국학 전공, 한국어 전공

3) 주요 연구 분야

- 한국어, 문학, 문화, 사회과학

4) 한국학 교수진 : 9명

교수명	직위	전공 분야
피오트르 비에르즈흔	학과장	언어학
오경근	부교수	언어학
이새아	강사	한국 문학, 한국학
임춘실	강사	한국어
안나 보로비아크(Anna Borowiak)	전임강사	한국어
에밀리아 보이타시크(Emilia Wojtasik)	강사	한국어
파베우 키다(Paweł Kida)	전임강사	한국어
윌리엄 스트르나트(William Strnad)	강사	한국어, 한자
안나 스타니크(Anna Stanik)	강사	한국 문학

5) 수강생 현황

한국어(학) 관련 강의 수강생 수 : 총 132명

학사 1학년	학사 2학년	학사 3학년	학사 4학년	석사 1학년	석사 2학년	박사 과정	기타
40	37	28		11	14	2	

전공생 수

B.A.	M.A.	Ph.D.
105	25	2

※ 매년 신입생 선발(인원: 40명)

6) 강좌 개설 현황

과목명	담당 교수	주당 수업 시간	수강생 수	학점	필수 / 선택
실용 한국어(1학년)	임춘실, 이새아, 파베우 키다, 안나 스타니크	10	40		
한국학 입문(1학년)	오경근	2	40		
한자(1학년)	윌리엄 스트르나트	2	40		
실용 한국어(2학년)	이새아, 파베우 키다, 에밀리아 보이타시크	140	40		
한국 문학사(2학년)	오경근	2	37		
한국어 기술 문법(2학년)	안나 보로비아크	2	37		
한국 사정(2학년)	임춘실	2	37		
한국사(2학년)	윌리엄 스트르나트	2	37		
실용 한국어(3학년)	임춘실, 이새아, 안나 보로비아크	8	28		
번역 이론 및 실습(3학년)	안나 보로비아크	2	28		
한국 문화(3학년)	에밀리아 보이타시크	2	28		
한국어사(3학년)	임춘실	2	28		
학사 세미나(3학년)	오경근	2	28		
실용 한국어(석사 1년)	이새아, 에밀리아 보이타시크	4	11		
번역 연습(석사 1년)	에밀리아 보이타시크	4	11		
전공 강의(석사 1년)	안나 보로비아크	2	11		
석사 세미나(석사 1년)	오경근	2	11		
번역 연습(석사 2년)	오경근	4	14		
전공 강의(석사 2년)	오경근	2	14		
석사 세미나(석사 2년)	오경근	2	14		

7) 한국 관련 활동

활동명	시기	상세 활동 내용
한국 문화의 날	매년 4월 초	매년 한국학과 학생들 주관으로 대학생들과 일반인들에게 한국의 문화를 소개하고 홍보하는 행사. 한국의 전통 음악과 무용, 한국에 관한 연극과 K-POP 등의 공연 실시

8) 한국 관련 출판물

제목	형태	주요 내용
'International Journal of Korean Humanities and Social Sciences'	논문	Institute of Linguistics, Faculty of Modern Languages and Literature, Adam Mickiewicz University, Poznan, Poland 아담 미츠키에비츠대학교 한국학과에서 매년 발행하는 폴란드 유일의 한국학 전문 학술지. 본 한국학과는 매년 '한국학 국제 학술 대회'를 개최하고 있으며, 이를 바탕으로 한국학 학술지 발간

4. 한국연구센터 운영 현황
　-없음

5. 도서관 현황

도서관명	현대언어문학대학 도서관
담당 사서	마그다 스타시크(Magda Stasik)
한국학 장서 보유량(부)	2,498

6. 동아시아학 현황

1) 일본학 프로그램 제공 형태	학사, 석사, 박사
2) 중국학 프로그램 제공 형태	학사, 석사, 박사, 기타(공자학원)

야기엘로니안대학교
Jagiellonian University in Kraków

1. 대학 개요

대학명(자국어)	Uniwersytet Jagielloński w Krakowie
설립 연도	1364년
소재 국가	폴란드
형태	국립
대표자 성명 / 직위	보이치에흐 노박(Wojciech Nowak) / 총장

2. 연락처

주소	영문 주소	Gronostajowa str. 3, Krakow, Poland
	우편번호	30-387
전화		+48-12-664-54-15
웹사이트		www.uj.edu.pl

3. 기관 한국학 현황

1) 한국 관련 강좌 운영 현황

소속 연구소	중동·극동아시아연구소(Institute of Middle and Far East)	
소속 학과	극동학과(Far Eastern Studies)	
개설 연도	2005년	
프로그램 대표자	성명	직함
	크르지스즈토프 코시치엘니악 (Krzysztof Kościelniak)	연구소장
홈페이지	www.orient.uj.edu.pl	

2) 한국 관련 프로그램 제공 형태

비학위 과정		B.A. 선택 과목, M.A. 선택 과목
학위 과정	B.A. (학사 과정)	극동학 내 한국학 모듈

3) 한국학 교수진 : 7명

교수명	직위	전공 분야
김광석	강사	한국어 교육
정수경(Sukyung Jung)	강사	한국어 교육
조병세	교수	정치경제학
에바 리나르제브스카(Ewa Rynarzewska)	교수	한국학
미카엘 루비나(Michael Lubina)	조교수	정치학
도로타 바란스카(Dorota Baranska)	조교수	문화학
요안나 구지크(Joanna Guzik)	조교수	역사학

4) 수강생 현황

한국어(학) 관련 강의 수강생 수 : 총 90명

학사 1학년	학사 2학년	학사 3학년	학사 4학년	석사 1학년	석사 2학년	박사 과정	기타
40	25	25					

전공생 수

B.A.	M.A.	Ph.D.
25		

5) 강좌 개설 현황

과목명	담당 교수	주당 수업 시간	수강생 수	학점	필수 / 선택
한국어	정수경	2	25	3	필수
한국어	김광석	2	25	3	필수
한국 문화	조병세	1	25	3	선택
한국 경영	조병세	1	25	3	선택
불교	크르지스즈토프 코시치엘니악	1	25	3	필수
동양의 식사 문화	보그단(Bogdan)	1	25	3	선택
석사 세미나	에바 리나르제브스카	1	25	3	필수
한국 정치 경제	조병세	1	25	3	필수

6) 한국 관련 활동

활동명	시기	상세 활동 내용
주폴란드 대사 방문	2014. 10.	• 주폴란드 대사 방문, 공개 강의 진행 • 총장 보이치에흐 노박과 중동·극동아시아연구소장 코시치엘니악과의 만남
아시아학 축제	2015. 3.	중동·극동아시아연구소 주최, 언어 교육 과정과 문화 행사 진행
총장 한국 방문	2015. 5.	KF 인사 초청 사업으로 방한
한국 국제컨퍼런스	2015. 5.	중동·극동아시아연구소 주최로 홍지인 대사 참여, 중동·극동아시아연구소와 주폴란드 대사관의 교류
한국의 날	2015. 10.	특강, 언어 교육, 문화 행사 개최
아시아학 축제	2016. 4.	중동·극동아시아연구소 주최로 언어 교육 과정과 문화 행사 진행
한국 국제컨퍼런스	2016. 5.	중동·극동아시아연구소 주최로 주폴란드 대사 참석, 중동·극동아시아연구소와 주폴란드 대사관의 교류

4. 한국연구센터 운영 현황

　-없음

5. 도서관 현황

도서관명	야기엘로니안대학교 도서관
담당 사서	디누타 비텍(Danuta Witek)
한국학 장서 보유량(부)	352

6. 동아시아학 현황

1) 일본학 프로그램 제공 형태	학사, 석사
2) 중국학 프로그램 제공 형태	학사, 석사

부다페스트경영대학교

Budapest Business School

1. 대학 개요

대학명(자국어)	Budapesti Gazdasági Egyetem(BGE)
설립 연도	1963년
소재 국가	헝가리
형태	국공립
대표자 성명 / 직위	에바 산도르-크리스트(Éva Sándor-Kriszt) / 총장

2. 연락처

주소	영문 주소	Diósy Lajos utca 22-24, Budapest, Hungary
	우편번호	1165
전화		+36-1-4677-800
웹사이트		www.uni-bge.hu

3. 기관 한국학 현황

1) 한국 관련 강좌 운영 현황

소속 학부	국제경영학부(Faculty of International Management and Business)	
소속 학과	국제경영언어학과(Department of International Business Languages)	
개설 연도	2017년	
프로그램 대표자	성명	직함
	굴리아스네 체쾨 카탈린 (Gulyásné Csekö Katalin)	학과장
홈페이지	https://en.uni-bge.hu/cimb	

2) 한국 관련 프로그램 제공 형태

비학위 과정	B.A. 선택 과목, M.A. 선택 과목

3) 한국학 교수진 : 1명

교수명	직위	전공 분야
가보르 오스바스(Gábor Osváth)		한국어와 문학

4) 강좌 개설 현황

과목명	담당 교수	주당 수업 시간	수강생 수	학점	필수 / 선택
한국어(특별 교육 과정)		6	15		

4. 한국연구센터 운영 현황
- 없음

5. 동아시아학 현황

1) 일본학 프로그램 제공 형태	기타(제2외국어로서의 일본어 과정)
2) 중국학 프로그램 제공 형태	기타(제2외국어로서의 중국어 과정)

에외트뵈스 로란드대학교

Eötvös Loránd University

1. 대학 개요

대학명(자국어)	Eötvös Loránd Tudományegyyetem(ELTE)
설립 연도	1635년
소재 국가	헝가리
형태	국립
대표자 성명 / 직위	바르나 메제이(Barna Mezey) / 총장

2. 연락처

주소	영문 주소	4/B Múzeum krt., Budapest, Hungary
	우편번호	1088
전화		+36-304814746
웹사이트		www.elte.hu

3. 기관 한국학 현황

1) 한국 관련 강좌 운영 현황

소속 연구소	인문학부 극동연구소(Faculty of Humanities, Institute of Far Eastern Studies)	
소속 학과	한국학과(Department of Korean Studies)	
개설 연도	2008년	
프로그램 대표자	성명	직함
	쇼마 모제시(Choma Mózes)	학과장
홈페이지	koreanisztika.elte.hu	

2) 한국 관련 프로그램 제공 형태

학위 과정	B.A. (학사 과정)	한국학 전공
	M.A. (석사 과정)	한국학 전공

3) 주요 연구 분야

• 한국학

4) 한국학 교수진 : 7명

교수명	직위	전공 분야
쇼마 모제시	학과장	한국사
메시 베아트릭스(Mecsi Beatrix)	교수	한국 미술사
타카츠 마리아 효숙(Takats Maria Hyo-sook)	전임강사	한국어
유승	KF 객원교수	한국 문학
남선미	강사	한국어
코바츠 라모나(Kovács Ramona)	강사	한국사
네메스 니콜레타(Nemeth Nikoletta)	강사	한국 문학

5) 수강생 현황

한국어(학) 관련 강의 수강생 수 : 총 150명

학사 1학년	학사 2학년	학사 3학년	학사 4학년	석사 1학년	석사 2학년	박사 과정	기타
49	45	38		17	1		

전공생 수

B.A.	M.A.	Ph.D.
84	18	

※ 매년 신입생 선발(인원: 45명)

6) 강좌 개설 현황

과목명	담당 교수	주당 수업 시간	수강생 수	학점	필수 / 선택
한국어 1(전공)	유승	4	26	4	필수
한국어 1(부전공)	유승	4	32	4	필수
한문 1	메시 베아트릭스	2	58	2	필수
한국사 1	쇼마 모제시	2	33	2	필수
한국어 3(전공)	타카츠 마리아 효숙	2	12	2	필수
한국어 3(부전공)	장두식	2	33	2	필수
한국인의 정체성	쇼마 모제시	2	33	2	필수
한국사 3	쇼마 모제시	2	33	2	필수
한국학 강독 1	네메스 니콜레타	2	33	2	필수
한국어 번역	타카츠 마리아 효숙	2	33	2	필수
현대 한국어 회화	장두식	2	33	2	필수
비즈니스 한국어 1	쇼마 모제시	2	25	2	필수
한국어 5(전공)	타카츠 마리아 효숙	2	25	2	필수
한국어 5(부전공)	장두식	2	13	2	필수
한국 미술사	메시 베아트릭스	2	38	2	필수
현대 한국어 1	타카츠 마리아 효숙	2	25	2	필수
삼국시대 역사	장두식	2	18	2	필수
한국 전통 문화 입문	유승	2	18	2	필수
한국 종교 2	아그네스 비르탈란 (Agnes Birtalan)	2	18	2	필수
논문 연구 세미나 1	쇼마 모제시	2	18	2	필수
현대 한국어 3	남선미	2	1	2	필수
한국 전통 문화	유승	2	1	2	필수
번역 연습 1	남선미	2	1	2	필수
조선시대 역사	쇼마 모제시	2	1	2	필수
논문 연구 세미나 3	쇼마 모제시	2	1	2	필수

7) 한국 관련 활동

활동명	시기	상세 활동 내용
헝가리 교과서 분석	2016. 5.~11.	헝가리 중고등학교 교과서에 나타난 한국 관련 내용 조사 및 분석

8) 한국 관련 출판물

제목	형태	주요 내용
코리아–한 민족, 두 나라	단행본	해방 후 60년 동안의 남북한 발전상 비교

4. 한국연구센터 운영 현황
- 없음

5. 도서관 현황

도서관명	동아시아학연구소 도서관
담당 사서	머요르 코르넬리아(Major Kornélia)
한국학 장서 보유량(부)	1,345

6. 동아시아학 현황

1) 일본학 프로그램 제공 형태	학사, 석사, 박사
2) 중국학 프로그램 제공 형태	학사, 석사, 박사, 기타(공자학원)

부록

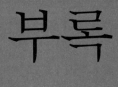

1. 해외 한국학 현황 조사 대학 목록(105개국 1,348개 처)

　　KF는 2012년부터 매년 재외공관의 협조를 받아 해외 한국학 기초 현황 전수 조사를 실시하여 아래 명단을 작성하였다. 이는 2017년 상반기 기준 한국어 또는 한국학 비학위/학위 과정을 운영하고 있는 전체 기관의 목록(105개국 1,348개 처)이며, 추후 업데이트되는 내용은 KF 통계센터 홈페이지 내 해외 대학 한국학 현황(www.kf.or.kr/koreanstudies)을 통해 확인할 수 있다. 아래 목록에는 대륙별로 하위 지역을 총 12개 지역으로 구분하여 지역, 국가, 대학의 한글명을 가나다 순으로 게재하였다.

• 남미

국가	대학명	영문 / 로마자 표기	강좌 개설 학부 / 학과	한국학센터 현황	홈페이지
볼리비아	가브리엘레네모레노자치대학교	Gabriel René Moreno Autonomous University	언어학부		www.uagrm.edu.bo
	볼리비아국립대학교	Higher University of San Andres			www.umsa.bo
	산시몬대학교(UMSS)	University of Simon	언어학과		www.umss.edu.bo
	산프란시스코 하비에르대학교	University of Saint Francis Xavier	언어학과		www.usfx.bo
	후안미사엘사라초자치대학교	Juan Misael Saracho Autonomous University	언어학부		www.uajms.edu.bo
브라질	미나스제라이스연방대학교	Federal University of Minas Gerais	경제학부		www.ufmg.br
	발리두히우두스시누스대학교 (UNISINOS)	University of Vale do Rio dos Sinos	세종학당		www.unisinos.br
	브라질리아연방대학교	University of Brasilia	국제언어교육원		www.unb.br
	상파울루대학교 (USP)	University of São Paulo	철학언어문학인문학부 동양문학과		www5.usp.br
	캄피나스대학교(UNICAMP)	Campinas State University	세종학당		www.unicamp.br

국가	대학명	영문 / 로마자 표기	강좌 개설 학부 / 학과	한국학센터 현황	홈페이지
아르헨티나	라플라타국립대학교(UNLP)	National University of La Plata	국제관계연구소 한국학센터	O	www.unlp.edu.ar
	마르델플라타국립대학교	National University of Mar del Plata	국제관계연구소		www.mdp.edu.ar
	부에노스아이레스대학교	University of Buenos Aires	한국학연구센터		www.uba.ar
	살바도르대학교	University of Salvador	사회과학부 사회과학연구학과		www.usal.edu.ar
	아비에르타 인터아메리카나 대학교(UAI)	Open University Interamericana			www.uai.edu.ar
	코르도바국립대학교	National University of Cordoba	역사학부 아시아와 아프리카 현대역사학과		www.unc.edu.ar
	투쿠만국립대학교	National University of Tucumán	아시아 아프리카 연구소		www.unt.edu.ar
에콰도르	에코텍대학교	ECOTEC University	언어학부		www.ecotec.edu.ec
	에콰도르중앙대학교	Central University of Ecuador			www.uce.edu.ec
	해안고등기술대학교(ESPOL)	Polytechnic School of Litoral	인문학부 외국어교육원		www.espol.edu.ec
칠레	디에고포르탈레스대학교	Diego Portales University	세종학당		www.udp.cl
	칠레가톨릭대학교	Pontifical Catholic University of Chile	역사·지리·정치과학부 역사학과		www.uc.cl
	칠레대학교	Univeristy of Chile			www.uchile.cl
	칠레산티아고대학교	University of Santiago, Chile	한국학센터		www.usach.cl
	칠레중앙대학교	Central University of Chile	국제교류부 아시아-태평양 팀		www.ucentral.cl
파라과이	라울페냐국립교원대학교(ISE)	Higher Institute of Education "Dr. Raúl Peña"	한국어교육학과		ise.edu.py
	아순시온국립대학교	National University of Asuncion			www.una.py
페루	리마대학교	Lima University			www.ulima.edu.pe
	산마르코스국립대학교	National University of San Marcos			www.unmsm.edu.pe
	산아구스틴국립대학교	National University of San Agustin			www.unsa.edu.pe
	쿠스코 산안토니오아밧국립대학교	Natioanl University of San Antonio Abad of Cusco	어학당		www.unsaac.edu.pe
	트루히요국립대학교	National University of Trujillo			www.unitru.edu.pe
	페루가톨릭대학교	Pontifical Catholic University of Peru			www.pucp.edu.pe
	페루중부국립대학교	National University of the Center of Peru			www.uncp.edu.pe

• 대양주

국가	대학명	영문 / 로마자 표기	강좌 개설 학부 / 학과	한국학센터 현황	홈페이지
뉴질랜드	오클랜드공과대학교	Auckland University of Technology	언어·문화학부 아시아학과		www.aut.ac.nz
	오클랜드대학교	University of Auckland	인문학부 문화·언어·어학대학	O	www.auckland.ac.nz
	웰링턴빅토리아대학교	Victoria University of Wellington	언어문화학부 아시아언어문화학과		www.victoria.ac.nz
호주	그리피스대학교	Griffith University	그리피스 경영대학 국제경영·아시아학과	O	www.griffith.edu.au
	남부호주대학교	University of South Australia	경영대학		www.unisa.edu.au
	뉴사우스웨일즈대학교 (UNSW)	University of New South Wales	인문학·언어학부 일본·한국학과	O	www.unsw.edu.au
	매쿼리대학교	Macquarie University	인문학부 국제학과		www.mq.edu.au
	멜버른대학교	University of Melbourne	인문학부 아시아연구소		www.unimelb.edu.au
	모나시대학교	Monash University	인문학부 언어·문학·문화·언어학과		www.monash.edu
	서부호주대학교 (UWA)	University of Western Australia	인문·경영·법률·교육학부 아시아학과		www.uwa.edu.au
	시드니대학교	University of Sydney	언어문화학부 한국학과		www.sydney.edu.au
	퀸즐랜드공과대학교	Queensland University of Technology			www.qut.edu.au
	퀸즐랜드대학교	University of Queensland	인문사회과학부 언어문화학과		www.uq.edu.au
	호주국립대학교(ANU)	Australian National University	문화·역사·언어학부 동아시아학과, 사학과, 젠더·미디어문화학과	O	www.anu.edu.au

• 동남아

국가	대학명	영문 / 로마자 표기	강좌 개설 학부 / 학과	한국학센터 현황	홈페이지
동티모르	동티모르대학교	National University of East Timor	경제경영학부 관광상업학과	O	www.untl.edu.tl
라오스	라오스국립대학교 (동독캠퍼스)	National University of Laos (Dong Dok Campus)	한국어학과		www.nuol.edu.la
	라오코리안칼리지	Lao-Korean College	한국어학과		
	로고스칼리지	Logos College	한국어학과		
	수파누봉대학교	Souphanouvong University	어문학부 한국어교육원		www.su.edu.la
말레이시아	국제교육칼리지(INTEC)	INTEC Education College			www.intec.edu.my
	노팅햄대학교 말레이시아 캠퍼스	University of Nottingham Malaysia Campus	국제관계학과		www.nottingham.edu.my
	말라야대학교	University of Malaya	동아시아학과, 아시아유럽어학과		www.um.edu.my
	말레이시아과학대학교	University of Science Malaysia			www.usm.my
	말레이시아국립대학교	National University of Malaysia	인문사회과학대학 외국어및번역학과		www.ukm.my

국가	대학명	영문 / 로마자 표기	강좌 개설 학부 / 학과	한국학센터 현황	홈페이지
말레이시아	말레이시아기술대학교	University Technology Malaysia			www.utmspace.edu.my
	말레이시아우타라대학교	University Utara Malaysia	현대언어학과 외국어부		www.uum.edu.my
	말레이시아푸트라대학교	University Putra Malaysia			www.upm.edu.my
	말레이시아플리스대학교	University of Malaysia Perlis			www.unimap.edu.my
	멀티미디어대학교	Multimedia University			www.mmu.edu.my
	말레이시아사바대학교	University of Malaysia Sabah	지식과 언어학습진흥센터 외국어 및 자국어 분과		www.ums.edu.my
	술탄이드리스교육대학교	Sultan Idris Education University			www.upsi.edu.my
	쿠알라룸푸르대학교	University Kuala Lumpur	말레이시아정보기술학부		www.unikl.edu.my
	키나발루상업칼리지	Kinabalu Commercial College			www.kcc.edu.my
	테일러스대학교	Taylors University	인문과학대학 언어문화학과		www.taylors.edu.my
	툰쿠압둘라만대학교	University Tunku Abdul Rahman			www.utar.edu.my
	툰후세인온대학교	University Tun Hussein Onn Malaysia			www.uthm.edu.my
	트라벡스국제칼리지	Travex International College			www.kolejtravex.edu.my
	헬프대학교	HELP University			www.help.edu.my
미얀마	만달레이외국어대학교	Mandalay University of Foreign Languages	한국어학과		
	양곤외국어대학교	Yangon University of Foreign Languages	한국어학과		www.yufl.edu.mm
베트남	껀터대학교	Can Tho University	한국학센터		www.ctu.edu.vn
	다낭외국어대학교	Da Nang University of Foreign Language Studies	일본어-한국어-태국어 종합과		www.ufl.udn.vn
	달랏대학교	Dalat University	국제학부 한국학과		www.dlu.edu.vn
	락홍대학교	Lac Hong University	동방학부 한국학과		www.lhu.edu.vn
	바리어붕따우대학교	Ba Ria Vung Tau University	동방학부		www.bvu.edu.vn
	박하기술칼리지	Bac Ha College of Technology	한국어과		www.bcit.edu.vn
	반히엔대학교	Van Hien University	동방학부 한국학과		www.vhu.edu.vn
	베일외국어기술칼리지	Viet Nam - Japan College of Language and Technology	한국어학과		cnc.edu.vn
	베트남국민경제대학교	National Economics University	아시아-태평양 경영연구소 한국센터		www.neu.edu.vn
	베트남사회과학원	Vietnamese Academy of Social Sciences			www.vass.gov.vn
	사이공문화예술칼리지	Saigon College of Art Culture and Tourism	외국어학과		www.saigonact.edu.vn
	언론홍보대학교(AJC)	Academy of Journalism and Communication			www.ajc.edu.vn
	응우옌탓타인대학교	Nguyen Tat Thanh University	인문사회과학부 외국어학과		www.ntt.edu.vn

국가	대학명	영문 / 로마자 표기	강좌 개설 학부 / 학과	한국학센터 현황	홈페이지
베트남	타이빈즈엉대학교	Pacific Ocean University	외국어학부 동방학과		www.pou.edu.vn
	타이응우옌대학교	Thai Nguyen University	외국어학부 영어학과, 중국어학과		en-sfl.tnu.edu.vn
	탕롱대학교	Thang Long University	언어학부 한국어학과		en.thanglong.edu.vn
	투득기술칼리지	Thu Duc College of Technology	한국어학과		www.tdc.edu.vn
	하노이국립외국어대학교	University of Languages and International Studies – VNU	한국어문학과		www.ulis.vnu.edu.vn
	하노이국립인문사회과학대학교	University of Social Sciences and Humanities – VNU	동방학부 한국학과		www.ussh.vnu.edu.vn
	하노이대학교	Hanoi University	한국어과	O	www.hanu.edu.vn
	하노이백과대학교 (HUST)	Hanoi University of Science and Technology	한국어학과(2년제)		www.hust.edu.vn
	호찌민국립인문사회과학대학교	University of Social Science and Humanities-VNU	한국학부	O	www.hcmussh.edu.vn
	호찌민기술대학교	Ho Chi Minh City University of Technology (HUTECH)	인문사회과학대학 동방학과		www.hcmut.edu.vn
	호찌민사범대학교	Ho Chi Minh City University of Pedagogy	한국어학부 한국어 통번역학과, 관광학과	O	www.en.hcmute.edu.vn
	호찌민외국어정보대학교	Ho Chi Minh City University of Foreign Languages– Information Technology (HUFLIT)	동양언어·문화학부 한국학과		www.huflit.edu.vn
	홍방국제대학교	Hong Bang International University (HBU)	사회과학국제언어대학 한국학과		www.hiu.vn
	후에외국어대학교	Hue University of Foreign Languages	외국어대학 한국문화 및 언어학과		www.hucfl.edu.vn
브루나이	브루나이국립대학교	University of Brunei Darussalam	언어센터		www.ubd.edu.bn
싱가포르	난양공과대학교	Nanyang Technological University	인문예술사회과학대학		www.ntu.edu.sg
	난양폴리테크닉	Nanyang Polytechnic			www.nyp.edu.sg
	니안폴리테크닉	Ngee Ann Polytechnic			www.np.edu.sg
	싱가포르경영대학교	Singapore Management University	사회과학대학		www.smu.edu.sg
	싱가포르국립대학교	National University of Singapore	인문사회과학부 어학센터		www.nus.edu.sg
	싱가포르폴리테크닉	Singapore Polytechnic			www.sp.edu.sg
인도네시아	가자마다대학교	Gadjah Mada University (UGM)	문화과학부 어문학과	O	www.ugm.ac.id
	국방어학원	Pusat Pendidikan dan Pelatihan Bahasa	어학원		
	나시오날대학교	Nasional University (UNAS)	외국어아카데미 한국어학과	O	www.unas.ac.id
	디포네고로대학교	Diponegoro University (UNDIP)	어학원		www.undip.ac.id
	람붕망꾸랏대학교	Lambung Mangkurat University	어학원		www.ulm.ac.id

국가	대학명	영문 / 로마자 표기	강좌 개설 학부 / 학과	한국학센터 현황	홈페이지
인도네시아	무리아꾸두스교육대학교	Muria Kudus University	어학원		www.umk.ac.id
	반둥공과대학교	Bandung Institute of Technology(ITB)	언어예술디자인학부		www.lc.itb.ac.id
	브라위자야대학교	Brawijaya University	문화학부 어학센터, 일어일문학과		www.ub.ac.id
	수마트라 우타라대학교	Sumatera Utara University	어학원		www.usu.ac.id
	술탄아궁이슬람대학교	Islam Sultan Agung University	어학원		www.unissula.ac.id
	인도네시아교육대학교	Indonesia University of Education(UPI)	언어문학교육학부 한국어학과		www.upi.edu
	인도네시아대학교	University of Indonesia(UI)	인문학부		www.ui.ac.id
	자카르타국립이슬람대학교	Syarif Hidayatullah State Islamic University Jakarta	어학원		www.uinjkt.ac.id
	하사누딘대학교	Hasanuddin University			www.unhas.ac.id
캄보디아	국립기술대학교(NPIC)	National Polytechnic Institute of Cambodia	관광학과		www.npic.edu.kh
	라이프대학교	Life University	예술인문언어대학 한국어학과		www.lifeun.edu.kh
	민쩨이대학교	Meanchey University	예술인문언어학부 한국 문학과		www.mcu.edu.kh
	바탐방대학교	University of Battambang	외국어학부 한국어학과		www.ubb.edu.kh
	빌드브라이트대학교	Build Bright University	외국어센터		www.bbu.edu.kh
	시엠립교육칼리지	Provincial Teacher Training College(Siem Reap)	언어학부		www.pttcsr.net
	앙코르대학교	Angkor University(Siem Reap)	한국어학과		www.angkor.edu.kh
	왕립프놈펜대학교	Royal University of Phnom Penh	외국어학부 한국학과	O	www.rupp.edu.kh
	캄보디아 메콩대학교	Cambodian Mekong University	한국어학과		www.mekong.edu.kh
	파나사트라대학교	Pannasastra University of Cambodia			www.puc.edu.kh
	프놈펜국립예술대학교(PPIIA)	Phnom Penh International Institute of Arts			www.ppiia.org
태국	까셋삿대학교	Kasetsart University			www.ku.ac.th
	깜팽펫대학교	Kamphaeng Phet Rajabhat University			www.kpru.ac.th
	나레수안대학교	Naresuan University	인문대학 한국어학과		www.nu.ac.th
	라자망가라 테크놀로지 이산대학교	Rajamangala University of Technology Isan			www.kkc.rmuti.ac.th
	람캄행대학교	Ramkhamhaeng University	인문학부 사회인류학과, 태국동양어학과	O	www.ru.ac.th
	마하사라캄대학교	Mahasarakham University	인문사회과학부 태국동양어학과		www.inter.msu.ac.th
	매파르왕대학교	Mae Fah Luang University			www.mfu.ac.th
	부라파대학교	Burapha University	인문사회과학부 동양어학과	O	www.buu.ac.th

국가	대학명	영문 / 로마자 표기	강좌 개설 학부 / 학과	한국학센터 현황	홈페이지
태국	송클라나카린대학교 (파타니 캠퍼스)	Prince of Songkla University Pattani Campus	인문사회과학부 동양어학과		www.pn.psu.ac.th
	송클라나카린대학교 (푸껫 캠퍼스)	Prince of Songkla University Phuket Campus	아시아학과		www.phuket.psu.ac.th
	송클라나카린대학교 (핫야이 캠퍼스)	Prince of Songkla University Hat Yai Campus			www.psu.ac.th
	수라나리테크놀로지 대학교	Suranaree University of Technology			www.sut.ac.th
	수라타니 라차팟대학교	Suratthani Rajabhat University			www.sru.ac.th
	수린 라차팟대학교	Surin Rajabhat University			www.srru.ac.th
	수린기술칼리지	Surin Technical College			www.surintech.ac.th
	시나카린위롯대학교	Srinakharinwirot University	인문학부 동양어과–한국어과		www.swu.ac.th
	실파꼰대학교	Silpakorn University	인문학부 근대동양어학과		www.su.ac.th
	아유타야라차팟대학교	Rajabhat Phra Nakhon Si Ayutthaya University			www.aru.ac.th
	우돈타니라차팟대학교	Udon Thani Rajabhat University			www.rmuti.ac.th
	우따라딧라차팟대학교	Uttaradit Rajabhat University	한국어학과		www.uru.ac.th
	우따라딧직업칼리지	Uttaradit Vocational College			www.uttvc.ac.th
	우본라차타니라차팟 대학교	Ubon Ratchathani Rajabhat University			www.ubru.ac.th
	차이야품기술칼리지	Chaiyaphum Technical College			
	출라롱꼰대학교	Chulalongkorn University	인문학부 동양어학과		www.chula.ac.th
	치앙라이라차팟대학교	Chiang Rai Rajabhat University	인문학부 한국어학과		www.crru.ac.th
	치앙마이기술칼리지	Chiang Mai Technical College			www.cmtc.ac.th
	치앙마이대학교	Chiang Mai University	인문학부 동양어학과	O	www.cmu.ac.th
	치앙마이라차팟대학교	Chiang Mai Rajabhat University	인문사회과학부 동양어학과		www.cmru.ac.th
	콘깬대학교	Khon kaen University	한국어센터		www.kku.ac.th
	탁신대학교	Thaksin University			www.tsu.ac.th
	탐마삿대학교	Thammasat University	태국어와 동아시아언어학과	O	www.asia.tu.ac.th
	테크놀로지라자망가라따완억대학교	Rajamangala University of Technology Tawan-ok			www.rmutto.ac.th
	푸껫라차팟대학교	Phuket Rajabhat University	한국어교육과		www.pkru.ac.th
	허깐카타이대학교	University of the Thai Chamber of Commerce	문과대학 한국어학과		www.utcc.ac.th
필리핀	국립필리핀대학교 딜리만캠퍼스	University of the Philippines-Diliman	사회과학철학대학교 언어학부, 국제학센터, 아시아센터		upd.edu.ph
	라이시움대학교	Lyceum of the Philippines University	국제무역언어학부, 국제관계학부		www.lpu.edu.ph

국가	대학명	영문 / 로마자 표기	강좌 개설 학부 / 학과	한국학센터 현황	홈페이지
필리핀	산토토마스대학교	University of the Santo tomas	외국어학부, 관광매니지먼트대학		www.ust.edu.ph
	세부기술(공과)대학교	Cebu Technological University	기술대학, 공학대학, 공공행정대학원		www.ctu.edu.ph
	아시안서밋칼리지	Asian Summit College	DCIT/HRS		www.asc.ph
	아테네오마닐라대학교	Ateneo de Manila University	사회과학대학 영문학과, 역사학과, 정치학과, 커뮤니케이션학과		www.ateneo.edu
	엔드런칼리지	Enderun Colleges	새마을운동학 및 경제개발학부		www.enderuncolleges.com
	오로라기술칼리지	Aurora State College of Technology			ascot.edu.ph
	필리핀국립대학교	University of the Philippines	언어학과		www.up.edu.ph
	필리핀국제칼리지	Philippine International College	한국학부		pic1996.edu.ph
	필리핀사범대학교	Philippine Normal University	인문언어대학교		www.pnu.edu.ph
	필리핀아시아태평양대학교	University of Asia and the Pacific	인문과학대학 역사학과		www.uap.asia
	필리핀여자대학교	Philippine Women's University	관광매니지먼트학과		www.pwu.edu.ph

• 동북아

국가	대학명	영문 / 로마자 표기	강좌 개설 학부 / 학과	한국학센터 현황	홈페이지
대만	가의대학	National Chiayi University	교양교육센터		www.ncyu.edu.tw
	개남대학	Kainan University	응용일어학과		www.knu.edu.tw
	교통대학	National Chiao Tung University	언어교육 및 연구센터		www.nctu.edu.tw
	국립고웅대학(카오슝대학)	National University of Kaohsiung	인문사회과학대학 동아시아어문학과	O	www.nuk.edu.tw
	국립대만대학(NTU)	National Taiwan University	일문과		www.ntu.edu.tw
	국립대만예술대학	National Taiwan University of Arts	교양교육센터		www.ntua.edu.tw
	국립대북교육대학	National Taipei University of Education	교양교육센터		www.ntue.edu.tw
	국립대북예술대학	Taipei National University of the Arts	교양교육센터		www.tnua.edu.tw
	국립연합대학	National United University	어학센터		www.nuu.edu.tw
	국립청치대학(국립정치대학)	National Chengchi University	외국어대학 한국어문학과	O	www.nccu.edu.tw
	국립청화대학	National Tsing Hua University	외국어문학과		www.nthu.edu.tw
	국립체육대학	National Taiwan Sport University	교양교육센터		www.ntsu.edu.tw
	남화대학	Nanhua University			www.nhu.edu.tw
	담강대학	Tamkang University	외국어학원		www.tku.edu.tw

국가	대학명	영문 / 로마자 표기	강좌 개설 학부 / 학과	한국학센터 현황	홈페이지
대만	대남과기대학	Tainan University of Technology	교양센터		www.tut.edu.tw
	동오대학	Soochow University	사회학과		www.scu.edu.tw
	링통과기대학(영동과기대학)	Ling Tung University			www.ltu.edu.tw
	명도대학	MingDao University	응용일어학과		www.mdu.edu.tw
	문조대학	Wenzao Ursuline University of Languages	일문과		www.wzu.edu.tw
	봉갑대학	Feng Chia University	외국어학원		www.fcu.edu.tw
	불광대학	Fo Guang University	외국어문학과 역사학과		www.fgu.edu.tw
	실천대학	Shih Chien University	평생교육센터		www.usc.edu.tw
	원지대학	Yuan Ze University			www.yzu.edu.tw
	유다상업기술학원 (유달상업기술학원)	Yu Da University of Science and Technology	인문사회대학 응용일본어학과		www.ydu.edu.tw
	의수대학	I-Shou University	교양교육센터 국제상무학과		www.isu.edu.tw
	자제대학	Tzu Chi University	교양교육센터		www.tcu.edu.tw
	장영대학	Chang Jung Christian University	언어교육센터		www.cjcu.edu.tw
	정의대학	Providence University	외국어교육센터, 일문과		www.pu.edu.tw
	중국문화대학	Chinese Culture University	외국어학부 한국어문학과	O	www.pccu.edu.tw
	중산대학	National Sun Yat-sen University	중문학과, 한국연구센터		www.nsysu.edu.tw
	중원대학	Chung Yuan Christian University	응용화어문학과, 응용외국어학과, 교양교육센터		www.cycu.edu.tw
	중화대학	Chung Hua University			www.chu.edu.tw
	진리대학	Aletheia University	관광사업학과		www.au.edu.tw
	푸싱캉칼리지(정치작전학교)	Fu Hsing Kang College			www.fhk.ndu.edu.tw
	푸젠가톨릭대학(보인대)	Fu Jen Catholic University	전인교육센터		www.hec.fju.edu.tw
	현장대학	Hsuan Chuang University	교양센터		www.hcu.edu.tw
몽골	다르항대학교	Darkhan University	한국어학과		www.darkhandeed.mn
	몽골국립과학기술대학교	Mongolian University of Science and Technology	외국어학부 아시아학과		www.must.edu.mn
	몽골국립교육대학교	Mongolian National University of Education	동양어교육학부 한국어교육학과	O	www.msue.edu.mn
	몽골국립국방대학교	Mongolian National Defense University	외국어 교육센터		www.mndu.gov.mn
	몽골국립대학교	National University of Mongolia	인문과학대학 아시아학과 및 법과대학 공법학과, 사법학과	O	www.num.edu.mn
	몽골국제대학교	Mongolia International University(MIU)	교양학과		www.miu.edu.mn
	몽골생명과학대학교 (구 몽골국립농업대학교)	Mongolian University of Life Sciences	교양교육센터 외국어학과	O	www.muls.edu.mn

국가	대학명	영문 / 로마자 표기	강좌 개설 학부 / 학과	한국학센터 현황	홈페이지
몽골	몽골인문대학교	University of Humanities	아시아언어학부 한국어교육학과		www.humanities.mn
	세룰렉대학교	Seruuleg University	한국어학과		seruuleg.edu.mn
	시티대학교	Citi Institute	한국어통번역학과		www.citi.edu.mn
	어르헝대학교	Orkhon University	한국어교육학과, 한국어통번역학과		www.orkhon.edu.mn
	에트겅텡게르대학교	Otgontenger University	외국어학과, 한국어통역과, 국제관계학과, 항공학과		www.otgontenger.edu.mn
	엥흐어치롱대학교	Enkh-Orchlon University	한국어통번역학과		
	울란바타르국립대학교	Ulaanbaatar State University	동양학부 한국어학과	O	www.usu.edu.mn
	울란바타르국제대학교	International University of Ulaanbaatar	한국어통번역학과, 한국학과		www.ubu.ac.th
	울란바타르에르뎀대학교	Ulaanbaatar Erdem University	외국어학과		www.uberdem.edu.mn
	이흐몽골대학교	Ikh Mongol University	역사, 관광 및 외국어학과		greatmongol.edu.mn
	이흐자삭국제대학교	Ikh Zasag International University	한국학과 한국어통번역학과		ikhzasag.edu.mn
	한몽기술칼리지	Mongolian-Korean Polytechnical College	기술한국어통번역학과		
	항가이대학교	Hangai University	한국어-관광학과		
	후레정보통신대학교	Huree University of Information and Communication Technology	기술한국어통번역학과		www.huree.edu.mn
일본	가가와대학	Kagawa University	경제학부		www.kagawa-u.ac.jp
	가고시마국제대학	The International University of Kagoshima			www.iuk.ac.jp
	가고시마대학	Kagoshima University			www.kagoshima-u.ac.jp
	가나가와대학	Kanagawa University			www.kanagawa-u.ac.jp
	가나가와현립보건복지대학	Kanagawa University of Human Services			www.kuhs.ac.jp
	가나자와대학	Kanazawa University	외국어교육연구센터		www.kanazawa-u.ac.jp
	가나자와세이료오대학	Kanazawa Seiryo University	경제학부		www.seiryo-u.ac.jp
	가나자와학원대학	Kanazawa Gakuin University	인문학연구과		www.kanazawa-gu.ac.jp
	가스이여자대학	Kwassui Women's College			www.kwassui.ac.jp
	가야체육대학	National Institute of Fitness and Sports in Kanoya			www.nifs-k.ac.jp
	가와무라학원여자대학	Kawamura Gakuen Woman's University			www.kgwu.ac.jp
	가쿠슈인대학	Gakushuin University	외국어교육연구센터		www.gakushuin.ac.jp

국가	대학명	영문 / 로마자 표기	강좌 개설 학부 / 학과	한국학센터 현황	홈페이지
일본	가쿠슈인여자대학	Gakushuin Women's College	국제커뮤니케이션학과		www.gwc.gakushuin.ac.jp
	간다외어대학	Kanda University of International Studies	외국어학부 아시아언어학과		www.kandagaigo.ac.jp
	간사이국제대학	Kansai University of International Studies			www.kuins.ac.jp
	간사이대학	Kansai University	문학부 종합인문학과, 외국어학부		www.kansai-u.ac.jp
	간사이외국어대학	Kansai Gaidai University			www.kansaigaidai.ac.jp
	간사이학원대학	Kansei Gakuin University	국제학부		www.kwansei.ac.jp
	간토학원대학	Kanto Gakuin University	인간환경학부		univ.kanto-gakuin.ac.jp
	게이센여학원대학	Keisen University	국제사회학과		www.keisen.ac.jp
	게이아이대학	Keiai University			www.u-keiai.ac.jp
	게이오대학	Keio University	법학부 정치학과	O	www.keio.ac.jp
	고난대학	Konan University			www.konan-u.ac.jp
	고난여자대학	Konana Women's University	문학부 다문화커뮤니케이션학과		www.konan-wu.ac.jp
	고리야마대학	Koriyama Women's University & College			www.koriyama-kgc.ac.jp
	고베국제대학	Kobe International University			www.kobe-kiu.ac.jp
	고베대학	Kobe University	인문학부		www.kobe-u.ac.jp
	고베쇼인여자학원대학	Kobe Shoin Women's University	일본어일본문화학과		www.shoin.ac.jp
	고베시외국어대학	Kobe City University of Foreign Studies			www.kobe-cufs.ac.jp
	고베신화여자대학	Kobe Shinwa Women's University			www.kobe-shinwa.ac.jp
	고베야마테대학	Kobe Yamate University			www.kobe-yamate.ac.jp
	고베여자대학	Kobe Women's University			www.yg.kobe-wu.ac.jp/wu
	고베학원대학(고베가쿠인대학)	Kobe Gakuin University			www.kobegakuin.ac.jp
	고시엥대학	Koshien University			www.koshien.ac.jp
	고치대학	Kochi University	인문사회과학부		www.kochi-u.ac.jp
	고쿠학원대학	Koku Gakuin University	외국어문화학과		www.kokugakuin.ac.jp
	고쿠사이크리스트교대학	International Christian University	교양학부, 국제관계학과		www.icu.ac.jp
	고쿠시칸대학	Kokushikan University	21세기아시아학부 21세기아시아학과		www.kokushikan.ac.jp
	교리츠여자대학	Kyoritsu Women's University	국제학과		www.kyoritsu-wu.ac.jp
	교린대학	Kyorin University	관광교류문화학과		www.kyorin-u.ac.jp

국가	대학명	영문 / 로마자 표기	강좌 개설 학부 / 학과	한국학센터 현황	홈페이지
일본	교아이학원대학	Kyoai Gakuen University			www.kyoai.ac.jp
	교에이대학	Kyoei University			www.kyoei.ac.jp
	교토노트르담여자대학	Kyoto Notre Dame University			www.notredame.ac.jp
	교토대학	Kyoto University	문학연구과 인문학과		www.kyoto-u.ac.jp
	교토부립대학	Kyoto Prefectural University			www.kpu.ac.jp
	교토분쿄대학	Kyoto Bunkyo University			www.kbu.ac.jp
	교토산업대학	Kyoto Sangyo University			www.kyoto-su.ac.jp
	교토세이카대학	Kyoto Seika University			www.kyoto-seika.ac.jp
	교토여자대학	Kyoto Women's University			www.kyoto-wu.ac.jp
	교토외국어대학	Kyoto University of Foreign Studies			www.kufs.ac.jp
	교토조형예술대학	Kyoto University of Art and Design			www.kyoto-art.ac.jp
	교토타치바나여자대학	Kyoto Tachibana University			www.tachibana-u.ac.jp
	교토학원대학	Kyoto Gakuen University			www.kyotogakuen.ac.jp
	구루메공업대학	Kurume Institute of Technology			www.kurume-it.ac.jp
	구루메대학	Kurume University			www.kurume-u.ac.jp
	구마모토대학	Kumamoto University			www.kumamoto-u.ac.jp
	구마모토학원대학	Kumamoto Gakuen University	외국어학부 동아시아학과		www.kumagaku.ac.jp
	구마모토현립대학	Prefectural University of Kumamoto			www.pu-kumamoto.ac.jp
	구시로공립대학	Kushiro Public University of Economics			www.kushiro-pu.ac.jp
	군마대학	Gunma University			www.gunma-u.ac.jp
	규슈공업대학	Kyushu Institute of Technology			www.kyutech.ac.jp
	규슈국제대학	Kyushu International University			www.kiu.ac.jp
	규슈대학	Kyushu University	문학부 인문학과, 인문과학부	O	www.kyushu-u.ac.jp
	규슈루테루대학	Kyushu Lutheran College			www.klc.ac.jp
	규슈보건복지대학	Kyushu University of Nursing and Social Welfare			www.kyushu-ns.ac.jp
	규슈산업대학	Kyushu Sangyo University			www.kyusan-u.ac.jp
	규슈여자대학	Kyushu Women's University			www.kwuc.ac.jp
	규슈영양복지대학	Kyushu Nutrition Welfare University			www.knwu.ac.jp
	규슈정보대학	Kyushu Institute of Information Science			www.kiis.ac.jp

국가	대학명	영문 / 로마자 표기	강좌 개설 학부 / 학과	한국학센터 현황	홈페이지
일본	규슈치과대학	Kyushu Dental University			www.kyu-dent.ac.jp
	기타큐슈시립대학	The University of Kitakyushu			www.kitakyu-u.ac.jp
	기후대학	Gifu University			www.gifu-u.ac.jp
	기후의료과학대학	Gifu University of Medical Science			www.u-gifu-ms.ac.jp
	기후현립간호대학	Gifu College of Nursing	간호학부		www.gifu-cn.ac.jp
	긴조학원대학	Kinjo Gakuin University	국제정보학부		www.kinjo-u.ac.jp
	긴키대학	Kinki University			www.kindai.ac.jp
	나가노대학	Nagano University			www.nagano.ac.jp
	나가사키국제대학	Nagasaki International University			www1.niu.ac.jp
	나가사키대학	Nagasaki University			www.nagasaki-u.ac.jp
	나가사키외국어대학	Nagasaki University of Foreign Studies	국제커뮤니케이션학과		www.nagasaki-gaigo.ac.jp
	나가사키웨슬리언대학	Nagasaki Wesleyan University			www.wesleyan.ac.jp
	나가사키준신대학	Nagasaki Junshin Catholic University			www.n-junshin.ac.jp
	나가오카대학	Nagaoka University			www.nagaokauniv.ac.jp
	나고야경제대학	Nagoya Keizai University	법학부 비즈니스법학과		www.nagoya-ku.ac.jp
	나고야단기대학	Nagoya College			www.nagoyacollege.ac.jp
	나고야대학	Nagoya University	문학부, 법학부		www.nagoya-u.ac.jp
	나고야미즈호대학	Nagoya Mizuho College			www.mizuho-c.ac.jp
	나고야상과대학	Nagoya University of Commerce & Business	커뮤니케이션학부		www.nucba.ac.jp
	나고야여자대학	Nagoya Women's University	문학부		www.nagoya-wu.ac.jp
	나고야외국어대학	Nagoya University of Foreign Studies	외국어학부, 현대국제학부		www.nufs.ac.jp
	나고야학원대학	Nagoya Gakuin University	경제학부, 상학부, 법학부, 현대사회학부, 국제문화학부, 외국어학부		www.ngu.jp
	나라대학	Nara University			www.nara-u.ac.jp
	나라여자대학	Nara Women's University			www.nara-wu.ac.jp
	나카무라학원대학	Nakamura Gakuen University			www.nakamura-u.ac.jp
	난잔대학	Nanzan University	아시아학과, 종합정책학과		www.nanzan-u.ac.jp
	노스아시아대학	North Asia University	관광학과		www.nau.ac.jp
	니가타경영대학	Niigata University of management			www.niigataum.ac.jp

국가	대학명	영문 / 로마자 표기	강좌 개설 학부 / 학과	한국학센터 현황	홈페이지
일본	니가타공과대학	Niigata Institute of Technology			www.niit.ac.jp
	니가타국제정보대학	Niigata University of International and Information Studies	국제학부		www.nuis.ac.jp
	니가타대학	Niigata University	인문학부 일본아시아 언어문화학과		www.niigata-u.ac.jp
	니가타산업대학	Niigata Sangyo University	경제학부		www.nsu.ac.jp
	니가타의료복지대학	Niigata University of Health and Welfare			www.nuhw.ac.jp
	니가타현립대학	University of Niigata Prefecture	국제지역학부		www.unii.ac.jp
	니쇼가쿠샤대학	Nishogakusha University	문학부 중국문학과		www.nishogakusha-u.ac.jp
	니혼대학	Nihon University	국제종합정책학과		www.ir.nihon-u.ac.jp
	니혼복지대학	Nihon Fukushi University	사회복지학부·아동발달학부·국제복지개발학부, 복지경영학부		www.n-fukushi.ac.jp
	니혼여자대학	Japan Women's University	인간사회학부 문화학과		www.jwu.ac.jp
	니혼체육대학	Nippon Sport Science University			www.nittai.ac.jp
	다이세이학원대학	Taisei Gakuin University			www.tgu.ac.jp
	다이쇼대학	Taisho University			www.tais.ac.jp
	다이이치복지대학	Daiichi Institute of Technology			www.daiichi-koudai.ac.jp
	다이토문화대학	Daito Bunka University	국제관계학부 동아시아학과		www.daito.ac.jp
	다카사키경제대학	Takasaki City University of Economics			www.tcue.ac.jp
	다카사키상과대학	Takasaki University of Commerce Junior College			www.tuc.ac.jp
	다쿠쇼쿠대학	Takushoku University	정경학부, 상학부		fpse.takushoku-u.ac.jp
	데이쿄대학	Teikyo University	외국어학과		www.teikyo-u.ac.jp
	데즈카야마학원대학	Tezukayama Gakuin University	인문학부 인문학과		www.tezuka-gu.ac.jp
	덴리대학	Tenri University	국제학부 외국어학과		www.tenri-u.ac.jp
	덴엔쵸후학원대학	Den-en Chofu University			www.dcu.ac.jp
	도시샤대학	Doshisha University	글로벌스터디즈연구과, 글로벌지역문화학부	O	www.doshisha.ac.jp
	도시샤여자대학	Doshisha Women's College of Liberal Arts			www.dwc.doshisha.ac.jp
	도야마국제대학	Toyama University of International Studies	현대사회학부		www.tuins.ac.jp
	도야마대학	University of Toyama	인문학부		www.u-toyama.ac.jp
	도요대학	Toyo University	국제지역학부		www.toyo.ac.jp
	도우아대학	University of East Asia	인간과학부 국제교류학과		www.toua-u.ac.jp

국가	대학명	영문 / 로마자 표기	강좌 개설 학부 / 학과	한국학센터 현황	홈페이지
일본	도카이대학	Tokai University	국제교육센터 국제언어교육부문		www.u-tokai.ac.jp
	도카이학원대학	Tokai Gakuen University			www.tokaigakuen-u. ac.jp
	도쿄가쿠게이대학	Tokyo Gakugei University	인문사회과학계 아시아언어문화분야		www.u-gakugei.ac.jp
	도쿄경제대학	Tokyo Keizai University	전학공통센터		www.tku.ac.jp
	도쿄국제대학	Tokyo International University			www.tiu.ac.jp
	도쿄농업대학	Tokyo University of Agriculture	국제바이오 비즈니스학과		www.nodai.ac.jp
	도쿄대학	University of Tokyo	인문과학대학원	O	www.u-tokyo.ac.jp
	도쿄도시대학	Tokyo City University	외국어공통교육센터		www.tcu.ac.jp
	도쿄세이토쿠대학	Tokyo Seitoku University			www.tsu.ac.jp
	도쿄여자대학	Tokyo Woman's Christian University	현대교양학부 국제사회학과		office.twcu.ac.jp
	도쿄외국어대학	Tokyo University of Foreign Studies	언어문화학부, 국제사회학부		www.tufs.ac.jp
	도쿄이과대학	Tokyo University of Science	이공학부		www.tus.ac.jp
	도쿄정보대학	Tokyo University of Information Science	종합정보학부		www.tuis.ac.jp
	도쿄조형대학	Tokyo Zokei University			syllabus.zokei.ac.jp
	도쿄준신여자대학	Tokyo Junshin Women's College	국제교양학과		www.t-junshin.ac.jp
	도쿄크리스트교대학	Tokyo Christian University			www.tci.ac.jp
	도쿄해양대학	Tokyo University of Marine Science and Technology			www.kaiyodai.ac.jp
	도키와대학	Tokiwa University			www.tokiwa.ac.jp
	도호대학	Doho University			www.doho.ac.jp
	도호쿠공익문과대학	Tohoku University of Community Service and Science			www.koeki-u.ac.jp/
	도호쿠대학	Tohoku University	교양학부		www.tohoku.ac.jp
	도호쿠문화학원대학	Tohoku Bunka Gakuen University	종합정책학부 종합정책학과		www.tbgu.ac.jp
	도호쿠복지대학	Tohoku Fukushi University	종합복지학부		www.tfu.ac.jp
	도호쿠예술공과대학	Tohoku University of Art and Design			www.tuad.ac.jp/
	도호쿠학원대학	Tohoku Gakuin University	교양학부		www.tohoku-gakuin. ac.jp
	독쿄대학	Dokkyo University	국제교양학부 언어문화학과		www.dokkyo.ac.jp
	돗토리대학	Tottori University			www.tottori-u.ac.jp/
	돗토리환경대학	Tottori University of Environmental Studies			www.kankyo-u.ac.jp
	동일본국제대학	Higashi Nippon International University	경제경영학부		www.shk-ac.jp

국가	대학명	영문 / 로마자 표기	강좌 개설 학부 / 학과	한국학센터 현황	홈페이지
일본	레이타쿠대학	Reitaku University			www.reitaku-u.ac.jp
	루테루학원대학	Japan Lutheran College			www.luther.ac.jp
	류코쿠대학	Ryukoku University	국제문화학부		www.ryukoku.ac.jp
	류큐대학	University of Ryukyus			www.u-ryukyu.ac.jp
	리쓰메이칸대학	Ritsumeikan Univerisity	문학부 동아시아연구학과	O	www.ritsumei.ac.jp
	리쓰메이칸아시아태평양대학	Ritsumeikan Asia Pacific University			www.apu.ac.jp
	릿쇼대학	Rissho University	국제교류센터		www.ris.ac.jp
	릿쿄대학	Rikkyo University	이문화커뮤니케이션학부 이문화커뮤니케이션학과		icc.rikkyo.ac.jp
	마쓰모토대학	Matsumoto University			www.matsumoto-u.ac.jp
	마쓰모토대학 마츠쇼단기대학	Matsumoto University Matsusho Junior College			www.matsumoto-u.ac.jp
	마쓰야마대학	Matsuyama University	인문학부 사회학과		www.matsuyama-u.ac.jp
	마쓰야마시노노메여자대학	Matsuyama Shinonome College	인문과학부		www.shinonome.ac.jp
	메이세이대학	Meisei University	인문학부		www.meisei-u.ac.jp
	메이오대학	Meio University			www.meio-u.ac.jp
	메이조대학	Meijo University	법학부, 인간학부		www.meijo-u.ac.jp
	메이지가쿠인대학	Meiji Gakuin University	국제학과		www.meijigakuin.ac.jp
	메이지대학	Meiji University	문학부, 상학부		www.meiji.ac.jp
	메이카이대학	Meikai University			www.meikai.ac.jp
	메지로대학	Mejiro University	외국어학부 한국어학과		www.mejiro.ac.jp
	모모야마학원대학	Momoyama Gakuin University			www.andrew.ac.jp
	무사시노대학	Musashino University	글로벌커뮤니케이션학과		www.musashino-u.ac.jp
	무사시노미술대학	Musashino Art University	언어문화학과		www.musabi.ac.jp
	무사시대학	Musashi University	일본·동아시아비교문화학과		www.musashi.ac.jp
	무코가와여자대학	Mukogawa Women's University	문학부 일어일문학과		www.mukogawa-u.ac.jp
	문화여자대학	Bunka Gakuin University	현대문화학부		bwu.bunka.ac.jp
	미야기교육대학	Miyagi University of Education			www.miyakyo-u.ac.jp
	미야기대학	Miyagi University			www.myu.ac.jp
	미야기학원여자대학	Miyagi Gakuin Women's University	현대비즈니스학부		www.mgu.ac.jp
	미야자키공립대학	Miyazaki Municipal University			www.miyazaki-mu.ac.jp
	미야자키국제대학	Miyazaki International College			www.mic.ac.jp

국가	대학명	영문 / 로마자 표기	강좌 개설 학부 / 학과	한국학센터 현황	홈페이지
일본	미야자키대학	University of Miyazaki			www.miyazaki-u.ac.jp
	미야자키산업경영대학	Miyazaki Sangyo-Keiei University			www.miyasankei-u.ac.jp
	미야자키현립간호대학	Miyazaki Prefectural Nursing University			www.mpu.ac.jp
	미에대학	Mie University			www.mie-u.ac.jp
	바이코학원대학	Baiko Gakuin University	국제언어문화학부 동아시아언어문화학과		www.baiko.ac.jp
	벳부대학	Beppu University			www.beppu-u.ac.jp
	보건의료경영대학	College of Healthcare Management			www.healthcare-m.ac.jp
	분쿄대학	Bunkyo University			www.bunkyo.ac.jp
	붓쿄대학	Bukkyo University			www.bukkyo-u.ac.jp
	사가대학	Saga University			www.saga-u.ac.jp
	사이타마대학	Saitama University	교양학부		www.saitama-u.ac.jp
	사이타마현립대학	Saitama Prefectural University			www.spu.ac.jp
	사쿠신학원대학	Sakushin Gakuin University			www.sakushin-u.ac.jp
	산요가쿠엔대학	Sanyo Gakuen University	언어문화학과		www.sguc.ac.jp
	삿포로국제대학	Sapporo International University			www.siu.ac.jp
	삿포로대학	Sapporo University			www.sapporo-u.ac.jp
	삿포로학원대학	Sapporo Gakuin University			www.sgu.ac.jp
	서규슈대학	Nishikyushu University			www.nisikyu-u.ac.jp
	서일본공업대학	Nishinippon Institute of Technology			www.nishitech.ac.jp
	성마리아학원대학	St.Mary's College			www.st-mary.ac.jp
	세와단기대학	Seiwa Gakuen College	커리어개발종합학과		www.seiwa.ac.jp
	세이난여학원대학	Seinan Jo Gakuin University			www.seinan-jo.ac.jp
	세이난학원대학	Seinan Gakuin University			www.seinan-gu.ac.jp
	세이비대학	Seibi University Junior College			uv.seibi-gakuen.ac.jp
	세이신여자대학	University of the Sacred Heart	국제교류학과		www.u-sacred-heart.ac.jp
	세이케이대학	Seikei University	국제문화학과		www.seikei.ac.jp
	세이토쿠대학	Seitoku University			www.seitoku.jp
	세이학원대학	Seigakuin University			www.seigakuin.jp
	센다이대학	Sendai University	체육학부		www.sendaidaigaku.jp
	센다이시라유리여자대학	Sendai Shirayuri Women's College	인간학부		www.sendai-shirayuri.ac.jp
	센슈대학	Senshu University	문학부		www.senshu-u.ac.jp
	소아이대학	Soai University			www.soai.ac.jp

국가	대학명	영문 / 로마자 표기	강좌 개설 학부 / 학과	한국학센터 현황	홈페이지
일본	소카대학	Soka University	국제언어센터		www.soka.ac.jp
	소케이대학	Shokei University			www.shokei-gakuen.ac.jp
	소피아대학	Sophia University	언어학습센터		www.sophia.ac.jp
	쇼와여자대학	Showa Women's University	국제학부 국제학과		www.swu.ac.jp
	쇼케이학원대학	Shokei Gakuin University	전학과		www.shokei.jp
	슈도대학	Tokyo Metropolitan University	교육학부		www.tmu.ac.jp
	슈지쓰대학	Shujitsu University			www.shujitsu.ac.jp
	슈쿠토쿠대학	Shukutoku University			www.shukutoku.ac.jp
	스기야마여학원대학	Sugiyama Jogakuen University	국제커뮤니케이션학부, 문화정보학부		www.sugiyama-u.ac.jp
	스루가다이대학	Surugadai University			www.surugadai.ac.jp
	스즈카대학	Suzuka University			www.suzuka-iu.ac.jp
	시가쿠칸대학	Shigakukan University			www.shigakukan.ac.jp
	시가현립대학	University of Shiga Prefecture			www.usp.ac.jp
	시갓칸대학	Shigakkan University			www.sgk.ac.jp
	시마네대학	Shimane University	외국어교육센터, 국제교류과		www.shimane-u.ac.jp
	시마네현립대학	University of Shimane Junior College	종합징책학부		www.u-shimane.ac.jp
	시모노세키수산대학	National Fisheries University			www.fish-u.ac.jp
	시모노세키시립대학	Shimonoseki City University	경제학부		www.shimonoseki-cu.ac.jp
	시세이칸대학	Shiseikan University			www.shiseikan.ac.jp
	시즈오카대학	Shizuoka University			www.shizuoka.ac.jp
	시즈오카문화예술대학	Shizuoka University of Art and Culture	국제문화학과		www.suac.ac.jp
	시즈오카현립대학	University of Shizuoka	국제관계학부, 국제관계학연구과	O	www.u-shizuoka-ken.ac.jp
	시코쿠대학	Shikoku University			www.shikoku-u.ac.jp
	시코쿠학원대학	Shikoku Gakuin University	종합교육연구센터		www.sg-u.ac.jp
	시텐노지국제불교대학	International Buddhist, Shitennoji University			www.shitennoji.ac.jp/ibu/
	신슈대학	Shinshu University			www.shinshu-u.ac.jp
	쓰다쥬쿠대학	Tsuda College	국제관계학과		www.tsuda.ac.jp
	쓰루문과대학	Tsuru University			www.tsuru.ac.jp
	쓰쿠바가쿠인대학	Tsukuba Gakuin University	국제커뮤니케이션학부		www.tsukuba-g.ac.jp
	쓰쿠바국제대학	Tsukuba International University			www.ktt.ac.jp/tiu
	쓰쿠바대학	University of Tsukuba			www.tsukuba.ac.jp
	아사히카와대학	Asahikawa University	경제학부		www.asahikawa-u.ac.jp
	아시야대학	Ashiya University			www.ashiya-u.ac.jp

국가	대학명	영문 / 로마자 표기	강좌 개설 학부 / 학과	한국학센터 현황	홈페이지
일본	아오모리공립대학	Aomori Public University,	경영경제학부		www.nebuta.ac.jp
	아오모리대학	Aomori University	경영학부		www.aomori-u.ac.jp
	아오모리중앙학원대학	Aomori Chuo Gakuin University	경영법학부, 간호학부		www.aomoricgu.ac.jp
	아오모리현립보건대학	Aomori University of Health and Welfare	보건과학부		www.auhw.ac.jp
	아오야마학원대학	Aoyama Gakuin University	국제커뮤니케이션학과		www.aoyama.ac.jp
	아이치가쿠센대학	Aichi Gakusen University	현대매니지먼트학부, 가정학부		www.gakusen.ac.jp
	아이치교육대학	Aichi University of Education			www.aichi-edu.ac.jp
	아이치대학	Aichi University	경제학부, 국제커뮤니케이션학부 비교문화학과		www.aichi-u.ac.jp
	아이치도호대학	Aichi Toho University			www.aichi-toho.ac.jp
	아이치산업대학	Aichi Sangyo University			www.asu.ac.jp
	아이치슈쿠토쿠대학	Aichi Shukutoku University	교류문화대학 교류문화학부		www.aasa.ac.jp
	아이치학원대학	Aichi Gakuin University	역사학과		www.agu.ac.jp
	아이치현립대학	Aichi Prefectural University	외국어학부		www.aichi-pu.ac.jp
	아지아대학	Asia University	국제관계학부		www.asia-u.ac.jp
	아키타경제법과대학	Akita University of Economics and Law			
	아키타국제대학	Akita International University	국제교양학부		www.web.aiu.ac.jp
	아키타대학	Akita University	교육문화학부		www.akita-u.ac.jp
	야마가타대학	Yamagata University	인문학부		www.yamagata-u.ac.jp
	야마가타현립보건의료대학	Yamagata Prefectural University of Health Sciences			www.yachts.ac.jp
	야마구치대학	Yamaguchi University	국제종합과학부, 경제학부		www.yamaguchi-u.ac.jp
	야마구치현립대학	Yamaguchi Prefectural University	한국어문화학과		www.yamaguchi-pu.ac.jp
	야마나시에이와대학	Yamanashi Eiwa College	인간문화학부		www.yamanashi-eiwa.ac.jp
	야마나시현립대학	Yamanashi Prefectural University	종합정책학과		www.yamanashi-ken.ac.jp
	에도카와대학	Edogawa University			www.edogawa-u.ac.jp
	에히메대학	Ehime University	법문학부		www.ehime-u.ac.jp
	오비린대학	J. F. Oberlin University	외국어학부, 현대국제학부		www.obirin.ac.jp
	오사카경제대학	Osaka University of Economics			www.osaka-ue.ac.jp
	오사카경제법과대학	Osaka University of Economics and Law			www.keiho-u.ac.jp
	오사카관광대학	Osaka University of Tourism			www.tourism.ac.jp

국가	대학명	영문 / 로마자 표기	강좌 개설 학부 / 학과	한국학센터 현황	홈페이지
일본	오사카교육대학	Osaka Kyoiku University			www.osaka-kyoiku.ac.jp
	오사카국제대학	Osaka International University			www.oiu.ac.jp
	오사카대학	Osaka University	외국어학부 외국어학과		www.osaka-u.ac.jp
	오사카부립대학	Osaka Prefecture University			www.osakafu-u.ac.jp
	오사카산업대학	Osaka Sangyo University			www.osaka-sandai.ac.jp
	오사카상업대학	Osaka University of Commerce			ouc.daishodai.ac.jp
	오사카쇼인여자대학	Osaka Shoin Women's University			www.osaka-shoin.ac.jp
	오사카시립대학	Osaka City University			www.osaka-cu.ac.jp
	오사카예술대학	Osaka University of Arts			www.osaka-geidai.ac.jp
	오사카전기통신대학	Osaka Eletro-Communication University			www.osakac.ac.jp
	오쓰마여자대학	Otsuma Woman's University			www.otsuma.ac.jp
	오우대학	Ohu University	의·약학부		www.ohu-u.ac.jp
	오이타대학	Oita University			www.oita-u.ac.jp
	오이타현립간호과학대학	Oita University of Nursing and Health Sciences			www.oita-nhs.ac.jp
	오차노미즈여자대학	Ochanomizu University	외국어교육센터		www-c.cf.ocha.ac.jp
	오카야마대학	Okayama University			www.okayama-u.ac.jp
	오카야마이과대학	Okayama University of Science			www.ous.ac.jp
	오카야마현립대학	Okayama Prefectural University			www.oka-pu.ac.jp
	오카학원대학	Ohka Gakuen University	보육학부, 학예학부		www.ohkagakuen-u.ac.jp
	오키나와국제대학	Okinawa International University			www.okiu.ac.jp
	오키나와그리스도교학원대학	Okinawa Christain University			www.ocjc.ac.jp
	오키나와대학	Okinawa University			www.okinawa-u.ac.jp
	오타니대학	Otani University	문학과		www.otani.ac.jp
	오타니여자대학	Osaka Ohtani University			www.osaka-ohtani.ac.jp
	오타루상과대학	Otaru University of Commerce			www.otaru-uc.ac.jp
	오테마에대학	Otemae University	종합문화학부		www.otemae.ac.jp
	와세다대학	Waseda University	글로벌교육센터(GEC), 문학부, 문화구상학부, 상학부, 국제교양학부, 대학원문학연구과, 정치경제학술원, 아시아태평양대학원	O	www.waseda.jp
	와요여자대학	Wayo Women's University			www.wayo.ac.jp

국가	대학명	영문 / 로마자 표기	강좌 개설 학부 / 학과	한국학센터 현황	홈페이지
일본	와카야마대학	Wakayama University			www.wakayama-u.ac.jp
	와코대학	Wako University			www.wako.ac.jp
	요코하마국립대학	Yokohama National University			www.ynu.ac.jp
	요코하마시립대학	Yokohama City University	국제종합과학부 국제교양학과		www.yokohama-cu.ac.jp
	우쓰노미야대학	Utsunomiya University			www.utsunomiya-u.ac.jp
	유통경제대학	Ryutsu Keizai University			www.rku.ac.jp
	이바라키대학	Ibaraki University			www.ibaraki.ac.jp
	이바라키크리스트교대학	Ibaraki Christian University			www.icc.ac.jp
	이시노마키센슈대학	Ishinomaki Senshu University	전학과		www.senshu-u.ac.jp
	이와테대학	Iwate University	인문사회과학부		www.iwate-u.ac.jp
	이와테현립대학	Iwate Prefectural University	총합정책학부		www.iwate-pu.ac.jp
	일본경제대학	Japan University of Economics			www.jue.ac.jp
	일본문리대학	Nippon Bunri University			www.nbu-md.ac.jp
	일본적십자규슈국제간호대학	Japanese Red Cross Kyushu International College of Nursing			www.jrckicn.ac.jp
	전기통신대학	University of Electro-Communications	전기통신학부		www.uec.ac.jp
	조사이국제대학	Josai International University			www.jiu.ac.jp
	조사이대학	Josai University			www.josai.ac.jp
	조에쓰교육대학	Joetsu University of Education			www.juen.ac.jp
	주부대학	Chubu University	국제관계학부		www.chubu.ac.jp
	주부학원대학	Chubu Gakuin University			www.chubu-gu.ac.jp
	주오대학	Chuo University	상학부		www.chuo-u.ac.jp
	주쿄대학	Chukyo University			www.chukyo-u.ac.jp
	준신학원대학	Junshin Gakuen University			www.junshin-u.ac.jp
	치바대학	Chiba University			www.chiba-u.ac.jp
	치바상과대학	Chiba University of Commerce			www.cuc.ac.jp
	치쿠시여학원대학	Chikushi Jogakuen University			www.chikushi-u.ac.jp
	케이와학원대학	Keiwa College			www.keiwa-c.ac.jp
	페리스여학원대학	Ferris University	국제교류학과		www.ferris.ac.jp
	풀학원대학	Poole Gakuin University			www.poole.ac.jp
	하나조노대학	Hanazono University			www.hanazono.ac.jp
	하쿠오대학	Hakuoh University			www.hakuoh.jp
	한난대학	Hannan University			www.hannan-u.ac.jp
	해상보안대학	Japan Coast Guard Academy			www.jcga.ac.jp
	헤이세이국제대학	Heisei International University			www.hiu.ac.jp
	현립히로시마여자대학	Prefectural University of Hiroshima	인간문화학부 국제문화학과		www.pu-hiroshima.ac.jp

국가	대학명	영문 / 로마자 표기	강좌 개설 학부 / 학과	한국학센터 현황	홈페이지
일본	호세이대학	Hosei University	국제문화학부		www.hosei.ac.jp
	호쿠리쿠대학	Hokuriku University	약학부		www.hokuriku-u.ac.jp
	호쿠세이가쿠엔대학	Hokusei Gakuen University			www.hokusei.ac.jp
	호쿠쇼대학	Hokusho University			www.hokusho-u.ac.jp
	홋카이도대학	Hokkaido University			www.hokudai.ac.jp
	효고교육대학	Hyogo University of Teacher Education			www.hyogo-u.ac.jp
	효고대학	Hyogo University			www.hyogo-dai.ac.jp
	효고현립대학	University of Hyogo			www.u-hyogo.ac.jp
	후지여자대학	Fuji Women's University			www.fujijoshi.ac.jp
	후지토코하대학	Fuji Tokoha University			www.tokoha-u.ac.jp
	후쿠야마대학	Fukuyama University			www.fukuyama-u.ac.jp
	후쿠오카공업대학	Fukuoka Institute of Technology			www.fit.ac.jp
	후쿠오카교육대학	University of Teacher Education Fukuoka			www.fukuoka-edu.ac.jp
	후쿠오카국제대학	Fukuoka International University			www.fukuoka-int-u.ac.jp
	후쿠오카대학	Fukuoka University			www.fukuoka-u.ac.jp
	후쿠오카여자대학	Fukuoka Women's University			www.fwu.ac.jp
	후쿠오카여학원대학	Fukuoka Jogakuin University			www.fukujo.ac.jp
	후쿠오카현립대학	Fukuoka Prefectural University			www.fukuoka-pu.ac.jp
	후쿠이현립대학	Fukui Prefectural Univeristy	경제학부		www.fpu.ac.jp
	히로사키대학	Hirosaki University	인문사회과학부		www.hirosaki-u.ac.jp
	히로시마경제대학	Hiroshima University of Economics			www.hue.ac.jp
	히로시마국제대학	Hiroshima International University			www.hirokoku-u.ac.jp
	히로시마국제학원대학	Hiroshima Kokusai Gakuin University	현대사회학과		www.hkg.ac.jp
	히로시마대학	Hiroshima University			www.hiroshima-u.ac.jp
	히로시마문화학원대학	Hiroshiam Bunka Gakuen University	간호학부		www.hbg.ac.jp
	히로시마슈도대학	Hiroshima Shudo University	법학부, 상학부		www.shudo-u.ac.jp
	히로시마시립대학	Hiroshima City University			www.hiroshima-cu.ac.jp
	히메지독쿄대학	Himeji Dokkyo University			www.himeji-du.ac.jp
	히지야마대학	Hijiyama University	현대문화학부		www.hijiyama-u.ac.jp
	히토쓰바시대학	Hitotsubashi University	사회학연구과, 언어사회연구과, 법학연구과, 한국학연구센터	O	www.hit-u.ac.jp

국가	대학명	영문 / 로마자 표기	강좌 개설 학부 / 학과	한국학센터 현황	홈페이지
중국	광둥건설직업기술학원/ 광동건설직업기술학원 (广东建设职业技术学院)	Guangdong Construction Polytechnic	현대상업관리학부 응용한국어과		www.gdcvi.net
	광둥공무직업기술학원/ 광동공무직업기술학원 (广东工贸职业技术学院)	Guangdong Polytechnic of Industry and Commerce	응용외국어학부 응용한국어과		www.gdgm.cn
	광둥남화공상직업학원/ 광동남화공상직업학원 (广东南华工商职业学院)	Nanhua College of Industry and Commerce	외어외무학부		www.nhic.edu.cn
	광둥백운학원/ 광동백운학원(广东白云学院)	Guangdong Baiyun University	외국어대학 한국어학과		www.studyinguangdong.cn
	광둥영남직업기술학원/ 광동영남직업기술학원 (广东岭南职业技术学院)	Guangdong Lingnan Vocational and Technical College	응용한국어과		www.lnc.edu.cn
	광둥외어외무대학 남국상학원/ 광동외어외무대학 남국상학원 (广东外语外贸大学 南国商学院)	Guangdong University of Foreign Studies South China Business College	동방언어문화학원 조선어학과		www.gwng.edu.cn
	광둥외어외무대학/광동외어외 무대학(广东外语外贸大学)	Guangdong University of Foreign Studies	동방언어문화학원 조선어학과		www.gdufs.edu.cn
	광시사범대학/광서사범대학 (广西师范大学)	Guangxi Normal University	외국어대학 한국어학과	O	www.gxnu.edu.cn
	광저우섭외경제직업기술학원/ 광주섭외경제직업기술학원 (广州涉外经济职业技术学院)	Guangzhou International Economics College	외국어학부 응용한국어과		www.gziec.net
	광저우성건설직업학원/ 광주성건설직업학원 (广州城建职业学院)	GuangZhou City Construction College	외국어무역학부 응용한국어과		www.gzccc.edu.cn
	구이린여유학원/ 계림여유학원(桂林旅游学院)	Guilin Tourism University	외국어대학, 국제교육·교환대학		school.cuecc.com/ guangxi/glit/
	구이저우대학/ 귀주대학(贵州大学)	Guizhou University	한국어교육센터		www.gzu.edu.cn
	구이후직업기술학원/규호직업 기술학원(硅湖职业技术学院)	Guihu University			www.usl.edu.cn
	난징공업직업기술학원/ 남경공업직업기술학원 (南京工业职业技术学院)	Nanjing Institute of Industry Technology			www.niit.edu.cn
	난징대학/남경대학(南京大学)	Nanjing University	외국어대학 한국어문학과	O	www.nju.edu.cn
	난징사범대학/ 남경사범대학(南京师范大学)	Nanjing Normal University	외국어문화대학 한국어과		www.njnu.edu.cn
	난징신식직업기술학원/ 남경신식직업기술학원 (南京信息职业技术学院)	Nanjing College of Information Technology			www.njcit.cn
	난징여유직업학원/남경여유직 업학원(南京旅游职业学院)	Nanjing Tourism College	국제대학 응용한국어과		www.njith.net
	난징특수교육사범학원/ 남경특수교육사범학원 (南京特殊教育师范学院)		언어대학 응용한국어과		
	난창공정학원/ 남창공정학원(南昌工程学院)	Nanchang Institute of Technology	국제교육학부 한국어학과		www.nit.edu.cn

국가	대학명	영문 / 로마자 표기	강좌 개설 학부 / 학과	한국학센터 현황	홈페이지
중국	난창이공학원/ 남창이공학원(南昌理工学院)	Nanchang Institute of Technology	외국어학부		www.nut.edu.cn
	난카이대학/남개대학(南开大学)	Nankai University	역사학과, 정치학과, 비지니스학과	O	www.nankai.edu.cn
	난통직업대학/ 남통직업대학(南通职业大学)	Nantong Vocational University	국제합작교육학부		www.ntvu.edu.cn
	내몽고경무외국어직업학원 (内蒙古经贸外语职业学院)	Inner Mongolia Vocational Institute of Economy Trade & Foreign Languages	외국어학부 응용한국어과		www.nmgjwy.com
	다롄민족학원/ 대련민족학원(大连民族学院)	Dalian Minzu University	외국어대학 한국어학과	O	www.dlnu.edu.cn
	다롄번역직업학원/대련번역직 업학원(大连翻译职业学院)	Dalian Translation & Interpretation College	외국어학부 한국어학 과, 응용한국어과		
	다롄상무직업학원/대련상무직 업학원(大连商务职业学院)	Dalian Business Vocational College	국제교류학부 한국어학과		www.dbiedu.com
	다롄예술학원/ 대련예술학원(大连艺术学院)	Dalian Art College	한국어방송학과		www.dac.edu.cn
	다롄외국어학원/대련외국어학 원(大连外国语学院)	Dalian University of Foreign Languages	한국학대학	O	www.dlufl.edu.cn
	다롄직업기술학원/대련직업기 술학원(大连职业技术学院)	Dalian Vocational & Technical College	국제상무어언학부 응용한국어학과		www.dlvtc.edu.cn
	대외경제무역대학 (对外经济贸易大学)	University of International Business and Economics	외국어대학 한국어학과		www.uibe.cn
	동관이공학원(东莞理工学院)	Dongguan Uinversity of Technology	문화 및 미디어학부 한국어과		www.dgut.edu.cn
	동베이사범대학 인문학원/ 동북사범대학 인문학원 (东北师范大学 人文学院)	College of Humanities & Sciences of Northeast Normal University	아시아어언학부 응용한국어학과		www.chsnenu.edu.cn
	랑팡직업기술학원/낭방직업기 술학원(廊坊职业技术学院)	Langfang Polytechnic Institute			www.lfzhjxy.net
	랴오닝기전직업기술학원/ 요녕기전직업기술학원 (辽宁机电职业技术学院)	Liaoning Economic Vocational Technological Institute	문학교육학부 응용한국어학과		
	랴오닝대학/요녕대학(辽宁大学)	Liaoning University	국제대학 한국학과	O	www.lnu.edu.cn
	랴오닝조선족사범학교/ 요녕조선족사범학교 (辽宁朝鲜族师范学校)	Liaoning Korean Normal School	한국어학원 한국어학과		
	랴오닝지질공정직업학원/ 요녕지질공정직업학원 (辽宁地质工程职业学院)	Liaoning Geology Engineering Vocational College	문언학부 응용한국어학과		www.lndzxy.com
	랴오동학원/ 요동학원(辽东学院)	Eastern Liaoning University	한조학부 조선어학과, 응용한국어학과		www.ldxy.cn
	랴오양직업기술학원/요양직업 기술학원(辽阳职业技术学院)	Liaoyang Vocational College of Technology	외국어학부 응용한국어학과		www.419.com.cn
	랴오청대학 동창학원/요성대학 동창학원(聊城大学 东昌学院)	Dongchang College of Liaocheng University	외국어학부 응용한국어학과		
	랴오청대학/ 요성대학(聊城大学)	Liaocheng University	외국어학부 한국어학과		www.lcu.edu.cn

국가	대학명	영문 / 로마자 표기	강좌 개설 학부 / 학과	한국학센터 현황	홈페이지
	롄윈강사범고등단과학교/ 연운항사범고등단과학교 (连云港师范高等专科学校)	Lianyungang Teacher's College	외국어학부 한국어학과		www.lygsf.cn
	롄윈강직업기술학원/연운항직 업기술학원(连云港职业技术学院)	Lianyungang Technical College	외국어학부 응용한국어과		www.lygtc.net.cn
	루동대학/노동대학(鲁东大学)	Ludong University	외국어대학 한국어학과		www.ytnc.edu.cn
	뤄양외국어학교/낙양외국어학 교(洛阳外国语学校)	Luoyang Foreign Language School	한국어학과		
	린이대학(临沂大学)	Linyi University	외국어학부 한국어학과		www.lyu.edu.cn
	링난대학/영남대학(岭南大学)	Lingnan University	영어 및 다중언어학부 한국어학과		www.ln.edu.hk
	마카오대학(澳门大学)	Macau University	외국어학부		www.umac.mo
	무단장대학/ 목단강대학(牡丹江大学)	Mudanjiang University	외국어학부 응용한국어학과		www.mdjdx.cn
	무단장사범학원/목단강사범학 원(牡丹江师范学院)	Mudanjiang Normal University	동방어언학부 한국어학과		www.mdjnu.cn
	바오지문리학원/ 보계문리학원(宝鸡文理学院)	Baoji University of Arts and Sciences	외국어문학과		www.bjwlxy.cn
	바오터우경공직업기술학원/ 포두경공직업기술학원 (包头轻工职业技术学院)	Baotou Light Industry Vocational Technical College	국제학부 응용한국어과		www.btqy.com.cn
	베이징대학/북경대학(北京大学)	Peking University	외국어대학 조선(한국) 언어문화학부	O	www.pku.edu.cn
중국	베이징어언대학/ 북경어언대학(北京语言大学)	Beijing Language and Culture University	외국어학부 한국어학과	O	www.blcu.edu.cn
	베이징외국어대학/북경외국어 대학(北京外国语大学)	Beijing Foreign Studies University	아시아아프리카대학 한국어학과	O	www.bfsu.edu.cn
	베이징제2외국어학원/북경제2 외국어학원(北京第二外国语学院)	Beijing International Studies University	동방어학원 한국어학과		www.bisu.edu.cn
	베이화대학/북화대학(北华大学)	Beihua University	외국어학부 한국어학과		en.beihua.edu.cn
	사립화련학원(私立华联学院)	Private Hualiang College	외국어학부 한국어과		www.hlu.edu.cn
	산둥경무직업학원/산동경무직 업학원(山东经贸职业学院)	Shandong Vocational College of Economics and Business	문화교육학부		www.sdecu.com
	산둥공상학원/ 산동공상학원(山东工商学院)	Shandong Technology and Business University	외국어학부 한국어학과		www.ccec.edu.cn
	산둥과학기술대학/산동과학기 술대학(山东科技大学)	Shandong University of Science and Technology	외국어학부 한국어학과		www.sdust.edu.cn
	산둥과학기술직업학원/ 산동과학기술직업학원 (山东科技职业学院)	Shandong Vocational College of Science & Technology	응용한국어학과		www.sdvcst.edu.cn
	산둥농업공정학원/산동농업공 정학원(山东农业工程学院)	Shandong Agricultura and Engineering University	외국어학부 응용한국어학과		www.sdngy.edu.cn
	산둥대학/산동대학(山东大学)	Shandong University	외국어대학 한국어학과	O	www.sdu.edu.cn
	산둥대학 웨이하이분교/산동대 학 위해분교(山东大学 威海分校)	Shandong University, Weihai	한국학대학 한국어학과	O	www.wh.sdu.edu.cn
	산둥사범대학/ 산동사범대학(山东师范大学)	Shandong Normal University	외국어대학 한국어학과	O	www.sdnu.edu.cn

국가	대학명	영문 / 로마자 표기	강좌 개설 학부 / 학과	한국학센터 현황	홈페이지
중국	산동상무직업학원/산동상무직업학원(山东商务职业学院)	Shandong Business Institute	어문학부 응용한국어학과		www.sdbi.com.cn
	산동여유직업학원/산동여유직업학원(山东旅游职业学院)	Shandong College of Tourism & Hospitality	문화교육학부 응용한국어학과		www.sdts.net.cn
	산동여자학원/산동여자학원(山东女子学院)	Shandong Women's University	문화교육학부 응용한국어학과		www.sdwu.edu.cn
	산동영재학원/산동영재학원(山东英才学院)	Shandong Yingcai University	문화교육학부 응용한국어학과		www.ycxy.com
	산동외국어직업학원/산동외국어직업학원(山东外国语职业学院)	Shandong Foreign Language Vocational College	문화교육학부 응용한국어학과		www.sdflc.com
	산동외무직업기술학원/산동외무직업기술학원(山东外贸职业学院)	Shandong Foreign Trade Vocational College	문화교육학부 응용한국어학과		www.sdwm.cn
	산동외사번역직업학원/산동외사번역학원(山东外事翻译学院)	Shandong Vocational College of Foreign Affairs Translation	외국어학부 응용한국어학과		www.wsfy.edu.cn
	산동이공대학/산동이공대학(山东理工大学)	Shandong University of Technology	외국어학부 한국어학과		www.sdut.edu.cn
	산동청년정치학원/산동청년정치학원(山东青年政治学院)	Shandong Youth University of Political Science	외국어학부 응용한국어학과		www.sdyu.edu.cn
	산시공정직업기술학원/산서공정직업기술학원(山西工程职业技术学院)	Shanxi Enginerring Vocational College	외국어학부 응용한국어학과		www.sxgy.cn
	산시동문직업기술학원/산서동문직업기술학원(山西同文职业技术学院)	Shanxi Tongwen Vocational and Technical College			www.sxtwedu.com
	산시사범대학/섬서사범대학(陕西师范大学)	Shaanxi Normal University	외국어학부		www.snnu.edu.cn
	산시여유직업학원/산서여유직업학원(山西旅游职业学院)	Shanxi Vocational College of Tourism	관광언어학부		www.sxtvi.com.cn
	산시화오상무직업학원/산서화오상무직업학원(山西华澳商贸职业学院)	China Australia Business College of Shanxi	외국어학부		www.huaao.sx.cn
	상하이공상외국어직업학원/상해공상외국어직업학원(上海工商外国语职业学院)	Shanghai Industry & Commerce Foreign Language College	외국어학부 응용한국어학과		www.sicfl.edu.cn
	상하이민원직업기술학원/상해민원직업기술학원(上海民远职业技术学院)	Shanghai Minyuan Polytechnic Institute	외국어학부 상무한국어학과		www.min-yuan.com
	상하이상학원/상해상학원(上海商学院)	Shanghai Business School	외국어학부 조선어학과		www.sbs.edu.cn
	상하이시공상외국어학교/상해시공상외국어학교(上海市工商外国语学校)	Shanghai Commerce and Industry Foreign Language School	외국어학부 상무한국어학과		www.sgsw.edu.cn
	상하이여유고등단과학교/상해여유고등단과학교(上海旅游高等专科学校)	Shanghai Institute of Tourism	관관 외국어학부 응용한국어학과		www.sitsh.edu.cn
	상하이외국어대학/상해외국어대학(上海外国语大学)	Shanghai International Studies University	동방언어대학 한국어학과	O	en.shisu.edu.cn
	상하이제2공업대학/상해제2공업대학(上海第二工业大学)	Shanghai Second Polytechnic University			www.sspu.edu.cn

국가	대학명	영문 / 로마자 표기	강좌 개설 학부 / 학과	한국학센터 현황	홈페이지
중국	상하이중교직업기술학원/ 상해중교직업기술학원 (上海中侨职业技术学院)	Shanghai Zhongqiao Vocational and Technical College	외국어학부		www.shzq.edu.cn
	상하이진단직업학원/상해진단 직업학원(上海震旦职业学院)	Shanghai Aurora Vocational College			www.aurora-college.cn
	상하이해양대학/ 상해해양대학(上海海洋大学)	Shanghai Ocean University	외국어대학 한국어학과		www.shou.edu.cn
	상해외국어대학 현달경제인문 학원(上海外大 贤达经济人文学院)	Xianda College of Economics & Humanities Shanghai International Studies University	외국어학부 조선어학과		www.xdsisu.edu.cn
	선전대학/심천대학(深圳大学)	Shenzhen University	외국어학부		www.szu.edu.cn
	선전직업기술학원/심천직업기 술학원(深圳职业技术学院)	Shenzhen Polytechnic	응용외국어학부		www.szpt.edu.cn
	쉬저우공정학원/ 서주공정학원(徐州工程学院)	Xuzhou Institute of Technology	외국어학부 한국어학과		www.xzit.edu.cn
	시베이공업대학/ 서북공업대학(西北工业大学)	Northwestern Polytechnical University	외국어학부		www.nwpu.edu.cn
	시베이대학/서북대학(西北大学)	Northwest University	외국어학부		www.nwu.edu.cn
	시베이정법대학/ 서북정법대학(西北政法大学)	Northwest University of Politics & Law	외국어학부 한국어학과		www.nwupl.edu.cn
	시안배화학원/ 서안배화학원(西安培华学院)	Xi'an Peihua University	외국어학부 한국어학과		www.peihua.cn
	시안번역학원/ 서안번역학원(西安翻译学院)	Xi'an Fanyi University	외국어학부 한국어학과		www.xafy.edu.cn
	시안외국어대학/서안외국어대 학(西安外国语大学)	Xi'an International Studies University	동방언어문화대학 한국어학과		www.xisu.edu.cn
	시안외사학원/ 서안외사학원(西安外事学院)	Xi'an International University	외국어학부 한국어학과		www.xaiu.edu.cn
	시엔양사범학원/ 함양사범학원(咸阳师范学院)	Xianyang Normal University			www.xysfxy.cn
	시징학원/서경학원(西京学院)	Xijing University			www.xijing.com.cn
	쑤저우대학/소주대학(苏州大学)	Soochow University	외국어학부 조선어학과		www.suda.edu.cn
	쓰촨사범대학/ 사천사범대학(四川师范大学)	Sichuan Normal University College of International Education	외국어학부		
	쓰촨성시직업학원/사천성시직 업학원(四川城市职业学院)	Sichuan City Vocational College			www.scuvc.com
	쓰촨외국어대학/사천외국어대 학(四川外国语大学)	Sichuan International Studies University	동양대학 한국어학과	O	www.sisu.edu.cn
	쓰촨외국어대학 성도학원/ 사천외국어대학 성도학원 (四川外国语大学 成都学院)	Chengdu Institute Sichuan International Studies University	동양어학부 한국어학과	O	www.cisisu.edu.cn
	쓰촨외국어학원 남방번역학원/ 사천외국어학원 남방번역학원 (四川外语学院 南方翻译学院)	Chongqing Nanfang Translators College under Sichuan International Studies University	동방어언학부 한국어학과		www.sisu.edu.cn
	씨난민족대학/ 서남민족대학(西南民族大学)	Southwest Minzu University	외국어대학 한국어학과		www.swun.edu.cn

국가	대학명	영문 / 로마자 표기	강좌 개설 학부 / 학과	한국학센터 현황	홈페이지
	씨아먼이공학원/ 하문이공학원(廈門理工学院)	Xiamen University of Technology			www.xmut.edu.cn
	안산사범학원(鞍山师范学院)	Anshan Normal College	외국어학부 실용한국어학과		www.asnc.edu.cn
	안휘공상직업학원 (安徽工商职业学院)	Anhui Business Vocational College			www.ahbvc.cn
	얜청공학원/ 염성공학원(盐城工学院)	Yancheng Institute of Technology	외국어학부		www.ycit.edu.cn
	얜청사범학원/ 염성사범학원(盐城师范学院)	Yancheng Teachers University	외국어대학 한국어학과		www.yctc.edu.cn
	양저우공업직업기술학교/ 양주공업직업기술학교 (扬州工业职业技术学校)	Yangzhou Industry Vocational and Technical College			
	양저우대학/양주대학(扬州大学)	Yanzhou University	외국어대학 한국어학과		www.yzu.edu.cn
	옌벤과학기술대학/연변과학기 술대학(延边科技大学)	Yanbian University of Science & Technology	외국어학부 한국어학과		www.yust.edu
	옌벤대학/연변대학(延边大学)	Yanbian University	조선-한국학학원 조선어학부	O	www.ybu.edu.cn
	옌벤직업기술학원/연변직업기 술학원(延边职业技术学院)	Yanbien Vocational and Technical College	관광학부 한국어과		www.ybvtc.com
	옌타이난산학원/ 연태난산학원(烟台南山学院)	Yantai Nanshan University	외국어학부 응용한국어학과		www.nanshan.edu.cn
중국	옌타이대학/연태대학(烟台大学)	Yantai University	한국어학부 한국어학과	O	www..ytu.edu.cn
	옌타이대학 문경학원/연태대학 문경학원(烟台大学 文经学院)	Wenjing College Yantai University	외국어언문학계 한국어학과		www.ytu.edu.cn
	우시공예직업기술학원/ 무석공예직업기술학원 (无锡工艺职业技术学院)	Wuxi Institute of Arts & Technology			www.wxgyxy.cn
	우시과학기술직업학원/ 무석과학기술직업학원 (无锡科技职业学院)	Wuxi Professional College of Science & Technology	외국어 및 관광학부		www.wxstc.cn
	우시남양직업기술학원/ 무석남양직업기술학원 (无锡南洋职业技术学院)	Wuxi South Ocean College			www.wsoc.edu.cn
	우창직업학원/ 무창직업학원(武昌职业学院)	Wuchang Polytechnic College	외국어학부 응용한국어학과		www.wczy.cn
	우한도시직업학원/무한도시직 업학원(武汉城市职业学院)	Wuhan City Polytechnic	외국어학부 응용한국어학과		www.whcvc.edu.cn
	우한상무직업학원/무한상무직 업학원(武汉商贸职业学院)	Wuhan International Culture University	외구외어학부 응용한국어학과		www.whicu.com
	우한외국어외사직업학원/ 무한외국어외사직업학원 (武汉外语外事职业学院)	Wuhan College of Foreign Languages and Foreign Affairs	응용외국어학부 응용한국어학과		www.whflfa.com
	우후직업기술학원/무호직업기 술학원(芜湖职业技术学院)	Wuhu Institute of Technology			www.whit.edu.cn
	웨이난사범학원/ 위남사범학원(渭南师范学院)	Weinan Normal University	외국어대학 한국어학과	O	www.wnu.edu.cn
	웨이팡직업학원/ 유방직업학원(潍坊职业学院)	Weifang Vocational College	국제상무학부 응용한국어학과		www.sdwfvc.com

국가	대학명	영문 / 로마자 표기	강좌 개설 학부 / 학과	한국학센터 현황	홈페이지
중국	웨이팡학원/유방학원(潍坊学院)	Weifang University	외국어학부 한국어학과		www.wfu.edu.cn
	웨이하이직업학원/ 위해직업학원(威海职业学院)	Weihai Vocational College	국제상무학부 응용한국어학과		www.weihaicollege. com
	윈난사범대학 문리학원/ 운남사범대학 문리학원 (云南师范大学 文理学院)	Yunnan Normal University College of Arts & Sciences	외국어학부 한국어학과		www.gokunming.com
	윈난사범대학 상학원/ 운남사범대학 상학원 (云南师范大学 商学院)	Yunnan Normal University Business School	한국어학과, 쿤밍 세종학당		www.ynnubs.com
	윈난성시건설직업학원/ 운남성시건설직업학원 (云南城市建设职业学院)	Yunnan Urban Construction Vocational College			www.yncjxy.com
	잉탄직업기술학원/응담직업기 술학원(鹰潭职业技术学院)	Yingtan Vocational and Technical College			www.jxytxy.com.cn
	잉티엔직업기술학원/응천직업 기술학원(应天职业技术学院)	Yongchan Vocational and Technical College			www.ytc.edu.cn
	자무쓰대학/ 가목사대학(佳木斯大学)	Jiamusi University	외국어학원 한국어학과		www.jmsu.org
	장난영시예술직업학원/ 강남영시예술직업학원 (江南影视艺术职业学院)	Jiangnam Film and Television Art College			www.jnys.cn
	장시사범대학/ 강서사범대학(江西师范大学)	Jiangxi Normal University	국제교육학부 조선어학과		www.jxnu.edu.cn
	장시여유상업무역직업학원/ 강서여유상업무역직업학원 (江西旅游商贸职业学院)	Jiangxi Tourism and Commerce Vocational College	관광학부 응용한국어학과		
	장시외국어대외무역직업학원/ 강서외국어대외무역직업학원 (江西外语外贸职业学院)	Jiangxi College Of Foreign Studies	응용동방어학부 응용한국어학과		www.jxcfs.com
	장쑤경무직업기술학원/ 강소경무직업기술학원 (江苏经贸职业技术学院)	Jingsu Jingmao Vocational Technology College	동방어언학부 응용한국어학과		www.jseti.edu.cn
	장쑤성농림직업기술학교/ 강소성농림직업기술학교 (江苏省农林职业技术学院)	Jiangsu Polytechnic College of Agriculture and Forestry			www.jsafc.edu.cn
	장쑤연합직업기술학원/ 강소연합직업기술학원 (江苏联合职业技术学院)	Jingsu Union Technical Institute			www.juti.cn
	장안대학(长安大学)	Chang'an University	외국어학부		www.chd.edu.cn
	장하이직업기술학교/강해직업 기술학교(江海职业技术学院)	Jiangahi Polytechnic College	외국어학부 응용한국어학과		www.jhu.cn
	저랑직업기술학원/자랑직업기 술학원(紫琅职业技术学院)	Nantong Polytechnic College			www.ntpc.edu.cn
	저장대학/절강대학(浙江大学)	Zhejiang University	인문대학 한국학과	O	www.zju.edu.cn
	저장수인대학/ 절강수인대학(浙江树人大学)	Zhejiang Shuren University	외국어학부 조선어학과		www.zjsru.edu.cn
	저장외국어학원/절강외국어학 원(浙江外国语学院)	Zhejiang International Studies University	동방어언문화학원 한국어학과		www.zisu.edu.cn
	정저우경공업학원/정주경공업 학원(郑州轻工业学院)	Zhengzhou University of Light Industry	외국어학부 한국어학과		www.zzuli.edu.cn

국가	대학명	영문 / 로마자 표기	강좌 개설 학부 / 학과	한국학센터 현황	홈페이지
중국	정저우여유직업학원/정주여유직업학원(郑州旅游职业学院)	Zhengzhou Tourism College	관광외국어학부 응용한국어학과		www.zztrc.edu.cn
	중국사회과학원(中国社会科学院)	Chinese Academy of Social Sciences	철학연구소		cass.cssn.cn
	중국인민해방군외국어학원(中国人民解放军外国语学院)	PLA University of Foreign Language			
	중국전매대학(中国传媒大学)	Communication University of China	외국어대학 아시아-아프리카학과		www.cuc.edu.cn
	중국정법대학(中国政法大学)	China University of Political Science and Law			www.cupl.edu.cn
	중국해양대학(中国海洋大学)	Ocean University Of China	외국어대학 한국어학과	O	www.ouc.edu.cn
	중난민족대학/중남민족대학(中南民族大学)	South-Central University For Nationalities	외국어학부 조선어학과		www.scuec.edu.cn
	중난임업과학기술대학/중남임업과학기술대학(中南林业科技大学)	Central South University of Forestry and Technology	외국어학부 한국어학과		www.csuft.edu.cn
	중산대학 국제번역학원(中山大学 国际翻译学院)	School of International Studies, Sun Yat-sen University	한국어학과		sti.sysu.edu.cn
	중산대학 남방학원(中山大学 南方学院)	Nanfang College of Sun Yat-sen University	외국어학원 조선어학과		www.nfsysu.com
	중산직업기술학원/종산직업기술학원(钟山职业技术学院)	Zhongshan College			www.zscollege.com
	중앙민족대학(中央民族大学)	Minzu University of China	조선언어문학부, 외국어대학 한국어학과	O	www.muc.edu.cn
	지난대학/제남대학(济南大学)	University of Jinan	외국어학원 한국어학과		www.ujn.edu.cn
	지린경찰학원/길림경찰학원(吉林警察學院)	Jilin Police College	중외어언학부 응용한국어과		www.jljcxy.com
	지린공정기술사범학원/길림공정기술사범학원(吉林工程技术师范学院)	Jilin Engineering Normal University			www.jltiet.edu.cn
	지린농업과학기술학원/길림농업과학기술학원(吉林农业科技学院)	Jilin Agricultural University	어문학부 한국어학과		www.jlau.edu.cn
	지린대학/길림대학(吉林大学)	Jilin University	외국어대학 조선어학부	O	www.jlu.edu.cn
	지린대학 주하이학원/길림대학 주해학원(吉林大学 珠海学院)	Zhuhai College of Jilin University	외국어학부 한국어학과	O	www.jluzh.com
	지린사범대학/길림사범대학(吉林師範大學)	Jilin Normal University	동양언어학부 한국어학과		www.bdxy.com.cn
	지린사법경관직업학원/길림사법경관직업학원(吉林司法警官职业学院)	Ji Lin Justice Officier Academy			www.jlsfjy.cn
	지린재경대학/길림재경대학(吉林财经大学)	Jilin University of Finance and Economics	외국어대학 한국어학과		www.at0086.com/JUFE/
	지린전자정보직업기술학원/길림전자정보직업기술학원(吉林电子信息职业技术学院)	Jilin Technology College of Electronic Information	관광학부 한국관광학과		www.jltc.edu.cn
	지린화교외국어학원/길림화교외국어학원(吉林华桥外国语学院)	Jilin Huaqiao Foreign Languages Institute	동방대학 한국어학과, 한국어통번역학과		www.hqwy.com

국가	대학명	영문 / 로마자 표기	강좌 개설 학부 / 학과	한국학센터 현황	홈페이지
중국	쯔보사범고등단과학교/ 치박사범고등단과학원 (淄博师范高等专科学校)	Zibo Normal College	외국어학부 응용한국어학과		www.zbnc.edu.cn
	쯔보직업학원/ 치박직업학원(淄博职业学院)	Zibo Vocational Institute	국제학부 응용한국어학과		www.zbvc.edu.cn
	차오양사범고등단과학교/ 조양사범고등단과학교 (朝阳师范高等专科学校)	Chaoyang Junior Normal College Training Center	외어학부 응용한국어학과		www.cysz.com.cn
	창바이산직업기술학원/ 장백산직업기술학원 (长白山职业技术学院)	Changbaishan Vocational and Technical College	관광학부 응용한국어학과		
	창수이공학원/ 상숙이공학원(常熟理工学院)	Changshu Institute of Technology	외국어학원 한국어학과		www.cslg.cn
	창장대학 문리학원/장강대학 문리학원(长江大学 文理学院)	Yangtze University College of Arts and Science	영한어학부 한국어학과		www.yangtzeu.edu.cn
	창저우신식직업기술학교/ 상주신식직업기술학교 (常州信息职业技术学院)	Changzhou College of Information Technology	외국어대학 응용한국어과		www.ccit.js.cn
	창춘광화학원/ 장춘광화학원(长春光华学院)	Changchun Guanghua University	외어학부 한국어학과		www.ccughc.net
	창춘대학여유학원/장춘대학여 유학원(长春大学旅游学院)	Tourism College of Changchun University	외국어학부 한국어학과		www.cctourcollege. com
	창춘사범대학/ 장춘사범대학(长春师范大学)	Changchun Normal University	외어학부 한국어학과		www.ccsfu.edu.cn
	창춘이공대학/ 장춘이공대학(长春理工大学)	Changchun University of Science and Technology	인문정보학원, 외어학부 한국어학과		www.cust.edu.cn
	창춘직업기술학원/장춘직업기 술학원(长春职业技术学院)	Changchun Vocational Institute of Technology	문화교육학부 응용한국어학과		
	취푸사범대학 리자오분교/ 곡부사범대학 일조분교 (曲阜师范大学 日照分校)	Qufu Normal University, Ri Zhao	통번역대학 한국어학과	O	www.qfnu.edu.cn
	취푸위안동직업기술학원/ 곡부원동직업기술학원 (曲阜远东职业技术学院)	Qufu Fareast Vocational and Technology College	외국어학부 응용한국어학과		www.fareast-edu.net
	치노이공학원/ 제노이공학원(齐鲁理工学院)	Qilu Institute of Technology	외국어학부, 응용한국어학과		www.qlit.edu.cn
	치치하얼고등사범전문대학/ 제제합이고등사범전문대학 (齐齐哈尔高等师范专科学校)	Qiqihar Teachers College	외국어학부 한국어학과		www.qqhrtc.com
	치치하얼대학/ 제제합이대학(齐齐哈尔大学)	Qiqihar University	외국어학부 한국어학과		www.qqhru.edu.cn
	칭다오강완직업기술학원/ 청도강완직업기술학원 (青岛港湾职业技术学院)	Qingdao Harbour Vocational & Technical College	외국어학부 응용한국어학과		www.qdgw.com
	칭다오공학원/ 청도공학원(青岛工学院)	Qingdao University of Technology	외국어학부 한국어학과		www.oucqdc.edu.cn
	칭다오과학기술대학/청도과학 기술대학(青岛科技大学)	Qingdao University of Science & Technology	외국어학부 한국어학과		www.qust.edu.cn
	칭다오구실직업기술학원/ 청도구실직업기술학원 (青岛求实职业技术学院)	Qingdao Qiushi College	외국어학부 응용한국어학과		www.qdqs.com

국가	대학명	영문 / 로마자 표기	강좌 개설 학부 / 학과	한국학센터 현황	홈페이지
중국	칭다오농업대학/ 청도농업대학(青岛农业大学)	Qingdao Agricultural University	외국어대학 한국어학과		www.qau.edu.c
	칭다오대학/청도대학(青岛大学)	Qingdao University	외국어대학 한국어학과	O	www.qdu.edu.cn
	칭다오비양직업기술학원/ 청도비양직업기술학원 (青岛飞扬职业技术学院)	Qingdao Feiyang Vocational and Technical College	문화교육학부 응용한국어학과		www.feiyangcollege.com
	칭다오빈하이학원/ 청도빈하이학원(青岛滨海学院)	Qingdao Binhai Univeristy	응용한국어학과		www.qdbhu.edu.cn
	칭다오이공대학/ 청도이공대학(青岛理工大学)	Qingdao Technological University	외국어대학 한국어학과		www.qtech.edu.cn
	칭다오주점관리직업기술학원/ 청도주점관리직업기술학원 (青岛酒店管理职业技术学院)	Qingdao Vocational and Technical College of Hotel Management	관광호텔경영학부 응용한국어학과		www.qchm.edu.cn
	칭다오직업기술학원/청도직업 기술학원(青岛职业技术学院)	Qingdao Technical College	어문학부 응용한국어학과		www.qtc.edu.cn
	칭다오항성과학기술학원/ 청도항성과학기술학원 (青岛恒星科技学院)	Qingdao Hengxing University of Science and Technology	외국어학부 응용한국어학과		www.hx.cn
	칭다오황하이학원/ 청도황해학원(青岛黄海学院)	Qingdao Huanghai University	한국어학과		www.huanghaicollege.com
	칭화대학/청화대학(清华大学)	Tsinghua School of Journalism and Communication	신문방송학원 신문방송학과		www.tsinghua.edu.cn
	타이위안여유직업학원/태원여 유직업학원(太原旅游职业学院)	Taiyuan Vocational College of Tourism	외국어학부 응용한국어학과		www.tylyzyxy.com
	톄링사범고등전문학교/ 철령사범고등전문학교 (铁岭师范高等专科学校)	Tieling Normal College	외국어학부 응용한국어학과		www.tlsz.com.cn
	톈진사범대학/ 천진사범대학(天津师范大学)	Tianjin Normal University	외국어대학 한국어학과	O	www.tjnu.edu.cn
	톈진사범대학 진구학원/ 천진사범대학 진구학원 (天津师范大学 津沽学院)	Tianjin Normal University Jingu College	외국어학부 조선어학과		jgxy.tjnu.edu.cn
	톈진상무직업학원/천진상무직 업학원(天津商务职业学院)	Tianjin College of Commerce	응용외국어학부 응용외국어학과		jmwyx.tcc1955.edu.cn
	톈진외국어대학 빈하이외사학 원/천진외국어대학 빈하이외사 학원(天津外国语大学 滨海外事学院)	Binhai School of Foreign Affairs of Tianjin Foreign Studies University	한국어학부 한국어학과		www.tjfsu.edu.cn
	톈진외국어대학/천진외국어대 학(天津外国语大学)	Tianjin Foreign Studies University	아시아아프리카어대학 한국어학과		www.tjfsu.edu.cn/bindex
	톈진직업대학/ 천진직업대학(天津职业大学)	Tianjin Vocational Institude	국제교류학부 응용한국어과		www.tjtc.edu.cn
	통화사범학원(通化师范学院)	Tonghua Normal University	외국어대학 한국어학과	O	www.thnu.edu.cn
	푸단대학/복단대학(复旦大学)	Fudan University	외국어문학대학 한국어문학과	O	www.fudan.edu.cn
	푸순사범고등단과학교/ 무순사범고등단과학교 (抚顺师范高等专科学校)	Fushun Normal University Junior College	외국어학부 한국어학과		www.fstc.cn
	푸순직업기술학원/무순직업기 술학원(抚顺职业技术学院)	Fushun Vocational Technology College	외국어학부		

국가	대학명	영문 / 로마자 표기	강좌 개설 학부 / 학과	한국학센터 현황	홈페이지
중국	하얼빈강남직업기술학원 (哈尔滨江南职业技术学院)	Harbin Jiangnan Vocational and Technical College	외국어학부 응용한국어학과		
	하얼빈공업대학 웨이하이분교/ 하얼빈공업대학 위해분교 (哈尔滨工业大学 威海分校)	Harbin Institute of Technology, Weihai	언어문학대학 한국어학과		www.hitwh.edu.cn
	하얼빈극동이공학원 (哈尔滨远东理工学院)	Harbin Far East Institute of Technology	국제교육학부 한국어학과		www.fe-edu.com.cn
	하얼빈사범대학 (哈尔滨师范大学)	Harbin Normal University	동방언어문화학원 한국어학과		www.hrbnu.edu.cn
	하얼빈이공대학 (哈尔滨理工大学)	Harbin University of Science and Technology	외국어학부 한국어학과		www.hrbust.edu.cn
	하얼빈케임브리지학원 (哈尔滨剑桥学院)	Harbin Cambridge University	외국어학부 한국어학과		
	하얼빈항공복무전문대학 (哈尔滨市航空服务中等专业学校)	Harbin Airline Service Secondary Technical School	한국어학과		
	하이난경무직업기술대학/ 해남경무직업기술대학 (海南经贸职业技术学院)	Hainan College of Economics and Business	외국어학부 응용한국어과		wyx.hceb.edu.cn
	하이난사범대학/ 해남사범대학(海南师范大学)	Hainan Normal University	외국어학부 한국어과		www.hainnu.edu.cn
	하이난외국어직업학원/ 해남외국어직업학원 (海南外国语职业学院)	Hainan College of Foreign Studies	동방언어학부 응용한국어학과		www.hncfs.edu.cn
	항저우사범대학/ 항주사범대학(杭州师范大学)	Hangzhou Normal University	외국어학부 조선어학과		www.hznu.edu.cn
	허베이대학/하북대학(河北大学)	Hebei University	외국어학부 한국어학과		www.hbu.edu.cn
	허베이수리수전대학/화북수리 수전대학(华北水利水电大学)	North China University of Water Resources and Electric Power	국제교육학부 대외중국어교육학과		www.ncwu.edu.cn
	허베이외국어직업학원/ 하북외국어직업학원 (河北外国语职业学院)	Hebei Vocational College of Foreign Languages	동방어언학부 응용한국어학과		www.hbiibe.edu.cn
	허저우대학/하주대학(贺州学院)	Hezhou University	외국어학부		www.hzu.gx.cn
	허페이학원/ 합비학원(合肥学院)	Hefei University	외국어학부 조선어학과		www.hfuu.edu.cn
	헝양재경공업직업기술학원/ 형양재경공업직업기술학원 (衡阳财经工业职业技术学院)	Hunan Financial & Industrial Vocational-Technical College			www.hycgy.com
	헤이룽장대학/ 흑룡강대학(黑龙江大学)	Heilongjiang University	동방언어문화학부 한국어학과		www.hlju.edu.cn
	헤이룽장동방학원/흑룡강동방 학원(黑龙江东方学院)	East University of Heilongjiang	외국어학부		www.dfxy.net
	헤이룽장공업학원/흑룡강공업 학원(黑龙江工业学院)	Heilongjiang Institute of Technology	어문교육학부 응용한국어학과		www.hljit.edu.cn
	헤이룽장농간과학기술직업학 원/흑룡강농간과학기술직업학 원(黑龙江农垦科技职业学院)	Heilongjiang State Farm Science Technology Vocational College			www.nkkjxy.org.cn
	헤이룽장농업경제직업학원/ 흑룡강성농업경제직업학원 (黑龙江农业经济职业学院)	Heilongjiang Agricultural Economy Vocational College	인문예술학부 응용한국어학과		www.hnyjj.org.cn

국가	대학명	영문 / 로마자 표기	강좌 개설 학부 / 학과	한국학센터 현황	홈페이지
중국	헤이룽장민족직업학원/ 흑룡강민족직업학원 (黑龙江民族职业学院)	Heilongjiang Vocational College for Nationalities	민족어언교육학부 응용한국어학과		www.mvcollege.com
	헤이룽장여유직업기술학원/ 흑룡강여유직업학원 (黑龙江旅游职业技术学院)	Heilongjiang Tourism Vocational and Technical Institute	국제상무학부 응용한국어학과		www.ljlyzy.org.cn
	헤이룽장외국어학원/흑룡강외 국어학원(黑龙江外语学院)	Heilongjiang International University	동방어언학부 한국어학과		www.heilongjiang-international-university.com
	헤이룽장직업학원/흑룡강직업 학원(黑龙江职业学院)	Heilongjiang Polytechnic			www.hljp.edu.cn
	홍콩과기대학(香港科技大学)	Hong Kong University of Science and Technology	언어센터		www.ust.hk
	홍콩교육대학(香港教育大学)	Education University of Hong Kong	인문학부 언어학과		www.eduhk.hk
	홍콩대학(香港大学)	University of Hong Kong	현대언어문화대학 인문학부		www.hku.hk
	홍콩대학 중국상업학원 (香港大学 中国商业学院)	HKU Space	평생교육원		www.hkuspace.hku.hk
	홍콩성시대학/ 홍콩시립대학(香港城市大学)	City University of Hong Kong	인문사회과학대학 아시아국제학과		www.cityu.edu.hk
	홍콩이공대학(香港理工大学)	Hong Kong Polytechnic University	인문학부 중국어·다중 언어학과		www.polyu.edu.hk
	홍콩중문대학(香港中文大学)	Chinese University of Hong Kong	인문학부 언어학·현대언어학과		www.cuhk.edu.hk
	홍콩중문대학 전업진수학원 (香港中文大学校 外进修部)	School of Continuing and Professional Studies, Chinese University of Hong Kong	평생교육원 어문학부 한국어학과		www.scs.cuhk.edu.hk
	홍콩침례대학(香港浸会大学)	Hong Kong Baptist University	언어센터		www.hkbu.edu.hk
	홍콩침례대학 평생교육원 (香港大学 专业进修学院)	Hong Kong Baptist University Continuing Education Centre	평생교육원		www.sce.hkbu.edu.hk
	화난농업대학/ 화남농업대학(华南农业大学)	South China Agricultural University	외국어학부 한국어과		www.scau.edu.cn
	화난사범대학/ 화남사범대학(华南師范大学)	South China Normal University	외국어언문화학원 영어영문학과		www.scnu.edu.cn
	화이베이직업기술학원/회북직 업기술학원(淮北职业技术学院)	Huaibei Vocational and Technical College			www.hbvtc.net
	화이안신식직업기술학원/ 회안신식직업기술학원 (淮安信息职业技术学院)	Huaian Vocational College of Information Technology			www.hcit.edu.cn
	화이하이공학원/ 회해공학원(淮海工学院)	Huaihai Institute of Technology	외국어학부 한국어과		www.hhit.edu.cn
	화중과학기술대학 (华中科技大学)	Huazhong University of Science and Technology	세종학당		www.hust.edu.cn
	화중사범대학(华中师范大学)	Central China Normal University	외국어대학 한국어학과	O	www.ccnu.edu.cn
	후난사범대학/ 호남사범대학(湖南师范大学)	Hunan Normal University	외국어대학 한국어학과		www.hunnu.edu.cn

국가	대학명	영문 / 로마자 표기	강좌 개설 학부 / 학과	한국학센터 현황	홈페이지
중국	후난섭외경제학원/호남섭외경제학원(湖南涉外经济学院)	Hunan International Economics University	외국어대학 한국어학과		www.hunaneu.com
	후난외국어직업학원/호남외국어직업학원(湖南外国语职业学院)	Hunan College of Foreign Studies	동방언어학부 응용한국어학과		www.hnflc.cn
	후난외무직업학원/호남외무직업학원(湖南外贸职业学院)	Hunan International Business Vocational College	외국어학부 응용한국어학과		www.hnwmxy.com
	후난이공학원/호남이공학원(湖南理工学院)	Hunan Institute of Science and Technology	외국어학부 조선(한국)어학과		www.hnist.cn
	후난철로과기직업기술학원/호남철로과기직업기술학원(湖南铁路科技职业技术学院)	Hunan Vocational College of Railway Technology			www.hntky.com

• 북미

국가	대학명	영문 / 로마자 표기	강좌 개설 학부 / 학과	한국학센터 현황	홈페이지
미국	괌커뮤니티칼리지	Guam Community College	무역·전문서비스대학 관광학과		www.guamcc.edu
	국방언어교육원 외국어센터	Defense Language Institute Foreign Language Center	언어학부 아시아화학과		www.dliflc.edu
	노스웨스턴대학교	Northwestern University	인문과학대학 아시아어문화학과		www.northwestern.edu
	노스이스턴일리노이대학교	Northeastern Illinois University	인문과학대학 세계어문화학과		www.neiu.edu
	노스캐롤라이나대학교-채플힐	University of North Carolina at Chapel Hill	인문과학대학 아시아학과		www.unc.edu
	뉴욕대학교(NYU)	New York University	인문과학대학 동아시아학과		www.nyu.edu/
	뉴욕시립대학교(CUNY)	City University of New York	인문예술학부		www.cuny.edu
	뉴욕주립대학교(SUNY)-버펄로	University at Buffalo, State University of New York	언어학부, 동양학부		www.buffalo.edu
	뉴욕주립대학교-빙엄턴	Binghamton University, The State University of New York	예술인문학부 아시아·아시아계미국학과	O	www.binghamton.edu
	뉴욕주립대학교-스토니브룩	Stony Brook University, The State University of New York	인문과학대학 아시아·아시아계미국학과	O	www.stonybrook.edu
	뉴욕주립대학교-올버니	University at Albany, The State University of New York	인문과학대학 동아시아학과		www.albany.edu
	다트머스칼리지	Dartmouth College	예술인문학부 아시아·중동어문학과		www.dartmouth.edu
	덴버대학교	University of Denver	세계언어·문화센터		www.du.edu
	듀크대학교	Duke University	인문과학대학 아시아·중동학과		www.duke.edu
	듀페이지칼리지	College of DuPage	문과대학 인문·커뮤니케이션학과		www.cod.edu
	디앤자칼리지	De Anza College	문화·국제학부 한국어학과		www.deanza.edu

국가	대학명	영문 / 로마자 표기	강좌 개설 학부 / 학과	한국학센터 현황	홈페이지
미국	디트로이트머시대학교	University of Detroit Mercy	인문교육대학	O	www.udmercy.edu
	라이스대학교	Rice University	인문대학 Chao 아시아학센터		www.rice.edu
	럿거스뉴저지주립대학교	Rutgers, The State University of New Jersey	인문과학대학 아시아어문화학과		www.rutgers.edu
	로스앤젤레스시티칼리지	Los Angeles City College	외국어인문학과		www.lacitycollege.edu
	리워드커뮤니티칼리지	Leeward Community College	언어인문학부		www.leeward.hawaii.edu
	마운트홀리요크칼리지	Mount Holyoke College	동아시아학과		www.mtholyoke.edu
	매사추세츠공과대학교(MIT)	Massachusetts Institute of Technology	인문예술사회과학대학 글로벌학과 언어		www.mit.edu
	매사추세츠대학교-애머스트	University of Massachusetts Amherst	인문문화학부		www.umass.edu
	메릴랜드대학교-볼티모어카운티	University of Maryland, Baltimore County	예술·인문·사회과학대학 현대언어·어학·문화교류 커뮤니케이션학과		www.umbc.edu
	메릴랜드대학교-칼리지파크	University of Maryland, College Park	언어문학문화학부 동아시아언어문화학과		www.umd.edu
	메인대학교	University of Maine			www.umaine.edu
	몬터레이국제학내대학교	Middlebury Institute of International Studies at Monterey			www.miis.edu
	미네소타대학교	University of Minnesota	문과대학 아시아어문학과		www.twin-cities.umn.edu
	미들베리칼리지	Middlebury College	한국어학교		www.middlebury.edu
	미시간대학교	University of Michigan	문학과학인문대학 아시아어문화학과	O	www.umich.edu
	미시간주립대학교	Michigan State University	예술인문대학 언어와 독이·슬라브어·아시아어·아프리카어학과	O	www.msu.edu
	미시시피대학교	University of Mississippi	인문대학 현대언어학과		www.olemiss.edu
	미주리대학교	University of Missouri	인문과학대학 독일·러시아학과	O	www.missouri.edu
	바사칼리지	Vassar College	아시아학과		www.vassar.edu
	밴더빌트대학교	Vanderbilt University	인문·과학대학		www.vanderbilt.edu
	버지니아대학교	University of Virginia	인문과학대학·대학원 동아시아어문학·문화학과		www.virginia.edu
	베일러대학교	Baylor University	인문과학대학 현대어문화학과		www.baylor.edu
	벨뷰칼리지	Bellevue College	평생교육원		www.bellevuecollege.edu
	보스턴대학교	Boston University	인문과학대학 세계언어문학과		www.bu.edu
	보스턴칼리지	Boston College	모리세이 인문과학대학 슬라브·동양어문학과		www.bc.edu

국가	대학명	영문 / 로마자 표기	강좌 개설 학부 / 학과	한국학센터 현황	홈페이지
미국	보이시주립대학교(BSU)	Boise State University	인문과학대학 세계언어학과		www.boisestate.edu
	북부조지아대학교	University of North Georgia	예술·인문대학 현대·고전어학과		www.ung.edu
	브라운대학교	Brown University	인문학부 동아시아학과		www.brown.edu
	브랜다이스대학교	Brandeis University	인문과학부 독일·러시아·아시아어문학과		www.brandeis.edu
	브룩헤이븐칼리지	Brookhaven College	세계언어학부		www.brookhavencollege.edu
	브리검영대학교	Brigham Young University	인문학부 아시아·근동언어학과		www.byu.edu
	사우스캐롤라이나대학교	University of South Carolina	사회복지대학		www.sc.edu
	새들백칼리지	Saddleback College	문과대학 외국어학과		www.saddleback.edu
	샌타모니카칼리지	Santa Monica College	현대언어·문화학과		www.smc.edu
	서던네바다칼리지	College of Southern Nevada	문과대학 국제어학과		www.csn.edu
	서던캘리포니아대학교 (남가주대학교)	University of Southern California (USC)	언어인문과학대학 동아시아어언문화학과	O	www.usc.edu
	세인트루이스워싱턴대학교	Washington University in St. Louis	동아시아학과, 동아시아문학과		www.wustl.edu
	센트럴플로리다대학교	University of Central Flordia	현대어문학과		www.ucf.edu
	스미스칼리지	Smith College	동아시아어문학과		www.smith.edu
	스탠퍼드대학교	Stanford University	사회학과, 역사학과, 동아시아학과, 경제학과, 동아시아문학·문화학과, 언어센터	O	www.stanford.edu
	시라큐스대학교	Syracuse University	언어학부, 동양학부		www.syracuse.edu
	시카고대학교	University of Chicago	인문학부 동아시아어어문명학과	O	www.uchicago.edu
	아메리칸대학교	American University Washington D.C.	인문과학대학 인문학과		www.american.edu
	아이오와대학교	University of Iowa	인문과학대학 아시아·슬라브 언어문학과		www.uiowa.edu
	애리조나대학교	University of Arizona	인문대학 동아시아학과		www.arizona.edu
	애리조나주립대학교	Arizona State University	인문과학대학		www.asu.edu
	앨라배마대학교	University of Alabama	인문과학대학 현대언어·고전학과		www.ua.edu
	에모리대학교	Emory University	인문과학대학 러시아동아시아어문화학과		www.emory.edu
	예일대학교	Yale University	사회과학부 동아시아언어문학과		www.yale.edu
	오리건대학교	University of Oregon (UO)	인문과학대학 동아시아언어문학과		www.uoregon.edu
	오번대학교	Auburn University	인문대학 외국어문학과		www.auburn.edu
	오벌린칼리지	Oberlin College	인문과학대학 동아시아학과		www.oberlin.edu

국가	대학명	영문 / 로마자 표기	강좌 개설 학부 / 학과	한국학센터 현황	홈페이지
미국	오크톤커뮤니티칼리지	Oakton Community College	언어인문예술학부 현대언어학과		www.oakton.edu
	오하이오주립대학교	Ohio State University	인문과학대학 동아시아어 문학과	O	www.osu.edu
	올드도미니언대학교	Old Dominion University	아시아학과		www.odu.edu
	워싱턴DC대학교	University of the District of Columbia			www.udc.edu
	워싱턴대학교(UW)	University of Washington	잭슨 국제대학, 아시아 어·문학부, 인문과학대학	O	www.washington.edu
	웨슬리언대학교	Wesleyan University	동아시아학대학		www.wesleyan.edu
	웰즐리칼리지	Wellesley College	동아시아어문화학과		www.wellesley.edu
	위스콘신대학교-매디슨	University of Wisconsin-Madison	인문·과학대학 아시아언어문화학과		www.wisc.edu
	윌리엄 앤 메리칼리지	College of William & Mary	아시아태평양주미국학과, 역사학과		www.wm.edu
	윌리엄패터슨대학교	William Paterson University	인문·사회과학대학 언어문화학부		www.wpunj.edu
	유타대학교	University of Utah	인문대학 세계언어문화학과		www.utah.edu
	유타주립대학교	Utah State University	인문사회과학대학 언어· 철학·커뮤니케이션학과		www.usu.edu
	인디애나대학교	Indiana University Bloomington	국제대학 동아시아어문화학과	O	www.indiana.edu
	인카네이트워드대학교	University of the Incarnate Word	인문사회과학대학 현대언어학과		www.uiw.edu
	일리노이대학교-시카고	University of Illinois at Chicago	문학·문화학·언어학부 언어학과		www.uic.edu
	일리노이대학교- 어바나샴페인	University of Illinois Urbana-Champaigne	문학문화언어학대학 동아시아어문화학과		www.illinois.edu
	조지메이슨대학교	George Mason University	인문사회과학대학 현대고전어학과	O	www2.gmu.edu
	조지아공과대학교	Georgia Institute of Technology	이반앨런 문과대학 현대언어학과		www.gatech.edu
	조지아대학교	University of Georgia	프랭클린 인문과학대학 비교문학과		www.uga.edu
	조지아주립대학교	Georgia State University	인문과학대학 세계언어문화학과		www.gsu.edu
	조지워싱턴대학교	George Washington University	컬럼비안 인문과학대학 동아시아언어문학과	O	www.gwu.edu
	조지타운대학교	Georgetown University	동아시아언어문화학과		www.georgetown.edu
	존스홉킨스대학교	Johns Hopkins University	니츠국제대학원, 언어교육센터	O	www.jhu.edu
	카피올라니커뮤니티칼리지	Kapiolani Community College	인문학부 아시아학과		www.kapiolani.hawaii.edu
	캔자스대학교	University of Kansas	언어문학문화대학 동아시아어문화학과		www.ku.edu

국가	대학명	영문 / 로마자 표기	강좌 개설 학부 / 학과	한국학센터 현황	홈페이지
미국	캘리포니아대학교-로스앤젤레스(UCLA)	University of California, Los Angeles	인문학부 아시아언어문화학과	O	www.ucla.edu
	캘리포니아대학교-리버사이드(UC리버사이드)	University of California, Riverside	인문사회과학대학 비교문학·외국어학과		www.ucr.edu
	캘리포니아대학교-버클리(UC버클리)	University of California, Berkeley	인문과학대학 동아시아언어문화학과	O	www.berkeley.edu
	캘리포니아대학교-샌디에이고(UC샌디에이고)	University of California, San Diego	인문학부		www.ucsd.edu
	캘리포니아대학교-샌타바버라(UC샌타바버라)	University of California, Santa Barbara	인문·과학대학 동아시아언어문화학과		www.ucsb.edu
	캘리포니아대학교-어바인(UC어바인)	University of California, Irvine	인문대학 동아시아언어문학과	O	www.uci.edu
	캘리포니아주립대학교-로스앤젤레스	California State University, Los Angeles	예술인문대학 현대언어문학과	O	www.calstate.edu
	캘리포니아주립대학교-풀러턴(CSUF)	California State University, Fullerton	인문사회과학부 현대언어·문화학과		www.fullerton.edu
	컬럼비아대학교	Columbia University	동아시아언어문화학과	O	www.columbia.edu
	케네소주립대학교	Kennesaw State University	외국어학부		www.kennesaw.edu
	코넬대학교	Cornell University	인문과학대학 아시아학과		www.cornell.edu
	골로라도대학교-볼더	University of Colorado Boulder	인문과학대학 아시아언어문화학과		www.colorado.edu
	퀸즈칼리지	Queens College, City University of New York	예술인문학부 고전·중동·아시아언어문화학과	O	www.qc.cuny.edu
	클레어몬트매케나칼리지	Claremont Mckenna College	현대어문학과		www.cmc.edu
	터프츠대학교	Tufts University	플레처스쿨		www.tufts.edu
	텍사스대학교-리오그란데밸리	University of Texas Rio Grande Valley (UTRGV)	인문대학 작문언어학과		www.utrgv.edu
	텍사스대학교-샌안토니오	University of Texas at San Antonio	인문예술대학 현대언어문학과		www.utsa.edu
	텍사스대학교-알링턴	University of Texas at Arlington	인문대학 현대언어학과		www.uta.edu
	텍사스대학교-오스틴	University of Texas at Austin	인문대학 아시아학과		www.utexas.edu
	템플대학교	Temple University	인문대학 아시아학과		www.temple.edu
	펜실베이니아대학교	University of Pennsylvania	인문과학대학 동아시아언어문명학과	O	www.upenn.edu
	펜실베이니아슬리퍼리록대학교	Slippery Rock University of Pennsylvania	현대언어문화학과		www.sru.edu
	펜실베이니아인디애나대학교	Indiana University of Pennsylvania	인문사회과학대학 아시아학		www.iup.edu
	펜실베이니아주립대학교	Pennsylvania State University	인문대학 아시아학과, 비교문학과, 역사학과		www.psu.edu
	포틀랜드주립대학교	Portland State University	인문과학대학 세계언어문학과		www.pdx.edu

국가	대학명	영문 / 로마자 표기	강좌 개설 학부 / 학과	한국학센터 현황	홈페이지
미국	프린스턴대학교	Princeton University	인문학부 동아시아학과		www.princeton.edu
	피어스칼리지	Pierce College			www.pierce.ctc.edu
	피처칼리지	Pitzer College	현대언어문학문화학과		www.pitzer.edu
	피츠버그대학교	University of Pittsburgh	인문과학대학 동아시아언어문학과		www.pitt.edu
	피츠버그주립대학교	Pittsburg State University	현대언어학과, 동아시아언어문화학과		www.pittstate.edu
	하버드대학교	Harvard University	인문과학부 동아시아언어문명학과	O	www.harvard.edu
	하와이대학교-마노아	University of Hawaii at Manoa	언어학·문학대학 동아시아언어문학과	O	www.manoa.hawaii.edu
	하워드대학교	Howard University	인문과학대학 세계언어문화학과		www2.howard.edu
	하워드커뮤니티칼리지	Howard Community College	아시아학과		www.howardcc.edu
	호놀룰루커뮤니티칼리지	Honolulu Community College			www.honolulu.hawaii.edu
캐나다	매니토바대학교	University of Manitoba	인문학부 아시아학센터		www.umanitoba.ca
	맥길대학교	McGill University	인문학부 동양학과		www.mcgill.ca
	몬트리올대학교	University of Montréal	인문과학부 동아시아학센터		www.umontreal.ca
	브리티시컬럼비아대학교 (UBC)	University of British Columbia	인문학부 아시아학과	O	www.ubc.ca
	세네카칼리지	Seneca College	평생교육원		www.senecacollege.ca
	세인트메리대학교	Saint Mary's University	인문학부 역사학과		www.smu.ca
	앨버타대학교	University of Alberta	인문학부 동아시아학과		www.ualberta.ca
	요크대학교	York University	인문·전문학부 언어문학과		www.yorku.ca
	워털루대학교 레니슨칼리지	Renison University College – University of Waterloo	동아시아학과		www.uwaterloo.ca/renison
	웨스턴온타리오대학교	University of Western Ontario	인문학부 현대어문학과		www.uwo.ca
	위니펙대학교	University of Winnipeg	아시아언어 및 문화학과		www.uwinnipeg.ca
	조지브라운칼리지	George Brown College	평생교육원		www..georgebrown.ca
	캐모슨칼리지	Camosun College	인문과학대학 인문학과		www.camosun.ca
	토론토대학교	University of Toronto	인문과학부 동아시아학과	O	www.utoronto.ca

• 서남아

국가	대학명	영문 / 로마자 표기	강좌 개설 학부 / 학과	한국학센터 현황	홈페이지
네팔	카트만두대학교	Kathmandu University			www.ku.edu.np
	트리부반대학교	Tribhuvan University			www.tribhuvan-university.edu.np
방글라데시	다카국립대학교	University of Dhaka	현대어학원 한국어학과		www.du.ac.bd
스리랑카	켈라니야대학교	University of Kelaniya	인문학부 근대언어학과	O	www.kln.ac.lk
아프가니스탄	카불대학교	Kabul University	언어문학학과		www.ku.edu.af
인도	SRM대학교	SRM University	언어대학 외국어학과		www.srmuniv.ac.in
	날란다대학교	Nalanda University	역사학과		www.nalandauniv.edu.in
	델리대학교	University of Delhi	사회과학학부 동아시아학과		www.du.ac.in
	라자기리사회과학 칼리지	Rajagiri College of Social Sciences	사회과학대학		www.rajagiri.edu
	마가드대학교	Magadh University	외국어학부 불어학과		www.magadhuniversity.ac.in
	마니푸르대학교	Manipur University	인문학부 외국어학과		www.manipuruniv.ac.in
	마드라스크리스천 칼리지	Madras Christian College	언어학과		www.mcc.edu.in
	바나라스힌두대학교	Banaras Hindu University	영어, 외국어학과		www.bhu.ac.in
	방갈로르대학교	Bangalore University	외국어학과		www.bangaloreuniversity.ac.in
	심바이오시스대학교	Symbiosis Institute of Foreign & Indian Language	외국어교육센터		www.sifil-symbiosis.org
	아누그라나라얀칼리지	Anugrah Narayan College	어학원		www.ancpatna.org
	아미티대학교	Amity University	어학원		www.amity.edu
	영어및외국어대학교	English and Foreign Language University	인문대학 외국어학센터		www.efluniversity.ac.in
	자르칸드 중앙국립 대학교	Central University of Jharkhand	언어대학 극동언어: 한국어학과		www.cuj.ac.in
	자미아밀리아이슬람 대학교	Jamia Millia Islamia University			www.jmi.ac.in
	자와할랄네루대학교	Jawaharlal Nehru University	어문학·문화대학 한국학센터	O	www.jnu.ac.in
	캘커타대학교	University of Calcutta	인문대학 언어학과		www.caluniv.ac.in
	하이드라바드외국어 대학교	University of Hyderabad	인문학부, 외국어교육센터		www.uohyd.ac.in
	힌두스탄대학교	Hindustan University	과학 및 인문학부 외국어학과		www.hindustanuniv.ac.in
파키스탄	파키스탄 국립외국어 대학교	National University of Modern Language	언어학부 한국어학과	O	www.numl.edu.pk

• 서유럽

국가	대학명	영문 / 로마자 표기	강좌 개설 학부 / 학과	한국학센터 현황	홈페이지
네덜란드	라이덴대학교	Leiden University	인문대학		www.universiteitleiden.nl
	로테르담대학교	Rotterdam University of Applied Sciences	로테르담비즈니스스쿨 아시아무역경영학과		www.rotterdamuas.com
	흐로닝언대학교	University of Groningen	동아시아학센터, 국제관계학과, 국제 경제와 경영학과		www.rug.nl
노르웨이	오슬로대학교	University of Oslo	인문학부 문화학·동양어학과		www.uio.no
덴마크	올보그대학교	Aalborg University	상경대학		www.aau.dk
	코펜하겐대학교	University of Copenhagen	범문화·지역학과		www.ku.dk
라트비아	라트비아대학교	University of Latvia	인문학부 아시아학과		www.lu.lv
	리가공과대학교	Riga Technical University	리가 세종학당		www.rtu.lv
벨기에	가톨릭루벤대학교 (KUL)	Catholic University of Leuven	일본학과	O	www.kuleuven.be
	겐트대학교	Ghent University	인문철학대학 언어문화학과		www.ugent.be
스웨덴	스톡홀름대학교	Stockholm University	인문학부 아시아·중동·터키학과		www.su.se
스페인	라스팔마스대학교	University of Las Palmas de Gran Canaria	세종학당		www.ulpgc.es
	마드리드자치대학교	Autonomous University of Madrid	철학·어학대학 아시아·아랍·아프리카학과		www.uam.es
	마드리드콤플루텐세대학교	Complutense University of Madrid	어문학부		www.ucm.es
	말라가대학교	University of Málaga	사회학부 사회심리학, 시회인류학, 동아시아학과		www.uma.es
	바르셀로나자치대학교	Autonomous University of Baecelona	통번역학부		www.uab.cat
	살라망카대학교	University of Salamanca	어문대학 현대어학과, 극동아시아학과		www.usal.es
아일랜드	코크대학교	University College Cork	인문·켈트·사회과학부 아시아학과	O	www.ucc.ie
	트리니티칼리지	Trinity College Dublin	아시아학센터		www.tcd.ie
에스토니아	타르투대학교	University of Tartu	아시아어학과		www.ut.ee
	탈린대학교	University of Tallinn	인문대학		www.tlu.ee
영국	뉴캐슬대학교	Newcastle University	어학원		www.ncl.ac.uk
	더럼대학교	Durham University	어학원		www.dur.ac.uk
	런던경영대학교	London Business School			www.london.edu
	런던대학교 SOAS	SOAS(The School of Oriental and African Studies) University of London	언어문화학부 한일어문화학과	O	www.soas.ac.uk
	런던대학교 버크백	Birkbeck, University of London	국제영화학과		www.bbk.ac.uk

국가	대학명	영문 / 로마자 표기	강좌 개설 학부 / 학과	한국학센터 현황	홈페이지
영국	런던정경대학교	London School of Economics and Political Science	국제역사학부		www.lse.ac.uk
	레이체스터대학교	University of Leicester	어학원		www.le.ac.uk
	리버풀대학교	University of Liverpool	어학원		www.liverpool.ac.uk
	리즈대학교	University of Leeds	언어센터 아태학과		www.leeds.ac.uk
	맨체스터대학교	University of Manchester	어학원		www.manchester.ac.uk
	버킹엄대학교	University of Buckingham			www.buckingham.ac.uk
	부루넬대학교	Brunel University	어학원		www.brunel.ac.uk
	브래드포드대학교	University of Bradford	어학원		www.bradford.ac.uk
	브리스톨대학교	University of Bristol	인문대학		www.bristol.ac.uk
	사우스햄턴대학교	University of Southampton	어학원		www.southampton.ac.uk
	세인트조지의과대학교	St George's Hospital Medical School	어학원		www.sgul.ac.uk
	센트럴랭카셔대학교	University of Central Lancashire	문화와 창의산업학부 언어·국제학과	O	www.uclan.ac.uk
	셰필드대학교	University of Sheffield	동아시아학부 동아시아학과	O	www.sheffield.ac.uk
	에든버러대학교	University of Edinburgh	문학·어문화학부 아시아학과		www.ed.ac.uk
	엑스터대학교	University of Exeter	어학원		www.exeter.ac.uk
	옥스퍼드대학교	University of Oxford	동양학부 한국학과		www.ox.ac.uk
	요크대학교	University of York	언어학과		www.york.ac.uk
	워릭대학교	University of Warwick	어학원		www2.warwick.ac.uk
	임페리얼칼리지런던	Imperial College London	언어·문화·커뮤니케이션 센터		www.imperial.ac.uk
	케임브리지대학교	University of Cambridge	아시아·중동학부 동아시아학과		www.cam.ac.uk
	퀸즈대학교-벨파스트	Queen's University of Belfast	어학원		www.qub.ac.uk
	킹스칼리지런던	King's College London	예술인문학부 현대언어센터		www.kcl.ac.uk
이탈리아	나폴리동양학대학교	Naples University of Oriental Studies	아시아·아프리카·지중해학과		www.unior.it
	로마대학교	Sapienza University of Rome	철학·언어학부 동양학과	O	www.uniroma1.it
	밀라노대학교	University of Milan	자연과학·언어학·문화학부 실용언어·문화교류학과		www.unimi.it
	베네치아 카포스카리대학교(베네치아대학교)	Ca' Foscari University of Venice	어문화학부 아시아·지중해학과		www.unive.it
	볼로냐대학교	University of Bologna	정치사회학부		www.unibo.it
	시에나외국어대학교	University for Foreigners of Siena	경제학, 법학, 정치학부 정치·국제관계학과		www.unistrasi.it
포르투갈	리스본대학교	University of Lisbon	문학부 역사학과		www.ulisboa.pt

국가	대학명	영문 / 로마자 표기	강좌 개설 학부 / 학과	한국학센터 현황	홈페이지
포르투갈	신리스본대학교	New University of Lisbon	인문사회과학대학 세종학당		www.unl.pt
	포르토대학교	University of Porto	언어단과대학 평생교육원		sigarra.up.pt
프랑스	국립고등사범학교 (ENS)	ENS Paris	언어문화원		www.ens.fr
	국립동양어문화 대학교(INALCO)	National Institute for Oriental Languages and Civilizations	한국학과	O	www.inalco.fr
	낭트대학교	University of Nantes	외국어문화학과		www.univ-nantes.fr
	낭트메트로폴미술 학교	Nantes Metropole – Nantes School of Art	예술대학		beauxartsnantes.fr
	라로셸대학교	University of La Rochelle	인문·언어·예술학부 실용외국어학과		www.univ-larochelle. fr
	르아브르대학교	University of Le Havre	국제학부		www.univ-lehavre.fr
	리옹3대학교	Jean Moulin University Lyon 3	외국어대학 한국어학과		www.univ-lyon3.fr
	벨포르몽벨리아르기술 대학교	University of Technology in Belfort-Montbéliard	인문학과		www.utbm.fr
	보르도몽테뉴대학교	Bordeaux Montaigne University	UFR 언어문화학부		www.u-bordeaux- montaigne.fr
	브르타뉴 아틀란틱 경영전문학교	School of Management Brittany Atlantic	아시아어문화학부		www.emba.fr
	사회과학고등연구원 (EHESS)	School for Advanced Studies in the Social Sciences	한국연구센터	O	www.ehess.fr
	스트라스부르대학교	University of Strasbourg	언어학부		www.unistra.fr
	엑스-마르세유 대학교(구 프랑스대학교)	Aix-Marseille University	예술·문학·언어·인문과학 대학 아시아학과		www.univ-amu.fr
	툴루즈-장 조레스 대학교	University of Toulouse- Jean Jaurès	외국어문화문학학부 외국어학과		www.univ-tlse2.fr
	파리디드로(파리7) 대학교	University of Paris VII (Denis Diderot)	동아시아어문명학부	O	www.univ-paris- diderot.fr
	파리8대학교 (뱅센느 생드니)	University of Paris VIII (Saint-Denis)			www.univ-paris8.fr
	파리13대학교	University of Paris 13	경제경영학부		www.univ-paris13.fr
	파리ISC경영대학교	ISC Paris Business School			www.iscparis.com
	파리정치대학교 (시앙스포)	Paris Institute of Political Studies			www.sciencespo.fr
핀란드	투르쿠대학교	University of Turku	동아시아연구소		www.utu.fi
	헬싱키대학교	University of Helsinki	인문학부 세계문화학과		www.helsinki.fi

• 아프리카

국가	대학명	영문 / 로마자 표기	강좌 개설 학부 / 학과	한국학센터 현황	홈페이지
나이지리아	칼라바르대학교	University of Calabar	아시아아프리카학센터		www.unical.edu.ng
세네갈	다카르경영대학교 (ISM-Dakar)	International School of Management			www.ism.uvsq.fr
수단	알자임알아즈하리대학교	Alzaiem Alazhari University			www.aau.edu.sd
에티오피아	아디스아바바대학교	Addis Ababa University	인문언어 및 언론정보 대학 언어학과		www.aau.edu.et
케냐	나이로비대학교	University of Nairobi	인문사회과학대학 언어학과		www.uonbi.ac.ke
케냐	케냐타대학교	Kenyatta University	세종학당		www.ku.ac.ke
코트디부아르	펠릭스우푸에부아니 대학교	Felix Houphouet-Boigny University	경제경영대학		www.univ-fhb.edu.ci
탄자니아	다르에스살람대학교	University of Dar es Salaam			www.udsm.ac.tz
탄자니아	도도마국립대학교	University of Dodoma	외국어문학과		www.udom.ac.tz

• 유라시아

국가	대학명	영문 / 로마자 표기	강좌 개설 학부 / 학과	한국학센터 현황	홈페이지
러시아	국립해양대학교	Maritime State University	국제관계대학 동양어학과		www.msun.ru
러시아	극동국립기술수산대학교	Far Eastern State Technical Fisheries University	한국어문화센터		www.dalrybvtuz.ru
러시아	극동연방대학교	Far Eastern Federal University	동양학부 한국학과	O	www.dvfu.ru
러시아	노보시비르스크국립공과대학교	Novosibirsk State Technical University	인문학부 외국지역학과, 언어학과		www.nstu.ru
러시아	노보시비르스크국립대학교	Novosibirsk State University	인문대학 동양학과	O	www.nsu.ru
러시아	노브고로드국립대학교	Novgorod State University	한국어문화센터		www.novsu.ru
러시아	러시아고등경제대학교-모스크바	National Research University Higher School of Economics, Moscow	동양학부 한국학과		www.hse.ru
러시아	러시아고등경제대학교-상트페테르부르크	National Research University Higher School of Economics, Saint Petersburg	사회과학인문대학 아시아·아프리카학과		spb.hse.ru
러시아	러시아국립게르첸사범대학교	Herzen State Pedagogical University of Russia	동양어학과		www.herzen.spb.ru
러시아	러시아국립사회대학교	Russian State Social University	러시아 한국 국제 센터		www.rgsu.net
러시아	러시아국립인문대학교	Russian State University for the Humanities	동양고전학연구소 극동언어역사학과		www.rggu.com
러시아	러시아사회과학원	Russian Academy of Sciences	한국학센터		www.ras.ru

국가	대학명	영문 / 로마자 표기	강좌 개설 학부 / 학과	한국학센터 현황	홈페이지
러시아	러시아외교아카데미	Diplomatic Academy of Russian Foreign Ministry	사회과학대학 국제관계학부		www.dipacademy.ru
	로모노소프 모스크바 국립대학교	Lomonosov Moscow State University	아시아아프리카학부 동남아시아·한국·몽골 어문학과	O	www.msu.ru
	로스토프경제대학교	Rostov State University of Economics	언어저널리즘학부		www.rsue.ru
	모스크바국립국제관계 대학교(MGIMO)	Moscow Institute of International Relations (MGIMO)	동양학과		www.mgimo.ru
	모스크바국립물리기술 대학교	Moscow Institute of Physics and Technology	인문학부 엘리트동양학 교육센터		www.mipt.ru
	모스크바국립외국어 대학교	Moscow State Linguistic University	번역학부, 국제관계 및 사회정치연구소 동양언어학과		www.linguanet.ru
	바이칼국립대학교	Baikal State University	저널리즘및국제관계학 부 저널리즘학과		www.bgu.ru
	부랴트국립대학교	Buryat State University	동양대학 극동언어학과, 아시아역사지역학과	O	www.bsu.ru
	북동연방대학교	North-Eastern Federal University	언어센터, 동양학과		www.s-vfu.ru
	블라디보스토크국립 경제서비스대학교	Vladivostok State University of Economics and Service	외국어대학 문화커뮤니 케이션 및 번역통역과		www.vvsu.ru
	사할린국립대학교	Sakhalin State University	언어역사아시아학부 아시아학과, 관광학과		www.sakhgu.ru
	상트페테르부르크국립 대학교	Saint Petersburg State University	아시아아프리카학부 한국학과	O	www.spbu.ru
	시베리아교통대학교	Siberian State University of Railway Transport	동양어학과		www.stu.ru
	시베리아연방대학교	Siberian Federal University	국제교류부 한국 교육 및 연구센터	O	www.sfu-kras.ru
	우랄연방대학교	Ural Federal University			www.urfu.ru
	이르쿠츠크국립공과 대학교	Irkutsk National Research Technical University			www.istu.edu
	이르쿠츠크국립대학교	Irkutsk State University	경제언어국제학부 동양어학과	O	www.isu.ru
	첼랴빈스크국립대학교	Chelyabinsk State University			www.csu.ru
	카잔연방대학교	Kazan Federal University	국제 관계, 역사 및 동양 학부 알타이중국학과	O	www.kpfu.ru
	칼묵국립대학교	Kalmyk State University	언어대		www.kalmsu.ru
	태평양국립대학교사범 대학교(구 극동국립인문대)	Pacific National University	한국어문학과		pnu.edu.ru
	톰스크국립공과대학교	Tomsk State University	한국어학과		www.tsu.ru
	톰스크폴리테크대학교	Tomsk Polytechnical University	국제학과		www.tpu.ru
	페트로자보츠크대학교 (PetrSU)	Petrozavodsk State University			www.petrsu.ru

국가	대학명	영문 / 로마자 표기	강좌 개설 학부 / 학과	한국학센터 현황	홈페이지
우즈베키스탄	누쿠스사범대학교	Nukus State Pedagogical University			www.ndpi.uz
	부하라국립대학교	Bukhara State University			www.buxdu.uz
	사마르칸트외국어대학교	Samarkand State Institute of Foreign Languages	한국어학과		www.samdchti.uz
	세계경제외교대학교	University of World Economy and Diplomacy	한국어센터		www.uwed.uz
	세계언어대학교	Uzbekistan State University of World Languages	한국어센터		www.uzswlu.uz
	우르겐치국립대학교	Urgench state University			www.urdu.uz
	우즈벡국립체육대학교	Uzbekistan State Institute of Physical Culture			www.uz-djti.uz
	카라칼팍스탄국립대학교	Karakalpak State University			www.karsu.uz
	카르쉬국립대학교	Karshi State University			
	타슈켄트국립니자미사범대학교	Tashkent State Pedagogical University named after Nizami	외국어학부 러시아어문학과		tdpu.uz
	타슈켄트국립동방학대학교	Tashkent State Institute of Oriental Studies	동양어학부 한국어문학과	O	tashgiv.uz/en
	타슈켄트인하대학교	Inha University in Tashkent			www.inha.uz
	타슈켄트징보통신대학교	Tashkent University of Information Technologies			www.tuit.uz
	페르가나국립대학교	Fergana state University			www.fdu.uz
카자흐스탄	구밀요프 유라시아국립대학교	L. N. Gumilyov Eurasian National University	국제관계학부 동양학과	O	www.enu.kz
	국제정보기술대학교	International IT University (IITU)			.www.iitu.kz
	따라즈 국립사범대학교	Taraz State Pedagogical University			www.tarmpi.kz
	따라즈 혁신인문대학교	Taraz Humanitarian and Innovation University			www.tigu.kz
	딸띠꾸르간 제트수국립대학교	Zhetysu State University			www.zhgu.edu.kz
	알마티국립대학교	Almaty Abai State University	한국어과		www.kaznpu.kz
	알-파라비 카자흐국립대학교	Al-Farabi Kazakh National University	동양학부 극동학과	O	www.kaznu.kz
	우스찌 동카자흐스탄국립대학교	East Kazakhstan State University			www.vkgu.kz
	카자흐스탄 브리티시 기술대학교	KAZAK-British			www.kbtu.kz
	카자흐스탄국제관계및세계언어대학교	Kazakh Ablai Khan University of International Relations and World Languages	동양학부 한국학과	O	www.ablaikhan.kz
	코르킷 아타 크즐오르다 국립대학교	Korkyt Ata Kyzylorda State University	외국어학부 한국어-영어과		www.korkyt.kz
키르기스스탄	국제슬라비안대학교 비슈케크분교	Bishkek Branch of International Slavic Institute	언어학부		www.msi.kg

국가	대학명	영문 / 로마자 표기	강좌 개설 학부 / 학과	한국학센터 현황	홈페이지
키르기스스탄	국제아타튀르크 알라투 대학교(IAAU)	International Ataturk Alatoo University			www.iaau.edu.kg
	국제케인전문대학교	KEIIN Institute			www.keiin.kg
	나른주립대학교	Naryn State University	동양학부 한국어과, 한국어센터		
	비슈케크인문대학교	Bishkek Humanities University	동양학 및 국제관계학부 한국학과		www.bhu.kg
	아라바예바대학교	Kyrgyz State University named after I.Arabaev	동양 및 국제관계학부 한국어과, 통번역학부		www.university.kg
	오슈기술대학교	Osh Technological University	언어교육 및 국제센터 단과대학교, 한국어센터		www.oshtu.kg
	오슈주립대학교	Osh State University	국제관계학부 국제학과, 지역학과		www.oshsu.kg
	중앙아시아 아메리칸 대학교(AUCA)	American University of Central Asia			www.auca.kg
	키르기스국립대학교	Kyrgyz National University	국제관계 및 동양학부		www.knu.kg
	키르기스국제유니버설 칼리지	Kyrgyz International Universal College	통역학과		www.kiuc.org
	키르기스기술대학교	Kyrgyz Technical University	키르기스- 한국 정보접근센터		www.kstu.kg
	키르기스-러시아 슬라비 안대학교	Kyrgyz-Russian Slavic University	국제관계학부		www.krsu.edu.kg
	키르기스한국칼리지	Kyrgyz-Korean College	한국어과		
	키르기스공화국 대통령 산하 공공행정아카데미	Academy of Public Administration under the President of the Kyrgyz Republic			www.amp.kz
타지키스탄	타지크국립사범대학교	Tajik State Pedagogical University named after S. Aini	한국어학과		www.tgpu.tj
	타지크국립상업대학교 (TSUC)	Tajik State University of Commerce			www.tguk.tj
	타지크국립외국어대학교	Tajik State Institute of Languages named after Sotim Ulugzoda	동양어학부 한국어학과		
투르크메니스탄	투르크멘 국립 아자디 세계언어대학교	Azadi Turkmen National Institute of World Languages			

• 중동

국가	대학명	영문 / 로마자 표기	강좌 개설 학부 / 학과	한국학센터 현황	홈페이지
모로코	무함마드5세대학교- 라바트	Mohammed V University of Rabat	문학 및 인문학부 어학원		www.um5.ac.ma
	무함마드5세대학교- 살레	Mohammed V University of Salé	인문사회과학대		
	물레이 이스마일대학교	Moulay Ismail University	인문대		www.umi.ac.ma

국가	대학명	영문 / 로마자 표기	강좌 개설 학부 / 학과	한국학센터 현황	홈페이지
모로코	시디 모하메드 벤 압둘라 대학교	Sidi Mohammed Ben Abdellah University	응용과학대(ENSA)		www.ensaf.ac.ma
	이븐자하르대학교	Ibn Zohr University	상경대(ENCG)		www.encg-agadir.ac.ma
	이븐토파일대학교	Ibn Tofail University	상경대(ENCG)		www.uit.ac.ma
	하산2세대학교	University of Hassan II Casablanca	인문사회과학대		www.univh2c.ma
바레인	아흘리아대학교	Ahlia University	세종학당		www.ahlia.edu.bh
사우디아라비아	킹사우드대학교	King Saud University	공과대학		www.ksu.edu.sa
	프린스술탄대학교	Prince Sultan University	지역서비스 및 평생 교육센터		www.psu.edu.sa
아랍에미리트	아랍에미리트연방(UAE) 대학교	United Arab Emirates University	인문사회과학대학 번역학과		www.uaeu.ac.ae/en
	아부다비기술대학교	HCT Abu Dhabi			www.hct.ac.ae
	아부다비응용과학기술원	Abu Dhabi Polytechnic	공학대학		www.adpoly.ac.ae
	자이드대학교 두바이	Zayed University Dubai	세종학당		www.zu.ac.ae
	자이드대학교 아부다비	Zayed University Abu Dhabi			www.zu.ac.ae
요르단	야르묵대학교	Yarmouk University	인문학부 근대언어학과		www.yu.edu.jo
	요르단국립대학교	University of Jordan	외국어학부 아시아언어학과		www.ju.edu.jo
이라크	바그다드대학교	University of Baghdad	인문학부 사학과		www.uobaghdad.edu.iq
	바스라대학교	University of Basrah	역사학부		www.uobasrah.edu.iq
	아르빌국제대학교(UE)	International University of Erbil	경영학부		www.ue.edu.krd
이란	테헤란대학교	University of Tehran	외국어문학대학 기타 외국어학과		www.ut.ac.ir
이스라엘	바르일란대학교	Bar-Ilan University	인문학부		www1.biu.ac.il
	예루살렘히브리대학교	Hebrew University of Jerusalem	인문학부 아시아학과	O	new.huji.ac.il
	텔아비브대학교	Tel Aviv University	동아시아학과		www.tau.ac.il
	하이파대학교	University of Haifa	인문학부 아시아학과		www.haifa.ac.il
이집트	아스완대학교	Aswan University	알순대학 한국어학과		www.aswu.edu.eg
	아인샴스대학교	Ain Shams University	알-알순학부 한국어학과		www.asu.edu.eg
카타르	카타르국립대학교	Qatar University	인문과학부 국제학과		www.qu.edu.qa
쿠웨이트	쿠웨이트대학교	University of Kuwait			www.ku.edu.kw
튀니지	마누바대학교	Manouba University			www.uma.rnu.tn

• 중미-카리브

국가	대학명	영문 / 로마자 표기	강좌 개설 학부 / 학과	한국학센터 현황	홈페이지
과테말라	과테말라 산카를로스 대학교	University of San Carlos of Guatemala	언어연수원		www.usac.edu.gt
니카라과	니카라과국립대학교-마나과(UNAN-Managua)	National University of Nicaragua – Managua	교육언어학부 외국어교육센터		www.unan.edu.ni
도미니카공화국	산토도밍고자치대학교	Universidad Autónoma de Santo Domingo			www.uasd.edu.do
멕시코	UPAEP	UPAEP (Universidad Popular Autónoma del Estado de Puebla)			www.upaep.mx
	과달라하라대학교(UDG)	University of Guadalajara			www.udg.mx
	나야리트자치대학교(UAN)	Autonomous University of Nayarit	인문사회과학학부 한국학과		www.uan.edu.mx
	누에보레온자치대학교(UANL)	Autonomous University of Nuevo Leon	국제관계처 아시아학센터		www.uanl.mx
	메트로폴리탄자치대학교(UAM)	Metropolitan Autonomous University – Xochimilco	어학원		www.uam.mx
	멕시코국립대학원대학교(COLMEX)	College of Mexico	아시아·아프리카학센터		www.colmex.mx
	멕시코국립자치대학교(UNAM)	National Autonomous University of Mexico	어학원		www.unam.mx
	멕시코국립자치대학교(UNAM)-아카틀란	National Autonomous University of Mexico-Acatlan			www.acatlan.unam.mx
	몬테레이공과대학교(ITESM)	Monterrey Institute of Technology and Higher Education			www.mty.itesm.mx
	몬테레이공과대학교(ITESM)-멕시코시티	ITESM Campus Monterrey Mexico City			www.ccm.itesm.mx
	몬테레이대학교(UDEM)	University of Monterrey			www.udem.edu.mx
	치와와자치대학교(UACH)	Autonomous University of Chihuahua			www.uach.mx
	콜리마대학교(UCOL)	University of Colima	정치사회과학대학 국제관계학과		www.ucol.mx
베네수엘라	로스안데스대학교(ULA)	University of the Andes Venezuela	인문교육학부 역사대학 세계사학과		www.ula.ve
	베네수엘라국립중앙대학교	Central University of Venezuela	국제학부, 정치학부, 국제정책대학교원		www.ucv.ve
	시몬볼리바르대학교	Simon Bolivar University			www.usb.ve
엘살바도르	엘살바도르국립대학교	University of El Salvador			www.ues.edu.sv
온두라스	온두라스국립대학교	National Autonomous University of Honduras	인문예술학부 외국어학과		www.unah.edu.hn
	온두라스기술대학교	Technical University of Honduras	경영학부		www.uth.hn
코스타리카	국립기술대학교(UTN)	Technical National University of Costa Rica	세종학당		www.utn.ac.cr

국가	대학명	영문 / 로마자 표기	강좌 개설 학부 / 학과	한국학센터 현황	홈페이지
코스타리카	국립코스타리카대학교 (UCR)	University of Costa Rica	현대어문학부		www.ucr.ac.cr
	코스타리카국립대학교 (UNA)	National University of Costa Rica	어문학대학 철학 및 문학학부		www.una.ac.cr
콜롬비아	EAFIT대학교	EAFIT University	아시아태평양학센터		www.eafit.edu.co
	국립교육대학교	National Pedagogic University	어학원		www.pedagogica. edu.co
	로사리오대학교 (UROSARIO)	Del Rossario University			www.urosario. edu.co
	부카라망가자치대학교 (UNAB)	Autonomous University of Bucaramanga			www.unab.edu.co
	산탄데르산업대학교(UIS)	Industrial University of Santander	국제교류처		www.uis.edu.co
	아틀란티코대학교	University of the Atlantic	국제교류처		www.uniatlantico. edu.co
	중앙기술교육기관	Central Technological Institute Technical School	외국어센터		www.itc.edu.co
	콜롬비아국립대학교 (UNAL)	National University of Colombia	인문과학대학 언어학과		www.unal.edu.co
	콜롬비아국립대학교 (UNAL)-메데진	National University of Colombia at Medellin			www.medellin. unal.edu.co
쿠바	호세마르티문화원	Jose Marti Cultural Society			
트리니다드 토바고	서인도제도대학교- 세인트오거스틴	University of the West Indies at St. Augustine	인문·교육학부 언어학습센터		sta.uwi.edu
파나마	파나마공과대학교(UTP)	Technological University of Panama	언어센터		www.utp.ac.pa

• 중유럽

국가	대학명	영문 / 로마자 표기	강좌 개설 학부 / 학과	한국학센터 현황	홈페이지
그리스	아테네대학교	University of Athens	외국어학당		www.uoa.gr
독일	괴팅겐대학교	University of Goettingen	인문학부 아시아아프리카-동양학과		www.uni-goettingen.de
	뒤스부르크에센대학교	University of Duisburg-Essen	동아시아학 연구소		www.uni-due.de
	라이프치히대학교	Leipzig University	어학원		www.uni-leipzig. de
	레겐스부르크대학교	University of Regensburg	어학원		www.uni-regensburg.de
	뮌헨공과대학교	Technical University Munich	어학원		www.tum.de
	뮌헨대학교	Ludwig Maximilian University of Munich	어학원		www.uni-muenchen.de
	베를린자유대학교	Free University of Berlin	역사문화학부 동아시아·중동학과	O	www.fu-berlin.de

국가	대학명	영문 / 로마자 표기	강좌 개설 학부 / 학과	한국학센터 현황	홈페이지
독일	보훔대학교	Ruhr University of Bochum	동아시아학부 한국학과		www.ruhr-uni-bochum.de
	본대학교	University of Bonn	철학부, 아시아학연구소 일본한국학과		www.uni-bonn.de
	예나대학교	University of Jena	어학원		www.uni-jena.de
	쾰른대학교	University of Cologne	동아시아학부 동아시아학과		www.uni-koeln.de
	키엘대학교	Kiel University	인문학부		www.uni-kiel.de
	튀빙겐대학교	University of Tübingen	아시아동양학부 중국·한국학과		www.uni-tuebingen.de
	프랑크푸르트괴테대학교	Goethe University of Frankfurt	언어·문화·예술학부 동아시아언어연구소		www.goethe-university-frankfurt.de
	하이델베르크대학교	Heidelberg University	철학부 동아시아학센터		www.uni-heidelberg.de
	함부르크대학교	University of Hamburg	인문학부 아시아-아프리카학과		www.uni-hamburg.de
루마니아	루마니아-아메리칸대학교	Romanian-American University	아시아학과	O	www.ro-am.ro
	바베스-보여이대학교	Babes-Bolyai University	인문학부 아시아어문학과	O	www.ubbcluj.ro
	부쿠레슈티대학교	University of Bucharest	동양학과, 한국어과		www.unibuc.ro
리투아니아	비타우타스 마그누스 대학교	Vytautas Magnus University	인문학부 아시아학센터		www.vdu.lt
마케도니아	키릴메토디우스대학교	Ss.Cyril and Methodius University in Skopje	어문학부		www.ukim.edu.mk
몰도바	몰도바과학대학교	Academy of Sciences of Moldova			edu.asm.md
	몰도바국제자유대학교	Free International University of Moldova	아시아학과 한국어과		www.ulim.md
	몰도바기술어학전문학교	FIM 'Calea Fericirii' Centrul de Instruire			www.asm.md
벨라루스	민스크국립언어대학교	Minsk State Linguistic University	동양어학과		www.mslu.by
	벨라루스국립대학교	Belarusian State University	국제관계학부 동양언어지역학과		www.bsu.by
불가리아	벨리코투르노보대학교	St.Cyril and St. Methodius University of Veliko Tarnovo	현대언어학부 고전·동양어문화학과		www.uni-vt.bg
	소피아대학교	Sofia University "St. Kliment Ohridski"	고전현대언어학부 한국학과	O	www.uni-sofia.bg
	플로브디프대학교	Plovdiv University Paisii Hilendarski	언어학부		www.uni-plovdiv.bg
세르비아	니쉬대학교	University of Nis	철학부 외국어센터		www.ni.ac.rs
	베오그라드대학교	University of Belgrade	언어학부 동양어학과		www.bg.ac.rs
스위스	제네바대학교	University of Geneva	인문학부 동아시아학과		www.unige.ch/international

국가	대학명	영문 / 로마자 표기	강좌 개설 학부 / 학과	한국학센터 현황	홈페이지
슬로바키아	코메니우스대학교	Comenius University	인문학부 동아시아학과		www.uniba.sk
슬로베니아	류블랴나대학교	University of Ljubljana	인문학부 아시아학과	O	www.uni-lj.si
아르메니아	예레반국립언어및사회과학대학교	Yerevan Brusov State University of Languages and Social Sciences	유럽–동양학부 한국어통역과		www.brusov.am
아제르바이잔	바쿠국립대학교	Baku State University	동양학부 극동어문학과		www.bsu.edu.az
	아제르바이잔언어대학교	Azerbaijan University of Languages	통번역학부 스페인어·한국어 번역학과		www.adu.edu.az
	하자르대학교	Khazar University	인문사회학부 어문화학과		www.khazar.org
오스트리아	비엔나대학교	University of Vienna	언어·문화학부 동아시아학과		www.univie.ac.at
	인스부르크대학교	University of Innsbruck	제2 인문대 어문학과		www.uibk.ac.at
우크라이나	국립세무종합대학교	University of Customs and Finance			www.umsf.dp.ua
	키예프국립외국어대학교	Kyiv National Linguistic University	동양학부 한국어학과	O	www.knlu.kyiv.ua
	타라스 셰브첸코 키예프 국립대학교	Taras Shevchenko National University of Kyiv	언어학부 중국어·한국어·일본어 언어학과	O	www.univ.kiev.ua
	테르노필국립경제대학교	Ternopil National Economic University			www.tneu.edu.ua
조지아	트빌리시자유대학교	Free University of Tbilisi	아시아·아프리카학부		www.freeuni.edu.ge
체코	메트로폴리탄대학교	Metropolitan University	아시아학과		www.mup.cz
	찰스대학교	Charles University	인문철학부 한국학과	O	www.cuni.cz
	팔라츠키대학교	Palacký University, Olomouc	인문학부 아시아학과		www.upol.cz
크로아티아	스플리트대학교	University of Split	외국어학당		www.unist.hr
	자그레브대학교	University of Zagreb			www.unizg.hr
터키	보아지치대학교	Bogazici University	인문과학대학 역사학과		www.boun.edu.tr
	빌켄트대학교	Bilkent University	인문언어학부 외국어과		w3.bilkent.edu.tr
	앙카라대학교	Ankara University	한국어문학과		www.ankara.edu.tr
	에르지예스대학교	Erciyes University	문과대학 동양어학부 한국어문학과		www.erciyes.edu.tr
	이스탄불대학교	Istanbul University	인문대학 한국어문화학과		www.istanbul.edu.tr
	이즈밀경제대학교	Izmir University of Economics			www.ieu.edu.tr
	중동공과대학교	Middle East Technical University	사회과학대학원 국제관계학과		www.metu.edu.tr
	하제테페대학교	Hacettepe University	외국어교육원 현대언어학과		www.hacettepe.edu.tr
폴란드	바르샤바대학교	University of Warsaw	동양학부 한국학과		www.uw.edu.pl

국가	대학명	영문 / 로마자 표기	강좌 개설 학부 / 학과	한국학센터 현황	홈페이지
폴란드	브로츠와프대학교	University of Wroclaw	고전 지중해 및 동양학부 동아시아학과		international.uni.wroc.pl
	아담 미츠키에비츠대학교	Adam Mickiewicz University	현대언어문학대학 언어학부 한국어학과		www.amu.edu.pl
	야기엘로니안대학교	Jagiellonian University in Kraków	중동·극동아시아연구소 극동학과		www.uj.edu.pl
헝가리	데브레첸여름대학교	Debrecen Summer University			www.nyariegyetem.hu
	부다페스트경영대학교 (BGE)	Budapest Business School, University of Applied Sciences	국제경영학부 국제경영언어학과		www.uni-bge.hu
	에외트뵈스 로란드대학교 (ELTE)	Eötvös Loránd University	인문학부 극동연구소 한국학과		www.elte.hu
	중부유럽대학교(CEU)	Central European University			www.ceu.edu
	카로이 가스퍼대학교	Károli Gáspár University of the Reformed Church in Hungary	동양어학부 일본학과, 영어학과		www.kre.hu

2. 해외 한국학센터 목록(32개국 119개 처)

지역	국가	소속대학 / 기관	한국학센터 명칭
남미	아르헨티나	라플라타국립대학교 국제관계연구소	한국학센터(Center for Korean Studies)
대양주	뉴질랜드	오클랜드대학교 뉴질랜드아시아연구소	한국학센터(Korean Studies Centre)
대양주	호주	그리피스대학교	호주한국학센터 (Australian Centre for Korean Studies)
대양주	호주	뉴사우스웨일즈대학교	한국학연구원(Korean Research Institute)
대양주	호주	호주국립대학교	한국연구소(Korea Institute)
동남아	동티모르	동티모르대학교	한국학연구소(The Center for Korean Studies)
동남아	베트남	하노이대학교	한-베문화센터(KVCC)
동남아	베트남	호찌민국립인문사회과학대학교 한국학부	한국학센터
동남아	베트남	호찌민사범대학교 세종어학당	한국학센터(Center for Korean Studies)
동남아	인도네시아	가자마다대학교	한국학센터(Center for Korean Studies)
동남아	인도네시아	나시오날대학교	한국학센터(Center for Korean Studies)
동남아	캄보디아	왕립프놈펜대학교	캄보디아-한국협력센터 (Cambodia-Korea Cooperation Center)
동남아	태국	람캄행대학교 사회인류학과	한국학센터(Center for Korean Studies)
동남아	태국	부라파대학교 인문사회과학부	한국학센터(Korean Studies Center-KSC)
동남아	태국	치앙마이대학교 인문학부	한국센터(Korea Center)
동남아	태국	탐마삿대학교 동아시아학연구소	한국학센터(Center for Korean Studies)
동북아	대만	국립고웅대학(카오슝대학) 사회인문대학원	한국연구중심(韓國研究中心)
동북아	대만	국립청치대학(국립정치대학) 국제대학	한국연구중심(Center of Korean Studies)
동북아	대만	중국문화대학	한국학연구센터(Korean Studies Center)
동북아	몽골	몽골국립교육대학교 인문사회과학대학	한국학센터(Center for Korean Studies)
동북아	몽골	몽골국립대학교	한국학진흥협회
동북아	몽골	몽골생명과학대학교(구 몽골국립농업대학교) 외국어학과	한국언어문화센터 (Center of Korean Language and Culture)
동북아	몽골	울란바타르국립대학교	한국학센터(Center for Korean Studies)
동북아	일본	게이오대학 동아시아학연구소	현대한국연구센터 (Center for Contemporary Korean Studies)
동북아	일본	규슈대학	한국연구센터(Research Center for Korean Studies)
동북아	일본	도시샤대학	도시샤 코리아연구센터(同志社コリア研究センター)

지역	국가	소속대학 / 기관	한국학센터 명칭
동북아	일본	도쿄대학 글로벌지역학센터	한국학센터(Center for Korean Studies)
동북아	일본	리쓰메이칸대학 기누가사연구기구	코리아연구센터(Center for Korean Studies)
동북아	일본	시즈오카현립대학 국제관계연구과	현대한국조선연구센터
동북아	일본	와세다대학 종합연구기구	한국학연구소(早稲田大学韓国学研究)
동북아	일본	히토쓰바시대학 언어사회연구과	한국학연구센터
동북아	중국	광시사범대학(광서사범대학) 외국어대학	조선-한국학연구센터
동북아	중국	난징대학(남경대학)	한국학연구센터(Institute of Korean Studies)
동북아	중국	난카이대학(남개대학)	한국연구중심(南开大学韩国研究中心)
동북아	중국	다롄민족학원(대련민족학원) 외국어대학	한국학연구센터(Research Center for Korean Studies)
동북아	중국	다롄외국어학원(대련외국어학원) 한국어대학	한국학연구소(Institute for Korean Studies)
동북아	중국	랴오닝대학(요녕대학) 동북아시아학연구소	한국연구중심(Research Center for Korean Studies)
동북아	중국	베이징대학(북경대학)	한국연구중심(Center for Korean Studies)
			조선문화연구소
동북아	중국	베이징어언대학(북경어언대학)	한국교육문화연구중심 (Research Center for Korean Education and Culture)
동북아	중국	베이징외국어대학(북경외국어대학) 아시아 아프리카대학	한국학연구센터
동북아	중국	、 산동대학(산동대학)	한국연구중심(Korean Studies Center)
동북아	중국	산동대학 웨이하이분교(산동대학 위해분교)	한국학학원(School of Korean Studies)
동북아	중국	산동사범대학(산동사범대학)	한국학연구센터
동북아	중국	상하이외국어대학(상해외국어대학) 동방언어대학	조선반도문제연구소
동북아	중국	쓰촨외국어대학(사천외국어대학)	한국학연구센터(Research Center for Korean Studies)
동북아	중국	쓰촨외국어대학 성도학원 (사천외국어대학 성도학원)	한국학연구소(Institute for Korean Studies)
동북아	중국	옌볜대학(연변대학)	조선반도연구협력창신중심
동북아	중국	옌타이대학(연태대학) 동아시아연구소	한국학연구센터(Center for Korean Studies)
동북아	중국	웨이난사범학원(위남사범학원)	한중문화교류센터
동북아	중국	저장대학(절강대학) 인문대학	한국연구소(Institute of Korean Studies)
동북아	중국	중국해양대학 외국어대학	한국연구소
동북아	중국	중앙민족대학	조선-한국학연구중심
동북아	중국	지린대학(길림대학) 동북아시아연구원	조선한국연구소
동북아	중국	지린대학 주하이분교(길림대학 주해분교) 외국어학부	한국학연구소(Institute for Korean Studies)
동북아	중국	취푸사범대학 리자오분교(곡부사범대학 일조분교) 통번역대학	한국문화연구소

지역	국가	소속대학 / 기관	한국학센터 명칭
동북아	중국	칭다오대학(청도대학) 외국어대학	중한센터(China-Korean Center)
동북아	중국	톈진사범대학(천진사범대학)	한국문화연구센터
동북아	중국	통화사범학원	한국어연구센터
동북아	중국	푸단대학(복단대학)	한국연구중심(Center for Korean Studies)
동북아	중국	화중사범대학 외국어대학	한국문화연구소
북미	미국	뉴욕주립대학교(SUNY)-빙엄턴	한국학센터(Center for Korean Studies)
북미	미국	뉴욕주립대학교(SUNY)-스토니브룩 인문과학대학	한국학센터(Center for Korean Studies)
북미	미국	디트로이트머시대학교	북한학연구소(Institute for North Korean Studies)
북미	미국	미시간대학교	남 한국학센터(Nam Center for Korean Studies)
북미	미국	미시간주립대학교 아시아학센터	한국학협의회(Council on Korean Studies)
북미	미국	미주리대학교 아시아센터	한국학연구소(Institue of Korean Studies)
북미	미국	서던캘리포니아대학교(남가주대학교) Dornsnife 언어인문과학대학	한국학연구소(Korean Studies Institute)
북미	미국	스탠퍼드대학교	쇼렌스타인 아시아-태평양 연구센터 한국 프로그램 (Shorenstein Asia-Pacific Research Center, Korea Program)
북미	미국	시카고대학교 동아시아학센터	한국학연구위원회(Committee on Korean Studies)
북미	미국	오하이오주립대학교	한국학연구소(Institute for Korean Studies)
북미	미국	워싱턴대학교	한국학센터(Center for Korean Studies)
북미	미국	인디애나대학교	한국학연구소(Institute for Korean Studies)
북미	미국	조지메이슨대학교	한국학센터(Korean Studies Center)
북미	미국	조지워싱턴대학교 엘리엇 국제학부	한국학연구소(Institue for Korean Studies)
북미	미국	존스홉킨스대학교 니츠국제대학원	SAIS 한미연구소(SAIS US-Korea Institute)
북미	미국	캘리포니아대학교-로스앤젤레스(UCLA) 국제연구소	한국학센터(Center for Korean Studies)
북미	미국	캘리포니아대학교-버클리(UC버클리)	한국학센터(Center for Korean Studies)
북미	미국	캘리포니아대학교-어바인(UC어바인)	UCI 크리티컬한국학센터 (Center for Critical Korean Studies)
북미	미국	캘리포니아주립대학교-로스앤젤레스 국제연구소	한국계미국인·한국학연구센터 (Center for Korean American and Korean Studies)
북미	미국	컬럼비아대학교	한국연구센터(Center for Korean Research)
북미	미국	퀸즈칼리지	재외한인사회연구소 (Research Center for Korean Community)
북미	미국	펜실베이니아대학교	제임스 주진 김 한국학 프로그램 (James Joo-Jin Kim Program in Korean Studies)
북미	미국	하버드대학교	한국학연구소(Korea Institute)

지역	국가	소속대학 / 기관	한국학센터 명칭
북미	미국	하와이대학교-마노아	한국학센터(Center for Korean Studies)
북미	캐나다	브리티시컬럼비아대학교(UBC) 아시아연구소	한국학연구센터(Centre for Korean Research)
북미	캐나다	토론토대학교 아시아연구소	한국학센터(Centre for the Study of Korea)
서남아	스리랑카	켈라니야대학교 근대언어학과	한국학센터(Centre for Korean Studies)
서남아	인도	자와할랄네루대학교	한국학센터
서남아	파키스탄	파키스탄 국립외국어대학교 한국어학과	한국연구센터(Korean Research Center)
서유럽	벨기에	가톨릭루벤대학교 인문학부	한국학연구소(Center for Korean Studies)
서유럽	아일랜드	코크대학교 언어학연구소	아일랜드 한국학연구소 (Irish Institute of Korean Studies)
서유럽	영국	런던대학교 SOAS	SOAS 한국학센터(SOAS Centre for Korean Studies)
서유럽	영국	센트럴랭카셔대학교 언어·국제학과	국제한국연구소 (International Institute of Korean Studies)
서유럽	영국	셰필드대학교 동아시아학대학	한국학센터(Centre for Korean Studies)
서유럽	이탈리아	로마대학교	한국학연구센터(Korean Studies and Research Center-C.R.S. Corea)
서유럽	프랑스	국립동양어문화대학교(INALCO) 아시아연구소	한국연구소(Centre d'études Coréennes)
서유럽	프랑스	사회과학고등연구원(EHESS), 파리디드로(파리7)대학교 UMR 8173: "Chine, Coree, Japon"	한국연구센터 (Le Centre de Recherches sur la Corée)
유라시아	러시아	극동연방대학교	한국연구센터(Center for Korean Researches)
유라시아	러시아	노보시비르스크국립대학교	한국학연구센터(NSU Center for Korean Studies)
유라시아	러시아	로모노소프 모스크바국립대학교	국제한국학센터(International Center for Korean Studies)
유라시아	러시아	부랴트국립대학교 동양대학	한국문화센터
유라시아	러시아	상트페테르부르크국립대학교	학제 간 한국학연구소 (Interdisciplinary Studies of Korea)
유라시아	러시아	시베리아연방대학교	한국과학교육센터 (Science and Education Center of Korea)
유라시아	러시아	이르쿠츠크국립대학교	한국어센터(Korean Language Center)
유라시아	러시아	카잔연방대학교 국제관계·역사·동양학부	한국학센터(Korean Studies Center)
유라시아	우즈베키스탄	타슈켄트국립동방학대학교	한국학연구과학센터 (Research-Science Center for Korean Studies)
유라시아	카자흐스탄	구밀요프 유라시아국립대학교	카-한관계협력센터
유라시아	카자흐스탄	알-파라비 카자흐국립대학교 동양학부	한국(Hanguk)
유라시아	카자흐스탄	카자흐스탄국제관계및세계언어대학교 동양학부	한국학센터(Center for Korean Studies)

지역	국가	소속대학 / 기관	한국학센터 명칭
중동	이스라엘	예루살렘히브리대학교 아시아학과	한국학포럼(Korean Studies Forum)
중유럽	독일	베를린자유대학교	한국학연구소(Institute of Korean Studies)
중유럽	루마니아	루마니아-아메리칸대학교 아시아학과	루마니아-한국연구센터 (Rowauian-Korean Studies Center)
중유럽	루마니아	바베스-보여이대학교 아시아어문학과	한국문화센터(Korean Cultural Center)
중유럽	불가리아	소피아대학교	한국학센터(Center for Korean Studies)
중유럽	슬로베니아	류블랴나대학교 인문학부	한국학센터(Center for Korean Studies)
중유럽	우크라이나	키예프국립외국어대학교	한국학센터(Center of Kroean Studies)
중유럽	우크라이나	타라스 셰브첸코 키예프국립대학교 언어학부	한국어문학센터 (Center of Korean Language and Literature)
중유럽	체코	찰스대학교 한국학과	프라하 한국학연구소 (Prague Centre for Korean Studies)

3. 한국(어)학 학회 목록(46개 처)

지역	국가	학회명
국내	국내	국제한국어교육학회(IAKLE) International Association for Korean Language Education —www.iakle.com
남미	브라질	브라질한국학회(ABECOR)
남미	브라질	이베로아메리카한국학회 Iberoamerican Association of Korean Studies
남미	아르헨티나	아르헨티나한국학회(AAEC) Asociación Argentina de Estudios Coreanos
대양주	기타	대양주한국학회(KSAA) Korean Studies Association of Australasia —koreanstudiesaa.wordpress.com
대양주	호주	호주한국어교육자협회(AUATK) Australian Association of Teachers of Korean —www.auatk.com.au
동남아	기타	동남아한국학회(KoSASA) Korean Sudies Association of Southeast Asia —www.kri.unsw.edu.au/korean-studies-association-southeast-asia-kosasa
동남아	베트남	한국연구학회(KRAV) Korean Research Association of Vietnam
동남아	태국	재태 한국어교육학회
동남아	태국	한국태국학회
동북아	대만	대만한국연구학회(CAKS) Chinese Association for Korean Studies
동북아	일본	국제고려학회(ISKS) International Society for Korean Studies —www.isks.org
동북아	일본	일본한국어교육학회(JAKLE) 日本韓国語教育学会 —jakle.main.jp/kr/indexkr.html

지역	국가	학회명
동북아	일본	조선사연구회 朝鮮史研究会 ─www.chosenshi.gr.jp
동북아	일본	조선어교육연구회
동북아	일본	조선어연구회 朝鮮語研究会, The Society for Korean Linguistics in Japan ─www.tufs.ac.jp/ts/society/tyosengo
동북아	일본	조선학회 朝鮮学会 ─www.tenri-u.ac.jp/soc/korea.html
동북아	일본	한국조선문화연구실 韓国朝鮮文化研究室 ─www.l.u-tokyo.ac.jp/~korea
동북아	일본	현대한국조선학회
동북아	중국	중국조선사연구회
동북아	중국	중국조선어학회
동북아	중국	중국조선-한국문학연구회
동북아	중국	중국한국(조선)어교육연구학회 Korean Language Teaching and Research Association of China
북미	미국	미국외국어교육학회(ACTFL) American Council on the Teaching of Foreign Languages ─www.actfl.org
북미	미국	북미한국어교육학회(AATK) American Association of Teachers of Korean ─www.aatk.org
북미	미국	아시아학회(AAS) Association for Asian Studies ─www.asian-studies.org
서남아	인도	전인도한국어교육학회(AKLEI) Association of Korean Language Educators' in India
서남아	인도	한국연구자회(RASK) Researchers' Association for the Study of Korea
아시아·태평양	기타	환태평양한국학국제 학술회의(PACKS) Pacific and Asia Conference on Korean Studies
유라시아	러시아	러시아대학한국어교육자협회
유라시아	러시아	러시아한국학대학연합(RAUK) Russian Association of Universities for Korean Studies

지역	국가	학회명
유럽	기타	유럽한국어교육자협회(EAKLE) European Association for Korean Language Education
유럽	기타	유럽한국학회(AKSE) Association for Korean Studies in Europe — 94.136.40.103/~koreanstudies.eu
유럽	기타	중앙동부유럽한국학회(CEESOK) Central and Eastern European Society of Koreanology — www.ceesok.narod.ru
유럽	독일	독일어권 한국학회 Association for Korean Studies in German Language Countries
유럽	스페인	스페인한국연구학회(CEIC) Centro Español de Investigaciones Coreanas — www.ceic.ws
유럽	영국	영국한국학회(BAKS) British Association for Korean Studies — www.baks.org.uk
유럽	프랑스	프랑스 한국연구회(AFPEC) Association Française Pour l'Etude de la Corée — afpec2014.wordpress.com
중남미	기타	라틴아메리카한국학회
중남미	기타	세계한류학회(WAHS) World Association of Hallyu Studies — www.iwahs.org
중남미	기타	한국연구그룹
중남미	멕시코	멕시코한국학학회(CMEC)
숭남미	멕시코	중남미한국학회
중남미	콜롬비아	콜롬비아한국학회 Association of Korean Studies in Columbia — www.estudioscoreanosencolombia.org
중앙아	기타	중앙아시아한국학교수협의회(AKSPCA) Association of Korean Studies Professors in Central Asia — canks.asia
중앙아	기타	중앙아시아한국학회 Central Asian Association for Korean Studies

4. KF 해외 한국학 사업 안내

한국국제교류재단(Korea Foundation, 이하 KF)은 1991년에 창립된 대한민국의 공공외교 전문 기관입니다. KF는 대한민국과 외국 간의 각종 교류사업을 통해 한국에 대한 올바른 인식과 이해를 도모하고 국제사회의 지지 기반을 확보하기 위한 사업을 추진해오고 있습니다. KF는 체계적인 해외 한국학 기반 구축과 전문가 양성을 위해, 해외 대학 지원과 펠로십 사업이라는 두개의 축을 중심으로 다양한 프로그램을 지원하고 있습니다. 사업은 대부분 공모를 통해 해외 대학들과 한국학 관련 학생, 학자들이 직접 신청하여 시행되는데, 2013년에는 온라인 신청 포털(http://apply.kf.or.kr)을 개설하여, 해외 어디서나 온라인으로 공모 기간(매년 7~8월)에 지원 신청서를 제출할 수 있습니다.

사업 구분	주요 사업 내용(2017년 기준)
한국학 기반 확대	• 한국학 강좌 운영 지원 – 한국학 교수직 설치, 객원교수 파견, 교원 고용 지원, KF 글로벌 e-스쿨
	• 한국 연구 자료 지원(도서 및 전자 자료), 해외 도서관 지원
한국 전문가 육성	• 펠로십 – 해외 한국 전공 대학원생 펠로십, 박사후 과정 펠로십, 방한 연구 펠로십, 한국어 펠로십, 아세안 펠로십, IUC 펠로십
	• 외국 교육자 한국학 워크숍, KF 한국학 특강

한국학 강좌 운영

해외 대학 한국학 강좌 확대를 위한 지원 프로그램으로, 재단의 대표적인 한국학 사업 중 하나입니다.

한국(어)학 교수직 설치

KF는 한국학 진흥을 위해 일정 수준 이상의 한국학 기반이 마련되고, 지속적으로 발전 가능한 해외 대학을 중심으로 한국어 및 한국학 교수직 설치를 지원합니다. 동 사업은 한국(어)학 교수직을 신설하고 지원 기간 종료 후에도 자체 재원으로 교수직을 영구히 유지할 의사가 있는 해외 대학에 한해 신청할 수 있으며 두 가지 방식으로 운영되고 있습니다.

첫 번째, TTP(Tenure Track Position) 교수직 설치 지원은 대학이 정규 교수직을 신설하고 KF의 지원이 완료된 이후에도 대학 자체 재원으로 해당 교수직을 영구히 유지하는 경우 제공됩니다.

두 번째, 기금 교수직(Endowed Chair) 설치 지원은 KF와 대학이 각각 50%를 부담하여 공동으로 기금을 조성하는 방식입니다. 지원 기간은 사업 내용에 따라 최소 3년에서 최대 5년까지입니다.

한국(어)학 객원교수 파견

동 사업은 한국(어)학 정규 강좌를 신설, 확대하고자 하나 현지에서 적합한 교수 요원을 구하는 데 어려움이 있는 해외 대학을 대상으로 한국에서 해당 분야 전문가를 선발하여 파견하고 현지 체재비와 왕복 항공료를 지원합니다. 한국학은 최대 1년, 한국어는 최대 2년까지 지원합니다.

한국(어)학 현지 교원 고용 지원

동 사업은 한국(어)학 교육 및 연구 프로그램을 운영하고 있거나 신규 운영 예정인 해외 대학을 지원합니다. 프로그램을 확대하거나 신설하기 위해 한국(어)학 강사를 일시적으로 고용할 때 강사 고용에 필요한 경비를 대학 측 급여 기준에 따라 일부 지원합니다.

KF 글로벌 e-스쿨

해외 한국학 강의 개설 대학 다변화 및 강좌 다양화를 도모하기 위한 사업으로, ICT 기술을 활용해 국내 대학 교수진이 해외 대학에 실시간으로 온라인 한국학 강의와 오프라인 프로그램을 제공합니다. 해외 대학 정규 교과목의 하나로 편성되어 원칙적으로 한 학기(14~16주) 동안 제공되며, 아시아, 중동, 아프리카, 유럽 지역을 대상으로 운영하고 있습니다.

한국 전문가 육성

KF는 보다 지속 가능한 해외 한국학의 진흥을 위해 한국(어)학 전문가 육성 지원 사업을 수행하고 있습니다. 해외 각국에 차세대 한국 전문가를 양성하여 한국학 기반을 튼튼히 하고 한국에 대한 올바른 인식과 전문지식을 전파하는 데 의의가 있습니다.

해외 한국 전공 대학원생 펠로십

동 펠로십은 해외 각국의 차세대 한국 전문가를 양성하기 위하여 해외 대학에서 한국학을 전공하는 외국인 석·박사 과정생에게 장학금을 지원하는 프로그램입니다. 북미, 유럽, 대양주를 비롯해 KF와 개별 협약을 통해 진행되는 기타 국가들을 포함하여 약 20여 개국을 대상으로 운영됩니다. 지역별, 국가별 학비 및 물가 수준에 따라 등록금과 생활비를 차등 지급합니다. 단, 대상 국가는 신청자의 국적이 아닌 신청자가 진학할(또는 재학 중인) 대학이 소재한 국가에 따라 구분됩니다. 기본 지원 기간은 1년이며, 석사 과정생의 경우 최대 2년, 박사 과정생의 경우 최대 3년까지 혜택을 받을 수 있습니다.

박사후과정 펠로십

KF는 한국학을 전공하는 신진 외국인 학자가 해외 대학 또는 연구기관에서 연구에 전념할 수 있도록 연구활동을 지원합니다. 인문·사회과학, 문화·예술 분야에서 한국 관련 주제로 박사 학위를 취득한 신진 학자는 일정 요건을 충족하면 동 펠로십에 지원할 수 있습니다.

국내 펠로십

해외 학자를 국내로 초청하여 한국학 연구와 한국어 학습을 지원하는 프로그램입니다. 현장 연구를 통해 보나 심층적인 한국 연구를 지원하고 한국어를 집중적으로 배울 수 있는 환경을 제공함으로써 한국학 전문가를 꿈꾸는 펠로를 지원합니다.

방한 연구 펠로십

동 펠로십은 해외 유수 학자와 전문가를 초청하여 현장 연구와 자료조사 활동을 지원합니다. 동 펠로십은 한국어 또는 영어로 연구 수행이 가능하고 해외에서 인문·사회과학, 문화·예술 분야의 한국학을 연구하는 전문가를 대상으로 진행되며, 지원 기간은 최소 1개월부터 최대 12개월까지입니다.

한국어 펠로십

동 펠로십은 해외의 한국학 전공 대학원생 또는 한국 관련 연구자나 업무 종사자들에게 6개월 이상 국내 대학에서 한국어를 체계적으로 배울 수 있는 기회를 제공합니다. 석·박사 과정생, 학부생, KF 외교관 한국언어문화연수 수료자, 교수, 강사 또는 연구원 중에서 KF의 사업 신청 공고에 명시되어 있는 조건을 충족하는 분들이 신청할 수 있습니다.

아세안펠로십

아세안펠로십은 동남아한국학회(KoSASA)와 협약을 통해 진행되는 사업으로, 현지 한국 전문가가 부족한 아세안(ASEAN) 지역에 차세대 한국학자를 육성하기 위한 장학 프로그램입니다. 동남아 주요 대학에 소속되어 있는 현직 한국(어)학 교수 요원 또는 향후 임용 예정인 우수학생의 한국(어)학 석·박사 과정생이 지원 대상입니다.

IUC펠로십

고급 학술 한국어 프로그램으로, 서구권 한국학 전문가 육성을 목표로 합니다. 고급 한국어 습득이 어려운 미주 및 유럽 지역 한국학자를 위한 맞춤형 학술 한국어 및 한자 교육을 제공합니다. TOPIK 4급 이상 수준의 석사 과정 이상 연구자를 대상으로 진행되며 수혜자는 성균관대 동아시아학술원의 Inter-University Center에서 한국어를 학습할 수 있습니다.

한국 이해의 저변 확대

외국 교육자 한국학 워크숍

KF는 해외 중·고등학교 교육자들의 한국 이해 제고와 한국 관련 교육 확대를 위하여 해외에서 한국학 워크숍을 개최하는 해외 교육·연구기관을 지원합니다. 워크숍에 참여하는 해외 중·고교 교사, 교육 행정가, 교과서 집필자 등 교육 관계자가 한국학 전문가의 특강을 수강하고 한국 관련 교안 및 교육방법을 연구할 수 있도록 기회를 제공합니다.

KF 한국학 특강

한국의 정치·경제·사회·문화 전반에 대한 특강(KF Special Lectures on Korea)을 개최하여 한국에 대한 이해와 관심을 제고하고 이를 통한 한국학 진흥 기반을 마련하고 있습니다. 특강은 별도의 공모 절차를 거치지 않고 KF의 전략 방향과 지역 수요에 따라 직접 기획하여 시행하고 있습니다.

해외 도서관 지원

한국학 연구 자료 지원

한국학 연구 자료는 전자 자료와 현물 자료 지원으로 구분됩니다. 전자 자료 지원은 한국 연구 및 교육에 필요한 자료를 해외에서 편리하게 이용할 수 있도록 전자 자료 구독료를 일부 보조하는 사업입니다. 동 사업은 해외 4년제 대학 중 한국학센터, 한국학 관련 프로그램이 개설되어 있는 대학 도서관 또는 한국 관련 전공자들의 전자 자료 이용이 필요한 대학 및 공공도서관에 한해서 신청할 수 있습니다.

현물 자료 지원의 경우 해외에서의 한국 교육, 연구 및 학술문화 활동 증진을 위한 지원으로, 이미 출판된 한국 관련 도서 및 시청각 자료를 직접 지원하는 사업입니다. 해외 대학, 연구소, 박물관, 그리고 국·공립 도서관을 대상으로 진행되며 국내 기관 및 개인은 수혜대상에서 제외됩니다.

한국학 도서관 지원

해외 한국학 도서관 지원은 한국 관련 도서를 5,000권 이상 소장하고 있는 한국학 도서관을 대상으로 전담사서 인력 인건비, 전산화(목록화) 프로젝트 경비, 교육 및 전시 프로그램 등을 지원하는 사업입니다.

*KF 온라인 사업 신청 홈페이지
https://apply.kf.or.kr

찾아보기

해외 한국학 현황 조사 수록 대학(87개국 464개 처)

해외 주요 한국학 센터 현황(32개국 119개 처)

한국(어)학 학회 목록(46개 처)

국제고려학회 1861

국제한국어교육학회(IAKLE) 34, 35, 303, 1861

대만한국연구학회 1861

대양주한국학회(KSAA) 257, 259, 265, 358, 1861

독일어권 한국학회 1863

동남아한국학회(KoSASA) 34, 1861

라틴아메리카한국학회 1863

러시아대학한국어교육자협회 144, 1862

러시아한국학대학연합(RAUK) 18, 33, 35, 335, 358, 1475, 1862

멕시코한국학학회(CMEC) 74, 1863

미국외국어교육학회(ACTFL) 33, 357, 1862

북미한국어교육학회(AATK) 33, 336, 1862

브라질한국학회(ABECOR) 1861

세계한류학회(WAHS) 67, 1863

스페인한국연구학회(CEIC) 1863

아르헨티나한국학회(AAEC) 68, 358, 1861

아시아학회(AAS) 51, 1138, 1862

영국한국학회(BAKS) 1863

유럽한국어교육자협회(EAKLE) 33, 357 1863

유럽한국학회(AKSE) 33, 34, 96, 357, 1863

이베로아메리카한국학회 1861

일본한국어교육학회(JAKLE) 112, 1861

재태 한국어교육학회 218, 340, 1861

전인도한국어교육학회(AKLEI) 243, 1862

조선사연구회 106, 110, 1862

조선어교육연구회 113, 1862

조선어연구회 112, 1862

조선학회 109, 696, 1862

중국조선사연구회 122, 879, 1862

중국조선어학회 121, 1862

중국조선-한국문학연구회 122, 1862

중국한국(조선)어교육연구학회 122, 763, 944, 1862

중남미한국학회 358, 1863

중앙동부유럽한국학회(CEESOK) 1863

중앙아시아한국학교수협의회(AKSPCA) 34, 35, 169, 1537, 1863

중앙아시아한국학회 1863

콜롬비아한국학회 358, 1863

프랑스 한국연구회(AFPEC) 1863

한국연구그룹 77, 1863

한국연구자회 1862

한국연구학회(KRAV) 222, 1861

한국조선문화연구실 1862

한국태국학회 218, 1861

현대한국조선학회 111, 114, 675, 1862

호주한국어교육자협회(AUATK) 266, 1861

환태평양한국학국제 학술회의(PACKS) 1862